Précis
d'écologie

Consultez nos catalogues
sur le Web...

http://www.dunod.com

Bienvenue

News

Catalogue
général

Presse

Nouveautés

Contactez-
nous

Où trouver
nos
ouvrages

Accueil Auteurs

Précis d'écologie

Roger Dajoz

Professeur au Muséum
Laboratoire d'écologie générale

7e édition

DUNOD

Chez le même éditeur

- *Écosystèmes, structure, fonctionnement, évolution*, S. Frontier & D. Pichod-Viale
- *La photosynthèse*, H. Jupin & André Lamant
- *Les végétaux, organisation et diversité biologique*, P. Ozenda
- *Physiologie végétale*, R. Heller
- *Structure et développement de la plante, morphogenèse et biologie de la reproduction des angiospermes*, J. Vallade

Illustration de couverture : Dans le désert de Sonora (sud de la Californie) les dépressions qui conservent un peu d'humidité sont occupées par le palmier endémique *Washingtonia filifera* dont on voit ici quelques exemplaires. Cet arbre, qui peut vivre 200 ans, ne subsiste plus guère que dans des zones protégées.
© Photo, R. Dajoz

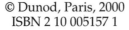
© Dunod, Paris, 2000
ISBN 2 10 005157 1

TABLE DES MATIÈRES

INTRODUCTION

« Contrairement à ce que l'on imagine souvent, la biologie n'est pas une science unifiée… Aux extrémités de l'éventail, on distingue deux grandes tendances, deux attitudes qui finissent par s'opposer radicalement. La première de ces attitudes peut être qualifiée d'intégriste ou d'évolutionniste. Pour elle non seulement l'organisme n'est pas dissociable en ses constituants, mais il y a souvent intérêt à le regarder comme l'élément d'un système d'ordre supérieur, groupe, espèce, population, famille écologique. Cette biologie s'intéresse aux collectivités, aux comportements, aux relations que les organismes entretiennent entre eux ou avec leur milieu. Le biologiste intégriste refuse de considérer que toutes les propriétés d'un être vivant, son comportement, ses performances peuvent s'expliquer par ses seules structures moléculaires. Pour lui, la biologie ne peut se réduire à la physique et à la chimie. Non qu'il veuille invoquer l'inconnaissable d'une force vitale. Mais parce que, à tous les niveaux, l'intégration donne aux systèmes des propriétés que n'ont pas leurs éléments. Le tout n'est pas seulement la somme des parties ».

F. Jacob. *La logique du vivant*.

En 1866, Ernst Haeckel, dans *Generelle Morphologie der Organismen*, a défini l'écologie comme « la science globale des relations des organismes avec le monde extérieur environnant, dans lequel nous incluons, au sens large, toutes les conditions d'existence ». Haeckel précise ensuite que l'écologie est :

« la science des rapports des organismes avec le monde extérieur, dans lequel nous pouvons reconnaître d'une façon plus large les facteurs de la lutte pour l'existence. Ceux-ci sont en partie de nature inorganique ; ils sont, nous l'avons vu, de la plus grande importance pour la forme des organismes qu'ils contraignent à s'adapter. Parmi les conditions d'existence de nature inorganique auxquelles chaque organisme doit se soumettre appartiennent en premier lieu les caractéristiques physiques et chimiques de l'habitat, le climat (lumière, température, humidité et électrisation de l'atmosphère), les caractéristiques chimiques (aliments non organiques), la qualité de l'eau, la nature du sol, etc. Sous le nom de conditions d'existence nous comprenons l'ensemble des relations des organismes les uns avec les autres, relations soit favorables soit défavorables. Chaque organisme a parmi les autres organismes des amis et des ennemis, qui favorisent son existence ou qui lui nuisent. Les organismes qui servent aux autres de nourriture, ou qui vivent à leurs dépens comme parasites doivent aussi être placés dans la catégorie des conditions d'existence… ».

Cette définition reste valable. L'écologie est la science qui étudie les conditions d'existence des êtres vivants et les interactions de toutes sortes qui existent entre ces êtres vivants d'une part,

entre ces êtres vivants et leur milieu d'autre part. Ainsi définie, l'écologie est une science très vaste dont il est parfois difficile de cerner les limites.

Dans les sciences biologiques l'attention des chercheurs se porte sur des niveaux d'organisation très différents. Ceux qui appartiennent au domaine de l'écologie sont au nombre de cinq. Ce sont les organismes, les populations et les peuplements, les biocénoses et les écosystèmes, les paysages, et enfin l'ensemble de la biosphère. Certains écologistes ont une conception plus restrictive de leur science qu'ils limitent à l'étude des écosystèmes. Ils considèrent l'étude des populations comme une discipline distincte et ils excluent l'écologie des individus ou autoécologie qui s'apparente à la physiologie et à la biogéographie. Pour Andrewartha & Birch (1954) l'écologie est l'étude de la distribution et de l'abondance des espèces, conception qui se reflète dans le titre d'un imposant ouvrage de près de 800 pages : *The distribution and abundance of animals*. Ils suivent ainsi une voie ouverte par Elton qui écrivait en 1927 :

« *In solving ecological problems we are concerned with what animals do in their capacity as whole, living animals, not as dead animals or a series of parts of animals. We have next to study the circumstances under which they do these things, and, most important of all, the limiting factors which prevent them from*

doing certain other things. By solving these questions it is possible to discover the reasons for the distribution of animals in nature ».

Les systèmes biologiques sont beaucoup plus complexes que les systèmes physiques et chimiques ordinaires. L'accord est unanime pour admettre que les organismes et les structures d'un niveau supérieur à l'organisme obéissent aux lois de la physique et de la chimie. Mais les systèmes biologiques possèdent en plus des particularités qui leur sont propres et qui ne sont pas déductibles des propriétés des niveaux inférieurs. Cette particularité constitue le *principe d'émergence* que certains écologistes, comme E.P. Odum, ont essayé de mettre en oeuvre dans l'étude des écosystèmes. Cette conception est présentée explicitement par Odum lorsqu'il utilise la métaphore de la forêt qui est plus qu'une collection d'arbres :

« *The important point to stress is that the population and community are real entities, even though one cannot usually pick them up and put them in the collecting kit as one would collect an organism. They are real things, because these group units have characteristics additional to the characteristics of the individual composing them. The forest is more than a collection of trees. The whole is not simply a sum of the parts* ».

Un autre écologiste, J. B. Golley, a le même point de vue lorsque, dans son histoire du concept d'écosystème il écrit que ce dernier est « *more than the sum of the parts* ».

À cause de la complexité des systèmes étudiés, l'expérimentation est délicate en écologie, bien qu'elle soit déjà ancienne puisqu'elle remonte au moins à Gause (1935). L'écologiste est souvent obligé de faire des déductions théoriques à partir de l'analyse comparée d'un ensemble d'observations qui peuvent être considérées comme des « expériences naturelles » dont l'interprétation n'est pas toujours facile en raison de la multitude de facteurs qui interviennent (Diamond, 1986 ; Fenchel, 1987). Le recours à des « modèles neutres » qui n'impliquent aucune règle pour tester la valeur des théories est de plus en plus fréquent mais il suppose que le modèle neutre choisi est le bon (Gilpin & Diamond, 1984 ; Connor & Simberloff, 1984). Une autre complication intervient car les systèmes écologiques ont tous une histoire et leur évolution s'est faite sous la pression de processus aléatoires souvent inconnus ou mal connus. Malgré ces difficultés l'écologie devient de plus en plus une science expérimentale. Ces expériences sont parfois réalisées au laboratoire sur des modèles simplifiés qui sont supposés représenter plus ou moins la réalité, soit conduites sur une très grande échelle. Dans ce dernier cas elles nécessitent des équipes nombreuses et des moyens importants. C'est le cas des études relatives au rôle de la biodiversité dans le fonctionnement des écosystèmes.

L'écologie n'a commencé à se développer véritablement qu'à partir des années 30, et sa croissance rapide date des années 60. Depuis cette époque l'écologie, comme beaucoup d'autres sciences, a profondément évolué. Des concepts nouveaux et des domaines d'étude originaux ont vu le jour. Certaines idées qui paraissaient bien établies on été contestées et parfois remplacées par d'autres radicalement opposées. Ceci se reflète dans les discussions parfois vives qui opposent diverses écoles, sur des sujets tels que le rôle de la compétition, la notion de niche écologique, la théorie de la biogéographie insulaire, les relations entre stabilité, diversité et productivité, etc. Des ponts ont été jetés entre l'écologie et la génétique, la biogéographie, la science de l'évolution, la paléoécologie, l'étude du comportement. Des domaines de recherche comme l'étude des relations animaux-végétaux ont été très développés. Des préoccupations nouvelles ont vu le jour, telles que l'étude du changement global et de ses conséquences, de la biodiversité et de sa conservation, de l'écologie des paysages. Ce développement rapide de l'écologie est mis en évidence par la multiplication des revues. Plusieurs périodiques spécialisés dans des domaines particuliers tels que l'étude du changement global, de la biodiversité, de la biologie de la conservation, etc. ont été créés depuis une dizaine d'années.

L'écologie est devenue une science majeure de grande importance dont les acquis devraient être mis en pratique dans une société soucieuse d'assurer un développement durable, fondé sur la conservation de la biodiversité des espèces animales et végétales et un fonctionnement harmonieux de la biosphère.

*

Cette nouvelle édition conserve dans ses grandes lignes le plan des précédentes. Mais elle tient compte des recherches contemporaines très nombreuses, sur des sujets tels que l'histoire de la biosphère, les relations animaux / végétaux, la biologie évolutive et l'histoire naturelle des

espèces, la biodiversité et son importance pour l'homme et pour le fonctionnement des écosystèmes, l'écologie des métapopulations et des paysages, les conséquences de la fragmentation des écosystèmes, etc. La bibliographie a été arrêtée au 1er décembre 1999.

Contrairement à ce que croient certains l'écologie n'est pas née en 1968. C'est une science biologique déjà ancienne qui ne doit pas être confondue avec ce que l'on qualifie souvent d'*écologie politique*. Pour éviter cette confusion les scientifiques qui s'occupent d'écologie se disent écologues et non plus écologistes. Nous pensons que ce néologisme est inutile et nous ne l'emploierons pas. Les repères chronologiques suivants permettent de situer quelques étapes et ils montrent l'existence d'une pensée *pré-écologique* que certains historiens font remonter à des auteurs de l'Antiquité comme Aristote. Selon une expression de Ch. Elton, l'écologie est « *un nouveau nom pour un sujet très vieux. Cela signifie simplement une histoire naturelle scientifique* ».

Quelques repères chronologiques

C. Linné, 1749. *Oeconomia Naturae* (Économie de la Nature).

T.R. Malthus, 1803. *An essay on the principle of population.*

A. von Humboldt, 1807. *Essai sur la géographie des plantes accompagné d'un tableau physique des régions équinoxiales.*

Auguste Pyrame de Candolle, 1822. *Essai élémentaire de géographie botanique.*

P. F. Verhulst, 1838. *Notice sur la loi que suit la population dans son accroissement.*

J. Von Liebig, 1840. *Chimie et agriculture* (Loi du minimum et rôle des engrais).

A. De Candolle, 1855. *Géographie botanique raisonnée ou exposition des faits principaux et des lois concernant la distribution géographique des plantes de l'époque actuelle.*

C. Darwin, 1859. *The origin of species by means of natural selection.*

E. Haeckel, 1866. *Generelle Morphologie der Organismen* (création du mot écologie).

1872. Création du Parc National de Yellowstone.

K. Möbius, 1877. *Die Auster und die Austernwirthschaft* (notion de biocénose).

P. J. Van Beneden, 1878. *Les commensaux et les parasites* (notion de mutualisme).

S. Forbes, 1887. *The lake as a microcosm* (notion de microcosme, à peu près synonyme de celle d'écosystème).

E. Warming, 1895. *Plantesamfund. Grundtrak af den Okologiske Plantegeografi* (premier traité d'écologie végétale).

A. F. W. Schimper, 1898. *Pflanzen-Geographie auf physiologischer Grundlage.*

1913. Création de la *British Ecological Society* (première société d'écologie).

V. E. Shelford, 1913. *Animal communities in temperate America.*

F.E. Clements, 1916. *Plant succession* (notions de succession, de climax, etc.).

J. Grinnell, 1917. *The niche-relationships of the California thrasher* (notion de niche écologique).

A. J. Lotka, 1925. *Elements of physical biology.*

R. Pearl, 1925. *The biology of population growth.*

V. Volterra, 1926. *Variazioni e fluttuazioni del numero d'individui in specie animale conviventi* (lois de Lotka et de Volterra).

Ch. Elton, 1927. *Animal ecology.* Début d'activité du *Bureau of animal population* à Oxford.

J. Braun Blanquet, 1928. *Pflanzensoziologie.*

V.I. Vernadsky, 1929. *La biosphère.*

M. Prenant. *Adaptation, écologie et biocénotique.*

G.F. Gause, 1935. *Vérifications expérimentales de la théorie mathématique de la lutte pour la vie* (début de l'expérimentation en écologie).

A. Tansley, 1935. *The use and abuse of vegetational concepts and terms* (notion d'écosystème).

C. Troll, 1939. Landschaftsökologie (écologie du paysage).

R. Lindeman, 1942. *The trophic-dynamic aspect of ecology.*

D. Lack, 1947. *Darwin's Finches.*

1948. Création à Fontainebleau de l'Union Internationale pour la Conservation de la Nature.

E. P. Odum, 1953. *Fundamentals of ecology.*

H. G. Andrewartha & L. C. Birch, 1954. *The distribution and abundance of animals.*

G. E. Hutchinson, 1959. *Hommage to Santa Rosalia ; or, why are there so many kinds of animals ?*

R. Carlson, 1962. *Silent spring.*

P.R. Ehrlich & P. H. Raven, 1964. Notion de coévolution.

R. Mac Arthur & E. O. Wilson, 1967. *The theory of island biogeography.*

1964-1972. Programme biologique international.

R. B. Root, 1967. Notion de guilde.

R. Levins, 1970. Concept de métapopulation.

T. Erwin, 1982. *Tropical forests : their richness in Coleoptera and other Arthropod species* (première tentative d'évaluation de la biodiversité).

1985. Mise en évidence du « trou » dans la couche d'ozone.

A. Norse *et al.* 1986. *Conserving biological diversity in our national forests* (apparition de l'expression biological diversity)

E. O. Wilson, 1988. *Biodiversity*.

1990. Programme international Géosphère. – Biosphère. – Intergovernmental Panel on Global Change. La réalité de l'effet de serre est définitivement établie.

1992. Conférence de Rio sur la biodiversité.

L'histoire de l'écologie, que nous ne pouvons traiter ici, est exposée dans plusieurs ouvrages parmi lesquels on peut citer :

W.C. Allee *et al.*, 1949. The history of ecology, p. 13-72. *In* : W. C. Allee *et al.*, *Principles of animal ecology.* W. B. Saunders Company, Philadelphia.

R. Dajoz, 1984. Éléments pour une histoire de l'écologie. La naissance de l'écologie moderne au XIXᵉ siècle. *Histoire et Nature*, 24-25, p. 5-113.

R. P. McIntosh, 1985. *The background of ecology.* Cambridge University Press.

J. M. Drouin, 1991. *Réinventer la nature. L'écologie et son histoire.* Desclée de Brouwer, Paris.

D. Worster, 1992. *Les pionniers de l'écologie. Une histoire des idées écologiques.* Sang de la terre, Paris. Traduction de *Nature's economy*, Cambridge University Press, 1985.

J. B. Golley, 1993. *A history of the ecosystem concept in ecology. More than the sum of the parts.* Yale University Press.

Références

ANDREWARTHA, H. G. & BIRCH, L. C., 1954. *The distribution and abundance of animals.* Chicago University Press.

CONNOR, E. F. & SIMBERLOFF, D., 1984. Neutral models of species' co-occurence patterns, pp.316-331. *In* : D. R. Strong *et al.* (eds.), *Ecological communities. Conceptual issues and the evidence.* Princeton University Press, New Jersey.

DIAMOND, 1986. Overview : laboratory experiments, field experiments, and natural experiments, pp.3-22. *In* : J. Diamond & T.J. Case (eds.), *Community ecology.* Harper & Row, New York.

ELTON, C., 1927. *Animal ecology.* Sidgwick & Jackson, London.

FENCHEL, T., 1987. *Ecology-Potentials and limitations.* Excellence in ecology n° 1. Ecological Institute, Nordbünte, Allemagne.

GAUSE, G. F., 1935. *The struggle for existence.* Williams & Wilkins, Baltimore.

GILPIN, M. E. & DIAMOND, J. M., 1984. Are species co-occurences on islands non random, and are null hypotheses useful in community ecology ?, pp. 297-315. *In* : D. R. Strong *et al.* (eds.), *Ecological communities. Conceptual issues and the evidence.* Princeton University Press, New Jersey.

HAECKEL, E., 1866. *Generelle Morphologie der Organismen. Allgemeine Grundzüge des organischen Formenwissenchaft, mechanisch begründet durch die von Charles Darwin Descendenz Theorie.* Reimer, Berlin, 2 vol.

ODUM, E. P., 1971. *Fundamentals of ecology.* (3ᵉ édition). W. B. Saunders Company, Philadelphia.

Chapitre 1

LA BIOSPHÈRE ET SON HISTOIRE

La notion de biosphère, entrevue par Lamarck, est présente dès 1875 dans le livre du géologue autrichien E. Suess intitulé *Die Entstehung der Alpen*. Mais il faudra attendre le biogéochimiste russe V. I. Vernadsky (*La biosphère*, 1929) pour que ce concept soit repris et développé (*cf.* Charvolin, 1994). La biosphère est la mince couche superficielle de la terre dans laquelle la vie a pu s'épanouir et se maintenir d'une façon permanente. (Hutchinson, 1970). Elle recouvre, en partie, trois des compartiments qui composent la terre : l'atmosphère, l'hydrosphère et la lithosphère.

La biosphère est caractérisée par son faible développement vertical par rapport au rayon de la terre qui est de 6 300 km, et par l'opposition entre le milieu marin et le milieu terrestre.

Milieu terrestre. Surface : 149 millions de km² ; altitude moyenne : 875 m. Profondeur maximale de pénétration des animaux dans le sol : 20 m (mais on connaît des bactéries qui se rencontrent à des profondeurs beaucoup plus grandes ; *cf.* chapitre 20). Limite supérieure des forêts : 4 500 m. Limite supérieure de l'habitat humain dans les Andes : 5 200 m. Limite supérieure des Phanérogames (*Stellaria decumbens* au Makalu) : 7 000 m. Altitude atteinte par les oiseaux en migration au-dessus de l'Himalaya : 7 900 m. Altitude maximale : Everest 8 880 m.

Milieu marin. Surface : 361 millions de km² ; profondeur moyenne : 3 800 m. Poisson le plus profond (*Careproctus amblystomopsis*) : 7 587 m. Profondeur maximale atteinte par des Polychètes, Holothuries et Actiniaires : 10 630 m. Fosse abyssale la plus profonde (fosse des îles Mariannes) : 11 034 m. Des bactéries vivantes ont été trouvées dans des sédiments situés à 500 mètres en dessous du fond marin, et l'on a de bonnes raisons de penser que ces bactéries existent encore jusqu'à 1 000 mètres ou plus sous le fond des mers (Parkes *et al.* 1994).

Toute l'énergie disponible dans la biosphère est d'origine solaire, à l'exception des faibles quantités qui proviennent de la chaleur interne du globe. C'est à partir de cette énergie que tous les êtres vivants fabriquent leur matière organique, à l'exception de ceux qui ont été découverts récemment au voisinage des sources hydrothermales sous-marines.

I. LE CYCLE DE L'EAU

L'eau est un élément caractéristique de la biosphère qui en renferme 1 384 millions de km³. Sa répartition est très inégale. La majeure partie, soit 1 348 millions de km³, c'est-à-dire 97,4 %, se trouve dans les océans. L'eau douce, avec 36,02 millions de km³, ne représente que 2,6 %. Les glaciers (inlandsis, icebergs, glaciers de montagne) retiennent 27,8 millions de km³ ce qui représente la majeure partie de cette eau douce. Les eaux souterraines ont un volume de 8,3 millions de km³ ; les eaux de surface (lacs et rivières) 225 000 km³, l'atmosphère 12 700 km³ et les êtres vivants seulement 400 km³. Ceux-ci jouent un rôle négligeable dans le cycle de l'eau qui fonctionne essentiellement grâce à l'énergie solaire. Les quantités d'eau retenues dans les lacs, les rivières et le sol ne sont connues que d'une façon approximative, les estimations pouvant varier d'un facteur dix d'un auteur à l'autre. Les précipitations sont inférieures à l'évaporation au-dessus des océans, et supérieures au-dessus des continents. L'équilibre est rétabli grâce

aux apports des fleuves et à l'infiltration, ces deux facteurs réunis apportant chaque année à l'océan 37 600 km^3 d'eau. Pour l'ensemble de la terre les précipitations, égales à l'évaporation, sont estimées à 97,3 cm par an (figure 1.1).

Des quantités d'eau importantes au moins égales à celles qui sont présentes dans les océans se trouvent dans le manteau terrestre entre 30 et 2 900 km de profondeur. Une partie de cette eau s'échappe vers l'atmosphère par l'intermédiaire des volcans. Une autre partie, qui est incluse dans les magmas basaltiques, arrive sur le fond des océans. La quantité d'eau ainsi extraite du manteau et incorporée dans la biosphère est difficile à évaluer, de même que la quantité qui est réinjectée dans le manteau à travers les zones de subduction océaniques. On ne connaît pas encore avec assez de précision ces phénomènes pour évaluer leur rôle dans le cycle de l'eau dans la biosphère (Gillet, 1993).

La composition chimique des êtres vivants est dominée par six éléments majeurs. Elle est très différente de celle de la croûte terrestre (tableau 1.1).

L'hétérogénéité spatiale de la biosphère se manifeste par l'opposition entre le milieu marin et le milieu terrestre ainsi que par une structure en mosaïque. Sa diversité biologique est considérable : elle renferme plusieurs millions d'espèces animales et végétales. Malgré cette hétérogénéité la biosphère n'est pas peuplée de façon anarchique. L'élément le plus remarquable de la biosphère est un ensemble de zones climatiques disposées en bandes à peu près parallèles à l'Équateur et dont chacune possède une végétation et une faune caractéristiques. Ces grandes formations ou *biomes* sont définies essentiellement par leur végétation et elles sont sous le contrôle de deux éléments fondamentaux du climat : la température et la pluviosité (figure 1.2) Le milieu marin est également structuré, la division en grands éléments se faisant surtout en fonction de la profondeur. À une échelle plus réduite les biomes ne sont pas homogènes. Ils peuvent être subdivisés en structures d'étendue variable, les *écosystèmes*. Ceux-ci sont des systèmes *ouverts*, qui échangent de la matière et de l'énergie, ce qui se traduit au niveau de la biosphère par l'existence des cycles biogéochimiques.

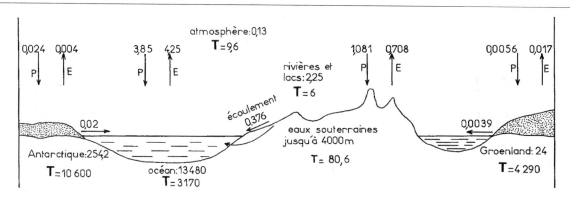

Figure 1.1

Le cycle de l'eau dans la biosphère

Les masses sont exprimées en centaines de milliers de km^3. Les précipitations P et l'évaporation E sont en 10^{20} g par an. T est le temps de résidence en années dans les divers compartiments. Ce temps est très court dans l'atmosphère et les eaux douces de surface ; et de plusieurs milliers d'années dans l'océan et les calottes glaciaires. Sa valeur moyenne pour l'ensemble de la terre est de 4,96 années. La pluviosité et l'évaporation moyennes sont de 973 mm (Bolin *et al.*, 1979).

II. HISTOIRE DE LA BIOSPHÈRE

Pour connaître l'origine de l'extraordinaire biodiversité qui existe sur terre, il est nécessaire de savoir comment la vie est apparue. Tous les êtres vivants sont formés de cellules. Or il n'existe pas de documents fossiles qui permettent de comprendre l'origine de la première cellule. Après avoir éliminé des conceptions périmées (créationnisme, génération spontanée), on est réduit à élaborer des théories à partir de ce que l'on sait sur la biochimie, la structure et le fonctionnement des cellules actuelles et de réaliser des expériences.

Tableau 1.1

Composition chimique élémentaire (en %) de l'écorce terrestre et de deux êtres vivants

On distingue, en fonction de leur importance chez les êtres vivants, les **éléments majeurs** qui sont en quantité supérieure à 1 % , les **éléments biogènes** dont l'importance est moindre, et les **oligo-éléments** souvent présents à l'état de traces et dont l'absence entraîne diverses carences. Seuls quelques oligo-éléments ont été mentionnés. Il en existe d'autres, indispensables à certaines espèces. Ce sont le cobalt, le molybdène, le sélénium, le vanadium, le fluor, le nickel. Les différences entre les êtres vivants et l'écorce terrestre sont importantes. Le silicium est abondant dans la lithosphère où il forme de très nombreux composés stables tandis que l'azote, rare dans la lithosphère, est un constituant important des êtres vivants.

Éléments	Homme	Luzerne	Écorce terrestre
Éléments majeurs			
Carbone	19,37	11,34	11,03
Hydrogène	9,31	8,72	0,14
Azote	5,14	0,825	0,005
Oxygène	62,81	77,35	46,60
Phosphore	0,63	0,71	0,12
Soufre	0,64	0,10	0,05
Éléments biogènes			
Calcium	1,38	0,58	3,63
Sodium	0,26	0,03	2,40
Potassium	0,22	0,17	2,83
Magnésium	0,04	0,08	2,09
Chlore	0,18	0,07	0,02
Oligoéléments			
Fer	0,0050	0,0027	5,00
Silicium	0,0040	0,0093	27,72
Zinc	0,0025	0,0004	0,007
Rubidium	0,0009	0,0005	–
Cuivre	0,0004	0,0003	0,0045
Brome	0,0002	0,0001	–
Étain	0,0002	–	–
Manganèse	0,0001	0,0004	0,10
Iode	0,0001	–	–
Aluminium	0,0001	0,0025	8,13
Plomb	0,0001	–	0,001

2.1. Les idées sur l'origine de la vie

Une théorie récente admet que la vie serait arrivée sur terre en provenance d'une autre planète (comme la planète Mars) via une comète ou des météorites. Outre que cette théorie ne résout pas la question de savoir comment la vie est apparue sur les autres planètes, elle se heurte à une objection : comment des êtres vivants auraient ils pu résister aux conditions extrêmes qui règnent dans l'espace ? La découverte de traces de vie microscopique sur une météorite tombée sur la Terre et originaire de la planète Mars a été très vite démentie. Il s'agit seulement d'un phénomène physique dû à l'échauffement de la roche. Il semble donc plus logique de rechercher comment la vie a pu apparaître sur la Terre. Les théories actuelles sont encore insuffisamment explicatives.

L'âge de la Terre est compris entre 4,2 et 4,5 GA (GA = milliard d'années). L'atmosphère primitive est issue du dégazage de la Terre qui se poursuit de nos jours au niveau des volcans. Les gaz émis par les volcans actuels renferment en moyenne 83 % de vapeur d'eau, 12 % de CO_2 et 5 % d'azote et de gaz rares. Selon une idée déjà ancienne, on admet que l'atmosphère primitive était réductrice et renfermait de l'hydrogène, de l'ammoniac, de la vapeur d'eau, du méthane et du gaz carbonique, ce dernier à une concentration de l'ordre de 30 %. L'absence d'oxygène permettait la pénétration du rayonnement ultraviolet, condition favorable à la formation d'une matière organique primitive « abiogène » que l'on suppose être à l'origine des premiers êtres vivants. Il faut cependant remarquer que cette idée est contestée par des géophysiciens qui estiment que l'atmosphère primitive était formée surtout par du CO_2, de l'azote, de la vapeur d'eau avec peu de méthane et d'ammoniac. Les plus vieux sédiments connus datent de 3,85 GA. Ils renferment déjà du carbone dont la composition isotopique permet de penser à une origine biologique.

Aussitôt après le refroidissement de la planète une vie rudimentaire est apparue sous la forme de matière organique très simple en solution dans ce que l'on a appelé la « soupe primitive ». Mais comment ces molécules se sont-elles organisées pour former des cellules capables de se

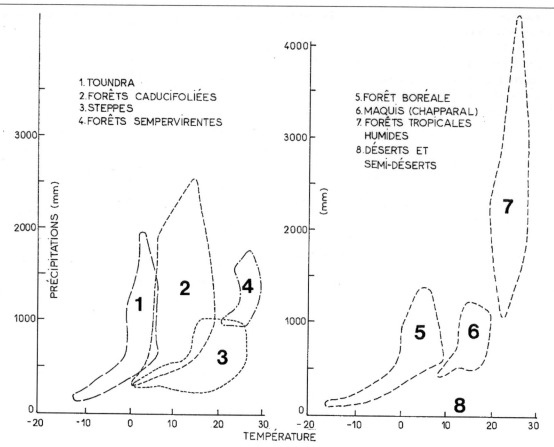

Figure 1.2

Relations entre les moyennes annuelles de la température et de la pluviosité et la répartition des grands biomes.

La région n° 8 correspondant aux déserts et semi-déserts n'est pas délimitée en raison de l'insuffisance des données (Lieth & Whittaker, 1975).

multiplier ? Le russe Oparin et l'anglais Haldane sont les premiers à avoir proposé entre 1920 et 1930 une théorie cohérente qui a été peu à peu modifiée en fonction des nouvelles connaissances. Des expériences dues à l'américain Stanley Miller et à ses collaborateurs en 1953 ont consisté à introduire dans un ballon de l'eau et des gaz (CO_2, CH_4, NH_3, H_2) et à soumettre ce mélange à des décharges électriques ou à des rayonnements ultraviolets, autrement dit à simuler les conditions qui régnaient sur terre il y a 3 GA. Après quelques semaines des petites molécules apparurent dans l'appareil de Miller : formaldéhyde ; acides formique, cyanhydrique, acétique, lactique ; glycine, alanine, urée, etc. Oparin a émis l'idée que la vie a pu naître dans des gouttelettes individualisées dans l'eau, les *coacervats* (ou protobiontes, ou microgouttes). En dissolvant dans l'eau de l'albumine et de la gomme arabique on obtient des coacervats dont la taille varie de 2 à 500 µm. Ces gouttelettes sont isolées du milieu par une double membrane que l'on peut comparer à un rudiment de membrane cellulaire. Dans d'autres expériences Oparin a fabriqué des gouttelettes renfermant de la chlorophylle, de l'acide ascorbique et du rouge de méthyle. À la lumière, l'acide ascorbique est oxydé et le rouge de méthyle est réduit. On peut admettre que cette expérience simule les débuts de la photosynthèse grâce à la chlorophylle maintenue dans une gouttelette qui représente l'équivalent d'une cellule. Si la chlorophylle n'est pas enfermée dans des gouttelettes aucune réaction ne se produit.

D'autres expériences dues à l'américain Ponnamperuna ont révélé qu'il est possible d'obtenir par synthèse tous les acides aminés connus chez les êtres vivants. À partir du ribose,

de l'adénine, de phosphate et en présence de rayonnement ultraviolet on obtient de l'ATP identique à celui des êtres vivants ainsi que des nucléotides plus simples que l'ARN actuel mais qui peuvent en être les précurseurs. La formation d'acides aminés dans ces expériences est remarquable car ils sont à l'origine des protéines par polymérisation. L'apparition de la vie nécessite la présence de catalyseurs capables d'assurer cette polymérisation. L'ARN aurait pu jouer ce rôle. Ultérieurement l'ADN aurait remplacé l'ARN. L'apparition d'une membrane est également nécessaire pour former la première cellule. On admet qu'elle a dû se former à partir de phospholipides qui se sont organisés en une double couche et ont entouré un ensemble renfermant de l'ARN et d'autres molécules. Avec l'augmentation de la teneur de l'atmosphère en oxygène est apparu le phénomène de la respiration dont le rendement énergétique est nettement supérieur à celui de la fermentation qui existait auparavant lorsque l'oxygène était rare.

Les premiers organismes devaient être des hétérotrophes car ils étaient incapables de fabriquer les molécules organiques qui leur étaient nécessaires et ils devaient les trouver dans la « soupe primitive » dans laquelle ils baignaient. Ils durent faire place rapidement à des autotrophes afin de ne pas épuiser le stock de molécules alimentaires disponibles. Un mode particulier d'autotrophie est la photosynthèse chlorophyllienne qui devint rapidement prédominante, sans cependant éliminer totalement les autres modes de chimiosynthèse dont certains subsistent encore. L'avantage de la photosynthèse chlorophyllienne est qu'elle utilise le CO_2 abondant et qu'elle n'exige pas d'oxygène qui en est au contraire le principal sous-produit. Cette hypothèse est confortée par la découverte de pristane et de phytane, produits de dégradation de la chlorophylle, qui sont vieux de 2,7 GA.

La notion de « soupe primitive » est aujourd'hui contestée. Le premier organisme aurait pu être une simple molécule qui, en se fixant sur une surface minérale comme celle de la pyrite ou de l'argile, serait devenue capable de fixer le carbone du CO_2 en réagissant avec H_2S. Pour d'autres spécialistes la vie serait apparue non pas à la surface des eaux, mais au fond des océans au voisinage de sources hydrothermales analogues à celles que l'on a découvertes dans les années 60.

Ce rapide aperçu montre que des progrès considérables ont été faits pour expliquer l'origine des premiers êtres vivants, mais que l'on est encore loin de posséder une explication totale et cohérente des phénomènes qui se sont produits il y a plus de 3GA.

Les données de la géochimie établissent que la salinité de l'océan primitif était de 1,5 à 2 fois supérieure à celle des océans actuels. Cette salinité n'a commencé à décroître que tardivement, et elle s'est peut être maintenue jusqu'au moment de l'explosion cambrienne. De nos jours, la plupart des êtres vivants ne tolèrent pas une salinité > 50‰. Les Cyanobactéries qui sont parmi les organismes actuels les plus résistants aux salinités élevées dominaient la biosphère au Précambrien. En outre l'oxygène est peu soluble dans l'eau très salée. Ces caractéristiques chimiques peuvent expliquer pourquoi la vie a mis aussi longtemps à se différencier.

2.2. La vie au Précambrien

Pendant longtemps aucun fossile vieux de plus de 2 GA n'a été connu. Cette impasse a été levée lorsque des fossiles de Procaryotes ont été trouvés dans des roches âgées de 3,5 à 3,7 GA en Australie et en Afrique du Sud. Ce retard s'explique car les paléontologues cherchaient des fossiles dans des sédiments qui ne conservent que rarement des êtres unicellulaires. Les découvertes ont été faites dans des roches siliceuses, les cherts, voisins des silex. L'apparition des Eucaryotes que l'on datait de 1,5 GA il y a peu de temps est aujourd'hui datée de 2,1 et peut être de 2,7 GA. Les Procaryotes apparus il y a 3,7 GA étaient semblables aux Cyanobactéries qui subsistent de nos jours et qui forment les stromatolithes (figure 1.3). Grâce à leur activité, des roches carbonatées se sont formées en abondance et elles ont piégé le gaz carbonique de l'atmosphère primitive. L'étude des stromatolites fossiles et de ceux qui se forment encore actuellement permet de mieux connaître les conditions de vie qui ont régné sur terre. L'augmentation progressive du rapport $^{13}C/^{12}C$ dans les organismes qui ont formé ces stromatolites révèle une diminution progressive de la teneur de l'atmosphère et des océans en CO_2. L'océan primitif renfermait de grandes quantités de fer ferreux (Fe^{2+}) et presque tout l'oxygène produit par les premiers

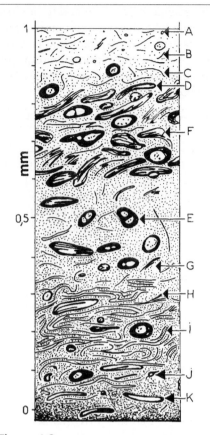

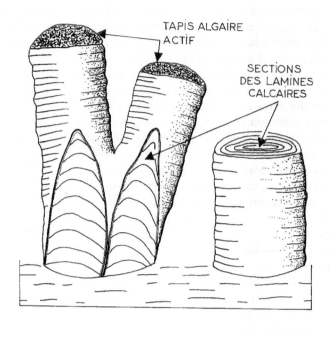

Figure 1.3

À gauche, coupe de 1 mm d'épaisseur dans un stromatolithe marin actuel

Les diverses espèces d'organismes unicellulaires se disposent selon la quantité de lumière qui leur est nécessaire.
A : Diatomées ; B : *Spirulina* ; C : *Oscillatoria* ; D : *Microcoleus* ; E : Bactéries non photosynthétiques ; F : mélange de diverses espèces de Cyanobactéries ; G : mucilage bactérien ; H : *Chloroflexus* (Bactérie à chlorophylle) ; I : *Beggiatoa* (Bactérie sulfureuse non photosynthétique) ; J : Cyanobactéries mortes (Des Marais, 1990).

À droite, aspect en colonnes de stromatolithes fossiles

organismes photosynthétiques était capté lors de la transformation du fer ferreux en fer ferrique (Fe^{3+}). Les premiers sols contenant de l'oxyde Fe_2O_3 (fer à l'état oxydé) apparaissent vers 2 GA, tandis que les dépôts renfermant du fer réduit qui existaient auparavant cessent de se former. Cette date de 2 GA correspond à l'époque à partir de laquelle la teneur de l'atmosphère en oxygène a commencé à augmenter. L'apparition de l'oxygène a permis la formation d'un écran protecteur d'ozone dans la haute atmosphère (1,6 GA). Dans ce milieu les premiers organismes, qui étaient anaérobies, ont disparu ou bien se sont réfugiés dans des milieux pauvres en oxygène. Durant au moins un milliard d'années la terre a été peuplée uniquement par des bactéries. La diversification de la vie commence réellement avec l'explosion cambrienne il y a 540 millions d'années.

Les découvertes de fossiles précambriens permettent de situer les étapes de l'évolution des êtres vivants à cette époque. Les principales sont :
• 4,5 GA : formation de la terre ;
• 3,7 GA : date supposée de l'apparition des êtres vivants ; premiers stromatolites ?
• 3,4 GA : microflore de sphéroïdes et de filaments en Afrique du sud (gisement d'Onderwacht) ;
• 2,8 GA : microflore formée d'organismes étoilés qui ont encore leur équivalent au fond des lacs de Carélie, et qui ont besoin de très peu d'oxygène (gisement de Bulawayo en Rhodésie) ;
• 2,1 ou 2,7 GA : apparition des Eucaryotes. Ces organismes ont été découverts en Australie grâce à la présence de « fossiles moléculaires », c'est-à-dire d'hydrocarbures dérivés des lipides constitutifs de leurs cellules ;

• 1,9 GA : microflore de Guntflint au Canada. L'existence de formes très différenciées dans la formation de Guntflint montre qu'il y a spéciation, donc qu'il y a déjà un code génétique ;

• 1,7 : shungite de Finlande. Cette roche carbonée renferme le célèbre *Corycium enigmaticum* (qui n'est sans doute pas un fossile) ;

• 1 GA : découverte dans le nord de l'Inde de structures interprétées comme des tunnels creusés par des êtres triploblastiques sans squelette. Si cette interprétation est confirmée, il faudra admettre que les animaux triploblastiques sont plus anciens qu'on le croyait. Des embryons d'organismes vieux de 570 MA (MA = million d'années) et certainement triploblastiques, ont été découverts en Chine. Avec ces embryons se trouvent plusieurs espèces d'algues pluricellulaires qui avaient déjà acquis un degré de complexité morphologique semblable à celui des algues actuelles.

• 680 à 600 MA : le gisement d'Ediacara en Australie date du Vendien, c'est-à-dire de la fin du Précambrien. Il renferme ce que l'on a longtemps considéré comme les plus vieilles espèces animales. Ces fossiles mesurent plusieurs centimètres mais ils ne possèdent aucun organe interne de structure complexe. Beaucoup avaient une forme aplatie. Le gisement d'Ediacara renferme des Méduses, des Pennatulides mais surtout des Coelomates tels que des Annélides (genre *Spriggina*) et des formes énigmatiques de grande taille que l'on considère comme les précurseurs de Mollusques, d'Échinodermes et de Trilobites. Cette faune disparaît au Cambrien et elle laisse la place à des êtres triploblastiques pourvus d'une symétrie bilatérale et surtout d'un squelette calcaire beaucoup plus facile à fossiliser. Ce changement fondamental est attribué à un changement des conditions de milieu à la fin du Précambrien.

2.3. L'explosion cambrienne

L'explosion cambrienne qui a duré de 530 à 520 MA marque l'épisode le plus intriguant de la paléontologie. Selon certains elle correspond à l'apparition d'un nouveau type de développement embryologique qui aurait augmenté le nombre de cellules du corps et procuré des possibilités d'innovations anatomiques aboutissant à une plus grande complexité. D'autres proposent plutôt une explication écologique à cette explosion, comme la formation rapide de nouveaux réseaux trophiques dans un milieu où les niches écologiques vacantes étaient encore nombreuses. Cependant l'analyse de l'ARN des ribosomes de diverses espèces suggère que beaucoup de phyla se seraient déjà diversifiés il y a plus de 900 MA, donc bien avant l'explosion cambrienne. La faune cambrienne la plus remarquable est celle des schistes de Burgess, une localité de l'ouest du Canada. Ces schistes, âgés de 530 MA, ont fourni une faune riche et originale constituée par des Spongiaires, des Brachiopodes, des Trilobites, des Échinodermes, des Cnidaires, un Mollusque, des Priapuliens, des Polychètes, des Crustacés, un Onychophore et un Chélicerate ainsi qu'une trentaine d'espèces d'Arthropodes qu'il est difficile de situer dans une classe actuelle. Des

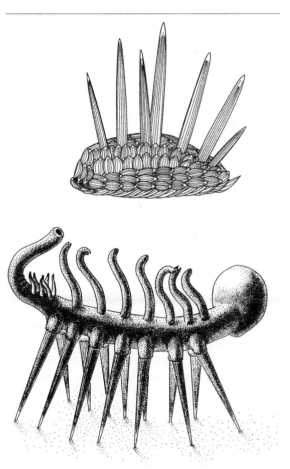

Figure 1.4

Reconstitution de deux organismes des schistes de Burgess

En haut, *Wiwaxia*, un Annélide vue de profil.

En bas, *Hallucigenia*, un Onychophore. On sait aujourd'hui que *Hallucigenia* doit être retourné de 180 degrés, les sept paires de « pattes » étant en réalité des appendices de la face dorsale.

espèces extraordinaires ont été trouvées. *Hallucigenia* se présente sous la forme de restes dans lesquels on reconnaît une tête de forme bulbeuse, des tentacules dorsaux, sept paires d'épines ventrales, des tentacules postérieurs plus petits et une partie postérieure en forme de tube plus étroit que le reste du corps et redressée vers le haut (figure 1.4). On admet que cette espèce appartient au phylum des Onychophores. *Anomalacaris*, le plus grand animal des schistes de Burgess, atteignait 60 cm. Formidablement équipé de rangées de dents disposées en cercle autour de la bouche cet animal devait broyer les carapaces des Trilobites et autres animaux. *Opabinia* se caractérise par la possession de 5 yeux, par un appendice antérieur de la tête terminé par des griffes, par le corps segmenté et muni de branchies en position dorsale, et par un appendice caudal formé de 3 segments. *Wiwaxia* jadis considéré comme une espèce énigmatique est en réalité un Annélide Polychète voisin des *Aphrodite* actuels.

La faune des schistes de Burgess peut être interprétée selon deux modèles opposés de l'évolution des organismes. Le modèle classique admet que l'évolution se fait par diversification progressive croissante de nouveaux taxa. Dans cette hypothèse les espèces des schistes de Burgess appartiennent malgré leurs formes souvent aberrantes à des phyla actuels tels que les Arthropodes, et les fossiles classés dans la catégorie des « *aenigmatica* » sont en réalité des spécimens mal étudiés appartenant à des phyla actuels. Selon un autre modèle dû à Gould, l'évolution s'est faite par disparition de certains phyla qui n'ont pas eu de descendance. Ceux qui subsistent ne sont pas les mieux adaptés mais les plus « chanceux ». Gould admet que l'évolution des espèces progresse par des sauts brusques analogues à des macromutations. Entre ces périodes d'évolution rapide (à l'échelle des temps géologiques) les espèces restent stables puis elles disparaissent aussi brusquement qu'elles sont nées. Cette théorie explique l'absence fréquente des « chaînons manquants » dans les archives paléontologiques. Elle pourrait trouver une justification dans la découverte du rôle de certains gènes lors du développement embryonnaire. Dans ce modèle qui correspond à la théorie des *équilibres ponctués*, l'évolution prend un caractère imprévisible, la sélection naturelle ne joue plus guère de rôle et certains fossiles des schistes de Burgess appartiendraient

à des phyla aujourd'hui disparus (figure 1.5). Cette interprétation est encore contestée par de nombreux paléontologistes.

Quelle que soit l'hypothèse retenue pour expliquer l'évolution, l'étude des documents paléontologiques montre que la biodiversité, évaluée par le nombre de familles ou d'espèces (c'est-à-dire de catégories taxinomiques de rang inférieur), a régulièrement augmenté depuis le Cambrien jusqu'au Pléistocène, malgré des périodes d'extinction massive. La transition entre le Précambrien et le Phanérozoïque a représenté la plus grande révolution de l'histoire de la biosphère. L'évolution extrêmement lente des organismes du Précambrien serait due à la prédominance de la reproduction asexuée. La reproduction sexuée apparue assez tard, favorise le brassage génétique et par conséquent la diversification et l'évolution des espèces.

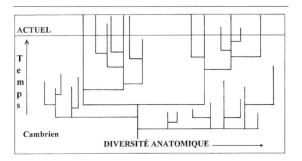

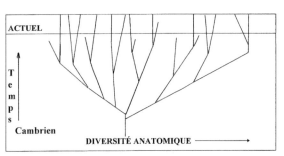

Figure 1.5
Deux conceptions de l'évolution des organismes
En haut, schéma de l'évolution proposé par Gould. La diversité anatomique est maximale très tôt après l'apparition des organismes pluricellulaires. La plupart des phyla disparaissent très vite. Ceux qui subsistent se diversifient intensément ce qui fait que le nombre d'espèces (mais non le nombre de types d'organisation) est maximum de nos jours. Ce schéma admet aussi une évolution rapide dans le temps selon la théorie des équilibres ponctués.
En bas, schéma classique de l'évolution qui progresse selon une diversité croissante. Dans cette hypothèse la diversité anatomique et le nombre d'espèces augmentent simultanément. En outre l'évolution est progressive et sans changements brusques selon le schéma darwinien classique.

2.4. L'évolution depuis le Cambrien : les grandes crises

La disparition des espèces au cours des temps est un phénomène naturel. Lorsque des disparitions nombreuses surviennent durant une période de temps limitée, on parle de catastrophe ou de crise. Ces dernière sont utilisées depuis longtemps pour délimiter les grandes périodes de l'histoire géologique. On estime que plus de 95 % des espèces qui ont existé sont aujourd'hui éteintes et que 5 % seulement de toutes les espèces animales et végétales qui ont existé survivent de nos jours.

La durée de vie varie selon les espèces. Elle est en moyenne de 5 à 10 MA, mais elle n'est que de un MA pour les Mammifères, beaucoup plus pour les insectes, de 11 MA pour les invertébrés marins mais seulement de 1 à 2 MA pour les Ammonites (figure 1.6). L'évolution rapide de ces dernières qui renferment plusieurs milliers d'espèces en fait de bons fossiles stratigraphiques. Le taux moyen d'extinction des espèces est estimé à deux par an durant l'ère secondaire et à une tous les 50 à 100 ans à l'ère tertiaire. Puisque la diversité a malgré tout augmenté c'est que la vitesse d'apparition des espèces nouvelles a été supérieure à la vitesse d'extinction. Il n'en est plus de même aujourd'hui en raison des activités humaines.

Après les périodes d'extinction massive le temps de reconstitution d'une faune ayant une biodiversité « normale » est élevé. Il a été de 5 à 10 MA pour l'installation d'une faune de Mammifères après la disparition des Dinosaures (figure 1.7), et de 20 MA pour que les invertébrés marins qui avaient perdu la moitié de leurs familles à la fin du Permien retrouvent un nombre de familles égal à celui qu'ils avaient auparavant. La reconstitution des faunes se fait souvent à partir des rares survivants d'une catastrophe. Le genre *Miocidaris* est le seul oursin permien qui ait survécu et il est à l'origine des divers oursins actuels. Après la catastrophe de la fin du Permien le nombre de genres de Brachiopodes diminue brusquement et le nombre de genres de Lamellibranches augmente rapidement car ces derniers occupent les niches écologiques laissées libres (figure1.8).

Les archives fossiles les mieux conservées et les plus abondantes sont celles des invertébrés marins. Ce sont ces organismes qui ont servi à

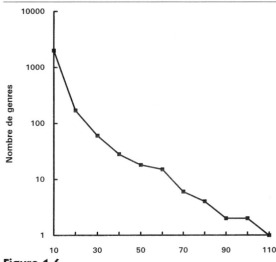

Figure 1.6

Durée moyenne de survie (en MA) des genres d'Ammonites

Chaque point représente la durée de survie d'un genre, quelle que soit l'époque à laquelle il est apparu. L'alignement approximatif des points suggère que la probabilité d'extinction est indépendante de l'âge du taxon (Van Valen, 1973).

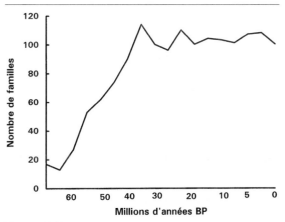

Figure 1.7

Augmentation du nombre de familles de Mammifères depuis le début de l'ère tertiaire, après la disparition des Dinosaures.

La diversification est longue et progressive et elle est suivie par un état quasi stationnaire au voisinage du maximum (Lillegraven, 1972).

établir le nombre et l'importance des diverses périodes d'extinctions massives.

La *première crise* s'est produite au début du Cambrien (530 MA). Elle a vu l'élimination de 40 à 50 % des genres d'animaux marins, en particulier des Spongiaires du groupe des

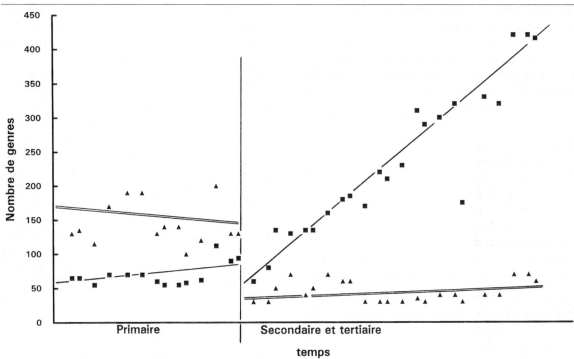

Figure 1.8
Après la catastrophe de la fin de l'ère primaire le nombre de genres de Brachiopodes (triangles) diminue brusquement et le nombre de genres de Lamellibranches (carrés) augmente rapidement

Les Lamellibranches occupent la niche écologique laissée libre. Ce remplacement de faunes s'observe après toutes les crises.

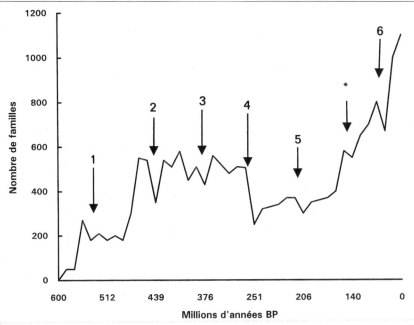

Figure 1.9
Évolution du nombre de familles d'invertébrés marins depuis le début du Cambrien jusqu'à nos jours.

Les six épisodes majeurs d'extinction sont indiqués par des flèches ; la flèche marquée par un astérisque indique la période de crise modérée qui est survenue à la limite du Cénomanien et du Turonien. 1 : début du Cambrien ; 2 : fin de l'Ordovicien ; 3 : limite Frasnien-Famennien ; 4 : fin du Permien ; 5 : fin du Trias ; 6 : limite Crétacé-Tertiaire (d'après Erwin *et al.* 1987).

Archaeocyatidés ainsi que de divers Coraux et Brachiopodes. Une période d'anoxie due à de possibles variations de la composition de l'atmosphère est survenue dans le milieu marin et elle semble responsable de la crise du Cambrien (figure 1.9).

La *deuxième crise* se situe à la fin de l'Ordovicien (439 MA). Elle est attribuée à un épisode de glaciation qui a entraîné une baisse du niveau des mers et une disparition de beaucoup d'espèces liées au plateau continental. Le pourcentage de familles disparues est estimé à 22 %. Les Brachiopodes ont beaucoup souffert de cette crise. Le renouvellement des faunes fut rapide en raison de la remontée des eaux, ce qui a augmenté la surface du plateau continental.

La *troisième crise* (376 MA) qui correspond au milieu du Dévonien (période Frasnien-Famennien) a été déclenchée par une baisse soudaine de la température et par des changements rapides de la composition de l'eau de mer ainsi qu'à des impacts de météorites. Elle a vu disparaître 21 % des familles, de 50 à 55 % des genres et de 70 à 80 % des espèces.

La *quatrième crise* a été la plus importante et la plus longue. Elle se situe à la jonction du Permien et du Trias (251 MA) et elle a entraîné un renouvellement considérable des faunes marines. La fin du Permien a vu disparaître 54 % des familles, de 78 à 84 % des genres et 96 % des espèces. Sur terre, plus des 2/3 des familles de Reptiles et d'Amphibiens se sont éteintes. Parmi les 27 ordres d'insectes qui existaient à l'ère primaire 8 ont disparu, 4 ont été sévèrement décimés et 3 ont survécu seulement jusqu'au Trias. C'est la seule extinction en masse connue chez les insectes. Ces extinctions se sont accompagnées d'un renouvellement important des faunes. Auparavant les mers étaient peuplées surtout par des espèces immobiles reposant sur le fond ou attachées par un pédoncule et filtrant l'eau pour se nourrir. Les Bryozoaires, Brachiopodes, Coraux et Crinoïdes ont été particulièrement affectés ; les derniers Trilobites et beaucoup de Nautiloïdes ont disparu. Le seul groupe marin qui ne semble pas avoir souffert est celui des Conodontes, organismes longtemps énigmatiques que l'on considère aujourd'hui comme un ensemble de Cordés primitifs. Après la catastrophe permienne beaucoup de groupes qui étaient peu représentés ont pris de l'importance, en particulier les Poissons, Céphalopodes,

Crustacés et Lamellibranches et des groupes entièrement nouveaux sont apparus. Il y a donc eu une réorganisation écologique importante qui a marqué le début de l'ère secondaire. Cette catastrophe est due à une baisse rapide du niveau des mers, ce qui a entraîné une oxydation rapide de la matière organique, enrichi l'atmosphère en CO_2, provoqué un effet de serre, et réduit la quantité d'oxygène dissous dans l'eau. Elle est due aussi à des éruptions volcaniques importantes dont on retrouve la trace en Sibérie et en Chine. Aucune autre catastrophe n'a changé aussi radicalement l'aspect de la vie sur terre. Il n'y a pas de trace d'un impact météorique comme il y en a un à la limite K-T. Certains paléontologistes pensent que les espèces qui ont survécu sont celles qui ont pu subsister dans un milieu pauvre en oxygène. Les végétaux ont aussi souffert comme le montrent les études du pollen.

La *cinquième crise*, beaucoup moins importante, se situe à la fin du Trias (206 MA). À cette époque 20 % des familles ont disparu.

La *sixième crise*, la plus importante après celle de la fin du Permien, se situe à la limite Crétacé-Tertiaire (limite K-T) et elle date de 65 MA. Elle a vu la disparition des Dinosaures, des Ammonites et des Belemnites, des Rudistes (à l'exception du genre *Chama* qui persiste à l'Éocène) et de 11 % des familles d'Invertébrés marins. Les Brachiopodes et, parmi les végétaux les Cycadales, disparaissent en grande partie. Les Mammifères et les plantes à fleurs se diversifient considérablement après la catastrophe, de même que les Gastéropodes. Une période d'extinction moins importante se situe à la limite du Cénomanien et du Turonien.

Les causes des extinctions de la fin du Crétacé sont encore mal connues. Elles ont été recherchées dans des variations du niveau de la mer. Des éruptions volcaniques gigantesques (dont on retrouve les traces sous la forme de coulées de lave en Inde) ont également été mises en cause. Les produits rejetés dans l'atmosphère auraient fait écran, perturbé l'activité photosynthétique et réchauffé la terre par effet de serre. L'hypothèse la plus récente est celle de l'impact d'une météorite qui aurait soulevé un nuage de poussière faisant écran au rayonnement solaire. La présence à la limite K-T de teneurs élevées en iridium, un métal rare sur terre et peut être d'origine extraterrestre ainsi que de grains de quartz choqués et déformés par

des pressions élevées sont en faveur de la deuxième hypothèse, de même que l'existence d'acides aminés différents de ceux des êtres vivants. L'extinction de groupes comme les Dinosaures ou les Ammonites s'est étalée sur une période de durée mal connue qui peut être de 1 000 ans ou de 500 000 ans. Si la durée a été de 1 000 ans un phénomène brutal comme un choc météorique est à envisager. Si elle a été de 500 000 ans un phénomène de longue durée comme des éruptions volcaniques pourrait être le responsable. Il est également possible que l'extinction commencée sous l'influence d'éruptions volcaniques ait été accélérée par la chute d'une météorite.

Les premiers témoins de vie végétale terrestre sont des spores groupées en tétrades qui datent du milieu de l'Ordovicien (476 MA). L'identité des plantes qui ont produit ces tétrades est mal connue car aucun mégafossile ne leur est associé. Cependant des analyses phylogénétiques récentes montrent que ces végétaux étaient certainement des Hépatiques rappelant les *Marchantia* ou les *Riccia* actuelles. Le nombre de types d'organisation chez les végétaux était plus élevé au Paléozoïque que de nos jours. Cette diversité a commencé à décroître à partir du Crétacé lors de l'apparition des Angiospermes qui ont rapidement dominé la végétation terrestre. Contrairement à ce qui s'est passé chez les animaux, il n'y a pas eu chez les végétaux de périodes d'extinctions massives, mais remplacement de groupes systématiques par d'autres, les nouveaux groupes ayant une organisation plus perfectionnée, en particulier en ce qui concerne leur mode de reproduction (figure 1.10). Les végétaux, grâce à la photosynthèse chlorophyllienne ont permis l'enrichissement progressif de l'atmosphère en oxygène. Ce phénomène est particulièrement net au Dévonien (400 à 360 MA). À cette époque l'expansion de la végétation terrestre s'accompagne d'une baisse rapide de la teneur de l'atmosphère en CO_2 (figure 1.11).

L'évolution de la faune et de la flore au cours des temps s'est accompagnée de modifications des réseaux trophiques et du fonctionnement des écosystèmes. Les premiers écosystèmes terrestres, constitués au Silurien, étaient formés de cryptogames et d'Arthropodes décomposeurs. Au Dévonien les Arthropodes se diversifièrent mais restèrent surtout détritivores

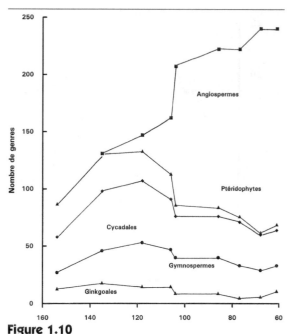

Figure 1.10
Évolution du nombre de genres dans les divers groupes de plantes vasculaires pour la période comprise entre 60 et 160 MA

Les Angiospermes ont une diversification spectaculaire qui est parallèle à celle des insectes phytophages. Certains taxa comme les Gingkoales disparaissent presque complètement (Knoll, 1984).

(Myriapodes) et carnivores (Arachnides). Au Carbonifère les premiers Vertébrés terrestres (Amphibiens) qui firent leur apparition étaient insectivores ou carnivores. Les insectes herbivores sont apparus au Carbonifère et les vertébrés terrestres herbivores au Permien. Les vertébrés phytophages ne sont devenus réellement nombreux qu'au début de l'ère secondaire. À l'ère tertiaire les Mammifères sont les principaux vertébrés herbivores et les Angiospermes dominent la végétation terrestre. L'explosion des Angiospermes (et la réduction ou même la disparition des autres groupes végétaux) coïncide avec la diversification des insectes, en particulier des insectes phytophages, qui coloniseront rapidement tous les écosystèmes (Behrensmeyer *et al.*, 1992).

En conclusion, l'étude des fossiles montre que depuis 500 MA il y a eu une augmentation progressive de la diversité spécifique. Cette augmentation a pris une allure exponentielle depuis 250 MA. Mais un certain nombre de catégories supraspécifiques se sont éteintes sans descendance.

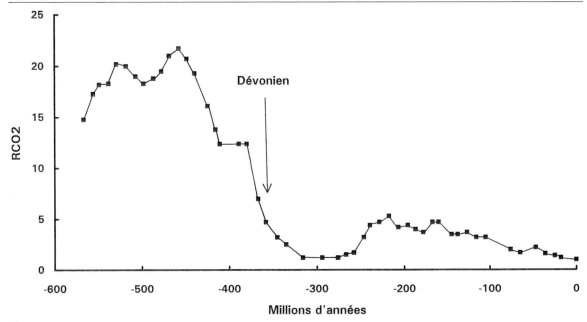

Figure 1.11

Variation de la teneur de l'atmosphère en CO_2 durant les 550 derniers millions d'années

Le paramètre RCO_2 est le rapport entre la teneur de l'atmosphère en CO_2 à une époque déterminée et le rapport qui existait à l'époque préindustrielle (c'est-à-dire 300 ppm). La baisse brutale de RCO_2 au Dévonien correspond au développement important de la végétation terrestre (Berner, 1997).

Dans l'état actuel de nos connaissances la biosphère est un phénomène unique qui serait en grande partie, d'après Lovelock (1988), le résultat de l'action des êtres vivants. Selon l'hypothèse *Gaïa* émise par cet auteur, la biosphère, l'atmosphère, l'hydrosphère et la partie superficielle de l'écorce terrestre forment un vaste système autorégulé et doué d'homéostasie grâce à l'action des êtres vivants. Cette conception est étayée par diverses observations telles que la coexistence dans l'atmosphère de l'oxygène et du méthane, gaz incompatibles qui doivent donc se former continuellement. Le maintien d'une température relativement constante est également interprété comme le résultat de l'action des êtres vivants.

Références

BEHRENSMEYER, A. K. *et al.*, 1992. *Terrestrial ecosystems through time.* University of Chicago Press.

BERNER, R. A., 1997. The rise of plants and their effect on weathering and atmospheric CO_2. *Science*, **276**, p. 544-546.

BOLIN, B. *et al.*, 1979. *The global carbon cycle.* Scope n° 13. John Wiley & Sons, Chichester.

CHARVOLIN, F., 1994. L'invention de la biosphère : les fondements d'une méthode. *Nature, Science, Sociétés*, **2**, p. 21-30.

DES MARAIS, D. J., 1990. Microbial mats and the early evolution of life. *TREE*, **5** : 140-144.

ERWIN, D. H. *et al.*, 1987. A comparative study of diversification events : the early Palaeozoic versus the Mesozoic. *Evolution*, **41**, p. 12-27.

GILLET, P., 1993. L'eau du manteau terrestre. *La Recherche*, 24 : 676- 685.

GOULD, S. J., 1989. *Wonderful life. The Burgess shale and the nature of life.* Norton, New York. Edition française : *La vie est belle.*

KNOLL, A. H., 1984. Patterns of extinction in the fossil record of vascular plants, pp. 21-68. *In* : M.H. Viecki (ed.), *Extinctions.* University of Chicago Press.

LIETH, H. & WHITTAKER, R. H., 1975. *Primary productivity of the biosphere.* Ecological studies n°14. Springer, Berlin.

LILLEGRAVEN, J. A., 1972. Ordinal and familial diversity of Cenozoic mammals. *Taxon*, **21**, p. 261-274.

LOVELOCK, J., 1988. *The ages of Gaia : a biography of our living earth.* Oxford Univ. Press.

PARKES, R. J., 1994. Deep bacterial biosphere in Pacific ocean sediments. *Nature*, 371 : 410-413.

286   Die Descendenz-Theorie und die Selections-Theorie.

XI. Oecologie und Chorologie.

In den vorhergehenden Abschnitten haben wir wiederholt darauf hingewiesen, dass alle grossen und allgemeinen Erscheinungsreihen der organischen Natur ohne die Descendenz-Theorie vollkommen unverständliche und unerklärliche Räthsel bleiben, während sie durch dieselbe eine eben so einfache als harmonische Erklärung erhalten[1]). Dies gilt in ganz vorzüglichem Maasse von zwei biologischen Phaenomen-Complexen, welche wir schliesslich noch mit einigen Worten besonders hervorheben wollen, und welche das Object von zwei besonderen, bisher meist in hohem Grade vernachlässigten physiologischen Disciplinen bilden, von der Oecologie und Chorologie der Organismen[2]).

Unter Oecologie verstehen wir die gesammte Wissenschaft von den Beziehungen des Organismus zur umgebenden Aussenwelt, wohin wir im weiteren Sinne alle „Existenz-Bedingungen" rechnen können. Diese sind theils organischer, theils anorganischer Natur; sowohl diese als jene sind, wie wir vorher gezeigt haben, von der grössten Bedeutung für die Form der Organismen, weil sie dieselbe zwingen, sich ihnen anzupassen. Zu den anorganischen Existenz-Bedingungen, welchen sich jeder Organismus anpassen muss, gehören zunächst die physikalischen und chemischen Eigenschaften seines Wohnortes, das Klima (Licht, Wärme, Feuchtigkeits- und Electricitäts-Verhältnisse der Atmosphäre), die anorganischen Nahrungsmittel, Beschaffenheit des Wassers und des Bodens etc.

GENERELLE MORPHOLOGIE

DER ORGANISMEN.

ALLGEMEINE GRUNDZÜGE

DER ORGANISCHEN FORMEN-WISSENSCHAFT,

MECHANISCH BEGRÜNDET DURCH DIE VON

CHARLES DARWIN

REFORMIRTE DESCENDENZ-THEORIE,

VON

ERNST HAECKEL.

ZWEITER BAND:

ALLGEMEINE ENTWICKELUNGSGESCHICHTE

DER ORGANISMEN.

„E PUR SI MUOVE!"

Le mot écologie (sous la forme Oecologie) apparaît pour la première fois, en 1866, à la page 286 du livre « *Generelle Morphologie der Organismen* » du zoologiste allemand Ernst Haeckel. La définition de l'écologie donnée par Haeckel (dans le deuxième paragraphe) est très précise. La traduction en est donnée dans l'introduction (page 1)

Première partie

ÉCOLOGIE DES ORGANISMES

L'écologie des organismes ou autoécologie étudie l'action du milieu sur les êtres vivants et les réactions de ceux-ci (le terme mésologie est, rarement, employé pour désigner l'étude des facteurs du milieu et leur action sur les organismes). « L'idée essentielle de l'écologie est celle d'une adaptation, c'est-à-dire d'une corrélation entre l'organisme et son milieu » (Prenant, 1934). L'adaptation des organismes à leur milieu peut être morphologique et/ou physiologique. L'étude de la physiologie des organismes en relation avec les caractéristiques du milieu constitue l'écophysiologie.

L'adaptation des organismes à leur milieu, bien que fréquente, n'est pas toujours parfaite. Il arrive que les êtres vivants ne rencontrent pas dans la nature les conditions de vie idéales telles qu'on peut les déterminer au laboratoire. Ainsi l'alose américaine pond dans de l'eau douce bien éclairée et à la température de 12°C ; mais ses œufs se développent mieux à la température de 17°C, à l'obscurité et dans de l'eau saumâtre dont la teneur en sels est de 7,5 pour mille. Il en résulte une forte mortalité qui n'empêche pourtant pas l'espèce de survivre.

L'être vivant se trouve non « dans un milieu théorique, constant, toujours semblable à lui-même à un facteur près, mais bien dans le monde où se jouent des forces sans cesse variables » (Plantefol, 1930). Les interactions entre espèces ont une grande importance. Ainsi *Spergula arvensis* est une petite Caryophyllacée qui se développe d'une façon optimale en culture pure à un pH compris entre 6 et 6,5 mais qui, lorsqu'elle est cultivée en présence de la Crucifère *Raphanus raphanistrum* a un meilleur développement pour un pH égal à 4. Ces faits ne signifient pas que les études conduites au laboratoire sont sans importance. Mais on ne peut, sauf exception, les transposer telles quelles dans la nature.

La connaissance empirique des exigences écologiques des diverses espèces animales et végétales est ancienne. Elle était nécessaire à l'homme préhistorique chasseur et pêcheur. L'étude de l'action du milieu sur les organismes a été entreprise il y a longtemps. On trouve dans l'œuvre de grands naturalistes comme Réaumur, Linné, Humboldt, de Candolle, des observations qui se rapportent à ce que nous appelons aujourd'hui l'autoécologie. La connaissance des exigences des végétaux cultivés et de leurs réactions vis-à-vis du climat ou du sol est indispensable en agriculture. Les tentatives de prévision des modifications de la biosphère sous l'influence du « changement global » ne peuvent se faire que si l'on connaît l'autoécologie des espèces. Tout ceci justifie une étude assez détaillée de l'écologie des organismes qui sera faite dans les chapitres qui suivent.

Références

PRENANT, M., 1934. *Adaptation, écologie et biocénotique.* Hermann, Paris.

PLANTEFOL, L., 1930. *L'orientation actuelle des sciences.* VI. La biologie végétale. Alcan, Paris.

Chapitre 2

LES FACTEURS ÉCOLOGIQUES

> « Tout ce qui nous environne, et tout ce que nos sens peuvent apercevoir, nous présentent sans cesse une multitude énorme de phénomènes divers, que le vulgaire, sans doute, voit avec d'autant plus d'indifférence qu'il les trouve plus communs, mais que l'homme vraiment philosophe ne peut considérer sans intérêt. Il règne dans tout l'univers une activité étonnante, qu'aucune cause ne paraît affaiblir, et tout ce qui existe semble constamment assujetti à un changement nécessaire. »
>
> Lamarck, *Recherches sur les causes des principaux faits physiques*.

On appelle facteur écologique tout élément du milieu susceptible d'agir directement sur les êtres vivants, au moins durant une partie de leur cycle de développement. Il est commode de classer les nombreux facteurs écologiques en deux catégories : les facteurs abiotiques et les facteurs biotiques. Les premiers comprennent l'ensemble des caractéristiques physico-chimiques du milieu, et les seconds l'ensemble des interactions qui se réalisent entre des individus de la même espèce ou d'espèces différentes. Une autre classification distingue des facteurs dépendants de la densité et des facteurs indépendants de la densité. Les facteurs indépendants de la densité agissent sur les organismes avec une intensité qui ne dépend pas de leur abondance. Ce sont des facteurs climatiques (température, pluviosité, lumière, vent...), édaphiques (texture et structure du sol, composition chimique), ou les caractéristiques physico-chimiques de l'eau pour les organismes aquatiques. Les facteurs dépendant de la densité ont une action dont l'intensité augmente avec l'abondance des individus. Ce sont presque toujours des facteurs biotiques comme la prédation ou la compétition.

I. FACTEUR LIMITANT ET LIMITES DE TOLÉRANCE

On doit à Liebig (1840) la loi du minimum selon laquelle la croissance des végétaux est limitée par l'élément dont la concentration est inférieure à une valeur minimale au dessous de laquelle les synthèses ne peuvent plus se faire. Cette loi peut être généralisée ainsi : un facteur écologique joue le rôle de facteur limitant lorsqu'il est absent ou réduit au-dessous d'un seuil critique ou bien s'il excède le niveau maximum tolérable. La teneur de l'eau de mer en phosphates joue le rôle de facteur limitant et règle l'abondance du plancton ainsi que la productivité du milieu (figure 2.1). Le bore est un élément rare dans le sol. Lorsqu'il a été épuisé par les plantes cultivées, la croissance de celles-ci s'arrête même si on leur fournit en abondance les autres éléments indispensables.

Chaque être vivant présente vis-à-vis des divers facteurs écologiques des limites de tolérance entre lesquelles se situe son optimum écologique (figure 2.2). Cette notion a été établie par Shelford (1911) lors de son étude de l'écologie des Cicindèles qui habitent les rives du lac Michigan. Il a montré que la période de reproduction de ces insectes est celle où leurs exigences sont les plus précises. Pour que la ponte ait lieu et pour que les jeunes larves survivent, il faut que les œufs soient déposés dans un sol poreux, sableux, contenant peu d'humus, bien drainé, dont la teneur en eau et la température sont comprises entre des limites assez étroites. En outre les œufs sont pondus en général à l'ombre de petits cailloux où la lumière est atténuée.

Une espèce capable de supporter des variations importantes de l'intensité des facteurs écologiques est dite euryèce. Elle est sténoèce dans le cas contraire. Cette nomenclature appliquée à des facteurs écologiques tels que la tempé-

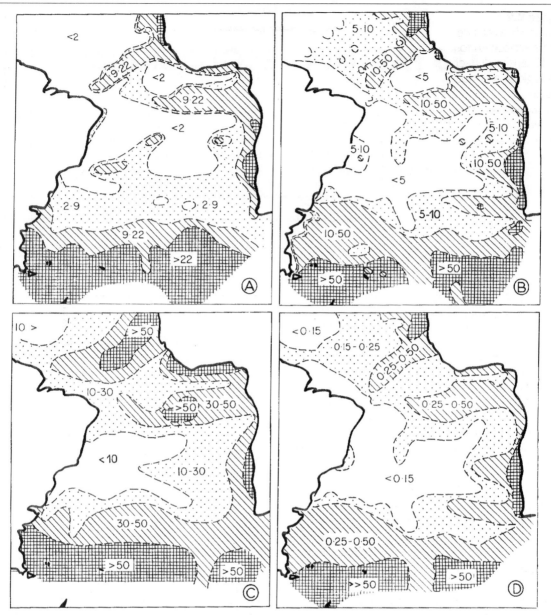

Figure 2.1

Influence de la concentration de l'eau de mer en phosphates sur la productivité et sur l'abondance des animaux dans l'océan Atlantique

A : Concentration de l'eau en phosphates en mg/m³, moyenne des 50 m superficiels.
B : Abondance du plancton en milliers d'individus par litre d'eau, moyenne des 50 m superficiels.
C : Nombre de Métazoaires du plancton dans un volume de 4 litres d'eau des couches superficielles.
D : Productivité primaire brute en été, en g/C/m²/jour. Une étroite corrélation existe entre ces quatre facteurs car la concentration en phosphates agit comme facteur limitant de la productivité (Nielsson & Jensen, 1959).

rature ou la salinité permet de définir des espèces sténothermes, eurythermes, sténohalines, euryhalines. Dans les régions à climat froid la température est en général le facteur limitant. Dans les régions à climat chaud ou aride le facteur limitant est le plus souvent l'eau.

L'exemple des Cicindèles montre que les limites de tolérance peuvent varier en fonction du stade de développement. Les Crustacés Syncarides vivent dans des eaux souterraines à température basse et régulière. En élevage ils tolèrent, à l'état adulte, des températures variant de 6° à 32°C. Le stade sensible est le stade œuf qui ne peut pas supporter des températures supérieures à 13°C. Ces Crustacés sont

Figure 2.2
Limites de tolérance
d'une espèce en fonction
de l'intensité du facteur
écologique abiotique
étudié
L'abondance de l'espèce est
maximale au voisinage de l'optimum écologique.

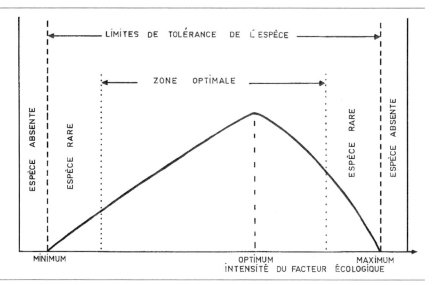

donc cantonnés dans les eaux froides car ils sont éliminés des eaux à température élevée où ils ne peuvent pas se reproduire.

En général plusieurs facteurs écologiques agissent simultanément sur les organismes et les interactions entre ces facteurs peuvent modifier les limites de tolérance qui ont été déterminées pour chaque facteur pris isolément. Chez l'Orthoptère *Podisma pedestris* la sténothermie est beaucoup plus prononcée dans un milieu humide que dans un milieu sec (figure 2.3).

Les conditions de vie dans la biosphère varient avec le temps. Les variations journalières de la température, de la pluviosité, de la force du vent sont aléatoires, non périodiques et non prévisibles. Les variations de la longueur du jour, de la hauteur des marées ou les variations annuelles de la température sont imposées par la rotation de la terre et par l'inclinaison de son axe de rotation. Ces variations sont périodiques, régulières et prévisibles. La variation aléatoire de beaucoup de facteurs écologiques interdit toute adaptation rigoureuse des organismes.

II. LES RÉACTIONS DES ÊTRES VIVANTS

Les réactions des êtres vivants face aux variations des facteurs physico-chimiques du milieu intéressent la morphologie, la physiologie, le comportement.

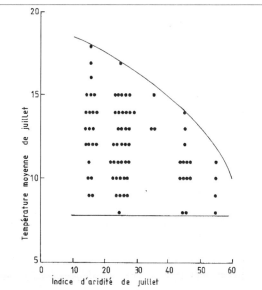

Figure 2.3
Répartition, dans les Alpes françaises, de l'Orthoptère Podisma pedestris en fonction de la température moyenne de juillet et de l'indice d'aridité du même mois
Chaque point correspond à un relevé contenant l'insecte. La sténothermie de *Podisma pedestris* est plus marquée en climat humide qu'en climat sec, ce qui montre l'interaction des deux facteurs écologiques, la température et la pluviosité (Dreux, 1961).

(a) Les êtres vivants sont éliminés totalement, ou bien leurs effectifs sont fortement réduits lorsque l'intensité des facteurs écologiques est proche des limites de tolérance ou les dépasse.

Les grands froids de février 1956 ont presque anéanti les flamants roses de Camargue et réduit

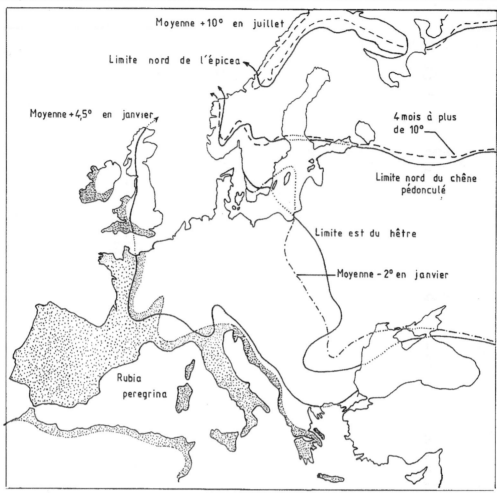

Figure 2.4

La température agissant comme facteur limitant règle la répartition géographique de diverses espèces

La garance *Rubia peregrina* est à peu près limitée par l'isotherme + 4,5°C en janvier. La limite orientale du hêtre coïncide avec l'isotherme – 2°C en janvier. La limite nord du chêne pédonculé est superposée à l'isotherme « 4 mois à plus de 10°C » et l'épicéa est limité au nord par la température moyenne de + 10°C en juillet. Remarquer la baisse hivernale de température de l'ouest à l'est de l'Europe, où le climat devient de plus en plus continental, et la disposition presque nord-sud des isothermes hivernales en Europe occidentale, ce qui est dû à l'influence du Gulf Stream qui réchauffe les côtes européennes.

de plus de moitié les populations de mésanges de Côte d'Or. La sécheresse qui a sévi au Sahel dans les années 1970 a eu un effet catastrophique sur les oiseaux. Dans la savane de Fété-Olé, au nord du Sénégal, l'avifaune a été réduite de 108 à 75 espèces, son effectif annuel moyen de 6,3 à 2,9 individus par hectare, et sa biomasse moyenne de 402 grammes par hectare à 186 grammes. Les espèces thermophiles sont arrêtées dans leur extension vers le nord par les basses températures (figure 2.4). L'olivier, le chêne vert et divers autres arbres sont cantonnés dans la région méditerranéenne par leurs exigences thermiques (figure 2.5).

(b) Des réactions fréquentes aux facteurs climatiques sont la modification des cycles de développement, l'estivation ou l'hibernation, la migration.

(c) Des modifications morphologiques, provisoires et non héréditaires traduisant la plasticité phénotypique des espèces apparaissent lorsque les facteurs climatiques changent. Ces modifications sont des accommodats. Gaston Bonnier a cultivé simultanément en plaine et en montagne une vingtaine d'espèces de plantes à fleurs. Il a constaté que les plantes de montagne cultivées en plaine ne se modifient pas tandis que les

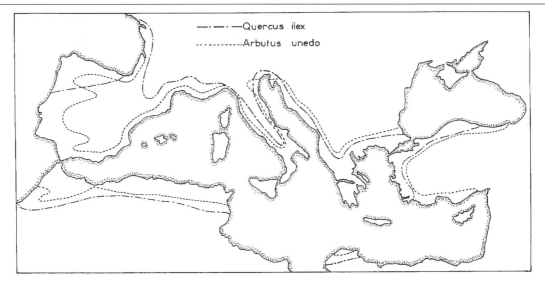

Figure 2.5

Limites de répartition de deux arbres méditerranéens, le chêne vert Quercus ilex et l'arbousier Arbutus unedo

D'autres arbres tels que l'olivier, le chêne kermès *Quercus coccifera* et le térébinthe *Pistacia terebinthus* ont des aires de répartition à peu près identiques. Noter la remontée des aires de répartition vers le nord sur le littoral atlantique français, dans une région à climat plus chaud où se retrouvent d'autres espèces animales et végétales à répartition de type « méditerranéen ».

plantes de plaine cultivées en montagne acquiè-rent, sous l'influence du climat d'altitude, des caractéristiques qui les font ressembler aux plantes de montagne. Leurs organes souterrains deviennent plus importants par rapport à l'en-semble des organes aériens. Leurs tiges sont plus courtes, plus velues et plus rapprochées du sol et leurs entre-nœuds sont moins nombreux et moins longs. Leurs feuilles sont plus petites, plus poilues et plus épaisses. Leurs fleurs sont plus grandes et plus vivement colorées (figure 2.6). Ces accommodats disparaissent si on cultive à nouveau en plaine les descendants de ces plantes.

(d) À l'intérieur d'une espèce, il peut se former des populations ayant des caractéristiques morphologiques ou physiologiques différentes et par conséquent des limites de tolérance diffé-rentes vis-à-vis des divers facteurs écologiques (figure 2.7). Ces populations sont des races écologiques ou écotypes. Le genêt à balais *Sarothamnus scoparius* est commun dans l'inté-rieur de la Bretagne où il se présente sous la forme d'arbustes pouvant dépasser 2 m de hauteur. Mais il en existe aussi des formes litto-

rales prostrées, plus ou moins couchées sur le sol, qui sont répandues du Finistère au Cotentin et en Irlande. Il pourrait s'agir d'anémomorphoses, c'est-à-dire de plantes couchées au sol sous l'ac-tion des vents fréquents sur le littoral. Mais la culture en serre de pieds issus de graines de genêts littoraux et de genêts continentaux montre que les formes littorales restent étalées. Elles constituent des populations génétiquement distinctes, adaptées à un climat particulier, et elles forment la sous-espèce *Sarothamnus scopa-rius* ssp. *maritimus*. Cette transformation résulte certainement d'une mutation.

Les facteurs écologiques abiotiques sont étudiés dans les chapitres qui suivent. Les facteurs écologiques biotiques seront traités avec l'écologie des populations et des peuplements.

Références

LIEBIG, J., 1840. *Traité de chimie organique*. Baillère, Paris.

SHELFORD, V. E., 1907. Preliminary notes on the distribu-tion of the tiger beetles (Cicindela) and its relation to plant succession. *Biol. Bull.*, **14**, p.9-14.

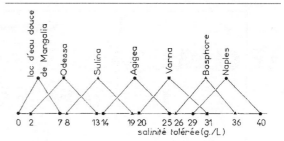

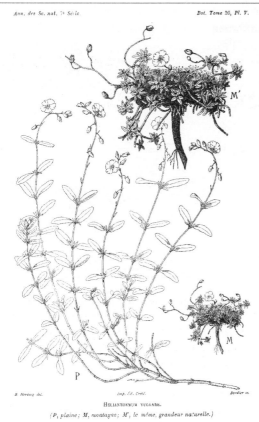

Ann. des Sc. nat. 7e Série.
Bot. Tome 20, Pl. V.

HELIANTHEMUM VULGARE.

(P, plaine ; M, montagne ; M', le même, grandeur naturelle.)

B. Herincq del. Imp. Éd. Crété. Berdier sc.

Figure 2.6
Un résultat des expériences de Gaston Bonnier
Helianthemum vulgare cultivé en plaine (P) et exemplaire nain obtenu en montagne (M). M est à la même échelle que P, et M' agrandi deux fois.

Figure 2.7
Le Crustacé Palaemon squilla vit dans la Méditerranée et dans la mer Noire, soit dans l'eau de mer (Naples), soit dans des eaux saumâtres, soit dans de l'eau douce (lac de Mangalia)

L'espèce, dans son ensemble, supporte des variations de salinité importantes de 0 à 40 g/L. Mais elle est fragmentée en populations géographiquement distinctes qui constituent des *écotypes* dont chacun ne supporte que des variations de salinité beaucoup plus réduites qui sont indiquées sur ce schéma.

Chapitre 3

LE CLIMAT RÉGIONAL ET SES VARIATIONS. LE CHANGEMENT GLOBAL

L'étude du climat et de son action sur les êtres vivants peut se faire à des échelles très différentes. Les paramètres climatiques enregistrés par les météorologistes correspondent au macro-climat ou climat régional. Ce dernier n'est pas immuable. Il a subi des variations importantes au cours des temps géologiques. En outre toutes les recherches actuelles confirment que, depuis une centaine d'années, l'action de l'homme a suffisamment modifié la biosphère pour produire des modifications climatiques qui augmenteront encore d'importance dans le siècle à venir.

I. LE BILAN RADIATIF DE LA TERRE

L'énergie reçue par la Terre provient du rayonnement électromagnétique émis par le soleil. La quantité d'énergie reçue à l'entrée de l'atmosphère, ou constante solaire est de 1 353 W/m² (soit 1,94 cal/cm²/min). Cette constante varie légèrement en fonction de l'activité du soleil. Le petit âge glaciaire qui a duré de 1645 à 1715 a été provoqué par une de ces variations de l'activité solaire. La surface de la Terre ne reçoit que des radiations visibles, comprises entre 0,4 et 0,8 µm de longueur d'onde, qui transportent environ 50 % de l'énergie globale, plus une faible partie de l'infrarouge et de l'ultraviolet ainsi que les ondes radio de longueur d'onde supérieure à 100 µm. L'ozone arrête les ultraviolets de longueur d'onde

inférieure à 0,3 µm et la vapeur d'eau arrête environ 20 % du rayonnement infrarouge, ce qui contribue à l'échauffement de l'atmosphère. La quantité d'énergie qui arrive au sol est de 342 W/m². La surface de la Terre, réchauffée, émet dans l'espace un rayonnement infrarouge dont une partie est absorbée par l'atmosphère et le reste dissipé dans l'espace (figure 3.1). L'absorption du rayonnement infrarouge émis par la Terre est due au gaz carbonique et accessoirement au méthane, à la vapeur d'eau et à quelques autres gaz. Cette absorption, qui provoque l'échauffement de la Terre, est *l'effet de serre*. Le bilan énergétique, qui est en équilibre pour l'ensemble du globe, est positif pour les régions tropicales et négatif pour les régions polaires. Un système de compensation s'établit sous la forme de courants océaniques et d'une circulation atmosphérique qui transportent de l'énergie des basses latitudes vers les zones polaires (figure 3.2) et qui jouent un rôle capital dans la distribution des climats (Bolle, 1982 ; Kandel & Fouquart, 1992).

La rotation de la Terre et l'inclinaison de son axe de rotation contribuent également à la formation des climats. Il existe des variations saisonnières importantes de la quantité d'énergie reçue au niveau du sol en fonction de la latitude comme le montrent les chiffres suivants (en cal/cm²) :

Latitude	Ensemble de l'année	Les 4 mois d'été
Zone arctique 80°N	16 800	13 600
Zone boréale 60°N	43 600	30 600
Zone tempérée froide 50°N	54 700	36 500
Zone tempérée chaude 45°N	82 000	41 000

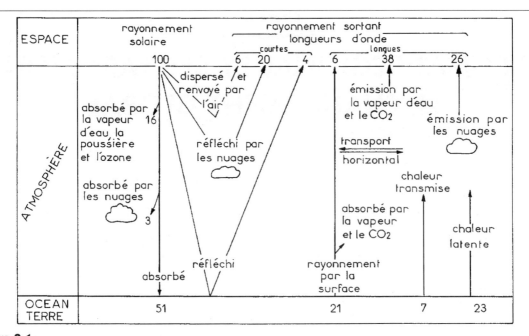

Figure 3.1

Bilan radiatif de la terre

Les rayonnements absorbés et émis sont exprimés en pourcentage du rayonnement solaire entrant dans l'atmosphère.

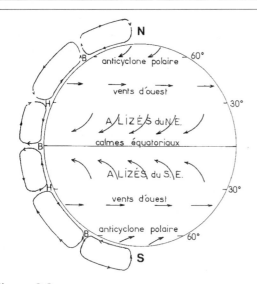

Figure 3.2

La circulation générale dans l'atmosphère

La zone équatoriale reçoit beaucoup d'énergie, l'air y est fortement chauffé et s'élève. L'équateur est donc une zone de basses pressions (marquées B). Des vents réguliers, les alizés, qui convergent vers l'équateur compensent ces basses pressions. Les alizés, déviés par la force de Coriolis (due à la rotation de la terre), se dirigent vers le sud-ouest dans l'hémisphère Nord, et vers le nord-ouest dans l'hémisphère Sud. Les zones tropicales vers 30° de latitude sont des zones de hautes pressions (marquées H) caractérisées par la stagnation de l'air et le développement de grands déserts. Les grands courants de circulation atmosphérique sont divisés en « cellules » (représentées seulement du côté gauche du schéma).

Les trois planètes dites telluriques possèdent une atmosphère non négligeable. Ce sont la Terre, Vénus et Mars. Il est très vraisemblable que, à l'origine, les gaz atmosphériques majeurs de ces trois planètes furent le gaz carbonique, la vapeur d'eau et l'azote (Hunten, 1993). La composition et l'importance des atmosphères de ces planètes peuvent être résumées par les chiffres suivants (valeurs en pourcentage ou en parties par million selon les cas) :

Planètes	Pression (bars)	CO_2 (%)	N_2 (%)	H_2O
Terre	1,013	0,033	78	< 3 %
Vénus	92	96,5	3,5	30 à 200 ppm
Mars	0,006	95,3	2,7	< 100 ppm

L'atmosphère est très raréfiée sur Mars et abondante sur Vénus. Ces deux planètes ont une atmosphère riche en gaz carbonique et pauvre en azote. Ces différences affectent le bilan radiatif. L'atmosphère ténue de Mars et sa rareté en gaz carbonique expliquent la faiblesse de l'effet de serre. Le rayonnement solaire retenu est si peu important que la température de surface y est de l'ordre de – 100 °C, ce qui est beaucoup trop bas pour permettre le maintien de la vie. Le rapport D/H (deutérium/hydrogène) est six fois supérieur à celui de la Terre, ce qui implique que, dans le passé, il y a eu perte d'eau et concentration de l'eau lourde. Les conditions qui ont régné jadis sur Mars étaient, peut-être, favorables à l'installation de la vie. Sur Vénus une atmosphère dense et riche en gaz carbonique exerce un effet de serre si intense que la température de la surface approche de 500 °C, ce qui rend la planète définitivement hostile à la vie. Le rapport D/H dans l'atmosphère de Vénus est cent fois plus grand que sur Terre ce qui suppose une évaporation intense de l'eau ordinaire non lourde dans le

passé. La Terre a une atmosphère pauvre en gaz carbonique et une pression atmosphérique au sol voisine de un bar. La présence de l'oxygène et l'abondance de l'azote sont remarquables. L'effet de serre y est plus faible que sur Vénus mais il est suffisant pour maintenir une température de surface de l'ordre de 15 °C, ce qui est compatible avec la vie.

II. LA TEMPÉRATURE ET LA PLUVIOSITÉ

La température et la pluviosité sont les deux éléments principaux du climat.

Dans l'hémisphère Sud, en grande partie maritime, le tracé des isothermes annuelles est à peu près parallèle à l'équateur. Dans l'hémisphère Nord la présence d'importantes masses continentales perturbe le tracé des isothermes (figure 3.3). Des moyennes thermiques annuelles supérieures à 30 °C ne se trouvent guère qu'en Afrique qui est le continent le plus chaud. Dans les régions intertropicales les variations journalières de température sont plus importantes que les variations annuelles. Dans les régions extratropicales il existe un régime thermique bien tranché : dans l'hémisphère Nord le mois de janvier est le plus froid et celui de juillet le plus chaud ; c'est l'inverse dans l'hémisphère Sud. Les régions intertropicales reçoivent des pluies abondantes (figure 3.4). Dans les régions extratropicales les précipitations sont en général moins abondantes sauf sur les massifs montagneux. Les régions arides, qui reçoivent moins de 250 mm d'eau, sont situées soit au voisinage de courants marins froids dans le cas de régions littorales, soit au centre des grandes masses continentales.

Indices climatiques et climatogrammes

Les différents facteurs climatiques n'agissent pas indépendamment les uns des autres. Pour en tenir compte divers indices ont été proposés, principalement dans le but d'expliquer la répartition des types de végétation. Les indices les plus employés font intervenir la température et la pluviosité qui sont les facteurs les plus importants et les mieux connus.

• *L'indice d'aridité i* de De Martonne est donné par la formule $i = P/(T + 10)$ dans laquelle P est la pluviosité annuelle moyenne, et T la température moyenne annuelle. Cet indice est d'autant plus faible que le climat est plus aride.

Ville	P (mm)	T (°C)	i
Biarritz	1 182	14	49
Paris	560	10	28
Oran	428	18	15,3
Tamanrasset	20	21	0,7

L'indice de De Martonne peut aussi être calculé pour les différents mois. L'indice relatif au mois de juillet, qui correspond dans l'hémisphère Nord à la saison de végétation des plantes et d'activité des animaux permet d'expliquer la répartition de certaines espèces comme l'Orthoptère *Podisma pedestris* (figure 2.3).

• *Le quotient pluviothermique* d'Emberger a été établi pour la région méditerranéenne. Ce quotient est défini par la formule :

$$Q = 100 \, P/(M + m) \, (M - m)$$

dans laquelle M est la moyenne des maxima du mois le plus chaud et m celle des minima du mois le plus froid. La valeur de Q est d'autant plus élevée que le climat est plus humide. Le système d'Emberger permet la classification des divers climats méditerranéens. Ceux-ci sont caractérisés par des saisons thermiques nettement tranchées et par une pluviosité concentrée sur la période froide de l'année. L'été est la saison sèche (figure 3.5).

• En notant la température et la pluviosité des stations où une espèce végétale est présente, on obtient un nuage de points qui s'inscrit dans une aire de forme elliptique, l'*aire ombrothermique*. Cette méthode met en évidence l'influence de la température et de la pluviosité (figure 3.6 et tableau 3.1).

• *Les diagrammes ombrothermiques* permettent de comparer mois par mois la température et la pluviosité. Les ordonnées sont choisies de telle sorte que 10 °C correspondent à 20 mm de pluie. Une période de l'année est considérée comme sèche lorsque la pluviosité, exprimée en mm, est inférieure au double de la température, exprimée en degrés Celsius (figure 3.7). Il est possible de faire correspondre un type de diagramme ombrothermique à chacune des grandes unités de végétation (Walter & Lieth, 1967).

L'étude comparée des climatogrammes et des exigences des espèces vis-à-vis de facteurs écologiques comme la température et l'humidité relative permet de déterminer les régions où des espèces nuisibles sont susceptibles de s'installer et de se maintenir (figure 3.8).

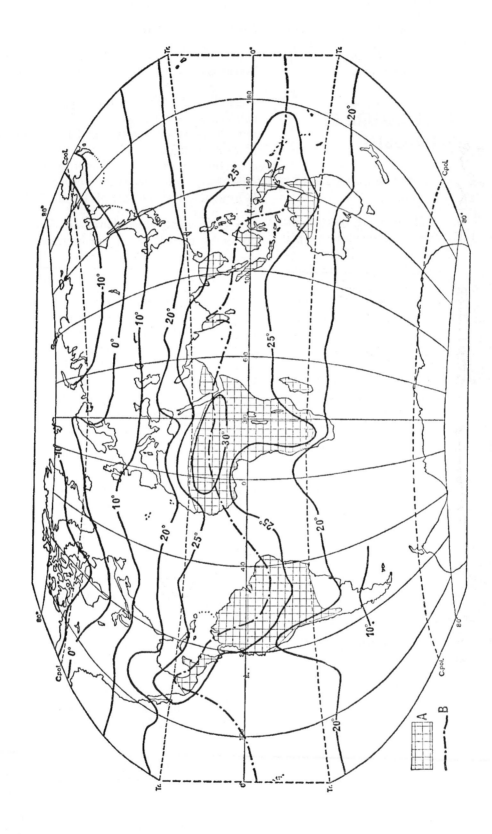

Figure 3.3

Courbes isothermes annuelles

L'équateur thermique (ligne B) est presque toujours situé dans l'hémisphère Nord. Les zones A, en hachures croisées, représentent les régions (essentiellement tropicales) où l'amplitude diurne de température est supérieure à l'amplitude annuelle.

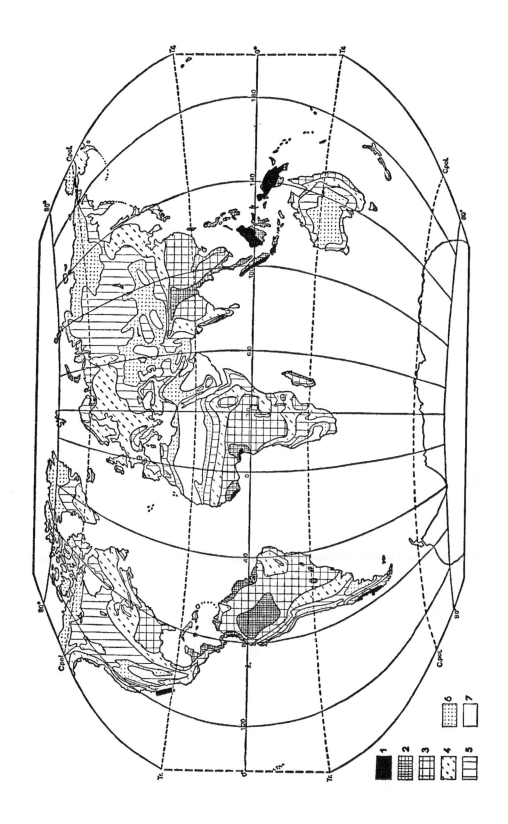

Figure 3.4
Pluviosité annuelle moyenne
1 : plus de 3 000 mm. 2 : de 2 000 à 3 000 mm. 3 : de 1 000 à 2 000 mm. 4 : de 500 à 1 000 mm. 5 : de 300 à 500 mm. 6 : de 100 à 300 mm. 7 : moins de 100 mm.

Figure 3.5

Classification des climats méditerranéens à l'aide du quotient pluviothermique Q d'Emberger et de la moyenne des minima m du mois le plus froid

Six subdivisions du climat méditerranéen sont distinguées en fonction de la valeur du quotient Q : saharien S, aride A, semi-aride SA, subhumide SH, humide H et perhumide P. Les quatre autres subdivisions sont établies en fonction de la valeur de m : froid f, en dessous de 3°C, tempéré t, de 3 à 5°C, doux, d de 5 à 7°C, chaud c, de plus de 7°C. Les limites de quelques cultures, en Tunisie, ont été représentées en tirets sur le diagramme : limite supérieure et limite inférieure de la culture du blé, limite supérieure de la culture commerciale du palmier-dattier, limite de la culture de l'olivier (Le Houérou, 1959).

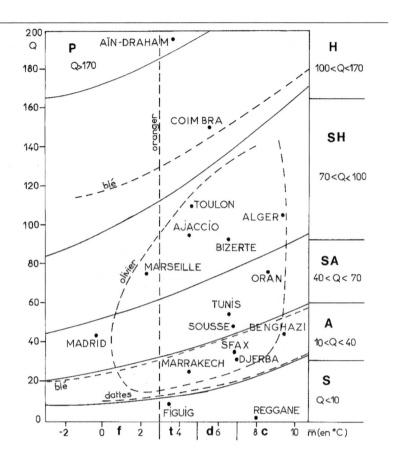

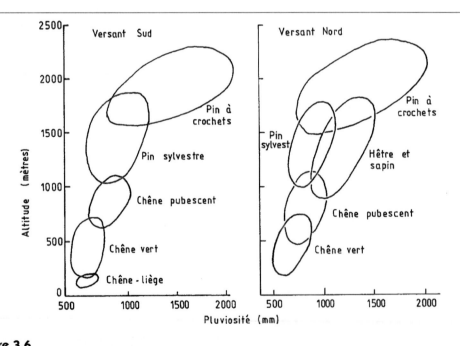

Figure 3.6

Aires ombrothermiques de diverses essences forestières des Pyrénées-Orientales

La pluviosité est en abscisse et l'altitude (dont la température est fonction) en ordonnée. Les diverses espèces se localisent dans des zones à contours elliptiques ce qui permet de définir avec précision leurs exigences écologiques. Noter l'opposition entre le versant sud et le versant nord, surtout en ce qui concerne le hêtre et le sapin (Rey, 1958).

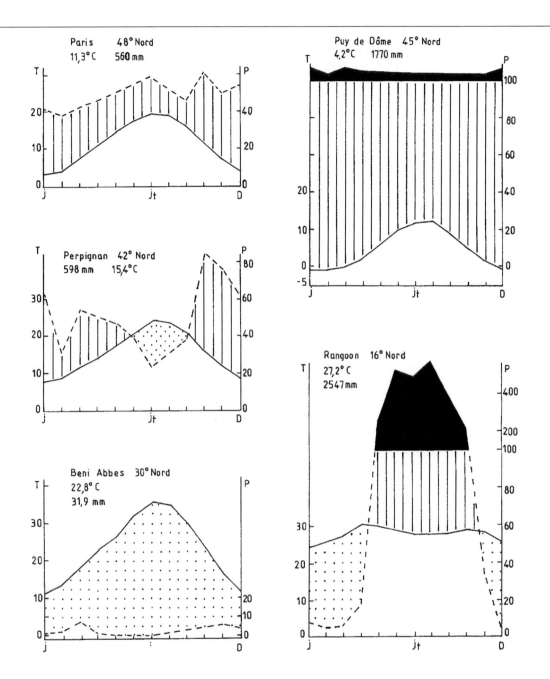

Figure 3.7

Diagrammes ombrothermiques

À **gauche**, les trois diagrammes montrent l'augmentation de la période sèche (nulle à Paris, courte à Perpignan et de douze mois à Beni Abbes) le long d'un même méridien.

À **droite**, sont représentés un climat tropical de mousson (Rangoon) avec deux périodes sèches encadrant une période humide, et un climat de montagne (Puy de Dôme) froid et humide.

Les chiffres à côté du nom de la station indiquent la température annuelle moyenne, la pluviosité et la latitude. En pointillés : périodes sèches ; en hachures : périodes non sèches ; en noir : lames de pluie supérieure à 100 mm par mois ; en traits pleins : courbes de température ; en tirets : courbes de pluviosité. Les mois sont en abscisse (J : janvier ; Jt : juillet ; D : décembre). La température et la pluviosité sont en ordonnée, avec une même échelle pour 10°C et 20 mm de pluie.

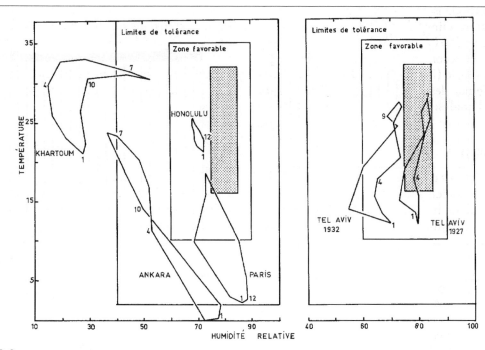

Figure 3.8

Influence de la température et de l'humidité sur la mouche des fruits Ceratitis capitata

Les trois rectangles délimitent la zone optimale (en pointillés), la zone favorable, et la zone limite pour le développement de l'insecte. Les climatogrammes qui ont été tracés montrent que les conditions climatiques de Tel-Aviv ont été favorables toute l'année en 1927 ; à Paris il y a six mois trop froids ; à Ankara le climat est trop froid ou trop sec pendant trois mois ; à Khartoum le climat est trop sec pendant neuf mois ; à Honolulu le climat est favorable toute l'année et, si la mouche y était introduite accidentellement, elle pourrait se maintenir (Bodenheimer, 1938).

Tableau 3.1	Température moyenne (°C)	Pluviosité (mm)	Insolation (h/an)
Exigences thermiques, pluviométriques et d'insolation pour quelques arbres forestiers de France			
Chêne vert	13 à 14	400 à 700	2 800
Chêne pubescent	11 à 13	450 à 950	2 000
Pin maritime	13 à 15	800 à 1 100	2 200
Chêne sessile	8,5 à 13	500 à 1 300	1 700
Pin sylvestre	7 à 13	500 à 1 300	2 000
Hêtre	7 à 11,5	700 à 1 600	1 700
Sapin	7 à 9,5	1 000 à 2 000	1 700
Épicéa	5 à 8	1 000 à 2 200	1 800
Mélèze	5 à 9	500 à 1 300	2 400
Pin à crochets	5 à 8	500 à 1 100	2 700

Ces exigences expliquent la répartition géographique et l'étagement en altitude des divers arbres. Les chênes et le pin maritime caractérisent l'étage *collinéen* ; le hêtre, le sapin, le pin sylvestre et l'épicéa caractérisent l'étage *montagnard* ; le pin à crochets et le mélèze caractérisent l'étage *subalpin* (Plaisance, 1961).

III. LES VARIATIONS DU CLIMAT DANS LE PASSÉ

Comme tous les autres objets présents dans l'univers, la Terre subit des variations au cours du temps. La variabilité naturelle du climat est due à des facteurs externes (forme de l'orbite terrestre, cycles solaires) et à des facteurs internes (volcanisme, variabilité des échanges entre l'océan et l'atmosphère) qui sont encore mal connus dans le détail. Les données les plus fiables sur les variations du climat (et en particulier de la température) remontent au début du crétacé. Elles ont été obtenues grâce à l'étude du rapport $^{18}O/^{16}O$ dans le squelette de Foraminifères planctoniques. La

même méthode isotopique a permis de connaître les variations climatiques au quaternaire durant les dernières 350 000 années (figure 3.9). D'autres méthodes de reconstitution des climats font appel à la palynologie (figure 3.10), à la dendrochronologie, à l'étude des Coléoptères fossiles du quaternaire, à l'analyse de l'air emprisonné dans les glaces du Groenland ou de l'Antarctique (par exemple : Berglund, 1986 ; Coope, 1970, 1977 ; Ponel, 1993).

Les variations de température (de l'ordre de 2 à 3 °C) et des précipitations au quaternaire ont eu des effets dans les régions tempérées (périodes glaciaires et interglaciaires). Elles ont aussi entraîné, dans les forêts tropicales, des régressions et des extensions qui ont été particulièrement étudiées en Amérique du Sud. Dans les régions tempérées les refuges qui ont persisté durant les périodes glaciaires sont à l'origine de nouvelles espèces par spéciation allopatrique dans des aires disjointes.

Dans les régions tropicales la fragmentation de la forêt humide au cours des périodes climatiques défavorables est à l'origine d'une intense spéciation qui expliquerait, au moins en partie, la biodiversité élevée de ces régions. Cette théorie est généralement acceptée malgré quelques opinions contraires (Prance, 1973).

Figure 3.9

Reconstitution de paléoclimats à trois échelles de temps différentes

En haut, températures des eaux superficielles et des eaux profondes de l'océan aux basses latitudes. Ces températures ont été évaluées en déterminant la teneur en ^{18}O de tests de Foraminifères pélagiques. La reconstitution intéresse une période de 140 millions d'années. Les eaux profondes de l'océan ont une température voisine de 0 °C seulement depuis quelques millions d'années. La température des eaux de surface était certainement plus élevée que de nos jours, et le climat sur terre différent de celui que nous connaissons aujourd'hui.

Au milieu, teneur en ^{18}O durant les 350 000 années BP (*Before Present*, c'est-à-dire, par convention, avant l'année 1950). Des variations importantes et quasi périodiques sont mises en évidence. Les faibles teneurs en ^{18}O de la partie supérieure du graphique correspondent à des températures élevées.

En bas, variations de la température de la surface de la terre par rapport à la valeur moyenne des 120 dernières années. Une élévation de température de l'ordre de 0,5 ± 0,2 °C apparaît nettement (Bolin, 1989).

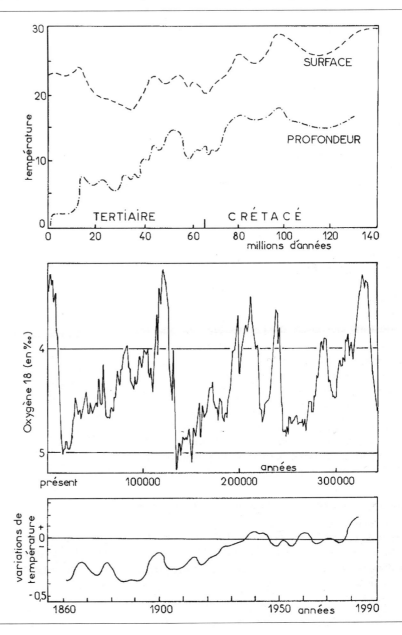

© Dunod. La photocopie non autorisée est un délit.

Figure 3.10

Évolution de la végétation dans le nord-ouest de la France au cours des derniers 20 000 ans, établie à l'aide de l'analyse palynologique

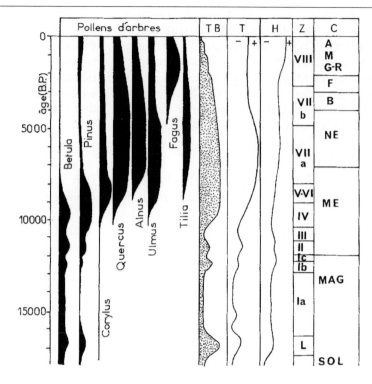

Le climat très froid au Würm (15 000 ans) entraîne l'établissement de paysages presque sans arbres, analogues à la toundra. À partir du postglaciaire (10 000 ans), le climat se réchauffe, la pluviosité augmente et des forêts de pins, de chênes puis de hêtres s'installent. Le taux de boisement, exprimé par le rapport pollens d'arbres/pollens d'herbes, diminue à partir du néolithique puis s'accélère à l'époque romaine (influence de l'homme, défrichements). De gauche à droite sont représentées : la répartition des pollens de huit espèces d'arbres ; l'évolution du taux de boisement TB (en pointillés) ; les variations de la température T et de l'humidité H ; les zones palynologiques Z ; les périodes de civilisations C. Zones palynologiques : L : Lascaux ; Ia : Dryas 1 ; Ib : Bölling ; Ic : Dryas 2 ; II : Allerod ; III : Dryas 3 ; IV : Préboréal ; V-VI : Boréal ; VIIa : Atlantique ; VIIb : Subboréal ; VIII : Subatlantique. Périodes de civilisations : SOL : solutréen ; MAG : magdalénien ; ME : mésolithique ; NE : néolithique ; B : âge du bronze ; F : âge du fer ; G-R : époque gallo-romaine ; M : Moyen Âge ; A : actuel (Elhai, *in* : Bignot 1982).

IV. UNE CATASTROPHE CLIMATIQUE NATURELLE : EL NIÑO

Le long des côtes de l'Amérique du Sud les eaux froides venues des profondeurs remontent en surface. Elles sont riches en substances dissoutes et permettent le développement massif du phytoplancton et des animaux qui s'en nourrissent, en particulier de poissons comme l'anchois du Pérou. D'abondantes populations d'oiseaux marins vivent aux dépens de ces poissons et fournissent des quantités importantes de guano. Le phénomène connu sous le nom de *El Niño* est ancien. Des récits en font mention dès 1586. Il apparaît d'une façon peu régulière tous les deux à sept ans vers Noël. C'est un réchauffement des eaux superficielles qui, au large des côtes du Pérou, empêche la remontée des eaux profondes. Il se conjugue avec un changement périodique de la pression atmosphérique appelé *Southern Oscillation* qui apparaît dans le sud-est du Pacifique et le nord de l'Australie (l'association des phénomènes *El Niño* et *Southern Oscillation* est connue sous le nom de ENSO). Depuis 40 ans le phénomène El Niño a été sévère neuf fois durant une période de un ou deux ans. La cause de son déclenchement est une intensification prolongée des alizés qui entraîne une accumulation d'eau chaude dans l'ouest de l'océan Pacifique. Le niveau de la mer augmente alors de quelques centimètres ce qui suffit à provoquer un écoulement en retour vers l'est dès que les alizés faiblissent. Cette eau s'accumule près des côtes de l'Amérique du Sud et gêne la remontée d'eau froide. L'intervalle entre deux El Niño est le temps nécessaire pour que l'ouest du Pacifique puisse se recharger en eau chaude.

Le phénomène El Niño entraîne un effondrement de la production marine et de la pêche (figure 3. 11) et une mortalité massive d'animaux qui ne peuvent pas émigrer. Leurs cadavres dégagent de l'hydrogène sulfuré, et des marées rouges avec pullulation de Dinoflagellés toxiques se produisent (phénomène connu localement sous le nom de *El Pintor*, le « peintre », en raison de la couleur jaune, brune ou rouge que prennent les

eaux). Les conséquences climatiques de l'ENSO peuvent s'étendre aux deux tiers du globe. L'épisode de 1982-1983 a été particulièrement intense (la température des eaux superficielles de l'océan Pacifique était supérieure de 3 °C à sa valeur moyenne) et marqué par des inondations et des tornades en Amérique du Sud et dans l'ouest des États-Unis. Le Pérou et l'Équateur ont reçu cette année là les plus fortes pluies de leur histoire, certaines rivières ayant eu mille fois leur débit normal. Des pluies et des tempêtes inhabituelles ont sévi en France et en Espagne. La sécheresse en Afrique, en Inde et en Australie a déclenché dans ces pays des feux de brousse et des tempêtes de poussière. Un autre épisode majeur de l'ENSO a eu lieu entre 1986 et 1988. Couplé avec l'effet de serre il est responsable du fait que l'année 1987 a été la plus chaude depuis un siècle. D'autres conséquences de l'ENSO sont peu à peu découvertes : alternances de pluie et de sécheresse aux îles Galápagos et perturbations de la dynamique des populations de pinsons de Darwin ; destruction partielle des herbiers de grandes algues brunes (*Macrocystis*) du littoral Pacifique de l'Amérique ; perturbations des populations de Pinnipèdes. Ces perturbations sont bénéfiques ou néfastes selon les espèces. Après les pluies abondantes provoquées dans les Andes, de nombreux cadavres d'animaux ont fourni une nourriture abondante à des populations de condors au Pérou. Ces oiseaux ont pu élever plus de jeunes, ce qui a provoqué une dispersion des individus devenus adultes et la réunion de populations jusque là isolées (Wallace & Temple, 1988). Chez le renard roux *Vulpes vulpes* le comportement a changé. En Alaska, près de la mer de Behring, les mâles de cette espèce sont normalement polygynes. Ils sont devenus monogynes après l'épisode de l'ENSO de 1982-1983. Les oiseaux marins de grande taille qui lui servent de nourriture étant moins nombreux, ce renard s'est adapté à des proies plus petites, moins abondantes et plus difficiles à capturer. En raison de la pénurie alimentaire, peu de femelles de renard furent aptes à se reproduire et leurs jeunes furent moins nombreux (Zabel & Taggart, 1989). Dans le milieu marin l'ENSO de 1983 a provoqué une augmentation de température de 3 à 4 °C pendant six mois seulement, mais ceci a été suffisant pour causer des dommages significatifs aux récifs coralliens tropicaux (Goreau, 1990).

La « mort blanche » des coraux est caractérisée par un changement de couleur des coraux qui prennent des teintes vives et qui semblent « fleurir ». Ce changement de couleur est dû à l'expulsion des zooxanthelles qui vivent en symbiose avec les coraux et il précède la mort de ceux-ci. Plusieurs hypothèses ont été avancées pour expliquer ce phénomène : élévation de la température de l'océan tropical en liaison avec

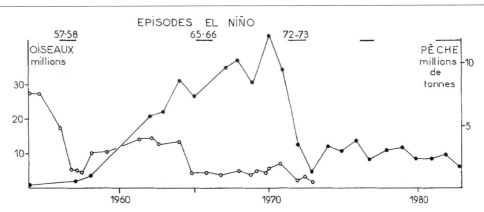

Figure 3.11
Évolution des captures d'anchois (cercles noirs) et des populations d'oiseaux à guano (cercles blancs) mangeurs de poissons (pélicans, cormorans) dans la zone d'upwelling soumise au phénomène El Niño au large des côtes du Pérou

Trois épisodes El Niño sont datés sur le schéma. Le premier en 1957/1958 s'est traduit par une chute des populations d'oiseaux et d'anchois mais l'effort de pêche croissant a permis de maintenir les captures, et les oiseaux ont partiellement reconstitué leurs effectifs. Le deuxième en 1965-66 est caractérisé par une nouvelle chute des populations d'oiseaux qui n'ont pas réussi à reconstituer leurs effectifs, accompagnée d'un effort de pêche accru qui a conduit à une surexploitation des stocks d'anchois. Le troisième épisode en 1972-73 s'est traduit par une chute brutale du rendement de la pêche et une quasi-disparition des oiseaux. La surexploitation des populations d'anchois a ainsi entraîné la ruine d'une importante zone de pêche.

l'effet de serre, élévation de température due à un phénomène ENSO particulièrement intense, action du rayonnement ultraviolet devenu plus intense en relation avec la diminution de la couche d'ozone, carence en sels nutritifs, maladie provoquée par un organisme pathogène. La conjonction d'un réchauffement global (0,5 °C en dix ans), d'une augmentation de l'irradiation UV (8 à 10 % par décennie) et de l'effet ENSO représente l'explication la plus vraisemblable de la mort des coraux (Rougerie *et al.*, 1992).

En 1982-83 les îles Galápagos ont reçu des pluies exceptionnelles (près de 1 300 mm en 1983 alors que la moyenne des années normales est inférieure à 200 mm) qui ont retenti sur la biologie des pinsons de Darwin et en particulier sur l'espèce *Geospiza fortis*. Durant les années sèches cet oiseau subit des pressions de sélection qui favorisent les individus de grande taille à bec fort et épais qui peuvent casser plus facilement les graines dures et plus grosses qui dominent alors. La période humide de 1982-83 a permis la croissance vigoureuse de la végétation et la formation de beaucoup de graines de petite taille, et la sélection a favorisé les oiseaux à bec plus fin et moins large (Gibbs & Grant, 1987 b).

Une caractéristique des arbres de la famille des Dipterocarpacées qui forment une partie importante des forêts de Malaisie est leur fructification massive et simultanée qui apparaît à intervalles irréguliers (2 à 10 ans) chez beaucoup d'espèces et même chez des arbres appartenant à des familles différentes. Ceci est interprété comme un moyen de réduction de l'action des prédateurs sur les graines qui sont recherchées et consommées massivement par des Mammifères et des insectes. La fructification à intervalles irréguliers est déclenchée par des périodes de sécheresse qui sont apparemment dues à des perturbations climatiques provoquées par El Niño. Les années de El Niño et de fructification massive montrent en effet une corrélation significative (Ashton *et al.*, 1988).

V. LES VOLCANS ET LE CLIMAT

Le rejet, lors d'éruptions volcaniques importantes, de grandes quantités de particules solides et de gaz (une éruption comme celle du Pinatubo en 1991 a rejeté dans la stratosphère une quantité de SO_2 comprise entre 25 et 30 millions de tonnes), à une altitude pouvant parfois atteindre 20 km, affecte le bilan radiatif de la terre et peut être responsable d'une baisse temporaire de température de l'ordre de 0,5 à 0,8°C. Des périodes d'éruptions fréquentes et importantes se manifestent au cours des temps, par exemple de 1882 à 1890 (éruption du Krakatau, 1883). Les

éruptions récentes du Pinatubo aux Philippines (1991), et du volcan Saint Helens (1980) aux États-Unis ont peut-être contribué à réduire la température de plus de 1 °C durant les deux années qui suivirent. Si à l'échelle de la planète les éruptions volcaniques abaissent la température moyenne, elles peuvent provoquer localement le phénomène inverse. L'éruption du Pinatubo a augmenté la température moyenne de 2 °C en Eurasie et en Amérique du Nord où les hivers ont été moins froids qu'en année normale (Kerr, 1993). Elle a aussi contribué, en provoquant un refroidissement temporaire, à masquer l'élévation de température due à l'effet de serre. Une analyse de l'irrégularité des fluctuations d'abondance du lièvre des neiges et du lynx dans le nord de l'Amérique a montré que les années où les effectifs sont inférieurs à ceux qui devraient exister si les oscillations étaient régulières sont celles qui suivent quelques grandes éruptions volcaniques. Ces éruptions rejettent dans l'atmosphère de grandes quantités de poussières qui réduisent le rayonnement solaire, abaissent la température et provoquent une mortalité plus grande du lièvre et du lynx (Watt, 1973).

VI. LE « CHANGEMENT GLOBAL »

Aux modifications climatiques d'origine naturelle s'ajoutent celles qui résultent des activités humaines dont l'ampleur est devenue considérable. Ces phénomènes sont étudiés à l'échelle mondiale grâce à des programmes internationaux tels que le PIGB (programme international géosphère biosphère) ou le PMRC (programme mondial de recherches sur le climat). Ces recherches ont pour but de décrire et de comprendre les phénomènes observés, de les modéliser et de prévoir leur évolution et leur impact sur la biosphère dans les années à venir. Les trois principaux phénomènes qui caractérisent le changement global (*global change*) sont : l'augmentation croissante de la teneur de l'atmosphère en gaz carbonique et autres gaz à effet de serre qui modifient le bilan radiatif de la Terre ; la décroissance de la teneur en ozone dans la stratosphère surtout au dessus de l'Antarctique ; l'acidification de l'atmosphère et des précipitations, phénomène connu sous le nom de pluies acides.

6.1. L'effet de serre et ses conséquences

L'augmentation progressive de la température moyenne du globe est évidente depuis les 100 à 200 dernières années. Elle a été de l'ordre de 0,5 ± 0,2 °C au cours du siècle dernier. La température de la surface de la Terre résulte d'un équilibre entre le rayonnement solaire incident et la perte d'énergie par rayonnement dans l'espace. Sans l'atmosphère la température de la surface de la terre serait environ de − 19 °C, soit 35 °C de moins que sa température réelle. Ceci est dû à la présence dans l'atmosphère de vapeur d'eau, de gaz carbonique et d'autres gaz moins importants qui créent *l'effet de serre*.

Les activités humaines se caractérisent par des rejets importants de gaz carbonique. Les émissions de gaz carbonique liées à l'utilisation de combustibles fossiles correspondent à une valeur moyenne de $5,4 ± 0,5 \cdot 10^9$ tonnes de carbone par an pour la période 1980-1989. Une quantité de gaz carbonique égale à $3,2 ± 0,1 \cdot 10^9$ reste dans l'atmosphère. À l'époque préindustrielle l'atmosphère renfermait 280 ± 5 ppm de gaz carbonique ; elle en renferme aujourd'hui 350 soit une augmentation de 70 ± 5 ppm (figure 3.12). Ce dernier est responsable de 57 % de l'effet de serre.

Le méthane (CH_4) qui produit 12 % de l'effet de serre a une origine naturelle pour un tiers et artificielle pour deux tiers. Une molécule de méthane est 25 fois plus active qu'une molécule de gaz carbonique dans la production de l'effet de serre. Les émissions de méthane sont difficiles à évaluer. Les activités humaines en produisent environ deux fois plus que les sources naturelles. Le méthane est produit par les fermentations

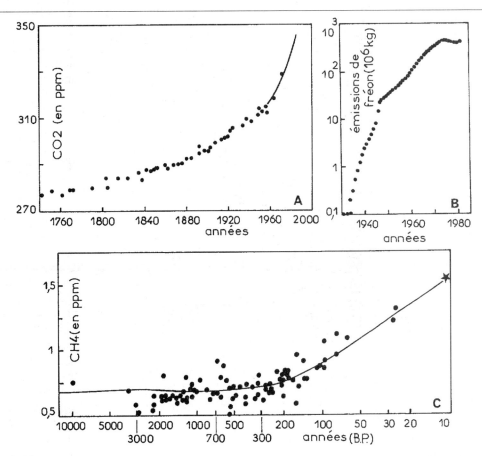

Figure 3.12

Variations de la teneur de l'atmosphère en gaz à effet de serre

A : Le gaz carbonique depuis 1740. Les cercles noirs correspondent à des mesures faites sur des bulles d'air emprisonnées dans la glace de l'Antarctique et le trait continu aux moyennes annuelles enregistrées à l'observatoire du Mauna-Loa.

B : Émissions de fréon CCl_2F_2 en 10^6 kg par an depuis 1930.

C : Augmentation de la teneur en méthane. Cette dernière s'est élevée il y a environ 200 ans. L'astérisque correspond à la valeur actuelle (Bolin, 1989).

anaérobies dans les sols inondés et anoxiques des zones humides (marécages, tourbières) et dans les rizières. La plus grande partie de ces zones humides est située dans l'hémisphère Nord entre 40 et 70 degrés de latitude où elles couvrent 3,5 millions de km² et émettent environ 110 millions de tonnes de méthane par an (Bubier & Moore, 1994). Le méthane originaire des rizières augmente comme la surface de ces cultures et à peu près à la même vitesse que la population humaine. Les Ruminants et les termites fabriquent du méthane dans leur tube digestif. Les Ruminants en produiraient de 300 à 500 millions de tonnes par an (dont 75 % pour les seuls bovins domestiques) et les termites 30 millions de tonnes (Sauvant, 1992). Les sources industrielles principales résident dans la combustion des combustibles fossiles. La teneur actuelle de l'atmosphère en méthane est de 1,7 ppm et elle augmente de 2 % par an.

La teneur en méthane dans l'atmosphère a cessé de croître en 1991, au moins dans l'hémisphère Nord, pour des raisons mal connues (Kerr, 1994 a, b). Est-ce un phénomène temporaire ou définitif ? Ceci montre la difficulté des études relatives au changement global. L'explication la plus étonnante est peut être la diminution des fuites importantes dans les canalisations de gaz naturel, riche en méthane, qui sillonnent l'ex-URSS.

Les chlorofluorocarbones (ou CFC) dont le plus connu est le fréon CCl_2F_2 résultent uniquement de l'activité humaine (aérosols, réfrigérateurs, matières plastiques). Leurs molécules sont 1 500 fois plus actives que le gaz carbonique dans la création de l'effet de serre et leur concentration augmente de 5 % par an. Ce sont des molécules stables (leur temps de résidence dans l'atmosphère varie de 70 à 170 ans) et leur action se fera sentir longtemps. L'oxyde d'azote N_2O est responsable de 6 % de l'effet de serre et sa molécule est 250 fois plus efficace que celle du gaz carbonique. La principale source d'oxyde d'azote réside dans la combustion de combustibles fossiles et de bois. Sa concentration actuelle est de 318 ppb et elle était seulement de 280 ppb à l'époque préindustrielle. L'ozone joue également un rôle dans l'effet de serre.

La connaissance du climat actuel et la prévision de ses variations futures sont difficiles (figure 3.13) et encore très imparfaites (la réalité de l'effet de serre a même été mise en doute, Balling, 1992). Elles nécessitent la prise en compte de multiples sous-systèmes (océan, sol, végétation, atmosphère, activité industrielle de l'homme) qui

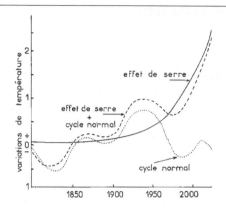

Figure 3.13

La température de la Terre subit des variations plus ou moins régulières selon des cycles de durée variable qui se superposent

Les analyses des isotopes de l'oxygène effectuées sur des carottes de glace prélevées au Groenland ont montré l'existence de deux cycles courts, l'un de 80 ans et l'autre de 180 ans (les cycles plus longs provoqués par des modifications de l'orbite de la Terre ont une durée de 20 000 ans et plus, et ils contrôlent les variations de température lors des périodes glaciaires et interglaciaires). Ce diagramme montre l'existence d'un réchauffement « normal » entre 1895 et 1935 et d'un refroidissement « normal » entre 1935 et 1975 (courbe en pointillés) Ce refroidissement a masqué l'effet de serre (courbe en trait continu) et la terre s'est refroidie (courbe en tirets). Après 1975 l'effet de serre s'est ajouté au réchauffement normal et il a produit une forte augmentation de température dans les années 1980. L'absence de réchauffement entre 1940 et 1975 ne peut donc pas être considérée comme démontrant l'inexistence de l'effet de serre. Les variations de température sont en degrés Fahrenheit (Broecker, 1992).

interfèrent les uns avec les autres de façon complexe. Par exemple on connaît encore très mal le destin du CO_2 excédentaire de l'atmosphère dont une partie est piégée dans l'océan et une autre partie est stockée dans la biomasse. Durant les périodes glaciaires la productivité des océans augmente et la teneur de l'atmosphère en CO_2 diminue. Le réchauffement dû à l'effet de serre pourra avoir l'effet inverse : baisse de productivité et de la fixation de CO_2 dans les océans et augmentation de la teneur de l'atmosphère en CO_2, ce qui accélérera encore le changement de climat (Williamson & Holligan, 1980).

Divers modèles prévoient que le doublement de la teneur de l'atmosphère en gaz carbonique (ou son équivalent sous la forme d'autres gaz à effet de serre) dans le siècle à venir entraînera une augmentation de la température de la surface du globe comprise entre 1,5 et 4,5 °C (la

température moyenne de la Terre n'a augmenté que de 5 °C depuis le dernier âge glaciaire il y a 18 000 ans). La température devrait simultanément baisser dans la basse stratosphère à partir de 15 km d'altitude (figure 3.14). Les régions polaires seront plus affectées que les régions tropicales ; la fonte des glaces diminuera le pouvoir réfléchissant (ou albédo) de la terre, ce qui augmentera encore la température. Ces changements auront des effets sur le régime des pluies et des vents et sur les climats locaux qui pourront, selon les cas, être plus chauds ou plus secs. Le recul général des glaciers est considéré comme une preuve supplémentaire du réchauffement global de la planète depuis un siècle.

Une étude du recul de glaciers répartis sur tous les continents est compatible avec une augmentation de la température moyenne du globe de 0,66 °C par siècle (Oerlemans, 1994). On admet que le niveau moyen de la mer s'est élevé de 10 à 15 cm au cours du siècle passé. La fonte des glaces polaires accentuera ce phénomène. La remontée du niveau de la mer est estimée, pour le siècle à venir, entre 0,5 et 3,5 m. Des villes importantes comme Shangai, Le Caire, Rotterdam ou Venise, des terres comme le Bangladesh ou des îles basses comme les Maldives disparaîtront. Les marais littoraux qui servent de « nurseries » à beaucoup de poissons et d'invertébrés seront submergés (figure 3.15).

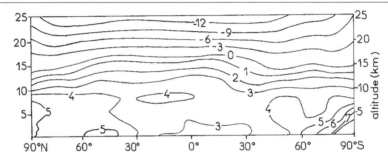

Figure 3.14

Variations de température prévues, dans le cas d'une multiplication par quatre des émissions de gaz carbonique, en fonction de la latitude et de l'altitude et pour la période juin-août

Dans les basses couches de l'atmosphère l'augmentation de température sera plus importante dans les régions polaires que sous l'équateur. Au-dessus de 15 km le modèle prévoit un refroidissement (Bolin, 1989).

Figure 3.15

Deux conséquences prévisibles de l'effet de serre

À **gauche**, zones sensibles (en noir) à la remontée du niveau des mers en Grande-Bretagne. Les côtes à falaises (présentes surtout dans le nord et l'ouest) seront peu affectées. Les côtes basses (surtout dans le sud-est) le seront beaucoup plus. Dans tous les cas des perturbations profondes des écosystèmes littoraux (marais, dunes) se manifesteront (Boorman *et al.*, 1989).

À **droite**, aire actuelle (limitée par des pointillés) de l'érable à sucre (*Acer saccharum*), et aire

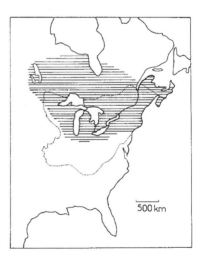

de répartition prévue (hachures horizontales) dans le cas d'un doublement de la teneur de l'atmosphère en gaz carbonique. La remontée vers le nord de cet arbre sera supérieure à 500 km (Davis & Zabinski, 1992).

Les conséquences d'un réchauffement du climat et d'une augmentation de la teneur de l'atmosphère en gaz carbonique sur les êtres vivants seront nombreuses (cf. par exemple Bolin, 1989 ; Cannell & Hooper, 1990 ; Peters & Lovejoy, 1992 ; Pitelka, 1994 ; Vitousek, 1994 ; *Annual review of ecology and systematics*, vol. 23, 1992, p. 1-235 ; *European journal of agronomy*, 2, 1993, p. 241-338 ; *La Recherche*, n° 243, 1992, p. 515-566). Les variations de température et de pluviosité étant inégalement réparties, les modifications subies par les terres cultivées seront variables. Certains modèles prévoient que les terres à céréales du Middle West américain seront transformées en désert de poussière dans lequel sévira un phénomène analogue au *dust bowl*, tandis que le Canada, favorisé par l'élévation de température, verra la surface de ses terres cultivables augmenter notablement. Lorsque l'eau et les éléments biogènes ne seront pas des facteurs limitants, il semble que l'élévation de la teneur de l'air en CO_2 aura un effet favorable sur les cultures et qu'elle augmentera les récoltes (La Marche *et al.*, 1984). D'une façon générale il semble que l'effet des changements climatiques sur l'agriculture sera favorable dans les hautes et moyennes latitudes et défavorable dans les régions situées aux basses latitudes. La production de céréales à l'échelle mondiale sera réduite de 1 à 7 %, cette réduction atteignant 10 % dans les pays sous-développés qui sont situés en général aux basses latitudes. La pénurie alimentaire sera ainsi augmentée de 5 à 50 % par rapport à ce qu'elle est aujourd'hui (Fischer *et al.*, 1994). En 1980 les pays développés fournissaient 56 millions de tonnes de céréales aux pays sous-développés. La demande sera, selon le modèle BLS (*basic linked system*) qui tient compte des changements climatiques, de l'accroissement de la population et de divers facteurs économiques, de 131 millions de tonnes en l'an 2000 et de 305 millions en l'an 2060. Le taux d'autosuffisance en céréales, à l'échelle mondiale, passera de 92 % en 1980 à 88 % en 2000 et à 86 % en 2060. Le risque de sous-alimentation dans les pays sous-développés touchera un pourcentage d'habitants un peu plus faible en 2060 qu'en 1980, mais un nombre d'individus plus grand en raison de la croissance démographique. L'Afrique sera le continent le plus affecté.

Les plantes à photosynthèse en C3 sont plus favorisées que les plantes en C4 lorsque la teneur en CO_2 augmente. Ceci explique les variations

qui sont déjà observées dans la végétation des zones arides du sud-ouest des États-Unis. Une espèce buissonnante en C3, le mesquite (*Prosopis glandulosa*) augmente d'importance depuis 150 ans aux dépens de la Graminée vivace *Schizachyrium scoparium* qui est une espèce en C4. Il est possible que des variations génétiques modifiant les réactions du mesquite à l'augmentation de la teneur de l'air en CO_2 aient contribué à améliorer son aptitude à la compétition avec la Graminée (Polley *et al.*, 1994).

Nos connaissances sur le rôle de la température permettent de prévoir des modifications de la biologie des végétaux sous l'influence de l'effet de serre, comme le montrent les quatre exemples suivants (figure 3.16).

• **A** : La mesure de l'évapotranspiration est un outil commode pour l'étude de la productivité primaire et de la décomposition de la litière. La productivité primaire *PP* (en g/m^2) et l'évapotranspiration *ET* (en mm) sont liées entre elles, dans un grand nombre d'écosystèmes, par la relation :

$$P = 3\ 000\ (1 - e^{-\,0,0009695\,(ET\,-\,20)})$$

Il existe une relation linéaire entre *ET* et la vitesse de décomposition de la litière. Étant donné que les courbes relatives à l'*ET* et à la vitesse de décomposition de la litière ne sont pas parallèles, cette dernière augmente plus vite que la *PP* lorsque la température et l'évapotranspiration augmentent. Un système aujourd'hui en équilibre et ne montrant pas de changements dans la teneur du sol en carbone organique verra ainsi cette dernière diminuer progressivement. Une évaluation faite pour la forêt de Meathop Wood en Angleterre a fourni les chiffres suivants dans le cas d'une augmentation de température de 3 °C accompagnée d'une accroissement de 10 % des précipitations :

– productivité primaire : augmentation de 1 123 à 1 197 g/m^2/an ;

– taux de décomposition de la litière : augmentation de 64 à 72 % ;

– perte du sol en carbone organique : augmentation de 335 à 408 g/m^2/an.

• **B** : Il existe, chez un arbre comme l'épicéa de Sitka, une relation entre la température et la *PP*. Ce phénomène est mis en évidence par la réduction de la productivité avec l'altitude, la température s'abaissant de 0,7 °C pour 100 m en moyenne dans le nord de l'Angleterre. Une

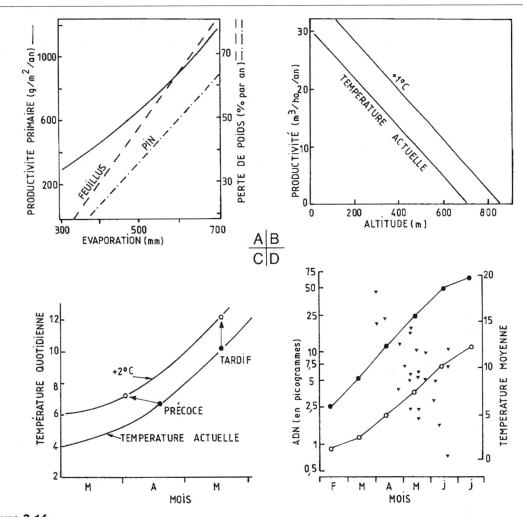

Figure 3.16

Quatre exemples montrant les conséquences d'une élévation de température sur les végétaux
(explications dans le texte)

A : Relation entre l'évaporation annuelle E (en mm) et trois caractéristiques des végétaux : la productivité primaire (en trait continu), la perte de poids de la litière dans les forêts de feuillus et la perte de poids de la litière dans des forêts de pin sylvestre.
B : Relation actuelle entre la productivité de plantations d'épicéa de Sitka et l'altitude dans le nord de l'Angleterre, et relation future si la température s'élève de 1 °C.
C : Effets d'une augmentation de température de 2°C sur les dates d'ouverture des bourgeons de 15 espèces d'arbres. Les arbres dont les bourgeons s'ouvrent précocement seront encore plus précoces et les arbres tardifs encore plus tardifs.
D : Relation entre la teneur en ADN nucléaire et l'époque de l'ouverture des bourgeons chez 24 espèces de plantes à fleurs, ainsi qu'avec les températures maximales et minimales quotidiennes à Sheffield, en Angleterre.

---

station située à 400 m d'altitude dont la *PP* est de 14 m³/ha/an verra cette *PP* passer à 20 m³ pour une élévation de température de 1 °C seulement.

• **C :** Des changements dans la phénologie des espèces se produiront certainement. Les bourgeons de beaucoup de plantes vivaces doivent subir des gelées hivernales pour quitter l'état de dormance. Si le gel n'a pas eu lieu, il est nécessaire qu'une somme de températures supérieure à

la normale soit reçue par les bourgeons pour qu'ils se développent, et ce développement est alors plus tardif. Des études faites sur 15 espèces d'arbres en Angleterre montrent que des espèces comme le hêtre ou l'épicéa de Sitka qui débourrent tardivement ont des exigences importantes en ce qui concerne la durée de la période de gel. Le développement de leurs bourgeons est retardé après des hivers doux. À l'opposé, l'aubépine et certains peupliers qui développent leurs bour-

geons très tôt le feront encore plus tôt après des hivers et printemps dont la température sera augmentée par l'effet de serre.

• **D :** Des mesures effectuées sur 24 espèces de plantes à fleurs ont montré une forte corrélation entre la quantité d'ADN nucléaire et l'époque de l'année à laquelle la plante réalise sa croissance. Les espèces renfermant beaucoup d'ADN ont des cellules de grande taille et se développent au début du printemps. Celles qui ont peu d'ADN ont des cellules de petite taille et tendent à commencer leur croissance au début de l'été. La détermination de la teneur des diverses espèces en ADN permet de préciser leurs réponses à des températures croissantes et les changements dans la composition des communautés végétales.

Les données expérimentales montrent que l'élévation de la teneur de l'air en CO_2 modifie la nutrition azotée des végétaux et augmente la valeur du rapport C/N de leurs tissus. Dans le cas du bouleau *Betula pendula*, des expériences faites avec des teneurs variables en CO_2 et des apports variables en azote ont donné les résultats suivants (Cotrufo & Ineson, p. 40, 1993) :

Teneur en CO_2 (ppm)	N (%)	C/N
350	1,6	30,2
600	1,6	31,9
350	1,2	41,9
600	0,8	65,4

La plus forte valeur de C/N est obtenue avec une teneur élevée en CO_2 et faible en azote. Or on sait que la vitesse de décomposition de la litière par les micro-organismes diminue lorsque C/N augmente, ce qui risque de retentir sur le recyclage des éléments dans les écosystèmes.

En raison de l'augmentation du rapport C/N les herbivores consommeront davantage de tissus végétaux pour obtenir suffisamment de protéines. Ils auront une croissance plus lente et un taux de mortalité plus élevé (Fajer *et al.*, 1989 ; Field *et al.*, 1992 ; figure 3.17). Dans le milieu marin l'élévation de la pression partielle en CO_2 agira sur la formation de l'aragonite qui est l'élément calcaire essentiel des Madréporaires constructeurs de récifs. Les conséquences pour le fonctionnement des écosystèmes récifaux sont difficiles à prévoir (Smith & Buddemeier, 1992). Elles contribueront sans doute à accélérer le phénomène de mort blanche des coraux qui a été signalé ci-dessus.

Le taux de renouvellement (*turn over*) des arbres des forêts tropicales est fonction de l'importance de la mortalité et du recrutement. Une analyse effectuée sur un échantillon de 40 sites forestiers tropicaux montre que ce taux de renouvellement a augmenté d'une façon significative, au moins depuis l'année 1960. Ce phénomène est parallèle à l'augmentation de la teneur de l'atmosphère en gaz carbonique, et il en est vraisemblablement la conséquence. Étant donné que les diverses espèces des forêts tropicales réagissent de manières différentes, il faut s'attendre à des perturbations profondes de ces forêts et à une diminution de leur biodiversité. Les plantes de type liane à croissance rapide seront favorisées, tandis que les espèces à croissance lente qui tolèrent l'ombre du sous-bois seront désavantagées (Philipps & Gentry, 1994).

Les aires de répartition de beaucoup de plantes sont déterminées par la température. Ainsi la Graminée *Corynephorus canescens* germe mal au dessous de 15 °C et l'isotherme de 15 °C en juillet marque sa limite nord. Un doublement de la

Figure 3.17

Influence de l'augmentation de la teneur en CO_2 sur les êtres vivants

A : Croissance des chenilles de *Junonia coenia* nourries sur *Plantago lanceolata* dans une atmosphère normale (ronds blancs) ou enrichie en CO_2 (ronds noirs) (Fajer *et al.*, 1989).

B : Réactions de trois espèces d'arbres de la Nouvelle-Angleterre à une augmentation

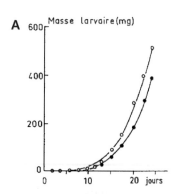
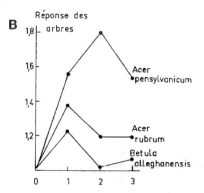

de la teneur de l'air en CO_2. La réponse des arbres est évaluée par le rapport entre la croissance pour un taux de 680 µL/L de CO_2 à la croissance pour un taux de 340 µL/L. Toutes les espèces réagissent favorablement la première année mais leurs réactions sont très différentes par la suite et l'augmentation du taux de croissance peut presque s'annuler chez *Betula alleghanensis* (Bazzaz *et al.*, 1994).

teneur en gaz carbonique et l'élévation de température qui en résultera se traduira pour beaucoup d'espèces par une remontée importante, soit vers le nord, soit en altitude (figure 3.18).

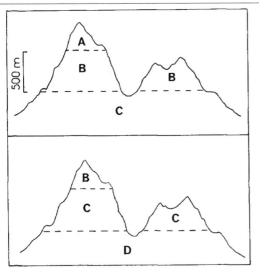

Figure 3.18

La distribution en altitude de trois espèces A, B et C se fait aujourd'hui selon le modèle du haut

Une augmentation de température de 3 °C entraînera un décalage en altitude de 500 m selon le modèle du bas. L'espèce A sera éliminée ; l'espèce B aura son aire réduite ; l'espèce C aura son aire fragmentée et réduite. Une espèce D colonisera les étages inférieurs et remplacera partiellement l'espèce C.

L'abondance et la distribution des animaux seront également modifiées. Un climat plus chaud et plus sec provoquera vraisemblablement un accroissement des pullulations d'insectes ravageurs tels que les pucerons et les Scolytes (Berryman & Stark, 1985). Les espèces qui vivent actuellement dans des conditions limites en ce qui concerne la température seront très vulnérables et disparaîtront les premières (figure 3.19). Aux îles Hawaii la malaria aviaire, due à un Trypanosome, est transmise par un moustique uniquement au dessous de 600 m. Beaucoup d'espèces d'oiseaux (dont des endémiques) ont été décimées ou même anéanties par ce parasite dont l'introduction est récente. Des espèces sensibles à la maladie subsistent encore dans les forêts au dessus de 600 m. Une élévation de température compromettra ce fragile équilibre en faisant remonter la limite au dessus de laquelle la malaria aviaire n'est plus transmissible (Warner, 1968).

6.2. Le trou dans la couche d'ozone

La plus grande partie de l'ozone atmosphérique est concentrée dans la stratosphère, entre 17 et 26 km d'altitude. Cet ozone absorbe environ 99 % du rayonnement ultraviolet solaire. Ce sont ces rayons ultraviolets de haute énergie qui transforment l'oxygène O_2 en ozone O_3 . L'existence d'un minimum printanier dans la concentration de l'ozone au dessus de l'Antarctique est un phénomène naturel connu depuis 1960 et qui résulte des conditions climatiques hivernales qui règnent dans la région. Des changements importants ont été découverts en 1985 au-dessus de l'Antarctique où la concentration de l'ozone

Figure 3.19

Température du corps au cours de deux mois de l'année et température létale du chuckwalla (Sauromalus obesus)

Ce reptile de la famille des Iguanidés est une espèce de grande taille qui vit dans les zones rocheuses du désert Mojave en Amérique du Nord. Il fréquente des milieux où la température au mois de juillet est proche de sa température létale. Une faible élévation de température consécutive à l'effet de serre rendra le milieu où il vit inhabitable pour cet animal (Zimmerman & Tracy, 1989).

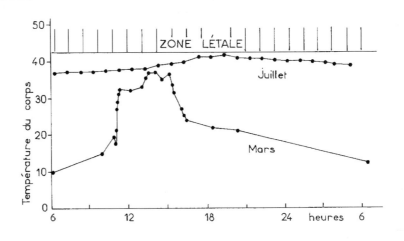

atmosphérique a été réduite de un tiers par rapport à sa valeur des années 1950. La formation de ce trou a des causes variées. On a soupçonné le rôle principal des CFC dès 1974. Ces composés qui sont très stables au niveau du sol sont décomposés par les rayons ultraviolets dans la haute atmosphère et le chlore qui est libéré réagit avec l'ozone et le détruit, selon un ensemble de réactions que l'on peut schématiser ainsi :

$$Cl + O_3 \rightarrow O_2 + ClO$$
$$ClO + O \rightarrow Cl + O_2$$
$$O_3 + O \rightarrow 2O_2$$

Pour un atome de chlore en jeu, 100 000 molécules d'ozone peuvent être détruites.

Une deuxième cause réside dans la quantité importante de bromure de méthyle produite lors des feux résultants de la combustion de la biomasse végétale. Le bromure de méthyle réagit avec l'ozone et le détruit (Cicerone, 1994). Une troisième cause réside dans l'activité volcanique. Les éruptions puissantes comme celle du Pinatubo injectent dans la stratosphère de vastes quantités d'aérosols renfermant des sulfates qui rendent l'ozone plus vulnérable à l'action du chlore d'origine naturelle ou issu des CFC (Brasseur & Granier, 1992).

La réduction de la couche d'ozone permet à un rayonnement ultraviolet plus intense d'arriver à la surface du sol. Le rayonnement ultraviolet dit UV-B est de plus courte longueur d'onde (280 à 320 nm) et plus nocif dans beaucoup de cas que le rayonnement dit UV-A, de longueur d'onde comprise entre 320 et 400 nm. Les études faites sur du phytoplancton marin (une Diatomée *Phaeodactylum sp.*, et un Dinoflagellé *Prorocentrum micans*) montrent que les UV-A inhibent la photosynthèse de ces organismes et que les UV-B le font d'une façon encore plus intense. La baisse d'activité photosynthétique peut être de l'ordre de 12 à 15 % dans les eaux de surface, et moins en profondeur où les rayons UV pénètrent mal (Cullen *et al.*, 1992). Une autre étude (Bothwell *et al.*, 1994) montre que les UV-B réduisent la photosynthèse et la croissance des communautés de Diatomées benthiques des eaux douces. Les larves de Chironomides qui consomment ces algues sont plus sensibles que les Diatomées. Ceci explique que, paradoxalement, dans un écosystème irradié aux UV, la croissance des algues paraisse

stimulée. C'est en réalité la consommation de ces algues par des animaux comme les Chironomides qui est réduite. Dans le cas des végétaux terrestres les UV-B réduisent l'activité synthétique, la taille des feuilles, la capacité d'utilisation de l'eau et la croissance (Teramura, 1986). Les UV-B sont aussi nocifs pour les animaux et chez l'homme ils induisent des cancers de la peau, la cataracte et réduisent les défenses immunitaires.

Une étude de l'Environmental Protection Agency (1989) estime que, si une diminution de 5 % de la teneur en ozone au dessus des États-Unis se produit, les effets suivants se feront sentir. (a) : une augmentation annuelle de 940 000 cas de cancers de la peau, dont 30 000 seront fatals ; (b) : une augmentation importante des cas de cataracte, de brûlures de la peau par le soleil chez l'homme, et de cancers oculaires chez le bétail ; (c) : une diminution des défenses immunitaires chez l'homme ; (d) : une augmentation importante de la formation du smog d'origine photochimique et de la quantité d'ozone toxique au niveau du sol ; (e) : une diminution du rendement des cultures comme le blé, le maïs, le riz, le soja ; (f) : des dommages aux végétaux aquatiques et en particulier aux algues marines, ce qui perturbera les réseaux trophiques océaniques ; (g) : une perte atteignant peut être 2 milliards de dollars par an résultant de la dégradation accélérée des matières plastiques et autres polymères.

L'ensemble de ces données justifie l'interdiction des CFC dans la plupart des pays. En 1987 un accord international (connu sous le nom de Protocole de Montréal) prévoyait une réduction de 50 % dans l'emploi des CFC. Cet accord a été révisé en 1990 et une suppression totale des CFC est prévue pour l'an 2000.

6.3. Les pluies acides

En 1872 le chimiste anglais Robert Angus Smith publia un livre intitulé *Air and rain : the beginning of a chemical climatology,* dans lequel il montrait le lien qui existe entre les émissions de gaz sulfureux et les pluies acides qui sévissaient dans la région de Manchester déjà très industrialisée. En 1941 il fut établi qu'une usine de Colombie Britannique, par ses rejets de SO_2 était à l'origine de pollutions dans l'état de Washington aux États-Unis. L'acidification des lacs au Canada fut décrite dès le début des années 1950. Mais ce n'est que plus récemment que le lien entre les pluies acides et des phénomènes comme le dépérissement des forêts fut établi sur des bases sûres.

Les pluies acides ont leur origine dans des phénomènes naturels (volcanisme, feux de forêt,

aérosols formés à la surface des océans, sols et végétation terrestre), ainsi que dans des émissions chimiques variées ayant leur origine dans diverses industries ou dans les gaz d'échappement des véhicules. Le constituant fondamental des pluies acides est le gaz sulfureux provenant des combustibles fossiles et dont l'oxydation conduit à l'acide sulfurique. Les quantités de soufre émises par les activités humaines sont difficiles à évaluer : elles sont de 60 à 120 millions de tonnes de soufre par an pour les années 1976 à 1985, ce qui est supérieur aux émissions naturelles (également difficiles à évaluer) qui sont comprises entre 46 et 124 millions de tonnes. Depuis l'année 1980 les mesures de lutte antipollution (comme la recherche de combustibles pauvres en soufre) ont permis de réduire les émissions de soufre (tout au moins en Europe et en Amérique du Nord), de 25 % environ (Whelpdale, 1992). À Sudbury dans l'Ontario, un complexe industriel producteur de cuivre et de nickel a rejeté 620 000 tonnes de SO_2 dans l'atmosphère en 1990. Les autres constituants des pluies acides sont l'acide nitrique (formé par oxydation de l'oxyde d'azote) et l'acide chlorhydrique, ainsi que des gaz toxiques comme l'ozone et des métaux lourds comme le mercure ou le cadmium qui sont dispersés sous la forme d'aérosols renfermant de très fines particules. Les précipitations, en dehors de toute pollution, ont un pH moyen de 5,6. Les pluies acides sont des précipitations dont le pH est inférieur à cette valeur (figure 3.20). Un pH record de 2,3 a été enregistré aux États-Unis en 1978. Le transport des polluants à l'origine des pluies acides peut se faire sur plusieurs centaines de kilomètres (figure 3.21). La pollution des lacs de Scandinavie est due à des usines situées en Allemagne de l'Ouest, et en Grande Bretagne, et le dépérissement de la forêt dans le sud du Québec a son origine dans le nord-est des États-Unis.

Les conséquences des pluies acides sont nombreuses et elles intéressent particulièrement les eaux douces de surface, la végétation et le sol.

6.3.1 ACTION SUR LES EAUX DOUCES

Les lacs d'eau douce sont les écosystèmes les plus menacés, en particulier ceux qui sont situés sur des sols pauvres en calcium et en magnésium. La dégradation de ces lacs est intense en Scandinavie, dans le nord-est des États-Unis et le sud du Canada. L'abaissement du pH se traduit par des profondes modifications des commu-

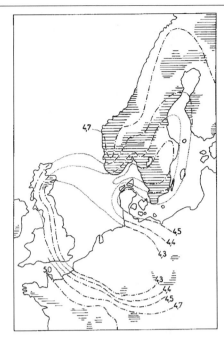

Figure 3.20
pH moyen des précipitations sur l'Europe du Nord-Ouest

Les zones particulièrement sensibles aux pluies acides ont été représentées en hachures. Elles se trouvent surtout en Scandinavie sur des sols acides, mais elles existent aussi en Europe centrale et en France.

nautés végétales (en particulier des Diatomées et des Chrysophycées), zooplanctoniques et ichtyologiques, avec élimination des espèces les plus sensibles.

Les Diatomées sont classées en cinq catégories en fonction de leurs exigences vis-à-vis du pH de l'eau. Les espèces acidobiotiques sont présentes dans des eaux de pH inférieur à 7 et l'optimum correspondant à leur plus grande abondance est à pH égal à 5 ou au-dessous. Les espèces acidophiles sont présentes dans des eaux dont le pH est voisin de 7 et leur abondance maximale correspond à un pH inférieur à 7. Les espèces indifférentes sont présentes de part et d'autre de pH 7. Les espèces alcaliphiles tolèrent des pH voisins de 7 mais leur abondance maximale se situe à des pH supérieurs à 7. Les espèces alcalibiotiques sont présentes constamment à des pH supérieurs à 7. Les changements dans les abondances relatives de ces diverses catégories mettent en évidence l'abaissement progressif du pH (figure 3.22). Les Diatomées planctoniques sont quasi absentes lorsque le pH est inférieur à 5,5 (Almer *et al.*, 1974).

Figure 3.21

Transport et dépôt de soufre en Europe à la fin des années 1970

Les chiffres insérés dans les cercles indiquent les quantités de soufre déposé sur une surface de 1 000 km². Les chiffres à côté des flèches correspondent aux principaux transports à distance. Toutes les valeurs sont en milliers de tonnes par an. Il existe une source de pollution maximale en Europe centrale. Le soufre peut être transporté sur plus de 1 000 km avec un temps de résidence dans l'atmosphère de 2 à 4 jours. On estime que, à la fin des années 1970, 60 % du soufre déposé dans le sud de la Suède et de la Norvège provenait d'autres régions d'Europe, tandis que l'Allemagne de l'Est « exportait » deux fois plus de soufre qu'elle n'en recevait (Pearce, 1982).

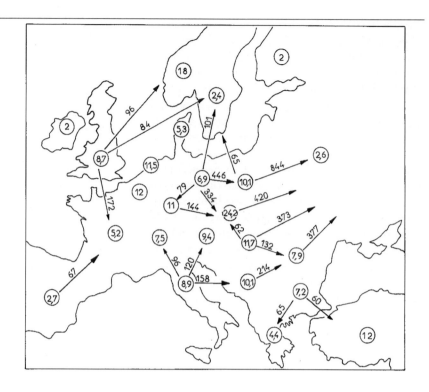

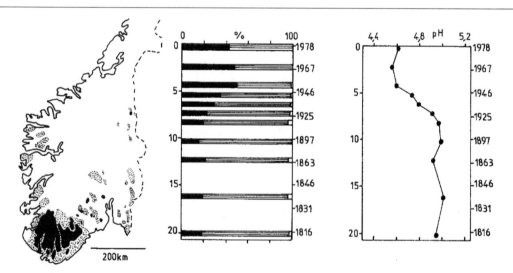

Figure 3.22

Acidification des lacs sous l'action des pluies acides

La carte du sud de la Norvège montre, en noir, la zone où les poissons ont été complètement (ou presque) éliminés et en pointillés la zone où ils sont très raréfiés. Les graphiques représentent l'évolution, dans un lac de cette région, de l'importance relative des divers groupes écologiques de Diatomées et les variations du pH depuis 1816. La baisse du pH a commencé vers l'année 1930. Les sédiments ont été datés à l'aide du plomb (^{210}Pb) qu'ils renferment. En noir, espèces acidobiontes ; en hachures horizontales, espèces acidophiles, en blanc, espèces indifférentes (Charles *et al.*, 1990 ; Abrahamsen *et al.*, 1989).

Comme les espèces planctoniques, les végétaux enracinés ou macrophytes sont affectés par l'acidification des eaux. Les peuplements à *Isoetes* et à *Lobelia* sont remplacés par des sphaignes qui tolèrent les faibles pH (Grahn *et al.*, 1974).

Les Invertébrés sont également affectés par les eaux acides. Dans les Vosges la valeur moyenne du pH des eaux, déterminée pour une trentaine de ruisseaux, varie de 4,47 à 7,25. L'échantillonnage de la faune benthique montre que le nombre d'espèces, l'indice de diversité et l'abondance des Invertébrés diminuent lorsque le pH diminue. La réduction de la richesse spécifique dans les cours d'eau acides ou faiblement alcalins correspond à une perte de près de 50 % des espèces. Ce sont les Crustacés (*Gammarus* sp.), les Mollusques (*Bythinella* sp., *Ancylus* sp.) et les Éphéméroptères qui disparaissent les premiers lorsque le pH devient inférieur à 6,2. Une partie des Diptères, Coléoptères et Trichoptères disparaît également. Par contre les représentants de certaines familles de Diptères (les Chironomidés, Simulidés et Empididés), les Coléoptères Dytiscidés, les Trichoptères Limnophilidés et Rhyacophilidés ainsi que les Oligochètes se rencontrent régulièrement dans les eaux acides dont le pH atteint 4,5 (Guérold *et al.*, 1993). Comme pour les poissons, le pH n'est pas le seul facteur en jeu. Une concentration élevée en aluminium ou un manque de calcium peuvent être des facteurs limitant la richesse de la faune.

La réduction du nombre d'individus et du nombre d'espèces de poissons avec l'abaissement du pH est spectaculaire (Probst *et al.*, 1990). Dans les rivières de Pennsylvanie qui reçoivent des eaux acides issues d'exploitations minières, le nombre d'espèces passe de 116 lorsque le pH est voisin de 6,5 à 18 pour des pH compris entre 5,9 et 6 et à zéro lorsque le pH est inférieur à 4,6. La nocivité des eaux acides est accrue par la mobilisation d'ions aluminium toxiques et de divers métaux lourds. L'aluminium se retrouve dans les reins et les branchies des truites dans les eaux acidifiées des ruisseaux des Vosges (Galle *et al.*, 1990). La croissance des poissons qui subsistent dans les eaux acides est ralentie.

Un déclin général des populations d'Amphibiens se manifeste dans le monde entier. Par leur mode de vie ces animaux sont exposés aussi bien à la pollution de l'air qu'à la pollution des eaux. Leur déclin est attribué à la destruction de leurs habitats, à l'introduction de prédateurs tels que des poissons ou d'autres Amphibiens dans des régions où ils n'existaient pas, aux pesticides, aux pluies acides, à l'aug-

mentation du rayonnement ultraviolet, à l'élévation de température due à l'effet de serre, ou bien à un effet synergique de toutes ces causes. *Ambystoma tigrinum* des Montagnes Rocheuses décline en raison de l'acidification des eaux de même que le crapaud *Bufo calamita* dans les îles Britanniques (Blaustein & Wake, 1990).

Dans les régions nordiques les pluies acides s'accumulent sous la forme de neige en hiver. La fonte des neiges provoque une brutale arrivée d'eaux acides (souvent chargées d'aluminium) et un « choc acide » accompagné d'une mortalité importante de la faune. L'apport de calcaire dans les lacs est une technique de lutte contre l'acidification des eaux. 20 000 lacs ont été traités par cette méthode en Suède en 1986.

Les caractéristiques du lac acidifié Gardsjön, situé dans le sud de la Suède, peuvent être résumées ainsi (Andersson & Olsson, p. 39, 1985).

a) L'eau de la zone supérieure du lac a un pH moyen de 4,67 et elle renferme 0,5 mL/L d'oxygène dissous. La teneur en quatre éléments importants est la suivante (en mg/L) : calcium : 1,8 ; magnésium : 1,18 ; aluminium : 0,28 ; phosphore : 4,9.

b) Le phytoplancton est réduit à un petit nombre d'espèces et dominé par des Chrysophycées et des Dinophycées parmi lesquelles les plus communes sont *Dinobryon* sp., *Peridinium inconspicuum* et *Gymnodinium* spp. Les Diatomées sont presque absentes.

c) La biomasse du phytoplancton est de 10 µL/L (matière sèche) en hiver et de 750 µL/L au printemps. La productivité est de 10 g/C/m^2/an.

d) Les macrophytes renferment environ 20 espèces mais seulement 9 sont abondantes, en particulier *Isoetes lacustris*, *Lobelia dortmanna* et surtout la sphaigne *Sphagnum subsecundum* ; cette dernière est commune dans tous les lacs scandinaves dont le pH est compris entre 4,6 et 5,5. La biomasse des macrophytes est de 20 g/m^2 et la productivité de 9 g/m^2/an (poids sec) dont 54 % proviennent de la sphaigne.

e) Les algues épiphytes qui sont fixées sur les *Lobelia* comprennent des espèces filamenteuses (*Mougeotia*) acidiphiles qui ont une biomasse élevée et une productivité de 1,2 g/C/m^2/an. Ces algues sont nombreuses dans les lacs ayant un pH peu élevé.

f) La faune pélagique est caractérisée par un petit nombre d'espèces. Les Cladocères planctoniques de grande taille (Daphnies) ont disparu et sont remplacés par des espèces de petite taille comme le Cladocère *Bosmina coregoni* et le Copépode *Eudiaptomus gracilis*. Des Crustacés benthiques comme *Alona* sp. remplacent en partie les espèces planctoniques. Les Rotifères sont sporadiques. Toutes ces espèces qui vivent normalement dans les tourbières tolèrent les eaux acides. Les insectes sont nombreux : Hémiptères Corixidés, Diptères du genre *Chaoborus*. Les Corixidés, qui sont très sensibles à la prédation, sont surtout abondants dans les lacs dépourvus de poissons.

g) La faune littorale et benthique est dominée par des insectes tandis que les Crustacés comme les *Asellus* et les Gastéropodes sont rares. La disparition de ces espèces qui sont des brouteurs fragmentant les débris végétaux ralentit la décomposition bactérienne de ces derniers. Il existe une seule espèce d'Éphémère mais on trouve de nombreux prédateurs : *Sialis*, libellules, notonectes, *Dytiscus*. Les zones benthiques profondes sont dominées par les Chironomides.

h) Les poissons ont disparu. Les derniers ont été vus en 1948. La baisse du pH suffit à expliquer la quasi-disparition des Mollusques ou des *Asellus* en empêchant la fixation du calcaire par ces espèces. Mais elle ne suffit pas à expliquer la disparition des poissons. En conclusion, l'acidification a comme conséquence une modification importante des niveaux trophiques avec remplacement des superprédateurs tels que les poissons ou certains insectes par d'autres tels que les libellules et les Coléoptères.

6.3.2. ACTION SUR LA VÉGÉTATION

Les pluies acides ont un effet néfaste sur la végétation. Le dépérissement des forêts est un phénomène répandu surtout en Europe et en Amérique du Nord. Il est maintenant admis qu'il est la conséquence des pluies acides bien que d'autres facteurs puissent s'y ajouter, tels que des étés particulièrement chauds et secs. En Allemagne de l'Ouest 560 000 ha de forêts sont affectés par les pluies acides et il en est de même pour 14 % de la surface des forêts de Suisse. Les forêts de l'est de la France sont largement atteintes. En Amérique du Nord la situation semble moins dramatique mais elle est cependant préoccupante. Les pluies acides provoquent un lessivage des éléments nutritifs du sol comme le calcium, le potassium, le sodium et le magnésium, et libèrent simultanément des éléments toxiques pour la végétation comme l'aluminium et divers métaux lourds. La conséquence la plus visible est la diminution de la vitesse de croissance des arbres et une baisse de productivité (figure 3.23). Certains arbres sont tués et, dans le Vermont, le nombre d'épicéas (*Picea rubens*) à l'hectare est passé de 445 en 1965 à 206 en 1979, et la surface basale des arbres vivants de 6,7 à 3,7 m^2 à l'hectare. La température moyenne annuelle a augmenté de 1,7°C depuis 150 ans dans le Vermont. Le déclin des forêts d'épicéas pourrait, selon certains, être attribué à cette augmentation de température qui agirait soit seule soit de concert avec la pollution acide et divers organismes pathogènes (Hamburg & Cogbill, 1988).

6.3.3. ACTION SUR LES LICHENS

Les lichens sont des indicateurs de la pollution atmosphérique acide, en particulier par le dioxyde de soufre. Le botaniste Nylander, fonda-

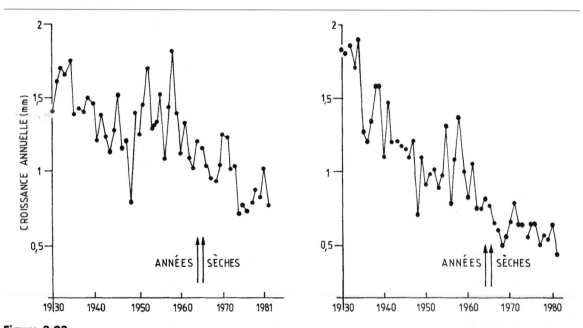

Figure 3.23
Diminution progressive de la largeur des cercles de croissance annuels de l'épicéa rouge (Picea rubens) sous l'action des pluies acides dans deux localités du Vermont (nord-est des États-Unis)
Les flèches verticales indiquent les périodes de grande sécheresse (McLaughlin *et al.*, 1983).

teur de la lichénologie avait noté dès 1866 que les arbres des villes ne portaient plus guère que quelques espèces de Lichens appartenant aux genres *Physcia* et *Caloplaca*. À Paris les arbres du jardin des Plantes ne portaient plus que des Algues du genre *Protococcus* qui semblent très résistantes, tandis que ceux du jardin du Luxembourg, sans doute moins pollués, abritaient encore 31 espèces (parmi lesquelles 3 *Physcia* et 9 *Caloplaca*). Nylander concluait déjà : « Les Lichens donnent à leur manière la mesure de la salubrité de l'air et constituent une sorte d'*hygiomètre* très sensible » (figure 3.24). Leur sensibilité varie avec les espèces ce qui permet de dresser des cartes de l'intensité de la pollution atmosphérique (tableau 3.2). Ils ont disparu du centre très pollué des grandes villes (figure 3.25). La réapparition récente de certaines espèces dans des sites urbains, comme le jardin du Luxembourg dans le centre de Paris, pourrait être interprétée comme la preuve d'une diminution de la pollution atmosphérique.

Le dioxyde de soufre réduit l'activité photosynthétique et la teneur en chlorophylle des algues qui, en symbiose avec des champignons, constituent les lichens. Ceux-ci résistent mieux à la pollution quand ils vivent dans des sites humides et qu'ils sont gorgés d'eau. Le dioxyde de soufre agit aussi sur l'ultrastructure des lichens : on a observé des déformations des mitochondries, des ruptures des membranes cellulaires, des dégénérescences nucléaires, etc. La nutrition azotée et la synthèse des protéines ainsi que la capacité de multiplication végétative et la reproduction sexuée sont profondément altérées (Haluwyn & Lerond, 1993).

6.3.4. ACTION SUR LE SOL

Les pluies acides agissent sur le sol en mobilisant des éléments toxiques comme l'aluminium qui agit sur les végétaux au niveau des racines. Le pH doit atteindre une valeur de 6 avant que des quantités notables d'aluminium soient libérées. Dans les sols acides l'aluminium est souvent un facteur limitant pour les cultures. Les symptômes de l'intoxication sont difficiles à déceler. Les modifications des feuilles sont identiques à celles qui sont produites par une carence en phosphore ou en calcium. Comme dans le milieu aquatique, le chaulage est une méthode de lutte efficace contre l'acidification des sols (Steinegger *et al.*, 1990). Les pluies acides agissent sur les communautés microbiennes du sol dont elles réduisent la respiration. Elles diminuent l'activité des germes pathogènes, mais aussi celle des espèces utiles saprophytes ou symbiotiques.

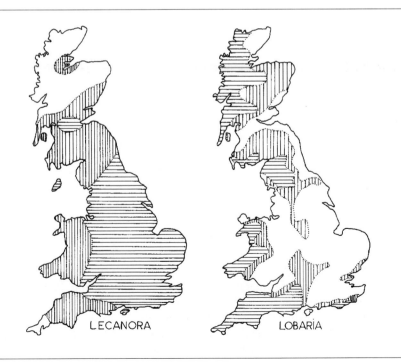

Figure 3.24
Répartition de deux espèces de Lichens en Grande-Bretagne

La répartition primitive de *Lecanora conizaeoides* coïncidait avec les zones industrielles les plus anciennes du fait que la pollution élimine les espèces concurrentes et permet à ce Lichen résistant de s'installer plus largement sur des substrats devenus libres. La colonisation récente de nouvelles régions met en évidence l'extension de la pollution atmosphérique acide. Hachures horizontales : aire ancienne ; hachures verticales : extension récente. *Lobaria pulmonaria* est sensible à la pollution. Hachures horizontales : aire actuelle ; hachures verticales : régions jadis occupées et d'où le lichen a disparu.

LECANORA

LOBARIA

Tableau 3.2

L'étude des Lichens qui poussent sur les écorces des arbres permet de définir dix zones dans lesquelles la teneur de l'air en SO₂ est décroissante, depuis une valeur égale ou supérieure à 170 µg/m³ jusqu'à l'air « pur »

Cette échelle a été établie pour l'Angleterre et le pays de Galles (simplifié, d'après Haluwyn & Lerond, 1993).

Zones	Lichens présents	SO$_2$ de l'air (µg/m³)
0	Épiphytes absents	Pollution maximale
1	*Pleurococcus viridis* limité à la base du tronc	Environ 170
2	*Pleurococcus* sur tout le tronc ; *Lecanora conizaeoides* limité à la base	Environ 150
3	*Lecanora conizaeoides* sur tout le tronc ; *Lepraria incana* fréquent à la base	Environ 125
4	*Hypogymnia physodes* et/ou *Parmelia saxatilis* ou *Parmelia sulcata* à la base du tronc	Environ 70
5	*Hypogymnia physodes* ou *P. saxatilis* s'étendent ; *Evernia prunastri* limité à la base du tronc	Environ 60
6	*Parmelia caperata* au moins à la base et riches communautés de *Pertusaria* ; *Graphis elegans* dans les montagnes	Environ 50
7	*Parmelia caperata* et *P. revoluta* s'étendent sur le tronc ; apparition de *Usnea subfloridana*	Environ 40
8	*Usnea ceratina* et *Parmelia perlata* apparaissent	Environ 35
9	*Lobaria pulmonaria* et *Usnea florida* présents ; nombreuses espèces de Lichens crustacés	Environ 30
10	*Lobaria amplissima*, *L. scrobiculata*, *Sticta limbata*, *Usnea articulata*, *U. filipendula* ou *Telochistes flavicans*	« air pur »

Figure 3.25

Acidification des écorces d'arbres sous l'effet des polluants atmosphériques dans la région de Stockholm et relation avec les peuplements de Lichens

L'acidification touche peu le pin, l'aulne et le bouleau et affecte davantage les arbres comme le chêne dont l'écorce a, dans les conditions normales, un pH plus ou moins proche de la neutralité. Points : zones non polluées et riches en Lichens ; croix : zones dont les arbres sont dépourvus de Lichens ; cercles : zones de transition (Skye, 1968).

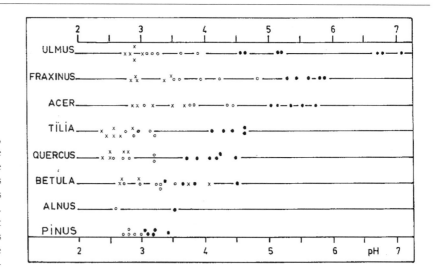

6.4. Peut-on prévoir les conséquences du changement global ?

Un rapport du *Groupe Intergouvernemental sur l'Évolution du Climat* repose sur l'estimation d'un réchauffement de 2 degrés d'ici l'an 2100, ce qui correspond à un doublement des concentrations des gaz à effet de serre. Les variations de la pluviosité dues à cet effet de serre dépendront beaucoup de la situation géographique, les régions tropicales étant les plus vulnérables puisque la pluviosité y diminuera souvent de 20 %, entraînant la pénurie d'eau et réduisant considérablement le rendement de l'agriculture. Partout des maladies comme la malaria, la dengue, la fièvre jaune ou le choléra gagneront

de nouveaux territoires et atteindront peut être l'Europe. En Afrique la température s'élèvera dans les régions arides et semi-arides. La réduction de la pluviosité dans l'ouest, l'est et le sud du continent provoquera une baisse des rendements de l'agriculture pouvant aller jusqu'à 30 %. Le littoral Atlantique et le delta du Nil pourront être envahis par la mer ; la modification des courants marins entraînera la migration de certaines espèces de poissons et une réduction des prises de la pêche. En Amérique latine la réduction de la pluviosité provoquera une baisse de la production agricole, sauf dans le sud du continent où la production sera améliorée. En Asie du sud-est les changements climatiques s'ajouteront aux activités humaines (urbanisation rapide, démographie galopante, pollution, dégradation des terres) pour rendre la région de plus en plus inhospitalière. La remontée du niveau de la mer sera sensible au Bangladesh et nécessitera le déplacement de millions de personnes. La fonte des glaciers de l'Himalaya accélérera la pénurie en eau provenant de cette région. En Amérique du Nord le climat deviendra plus sec dans le centre du continent et dans les Grandes Plaines qui servent de grenier à blé ; le rendement de l'agriculture sera réduit. En revanche les régions du nord et du nord-est bénéficieront d'une température plus clémente et d'une pluviosité accrue. Le sud de l'Europe deviendra plus aride ; le nord de l'Europe et la Russie recevront davantage d'eau et se réchaufferont, devenant ainsi plus favorables à l'agriculture. Mais la hausse du niveau de la mer menacera les Pays-Bas, l'Angleterre et certaines portions du littoral méditerranéen. Les glaciers des Alpes auront disparu à la fin du XXIᵉ siècle. Le modèle prévoit aussi une augmentation des catastrophes naturelles telles que des inondations, des tornades ou l'invasion par la mer des zones littorales (figure 3.26).

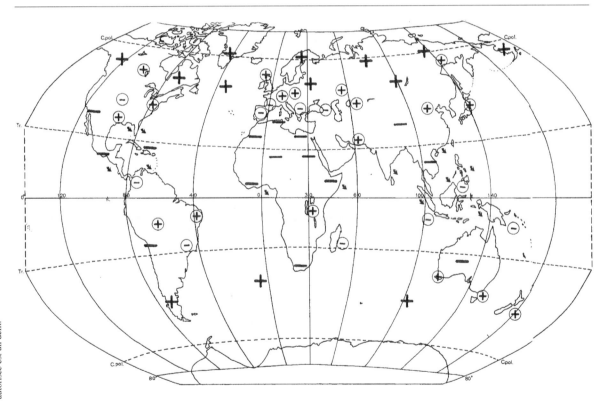

Figure 3.26

Modifications du régime des pluies dues au changement global

Signe + : plus de 20 % environ ; signe + entouré par un cercle : plus de 10 % environ.
Signe – : moins de 20 % environ ; signe – entouré par un cercle : moins de 10 % environ. **Flèches :** régions où les tempêtes et les cyclones tropicaux deviendront plus nombreux.

6.5. Les îles antarctiques et le changement global

Lors d'un changement de climat qui affecte l'ensemble de la planète, les régions qui sont caractérisées par des conditions de température et de pluviosité extrêmes seront les premières à présenter des variations de leur climat significatives et faciles à détecter. Ces régions peuvent être qualifiées de régions sentinelles [1]. C'est le cas du Sahel où la baisse de la pluviosité est particulièrement marquée depuis une vingtaine d'années (figure 3.27). C'est aussi le cas des îles des régions subantarctiques dont le climat, la flore et la faune commencent à être bien connus. Le changement climatique est évident dans ces régions surtout depuis 1960. La température moyenne annuelle s'est élevée de près de 1 degré et la pluviosité a été réduite parfois à la moitié de sa valeur initiale (figure 3.28). Ces variations du climat sont accompagnées par des modifications de la flore et de la faune. Sur l'île Marion la Graminée *Agrostis stolonifera*, qui a été introduite accidentellement vers 1950 avec du foin destiné à nourrir des moutons, s'étend à la faveur du réchauffement et elle élimine progressivement la végétation autochtone. Un Coléoptère de la famille des Carabidae, *Trechisibius antarcticus*, arrivé accidentellement sur l'île South Georgia vers 1960, se répand et il a un impact important sur les populations de *Hydromedion sparsutum*, un Coléoptère phytophage indigène qui lui sert de proie. Les larves de l'*Hydromedion* deviennent moins abondantes et la taille des insectes adultes augmente, vraisemblablement à cause d'une croissance plus rapide des larves, ce qui les rend moins vulnérables aux attaques du prédateur.

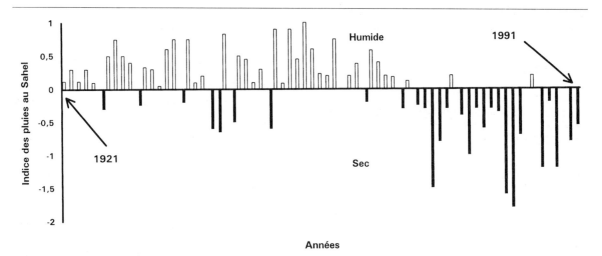

Figure 3.27
Variations de l'indice des pluies au Sahel de 1921 à 1991
Barres blanches : périodes humides ; **barres noires :** périodes sèches.

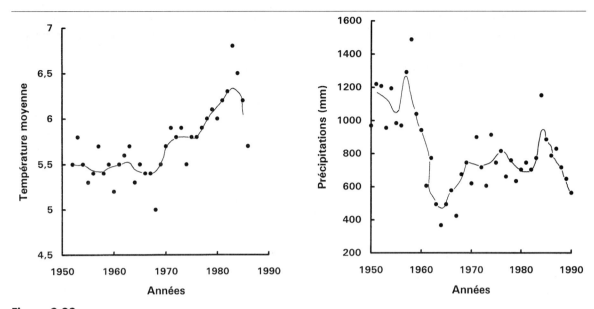

Figure 3.28
Variations de la température et de la pluviosité dans une île subantarctique, l'île Marion
La température moyenne annuelle a augmenté de près de un degré et la pluviosité a baissé de près de 500 mm par an.

Références

ABRAHAMSON. G. *et al.*, 1989. Long-term acidic precipitation studies in Norway. *In :* D.C. Adriano & M. Havas (ed.), *Acidic precipitations.* Volume 1 : *Case studies*, p. 137-179. Springer, Berlin.

ALMER, B., *et al.*, 1974. Effects of acidification on Swedish lakes. *Ambio*, **3**, p. 30-36.

ANDERSSON, F. & OLSSON, B. (eds.), 1985. Lake Gardsjön - An acid forest lake and its catchment. *Ecological Bulletins* **37**, 336 p.

ASHTON, P. S. *et al.*, 1988. Staggered flowering in the Dipterocarpaceae. New insights into floral induction and the evolution of mast fruiting in the aseasonal tropics. *Amer. Nat.*, **132**, p. 44-66.

BALLING, R. C., 1992. *The heated debate. Greenhouse predictions versus climate reality.* Pacific Research Institute, San Francisco.

BAZZAZ, F. A., 1990. The response of natural ecosystems to the rising global CO_2 levels. *Annual review of ecology and systematics*, **21**, p. 165-196.

BAZZAZ, F. A. *et al.*, 1994. CO_2 induced enhancements of co-occuring tree species decline at different rates. *Oecologia*, **96**, p. 478-482.

BERGLUND, B.E. (ed.), 1986. *Handbook of holocene paleoecology and paleohydrology.* Wiley & Sons, Chichester.

BERRYMAN A. A. & STARK, R. W., 1985. Assessing the risk of forest insect outbreak. *Zeit. angew. Ent.*, **99**, p. 199-208.

BIGNOT, G., 1982. *Les microfossiles.* Dunod, Paris.

BLAUSTEIN, A. R. & WAKE, D. B., 1990. Declining amphibian populations : a global phenomenon, *TREE*, **5**, p. 203-204.

BODENHEIMER, F. S., 1938. *Problems of animal ecology.* Oxford University Press.

BOLIN, B., 1989. Changing climates. *In :* L. Friday & R. Laskey (eds.), *The fragile environment*, p. 127-147. Cambridge University Press.

BOLLE, H. J., 1982. Radiation and energy transport in the earth atmosphere system. *In :* O. Hutzinger (ed.), *The Handbook of environmental chemistry*, vol. 1, part B. *The natural environment and the biogeochemical cycles*, p. 131-303. Springer, Berlin.

BOORMAN, L. *et al.*, 1989. *Climatic change, rising sea level and the British coast.* Institute of Terrestrial Ecology, research publication n°1. HMSO, London.

BOTHWELL, M. L., *et al.*, 1994. Ecosystem response to solar ultraviolet - B radiation : influence of trophic level interactions. *Science*, **265**, p. 97-103.

BRASSEUR, G. & GRANIER, C., 1992. Mount Pinatubo aerosols, chlorofluorocarbons, and ozone depletion. *Science*, **257**, p. 1239-1242.

BUBIER, J. L. & MOORE, T. R., 1994. An ecological perspective on methane emissions from northern wetlands. *TREE*, **9**, p. 460-464.

CANNELL, M. G. R. & HOOPER, M.D. (eds.), 1990. *The greenhouse effect and terrestrial ecosystems of the UK.*

Institute of Terrestrial Ecology, research publication n° 4. HMSO, London.

CHARLES, D. F. et al., 1990. Paleoecological analysis of lake acidification trends in North America and Europe using Diatoms and Chrysophytes. In : S.A. Norton et al. (eds.), Acidic precipitations. Volume 4 : soils, aquatic processes, and lake acidification, p. 207-276, Springer, Berlin.

CICERONE, R. J., 1994. Fires, atmospheric chemistry and the ozone layer. Science, **263**, p. 1243-1244.

COOPE, G. R., 1970. Interpretation of quaternary insect fossils. Ann. Rev. Ent., **15**, p. 97-120.

COOPE, G. R., 1977. Quaternary Coleoptera as aids in the interpretation of environmental history. In : F. W. Shotton (ed.), British quaternary studies, p. 55-68. Oxford University Press.

COTRUFO, M. F., & INESON, P., 1993. CO_2 fertilization effects on decomposition processes. Institute of terrestrial ecology, report 1992-1993, p. 33-36. HMSO, London.

COUTEAUX, M. M., et al., 1991. Atmospheric CO_2 increase and litter quality : decomposition of sweet chesnut leaf litter under different animal food web complexity. Oikos, **61**, p. 54-64.

CULLEN, J. J. et al., 1992. Biological weighting function for the inhibition of phytoplankton photosynthesis by ultra-violet radiation. Science, **258**, p. 646 - 650.

CULOTTA, E., 1994. UV-B effects : bad for insect larvae means good for algae. Science, **265**, p. 30.

DAVIS, M. G., & ZABINSKI, C., 1992. Changes in geographical range resulting from greenhouse warming : effects on biodiversity in forests. In : R. L. Peters & T. E. Lovejoy (eds.), Global warming and biological diversity, p. 297-308. Yale University Press, Newhaven.

ENVIRONMENTAL PROTECTION AGENCY, 1988. The potential effects of global climate change on the United States. Washington, D. C.

FAJER, E. D. et al., 1989. The effect of enriched carbon dioxide atmospheres on plant-insect herbivore interactions. Science, **243**, p. 1198-1200.

FIELD, C. B. et al., 1992. Responses of terrestrial ecosystems to the changing atmosphere : a resource-based approach. Annual review of ecology and systematics, **23**, p. 201-236.

FISCHER, G. et al., 1994. Climate change and world food supply, demand and trade. Global environmental change, **4**, p. 7-23.

GALLE, C. et al., 1990. Localisation subcellulaire de l'aluminium véhiculé par les pluies acides dans les reins et branchies de truites des Vosges. Données préliminaires. C. R. Acad. Sci., **311**, p. 301-307.

GIBBS, H. L. & GRANT, P. R., 1987 a. Ecological consequences of an exceptionally strong El Niño event on Darwin's finches. Ecology, **68**, p. 1735-1746.

GIBBS, H. L. & GRANT, P. R., 1987 b. Oscillating selec-

tion on Darwin's finches. Nature, **327**, p. 511-513.

GOREAU, T. J., 1990. Coral bleaching in Jamaica. Nature, **343**, p. 417.

GRAHN, O. et al., 1974. Oligotrophication - a self-accelerating process in lakes subjected to excessive supply of acid substances. Ambio, **3**, p. 93-94.

GUÉROLD, F. et al., 1993. Impact de l'acidification des ruisseaux vosgiens sur la biodiversité de la macrofaune benthique. C. R. Acad. Sci., **316**, p. 1388-1392.

HAMBURG, S. P. & COGBILL, C. V., 1988. Historical decline of red spruce populations and climatic warming. Nature, **331**, p. 428-430.

HUNTEN, D. M., 1993. Atmospheric evolution of the terrestrial planets. Science, **259**, p. 915-920.

KANDEL, R. & FOUQUART, Y., 1992. Le bilan radiatif de la terre. La Recherche, **241**, p. 316-324.

KASTING, J. F., 1993. Earth's early atmosphere. Science, **259**, p. 920-926.

KERR, R. A., 1993 a. Pinatubo global cooling on target. Science, **259**, p. 594.

KERR, R. A., 1993 b. Volcanoes may warm locally while cooling globally. Science, **260**, p. 1232.

KERR, R. A., 1994 a. Methane increase put on pause. Science, **263**, p. 751.

KERR, R. A., 1994 b. Did Pinatubo send climate-warming gases into a dither ? Science, **263**, p. 1562.

LAMARCHE, V. C. et al., 1984. Increasing atmosphere carbone dioxide : tree ring evidence for growth enhancement in natural vegetation. Science, **225**, p. 1019-1021.

LEIVESTAD, H., & EGGLISHAW, H. J., 1965. Fish kill at low pH in a Norwegian river. Nature, **259**, p. 391-392.

McLAUGHLIN, S. B., et al., 1983. Effects of acid rain and gaseous polluants on forest productivity : a regional scale approach. Journal of the air pollution control association, **33**, p. 1042 - 1049.

NEWMAN, P. A., 1994. Antarctic total ozone in 1958. Science, **264**, p. 543-546.

NORBY, R. J. et al., 1986. Carbon-nitrogen interactions in CO_2 enriched white oak : physiological and long-term perspectives. Tree physiology, **2**, p. 233-241.

OERLEMANS, J., 1994. Quantifying global warming from retreat of glaciers. Science, **264**, p. 243-245.

PEARCE, F., 1982. The menace of acid rain. New scientist, **95**, p. 419-424.

PETERS, R. L., & LOVEJOY, T. E., 1992. Global warming and biological diversity. Yale University Press, New Haven.

PHILIPS, O. L. & GENTRY, A. H., 1994. Increasing turn over through time in tropical forests. Science, **263**, p. 954-958.

PITELKA, L. F., 1994. Ecosystem response to elevated CO_2. *TREE*, **9**, p. 204-207.

POLLEY, H. W. *et al.*, 1994. Increasing CO_2 : comparative responses of the C4 grass *Schizachyrium* and grassland invader *Prosopis*. *Ecology*, **75**, p. 976-988.

PONEL, P., 1993. Les Coléoptères du quaternaire : leur rôle dans la reconstruction des paléoclimats et des paléoécosystèmes. *Bull. Ecol.*, **24**, p. 5-16

PRANCE, G. T., 1973. Phytogeographic support for the theory of Pleistocene forest refuges in the Amazon basin, based on evidence from distribution patterns of *Caryocaraceae*, *Chrysobalanaceae*, *Dichapetalaceae* and *Lecythidaceae*. *Acta Amazonica*, **3**, p. 5-28.

PROBST, A., *et al.*, 1990. Acidification des eaux de surface sous l'influence des précipitations acides : rôle de la végétation et du substratum, conséquences pour les populations de truites. Le cas des ruisseaux des Vosges. *C. R. Acad. Sci.*, **311**, p. 405-411.

RAMANATHAN, V. *et al.*, 1985. Trace gas trends and their potential role in climate change. *J. Geophys. Res.*, **90**, D3, p. 5547-5566.

REY, P., 1958. *Initiation à l'étude scientifique et pédagogique des cartes de végétation*. CNRS, Paris.

RAYNAUD, D., *et al.*, 1993. The ice record of greenhouse gases. *Science*, **259**, p. 926 -934.

ROUGERIE, F. *et al.*, 1992. La mort blanche des coraux. *La Recherche*, **295**, p. 826-834.

SAUVANT, D., 1992. La production de méthane dans la biosphère : le rôle des animaux d'élevage. *Courrier Cellule Environnement INRA*, **18**, p. 65-70.

SKYE, E., 1968. Lichen and air pollution. A study of cryptogamic epiphytes and environment in the Stockholm region. *Acta phytogeographica suecica*, **52**, 123 p.

SMITH, S. V. & BUDDEMEIER, R. W., 1992. Global change and coral reef ecosystems. *Annual reviews of ecology and systematics*, **23**, p. 89-118.

STEINEGGER, A. *et al.*, 1990. Aluminium. *In : The handbook of environmental chemistry*. Volume 3 part E : *Anthropogenic compounds*, O. Hutzinger (ed.), p. 155-184. Springer, Berlin.

TERAMURA, A.H., 1986. Overview of our current state of knowledge of UV-B effects on. *In :* J. G. Titus (ed.) *Effects of change in stratospheric ozone and global climate*. vol. 1, *Overview plants*, p. 165-173 Washington D.C., U.S. Environmental Protection Agency.

VAN HALUWYN, Ch. & LEROND, M., 1993. *Guide des lichens*. Lechevalier, Paris.

VAN de WATER, P. K. *et al.*, 1994. Trends in stomatal density and $^{13}C/^{12}C$ ratios of *Pinus flexilis* needles during last glacial-interglacial cycle. *Science*, **264**, p. 239-243.

VITOUSEK, P. M., 1994. Beyond global warming : ecology and global change. *Ecology*, **75**, p. 1861-1876.

WALLACE, M. P. & TEMPLE, S. A., 1988. Impacts of the 1982-1983 El Niño on population dynamics of Andean Condor in Peru. *Biotropica*, **20**, p. 144.

WALTER, H. & LIETH, H., 1967. *Klimadiagram Weltatlas*. Iena.

WARNER, R. E., 1968. The role of introduced diseases in the extinction of endemic Hawaiian avifauna. *Condor*, **70**, p. 101.

WATT, K. E. F., 1973. Perturbation of ecological systems by weather. *In :* K. E. F. Watt (ed.), *Principles of environmental science*, p. 115-139. Mac Graw Hill.

WHELPDALE, D. M., 1992. An overview of the atmospheric sulphur cycle. *In : Sulphur cycling on the continents : wetlands, terrestrial ecosytems and associated water bodies*, SCOPE 48, R. W. Howarth *et al.* (eds.), p. 5-26. John Wiley & Sons, Chichester.

WILLIAMSON, P. & HOLLIGAN, P. M., 1980. Ocean productivity and climate change. *TREE*, **5**, p. 299-303.

ZABEL, C. J. & TAGGART, S. J., 1989. Shift in red fox *Vulpes vulpes* mating system associated with El Niño in Behring Sea. *Anim. Behav.*, **38**, p. 830.

Mammifères caractéristiques des steppes d'Eurasie

L'antilope saiga (*Saiga tatarica*) est distincte par son nez large et allongé. À gauche, le rat-taupe *Spalax murinus* qui vit sous terre et se nourrit de racines. À droite, le desman, une taupe aquatique qui creuse un terrier dans la berge des rivières et qui possède un nez prolongé en une courte trompe (planche tirée de A.R. Wallace, *The geographical distribution of animals*, 1876).

Chapitre 4

MÉSOCLIMATS ET MICROCLIMATS.
LEUR INFLUENCE SUR LES ÊTRES VIVANTS

Dans beaucoup de cas, l'étude du climat régional n'apporte que peu d'informations sur les conditions de vie réelles des organismes. Le climat régional subit des modifications locales, sous l'influence de variations topographiques qui créent un *mésoclimat*, et qui peuvent être importantes (figure 4.1) ou faibles (figure 4.2). À une échelle encore plus réduite qui est celle des environs immédiats d'un organisme, le climat se différencie en *microclimats* (encore appelés *écoclimats*) tels que ceux qui existent sous une pierre, sous une écorce d'arbre (figure 4.3) ou à l'intérieur de la strate herbacée d'une prairie (Geiger, 1966 ; Cloudsley-Thompson, 1967). Les éléments du climat qui jouent un rôle écologique sont nombreux. Les principaux sont la température, l'humidité et la pluviosité, l'éclairement et la photopériode. D'autres, comme le vent, ont une moindre importance, mais ils peuvent dans certains cas avoir un rôle non négligeable.

L'homme crée de nombreux microclimats. Par exemple une route de six mètres de large qui traverse une forêt produit une coupure matérielle qui gêne ou interdit la dispersion des animaux qui se trouvent isolés en populations sans communications les unes avec les autres. Cette route cause aussi une augmentation importante de l'éclairement, de la température au sol et de l'évaporation, ce qui gêne ou arrête les animaux, même ceux qui, comme certains insectes, se déplacent au vol (figure 4.4).

I. LE RÔLE DE LA TEMPÉRATURE

La température est l'élément du climat le plus important étant donné que tous les processus métaboliques en dépendent. Des phénomènes comme la photosynthèse, la respiration, la diges-

tion suivent la loi de Van't Hoff qui précise que la vitesse d'une réaction est fonction de la température. Cette relation est représentée par le coefficient Q_{10} qui est l'augmentation de la vitesse de réaction pour une élévation de température de dix degrés :

$$Q_{10} = \left(\frac{M_2}{M_1} \right)^{\frac{10}{t_2 - t_1}}$$

M_1 et M_2 étant les vitesses de réaction aux températures t_1 et t_2. Contrairement à une idée longtemps répandue le Q_{10} n'est pas toujours voisin de 2. Il atteint des valeurs de 5 et il est fonction de la masse corporelle chez beaucoup d'Invertébrés. La grande majorité des êtres vivants ne peut subsister que dans un intervalle de températures comprises entre 0 et 50 °C, les exceptions se rencontrant surtout dans le milieu aquatique.

Dans le milieu terrestre le record de résistance aux températures élevées semble se trouver chez la fourmi saharienne *Cataglyphis bombycina* qui reste active à la surface du sable lorsque la température dépasse 50 °C (Delye, 1968). La résistance aux basses températures est fréquente chez les espèces montagnardes. Dans l'Himalaya, des Collemboles appartenant aux genres *Hypogastrura* et *Proisotoma* et un Diptère Tipulide du genre *Chiona* restent actifs lorsque la température atteint – 10 °C. Un Chironomide du genre *Diamesa* de la même région a des adultes qui marchent sur la glace et des larves qui vivent dans la neige et la glace, se nourrissent de bactéries et de Cyanobactéries, et restent actives à des températures aussi basses que – 16°C. L'Acarien Oribate *Maudheimia wilsoni* vit sous les pierres et dans le sol gelé du continent antarctique où il supporte des minimums de – 30 °C en été et de – 60 °C en hiver. Le poisson *Trematomus bernacchi* qui vit

© Dunod. La photocopie non autorisée est un délit.

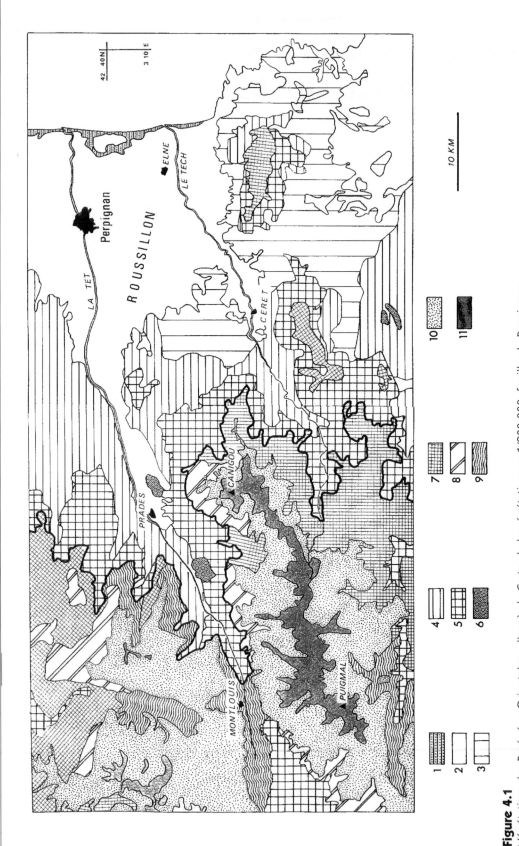

Figure 4.1

Végétation des Pyrénées-Orientales, d'après la Carte de la végétation au 1/200 000, feuille de Perpignan

Le trait épais sépare, à droite, les étages de végétation nettement méditerranéens et à gauche, les étages de montagne où l'influence méditerranéenne est faible ou nulle. *Étage médi-terranéen.* 1 : végétation littorale halophile ; 2 : cultures sur alluvions ; 3 : série du chêne liège ; 4 : série du chêne vert. *Étage subméditerranéen.* 5 : série du chêne pubescent ; 6 : série du pin de Salzmann. *Étage montagnard.* 7 : série du hêtre ; 8 : série du sapin ; 9 : série du pin sylvestre. *Étage subalpin :* 10. *Étage alpin :* 11.

dans l'Antarctique dans des eaux dont la température est voisine de 0 °C devient prostré et immobile dès que la température atteint 2 °C (Wohlschlag, 1960). Le manchot empereur (*Aptenodytes forsteri*) se reproduit pendant l'hiver austral alors que la température est toujours inférieure à − 18 °C et atteint parfois − 62 °C. Quelques arbres et quelques insectes peuvent résister à − 30 °C et supporter la formation de glace dans leur organisme.

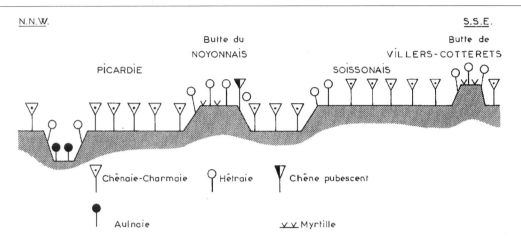

Figure 4.2
Influence de faibles variations topographiques sur la formation de climats locaux
Cette coupe schématique montre le relief de la marge nord-ouest de l'Île-de-France. Le hêtre, qui a des besoins élevés en humidité atmosphérique, s'installe là où une brusque variation du relief détermine l'ascendance de masses d'air et apporte ainsi une humidité suffisante. La myrtille s'installe dans les mêmes milieux que le hêtre lorsque le sol est favorable (Bournérias, 1978).

Figure 4.3
Deux exemples de microclimats

À **gauche**, température et humidité relative, en été, dans une prairie artificielle de Graminées de 50 cm de hauteur. La zone la plus chaude se situe vers 20 cm de hauteur ; la partie supérieure de la végétation est à une température moins élevée mais encore supérieure à celle de l'air ambiant ; la partie basse a la température la plus faible et l'humidité relative y est proche de la saturation. En automne une égalisation des températures tend à se produire dans l'épaisseur de la strate herbacée (Waterhouse, 1950).

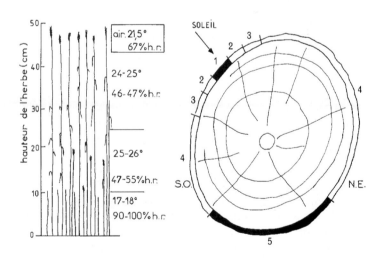

À **droite**, section transversale d'un tronc de pin abattu et attaqué par le Scolyte *Ips typographus* montrant l'existence, sous l'écorce, de cinq zones ayant des microclimats différents. Zone 1 : la plus exposée au soleil, atteint une température de 50 °C et le scolyte n'y pond pas. Zones 2 et 3 : la température est encore trop élevée. Dans la zone 3 les œufs du scolyte éclosent mais les larves meurent. Zone 4 : température et humidité sont favorables au développement de l'insecte. Zone 5 : l'humidité trop élevée provoque une mortalité élevée des larves (Schimitschek, 1931).

Figure 4.4

Influence sur le microclimat d'une route de 6 m de large traversant un massif forestier

L'éclairement et la température au sol, de même que l'évaporation augmentent au niveau de la route ce qui, conjointement avec la création d'un espace découvert, crée une barrière qui s'oppose aux déplacements de nombreux animaux (Jedicke, 1990). Les hachures obliques délimitent la zone dont le microclimat a été modifié.

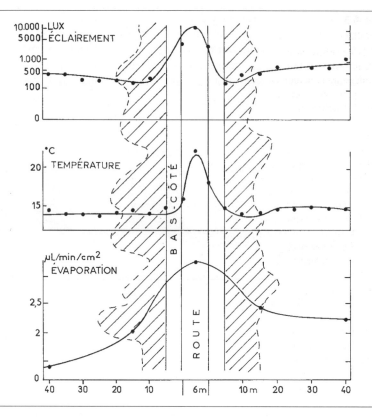

On peut montrer, par de nombreux exemples, que les espèces sont en général bien adaptées aux caractéristiques thermiques du milieu dans lequel elles vivent. Chez les Amphibiens la tolérance thermique est fonction de la latitude, les espèces des régions tropicales supportant des températures plus élevées et les espèces des régions tempérées supportant des températures plus basses (figure 4.5).

L'adaptation peut aussi se manifester parmi les divers génotypes d'une espèce. En Grande-Bretagne il existe deux formes de l'Orthoptère *Myrmeleotettix maculatus*. Celle qui possède un chromosome surnuméraire (chromosome B) ne se rencontre guère que dans le sud du pays où la température moyenne de juillet est supérieure à 16 °C. Celle qui n'a pas de chromosome B se rencontre jusque dans le nord de l'Écosse où la température moyenne de juillet n'est plus que de 13 °C. On admet que la présence du chromosome B diminue la valeur sélective des individus qui le portent, ce qui les élimine des régions climatiquement défavorables (Hewitt, 1972).

Le poisson *Fundulus heteroclitus* qui vit dans des marais d'eau douce a une vaste aire de répar-

tition dans laquelle existe un gradient de température important. Au sud de 41°N la température minimale de l'eau augmente de 1 °C par degré de latitude. La diversité génétique des *Fundulus* diminue aux latitudes supérieures à 41°N et elle reste inchangée plus au sud (figure 4.5). La variabilité génétique des *Fundulus* est corrélée avec la durée que chaque population passe à des températures proches (ou au-dessous) du point de congélation (Powers *et al.*, 1986).

L'existence d'étages de végétation en montagne est la conséquence des exigences thermiques variables des diverses espèces tant végétales qu'animales (figures 4.1 et 4.6). Les périodes glaciaires ont permis à des espèces qui ne supportent pas les températures élevées de migrer vers le sud de l'Europe. Après le retrait des glaciers ces espèces, qualifiées de boréo-montagnardes, n'ont subsisté qu'en altitude, bien au-delà de leur aire normale qui est centrée aujourd'hui sur la Scandinavie. De nombreux insectes comme le papillon *Colias palaeno*, des Vertébrés comme le lièvre arctique (*Lepus timidus*), le lagopède (*Lagopus muticus*), des plantes comme le bouleau nain (*Betula nana*), le saule herbacé (*Salix herbacea*) et le thé des Alpes (*Dryas octopetala*)

Figure 4.5

Adaptation

A : Relation entre la latitude à laquelle ils vivent, la température létale inférieure et la température létale supérieure chez diverses espèces d'Amphibiens (Snyders & Weather, 1975).

B : Temps en minutes nécessaire à l'inactivation de l'ATPase musculaire à la température de 37 °C chez des espèces de poissons de diverses provenances (ANT : Antarctique ; NOR : mer du Nord ; MED : Méditerranée ; IND : Océan Indien ; AFR : Afrique ; S.C. : source chaude). Il existe une corrélation entre le temps mesuré et la température des eaux où vivent les diverses espèces (Johnston & Walesby, 1977).

C : Relation, chez des lézards, entre la température du corps et la température à laquelle les muscles squelettiques développent une tension isométrique maximale (Licht *et al.*, 1969).

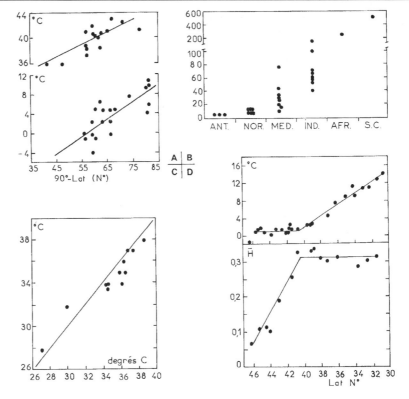

D : Moyenne des températures minimales des eaux dans lesquelles vit le poisson *Fundulus heteroclitus* en fonction de la latitude, et diversité génétique H de ce poisson en fonction de la latitude (Powers *et al.*, 1986).

sont des espèces boréo-montagnardes. Les glaciations ont chassé du sud de l'Europe des espèces thermophiles comme les palmiers, les magnolias et les lauriers qui n'ont pu revenir à cause du barrage constitué par la Méditerranée. En Amérique du Nord où les montagnes sont orientées nord-sud et où il n'existe pas de barrière marine, le repeuplement a pu se faire, ce qui explique que ce continent soit plus riche que l'Europe en espèces thermophiles.

Les êtres vivants peuvent échapper aux conditions thermiques défavorables en s'installant dans des stations ayant des mésoclimats ou des microclimats particuliers. La répartition dans des milieux différents de trois espèces voisines de Coléoptères Carabidés correspond à des exigences thermiques différentes. *Agonum assimile* qui vit en forêt et dans les haies a un optimum thermique de 14 °C ; *Agonum mulleri* vit dans les champs et a un optimum thermique de 34 °C ; *Agonum dorsale* vit à la fois dans les champs et les bois et a des exigences intermédiaires avec un optimum thermique situé vers 22 °C (Thiele, 1977). Les valeurs de la température et de l'hygrométrie sous les pierres sont

différentes de celles qui existent à la surface du sol. La face inférieure des pierres offre des conditions de vie favorables à de nombreux petits Arthropodes. Dans l'Himalaya, lorsque la température de l'air est de – 1,5 °C et l'humidité relative de 40 %, il règne sous une pierre une température de 10 °C et une humidité relative de 98 %, tandis que la face supérieure exposée au soleil est à 30 °C. Le Crustacé *Lygia oceanica* est nocturne et il s'abrite le jour sous les galets du rivage. Mais lorsque la température dans son abri dépasse 30 °C, il émigre et s'installe au soleil où, grâce à sa cuticule perméable, il perd suffisamment d'eau par évaporation pour abaisser sa température de plusieurs degrés par rapport à celle du milieu (Edney, 1957). Les terriers de Mammifères sont des refuges caractérisés par une température relativement constante et une humidité élevée. En hiver le rongeur saharien *Psammomys obesus* ne sort de son terrier que durant les heures les plus chaudes lorsque la température dépasse 20 °C. En été son activité à l'extérieur du terrier est limitée au lever et au coucher du soleil lorsque la température est inférieure à 35 °C.

Un comportement assez répandu chez les animaux des régions chaudes consiste à orienter le corps de telle façon que le grand axe soit parallèle aux rayons du soleil afin de recevoir le moins possible de rayonnement. Chez la gazelle d'Afrique du sud *Antidorcas marsupialis*, l'orientation du corps parallèlement aux rayons du soleil durant la période de pâturage est la règle. Des mesures faites chez un mouton adapté aux régions arides montrent que ce comportement réduit de près de moitié la quantité d'énergie reçue (Louw & Seely, 1982). Beaucoup d'Acridiens s'orientent pendant la journée avec le corps parallèle aux rayons du soleil afin d'of-frir le moins de surface possible. Ils maintiennent ainsi la température de leur corps de 2,5 à 4 °C au-dessous de celle de l'air. Les termitières « boussoles » de *Hamitermes meridionalis* d'Australie sont toutes orientées nord-sud ce qui les expose moins au rayonnement solaire. L'oiseau mouche *Oreotrochilus estella* qui vit dans les Andes à haute altitude installe son nid au flanc des rochers, ce qui le fait bénéficier de la chaleur accumulée par la roche lors du refroidissement nocturne. Les nids de cet oiseau sont orientés vers l'est de façon à recevoir le rayonnement solaire tôt le matin et à en être abrités aux heures les plus chaudes de la journée.

Figure 4.6
La température règle la répartition, dans les Alpes-Maritimes, de trois espèces de Coléoptères Carabidés

Abax ater est une espèce de plaine qui est arrêtée vers 1 400 m par les basses températures. *Oreophilus bicolor* est une espèce localisée aux étages montagnard et subalpin ; *Cyrtonotus puncti-*

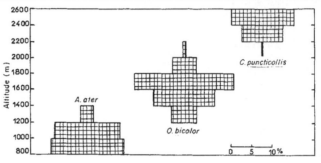

collis est une espèce de l'étage alpin, sténotherme froide qui se localise au dessus de 2 000 m. La largeur des bandes correspond à la fréquence des espèces dans les relevés (Amiet, 1967).

Des réactions différentes à la température permettent la coexistence spatiale d'espèces qui n'ont pas les mêmes périodes d'activité. Dans la prairie du nord-est du Colorado, six espèces de Ténébrionides du genre *Eleodes* cohabitent (figure 4.7). Chaque espèce a un cycle saisonnier caractérisé par une période d'abondance maximale différente de celle des autres. En outre les périodes d'activité quotidienne des diverses espèces se répartissent régulièrement le matin et le soir tandis que, aux heures chaudes de la journée, aucune espèce n'est active (Whicker & Tracy, 1987).

La limite nord de répartition des papillons d'Europe est souvent déterminée par la température de l'été. Des inventaires réalisés en Grande-Bretagne ont montré que pour beaucoup d'espèces, les populations situées près de la limite nord de l'aire de répartition ont des variations d'abondance plus grandes que les populations plus méridionales (figure 4.8). L'explication la plus vraisemblable de ces variations est la suivante. Alors que les populations méridionales occupent de larges surfaces de leur habitat, les populations situées plus au nord se localisent de plus en plus à de petites zones ayant un microclimat favorable, comme des microbiotopes exposés au sud. Ces colonies isolées peuvent se

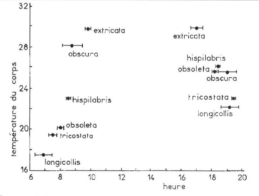

Figure 4.7
Les diverses espèces de Ténébrionides du genre Eleodes qui cohabitent dans la prairie du Colorado ont des heures d'activité différentes liées à leurs préférences thermiques

Le graphique indique les heures moyennes d'activité de chaque espèce et la température du corps mesurée à ce moment. Aux heures chaudes de la journée toutes les espèces sont au repos (Whicker & Tracy, 1987).

disperser et se reproduire dans d'autres milieux à la faveur d'années chaudes lorsque la température de l'été est supérieure de un ou deux degrés à la normale. Ceci permet une augmentation des effectifs qui s'effondrent de nouveau lorsque les températures de l'été redeviennent normales (Thomas *et al.*, 1993).

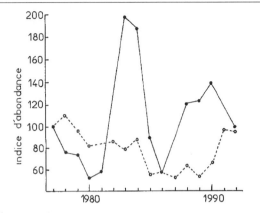

Figure 4.8
Abondance en Grande-Bretagne de 1977 à 1992 du Lépidoptère Maniola jurtina vers la limite nord de son aire de répartition (trait plein) et dans des localités plus méridionales (tirets)
Les populations nordiques ont des variations d'abondance plus importantes (et peut être cycliques ?) alors que les populations méridionales varient moins et d'une façon plus aléatoire (Thomas *et al.*, 1993).

Dans les régions arides de l'Amérique du Nord, les Cactées et les *Agave* ont une grande résistance vis-à-vis des températures élevées. La température létale supérieure du saguaro (*Carnegiea gigantea*) est de 60 °C, celle de divers *Opuntia* atteint 62 °C et celle de *Tephrocactus articulatus* 66 °C. Les germinations et les jeunes plantules sont plus sensibles aux températures élevées que les plantes adultes. Les germinations de Cactées et d'*Agave* réussissent mieux au voisinage de diverses plantes adultes qui fournissent de l'ombre et réduisent la température de l'air et surtout du sol. Dans le cas du saguaro cet ombrage est presque indispensable, et la plupart des jeunes plantes non ombragées meurent en succombant aux hautes températures, même si on leur apporte un supplément d'eau. Les plantes qui fournissent de l'ombre aux jeunes germinations sont connues sous le nom de « plantes nurses » (Nobel, 1988).

L'homme préhistorique avait, lui aussi, un comportement dépendant de la température. L'étude des sites archéologiques qui, en Jordanie, s'étalent de – 70 000 ans jusqu'à l'époque actuelle, montre que la température a varié de plus de 4 °C au cours de cette période. Le réchauffement qui s'est produit il y a 15 000 ans s'est accompagné d'une remontée en altitude, de 800 à près de 1 300 m, des sites archéologiques qui servaient de camps prolongés. Cette « stratégie » montre que la température agissait sur l'homme en tant que facteur limitant de sa répartition géographique. La température critique minimale qui déterminait l'altitude des camps permanents était de 0 à 3 °C, c'est-à-dire qu'elle était proche de la température du gel (Henry, 1994).

1.1. Les règles écologiques

Les règles écologiques sont des relations, établies sur une base statistique, qui existent entre les facteurs du milieu et les caractéristiques morphologiques de certaines espèces. Trois règles écologiques concernent l'action de la température sur les homéothermes.

• **Règle de Bergmann.** Chez les homéothermes, les espèces de grande taille se rencontrent sous les climats froids et celles de petite taille sous les climats chauds. Cette règle s'explique par la nécessité pour les homéothermes de maintenir leur température interne constante. Plus un animal est grand, plus le rapport surface/volume est faible et plus les pertes de chaleur par convection sont faibles. Le puma *Felis concolor* a une taille maximale aux deux extrémités de son aire de répartition (dans le sud du Canada et en Patagonie) et une taille minimale dans les régions chaudes et humides du sud du Mexique et du Guatemala. Cette règle se vérifie aussi chez les manchots. La plus grande espèce est le manchot empereur (1,2 m et 34 kg) qui vit en plein cœur du continent antarctique tandis que l'espèce la plus petite est le *Spheniscus demersus* (55 cm et 5 à 6 kg) qui atteint la latitude de 34°S.

• **Règle d'Allen.** Les Mammifères des régions froides montrent une réduction importante de la surface des oreilles, de la queue, du cou et des pattes ainsi qu'une forme plus trapue. Parmi les renards de l'Ancien Monde, le fennec des déserts chauds a de grandes oreilles, le renard de nos régions a des oreilles plus petites et le renard arctique des oreilles minuscules et un museau court.

• **Règle de la fourrure.** Chez les Mammifères des régions froides la fourrure est plus épaisse que chez ceux des régions chaudes et son épaisseur augmente avec la taille de l'animal. Il existe évidemment une épaisseur limite de la fourrure au-delà de laquelle les mouvements ne seraient plus possibles. Les petites espèces, comme le lemming ou la belette *Mustela rixosa*, compensent leur isolement thermique insuffisant en hivernant dans des terriers sous la neige où la température est plus clémente qu'à l'extérieur. Les Mammifères des régions tropicales ne montrent aucune corrélation entre leur taille, l'épaisseur de leur pelage et son pouvoir isolant. Il n'existe que deux exceptions connues : les paresseux qui

vivent en permanence dans les cimes, relativement froides la nuit, des arbres de la forêt tropicale, et le singe nocturne *Aotus trivirgatus* qui est exposé au froid dans le même milieu.

D'autres règles écologiques dont certaines intéressent aussi les animaux hétérothermes ont pu être établies : nanisme et mélanisme des faunes de montagne, aptérisme des faunes insulaires, etc.

1.2. L'acclimatation

C'est l'ensemble des phénomènes physiologiques qui permettent de lutter contre les températures défavorables. La lutte contre les basses températures met en jeu un phénomène d'acclimatation progressive qui abaisse peu à peu au cours de la saison froide la température à partir de laquelle tous les liquides de l'organisme sont pris en glace. Chez les insectes l'abaissement hivernal de la température létale inférieure est d'autant plus marqué que le milieu où ils vivent est plus rude (figure 4.9). Des insectes très résistants au froid renferment du glycérol, formé à partir du glycogène, qui agit comme un antigel et qui peut abaisser le point de congélation des liquides internes jusqu'à – 20 °C. Chez l'Hyménoptère canadien *Bracon cephi*, le glycérol représente jusqu'à 25 % du poids frais et l'insecte peut résister à – 20 °C.

Les limites de tolérance envers les températures extrêmes peuvent varier à l'intérieur d'une espèce lorsqu'il existe des écotypes génétiquement différenciés. La Rosacée *Dryas octopetala* est limitée par une température maximale de 25 °C en Grande Bretagne, mais elle supporte 27 °C en Scandinavie. La blatte *Blatta orientalis*, introduite en Europe vers le XVe siècle, est une espèce thermophile qui, pendant longtemps, est restée confinée dans les habitations chauffées. On en connaît aujourd'hui des colonies capables de vivre en plein air, ce qui permet de penser que cet insecte s'adapte peu à peu à des basses températures.

1.3. Les types biologiques des végétaux

Les types biologiques sont des caractéristiques morphologiques grâce auxquels les végétaux sont

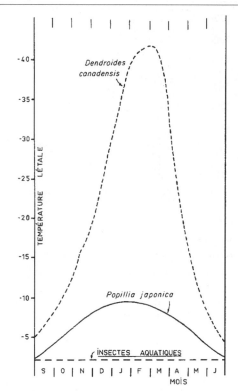

Figure 4.9
Température létale inférieure de trois sortes d'insectes, à la suite de l'acclimatation progressive qui abaisse peu à peu la température à laquelle les liquides de l'organisme sont pris en glace
L'abaissement de la température létale inférieure est important chez *Dendroides canadensis*, Coléoptère hivernant sous les écorces et soumis à de très basses températures (Allee *et al*, 1949).

adaptés au milieu dans lequel ils vivent (figure 4.10). Ces types ont été établis par Raunkiaer pour les végétaux des régions tempérées où la saison défavorable est la saison froide. Mais ils peuvent être appliqués aux végétaux des régions où la saison défavorable est la saison sèche.

– Les phanérophytes ont des bourgeons situés à plus de 50 cm du sol qui ne sont pas protégés par la couche de neige hivernale en Europe. Ce sont des arbres, des arbustes ou des lianes ligneuses (lierre, clématite).

– Les chaméphytes ont leurs bourgeons situés à moins de 30 cm au-dessus du sol, ce qui leur permet d'être protégés par la neige en hiver. Ce sont soit des petits buissons ligneux (*Calluna vulgaris*, myrtille), soit des plantes rampantes (*Stellaria holostea*, *Trifolium repens*) soit des plantes en coussinet (*Silene acaulis*).

– Les hémicryptophytes ont des bourgeons situés au ras du sol. Les hémicryptophytes cespiteux qui forment des grosses touffes sont surtout des Graminées et des Cypéracées. Les hémicryptophytes à rosette (pâquerette)

Figure 4.10
Représentation schématique des divers types biologiques de végétaux
A : macrophanérophyte ; B : macrophanérophyte grimpant ; C : nanophanérophyte ; D : chaméphyte ; E : chaméphyte rampant ; F : hémicryptophyte cespiteux ; G : hémicryptophyte à rosette ; H : hémicryptophyte dressé ; I : hémicryptophyte grimpant ; J : géophyte à rhizome ; K : géophyte à bulbe ; L : thérophyte ; M : hydrohémicryptophyte ; N : hélophyte (ou hydrogéophyte) ; O : hydrophyte nageant. Les organes de résistance (bourgeons, graines, rhizomes, tubercules) sont marqués par un rond noir.

possèdent une rosette de feuilles appliquées contre le substrat. Les hémicryptophytes dressés sont des plantes herbacées de grande taille qui ont des tiges feuillées à la belle saison, alors que les feuilles de la base manquent ou bien sont disposées en une sorte de rosette (*Geranium sanguineum*, *Scrophularia nodosa*).

– Les géophytes sont des plantes vivaces dont les organes pérennants sont enfouis dans le sol. Certains ont des bourgeons situés à la base de la tige, sous le niveau du sol (*Cirsium arvensis*), d'autres possèdent un rhizome (*Anemone nemorosa*, muguet) ou des racines tubérisées (*Ficaria verna*).

– Les thérophytes sont des annuelles qui passent la mauvaise saison sous la forme de graines. Les thérophytes printaniers apparaissent en automne et fleurissent au printemps (*Draba verna*, *Saxifraga tridactylites*) ; les thérophytes estivaux germent au printemps et fleurissent avant l'hiver (*Ranunculus sardous*, *Matricaria chamomilla*, nombreuses messicoles). Dans les déserts, les *éphémérophytes* ne mettent que quelques semaines, voire quelques jours, pour germer, fleurir et former leurs graines. Ces plantes n'apparaissent qu'au moment des rares pluies (*Convolvulus fatmensis* et *Schismus barbatus* du Sahara).

– Les hélophytes ont des organes de résistance enfouis dans la vase inondée, au moins en hiver. La plus grande partie de leur appareil végétatif et de leur appareil reproducteur est hors de l'eau (*Phragmites communis*, *Typha*, *Ranunculus lingua*).

– Les hydrophytes ont des organes pérennants situés en permanence dans la vase inondée. Ils sont totalement immergés (sauf, souvent, leurs fleurs) ou bien affleurent la surface de l'eau. Certains sont enracinés (nénuphar, *Isoetes*, *Lobelia*) et d'autres flottent (*Lemna*, *Utricularia*).

– Les épiphytes, fixés à un support, sont soit des cryptogames (mousses et lichens des troncs d'arbres), soit des Phanérogames, ces dernières surtout nombreuses dans les régions tropicales (Orchidées, Broméliacées).

Ces catégories ne permettent pas toujours de classer toutes les espèces, en particulier dans les régions tropicales. Même dans les régions tempérées, l'euphorbe des bois (*Euphorbia amygdaloides*) est à la fois un hémicryptophyte et un chaméphyte herbacé. Les phanérophytes, qui sont les moins bien protégés contre les rigueurs du climat, sont nombreux dans les régions tropicales. Les chaméphytes sont surtout abondants dans les régions à saison sèche bien marquée ; les hémicryptophytes caractérisent les régions tempérées ou froides ; les géophytes existent dans les climats à saison sèche longue et rigoureuse, et les thérophytes dans les pays chauds et secs. Le pourcentage des divers types biologiques dans la flore d'une région est un reflet de l'ensemble des conditions climatiques comme le montre la comparaison d'une forêt de Guyane et d'une forêt d'Allemagne :

Types biologiques	Guyane	Allemagne
Épiphytes	22	0
Phanérophytes	66	27
Chaméphytes	12	6
Hémicryptophytes	0	39
Géophytes	0	23
Thérophytes	0	5

Des types biologiques correspondant à des adaptations aux diverses caractéristiques du

milieu ont aussi été décrits chez les animaux. La forme aplatie des insectes qui vivent sous les écorces des arbres, les convergences de forme chez des animaux fouisseurs aussi divers que la courtilière, la punaise *Scatopus talpa*, le Coléoptère Cérambycide du Brésil *Hypocephalus armatus* et les taupes, les convergences de forme chez des animaux nageurs pélagiques comme l'ichtyosaure, les requins et les dauphins sont des exemples de types biologiques. Les organismes de la faune interstitielle, depuis les Protozoaires jusqu'aux Crustacés ont une allure vermiforme commune due à l'adaptation à un milieu particulier.

1.4. Les végétaux, créateurs de microclimats

Les végétaux peuvent, par leur présence, créer des microclimats particuliers. Les *Espeletia* sont des Composées caractéristiques des régions d'altitude (ou paramos) du Venezuela. À une altitude de 3 670 mètres, durant une journée sans nuages, la température de l'air est de 14 à 18 °C et celle du sol de 35 à 40 °C en surface, et de 5 °C seulement à 30 cm de profondeur. Au niveau de ces

végétaux, qui atteignent 80 cm de hauteur, de très nombreux microclimats thermiques sont différenciés (Figure 4.11). La pubescence qui recouvre les feuilles de diverses espèces d'*Espeletia* comme *E. timotensis* joue un rôle dans l'adaptation de ces plantes à un climat d'altitude (4 500 m) où l'air est froid (moyenne 3 °C et maximum inférieur à 10 °C) mais l'intensité lumineuse élevée. La pubescence forme une couche isolante qui élève la température des feuilles et favorise la photosynthèse en même temps qu'elle réduit les pertes par transpiration (Meinzer & Goldstein, 1985).

Dans les régions arctiques les fleurs du pavot *Papaver alpinum* ont une corolle en forme de parabole qui agit comme un four solaire et qui crée, au voisinage des étamines et de l'ovaire, une zone chaude où les insectes pollinisateurs comme les bourdons viennent se réchauffer (Hocking & Sharplin, 1965). Les changements de température ou d'humidité relative qui se manifestent à la surface des feuilles (ou des fleurs) représentent un cas particulier *d'effet de surface*, qui peut être mis à profit par les insectes qui fréquentent ces végétaux. Puisque les

Figure 4.11

Espeletia schultzii, Composée caractéristique des paramos du Venezuela

Les *Espeletia* sont des plantes adaptées à la haute montagne dans les Andes. Elles appartiennent à un type biologique particulier (phanérophytes à touffe de grandes feuilles terminales) qui se retrouve aussi dans les hautes montagnes d'Afrique avec les *Senecio* et *Lobelia* arborescents (Schnell, 1971). Les températures ont été déterminées entre 12 et 13 heures, à 3 670 m d'altitude, alors que le rayonnement solaire avait une intensité de 1,4 à 1,5 cal/cm²/min. et que la température de l'air était de 14 à 16 °C. Le sol est froid (5 °C), la température atteint 27 °C dans le bourgeon terminal et 32 °C dans le centre de la rosette de feuilles. La nuit les *Espeletia* supportent des températures voisines de zéro (Walter, 1984).

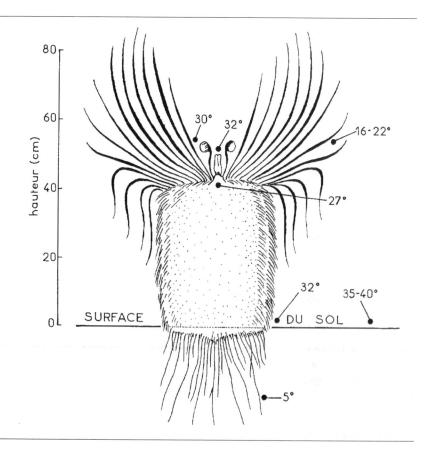

insectes sont des organismes ectothermes, il est inévitable qu'ils recherchent les places sur les plantes où la température est la plus favorable. Les espèces d'Altises (Coléoptères, Chrysomélides) qui vivent aux dépens des Crucifères attaquent diverses parties des plantes en fonction du microclimat. Si on retourne une feuille, les Altises quittent la face inférieure qu'elles occupaient pour s'installer sur ce qui est, physi-quement, la nouvelle face inférieure, et qui est, morphologiquement, la face supérieure (Tahvanainen, 1972). Les feuilles du nénuphar créent, à la surface de l'eau, une zone de stabi-lité hygrothermique relative. Ceci est mis à profit par les insectes qui fréquentent les feuilles de cette plante (figure 4.12), chaque espèce ayant des heures d'activité différentes (Willmer, 1982).

Figure 4.12
Le microclimat thermique créé à proximité de l'eau par les feuilles de nénuphar règle les rythmes d'activité des insectes qui fréquentent ce milieu

Les courbes en tirets représentent les températures maximales et minimales. Les périodes d'activité sont indiquées pour divers Diptères : les Dolichopodidés et les Empididés et pour *Hydromyza livens* et *Notiphila brunnipes*. Les espèces de grande taille ou de couleur noire comme *Hydromyza* sont actives tôt le matin et tard le soir ; les Dolichopodides petits et brillamment colorés sont actifs vers 12 heures, à l'heure la plus chaude (Willmer, 1982).

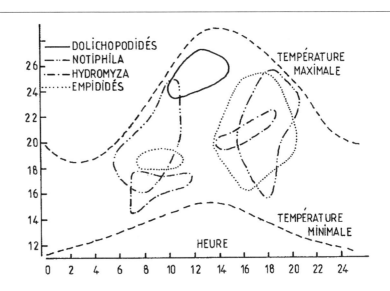

1.5. La phénologie

On désigne sous le nom de phénologie l'ensemble des observations qui se rapportent à l'action de la température sur la date des phénomènes biologiques. Ces observations sont particulièrement précises chez les végétaux. Les dates de floraison de diverses plantes comme le seigle ou le marronnier sont notées chaque année dans de nombreuses localités, ce qui permet de dresser des cartes phénologiques. On peut aussi, pour une date déterminée et dans une série de localités, noter l'état de la végétation d'un ensemble d'espèces et dresser des cartes montrant l'avance ou le retard de la végétation par rapport à une région de référence. La végétation de la Côte d'Azur a une avance moyenne de quarante jours sur celle de la région parisienne et celle de l'est de la France un retard de dix jours.

Si la date d'apparition d'un phénomène biologique est à peu près constante c'est qu'il existe une relation entre la température et la vitesse de développement. On appelle *zéro de développement* la température K au-dessous de laquelle la vitesse de développement est nulle, et température efficace la différence $T - K$ entre la température T à laquelle est soumis l'organisme et le zéro de développement K. À température constante la relation :

$$S = (T - K) . D$$

se vérifie, S (la somme des températures effectives) est une constante, et D est la durée de développement. Dans le cas de la mouche des fruits, K est égal à 13,5 °C et S égal à 250. Pour le doryphore, K est égal à 12 °C et S est compris entre 330 et 335.

La connaissance de la phénologie est utile dans l'analyse des relations entre les végétaux et les insectes phytophages, ou entre un parasite et son hôte. Pour qu'un phytophage puisse se développer il faut que le stade réceptif du végétal et le stade agressif du phytophage apparaissent en même temps Cette notion est désignée sous le nom de coïncidence phénologique.

L'Anthonome du pommier *Anthonomus pomorum* est un charançon qui pond ses œufs dans les jeunes boutons à fleurs

et dont les larves se développent dans les fruits en cours de croissance. Le développement des bourgeons à fleurs du pommier est divisé en huit stades désignés par les lettres A à H et dont la période d'apparition, qui est fonction de la température, varie légèrement selon les années. Le maximum de ponte de l'Anthonome a lieu, quelle que soit la date de la floraison, au stade C qui est caractérisé au point de vue morphologique par l'apparition des écailles internes des bourgeons qui deviennent visibles extérieurement et, au point de vue anatomique, par la méiose des cellules mères des grains de pollen. Les rares œufs qui sont pondus au stade D donnent des larves qui éclosent trop tard et qui sont rejetées au dehors lors de l'épanouissement du bourgeon. La coïncidence entre la ponte de l'Anthonome et le développement des bourgeons est si étroite que l'examen des divers stades phénologiques des bourgeons sert d'indication aux stations d'avertissements agricoles pour signaler les dates des traitements insecticides. La tordeuse verte du chêne *Tortrix viridana* est un papillon qui ne peut pondre que dans les bourgeons du chêne qui sont au stade III de développement, c'est-à-dire au stade de bourgeon tendre présentant un début de décollement des écailles. Les années chaudes et sèches sont favorables aux pullulations de la tordeuse verte car elles renforcent la coïncidence phénologique entre le développement de l'insecte et celui du chêne.

La coïncidence phénologique est un facteur important de régulation des populations d'insectes. On peut l'utiliser pour combattre les ravageurs. Le semis tardif de blé est un moyen de lutte contre la mouche de Hesse *Mayetiola destructor*, les jeunes plants de blé ne sortant de terre qu'après la période de ponte de l'insecte.

II. LE RÔLE DE L'EAU. LA PLUVIOSITÉ ET L'HUMIDITÉ

L'eau représente de 70 à 90 % des tissus de beaucoup d'espèces en état de vie active. L'approvisionnement en eau et la réduction des pertes constituent donc des problèmes écologiques et physiologiques fondamentaux. En fonction de leurs besoins en eau, et par conséquent de leur répartition dans les divers milieux, on distingue :

– des espèces *aquatiques* qui vivent dans l'eau en permanence ;

– des espèces *hygrophiles* qui vivent dans des milieux humides (Amphibiens, Gastéropodes, lombrics, animaux du sol et des grottes) ;

– des espèces *mésophiles* dont les besoins en eau sont modérés et qui supportent des alternances de saison sèche et de saison humide ;

– des espèces *xérophiles* qui vivent dans des lieux secs où le déficit en eau est permanent. Les déserts, les dunes littorales sont peuplés d'espèces xérophiles qui se rencontrent parmi les végétaux (Cactées, oyats, Lichens), les insectes, les Mammifères, et même parmi les Mollusques puisque l'escargot *Helix desertorum* peut survivre quatre années en entrant en estivation lorsque le climat devient trop sec.

Il est possible d'établir dans certains groupes d'animaux, des ensembles d'espèces dont les préférences vont de la xérophilie à l'hygrophilie extrême. Chaque espèce ou groupe d'espèces constitue un indicateur des conditions écologiques qui règnent dans le milieu. Dans le cas des Orthoptères des Alpes françaises, cinq groupes ont été définis (Dreux, 1961) : (a) espèces hygrophiles : *Tettigonia cantens, Pholidoptera griseoaptera, Chrysochraon dispar, Metrioptera roeselii* ; (b) espèces mésohygrophiles : *Decticus verrucivorus, Omocestus viridulus* ; (c) espèces indifférentes : *Gryllus campestris, Tettigonia viridissima, Stenobothrus lineatus* ; (d) espèce mésoxérophile : *Stauroderus scalaris* ; (e) espèces xérophiles : *Antaxius pedestris, Ephippiger ephippiger, Ephippiger bormansi, Ephippiger terrestris minor, Oecanthus pellucens, Psophus stridulus, Oedipoda coerulescens.*

2.1. L'eau et les végétaux

La localisation des végétaux est fonction de leurs besoins en eau. Dans l'étage subalpin des Alpes, l'aune vert ne se trouve que dans des zones bien irriguées, ce qui montre que cet arbuste a des besoins élevés en eau. Au cours d'un mois d'été une aulnaie évapore plus de 200 mm d'eau, hauteur souvent supérieure aux précipitations. Ceci explique l'implantation préférentielle des aulnaies sur les faces nord de l'étage subalpin, où l'évapotranspiration est atténuée par les basses moyennes thermiques et où l'alimentation est assurée par la fonte tardive des neiges. L'aune vert présente une surface foliaire trois à quatre fois supérieure à celle du rhododendron. Pour 1 m^2 de peuplement, l'aulnaie possède de 5,46 à 8,75 m^2 de feuilles et la rhodoraie seulement 1,87 m^2. La comparaison des intensités journalières de transpiration pour cinq espèces végétales montre une diminution de celle-ci dans l'ordre suivant : saule, aune, myrtille, rhododendron, genévrier. Ce classement correspond aussi au degré de cutinisation croissant des feuilles, et à l'ordre dans lequel ces espèces apparaissent lorsqu'on se dirige vers des expositions chaudes (Richard, 1969).

Des groupements végétaux comme les prairies à *Molinia coerulea* ou les landes à *Erica tetralix* sont liés à des sols où le plan d'eau affleure près de la surface une partie de l'année. D'autres espèces échappent à la dessiccation en allant chercher l'eau en profondeur. *Eryngium maritimum* des dunes littorales a des racines longues parfois de 3 m. Une Cactée des déserts américains, *Ferocactus wislizenii*, possède un réseau de racines superficielles très étendu qui permet à chaque plante d'exploiter une grande surface (figure 4.13). Ceci entraîne un espacement important des plantes et donne à la végétation un aspect très ouvert. Un exemplaire de *F. wislizenii* de 35 cm de diamètre et de 50 cm de hauteur avait des racines qui s'étendaient en surface (entre 6 et 10 cm de profondeur) dans un cercle de 3 m de rayon. Ces racines superficielles peuvent utiliser immédiatement les plus faibles précipitations. Une autre particularité des Cactées est la formation de *rain roots* c'est-à-dire de racines supplémentaires qui se développent en quelques heures seulement après la pluie (Nobel, 1988).

La disponibilité en eau, dans les régions arides, est un facteur limitant de la production végétale. Dans les steppes de l'Afrique du Sud il existe une relation quasi linéaire entre la pluviosité et la productivité des organes aériens des végétaux. Celle-ci passe de 1 à 6 tonnes de matière sèche à l'hectare lorsque la pluviosité varie de 100 à 600 mm, ce qui représente une production de 1 tonne de matière sèche pour 100 mm de pluie (figure 4.14).

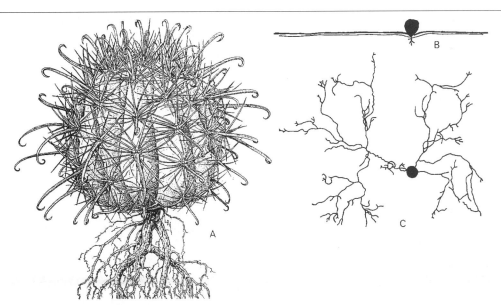

Figure 4.13
Ferocactus wislizenii, Cactée du désert de Sonora en forme en tonneau atteignant 35 cm de diamètre
Les grandes épines recourbées en hameçon sont caractéristiques de cette espèce. À droite, disposition des racines, vue en coupe et vue en plan (Benson, 1969 ; Walter, 1984).

Les végétaux s'adaptent à la sécheresse selon des modalités très variées : réduction de l'évapotranspiration par développement de structures cuticulaires imperméables ; réduction du nombre de stomates ; réduction de la surface des feuilles qui sont transformées en écailles (comme chez les *Tamarix*) ou en épines et, corrélativement, présence de chlorophylle dans les tissus corticaux des tiges comme chez le genêt saharien *Retama retam* (figure 4.15). Les feuilles tombent à la saison sèche et se reforment après chaque pluie chez l'ocotillo (*Fouquieria splendens*) des déserts américains. Les végétaux *éphémérophytes* tels que *Convolvulus fatmensis*, *Launaea glomerata* ou *Plantago albicans* ont un cycle de développement complet qui ne dure que quinze jours et ils fleurissent en restant nains (Ozenda, 1977). Le désert peut, grâce à ces plantes, fleurir brusquement après les périodes de pluie. L'adaptation de ces végétaux porte uniquement sur la rapidité du développement. L'anatomie et la physiologie sont les mêmes que chez les espèces des régions non arides.

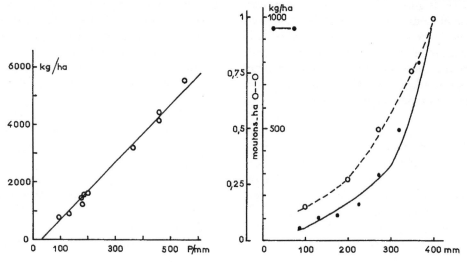

Figure 4.14

Disponibilité en eau et production végétale

À **gauche**, relation presque linéaire entre la productivité de groupements herbacés d'Afrique du Sud, et la pluviosité qui agit comme facteur limitant de la photosynthèse (Walter, 1984).

À **droite**, productivité de groupements herbacés steppiques de Tunisie et d'Algérie (traits pleins) en fonction de la pluviosité, et charge pastorale maximale supportable (exprimée en moutons par hectare). Le surpâturage et la destruction de la végétation sont fréquents dans les régions arides (Le Houérou, 1959).

Figure 4.15

Adaptation à la sécheresse chez deux végétaux

À **gauche**, coupe dans une feuille de laurier rose *Nerium oleander*. Les stomates, peu nombreux, sont enfoncés dans la crypte pilifère ce qui réduit les pertes en eau. C : cuticule épidermique épaisse ; St : stomate et chambre sous-stomatique ; Cp : crypte pilifère ; Co : collenchyme.

À **droite**, coupe transversale d'un feuille de la Graminée *Psamma arenaria* (ou oyat).

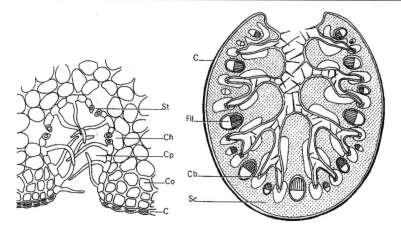

Cette Graminée vit dans un milieu sec, le sable des dunes. Par temps sec la feuille se replie en gouttière grâce à la perte de turgescence des cellules bulliformes, ce qui réduit les pertes en eau. Cb : cellules bulliformes ; C : cuticule épaisse ; F11 : faisceau libéro-ligneux ; Sc : sclérenchyme en pointillés. La sclérification importante, la cuticule épaisse et l'abondante pilosité sont également des adaptations à la sécheresse (Binet & Brunel, 1967).

2.2. L'eau et les animaux

Certains animaux comme la gazelle ou les Coléoptères Ténébrionides sont des *économiseurs* d'eau qui supportent le jeûne et les faibles hygrométries sans montrer de variations significatives de leur durée de vie. D'autres comme la rainette *Hyla arborea* sont des *gaspilleurs* d'eau dont la durée de vie diminue lorsque l'humidité relative devient faible. L'humidité relative est un facteur écologique important. Chez le charançon *Sitophilus oryzae* le rythme de ponte augmente lorsque l'humidité relative passe de 50 à 70 %. Chez diverses espèces de gazelles africaines, la période des naissances coïncide avec la saison des pluies, et ce rythme de reproduction se maintient

en captivité (figure 4.16). Cette adaptation permet une alimentation convenable des jeunes aux dépens de la végétation qui se développe durant la saison des pluies.

Les périodes de sécheresse prolongée ont un effet néfaste sur la faune. La sécheresse qui a sévi au Sahel durant les années 1968-1973 a eu des conséquences pour la faune locale, mais elle a touché aussi les oiseaux migrateurs, et les populations de la fauvette *Sylvia communis*, qui hiverne au Sahel et vient au printemps en Grande-Bretagne, ont subi dans ce pays une baisse d'effectif considérable (Winstanley *et al.*, 1974).

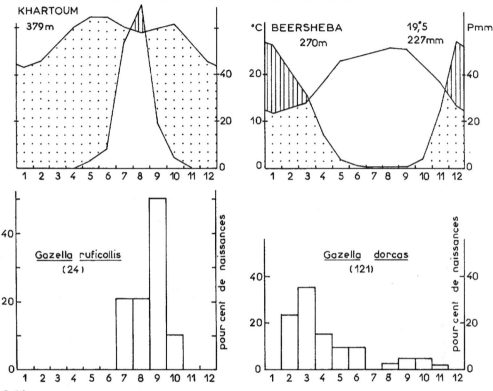

Figure 4.16
Au zoo du Caire, la période de naissance de deux espèces de gazelles africaines correspond à la période humide de leur pays d'origine comme on peut le voir en examinant les diagrammes ombrothermiques de la partie supérieure
Les chiffres situés en dessous des noms des gazelles indiquent le nombre de naissances observées (Bodenheimer, 1935).

Le tégument des Mammifères, des oiseaux et des Reptiles est presque imperméable. Il en est de même du tégument des insectes, surtout de ceux qui vivent dans les zones arides. La réduction du nombre des glandes sudoripares chez les Rongeurs désertiques est un moyen d'économiser l'eau, de même que la production d'une urine concentrée. L'excrétion sous la forme d'urates solides tend à se substituer à l'excrétion sous la forme ammoniacale, qui exige beaucoup d'eau.

Chez les Gastéropodes du genre *Littorina* qui vivent sur les côtes, la teneur des tissus en acide urique est plus grande chez les espèces qui vivent plus haut et qui sont soumises à des émersions prolongées que chez les espèces qui vivent plus bas et qui sont moins soumises à des périodes de dessiccation. Chez *Littorina littorea*, entièrement marine, la teneur des tissus en acide urique est de 0,21 mg/g de poids frais ; chez *Littorina neritoides* en partie terrestre et qui vit jusqu'à 2 m au dessus des plus hautes marées, la teneur en acide urique est de 1,83 mg/g. Chez *Littorina rudis* qui vit dans la zone intertidale, la teneur en acide urique est de 1,05 mg/g, valeur intermédiaire entre celles des deux espèces précédentes.

Les Crustacés sont des organismes aquatiques mais quelques uns comme les Oniscoïdes (cloportes) se sont

adaptés au milieu terrestre. Ceci a entraîné l'apparition de mécanismes de résistance à la déshydratation plus ou moins efficaces selon les espèces. La perte d'eau à travers le tégument est élevée chez *Lygia oceanica* qui reste constamment au bord de la mer dans des microclimats humides ; elle est plus faible chez *Philoscia muscorum* ou *Oniscus asellus* qui restent malgré tout liés à des milieux humides ; elle est encore plus basse chez *Armadillidium vulgare* qui peut habiter des milieux relativement secs ; elle est très basse chez *Hemilepistus reaumuri* qui se rencontre dans les déserts d'Afrique du Nord. La température létale supérieure de ces Oniscoïdes évolue en sens inverse de la résistance à la sécheresse. Elle est de 29 °C chez *L. oceanica*, de 30,5 °C chez *P. muscorum*, de 37,5 °C chez *A. vulgare* et de 42,5 °C chez *H. reaumuri*. Les cloportes sont surtout actifs la nuit lorsque l'humidité relative de l'air est élevée. Par temps de pluie certaines espèces comme *Philoscia muscorum* quittent leurs abris situés au niveau du sol et grimpent sur les herbes. La comparaison d'une forêt de hêtres et de sapins des Pyrénées-Orientales (où l'humidité relative est de 86 à 87 %) et d'une forêt de pins de la même région (où l'humidité relative n'est que de 57 à 62 %) montre que la première forêt a une riche faune d'Oniscoïdes tandis que la seconde ne renferme qu'une seule espèce, *Trichoniscus pusillus*, répandue dans toute l'Europe occidentale.

III. LE RÔLE DE LA LUMIÈRE

Les radiations lumineuses agissent surtout par leur intensité et par la durée de leur action.

3.1. Les rythmes biologiques

Beaucoup de rythmes biologiques sont induits par la photopériode. Certains ont pour résultat de synchroniser le cycle de développement avec les saisons et de faire coïncider la période de reproduction avec la saison favorable ; les autres provoquent l'entrée en diapause lors d'une période défavorable à la vie active. Chez les oiseaux (au moins ceux des régions extratropicales), la maturation des gonades a lieu lorsque les jours augmentent de longueur. Dans les régions tropicales où les variations saisonnières de la longueur du jour sont moins marquées, l'importance écologique de ce facteur diminue et c'est l'alternance entre la saison sèche et la saison humide qui détermine la période de reproduction de nombreux animaux. Chez les insectes la photopériode est le principal facteur qui règle l'entrée en diapause (figure 4.17). La photopériode modifie le papillon *Araschnia levana* qui se présente au printemps sous la forme typique et en été sous la forme *prorsa* dont la coloration est

différente. Un éclairement de 18 heures par jour supprime la diapause de cette espèce et produit uniquement des formes *prorsa*, tandis qu'une photopériode de 8 heures rétablit la diapause et donne des papillons de type *levana*.

Chez les végétaux la photopériode agit sur la croissance et sur la floraison. Les plantes de *jour long* fleurissent lorsque la durée du jour est supérieure à un seuil de l'ordre de 8 heures. Le blé de printemps, l'épinard, la bruyère *Calluna vulgaris* sont dans ce cas. Les plantes de *jour court* comme le topinambour et le chrysanthème fleurissent seulement après une période d'obscurité supérieure à un certain minimum. Les plantes indifférentes, comme le séneçon ou le mouron blanc fleurissent en toute saison.

Les rythmes biologiques dont la période est égale, ou presque, à 24 heures sont appelés rythmes circadiens. Ils existent chez beaucoup d'espèces et persistent même lorsque l'animal est soumis à un éclairement constant ou à une obscurité permanente. Chez le Coléoptère *Bolitotherus cornutus* ce rythme peut persister trois mois. Les chauves-souris sortent de leurs abris au crépuscule et conservent leur rythme d'activité même si on les éclaire avec un rythme différent de celui qui correspond à la succession normale des jours et des nuits.

L'intensité lumineuse peut agir sur les animaux qui ont besoin d'une insolation minimale. En Angleterre la fourmi *Formica rufa* est confinée à des sites forestiers qui reçoivent au moins 9 heures de soleil pendant 40 jours par an. La disparition de cette fourmi dans le Lake District, à sa limite nord de répartition, est attribuée à l'invasion par la fougère aigle dont la présence réduit l'intensité du rayonnement solaire arrrivant au sol (Ford, 1982).

Des Reptiles comme le lézard *Lacerta agilis* qui ont été qualifiés d'héliothermes prennent des « bains de soleil » et la réduction de l'ensoleillement durant le mois de mai 1960 est considérée comme un facteur possible du déclin de cette espèce dans le nord-ouest de l'Angleterre (Jackson, 1978).

3.2. Trois facteurs limitants pour les végétaux

Les végétaux chlorophylliens autotrophes sont capables de fabriquer de la matière organique en utilisant comme source de carbone le gaz carbo-

Figure 4.17

La longueur du jour qui déclenche la diapause du Lépidoptère Acronycta rumicis augmente du sud vers le nord

Elle est de 14 h 30 pour la race de Abkhazian (43°N), de 16 h 30 pour celle de Belgorod (50°N), de 18 h pour celle de Vitebsk (55° N) et de 19 h pour celle de Leningrad. Pour un déplacement vers le nord de 5° en latitude la durée d'éclairement nécessaire à l'élimination de la diapause augmente approximativement de 1 h 30 (Danilevskii, 1957).

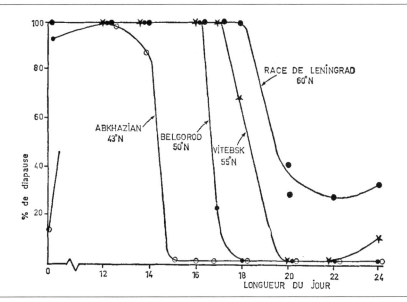

nique atmosphérique et comme source d'énergie l'énergie lumineuse. La réaction globale peut être représentée schématiquement ainsi :

$$6\ CO_2 + 6\ H_2O + \text{énergie lumineuse}$$
$$\rightarrow\ C_6 H_{12} O_6 + 6\ O_2 + \text{chaleur}$$

Il existe trois facteurs limitants de la photosynthèse : la teneur en gaz carbonique, la température et l'intensité lumineuse.

• **La teneur actuelle de l'atmosphère en gaz carbonique** (0,03 %) est un facteur limitant, sauf aux températures inférieures à 5 °C et aux éclairements inférieurs à 1 000 lux. Au delà de 2 à 5 % le gaz carbonique devient toxique. On peut supposer que la teneur élevée en gaz carbonique à l'époque carbonifère (avant les dépôts calcaires importants de l'ère secondaire) a été la cause de l'exubérance de la végétation de cette époque. L'augmentation actuelle de la teneur de l'atmosphère en CO_2 risque de modifier l'activité photosynthétique de la végétation. On appelle point de compensation la concentration en CO_2 qui correspond à une assimilation nette égale à zéro, lorsque la photosynthèse et la respiration ont la même valeur et s'annulent. Les végétaux ont une aptitude remarquable à utiliser des quantités infimes de CO_2. Le point de compensation peut être aussi bas que 50 ppm (soit 0,005 %) pour les espèces à photosynthèse en C3 et presque nul pour les espèces à photosynthèse en C4.

• **L'intensité lumineuse** est le deuxième facteur limitant de la photosynthèse. Le point de compensation en dessous duquel le végétal ne réalise plus la photosynthèse et vit sur ses réserves est variable selon les espèces. Il se situe entre 700 et 1 000 lux pour les plantes héliophiles (plantes de soleil) et peut être inférieur à 100 lux pour les plantes sciaphiles (plantes d'ombre). Les plantes héliophiles ont des valeurs optimales de l'éclairement élevées pouvant être égales à celles de l'éclairement solaire direct. Les plantes sciaphiles ont un optimum d'éclairement plus bas, parfois égal au quart seulement de l'éclairement solaire direct. Les plantes sciaphiles (comme *Oxalis acetosella* ou *Asperula odorata*) se rencontrent dans les sous-bois ou dans les fentes des rochers (fougères, mousses). Les plantes héliophiles comme le romarin ou les *Helianthemum* occupent les formations végétales ouvertes telles que la lande ou la garrigue et les champs (toutes les plantes cultivées sont héliophiles). En forêt l'intensité de l'éclairement varie avec les saisons et avec la nature des arbres. La végétation des clairières est différente de celle du sous-bois (figure 4.18). Dans une chênaie l'intensité lumineuse reçue au sol est fonction du développement des feuilles. Divers stades peuvent être distingués dans le développement de la végétation du sous-bois, chaque stade renfermant un ensemble d'espèces appelé *synusie* appartenant à une strate (ici la strate herbacée) et ayant un

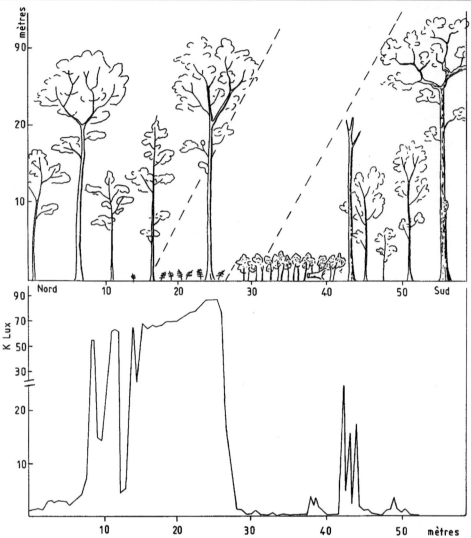

Figure 4.18

Coupe nord-sud dans une clairière de la chênaie-hêtraie en forêt de Fontainebleau et répartition de l'éclairement (en 10^3 lux) à la surface de la strate herbacée et du sol nu vers midi au mois d'août, par temps ensoleillé

La partie qui reçoit directement la lumière solaire est occupée par une plante héliophile, la fougère aigle, tandis que la partie ombragée est occupée par un fourré de hêtres et de charmes (Lemée, 1966).

développement simultané et limité à une période de l'année (figure 4.19). Dans la chênaie charmaie de la région parisienne on peut distinguer :

(a) une phase vernale marquée par la floraison abondante de géophytes comme *Anemone nemorosa*, *Corydalis solida*, *Narcissus pseudonarcissus* (la jonquille), *Ficaria verna* ;

(b) une phase de transition (fin avril, début mai) où l'on voit fleurir *Stellaria holostea*, *Adoxa moschatellina*, *Asperula odorata*, *Glechoma hederacea* et où les bourgeons des arbres commencent à s'épanouir ;

(c) une phase d'été, ombragée, avec quelques espèces à floraison discrète comme *Circaea lutetiana*, *Milium effusum* ;

(d) une phase de fin d'été avec *Stachys officinalis*, *Campanula trachelium*.

Les plantes de printemps montrent de nombreux caractères adaptatifs aux conditions de milieu et en particulier à la température et à l'éclairement. Ce sont des héliophiles qui compensent la faible durée d'activité par une intensité de photosynthèse élevée. Ces plantes ont des organes aériens plus résistants que les

parties souterraines, contrairement aux autres espèces. Ce phénomène est en relation avec l'inversion du gradient thermique qui, au printemps, se produit souvent la nuit. On peut, à ce moment, enregistrer 5,5 °C dans le sol et – 4,2 °C dans l'air.

Les besoins en lumière varient en fonction de l'âge chez les arbres forestiers. Les semis de chêne sessile âgés d'une année peuvent survivre sous un couvert qui ne laisse passer que 4 % (ou moins) de l'éclairement solaire direct ; mais ils exigent au moins 5 % la deuxième année et les jeunes arbres âgés d'une dizaine d'années exigent au moins 10 % (Roussel, 1972).

• **La température** est le troisième facteur limitant de la photosynthèse. Son élévation a un effet favorable jusqu'à 30 °C environ, puis une action dépressive qui conduit à un arrêt total de la photosynthèse vers 45 °C.

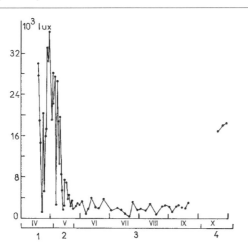

Figure 4.19
Variations de l'intensité lumineuse (exprimée en 10^3 lux) reçue au niveau de la strate herbacée dans une forêt de chênes de Russie, du mois d'avril (IV) au mois d'octobre (X). Quatre phases de végétation et d'éclairement ont été distinguées

1 : phase lumineuse de printemps à éclairement intense ; 2 : phase de transition correspondant au début de l'ouverture des bourgeons des arbres ; 3 : phase estivale ombragée ; 4 : phase automnale succédant à la chute des feuilles ce qui permet à un éclairement plus intense de parvenir au sol (Walter, 1984).

3.3. Les divers types de photosynthèse

Il existe trois types de photosynthèse qui correspondent à des adaptations différentes à deux caractéristiques du milieu, la température et l'intensité lumineuse.

• **Les végétaux en C3** comprennent de nombreuses espèces cultivées (blé, chou, soja, tournesol), toutes les algues, des mauvaises herbes comme des *Ambrosia* et *Atriplex*, la totalité des arbres et, d'une façon générale, la plupart des espèces des régions tempérées. Le premier produit stable formé lors de la photosynthèse en C3 est l'acide phosphoglycérique qui renferme trois atomes de carbone dans sa molécule. Le rendement de photosynthèse nette est deux à trois fois plus faible chez les végétaux en C3 que chez les végétaux en C4, particulièrement aux températures élevées de l'ordre de 30 à 40 °C et pour des éclairements intenses dépassant 30 000 lux (figure 4.20). En outre les plantes en C3 ont besoin de deux fois plus d'eau que les plantes en C4 pour produire une quantité égale de matière sèche. Le rendement de la photosynthèse est faible en raison de l'existence de la photorespiration, c'est-à-dire de l'oxydation d'un composé carboné, l'acide glycolique, qui se produit dans les cellules chlorophylliennes.

• **Les végétaux en C4** sont représentés par des espèces d'origine tropicale (maïs, sorgho), diverses Graminées (*Spartina*, *Andropogon*), des mauvaises herbes poussant sur des sols salés ou arides (*Atriplex*, *Salsola*). Le premier produit stable de la photosynthèse, chez les plantes en C4, est l'acide oxalo-acétique à quatre atomes de carbone. Il existe chez ces végétaux une dissociation dans l'espace des étapes de la photosynthèse. La première étape a lieu dans les cellules du mésophylle (parenchyme chlorophyllien situé entre les nervures des feuilles) et l'étape suivante dans la gaine de parenchyme qui entoure les nervures. La productivité des végétaux en C4 est élevée car leur photorespiration est faible ou nulle. Leurs besoins en eau sont plus faibles. Le pourcentage de plantes en C4 dans les flores augmente vers les basses latitudes (Teeri & Stowe, 1976). Elles sont nombreuses dans les régions arides et dans les régions tropicales ce qui confirme la valeur adaptative de ce type de photosynthèse.

• **Les végétaux de type CAM** (*Crassulean Acid Metabolism*) ont une faible productivité. Ils appartiennent aux familles des Cactées, Broméliacées, Orchidées, Mésembryanthémacées, Liliacées, Asclépiadacées. La fixation du gaz carbonique se fait chez ces végétaux la nuit, lorsque les stomates sont ouverts, d'où une moins

grande perte d'eau. Les acides dicarboxyliques formés servent de réserve de gaz carbonique, mais ils interviennent aussi dans le maintien de la pression osmotique et dans le bilan de l'eau. Le type CAM a un caractère adaptatif. *Mesembryanthemum crystallinum* passe du type CAM au type en C3 quand on supprime le chlo-

rure de sodium du milieu où cette plante pousse et quand les ressources en eau sont abondantes. L'économie de l'eau est importante : le rapport de l'eau consommée à la matière sèche produite est de 600 chez les plantes en C3, de 300 chez les plantes en C4 et de 150 chez les plantes de type CAM (tableau 4.1).

Figure 4.20

Quelques exemples de l'action des facteurs limitants sur la photosynthèse

Les trois graphiques du haut comparent les caractéristiques d'une plante en C3, *Atriplex patula* ssp. *hastata* (A.p.) et d'une plante en C4, *Atriplex rosea* (A.r.). L'intensité de photosynthèse est en ordonnée.

1 : influence de l'intensité lumineuse à la température de 27 °C.

2 : influence de la température pour une énergie lumineuse égale à $250 \cdot 10^3$ ergs/cm^2/s.

3 : Influence de la concentration en CO_2 pour une température de 27 °C et une énergie lumineuse égale à $250 \cdot 10^3$ ergs/cm^2/s.

4 : photosynthèse comparée du maïs, plante en C4, et du blé, plante en C3. La plante en C4 est plus efficace dans l'utilisation des forts éclairements.

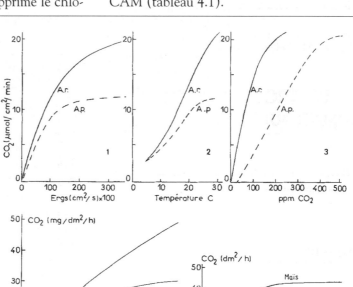
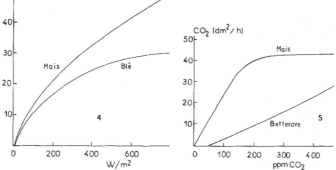

5 : photosynthèse comparée du maïs, plante en C4, et de la betterave, plante en C3. Le point de compensation pour le CO_2 est presque nul pour le maïs qui, en outre, utilise mieux les concentrations élevées en CO_2 (Björkmann, 1973 ; Chartier et Bethenod, 1976 ; Lemée, 1978).

Tableau 4.1

Caractéristiques physiologiques des végétaux en fonction de leur type de photosynthèse, en C3, en C4 ou de type CAM

	CAM	C4	C3
Transpiration (en g d'eau par g de matière sèche formée)	18 à 100 à l'obscurité et 150 à 600 à la lumière	250 à 350	450 à 950
Photosynthèse nette maximale (en mg/CO_2/dm^2 de feuille et par heure)	1 à 4 et jusqu'à 11 à 13	40 à 80	15 à 40
Croissance maximale (g de poids sec par dm^2 de feuille et par jour)	0,015 à 0,018	4 à 5	0,5 à 2

Les végétaux en C3 et les végétaux en C4 incorporent différemment les isotopes stables ^{13}C et ^{12}C du carbone. La détermination du rapport $^{13}C/^{12}C$ sur des restes fossiles permet de savoir s'il s'agit d'espèces en C3 ou en C4 de même que l'analyse des dents d'herbivores permet de connaître le pourcentage de plantes en C3 et en C4 qu'ils

consommaient. La photosynthèse en C3 est le type primitif et le plus répandu qui était présent dès l'ère primaire aussi bien chez les végétaux terrestres que chez les végétaux marins. Le type en C4 est apparu plus récemment et il s'est répandu seulement à partir de la fin du miocène et au pliocène. Il représente une adaptation à des milieux ouverts,

plus arides, à variations climatiques saisonnières et à une atmosphère moins riche en CO_2. L'apparition de savanes riches en plantes en C4 remonte à 7 à 8 millions d'années. Elle coincide avec une évolution des Équidés fossiles qui étaient auparavant brachyodontes et dont les molaires deviennent hypsodontes. Cette coévolution entre la végétation et des animaux herbivores s'accompagne d'une baisse de la diversité des Équidés qui étaient représentés par un maximum de treize genres au miocène moyen (14 millions d'années) et qui ne sont plus représentés aujourd'hui que par un seul genre (MacFadden & Cerking, 1994).

IV. TROIS FACTEURS CLIMATIQUES SECONDAIRES

Certains autres éléments du climat méritent d'être mentionnés car ils ont parfois un rôle important.

4.1. Le vent

Il a une action indirecte en modifiant la température et l'humidité. Sa vitesse est ralentie au niveau du sol ainsi que dans la végétation. Dans une forêt la vitesse du vent est presque constante alors qu'elle peut être multipliée par trois à l'air libre au dessus de la cime des arbres. Le vent a un pouvoir desséchant car il augmente l'évaporation. Il a aussi un pouvoir de refroidissement considérable. En Terre Adélie lorsque la vitesse du vent est de 22,7 m/s au sommet d'une tour météorologique, elle n'est plus que de 4,4 m/s à 10 cm au dessus du sol. Le pouvoir de refroidissement correspondant est de 8,6 cal/s au sommet de la tour et de 2,5 cal/s au niveau du sol, ce qui permet aux manchots Adélie de subsister.

Le pouvoir refroidissant et desséchant du vent peut être réduit par des rideaux d'arbres, des brise-vent (fréquents dans les cultures de la vallée du Rhône) et des haies dans les pays de bocage (figure 4.21).

Le vent est un agent de dispersion des animaux et des végétaux. On a retrouvé dans l'Antarctique des insectes qui ont été transportés sur plusieurs milliers de kilomètres. Le « plancton aérien » riche en Arthropodes de petite taille est formé d'animaux qui sont entraînés plus ou moins haut (jusqu'à 4 000 m) par les courants aériens. L'activité des insectes comme les moustiques est très ralentie par le vent. Celui-ci est aussi un facteur déterminant dans l'orientation des vols d'Acridiens. Les coups de vent, en abattant des arbres en forêt, créent des clairières, ce qui entretient l'hétérogénéité du milieu et fournit des zones éclairées dans lesquelles des jeunes arbres peuvent se développer. Le vent a un effet mécanique sur les végétaux qui sont couchés au sol et prennent des formes particulières appe-

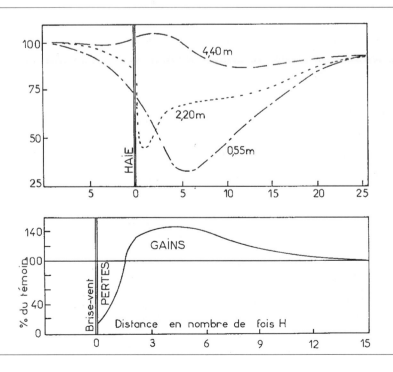

Figure 4.21

Influence des haies et des brise-vent

En haut, influence sur le vent d'une haie ayant 45 à 55 % de vide et d'une hauteur H égale à 2,2 m. La vitesse du vent a été déterminée à trois hauteurs différentes et elle est exprimée en pourcentage de la vitesse dans la plaine. La distance à la haie est mesurée en nombre de fois la hauteur H.

En bas, influence d'un brise-vent sur le rendement en céréales exprimée en pourcentage d'une culture témoin non protégée. Les gains enregistrés sont supérieurs aux pertes engendrées par l'ombre du brise-vent (Guyot & de Parcevaux, 1965).

lées *anémomorphoses*. Les plus caractéristiques sont les arbres dits « en drapeau » dont les branches sont toutes orientées dans le même sens. Ces arbres sont particulièrement nombreux dans les régions littorales et en montagne à la limite supérieure de la forêt. Les anémomorphoses sont dues à la destruction des jeunes pousses exposées au vent qui provoque leur dessèchement rapide et leur mort, soit par l'action des embruns salés qui peuvent être entraînés à des kilomètres du littoral, soit par l'action des cristaux de neige et de glace en montagne (Bournérias *et al.*, 1983).

4.2. La neige

C'est un facteur écologique important en montagne. La couverture de neige protège le sol du refroidissement. Sous 1 m de neige la température du sol est de – 0,6 °C, alors qu'elle est de – 33,7 °C à la surface. L'action combinée du vent et de la neige règle la répartition de certaines associations végétales (figure 4.22).

4.3. Le feu

C'est un facteur écologique longtemps méconnu mais qui est aujourd'hui reconnu comme un élément important, ce qui explique le nombre de publications qui lui sont consacrées (San José & Medina, 1975 ; Lamotte, 1978, rôle du feu dans la savane de Lamto ; Booysen & Tainton, 1984, influence du feu sur les écosys-

tèmes en Afrique du Sud ; Barbour & Billings, 1988, nombreuses données sur le feu et la végétation de l'Amérique du Nord ; Johnson, 1992 ; Crutzen & Goldammer, 1993 ; Moreno & Oechsel, 1994 ; etc.). C'est un agent perturbateur qui interrompt ou change l'évolution des communautés végétales. Des feux spontanés, allumés par la foudre ou les éruptions volcaniques, existent au moins depuis la fin du crétacé. Avec l'invention du feu par l'homme (il y a 0,5 million d'années), les feux allumés volontairement sont devenus plus importants que les feux spontanés et ils ont contribué à modeler la végétation et à créer les paysages que nous connaissons aujourd'hui. Des formations végétales comme les forêts d'eucalyptus d'Australie et la majorité des savanes ont été modelées et maintenues par des feux allumés par l'homme. Dans beaucoup de cas le feu est à l'origine des landes à bruyères d'Europe occidentale, ou bien il contribue à leur maintien et des feux contrôlés sont utilisés pour l'aménagement de ces landes. Le feu empêche les landes d'évoluer vers le stade forestier et il entretient une hétérogénéité spatiale qui contribue au maintien de la biodiversité de la faune à l'échelle du paysage.

Le feu constitue le facteur principal de destruction des forêts tropicales. Le plus grand incendie observé a sévi à Bornéo en 1982 et 1983 et il a détruit 3,7 millions d'ha de forêt d'un seul tenant. Il a été allumé par des agriculteurs itinérants. De grands feux ravagent périodiquement les taïgas de l'Ancien et du Nouveau Monde. En 1950 un incendie a détruit 1,4 millions d'ha en Colombie britannique et dans l'Alberta au Canada, et des feux détruisant plus de 100 000 ha

Figure 4.22

Influence du vent sur la durée d'enneigement et sur la végétation dans les Alpes centrales

Sur la crête balayée par le vent et où la neige ne persiste que très peu de temps s'installe une association végétale à *Loiseleuria procumbens* (zone 6). Quand on s'éloigne de la crête il apparaît des zones concentriques de groupements d'es-

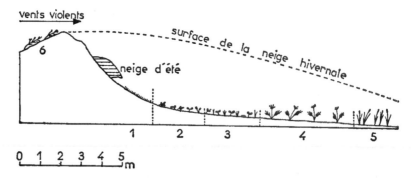

pèces de petite taille (dites chionophiles) qui sont capables de commencer à pousser sous la neige. 1 : Zone restant seulement deux mois sans neige, association du *Polytrichetum sexangularis* ; 2 : association du *Salicetum herbaceae* ; 3 : idem, sous-association à *Gnaphalium supinum* ; 4 : idem, sous-association à *Ligusticum mutellina* ; 5 : association du *Caricetum curvulae* dans une région qui est plus de cinq mois sans neige.

surviennent à des intervalles d'environ un siècle, ce qui est à peu près la moitié de la longévité maximum des arbres. Ces grands incendies de la taïga laissent derrière eux des étendues de sol nu qui sont peu à peu colonisées par des semences venues de l'extérieur. La taïga a de ce fait une structure en mosaïque dont les divers éléments sont formés d'arbres d'âges différents. En Europe 550 000 ha, en moyenne, sont encore brûlés chaque année, la majorité des incendies se situant dans la région méditerranéenne. On estime que, dans cette région, 30 % du territoire a brûlé au moins une fois au cours des 25 dernières années. La combustion de la biomasse libère dans l'atmosphère des quantités importantes, mais difficiles à évaluer, de gaz carbonique (les estimations varient de 1,8 à 10 milliards de tonnes de carbone par an), ainsi que des polluants comme le méthane et les oxydes d'azote qui jouent un rôle dans l'effet de serre et dans la destruction de l'ozone stratosphérique. La combustion de la biomasse crée une hétérogénéité du milieu (opposition entre zones brûlées et zones non brûlées) et un rajeunissement des écosystèmes dans les zones brûlées.

La colonisation rapide des zones incendiées par *Cistus monspeliensis*, *Erica arborea*, *Cytisus purgans* et par le chêne kermès *Quercus coccifera* est connue depuis longtemps dans la région méditerranéenne française. Les végétaux qui résistent au feu ont été appelés pyrophytes par Kuhnholz-Lordat (1938) qui distingue : des pyrophytes à résistance passive par leur constitution et leur haute teneur en eau (*Agave* et plantes succulentes) ou leur écorce épaisse (chêne-liège) ; des pyrophytes qui régénèrent rapidement après destruction de leurs parties aériennes grâce à des bourgeons situés au niveau du sol et non lésés par le passage du feu (chêne kermès qui rejette de souche et Graminées qui reconstituent rapidement un tapis herbacé) ; des pyrophytes qui régénèrent à l'aide de leurs graines (*Cistus* sp.). L'abondance des herbacées (principalement annuelles) est élevée durant l'année qui suit le passage du feu. Les espèces caractéristiques de la communauté mature, et en particulier les buissons et les arbres, apparaissent très vite dans les premières années et éliminent la végétation herbacée. Il n'y a donc pas de véritable succession écologique après le feu mais reconstitution rapide de la composition floristique qui existait avant le feu (Trabaud, 1983, 1994). La structure

des peuplements de Mammifères dans la région méditerranéenne est aussi sous le contrôle du feu (Trabaud, 1987 ; Haim & Izhaki, 1994). Lors du passage du feu la faune de la litière est plus sensible que la faune qui vit dans le sol. Dans le cas des Chironomides d'une lande bretonne, le passage du feu se traduit immédiatement par une forte diminution d'abondance et l'année suivante on observe un pic d'abondance et un pic de richesse spécifique (Delettre, 1994).

Les feux allumés chaque année dans les savanes africaines rythment la vie végétale et animale de concert avec les autres facteurs climatiques. Dans les savanes où il existe un déficit saisonnier en eau et qui sont parcourues par des feux réguliers, l'importance des racines est une caractéristique de la végétation. La dormance de beaucoup de graines ne peut être levée que par des températures élevées, par exemple 100 °C pendant une heure chez *Elytropappus rhinocerotis* d'Afrique du Sud (figure 4.23). Beaucoup de plantes géophytes résistent au passage du feu et fleurissent aussitôt après (de une à deux semaines selon les espèces). Les animaux réagissent au passage du feu par la fuite ou bien en se cachant dans le sol. Les oiseaux insectivores patrouillent à la périphérie du feu pour capturer les insectes qui s'enfuient. Après l'incendie, des Ongulés comme l'impala *Aepyceros melampus* se concentrent sur les sites brûlés et y atteignent des densités huit fois supérieures à celles qu'ils avaient avant le feu. Ils recherchent vraisemblablement des végétaux en cours de croissance ayant une teneur élevée en protéines (Frost, 1984 a).

Dans la savane de Lamto (Côte-d'Ivoire) les insectes sont alertés alors que le feu est encore très loin. Ceux qui sont ailés comme les Acridiens ou les mantes fuient au vol à une vitesse qui peut atteindre 1,4 m/s ; d'autres se cachent dans le sol (Lamotte, 1978). Les vertébrés s'enfuient plus vite que les insectes ou se réfugient dans des terriers. Lorsque la strate herbacée est transformée en un champ de cendres, les Graminées s'installent très vite. On retrouve six mois après le feu 35 à 45 % de l'effectif et 30 à 40 % de la biomasse des Arthropodes qui occupaient la savane à la veille du feu. Voici quelques chiffres donnant la densité par hectare de quatre groupes d'Arthropodes :

	Veille du feu	Lendemain du feu	Un mois après
Arachnides	134 000	127 300	53 300
Acridiens	13 500	900	20 000
Pentatomides	8 200	200	1 800
Carabiques	3 000	1 300	200

Depuis Aubréville (1949) il est généralement admis que les savanes africaines qui s'étendent entre le Sahel et le Kalahari sont dues à l'action de l'homme qui aurait modifié la végétation forestière primitive par la coupe des arbres, la mise en culture et le feu. Les savanes protégées du feu retournent en général spontanément à l'état forestier. Des opinions contraires se font jour cependant. Les grands herbivores comme l'éléphant, qualifié de « bulldozer herbivore » (et accessoirement le buffle, le rhinocéros et même des herbivores plus petits comme les Suidés, la girafe ou les antilopes) sont capables de détruire la végétation en déracinant les arbres sur des surfaces importantes. Il existait déjà au miocène de grands herbivores, plus nombreux qu'aujourd'hui, qui ont pu avoir la même action. La végétation des savanes actuelles serait donc un faux climax dû, au moins en partie, à l'action de grands herbivores comme l'éléphant (Kortlandt, 1984). Ceci est peut être vrai aussi pour l'Amérique centrale où des preuves de l'existence de grands herbivores disséminateurs des Cactées semblent avoir été découvertes (Janzen & Martin, 1982).

Figure 4.23
Influence du feu sur la végétation

À gauche, coupe d'un tronc de séquoia. On voit les traces de trois cicatrices (1, 2 et 3) provoquées par le passage du feu qui ont complètement guéri en une centaine d'années. La croissance est deux fois plus rapide dans la région brûlée que dans la région intacte. E : écorce ; C : cambium ; A : aubier.

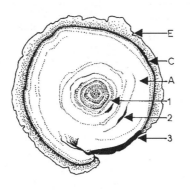 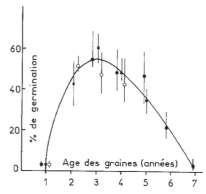

À droite, pourcentage de germination des graines de *Elytropappus rhinocerotis* en fonction de leur âge. Les graines de 1 an sont en dormance. La levée de dormance est provoquée par le passage des feux. Les divers symboles (carrés et ronds) correspondent à des années d'observation différentes (Frost, 1984).

Il subsiste en Californie deux espèces de séquoias (Conifères de la famille des Taxodiacées), *Dendrosequoia gigantea* en altitude dans la Sierra Nevada et *Sequoia sempervirens* à basse altitude près du littoral. *D. gigantea*, dont certains exemplaires atteignent l'âge de 2 100 ans, résiste bien au feu grâce à son écorce épaisse qui isole thermiquement la zone cambiale et qui est chargée de tanins ce qui la rend presque incombustible. En se développant, le tronc de *S. gigantea* (qui peut atteindre 11 m de diamètre) soulève le sol et forme à sa base une structure de terre conique (appelée *peripheral pressure ridge*). Les débris ligneux qui tombent sont éloignés du pied de l'arbre par la pente de ce cône et la quantité de matériaux combustibles au contact de l'arbre est ainsi réduite. Les séquoias ne forment pas de peuplements purs, mais sont mêlés à d'autres arbres. La densité des arbres (nombre d'arbres à l'hectare) et leur importance relative (qui tient compte de la densité et de la surface basale) sont les suivantes :

Arbres	Densité	Importance relative
Abies concolor	941	131
Pinus lambertiana	109	30
Calocedrus decurrens	117	42
Abies magnifica	67	< 1
Sequoiadendron giganteum	49	98
Quercus kellogii	33	< 1
Quercus chrysolepis	33	< 1
Pinus ponderosa	17	< 1
Cornus nuttalli	16	< 1

Pinus lambertiana et *Abies magnifica* prolifèrent en l'absence d'incendies car ils tolèrent l'ombre du sous-bois lorsqu'ils sont jeunes et tendent à éliminer les séquoias. La succession végétale dans ces forêts, en l'absence de feux, est la suivante : 1. Végétation herbacée, buissonnante et arbustive avec, par exemple, *Castanopsis sempervirens* ; 2. Installation des séquoias ; 3. Invasion progressive par *P. lambertiana* et *A. concolor* qui marquent le stade final ou climax.

Le feu intervient en facilitant l'installation et le maintien des séquoias. Le stade de végétation atteint n'est pas le véritable climax mais un *subclimax* que l'on peut appeler un pyroclimax (*fire-climax*). L'étude des cicatrices laissées sur les séquoias montre que des feux se développaient jadis environ tous les seize ans. Il s'agissait de feux limités au sol, de faible intensité et de faible étendue. La politique de suppression des feux a entraîné l'accumulation de bois mort et les feux sont devenus plus intenses, atteignant la couronne des arbres, et plus étendus en surface.

Dans les forêts de pins du sud-est des États-Unis, le feu et les attaques du Scolyte *Dendroctonus frontalis* sont les deux agents qui maintiennent l'hétérogénéité spatiale et qui empêchent la forêt d'évoluer vers une forêt de feuillus. Cette dernière représente dans la région le stade normal de l'évolution végétale (Schowalter *et al.*, 1981).

Le feu a été, et est encore, une méthode d'agriculture primitive (culture sur brûlis). Il enrichit le sol en éléments minéraux. Mais s'il a parfois des effets favorables, il est cependant responsable de la destruction des forêts et de la désertification dans beaucoup de régions. Les incendies de forêt allumés volontairement atteignent des dimensions catastrophiques. Au Brésil la surface ayant souffert de ce fléau représente presque la moitié de celle des États-Unis. Durant l'année 1988 une surface égale à celle de la Belgique a été déforestée et brûlée. Dans l'État de Rondonia la fumée était si épaisse que l'aéroport de la capitale fut obligé de fermer. À Bornéo, en 1983, le feu ayant pris dans les débris laissés sur le sol par des agriculteurs itinérants s'est étendu à 1,2 million d'ha de forêts (Newmann, 1990). À Madagascar les feux non contrôlés sont responsables de la destruction d'une grande partie de la forêt ainsi que des espèces animales et végétales souvent endémiques et remarquables qui y habitaient. « Nous ne saurions trop insister sur l'importance d'une telle transformation. Au point de vue scientifique elle signifie la disparition, dès maintenant en grande partie consommée, de plusieurs milliers d'espèces, n'existant nulle part ailleurs à la surface du globe... Au point de vue économique, elle signifie la disparition d'une richesse naturelle, la forêt, précieuse non seulement en soi par les matériaux et les produits qu'une exploitation rationnelle peut en tirer sans dommage, à la condition d'être conduite très prudemment, mais encore par le rôle de condensateur puissant, de régulateur des précipitations atmosphériques et de la circulation de l'eau, ainsi que par celui de protecteur des pentes contre l'érosion trop brutale, et des vallées contre l'alluvionnement trop rapide » (H. Humbert, La destruction d'une flore insulaire par le feu, principaux aspects de la végétation à Madagascar, *Mémoires de l'Académie Malgache*, 1927).

Références

AUBREVILLE, A., 1949. *Climats, forêts et désertification de l'Afrique tropicale*. Société d'éditions géographiques, maritimes et coloniales, Paris.

ALLEE, W. C., *et al.*, 1949. *Principles of animal ecology*. W. B. Saunders, Philadelphia.

AMIET, J. L., 1967. Les groupements de Coléoptères terricoles de la haute vallée de la Vésubie (Alpes-Maritimes). *Mémoires du Muséum*, sér. A, **46**, p. 125-213.

BANTOCK, C. R., 1980. Variation in the distribution and fitness of the brown morph of *Cepaea nemoralis* (L.). *Biol. J. Lin. Soc.*, **13**, p. 47-64.

BARBOUR, M. G., & BILLINGS, W. D., 1988. *North American vegetation*. Cambridge University Press.

BENSON, L., 1969. *The cacti of Arizona*. The University of Arizona Press, Tucson.

BINET, P. & BRUNEL, J. P., 1967. *Physiologie végétale*, Tome I. Doin, Paris.

BJÖRKMANN, O., 1973. Comparative studies on photosynthesis in higher plants. *Photophysiology*, **8**, p. 1-63.

BOOYSEN, P. V., & TAINTON, N. M., (eds.), 1984. *Ecological effects of fire in South African ecosystems*. Ecological studies n° 48. Springer, Berlin.

BOURNÉRIAS, M., 1978. La feuille « Amiens » de la carte de la végétation de la France et son intérêt biogéographique. *C. R. Soc. Biog.*, **465**, p. 13-20.

BOURNÉRIAS M., *et al.*, 1983. *La Manche de Dunkerque au Havre. Guides naturalistes des côtes de France*. Delachaux et Niestlé, Paris.

CLOUDSLEY-THOMPSON, J. L., 1967. *Microecology*. Edward Arnold, London.

CRUTZEN, P. J., & GOLDAMMER, J. G. (eds.), 1993. *Fire in the environment. The ecological, atmospheric, and climatic importance of vegetation fires*. John Wiley & Sons, Chichester.

DANILEWSKII, A. S., 1965. *Photoperiodism and seasonal development of insects*. Oliver & Boyd, London.

DELETTRE, Y. R., 1994. Fire disturbance of a chironomid (*Diptera*) community on heathland. *J. appl. Ecol.*, **32**, p. 560-570.

DÉLYE, G., 1968. *Recherches sur l'écologie et l'éthologie des fourmis du Sahara.* CNRS, Paris.

DREUX, Ph., 1961. Recherches écologiques et biogéographiques sur les Orthoptères des Alpes françaises. *Ann. Sc. Nat., Zool.*, **3**, p. 323-766.

EDNEY, E.B., 1957. *The water relations of terrestrial arthropods.* Cambridge Univ. Press.

FORD, M. J. 1982. *The changing climate. Responses of the natural flora and fauna.* George Allen & Unwin, London.

FROST, P. G. H., 1984. The responses and survival of organisms in fire-prone environments. *In* : P. V. Booysen & N. M. Tainton (eds.), *Ecological effects of fire in South African ecosystems.* p. 273-309. Ecological studies n°48. Springer, Berlin.

GEIGER, R., 1966. *The climate near the ground.* Harvard Univ. Press.

HAIM, A. & IZHAKI, I., 1994. Changes in rodent community during recovery from fire. Relevance to conservation. *Biodiversity and conservation*, 3, p. 571-585.

HENRY, D. O., 1994. Prehistoric cultural ecology in southern Jordan. *Science*, **265**, p. 336-341.

HEWITT, G. M., 1972. The structure and role of B-chromosoms in the mottled grasshopper. *Chromosome Today*, **3**, p. 208-222.

HOCKING, B. & SHARPLIN, C.D., 1965. Flower basking by arctic insects. *Nature*, **206**, p. 215.

JACKSON, H. C., 1978. Low May sunshine as a possible factor in the decline of the sand lizard (*Lacerta agilis*) in north-west England. *Biol. Conserv.*, **13**, p. 1-12.

JANZEN, D. H. & MARTIN, P. S., 1982. Neotropical anachronisms : the fruits the gomphotere ate. *Science*, **215**, p. 19-27.

JOHNSON, E. A., 1992. *Fire and vegetation dynamics : studies from the North American boreal forest.* Cambridge Univ. Press.

JOHNSTON, I. A. & WALESBY, N. J., 1977. Molecular mechanisms of temperature adaptation in fish myofibrillar adenosine triphosphatases. *J. Comp. Physiol.*, **119**, p. 195-206.

KILGORE, B. M., & TAYLOR, D., 1979. Fire history of a sequoia-mixed conifer forest. *Ecology*, **60**, p. 129-142.

KORTLANDT, A., 1984. Vegetation research and the « bulldozer » herbivores of tropical Africa. *In* : A. C. Chadwick & C. L. Sutton (eds.), *Tropical rain forest*, p. 205-226. Spec. Publ. Leeds Phil. Lit. Society.

KUHNHOLZ-LORDAT, G., 1938. *La terre incendiée.* Maison Carrée, Nîmes.

LAMOTTE, M., 1978. La savane préforestière de Lamto, Côte d'Ivoire. *In* : M. Lamotte & F. Bourlière (eds.), *Problèmes d'écologie : écosystèmes terrestres*, p. 231-311. Masson, Paris.

LE HOUÉROU, H. N., 1959. Recherches écologiques et floristiques sur la végétation de la Tunisie méridionale. *Institut de Recherches sahariennes*, mémoire n°6. Université d'Alger.

LEMÉE, G., 1966. Sur l'intérêt écologique des réserves de la forêt de Fontainebleau. *Bull. Soc. bot. France*, **113**, p. 305-323.

LEMÉE, G., 1978. La hêtraie naturelle de Fontainebleau. *In* : M. Lamotte & F. Bourlière (eds.), *Problèmes d'écologie : écosystèmes terrestres*, p. 75-128. Masson, Paris.

LICHT, P. *et al.*, 1969. Thermal adjustments in cardiac and skeletal muscles of lizards. *Zeit. Vergl. Physiol.*, **65**, p. 1-14.

LOUW, G. N. & SEELY, M. K., 1982. *Ecology of desert organisms.* Longman, Londres.

MACFADDEN, B. J. & CERKING, T. E., 1994. Fossil horses, carbon isotopes and global change. *TREE*, **9**, p. 481-485.

MEINZER, F. & GOLDSTEIN, G., 1985. Some consequences of leaf pubescence in the Andean giant rosette plant *Espeletia timotensis*. *Ecology*, **66**, p. 512-525.

MORENO, J. M., & OECHSEL, W. C., 1994. *The role of fire in Mediterranean-type ecosystems.* Ecological studies n°107. Springer, Berlin.

NEWMAN, A., 1990. *Les forêts tropicales. Comment les sauver.* Larousse, Paris.

NOBEL, P. S., 1988. *Environmental biology of agave and cacti.* Cambridge Univ. Press.

OZENDA, P., 1977. *Flore du Sahara.* CNRS, Paris

POWERS, D. *et al.*, 1986. Genetic variation in *Fundulus heteroclitus* : geographical distribution. *Amer. Zool.*, **26**, p. 131-144.

RICHARD, L., 1969. Une interprétation écophysiologique de la répartition de l'aune vert (*Alnus viridis*). *Doc. Carte Végét. Alpes*, **7**, p. 9-23.

ROUSSEL, L., 1972. *Photologie forestière.* Masson, Paris.

SAN JOSE, J. J., & MEDINA, E., 1975. Effect of fire on organic matter production and water balance in a tropical savanna. *In* : F. B. Golley & E. Medina (eds.), *Tropical ecological systems*, p. 261-264. Ecological studies n° 11. Springer, Berlin.

SCHIMITSCHEK, E., 1931. Forstenentomologische Untersuchungen aus dem Gebiete von Lunz. I. Standortklima und Kleinklima in ihren Beziehungen zum Entwicklungsablauf und zur Mortalität von Insekten. *Z. angew. Ent.*, **18**, p. 460-491.

SCHNELL, R., 1977. *Introduction à la phytogéographie des pays tropicaux. 4. La flore et la végétation de l'Afrique tropicale.* Gauthier-Villars, Paris.

SCHOWALTER, T. D., *et al.*, 1981. Role of southern pine beetle and fire in maintenance of structure and function of the south eastern coniferous forests. *Environ. Entomol.*, **10**, p. 821-825.

SNYDERS, G. K. & WEATHERS, W. W., 1975. Temperature adaptations in amphibians. *Amer. Nat.*, **109**, p. 93-101.

TAHVANAINEN, J. O., 1972. Phenology and microhabitat selection of some flea beetles (*Coleoptera : Chrysomelidae*) on wild and cultivated crucifers in central New York. *Entomologia scandinavia*, **3**, p. 120-138.

TAYLOR, C. R., 1969. The eland and the oryx. *Sci Amer.*, **220**, p. 88-95.

TEERI, J. A. & STOVE, L. G., 1976. Climatic patterns and the distribution of C4 grasses in North America. *Oecologia*, **31**, p. 255-267.

THIELE, U., 1977. *Carabid beetles in their environments.* Springer, Berlin.

THOMAS, J. A. *et al.*, 1993. Intraspecific variation in fluctuations of butterfly populations towards the edges of range. *Report of the Institute of terrestrial ecology 1992-1992*, p. 45-46.

TRABAUD, L., 1983. Évolution après incendie de la structure de quelques phytocénoses méditerranéennes du Bas-Languedoc (sud de la France). *Ann. Sci. Forest.*, **40**, p. 177-195.

TRABAUD, L. (ed.), 1987. *The role of fire in ecological systems.* SPB Academic Publishing, Den Haag.

TRABAUD, L., 1994. Postfire plant community dynamics in Mediterranean Basin. *In* : J. M. Moreno & W. C. Oechsel (eds.), *The role of fire in Mediterranean-type ecosystems*, p. 1-15. Springer, Berlin.

VAN DEN BERGEN, C., 1966. Introduction à l'étude de la végétation. *Les Naturalistes belges*, **47**, p. 2-19.

WALTER, H., 1984. *Ecological systems of the geobiosphere. 2. Tropical and subtropical zonobiomes.* Springer, Berlin.

WATERHOUSE, F. L., 1950. Humidity and temperature in grass microclimates with reference to insolation. *Nature*, **166**, p. 232-233.

WHICKER, A. D., & TRACY, C. R., 1987. Tenebrionid beetles in the shortgrass prairie : daily and seasonal patterns of activity and temperature. *Ecological Entomology*, **12**, p. 97.

WILLMER, P. G., 1982. Hygrothermal determinants of insect activity patterns : the Diptera of water lily leaves. *Ecol. Ent.*, **5**, p. 271-292.

WINSTANLEY, D. R. *et al.*, 1974. Where have all the whitethroats gone ? *Bird study*, **21**, p. 1-14.

WOHLSCHLAG, D. E., 1960. Metabolism of an antarctic fish and the phenomenon of cold adaptation. *Ecology*, **41**, p. 287-292.

Chapitre 5

LES FACTEURS ABIOTIQUES DANS L'EAU ET DANS LE SOL

Les facteurs écologiques abiotiques principaux sont : (a) dans l'eau, la température et l'éclairement ainsi que les sels dissous ; (b) dans le sol, la température et l'eau ainsi que divers facteurs de nature physique et chimique.

I. LES EAUX DOUCES

L'eau intervient par ses propriétés physiques et par ses mouvements. Sa chaleur spécifique élevée lui donne un rôle de régulation thermique. Ses variations de densité, dont le maximum se situe à la température de 4°C, jouent un rôle important dans les lacs et les étangs. Il est habituel de distinguer deux grands milieux dans les eaux douces : le milieu lotique qui est celui des eaux courantes et le milieu lentique qui est celui des eaux stagnantes.

1.1. La température

Lorsque les lacs et les étangs sont suffisamment profonds il s'établit, dans les régions tempérées, un régime thermique particulier. En hiver la surface du lac est gelée, et ses eaux sont à une température voisine de 0 °C. Les eaux du fond sont à une température de 4 °C qui correspond au maximum de densité. Au printemps le réchauffement fait fondre la glace et l'eau qui atteint la température de 4 °C coule au fond, provoquant la remontée des eaux de profondeur et une égalisation des températures. En été les eaux superficielles chaudes et légères restent en surface au-dessus d'eaux plus froides et plus denses qui ne se réchauffent que lentement. Trois zones peuvent être distinguées en été dans un lac. La zone superficielle ou épilimnion est agitée par le vent, riche en oxygène dissous, bien éclairée. La zone de transition ou thermocline est marquée par une diminution rapide de la température qui peut être de l'ordre de un degré par mètre. La zone profonde ou hypolimnion est pauvre en oxygène, peu ou pas éclairée, et sa température ne varie guère au cours de l'année. En automne le retour du froid ramène les eaux superficielles à une température de 4 °C. Ces eaux descendent au fond et il se produit un deuxième brassage annuel avec égalisation des températures et répartition de l'oxygène et des substances dissoutes (figure 5.1). Cette stratification thermique a des conséquences sur la répartition verticale saisonnière d'organismes tels que les poissons.

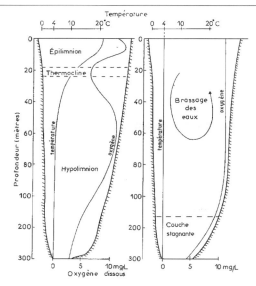

Figure 5.1

Variations de la température et de la teneur en oxygène dissous dans le lac Léman en été (à gauche) et en hiver (à droite)

En hiver la température est pratiquement constante ; en été la température diminue avec la profondeur et il existe une thermocline vers 20 m de profondeur, ce qui permet de distinguer une zone superficielle ou *épilimnion* et une zone profonde ou *hypolimnion*.

Dans les eaux courantes les variations de température suivent celles de l'air mais elles sont de plus faible amplitude. La température de l'eau des sources varie peu ; celle du cours inférieur des rivières varie davantage. Les cours d'eau aux rives dégagées et exposées au rayonnement solaire ont des eaux plus chaudes que les cours d'eau ombragés par des arbres ou des falaises. Ceci est important car la température intervient dans la détermination de la faune aquatique.

L'acclimatation est l'adaptation physiologique aux températures défavorables. Les poissons ont une température létale d'autant plus élevée que la température d'acclimatation à laquelle ils ont été soumis est elle-même plus élevée (figure 5.2). Il existe évidemment une température limite supérieure que l'on ne peut pas dépasser et qui est la température de mort instantanée. Elle est de 34 °C pour le gardon et seulement de 23,9 °C pour le saumon américain *Oncorhynchus keta*. Elle atteint 42 à 44 °C chez le Cyprinodonte *Cyprinodon nevadensis* du désert de Nevada lorsqu'il a été soumis à des températures d'acclimatation variant de 25 à 35 °C. Les Notothérioides, famille de poissons localisés dans les eaux de l'Antarctique sont des sténothermes adaptés à des températures qui sont comprises toute l'année entre − 1 et − 2 °C et certains ne gèlent que lorsque leur température descend à − 2,2 °C car ils s'acclimatent en produisant huit antigels différents. Ces poissons sont pourvus de reins spéciaux qui assurent le recyclage de ces antigels. Les poissons sténothermes (comme les Salmonidés) ne supportent que de faibles variations de température ; les poissons eurythermes (poisson rouge, poisson chat) supportent de grandes variations de température. Les Cyprinidés ont une position intermédiaire.

Figure 5.2
Température d'acclimatation et température létale chez deux espèces de poissons
À gauche, cas du gardon. Il existe une zone de tolérance thermique dans laquelle les fonctions physiologiques se déroulent normalement, deux zones de résistance dans lesquelles le poisson lutte contre des températures défavorables et une zone de mort instantanée correspondant à des températures égales ou supérieures à la température létale.

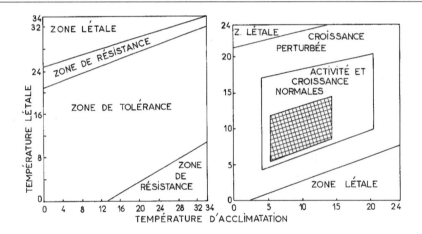

À droite, cas du saumon américain *Oncorhynchus keta*. La température létale supérieure de cette espèce est de 24 °C. Elle est relativement basse comme chez tous les Salmonidés. Les conditions thermiques qui permettent la reproduction correspondent à la zone centrale en hachures croisées. Elles sont beaucoup plus strictes que celles qui correspondent à l'activité normale.

1.2. L'éclairement

L'absorption du rayonnement solaire est rapide dans l'eau. La profondeur pour laquelle l'intensité lumineuse est réduite à 1 % de sa valeur en surface varie de 2 à 30 m suivant les cas. Cette valeur correspond à la limite au-delà de laquelle, en général, les végétaux chlorophylliens ne peuvent plus subsister. Dans les lacs et les étangs on peut distinguer trois zones. La zone euphotique où la lumière pénètre facilement et qui est généralement occupée par des Phanérogames fixées sur le fond. La zone limnétique est libre de végétation enracinée ; elle est limitée par le niveau de compensation de la photosynthèse c'est-à-dire le niveau d'éclairement en dessous duquel l'importance de la photosynthèse est inférieure à la respiration, ce qui inhibe le développement du phytoplancton. La zone profonde, située au-dessous, n'existe que dans les lacs les plus profonds.

1.3. Tension superficielle et pH

La tension superficielle permet aux animaux qui vivent à la surface de l'eau de flotter et de se déplacer. La vie à la surface de l'eau n'est possible que pour des organismes de petite taille chez lesquels la force portante, créée par la tension superficielle, est supérieure au poids. Ce sont surtout des insectes qui marchent à la surface de l'eau : Hétéroptères (*Gerris, Velia*), Trichoptères (*Acrophylax*), Collemboles. La rareté des Arthropodes de surface en mer est remarquable, puisqu'on ne connaît guère que des Hétéroptères du genre *Halobates*. Cette rareté a été attribuée à l'existence dans l'eau de mer de substances tensio-actives, vraisemblablement produites par les algues et qui abaissent la tension superficielle.

Le pH joue un rôle important dans la répartition des organismes aquatiques. Chez les végétaux, les *Isoetes* et les *Sparganium* se rencontrent dans des eaux ayant un pH inférieur à 7,5, tandis que *Elodea canadensis* et divers *Potamogeton* occupent des eaux dont le pH est compris entre 7,7 et 8,8. Lorsque le pH est compris entre 8,4 et 9, c'est *Typha angustifolia* qui s'installe. Les sphaignes sont des végétaux qui maintiennent eux-mêmes les bas pH qui leur sont nécessaires en absorbant des cations de l'eau et en excrétant des acides organiques. Dans le massif Armoricain il est ainsi possible de distinguer : (a) des espèces peu exigeantes comme *Sphagnum squarrosum* qui vit dans des eaux dont le pH est compris entre 5 et 6,5 ; (b) des espèces plus exigeantes comme *S. magellanicum* qui demande un pH compris entre 4 et 5 ; (c) des espèces très exigeantes comme *S. rubellum* qui pousse dans des eaux dont le pH est de 3 à 4. Chez les animaux, les Lamellibranches du genre *Unio* sont absents des eaux à pH élevé et les autres Mollusques y sont rares en raison de l'absence de calcaire. Les larves de Diptères du genre *Chaoborus* sont au contraire fréquentes dans les eaux acides. Les poissons, dans leur ensemble, supportent des pH compris entre 5 et 9. La productivité piscicole est maximale pour des pH compris entre 6,5 et 8,5.

1.4. Le courant et les matières en suspension

La vitesse du courant dans un cours d'eau dépend de nombreux facteurs. Au voisinage du fond existe une couche limite d'épaisseur variable dans laquelle la vitesse du courant diminue peu à peu et où les invertébrés se réfugient. Lorsque la vitesse du courant y devient trop grande (30 à 50 cm/s), la plupart des invertébrés se réfugient sous les pierres ou dans les crevasses. Aux vitesses encore plus élevées seules subsistent les espèces qui disposent d'adaptations morphologiques leur permettant de s'ancrer au substrat. Dans une rivière de Corse, les larves de Diptères Blépharocérides et Simulies qui ne forment que 3 % du peuplement benthique lorsque la vitesse est de 50 à 80 cm/s, forment 84 % du peuplement lorsque la vitesse est de 130 à 160 cm/s et 96 % pour des vitesses supérieures à 160 cm/s.

Des invertébrés sont constamment entraînés vers l'aval par le courant : c'est le phénomène de la dérive. L'entraînement est surtout intense la nuit lorsque les animaux entrent en activité et quittent leurs refuges sous les pierres. La plupart des invertébrés touchés par la dérive sont des larves d'insectes ailés à l'état imaginal. On admet, pour expliquer que le cours supérieur des rivières conserve son peuplement, qu'il existe un mécanisme compensateur, les imagos ayant tendance à remonter au vol le cours des rivières avant de pondre. La dérive joue un rôle important dans l'approvisionnement de certains milieux en aliments. Dans le système karstique du Baget, dans l'Ariège, les torrents de surface peuvent entraîner chaque jour plus d'un million d'invertébrés (surtout des larves d'insectes) dans le réseau des rivières souterraines.

Dans l'eau douce les substances dissoutes les plus importantes sont les carbonates puis les sulfates et enfin les chlorures. Le calcium y joue un rôle important. Les eaux « douces » en renferment moins de 9 mg/L et les eaux « dures » plus de 25 mg/L. Beaucoup de Mollusques et de Crustacés ont besoin de calcium pour fabriquer leurs coquilles et leurs carapaces. L'abondance de cinq espèces de planaires dans les lacs de Grande-Bretagne est fonction de la teneur de l'eau en calcium, la richesse en cet élément permettant à une biomasse plus importante d'Invertébrés de s'installer, ce qui procure plus de nourriture aux planaires (Reynoldson, 1958).

1.5. L'oxygène dissous

L'oxygène est peu soluble dans l'eau et ce gaz peut jouer le rôle de facteur limitant dans le milieu aquatique (mais non dans le milieu ter-

restre). La solubilité diminue avec la température et elle est plus faible dans l'eau de mer que dans l'eau douce. Les quantités d'oxygène dissous, en cm³/L, sont les suivantes :

Température	Eau de mer	Eau douce
0 °C	8,0	10,3
10 °C	6,4	8,0
15 °C	5,8	7,2
20 °C	5,3	6,5
30 °C	4,5	5,6

La résistance des animaux aquatiques aux faibles teneurs en oxygène est très variable. Les poissons d'eaux froides et rapides comme la truite ou le vairon ont des besoins élevés (de 7 à 11 cm³/L) ; des espèces comme l'omble, le goujon, le chevaine supportent 5 à 7 cm³/L. Le gardon est une espèce peu exigeante (4 cm³/L). La carpe et la tanche peuvent survivre avec seulement 0,5 cm³/L d'oxygène dissous. Des pigments respiratoires se rencontrent chez des invertébrés aquatiques qui vivent dans des eaux pauvres en oxygène, comme les larves de *Chironomus*, les Oligochètes du genre *Tubifex* ou les Lamellibranches du genre *Pisidium*.

1.6. L'eau et la végétation

On classe les plantes aquatiques en hélophytes qui ont leurs feuilles et leurs fleurs au dessus de l'eau (*Phragmites*, *Typha*, *Scirpus*, *Sparganium*, etc.) et en hydrophytes qui flottent à la surface ou en pleine eau (*Lemna*, *Ceratophyllum*) ou qui sont enracinées sur le fond (nénuphars, renoncule aquatique, potamots, etc.). La composition des groupements de végétaux aquatiques dépend de la composition chimique des eaux. Les eaux douces peuvent être classées : en oligotrophes pauvres en substances dissoutes et de pH compris entre 4 et 6 ; en mésotrophes plus riches en substances dissoutes et de pH variant de 6 à 7 ; en eutrophes de pH supérieur à 7. Les eaux eutrophes hébergent des nénuphars, *Ranunculus*, *Potamogeton*, *Ceratophyllum* ; les eaux oligotrophes contiennent *Littorella*, *Isoetes*, *Lobelia* ; les eaux mésotrophes ont un caractère intermédiaire. Les eaux dystrophes, qui sont très acides et chargées en matières organiques hébergent souvent des sphaignes (figure 5.3).

1.7. La zonation écologique des eaux courantes

La délimitation des diverses parties d'un cours d'eau se fait en tenant compte de la pente et de la largeur du lit, ces facteurs agissant sur la vitesse du courant, la température et l'oxygénation de l'eau. Le diagramme de Huet (figure 5.4) résume ces conceptions en délimitant des zones caractérisées chacune par une ou plusieurs espèces de poisson.

L'eau des sources constitue un milieu à température relativement constante peuplé par des espèces sténothermes : rares végétaux (algues, mousses comme *Fontinalis*), des planaires comme *Planaria alpina*, des *Gammarus* et *Asellus*, quelques Hydracariens, des larves de Phryganes, des Coléoptères (*Elmis*, *Riolus*).

Les torrents de montagne et la partie supérieure des rivières correspondent à la zone à truite. Ses eaux sont agitées et bien oxygénées. Le plancton en est absent mais le benthos y est abondant. On y trouve des algues fixées sur les pierres (algues vertes du genre *Cladophora*, algues rouges du genre *Lemanea*), des mousses, des Spongiaires et des animaux qui rampent sur le fond (Triclades et Mollusques comme *Ancylus fluviatilis*). Les insectes sont surtout des Éphémères, des Plécoptères, des Phryganes, quelques Coléoptères et Diptères (Simulies et Blépharocérides). Beaucoup d'invertébrés ont des dispositifs qui leur permettent de lutter contre le courant (ventouses des Blépharocérides, crochets des larves de Simulies, etc.). Les poissons comme la truite, le chabot et le vairon sont de bons nageurs.

La zone à ombre commune (*Thymallus thymalus*) fait suite à la zone à truite. Elle correspond à une région où le lit de la rivière s'élargit et où le fond se couvre de sable et de gravier. La faune comprend des espèces moins sténothermes que celles de la zone à truite : Éphémères, Phryganes, Hydracariens. Les dispositifs de fixation n'existent plus ou sont très rares.

La zone à barbeau et à *Chondrostomus nasus* correspond aux rivières de plaine à cours lent. La végétation y est abondante avec de nombreuses Phanérogames fixées sur les rives. Dans la vase du fond vivent des Lamellibranches (*Unio*, *Anodonta*, *Pisidium*), des Oligochètes, des larves de Chironomides. Dans les grands cours d'eau un

Figure 5.3

Groupements de végétaux aquatiques et amphibies de trois étangs de la forêt de Rambouillet (région parisienne) offrant des exemples de ceintures de végétation

A : Végétation eutrophe de l'étang Neuf de Gambais installé sur de l'argile marneuse (A) et des alluvions tourbeuses (T). Le pH de l'eau est supérieur à 7. Parmi les hydrophytes on note les groupements suivants. 1 : hydrophytes nageants formant la potamaie avec *Potamogeton crispus, P. pectinatus, Myriophylum spicatum* et *Utricularia*. 2 : nupharaie avec *Nuphar, Nymphaea, Polygonium amphibium*. Parmi les hélophytes, 3 est la scirpaie à *Scirpus lacustris* à partir de 1 à 2 m de fond, puis la phragmitaie à *Arundo phragmites, Ranunculus lingua* et divers *Carex* ; des mousses s'insinuent entre les hélophytes contribuant ainsi à la genèse de la tourbe. En 4 se trouve la saussaie eutrophe à *Salix cinerea, S. atrocinerea*, bouleau et aulne et en 5 une aulnaie frênaie.

B : Végétation mésotrophe de l'étang de Pourras dont l'eau présente une acidité modérée. 1 : potamaie à *Potamogeton gramineus* ; 2 : association *Bidentetum* avec *Bidens cernua* et *B. radiata, Elatine sp., Ranunculus sceleratus*, etc. Les groupements d'hélophytes sont, en 3 un *Heleocharetum* au niveau moyen des eaux hivernales ; 4 : une scirpaie-phragmitaie à *Scirpus palustris, S. maritimus* et *Arundo phragmites*. Au niveau atteint par les plus hautes eaux en 5 se trouve une pelouse rase à *Agrostis canina* et *Carum verticillatum*. La lande à *Genista anglica* et *Molinia* se trouve en 6 et la chênaie en 7.

C : Végétation oligotrophe du petit étang Neuf de Poigny dont l'eau a en général un pH inférieur ou égal à 5,5 ce qui permet l'implantation des sphaignes. 1 : hydrophytes flottants comme *Alisma natans, Callitriche sp., Scirpus fluitans, Utricularia sp.* 2 : *Litorelletum* à *Litorella lacustris, Elatine hexandra, Peplis portula* ou bien *Helodeto-Sphagnetum* à *Sphagnum turgidum, Hypericum helodes, Scirpus multicaulis*. 3 : ceinture à *Juncus supinus* et *Agrostis canina* mêlés à *Scirpus multicaulis*. En 4 se trouvent des peuplements d'hélophytes comme *Carex* et *Juncus* ; en 5 une frange d'*Ericetum tetralicis* à *Erica tetralix, Drosera, Eriophorum* et *Salix repens* ; en 6 chênaie à *Molinia* et en 7 chênaie à fougère aigle (Bournérias, 1972).

Figure 5.4

Diagramme de Huet indiquant les zones piscicoles en fonction de la largeur et de la pente des rivières

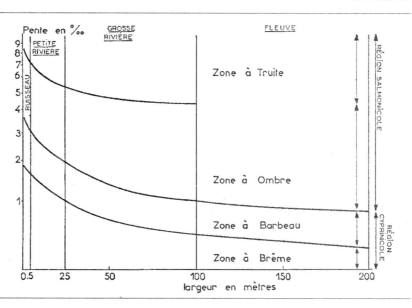

plancton important (potamoplancton) peut se développer avec des Diatomées, des Rotifères et des Copépodes.

La zone à brème correspond au cours inférieur des rivières et des fleuves lorsque le lit est très large, ensablé ou vaseux. Les poissons caractéristiques sont la brème, la carpe ainsi que l'ablette, le poisson chat et la loche de rivière.

1.8. Le peuplement des lacs

On peut distinguer diverses zones dans un lac. La zone littorale des lacs eutrophes comprend, selon la profondeur, une ceinture de roseaux (phragmitaie), une ceinture de *Scirpus*, une ceinture de Nymphéacées et de potamots vers 1 m de profondeur, et enfin une ceinture de Characées

vers 2 à 3 m (figure 5.5). Dans les lacs oligotrophes la végétation est moins dense avec des *Isoetes*, *Littorella* et des Characées. La faune est riche et variée avec des Crustacés, Annélides et de nombreux insectes. La zone sublittorale est une zone de transition qui s'étend jusqu'à 30 m environ. Elle est surtout peuplée de Lamellibranches, et les Chironomides commencent à y prendre de l'importance. La zone profonde n'existe que dans les grands lacs comme le Léman, le lac d'Ohrid, le lac Baïkal, le lac Tanganyika. La végétation est absente. Les larves de Diptères Chironomides sont nombreuses dans cette zone.

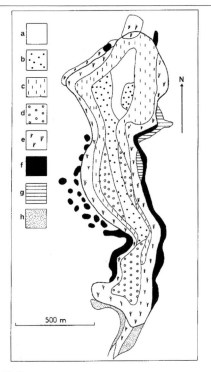

Figure 5.5
Ceintures de végétation autour d'un étang profond, l'étang de Frasne dans le Jura (d'après la carte de la végétation Pontarlier 5-6 au 1/20 000ᵉ par M. Guinochet)

a : eau libre sans végétation dans la partie centrale la plus profonde du lac ; b : *Myriophylleto-Nupharetum*, végétation submergée et flottante des eaux tranquilles et profondes de plus d'un mètre ; c : *Scirpeto-Phragmitetum*, végétation amphibie à *Scirpus lacustris* et roseau dans les eaux de moins de 1 m de profondeur ; d : mosaïque de b et de c ; e : *Magnocaricion*, végétation à grands carex des eaux pouvant s'assécher en été ; f : *Salicetum cinereo-pentadrae*, fourrés de saules à l'état de bouquets plus ou moins fragmentés de *Salix cinerea* et *S. pentandra* ; g : *Angeliceto-Aconitetum napelii*, prairie hygrophile des dépressions inondées en période de hautes eaux avec *Angelica silvestris*, *Filipendula ulmaria*, *Aconitum napellus* ; h : *Caricetum goodenowii*.

II. LA POLLUTION DES EAUX DOUCES ET SES CONSÉQUENCES

Trois causes importantes de pollution des eaux douces peuvent être retenues : la pollution thermique ; la pollution par des matières organiques ; et la pollution par le ruissellement qui entraîne des nitrates et autres produits d'origine agricole.

2.1. La pollution thermique

Les rejets d'eau chaude, en particulier par les centrales électronucléaires, peuvent provoquer une élévation anormale de température incompatible avec la survie des organismes, ou bien la prolifération d'organismes qui ont besoin d'une température élevée pour se développer. Le Rotifère *Sinantherina socialis* est une espèce thermophile qui ne peut guère se reproduire tant que la température n'a pas atteint 20 °C. Or cette température est largement dépassée pendant plusieurs mois par an en aval de la centrale de Saint-Laurent-des-Eaux sur la Loire. Le Rotifère forme des colonies filamenteuses qui envahissent tout, et en particulier les filets des pêcheurs (Champ, 1977).

2.2. La pollution organique

Tant que les rejets de polluants sont peu importants l'autoépuration des eaux permet aux rivières de retrouver une eau non ou peu polluée à une certaine distance du point de déversement (figure 5.6). L'autoépuration consiste, d'une part, dans l'élimination de certains microbes (et en particulier des microbes pathogènes) et, d'autre part, dans l'oxydation des matières organiques. Celles-ci disparaissent peu à peu sous l'action des fermentations aérobies qui les transforment en gaz carbonique et en sels minéraux pouvant être utilisés par la végétation. Lorsque les rejets de matières organiques sont trop importants, l'autoépuration devient insuffisante et la pollution apparaît et s'accroît.

L'oxydation des matières organiques demande beaucoup d'oxygène. On peut établir un diagnostic de la pollution en déterminant la demande biochimique en oxygène (ou DBO$_5$). C'est la quantité d'oxygène qui est nécessaire pour oxyder

Figure 5.6

Représentation schématique des effets de la pollution organique sur la teneur de l'eau en oxygène dissous et sur l'abondance de divers organismes

Les bactéries sont abondantes dans la zone très polluée pauvre en oxygène tandis que les Protozoaires et les poissons sont absents ou presque absents.

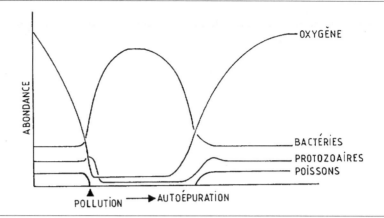

la matière organique d'un volume déterminé d'eau placé à l'obscurité et à 20 °C pendant 5 jours. Dans les eaux pures la DBO$_5$ est de 3 à 4 mg/L. Elle atteint plusieurs dizaines de milligrammes dans les eaux polluées. Le rôle limitant de l'oxygène dans le milieu aquatique est dû à la faible solubilité de ce gaz dans l'eau.

Le diagnostic de la pollution des rivières peut se faire en ayant recours à l'étude des biocénoses qui les peuplent. En effet la localisation des êtres vivants est déterminée par leurs exigences vis-à-vis du milieu et en particulier de la teneur en oxygène et en matières organiques. Les organismes capables de vivre dans les milieux saprobes, c'est à dire riches en matières organiques, sont qualifiés de saprobies. On définit des zones de saprobies dans lesquelles les espèces sont caractéristiques de l'intensité de la pollution. En général certains insectes (Plécoptères, Éphémères), beaucoup de Crustacés et de poissons sont sensibles à la pollution ; les Cyanobactéries, les Hirudinées, les Oligochètes, les insectes respirant l'air en nature, les Gastropodes, y sont peu sensibles.

La zone des oligosaprobies est la zone des eaux pures, non polluées, de couleur bleue, situées au voisinage des sources, à teneur en azote organique inférieure à 1 mg/L et à concentration en oxygène voisine de la saturation. On y trouve : des Diatomées (*Cocconeis placentula*), des algues vertes (*Chaetophora, Draparnaldia*), des algues rouges (*Batrachospermum*), des mousses (*Fontinalis antipyretica*), des plantes à fleurs (*Polygonum amphibium* et *Potamogeton*). Parmi les animaux on peut citer des Planaires (*Planaria alpina* et *P. gonocephala*), des Annélides (*Chaetogaster*), des Crustacés (*Gammarus*, écrevisse), des larves de Plécoptères et d'Éphémères, des Mollusques (*Pisidium, Planorbis, Unio*), des poissons (brochet, truite, perche, goujon).

Dans la zone des β mésosaprobies la matière organique est transformée en nitrites ou en nitrates et sur le point

d'être minéralisée complètement. Ce sont des eaux peu polluées, de couleur verte, les plus répandues dans les régions peu habitées. Elles renferment des Diatomées (*Gomphonema parvulum*), des algues vertes (*Oedogonium, Scenedesmus, Spirogyra*), des plantes à fleurs (*Elodea canadensis, Glyceria, Potamogeton, Ranunculus fluitans, Lemna minor, Ceratophyllum*) et, parmi les animaux, des Planaires (*Dendrocoelium lacteum, Polycelis nigra*), des Annélides (*Nais, Stylaria*), des Hirudinées (*Erpobdella octomaculata, Glossosiphonia complanata*), des Crustacés (*Asellus, Daphnia, Cypris, Cyclops*), des insectes nombreux (Notonecte, Corise, Nèpe, *Culex*), des Mollusques (*Ancylus fluviatilis, Planorbis, Unio*).

Dans la zone des α mésosaprobies la matière organique se trouve au stade d'acides aminés, de sels ammoniacaux et de nitrites. La teneur en oxygène est un peu plus élevée qu'au stade suivant. On y rencontre des bactéries identiques à celles de la zone des polysaprobies, des champignons (*Fusarium, Leptomitus, Geotrichium*), des Cyanobactéries (*Oscillatoria, Spirulina*), des Diatomées (*Nitschia palea*), des algues vertes (*Stigeoclonium*). Les animaux sont des Flagellés, des Ciliés (Vorticelle, *Stylonychia*), des Annélides (*Limnodrilus, Lumbriculus*), des mollusques (*Sphaerium, Limnaea*), des insectes comme *Sialis lutaria* et *Chironomus plumosus*.

La zone des polysaprobies est la plus polluée. Les eaux y sont riches en matières organiques ; leur teneur en oxygène est faible ou nulle. Il s'y forme du gaz carbonique, de l'hydrogène sulfuré et du sulfure de fer. Les organismes protéolytiques y sont nombreux. Les bactéries sont des *Spirillum, Zoogloea, Ramigera* et *Beggiatoa*, les Protozoaires des *Amoeba, Bodo, Vorticella*, les Annélides des *Tubifex* et les insectes des Diptères comme *Eristalis tenax* qui supporte des eaux très polluées et qui peut même vivre dans le purin.

La méthode des indices biotiques. La détermination de l'intensité de la pollution des eaux courantes peut se faire par la méthode des indices biotiques qui se fonde sur la tolérance variable de diverses espèces d'invertébrés à la teneur en oxygène dissous ou en matières organiques (Tufféry, 1976). Quinze « unités systématiques » (US) ont

été définies. Il s'agit soit d'espèces, soit de genres, de familles ou de catégories systématiques plus larges choisies pour la facilité de leur détermination (tableau 5.1). Les US sont classées par ordre de sensibilité à la pollution. Celles du haut du tableau (n° 1 à 4) sont très sensibles et celles du bas (n° 5 à 7) sont plus tolérantes. Les groupes 1 à 3 sont subdivisés en deux groupes selon qu'ils renferment 1 ou 2 US (groupes 1 et 2) ou bien plus de 2 US (groupe 3). Cinq colonnes corres-

pondent au nombre total d'US présentes. L'intersection des rangées et des colonnes contient un chiffre (ou indice biotique) qui indique la qualité biologique de l'eau. Les eaux polluées ont un indice biotique inférieur ou égal à 5 et les eaux non polluées un indice biotique supérieur à 5. Le tableau se lit ainsi : la ligne 4 ne renferme aucun représentant des trois premières lignes et elle possède seulement des espèces des lignes 4 à 7.

Groupes faunistiques		Sous-groupes	Nombre d'unités systématiques présentes				
			0-1	2-5	6-10	11-15	16 et +
			Incide biotique				
1. Plécoptères	1	plus d'une US	-	7	8	9	10
ou *Ecdyonuridae*		1 seule US	5	6	7	8	9
2. Trichoptères	1	plus d'une US	-	6	7	8	9
à fourreau		1 seule US	5	5	6	7	8
3. *Ancylidae* ou Éphéméroptères	1	plus de 2 US	-	5	6	7	8
(sauf *Ecdyonuridae*)		2 ou moins de 2 US	3	4	5	6	7
4. *Aphelocheirus* ou Odonates ou Gammaridae ou Mollusques (sauf *Sphaeridae*)	0	Toutes les US ci-dessus absentes	3	4	5	6	7
5. *Asellus* ou *Hirudinae* ou *Sphaeridae* ou Hémiptères (sauf *Aphelocheirus*)	0	Toutes les US ci-dessus absentes	2	3	4	5	-
6. *Tubificidae* ou *Chironominae* des groupes *thumni* et *plumosus*	0	Toutes les US ci-dessus absentes	1	2	3	-	-
7. *Eristalinae*	0	Toutes les US ci-dessus absentes	0	1	1	-	-

Tableau 5.1
Détermination de l'intensité de la pollution de l'eau par la méthode des indices biotiques
Dans la première colonne sont énumérés les groupes faunistiques et dans la deuxième colonne les sous-groupes en fonction du nombre d'unités systématiques appartenant à ces groupes. Les cinq colonnes suivantes indiquent l'indice biotique en fonction du nombre total d'unités systématiques présentes. Le trait épais sépare les eaux non polluées, dont l'indice biotique est supérieur à 6, des eaux polluées, dont l'indice biotique est inférieur à 6 (Tufféry, 1976).

2.3. La pollution des lacs. L'eutrophisation

En prenant comme exemple les lacs alpins, on peut décrire ainsi le phénomène d'eutrophisation. Normalement ces lacs sont de type oligotrophe : leurs eaux sont claires, transparentes, très oxygénées même en profondeur ; la sédimentation y est faible et constituée seulement par les apports minéraux des torrents. La productivité y est faible en raison de la teneur peu élevée de l'eau en phosphates. Des poissons Salmonidés qui

sont très exigeants sur la qualité de l'eau caractérisent ces lacs, avec souvent des espèces particulières comme les corégones, les féras, l'omble chevalier, la truite, l'ombre. Avec l'urbanisation croissante, des eaux usées, non épurées et riches en nitrates et en phosphates s'y déversent ainsi que des eaux de ruissellement chargées d'engrais. Le résultat est, dans un premier temps, une stimulation de la croissance du phytoplancton et une augmentation de la productivité. Mais des vases riches en matières organiques provenant

des organismes morts s'accumulent sur le fond et subissent une décomposition anaérobie lorsque l'oxygène vient à manquer. La reproduction des Salmonidés devient aléatoire car ces poissons ne peuvent frayer que sur des gravières propres. Au fur et à mesure que ces fermentations se développent, la teneur en oxygène dissous descend au-dessous du seuil létal ; il apparaît de l'hydrogène sulfuré et les Salmonidés disparaissent. La pullation des algues se poursuivant en surface, les eaux deviennent troubles et de plus en plus polluées ; les vases putrides s'accumulent sur le fond et la reproduction devient impossible même pour des poissons tolérants comme les Cyprinidés. Au stade ultime, des Cyanobactéries productrices de substances toxiques se développent en masse, ce qui entraîne la disparition d'une grande partie de la faune. Ce phénomène s'est produit pour la première fois en 1825 au lac de Morat en Suisse. Cette année-là les eaux prirent une couleur rouge due à la Cyanobactérie *Oscillatoria rubescens* (d'où le nom populaire de sang des Bourguignons donné à ce phénomène en souvenir de la bataille de Morat menée contre Charles le Téméraire). Le lac d'Annecy était menacé d'une évolution analogue en raison du rejet de beaucoup d'eaux d'égout (78 000 habitants sur ses rives, plus de 20 000 estivants) et aussi de la présence de 5 000 bovins sur les pentes du bassin versant. Il fut ceinturé d'un réseau d'égouts pour intercepter les effluents d'eaux usées. Les résultats de cette mesure furent favorables mais les conséquences néfastes de l'eutrophisation subsistent encore dans les eaux profondes.

III. LES EAUX SAUMÂTRES

On admet que la limite des eaux douces correspond à une teneur maximale en substances dissoutes de 0,5 g/L. L'eau de mer a une teneur en sels dissous comprise entre 35 et 42 g/L. Les eaux saumâtres sont donc soit des eaux dites hypohalines dont la teneur en sels dissous est comprise entre 0,5 et 35 g/L, soit des eaux hyperhalines dont la salinité est supérieure à 42 g/L et peut atteindre 170 g/L dans le Grand Lac Salé de l'Utah et 230 g/L dans la mer Morte.

Les eaux saumâtres peuvent être des lagunes littorales c'est-à-dire des étangs en communication plus ou moins large avec la mer et recevant à la fois de l'eau douce et de l'eau de mer, comme les étangs du littoral languedocien. Ces lagunes littorales sont importantes puisqu'elles représentent à l'échelle mondiale 13 % de la longueur des côtes. Les mers saumâtres sont reliées à l'océan par une communication étroite (mer Baltique) ou bien sont totalement fermées (mer Caspienne). Les lacs salés sont les restes d'anciennes mers ou de grands lacs installés sur des sols salés (mer Morte, chotts tunisiens, Grand Lac Salé de l'Utah). Les marais salants sont des milieux artificiels à salinité variable.

Les eaux saumâtres sont caractérisées par leur salinité souvent (mais pas toujours) variable et par la variabilité des rapports entre les divers éléments présents. Les espèces animales et végétales qui supportent les eaux saumâtres sont rares. La Méditerranée (salinité 35 ‰) renferme 7 000 espèces ; la mer Noire (salinité 19 ‰) seulement 1 200 et la mer d'Azov (salinité 12 ‰) une centaine.

3.1. L'exemple de la mer Baltique

Cette mer, qui s'est formée il y a environ 5 000 ans, est caractérisée par une faible salinité de l'ordre de 6 à 7 ‰. Sa faune est très appauvrie par rapport à celle de l'océan et elle comprend des espèces d'eau douce qui tolèrent les faibles salinités. Les nombres d'espèces de différents groupes sont les suivants selon un gradient de salinité décroissante allant de l'ouest vers l'est (Remane & Schliepert, 1971) :

	Mer du Nord (30 à 35 ‰)	Entrée de la mer Baltique	Région du Sound	Baltique centrale (6 à 8 ‰)
Foraminifères	ca 80	47	?	0
Polychètes	ca 250	ca 100	111	4
Cirripèdes	10-12	5	10	1
Amphipodes	147	55	76	9
Décapodes	ca 50	12	32	2
Lamellibranches	92	32	58	4
Échinodermes	39	10	30	0
Téléostéens	120	69	?	20

Beaucoup d'espèces ont des populations qui, dans la mer Baltique, diffèrent génétiquement de celles de la mer du Nord. On peut considérer la mer Baltique comme une vaste expérience naturelle. Il y a peu d'espèces mais celles qui subsistent sont plus abondantes, ce qui est une

démonstration de la réalité de la compétition interspécifique. Nombre d'espèces ont élargi leur niche écologique en l'absence de compétiteurs. Ainsi le Lamellibranche *Macoma balthica* dans la mer du Nord vit dans les sédiments sableux à faible profondeur. Dans la Baltique il occupe tous les types de sédiments à toutes les profondeurs en raison de l'absence d'espèces colonisant les sédiments vaseux à toutes les profondeurs (Fenchel, 1987).

3.2. Les mécanismes de l'osmorégulation

L'osmorégulation est un processus nécessaire aussi bien pour les espèces d'eau saumâtre dont la salinité varie beaucoup en fonction du temps que pour les espèces migratrices comme l'anguille qui passent de l'eau douce à l'eau de mer. Les processus en sont décrits par Kiener (1978), Schmidt-Nielsen (1980), Le Gal (1988). La régulation osmotique fait appel à des mécanismes qui permettent soit de lutter contre la perte d'eau en milieu marin, soit de lutter contre la perte de sels minéraux en eau douce. Chez l'anguille la pres-

sion osmotique du sang augmente peu lorsque celle du milieu extérieur s'élève. Mais si la couche de mucus protecteur qui recouvre la peau a été enlevée et si l'épiderme est lésé, la pression osmotique du sang augmente rapidement et la mort survient lorsque le milieu extérieur est assez chargé en sels dissous. Parmi les Téléostéens il est possible de distinguer deux groupes. Les espèces d'eau douce hyperosmotiques par rapport au milieu ambiant éliminent continuellement de l'eau par l'urine qui est très hypotonique. Leurs reins possèdent des glomérules nombreux ; leur peau est peu perméable à l'eau et des sels minéraux comme le chlorure de sodium peuvent être absorbés au niveau des branchies. Les espèces marines qui sont hypotoniques par rapport au milieu ambiant boivent de l'eau de mer et éliminent par la voie rénale une grande partie des sels ingérés. L'urine émise est riche en Mg, SO_4 et Cl. Les branchies éliminent en outre une partie des sels en excès (Na, K, Cl). Chez la larve du moustique *Culex pipiens*, il existe des papilles anales qui jouent un rôle dans le maintien de la pression osmotique en absorbant les chlorures (figure 5.7). Si une larve est élevée dans l'eau distillée, ces

Figure 5.7

La régulation osmotique chez les larves de moustiques

En haut, variations de taille des papilles anales de la larve du moustique *Culex pipiens* en fonction de la teneur en sels dissous de l'eau d'élevage. **A** : Eau distillée ; **B** : Eau contenant 0,006 % de NaCl ; **C** : Eau contenant 0,65 % de NaCl (Wigglesworth, 1972).

En bas, bilan quotidien des échanges d'eau et d'ions chez une larve de *Aedes campestris* adaptée à la vie dans une eau hyperosmotique. Les échanges d'eau et d'ions se font à travers le tégument, par l'intermédiaire de l'eau qui est bue, par l'excrétion anale et par par la voie des papilles anales. Le bilan total est équilibré et la concentration de l'hémolymphe ne change pas (Schmidt-Nielsen, 1980).

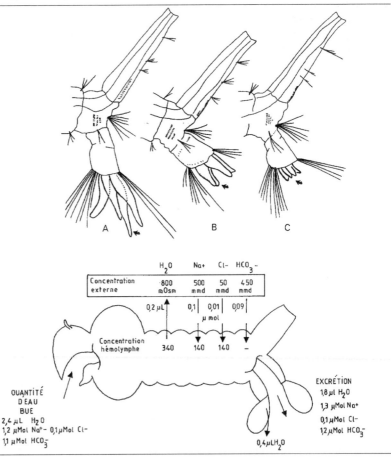

papilles prennent un grand développement ; elles sont réduites quand la larve est élevée dans de l'eau qui contient 0,65 % de chlorure de sodium.

Le Crustacé *Artemia salina,* qui est inféodé aux eaux saumâtres, supporte des salinités allant jusqu'à 350 g/L. Dans les eaux très salées survivent aussi des larves de Diptères *Ephydra* et *Stratiomys,* le Turbellarié *Macrostoma hystrix* et l'Infusoire *Dunaliella salina.* Les organismes d'eau saumâtre sont très euryhalins et ils possèdent des mécanismes d'osmorégulation efficaces. Les salinités supportées (en g/L) sont les suivantes :

Nereis diversicolor (Annélide)	1 à 24
Carcinus mediterraneus (Crustacé)	5 à 45
Moule, coque (Lamellibranches)	5 à 40
Anguille (Poisson)	0 à 80
Artemia salina (Crustacé)	5 à 340
Potamonectes cerisyi (Coléoptère)	1 à 240
Atherina boyeri (Poisson)	0,5 à 100
Mulet (Poisson)	0,5 à 110

Le crabe *Carcinus moenas* ne peut pas survivre dans de l'eau de mer diluée plus de trois fois. Cette limite de tolérance varie avec l'origine géographique. Un *Carcinus* de la mer du Nord est moins tolérant à la dilution de l'eau de mer qu'un *Carcinus* de la mer Baltique où la salinité est inférieure à celle de la mer du Nord. Le crabe chinois *Eriocheir sinensis* est beaucoup plus tolérant et il est capable de coloniser les eaux douces (figure 5.8).

Les lagunes littorales sont peu profondes. Leurs eaux se réchauffent vite et subissent de grandes variations de température au cours de l'année. En outre elles ont souvent une faible teneur en oxygène dissous. Leurs fonds vaseux doivent leur existence au calme des eaux et à l'abondance des animaux et des algues. Les bactéries sont capables de réduire les composés du soufre présents dans les cadavres et de les transformer en hydrogène sulfuré toxique. L'arrivée fréquente d'eau polluée entraîne la multiplication des algues ce qui accélère le dépôt de matière organique morte sur le fond. L'absence d'oxygène et la présence d'hydrogène sulfuré sont la cause, en été, de crises de « dystrophie » périodiques qui entraînent une mortalité massive des animaux (en particulier des poissons) et des végétaux. Ces catastrophes périodiques s'observent par exemple dans les étangs littoraux languedociens où elles sont connues sous le nom de *malaïgue.*

Le milieu saumâtre agit sur la morphologie de certains animaux. Le crabe *Carcinus moenas* a des formes naines dans la mer Baltique et des formes de grande taille dans les estuaires et les milieux lagunaires. Le Lamellibranche *Cardium glaucum* est représenté par des individus géants dans les étangs méditerranéens. La moule atteint une taille plus grande dans le milieu lagunaire alors que beaucoup d'oursins y sont plus petits qu'en mer. Le Crustacé *Artemia salina* a une taille qui passe de 10 mm pour une salinité de 122 ‰ à 24-

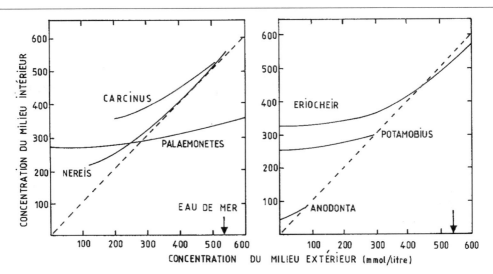

Figure 5.8

Osmorégulation chez des Invertébrés marins (à gauche) et d'eau douce (à droite)

La flèche indique la concentration de l'eau de mer et la droite en tirets la ligne iso-osmotique d'égale concentration entre le milieu extérieur et le milieu intérieur. *Palaemonetes varians* maintient la pression osmotique de son milieu intérieur à peu près constante. *Nereis diversicolor* et *Carcinus maenas* ne règlent pas leur pression osmotique mais supportent des variations importantes de salinité. *Anodonta cygnaea* et *Potamobius fluviatilis* ne possèdent pas de mécanismes régulateurs et ne supportent pas les salinités élevées. *Eriocheir sinensis* supporte aussi bien l'eau de mer que l'eau douce.

32 mm pour une salinité de 20 ‰. En même temps varient la forme du corps, celle des appendices et la pigmentation. Chez l'épinoche *Gasterosteus aculeatus*, le développement des plaques latérales est fonction de divers facteurs dont la température et la salinité (figure 5.9).

Dans les régions tropicales, la zone marine intertidale renferme des eaux dont la salinité varie beaucoup. Les diverses espèces de palétu-

viers, arbres de la **mangrove** qui occupent cette zone, s'adaptent à la salinité en ajustant la pression osmotique de leurs tissus. Vers l'intérieur des terres, en raison de l'évaporation intense qui règne à marée basse, la pression osmotique est de l'ordre de 40 bars et les *Avicennia* qui poussent dans cette région ont des tissus dont la pression osmotique atteint 65 bars. Vers la mer la pression osmotique diminue de même que celle des tissus des arbres. Elle varie de 29,2 à 37,5 bars chez les *Rhizophora* (figure 5.10).

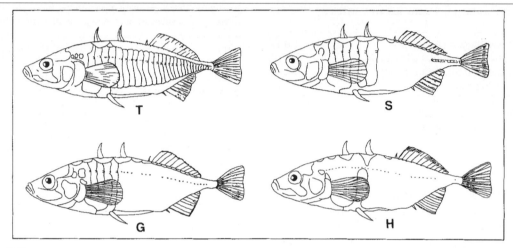

Figure 5.9

L'épinoche Gasterosteus aculeatus se présente sous quatre formes définies d'après l'extension de l'armature de plaques cutanées

La forme *trachura* **T** à cuirasse latérale complète depuis la ceinture scapulaire jusqu'à la nageoire caudale ; la forme *semiarmata* **S** à cuirasse interrompue, avec un groupe de plaques antérieures et un groupe de plaques postérieures formant une carène caudale ; la forme *gymnura* **G** à cuirasse localisée dans la région antérieure ; la forme *hologymna* **H** sans cuirasse. Ces formes sont des accomodats résultant de l'action de la température et de la salinité. Les formes **H, G, S** et **T** apparaissent dans cet ordre quand on s'élève en latitude et que se trouvent réalisées les concentrations salines convenables. Le nombre de plaques est en raison directe de la salinité et la forme *trachura* est localisée dans les zones littorales (Bertin, 1934).

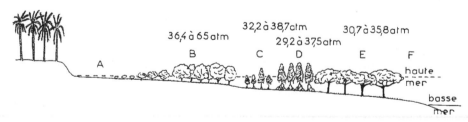

Figure 5.10

Zonation des arbres du groupe des palétuviers formant la mangrove sur la côte orientale de l'Afrique

A : étendue sableuse sans végétation ; B : zone à *Avicennia* dont les racines servent de pneumatophores ; C : zone à *Ceriops* ; D : zone à *Rhizophora*, arbre à échasses ; E : zone à *Sonneratia* ; F : zone submergée à toutes les marées et dépourvue d'arbres. Le niveau des hautes et des basses mers est indiqué ainsi que les variations de pression osmotique des quatre genres de palétuviers (Walter, 1984).

Pora (1969) a montré que le rapport des concentrations entre deux ions à actions antagonistes dans le milieu aquatique joue un rôle au moins aussi important que la concentration de chacun de ces ions surtout en milieu saumâtre où les conditions sont très changeantes. La comparaison des peuplements de la mer Baltique et de la mer Noire montre l'importance de ce facteur. Dans les deux mers on observe une baisse progressive de la salinité jusqu'à des eaux presque douces. Cependant la mer Baltique renferme des algues brunes (*Fucus*, *Laminaria*), des Bryozoaires, des Échinodermes même dans les zones à faible salinité tandis que dans la mer Noire ces organismes manquent complètement, bien qu'ils existent dans la Méditerranée. Mais la mer Noire reçoit un apport important de potassium et de calcium par les grands fleuves de telle sorte que les rapports entre les cations ne sont pas les mêmes que dans la mer Baltique, qui reçoit des eaux peu chargées en ions et renferme donc simplement de l'eau de mer diluée sans variations des rapports entre les divers ions.

IV. L'EAU DE MER

On a décelé dans l'eau de mer au moins 53 éléments. Certains sont rares mais ils peuvent être concentrés par les êtres vivants : le strontium par les Radiolaires Acanthaires ; le brome et l'iode par les algues brunes et certains coraux ; le vanadium par les ascidies. La salinité moyenne de l'eau de mer est de 35 g/L. Après évaporation le pourcentage des principaux sels est le suivant : chlorure de sodium : 77,8 % ; chlorure de magnésium : 9,7 % ; sulfate de magnésium : 5,7 % ; sulfate de calcium : 3,7 % ; chlorure de potassium : 1,7 % ; carbonate de calcium : 0,3 %.

La composition ionique de l'eau de mer est très voisine de celle des liquides internes de la plupart des animaux marins pour qui l'eau de mer est un véritable « sang extérieur » (tableau 5.2). La stabilité écologique du milieu marin est vraisemblablement la cause de sa grande richesse en groupes systématiques par rapport au milieu terrestre et aux eaux saumâtres, peu de groupes ayant réussi à s'affranchir de la mer pour coloniser des milieux variables.

L'absorption du rayonnement solaire est très rapide dans l'eau. En fonction de l'éclairement trois zones peuvent être définies dans le milieu marin. La zone euphotique, de profondeur variable, reçoit un éclairement suffisant pour permettre la photosynthèse. La zone oligophotique descend jusqu'à 500 m en moyenne. L'œil humain y perçoit encore une vague lueur mais les végétaux autotrophes ne peuvent y survivre à l'exception des Coccolithophoridés qui possèdent des formes de profondeur munies de pigments rouges qui leur permettent d'utiliser les rayonnements bleus qui sont les plus pénétrants. La zone aphotique ou d'obscurité totale (il n'y a que quelques lueurs émises par des animaux) va de 500 m jusqu'aux plus grandes profondeurs (Pérès & Devèze, 1963). Dans le milieu littoral la diminution de l'éclairement avec la profondeur sélectionne les espèces d'algues en fonction de leurs exigences vis-à-vis de la lumière. Les algues rouges, grâce à leurs pigments surnuméraires, peuvent utiliser les radiations rouges qui pénètrent plus profondément et ce sont les algues qui descendent le plus bas.

De nombreux organismes du plancton marin viennent en surface la nuit et fuient la lumière le jour en réalisant des migrations verticales qui peuvent dans certains cas atteindre 100 m d'amplitude (figure 5.11).

Le Crustacé *Meganyctyphanes norvegica*, qui forme le « krill arctique » est rarement récolté la journée au-dessus de 400-500 m alors que durant la nuit sa densité près de la surface peut atteindre des valeurs élevées. Ce Crustacé (ainsi que, très

Tableau 5.2	Na	Mg	Ca	K	Cl	SO$_4$	Protéine (g/L)
Concentration des principaux ions (en mM par kg d'eau) dans l'eau de mer et dans quelques animaux marins							
Eau de mer	478,3	54,5	10,5	10,1	558,4	28,8	-
Aphrodite (Polychète)	476	54,6	10,5	10,5	557	26,5	0,2
Aurelia (méduse)	474	53,0	10,0	10,7	580	15,8	0,7
Echinus (oursin)	474	53,5	10,6	10,1	557	28,7	0,3
Mytilus (Lamellibranche)	474	52,6	11,9	12,0	553	28,9	1,6
Loligo (Céphalopode)	456	55,4	10,6	22,2	578	8,1	150
Maia (Crustacé)	488	44,1	13,6	12,4	554	14,5	-
Ligia (Crustacé)	566	20,2	34,9	13,3	629	4,0	-
Carcinus (Crustacé)	531	19,5	13,3	12,3	557	16,5	60
Nephrops (Crustacé)	541	9,3	11,9	7,8	552	19,8	33
Myxine (Agnathe)	537	18,0	5,9	9,1	542	6,3	67

Noter les analogies entre l'eau de mer et les liquides internes des diverses espèces (Schmidt-Nielsen, 1980).

vraisemblablement, d'autres organismes du plancton) possède une horloge interne qui donne aux migrations verticales un rythme dont la période est inférieure à 23 heures. Cette période est ajustée à 24 heures en présence de l'éclairement naturel (Velsch & Champaubert, 1994).

L'élevage des Crustacés du groupe des Pénéidés, et en particulier de la crevette japonaise *Peneus japonicus*, a été mis au point récemment. Le cycle de développement de cette espèce est complexe et, dans la nature, dure de 12 à 24 mois. Il comprend une phase planctonique brève au cours de laquelle les œufs pondus par les adultes reproducteurs au large des côtes entre 30 et 100 m, se développent jusqu'au stade *Myzis* en passant par les stades *Nauplius* et *Zoe*. Puis vient une phase larvaire et juvénile qui voit les animaux remonter vers les estuaires et les lagunes littorales en eau saumâtre. Enfin la phase de maturation sexuelle est marquée par le retour des

jeunes adultes vers les fonds de 30 à 100 m où a lieu l'accouplement et la ponte qui dure de 6 à 8 mois. L'élevage traditionnel consiste à recueillir les stades juvéniles lors de leur arrivée dans les eaux saumâtres. Cette méthode est sous la dépendance de l'arrivée plus ou moins importante des animaux et il y a d'importantes fluctuations annuelles. La température et la photopériode sont les deux facteurs qui déclenchent la reproduction. Dans des élevages maintenus à la température de 26°C et sous 16 heures d'éclairement quotidien, la reproduction est ininterrompue. Si on raccourcit la durée de l'éclairement la ponte cesse (figure 5.12). Il est donc possible d'obtenir la reproduction de la crevette japonaise toute l'année. L'aquaculture de certains poissons comme le bar et les Sparidés nécessite également la connaissance des conditions de température et de photopériode qui sont nécessaires pour obtenir la reproduction continue et non pas à une seule période de l'année (Barnabé & Billard, 1988).

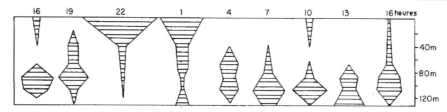

Figure 5.11
Migrations verticales quotidiennes des femelles du Copépode Calanus finmarchicus au large de la Grande-Bretagne
L'abondance aux différentes profondeurs est représentée par la largeur de chaque diagramme.

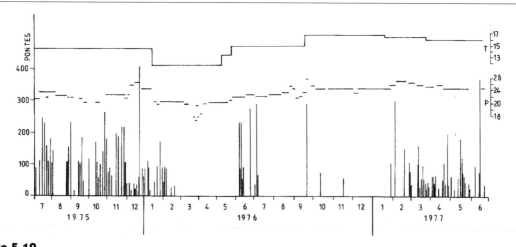

Figure 5.12
Influence de la température T et de la durée d'éclairement en heures P sur le nombre et l'importance des pontes de Peneus japonicus dans des élevages expérimentaux
La hauteur des traits verticaux est proportionnelle au nombre d'œufs pondus chaque jour. Les faibles durées d'éclairement entre fin janvier et début juillet induisent un arrêt des pontes après un délai d'une quinzaine de jours (Laubier, 1981).

Des rythmes lunaires sont connus chez divers animaux marins. En Polynésie le Polychète *Eunice viridis* (connu sous le nom de *palolo*) apparaît à la surface de la mer durant le premier quartier des lunaisons d'octobre et de novembre, en quantités telles que l'eau de mer qui le contient ressemble à une soupe au vermicelle. Dans la région de Cherbourg un autre Polychète, *Perinereis cultrifera,* essaime lui aussi à des périodes bien définies des cycles lunaires.

Il existe dans le milieu marin une stratification thermique qui est fonction de la profondeur. La couche superficielle, qui a environ 400 m d'épaisseur, renferme des eaux agitées par le vent. La température y subit des variations quotidiennes jusqu'à 50 m de profondeur environ, et saisonnières au delà de 50 m. La couche intermédiaire, qui s'étend jusqu'à 1 500 m est une thermocline permanente. La température s'y abaisse jusqu'à 1 à 3 °C selon les océans. La couche profonde est caractérisée par une température uniforme de 1 à 3 °C, sauf dans les régions polaires où la température est voisine de 0 °C, et dans des mers fermées ou presque comme la Méditerranée. Dans cette dernière, la température reste constante et égale à 13,7 °C à partir de 2 000 m.

Aux latitudes moyennes, les variations saisonnières des divers facteurs écologiques dans l'eau de mer superficielle et leur influence sur le plancton sont schématisées figure 5.13. En hiver les eaux superficielles sont froides et peu éclairées mais riches en sels nutritifs en raison du mélange des eaux. Le plancton est peu abondant. Au printemps la température et l'éclairement en surface augmentent en même temps que la stratification thermique s'installe. La teneur en sels nutritifs s'abaisse, en corrélation avec la croissance rapide du phytoplancton, surtout des Diatomées qui atteignent à ce moment leur abondance maximale. Le zooplancton croît plus lentement et plus tardivement ; en même temps le phytoplancton décroît. En été l'éclairement est intense et la température élevée. La concentration en sels nutritifs est faible car il y a eu utilisation de ceux-ci par le phytoplancton et l'établissement de la thermocline empêche la remontée des eaux profondes. Les Péridiniens atteignent leur maximum à cette époque mais le phytoplancton dans son ensemble est moins abondant. La productivité primaire est réduite par le « broutage » du zooplancton et l'absence de sels nutritifs ; les Diatomées sont rares. Le zooplancton atteint son maximum. En automne l'eau se refroidit et l'éclairement devient moins intense. La thermocline disparaît peu à peu, le mélange des eaux recommence et la productivité primaire des Péridiniens et des Diatomées montre un second pic inférieur à celui du printemps. Un maximum secondaire du zooplancton apparaît également. Mais rapidement tout arrive au stade hivernal.

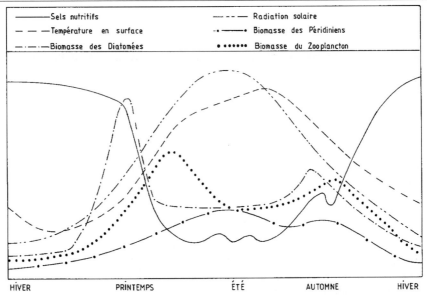

Figure 5.13
Représentation schématique des variations saisonnières des divers facteurs écologiques et de la biomasse des organismes planctoniques en mer

V. LES FACTEURS ABIOTIQUES DANS LE SOL

Les facteurs abiotiques qui interviennent dans l'écologie des organismes du sol sont très nombreux.

5.1. L'eau dans le sol

L'eau est présente dans le sol sous quatre états particuliers.

(a) L'eau hygroscopique provient de l'humidité atmosphérique et elle forme une mince pellicule autour des particules du sol. Elle est retenue très énergiquement et elle ne peut être utilisée ni par les animaux ni par les végétaux.

(b) L'eau capillaire non absorbable occupe les pores du sol d'un diamètre inférieur à 0,2 mm. Elle est également retenue trop énergiquement pour pouvoir être utilisée par les êtres vivants.

(c) L'eau capillaire absorbable est située dans les pores dont les dimensions sont comprises entre 0,2 et 0,8 mm. Elle est normalement absorbée par les végétaux et elle permet l'activité des Bactéries et des petits Protozoaires comme les Flagellés Bodonidés, ou les Thécamoebiens dans certains cas.

(d) L'eau de gravité occupe de façon temporaire les pores les plus grands du sol. Cette eau s'écoule sous l'action de la pesanteur, sauf lorsque le drainage est impossible. On distingue l'eau à écoulement rapide qui circule dans les pores de grand diamètre et qui existe seule dans les sols sableux, et l'eau à écoulement lent qui peut rester plusieurs jours dans les pores plus fins non capillaires.

Pour évaluer la quantité d'eau disponible pour la végétation dans le sol on détermine le point de flétrissement permanent c'est-à-dire la quantité d'eau (en pourcentage du poids total) qui se trouve encore dans le sol lorsque les plantes commencent à se faner d'une façon permanente. Le point de flétrissement permanent est élevé dans les sols tourbeux (jusqu'à 50 %) ; il est de l'ordre de 15 % dans un limon argileux et de 1,5 % dans un sable à gros grains. En général les sols à particules fines possèdent un point de flétrissement permanent élevé car les argiles retiennent plus d'eau que les sables et les colloïdes humiques plus que les argiles.

Le potentiel capillaire pF est le logarithme de l'énergie de rétention de l'eau par le sol. Cette énergie est d'autant plus grande que le sol est plus sec. On exprime l'énergie de rétention en centimètres d'eau. Une atmosphère est à peu près l'équivalent d'une colonne de 10 mètres d'eau ou 1 000 cm. Pour une force de 1 000 cm, le pF est de log 1 000 = 3. Quatre valeurs importantes du pF ont été retenues :

(a) la capacité de rétention ou humidité équivalente qui correspond à une force de succion de un tiers d'atmosphère soit 1 000/3 cm ce qui correspond à peu près à $10^{2,5}$ donc à un pF de 2,5 ;

(b) la capacité au champ qui correspond à un pF de 1,8 c'est-à-dire au moment où toute l'eau de gravité à écoulement rapide est partie et où l'eau de gravité à écoulement lent commence à disparaître ;

(c) le point de flétrissement temporaire à partir duquel les plantes absorbent difficilement l'eau du sol correspond à un pF compris entre 3,9 et 4 ;

(d) le point de flétrissement permanent qui correspond à un pF de 4,2.

Ces notions sur la disponibilité de l'eau dans le sol sont importantes. Les plantes hygrophiles ont besoin de beaucoup d'eau facile à prélever donc à faible pF. Les plantes xérophiles peuvent subsister lorsque les valeurs du pF sont voisines du point de flétrissement. La notion de pF peut aussi s'appliquer à l'étude des besoins en eau de la faune du sol. Bonnet (1964) a montré qu'il existe des espèces de Thécamoebiens inféodés aux sols squelettiques dont l'eau, quoique peu abondante, est facilement disponible (pF faible). C'est le cas de *Centropyxis halophila* et de *Geopyxella sylvicola*. D'autres espèces comme *Assulina muscorum*, *Heleopora sylvatica* ou *Nebela collaris* vivent dans des sols humides et riches en matières organiques, mais se comportant comme des milieux physiologiquement secs (pF élevé). Les termites très sensibles à la dessiccation doivent vivre dans une atmosphère ayant une humidité relative au moins égale à 50 % et ils peuvent aller chercher de l'eau jusqu'à 12 m de profondeur pour maintenir l'humidité de leur termitière. Les vers de terre sont des animaux qui ont besoin d'eau et qui entrent en estivation dans des « cellules d'estivation » dans lesquelles ils peuvent perdre jusqu'à 50 % de leur eau. Le retour de l'eau s'accompagne du retour à l'activité.

Les Collemboles, éléments abondants de la faune du sol, présentent trois types biologiques différents correspondant à des possibilités différentes de contrôle de la perte d'eau par transpiration à travers le tégument.

Le type hygrophile est représenté par des espèces endogées et par des espèces de forêt humide comme *Tetrodontophora bielanensis*. Ce Collembole ne peut pas s'affranchir des milieux humides car il perd des quantités d'eau importantes par transpiration.

Le type mésophile concerne des espèces comme *Tomocerus minor* qui vivent au contact de la surface du sol et qui peuvent s'aventurer dans la litière des forêts tempérées. Cette espèce fait preuve d'une régulation active des pertes d'eau par transpiration.

Le type xérophile est représenté par des espèces qui fréquentent des milieux secs comme *Seira domestica* qui se rencontre dans la poussière des maisons ou comme *Allacma fusca* qui effectue de longs séjours dans la végétation hors de la litière. Chez *Allacma fusca* il existe des structures (couche de cire de l'épicuticule) qui assurent une régulation des pertes en eau durant plusieurs heures (Betsch & Vannier, 1977).

5.2. La texture et la structure du sol

La texture du sol correspond à sa granulométrie. On distingue habituellement les quatre catégories suivantes : les graviers de plus de 2 mm de diamètre ; les sables grossiers de 0,2 à 2 mm ; les sables fins de 0,2 mm à 20 µm ; les limons de 2 µm à 20 µm ; les colloïdes minéraux (argiles essentiellement) de moins de 2 µm. Lorsque les colloïdes du sol sont dispersés et leurs grains isolés (quelle que soit leur taille) la structure est dite particulaire. Lorsque les colloïdes sont floculés en agrégats plus ou moins stables la structure est dite

en grumeaux. La floculation se produit en particulier lorsque les ions Ca^{++} et Mg^{++} sont abondants. La structure du sol a une grande importance. Elle intervient en particulier dans l'aération. Les sols à structure en grumeaux sont perméables, bien aérés ; les sols à structure particulaire sont plus ou moins imperméables suivant leur richesse en colloïdes et plus ou moins mal aérés.

Les vers de terre sont plus nombreux dans les sols limoneux ou argilo-sableux que dans les sables, les graviers ou les argiles. Les sols les plus favorables à l'installation des Coléoptères endogés ont toujours une teneur élevée en éléments fins (argiles et limons) qui retiennent l'eau nécessaire. Les éléments grossiers sont défavorables aux Coléoptères endogés car ils permettent une dessiccation trop rapide du sol. La granulométrie intervient dans la répartition des animaux des eaux souterraines et des sables des plages. Le Polychète *Arenicola marina* vit dans des sables vaseux qui renferment environ 24 % d'eau et dont la courbe d'analyse granulométrique possède de un maximum principal à 247 µm. Le Crustacé Mystacocaride *Derocheilocaris remanei* vit dans des sables essentiellement siliceux dont les interstices ne sont pas colmatés par l'argile ; ces sables sont fins, homogènes, avec un maximum unique à 0,2 mm aussi bien sur les côtes de France et d'Italie que sur celles d'Algérie. Les espèces animales « interstitielles » qui vivent dans les sables littoraux ont en général un diamètre égal ou inférieur à celui des espaces logeables (figure 5.14). En outre ces espèces ont souvent une forme allongée, cylindrique, qui est une adaptation à la locomotion dans leur milieu et qui se rencontre

Figure 5.14

Comparaison entre la taille de quelques habitants des sables siliceux du bassin d'Arcachon et le volume habitable dont ils disposent dans les interstices des grains de sable

1 et 2 : Nématodes ;
3 : Oligochètes ;
4 : Turbellariés ;
5 et 6 : Archiannélides ;
7 : Annélides ;
8 et 9 : Gastrotriches ;
10 : Tardigrades ;
11 : Harpacticides ;
12 : Mystacocarides
(Debyser, 1963).

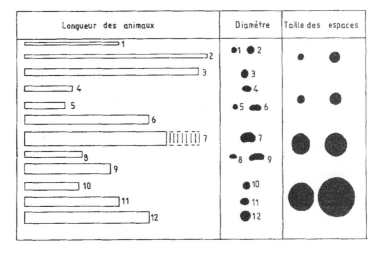

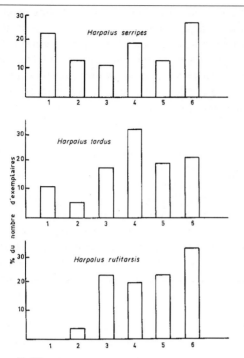

Figure 5.15

Préférences de trois espèces de Carabiques du genre Harpalus vis-à-vis de la taille des particules du sol

1 et 2 : sable grossier ; 3 : sable moyen ; 4 et 5 : sable fin ; 6 : argiles (Lindroth, 1949).

dans des groupes aussi divers que les Annélides, les Turbellariés, les Ciliés, les Gastrotriches. Les préférences de quelques espèces de Coléoptères Carabiques du genre *Harpalus* ont été déterminées (figure 5.15). *Harpalus serripes* est relativement indifférent à la granulométrie du sol tandis que *H. tardus* et surtout *H. rufitarsis* préfèrent les sols à granulométrie fine (sables fins, argiles et limons) et évitent les sables grossiers.

Les plages nues ou plus ou moins couvertes de végétation qui bordent les rivières sont peuplées par de nombreuses espèces d'Arthropodes liées à ce milieu, en particulier par des Coléoptères Carabidés du genre *Bembidion* dont on peut trouver jusqu'à une vingtaine d'espèces qui apparemment cohabitent. En réalité il existe sur ces plages de nombreux micromilieux (on peut en distinguer une vingtaine sur une seule plage) qui diffèrent entre eux par la teneur en eau et la granulométrie du sol, par la nature de la végétation (rare ou plus ou moins dense), etc. À l'état adulte chaque espèce de *Bembidion* se cantonne dans un seul ou dans un petit nombre de milieux préférés dans lesquels ont lieu également la ponte et le développement larvaire (Andersen, 1969). Cette séparation spatiale à très petite échelle évite certainement la compétition (figure 5.16).

Figure 5.16

Abondance moyenne (en nombre d'exemplaires pour une surface de 0,25 m²) de dix espèces du genre Bembidion vivant sur les rives des cours d'eau en Norvège

Les chiffres 1 à 10 correspondent aux dix habitats qui ont été délimités depuis le bord de l'eau (en 10) jusqu'à la zone la plus éloignée de l'eau (en 1) Les cercles noirs et blancs correspondent à des relevés faits à des jours différents. La plupart des espèces sont localisées dans un seul ou dans un petit nombre d'habitats (Andersen, 1969).

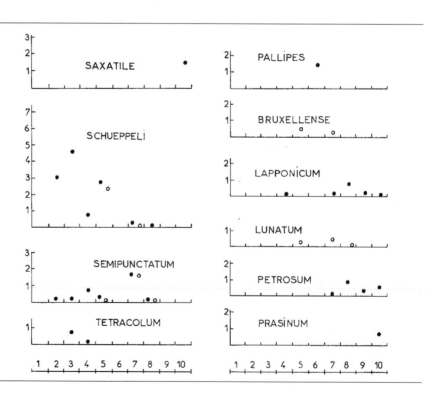

5.3. La composition chimique

Les divers types de sols ont des compositions chimiques très variées. Les éléments les plus étudiés en ce qui concerne leur action sur la faune et la flore sont les chlorures et le calcium.

Les sols salés (ou sols halomorphes) ont une flore et une faune très particulières. Les plantes les plus caractéristiques appartiennent à la famille des Chénopodiacées (*Salicornia, Suaeda, Salsola*). En Camargue on désigne sous le nom de *sansouire* les régions où l'influence du sel est manifeste. L'espèce la plus tolérante au sel est une salicorne, *Arthrocnemum glaucum*, qui supporte en été des concentrations en sel supérieures à 20 % et qui forme des touffes isolées séparées par des zones nues couvertes d'efflorescences salines. Les zones dessalées par la pluie, généralement un peu surélevées, portent *Salicornia fruticosa, S. radicans, S. herbacea,* et d'autres Chénopodiacées comme *Suaeda maritima* et *Obione portulacoides*, ces espèces ne supportant que des concentrations en sel de 1,5 % en période de pluie et de 10 % en été. Les régions non ou à peine salées portent soit une végétation psammophile sur les dunes avec *Artemisia glutinosa* et *Teucrium maritimum*, soit une végétation de friches caractérisée par la « saladelle » *Statice limonium* et par *Brachypodium phoenocoides*. Le nombre d'espèces d'Invertébrés

terrestres de la Camargue diminue lorsque la salinité du sol augmente. Alors que dans l'ensemble de la Camargue, où il existe beaucoup de milieux non ou à peine salés, il y a plus de 1 700 espèces animales, la sansouire ne renferme que 414 espèces. Parmi les Invertébrés hautement halophiles qui vivent parmi les touffes d'*Arthrocnemum glaucum* il convient de citer des Coléoptères de la famille des Carabidés comme *Cicindela circumdata, Dyschirius cylindricus, Pogonus pallidipennis* et *Tachys scutellaris* (figure 5.17).

Écophysiologie des végétaux halophiles

La culture de diverses espèces végétales sur des milieux ayant des teneurs variables en chlorure de sodium a montré l'existence de trois catégories physiologiques. Les halophytes strictes comme *Suaeda macrocarpa* ont besoin de chlorure de sodium pour se développer. Les halophytes tolérantes comme *Atriplex littoralis* ou *Suaeda flexilis* peuvent se passer de chlorure de sodium mais elles en supportent la présence. Les glycophytes comme le haricot ne tolèrent pas le chlorure de sodium et ne peuvent se développer que sur des milieux pauvres en cette substance.

Chez l'halophyte stricte *Suaeda macrocarpa*, le métabolisme est caractérisé par une phase d'adaptation pendant laquelle la plante accumule surtout des sels minéraux, et par une deuxième phase durant laquelle la photosynthèse est très

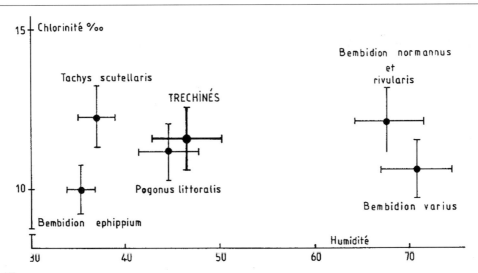

Figure 5.17
Répartition de six espèces de coléoptères halophiles de Camargue appartenant au groupe des Tréchinés et valeur moyenne pour l'ensemble de ces espèces
En abscisse, humidité du sol en % ; en ordonnée, teneur du sol en chlorures en ‰.

active. Une concentration insuffisante en chlorure de sodium dans le milieu de culture prolonge la phase d'adaptation et empêche la plante de réaliser des synthèses actives. Le cas de *Cochlearia anglica* montre que l'halophilie et la résistance au sel peuvent être modifiées par les caractéristiques du milieu. Sur un milieu pauvre en calcium *Cochlearia* ne présente aucune halophilie, tandis que sur un milieu riche en calcium sa croissance est maximum pour une teneur en chlorure de sodium égale à 42mM (figure 5.18). Le sel a souvent une action bénéfique sur les végétaux halophiles. Les graines de *Salicornia stricta* germent mieux en milieu salé qu'en présence d'eau douce. L'absorption de l'azote chez *Suaeda macrocarpa* est maximum quand le milieu contient 129 millimoles de chlorure de sodium. Ces faits peuvent être mis en parallèle avec les activités enzymatiques et en particulier avec l'activité de la nitrate réductase qui, chez *Suaeda macrocarpa*, présente un maximum d'activité pour la même concentration de 129 millimoles de chlorure de sodium (Binet, 1982). En Camargue *Salicornia patula* pousse dans des zones où la submersion hivernale par l'eau est beaucoup plus aléatoire que pour les zones occupées par les autres espèces de salicornes. *Salicornia patula* possède des graines à position centrale non dormantes et peu sensibles à la salinité, susceptibles de germer dès l'automne, et des graines à position latérale qui sont pour la plupart dormantes et ne germent qu'après avoir subi un traitement par le froid humide. Ce polymorphisme des graines est une adaptation à la vie dans un milieu dont les variations de la teneur en eau sont aléatoires. Si, pour une raison ou une autre, les plantules issues des graines centrales non dormantes disparaissent sans avoir fructifié par suite du manque d'eau, il reste une réserve de graines dormantes qui est une garantie de la survie de l'espèce (Berger *et al.*, 1979).

On a émis l'hypothèse que les halophytes sont des espèces réfugiées sur des sols salés où elles ne souffrent pas de la compétition avec les autres espèces non tolérantes au sel. Les recherches sur les végétaux halophytes ont un intérêt pratique. Elles devraient permettre de prévoir quelles sont les plantes qui se comporteront le mieux sur les sols salés et d'isoler des génotypes résistants au sel. On pourra ainsi envisager la mise en culture rationnelle de certains sols salés dont la surface est considérable et utiliser au mieux des eaux d'irrigation riches en sels qui risquent de stériliser les sols si les pratiques agronomiques ne sont pas convenables.

5.4. Espèces calcicoles et espèces calcifuges

En fonction de leurs préférences les végétaux peuvent être classés en calcicoles et calcifuges. Les espèces calcicoles comme *Bromus erectus*, *Teucrium chamaedrys* ou *Carex digitata* supportent

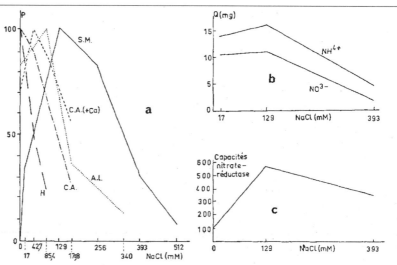

Figure 5.18
Écophysiologie des végétaux halophiles

a : Variation relative du poids de matière sèche (P) d'une plante en fonction de la teneur du milieu de culture en chlorure de sodium (en millimoles mM). La valeur 100 a été attribuée au poids sec obtenu pour la salinité optimale. A.L. : *Atriplex littoralis* ; C.A. : *Cochlearia anglica* sur milieu pauvre en calcium ; C.A. (+ Ca) : idem sur milieu enrichi en calcium ; S.M. : *Suaeda macrocarpa* ; H : haricot.

b : Action de la concentration en NaCl du milieu de culture sur les quantités (Q) d'azote absorbé en sept jours sous la forme de NH$_4^+$ et de NO$_3^-$ par 10 pieds de *Suaeda macrocarpa* âgés de 6 semaines.
c : Variation des capacités nitrate réductase (C) des tiges feuillées de la même plante âgée de 45 jours en fonction de la teneur en NaCl du milieu de culture (Binet, 1982).

des teneurs élevées en calcaire. Les espèces calcifuges vraies comme *Pteridium aquilinum*, *Sarothamnus scoparius* ou le châtaignier ne supportent que de faibles traces de calcium. Des espèces comme *Clematis vitalba*, *Helianthemum vulgare*, le génévrier ou le buis qui se rencontrent sur tous les sols dans la région méditerranéenne deviennent calcicoles dans le nord de leur aire de répartition. Le contraste entre la végétation des sols calcaires et celle des sols siliceux est net. Dans la région parisienne les moissons sur sol calcaire hébergent comme adventices le bleuet, le coquelicot, *Caucalis daucoides*, *Galeopsis ladanum*. Ces plantes sont rares ou absentes sur sol siliceux. En montagne les pelouses alpines sont occupées par *Carex firma* et *C. sempervirens* sur sol calcaire et par *C. halleri* sur sol siliceux. Des espèces voisines ou des sous-espèces sont séparées géographiquement en raison de leur réactions vis-à-vis du calcaire. Dans les Alpes les cas suivants de vicariance édaphique peuvent être cités :

Espèces calcicoles	Espèces calcifuges
Gentiana clusii	Gentiana kochiana
Androsace helvetica	Androsace alpina
Achillea atrata	Achillea moschata
Carex curvula rosae	Carex curvula eu-curvula

Le calcium est nécessaire pour beaucoup d'animaux du sol. Parmi les vers de terre, des espèces comme *Allolobophora caliginosa*, *Eisenia rosea*, *E. terrestris*, *Lumbricus castaneus* sont rares en l'absence de calcium. Parmi les Thécamoebiens les espèces *Centropyxis plagiostoma*, *Geopyxella sylvicola* et *Bullinularia gracilis* sont indicatrices de l'ion Ca^{++} (Bonnet, 1964).

Les réactions vis-à-vis des sols calcaires ont été précisées sur deux petites plantes. *Anagallis arvensis* (famille des Primulacées) colonise des terrains variés. La forme à fleurs rouges pousse sur les sols calcaires ainsi que sur les sols acides ou légèrement salés. La mise en culture d'individus provenant de parents à fleurs bleues récoltés sur sol calcaire montre que ces plantes se comportent comme des calcicoles et qu'elles renferment dans leur sève xylémique moins de K$^+$ et plus de Ca^{++} et de Mg^{++} que chez des individus provenant de plantes à fleurs rouges et poussant sur sol acide qui se comportent comme des calcifuges (figure 5.19). La culture d'individus provenant de parents à fleurs rouges mais récoltés sur sol calcaire donne des peuplements hétérogènes se comportant soit en calcicoles, soit en calcifuges. Ce polymorphisme physiologique peut expliquer l'ubiquité de *Anagallis arvensis* en ce qui concerne la nature des sols colonisés (Wacquant *et al.*, 1981). Des particularités écophysiologiques semblables existent chez une plante alpine, *Silene acaulis* (Bock & Lamant, 1984). La sous-espèce *longiscapa* est localisée sur substrat calcaire et la sous-espèce *exscapa* sur substrat non calcaire. La différence la plus remarquable entre ces deux sous-espèces réside dans l'accumulation du calcium que l'on peut mettre en évidence sur des racines isolées. La sous-espèce *exscapa* accumule plus rapidement le calcium, ce qui est une carac-

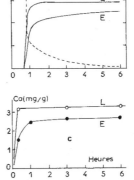

Figure 5.19

Les végétaux et le calcium

a : Teneur en K, Ca et Mg des sèves xylémiques de *Anagallis arvensis*. Les individus à fleurs rouges sur sol acide sont en A, ceux à fleurs bleues sur sol calcaire sont en B, et en C se trouvent les individus à fleurs rouges récoltés sur sol calcaire qui se révèlent hétérogènes (Wacquant *et al.*, 1981).

b : Pertes de calcium (en mg par g de matière sèche) par des racines isolées de *Silene acaulis* ssp. *exscapa* en E et ssp. *longiscapa* en L au cours de l'acidification du milieu par HCl 0,1 N. La courbe en pointillés représente le pH.

c : Accumulation du calcium dans des racines isolées de *Silene acaulis* appartenant aux deux sous-espèces *exscapa* (E) et *longiscapa* (L) (Bock & Lamant, 1984).

Figure 5.20

Influence de la nature du sol sur la végétation révélée par une coupe schématique dans le Gâtinais (région de Fontainebleau) au sud-est de Paris.

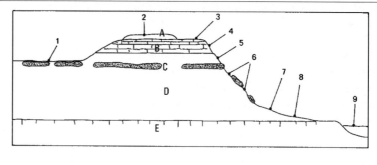

A : Formations quaternaires, en particulier limon des plateaux.

B : Calcaire de Beauce oligocène.

C : Table de grès formant des chaos de rochers sur les pentes.

D : Sable de Fontainebleau.

E : Calcaire et argile à meulière de Brie. 1 : La table de grès forme des platières couvertes d'une végétation variée comme des landes à *Molinia caerulea* qui peuvent se boiser et former des chênaies acidophiles. Lorsque la table de grès est imperméable des mares de platières peu profondes hébergent une flore originale de plantes rares comme *Cicendia filiformis* ou *Litorella lacustris*. 2 : Hêtraie (en forêt) ou cultures sur le limon des plateaux. 3 : Pré-bois de chêne pubescent (*Quercus lanuginosa*) sur le calcaire de Beauce. 4 : Pelouse rase à *Festuca duriuscula* sur les pentes calcaires. 5 : Pelouse à *Silene otites* sur les sables mêlés de calcaire. 6 : Association à *Corynephorus canescens* sur les sables siliceux. 7 : Lande à bruyère *Calluna vulgaris*. 8 : Chênaie silicicole à *Quercus sessiliflora*. 9 : Vallée avec des tourbières, des roselières et des bois tourbeux (pour une étude détaillée, cf. Bournérias, 1979).

téristique de calcifuge. La perte de calcium dans un milieu progressivement acidifié est plus rapide et plus complète chez la sous-espèce *longiscapa*, ce qui confirme son caractère calcicole. L'influence de la nature du sol sur la végétation est considérable (figure 5.20).

5.5. Les sols anormaux

Les sols dits anormaux renferment de fortes concentrations d'éléments plus ou moins toxiques : chlorures, soufre (sols gypseux), magnésium (sols dolomitiques ou de serpentine), zinc (sols sur calamine), sélénium, etc. Les métaux lourds exercent sur la végétation une action toxique qui entraîne la sélection d'espèces dites toxicorésistantes formant des associations végétales particulières. Ces structures ont été étudiées au Katanga où l'on a découvert des espèces particulières dites métallophytes qui ne poussent que sur des sols riches en métaux. Une de ces plantes, *Becium homblei*, est utilisée pour la prospection du cuivre. Les « fleurs de cobalt » *Silene cobalticola* et *Crotalaria cobalticola* sont liées aux sols riches en cobalt, la seconde espèce pouvant accumuler jusqu'à 830 ppm de cobalt dans ses tissus (Duvigneaud & Denayer De Smets, 1972). Dans le sud de la France, *Viola calaminaria* signale le zinc et *Armeria juncea* la dolomie.

Références

ANDERSEN, J., 1969. Habitat choice and life history of *Bembidiini* (Col. *Carabidae*) in river banks in central and northern Norway. *Norsk. Ent. Tidskr.*, **17**, p. 17-65.

ANDERSEN, J., 1978. The influence of the substratum on the habitat selection of *Bembidiini* (Col., *Carabidae*). *Norv. J. Ent.*, **25**, p. 119-138.

BARNABE, G. & BILLARD, R. (eds.), 1988. *L'aquaculture du bar et des Sparidés*. Éditions de l'INRA, Paris.

BERGER, A. *et al.*, 1979. Réponses des végétaux et des invertébrés au régime hydrique et aux variations de salinité dans les communautés halophiles de Camargue. *La terre et la vie*, supplément **2**, p. 191-217.

BETSCH, J. M. & VANNIER, G., 1977. Caractérisation de deux phases juvéniles d'*Allacma fusca* (Collembola, Symphypleona) par leur morphologie et leur écophysiologie. *Z. Zool. Syst. Evolut. Forsch.*, **15**, p. 124-141.

BINET, P., 1982. Halophilie et résistance au sel. *Actes du colloque de biologie, colloques du centenaire ENS de Saint Cloud*, p. 293-313.

BIGOT, L., 1965. Essai d'écologie quantitative sur les invertébrés de la sansouire camarguaise. *Mém. Soc. Zool. France*, vol. **34**, p. 1-100.

BOCK, C. & LAMANT, 1984. Différenciation intraspécifique et stratégies adaptatives chez le *Silene acaulis* (L.) Jacq. *Colloque intern. Écologie et Biogéographie des milieux montagnards de haute altitude*, p. 531-536.

BONNET, L., 1964. Le peuplement thécamoebien des sols. *Rev. Biol. Ecol. Sol*, **1**, p. 123-408.

BOURNÉRIAS, M., 1972. Flore et végétation du massif forestier de Rambouillet. *Cahiers des naturalistes*, **28**, p. 17-58.

CHAMP, P., 1977. Étude des populations d'un Rotifère épiphyte dans la Loire. *Cahiers Lab. Hydrobiol. Montereau,* **4,** 64 p.

*COLIN-NICOL, J. A., 1967. *The biology of marine animals.* Pitman, London.

DUVIGNEAUD, P. & DENAYER DE SMETS, S., 1972. Influence des sols toxiques sur la végétation. Action de certains métaux du sol (cuivre, cobalt, manganèse, uranium) sur la végétation dans le Haut Katanga. *In* : G. Viennot Bourgin (ed.), *Rapports du sol et de la végétation,* p. 121-139. Masson, Paris.

FENCHEL, T., 1987. *Ecology - Potentials and limitations.* Excellence in ecology n°1. Ecology institute, Nordbünte, Germany.

*KIENER, A., 1978. *Écologie, physiologie et économie des eaux saumâtres.* Masson, Paris.

*LE GAL, Y., 1988. *Biochimie marine.* Masson, Paris.

LINDROTH, C., 1949. Die fennoskandischen Carabidae. III. Allgemeiner Teil. *Göteborgs Kungl. Vet. Vitter. Samh. Handl.,* ser. B, Band 4, **n°3**, p. 1-910.

*PÉRÈS, J. M. & DEVÉZE, L. 1963. *Océanographie biologique et biologie marine. II. Le plancton.* Presses Univ. France, Paris.

PORA, E. A., 1969. L'importance du facteur rhopique pour la vie aquatique. *Verh. Intern. Verein. Limnol.,* **17**, p. 970-986.

*REMANE, A. & SCHLIEPER, C., 1971. *Biology of brackish Water.* Wiley & Sons, New York.

REYNOLDSON, T. B., 1958. Triclads and lake typology in northern Britain. *Verh. Int. Verk. Limnol.,* **13**, p. 320-330.

*SCHMIDT-NIELSEN, K., 1980. *Animal physiology. Adaptation and environment.* Cambridge Univ. Press.

TUFFÉRY, G., 1976. Incidences écologiques de la pollution des eaux courantes. Révélateurs biologiques de la pollution. *In* : P. Pesson (ed.), *La pollution des eaux courantes,* p. 183-219. Gauthier-Villars, Paris.

VELSCH, J. P. & CHAMPAUBERT, G., 1994. Rythmes d'activité natatoire chez *Meganyctiphanes norvegica* (*Crustacea, Euphausiacea*). *C. R. Ac. Sc.,* **317**, p. 857-862.

WACQUANT, P. J. *et al.,* 1981. Variations dans la composition cationique des sèves xylémiques d'*Anagallis arvensis* L. provenant de deux sols, acide et calcaire, cultivés dans les mêmes conditions. *C. R. Acad. Sc.,* 293, sér. III, p. 813-816.

WALTER, H., 1970. *Vegetation und Klimazonen.* Eugen Umer, Stuttgart.

WIGGLESWORTH, V. B., 1972. *Principles of insect physiology.* 7e édition. Chapman & Hall, London.

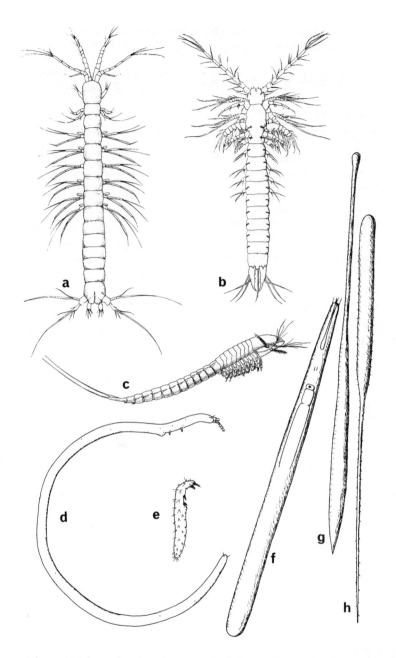

Adaptation à la vie dans le milieu interstitiel chez quelques invertébrés

a : *Bathynella* sp., Crustacé Syncaride. **b** : *Derocheilocaris remanei*, Crustacé Mystacocaride. **c** : *Hutchinsoniella macracantha*, Crustacé Céphalocaride. **d** : *Gordialicus tuzetae*, Acarien de la famille des Nematalycidae. **e** : *Psammolycus delamarei*, un autre Acarien de la même famille. **f** : *Proschizorhynchus oculatus*, Turbellarié. **g** : *Trachelocerca* sp., Protozoaire Cilié. **h** : *Urodasys mirabilis*, Gastrotriche (échelles différentes pour les diverses espèces).

Tous ces invertébrés sont caractérisés par l'allongement du corps, ce qui facilite la progression entre les grains de sable du milieu interstitiel (cf. chapitre 5)

Chapitre 6

LES MILIEUX EXTRÊMES

La vie ne peut se maintenir que dans des limites assez étroites de variations des diverses caractéristiques physico-chimiques du milieu. Un milieu extrême présente des caractéristiques qui sont proches des limites définies pour la majorité des autres milieux qui sont des milieux « normaux », ou bien qui se situent nettement en dehors de ces limites. Les milieux extrêmes renferment des espèces peu nombreuses qui montrent des adaptations nombreuses permettant leur survie. Parmi les milieux extrêmes on peut mentionner ceux qui sont caractérisés par des températures anormales (élevées ou très basses), une grande aridité, un pH élevé, une teneur faible ou nulle en oxygène ou en certains éléments, une grande richesse en éléments toxiques, une grande variabilité des caractéristiques physico-chimiques (par opposition à la relative stabilité des milieux normaux), une obscurité permanente (milieu cavernicole), etc. Nous prendrons seulement quatre exemples de ces milieux extrêmes.

I. LES DÉSERTS CHAUDS

Les déserts chauds sont des régions qui reçoivent moins de 100 mm d'eau par an, qui ont une température moyenne supérieure à 20 °C, une moyenne des maxima de 28 à 32 °C, et des minima supérieurs à 0 °C. Ils montrent des variations importantes de température entre le jour et la nuit, une forte luminosité, des vents fréquents, une humidité de l'air faible, et ils renferment fréquemment des zones sableuses ou salées. L'écologie des organismes des déserts chauds a été très étudiée (Hadley, 1975 ; Crawford, 1981 ; Louw & Seely, 1982 ; Dawson *et al.*, 1989).

1.1. Les Mammifères des déserts

Les adaptations les plus spectaculaires intéressent l'économie de l'eau. Le dromadaire peut fabriquer de l'eau par oxydation des graisses de sa bosse. Il peut aussi réduire son excrétion urinaire à 5 L par jour. Lorsqu'il mange des végétaux verts il peut rester 60 jours sans boire et, en été, il peut subsister trois semaines en mangeant uniquement des végétaux secs. Deux particularités physiologiques lui permettent de rester sans boire. Il peut arrêter sa transpiration et supporter une élévation de sa température interne de 6,2 °C, ce qui lui permet d'économiser 5 L d'eau par jour. Il peut aussi perdre une quantité d'eau égale à 30 % de son poids, alors que les autres Mammifères ne supportent pas une perte de 20 %. Quand il a de l'eau à sa disposition le dromadaire se réhydrate rapidement, ce que les autres Mammifères ne peuvent pas faire. Le rat kangourou *Dipodomys merriami* est le seul Mammifère qui produise en quantité suffisante de l'eau d'origine métabolique. Il élimine une urine très concentrée et des fèces très sèches. Il supporte l'augmentation de sa température interne et il ne transpire pas car il n'a pas de glandes sudoripares. Le rat kangourou ne sort de son terrier que la nuit. Ce terrier est fermé ce qui le protège contre les prédateurs, mais aussi contre la déshydratation car l'humidité relative s'y maintient à une valeur supérieure à 30 %. Chez certaines antilopes comme l'oryx qui survit au sud du Sahara dans un désert sec et chaud, il existe un réseau artériel carotidien situé sous le cerveau qui permet des échanges de chaleur, grâce à un contre-courant, entre le sang « chaud » venu du cœur et le sang « froid » qui a circulé dans les sinus nasaux irriguant le cerveau (figure 6.1). Ce système permet de maintenir le

cerveau à une température légèrement inférieure à celle du corps. Exposé à une température de 40 °C le jour et de 22 °C la nuit, l'oryx a une température corporelle qui peut varier de plus de 6 °C (de 35,7 à 42,1 °C) quand il est hydraté et qui peut dépasser 45 °C pendant 8 heures quand il est déshydraté. La température de 42 °C est létale pour beaucoup de Mammifères (Taylor, 1969).

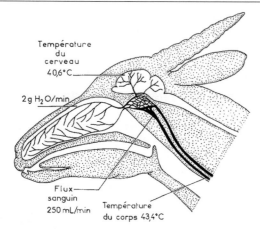

Figure 6.1

Représentation schématique de la circulation sanguine dans la tête de l'antilope oryx

Le réseau capillaire situé sous le cerveau permet d'irriguer celui-ci avec du sang à la température de 40,6 °C alors que le reste du corps est à 43,4 °C. La quantité d'eau évaporée dans les sinus nasaux est de 2 grammes par minute (Taylor, 1969).

L'étude de Rongeurs vivant dans les régions arides du sud de la Californie montre que les espèces granivores ont une remarquable résistance à la déshydratation. Nourris uniquement de graines, sans apport d'eau, les Rongeurs de la famille des Hétéromyidés arrivent à maintenir leur masse corporelle pendant 14 jours. Une espèce herbivore comme *Neotoma fuscipes*, bien que vivant dans les mêmes régions, perd près de la moitié de son poids dans les mêmes conditions. Des oiseaux granivores ont une résistance au manque d'eau à peu près aussi grande que les Rongeurs (figure 6.2).

1.2. Les Reptiles

Le fouette-queue *Uromastix acanthinurus* (famille des Agamidés) est un lézard saharien herbivore pour qui la seule source d'eau est celle qui est contenue dans la nourriture. Le fouette-queue réduit ses pertes en eau en se réfugiant dans un terrier et supporte des variations importantes de son volume d'eau corporelle. Il rejette une urine très concentrée qui se présente sous la forme de calculs d'urate très pauvres en eau. La présence d'une glande à sel au voisinage des fosses nasales permet l'élimination des électrolytes contenus en excès dans la nourriture végétale (surtout du potassium) avec une perte d'eau moindre que par voie rénale. Le volume du sang et du plasma du fouette-queue n'est pas affecté par les variations de la teneur en eau du corps. Il est aussi capable de supporter des variations importantes de la teneur en sodium du plasma (Grenot, 1976). Toutes ces caractéristiques font de ce lézard un animal bien adapté à la vie dans un milieu où l'eau est rare et la température élevée.

1.3. Les insectes

Les insectes sont nombreux dans les déserts malgré les conditions de vie défavorables. Ils montrent des adaptations souvent remarquables.

1.3.1. LES FOURMIS

Ces insectes dominent souvent les peuplements dans les déserts chauds (Délye, 1968 ; Wheeler & Wheeler, 1973). Au Fezzan leur biomasse atteint 70 g/m^2 alors que celle de l'ensemble des autres animaux n'est que de 5,5 g/m^2. Beaucoup de fourmis des déserts sont granivores, adaptation à un milieu où la végétation est rare et fugace (cette adaptation se retrouve chez divers rongeurs). Le stockage des graines est une pratique fréquente (par exemple chez les *Messor* dans l'Ancien Monde, les *Pogonomyrmex* et *Veromessor* en Amérique, les *Pheidole* et *Solenopsis* dans les deux régions). *Veromessor pergandei* est une remarquable espèce granivore du sud-ouest aride des États-Unis. Dans la Vallée de la Mort sa biomasse est égale à celle des Rongeurs. Elle subsiste sur ses stocks de graines, sans aucun autre apport, et elle est capable de survivre à 12 années de sécheresse. Ses colonies populeuses renferment plusieurs dizaines de milliers d'individus. Le nid possède de deux à quatre entrées et ses galeries descendent au-delà de 4 m de profondeur (figure 6.3). Des fourmis du genre *Pogonomyrmex* éliminent la végétation dans un rayon 1 à 2 m

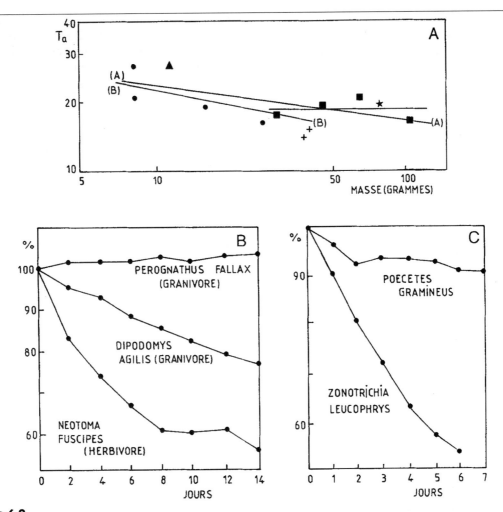

Figure 6.2

Résistance au manque d'eau

A : Relation logarithmique entre la température T_a et la masse corporelle pour 13 espèces de Rongeurs Hétéromyidés appartenant à 5 genres différents. La température T_a est celle pour laquelle le bilan en eau est nul, c'est à dire que la production d'eau de métabolisme est égale aux pertes par transpiration. La droite de régression A est tracée pour l'ensemble des espèces et la droite de régression B pour le genre *Perognathus* seul. Toutes les deux ont une pente différente de zéro ce qui signifie que les pertes en eau augmentent avec la température et diminuent avec la masse corporelle, les espèces de petite taille résistant mieux au manque d'eau. La troisième droite de régression, pour les 4 espèces de *Dipodomys*, a une pente nulle ce qui révèle une meilleure adaptation à la sécheresse dans ce genre. Carrés : genre *Dipodomys* ; cercles noirs : genre *Perognathus* ; croix : genre *Liomys* ; triangle : genre *Microdipodops* ; étoile : genre *Heteromys*.

B : Variations de la masse corporelle (en pourcentage de la valeur initiale) chez 3 espèces de Rongeurs vivant en milieu semi-aride dans le sud de la Californie. Les animaux ont été nourris uniquement de graines ou de végétaux desséchés. Les espèces granivores résistent mieux au manque d'eau que l'espèce herbivore.

C : Variations de la masse corporelle (en pourcentage de la valeur initiale) chez deux oiseaux granivores privés d'eau et maintenus à 25°C et à une humidité relative comprise entre 40 et 70 %. *Poecetes gramineus* résiste presque autant que les Rongeurs et subsiste en captivité avec un régime formé seulement de graines (Mac Millen, 1992).

autour de l'entrée de leur nid. En Tunisie méridionale l'ensemble des fourmis et des Rongeurs granivores élimine jusqu'à 75 % des graines, ce qui équivaut à la pression de pâturage exercée par 1,3 mouton à l'hectare et freine la régénération de la végétation au cours des périodes humides. Chez les *Myrmecocystus* des régions chaudes et arides du sud-ouest des États-Unis, les jeunes ouvrières au tégument encore souple se gorgent de miel et atteignent la taille d'une outre de 8 mm. Elles restent accrochées au plafond des chambres à miel et elles le régurgitent en cas de disette. Les *Myrmecocystus* sont des fourmis carnassières et le miel n'est pour elles qu'une réserve

en période de pénurie. Au Fezzan une fourmi du genre *Acantholepis* remonte de la profondeur du sol des boulettes de sel humide qui maintiennent une certaine humidité dans le nid qui est installé dans le sable sec. Le termite *Psammotermes* a le même comportement : il va chercher de l'eau jusqu'à 10 m de profondeur et la remonte en surface. Ce comportement est comparable à celui des végétaux *phréatophytes* (comme les *Acacia*) qui vont chercher l'eau en profondeur grâce à leurs racines très longues. La fréquence du sable oblige les fourmis des déserts à déblayer leur nid et elle explique la présence de *psammophores* chez environ un tiers des espèces du désert. Ces structures se présentent sous la forme de longues soies situées sur les mandibules et la gula chez les *Pogonomyrmex*, *Veromessor* et *Messor*, ou sous la forme de palpes maxillaires très longs et couverts de longues soies chez les *Cataglyphis* et *Myrmecocystus* (figure 6.4).

Figure 6.3
Le nid de la fourmi Veromessor pergandei dans le désert de Sonora (Californie du Sud)

Chaque entrée est entourée par un cratère formé par du matériel excavé. La partie interne est renforcée par un cément de couleur jaune qui renferme une substance de reconnaissance propre au nid. Les refus sont des enveloppes de graines non consommées. Les chambres de stockage renferment jusqu'à 29 espèces différentes de graines. Les colonnes d'ouvrières qui sortent de la fourmilière peuvent avoir 40 m de long et contenir 1 700 fourmis.

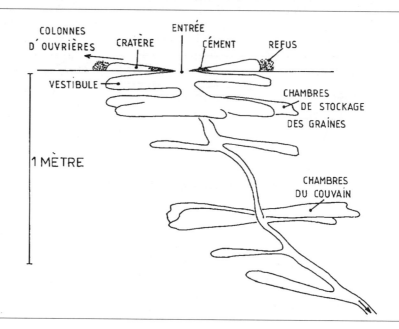

Figure 6.4
Tête en vue latérale et en vue postérieure montrant le psammophore formé de longs poils raides de Myrmecocystus wheeleri (**M**) et de Pogonomyrmex barbatus (**P**) (Wheeler & Wheeler, 1973)

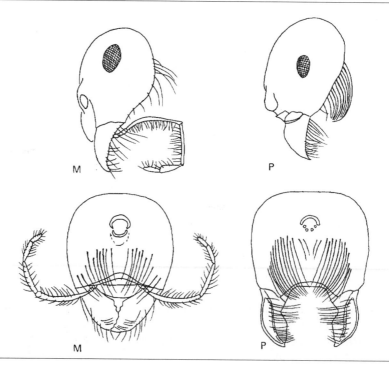

La résistance aux températures élevées est grande chez les fourmis des déserts. Le record est détenu par l'espèce saharienne *Cataglyphis bombycina* dont la température létale supérieure est de 53,6 °C. Chez cette fourmi, des ouvrières « veilleuses » installées près de l'entrée du nid surveillent la température extérieure. Lorsque celle ci atteint 46,5 °C, elles donnent le signal d'une sortie en masse qui ne dure que quelques instants, tant que la température ne dépasse pas 53,6 °C. On a interprété l'absence de sortie en dessous de 46,5 °C comme une réaction de défense contre le lézard *Acanthodactylus dumerilii* qui mange des fourmis mais qui cesse toute activité à partir de 46 °C.

1.3.2. LES COLÉOPTÈRES

Les Coléoptères de la famille des Ténébrionidés sont un élément caractéristique des déserts par leur grand nombre d'espèces (Dajoz, 1984). Ils montrent des adaptations remarquables permettant l'économie de l'eau et la protection contre les températures élevées. L'imperméabilité du tégument est assurée par la présence d'une importante couche de cire dans l'épicuticule (figure 6.5). Plusieurs espèces de Ténébrionidés peuvent même sécréter une couche de cire supplémentaire de couleur blanchâtre qui se dépose sur le tégument et qui contribue à réduire les pertes en eau ainsi que l'échauffement grâce au pouvoir réfléchissant de la cire vis-à-vis du rayonnement solaire. Cette couche de cire est renouvelable et disparaît lorsque l'humidité du milieu est élevée. Les stigmates abdominaux ne s'ouvrent pas directement à l'air libre mais dans un milieu tamponné, la cavité sous-élytrale dans laquelle l'humidité relative est supérieure à celle de l'air. Les fèces subissent une déshydratation poussée grâce à une structure particulière des tubes de Malpighi, le *cryptonéphridisme*. Chez *Onymacris plana* du désert du Namib, la perte de poids atteint 25 % en dix jours lorsque l'insecte est maintenu à jeun et privé d'eau dans une humidité relative de 10 à 15 %. Cette perte de poids est due surtout à l'utilisation des lipides de réserve dont l'eau de méta-

Figure 6.5

Des structures semblables permettant l'économie de l'eau se rencontrent chez les végétaux et les insectes

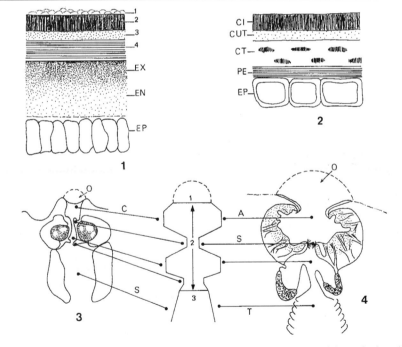

1 : Le tégument des insectes comprend trois couches distinctes. L'endocuticule (EN) formée de lamelles de protéines et de chitine. L'exocuticule (EX) dans laquelle les protéines sont durcies par le tannage sous l'action de quinones. L'épicuticule, structure qui ne représente pas plus de 5 % de l'épaisseur du tégument mais qui comprend 4 couches : le cément (1) ; une couche de lipides (2) ; la cuticuline (3) qui supporte la couche de lipides ; une couche de protéines (4) dense et homogène.

2 : Cuticule d'une plante. On distingue de l'intérieur vers l'extérieur la couche de cellules épidermiques (EP), une couche de pectine (PE), une couche cutinisée englobant des lentilles de cire (CT), une cuticule (CUT) et une couche de cires épicuticulaires (CI).

3 : Coupe schématique du stomate d'un végétal. O : Orifice du stomate ; C : Cavité sous-stomatale externe ; S : Cavité sous-stomatale interne.

4 : Coupe schématique du stigmate d'un insecte. O : Orifice du stigmate ; A : Atrium ; S : Rétrécissement conduisant au sous-atrium ; T : Trachée.

Au milieu, entre 3 et 4, schéma montrant l'identité de structure entre le stomate et le stigmate avec les variations de diamètre correspondant à des zones où la diffusion de la vapeur d'eau est réduite (Hadley, 1972).

bolisme est récupérée (figure 6.6). La teneur en eau des tissus reste à peu près constante ; le volume de l'hémolymphe est réduit de plus de 60 % et, malgré cela, sa pression osmotique ne varie guère. Quand l'insecte peut boire, il absorbe beaucoup d'eau et le volume de son hémolymphe redevient normal en une journée. Certains Ténébrionidés comme *Onymacris unguicularis* sont capables de récupérer l'eau apportée par les brouillards nocturnes.

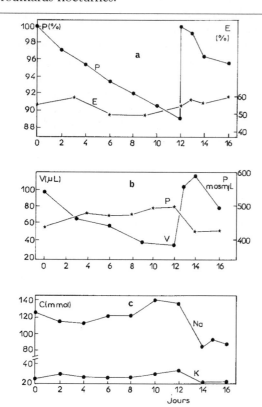

Figure 6.6
Économie de l'eau et osmorégulation chez le Coléoptère Ténébrionide Onymacris plana

Les animaux en expérience ont été soumis au jeûne et privés d'eau pendant douze jours, puis ils ont eu de l'eau à volonté.

a : variation du poids (P) en % du poids d'origine et variation de la teneur en eau (E). Celle-ci varie très peu et le poids d'origine est presque retrouvé au douzième jour lorsque l'insecte peut boire.

b : Variation de la pression osmotique (P) et du volume de l'hémolymphe (V).

c : Variation de la teneur de l'hémolymphe en sodium et en potassium (Nicolson, 1980).

Les Ténébrionidés luttent contre les températures élevées de diverses façons. Les *Eleodes* d'Amérique ne sont actifs que le soir et le matin lorsque la température est plus clémente.

Stenocara phalangium, surnommé le « coureur des sables » possède de très longues pattes (trois fois la longueur du corps). Il grimpe aux heures les plus chaudes sur de hautes pierres et se dresse sur ses pattes pour s'isoler au maximum du sol. La fréquence du sable dans les déserts explique le grand nombre d'adaptations à la vie sabulicole. Certaines espèces qualifiées d'ultrapsammophiles vivent dans le sable mobile des dunes où aucune végétation n'existe. Elles dépendent pour leur nourriture de débris végétaux apportés par le vent. L'adaptation la plus remarquable est l'existence chez quelques espèces du désert du Namib d'un tégument de couleur blanche (alors que les Ténébrionidés sont noirs) qui, en réfléchissant mieux le rayonnement solaire, limite l'élévation de la température du corps.

Des Arthropodes autres que les insectes sont adaptés à la vie dans les déserts. Le Crustacé Isopode *Hemilepistus reaumuri* des déserts d'Afrique du Nord creuse un terrier pouvant atteindre 1 m de profondeur qui lui sert de refuge la journée. Alors que l'air est à une température de 30 °C et à une humidité relative inférieure à 20 %, il règne au fond du terrier une température de 25 °C et une humidité relative de 95 %.

Dans le milieu alpin le climat est caractérisé par des basses températures et par la baisse de la tension de vapeur d'eau résultant de la baisse de pression atmosphérique. Le climat alpin devient donc aride lorsque l'altitude augmente. Les Arthropodes qui vivent dans l'étage alpin sont adaptés aux basses températures et ont développé des moyens de lutte contre la dessiccation qui ressemblent à ceux des espèces vivant dans les déserts : recherche de microhabitats favorables, réduction de la perméabilité du tégument, récupération d'eau par le système cryptonéphridien, osmorégulation de l'hémolymphe. La perte d'eau chez les Arthropodes des zones alpines arides est comparable à celle des Arthropodes des autres milieux arides, avec des variations selon les espèces. Ainsi chez les Coléoptères, les Carabidés sont moins tolérants que les Ténébrionidés (Sømme, 1989, 1994).

Les adaptations qui permettent aux végétaux des déserts de subsister sont nombreuses (une étude détaillée se trouve chez Ozenda, 1977). Certaines ont été signalées au chapitre 5. L'activité photosynthétique présente chez les végétaux des déserts des caractéristiques originales (figure 6.7). Chez la coloquinte, qui a un

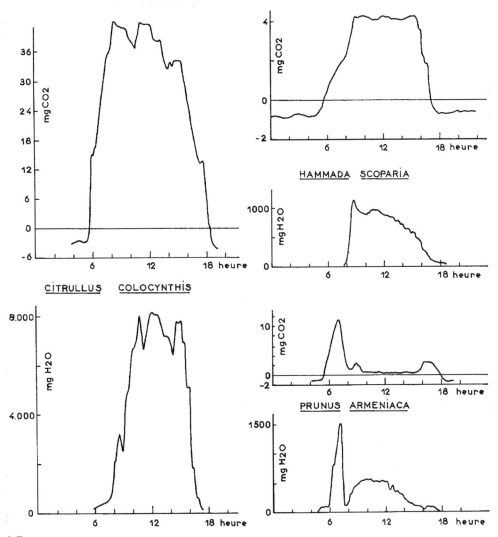

Figure 6.7

Variations de l'intensité de photosynthèse (en mg de CO_2 fixé par gramme de poids sec de feuille et par heure) et de l'intensité de transpiration (en mg d'eau évaporée par gramme de poids sec de feuille et par heure) pendant la journée chez divers végétaux

Les valeurs de l'intensité de photosynthèse correspondent à la productivité nette et le zéro est le point de compensation. À gauche, la coloquinte *Citrullus colocynthus* ; à droite en haut, *Hammada scoparia* et en bas *Prunus armeniaca* (Ozenda, 1977). Ces diagrammes sont expliqués dans le texte.

cycle végétatif court et qui est peu adaptée à un climat sec, la photosynthèse est intense le matin mais rapidement ralentie l'après-midi en raison de la fermeture des stomates due à une transpiration intense. Chez *Hammada scoparia,* buisson ligneux à feuilles réduites dont l'adaptation à la sécheresse est plus marquée et la période de végétation plus longue, la photosynthèse est moins intense que chez la coloquinte mais elle se poursuit toute la journée et la transpiration est réduite. Chez l'abricotier *Prunus armeniaca,* arbre non adapté au climat désertique mais cultivé dans les oasis, la photosynthèse est intense pendant les premières heures du jour mais elle devient nulle vers 10 heures par suite de la transpiration intense qui ferme les stomates.

II. LES EAUX THERMALES

Les eaux des sources thermales, chaudes et à pH souvent bas, représentent un milieu extrême peuplé par des organismes peu nombreux dont les

plus remarquables sont des Bactéries thermoacidophiles et hétérotrophes appartenant au groupe des Archéobactéries qui supportent des températures de plus de 90 °C et parfois de 100 °C. Des Cyanobactéries supportent 85 °C et des Bactéries photosynthétiques supportent 70 à 73 °C. La physiologie et la biochimie de quelques espèces montrent des adaptations remarquables qui ont été étudiées en particulier dans les eaux thermales du parc national de Yellowstone (Brock & Brock, 1971).

Thermus aquaticus est une Bactérie filamenteuse pigmentée de jaune dont la vitesse de croissance optimale est à 70 °C. Les températures extrêmes qu'elle supporte sont 37 °C et 79 °C. À la température de 70 °C cette Bactérie a une génération toutes les 50 minutes. Comme aucune différence morphologique n'apparaît entre *Thermus aquaticus* et les Bactéries non thermophiles, les causes de la résistance aux températures élevées doivent être recherchées dans la composition chimique. Il existe chez *Thermus aquaticus* des enzymes thermostables dont le domaine d'activité se situe bien au-delà de celui des enzymes des autres organismes et un ARN de transfert également thermostable.

Thermoplasma acidophilum est une autre Bactérie dont la température optimale est de 59 °C avec des extrêmes de 37 et de 65 °C. Elle se rencontre dans des eaux très acides, riches en composés soufrés, dont le pH descend à 1,1. La croissance optimale de *Thermoplasma* se trouve à

pH 2 et elle est nulle à pH 4. L'ébullition est presque sans effet sur cette Bactérie lorsque le pH est bas. *Thermoplasma* est aussi très résistante aux antibiotiques qui agissent comme inhibiteurs de la synthèse des lipides membranaires, et les acides gras que l'on trouve normalement chez les Eucaryotes sont à peu près absents de sa membrane. Ceci permet de penser que la résistance aux températures élevées et surtout aux faibles pH de *Thermoplasma* et des autres Archéobactéries est liée à une structure particulière de la membrane qui contient des lipides spéciaux. Chez les autres Bactéries (les Eubactéries) et chez les Eucaryotes, les lipides membranaires sont formés par un alcool, le glycérol, et par des acides gras à chaînes linéaires comme l'acide palmitique. Chez les Archéobactéries les lipides membranaires sont des diesters du glycérol qui est relié à deux molécules d'un acide gras particulier, le phytanol dont la chaîne est ramifiée et porte à intervalles réguliers des groupements CH_3.

La Cyanobactérie *Synechococcus lividus* est une Chroococcale unicellulaire en forme de bâtonnet. Elle vit dans des eaux dont la température atteint 72 °C. Elle manque d'acides gras non saturés, contrairement aux autres Cyanobactéries.

Ces trois exemples montrent que l'adaptation à des conditions extrêmes est réalisée grâce à des particularités écophysiologiques et biochimiques très spéciales (figure 6.8).

Figure 6.8

Les Bactéries des eaux thermales

A : Vitesse de croissance (exprimée par le nombre de générations par jour) en fonction de la température chez *Thermus aquaticus*. L'optimum est situé vers 70 °C.
B : Croissance (exprimée par la densité optique de la culture) de *Thermoplasma acidophilum* cultivée à 55 °C et à des pH variés. L'optimum est à pH 2 et la croissance est presque nulle à pH 4 (Brock & Brock, 1971).

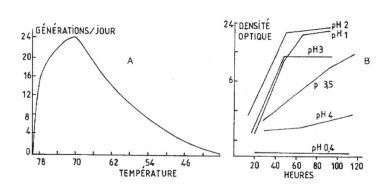

La découverte d'enzymes agissant à de hautes températures a une grande importance pour certaines applications industrielles. L'emploi d'enzymes thermostables extraits de *Thermus aquaticus* a permis de mettre au point la technique dite PCR (*polymerase chain reaction*) qui sert aujourd'hui à l'étude des ADN dans beaucoup de laboratoires. Ceci n'a été possible que grâce à la conservation à Yellowstone d'écosystèmes très originaux qui ont été détruits presque partout ailleurs dans le monde, les eaux thermales ayant été captées pour la production d'eau chaude ou d'électricité.

La résistance aux températures élevées est moins grande chez les organismes pluricellulaires que chez les unicellulaires. Parmi les cas les plus remarquables, celui des poissons Cyprinodontes du désert du Nevada mérite d'être cité. Leur température létale supérieure varie de 40 à 44 °C selon les espèces, ce qui est réalisé grâce à des enzymes particuliers. En outre ces poissons supportent de grandes variations de salinité. L'espèce *Cyprinodon milleri* qui vit dans la Vallée de la Mort dans une eau dont la salinité est de 88 ‰ peut, après une période d'acclimatation, supporter une salinité de 130 ‰ et même de 160 ‰ ; il peut également vivre dans l'eau douce (Soltz & Naiman, 1978).

III. LES MARAIS SALANTS

Les marais salants sont des milieux artificiels très favorables à la mise en évidence de l'influence des variations de salinité sur la faune et la flore. Le marais salant de Salin de Giraud (sud de la France en Camargue) qui a fait l'objet d'une étude approfondie (Busson *et al.*, 1982) peut servir d'exemple. Le fonctionnement du salin est représenté figure 6.9. L'eau de mer est reçue dans des surfaces préparatoires (10 000 ha) où elle commence à s'échauffer et à s'évaporer et où elle atteint une concentration de 55 g/L de sels. De là, elle passe dans des tables salantes (770 ha) où l'évaporation se poursuit. Le gypse précipite lorsque la concentration est de 150 g/L. La cristallisation du chlorure de sodium donne un dépôt, la halite, lorsque la concentration atteint 250 g/L et elle se poursuit jusqu'à 320 g/L. Il reste des eaux mères qui subissent une nouvelle évaporation, ce qui permet de récupérer les sels de magnésium et les bromures. Au cours de ces divers épisodes la densité de l'eau augmente progressivement et passe de 1,025 pour l'eau de mer à 1,215 lorsque la concentration en sels est de 320 g/L.

Les eaux saumâtres peuvent être classées en hypohalines (*brackish waters*) dont la teneur en sels est inférieure à celle de l'eau de mer et en hyperhalines dont la teneur en sels est supérieure à 42 g/L. Ces dernières existent seules dans les marais salants. Les eaux dont la teneur en sels est supérieure à 80 g/L peuvent être qualifiées d'eaux de saumure (*brine waters*). Le nombre d'espèces animales et végétales varie selon la salinité et il est possible de distinguer trois types d'espèces

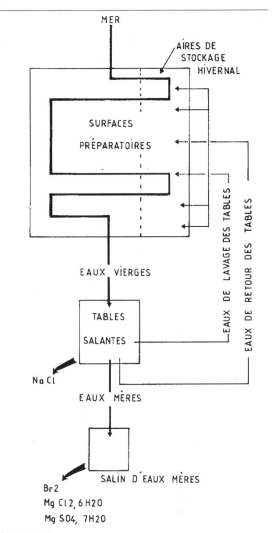

Figure 6.9
Schéma de fonctionnement du marais salant de Salin de Giraud (Busson et al., 1982)

d'eau saumâtre (figure 6.10). Ces espèces sont d'autant moins nombreuses que la salinité est plus élevée. Mais elles forment des populations souvent très nombreuses constituées d'individus de petite taille et la productivité en milieu saumâtre est souvent très élevée.

Dans les compartiments du marais salant de Salin de Giraud où la salinité est inférieure à 55 g/L la végétation forme une association caractérisée par une plante à fleurs *Ruppia maritima* et par une algue verte du genre *Enteromorpha*. La faune comprend des Polychètes, des Lamellibranches comme *Cardium glaucum*, des Gastéropodes comme *Hydrobia acuta* et *Cyclonassa neritea*, le crabe *Carcinus mediterraneus*, des balanes et des larves d'insectes Chironomidés. Dans les

Figure 6.10

Représentation schématique des diverses catégories d'eaux et du nombre d'espèces animales qui leur sont liées

L'eau douce renferme moins de 0,5 g/L de sels dissous et l'eau de mer en renferme de 35 à 42 g/L. Les eaux saumâtres comprennent des eaux hypohalines (salinité inférieure à celle de l'eau de mer), des eaux hyperhalines (salinité comprise entre 42 et 80 g/L) et des eaux de saumure (*brine waters*) dont la salinité peut atteindre 320 g/L dans les milieux extrêmes. Le domaine des espèces d'eau saumâtre est en hachures et celui des eaux de saumure en noir.

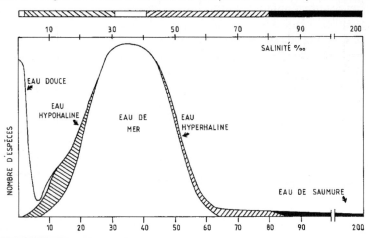

zones où la salinité atteint 150 g/L la faune disparaît presque complètement de même que la flore algale. Il ne subsiste plus que des Cyanobactéries et l'algue *Dunaliella salina* qui forme l'essentiel du phytoplancton et qui donne aux eaux une couleur rouge caractéristique. Des « tapis algaux » de Cyanobactéries du genre *Microcoleus* tapissent le fond des bassins et isolent le sel du sol, ce qui en facilite la récolte. Lorsque la salinité dépasse 150 g/L le tapis algal devient déliquescent et disparaît. Le Crustacé *Artemia salina* est le seul animal qui subsiste au delà de la salinité de 55 g/L et il se rencontre encore dans les eaux à 320 g/L de sels (figure 6.11). *Microcoleus* et *Artemia* sont des organismes cosmopolites et halophiles non liées au bord de la mer et pouvant se rencontrer dans des eaux salées loin à l'intérieur. Des bactéries particulières, les Halobactéries, hétérotrophes et aérobies, sont abondantes dans les eaux sursalées.

Figure 6.11

Répartition des principales espèces de la flore et de la faune en fonction de la salinité dans les diverses parties du Salin de Giraud (Busson et al., 1982)

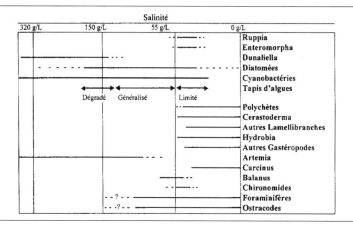

Artemia salina montre une euryhalinité supérieure à tout ce qui existe chez les autres animaux puisqu'elle est capable de maintenir la pression osmotique de son milieu intérieur à peu près constante lorsque la concentration du milieu extérieur en chlorure de sodium varie de 50 à 300 g/L (figure 6.12). Les mécanismes de l'osmorégulation chez *Artemia* sont complexes. Le tégument est imperméable à l'eau et aux ions. Les *Artemia* boivent de l'eau du milieu extérieur ce qui rend la pression osmotique de leur fluide intestinal supérieure à celle de leur hémolymphe. Le chlore et le sodium sont éliminés de l'intestin grâce à l'activité de l'épithélium des branchies ainsi qu'à l'activité d'une glande spéciale dite « neck organ », située à la partie dorsale du corps (Croghan, 1958 ; Conte *et al.*, 1972).

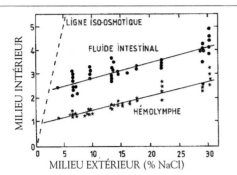

Figure 6.12

Osmorégulation chez Artemia salina

Les pressions osmotiques du milieu intérieur et du milieu extérieur sont indiquées par le pourcentage de NaCl dissous. La pression osmotique des liquides intestinaux est plus élevée que celle de l'hémolymphe et cette dernière varie très peu quelle que soit la pression osmotique du milieu extérieur (Schmidt-Nielsen, 1980).

Les dépôts de sulfates, chlorures et autres sels qui se font dans les eaux saumâtres actuelles existent en grandes quantité dans des roches salines connues sous le nom d'évaporites. Celles-ci se forment encore de nos jours dans certaines régions arides du globe (lagune de Kara Boghaz annexe de la mer Caspienne, ou lagune de La Bocana de Virrila au Pérou par exemple). Mais les dépôts d'évaporites ont été bien plus abondants jadis (exemple : bassin salifère de Mulhouse). L'étude des eaux saumâtres actuelles fournit des éléments nécessaires aux études de paléoécologie. La présence, dans la formation appelée grès à *Voltzia* du Trias de l'est de la France, de Lamellibranches plus petits que la normale et à coquille fragile, la fréquence d'organismes euryhalins comme la Lingule et l'absence d'organismes sténohalins comme les Céphalopodes et les Échinodermes permet de conclure que ces grès se sont formés dans des eaux littorales saumâtres (Gall, 1976).

IV. LE LAC MONO, UN ÉCOSYSTÈME HYPERSALÉ ORIGINAL

Le lac Mono, situé à 1 943 m d'altitude au pied de la Sierra Nevada en Californie centrale, est certainement le plus étudié des lacs hypersalins. C'est un lac de 120 km² et de 40 m de profondeur qui est le reste d'un lac pléistocène plus étendu et actuellement sans aucun exutoire naturel. L'évaporation intense en été n'est pas compensée par les torrents issus de la montagne, d'autant plus qu'une grande partie de ceux-ci est maintenant captée pour alimenter en eau la ville de Los Angeles. De ce fait, le niveau du lac baisse constamment et la salinité augmente. Le lac est alimenté par des eaux souterraines d'origine volcanique chargées en calcium. Ce calcium forme, en arrivant dans le lac, des colonnes de tuf calcaire appelées « tufa » donc beaucoup émergent aujourd'hui en raison de la baisse du niveau de l'eau (figure 6.13). Celle-ci est chargée de chlorure de sodium mais aussi de sels de calcium sous la forme de carbonates et de bicarbonates, ce qui explique son pH élevé égal à 10. La composition ionique de l'eau est la suivante (en pourcentage) : Na : 51,9 ; K : 1,6 ; Mg : 0,070 ; Ca : 0,004 ; Cl : 20,1 ; CO_3 : 12,8 ; SO_4 : 4,8 ; B : 1,3 (Herbst, 1988).

La salinité élevée (95 g/L de sels dissous) limite la richesse spécifique. La flore n'est constituée que par une trentaine d'espèces de Diatomées benthiques, ainsi que par l'algue verte *Ctenocladus circinnatus* et quelques espèces de Cyanobactéries filamenteuses des genres *Oscillatoria*, *Spirulina* et *Lyngbia*. Ces végétaux producteurs primaires servent de nourriture à de rares espèces d'Invertébrés parmi lesquels le Crustacé endémique *Artemia monica* qui ne peut subsister que dans l'eau du lac Mono dont la composition chimique se révèle ainsi très originale. Les Invertébrés benthiques ne comptent que sept espèces de Diptères dont le plus remarquable est *Ephydra hyans* qui caractérise les eaux alcalines de l'ouest de l'Amérique du Nord (les espèces du genre *Ephydra* sont communes dans les eaux saumâtres. On en trouve dans le Salin de Giraud en Camargue). La production des larves de *Ephydra hyans* dans le lac Mono est considérable. Les larves, les pupes et les imagos (qui restent souvent complètement immergés) forment sur les rives des couches épaisses de plusieurs centimètres que les Indiens venaient récolter pour les manger. Les autres Diptères appartiennent aux genres *Hydrophorus* (Dolichopodidés), *Chrysops* (Tabanidés), *Odontomyia* et *Nemotelus* (Stratiomyidés), et *Culicoides* (Cératopogonidés) (Herbst *et al.*, 1988).

L'absence totale de Vertébrés et d'Invertébrés prédateurs aquatiques laisse cette production secondaire disponible pour plusieurs espèces d'oiseaux migrateurs qui viennent en nombre se nourrir dans le lac en été et certains y nidifier.

Les plus nombreux sont les deux espèces de phalarope, *Phalaropus tricolor* (90 000 individus) et *P. fulicaria* (60 000 individus), la grèbe *Podiceps nigricollis* (750 000 individus soit le tiers de la population nord-américaine), la mouette *Larus californicus* (50 000 individus).

La capacité de régulation osmotique d'*Ephydra hians* est presque aussi grande que celle d'*Artemia*. Cette régulation se fait mieux dans de l'eau alcaline chargée en bicarbonate de calcium que dans une eau contenant uniquement des chlorures, ce qui révèle une étroite adaptation à l'eau alcaline du lac Mono. Le mécanisme principal de régulation osmotique des larves d'*Ephydra hians* est la précipitation du carbonate de calcium dans la lumière de tubes de Malpighi spécialisés (Herbst & Bradley, 1989).

La baisse continue du niveau de l'eau (12 m en 50 ans) a provoqué une augmentation de la salinité du lac de 50 à 95 g/L. La surface s'est réduite de 5 000 ha et les surfaces ainsi dégagées sont balayées par le vent qui transporte au loin des poussières chargées d'éléments toxiques comme l'arsenic. L'augmentation de la salinité, si elle se poursuit, anéantira peu à peu la faune originale de cet écosystème d'eau hyperhaline et enlèvera aux oiseaux qui y font étape un lieu indispensable à leur survie (Herbst, 1992). Le lac Mono de Californie risque de devenir une « petite mer d'Aral » .

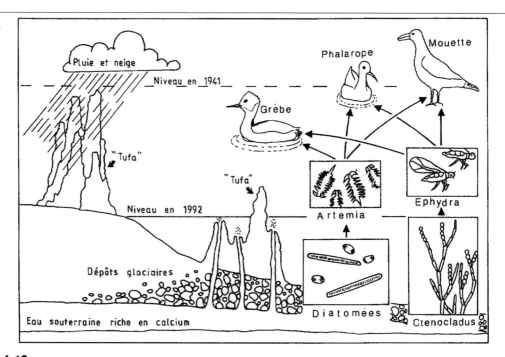

Figure 6.13

Structure du lac Mono et éléments principaux du réseau trophique

Les prélèvements d'eau effectués dans les torrents qui alimentent le lac ont fait baisser son niveau de 12 m depuis 1941. Les tours de tuf calcaire (appelées « tufa »), qui se sont formées sous l'eau, émergent en grande partie aujourd'hui. Sur le schéma sont représentés les organismes producteurs benthiques (l'algue verte *Ctenocladus* et des Diatomées) ainsi que les deux principaux consommateurs *Artemia monica* et *Ephydra hians*. Les consommateurs secondaires sont des oiseaux : mouettes, grèbes, phalaropes.

Références

BROCK, T. D. & BROCK, M. L., 1971. *Life in the Geyser Basins*. Yellowstone library.

*BUSSON, G. *et al.*, 1982. Données hydrochimiques, biologiques, isotopiques, sédimentologiques et diagénétiques sur les marais salants de Salin-de-Giraud (sud de la France). *Géologie méditerranéenne*, **9**, p. 303-591.

CONTE, F. P. *et al.*, 1972. Neck organ of *Artemia salina* nauplii : a larval salt gland. *J. comp. physiol.*, **80**, p. 239-246.

CROGHAN, P. C., 1958. The osmotic and ionic regulation of *Artemia salina* (L.). *J. exp. Biol.*, **35**, p. 219-233.

*CRAWFORD, C. S., 1981. *Biology of desert invertebrates*. Springer, Berlin.

DAJOZ, R., 1984 . Les Coléoptères Ténébrionides des déserts. *Cahiers des naturalistes*, **40**, p. 25-67.

*DAWSON, W. R. *et al.*, 1989. What's special about the physiological ecology of desert organisms ? *J. arid Environment*, **17**, p. 131-143.

DÉLYE, G., 1968. *Recherches sur l'écologie, la physiologie et l'éthologie des fourmis du Sahara*. Thèse, Université d'Aix-Marseille.

GALL, J. C., 1976. *Environnements sédimentaires anciens et milieux de vie*. Doin, Paris.

GRENOT, C., 1976. Écophysiologie du lézard saharien *Uromastix acanthinurus* Bell, 1825 (*Agamidae* herbivore). *Publ. Labo ENS*, **n°7**, 323 p.

*HADLEY, N. F., 1972. Desert species and adaptation. *Amer. Sc.*, **60**, p. 338-347.

*HADLEY, N. F. (ed.), 1975. *Environmental physiology of desert organisms*. Dowden, Hutchinson & Ross, Pennsylvania.

HERBST, D. B., 1988. Comparative population ecology of *Ephydra hians* Say (*Diptera : Ephydridae*) at Mono Lake (California) and Abert Lake (Oregon). *Hydrobiologia*, **158**, p. 145-166.

HERBST, D. B., 1992. Changing lake level and salinity at Mono Lake : habitat conservation problems for the benthic alkali fly. *White Mountains research station symposium*, **4**, p. 198-210. University of California.

HERBST, D. B. & BRADLEY, T. J., 1989. A malpighian tubule lime gland in an insect inhabiting alkaline salt lakes. *J. exp. Biol.*, **145**, p. 63-78.

HERBST, D. B. *et al.*, 1988. Osmoregulation in an alkaline salt lake insect, *Ephydra* (*Hydropyrus*) *hians* Say (*Diptera : Ephydridae*) in relation to water chemistry. *J. insect physiol.*, **34**, p. 903-909.

*LOUW, G. N. & SEELY, M. K., 1982. *Ecology of desert organisms*. Longman, London.

MAC MILLEN, R. E., 1992. Water economies of seed-eating mammals and birds. *White Mountain research station symposium*, **vol. 4**, p. 87-99.

*OZENDA, P., 1977. *Flore du Sahara*. 2ᵉ édition. CNRS, Paris.

*SCHMIDT-NIELSEN, K., 1980. *Animal physiology. Adaptation and environment*. 2nd edition. Cambridge Univ. Press.

SOLTZ, D. L. & NAIMAN, R. J., 1978. The natural history of native fishes in the Death Valley system. *Natural history museum of Los Angeles county*, science series **30**, p. 1-76.

SØMME, L., 1989. Adaptations of terrestrial arthropods to the alpine environment. *Biol. Rev.*, **64**, p. 357-407.

SØMME, L., 1994. The adaptation of alpine terrestrial arthropods to dessication. *Acta Oecologia*, **15**, p. 55-62.

TAYLOR, C. R., 1969. The eland and the oryx. *Sci. Amer.*, **220**, p. 88-95.

WHEELER, G. C. & WHEELER, J., 1973. *Ants of Deep Canyon*. University of California, Riverside.

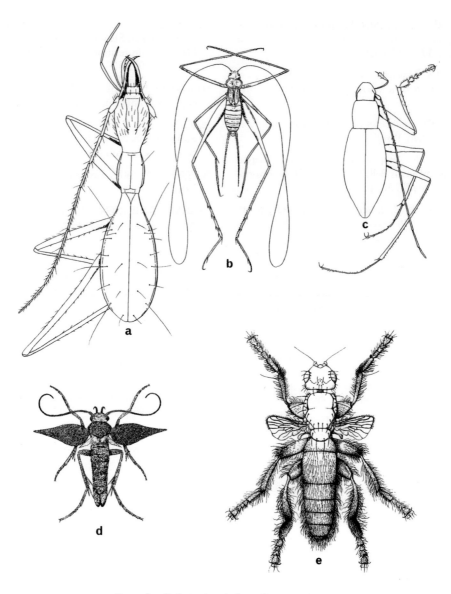

Exemples d'adaptations à des milieux extrêmes

I. Adaptations à la vie cavernicole

a : *Aphaenops alberti* (longueur 8,5 mm), Coléoptère de la famille des Carabidae qui vit dans une grotte des Pyrénées. **b :** *Phaephilacris leleupi* (longueur 2 cm pour le corps sans les appendices), Orthoptère de la famille des grillons qui vit dans les grottes d'Afrique tropicale. **c :** *Speoplanes giganteus* (longueur 7,5 mm), Coléoptère de la famille des Leiodidae qui vit dans une grotte glacée de Dalmatie où la température avoisine zéro degré. Chez ces trois espèces cavernicoles les pattes et les antennes sont très allongées, le tégument dépigmenté, les yeux sont absents chez les deux Coléoptères, les ailes sont réduites ou disparues. Les élytres de l'*Aphaenops* portent de longues soies sensorielles qui sont des récepteurs sensibles aux variations de l'hygrométrie; cet insecte recherchant toujours une humidité relative voisine de 100 %.

II. Adaptation à la vie dans les îles très ventées

d : *Embryonopsis halticella*, Lépidoptère des îles Kerguelen, Crozet et Marion. Le corps mesure à peine 4 mm de long mais les pattes sont bien développées. Plusieurs espèces de Lépidoptères aux ailes réduites et aux pattes bien développées existent dans les îles subantarctiques. La plus connue est *Pringleophaga kerguelensis* qui vit aux dépens de deux plantes endémiques, le chou des Kerguelen (*Pringlea* sp.) et une Rosacée du genre *Acaena*. **e :** *Paractora dreuxi* (longueur 12 mm), Diptère endémique des îles subantarctiques. Cet insecte vit dans les paquets d'algues qui sont rejetées à la côte. La réduction ou la perte des ailes est interprétée comme une adaptation des insectes à la vie dans des régions très ventées. Le climat très rude des îles subantarctiques entraîne une réduction de la végétation qui est peu élevée et qui offre peu d'abris aux insectes ailés. Ces derniers sont entraînés par le vent. L'aptérisme est une parade à ce danger.

Deuxième partie

ÉCOLOGIE DES POPULATIONS
ET DES PEUPLEMENTS

Une population est constituée par l'ensemble des individus d'une même espèce qui occupent un territoire commun et qui sont capables de se reproduire entre eux. Les populations naturelles sont caractérisées (sauf rares exceptions) par un polymorphisme génétique important qui leur permet de s'adapter à un milieu sans cesse changeant. Fréquemment les diverses populations d'une espèce ne sont pas isolées les unes des autres. Elles communiquent entre elles et échangent des gênes par l'intermédiaire d'individus migrateurs qui se dispersent et constituent ainsi des métapopulations (chapitres 19 et 21).

Les peuplements (appelés aussi communautés) sont des ensembles plurispécifiques qui occupent un territoire déterminé et qui correspondent à des structures intermédiaires entre les populations et les biocénoses. Ils sont en général définis par leur composition spécifique. Les rongeurs d'un champ, les fourmis d'une savane ou les oiseaux d'un bois constituent des peuplements. Ceux-ci sont plus faciles à étudier que les biocé-noses dont l'inventaire complet est une tâche à peu près impossible. Les peuplements peuvent être subdivisés en éléments encore plus simples et plus homogènes, les guildes.

L'étude des populations et des peuplements est un domaine de l'écologie en plein essor. Les principaux sujets qui sont abordés dans cette deuxième partie sont :

– l'étude des diverses interactions qui interviennent dans le déterminisme de la structure des populations et des peuplements ;

– les caractéristiques des populations et leurs variations d'abondance ;

– la structure des peuplements et des guildes, et son déterminisme ;

– l'évolution des populations et des peuplements, les stratégies démographiques ;

– les peuplements insulaires et la coévolution.

Chapitre 7

POPULATIONS, PEUPLEMENTS ET FACTEURS ÉCOLOGIQUES

Dans une communauté coexistent des espèces entre lesquelles s'établissent des interactions nombreuses. Si l'on considère un couple de deux espèces A et B, il est possible de définir huit types principaux d'interactions (tableau 7.1). La limite entre les divers types d'interactions, et en particulier entre le commensalisme, la symbiose et le parasitisme n'est pas toujours facile à établir et il existe de nombreux cas ambigus. Les trois interactions les plus importantes sont la compétition, la prédation et le mutualisme.

Interactions	Espèce A	Espèce B
Neutralisme	0	0
Compétition	–	–
Amensalisme (B amensale inhibe A)	–	0
Parasitisme (A parasite B)	+	–
Prédation (A est le prédateur et B la proie)	+	–
Commensalisme (A est commensale et B est l'hôte)	+	0
Coopération (interaction non obligatoire)	+	+
Mutualisme (interaction obligatoire)	+	+

Tableau 7.1

0 : les espèces ne sont pas affectées
+ : la vie de l'espèce est rendue possible ou améliorée
– : la vie de l'espèce est réduite ou impossible

I. LA COMPÉTITION

La compétition se manifeste dans deux circonstances : (a) lorsque des individus, appartenant à la même espèce ou à des espèces différentes, recherchent et exploitent la même ressource qui est présente en quantité limitée ; (b)

ou bien, si ces ressources ne sont pas en quantité limitée, lorsque les organismes en concurrence se nuisent. Les ressources recherchées peuvent être la nourriture, un abri, un site de nidification, etc. La compétition directe, ou par interférence, se manifeste lorsqu'un individu a un comportement agressif vis-à-vis de ses concurrents ou bien lorsqu'elle se fait par l'intermédiaire de substances toxiques qui sont sécrétées dans le milieu. La compétition indirecte, ou par exploitation, se produit lorsqu'un individu accapare les ressources aux dépens de l'autre.

L'écureuil américain *Sciurus carolinensis* a été introduit en Angleterre où il élimine peu à peu l'écureuil roux *S. vulgaris*. La compétition directe entre les deux espèces est la cause vraisemblable de la disparition de l'écureuil roux (Reynolds, 1985). Dans les vases littorales de l'Europe occidentale, la Graminée *Spartina anglica* élimine peu à peu l'espèce voisine *S. stricta* en accaparant tout l'espace disponible (compétition par exploitation) par sa multiplication végétative intense. Un autre exemple de compétition par exploitation mais entre espèces éloignées, se rencontre dans l'île de la Barbade où la plante *Asclepias curassavica* sert de nourriture au papillon *Danaus plexippus* et à des punaises du genre *Oncopeltus*. Les chenilles du papillon ont pratiquement éliminé l'*Asclepias* mais elles peuvent survivre aux dépens d'une autre plante, *Calotropis procera*. Les punaises qui ne le peuvent pas ont été presque éliminées (Blackley & Dingle, 1978).

La compétition intraspécifique se produit entre individus de la même espèce et la compétition interspécifique entre individus appartenant à des espèces différentes. La notion de compétition interspécifique est indissociable de celle de niche écologique et du principe d'exclusion compétitive.

Le rôle et l'importance de la compétition ont fait l'objet de beaucoup de recherches et de discussions que l'on peut faire remonter au moins à l'époque de l'élaboration des modèles théoriques de Lotka et de Volterra. Des écologistes comme Elton (1927), Lack (1947, 1971), Hutchinson (1965), Mac Arthur (1972) ont attribué un rôle important à la compétition. Dès 1944 des débats furent engagés à la *British Ecological Society* afin de déterminer si des espèces similaires, ayant la même niche écologique, pouvaient coexister. Elton fut le premier à montrer que dans un ensemble de communautés végétales le nombre d'espèces par genre est voisin de l'unité alors que pour l'ensemble des îles Britanniques il est de 2,6. La conclusion d'Elton fut que peu d'espèces voisines peuvent coexister. À peu près à la même époque Lack montrait que des espèces morphologiquement proches de Géospizinés ne cohabitent pas sur les mêmes îles dans l'archipel des Galápagos. La discussion sur le rôle de la compétition et même sur la réalité de son existence allait durer longtemps. Le nombre de publications qui apportent des preuves de la compétition fondées uniquement sur l'observation excède largement celui des publications qui en apportent une preuve expérimentale. C'est en partie pour cette raison que l'importance de la compétition a été souvent contestée à partir des années 70 (par exemple Wiens, 1977 ; Connor & Simberloff, 1979 ; Strong *et al.*, 1979 ; Pimm, 1984 ; Lawton, 1984 ; Arthur, 1987 ; Keddy, 1989).

La réalité de la compétition n'est pas facile à établir lorsqu'on ne dispose que de faits d'observation qui peuvent être interprétés de diverses façons. Il ne faut pas confondre la compétition réelle, actuelle, avec ce qui a été appelé le « fantôme de la compétition » (*the ghost of competition past*) qui est le résultat d'une compétition passée ayant abouti à la séparation écologique des espèces. En Israël deux espèces de Rongeurs, *Gerbillus allenbyi* et *Merione tristrami*, ont des aires de répartition bien distinctes. La première habite les dunes littorales sableuses et la seconde les zones non sableuses. Cette répartition pourrait être considérée comme un cas d'exclusion compétitive due à la compétition. Mais l'expérimentation (enlèvement de *Gerbillus allenbyi* dans l'étroite zone de contact entre les deux milieux) ne provoque aucune modification de l'abondance de M. *tristrami*, ce qui établit l'absence de compétition actuelle entre les deux espèces de Rongeurs. Leur localisation est le résultat d'une compétition passée qui a conduit chaque espèce à choisir un type d'habitat déterminé (Abramsky & Sellah, 1982).

La réalité de la compétition et son importance ont été testées par une revue des résultats relatifs à 164 études fondées sur des expérimentations *in natura* (Connell, 1983 ; Schoener, 1983). L'évidence de la compétition apparaît dans ces études statistiques. Elle n'est pas universelle, mais elle semble plus répandue dans le milieu terrestre que dans le milieu aquatique ou le milieu marin. Elle est plus fréquente chez les carnivores, les décomposeurs et les végétaux que chez les herbivores. L'analyse des résultats n'est pas facile : pour Schoener 77 % des espèces étudiées entrent en compétition, mais 55 % seulement selon Connell. Dans le cas des insectes un diagramme établi par Keddy (1989) montre que la compétition est faible chez les espèces mangeuses de feuilles, de fruits ou de bois, moyenne chez les prédateurs et les coprophages, et élevée chez les parasites et les nécrophages. Quand la compétition est faible elle se fait surtout par exploitation et quand elle est forte par interférence.

1.1. La compétition intraspécifique

Ce type de compétition peut intervenir pour de très faibles densités de population. Chez la drosophile des interactions de nature compétitive apparaissent lorsqu'il y a deux individus dans un flacon d'élevage de 0,25 L où la surface de la nourriture est de 300 mm^2 car les mouches se gênent lors de la prise de nourriture et de la ponte, ce qui diminue leur fécondité.

La compétition intraspécifique peut se manifester de façons très diverses.

• **Le comportement territorial** qui consiste à défendre une certaine surface contre les incursions des autres individus de la même espèce est fréquent chez les Vertébrés et existe aussi chez des insectes comme les libellules. La défense d'un territoire est interprétée comme un moyen d'augmenter les chances de survie en fragmentant les ressources et en évitant une compétition trop grande. Souvent les oiseaux défendent un territoire dont la surface est fonction des ressources disponibles. La grouse *Lagopus scoticus* défend les zones de bruyère les plus riches comme territoire de reproduction et d'alimentation. Gill & Wolf (1975) ont montré qu'un oiseau-mouche peut défendre un territoire dont la surface varie de 1 à 300 mais qui renferme toujours environ 1 600 fleurs sur lesquelles l'oiseau se nourrit. La surface défendue est un compromis entre les bénéfices que l'oiseau en tire et le coût énergétique que cela représente. Ces constatations sont à l'origine de la théorie dite *optimal feeding territory size* (Schoener, 1983).

• **La défense d'un territoire** est aussi un moyen de défense contre les prédateurs car l'animal connaît parfaitement les chemins de fuite et il peut échapper plus facilement à ses ennemis. Souvent les individus qui ne sont pas cantonnés dans un territoire ne se reproduisent pas et la compétition joue ainsi le rôle de facteur régulateur des populations. Chez la mésange *Parus major*, l'élimination de six mâles ayant chacun un territoire a été suivie immédiatement par l'installation de quatre mâles dans la zone libérée et par l'extension des territoires des autres oiseaux (Krebs, 1971).

• **Le maintien d'une hiérarchie sociale**, fréquente chez les mammifères, peut être assimilée à une forme de compétition. Chez les insectes les larves de hanneton âgées de trois ans attaquent les larves plus jeunes et empêchent leur développement. Cette forme de compétition directe explique pourquoi dans une région toutes les larves ont le même âge et pourquoi les imagos n'apparaissent que tous les trois ans. Un phénomène analogue a été observé chez le Scarabéide australien *Aphodius howitti* dont la larve attaque ses congénères qui viennent à son contact en les mordant. Comme les femelles pondent leurs œufs en amas, les larves sont groupées, ce qui contribue à augmenter la compétition et à maintenir les populations à un faible niveau.

• **La compétition intraspécifique pour l'alimentation** augmente avec la densité de population et sa conséquence la plus fréquente est la baisse du taux de croissance des populations. Cette baisse peut se manifester de façons très variées (figure 7.1) : baisse du pourcentage de femelles gravides chez le cerf, augmentation de l'âge de la maturité sexuelle chez l'éléphant, baisse du nombre de jeunes par couple chez la mésange *Parus major*, et du nombre d'œufs pondus par jour chez la drosophile. Chez un végétal, la renoncule *Ranunculus repens*, l'augmentation de la densité se traduit par une diminution de l'espérance de vie des propagules qui assurent la multiplication végétative.

Chez les végétaux la compétition intraspécifique liée aux fortes densités se fait surtout pour deux facteurs limitants, l'eau et la lumière, et elle produit des modifications plastiques des individus, phénomène qui ne s'observe que rarement chez les animaux. Elle se manifeste également par une mortalité importante qui réduit fortement les effectifs (figure 7.2).

Le tournesol *Helianthus annuus* porte en général un seul capitule terminal qui commence à se former lorsque la plante est jeune et que l'influence de la compétition ne s'est pas encore manifestée. La réponse de la plante à l'augmentation de densité ne peut donc pas être une réduc-

Figure 7.1

Influence de la densité sur le taux de croissance des populations

A : Pourcentage de femelles gravides chez le cerf en fonction du nombre d'hectares disponibles par cerf.

B : Espérance de vie (en semaines) des propagules végétatives de *Ranunculus repens* en fonction de la densité par mètre carré.

C : Âge de maturité de l'éléphant d'Afrique en fonction du nombre d'individus par kilomètre carré.

D : Nombre d'œufs pondus par femelle et par jour en fonction du nombre d'insectes par flacon d'élevage chez la drosophile.

E : Nombre de jeunes chez la mésange *Parus major* en fonction du nombre de couples nicheurs à l'hectare.

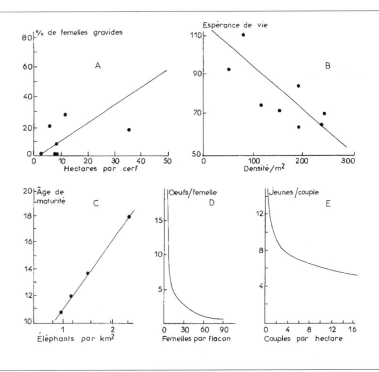

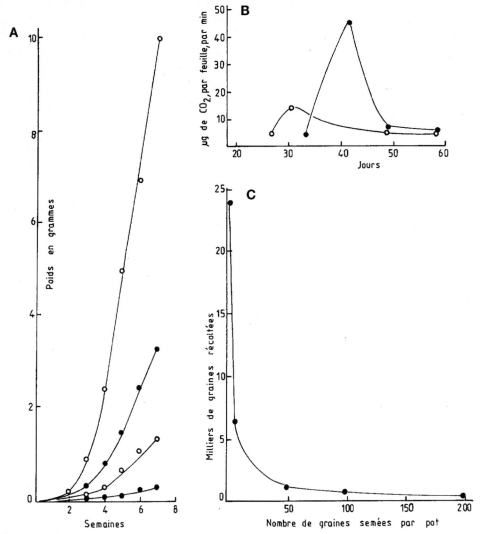

Figure 7.2

La compétition interspécifique chez les végétaux

A : Croissance pondérale des individus issus de quatre peuplements de densités différentes de moutarde blanche, respectivement 125 plantes par dm², 12,8 par dm², 3,2 par dm² et 1,5 par dm².

B : Variation de l'intensité de la photosynthèse nette (en μg CO_2 par feuille et par minute) réalisée par la troisième feuille apparue dans deux peuplements de moutarde blanche, l'un avec 3,5 plantes par dm² (points noirs) et l'autre avec 12,8 plantes par dm² (cercles blancs). En abscisse, âge de la culture.

C : Production de graines par *Capsella bursa pastoris* en fonction de la densité du semis (Palmblad, 1968 ; Cornic, 1970).

tion du nombre de capitules. Elle consiste en un étiolement de la plante qui produit des capitules moins gros, des akènes moins nombreux et plus petits. La récolte de graines reste à peu près constante. En général la taille des graines ne varie pas chez les végétaux lorsque la densité du semis augmente. Le tournesol est une exception à cette règle (figure 7.3).

La compétition pour la lumière provoque une réduction considérable du nombre des jeunes arbres dans les semis naturels. Elle exerce aussi une action sur la forme des arbres qui sont très différents d'aspect à l'état isolé et à l'état groupé. Un arbre comme le chêne a, lorsqu'il est isolé, une forme spécifique globuleuse, les rameaux bas recevant suffisamment de lumière pour se développer autant que ceux qui sont situés plus haut dans la cime. Dans un peuplement forestier les feuilles et les branches inférieures sont ombragées par celles qui sont situées au-dessus et sur les côtés et qui appartiennent au même arbre ou aux arbres voisins. Un phénomène d'élagage naturel se produit qui provoque la mort et la chute des branches dont les feuilles ne reçoivent pas assez de lumière et chez lesquelles le bilan photosynthétique est négatif. L'arbre prend une forme forestière avec un fût droit, cylindrique et dépourvu de ramifications sur une grande hauteur.

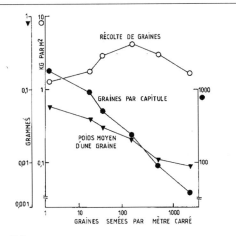

Figure 7.3

Réactions du tournesol à l'augmentation de densité des semis

La récolte de graines reste à peu près constante mais le nombre de graines par capitule et le poids moyen d'une graine diminuent (Clements *et al.*, 1929).

• **Un cas particulier de compétition intraspécifique** est celle qui se manifeste entre génotypes différents chez les espèces qui ont un polymorphisme génétique. Elle a été établie expérimentalement en mettant en compétition deux mutants de *Drosophila simulans*, le type *wild* et le type *white*. Le type *wild* élimine généralement le type *white*, sauf si la cage d'élevage a une structure suffisamment hétérogène pour que chaque mutant puisse s'installer dans un microbiotope différent (Jones et Probert, 1980). La compétition entre génotypes et la survie de celui qui a la meilleure valeur sélective est un processus qui peut assurer la transformation des populations par le jeu de la sélection naturelle. La lutte entre mâles pour la possession des femelles peut être considérée comme une forme de compétition intraspécifique. Elle se manifeste sous des formes très diverses : parades sexuelles, combats. De nombreux exemples sont donnés dans Krebs & Davies (1987).

1.2. La compétition interspécifique

La compétition interspécifique se produit le plus souvent entre espèces voisines appartenant à un même niveau trophique. Mais elle peut aussi exister entre espèces éloignées (Competition between distantly related taxa, 1979). Elle a été signalée entre des oiseaux aquatiques et des poissons ; entre des oiseaux et des chauves-souris ; entre des oiseaux-mouches, des papillons Sphingidés et des abeilles ; entre des fourmis et des rongeurs granivores ; entre des algues encroûtantes et des Bryozoaires. Elle existe aussi entre des Arthropodes et des organismes pathogènes (Bactéries, Protozoaires, Champignons). Le champignon pathogène *Verticillium dahliae* cause moins de dommages au coton qui a déjà été attaqué par des Acariens du genre *Tetranychus* et réciproquement les Acariens accroissent leurs populations moins vite sur du coton infecté par *Verticillium* (Hochberg & Lawton, 1990). Un exemple de compétition entre deux taxa éloignés, le lézard *Anolis limifrons* et l'oiseau *Hylophylax naevoides*, est donné par Wright (1979). Dans la région de Barro Colorado les deux espèces se nourrissent dans la litière et dans la strate végétale comprise entre 0 et 2 m et consomment des Arthropodes identiques. L'indice de chevauchement des niches écologiques, calculé sur les proies, est de 0,62. La fréquence des proies des deux espèces est la suivante :

Proies	A. limifrons	H. naevoides
Chenilles	0,11	0,22
Papillons	0,02	0,16
Orthoptères	0,08	0,18
Blattidae	0,15	0,04
Fourmis	0,17	0,07
Araignées	0,36	0,22
Autres Arachnides	-	0,02
Isopodes	0,09	0,07
Chilopodes	-	0,02

La densité de l'oiseau et celle du lézard varient en sens inverse. La compétition avec les oiseaux entraîne chez les lézards une pénurie alimentaire à certaines périodes de l'année, ce qui réduit leur densité, détériore leur état physiologique et diminue la fécondité des femelles.

La notion de facilitation, qui est le contraire de la compétition, a été introduite par Bos *et al.* (1977) pour décrire ce qui se passe quand l'utilisation de la ressource partagée par deux espèces est plus grande lorsque ces deux espèces coexistent que lorsqu'elles sont isolées. Le phénomène a été découvert chez les deux espèces jumelles *Drosophila melanogaster* et *D. simulans*. Les larves de la première espèce sont incapables de se développer sur des cultures pures d'un mutant de la levure *Saccharomyces cerevisiae* et *D. simulans* ne s'y développe que médiocrement. Lorsque les deux espèces sont élevées en culture mixte leur

croissance est bien meilleure. Ceci semble dû à l'excrétion, par chaque espèce, de produits du métabolisme qui servent à l'autre espèce. La facilitation ainsi définie ressemble beaucoup à de la symbiose. Dans les savanes africaines les gnous consomment une partie de l'épais tapis herbacé de graminées et piétinent le reste. Ils rendent ainsi accessible aux antilopes les pousses de Dicotylédones dont elles se nourrissent. C'est un autre exemple de facilitation.

1.2.1. LA COMPÉTITION CHEZ LES VÉGÉTAUX

De nombreuses expériences montrent l'existence de la compétition interspécifique chez les végétaux. Cette compétition se termine rarement par l'élimination d'une espèce mais le plus souvent par un équilibre stable entre les deux espèces. Dans une prairie pâturée par des moutons, les espèces végétales les plus abondantes sont une graminée *Festuca ovina* et deux Dicotylédones, *Rumex acetosella* et *Galium aparine*, ainsi que quatorze autres espèces de Monocotylédones et de Dicotylédones. L'élimination (à l'aide d'herbicides sélectifs) des Dicotylédones n'affecte pas la croissance de *Rumex acetosella*. Mais l'élimination des graminées en double la biomasse et l'élimination de toutes les autres plantes en multiplie la biomasse par huit. Ceci montre que *Rumex acetosella* entre en compétition légère avec les Dicotylédones et forte avec l'ensemble des graminées (Putwain & Harper, 1970).

Beaucoup de plantes en apparence calcifuges supportent le calcium en culture pure. Dans la nature elles sont cantonnées dans leur habitat par la concurrence avec d'autres espèces. Dans les Alpes se développent deux associations végétales : l'une caractérisée par la graminée *Nardus stricta* s'installe sur les sols siliceux de pH inférieur à 6 ; l'autre, caractérisée par une autre gra-

minée *Sesleria coerulea*, se rencontre sur les sols calcaires ou dolomitiques de pH supérieur à 7. En monoculture quatre espèces au moins de la première association peuvent pousser sur sol calcaire et huit de la seconde sur sol siliceux, sans montrer de modifications importantes de leur vitalité. En culture mixte *N. stricta* élimine *S. coerulea* des sols siliceux et *S. coerulea* élimine *N. stricta* des sols calcaires. Il reste à découvrir la raison de cette exclusion compétitive qui doit avoir des causes physiologiques. *Galium saxatile*, en Grande-Bretagne, évite les sols calcaires non parce qu'il ne peut pas croître sur eux, mais parce que ses germinations s'y développent très lentement et qu'elles sont désavantagées dans la compétition, d'autres plantes ayant une croissance plus vigoureuse. De même *Rumex acetosa* montre une préférence pour les sols acides, mais, en culture pure, il croît plus vigoureusement sur sol calcaire. Ceci permet de distinguer, pour un végétal, un pH optimum physiologique pour la plante poussant isolément et un optimum écologique pour des plantes poussant ensemble et soumises à la compétition (figure 7.4). Ceci peut être considéré comme un cas particulier d'une règle assez générale qui précise que, lorsque deux espèces entrent en compétition, l'amplitude de leurs niches écologiques diminue, ce qui réduit la compétition.

Le résultat de la compétition interspécifique peut être modifié par l'intermédiaire d'un organisme extérieur tel qu'un prédateur. *Rumex obtusifolius* et *R. crispus* sont des plantes qui entrent en compétition et la première domine la seconde. Lorsque le Chrysomélide *Gastrophysa viridula* attaque les feuilles des deux espèces, *R. crispus* montre une réduction beaucoup plus marquée de sa biomasse végétative (feuilles et racines) que *R. obtusifolius*. En même temps le nombre de graines de *R. obtusifolius* et leur poids moyen sont réduits tandis que chez *R. crispus* seul le nombre de graines est réduit (Hadkinson & Hughes, 1982).

Figure 7.4

Réaction de trois végétaux au pH du sol en culture pure et en mélange avec d'autres espèces (en hachures)

Le pH optimum déterminé en culture pure est différent du pH optimum déterminé lorsque la compétition intervient. **a** : *Deschampsia* ; **b** : *Tussilago* ; **c** : *Arctostaphylos* (Ellenberg et Knapp, 1973).

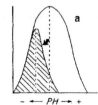 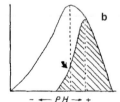 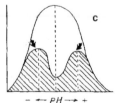

Ceci met en évidence les interactions complexes par lesquelles un herbivore peut modifier l'aptitude à la compétition de deux végétaux et leur potentiel reproducteur.

La compétition peut être un facteur d'évolution de la végétation. En forêt de Fontainebleau le bouleau *Betula verrucosa*, exigeant en lumière et aux graines légères, est le premier arbre à s'installer sur les surfaces incendiées. Le pin sylvestre apparaît quelques années après sous le couvert des jeunes bouleaux. Au bout d'une vingtaine d'années les bouleaux sont dominés par les pins et ils meurent. Les chênes *Quercus sessiliflora* et *Q. pedunculata* s'installent progressivement sous l'ombrage des pins. Enfin le hêtre qui est une essence d'ombre finit par éliminer tous les arbres qui ne peuvent pas s'installer dans un sous-bois trop obscur.

1.2.2. LA COMPÉTITION CHEZ LES INSECTES

Les exemples de compétition interspécifique sont nombreux chez les insectes. À Hawaii pour lutter contre la mouche des fruits, *Dacus dorsalis*, on a introduit un Hyménoptère parasite, *Opius longicaudatus* ; celui-ci a été progressivement éliminé par la deuxième espèce introduite *Opius vandenboschi* qui à son tour, a été supplantée par la troisième espèce introduite *Opius oophilus* (Bess *et al.*, 1961). Le mécanisme de la compétition est souvent mal connu. Il a été élucidé chez des cochenilles originaires du Japon et introduites accidentellement aux États-Unis où elles vivent sur *Tsuga canadensis*. Le site préférentiel de fixation de ces cochenilles est constitué par les aiguilles jeunes de la partie inférieure de la couronne des arbres, ce qui intensifie la compétition lorsque l'espace vient à manquer. La cochenille *Fiorina externa* élimine peu à peu l'autre espèce *Tsugaspidiotus tsugae*. L'aptitude supérieure de *F. externa* dans la compétition est liée à son installation plus précoce sur les aiguilles jeunes qui sont plus riches en substances azotées. *Tsugaspidiotus tsugae* est ainsi forcée de s'installer sur des aiguilles plus vieilles et pauvres en substances azotées, ce qui provoque une mortalité plus grande de cette espèce.

Pour obtenir une limitation rapide de la mouche de l'olive, *Dacus oleae*, dans la région de Cannes, un Hyménoptère Braconide parasite, *Opius concolor*, fut introduit dans les années 60. Mais cette espèce entra en compétition avec un autre Hyménoptère parasite indigène, *Eupelmus urozonus* (figure 9.13). Une « évolution concurrentielle » entre les deux parasites entraîna une baisse rapide de leurs populations au bénéfice du ravageur qui proliféra (Delanoue, 1964).

Ces exemples se rapportent à des espèces introduites. Mais la compétition existe aussi dans des milieux naturels non modifiés par l'homme. Les cadavres de lapins sont exploités en Californie par des larves de Diptères Sarcophagides et Calliphorides. Pour pondre, les femelles de Calliphorides doivent déposer leurs œufs directement sur le cadavre alors que celles des Sarcophagides, qui sont ovovivipares peuvent expulser leurs larves à distance. Si l'on empêche les Calliphorides de pondre en entourant les cadavres avec un grillage, la densité des Sarcophagides est multipliée par dix ce qui permet de penser que la compétition avec les Calliphorides est le facteur qui limite les populations de Sarcophagides. Le décalage dans le temps des périodes d'abondance des espèces permet de limiter la compétition. Ce décalage affecte surtout les espèces abondantes et non les espèces rares, la compétition ne se manifestant que lorsque les espèces en présence ont des populations suffisamment abondantes (Denno & Cochran, 1975).

Un exemple de compétition par exploitation est fourni par l'étude de deux espèces de bourdons des Montagnes Rocheuses (Inouye, 1978). *Bombus appositus* butine surtout sur *Delphinium barberi* et *Bombus flavifrons* sur *Aconitum columbianum*. Mais si l'on enlève l'une ou l'autre espèce, celle qui reste exploite rapidement les deux fleurs. Ceci montre que la niche écologique fondamentale des deux bourdons comprend les deux espèces de fleurs mais que la compétition cantonne chaque espèce à une seule fleur. Il est probable que *B. appositus*, qui a une langue plus longue que *B. flavifrons*, réduit la quantité de nectar présente dans les fleurs de *Delphinium* ce qui rend ces dernières moins attractives pour *B. flavifrons*.

La compétition semble rare chez les insectes phytophages (Lawton & Strong, 1981). Ni l'observation ni l'expérimentation n'ont pu établir l'existence de la compétition parmi les peuplements de Chrysomélides Hispinés qui colonisent les feuilles enroulées des plantes néotropicales du genre *Heliconia*. Pourtant les niches écologiques des diverses espèces d'Hispinés se chevauchent

largement et on peut en trouver jusqu'à huit espèces par plante. Par contre le parasitisme par les Trichogrammes, qui atteint de 30 à 50 % des individus, semble bien jouer un rôle important dans la régulation des populations de ces Hispinés qui sont maintenus à des densités suffisamment faibles pour que la nourriture et la place disponible dans les feuilles ne jouent pas le rôle de facteur limitant (Strong, 1982 ; Seifert, 1982). Une étude effectuée dans la prairie de l'Illinois concerne treize espèces d'insectes qui vivent dans les tiges de diverses plantes herbacées. Les niches écologiques de neuf espèces se chevauchent à plus de 70 % en ce qui concerne la localisation dans les végétaux et leur mode d'utilisation. Malgré cela la compétition n'a pu être décelée que pour deux espèces (Rathcke, 1976). Cet exemple montre que la mesure du chevauchement des niches écologiques ne fournit pas toujours une mesure de l'intensité de la compétition. Celle-ci n'apparaît que lorsque la nourriture est un facteur limitant et son intensité est alors en rapport avec l'ampleur du chevauchement des niches (Sale, 1974).

La compétition peut être évitée chez les insectes phytophages par l'installation des espèces voisines sur des plantes hôtes différentes. Le charançon *Larinus jaceae* se développe surtout dans *Carduus* sp. et très rarement dans *Cirsium* ou *Centaurea* ; l'espèce voisine *Larinus sturnus* se développe dans *Centaurea*, *Arctium* ou *Cirsium*, rarement dans *Carduus* (figure 7.5). Si l'on force les deux espèces à pondre dans *Carduus crispus*, la compétition se manifeste et *Larinus sturnus*, inférieur dans la compétition, subit une mortalité importante (Zwolfer, 1979).

Divers écologistes ont montré que dans un habitat hétérogène où les ressources sont dispersées et fugitives la coexistence de deux espèces potentiellement compétitives peut être modifiée grâce à un « effet de priorité ». On désigne ainsi le fait qu'une espèce qui a colonisé un milieu la première résiste à l'invasion des autres espèces (Levin, 1976 ; Sale, 1982 ; Kneidel, 1983). Les deux drosophiles *Drosophila phalerata* et *D. subobscura* qui se développent dans les carpophores de divers champignons ont été élevées sur l'agaric *Agaricus bispora*, une espèce ayant été « autorisée » à pondre dans le champignon un à sept jours avant l'autre. Les drosophiles qui ont pondu plus tard ont des descendants dont le taux de survie est plus faible, la taille plus petite et la durée de développement plus grande. Ces trois caractéristiques réduisent considérablement le pouvoir colonisateur et ce sont celles qui correspondent aux effets attendus de la compétition (Shorrocks & Bingley, 1994).

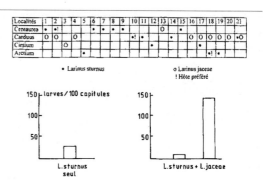

Figure 7.5
Composées des genres Centaurea, Carduus, Cirsium et Arctium choisies comme sites de ponte par deux espèces de charançons du genre Larinus dans 21 localités d'Europe (les résultats de la localité 21 doivent être confirmés)

Les sites de ponte préférés ont été déterminés expérimentalement. Le schéma du bas indique les résultats de la compétition provoquée en forçant les femelles de *Larinus sturnus* à pondre dans les capitules de *Carduus crispus*. Il représente le nombre de larves vivantes issues de 100 capitules de *Carduus* dans le cas où *Larinus sturnus* est seul et dans le cas où il cohabite avec *L. jaceae* (Zwolfer, 1979).

1.2.3. LA COMPÉTITION CHEZ LES AUTRES INVERTÉBRÉS

La compétition existe chez des Invertébrés autres que les Insectes. Lorsque les deux planaires *Planaria montenegrina* et *Planaria gonocephala* sont allopatriques, la première espèce occupe seulement la partie amont de la rivière dont les eaux ont une température comprise entre 6,5 et 16 °C alors que la seconde vit dans toute l'étendue du cours d'eau dans des eaux dont la température varie de 6,5 à 23 °C. Mais lorsque les deux espèces sont sympatriques, *P. montenegrina* à niche écologique plus étroite élimine *P. gonocephala* du cours supérieur des rivières et cette dernière ne se trouve plus que dans des eaux dont la température est comprise entre 13 et 23 °C.

La répartition des Crustacés Cirripèdes fixés, *Chthamalus stellatus* et *Balanus balanoides*, dans la zone intertidale des côtes d'Écosse est réglée par la compétition pour l'espace. Les adultes de *Chthamalus* se fixent généralement au-dessus de ceux de *Balanus*. Or les larves planctoniques des deux espèces se rencontrent dans toute la hauteur de la zone intertidale. Mais celles de *Chthamalus* qui se fixent au niveau occupé par les *Balanus* sont peu à peu éliminées par ces derniers. Cette élimination a été confirmée par l'observation. Les *Balanus*, en se développant, poussent et

écrasent les *Chthamalus* (Connell, 1961). Ceci est un exemple typique de compétition par interférence.

Il y a souvent plus de deux espèces en compétition et ce n'est pas toujours la même qui domine. La compétition pour l'espace chez les invertébrés marins coloniaux et fixés tels que les Bryozoaires, Hydraires, Spongiaires, Ascidies semble très répandue (figure 7.6). La compétition entre colonies de la même espèce est déclenchée par des mécanismes de reconnaissance génétiquement contrôlés. Cette compétition peut s'accompagner de l'apparition de réactions de défense acquises, en particulier chez les Cnidaires qui produisent des tentacules particuliers armés de nombreux nématocystes qui infligent des dégâts à la colonie voisine (Buss, 1990).

Figure 7.6
Compétition pour l'espace entre trois espèces d'organismes marins fixés au substrat
Les flèches vont de l'espèce dominante vers l'espèce subordonnée et leur longueur est proportionnelle à la fréquence avec laquelle chaque espèce domine l'autre. (Buss, 1990). *Neogoniolithum* : algue rouge ; *Botrylloides* : ascidie.

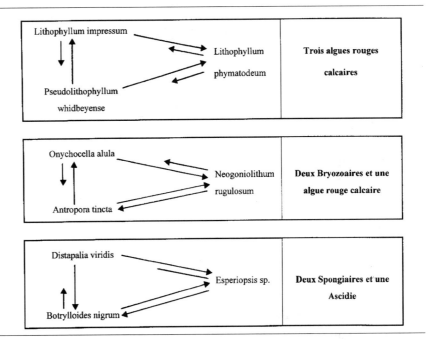

1.2.4. LA COMPÉTITION CHEZ LES VERTÉBRÉS

Un des premiers cas connus de séparation des niches écologiques aboutissant à la coexistence est celui des deux espèces de cormorans du genre *Phalacrocorax* étudiées par Lack (1945). Les deux espèces se ressemblent beaucoup, vivent sur les mêmes côtes et vont pêcher dans les mêmes eaux. Mais *P. carbo* plonge en profondeur et se nourrit d'animaux benthiques (poissons plats, Labridés, crevettes) tandis que *P. aristotelis* pêche dans les eaux superficielles et consomme beaucoup de Clupéidés et de lançons.

La compétition chez les Vertébrés aboutit souvent, comme chez les Invertébrés, à la séparation des niches écologiques. Le rat d'égout, *Rattus surmuletus*, a chassé le rat noir, *Rattus rattus*, qui s'est réfugié dans les greniers des maisons pendant que le premier peuplait les caves et les égouts. Les trois espèces de pics du genre *Dendrocopos* peuvent cohabiter dans les forêts d'Europe car chaque espèce se nourrit sur une partie différente des arbres : le pic épeiche sur les troncs, le pic noir sur les grosses branches et le pic épeichette sur les rameaux. La séparation d'espèces sympatriques de vertébrés dans des niches écologiques différentes est un moyen d'éviter la compétition (chapitre 12).

II. PRÉDATION ET PRÉDATEURS

On appelle prédateur tout organisme libre qui se nourrit aux dépens d'un autre. Cette définition permet de considérer les animaux herbivores comme des prédateurs de végétaux. Le parasite ne mène pas une vie libre ; il est, au moins à un stade de son développement, lié à la surface (ectoparasite) ou à l'intérieur (endoparasite) de son hôte. Il existe des formes biologiques qu'il est difficile de classer, comme les insectes parasi-

toïdes qui se comportent tout d'abord en parasites respectant les organes vitaux de leur hôte puis en prédateurs qui dévorent et tuent leur hôte.

2.1. La diversité des régimes alimentaires

Les espèces monophages attaquent un seul hôte. La monophagie est répandue chez les insectes phytophages et parasitoïdes. Une étude portant sur plus de 1 500 espèces d'insectes phytophages appartenant à des groupes très divers, tempérés et tropicaux, révèle l'existence de 66 % d'espèces monophages, de 19,5 % d'espèces oligophages et de 14,5 % de polyphages. La monophagie est plus rare chez les vertébrés. Le milan des Everglades, *Rostrhamus sociabilis*, a comme proie unique l'escargot *Pomatia caliginosa*. Les animaux oligophages vivent aux dépens de quelques espèces voisines. Le doryphore attaque la pomme de terre et quelques autres Solanacées. Les espèces polyphages ont un régime plus éclectique. Le lépidoptère *Lymantria dispar* attaque 458 arbres différents aux États-Unis et le diptère Tachinaire *Compsilura concinnata* parasite plusieurs centaines d'espèces d'insectes. Beaucoup de mammifères sont polyphages.

La recherche de ressources alimentaires précises est un mécanisme de séparation des niches écologiques qui évite la compétition et qui peut être illustré par l'exemple des drosophiles qui se développent dans les parties en fermentation des cactées du désert de Sonora. Certaines espèces de drosophiles sont inféodées à des espèces de Cactées d'une façon quasi absolue : *Drosophila pachei* à *Lophocereus schottii*, *Drosophila nigrospiracula* à *Carnegiea gigantea*, *Drosophila mojavensis* à *Lemaireocereus thurberi*, etc. Les recherches entreprises ont montré que les diverses espèces de cactées renferment soit des substances nécessaires au développement de certaines espèces de drosophiles soit des substances répulsives vis-à-vis d'autres. *Lophocereus schottii* renferme un alcaloïde inhabituel, le schottenol (Δ7-stigmastène-

3β-ol), qui est indispensable à la croissance de *Drosophila pachei*, cette espèce étant incapable d'utiliser le cholestérol. Cette cactée renferme aussi un autre alcaloïde, la pilocéréine, qui est toxique pour les espèces de *Drosophila* sympatriques et pour lequel *D. pachei* a acquis une tolérance (Lachaise, 1979).

Le régime alimentaire varie souvent avec le stade de développement. Chez beaucoup d'insectes holométaboles la larve et l'imago occupent des niches écologiques différentes et consomment des aliments différents. Chez le poisson de la mer Caspienne *Rutilus rutilus caspius*, les jeunes mangent du plancton de petite taille comme des algues et des rotifères. Lorsqu'ils grandissent ils se nourrissent de crustacés planctoniques puis, à l'âge adulte ils consomment des larves d'insectes benthiques. Ces changements de régime s'accompagnent de changements de structure de l'appareil digestif, de la forme de la bouche et des dents (Nikolsky, 1963). Le hareng présente divers stades de développement appelés écophases au cours desquels l'alimentation varie. Les très jeunes harengs dont la taille est comprise entre 6 et 13 mm consomment surtout des Ciliés (*Tintinnopsis*), des Péridiniens et des Copépodes ; les individus adultes de taille supérieure à 12,5 cm mangent des Ptéropodes, des Euphausiacés (*Nyctiphanes*), des Amphipodes et des poissons de petite taille (*Ammodytes*). Les harengs de taille intermédiaire sont groupés en deux écophases de 13 à 55 mm et de 55 mm à 125 mm ayant également des préférences alimentaires bien marquées (figure 7.7).

Certains insectes phytophages peuvent changer de plante hôte. La vigne à l'état naturel a peu d'ennemis. Elle est attaquée sous sa forme cultivée par des insectes qui vivaient sur des épilobes, des *Galium*, etc. L'adaptation peut être si parfaite qu'il se forme des races biologiques monophages étroitement inféodées à leur nouvel hôte. L'altise *Haltica lythri* qui vit sur les Lythracées et les Oenotheracées a formé une race inféodée à la vigne, la sous-espèce *ampelophaga*.

Figure 7.7 (ci-contre)

Le réseau trophique du hareng

A : Individus atteignant 0,6 à 1,3 cm ;

B : Individus atteignant 1,3 à 5,5 cm ;

C : Individus atteignant 5,5 à 12,5 cm ;

D : Adultes de plus de 12,5 cm. Les traits épais continus se dirigent vers les proies consommées par le hareng ; les tirets correspondent aux autres liaisons trophiques (Clarke, 1965).

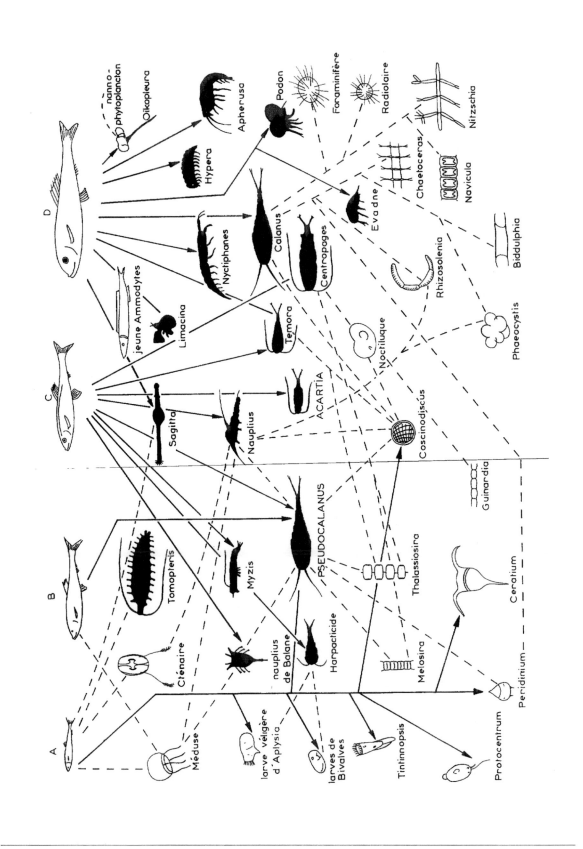

Le régime alimentaire varie aussi avec les saisons, selon les disponibilités alimentaires et l'activité des animaux. Le renard américain *Vulpes fulva* se nourrit surtout de fruits et d'insectes en été et en automne, les petits vertébrés ne comptant alors que pour moins d'un quart de sa ration. En hiver et au printemps il mange surtout des rongeurs.

2.2. La recherche de la nourriture

Les facteurs qui déterminent le choix de la nourriture sont très divers. Chez les insectes ils sont constitués par une suite de comportements stéréotypés. Chez le ver à soie les feuilles de mûrier, qui constituent la nourriture exclusive, ont une odeur due à divers produits (citral, hexenol, linalol) qui attirent les chenilles à faible distance. La morsure est déclenchée par la présence dans le mûrier de stérols (comme le sitostérol) et d'alcools à longue chaîne. Ces substances qui déclenchent la prise de nourriture sont appelées phagostimulants (chapitre 13, paragraphe 5.3). D'autres substances provoquent la déglutition et incitent le ver à soie à continuer à se nourrir. Il s'agit de divers sucres (sucrose, raffinose), de l'inositol, de l'acide ascorbique. Les chenilles de la piéride du chou sont attirées par l'essence de moutarde produite par le chou. La punaise *Rhodnius prolixus*, qui est un insecte piqueur, recherche des constituants des globules rouges, les nucléosides qui stimulent le réflexe de succion et de remplissage du tube digestif.

Le puceron du chou *Brevicoryne brassicae* vit sur diverses espèces de Crucifères du genre *Brassica* qu'il choisit grâce à l'attraction qu'exerce sur lui l'essence de moutarde (ou sinigrine) produite par ces plantes. Un autre puceron, *Myzus persicae*, est plus éclectique. Il attaque aussi bien le chou que des plantes comme le pêcher qui ne produisent pas de sinigrine. Lorsque ces deux pucerons vivent sur le chou, ils sont parasités par le Braconide *Diaretiella rapae*. Mais *Myzus persicae* n'est jamais attaqué lorsqu'il vit sur d'autres plantes que les Crucifères. Des expériences ont montré que les femelles de *Diaretiella* sont attirées par l'odeur du chou ce qui leur permet de localiser les pucerons. Le troisième maillon de la chaîne alimentaire est formé par le Cynipide *Charips brassicae* qui est attiré par l'odeur des *Diaretiella* qu'il parasite. Le poireau sécrète des substances toxiques pour les insectes à l'exception de rares espèces qui ont réussi à s'y adapter. C'est le cas de la teigne du poireau *Acrolepia assectella* dont la reproduction et la formation de la phéromone sexuelle nécessaire à l'accouplement sont stimulées par le poireau (Rahn, 1977).

Une théorie dite de la recherche optimale de la nourriture (*optimal foraging*) admet que les pressions de sélection conduisent les prédateurs à rechercher leurs proies de la façon la plus efficace possible : (a) en minimisant le temps et l'énergie passés dans la recherche, c'est-à-dire en concentrant leur recherche là où les proies sont les plus abondantes ; (b) en optimisant le gain d'énergie obtenu, c'est-à-dire en consommant les proies qui apportent le plus d'énergie (ce sont souvent les plus grosses). Cette théorie est confirmée par de nombreuses observations. L'huîtrier pie est un échassier qui consomme surtout un Lamellibranche, la coque. Les oiseaux se concentrent dans les lieux où les coques sont les plus abondantes (figure 7.8). En élevage, le crabe

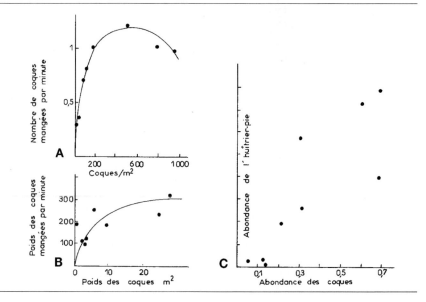

Figure 7.8
Prédation des coques par l'huîtrier pie

A : Relation entre l'abondance des coques et le nombre de coques mangées par minute.
B : Relation entre le poids des coques par mètre carré et le poids des coques consommées par minute. Les oiseaux choisissent les proies les plus grandes lorsque l'abondance de celles-ci augmente.
C : Relation entre l'abondance des oiseaux et l'abondance des coques. Les oiseaux se concentrent sur les sites les plus riches (Goss-Custard *et al.*, 1977).

Carcinus moenas qui consomme des moules concentre ses efforts sur les moules de taille moyenne (figure 7.9). Ceci est conforme à la théorie de l'*optimal foraging* étant donné que le temps passé à ouvrir les coquilles augmente avec la taille de celles-ci, le maximum d'énergie obtenu par unité de temps est fourni par la consommation de moules de taille moyenne (Elner &

Hughes, 1978). Le même choix de proies de taille moyenne est effectué par un oiseau, la bergeronnette à qui on offre des mouches de diverses tailles (Davies, 1977). Des animaux aussi divers que des insectes, des étoiles de mer, des oiseaux, se conforment à cette règle de l'*optimal foraging* dont l'étude est devenue une partie importante de l'écologie du comportement (Krebs, 1978).

Figure 7.9

Deux exemples de l'optimal foraging

A : Fréquences des mouches du genre *Scaptomyza* consommées par les bergeronnettes en fonction de la taille.

B : Fréquences des mouches disponibles.

C : Le crabe *Carcinus moenas* casse les coquilles de moule pour en consommer les parties molles. Il concentre son choix sur les moules de taille intermédiaire (barres verticales) ce qui lui fournit le maximum d'énergie par unité de temps.

D : Les bergeronnettes consomment de préférence des mouches dont la taille est voisine de 7 mm ce qui leur procure le maximum d'énergie par unité de temps.

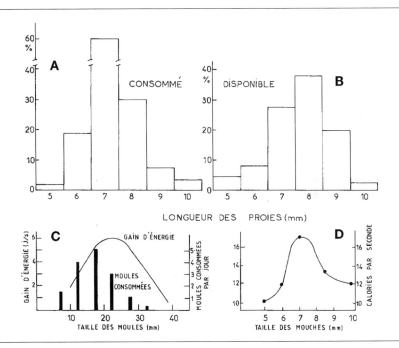

2.3. La notion de complexe parasitaire

On appelle complexe parasitaire l'ensemble des parasites et prédateurs qui vivent aux dépens d'une espèce. La connaissance des complexes parasitaires est importante lorsqu'on veut étudier la dynamique des populations d'une espèce et les facteurs de régulation de son abondance ou bien rechercher des espèces parasites ou prédatrices qui peuvent être utiles en lutte biologique. C'est la raison pour laquelle les complexes parasitaires ont été surtout étudiés chez les insectes d'importance agricole ou forestière. En voici deux exemples.

• **Le complexe parasitaire de *Choristoneura murinana*.** *Choristoneura murinana* est un Lépidoptère Tortricide ravageur du sapin en Europe. Ses parasites sont essentiellement des Hyménoptères Ichneumonides, Chalcidiens et Braconides, et le stade nymphal est plus intensément parasité que le stade larvaire (figure 7.10). Il existe quelques parasites monophages inféodés

à *C. murinana*, les deux principaux étant *Cephaloglypta murinanae* (Ichneumonidés) et un *Apanteles* sp. (Braconidés). Les autres parasites s'attaquent à divers Lépidoptères et correspondent aux espèces prédatrices et parasites qualifiées d'intégrateurs (chapitre 11).

• **Le complexe parasitaire du colza.** La faune liée au colza est surtout constituée par des insectes phytophages dont les principaux sont des Coléoptères appartenant à trois familles (Jourdheuil, 1961). Les Chrysomélidés sont représentés par des altises comme *Psylliodes chrysocephala* et *Phyllotreta nemorum*. Les Curculionides appartiennent au genre *Ceutorrhynchus*, dont les espèces les plus importantes sont *C. napi*, *C. pleurostigma*, *C. assimilis*, *C. quadridens* et *C. nemorum*. Les Nitidulides appartiennent au genre *Meligethes*, l'espèce la plus fréquente étant *M. aeneus*. À ces ravageurs qui s'attaquent à diverses parties de la plante s'ajoutent des espèces prédatrices qui s'attaquent soit aux stades inactifs des Coléoptères phytophages (œufs, nymphes),

soit aux stades enterrés dans le sol. Les prédateurs les plus communs sont des Carabidés et *Cantharis livida*. Les insectes parasites les plus nombreux sont des Hyménoptères représentés par une trentaine d'espèces appartenant aux deux superfamilles des Ichneumonides et des Chalcidiens. Les

Ichneumonides ne s'attaquent qu'aux Coléoptères des Crucifères et ils forment une petite biocénose étroitement associée à ces végétaux. Les Chalcidiens, au contraire, sont représentés par un ensemble hétérogène d'espèces attaquant un petit nombre de Coléoptères.

Figure 7.10

Le complexe parasitaire de *Choristoneura murinana*, Lépidoptère dont la chenille vit sur le sapin

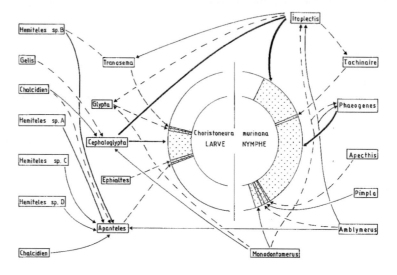

Dans les deux demi-cercles sont représentés en pointillés, pour les larves et les nymphes, les pourcentages de parasitisme. Les flèches en tirets correspondent à un taux de parasitisme inférieur à 1 % ; en traits fins de 1 à 5 % ; en traits moyens de 5 à 10 % ; en traits épais plus de 10 %. Dans la colonne de gauche les noms de quelques hyperparasites sont mentionnés. Les parasites sont une Tachinaire, le Braconide *Apanteles*, les Chalcidiens *Monodontomerus aereus* et *Amblymerus subfumatus* et tous les autres sont des Ichneumonides. *Apanteles* et *Cephaloglypta*, sont les seuls parasites inféodés à *Choristoneura murinana* (Zwolfer & Kraus, 1957).

2.4. L'influence des prédateurs sur les proies

L'importance relative de la prédation par rapport à la compétition a été déterminée en comparant les résultats de 139 articles consacrés à l'étude expérimentale de la prédation. Cette analyse confirme la prévision théorique de Menge & Sutherland (1976) selon laquelle la prédation joue un rôle plus important aux niveaux trophiques inférieurs, c'est-à-dire qu'elle diminue quand on passe des herbivores aux carnivores primaires puis aux superprédateurs (Sih *et al.*, 1985).

Le rôle limitant des prédateurs sur les populations proies est évident dans beaucoup de cas. Il est confirmé par la pratique de la lutte biologique qui a réussi à contrôler plusieurs insectes ravageurs à l'aide de prédateurs ou de parasites, introduits ou indigènes (figure 7.11).

La coccinelle *Rodalia cardinalis* contrôle efficacement la cochenille de l'oranger *Icerya purchasi*. Parmi les parasites entomophages le Braconide *Opius concolor* est utilisé dans la lutte contre la

mouche de l'olive *Dacus oleae*. Contre le pou de San José qui s'attaque aux arbres fruitiers, on dispose du Chalcidien *Prospaltella perniciosi*. Les mauvaises herbes peuvent être éliminées par des insectes phytophages. Le cas le plus spectaculaire concerne l'éradication des Cactées du genre *Opuntia* qui, introduits en Australie, s'étaient propagés sur près de 20 millions d'hectares et qui ont été anéantis par le papillon *Cactoblastis cactorum* importé du Mexique (nombreux autres exemples cités dans *Faune et flore auxiliaire en agriculture*, 1983, et dans Riba & Silby, 1989).

Le rôle des prédateurs dans le contrôle des populations de Vertébrés est confirmé par de nombreuses observations (Newsome, 1990). Les plus anciennes sont relatives au lynx et au lièvre des neiges dont les populations présentent des fluctuations d'abondance régulières. Les populations du mouflon *Ovis dalli* en Alaska sont contrôlées par les loups.

Les Cervidés étaient jadis contrôlés en France par divers prédateurs aujourd'hui disparus (loup, ours) et l'homme doit, par la chasse, jouer le rôle des prédateurs pour en limiter les effectifs. Le

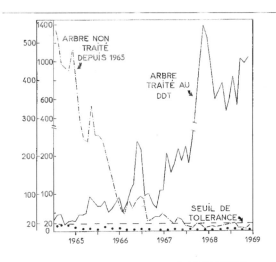

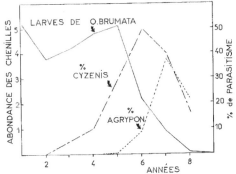

Figure 7.11

Le contrôle des insectes ravageurs

En haut, conséquences des traitements effectués avec le DDT pour protéger les orangers de Californie contre les attaques de la cochenille *Aonidiella aurantii*. La destruction par le DDT des ennemis naturels de la cochenille provoque sa pullulation sur les arbres traités tandis que l'arrêt des traitements s'accompagne d'une baisse de l'abondance de la cochenille dont les effectifs deviennent inférieurs au seuil de tolérance économique. Le nombre de cochenilles par arbre est indiqué en ordonnée. La colonne de gauche indique l'abondance sur les arbres non traités et la colonne de droite l'abondance sur les arbres traités. La ligne de points indique l'abondance des cochenilles sur les arbres qui n'ont jamais été traités (Huffaker, 1971).

En bas, le résultat de la lutte biologique entreprise au Canada contre la phalène hiémale *Operophtera brumata*, Lépidoptère ravageur des forêts. Deux parasites entomophages appartenant à la famille des Ichneumonidés, *Cyzenis albicans* et *Agrypon flaveolatum* ont été introduits depuis l'Europe. L'abondance des chenilles baisse lorsque le taux de parasitisme augmente. *Cyzenis albicans* est efficace surtout aux fortes densités du ravageur et *A. flaveolatum* aux faibles densités (Embree, 1966).

cowbird *Molothrus ater* est un oiseau à mœurs de coucou qui décime les populations de passereaux rares des États-Unis à tel point qu'un programme d'éradication de cet oiseau parasite a permis

d'augmenter de dix fois les effectifs d'un passereau menacé, le *Vireo bellii* ssp. *pusillus* (Holmes, 1993). On estime que chez *Bonasa umbellus*, un oiseau Gallinacé, 39 % des œufs et 63 % des jeunes sont victimes des prédateurs. Le rôle des prédateurs et des parasites comme facteur limitant a été discuté. Errington (1946) soutient que les prédateurs ne font que prélever dans une population les individus « en surplus » qui seraient condamnés de toute façon, comme par exemple les animaux sans territoire. La moitié des caribous tués par les loups sont malades et 60 % des gnous tués par les lions dans le cratère du Ngorongoro en Tanzanie ont moins de un an. Mais ces cas ne semblent guère généralisables.

Les organismes parasites et pathogènes jouent souvent un rôle semblable à celui des prédateurs dans le contrôle des populations. Les fluctuations d'abondance de la grouse en Écosse sont attribuées au parasitisme par *Trichostrongylus tenuis* qui agit sur la fécondité et la durée de vie de son hôte. En Russie les effectifs du chevreuil diminuent lorsque le nombre d'espèces de parasites qui affectent ce mammifère atteint un certain seuil. En Iran la peste est une affection de rongeurs sauvages du genre *Merione* dont elle constitue le facteur principal de régulation. Les buffles d'une grande partie de l'Afrique orientale ont été très affectés par une épidémie de peste bovine qui a duré plusieurs années avant que des individus résistants apparaissent. La myxomatose a eu le même effet sur les populations de lapins.

Les réactions de défense des proies sont très variées. Le mimétisme est un moyen de défense qui consiste à se camoufler pour passer inaperçu, ou bien à se rendre visible pour ressembler à une proie dangereuse ou immangeable. Les grenouilles américaines arboricoles du genre *Dendrobates* qui renferment des alcaloïdes très toxiques agissant comme poisons nerveux ont des couleurs d'avertissement très vives (rouge, jaune, vert, bleu) qui signalent aux prédateurs éventuels qu'elles ne sont pas comestibles. Le papillon monarque *Danaus plexippus* dont la chenille vit sur des *Asclepias* accumule dans son organisme des alcaloïdes qui le rendent immangeable. Le papillon viceroi *Limenitis archippus* qui vit sur le saule et qui n'est pas toxique a un type de coloration qui imite celui du monarque, ce qui le protège contre les attaques des oiseaux. Beaucoup de coccinelles ont une couleur rouge qui signale la présence d'alcaloïdes jouant un rôle répulsif. Les

vertébrés apprennent vite après un ou deux essais, à éviter les proies toxiques. L'exemple le plus remarquable est celui du papillon africain *Papilio dardanus* chez qui les femelles seules ont des morphes différentes qui miment selon les régions des espèces différentes de papillons immangeables de la famille des Danaïdés.

Un moyen de défense plus élaboré est la défense chimique qui est réalisée grâce à des glandes spécialisées que l'on trouve chez de nombreux Arthropodes. Des Myriapodes ont des glandes à disposition métamérique capables de projeter de l'acide cyanhydrique à plus de 20 cm en cas d'attaque. Les Coléoptères Ténébrionides et Carabiques ont des glandes défensives très variées qui rejettent le plus souvent des produits toxiques du groupe des quinones.

Le groupement peut offrir aux proies une protection efficace contre leurs ennemis. Les bœufs musqués résistent ainsi aux loups. Les fausses chenilles de la tenthrède *Neodiprion sertifer* vivent en groupes. Leur attaque par les oiseaux et les petits mammifères est freinée car elles exsudent par la bouche des substances résineuses qui font fuir leurs ennemis. Lorsque les fausses chenilles isolées sont attaquées elles ne produisent pas assez de substances résineuses répulsives pour chasser leur prédateurs.

Des réactions de défense acquises ayant comme résultat des modifications du phénotype sont connues dans divers groupes d'Invertébrés (Adler & Harvell, 1990). Les Rotifères prédateurs du genre *Asplanchna* déclenchent la formation d'épines chez le Rotifère *Brachionus calyciflorus* qui leur sert de proie. Cette réaction a lieu par l'intermédiaire d'une substance encore mal connue sécrétée pas les *Asplanchna*. Les balanes qui, au cours de leur croissance, sont situées à proximité de Gastropodes prédateurs fabriquent des carapaces de forme asymétrique qui sont plus difficiles à attaquer et à ouvrir par leurs ennemis. Quand ils sont menacés par des Nudibranches prédateurs, les Bryozoaires forment rapidement des zoïdes garnis d'épines. Parmi les réactions de défense acquise il convient aussi de placer les changements de composition chimique qui surviennent dans les feuilles des arbres soumis aux attaques d'insectes défoliateurs (chapitre 13, paragraphe 5).

2.5. L'influence des proies sur les prédateurs

Lorsque les proies deviennent abondantes la fécondité des prédateurs augmente. La quantité de proies consommées n'augmente généralement pas aussi vite que la densité des proies. Dans le cas des insectes phytophages *Panolis flammea* et *Acantholyda nemoralis* le nombre de larves consommées par les mésanges est fonction de la densité des proies disponibles et il a varié de la façon suivante :

	Panolis flammea		*Acantholyda nemoralis*	
Nombre de larves par m^2	0,46	1,26	0,06	19,5
Larves consommées par jour et par mésange	3,5	15,7	10,5	19,5

Ceci explique que les oiseaux ne parviennent généralement pas à contrôler seuls les pullulations d'insectes. Il en est parfois de même pour les insectes parasites. Le taux de parasitisme augmente avec la densité de la proie jusqu'à un certain niveau puis diminue ensuite, le parasite semblant saturé (figure 7.12).

Figure 7.12
Relation entre la densité des chrysalides de Choristoneura fumiferana et le pourcentage de parasitisme par les Hyménoptères
Le pourcentage de chrysalides parasitées baisse à partir d'un certain seuil (Morris, 1963).

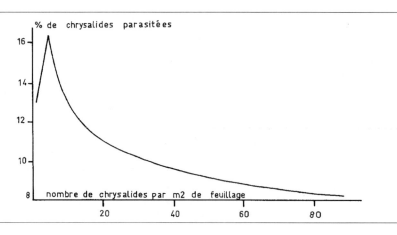

Les réponses d'un prédateur aux variations de densité de ses proies sont de deux sortes (Holling, 1959). La réponse fonctionnelle correspond aux variations du nombre de proies consommées par individu et par jour. Les quatre types de réponses fonctionnelles sont représentées figure 7.13. Seule la réponse de type sigmoïde semble pouvoir conduire à un effet stabilisateur sur les populations proies. La réponse numérique représente l'augmentation du nombre de prédateurs en fonction du nombre de proies, certaines espèces réagissant peu, d'autres beaucoup. Une analyse de la réponse fonctionnelle et de la réponse numérique a été faite par Holling pour trois petits mammifères prédateurs des cocons de la tenthrède de *Neodiprion sertifer* au Canada (figure 7.14). La combinaison de la réponse fonctionnelle et de la réponse numérique permet de déterminer la réponse totale qui indique le pourcentage de prédation en fonction de l'abondance de la proie. Pour que la prédation soit un facteur de régulation d'une population, il est nécessaire que le taux de prédation augmente avec la densité de la proie, c'est-à-dire que la prédation soit un facteur dépendant de la densité. Ceci n'est pas réalisé dans tous les cas. Il est en général nécessaire que le prédateur ait un taux d'accroissement *r* voisin de celui de la proie pour pouvoir la contrôler. C'est la raison pour laquelle les oiseaux contribuent peu à la réduction des pullulations d'insectes phytophages qui ont un taux de reproduction bien plus élevé.

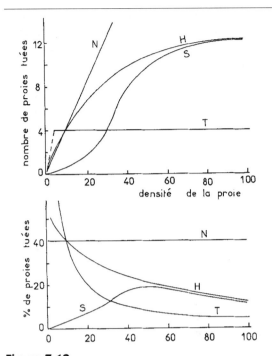

Figure 7.13

Les quatre types possibles de réponse fonctionnelle d'un prédateur (ou d'un parasite) vis-à-vis de la densité de ses proies

Les courbes du haut représentent le nombre de proies tuées et celles du bas le pourcentage de proies tuées. T : selon le modèle de Thompson ; H : selon le modèle de Holling ; N : selon le modèle de Nicholson ; S : selon une croissance sigmoïde du nombre de proies tuées en fonction de leur densité. Seul ce dernier type de réponse semble avoir un effet stabilisateur sur les populations proies.

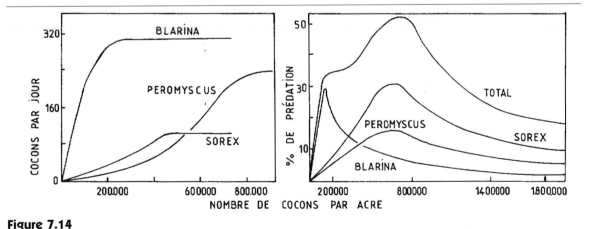

Figure 7.14

Les trois micromammifères Blarina brevicauda, Peromyscus maniculatus et Sorex cinereus sont des prédateurs des cocons de la tenthrède Neodiprion sertifer dans les forêts de pins au Canada

À **gauche**, réponse fonctionnelle des trois mammifères à l'augmentation du nombre des cocons de la tenthrède.

À **droite**, réponse globale montrant le pourcentage de prédation en fonction de la densité des cocons. L'augmentation du nombre d'espèces prédatrices accroît les possibilités de régulation des populations proies puisque les divers prédateurs exercent leur action à des densités de proies différentes.

Les prédateurs peuvent réagir en modifiant leur comportement de capture et en montrant une préférence pour une proie qui varie avec l'abondance *relative* de cette proie par rapport aux autres proies. Ce phénomène connu sous le nom de *switching* (Lawton *et al.*, 1974) a été observé chez des insectes, des poissons, des oiseaux (figure 7.15).

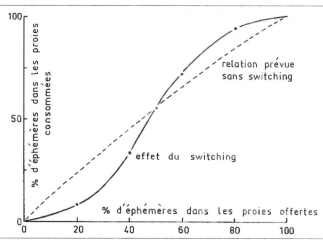

Figure 7.15
Le phénomène de switching chez une punaise carnivore du genre Notonecta qui reçoit des Asellus et des larves d'Éphémères comme proies (Lawton et al., 1974)

Tinbergen (1960) a découvert, en étudiant le comportement alimentaire des oiseaux dans un bois de pins, que les oiseaux ne mangent pas certains insectes quand ils commencent à apparaître au début du printemps. Ils incorporent brusquement ces insectes à leur régime quand ils deviennent abondants. Ce changement soudain est dû, selon Tinbergen, à l'aptitude que les oiseaux acquièrent à voir des insectes dont ils se font une « image de recherche » (*specific searching image*). Lorsque la proie favorite devient rare les oiseaux modifient leur comportement et se concentrent sur une autre proie. Les expériences de Dawkins (1970) ont confirmé cette aptitude des oiseaux à se faire une image de recherche et à repérer et sélectionner des proies peu visibles.

III. L'AMENSALISME

L'amensalisme est une interaction dans laquelle une espèce est éliminée par une autre espèce qui sécrète une substance toxique. Dans les interactions entre végétaux l'amensalisme est souvent appelé allélopathie (Rice, 1974). Certains végétaux sécrètent des substances qui empêchent les autres espèces de s'installer. Le noyer rejette par ses racines une substance volatile, la juglone, qui est toxique ce qui explique la pauvreté de la végétation sous cet arbre. La piloselle *Hieracium pilosella* produit une substance toxique pour la germination de nombreuses plantes annuelles.

Les plantes capables de subsister au milieu des taches de piloselle ont un aspect rabougri ; la piloselle est toxique pour elle-même et des graines de cette plante arrosées avec un extrait aqueux de ses racines fraîches germent mal et croissent peu. Ces constatations sont importantes pour comprendre la composition du tapis végétal. Dans la garrigue provençale des plantes vivaces comme *Erica multiflora, Lithospermum fruticosum, Helianthemum lavandulaefolium, Rosmarinus officinalis*, ont un effet inhibiteur net sur les annuelles qui sont peu représentées. Cependant les Légumineuses et les Scrophulariacées hémiparasites arrivent à s'installer car les racines et les nodosités de ces plantes produisent des antitoxines vis-à-vis des substances sécrétées par les espèces de l'association à romarin et *Erica*. Dans le milieu aquatique les cas d'amensalisme sont nombreux. Les Péridiniens du genre *Gonyaulax* responsables du phénomène des eaux rouges rejettent des substances qui diffusent dans l'eau et qui peuvent entraîner la mort de toute la faune sur d'assez grandes étendues.

Les phénomènes d'allélopathie sont responsables de la formation d'espaces dépourvus de végétation. En Californie on peut observer des taches de *Salvia leucophylla* ou d'*Artemisia californica* autour desquelles se trouvent des espaces nus de 1 à 2 m de large, puis une zone de 3 à 8 m avec seulement des pieds rabougris de *Bromus mollis, Erodium cicutarium* et *Festuca megalura*. Ce n'est qu'à l'extérieur de cette zone que la végétation herbacée reprend son aspect normal.

L'amensalisme est aussi connu sous le nom d'antagonisme ou d'antibiose et certaines de ses manifestations sont utilisées en lutte biologique. Pour lutter contre le crown gall, une maladie due à la bactérie *Agrobacterium tumefasciens* qui atteint plus de 500 espèces végétales, on a isolé une souche de l'*Agrobacterium radiobacter* qui est saprophyte et qui produit une bactériocine antibiotique de nature nucléoprotéique bloquant les mécanismes conduisant à la formation des tumeurs végétales. Pour lutter contre l'agent du chancre du châtaignier, le champignon *Endothia parasitica*, une souche dite hypovirulente est cultivée et pulvérisée sur les chancres dont elle assure la guérison. Le facteur contagieux qui intervient est un acide nucléique (*Faune et flore auxiliaires en agriculture*, 1983).

IV. LE COMMENSALISME

Il s'agit d'une interaction entre une espèce commensale qui en tire un bénéfice et une espèce hôte qui n'en tire ni avantage ni nuisance. Parmi les commensaux on peut citer les animaux qui s'installent et qui sont tolérés dans les gîtes des autres espèces. Les insectes commensaux des terriers des mammifères et des oiseaux, ou des nids des insectes sociaux sont souvent très riches en espèces. Il existe 110 espèces de Coléoptères dans les terriers de la marmotte des Alpes. La phorésie, c'est-à-dire le transport de l'organisme le plus petit par le plus grand est une forme de commensalisme. Le transport de diverses espèces d'acariens par des Coléoptères comme les *Geotrupes* est un exemple de phorésie. Dans le milieu marin le commensalisme existe entre le Polychète *Nereis fucata* qui vit dans la coquille habitée par le pagure *Eupagurus prideauxi* et qui vient saisir entre les pièces buccales de ce dernier les débris de ses aliments. Une actinie, *Adamsia palliata*, est toujours associée à *Eupagurus prideauxi* et elle le protège grâce à ses filaments urticants et par la sécrétion d'une membrane résistante qui prolonge l'ouverture de la coquille où il est logé.

V. LA COOPÉRATION

Elle apparaît lorsque deux espèces forment une association qui n'est pas indispensable puisque chacune peut vivre isolément. La coopération comme le mutualisme procure des avantages aux deux espèces. La nidification collective de plusieurs espèces d'oiseaux comme les sternes et les hérons est une forme de coopération qui leur permet de se défendre plus efficacement contre les prédateurs. Chez les végétaux ce que l'on a appelé l'entraide chimique est une forme de coopération. Les plantes supérieures, par leurs sécrétions racinaires exercent sur la microflore bactérienne du sol un effet stimulant qui est appelé effet rhizosphère. Le rendement des cultures mixtes est souvent supérieur à celui des cultures pures par suite de l'entraide chimique. Le ray grass d'Italie, associé à la luzerne, renferme 2,25 fois plus d'azote que si on le cultive seul car il reçoit de l'azote de la luzerne.

Les exemples de coopération entre individus de la même espèce sont nombreux (Krebs & Davies, 1987). Le plus souvent ce sont des individus « célibataires » du même groupe familial qui aident un couple à élever leurs jeunes. Parmi les Vertébrés ceci est connu chez des Mammifères, des Oiseaux et des Poissons. Le pic californien *Melanerpes formicivorus* vit en groupes d'une quinzaine d'oiseaux comprenant plusieurs individus reproducteurs de chaque sexe et des non reproducteurs qui sont des jeunes (frères et sœurs) nés les années précédentes. Des glands et autres graines dures (jusqu'à 30 000) sont stockés par les pics dans des trous de l'écorce des « arbres greniers » et servent de réserves pour l'hiver. Le groupe défend un territoire commun et nourrit collectivement les jeunes. Les individus reproducteurs partagent un nid commun. Cette coopération en groupes génétiquement apparentés n'exclut par les conflits. Une femelle peut éliminer et détruire les œufs d'une autre femelle du groupe (Koenig *et al.* 1984). La coopération est particulièrement développée chez les insectes sociaux. L'existence d'une véritable vie sociale avec des individus divisés en castes n'est pas l'apanage des insectes. Elle a été découverte chez un mammifère, le rat-taupe *Heterocephalus glaber* d'Afrique orientale (Jarvis, 1981).

La communication chimique par l'intermédiaire de phéromones peut être considérée comme une forme de coopération qui joue un rôle important dans la biologie de beaucoup d'espèces. Les phéromones sont des substances qui sont libérées dans le milieu, qui agissent à doses infimes et qui transmettent divers types d'informations, généralement entre individus de la

même espèce. Elles ont été découvertes chez les insectes et existent aussi chez les crustacés et beaucoup de vertébrés. Les phéromones sexuelles assurent le rapprochement des sexes. Elles sont particulièrement bien connues chez divers papillons. Chez les scolytes, insectes qui vivent sous l'écorce des arbres, les phéromones sexuelles jouent aussi le rôle de phéromones d'agrégation car elles attirent en masse les insectes sur les lieux favorables à la ponte (chapitre 13). Chez les fourmis il existe des phéromones de balisage qui permettent de matérialiser les pistes à l'aide de traces odorantes. Beaucoup de mammifères utilisent des phéromones pour marquer les limites de leur territoire. Chez les insectes sociaux les phéromones de reconnaissance servent de lien entre les individus d'une même colonie en leur donnant une odeur caractéristique grâce à laquelle les individus étrangers sont expulsés. Les phéromones d'alarme signalent l'existence d'un danger. Chez les fourmis moissonneuses du genre *Pogonomyrmex* elles sont produites par des glandes mandibulaires dont le contenu est déchargé dans la bouche, puis volatilisé dans l'air. À faible concentration elles ont un rôle attractif et provoquent la défense collective. À forte concentration elles provoquent la fuite et la colonie semble atteinte de panique. Les messages chimiques des phéromones peuvent être reçus par des individus d'une espèce différente de celle qui les a émises. On qualifie dans ce cas la substance active de kairomone. Celles-ci ont été mises en évidence chez les scolytes dont les phéromones d'agrégation jouent aussi un rôle attractif vis-à-vis de leurs prédateurs et parasites et permettent à ces derniers de localiser leurs proies.

VI. LE MUTUALISME

Le mutualisme est une interaction dans laquelle les deux partenaires trouvent un avantage, celui-ci pouvant être la protection, l'apport de nutriments, la pollinisation, la dispersion, etc. Les interactions peuvent associer deux ou plusieurs espèces. L'association obligatoire et indissoluble entre deux espèces est une forme de mutualisme à laquelle on réserve généralement le nom de symbiose. Le terme mutualisme est réservé au cas où les deux partenaires peuvent mener une vie indépendante. Bien que reconnu dès le XIXe siècle le mutualisme n'est considéré comme

un facteur écologique important que depuis peu de temps (Boucher *et al.*, 1982 ; Boucher, 1985).

Les exemples de symbiose sont nombreux et bien connus. Les lichens sont formés par l'association d'une algue et d'un champignon. Les termites hébergent dans leur intestin des flagellés ou des bactéries qui leur permettent de digérer la cellulose et ils fournissent en échange un abri aux microorganismes en l'absence desquels ils ne peuvent pas survivre. Les coraux constructeurs de récifs vivent en symbiose avec des algues unicellulaires du groupe des Zooxanthelles. Les Légumineuses portent sur leurs racines des nodosités riches en *Rhizobium*, bactéries fixatrices d'azote. Beaucoup d'arbres possèdent sur leurs racines des mycorrhizes formées par des champignons symbiotiques qui facilitent leur nutrition et sans lesquels ils se développent mal ou pas du tout.

Les cas de mutualisme entre les plantes et les animaux, surtout les insectes, sont innombrables. Ils intéressent surtout la pollinisation, la dispersion des semences et la protection contre les ennemis (Howe & Westley, 1988). L'association des fourmis avec certaines espèces d'*Acacia* fournit des exemples spectaculaires de mutualisme. En Amérique centrale plus de 90 % des espèces d'*Acacia* sont protégées contre les attaques des herbivores par la sécrétion de composés cyanogénétiques présents dans les feuilles. D'autres espèces comme *Acacia cornigera* servent d'abri à des colonies de fourmis du genre *Pogonomyrmex* dont 150 espèces vivent avec les *Acacia*. Les feuilles de ces arbres ont des stipules renflées, transformées en épines creuses atteignant plusieurs centimètres de long. Chaque arbre héberge une colonie de fourmis dont les individus sont logés dans les épines. Les fourmis se nourrissent surtout aux dépens de l'extrémité modifiée des folioles qui est transformée en un organe (organe de Belt) riche en protéines et en lipides, ainsi qu'aux dépens de nectaires bien développés et riches en sucres. Les *Acacia* à fourmis ont des feuilles toute l'année, ce qui est nécessaire à l'alimentation des insectes. Si les fourmis sont éliminées, les *Acacia* deviennent vite la proie d'animaux herbivores, leur croissance est ralentie et ils sont dominés par d'autres plantes. Les fourmis patrouillent sans cesse sur l'arbre qu'elles habitent et elles attaquent tout animal qui en mange les feuilles ou l'écorce. En outre elles éliminent la végétation environnante (Janzen, 1966). Un cas de mutualisme analogue existe en Afrique où *Acacia drepanolobium* héberge deux espèces de

fourmis du genre *Crematogaster* qui le protègent des herbivores. On estime que les sucres produits par l'*Acacia* (sucres des nectaires foliaires et sécrétions des cochenilles) apportent jusqu'à 65 % des besoins énergétiques des fourmis. La longue coévolution entre l'*Acacia* et les fourmis a permis la différentiation d'autres hôtes associés à ces deux espèces comme la mante *Sphrodromatis obscura* qui mime étroitement les stipules renflés de l'*Acacia*.

La dispersion des fruits et des graines par les mammifères et les oiseaux est un phénomène surtout répandu dans les forêts tropicales. Selon l'hypothèse de Janzen (chapitre 12, paragraphe 7.3) les graines des arbres doivent être dispersées au loin pour survivre et germer. Cette dispersion est l'œuvre d'oiseaux, de chauves-souris, de singes, sans qui la régénération de la forêt serait compromise. Une spécialisation se manifeste souvent, avec une préférence pour certains fruits. La chauve-souris *Artibeus jamaicensis* à Barro Colorado choisit de préférence les fruits de deux espèces de *Ficus*. Chaque année de 46 à 60 % des fruits de l'arbre *Virola surinamensis* à Panama sont consommés par les animaux, singes et oiseaux. Chaque arbre produit environ 5 000 fruits ; il y en a environ 2 000 qui restent sous l'arbre et qui sont détruits. Mais le reste est dispersé à plusieurs dizaines de mètres et peut germer.

Références

ABRAMSKY, Z. & SELLAH, C. 1982. Competition and the role of habitat selection in *Gerbillus allenbyi* and *Merione tristrami* : a removal experiment. *Ecology*, **63**, p. 1242-1247.

ADLER, F. A. & HARVELL, C. D., 1990. Inducible defenses, phenotypic variability and biotic environments. *TREE*, **5**, p. 407-410.

*ARTHUR, W., 1987. *The niche in competition and evolution*. John Wiley & Sons, Chichester.

BLACKLEY, N. R. & DINGLE, H., 1978. Competition : butterflies eliminate milkweed bugs from a Carribean island. *Oecologia*, **37**, p. 133-136.

BOS, M. *et al.*, 1977. Mutual facilitation between larvae of the sibling species *Drosophila melanogaster* and *D. simulans*. *Evolution*, **31**, p. 824-828.

*BOUCHER, D. H. *et al.*, 1982. *The ecology of mutualism*. *Ann. Rev. Ecol. Syst.*, **13**, p. 315-348.

*BOUCHER, D. H. (ed.), 1985. *The biology of mutualism. Ecology and evolution*. Croom helm, London.

BESS, H. A. *et al.*, 1961. Fruit fly parasites and their activities in Hawaii. *Proc. Hawaii ent. Soc.*, **17**, p. 367-378.

*BUSS, L. W., 1990. Competition within and between encrusting clonal invertebrates. *TREE*, **5**, p. 352-356.

CLEMENTS, F. E. *et al.*, 1929. Competition in cultivated crops. *Carnegie Institute of Washington Publications* n° **298**, p. 202-233.

Competition between distantly related taxa, 1979. *Amer. Zool.*, **19**, p. 1027-1175.

CONNELL, J. H., 1961. The influence of interspecific competition and other factors on the distribution of the barnacle *Chthamalus stellatus*. *Ecology*, **42**, p. 710-723.

CONNELL, J. H., 1980. Diversity and the evolution of competitors, or the ghost of competition past. *Oikos*, **35**, p. 131-138.

CONNELL, J. H., 1983. On the prevalence and relative importance of interspecific competition : evidence from field experiments. *Amer. Nat.*, **122**, p. 661-696.

CONNOR, E. F. & SIMBERLOFF, D., 1979. The assembly of species communities : chance or competition. *Ecology*, **60**, p. 1132-1140.

DAVIES, N. B., 1977. Prey selection and social behaviour in wingtails (*Aves, Motacillidae*). *J. Anim. Ecol.*, **46**, p. 35-57.

DAWKINS, M., 1971. Perceptual changes in chicks : another look at the « search image » concept. *Anim. Behav.*, **19**, p. 566-574.

DELANOUE, T., 1964. Conséquences de la compétition entre les chalcidiens indigènes et un braconide importé (*Opius concolor* Szepl.) dans les essais de limitation de populations de *Dacus oleae* Gmel. dans les Alpes-Maritimes. *Rev. Pathol. Vég. Agr. Fr.*, **43**, p. 145-151.

DENNO, R. F. & COCHRAN, W. R., 1975. Niche relationships of a guild of necrophagous flies. *Ann. Ent. Soc. Amer.*, **68**, p. 741-754.

ELNER, R. W. & HUGHES, R. N., 1978. Energy maximisation in the diet of the shore crab, *Carcinus maenas* (L.). *J. anim. Ecol.*, **47**, p. 103-116.

ELTON, Ch., 1927. *Animal ecology*.

EMBREE, D. G., 1966. The role of introduced parasites in the control of the winter moth in Nova Scotia. *Can. Ent.*, **98**, p. 55-104.

Faune et flore auxiliaires en agriculture, 1983. Association de coordination technique agricole, Paris.

ERRINGTON, P. L., 1946. Predation and vertebrate populations. *Quart. Rev. Biol.*, **21**, p. 144-177 et 221-245.

GILL, F. B. & WOLFF, L. L., 1975. Economics of feeding territoriality in the golden-winged sunbird. *Ecology*, **56**, p. 333-345.

*HOCHBERG, M. E. & LAWTON, J. H., 1990. Competition between kingdoms. *TREE*, **5**, p. 367-371.

HODKINSON, I. D. & HUGHES, M. K., 1982. *Insect herbivory*. Chapman & Hall, London.

*HOLLING, C. S., 1959. The component of predation as revealed by a study of small mammal predation of the European pine sawfly. *Canad. Ent.*, **91**, p. 293-320.

HOLMES, B., 1993. An avian arch-villain gets off easy. *Science*, **262**, p. 1514-1515.

*HOWE, H. F., & WESTLEY, L. C., 1988. *Ecological relationships of plants and animals.* Oxford Univ. Press.

HUTCHINSON, G. E., 1965. *The ecological theater and the evolutionary play.* Yale Univ. Press.

INOUYE, D. W., 1978. Resource partitioning in bumblebees : experimental studies of foraging behavior. *Ecology*, **59**, p. 672-670.

JANZEN, D. H., 1966. Coevolution of mutualism between ants and acacias in Central America. *Evolution*, **20**, p. 249-275.

JARVIS, J. U. M., 1981. Eusociality in a mammal : cooperative breeding in naked mole rat colonies. *Science*, **212**, p. 571-573.

JONES, J. S. & PROBERT, R. K., 1980. Habitat selection maintains a deleterious allele in a heterogeneous environment. *Nature*, **287**, p. 632-633.

JOURDHEUIL, P., 1961. Influence de quelques facteurs écologiques sur les fluctuations de population d'une biocénose parasitaire : étude relative à quelques Hyménoptères (*Ophioninae, Diospilinae, Euphorinae*) parasites de divers Coléoptères inféodés aux Crucifères. *Ann. Epiphyties* (C), **11**, p. 445-658.

*KEDDY, P. A., 1989. *Competition.* Chapman & Hall, London.

KNEIDEL, K. A., 1983. Fugitive species and priority during colonization in carrion breeding Diptera communities. *Ecol. Ent.*, **8**, p. 163-169.

KOENIG, W. D. *et al.*, 1984. The breeding system of the acorn woodpecker in coastal California. *Z. Tierpsychol.*, **65**, p. 289-308.

KREBS, J. R., 1971. Territory and breeding density in the great tit *Parus major* L. *Ecology*, **52**, p. 2-22.

KREBS, J. R., 1978. Optimal foraging : decision rule for predators. *In* : J. R. Krebs & N. B. Davies (eds.), *An introduction to behavioural ecology*, p. 23-63. Sunderland, Mass.

*KREBS, J. R. & DAVIES, N. B., 1987. *An introduction to behavioural ecology.* Sinauer Associated, Mass.

LACHAISE, D., 1979. Le concept de niche chez les Drosophiles. *La Terre et la Vie*, **33**, p. 425-456.

LACK, D. L., 1945. Ecology of closely related species with special reference to cormorant (*Phalacrocorax carbo*) and shag (*P. aristotelis*). *J. Anim. Ecol.*, **14**, p. 12-16.

*LACK, D., 1947. *Darwin's finches.* Réédition 1983. Cambridge Univ. Press.

LACK, D., 1971. *Ecological isolation in birds.* Harvard Univ. Press.

LAWTON, J. H. 1984. Non competitive populations, non convergent communities and vacant niches : the herbivores of bracken. *In* : D. R. Strong *et al.* (eds.), *Ecological communities : conceptual issues and the evidence*, p.103-127. Princeton Univ. Press.

LAWTON, J. H. *et al.*, 1974. Switching in invertebrate predators. *In* : M. B. *USHER & M. H. Williamson (eds.), *Ecological stability*, p. 141-158. Chapman & Hall, London.

LAWTON, J. H. & STRONG, D. R., 1981. Community patterns and competition in folivorous insects. *Amer. Nat.*, **118**, p. 317-378.

LEVIN, S. A., 1976. Population dynamics models in a heterogeneous environment. *Ann. Rev. Ecol. Syst.*, **7**, p. 287-310.

MAC ARTHUR, R. H., 1972. *Geographical ecology.* Harper & Row, New York.

*MENGE, B. A. & SUTHERLAND, J. P., 1976. Species diversity gradients : synthesis of the roles of predation, competition and temporal heterogeneity. *Amer. Nat.*, **110**, p. 351-369.

MORRIS, R. F., 1963. The dynamics of epidemic spruce budworm populations. *Mem. Ent. Soc. Canada*, **31**, p. 1-332.

PIMM, S. L. 1984. The complexity and stability of ecosystems. *Nature*, **307**, p. 321-326.

NEWSOME, A., 1990. The control of vertebrate pests by vertebrate predators. *TREE*, **5**, p. 187-191.

NIKOLSKY, G. V., 1963. *Ecology of fishes.* Academic Press, Londres.

PUTWAIN, P. D. & HARPER, J. L., 1970. Studies on the dynamics of plant populations. III. The influence of associated species on populations of *Rumex acetosa* L. and *R. acetosella* L. in grassland. *Journ. Anim. Ecol.*, **58**, p. 251-264.

RAHN, R., 1977. Premiers résultats et problèmes méthodologiques concernant l'étude des rapports entre le milieu trophique et son consommateur : cas de la stimulation sexuelle d'*Acrolepia assectella* Z. (Lep. Plutellidae) par *Allium porum. Comportement des insectes et milieu trophique*, p. 337-351. Colloques internationaux du CNRS n° 265.

RATHCKE, B. J. 1976. Competition and coexistence within a guild of herbivorous insects. *Ecology*, **57**, p. 76-88.

REYNOLDS, J. C., 1985. Details of the geographic replacement of the red squirrel (*Sciurus vulgaris*) by the grey squirrel (*Sciurus carolinensis*) in Eastern England. *J. Anim. Ecol.*, **54**, p. 149-162.

*RIBA, G. & SILVY, C., 1989. *Combattre les ravageurs des cultures.* Éditions de l'INRA, Paris.

*RICE, E. L., 1974. *Allelopathy.* Academic Press, New York.

SALE, P. F., 1974. Overlap in resource use, and interspecific competition. *Oecologia*, **17**, p. 245-256.

SALE, P. F., 1982. Stock recruitement relationships and regional coexistence in a lottery competitive system : a simulation study. *Amer. Nat.*, **120**, p. 139-159.

SCHOENER, T. W., 1983. Simple models of optimal foraging theory size : a reconciliation. *Amer. Nat.*, **121**, p. 608-629.

SCHOENER, T. W., 1983. Field experiments on interspecific competition. *Amer. Nat.*, **122**, p. 240-285.

SEIFERT, R. P., 1982. Neotropical *Heliconia* insect communities. *Quart. Rev. Biol.*, **57**, p. 1-28.

SHORROCKS, B. & BINGLEY, M., 1994. Priority effects and species coexistence : experiments with fungal-breeding *Drosophila*. *J. Anim. Ecol.*, **63**, p. 799-806.

SIH, A. *et al.*, 1985. Predation, competition and prey communities : a review of field experiments. *Ann. Rev. Ecol. Syst.*, **16**, p. 269-312.

STRONG, D. R., 1982. Potential interspecific competition and host specificity : hispine beetles on *Heliconia*. *Ecol. Entomol.*, **7**, p. 217-220.

STRONG, D. R. *et al.*, 1979. Tests of community-wide character displacement against null hypothesis. *Evolution*, **33**, p. 897-913.

TINBERGEN, L., 1960. The natural control of insects in pinewoods. 1 Factors influencing the intensity of predation by songbirds. *Archives néerlandaises de zoologie*, **13**, p. 266-336.

WIENS, J. A., 1977. On competition and variable environment. *Amer. Sci.*, **65**, p. 590-597.

WRIGHT, S. J., 1979. Competition between insectivorous lizards and birds in Central Panama. *Amer. Zool.*, **19**, p. 1145-1156.

ZWOLFER, H., 1979. Strategies and counterstrategies in insect population systems competing for space and food in flower heads and plant galls. *Fortschr. Zool.*, **25**, p. 331-353.

ZWOLFER, H. & KRAUS, M., 1957. Biocenotic studies on the parasites of two fir and oak tortricids. *Entomophaga*, **2**, p. 173-196.

ACTUALITÉS SCIENTIFIQUES ET INDUSTRIELLES
277
EXPOSÉS DE BIOMÉTRIE
ET DE
STATISTIQUE BIOLOGIQUE

Publiés sous la direction de
GEORGES TEISSIER
Sous-directeur de la Station Biologique de ROSCOFF

IX
VÉRIFICATIONS EXPÉRIMENTALES DE
LA THÉORIE MATHÉMATIQUE
DE LA LUTTE POUR LA VIE

PAR

Dr G. F. GAUSE
Institut Zoologique et Comité Biophysique de l'Université de Moscou

PARIS
HERMANN ET Cie, ÉDITEURS
6, Rue de la Sorbonne, 6
—
1935

Première page de la publication de G. F. Gause dans laquelle sont exposés les résultats des expériences qui mettent en présence deux espèces de *Paramecium* ou une espèce de *Paramecium* et son prédateur *Didinium*. Ces recherches ont été entreprises pour vérifier la théorie de la « lutte pour la vie » inspirée par la théorie darwinienne (cf. chapitre 9).

Chapitre 8

MÉTHODES D'ÉTUDE ET CARACTÉRISTIQUES DES POPULATIONS

I. LA RÉPARTITION SPATIALE DES INDIVIDUS

Les individus d'une population peuvent être distribués dans l'espace selon trois modalités principales : uniforme, au hasard ou en agrégats (figure 8.1). La distribution uniforme (ou régulière) est rare. Elle est l'indice d'une intense compétition entre les divers individus qui ont tendance à se tenir à égale distance les uns des autres. Les buissons du creosote bush (*Larrea divaricata*) qui, dans le désert de l'Arizona, sécrètent des substances toxiques (phénomène d'allélopathie) ont une distribution quasi uniforme. Des poissons comme les épinoches qui défendent un territoire et ont un caractère très individualiste ont aussi une répartition uniforme. Il en est de même du Lamellibranche *Tellina tenuis* qui vit dans le sable des plages de la Manche.

La répartition au hasard (ou aléatoire) existe dans des milieux très homogènes chez les espèces qui n'ont aucune tendance à se grouper et pour lesquelles la position dans l'espace de chaque individu est indépendante de celle des autres individus. Les œufs des insectes sont souvent répartis au hasard, ainsi que les *Tribolium* dans un milieu de culture ou que les pucerons dans un champ, tant que la densité de leurs populations reste faible.

La répartition en agrégats (ou contagieuse) est la plus fréquente. Elle est due à des variations des caractéristiques du milieu ou bien au comportement des êtres vivants qui ont tendance à se grouper (cf. discussion *in* Legay & Debouzie, 1985).

Figure 8.1
Les trois types de distribution spatiale des individus d'une population
Les valeurs de la variance σ^2, de la moyenne m et du rapport σ^2/m ont été indiquées.

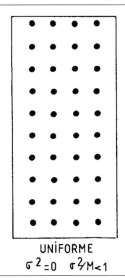 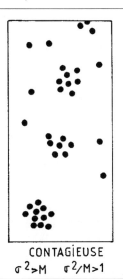 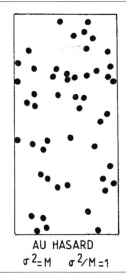

UNIFORME $\sigma^2=0$ $\sigma^2/M<1$ CONTAGIEUSE $\sigma^2>M$ $\sigma^2/M>1$ AU HASARD $\sigma^2=M$ $\sigma^2/M=1$

Soit un milieu dans lequel ont été réalisés n prélèvements sur des surfaces identiques qui renferment chacune un nombre x d'individus. Si m est la moyenne arithmétique du nombre d'individus dans l'ensemble des n prélèvements, la variance de la distribution σ^2 est donnée par la formule :

$$\sigma^2 = \frac{\Sigma(x-m)^2}{(n-1)}$$

Dans le cas d'une distribution uniforme σ^2 est voisin de zéro et $\sigma^2/m < 1$. Dans une distribution au hasard σ^2 est égal (ou proche) de m et σ^2/m est peu différent de l'unité. Dans une distribution contagieuse σ^2 est supérieur à m et $\sigma^2/m > 1$. La valeur du rapport σ^2/m varie, pour un taux de probabilité donné, entre des limites de confiance qui sont fonction du nombre de prélèvements n (Cancela da Fonseca, 1966). L'écart à l'unité du rapport σ^2/m est significatif, pour un seuil de probabilité $P = 0,05$ lorsque :

$$\left(\frac{\sigma^2}{m}\right) - 1 > 2\sqrt{\frac{2n}{(n-1)^2}}$$

Le comportement et la structure du milieu règlent la répartition spatiale des individus. Un Ongulé africain, le topi *Damaliscus korrigum* fréquente deux types d'habitats dans le parc de l'Akagera au Rwanda. Dans les savanes boisées du sud du parc la population de topis se divise en petits groupes de 10 à 20 individus qui sont soit des hardes de mâles célibataires, soit des harems formés d'un mâle adulte territorial et de femelles accompagnées de leurs jeunes. Les harems sont établis sur des territoires de 4 à 25 ha défendus par le mâle. Les hardes de mâles célibataires sont installées entre les harems, dans les régions les plus boisées qui sont les moins favorables à l'espèce, et la densité moyenne y est de 2,6 à 2,8 individus par km². Les grandes plaines herbeuses du centre du parc constituent un autre type d'habitat. Les mâles adultes y défendent un territoire bien plus petit, de 50 à 250 m de diamètre, et ils se groupent pour former une arène de reproduction ou *lek*. Des hardes de femelles et de jeunes d'importance variable, associées plus ou moins à des bandes de mâles célibataires, gravitent autour de ces arènes de reproduction. Ce système social est avantageux dans les grandes plaines où l'on peut compter des troupeaux de 1 500 à 2 000 têtes et où la densité de peuplement varie de 7 à 35 individus à l'ha (Montfort & Ruwet, 1973).

La distribution spatiale des individus peut être très irrégulière. Au Katanga l'antilope impala se concentre surtout à la limite de la savane à *Acacia drepanolobium* et de la savane à *Acacia tortilis* où elle trouve beaucoup de nourriture et de bons abris sous le couvert des arbres. L'antilope *Alcelaphus bucephalus* est au contraire une espèce de milieu herbacé ouvert ayant une préférence pour les prairies des bords de rivière (figure 8.2).

Les individus d'une même espèce peuvent être répartis en populations sympatriques mais séparées dans le temps par leurs périodes d'activité et se trouver ainsi isolées génétiquement sans pouvoir échanger de gènes. *Schistosoma mansoni*, agent de la bilharziose dont la transmission est essentiellement humaine, a des populations dont les cercaires qui vivent en eau courant sont émises avec un pic vers 11 heures. Ce parasite a aussi des populations qui émettent leurs cercaires avec un pic vers 16 heures, qui sont surtout transmises par les rats et qui vivent en eau stagnante (Combes, 1981). Le papillon *Colias eurytheme* a différentes morphes génétiquement déterminées et actives à divers moments de la journée ce qui fait qu'aucun échange de gènes n'est possible (Hovanitz, 1953). Chez le grillon des bois *Nemobius sylvestris* le décalage des cycles de développement fait cohabiter dans une même station deux populations isolées génétiquement (Campan, 1965).

II. EFFET DE GROUPE ET EFFET DE MASSE

Plusieurs expériences ont mis en évidence les effets bénéfiques du groupement des individus de la même espèce (Allee *et al.*, 1949). Des poissons résistent mieux à une dose déterminée de poison lorsqu'ils sont groupés que lorsqu'ils sont isolés. Les oiseaux qui vivent en colonies ont un succès reproducteur faible ou nul lorsque leurs effectifs tombent au-dessous d'un seuil critique (figure 8.3).

On désigne sous le nom d'effet de groupe l'ensemble des modifications physiologiques, morphologiques et du comportement qui apparaissent lorsque plusieurs individus de la même espèce vivent ensemble dans un espace raisonnable et avec une quantité de nourriture suffisante. On en connaît l'existence chez de nombreux animaux, insectes et Vertébrés. L'effet de groupe agit sur la fécondité et la vitesse de croissance. Les têtards du crapaud *Alytes obstetricans* ont une croissance plus rapide et un poids plus élevé quand ils sont

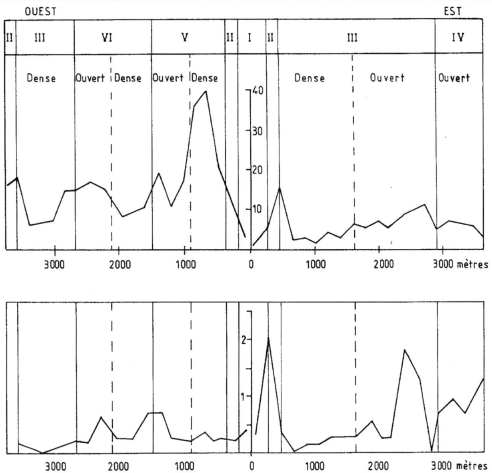

Figure 8.2
Distribution de deux espèces de Mammifères du Katanga suivant un transect ouest-est de 7 300 m de long et de 914 m de large passant par diverses formations végétales de part et d'autre d'une rivière

En haut, l'antilope impala ; en bas, *Alcelaphus bucephalus*. L'échelle verticale, indique le nombre d'animaux par kilomètre carré. I : rivière et formations herbacées. II : savane ouverte à *Acacia*. III : formation à *Commiphora*. IV : formation à *Commiphora* et *Acacia*. V : savane à *Acacia drepanolobium*. VI : savane à *Acacia tortilis* (Lamprey, 1964).

élevés par groupes de 2 à 5 que lorsqu'ils sont élevés isolément. Chez divers Mammifères et oiseaux la reproduction ne peut se faire normalement que si un certain nombre d'individus sont réunis. Le cormoran *Phalacrocorax bouganvillei*, producteur de guano au Pérou, ne peut subsister que lorsque ses colonies comprennent au moins 10 000 individus avec une densité de 3 nids au m². On estime qu'un troupeau d'éléphants d'Afrique doit renfermer au moins 25 individus pour survivre et qu'un troupeau de rennes doit avoir un effectif de 300 à 400 têtes. La connaissance de l'effectif de la « population minimum viable » est importante pour la conservation des espèces menacées.

La vie en groupe présente des avantages. Elle permet en particulier de limiter l'effet des prédateurs. Les mâles de la grenouille néotropicale *Physalaemus pustulosus* se réunissent pour chanter. La prédation par les chauves-souris est moins grande sur les grenouilles réunies en groupes nombreux que sur les petits groupes et le nombre de femelles attirées par chaque mâle augmente avec la taille du groupe (Ryan *et al.*, 1982). Chez l'autruche le temps consacré par chaque individu à la surveillance du milieu et des ennemis comme les lions diminue avec la taille du groupe. Le faucon *Accipiter gentilis* réussit plus souvent ses attaques sur des pigeons isolés car les groupes de pigeons se tiennent à une plus grande distance

Figure 8.3

Influence de la densité sur la fécondité des animaux

À **gauche**, courbes théoriques montrant l'effet de la densité de population sur la fécondité des femelles. En haut, population pour laquelle la fécondité diminue régulièrement avec la densité (cas le plus fréquent) ; en bas, population pour laquelle la fécondité est maximale pour une densité moyenne (Allee *et al.*, 1949).

À **droite**, effet de la densité sur le succès reproducteur du guillemot *Uria aalge* (Birkhead, 1977).

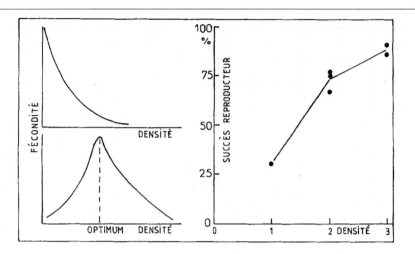

des faucons (Kenward, 1978). Les guppies *Poecilia reticulata* de Trinidad vivent en groupes d'autant plus nombreux et cohérents que leurs prédateurs sont plus abondants (Seghers, 1978). Des prédateurs comme les hyènes se groupent pour attaquer et tuer des proies de grande taille inaccessibles à des individus isolés. Les groupes peuvent être plurispécifiques. Les pluviers et les vanneaux vivent en bandes mixtes. Les vanneaux sont plus aptes que les pluviers à rechercher la nourriture dans le sol des champs. Les pluviers suivent les bandes de vanneaux qui leur indiquent les champs riches en vers de terre. La mouette *Larus ridibundus* vient en kleptoparasite saisir les vers de terre qui ont été déterrés mais elle apporte cependant un avantage à l'association en signalant plus précocement l'approche des prédateurs (Barnard & Thompson, 1985).

Beaucoup d'insectes forment des groupements à l'état larvaire ou imaginal. Ce sont en général des espèces immangeables et leur réunion semble réduire la probabilité d'attaque par les prédateurs (Sillen-Tullberg & Leimar, 1988). Diverses espèces de poissons vivent en bancs, groupements réunissant des millions d'individus et pouvant s'étendre sur des kilomètres. Il semble difficile pour un prédateur de choisir et de suivre un individu noyé dans la masse du banc. Dans un banc de harengs la tactique de fuite face à l'attaque d'un prédateur comme le barracuda consiste à se disperser radialement en un instant très bref (moins d'une demiseconde). Cette fuite résulte d'un seul battement de queue. On n'a jamais observé de collision lorsque le banc éclate. Il semble que chaque poisson sait où iront ses voisins quand le prédateur attaque (Collignon, 1991).

• **Le phénomène des phases** est une manifestation spectaculaire de l'effet de groupe. Il a été découvert chez les Acridiens mais il existe aussi chez d'autres insectes. Chez le criquet *Locusta migratoria* les larves solitaires sont vertes et peu actives ; si on les groupe elles deviennent bariolées de noir et d'orange et très actives. Les imagos solitaires ont la carène médiane du pronotum nettement convexe en vue de profil, tandis que les imagos grégaires ont cette carène droite ou même concave. Les individus grégaires ont un appétit bien plus grand que les individus solitaires, ils grandissent plus vite et sont plus lourds. L'apparition de la phase grégaire est due à des phénomènes sensoriels tels que la vue des congénères ou des stimulus tactiles. L'effet favorable du groupement se manifeste à partir d'une densité aussi faible que 2 individus pour un volume de 2 600 cm^3.

• **L'effet de masse** apparaît lorsque l'espace est limité et se caractérise par ses effets néfastes pour les animaux alors que l'effet de groupe a des conséquences bénéfiques. Un exemple d'effet de masse est fourni par les recherches de Park (1941) sur *Tribolium confusum*. Il existe une densité optimale pour laquelle le nombre d'œufs pondus par femelle atteint un maximum, ce qui correspond à un effet de groupe. Au-delà de cette densité optimale la fécondité des femelles diminue. Lorsque la farine dans laquelle vivent ces Coléoptères contient une certaine quantité d'excréta et des sécrétions diverses plus ou moins toxiques, la farine est « conditionnée » par l'insecte et l'on assiste à tout un ensemble de perturbations telles que la réduction de la fécondité et l'allongement de la durée du développement larvaire. Ces effets sont réversibles et cessent quand

on élève les *Tribolium* dans de la farine neuve. Le cannibalisme des imagos vis-à-vis des œufs augmente avec la densité de la population. Le pourcentage d'œufs mangés est de 7,7 % pour une densité de 1,25 imago par gramme de farine et de 98,4 % pour une densité de 40 imagos.

III. L'ABONDANCE DES ESPÈCES ET SON ESTIMATION

Les méthodes qui permettent de déterminer l'abondance des animaux sont très nombreuses (Lamotte & Bourlière, 1969, 1971 ; Southwood, 1965 ; Seber, 1982). Le *comptage direct* donne une idée de la densité absolue mais il n'est possible que pour des animaux assez grands, faciles à voir et à déterminer. La *méthode des itinéraires échantillons* consiste à parcourir un itinéraire balisé et à noter tout ce qui est vu ou entendu de chaque côté de l'itinéraire dans une bande de largeur donnée. Elle s'applique aux Mammifères (tableau 8.1) et aux Oiseaux (figure 8.4).

La *méthode de capture-recapture* est appelée aussi méthode de Lincoln-Petersen (du nom de ses inventeurs). Dans une population d'effectif inconnu, *a* individus sont capturés et marqués d'une façon indélébile (bagues, taches de couleur, etc.) puis relâchés. Au bout d'un certain temps on capture à nouveau un nombre *b* d'individus dont *c* ont été marqués précédemment. L'effectif estimé *N* de la population est :

$$N = \frac{a(b+1)}{(c+1)}$$

Lorsque *c* est supérieur à 20 la formule peut être simplifiée en $N = ab/c$. La variance σ^2 de *N* est égale à :

$$\sigma^2 = \frac{a^2(b+1) \cdot (b-c)}{(c+1)^2 \cdot (c+2)}$$

et les limites de l'intervalle de confiance de *N* à 95 % sont égales à $N \pm 1{,}96\sigma$.

Espèces	Itinéraire I (steppe)	Itinéraire II (steppe et savane à fourrés)	Itinéraire III (savane herbeuse et boisée)
Éléphant	0,22	0,91	3,36
3 500 kg	770 kg	3 165 kg	11 760 kg
Hippopotame	1,5	0,45	0,07
1 400 kg	2 100 kg	630 kg	98 kg
Buffle	25	10,02	5,31
500 kg	12 500 kg	5 010 kg	2 655 kg
Topi	14,5	1	0,17
130 kg	1 885 kg	130 kg	22 kg
Waterbuck	0,54	–	–
150 kg	81 kg	–	–
Cob de Buffon	40,6	5,6	2,29
70 kg	2 842 kg	392 kg	160 kg
Cob de roseaux	0,16	–	–
40 kg	6 kg	–	–
Antilope harnachée	–	0,24	–
50 kg	–	12 kg	–
Phacochère	4,3	0,43	1,39
70 kg	301 kg	30 kg	91 kg
Hylochère	–	0,11	–
140 kg	–	15 kg	–
Abondance moyenne au km²	86,7	18,71	17,87
Biomasse moyenne au km²	20 485	9 384	15 578

Tableau 8.1
Abondance et biomasse (en kg) moyennes des Ongulés des habitats ouverts du secteur central du parc national Albert en 1957-1958

Cet inventaire a été réalisé à l'aide de la méthode des itinéraires échantillons (Bourlière & Verschuren, 1960).

Figure 8.4
Le territoire de deux
espèces de Passereaux, la
fauvette Sylvia undata
(ronds) et le rossignol
(triangles) dans une
parcelle de 28 ha du
maquis méditerranéen

Les sentiers sont indiqués en
traits fins. Chaque triangle ou
point représente un « contact »
sonore ou visuel avec un oiseau
le long d'un itinéraire échantillon (Blondel, 1965).

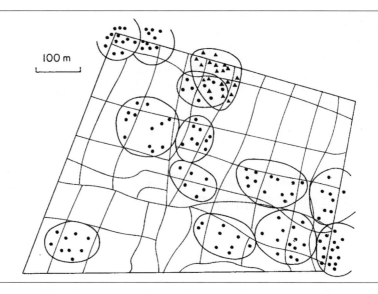

Des opérations de marquage-recapture multiples améliorent la précision de l'estimation
d'une population. Si a est le nombre d'individus
marqués avant l'échantillonnage de rang i, si b_i
est le nombre d'individus dans l'échantillon de
rang i, et si c_i est le nombre d'individus marqués
que contient cet échantillon, l'effectif N de la
population est :

$$N = \frac{\Sigma a_i^2 \cdot b_i}{\Sigma a_i \cdot c_i}$$

Les limites de l'intervalle de confiance de l'estimation de N sont obtenues à l'aide de formules
complexes (Southwood, 1966 ; Seber, 1982).

La méthode stochastique de Jolly (1965) est
adaptée à l'étude des populations qui ont fait
l'objet de plusieurs séries de marquages suivis de
lâchers et de recaptures à des intervalles de temps
réguliers. Elle est exposée dans Begon (1979).

L'étude de beaucoup d'espèces peut se faire par
piégeage. Si tous les individus d'une population
de Rongeurs ont la même probabilité de capture
p et si P est l'effectif de la population, on capture
lors de la première séance de piégeage un nombre
d'individus C_1 égal à pP et lors de la deuxième
séance un nombre d'individus C_2 égal à
$p \cdot (P - C_1)$. On en déduit que :

$$P = \frac{C_1^2}{(C_1 - C_2)}$$

Cette méthode est applicable aux poissons
d'eau douce. De nombreuses méthodes d'échantillonnage adaptées aux insectes ont été mises au
point (figure 8.5).

La taille des populations est très variable : de
5 000 à 20 000 individus chez l'escargot *Cepaea
nemoralis* ; de 500 à 20 000 chez le papillon
Panaxia dominula ; 6 000 couples chez la mouette
Larus ridibundus ; plusieurs millions chez des
insectes sociaux comme les fourmis ou les termites.

IV. LES STRUCTURES D'ÂGE

Certaines méthodes permettent de connaître
l'âge des divers individus d'une façon exacte. Ce
sont par exemple les lignes d'arrêt de croissance
des écailles des poissons ou les cernes annuels de
croissance des arbres. D'autres donnent seulement une estimation de l'âge. Le poids des
défenses d'éléphant est fonction de l'âge de
même que la taille et la forme des cornes des
Bovidés (figure 8.6) ou que la taille corporelle des
poissons. Chez les insectes la largeur de la capsu-
le céphalique permet de déterminer le stade larvaire. Lorsque l'âge des individus est connu il est
possible de déterminer les caractéristiques des
populations.

4.1. Tables de survie

Le principe des tables de survie a été mis au
point par les spécialistes de la démographie
humaine (Pressat, 1969). On appelle génération

Figure 8.5

Fluctuations d'abondance de la tordeuse du mélèze Zeiraphera diniana en Engadine

En traits pleins, moyenne pour l'ensemble de l'Engadine ; en tirets, limites extrêmes observées dans diverses localités. Le nombre de chenilles pour 1 000 arbres est indiqué en coordonnées logarithmiques, en raison de l'importance des variations d'abondance qui ont été obtenues à l'aide d'un plan d'échantillonnage tenant compte de la biologie de l'insecte et de sa distribution spatiale (Auer, 1961).

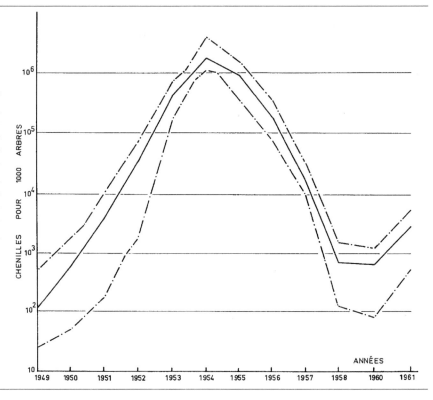

l'ensemble des individus qui sont nés simultanément (ou pendant un intervalle de temps donné) et cohorte des ensembles d'individus qui ont vécu simultanément un même événement origine mais qui n'ont pas forcément le même âge. Ainsi chez les insectes qui subissent une diapause de durée variable on peut distinguer plusieurs cohortes à partir d'une même génération. Les tables de survie transversales indiquent à un moment donné la structure d'âge de la population et le taux de mortalité pour chaque classe d'âge (tableau 8.2). Les tables de survie longitudinales représentent l'évolution d'une génération ou d'une cohorte d'individus depuis leur naissance (ou depuis le stade œuf dans le cas des insectes) jusqu'à leur disparition. Chez les insectes dont le développement se fait par stades, les tables de survie sont construites en tenant compte de ces étapes et non pas en fonction d'intervalles de temps égaux (tableau 8.3). Les mêmes données numériques peuvent être présentées sous la forme de tables de survie diagrammatiques (figure 8.7). Les tables de survie transversales sont les plus faciles à établir et les plus utilisées, car la construction de tables longitudinales nécessite le suivi d'animaux et ne peut guère se faire que sur des espèces domestiques ou faciles à marquer et à suivre individuellement.

La construction de tables de survie transversales suppose que la population est *stable* (ses paramètres démographiques ne changent pas au cours du temps) et *stationnaire* (ses effectifs sont constants), et que l'échantillon des individus étudiés a une structure d'âge identique à celle de la population totale. Elle suppose aussi qu'il n'y a pas d'erreur de détermination de l'âge des individus, ce qui n'est pas toujours le cas. Les critères d'âge pour les Mammifères ne sont pas toujours aisés à mettre en œuvre. Cette question est discutée par Vincent *et al.* (1994).

Les tables de survie sont utiles pour assurer la gestion des populations. Elles permettent aussi de calculer divers paramètres caractéristiques de l'espèce : le *taux intrinsèque d'accroissement naturel r* ; le *taux net de reproduction* R_0 (nombre de descendants produits par femelle), la *durée d'une génération T* (temps nécessaire pour que l'effectif de la population soit multiplié par R_0).

4.1.1. LA GESTION D'UNE POPULATION DE MAMMIFÈRES. L'ÉLÉPHANT EN OUGANDA

Les défenses des éléphants ayant une croissance continue, il est possible de connaître leur âge en déterminant le poids de leurs défenses. Une table de survie a été établie à l'aide d'animaux

Figure 8.6

Détermination de l'âge d'un Mammifère, le chamois

À gauche, par l'examen des dents. **A** : Du 2e au 14e mois, 4 incisives de lait de chaque côté. **B** : Du 15e au 26e mois, une incisive définitive et 3 de lait de chaque côté. **C** : Du 27e au 35e mois, 2 incisives définitives et 2 de lait de chaque côté. **D** : Du 36e au 44e mois, 3 incisives définitives et 1 de lait de chaque côté. **E** : Du 45e mois à 10 ans, 4 incisives définitives. **F** : À partir de 10 ans, incisives usées.

À droite, par l'étude des cornes. Schéma montrant l'allongement progressif des cornes d'après l'exemple d'un mâle de 10 ans (Couturier, 1938).

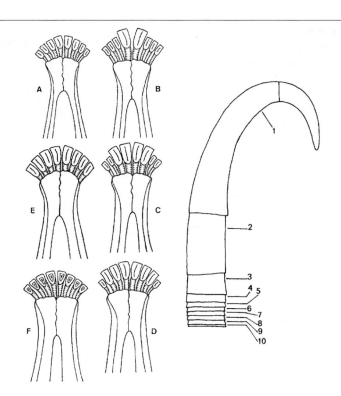

Tableau 8.2

Table de survie transversale pour les mâles de la population de Cervus elaphus de l'île de Rhum en Écosse (Lowe, 1969)

Cette table est construite à l'aide des données sur l'âge des individus décédés entre 1957 et 1966. Les symboles des diverses colonnes sont les suivants :

X : âge en années ;

d_x : décès survenus dans l'intervalle de temps x_t à x_{t+1} ;

l_x : nombre d'individus au début de l'intervalle de temps X. On voit que $d_x = l_x - l_{x+1}$;

q_x : quotient de mortalité dans l'intervalle de temps x_t à x_{t+1} ;

e_x : espérance de vie au début de l'âge X. On démontre que $e_x = 0,5 + (l_{x+1} + ... l_{x+n})/l_x$

x	d_x	l_x	$100q_x$	e_x
1	282	1 000	282,0	5,81
2	7	718	9,8	6,89
3	7	711	9,8	5,95
4	7	704	9,9	5,01
5	7	697	10,0	4,05
6	7	690	10,1	3,09
7	182	684	266,0	2,11
8	253	502	504,0	1,70
9	157	249	630,6	1,91
10	14	92	152,1	3,31
11	14	92	179,4	2,81
12	14	78	218,7	2,31
13	14	64	279,9	1,82
14	14	50	388,9	1,33
15	14	22	636,3	0,86
16	8	22	1 000	0,5

Tableau 8.3

Table de survie du Lépidoptère Choristoneura fumiferana au Canada (Morris, 1963)

Les classes d'âge correspondent aux divers stades du développement et les facteurs de mortalité ont été indiqués.

x	l_x	Facteurs de mortalité	d_x	d_x en % de l_x
Œufs	200	Parasites	10	5
		Autres	20	10
		Total	30	15
Larves jeunes	170	Dispersion	136	80
Larves âgées	34	Parasites	13,6	40
		Maladies	6,8	20
		Autres	10,2	30
		Total	30,6	90
Chrysalides	3,4	Parasites	0,35	10
		Autres	0,55	15
		Total	0,9	25
Imagos	2,5	Divers	0,5	20

Figure 8.7

Tables de survie

Tables de survie diagrammatique pour une population de la mésange *Parus major* occupant un bois de 1 ha (Perrins, 1965) et pour une population du criquet *Chorthippus brunneus* occupant une surface de 10 m^2 (Richards et Waloff, 1954).

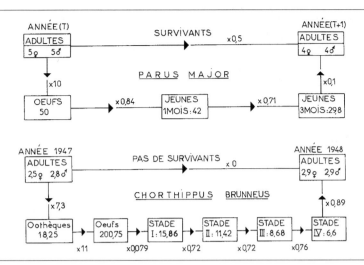

trouvés morts. Le but de la gestion est de maintenir la population d'éléphants de l'Ouganda a un effectif constant de 12 000 individus avec des classes d'âge constantes. La période de gestation de l'éléphant est de 22 mois et celle du sevrage au moins égale. On peut donc estimer que chaque femelle donne un jeune tous les 5 ans. Si l'on tient compte des femelles non reproductrices et des mâles, le taux de croissance de la population est compris entre 8 et 12 %. En admettant un taux de 8 % le recrutement pour l'ensemble de la population est de 12 000 × 8 % = 960. Il faudra donc éliminer chaque année 960 individus dans l'ensemble des classes d'âge et proportionnellement à leur effectif. Les calculs sont effectués dans le tableau 8.4.

4.1.2. RELATIONS ENTRE LA TAILLE CORPORELLE, R ET T

Une caractéristique remarquable des êtres vivants réside dans les variations considérables de taille qui existent d'une espèce à l'autre, et qui s'étendent de 10^{-4} cm à 10^4 cm depuis les plus petits unicellulaires jusqu'aux plus grands arbres. Les variations de masse vont de 10^{-13} g chez les mycoplasmes à plus de 10^8 g chez la baleine bleue. La taille est un facteur écologique de grande importance et un certain nombre de caractéristiques des êtres vivants en dépendent. Le temps de génération T augmente avec la taille et il existe une relation hyperbolique inverse entre T et le taux d'accroissement naturel r (figure 8.8).

Poids des défenses (kg)	Nombre de survivants l_x	Nombre de morts d_x	dx en %	Nombre d'animaux pouvant être tués
0-4,5	10 000	4 087	41	394
4,5-9	5 913	3 305	34	326
9-13,5	2 608	1 524	15	144
13,5-18	1 084	462	5	48
18-22,5	622	342	3	28
22,5-27	280	109	1	10
27-31,5	171	40	0,4	4
31,5-36	131	69	0,3	3
36-40,5	62	17	0,1	1
40,5-45	45	11	(0,1)	1
45-50	34	34	(0,1)	1
Total			100	960

Tableau 8.4

Gestion d'une population d'éléphants à l'aide des données fournies par les tables de survie (Mosby, 1963)

© Dunod. La photocopie non autorisée est un délit.

Deux caractéristiques démographiques importantes, la durée de vie et la fécondité, varient souvent en sens inverse. L'énergie investie dans la reproduction diminue la longévité chez des organismes aussi divers que des insectes (drosophile, punaises, Coléoptères), des poissons (saumon, épinoche) et même des végétaux comme la tomate (Calow, 1977). Chez *Drosophila melanogaster* la sélection de souches à reproduction tardive se traduit par une augmentation significative de la durée de vie et la sélection de souches à reproduction précoce entraîne une réduction de la durée de vie (Luckinbill *et al.*, 1984).

4.2. Courbes de survie

Une courbe de survie est la représentation graphique de l'évolution numérique d'une cohorte en fonction du temps. Les courbes de survie se ramènent à trois types principaux (figure 8.9). Le type convexe (ou type I) se rencontre chez des Mammifères (dont l'homme), des insectes sociaux, ou la drosophile qui ont une mortalité faible aux stades jeunes puis élevée aux stades âgés. Le type rectiligne (ou type II) correspond à un taux de mortalité constant. Il se rencontre chez l'hydre d'eau douce, divers

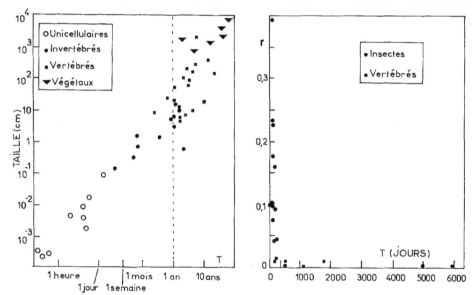

Figure 8.8
À **gauche**, relation linéaire log-log entre la durée d'une génération T et la taille pour divers organismes.
À **droite**, taux intrinsèque maximum de croissance r en fonction de la durée d'une génération T. Il existe une relation hyperbolique inverse entre r et T (Pianka, 1974).

Passereaux et beaucoup d'animaux domestiques. Le type concave (ou type III) est le plus commun dans la nature. Il est fréquent chez les Invertébrés, les poissons et beaucoup d'oiseaux et il correspond à une mortalité élevée aux stades jeunes et relativement constante ensuite (figure 8.10). Dans le cas des insectes les courbes de survie peuvent être établies en prenant comme unité de temps la durée des divers stades larvaires (figure 8.11). Les courbes de survie ne correspondent pas toujours aux trois cas théoriques (figure 8.12). La forme des courbes de survie varie avec les conditions de milieu et avec le sexe des individus. Chez le cerf à queue noire, *Odocoileus hemionus columbianus*,

du chaparral de Californie, la mortalité aux stades jeunes est plus élevée dans les régions à population dense (25 individus par km²) aménagées et contrôlées par des incendies, et plus faible (10 individus au km²) dans les zones non aménagées et non brûlées depuis plus de dix ans. Dans les deux cas la longévité maximale des individus est la même. Chez les espèces exploitées les courbes de survie ont une allure caractéristique marquée par la disparition des individus les plus âgés (figure 8.13). Des signes de surexploitation de la baleine *Balaenoptera physalus* apparaissent si l'on compare les années 1939-1941 et les années 1955-1957. Pour cette dernière période les sujets âgés sont rares, sur-

Figure 8.9

Courbes de survie

À **gauche**, les trois types théoriques de courbes de survie.

À **droite**, courbes de survie du Cervidé californien *Odocoileus hemionus* pour des populations ayant des densités de 24 individus au km² et de 10 individus au km² (Taber & Dasman, 1957).

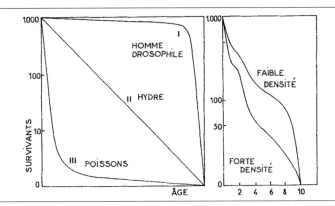

Figure 8.10

Exemples de courbes de survie

A : Trois espèces de Graminées du genre *Bouteloua* dans la prairie du sud de l'Arizona (1 : *B. chondrosoides* ; 2 : *B. filiformis* ; 3 : *B. rothrockii*).

B : Lézard australien *Amphibolurus ornatus*, individus à croissance lente (L) et rapide (R).

C : Goéland argenté *Larus ridibundus*, l'origine est prise au stade œuf.

D : Cerf en Écosse, mâles et femelles séparés.

Toutes les ordonnées sont en échelles logarithmiques et calculées pour des populations théoriques de 100 ou de 1 000 individus.

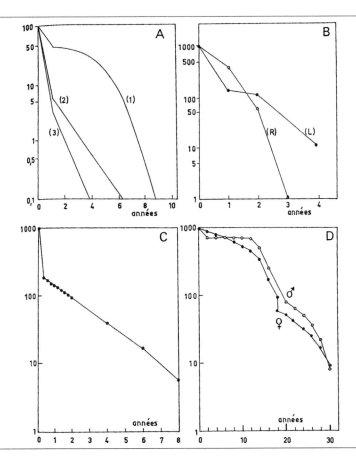

tout au-delà de 15 à 20 ans. Ceci est dû à la surmortalité sélective pratiquée par les baleiniers qui recherchent les sujets les plus grands. La surexploitation se manifeste par la diminution du pourcentage des femelles gestantes, par la baisse du nombre de prises par unité d'effort de pêche et par la réduction des effectifs à un niveau tel que les chances de survie de l'espèce sont compromises.

4.3. Pyramides des âges

Les pyramides des âges représentent graphiquement le nombre d'individus dans chaque classe d'âge, pour les mâles et pour les femelles. Il est possible de distinguer trois types de pyramides des âges : un type à base large caractéristique des populations renfermant un nombre élevé de

Figure 8.11
Courbe de survie d'un
insecte, le doryphore
Évolution d'une ponte de 32
œufs. 1 à 4 : stades larvaires
(Grison, 1963).

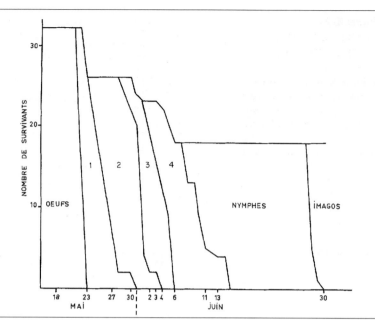

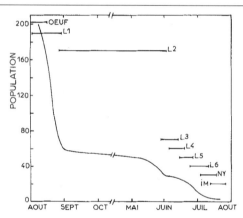

Figure 8.12
Courbe de survie de Choristoneura fumiferana,
Lépidoptère Tortricide défoliateur qui, au Canada,
attaque surtout le sapin baumier Abies balsamea
(Morris, 1963)

L1 à L6 : stades larvaires ; NY : nymphe ; IM : imago. Cette
courbe de survie présente plusieurs points d'inflexion et ne
peut pas se placer dans une des trois catégories définies par
Pearl. Le nombre de 200 œufs correspond à la moyenne de
ce qui est pondu sur 10 pieds carrés de feuillage.

jeunes et ayant une croissance rapide ; un type à
base étroite renfermant plus d'individus âgés que
de jeunes et caractéristique des populations en
déclin ; un type moyen avec un pourcentage
modéré de jeunes et correspondant à des effectifs
à peu près stationnaires. La forme de la pyramide
des âges permet de déceler certaines influences
du milieu (figure 8.14), et de mettre en évidence
le rôle des prédateurs (figure 8.15).

L'étude des structures d'âge peut se réaliser de
la même façon chez les végétaux et chez les animaux (Harper & White, 1974). Les figures 8.10a,
8.16 et 8.17 donnent un aperçu des méthodes
employées et des résultats obtenus.

La notion d'individu est imprécise chez les organismes
qui présentent une structure modulaire. Les organismes
modulaires sont ceux chez qui le zygote ne se développe
pas en produisant un individu bien déterminé dans sa
forme, sa taille, sa durée de vie, mais qui produit une
unité de construction ou module qui à son tour en
engendre d'autres. Les organismes modulaires ont généralement une structure plus ou moins indéterminée et plus
ou moins fortement influencée par le milieu. Leur reproduction se fait souvent à partir d'un module terminal qui
différencie des tissus capables de réaliser la gamétogénèse à partir de tissus somatiques. Des mutations somatiques
pouvant se produire dans les différents modules la descendance d'un organisme modulaire peut être génétiquement hétérogène. L'unité génétique (ou genet) sur laquelle agit la sélection naturelle ne coïncide donc pas obligatoirement avec l'individu physiologique chez les organismes modulaires. Ceux-ci sont surtout les végétaux
(chez qui le module est constitué par une feuille, l'inter-
nœud et le bourgeon axillaire correspondant), mais ils
comprennent aussi les champignons et au moins 19 phyla
d'animaux tels que les Spongiaires, les Cténaires, les
Bryozoaires ou les Ascidies coloniales. Les organismes
modulaires ne sont pas mobiles, et ne présentent pas le
phénomène de sénescence qui existent chez les organismes « unitaires » (Harper & Bell, 1979 ; Harper et al.,
1986). On trouvera une étude des organismes « clonaux »
et des organismes « modulaires » et en particulier de
l'écologie de leurs populations dans Hughes (1989) et
dans Ryland (1990) pour les animaux, et dans Harper
(1977) pour les végétaux.

Figure 8.13

Influence de l'exploitation sur les courbes de survie

À gauche, courbes de survie de trois Ongulés : une espèce non chassée le mouflon pachycère *Ovis dalli* en Alaska, une espèce trop chassée le mouflon *Ovis musimon* du massif du Caroux, et une espèce normalement chassée *Odocoileus hemionus* (Pfeffer, 1967).

À droite, courbes de survie de la baleine *Balaenoptera physalus* pour deux périodes différentes (Laws, 1962).

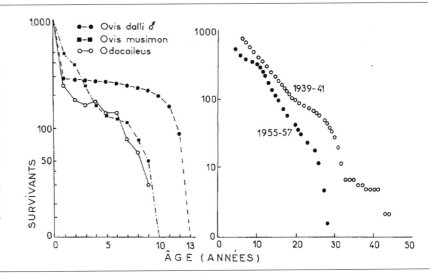

Figure 8.14

Deux exemples de pyramides des âges

En haut, une population du Cervidé *Odocoileus hemionus* du chaparral de Californie (Taber & Dasmann, 1958).

En bas, population de mouflons de la réserve de Bavella en Corse. La rareté des animaux de 2 à 3 ans est due à un incendie de forêt qui entraîna la mort de nombreux animaux (Pfeffer, 1967).

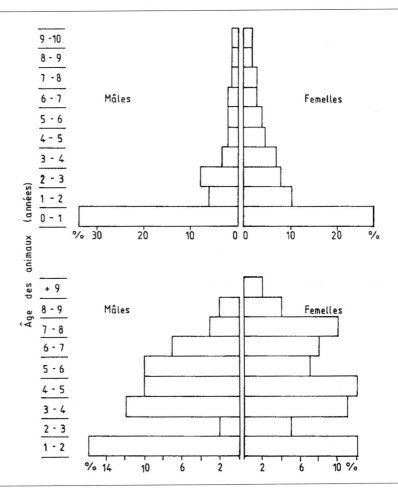

Figure 8.15

Pyramides des âges de
deux populations de
cochons sauvages
d'Australie dans une région
où le dingo existe et dans
une région où il est absent

Le dingo exerce une prédation
sélective sur les jeunes cochons
(Newsome, 1990).

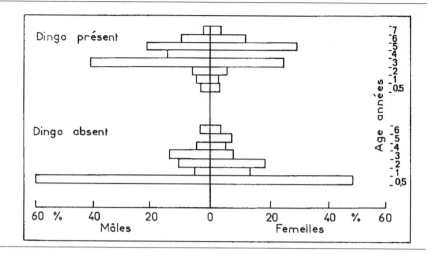

Figure 8.16

Pyramide des âges d'un
peuplement de 3,76
hectares de pins sylvestres
de la forêt de
Fontainebleau

Effectif : 1 440 arbres de 5 ans et
plus. Les arbres âgés de 5 à 28
ans forment plus des 9/10 de
l'effectif total. Ils proviennent
surtout des semences produites
par les plus vieux arbres qui
commencent à fructifier aux
environs d'une vingtaine d'années (Lemée, 1970).

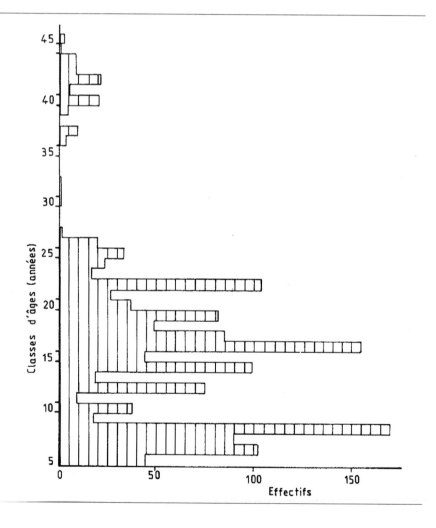

Figure 8.17

Répartition des arbres (chênes et hêtres) vivants et morts sur pied en classes de diamètre dans la réserve non exploitée de la Tillaie, en forêt de Fontainebleau

Le diamètre des arbres est approximativement fonction de leur âge et ce type de représentation peut être rapproché d'une pyramide des âges. La décroissance du nombre de tiges se manifeste jusqu'à 50 cm de diamètre ; elle est suivie d'une remontée des gros arbres avec un maximum vers 70 cm. Une telle structure caractérise les peuplements non exploités. Noter l'importance des arbres morts (Lemée, 1978).

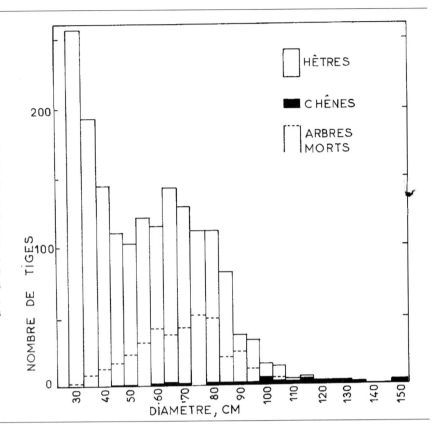

V. LA SEX-RATIO

Le rapport numérique entre les mâles et les femelles, ou sex-ratio, est en général voisin de un à la naissance. Il évolue ensuite en raison d'une mortalité différente des sexes. Les variations de la sex-ratio avec l'âge sont particulièrement bien connues chez les Mammifères et chez les oiseaux. Dans la population de cerfs de l'île de Rhum le pourcentage de mâles est inférieur à 50 % chez les individus âgés de 1 à 4 ans, puis supérieur chez les individus âgés de 5 à 14 ans, puis à nouveau inférieur chez les individus de plus de 15 ans. La sex-ratio globale n'est cependant pas significativement différente de 50 % (Lowe, 1969). Chez le Marsupial *Antechinus stuarti* il y a 62,1 % de mâles dans les populations lorsque l'espèce est seule. Lorsque l'espèce voisine *A. swainsonii*, de plus grande taille et supérieurement compétitive, est présente à des densités élevées, il n'y a plus que 30 % de mâles chez *A. stuarti*. Le mécanisme qui règle ces variations de la sex-ratio est mal connu (Dickman, 1988). D'autres Mammifères semblent capables d'ajuster leur sex-ratio en fonction des contraintes du milieu (Clutton-Brock & Iason, 1986). Chez les Reptiles et en particulier chez les serpents la sex-ratio est fonction de la température d'incubation des œufs. On sait que chez des insectes haplodiploïdes, et en particulier chez les Hyménoptères, le choix du sexe est à la disposition de la mère. Chez les végétaux dioïques, les individus mâles et les individus femelles sont séparés spatialement, ce qui semble dû à des différences dans les exigences des deux sexes vis-à-vis du milieu. Les sujets femelles sont plus fréquents dans les lieux humides chez *Acer negundo* ou sur des sols à pH peu élevé et dans des lieux peu éclairés chez *Mercurialis perennis*. *Arisaema triphyllum* (famille *Araceae*) change de sexe en fonction des conditions de milieu : les pieds femelles dominent sur les sols riches car ils ont besoin d'investir plus d'énergie dans la reproduction que les pieds mâles (Bierzychudek & Eckhart, 1988).

VI. LE POLYMORPHISME GÉNÉTIQUE

Le polymorphisme génétique est une caractéristique importante des populations naturelles. Il fournit les bases nécessaires à leur adaptation à un milieu variable et à leur évolution. Ceci les oppose aux végétaux cultivés et aux animaux domestiques dont la variabilité génétique est souvent très réduite. Le polymorphisme génétique peut être réduit dans des populations qui se sont reconstituées après avoir subi une forte réduction d'abondance (effet de goulot) ou qui se trouvent fragmentées en sous-populations plus ou moins isolées les unes des autres. Le polymorphisme est facile à étudier lorsqu'il se manifeste dans le phénotype des individus. L'exemple classique est celui de l'escargot des haies, *Cepaea nemoralis*, dont la coquille peut être de couleur rose, jaune ou brune, avec des bandes noires longitudinales dont le nombre varie de 0 à 5. Ces caractères sont contrôlés par des gènes dont l'action n'est pas influencée par le milieu. Pour une espèce comme *Cepaea nemoralis* qui a des prédateurs variés, Oiseaux et Mammifères, qui chassent à vue, une coloration cryptique est un avantage sélectif. Dans des milieux hétérogènes les divers phénotypes seront différemment sélectionnés comme le montre l'existence d'une corrélation entre la couleur de fond de la coquille, le nombre de bandes noires et l'habitat. Dans les hêtraies les individus qui sont dépourvus des deux premières bandes noires et dont la coquille est de couleur rose dominent ; dans les haies et les prairies ce sont les individus à coquille jaune et portant cinq bandes noires qui sont les plus nombreux. L'explication la plus vraisemblable fait intervenir la prédation sélective par les oiseaux qui, comme le merle et la grive, chassent à vue. Les coquilles jaunes et à bandes noires sont moins visibles que les autres sur le fond herbeux des prairies. Il est aussi possible que des oiseaux comme la grive se fabriquent une « image de recherche » et que les formes rares soient moins facilement détectées que les formes communes. Une étude détaillée du polymorphisme de *Cepaea nemoralis* est très complexe et une explication totale est encore loin d'être réalisée (Jones *et al.*, 1977).

Chez les végétaux le polymorphisme se manifeste par l'hétérostylie chez *Primula vulgaris*. Chez *Viola diversifolia* il existe des formes polliniques à 3 et 4 apertures. La durée de vie du pollen diminue quand le nombre d'apertures augmente tandis que la vitesse de croissance du tube pollinique diminue. Le maintien de ce polymorphisme, qui fournit un exemple de *stratégie évolutivement stable*, est assuré par les pressions de sélection qui s'exercent sur la population (Dajoz *et al.* 1991). Chez le thym le polymorphisme se manifeste par l'existence de chémotypes qui diffèrent entre eux par la nature des essences produites. Il est possible de dresser des cartes de répartition de ces chémotypes qui forment des populations distinctes. Cette répartition est en relation avec certains facteurs écologiques et les territoires peuvent être seulement de quelques dizaines de mètres en milieu hétérogène ou de l'ordre du kilomètre en milieu homogène (Vernet, 1976).

La valeur adaptative du polymorphisme a été démontrée chez le Carabidé forestier *Pterostichus oblongopunctatus* (Den Boer *et al.*, 1993). Cette espèce comprend deux « morphes » génétiquement déterminées. L'une possède sur chaque élytre 4 à 5 fossettes (dépressions circulaires) et l'autre en possède 6 à 12. La forme à 4-5 fossettes est adaptée à des milieux secs et la forme à plus de 6 fossettes à des milieux humides. Un échantillonnage dans toute l'Europe montre que la proportion de formes à 4-5 fossettes augmente avec l'aridité des localités. En outre dans une même localité les pourcentages respectifs des deux formes varient chaque année en fonction de la pluviosité. Cette structure des populations permet à l'espèce de coloniser un grand nombre de types de forêts et de conserver des effectifs à peu près stables d'une année à l'autre en modifiant les pourcentages des deux formes. Il y a partage des risques (*spreading of the risk*) liés à l'imprévisibilité de la pluviosité entre deux génotypes ayant des tolérances différentes vis-à-vis de l'humidité.

Le polymorphisme ne se révèle généralement pas au niveau du phénotype et il doit être détecté par des méthodes biochimiques (recherche des isoenzymes). Les Vertébrés, de grande taille, paraissent moins variables que les Invertébrés généralement plus petits.

Avec l'accroissement de taille et de mobilité le milieu est perçu comme moins hétérogène par les grands animaux que par ceux de petite taille souvent moins mobiles et pour qui le milieu est une mosaïque de biotopes variés auxquels ils peuvent s'adapter grâce à leur polymorphisme élevé (Lucotte, 1977).

Agrostis tenuis est une Graminée pollinisée par le vent qui a développé, en Angleterre, des populations ayant une grande tolérance envers un métal toxique, le cuivre. Ces populations s'installent sur les déblais des mines de cuivre (figure 8.18). La fréquence des plantes tolérantes au

cuivre diminue quand on s'éloigne de la mine, mais elle ne s'annule pas complètement car le vent transporte le pollen assez loin et il se forme des hybrides entre individus résistants et individus sensibles (McNeilly, 1968 ; Macnair, 1981). Chez l'homme le polymorphisme génétique permet aux porteurs du gène de l'anémie falciforme de résister au paludisme.

Au cours de la seconde moitié du XIXᵉ siècle l'industrialisation a modifié le milieu naturel. Les arbres se sont recouverts de suies noires qui gênent le développement des lichens. Certains papillons comme le Géométride *Biston betulariae* ont évolué très vite. Ce papillon, au repos, applique ses ailes contre le tronc des arbres et il est presque invisible en raison de sa couleur blanche, parsemée de taches foncées. En 1848 apparut aux environs de Manchester une forme foncée, la forme *carbonaria* qui est devenue de plus en plus commune jusqu'à remplacer complètement la forme claire typique. Plus de 70 autres espèces de papillons présentent cette particularité qui est connue sous le nom de mélanisme industriel. La forme foncée est à peu près invisible sur les troncs noircis par la fumée alors que la forme claire est bien apparente. La cause de cette évolution est la prédation sélective des formes claires par les oiseaux qui ignorent les papillons foncés camouflés par leur couleur. La forme *carbonaria* est une mutation dominante qui a pu s'installer rapidement grâce à la sélection naturelle défavorable à la forme claire (figure 8.19). La prédation sélective par les oiseaux a été confirmée par des expériences de lâchers et de recaptures dans la nature (Ford, 1972). La baisse de la pollution due à la suie qui a lieu de nos jours a permis la réapparition progressive de la forme claire.

La *résistance aux insecticides* est rapidement acquise chez les insectes. En une dizaine de générations il est possible de sélectionner une race résistante de mouche domestique dont la dose létale est cent fois plus grande que celle d'une race sensible. L'usage massif des insecticides entraîne la sélection des individus préadaptés, naturellement résistants, et présents dans les populations sauvages dont le patrimoine génétique est très varié. La formation de lignées résistantes constitue probablement la meilleure preuve de l'efficacité de la sélection naturelle.

La formation d'*écotypes* est une conséquence du polymorphisme des populations. Les écotypes sont des populations localisées dans des aires géographiques différentes ou dans des biotopes différents, et qui ne se distinguent que par des caractères minimes, le plus souvent physiologiques. Les écotypes sont fréquents chez les arbres. Le pin maritime des Landes est silicicole tandis que celui de Provence pousse aussi sur calcaire. Il existe en forêt de Fontainebleau quatre écotypes de la Graminée *Molinia coerulea* qui diffèrent entre eux par des préférences légèrement différentes vis-à-vis du pH, de la teneur en eau du sol et de l'éclairement.

Le polymorphisme génétique important qui a été mis en évidence par l'étude des isoenzymes a été étudié dans l'espoir de montrer que des pressions de sélection maintenaient ce polymorphisme et pour trouver des relations entre les facteurs écologiques agissant sur les organismes et la distribution des isoenzymes. La réalité s'est révélée différente et il est maintenant admis par beaucoup que les variations génétiques sont sélectivement neutres, ou presque (Kimura, 1983) et que les pressions de sélection agissent seulement au

Figure 8.18

Variations de la tolérance au cuivre chez Agrostis tenuis le long d'un transect qui traverse les déblais d'une mine de cuivre

Le vent dominant transporte le pollen des individus résistants ce qui explique que les *Agrostis* situés sous le vent ont encore une certaine tolérance vis-à-vis du

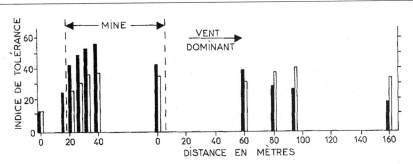

cuivre. Cette tolérance est cependant maximum au niveau de la mine. Les barres noires indiquent la résistance d'individus adultes et les barres blanches la résistance d'individus issus de graines. Les individus adultes sont plus tolérants dans la mine que ceux qui sont issus de graines, ce qui montre l'existence d'une sélection contre les génotypes sensibles au cuivre (Macnair, 1981).

Figure 8.19

Deux exemples de réponses adaptatives favorisées par le polymorphisme génétique

Les lignes en trait continu représentent le déclin récent de la fréquence des formes mélanisantes chez le papillon *Biston betulariae* (en haut) près de Liverpool en Angleterre, et de la coccinelle *Adalia bipunctata* (en bas) près de Birmingham. Le déclin des formes mélanisantes est parallèle à la baisse de la pollution atmosphérique qui est mesurée par la teneur de l'air en fumées et en SO_2. Le changement de coloration chez *Biston* est attribué au phénomène d'homochromie qui dissimule à la vue des oiseaux les papillons au repos sur les écorces des arbres. Chez *Adalia* il est vraisemblable que la réduction des formes foncées est liée à l'effet de la fumée sur l'intensité du rayonnement solaire. Les ronds blancs représentent la concentration de l'air en SO_2 et les ronds noirs, la concentration en fumée (Brakefield, 1987).

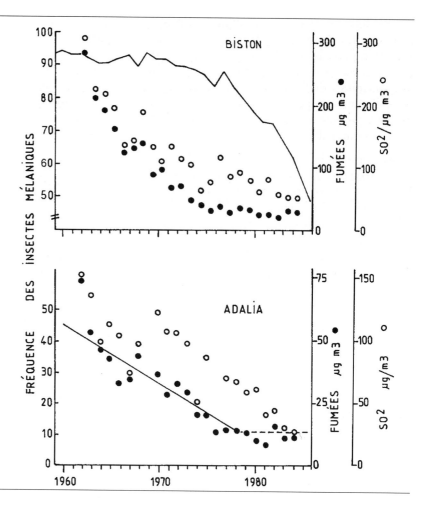

niveau d'un petit nombre de locus. Mais la recherche des isoenzymes a permis d'étudier la structure des populations naturelles, les migrations des individus et leurs zones de reproduction. L'étude simultanée de la fréquence d'un gène esterase et de la pigmentation chez le poisson *Zoarces viviparus* a révélé qu'une population se reproduisant en isolement complet est présente dans un fjord du Danemark depuis au moins soixante ans (Christiansen *et al.*, 1981).

de l'éléphant d'Afrique, et dans des conditions idéales, « au bout de 740 ou 750 ans il y aurait 19 millions d'éléphants vivants, tous descendants d'un même couple ». Cette augmentation théorique selon une progression géométrique correspond à la notion de potentiel biotique (Chapman, 1931).

Quatre types principaux de variations d'abondance peuvent être distingués.

VII. LES VARIATIONS D'ABONDANCE DES POPULATIONS

Les populations naturelles ne s'accroissent pas indéfiniment. Leur accroissement est limité par l'action de divers facteurs. Cette limitation de la puissance d'expansion des êtres vivants a déjà été évoquée par Darwin qui a calculé que, dans le cas

7.1. Colonisation d'un milieu nouveau

L'arrivée d'une espèce dans un milieu nouveau se traduit par une croissance de type logistique caractérisée par une augmentation rapide des effectifs suivie par une stabilisation autour d'une valeur moyenne à peu près constante qui correspond à la charge biotique maximale du milieu. La figure 8.20 en donne un exemple. Dans une île

du Montana (États-Unis) d'une surface de 1 000 ha, on a lâché en 1939 un couple du mouflon *Ovis canadensis* puis en 1947 un jeune, 3 mâles et 3 femelles. La densité maximale de population atteinte dans l'île pour trois espèces de grands herbivores fût de 7 *Ovis canadensis*, 38 *Odocoileus hemionus* et 7 chevaux par km². La compétition pour l'alimentation fut sévère entre ces trois espèces. La population de *Ovis canadensis* a évolué d'une façon quasi logistique avec une charge biotique maximale de l'ordre de 135 individus. À partir de 1959 la population a atteint un état stationnaire et a même un peu décliné. Les données démographiques principales sont les suivantes :

Années	Population en été	Mâles pour 100 femelles	Jeunes pour 100 femelles en juin	Jeunes pour 100 femelles six mois plus tard
1939	2	-	-	-
1947	13	-	-	-
1951	38	109	100	91
1952	66	81	100	89
1953	83	104	68	59
1954	100	75	67	63
1956	125	-	-	-
1959	137	145	74	-
1960	131	156	70	33
1961	125	112	76	33
1962	131	102	85	-

On observe une modification de la sex-ratio en faveur des mâles qui ont une mortalité juvénile plus faible et une longévité plus grande. La mortalité augmente avec la densité, surtout chez les jeunes, et la fécondité baisse. Parmi les causes de mortalité la prédation semble négligeable. Le parasitisme par le ver du poumon *Protostrongylus* est faible, mais on note une sévère infection osseuse de la tête due à *Corynebacterium pyogenes* qui a touché les sinus maxillaires et la mandibule et qui est la cause de la mort de deux animaux sur trois examinés (Woodgerd, 1964).

La colonisation d'un milieu nouveau peut se faire avec une croissance de type exponentiel. En 1929, 5 mâles et 3 femelles du cerf de Roosevelt (*Cervus canadensis roosevelti*) furent introduits dans une île de 300 km² située au large de l'Alaska (Troyer, 1960). En 1958 la population comprenait 800 animaux répartis en cinq hardes de 69 à 144 individus. Le seul prédateur possible était l'ours mais l'accroissement rapide de la population montre que la prédation était négligeable. Les effectifs ont été les suivants, les effectifs calculés correspondant à un taux d'accroissement *r* égal à 0,16 :

Années	Effectif réel	Effectif calculé
1929	8	8
1941	147	46
1948	212	163
1955	450	496
1956	450	582
1957	600	682
1958	800	800

Après une période de croissance exponentielle la colonisation d'un milieu nouveau peut être

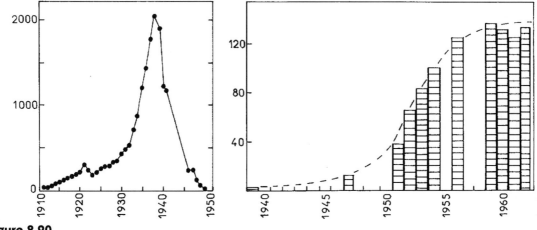

Figure 8.20
Colonisation d'un nouveau milieu
À **gauche**, évolution d'une population de rennes ayant épuisé les ressources du milieu par surpâturage (Scheffer, 1951).
À **droite**, évolution d'une population de *Ovis canadensis*. En tirets, courbe logistique théorique (Woodgerd, 1964).

caractérisée par un effondrement rapide des effectifs. Des rennes introduits dans l'île Saint Paul au large de l'Alaska ont atteint en 1938 un effectif de 2 000 individus. Le surpâturage qui fût la conséquence de cette surpopulation a réduit les ressources alimentaires (principalement des lichens) et en 1950 la population s'était effondrée, ne comptant plus que 8 animaux pour une île dont la surface est de 160 km^2 (figure 8.20).

7.2. Variations d'abondance saisonnières ou annuelles

Ce type de variation d'abondance est très répandu (figure 8.21). Les variations d'abondance de beaucoup d'espèces sont en général faibles. C'est le cas de beaucoup d'oiseaux chez qui les variations ont une amplitude qui est au maximum de l'ordre de 1 à 10. Ces variations dépendent souvent des caractéristiques du milieu. Dans 2 ha de forêt en Angleterre il existe seulement deux espèces de Rongeurs mais leur densité moyenne est élevée (m = 38 individus) et les variations annuelles plus importantes que dans une même surface de forêt au Nigeria où l'on trouve sept espèces avec une densité plus faible (m = 29) et des variations plus atténuées. Les variations d'abondance des chenilles de *Bupalus piniarius* qui vit sur le pin en Allemagne ont une amplitude élevée. Les périodes d'abondance sont séparées par des intervalles de temps irréguliers de l'ordre d'une dizaine d'années. Des fluctuations saisonnières existent chez les populations de *Thrips imaginis* qui vivent dans les roses en Australie. Le maximum d'abondance a lieu au mois de décembre durant l'été austral. Toutes ces variations sont dues à l'action de facteurs climatiques.

7.3. Variations d'abondance cycliques

Ces variations se rencontrent surtout chez des Mammifères, des oiseaux et des insectes. Au Canada le lièvre variable et le lynx ont des variations d'abondance régulières dont la période est de 9,6 ans. La période d'abondance du lièvre précède en général celle du lynx de un ou deux ans (figure 8.22). Ce type d'interaction prédateur-proie est semblable à celui qui est prévu par les équations de Lotka et Volterra et les expériences de Gause. Des variations cycliques d'une période de 11 ans sont connues chez la tordeuse du mélèze.

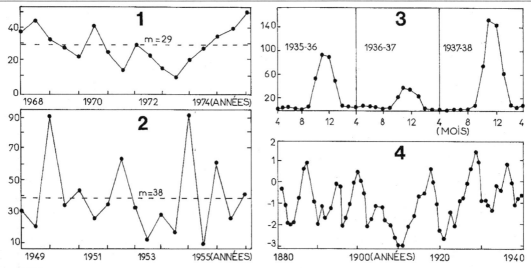

Figure 8.21

Variations d'abondance de quelques populations dans des conditions naturelles

1 et 2 : Les Rongeurs de 2 ha de forêt au Nigeria (1) et en Angleterre (2). *m* est la densité moyenne des peuplements (Delany & Happold, 1974).

3 : Variations saisonnières, en Australie, du nombre de *Thrips imaginis* par fleur de rose (Andrewartha & Birch, 1954).

4 : Nombre de chenilles par m^2 (échelle logarithmique) du Lépidoptère *Bupalus piniarius* en Allemagne. Les variations sont importantes mais aléatoires et semblent dues au climat (Schwerdtfeger, 1935).

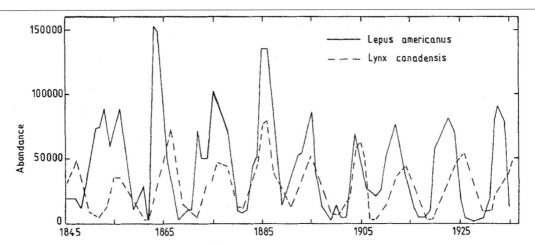

Figure 8.22

Variations d'abondance cycliques du lynx et du lièvre variable d'après le nombre de peaux reçues par la Compagnie de la Baie d'Hudson (Mac Lulich 1937 in Odum, 1971)

7.4. Variations d'abondance irrégulières et imprévisibles

Certaines espèces pullulent ou se raréfient sans que la cause en soit bien élucidée. Certains insectes apparaissent brusquement et se raréfient tout aussi vite. C'est le cas des espèces liées au bois brûlé qui se multiplient peut-être grâce aux conditions favorables créées par l'incendie. Dans des régions de l'océan Pacifique comme la Grande Barrière d'Australie, les îles Mariannes ou Tahiti, on a assisté depuis 1966 à la prolifération de l'étoile de mer *Acanthaster planci* qui était jusque là si peu abondante qu'elle passait inaperçue. Cette étoile de mer dégrade considérablement les récifs coralliens car elle se nourrit des polypes qui en forment la partie vivante. Plusieurs hypothèses ont été avancées pour expliquer cette prolifération soudaine. On a incriminé la récolte d'un de ses prédateurs, le Gastéropode *Charonia tritonis*, par les collectionneurs de coquilles. On a aussi avancé l'hypothèse d'un empoisonnement de l'eau de mer par le DDT ou bien l'influence des retombées radioactives. Aucune hypothèse ne semble satisfaisante.

Références

ALLEE, W. C. et al., 1949. *Principles of animal ecology*. W. B. Saunders, Philadelphia.

ANDREWARTHA, H. G. & BIRCH, L. C., 1954. *The distribution and abundance of animals*. The University of Chicago Press.

AUER, C., 1961. Ergebnisse zwolfjahriger quantitativer Untersuchungen der Populationsbewegung des grauen Lärchenwicklers *Zeiraphera diniana* (Gn.) (=*Z. griseana* Hb.) in Oberengadin (1949/60). *Mitt. Schweiz. Anst. für das forst. Versuch.*, **37**, p. 174-263.

BARNARD C. J. & THOMPSON, D. B. A., 1985. *Gulls and plovers : the ecology and behaviour of mixed-species feeding groups*. Croom Helm, London.

BEGON, M., 1979. *Investigating animal abundance. Capture recapture for biologists*. Edward Arnold, London.

BIERZYCHUDEK, P. & ECKHART, V., 1988. Spatial segregation of the sexes of dioecious plants. *Amer. Nat.*, **132**, p. 34-43.

BIRKHEAD, T. R., 1977. The effect of habitat and density on breeding success in the common guillemot (*Uria aalge*). *J. Anim. Ecol.*, **46**, p. 751-764.

BOURLIÈRE, F. & VERSHUREN, J., 1960. Introduction à l'étude des Ongulés du Parc National Albert. *Exploration Parc National Albert*, Fasc. 1 et 2.

BRAKEFIELD, P.M., 1987. Industrial melanism : do we have the answers ?, *TREE*, **2**, p. 117-122.

CALOW, P., 1977. Ecology, evolution and energetics : a study in metabolic adaptation. *Advances in ecological research*, **10**, p. 1-61.

CAMPAN, R., 1965. Étude du cycle biologique du grillon *Nemobius sylvestris* dans la région toulousaine. *Bull. Soc. H. N. Toulouse*, **100**, p. 1-8.

CANCELA DA FONSECA, J. P., 1966. L'outil statistique en biologie du sol. III. Indices d'intérêt écologique. *Rev. Ecol. Biol. Sol*, **3**, p. 381-407.

CHAPMAN, R. N., 1931. *Animal ecology with especial reference to insects*. McGraw Hill, New York.

CHRISTIANSEN, F. B. *et al.*, 1981. Genetic and morphological variation in the eelpont *Zoarces viviparus*. *Can. J. Genet. Cytol.*, **23**, p. 163-172.

COMBES, C., 1981. Pour vaincre la bilharziose. *La Recherche*, **126**, p. 1136-1138.

CLUTTON-BROCK, T. H. & IASON, G. R., 1986. Sex ratio variations in mammals. *Q. Rev. Biol.*, **61**, p. 339-374.

COLLIGNON, J., 1991. *Écologie et biologie marines. Introduction à l'halieutique*. Masson, Paris.

COUTURIER, M., 1938. *Le chamois*. Arthaud, Grenoble.

DAJOZ, I. *et al.*, 1991. Evolution of pollen morphology. *Science*, **253**, p. 66-68.

DEN BOER, P. J., *et al.*, 1993. Spreading the risk of extinction by genetic diversity in populations of the carabid beetle *Pterostichus oblongopunctatus* F. (*Coleoptera, Carabidae*). *Nether. Journ. Zool.*, **43**, p. 242-259.

DELANY, M. J. & HAPPOLD, D. C. D., 1979. *Ecology of African mammals*. Longman, London.

DICKMAN, C. R., 1988. Sex-ratio variation in response to interspecific competition. *Amer. Nat.*, **132**, p. 289-297.

FORD, E. B., 1972. *Génétique écologique*. Gauthier-Villars, Paris.

*HARPER, J. L., 1977. *Population biology of plants*. Academic Press, London.

HARPER, J. L. & BELL, A. D., 1979. The population dynamics of growth form in organisms with modular construction. *In* : R. M. Anderson *et al.* (eds.), *Population dynamics*, p. 29-52. Blackwell, Oxford.

HARPER, J. L. *et al.*, 1986. The growth and form of modular organisms. *Proc. Roy. Soc. London*, B, **313**, p. 1-250.

HARPER, J. L. & WHITE, J., 1974. The demography of plants. *Ann. Rev. Ecol. Syst.*, **5**, p. 419-463.

*HUGHES, R. N., 1989. *A functional biology of colonial animals*. Chapman & Hall, London.

HOVANITZ, W., 1953. Polymorphism and evolution. *Symp. Soc. Exp. Biol.*, **7**, p. 238-253.

JOLLY, G. M., 1965. Explicit estimates from capture-recapture data with both death and immigration-stochastic model. *Biometrika*, **52**, p. 225-247.

JONES, J. S. *et al.*, 1977. Polymorphism in *Cepaea* : a problem with too many solutions ? *Ann. Rev. Ecol. Syst.*, **8**, p. 109-143.

KENWARD, R. E., 1978. Hawks and doves : factors affecting success and selection in goshawk attacks on woodpigeons. *J. Anim. Ecol.*, **47**, p. 449-460.

KIMURA, M. (ed.), 1983. *The neutral theory of molecular evolution*. Cambridge Univ. Press.

LAMOTTE, M. & BOURLIÈRE, F., 1969. *L'échantillonnage des peuplements animaux des milieux terrestres*. Masson, Paris.

LAMOTTE, M. & BOURLIÈRE, F. 1971. *L'échantillonnage des peuplements animaux des milieux aquatiques*. Masson, Paris.

LAMOTTE, M. & BOURLIÈRE, F., 1975. *La démographie des populations de vertébrés*. Masson, Paris.

LAMPREY, H., 1967. Estimation of the large mammal densities, biomass and energy exchange in Tarangire game Reserve and the Masai steppe in Tanganyika. *E. African wildl. J.*, **2**, p. 1-47.

LAWS, R. M., 1962. Some effects of whaling on the southern stocks of baleen whales. *Symp. British Ecol. Soc.*, **2**, p. 137-158.

LEGAY, J. M. & DEBOUZIE, D., 1985. *Introduction à une biologie des populations*. Masson, Paris.

LEMÉE, G., 1978. La hêtraie naturelle de Fontainebleau. *In* : M. Lamotte & F. Bourlière (eds.), *Problèmes d'écologie. Écosystèmes terrestres*, p. 75-128. Masson, Paris.

LOWE, V. P. W., 1969. Population dynamics of the red deer (*Cervus elaphus* L.) on Rhum. *J. Anim. Ecol.*, **38**, p. 425-457.

LUCKINBILL, L. S. *et al.*, 1984. Selection for delayed senescence in *Drosophila melanogaster*. *Evolution*, **38**, p. 996-1003.

LUCOTTE, G., 1977. *Le polymorphisme biochimique et les facteurs de son maintien*. Masson, Paris.

MACNAIR, M. R., 1981. Tolerance of higher plants to toxic materials. *In* : J. A. Bishop & L. M. Cook (eds.), *Genetic consequences of man made change*, p. 177-207. Academic Press, New York.

McNEILLY, T., 1968. Evolution in closely adjacent plant populations. III. *Agrostis tenuis* on a small copper mine. *Heredity*, **23**, p. 99-108.

MONTFORT, A. & RUWET, J. C., 1973. Ecoéthologie des Ongulés au Parc National de l'Akagera (Rwanda). *Ann. Soc. Roy. Zool. Belgique*, **103**, p. 177-208.

MORRIS, R. F. (ed.), 1963. The dynamics of epidemic spruce budworm populations. *Mem. ent. Soc. Canada*, **31**, p. 1-332.,

MOSBY, H. S., 1963. *Wildlife investigational techniques*. The wildlife society, Ann Harbor, Michigan.

ODUM, E. P., 1949. *Fundamentals of ecology*. 3e éd. W.B. Saunders, Philadelphia.

PARK, T., 1941. The laboratory population as a test of a comprehensive ecological system. *Quart. Rev. Biol.*, **16**, p. 274-293 et 440-461.

PERRINS, C. M., 1965. Population fluctuation and clutch-size in the great tit (*Parus major* L.). *J. animal Ecol.*, **34**, p. 601-647.

PFEFFER, P., 1967. Le mouflon de Corse. Position systématique, écologie et éthologie comparées. *Mammalia*, **31**, supplément, p. 1-262.

PIANKA, E. R., 1974. *Evolutionary ecology*. Harper & Row, New York.

PRESSAT, R., 1969. *L'analyse démographique*. Presses Universitaires de France, Paris.

RICHARDS, O.W. & WALOFF, N., 1954. Studies on the biology and population dynamics of British grasshoppers. *Anti-Locust Bulletin*, **17**, p. 1-182.

RYAN, M. J. et al., 1982. Bat predation and sexual advertisement in a neotropical anuran. *Amer. Nat.*, **119**, p. 136-139.

*RYLAND, J. S., 1990. *Biology of colonial invertebrates*. Edwards Arnold, London.

SCHEFFER, V. B., 1951. The rise and fall of a reindeer herd. *Sci. Monthly*, **73**, p. 356-362.

SCHWERDTFEGER, F., 1935. Uber die Populationdichte von *Bupalus piniarius* L., *Panolis flammea* Schiff., *Dendrolimus pini* L., *Sphinx pinastri* L. und ihren zeitlichen Wechsel. *Z. Forst. U. Jagdwes.*, **67**, p. 449-482.

SEBER, G. A. F., 1982. *The estimation of animal abundance and related parameters*. Charles Griffin & Cie, London.

SEGHERS, B.H., 1974. Schooling behaviour in the guppy *Poecilia reticulata* : an evolutionary response to predation. *Evolution*, **28**, p. 486-489.

SILLEN-TULLBERG, B. & LEIMAR, O., 1988. The evolution of gregariousness in distateful insects as a defense against predators. *Amer. Nat.*, **132**, p. 723-734.

SOUTHWOOD, T. R. E., 1965. *Ecological methods*. Methuen, London.

TABER, R. D., & DASMANN, R., 1957. The dynamics of three natural populations of the deer *Odocoileus hemionus columbianus*. *Ecology*, **38**, p. 233-246.

TROYER, W. A., 1960. Roosevelt elk on Afognak island, Alaska. *Journal of wildlife management*, **24**, p. 15-21.

VERNET, P., 1976. Analyse génétique et écologique de la variabilité de l'essence de *Thymus vulgaris* (Labiée). Thèse, Montpellier.

VINCENT, J. P. et al., 1994. Le problème de la détermination de l'âge : une source d'erreur négligée dans le calcul des tables de vie transversales. *Mammalia*, **58**, p. 293-299.

WOODGERD, W., 1964. Population dynamics of bighorn sheep on Wildhorse island. *Journal of wildlife management*, **28**, p. 381-391.

PLANT SUCCESSION

AN ANALYSIS OF THE DEVELOPMENT OF VEGETATION

BY

FREDERIC E. CLEMENTS

Professor of Botany in the University of Minnesota

PUBLISHED BY THE CARNEGIE INSTITUTION OF WASHINGTON
WASHINGTON, 1916

Première page de l'ouvrage célèbre de Frederic E. Clements, paru en 1916, dans lequel sont exposées les notions de succession, de climax et de superorganisme (cf. chapitre 18).

Chapitre 9

POPULATIONS EXPÉRIMENTALES ET MODÈLES THÉORIQUES

I. LES POPULATIONS EXPÉRIMENTALES

Les recherches expérimentales à l'aide d'espèces élevées au laboratoire ont commencé dans les années 30 avec les travaux de Gause. Elles étaient destinées à vérifier la validité des modèles mathématiques de Lotka et Volterra qui avaient été proposés quelques années auparavant. Beaucoup n'ont plus qu'un intérêt historique et nous les exposerons brièvement. Ces recherches ont eu trois buts principaux :

(a) déterminer les modalités de la croissance d'une espèce en fonction de la quantité de nourriture disponible ;

(b) évaluer les effets de la compétition entre deux espèces et donner une expression mathématique de l'intensité de la « lutte pour la vie » ;

(c) étudier le devenir d'un couple prédateur-proie ou parasite-proie.

1.1. La croissance d'une population isolée

L'élevage du Coléoptère *Tribolium confusum* se fait sur de la farine. La courbe de croissance expérimentale s'ajuste bien à une courbe de croissance logistique (figure 9.1). La population atteint un maximum de 650 individus lorsque la quantité de farine est de 16 g et de 1 750 individus lorsque la quantité de farine est de 64 g. Ceci

Figure 9.1
Croissance de deux populations de Tribolium confusum, l'une dans 64 g de farine, l'autre dans 16 g (Gause, 1935)

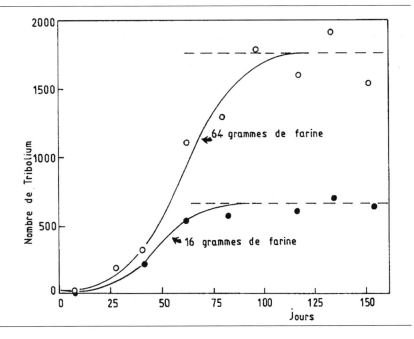

met en évidence l'existence d'une charge biotique maximale du milieu, la nourriture agissant
comme facteur limitant. L'accroissement de la
population est plus lent que l'accroissement de la
quantité de nourriture disponible. Le taux d'accroissement diminue peu à peu lorsque la densité
de la population augmente.

1.2. La croissance de deux populations qui entrent en compétition

Les expériences de Gause (1935) ont été réalisées avec des paramécies cultivées sur un milieu
confiné et nourries de bactéries. *Paramecium caudatum* et *P. aurelia* cultivées isolément s'accroissent selon une courbe logistique à peu près régulière. Les populations se maintiennent à un
niveau qui est à peu près fonction de la quantité
de nourriture disponible. Lorsque les deux
espèces sont réunies dans le même tube de culture, elles entrent en compétition et *P. aurelia* élimine *P. caudatum* en deux semaines. C'est l'espèce qui a le taux de croissance le plus élevé (ici
P. aurelia) qui subsiste seule. En milieu confiné
P. caudatum est sensible aux produits de métabolisme qui s'accumulent tandis que *P. aurelia* réagit

peu. En milieu renouvelé (et non plus confiné)
on assiste au résultat inverse, c'est-à-dire à l'élimination progressive de *P. aurelia* par *P. caudatum*. Si, dans une autre série d'expériences, on
met en présence *P. caudatum* et *P. bursaria*, les
deux espèces cohabitent et atteignent un équilibre car *P. bursaria* se concentre sur le fond et les
parois du tube de culture tandis que *P. caudatum*
se tient dans la partie libre (figure 9.2).

Des résultats semblables ont été obtenus avec
des populations de métazoaires. Crombie (1947)
a mis en présence, en milieu renouvelé, deux
Coléoptères vivant dans la farine, *Tribolium
confusum* et *Oryzaephilus surinamensis*. La première espèce élimine la seconde au bout de quelques
mois en milieu homogène. Mais les deux espèces
cohabitent si l'on ajoute de fins tubes de verre au
milieu de culture afin de créer une hétérogénéité
spatiale qui permet leur séparation. Frank (1957)
a expérimenté avec deux espèces de daphnies
planctoniques, *Daphnia magna et D. pulicaria*,
nourries avec des algues unicellulaires. En culture mixte *D. pulicaria* subsiste seule et *D. magna*
disparaît en 45 jours. La cause principale de cette
disparition réside dans l'augmentation du pourcentage de mâles chez *D. magna* (jusqu'à 80 %)
qui a de ce fait un taux de croissance très faible.

Figure 9.2
Croissance des populations
de deux espèces de
Paramécies

En cultures séparées *Paramecium caudatum* et *P. aurelia*
ont une croissance de type
logistique. En culture mixte
P. caudatum est éliminé par
P. aurelia (Gause, 1935).

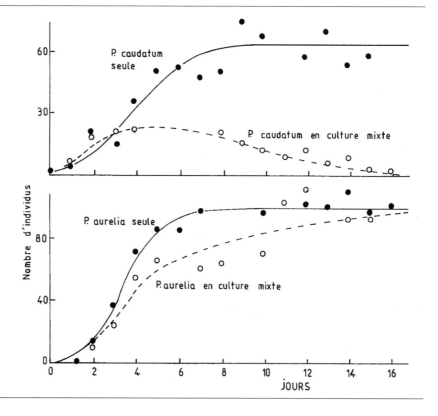

Dans un élevage mixte de deux espèces de Diptères qui entrent en compétition, *Musca domestica* et *Phaenicia sericata*, Pimentel *et al.* (1965) observent que dans une cage d'élevage simple *M. domestica*, supérieure dans la compétition, élimine rapidement *P. sericata*. Mais dans un ensemble de cages d'élevage plus hétérogène les interactions entre individus sont ralenties et les deux espèces coexistent longtemps, bien que *M. domestica* développe des populations plusieurs dizaines de fois plus nombreuses que *P. sericata*. À partir de la cinquantième semaine un renversement de dominance se produit et *M. domestica* qui était la plus abondante est rapidement éliminée par *P. sericata* (figure 9.3). Ce renversement est considéré comme la conséquence d'un phénomène de sélection qui a permis à *P. sericata* de devenir supérieur à *M. domestica* dans la compétition.

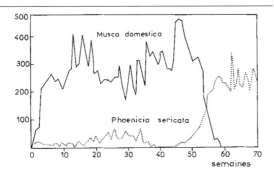

Figure 9.3

Variations d'abondance des populations expérimentales de deux Diptères, Musca domestica (trait plein) et Phaenicia sericata (en tirets) élevés ensemble dans une cage à structure complexe

Vers la cinquantième semaine un renversement de dominance se produit, ce qui est interprété comme la conséquence d'un phénomène de sélection qui rend *P. sericata* supérieur à *M. domestica* dans la compétition (Pimentel *et al.*, 1965).

L'apparition de modifications génétiques même dans un élevage réalisé en conditions constantes a été démontrée par Shorrocks (1970). Des populations de *Drosophila melanogaster* qui sont élevées au laboratoire présentent des pics réguliers d'abondance toutes les quatre générations, en conditions de milieu invariables. Le prélèvement de couples de mouches et leur classement en formes *peak* et *non peak,* selon le moment où ils ont été prélevés, montre que les individus *peak* sont significativement moins féconds que les individus *non peak* et cette différence est héréditaire puisqu'elle se retrouve au niveau des générations F1 et F2.

D'autres expériences montrent que la compétition n'aboutit pas toujours à l'élimination d'une espèce. Ayala (1971) a établi qu'un équilibre stable entre *Drosophila pseudoobscura* et *D. willistoni* apparaît au bout d'une dizaine de semaines même lorsque les pourcentages des deux espèces sont différents au départ (figure 9.4). Le mécanisme biologique à l'origine de cet équilibre ne semble pas avoir été élucidé.

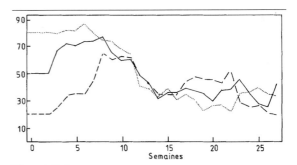

Figure 9.4

Coexistence stable de Drosophila pseudoobscura et de D. willistoni

Les effectifs sont représentés en pourcentage de *D. pseudoobscura* et ils ont été indiqués pour trois valeurs initiales du pourcentage de *D. pseudoobsura*. Dans les trois cas il y a convergence vers une valeur moyenne de l'ordre de 30 % de *D. pseudoobscura* (Ayala, 1971).

Le résultat de la compétition entre *Drosophila melanogaster* et *D. simulans* dépend : du génotype de chacune des deux espèces ; des conditions de milieu, en particulier de la température, et de la présence, dans le milieu d'élevage, d'éthanol qui est un produit de fermentation auquel les drosophiles sont plus ou moins sensibles. Le tableau suivant (Arthur, 1980) réunit les résultats de la compétition en fonction des diverses conditions d'élevage :

| Tempé-ratures | Génotypes | | Teneur en éthanol | Espèce domi-nante |
	melano-gaster	*simulans*		
15 °C	wild	wild	< 8 %	*simulans* (?)
15 °C	wild	wild	< 8 %	*melanogaster*
25 °C	mutant	wild	> 8 %	*simulans*
25 °C	mutant	wild	> 8 %	*melanogaster*

Les expériences de Nicholson (1954) montrent que la compétition interspécifique peut se traduire par des fluctuations d'abondance cycliques. Dans une série d'expériences les imagos reçoivent de la nourriture à volonté et les larves de la nourriture en quantité limitée. Lorsqu'elles deviennent trop nombreuses les

larves entrent en compétition et se gênent mutuellement, ce qui provoque une forte augmentation de mortalité et des variations cycliques d'abondance chez les imagos issus des larves (figure 9.5).

Chez les végétaux les expériences qui ont été réalisées montrent que la compétition peut aboutir à un équilibre stable. Celui-ci a été observé dans une culture mixte de deux graminées *Phleum pratense* et *Anthoxanthum odoratum*.

Figure 9.5
Variations d'abondance d'une population de la mouche Lucilia cuprina dont la densité est contrôlée par la quantité de nourriture offerte aux larves, les imagos recevant de la nourriture à volonté

En traits pleins : les larves reçoivent 50 g de nourriture ; en pointillés : les larves reçoivent seulement 25 g de nourriture (Nicholson, 1954).

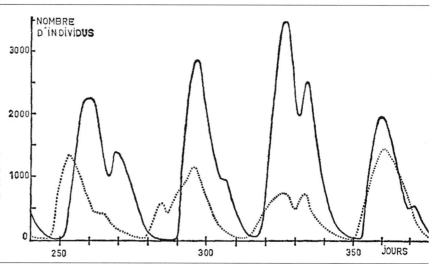

1.3. L'évolution des populations dans un couple prédateur-proie

Dans une expérience de Gause la proie est *Paramecium caudatum* et le prédateur est un autre Cilié, *Didinium nasutum*. Lorsque le tube de culture ne renferme que le prédateur et sa proie, les *Didinium* détruisent très vite les paramécies et ils finissent par mourir de faim. Si on ajoute dans le tube de culture un sédiment d'avoine, les paramécies s'y réfugient et s'y multiplient à l'abri du prédateur qui finit par mourir de faim. Si des *Didinium* sont ajoutés à intervalles réguliers dans le tube qui renferme les paramécies et le sédiment d'avoine, des fluctuations d'abondance des deux espèces se produisent (figure 9.6).

Un dispositif a permis à Huffaker (1958) d'analyser les variations d'abondance de deux Acariens, *Eotetranychus sexmaculatus* qui est un phytophage élevé sur des oranges et *Typhlodromus occidentalis* qui en est le prédateur (figure 9.7). En disposant les oranges de façon à augmenter l'hétérogénéité spatiale et en installant des barrières qui freinent la dispersion des prédateurs, Huffaker réalise un système qui se maintient longtemps et qui est caractérisé par

des fluctuations d'abondance plus ou moins régulières du prédateur et de sa proie, semblables à celles qui sont observées dans la nature et à celles qui sont prévues par le modèle de Lotka et Volterra.

Dans leurs expériences Pimentel & Stone (1968) utilisent un couple formé par la mouche domestique et son parasite *Nasonia vitripennis*. L'élevage a été réalisé dans un ensemble complexe de trente cages reliées entre elles par des tubes destinés à freiner la dispersion des parasites. Lorsque les deux populations proviennent d'individus sauvages qui sont mis en présence pour la première fois, des fluctuations d'abondance violentes apparaissent et les deux espèces arrivent à avoir des effectifs presque nuls. Lorsque les espèces proviennent de populations ayant coexisté en élevage pendant deux années, un équilibre à peu près stable s'établit, le parasite ayant des effectifs bien plus faibles que ceux de la mouche (*cf.* chapitre 13 et figure 13.22).

Ces données expérimentales peuvent être interprétées à l'aide de divers modèles relatifs soit à la croissance d'une population isolée, soit à un couple d'espèces qui entrent en compétition, soit à un couple hôte-prédateur ou hôte-parasite.

Figure 9.6
Croissance, en culture
mixte, de Paramecium
caudatum et de son
prédateur Didinium
nasutum

En haut, dans un milieu homogène sans immigration ;
Au milieu, dans un milieu hétérogène sans immigration ;
En bas, dans un milieu homogène avec des immigrations périodiques indiquées par des flèches
(Gause, 1935).

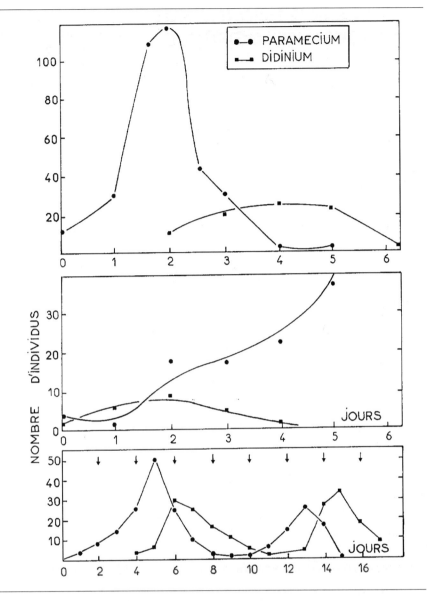

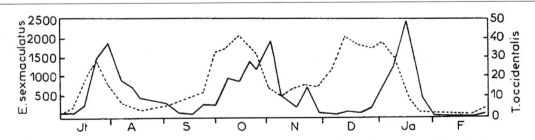

Figure 9.7
Fluctuations d'abondance de l'Acarien phytophage Eotetranychus sexmaculatus (en tirets) et de son
prédateur Typhlodromus occidentalis (en trait plein) dans les conditions d'élevage précisées dans le texte
L'expérience a duré du mois de juillet au mois de février (Huffaker, 1958).

II. CROISSANCE EXPONENTIELLE ET CROISSANCE LOGISTIQUE

Dans une population, la croissance est le résultat de l'action de plusieurs facteurs antagonistes : le taux de natalité b, le taux de mortalité d, le taux d'immigration i et le taux d'émigration e. Si l'on néglige provisoirement les deux derniers facteurs, le taux de croissance r de la population est égal à $b - d$. Dans un milieu non limité par l'espace et par les ressources, on peut supposer que r est constant et que l'effectif N de la population évolue en fonction du temps t selon l'équation :

$$\frac{dN}{dt} = rN$$

ce qui peut s'écrire, en intégrant :

$$N = N_0 e^{rt}$$

N_0 est l'effectif au temps $t = 0$ et r est le taux intrinsèque d'accroissement naturel. Cette croissance exponentielle est rare. Elle se rencontre lorsqu'une espèce colonise un milieu nouveau et n'a qu'une durée limitée.

Il est plus conforme à la réalité d'admettre que la résistance du milieu augmente avec la densité de la population et qu'il existe une charge biotique maximum K correspondant au nombre maximum d'individus que le milieu peut supporter. La résistance du milieu est représentée par le terme $(K - N)/K$ et la croissance se fait alors selon la formule :

$$\frac{dN}{dt} = rN\frac{(K - N)}{K}$$

ce qui équivaut à :

$$N = \frac{K}{(1 + e^{a - rt})}$$

a étant une constante déterminée à partir de la valeur de N pour $t = 0$. Lorsque $N = K$ la croissance devient nulle (figure 9.8). Ce modèle de croissance logistique, bien que plus réaliste que le précédent, suppose que la population et le milieu ont des caractéristiques qui sont rarement réalisées dans la nature, comme une structure d'âge constante, une charge biotique maximum constante, l'intervention de tous les individus dans la reproduction, etc. Il s'applique cependant bien à quelques populations naturelles ou expéri-

mentales et il est à l'origine de la notion de population à stratégie r et de population à stratégie K qui a eu une grande importance en écologie.

D'autres hypothèses sur les rapports entre r et N sont aussi vraisemblables que celle du modèle logistique :

(a) Lorsque la densité de la population est inférieure à une valeur critique N_c le taux d'accroissement r reste constant. Au-delà de N_c la valeur de r diminue rapidement et finit par s'annuler ;

(b) La valeur de r augmente jusqu'à une valeur critique N_c. Elle reste stable jusqu'à une seconde valeur critique et diminue ensuite. Cette deuxième hypothèse correspond à un effet *facilitateur* des faibles densités sur la croissance des populations et elle rappelle ce que l'on observe dans l'effet de groupe.

On doit à May (1986) un modèle qui montre qu'une population peut avoir des fluctuations d'abondance apparemment chaotiques, se produisant au hasard, alors que cette population est en réalité soumise à un contrôle déterministe dépendant de la densité. L'équation $X_{t+1} = X_t \exp [r(1 - X_t/K)]$ décrit l'abondance X d'une population au temps $t + 1$ en fonction du taux d'accroissement r et de la capacité biotique K. Cette équation peut après quelques manipulations et simplifications, s'écrire sous la forme $X_{t+1} = a X_t (1 - X_t)$, a étant une constante qui est fonction de la valeur de r. Cette équation peut représenter par exemple l'évolution d'une population d'insectes ayant des générations discrètes, non chevauchantes. La figure 9.9 représente les variations de X_t en fonction des générations t. Lorsque a est compris entre 1 et 3, la population arrive rapidement à un état stationnaire. Lorsque a est compris entre 3 et 3,57, la population montre des variations d'abondance régulières avec des cycles ayant une durée de l'ordre de 2 générations. Lorsque a est compris entre 3,57 et 4, cette équation simple et purement déterministe engendre des fluctuations qui apparaissent chaotiques et dues au hasard. Lorsque a est supérieur à 4, la population est conduite rapidement à l'extinction.

La leçon à tirer de ce modèle, selon May, est qu'une régulation dépendante de la densité peut donner naissance à des variations d'abondance très diverses. Les variations d'apparence aléatoire de populations d'insectes décrites comme étant contrôlées par le climat peuvent aussi être dues à

Figure 9.8
Croissance exponentielle et
croissance logistique d'une
population

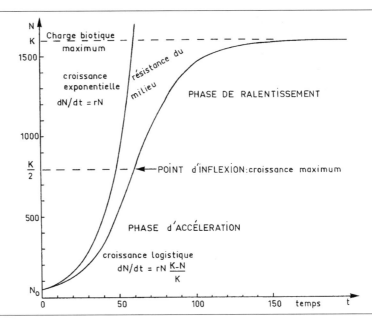

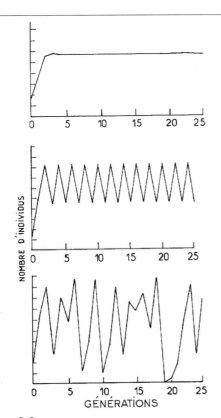

Figure 9.9
Variations d'abondance en fonction du temps (ce
dernier représenté par le nombre de générations)
d'une population dont la croissance est
représentée par l'équation de May

Les valeurs du coefficient *a* sont, de haut en bas : *a* = 2,4 ;
a = 3,4 et *a* = 3,99. Dans ce denier cas les fluctuations
d'abondance semblent régies par le hasard (May, 1989).

un contrôle par des facteurs dépendants de la
densité. « *Even if the natural world was 100 % pre-
dictable, the dynamics of populations with « density-
dependent » regulation could nonetheless, in some
circumstances, be indistinguishable from chaos.* »

III. LE TAUX D'ACCROISSEMENT NATUREL r ET SES VARIATIONS

La détermination précise de *r* peut se faire à
partir des tables de mortalité mais elle nécéssite
des calculs laborieux. Une méthode simple
consiste à calculer le rapport :

$$\frac{(N_{t+1} - N_t)}{N_t}$$

Quelques valeurs de *r* sont données dans le
tableau suivant :

Espèces	Valeur de r par femelle et par an	Augmentation potentielle de la population par an = e^r
Insectes		
Sitophilus oryzae à 29 °C	39,6	$1,58 \cdot 10^{17}$
Sitophilus oryzae à 23 °C	22,4	$5,34 \cdot 10^9$
Sitophilus oryzae à 33,5 °C	6,2	493
Tribolium castaneum à 28,5 °C et 65 % H.R.	36,8	$1,06 \cdot 10^{16}$
Mammifères		
Microtus agrestis	4,5	90
Rattus norvegicus	5,4	221
Homme	0,0055	1,0055

Il existe entre r et la taille des organismes une relation de la forme :

$$r = 0{,}025 \; W^{-0{,}26} \qquad (1)$$

dans laquelle W est exprimé en grammes et r en jours. Une relation analogue existe entre le métabolisme m par unité de masse et la masse corporelle W :

$$m = k \; W^{-0{,}25} \qquad (2)$$

La comparaison des équations (1) et (2) montre que r est à peu près proportionnel à m, autrement dit que le taux d'accroissement est une mesure de la capacité de production de biomasse par unité de masse pour une population (Blueweiss *et al.*, 1978). La valeur de r n'est pas constante. Elle est maximale lorsque la population se trouve dans des conditions qui correspondent à son optimum écologique. Ainsi les planaires *Crenobia alpina* et *Dugesia tigrina* ont des valeurs de r qui varient avec la température. Aux basses températures *C. alpina* a un taux d'accroissement supérieur à celui de *D. tigrina* tandis qu'au dessus de 20 °C c'est le contraire qui a lieu. Ceci explique au moins en partie la répartition de ces planaires dans les cours d'eau en fonction de la température (Russier, 1971).

IV. UN MODÈLE POUR L'ÉTUDE DE LA COMPÉTITION INTERSPÉCIFIQUE

Lotka (1925) et Volterra (1926) ont proposé à peu près en même temps un modèle qui décrit les variations d'abondance de deux espèces utilisant les mêmes ressources et entrant en compétition. Ce modèle dit de Lotka-Volterra admet que les deux espèces prises isolément ont une croissance logistique, et que la charge biotique maximale du milieu est de K_1 pour la première espèce et de K_2 pour la deuxième espèce. Les coefficients de compétition α et β représentent respectivement l'effet inhibiteur de l'espèce 1 sur l'espèce 2 et l'effet inhibiteur de l'espèce 2 sur l'espèce 1. Ceci permet d'écrire le couple suivant d'équations différentielles :

$$\frac{dN_1}{dt} = r_1 N_1 \left(1 - \frac{N_1}{K_1} - \alpha \frac{N_2}{K_1} \right)$$

$$\frac{dN_2}{dt} = r_2 N_2 \left(1 - \frac{N_2}{K_2} - \beta \frac{N_1}{K_2} \right)$$

Ce système qui ne peut pas être résolu par les méthodes habituelles peut être traité en traçant sur un graphique :

(a) La droite (D_1) qui correspond à $dN_1/dt = 0$ dont l'équation est $K_1 - N_1 - \alpha N_2 = 0$ et qui coupe l'axe des abscisses en K_1 et celui des ordonnées en K_1/α ;

(b) la droite (D_2) qui correspond à $dN_2/dt = 0$ dont l'équation est $K_2 - N_2 - \beta N_1 = 0$ et qui coupe l'axe des abscisses en K_2/β et l'axe des ordonnées en K_2.

Quatre possibilités apparaissent en fonction des valeurs de α, β, K_1 et K_2 (figure 9.10).

A. Lorsque $K_2 > K_1/\alpha$ et $K_1 > K_2/\beta$, un équilibre instable correspondant au point d'intersection des droites s'établit mais cet état ne dure pas et selon l'état initial c'est l'une ou l'autre espèce qui l'emporte.

B. Lorsque $K_2 < K_1/\alpha$ et $K_1 < K_2/\beta$, il existe un équilibre stable entre les deux espèces.

C. Lorsque $K_2 < K_1/\alpha$ et $K_1 > K_2/\beta$, l'espèce 1 élimine l'espèce 2.

D. Lorsque $K_2 > K_1/\alpha$ et $K_1 < K_2/\beta$, l'espèce 2 élimine l'espèce 1.

Ce modèle suppose des conditions particulières qui ne correspondent guère à la réalité. Dans une série d'expériences Ayala (1970) montre que deux espèces de drosophiles peuvent, dans certaines conditions de température, coexister en équilibre stable pendant 15 générations alors que les valeurs calculées des coefficients α et β sont différentes de celles qui sont prévues dans le modèle.

D'autres modèles plus réalistes ont été proposés. Gause a étudié le résultat de la compétition entre deux espèces lorsqu'un prédateur ou un parasite non spécifique intervient. La conclusion la plus intéressante de ce modèle est que le parasite ou le prédateur peuvent inverser le résultat de la compétition. Cette conclusion a été confirmée expérimentalement par Park (1955) qui a montré que *Tribolium castaneum* élimine *T. confusum* en culture pure mais que, lorsque la grégarine parasite *Adelina tribolii* est présente, c'est généralement *T. confusum* qui gagne la compétition.

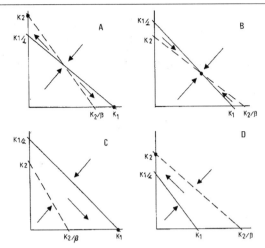

Figure 9.10
Résolution graphique des équations de
Lotka-Volterra relatives à la compétition

A : Équilibre instable ;
B : Équilibre stable ;
C : L'espèce 1 élimine l'espèce 2 ;
D : L'espèce 2 élimine l'espèce 1.
Les ronds noirs indiquent les points d'équilibre.

V. MODÈLES POUR UN COUPLE PRÉDATEUR-PROIE

5.1. Le modèle de Lotka et Volterra

Cet autre modèle élaboré par Lotka et Volterra suppose que les populations de chaque espèce s'accroissent d'une façon exponentielle, que les conditions de milieu sont constantes, que la voracité du prédateur et le potentiel de reproduction des deux espèces sont seuls en cause. Dans ces conditions, si H est l'hôte et P le prédateur on peut écrire :

$$\frac{dH}{dt} = a_1 H$$

$$\frac{dP}{dt} = -a_2 P$$

a_1 étant le coefficient d'accroissement positif de l'hôte seul et $-a_2$ le coefficient d'accroissement négatif du prédateur seul. Lorsque les deux espèces cohabitent on peut admettre que le coefficient d'accroissement de H diminue lorsque P augmente :

$$\frac{dH}{dt} = (a_1 - b_1 P)H$$

$$\frac{dP}{dt} = (-a_2 + b_2 H)P$$

Ce système d'équations s'écrit, après intégration :

$$a_2 \log H - b_2 H + a_1 \log P - b_1 P = \text{constante}.$$

Les variations de H et de P en fonction du temps prévues par ce modèle sont périodiques (figure 9.11). Certaines expériences de laboratoire ont permis d'obtenir des variations d'abondance de même nature, et les variations cycliques d'abondance observées par exemple chez le lynx et le lièvre polaire ont la même allure.

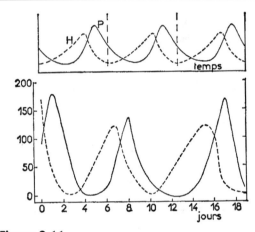

Figure 9.11
Variations périodiques d'abondance pour un couple prédateur-proie

En haut, fluctuations d'une espèce proie H et de son prédateur P, telles qu'elles sont prévues par le modèle de Volterra.
En bas, fluctuations réelles observées dans une culture de *Paramecium aurelia* (en traits pleins) nourries de la levure *Saccharomyces exiguus* (en tirets). La première espèce est comptée dans 15 cm³ de milieu de culture et la seconde dans 0,1 cm³ (Gause, 1935).

5.2. Le modèle de Nicholson et Bailey

Le modèle de Nicholson & Bailey (1935) s'applique particulièrement aux relations des insectes entomophages avec leurs hôtes. Un certain nombre de postulats sont admis : le parasite pond un seul œuf par hôte ; la recherche de l'hôte se fait au hasard ; les hôtes sont distribués uniformément dans un milieu uniforme et constant ;

chaque hôte rencontré est parasité ; le taux de parasitisme est proportionnel à la densité de l'hôte, le taux d'accroissement de l'hôte étant égal à F. Nicholson & Bailey définissent l'aire de recherche a comme l'aptitude pour un parasite femelle à rechercher et à parasiter un hôte convenable. Si l'effectif initial de l'espèce parasite est P_n et si l'effectif initial de l'hôte est H_n, l'aire de recherche est définie par la relation :

$$a = (1 / P_n) \log (H_n / S)$$

S étant le nombre d'individus non parasités de la population hôte.

À partir de ces hypothèses le modèle hôte-parasite peut être représenté par les équations :

$$H_{n+1} = F \cdot H_n \exp(- aP_n)$$
$$P_{n+1} = H_n[1 - \exp(- aP_n)]$$

L'étude de ces équations montre qu'elles représentent un système instable animé de fortes oscillations qui augmentent d'amplitude avec le temps, ce qui n'a jamais été observé dans la nature (figure 9.12). Le modèle prévoit aussi des oscillations encore plus violentes lorsque deux para-sites attaquent le même hôte, ce qui n'arrive ni dans la nature ni dans les modèles de laboratoire.

Le modèle de Nicholson et Bailey ne correspond que de loin à la réalité. Le taux de reproduction des insectes n'est pas constant et les pontes ne sont pas déposées au hasard. Ainsi les femelles de l'Hyménoptère *Diadromus* sp., qui est un parasite de la teigne du poireau *Acrolepia assectella*, ont tendance à concentrer leurs œufs sur le premier hôte qui a été parasité.

5.3. Le modèle de Hassell et Varley

Ces auteurs ont amélioré le modèle de Nicholson et Bailey en montrant que l'aire de recherche d'un parasite entomophage est variable et non pas constante. L'aire de recherche a est fonction d'une « constante de recherche » Q selon la relation :

$$\log a = \log Q - m \log P$$

m étant une « constante d'interférence mutuelle ». Les équations obtenues à partir de ces hypo-

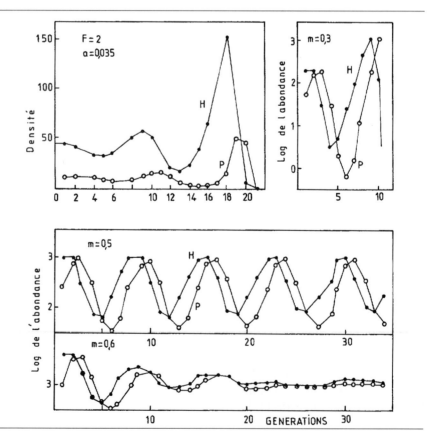

Figure 9.12

Oscillations prévues par deux modèles dans un couple hôte-parasite

En haut et à gauche, interactions hôte (H)-parasite (P) d'après le modèle de Nicholson et Bailey en admettant que $F = 2$ et $a = 0{,}035$. Les autres interactions représentées sont celles qui sont prévues par le modèle de Hassell & Varley. La stabilité des populations du couple hôte-parasite s'accroît lorsque la constante d'interférence mutuelle m augmente de 0,3 à 0,6. Hôte : ronds noirs ; parasite : cercles blancs (Hassell & Varley, 1969).

thèses conduisent à des résultats plus réalistes (figure 9.12). Elles prévoient :

(a) que la stabilisation des fluctuations d'abondance est d'autant plus marquée que m est élevé (le modèle de Nicholson et Bailey est un cas particulier dans lequel $m = 0$) ;

(b) que plusieurs espèces parasites peuvent subsister aux dépens d'une seule espèce hôte.

Une controverse s'est installée parmi les praticiens de la lutte biologique afin de savoir s'il est préférable d'introduire un ou plusieurs parasites pour contrôler une espèce nuisible. Certains admettent qu'il est préférable d'introduire plusieurs espèces, chaque espèce contribuant à réduire le niveau de la population du ravageur. D'autres considèrent que la compétition entre parasites est possible et que le contrôle par plusieurs parasites est moins efficace que le contrôle par un seul. Le modèle de Hassell et Varley qui admet la coexistence de plusieurs espèces de parasites rend la première hypothèse la plus vraisemblable (*cf.* cependant la figure 9.13).

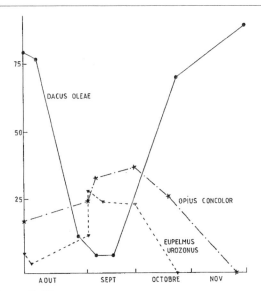

Figure 9.13

Un exemple d'échec de la lutte biologique dû à une mauvaise connaissance de la biologie des insectes

Pour lutter contre la mouche de l'olive *Dacus oleae* dans le sud de la France on a introduit un Hyménoptère parasite *Opius concolor*. Celui-ci est entré en compétition avec un autre Hyménoptère parasite indigène, *Eupelmus urozonus*. Au bout de peu de temps les deux espèces parasites se sont mutuellement éliminées et la mouche de l'olive a pu se multiplier sans contrôle (Riba & Silvy, 1989).

VI. LA NOTION DE VALEUR SÉLECTIVE ET LE MAINTIEN DU POLYMORPHISME

La loi de Hardy-Weinberg précise que la fréquence relative des divers allèles reste constante au cours des générations tant qu'il ne se produit ni mutation ni sélection. En réalité il y a presque toujours un allèle qui est plus favorisé que les autres par les conditions de milieu. On appelle valeur sélective s la proportion de réussite d'un génotype quand on passe d'une génération à la suivante. La valeur adaptative W est égale à $W = 1 - s$. Par exemple la production d'adultes par une femelle de *Drosophila melanogaster* du type *Bar* est environ les 7/10 de la production d'une femelle de type *sauvage*. La valeur sélective de *Bar* par rapport au type *sauvage* est de 0,7. Au bout d'une génération la fréquence d'un génotype est égale à la fréquence de départ multipliée par sa valeur sélective : la sélection naturelle modifie la fréquence des gènes. Comment dans ces conditions certains génotypes ne se trouvent-ils pas éliminés peu à peu par la sélection naturelle ? Un facteur de maintien du polymorphisme est l'existence de valeurs sélectives variables en fonction de la fréquence des génotypes (Petit, 1968). Dans un élevage mixte de *Drosophila melanogaster* de type *white* et de type *sauvage* l'accouplement des femelles ne se fait pas au hasard. Les mâles de type *white* sont avantagés lorsque leur fréquence est inférieure à 30 % et désavantagés dans le cas contraire. C'est ce que l'on a appelé l'avantage du type rare. L'existence des valeurs sélectives variables permet d'expliquer la cohabitation de deux espèces voisines ou de deux génotypes de la même espèce. Les observations de Shorrocks sur les variations d'abondance de *Drosophila melanogaster* (mentionnées ci-dessus) peuvent s'expliquer également par l'intervention de valeurs sélectives variables.

Il existe d'autres mécanismes qui créent une sélection dépendante de la densité (Ayala & Campbell, 1974). Ce que Clarke (1962) a appelé sélection apostatique consiste en une prédation sélective qui s'exerce préférentiellement sur le génotype le plus abondant. L'existence de valeurs sélectives variables semble importante pour expliquer les fluctuations d'équilibre entre espèces voisines ou entre prédateurs et proies (Teissier, 1954). Si, dans un élevage de *Drosophila*

melanogaster dont l'effectif est stabilisé à 161,3 ± 7,3 individus, on ajoute un seul mâle ayant un génotype différent, cet élevage voit son effectif passer à 477,3 ± 11,7 individus en 9 générations sans que la quantité de nourriture disponible soit modifiée. Cette augmentation de l'effectif peut être attribuée à la valeur sélective plus élevée des nouveaux génotypes résultant de l'introduction d'un nouveau mâle. Cette expérience permet de penser que, dans la nature, l'hybridation serait à l'origine d'une augmentation de l'abondance de certaines populations. Il semble bien que ce soit le cas pour la fourmi américaine *Solenopsis saevissima* (Wilson & Brown, 1958).

VII. LA NOTION DE NICHE ÉCOLOGIQUE

Les expériences de Gause et d'autres écologistes ont montré que, dans un certain nombre de cas, la compétition entre deux espèces voisines est intense et qu'elle aboutit à l'élimination de l'espèce la moins compétitive. Cette constatation a été érigée en loi sous le nom de principe de Gause ultérieurement nommé principe d'exclusion compétitive (Hardin, 1960) que l'on peut énoncer ainsi : « Lorsque deux ou plusieurs espèces utilisent de la même façon des ressources identiques, elles ne peuvent coexister dans un milieu stable et la plus compétitive élimine les autres ». Cette règle, qui souffre de nombreuses exceptions, permet cependant d'introduire la notion de niche écologique due à Grinnell (1917). Telle qu'elle a été définie par Elton (1927) la niche écologique correspond au rôle de l'espèce dans le fonctionnement de l'écosystème. Suivant une comparaison classique l'habitat d'une espèce désigne son adresse tandis que la niche correspond à son métier. Deux espèces ayant les mêmes besoins, c'est-à-dire la même niche, ne peuvent cohabiter selon le principe d'exclusion compétitive. La notion de niche fait partie des concepts écologiques qui, comme la compétition, ont été soit critiqués, soit considérés comme une avancée importante (Blondel & Bourlière, 1979 ; Vuilleumier, 1979), mais qui ont joué un rôle majeur en suscitant de nombreuses recherches.

Un progrès a été fait dans l'étude de la niche écologique lorsque Hutchinson (1957) l'a assimi-

lée à un volume dans un espace à *n* dimensions, chaque élément de la niche correspondant à une dimension de l'espace. Dans un espace à deux dimensions on peut mettre en évidence certaines conséquences de cette notion théorique de la niche (figure 9.14). Sur une des dimensions de la niche il peut y avoir recouvrement partiel ou total mais les niches se recouvrent beaucoup moins ou pas du tout si l'on prend en considération toutes leurs dimensions. On distingue parfois la niche fondamentale (ou potentielle) telle qu'elle existe en l'absence de toute pression venant des autres espèces et la niche réelle correspondant à la partie de la niche potentielle qui est réellement occupée en présence des espèces concurrentes. Le volume des niches de chaque espèce doit être d'autant plus réduit que le nombre d'espèces présentes est plus grand. Ce phénomène de resserrement des niches est représenté schématiquement figure 9.15. Il peut être illustré par l'exemple des faunes benthiques de la mer Baltique (chapitre 5). Un autre exemple est celui du lièvre arctique (*Lepus arcticus*) qui est localisé à la toundra au Canada mais qui, à Terre-Neuve, a étendu son habitat à la forêt en l'absence de l'espèce voisine *Lepus americanus* qui, sur le continent, occupe ce biotope et entre en compétition avec lui.

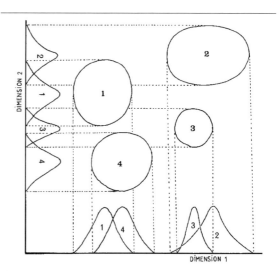

Figure 9.14

Représentation schématique des niches écologiques de quatre espèces en fonction des gradients de deux ressources du milieu, la ressource 1 pouvant être la nourriture et la ressource 2 l'habitat

Les niches écologiques qui semblent se chevaucher lorsqu'on ne considère qu'une ressource sont en réalité distinctes (Pianka, 1974).

Figure 9.15

Schémas illustrant le phénomène de resserrement de niche

Les niches sont délimitées à l'aide de deux de leurs dimensions, la ressource A et la ressource B. Lorsque le nombre d'espèces augmente l'amplitude des niches diminue. Dans un milieu déterminé, les espèces

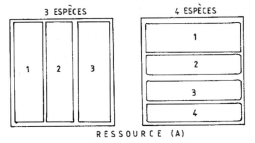

spécialisées à niche écologique étroite peuvent coexister en plus grand nombre que les espèces généralistes à large niche écologique. C'est (peut-être) une des explications de la richesse des faunes tropicales.

Les expériences de Holmes (1973) ont porté sur deux vers intestinaux parasites du rat, un Cestode, *Hymenolepis diminuta*, et un Acanthocéphale, *Moniliformis dubius*. Elles ont mis en évidence d'une façon élégante le phénomène de resserrement de niche. Les rats ont été infestés expérimentalement par une ou deux espèces avec des densités variables (figure 9.16). La localisation des vers dans l'intestin est évaluée en fonction de leur distance à l'estomac. La compétition interspécifique lorsque les deux espèces sont présentes aboutit à un resserrement et à une séparation des niches écologiques. Lorsque les espèces sont seules l'augmentation de densité accroît la compétition intraspécifique et l'amplitude de la niche écologique.

Le partage des ressources dans un peuplement se traduit par une diversification des niches écologiques et le nombre d'espèces est d'autant plus grand que les niches sont plus étroites. La séparation totale des niches n'est cependant pas nécessaire pour permettre la cohabitation de deux ou plusieurs espèces. Il suffit que le chevauchement des niches soit modéré. Ces diverses questions seront traitées chapitre 10.

Figure 9.16

Répartition dans l'intestin des rats des vers parasites Hymenolepis diminuta (cercles noirs et traits continus) et Moniliformis dubius (ronds blancs et tirets)

En haut, les deux espèces sont séparées et ont une faible densité.

Au milieu, les deux espèces sont séparées et ont une densité élevée ce qui entraîne un élargissement des niches.

En bas, les deux espèces sont réunies ce qui provoque un resserrement et une séparation presque totale des niches (Holmes, 1961).

Références

ARTHUR, W., 1980. Interspecific competition in *Drosophila*. I. Reversal of competitive superiority due to varying concentration of ethanol. *Biol. J. Lin. Soc.*, **13**, p. 109-118.

AYALA, F. J., 1970. Competition, coexistence and evolution. In : *Essays in evolution and genetics in honor of Theodosius Dobzansky*, p. 121-158. North Holland Publishing Cie, Amsterdam.

AYALA, F. J., 1971. Competition between species : frequency dependence. *Science*, **171**, p. 820-824.

AYALA, F. J. & CAMPBELL, C. A., 1974. Frequency dependent selection. *Ann. Rev. Ecol. Syst.*, **5**, p. 115-138.

*BLONDEL, J. & BOURLIÈRE, F., 1979. La niche écologique, mythe ou réalité ? *La terre et la vie*, **33**, p. 345-374.

BLUEWEISS, L. et al., 1978. Relationships between body size and some life history parameters. *Oecologia*, **37**, p. 257-272.

CLARKE, B., 1962. Balanced polymorphism and the diversity of sympatric species. *Taxonomy and geography*, **4**, p. 47-70.

CROMBIE, A. C., 1947. Interspecific competition. *J. Anim. Ecol.*, **16**, p. 44-73.

DEWIT, C. T., 1960. *On competition*. Versl. Landbon. Onder., **66**, p. 1-82.

ELTON, Ch., 1927. *Animal ecology*. Methuen & Cie, London (réédition 1966).

FRANK, P. W., 1957. Coactions in laboratory populations of two species of *Daphnia. Ecology*, **38**, p. 510-519.

*GAUSE, G. F., 1935. *Vérifications expérimentales de la théorie mathématique de la lutte pour la vie*. Actualités scientifiques et industrielles n°277. Hermann, Paris.

GRINNELL, J., 1917. The niche-relationships of the California thrasher. *Auk*, **34**, p. 427-433.

HARDIN, G., 1960. The competitive exclusion principle. *Science*, **131**, p. 1292-1297.

HASSELL, M. P. & VARLEY, G. C., 1969. New inductive population model for insect parasites and its bearing on biological control. *Nature*, **223**, p. 1133-1137.

HOLMES, J. C., 1973. Site selection by parasite helminths : interspecific interactions, site segregation, and their importance to the development of helminth communities. *Can. J. Zool.*, **51**, p. 33-347.

HUFFAKER, C. B., 1958. Experimental studies on predation : dispersion factors and predatory-prey oscillations. *Hilgardia*, **27**, p. 343-383.

HUTCHINSON, G. E., 1957. Concluding remarks. *Cold Spring Harbor Symp quant. Biol.*, **22**, p. 415-427.

LOTKA, A. J., 1925. *Elements of physical biology*. Williams & Wilkins, Baltimore.

MAY, R. M., 1986. When two and two do not make four : non linear phenomena in ecology. *Proc. R. Soc. London*, B, **228**, p. 241-266.

MAY, R., 1989. How many species ? *In* : L. Friday & R. Laskey (eds.), *The fragile environment*, p. 61-81. Cambridge Univ. Press.

NICHOLSON, A. J., 1954. An outline of the dynamics of animal populations. *Austr. J. Zool.*, **2**, p. 9-65.

NICHOLSON, A. J. & BAILEY, V.A., 1935. The balance of animal populations. *Proc. Zool. Soc. London*, p. 551-598.

PARK, T., 1955. Experimental competition in beetles, with some general implications. *In* : J. B. Cragg & N. W. Pirie, *The number of man and animals*.

PETIT, C., 1968. Le rôle des valeurs sélectives variables dans le maintien du polymorphisme. *Bull. Soc. Zool. Fr.*, **93**, p. 187-208.

PIMENTEL, D. et al., 1965. Selection, spatial distribution, and the coexistence of competing fly species. *Amer. Nat.*, **99**, p. 97-109.

PIMENTEL, D. & STONE, F. A., 1968. Evolution and population ecology of parasite-host system. *Can. Ent.*, **100**, p. 655-662.

*RIBA, G. & SILVY, C., 1989. *Combattre les ravageurs des cultures*. INRA, Paris.

RUSSIER, R., 1971. La planaire américaine *Dugesia tigrina* dans la région lyonnaise : essai d'intérprétation écophysiologique de son implantation. *Thèse 3ᵉ cycle Lyon*, 93 p.

SHORROCKS, B., 1970. Population fluctuations in the fruit fly *Drosophila melanogaster* maintained in the laboratory. *J. Anim. Ecol.*, **39**, p. 229-253.

TEISSIER, G., 1954. Sélection naturelle et fluctuation génique. *C. R. Ac. Sc.*, **238**, p. 1929-1931.

VOLTERRA, V., 1926. Fluctuations in the abundance of a species considered mathematically. *Nature*, **118**, p. 558-560.

VOLTERRA, V. & D'ANCONA, U., 1935. *Les associations biologiques au point de vue mathématique*. Actualités scientifiques et industrielles n° 243. Hermann, Paris.

*VUILLEUMIER, F., 1979. La niche écologique de certains modélisateurs : paramètres d'un monde réel ou d'un univers fictif ? *La terre et la vie*, **33**, p. 375-423.

WILSON, E. O. & BROWN, W. L. J., 1958. Recent changes in the introduced population of the fire ant *Solenopsis saevissima* (Fr. Smith). *Evolution*, **12**, p. 211-218.

Chapitre 10

LA RÉGULATION DES POPULATIONS

La régulation des populations est un phénomène très général puisque, dans la plupart des cas, l'abondance des diverses espèces animales et végétales varie entre des limites étroites qui sont bien inférieures à celles que permettrait la puissance d'expansion des êtres vivants. Beaucoup de théories ont été avancées pour expliquer cette régulation. La contestation a été vive entre les écoles que l'on peut regrouper dans quatre tendances principales.

I. LES PRINCIPALES THÉORIES

1.1. Le rôle des facteurs dépendants de la densité

Dès 1912 deux entomologistes, Howard & Fiske, ont attribué une grande importance aux ennemis naturels (prédateurs et parasites) en tant que facteurs réglant la densité des populations animales. Ils proposèrent la notion de facteur facultatif, ancêtre de celle de facteur dépendant de la densité (*density dependent factor*) due à Smith (1935). Howard & Fiske n'ignoraient cependant pas le rôle des facteurs indépendants de la densité qu'ils qualifiaient de *facteurs catastrophiques* :

« In order that this balance may exist it is necessary that among the factors which work together in restricting the multiplication of the species there shall be at least one, if not more, which is what is here termed facultative (for want of a better name), and which, by exerting a restraining influence which is relatively more effective when other conditions favor undue increase, serves to prevent it... A natural balance can only be maintained through the operation of facultative agencies which effect the destruction of a greater proportionate number of individuals as the insect in question increases in abundance. »

Ces idées seront reprises par Nicholson (1933, 1954) qui est généralement crédité de l'idée selon laquelle les interactions biotiques jouent le rôle de facteurs dépendants de la densité et ont un rôle majeur dans le déterminisme de la taille des populations. La théorie de Nicholson repose sur une conception cybernétique du fonctionnement des populations. Celles-ci sont douées d'une certaine homéostasie qui leur permet, grâce à des mécanismes régulateurs, de maintenir leurs effectifs dans des limites compatibles avec les possibilités du milieu. Une population ne peut être en équilibre avec son milieu que si sa croissance dépend de sa densité :

« Governing reaction induced by density change holds populations in a state of balance in their environments... The mechanism of density governance is almost always intraspecific competition, either amongst the animals for a critically important requisite, or almost natural enemies for which animals concerned are requisites ».

La régulation des populations par l'intervention de facteurs dépendants de la densité peut se faire au niveau de la biomasse et non au niveau du nombre d'individus. Ceci s'observe chez des espèces qui sont douées d'une certaine plasticité comme les poissons (Philippart, 1975).

1.2. Le rôle des facteurs climatiques

Une école opposée fut animée principalement par deux autres entomologistes australiens Andrewartha & Birch (1954), selon qui les facteurs dépendants de la densité sont en général d'importance mineure et ne jouent guère de rôle dans la détermination de l'abondance des espèces. Les facteurs physiques du milieu, le climat en particulier, jouent le rôle essentiel :

« *The numbers of animals in a natural population may be limited in three ways : (a) by shortage of material resources, such as food, place in which to make nests, etc. ; (b) by inaccessibility of these material ressources relative to the animal's capacities for dispersal and searching ; and (c) by shortage of time when the rate of increase r is positive. Of these three ways, the first is probably the least, and the last is probably the most, important in nature. Concerning c, the fluctuations in the value of r may be caused by weather, predators, or any component of environment which influences the rate of increase. For example the fluctuations in the value of r which are determined by weather may be rhythmical in response to the progression of the season (e.g. Thrips imaginis) or more erratic in response to "runs" of years with "good" or "bad" weather (example Austroicetes cruciata).* »

Les deux écoles vont s'opposer longtemps jusqu'à ce qu'un accord se fasse pour reconnaître que suivant les cas les facteurs qui interviennent dans la régulation des populations peuvent être multiples. Cette controverse semble pouvoir s'expliquer par des points de vue différents. Pour les tenants de l'intervention de facteurs dépendants de la densité, il s'agit d'expliquer le maintien d'une densité moyenne de population et de rechercher les facteurs ultimes responsables de l'adaptation des espèces à leur milieu. Pour les tenants de l'intervention de facteurs indépendants de la densité comme le climat, le but est surtout de découvrir les facteurs immédiats qui interviennent dans le déclenchement des fluctuations.

1.3. Le rôle des facteurs internes

Une école représentée par des écologistes comme Chitty (1967) ou Pimentel (1961) admet l'existence de changements qualitatifs qui peuvent être génétiques, éthologiques, physiologiques et qui ont surtout été étudiés chez des Rongeurs mais aussi chez des insectes.

Le rôle limitant de la nourriture est admis par tous les auteurs et en particulier par Wynne-Edwards (1962). Mais cet auteur admet que des comportements particuliers évitent la compétition directe pour la nourriture qui pourrait conduire à la surexploitation des ressources et à la mort massive par famine. Wynne-Edwards appelle manifestations épidéictiques ces comportements qui informent les membres d'une population de l'importance de la densité et déclenchent des mécanismes régulateurs. Chez les Oiseaux la défense d'un territoire, qui aboutit à une mortalité élevée chez les sujets qui n'en possèdent pas, est un comportement épidéictique, de

même que les chants collectifs des Batraciens. Ces comportements existent aussi chez les Invertébrés. Les émigrations massives du criquet australien *Chortoicetes termiferana* lors des années de pullulation se produisent avant l'épuisement des ressources, ce qui montre l'existence d'un mécanisme avertisseur et augmente les chances de survie des individus qui partent et de ceux qui restent (Clark, 1949). La théorie de Wynne-Edwards suppose que les populations sont douées d'homéostasie :

« L'homéotasie au niveau de la population, de même qu'au niveau de la physiologie, a atteint son développement maximum et le plus évident chez les types d'animaux les plus évolués comme les Arthropodes et les Vertébrés. »

1.4. Le rôle de l'hétérogénéité du milieu

Le rôle de l'hétérogénéité du milieu dans la régulation des populations a longtemps été ignoré. Il est maintenant pris en compte, en particulier dans la théorie dite de l'étalement des risques (*spreading of risk*) que Den Boer (1968, 1971) a établie grâce à l'analyse minutieuse des populations de diverses espèces de Coléoptères Carabidés. Den Boer critique l'idée, répandue chez beaucoup d'écologistes, selon laquelle les facteurs dépendants de la densité joueraient le rôle de facteurs limitants. Il montre que les variations d'abondance parmi les diverses populations qui occupent un milieu hétérogène dans le temps et dans l'espace ont comme conséquence un étalement des risques qui conduit à une stabilisation des effectifs :

« *Heterogeneity and instability must not be considered as just a drawback of field data to be neglected... Most population ecologists agree that the amplitude of density fluctuations is determined to a great extent by density-independent factors (e.g. weather factors in temperate regions). Thus the more effectively density is influenced by density-limiting factors, the greater is the chance that population will be exterminated in the course of time by the influence of density-independent factors. Limitation of density has little influence on the magnitude of density fluctuations ; it usually only shifts them to a lower density level, thus increasing the risk of extinction. Hence, our problem is not "How is density limited ?" but "How is density-fluctuation restricted ?"...Variation within natural populations as well as in their environments may result naturally in a spreading (diminution) of the risk of extinction to which these populations are exposed under the influence of variable environmental factors. Different ways of spreading of the risk can be distinguished : 1. Spreading of risk by phenotypic variation. 2. Spreading of risk in time : variation between individuals in time and rate of development and/or reproduction. 3. Spreading of risk in space : the* »

Figure 10.1

Classification des divers types d'habitats en fonction de leur durée (en haut) ou de leur structure spatiale (en bas)

La colonisation de milieux éphémères ou imprévisibles (dans le temps), ou bien isolés ou discontinus (dans l'espace) ne peut se faire que par des espèces ayant des caractéristiques démographiques particulières.

T : durée de vie des diverses espèces ; R : espace occupé par les espèces (Southwood, 1977).

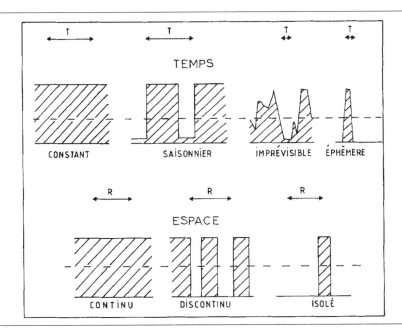

effect of extreme conditions in one place will be levelled out to some degree by less extreme conditions in others…The smaller the area inhabited by a population or species the lower the spatial heterogeneity and the greater the risk of extinction will be. 4. Spreading of risk in relation with other species : e.g. polyphagy, more than one predator (parasite) species to a prey, hyperpredation, hyperparasitism, phenotypic and developmental variation in preys and enemies, and spatial heterogeneity in their environments… It is supposed that stabilization of animal numbers in natural populations is established by spreading of the risk, incidentally supplemented by some kind of density limitation. »

Les populations naturelles vivent dans des écosystèmes dont l'hétérogénéité est grande et ces populations sont elles mêmes hétérogènes en ce qui concerne leur structure génétique. L'hétérogénéité contribue à étaler les risques d'extinction et se manifeste de diverses façons : structure en mosaïque des habitats, diversité des phénotypes, des génotypes et des structures d'âges (figure 10.1). La diversité des milieux est à l'origine de la formation de types opposés de populations qui ont été qualifiés de type r et de type K (chapitre 13). Les grands écosystèmes sont de plus en plus fragmentés en éléments isolés les uns des autres et habités par des métapopulations qui présentent une dynamique plus complexe que les populations isolées (chapitre 19).

L'influence de l'hétérogénéité spatiale sur l'abondance des populations est mise en évidence par l'étude des cultures associées (Vandermeer, 1989). Le Coléoptère Chrysomélide *Acalymna vittata* (qui est un ravageur du concombre) a des populations moins abondantes lorsque le concombre est cultivé en mélange avec le maïs ou le broccoli que lorsqu'il est cultivé seul (figure 10.2).

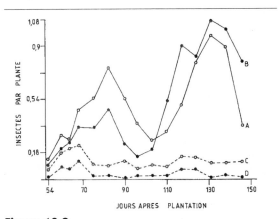

Figure 10.2

Variations d'abondance du Chrysomélide Acalymna vittata vivant sur le concombre en fonction du mode de culture de la plante hôte

Les variations de densité du concombre ont peu d'influence sur l'abondance de l'insecte, tandis que la polyculture (culture associée avec le maïs et le brocoli) en réduit beaucoup l'abondance. A : monoculture à faible densité ; B : monoculture à forte densité ; C : polyculture à faible densité ; D : polyculture à forte densité (Bach, 1980).

La réduction des populations d'insectes ravageurs phytophages dans les cultures associées est un phénomène assez répandu (105 cas sur 198 étudiés) qui peut être interprété à l'aide de diverses théories qui sont discutées par Parfait & Jarry (1987) et par Vendermeer (1989). La première hypo-

thèse (*disruptive crop hypothesis*) admet que l'insecte phytophage trouve moins facilement sa plante hôte car la seconde plante émet des signaux (physiques ou chimiques) qui créent une confusion. La deuxième hypothèse (*trap cropping*) admet que la seconde espèce attire une partie des ravageurs. La troisième hypothèse (*enemies hypothesis*) admet que les cultures associées attirent plus de prédateurs et de parasites car elles offrent à ceux-ci plus de ressources et plus de micromilieux à coloniser.

II. ÉTUDE DE QUELQUES CAS

L'étude de quelques cas permettra de mettre en évidence la complexité des mécanismes qui interviennent dans la régulation des populations.

2.1. Les populations de *Thrips imaginis*. L'action des facteurs climatiques

Ces insectes phytophages vivent dans les fleurs de rose en Australie. Leur abondance a été évaluée chaque mois durant 81 mois consécutifs puis durant 7 années au printemps et au début de l'été seulement (figure 8.21). En employant une méthode de régression multiple Andrewartha & Birch ont établi que 78 % des variations d'abondance pouvaient être expliqués par les variations de la température et de la pluviosité. Ceci laisse peu de chances pour que d'autres causes de variation interviennent étant donné l'importance des erreurs d'échantillonnage. Le climat représente donc nettement le facteur déterminant de la dynamique des populations de cette espèce. Mais une analyse critique des données faite par Varley *et al.* (1975) montre que l'emploi d'une technique de régression multiple n'est pas adapté à la mise en évidence d'un facteur dépendant de la densité. En appliquant une méthode convenable la mise en évidence d'un facteur dépendant de la densité devient possible (Smith, 1961). Il peut s'agir d'un facteur de mortalité qui se manifeste aussitôt après les pics d'abondance. Le climat lui-même agit comme facteur dépendant de la densité durant l'hiver en éliminant les individus qui n'ont pas réussi à trouver des sites d'hivernage favorables et qui sont plus nombreux lorsque la population est plus importante.

La régulation par des facteurs climatiques indépendants de la densité existe chez beaucoup d'insectes, comme la tordeuse verte du chêne, *Tortrix viridana*. L'évolution larvaire de cet insecte est fonction de la température. Les années dont le printemps est chaud et à précipitations modérées correspondent à des périodes d'abondance. La température agit en favorisant le débourrement des feuilles du chêne et en assurant une coïncidence phénologique entre le développement des feuilles et celui des jeunes chenilles.

Les facteurs climatiques peuvent avoir un effet retardé et non immédiat. Dans les forêts de Conifères du nord de l'Europe un été favorable permet une importante production de cônes et de graines l'année suivante. Les casse-noix, qui disposent d'une nourriture abondante, pondent quatre œufs en moyenne au lieu de trois le printemps suivant. Il y a donc un décalage de deux ans entre la manifestation d'un facteur climatique favorable et l'augmentation des effectifs de l'oiseau (Reinikainen, 1937).

2.2. Les populations de Vertébrés

Les populations de buffles (*Syncerus caffer*) et leur régulation ont fait l'objet de recherches approfondies dans la savane de Serengeti au Kenya (Sinclair, 1974, 1975). La densité des populations de buffles est fonction de la pluviosité annuelle (figure 10.3). Étant donné que la pluviosité agit en contrôlant la quantité et la qualité de la nourriture, les populations de buffles sont donc limitées par la nourriture disponible. Chez les ruminants la digestion se solde par un bilan négatif en azote lorsque l'herbe consommée renferme moins de 5 % de protéines. Ceci est le cas en saison sèche au cours de laquelle les buffles souffrent de malnutrition. Le cycle des pluies règle également la natalité. La fin de la gestation et la lactation au cours desquelles les femelles ont des besoins alimentaires élevés coïncident avec la saison humide. L'analyse des tables de survie établies à partir de l'étude des crânes montre que la mortalité est forte chez les jeunes de moins de 1 an ainsi que chez les animaux âgés ; elle est faible chez les animaux âgés de 2 à 10 ans. Seule la mortalité au stade adulte est dépendante de la densité comme le montre l'analyse des variations annuelles des facteurs k (*cf.* ci-dessous la définition des facteurs k). La malnutrition en saison sèche est la cause essentielle de la régulation des populations. Les vieux animaux dont les dents sont usées souffrent davantage de malnutrition. Deux facteurs secondaires moins importants peuvent intervenir. Ce sont la prédation par les lions (mais ces derniers tuent surtout des sujets souffrant déjà de malnutrition) et la compétition avec les gnous dans la recherche de la nourriture.

Figure 10.3

Les populations de buffles en Afrique orientale

a : Relation entre la pluviosité annuelle et la densité des animaux.

b : Courbes de mortalité des mâles et des femelles.

c : Variations de la teneur en protéines de la végétation qui sert de nourriture aux buffles du parc de Serengeti en fonction du régime des pluies. À droite de la ligne verticale en tirets commence la saison sèche.

d : Relation entre l'effectif N et la valeur de k_a montrant que la mortalité des buffles adultes est dépendante de la densité (Sinclair, 1974).

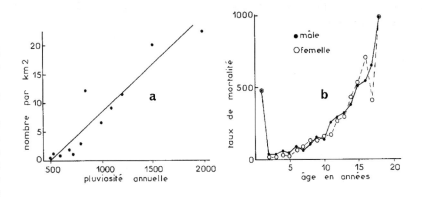

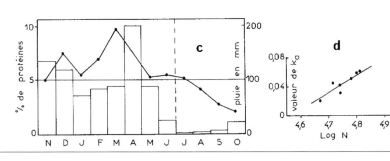

Les populations de l'isard dans les Pyrénées sont également contrôlées par des facteurs alimentaires. L'importance des populations est fonction de la biomasse des strates inférieures de la végétation forestière disponible en hiver. En effet l'isard se procure ses aliments entre 0 et 1,2 m au-dessus de la surface de la neige. La végétation à cette époque est carencée en phosphore et souffre d'un déséquilibre du rapport K/Na avec une carence en sodium. L'effort nécessité par les déplacements dans la neige entraîne une dépense métabolique importante supérieure aux ressources alimentaires. L'isard, en raison de la rareté et de la dispersion de la nourriture en hiver et de ses besoins énergétiques, a une mortalité hivernale qui semble être le facteur principal de régulation (il peut s'y ajouter des maladies parasitaires capables parfois de décimer les populations). Des « zones de refuge » servent au regroupement hivernal des isards. Elles déterminent la charge biotique maximale de la région. Toute intervention humaine dans ces zones refuges risque de perturber fortement la capacité biotique du milieu.

Chez le chevreuil les ressources alimentaires de l'été constituent le facteur limitant. Les animaux qui vivent dans une forêt productive disposent d'une nourriture abondante et se délimitent des territoires de taille inférieure à ceux des animaux des forêts moins productives. La conséquence de ce comportement territorial est l'expulsion par les adultes des jeunes qui doivent coloniser de nouveaux territoires encore inoccupés. Il existe une relation très nette entre la densité des animaux résidents et la quantité de nourriture disponible en été (Bobek, 1977). Les élans de l'île Royale (située dans le lac Supérieur aux États-Unis) sont limités dans leur abondance par la teneur en sodium de la végétation (Botkin *et al.*, 1973).

En Écosse, la grouse (*Lagopus scotticus*) a un régime alimentaire composé en grande partie de la bruyère *Calluna vulgaris*. Le succès de la reproduction de cet oiseau dépend de l'abondance de nouvelles pousses de bruyère avant la période de ponte. Les grouses choisissent pour se nourrir les bruyères riches en calcium, en phosphore et en azote (éléments nécessaires à la femelle avant la période de ponte) et négligent les plantes qui contiennent ces éléments en quantité insuffisante. L'emploi d'engrais accroît la valeur alimentaire de la bruyère et suffit pour produire des couvées plus importantes (Moss *et al.*, 1975).

2.3. Les populations d'insectes phytophages

En général les insectes phytophages ne consomment qu'une faible partie de la production primaire disponible, toujours inférieure à 10 % sauf dans des cas exceptionnels de pullulations. La quantité de nourriture disponible n'est donc pas un facteur limitant les populations d'insectes phytophages. Mais la qualité de la végétation, et en particulier la teneur en azote joue le rôle de facteur limitant. Beaucoup d'auteurs ont établi que les insectes tendent à se concentrer sur des plantes qui renferment un taux élevé de substances nutritives (et une faible teneur en substances secondaires, voir chapitre 13). La teneur des végétaux en azote agit sur le taux de survie des insectes, sur leur vitesse de croissance, sur leur fécondité, sur leur coefficient d'assimilation et sur l'abondance de leurs populations (McNeill & Southwood, 1978 ; Prestidge & McNeill, 1983). C'est ainsi qu'il existe une relation entre l'abondance des Auchénorrhynques vivant sur la Graminée *Holcus lanatus* et la teneur en acides aminés de la sève de la plante hôte (figure 10.4).

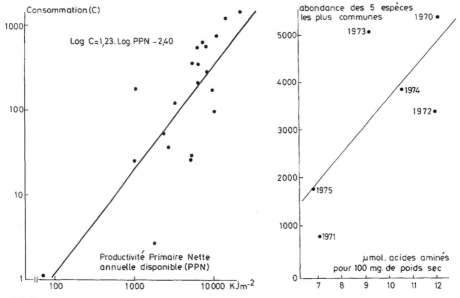

Figure 10.4
À **gauche**, consommation par les insectes herbivores en fonction de la productivité primaire nette disponible (PPN) dans divers écosystèmes. Les insectes consomment moins de 10 % de la PPN.
À **droite**, abondance des cinq espèces d'Auchénorhynques les plus communes sur la graminée *Holcus lanatus* en fonction de la teneur de la sève en acides aminés durant cinq années (Prestidge & McNell, 1983).

Chez les pucerons et les Acariens Tétranyques (ou araignées rouges) la fécondité est fortement augmentée lorsque la plante nourricière a fait l'objet de certains traitements insecticides. La fécondité du puceron de la betterave, *Aphis fabae*, est plus grande après un traitement de la plante au DDT. Cet insecticide agit en perturbant le métabolisme de la betterave et en provoquant la formation d'une sève plus riche en glucides et en produits azotés solubles, ce qui est un état biochimique de la plante favorable pour la fécondité des pucerons. Chez la vigne le cépage Gamay normalement pauvre en azote résiste aux attaques de l'Acarien *Panonychus ulmi* alors que le cépage Merleau rouge riche en azote ne résiste pas. Le traitement au DDT du cépage Gamay augmente sa teneur en azote et le rend sensible aux attaques de l'Acarien. Les pesticides peuvent donc rendre certaines plantes sensibles aux attaques des ravageurs et faciliter leurs pullulations. Cette notion, qui est connue sous le nom de « trophobiose » (Chaboussou, 1970) mériterait d'être prise en compte et étudiée à nouveau pour expliquer les pullulations d'insectes nuisibles aux cultures.

Selon Mac Arthur (1955) une espèce ayant un large spectre alimentaire devrait présenter des variations d'abondance plus faibles qu'une espèce ayant une ressource alimentaire unique. En effet, l'espèce polyphage risque moins de voir ses ressources alimentaires disparaître. Cette idée semble confirmée par des analyses de populations réalisées durant plusieurs années à Rothamstead. Les pucerons qui vivent sur plusieurs plantes ont une abondance qui varie moins que ceux qui vivent sur une seule plante (Redfearn & Pimm, 1988).

2.4. Régulation par les prédateurs, les parasites ou les micro-organismes

La prédation et le parasitisme sont deux facteurs de régulation des populations qui interviennent fréquemment. En Alaska les populations de *Ovis dalli* sont contrôlées par les loups. Les Cervidés étaient jadis contrôlés par divers prédateurs comme le loup et l'ours qui sont aujourd'hui disparus et l'homme doit, par la chasse, jouer ce rôle de prédateur pour contrôler l'accroissement de ces populations. Toute l'expérience acquise par la lutte biologique montre également que le contrôle des populations par les prédateurs, les parasites (ou les maladies) est un facteur du maintien des équilibres naturels.

Le lagopède rouge, *Lagopus lagopus scottii*, présente des effondrements cycliques de ses populations qui sont indépendants de l'influence humaine liée à la pression de chasse. Le responsable principal de ces fluctuations est un Nématode parasite *Trichostrongylus tenuis* qui envahit les cæcums intestinaux de l'oiseau. Lorsque ces parasites deviennent très abondants (plusieurs milliers par oiseau), la fécondité des femelles peut être réduite de moitié et il se produit un tel effondrement des effectifs que l'espèce est proche de l'extinction. Ceci montre que l'impact d'un seul parasite sur une population peut être considérable (*cf.* chapitre 13.1).

L'épidémie de peste bovine qui s'est répandue en Afrique orientale à partir de 1890 a entraîné un effondrement des populations de buffles, de gnous et même de girafes. En deux ans 95 % des buffles et des gnous périrent. Les conséquences de cette épidémie se sont étendues à l'ensemble de l'écosystème dans la savane du Parc de Serengeti où elles ont été particulièrement étudiées (Sinclair & Norton-Griffiths, 1979 ; Dobson & Hudson, 1986). À partir des années 1962 l'immunité des Ongulés fut acquise et buffles et gnous reconstituèrent peu à peu leurs effectifs. Cette restauration des populations d'Ongulés a été accompagnée par un accroissement des effectifs de leurs prédateurs, les lions doublant leurs effectifs et les hyènes augmentant de 50 %. Les lycaons, autres prédateurs possibles, ont vu leurs effectifs décroître par suite de la compétition avec les lions et les hyènes. Le piétinement et le broutage sélectif du tapis herbacé par les buffles a rendu accessible aux antilopes les petits végétaux dont elles se nourrissent et ces petits herbivores ont augmenté leurs effectifs, ce qui a entraîné un accroissement corrélatif des populations de guépards qui en sont des prédateurs.

Le virus de la myxomatose a réduit considérablement les populations de lapins aussi bien en France qu'en Australie. Au bout de quelques années la maladie est devenue moins grave par suite de l'apparition de lapins génétiquement résistants et de la diminution de la virulence du virus (*cf.* tableau 13.3).

2.5. Les fluctuations cycliques de la tordeuse du mélèze

La tordeuse du mélèze *Zeiraphera diniana* présente en Engadine des fluctuations d'abondance régulières et de grande amplitude (figure 8.5). Ces variations d'abondance sont sous le contrôle de plusieurs facteurs qui sont, dans l'ordre d'importance décroissante, la nourriture, les insectes parasites entomophages, les maladies et le climat (Auer, 1968).

• **La nourriture.** Lorsque la densité des chenilles augmente, la quantité de nourriture disponible diminue, et lorsque la charge biotique maximale est atteinte, une mortalité massive se produit. Elle est accrue par la compétition intraspécifique et s'accompagne d'une réduction du poids des chrysalides et de la fécondité des imagos qui survivent. Les mélèzes défeuillés reforment des aiguilles plus petites dont la qualité nutritive est plus faible car elles renferment moins de protéines et davantage de cellulose et de lignine. Les mélèzes ne forment des aiguilles normales que trois à quatre ans après la période de dégâts importants. Cet effet de feed-back négatif permet de considérer les populations de la tordeuse du mélèze comme douées d'autorégulation.

• **Les entomophages.** La tordeuse du mélèze est attaquée par un complexe parasitaire riche de 94 espèces de parasites et par de nombreux prédateurs. Le taux de parasitisme augmente avec la densité des populations. Il est inférieur à 10 % lors des années de rareté de la tordeuse et il atteint 70 à 80 % après une année d'abondance maximum. Le parasitisme est donc ici un facteur dépendant de la densité.

• **Les maladies infectieuses** interviennent parfois lors des périodes d'abondance et se comportent comme des facteurs de réduction des populations.

• **Le climat**, et plus précisément la température, intervient comme un facteur imprévisible, aléatoire, indépendant de la densité, mais moins important que les trois autres facteurs.

Ces quatre facteurs peuvent être considérés comme des facteurs clés. Leur étude approfondie a permis de construire un modèle mathématique destiné à prévoir l'ampleur des pullulations. L'accord entre les valeurs observées et les valeurs calculées est satisfaisant.

2.6. Les fluctuations cycliques des Rongeurs Microtinés

Les lemmings sont des Rongeurs Microtinés des régions arctiques appartenant aux genres *Lemmus* et *Dicrostonyx* qui ont été très étudiés depuis qu'Elton (1924, 1942) a attiré l'attention sur eux, bien que ces fluctuations intéressent une minorité de populations de Rongeurs. Une caractéristique de ces populations est qu'elles sont synchrones chez plusieurs espèces de Microtinés. En Scandinavie les cycles durent de trois à cinq ans avec de très fortes amplitudes, les pics d'abondance ne durant qu'une seule saison. Divers prédateurs comme les renards, le hibou des neiges ou des Mustélidés deviennent nombreux à peu près en même temps que leurs proies et déclinent peu après. Des fluctuations d'abondance s'observent aussi chez des Microtinés appartenant à d'autres genres pouvant vivre en dehors des régions arctiques. Beaucoup d'hypothèses ont été avancées pour expliquer ces cycles de pullulations. Elles ont varié au cours des années et aucune ne semble suffisante à elle seule. Certaines font appel à des facteurs externes comme le climat, la destruction de la couverture végétale qui assure nourriture et protection, le retard dans le recyclage des éléments minéraux ou l'influence des prédateurs. D'autres hypothèses font appel à des facteurs internes à la population c'est-à-dire à des variations de la physiologie et du comportement des rongeurs qui créent une régulation sociale au cours du cycle d'abondance.

• **Le rôle du climat.** Dans une région aussi rude que la toundra il est normal de penser que le climat joue un rôle dans le déterminisme de l'abondance des populations de lemmings. Lorsque la couverture de neige est insuffisante les animaux sont mal protégés du froid en hiver et sont soumis à une mortalité massive. En outre le froid réduit la durée de la période de reproduction, donc la fécondité des femelles (Fuller, 1967 ; Mullen, 1968). Le climat peut agir directement en réduisant la quantité de végétation disponible et ses qualités nutritives.

• **La destruction de la couverture végétale.** Le lemming *Lemmus trimucronatus* est le seul herbivore de la région de Point Barrow en Alaska. Lors des pullulations le surpâturage réduit considérablement la couverture végétale qui se renouvelle lentement et les populations de lemmings deviennent contrôlées par la quantité de nourriture disponible. Un facteur limitant important est la quantité de phosphore, de calcium et d'azote présente dans la végétation. La teneur en ces éléments varie d'une façon significative durant un cycle et elle est maximale au moment de la pullulation. Les variations cycliques de la fertilité du sol et leur influence sur la végétation seraient, selon Schultz (1964) la cause des fluctuations d'abondance des lemmings.

Des fluctuations d'abondance du campagnol *Microtus arvalis* se produisent en Vendée (Martinet, 1972). Le cycle annuel est sous le contrôle de trois facteurs du milieu : (a) la photopériode qui règle la croissance et la gamétogénèse ; (b) l'alimentation qui intervient dans la reproduction et la survie des jeunes, la mortalité étant plus élevée et la fécondité plus faible lorsque les campagnols sont nourris avec de la luzerne récoltée en automne ; (c) la température qui intervient dans la survie des jeunes. Ces faits viennent à l'appui des théories qui font intervenir des facteurs climatiques et alimentaires dans le déterminisme des fluctuations de lemmings.

• **L'influence des prédateurs.** L'idée selon laquelle les prédateurs jouent le rôle principal dans le déterminisme des fluctuations cycliques de diverses espèces de Rongeurs et d'oiseaux est ancienne. Pearson (1966) a défendu cette hypothèse à l'aide de divers arguments. (a) Les Microtinés élevés en captivité ne montrent pas de fluctuations d'abondance ; (b) les populations isolées sur des îles où les prédateurs sont absents ne montrent pas de fluctuations ; (c) les cycles ne s'observent que dans des milieux ouverts où les Microtinés sont exposés à leurs ennemis et vulnérables toute l'année ; (d) beaucoup de lemmings sont infectés par le Cestode *Taenia mustelae* dont l'hôte définitif est un Mustélidé, ce qui témoigne d'une étroite relation entre prédateur et proie.

Une étude approfondie a été réalisée en Finlande sur trois espèces de Microtinés *Clethrionomys glareolus, Microtus agrestis* et *M. epiroticus* et sur deux Mustélidés qui en sont les prédateurs, *Mustela nivalis* et *M. erminea* (Ylönen, 1994). Les populations de Microtinés montrent des fluctuations cycliques caractérisées par une grande amplitude et une abondance très faible durant les périodes de rareté (figure 10.5). Les Mustélidés ont des fluctuations dont les pics sont légèrement décalés par rapport à ceux des Microtinés. *Mustela nivalis*, prédateur spécialisé, réagit plus intensément au déclin des Microtinés que *M. erminea* qui est un prédateur généraliste utilisant d'autres proies. Lors du pic d'abondance des Microtinés des phénomènes de compétition intraspécifique et interspécifique intenses se manifestent ainsi qu'une forte pression de prédation. Le taux de survie des jeunes campagnols nés durant cette phase de pullulation est très faible et la population s'effondre. Elle se reconstitue un ou deux ans après. Il en est de même pour les Mustélidés prédateurs chez qui, lorsque les populations ont une faible densité, la nourriture est suffisamment abondante pour assurer un taux de survie élevé aux jeunes et permettre une remontée des populations.

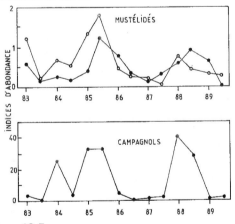

Figure 10.5
En haut, variations annuelles d'abondance, en Finlande, de deux prédateurs de Microtinés *Mustela nivalis* (ronds blancs) et *Mustela erminea* (ronds noirs).
En bas, variations d'abondance de trois Microtinés, *Clethrionomys glareolus, Microtus agrestis* et *M. epiroticus* (Ylönen, 1994).

Les Microtinés montrent un comportement d'évitement plus marqué vis-à-vis des prédateurs spécialisés que des prédateurs généralistes ce qui contribue à entretenir des fluctuations d'abon-

dance dans les régions nordiques où les prédateurs spécialistes sont dominants. Il existe une relation entre l'intensité du comportement anti-prédateur des Microtinés et la probabilité qu'ils ont d'être tués par ces prédateurs. Les Microtinés semblent capables de reconnaître leurs prédateurs à l'odeur et cette aptitude semble déterminée génétiquement (McShea, 1990 ; Stoddart, 1976). Les changements dans la composition spécifique des prédateurs, qui sont en majorité des généralistes dans les parties méridionales de l'aire des Microtinés, expliquent la disparition progressive des fluctuations cycliques dans ces régions d'Europe.

• **Le rôle des facteurs internes.** Chitty (1967) a émis l'hypothèse que les Microtinés ont un comportement variable pouvant se modifier rapidement en fonction des variations de densité des populations. Beaucoup de données sont en accord avec cette hypothèse. On a montré que, chez les Rongeurs, des génotypes ayant une fécondité élevée sont favorisés pendant la phase de multiplication et d'accroissement. Lorsque la population atteint une densité élevée la sélection favorise les génotypes les plus agressifs et élimine les autres. La fréquence des divers génotypes varie au cours des générations. Chez *Microtus ochrogaster* il existe une relation entre l'abondance des animaux et la fréquence d'un gène, l'allèle transferrine-E. Un génotype particulier correspond à chaque phase de la pullulation de ce Rongeur. Des variations de fréquence des génotypes ont aussi été notées chez *Microtus pennsylvanicus* (figure 10.6).

La variation des génotypes en fonction de la densité de la population a aussi été démontrée chez des insectes tels que les Lépidoptères *Malacosoma pluviale* (Wellington, 1964) et *Hyphantria cunea* (Morris, 1971). Chez *Drosophila melanogaster* la sélection favorise les génotypes à faible taux de reproduction lorsque la population est dense (Shorrocks, 1970).

La compétition intraspécifique peut produire une mortalité anormale et une baisse de fécondité à la fin d'une gradation. Cette mortalité anormale serait due à un effet de stress ou de choc, en particulier chez les Rongeurs (Christian, 1968 ; Christian & Davis, 1964). On peut ainsi expliquer les fluctuations cycliques d'abondance des campagnols et des lemmings. La maladie de choc serait aussi la clé de la dynamique des populations de *Microtus arvalis* en Allemagne (Franck, 1957). Le schéma de la figure 10.7 est un modèle explicatif des fluctuations de populations de lem-

mings dans lequel interviennent divers méca- nismes de feed-back. Lorsque la population est peu abondante les interactions entre individus sont réduites et il y a intervention de facteurs génétiques donnant des individus à pouvoir reproducteur élevé. La population augmente. Lorsque les interactions mutuelles deviennent de plus en plus nombreuses la fécondité devient plus faible ce qui conduit à nouveau la population à un niveau d'abondance plus faible. À cela s'ajoutent des mécanismes d'émigration et de peuplement d'espaces libres. Chez *Microtus pennsylvanicus* les sujets hétérozygotes pour le gène de la transferrine dominent chez les indivi- dus migrateurs, et les sujets homozygotes domi- nent chez les résidents qui ne migrent pas.

La pression sociale consécutive à la surpopula- tion est, pour des auteurs comme Christian & Davis, génératrice de phénomènes de « stress » qui agissent par voie endocrine. Diverses recherches effectuées sur des souris de laboratoi- re sont en faveur de cette théorie. Lorsque la den- sité de population est élevée les fonctions de reproduction sont stoppées. On observe chez les femelles une résorption des embryons et des troubles de la lactation qui augmentent la morta- lité des jeunes. L'augmentation de l'activité des glandes surrénales entraîne une mortalité accrue. Cependant cette théorie a été critiquée car il ne semble pas que les troubles endocrines observés au laboratoire sur des populations captives aient été retrouvés dans la nature.

Malgré le grand nombre de recherches qui ont été faites sur l'organisation sociale des Microtinés il n'existe pas encore de consensus sur les rela- tions qui peuvent exister entre cette organisation et la dynamique des populations. Certains avan- cent l'idée que l'organisation sociale serait la conséquence et non la cause des fluctuations cycliques (Tamarin *et al.*, 1990).

III. LES FACTEURS CLÉS

Les quelques exemples présentés ci-dessus montrent que la régulation des populations est l'œuvre de facteurs très divers. Très souvent plu- sieurs facteurs agissent simultanément. Il semble possible de distinguer deux catégories de popula- tions (Horn, 1968) :

– les espèces peu sensibles aux variations du milieu ont des effectifs proches de la charge bio- tique maximale et une régulation dépendante de la densité ;

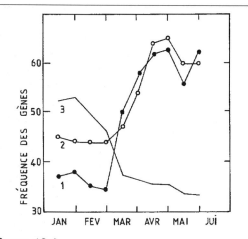

Figure 10.6
Changements périodiques des génotypes chez les Microtus

Variations de la fréquence du gène F de la leucine amino-peptidase (courbe 1) et du gène E de la transferrine (cour- be 2) au cours d'une période de décroissance de la popula- tion chez *Microtus pennsylvanicus*. La courbe 3 représente les variations d'abondance des *Microtus* (Krebs & Myers, 1974).

Figure 10.7
Mécanismes possibles de régulation des populations de lemmings avec intervention de boucles de feed-back (Krebs, 1978)

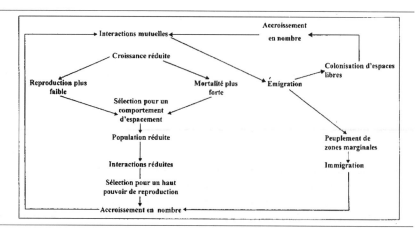

– les espèces sensibles aux variations du milieu ont des effectifs très inférieurs à la charge biotique maximale et elles sont régulées par des facteurs indépendants de la densité.

On peut penser que, parmi les facteurs qui interviennent dans la régulation des populations, il en existe seulement un petit nombre qui ont une action significative. Ces facteurs, qui sont les facteurs clés, donnent lorsqu'on les connaît, un moyen de prévoir les changements d'abondance d'une espèce. La recherche des facteurs clés peut se faire de diverses façons. La méthode graphique de Varley & Gradwell (1960) mise au point pour un insecte forestier est une méthode simple permettant la recherche de ces facteurs. Elle a été appliquée à divers insectes et même à des Vertébrés comme la perdrix (Blank *et al.*, 1967).

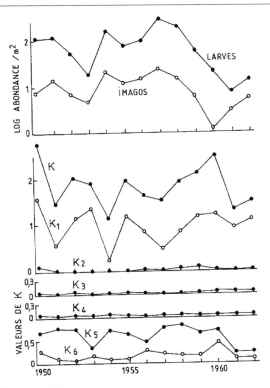

Figure 10.8

Évolution des populations de la cheimatobie Operophtera brumata dans une chênaie d'Angleterre

Variations annuelles d'abondance des populations de chenilles et d'imagos, et variations annuelles des divers facteurs de mortalité. K : mortalité totale ; k_1 : mortalité hivernale ; k_2 : parasitisme par *Cyzenis* ; k_3 : parasitisme par les autres insectes ; k_4 : maladies à Microsporidies ; k_5 : prédation sur les chrysalides ; k_6 : parasitisme par *Cratichneumon* sur les chrysalides. Le facteur clé est la mortalité hivernale k_1 (Varley, 1971).

Analyse des populations de *Operophtera brumata*. La cheimatobie *Operophtera brumata* est un Géométride polyphage qui attaque en particulier les chênes et dont la dynamique des populations a été très étudiée (Varley & Gradwell, 1968 ; Varley *et al.*, 1973). Pour comparer les générations entre elles, la mortalité aux divers stades de développement n'est pas exprimée en valeur absolue mais par un indice k qui représente le logarithme du rapport des abondances avant et après l'intervention du facteur de mortalité. Ainsi, pour un insecte qui a une densité de 24 œufs/m² et de 16,6 larves du premier stade par m², le facteur K représentant la mortalité au stade de larve jeune est égal à log (24/16,6) = 0,16. Les divers facteurs de mortalité, K_1, ... K_n relatifs aux divers stades et le facteur de mortalité K pour l'ensemble d'une génération sont portés sur un graphique couvrant l'ensemble des années d'observation (figure 10.8). L'examen du graphique montre que la courbe de mortalité hivernale k_1 est celle dont l'allure se rapproche le plus de la courbe de mortalité globale K. La mortalité hivernale est le facteur clé et les autres facteurs de mortalité jouent un rôle peu important. La représentation graphique des variations des facteurs k en fonction de la densité de population au cours des générations successives permet de connaître le mode d'action des divers facteurs (figure 10.9) :

– si les points sont approximativement alignés sur une droite de pente > 0 le facteur clé est directement dépendant de la densité ;

– si les points sont alignés suivant une droite de pente < 0 le facteur clé est inversement dépendant de la densité ;

– si les points sont disposés sans ordre le facteur clé est indépendant de la densité ;

– si les points sont disposés suivant un cercle ou une spirale (ce cas n'existe pas pour la figure 10.9) le facteur clé a une action dépendante de la densité mais il intervient avec un certain retard (c'est un *delayed density dependent factor*).

La présentation des diverses thèses en présence montre que les facteurs qui interviennent dans la régulation des populations sont nombreux et difficiles à mettre en évidence. Les recherches conduites dans ce domaine ont parfois abouti à des applications pratiques permettant une gestion rationnelle des populations d'espèces exploitées. L'exemple le plus remarquable est celui de la

dynamique de poissons marins intensément pêchés (comme les diverses espèces de thons). Il est possible dans ce cas d'établir des quotas de pêche qui évitent la surexploitation des stocks.

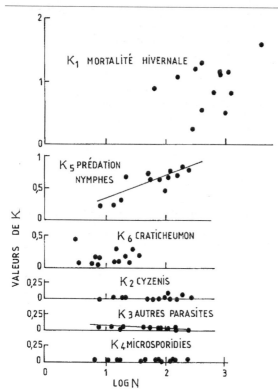

Figure 10.9

Valeur des facteurs k en fonction de la densité de population (log N) dans le cas de la cheimatobie

k_1 et k_6 indépendants de la densité varient au hasard ; k_2 et k_4 indépendants de la densité sont presque constants ; k_3 est inversement dépendant de la densité et k_5 est directement dépendant de la densité (Varley et al., 1973).

Références

ANDREWARTHA, H. G. & BIRCH, L. C., 1954. *The distribution and abundance of animals*. Univ. Chicago Press.

AUER, C., 1968. Erste Ergebnisse eifacher stochastischer Modelluntersuchungen über die Ursachen der Populationbewegung des grauen Lärchenwicklers *Zeiraphera diniana* Gn. (= *Z. griseana* Hb.) im Oberengadin, 1949/66. *Zeit. Angew. Ent.*, **62**, p. 202-235.

BACH, C. E., 1980. Effects of plant-density and diversity on the population dynamics of a specialist herbivore, the striped beetle *Acalymna vittata* (Fab.). *Ecology*, **61**, p. 1515-1530.

BLANK, T. H. et al., 1967. The ecology of the partridge. I. Outline of population processes with particular reference to chick mortality and nest density. *J. anim. Ecol.*, **36**, p. 549-556.

BOBEK, B., 1977. Summer food as the factor limiting roe deer population size. *Nature*, **268**, p. 47-49.

BOTKIN, D. B. et al., 1973. Sodium dynamics in a northern ecosystem. *Proc. Nat. Acad. Sci. U.S.A.*, **70**, p. 2745-2748.

CHABOUSSOU, F., 1970. Influence des pesticides sur la plante hôte : conséquences écologiques. *Bull. Soc. Ecol.*, **3**, p. 146-158.

CHITTY, D., 1967. The natural selection of self regulatory behavior in animal populations. *Proc. Ecol. Soc. Australia*, **2**, p. 51-78.

CHRISTIAN, J. J., 1968. Endocrine behavioral negative feed-back responses to increased population density. *In : L'effet de groupe chez les animaux*, p.289-322. Colloques internationaux du CNRS n°173.

CHRISTIAN, J. J. & DAVIS, D. E., 1964. Endocrines, behavior, and population. *Science*, **146**, p. 1550-1560.

* DEN BOER, P. J., 1968. Spreading of risk and stabilization of animal numbers. *Acta Biotheoretica*, **18**, p. 165-194.

DEN BOER, P. J., 1971. Stabilization of animal numbers and the heterogeneity of the environment : the problem of the persistance of sparse populations. *Proc. adv. Study Inst. « Dynamics of numbers in populations »*, p. 77-97.

DOBSON, A. P. & HUDSON, P. J., 1986. Parasites, disease and the structure of ecological communities. *TREE*, **1**, p. 11-14.

ELTON, Ch., 1924. Periodic fluctuations in the number of animals. Their causes and effects. *J. Exp. Biol.*, **2**, p. 119-163.

ELTON, Ch., 1942. *Voles, mice and lemmings. Problems in population dynamics*. Clarendon Press, Oxford.

FRANCK, F., 1957. The causality of Microtine cycles in Germany. *J. Wildl. Managt.*, **21**, p. 113-121.

FULLER, W. A., 1967. Écologie hivernale des lemmings et fluctuations de leurs populations. *La Terre et la Vie*, **114**, p. 97-115.

HORN, H. S. et al., 1989. Simulators as models of forest dynamics. *In : J. Roughgarden et al. (eds.), Perspectives in ecological theory*, p. 256-267. Princeton Univ. Press.

HOWARD, L. O. & FISKE, W. F., 1912. The importation into the United States of the parasites of the gipsy moth and the brown-tail moth. *U. S. Department of agriculture, Bureau of entomology, Bulletin n°91*.

KLOMP, H., 1966. The dynamics of a field population of the pine looper, *Bupalus piniarius* L. (Lep. Geom.). *Adv. Ecol. Res.*, **3**, p. 207-305.

KREBS, C. J., 1978. A review of the Chitty hypothesis of population regulation. *Canad. J. Zool.*, **56**, p. 2463-2480.

KREBS, C. J. & MYERS, J. H., 1974. Population cycles in small mammals. *Adv. Ecol. Res.*, **8**, p. 267-399.

MAC ARTHUR, R. H., 1955. Fluctuations of animal populations and a measure of community stability. *Ecology*, 36, p. 533-536.

MARTINET, L., 1972. *Recherches sur les causes de la variation annuelle des populations du campagnol des champs* Microtus arvalis. Thèse, Paris.

McNEILL, S. & SOUTHWOOD, T. R. E., 1978. The role of nitrogen in the development of insect/plant relationship. *In* : J. Harborne (ed.), *Biochemical aspects of plant and animal coevolution*, p. 77-98. Academic Press, New York.

McSHEA, W. J., 1990. Predation and its potential impact on the behavior of microtine rodents. *In* : R. H. Tamarin *et al.* (eds.), *Social systems and population cycles in voles*, p. 101-109. Birkhaüser, Bâle.

MORRIS, R. F., 1971. Observed and simulated changes in genetic quality in natural populations of *Hyphantria cunea*. *Canad. Ent.*, **103**, p. 893-906.

MOSS, R. *et al.*, 1975 Maternal nutrition and breeding success in red grouse (*Lagopus lagopus scotticus*). *J. Anim. Ecol.*, **44**, p. 233-244.

MULLEN, D. A., 1968. Reproduction in brown lemming (*Lemmus trimucronatus*) and its relevance to their cycle of abundance. *Univ. Calif. Publ. Zool.*, **85**, p. 1-24.

NICHOLSON, A. J., 1933. The balance of animal populations. *J. Anim. Ecol.*, **2**, p. 132-178.

NICHOLSON, A. J., 1954. An outline of the dynamics of animal populations. *Austr. J. Zool.*, **2**, p. 9-65.

*PARFAIT, G. & JARRY, M., 1987. Diversité végétale et impact des insectes phytophages : une revue bibliographique des méthodes appliquées au cas des cultures associées. *Acta Oecol.*, **8**, p. 365-378.

PEARSON, O., P., 1966. The prey of carnivores during one cycle of mouse abundance. *J. anim. Ecol.*, **35**, p. 217-233.

PHILIPPART, J. C., 1975. Dynamique des populations de poissons d'eau douce non exploitées. *In* : M. Lamotte & F. Bourlière, *La démographie des populations de Vertébrés*, p. 291-394. Masson, Paris.

PIMENTEL, D., 1961. On a genetic feed-back mechanism regulating populations of herbivores, parasites and predators. *Amer. Nat.*, **95**, p. 65-79.

PRESTIDGE, R. A. & McNEILL, S., 1983. The role of nitrogen in the ecology of grassland Auchenorrhyncha. *In* : J. A. Lee *et al.* (eds.), *Nitrogen as an ecological factor*, p. 237-241. Blackwell, Oxford.

REDFERN, A. & PIMM, S. L., 1988. Population variability and polyphagy in herbivorous insect communities. *Ecol. Monogr.*, **58**, p. 39-55.

REINIKAINEN, A., 1937. The irregular migrations of the crossbill *Loxia c. curvirostra*, and their relation to the cone-crop of conifers. *Orn. Fenn.*, **14**, p. 55-64.

SCHULTZ, A. M., 1964. The nutrient recovery hypothesis for arctic Microtine cycles : ecosystem variables in relation to arctic Microtine cycles. *In* : *Grazing in terrestrial and marine environments. Symposium of the British ecological Society*, p. 109-110.

SHORROCKS, B., 1970. Population fluctuations in the fruit fly (*Drosophila melanogaster*) maintained in the laboratory. *J. Anim. Ecol.*, **39**, p. 229-253.

SINCLAIR, A. R. E., 1974. The natural regulation of buffalo populations in East Africa. *E. Afr. Wildl. J.*, **12**, p. 135-154 ; 169-183 ; 291-311.

SINCLAIR, A. R. E., 1975. The ressource limitation of trophic levels in tropical grassland. *J. Anim. Ecol.*, **44**, p. 497-520.

SINCLAIR, A. R. E. & NORTON-GRIFFITHS, M. (eds.), 1979. *Serengeti : Dynamics of an ecosystem*. Chicago Univ. Press.

SMITH, H. S., 1935. The role of biotic factors in the determination of population densities. *J. econ. Ent.*, **28**, p. 873-898.

SMITH, F. E., 1961. Density dependence in the Australian thrips. *Ecology*, **42**, p. 403-407.

*SOUTHWOOD, T. R. E., 1977. Habitat, the templet for ecological strategies ? *J. Anim. Ecol.*, **46**, p. 337-365.

STODDART, D. M., 1976. Effects of the odor of weasels (*Mustela nivalis* L.) on trapped samples of their prey. *Oecologia*, **22**, p. 439-441.

*TAMARIN, R. H. *et al.*, 1990. *Social systems and population cycles in voles*. Birkhäuser, Bâle.

*VANDERMEER, J., 1989. *The ecology of intercropping*. Cambridge Univ. Press.

*VARLEY, G. C. *et al.*, 1973. *Insect population ecology*. Blackwell, Oxford.

VARLEY, G. C. & GRADWELL, G. R., 1968. Population models for the winter moth. *In* : T.R.E. Southwood (ed.), *Insect abondance* , p. 132-142. Blackwell, Oxford.

WELLINGTON, W. G., 1964. Qualitative changes in populations in unstable environment. *Canad. Ent.*, **96**, p. 436-451.

*WYNNE-EDWARDS, V. C., 1962. *Animal dispersion in relation to social behaviour*. Oliver & Boyd, London.

*YLÖNEN, H., 1994. Vole cycles and antipredatory behavior. *TREE*, **9**, p. 426-430.

Quatre mammifères caractéristiques de la Prairie d'Amérique du Nord.
Antilocapra americana ou antilope pronghorn est le seul représentant de la famille des Antilocapridae. Cette antilope a de véritables cornes comme celles des bovins, mais elles ont la particularité unique d'être divisées en deux branches à leur extrémité et de tomber chaque année. Cette antilope est capable de courir à 64 km/h. À droite, le chien de prairie *Cynomys ludovicianus*, Rongeur voisin des marmottes vit en petites troupes dans des terriers. En cas de danger un individu qui fait le guet donne l'alarme à toute la bande en poussant des cris. Les chiens de prairie ont été exterminés presque partout par la chasse et en raison du danger que leurs terriers font courir au bétail. À gauche, le rat à poches ou gopher (gaufre à poches au Canada) *Geomys bursarius*. Ce Rongeur est caractérisé par la présence de deux poches qui s'ouvrent de chaque côté de la bouche, et par de grandes incisives qui sont visibles même lorsque la bouche est fermée. C'est un animal fouisseur qui se nourrit de racines et de tubercules. Les poches servent à accumuler et à expulser la terre lorsque l'animal fouit et se nourrit. À l'arrière plan, une troupe de bisons (planche tirée de A.R. Wallace, *The geographical distribution of animals*, 1876)

Chapitre 11

CARACTÉRISTIQUES DES PEUPLEMENTS ET DES GUILDES

I. DÉFINITION DES PEUPLEMENTS ET DES GUILDES

On réserve le nom de peuplement à l'ensemble des individus appartenant à plusieurs espèces qui coexistent dans un même milieu et qui forment des ensembles fonctionnels en interaction les uns avec les autres. Le terme communauté peut être considéré comme un synonyme de peuplement. On étudie en général des peuplements d'espèces appartenant à un même groupe systématique : Oiseaux, Rongeurs, Insectes. Le terme guilde (Root, 1967), qui a un sens plus restreint, désigne la fraction d'un peuplement qui réunit un ensemble d'espèces exploitant la même ressource de la même manière. Une guilde est un ensemble fonctionnel simple et homogène dont les espèces sont fréquemment (mais pas toujours) apparentées au point de vue taxinomique.

« *A guild is defined as a group of species that exploit the same class of environmental resources in a similar way. This term groups together species without regard to taxonomic position, that overlap significantly in their niche requirements. The guild has a position comparable in the classification of exploitation patterns to the genus in phylogenetic schemes…To be considered a member of the foliage-gleaning guild in the oak woodland the major portion of a bird species' diet had to consist of arthropods obtained from the foliage zone of oaks. As a result, birds that occasionally use the foliage zone were excluded even though they may have exerted some influence on the guild's food supply* » (Root, 1967).

Le nombre de guildes dans un peuplement est fonction de la diversité du milieu et en particulier de celle de la végétation. Celle-ci atteint son maximum dans la forêt tropicale où existent des guildes originales comme celles des Mammifères

et des Oiseaux frugivores qui sont absentes des forêts tempérées. L'étude des paléoguildes (ou guildes d'espèces fossiles) s'est développée depuis quelques années (Valkenburgh, 1995). Ces paléoguildes sont définies à l'aide des similitudes morphologiques entre espèces (par exemple la taille et la forme des dents des Mammifères ou du bec des Oiseaux) à partir desquelles on peut supposer l'existence de ressources alimentaires communes.

Darwin avait déjà noté que des espèces éloignées pouvaient être engagées dans l'exploitation d'une ressource commune :

« *As the species of the same genus usually have,* though by no means invariably, *much similarity in habits and constitution, and always in structure, the struggle will generally be more severe between them if they come into competition with each other, than between the species of distinct genera.* »

Des espèces éloignées au point de vue taxinomique peuvent rechercher et exploiter la même ressource et appartenir à une même guilde. Des fourmis et des Rongeurs des déserts exploitent les mêmes graines (figure 11.1) ; des insectes aquatiques et des têtards d'Amphibiens utilisent simultanément le périphyton des étangs ; des Lézards et des Araignées recherchent les mêmes insectes ; l'Hyménoptère *Xylocopa darwini* entre en compétition aux Galápagos avec les pinsons de Darwin, *Geospiza fuliginosa* et *G. difficilis*, les deux oiseaux et l'insecte étant nectarivores durant la saison sèche (Simberloff & Dayan, 1991).

Un exemple de compétition entre taxa éloignés, les lézards et les oiseaux, a été décrit par Wright (1979) (chapitre 7, paragraphe 1.2).

© Dunod. La photocopie non autorisée est un délit.

Figure 11.1

Taille des graines consommées par les espèces sympatriques de rongeurs et de fourmis granivores dans le désert de l'Arizona

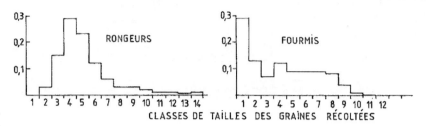

Les tailles se recouvrent largement, ce qui est un argument en faveur de la compétition entre ces deux catégories d'animaux (Brown & Davidson, 1977).

La structure complexe des communautés peut être mise en évidence par l'étude des insectes qui sont liés au chou d'une façon directe ou indirecte (Liss *et al.*, 1982, 1986). On distingue :

(a) des populations dont chacune renferme l'ensemble des individus de la même espèce ;

(b) des guildes, ensembles d'espèces qui exploitent la même ressource de la même façon. Sur les feuilles de chou il existe trois guildes différentes, riches chacune de plusieurs dizaines d'espèces : les suceurs de sève (*sap feeders*), les espèces qui attaquent les feuilles en y faisant des trous (*pit feeders*) et les espèces qui attaquent les feuilles en y découpant des bandes (*strip feeders*) ;

(c) des systèmes de population qui comprennent l'ensemble des guildes d'herbivores, leurs parasites et hyperparasites ;

(d) les trois systèmes de population forment une sous-communauté. Ces trois systèmes de population sont rendus interdépendants par des espèces prédatrices et parasites polyphages qualifiées d'intégrateurs qui jouent un rôle important dans la régulation des populations ;

(e) la communauté est l'ensemble des sous-communautés liées au chou (figure 11.2).

II. DIVERSITÉ DES PEUPLEMENTS ET DES GUILDES

La diversité est un thème central en écologie. La richesse en espèces d'un peuplement est une mesure imprécise de cette diversité car elle ne

Figure 11.2

Structure de la communauté d'insectes et autres Arthropodes liés au chou (Liss et al., 1982)

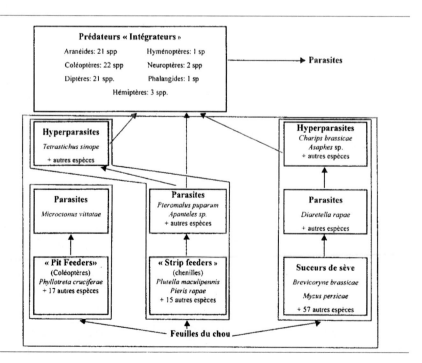

Mise en évidence des divers niveaux d'organisation : population, guilde, système de population, sous communauté, intégrateurs.

tient pas compte de l'importance numérique des espèces. Divers indices de diversité ont été proposés (Daget, 1976 ; Magurran, 1988).

L'*indice de Simpson I* est donné par la formule :

$$I = 1 - \frac{\Sigma n_i (n_i - 1)}{N(N-1)}$$

dans laquelle n_i est le nombre d'individus de l'espèce de rang i et $N = \Sigma\ n_i$ est le nombre total d'individus.

L'*indice de Shannon H'* qui est fondé sur la théorie de l'information est le plus utilisé :

$$H' = -\Sigma p_i \log_2 p_i$$

p_i, abondance relative de chaque espèce, est égal à n_i/N si on appelle n_i l'abondance de l'espèce de rang i et N le nombre total d'exemplaires récoltés. Les logarithmes sont calculés en base 2. L'indice de Shannon est nul lorsqu'il y a une seule espèce et sa valeur maximale est égale à $\log_2 S$ lorsque toutes les espèces ont la même abondance (S étant le nombre d'espèces). Il est parfois plus logique, lorsque les diverses espèces diffèrent beaucoup par la taille, de remplacer le nombre d'individus par la biomasse. Afin de pouvoir comparer la diversité de deux peuplements qui renferment des nombres d'espèces différents, on calcule l'équitabilité (ou équirépartition) E qui est égale au rapport entre la diversité réelle H' et la diversité théorique maximale $\log_2 S$:

$$E = \frac{H'}{\log_2 S}$$

L'équitabilité E tend vers zéro lorsqu'une espèce domine largement le peuplement et elle est égale à un lorsque toutes les espèces ont la même abondance.

L'étude des variations de l'indice de diversité et de l'équitabilité dans un même milieu au cours des diverses saisons ou dans des régions géographiques différentes renfermant des peuplements comparables peut fournir des renseignements intéressants sur l'évolution des peuplements (figure 11.3).

La diversité peut être étudiée à différents niveaux : celui du peuplement, de l'écosystème ou de l'ensemble de la biosphère. La diversité α ou intrabiotope est déterminée pour un seul biotope et un seul peuplement. La diversité γ

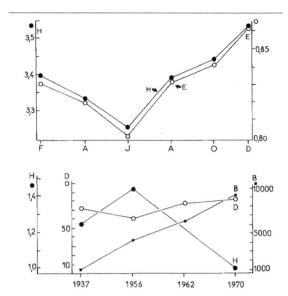

Figure 11.3
En haut, variations saisonnières de l'indice de diversité H et de l'équitabilité E d'un peuplement de 17 espèces d'Acariens Oribates de la litière d'une chênaie de la région parisienne. Le peuplement est équilibré et stable, la diversité varie peu et l'équitabilité est toujours supérieure à 0,8 (Cancela da Fonseca, 1966).
En bas, évolution de la diversité H, de la biomasse B (en kg) et de l'indice de dominance D des peuplements d'oiseaux laro-limicoles de Camargue de 1937 à 1970. La dominance progressive de deux espèces provoque l'augmentation de la biomasse et de l'indice de dominance et une baisse de l'indice de diversité (Blondel & Isenmann, 1979).

ou sectorielle est calculée pour l'ensemble des biotopes et des peuplements d'une région. Un troisième type, la diversité β n'est pas une véritable diversité. Elle mesure la variation de la composition spécifique selon un gradient déterminé d'humidité, d'altitude, de succession écologique, etc., et est évaluée par un indice H'_β qui exprime la similitude entre deux biotopes :

$$H'_\beta = H'_{12} - 0,5\ (H'_{\alpha 1} + H'_{\alpha 2})$$

$H'_{\alpha 1}$ et $H'_{\alpha 2}$ étant les diversités des peuplements des deux biotopes et H'_{12} la diversité calculée en réunissant les espèces des deux biotopes.

Il n'est pas toujours possible de comparer des échantillons de peuplements renfermant le même nombre d'individus. Or le nombre d'espèces augmente avec la taille de l'échantillon. Une technique dite de *raréfaction* permet de calculer le nombre théorique d'espèces de divers échantillons s'ils avaient la même taille standard. La méthode de raréfaction est décrite par Magurran (1988).

© Dunod. La photocopie non autorisée est un délit.

2.1. Quatre exemples de guildes

La notion de guilde peut être concrétisée par les exemples suivants.

• **Dans la forêt de cèdres du mont Ventoux** les 36 espèces d'oiseaux se répartissent selon leur régime alimentaire et leur mode d'occupation de l'espace dans les 9 guildes suivantes : (a) les insectivores du feuillage : 5 espèces de *Phylloscopus* et de *Regulus* ; (b) les insectivores des rameaux et des branches : 5 espèces de *Parus* ; (c) les espèces des troncs et des écorces : 4 espèces de *Certhia*, *Sitta* et *Dendrocopos* ; (d) les granivores : 8 espèces de *Streptopelia*, *Fringilla* et *Carduelis* ; (e) les polyphages se nourrissant au sol : 4 espèces de *Turdus* et *Erithacus* ; (f) les frugivores : 2 espèces de *Columba* et *Garrulus*, (g) les rapaces : 3 espèces de *Accipiter* et *Strix* ; (h) les insectivores des buissons : 4 espèces de *Sylvia* et *Prunella* ; (i) les insectivores de l'espace aérien : une espèce de *Phoenicurus* (Blondel, 1979).

• **Dans l'île de Barro Colorado** les 35 espèces sympatriques de chauves-souris forment 9 guildes en fonction de leurs régimes alimentaires et de leur mode de chasse (Bourlière, 1983). À l'intérieur de chaque guilde les diverses espèces sont séparées par leur poids (figure 11.4).

• **Dans la forêt de Guyane française** le peuplement de blattes comprend 177 espèces dont 131 ont été découvertes récemment (ce qui montre la richesse de la faune des forêts tropicales). Toutes ces blattes ont apparemment le même régime alimentaire (détritivore) mais elles se répartissent dans 11 micromilieux différents et ont des heures d'activité différentes. 6 guildes occupent le sous-bois et 4 la canopée. Les espèces cavicoles forment une guilde distincte qui occupe les arbres creux (Grandcolas, 1994).

• **Dans une forêt tempérée** les insectes qui vivent aux dépens des arbres (ou dans les arbres) appartiennent à diverses guildes (Moran & Southwood, 1982). Les sept principales sont les suivantes (figure 11.5) : phytophages broyeurs ; phytophages suceurs de sève ; phytophages associés aux épiphytes ; prédateurs ; parasitoïdes ; détritivores ; touristes (ces derniers sont des espèces présentes d'une façon accidentelle pour des raisons diverses).

III. DISTRIBUTION D'ABONDANCE DES ESPÈCES

On utilise parfois un indice de dominance D qui est égal à $100/(Y_1 + Y_2)/Y$. Dans cette formule Y_1 et Y_2 sont les abondances (ou les biomasses) des deux espèces les plus abondantes et Y est l'abondance (ou la biomasse) de l'ensemble du peuplement. L'indice de dominance est élevé lorsqu'une ou deux espèces dominent largement par leur abondance.

Dans un peuplement certaines espèces sont communes et d'autres rares. Divers modèles ont été proposés pour décrire les relations d'abondance entre les espèces (figure 11.6). Les trois principaux sont les suivants.

• **Le modèle log-linéaire ou de Motomura.** Lorsque les espèces sont rangées par ordre d'abondance décroissante, les points représentatifs des logarithmes des effectifs q_i s'alignent sur une droite selon la relation :

$$\log q_i = i \log M + \text{constante}$$

M étant la raison de la progression géométrique qui lie les diverses valeurs des effectifs q_i, c'est-à-dire le rapport q_{i+1} / q_i.

On admet que la distribution de type log-linéaire se rencontre dans les communautés pauvres en espèces où la compétition est importante et où règne un facteur écologique très contraignant. Un petit nombre d'espèces domine le milieu et les autres sont peu représentées. La pente de la droite représentative de l'équation est d'autant plus forte que la diversité est faible. Une structure log-linéaire se rencontre dans la végétation du milieu subalpin, dans les peuplements de Mollusques d'eau saumâtre, dans les peuplements de Coléoptères Carabidés en milieu aride, etc.

• **Le modèle log-normal ou de Preston** correspond à une distribution d'abondance des diverses espèces dans laquelle les logarithmes des effectifs se répartissent de part et d'autre de leur valeur moyenne selon une distribution normale. La courbe représentative de cette distribution est une courbe de Gauss tronquée sur sa partie gauche (figure 11.7). Si l'on représente la fréquence des espèces en fonction de leur rang, le

Figure 11.4

Séparation, d'après les régimes alimentaires, des niches écologiques des 35 espèces de chauves-souris qui cohabitent dans quelques kilomètres carrés de forêt à Barro Colorado

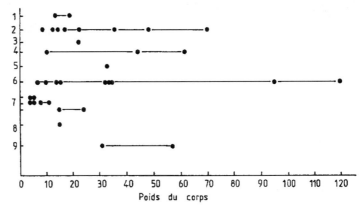

Les 9 guildes sont les suivantes : 1. Frugivores se nourrissant au sol. 2. Frugivores se nourrissant dans la canopée. 3. Frugivores détritivores. 4. Nectarivores frugivores. 5. Hématophages. 6. Carnivores. 7. Insectivores à vol lent (cette guilde renferme des espèces appartenant à trois familles différentes). 8. Insectivores à vol rapide. 9. Piscivores. Dans chaque guilde les espèces se spécialisent en consommant des aliments dont la taille est proportionnelle à leur taille (ou à leur poids). Quand elles ont la même taille les chauves-souris consomment des aliments appartenant à des catégories systématiques différentes, ou bien elles sont actives à des heures différentes (Bourlière, 1983).

Figure 11.5

Les Arthropodes de la faune des arbres en Grande-Bretagne appartiennent à diverses guildes dont le schéma indique la composition en nombre d'espèces, en nombre d'individus et en biomasse

b : phytophages broyeurs ; s : phytophages suceurs de sève ; e : faune des épiphytes ; d : détritivores(bois mort, etc.) ; pr : prédateurs ; pa : parasites ; t : touristes. Les fourmis f qui ont des rôles très variés sont traitées comme une guilde indépendante (Southwood, 1984).

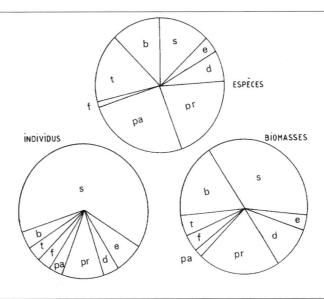

modèle de Preston est une courbe à allure sigmoïde. Cette distribution se rencontre dans des peuplements qui sont contrôlés par des facteurs écologiques nombreux permettant un partage équilibré des ressources disponibles. Il y a peu d'espèces très abondantes ou très rares. Les végétaux d'une forêt tempérée, les populations de Lépidoptères capturés au piège lumineux, les peuplements de Carabidés en milieu non aride ont des structures d'abondance conformes au modèle de Preston.

• **Le modèle de Mac Arthur** correspond à une distribution d'abondance dans laquelle un petit groupe d'espèces voisines se partage une ressource importante du milieu.

Le modèle de Mac Arthur semble rarement réalisé. Il a été proposé pour des peuplements d'oiseaux pauvres en espèces, pour des Mollusques marins, etc.

On trouvera dans Daget (1976) une description des méthodes qui permettent d'ajuster une distribution d'abondance à l'un des trois modèles théoriques.

L'étude des distributions d'abondance permet de diagnostiquer des modifications du milieu telles que des pollutions (figure 11.7). Des modifications comparables dans leurs effets ont été décrites en Camargue à la suite de l'introduction de nouvelles ressources alimentaires pour les

Figure 11.6
Trois types de
distribution
d'abondance
ajustées à trois
modèles

A : Modèle de Mac
Arthur pour une
petite communau-
té d'oiseaux.
B : Modèle log-
normal pour la vé-
gétation d'une fo-
rêt caducifoliée.
C : Modèle log-
linéaire pour une
communauté de plantes de l'étage subalpin (May, 1975).

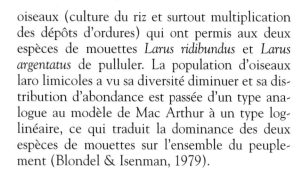

oiseaux (culture du riz et surtout multiplication
des dépôts d'ordures) qui ont permis aux deux
espèces de mouettes *Larus ridibundus* et *Larus
argentatus* de pulluler. La population d'oiseaux
laro limicoles a vu sa diversité diminuer et sa distribution d'abondance est passée d'un type analogue au modèle de Mac Arthur à un type log-
linéaire, ce qui traduit la dominance des deux
espèces de mouettes sur l'ensemble du peuplement (Blondel & Isenman, 1979).

IV. SÉPARATION OU CHEVAUCHEMENT DES NICHES ÉCOLOGIQUES

La cohabitation de plusieurs espèces implique
une certaine séparation de leurs niches écologiques. Pour déterminer l'amplitude de la niche
écologique on se limite généralement à la mesure
de trois de ses composantes : l'alimentation, l'espace et le temps. Cette amplitude peut être mesurée à l'aide de divers indices parmi lesquels l'indice I_s de Simpson :

$$I_s = \frac{1}{\Sigma p_i^2}$$

p_i étant l'importance relative d'utilisation de la
ressource de classe i. Le recouvrement de niche
est mesuré par des indices de similitude tel que
l'indice de Pianka nommé O_{jk} et égal à :

$$O_{jk} = \frac{\Sigma p_{ij} \cdot p_{ik}}{\Sigma p_{ij}^2 \cdot p_{ik}^2}$$

p_{ij} et p_{ik} sont les proportions de la ressource de
rang i utilisées respectivement par l'espèce de
rang j et par l'espèce de rang k.

Cet indice varie de 0 à 1. La valeur du recouvrement moyen des niches est obtenue en faisant
la somme (ou le produit) des divers indices relatifs à l'alimentation, à l'espace et au temps. Cette
méthode permet de montrer que les niches écologiques des lézards des régions arides se resser-
rent lorsque le nombre d'espèces augmente (figure 11.8). La séparation des niches écologiques
dans le cas d'un peuplement de Carabidés est
représentée figure 11.9 et dans le cas d'un peuplement de punaises Miridés figure 11.10.

Figure 11.7

En haut, courbe de distribution log-normale théorique.

Au milieu, abondance des espèces de Lépidoptères attirés par un piège lumineux.

En bas, peuplement en Diatomées des eaux polluées et non polluées d'un estuaire au Texas.

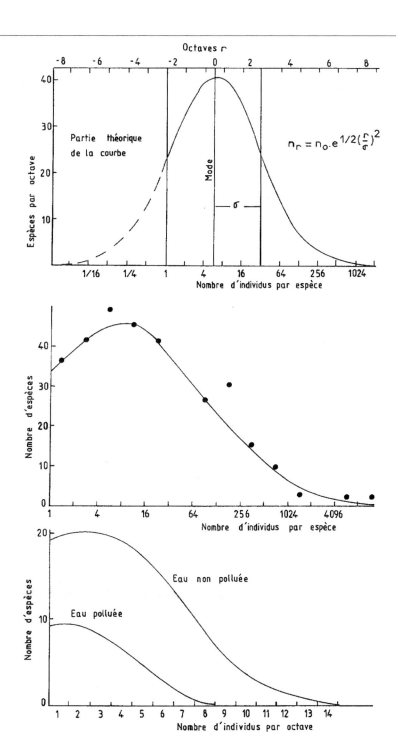

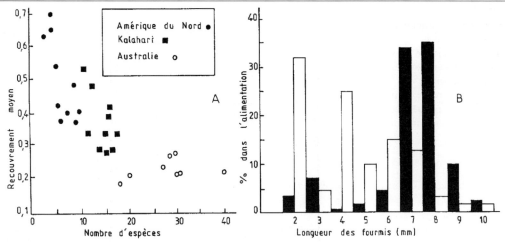

Figure 11.8

A : Recouvrement moyen des niches écologiques des lézards de trois régions arides en fonction du nombre d'espèces qui cohabitent. La compétition augmente avec le nombre d'espèces et entraîne un resserrement des niches écologiques qui se chevauchent moins (Pianka, 1975).

B : Pourcentage de fourmis de différentes tailles dans l'alimentation de deux espèces sympatriques de lézards myrmécophages. En noir, *Phrynosoma cornutum*, espèce de grande taille ; en blanc, *P. modestum*, espèce de petite taille (Maury, 1981). Cf. page 216.

Figure 11.9
Séparation écologique des espèces de Carabidés de la région de Silwood Park en Grande-Bretagne

Les espèces sont séparées par leur taille (qui varie de 3 à 25 mm), par leur rythme annuel d'activité (qui s'étale de mars à novembre), et par leur rythme d'activité quotidien (cercles noirs : espèces nocturnes ; cercles blancs : espèces diurnes ; étoiles noires : espèces à activité nocturne dominante ; étoiles blanches : espèces à activité diurne dominante). Les espèces se groupent en deux ensembles (*species packing*) assez bien distincts par la taille, avec

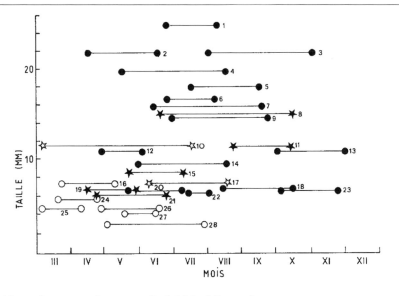

une lacune (absence d'espèces) vers 14 mm. Les espèces de petite taille (n° 25 à 28) sont diurnes et à activité printanière ou hivernale et celles de grande taille (n° 1 à 7) sont nocturnes et à activité estivale ou automnale à l'exception du n° 8. Ces dernières caractéristiques peuvent être la conséquence de la pression de prédation, les grandes espèces étant plus vulnérables vis-à-vis des vertébrés prédateurs qui chassent le jour. On peut admettre que les petites espèces, sensibles à la déshydratation causée par les températures élevées, sont devenues nocturnes et printanières La séparation écologique se fait également d'après les régimes alimentaires non représentés ici. Ainsi l'espèce 9 est une espèce phytophage, ce qui la différencie des espèces voisines qui sont prédatrices. Ce schéma réunit des espèces forestières et des espèces des cultures, ce qui ajoute un critère de séparation spatiale supplémentaire (Southwood, 1978).

Liste des espèces. *1 : Carabus violaceus. 2 : C. nemoralis. 3 : C. problematicus. 4. Abax ater. 5. Pterostichus niger. 6. Cychrus rostratus. 7 : Pterostichus melanarius. 8 : P. madidus. 9. Harpalus rufipes. 10 : Poecilus coerulescens. 11 : Calathus fuscipes. 12 : Nebria brevicollis à activité printanière. 13 : N. brevicollis à activité automnale. 14 : Calathus piceus. 15 : Harpalus affinis. 16 : Loricera pilicornis. 17 : Amara lunicollis. 18 : Calathus melanocephalus. 19 : Agonum dorsale. 20 : Stomis pumicatus. 21 : Amara communis. 22 : Synuchus nivalis. 23 : Leistus ferrugineus. 24 : Notiophilus rufipes. 25 : N. substriatus. 26 : N. biguttatus. 27 : Asaphidion flavipes. 28 : Bembidion lampros.*

Figure 11.10

Séparation des niches écologiques dans une guilde de cinq espèces d'Hétéroptères Miridés inféodés au genêt à balais Sarothamnus scoparius

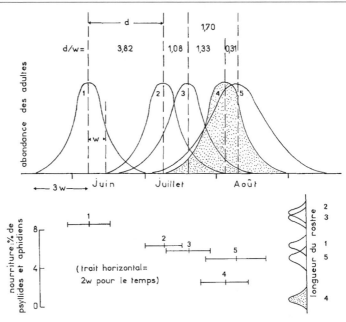

Les trois dimensions de la niche sont : (a) le pourcentage d'Aphidiens et de Psyllides dans la nourriture ; (b) la longueur du rostre (qui règle l'accès à la nourriture, c'est-à-dire aux tissus conducteurs dans lesquels circule la sève) ; (c) la phénologie, c'est-à-dire la période de présence des imagos. Pour cette dernière dimension *d* est la distance entre les ressources (ici les périodes d'abondance maximale), et *w* l'écart-type de cette distance. Selon une hypothèse due à May (1976) la coexistence n'est possible que lorsque $d/w \leq 1$. La séparation des niches de l'espèce 4 (en pointillés) et de l'espèce 5, pour lesquelles $d/w = 0,31$ n'est pas assurée, et ces deux espèces ne sont séparées que par la longueur du rostre. *O. virescens* a un rostre court qui lui permet de se nourrir seulement sur le mésophylle des feuilles et non sur les vaisseaux conducteurs comme le font les autres espèces. La séparation entre les espèces 2 et 3 est faible, mais *A. obsoletum* peut aussi se nourrir sur l'ajonc (*Ulex europaeus*) tandis que *O. adenocarpi* est strictement lié à *Sarothamnus scoparius*. Ces 5 Miridés se comportent en prédateurs occasionnels et le troisième facteur de séparation des niches écologiques est le pourcentage de pucerons et de Psyllides dans leur alimentation (Southwood, 1978).

Liste des espèces. *1 : Heterocordylus tibialis. 2 : Ascioderma obsoletum. 3 : Orthotylus adenocarpi. 4 : O. virescens. 5 : O. concolor.*

Références

BLONDEL, J., 1979. *Biogéographie et écologie*. Masson, Paris

BLONDEL, J. & ISENMANN, I., 1979. L'évolution de la structure des peuplements de laro-limicoles nicheurs de Camargue. *La Terre et la Vie*, **27**, p. 62-84.

BOURLIÈRE, F., 1983. Species diversity in tropical forests. *In* : E. B. Golley (ed.), *Tropical rain forest ecosystems*, p.77-92. Ecosystems of the world, vol. **14A**. Elsevier, Amsterdam.

CANCELA DA FONSECA, J. P., 1966. Théorie de l'information et diversité spécifique. *Bull. Mus. Hist. Nat.*, **38**, p. 961-968.

DAGET, J., 1976. *Les modèles mathématiques en écologie*. Collection d'écologie n°8. Masson, Paris.

GRANDCOLAS, P., 1994. Les blattes de la forêt tropicale de Guyane française ; structure du peuplement (*Insecta, Dictyoptera, Blattaria*). *Bull. Soc. Zool. Fr.*, **119**, p. 59-67.

LISS, W. J. *et al.*, 1982. A perspective for understanding arthropod community organization and development in pear. *Acta horticulturae*, **124**, p. 85-100.

LISS, W. J. *et al.*, 1986. Perspectives on arthropod community structure, organization, and development in agricultural crops. *Ann. Rev. Ent.*, **31**, p. 455-478.

MAGURRAN, A. E., 1988. *Ecological diversity and its measurement*. Croom Helm, London.

MAURY, M. E., 1981. Food partition of lizard communities at the Bolson de Mapimi (Mexico). *In* : R. Barbault et G. Halffter (eds.), *Ecology of the Chihuahuan desert*, p.119-142.

MAY, R. M., 1975. Patterns of species abundance and diversity. *In* : M. L. Cody & J. M. Diamond (eds.), *Ecology and evolution of communities*, p. 81-120. Harvard Univ. Press.

MORAN, V. C. & SOUTHWOOD, T. R. E., 1982. The guild composition of arthropod communities in trees. *J. Anim. Ecol.*, **51**, p. 289-306.

PIANKA, E. R., 1975. Niche relations of desert lizards. *In* : M. L. Cody & J. M. Diamond (eds.), *Ecology and evolution of communities*, p.292-314. Harvard Univ. Press.

ROOT, R. B., 1967. The niche exploitation pattern of the blue-gray gnatcatcher. *Ecol. Monogr.*, **37**, p. 317-350.

SIMBERLOFF, D. & DAYAN, T. 1991. The guild concept and the structure of ecological communities. *Ann. Rev. Ecol. Syst.*, **22**, p. 115-143.

SOUTHWOOD, T. R. E., 1978. The components of diversity. *In* : L. A. Mound & N Waloff (eds.), *Diversity of insect faunas*, p. 19-40. Symposia of the royal entomological society. Blackwell, Oxford.

SOUTHWOOD, T. R. E., 1984. Introduction. *In* : D. R. Strong *et al.* (eds.), *Insects on plants. Community patterns and mechanisms*, p.1-14. Blackwell, Oxford.

VALKENBURG, B. V., 1995. Tracking ecology over geological time : evolution within guilds of vertebrates. *TREE*, **10**, p. 71-76.

Chapitre 12

LA STRUCTURE DES PEUPLEMENTS

Les trois attributs des peuplements qui permettent de définir leur structure sont le nombre d'espèces, l'abondance relative des diverses espèces et les caractéristiques morphologiques, physiologiques et comportementales de ces espèces (Price, 1986). Des recherches expérimentales, des concepts théoriques et de nombreux faits d'observation suggèrent :

(a) que le nombre d'espèces qui coexistent dans un peuplement est influencé par des facteurs très divers, les uns de nature physique, abiotique (température, hétérogénéité du milieu, perturbations), les autres de nature biotique (compétition, prédation, parasitisme, mutualisme, productivité de l'écosystème) ;

(b) que plusieurs facteurs peuvent agir en même temps.

I. L'INFLUENCE DU MILIEU

La diversité des peuplements est fonction de diverses caractéristiques du milieu et en particulier de la température, de la productivité et de l'hétérogénéité.

1.1. Le rôle de l'hétérogénéité

L'influence de l'hétérogénéité sur la structure et la stabilité des peuplements a déjà été établie expérimentalement par des recherches telles que celles de Huffaker qui a montré que la stabilité du couple d'Acariens *Typhlodromus occidentalis* et *Eotetranychus sexmaculatus* augmente avec la complexité structurale du milieu d'élevage (chapitre 9, paragraphe 1). Le nombre d'espèces d'oiseaux dans un peuplement est une fonction presque linéaire de la diversité de la végétation, cette dernière étant déterminée, dans le cas des forêts, par le nombre de strates (figure 12.1). Il en

est de même pour des mammifères comme les Rongeurs qui, pourtant, vivent au sol. Le nombre élevé d'espèces d'oiseaux et d'autres groupes zoologiques (comme les chauves-souris) dans les forêts tropicales est lié à l'existence de ressources (comme les fruits qui sont présents en toute saison) qui n'existent pas dans les forêts tempérées.

La richesse du peuplement entomologique des espèces de Cactées du genre *Opuntia* est fonction de la « complexité architecturale » de chaque espèce. Les Monocotylédones, qui ont une architecture simple, hébergent moins d'espèces d'insectes que les herbes annuelles, celles-ci moins que les herbes vivaces et ces dernières moins que les buissons (figure 12.2).

1.2. Le rôle de la productivité

Beaucoup d'études ont montré l'existence d'une relation entre la richesse spécifique et la productivité primaire, ou une mesure en rapport avec celle-ci (théorie dite « *energy diversity theory* »). Le nombre d'espèces de fourmis et de rongeurs granivores des déserts d'Amérique du Nord augmente avec les précipitations qui sont elles-mêmes proportionnelles à la productivité (figure 12.3). Une étude plus générale montre que la diversité des peuplements est représentée le plus souvent par une courbe en cloche plus ou moins dissymétrique (figure 12.4), cette diversité diminuant au-delà d'une certaine valeur de la productivité, comme cela a été mis en évidence pour des arbres (Currie & Paquin, 1987 ; Currie, 1991) des Rongeurs et des Carnivores (Owen, 1988). Tilman (1982) a proposé d'expliquer la forme en cloche de la courbe par la théorie « de la compétition pour les ressources en milieu hétérogène ». Cette théorie a été revue et critiquée par Abrams (1988), puis par Tilman & Pacala (1993) qui concluent qu'une meilleure connaissance des facteurs écologiques en jeu serait nécessaire avant de continuer à développer cette hypothèse.

Figure 12.1

Influence de l'hétérogénéité de la végétation (H végétation) sur la diversité du peuplement animal

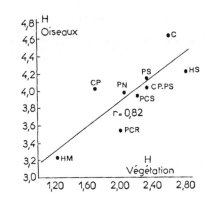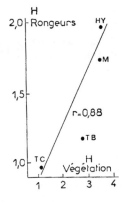

À **gauche**, diversité (exprimée par l'indice de Shannon H) des peuplements d'oiseaux dans le massif du mont Ventoux. C : cédraie ; HM : hêtraie mésophile ; HS : hêtraie sapinière ; PS : pin sylvestre ; CP : chêne pubescent ; PCR : pin à crochets en reboisement ; PN : pin noir d'Autriche ; PCS : pin à crochets spontané.

À **droite**, diversité des rongeurs dans le Massif armoricain. HY : prairie hygrophile ; M : prairie mésophile ; TB : taillis de bouleaux ; TC : taillis de chênes. Noter les valeurs élevées du coefficient de corrélation r entre la diversité de la végétation et celle du peuplement animal (Blondel, 1976 ; Constant, 1977).

Figure 12.2

À **gauche**, richesse en espèces des peuplements d'insectes de Grande-Bretagne en fonction de la structure de la plante hôte et de la surface qu'elle occupe. La richesse en espèces est définie par la relation ln (S + 1) où S est le nombre d'espèces. Les arbres ont une faune plus riche que les plantes herbacées et que les buissons (Southwood, 1977).

À **droite**, nombre d'espèces d'insectes phytophages inféodés à 28 espèces de cactées du genre *Opuntia* en fonction de la complexité structurale de la plante hôte. (Moran, 1980).

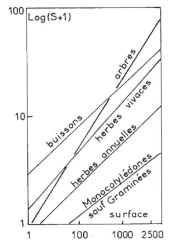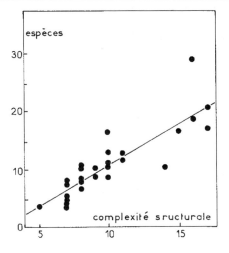

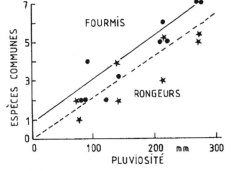

Figure 12.3

Dans un transect est-ouest du désert de Sonora la température reste à peu près constante et la pluviosité augmente

Le nombre d'espèces communes de rongeurs et de fourmis augmente avec les précipitations qui sont proportionnelles à la productivité (Brown & Davidson, 1977).

Dans le cas des termites les continents qui ont la plus grande richesse en espèces n'ont pas la productivité primaire la plus élevée (Eggleton *et al.*, 1994). Les perturbations climatiques quaternaires semblent responsables des différences de richesse (au niveau du genre) entre l'Amérique du Sud, l'Afrique et l'Indo-Malaisie. L'Afrique tropicale a subi des alternances de périodes sèches et humides qui ont vu des changements importants dans la distribution et l'étendue des forêts et des savanes. Cette fragmentation des habitats a favorisé la spéciation allopatrique (65 genres au Cameroun). En Indo-Malaisie les variations climatiques semblent avoir beaucoup moins affecté les forêts qui n'ont pas été fragmentées en éléments isolés et qui ont subi peu de spéciation allopatrique (46 genres au Nord-Bornéo). L'Amérique du Sud semble avoir été

Figure 12.4

Exemples de relation entre la richesse en espèces et divers indices de mesure de la productivité du milieu

A : La végétation en Australie et la teneur du sol en phosphates.

B : La végétation en Californie et un gradient d'humidité allant du désert à la forêt de sapins.

C : La végétation de la forêt de Malaisie et la teneur du sol en phosphore plus potassium.

D : Les mammifères des régions tropicales d'Australie et un indice de productivité prenant en compte la fertilité du sol, la température et la pluviosité (d'après divers auteurs dans Ricklefs & Schluter, 1993).

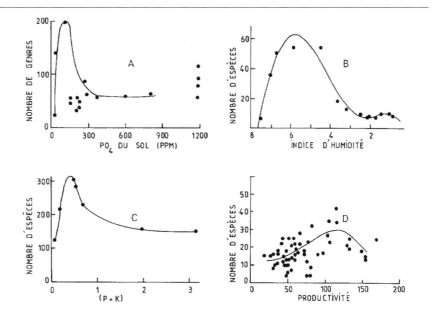

intermédiaire entre ces deux extrêmes (54 genres dans l'ouest de l'Amazonie).

1.3. Le rôle de la température

Park (1954) a démontré dans une série d'expériences que la température et l'humidité relative ont une influence sur le résultat de la compétition interspécifique. La température peut donc intervenir dans la détermination de la diversité des peuplements. Les régions à climat stable, soumises à des variations de température faibles, à pluviosité abondante et régulière, constituent des milieux prévisibles qui permettent l'apparition de spécialisations et d'adaptations chez des espèces qui occupent des niches écologiques plus étroites et plus nombreuses (figure 12.5). *Coelopa frigida* et *C. pilipes* sont deux Diptères qui colonisent les amas d'algues en décomposition qui s'accumulent

sur les plages. La compétition entre ces deux espèces est fortement réduite car les larves de *C. frigida* s'installent dans les parties les plus froides et celles de *C. pilipes* dans les parties les plus chaudes (Philipps *et al.*, 1995). Une augmentation de la taille moyenne des espèces d'insectes selon un gradient nord-sud, c'est-à-dire avec l'augmentation de la température et surtout de l'aridité, a été mise en évidence pour divers groupes d'insectes et d'araignées, et dans divers peuplements de Coléoptères (Van Dyke, 1933 ; Remmert, 1981).

1.4. Le rôle des perturbations

Beaucoup d'observations montrent que des perturbations, quand elles n'ont pas une trop grande ampleur, accroissent l'hétérogénéité du milieu et entraînent une augmentation de la

Figure 12.5

Influence des variations de température sur la richesse des peuplements

En abscisse, amplitude des variations de la température moyenne mensuelle (en degrés Fahrenheit) ; en ordonnée, nombre d'espèces. À gauche, oiseaux de la côte ouest d'Amérique du Nord ; à droite, mammifères de la même région (Mac Arthur, 1975).

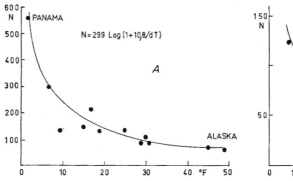
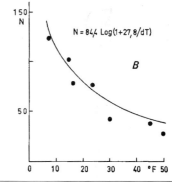

diversité des peuplements. Une interprétation théorique en a été donnée par Connell (1978), sous le nom de « *disturbance hypothesis* ». Dans un récif corallien au large de l'Australie, des tempêtes ou d'autres agents perturbateurs entraînent une baisse de la surface couverte par des coraux vivants mais, en même temps, une augmentation de la diversité du milieu. Les forêts tropicales sont connues pour leur richesse en arbres. Mais les rares forêts de ce type qui ne subissent pas ou très peu de perturbations tendent à être dominées par une seule espèce d'arbre. Le rôle du feu comme agent de perturbation a déjà été signalé (chapitre 4, paragraphe 4.3).

L'instabilité naturelle s'apparente dans ses conséquences aux perturbations et elle favorise une diversité élevée. Les Coléoptères aquatiques de la famille des Dytiscidés de la province d'Alberta au Canada sont représentés par 113 espèces voisines qui cohabitent (Larson, 1985). Cette richesse est rendue possible par le caractère saisonnier et variable des milieux aquatiques qui ne peuvent être colonisés que de façon temporaire à la saison favorable et qui sont caractérisés par des périodes de haute productivité, ce qui réduit l'importance de la compétition alimentaire. De plus, l'hétérogénéité du milieu entraîne une sous-occupation par les espèces dominantes et permet aux espèces défavorisées de se maintenir. Le résultat de la compétition variant avec les lieux et les saisons, des communautés très diverses peuvent exister dans ces milieux.

II. LE PARTAGE DE L'ESPACE

Le partage de l'espace est un moyen d'éviter la compétition interspécifique. Dans le désert de Chihuahua au Mexique, il est possible de distinguer divers milieux en fonction de la nature du sol, du relief et de la végétation (figure 12.6). Le *cerro* correspond au versant rocheux couvert d'éboulis d'un sommet local. Le piémont est un glacis d'érosion occupé par le *magueyal*, formation végétale dominée par un Agave. Ce milieu ouvert a une végétation clairsemée. La *bajada* est un glacis d'accumulation occupé par la *nopalera* formation végétale comprenant, entre autres espèces, une Cactée du genre *Opuntia*, un *Prosopis* et *Larrea tridentata*. Ce milieu est plus fermé et sa végétation plus dense que celle du *magueyal*. La *playa* est une dépression dominée par une prairie à *Hilaria mutica* mêlée de *Prosopis* et de *Suaeda*. La *dune* est la dernière zone du transect. Les diverses espèces de lézards se partagent également l'espace en occupant les différents milieux. Elles se partagent également les ressources en fonction de leurs méthodes de chasse. On peut classer les lézards en quatre groupes. Le groupe 1 renferme des espèces mobiles se nourrissant au pied des touffes de végétation ; le groupe 2 comprend des espèces semi-arboricoles ; le groupe 3 est formé d'espèces qui chassent à l'affût sur un sol découvert ; le groupe 4 est formé par deux espèces de *Phrynosoma* mangeuses de fourmis. Le partage des ressources chez ces deux der-

Figure 12.6

Diversité du paysage dans le désert de Chihuahua au Mexique et répartition des espèces de lézards

Explications dans le texte (Barbault & Grenot, 1977).

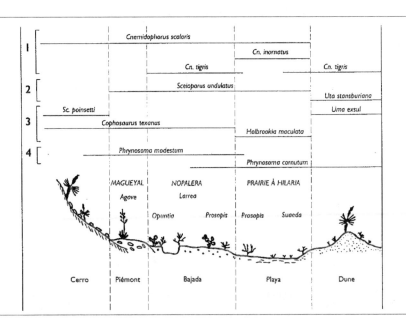

nières espèces est également assuré par la différence de taille. *P. modestum*, plus petit, consomme des fourmis de plus petite taille que *P. cornutum* (figure 11.8). Une ségrégation spatiale identique a été décrite pour les peuplements de rongeurs de la même région. On ne trouve que très rarement dans un même habitat deux espèces ayant le même régime alimentaire et la même taille (Grenot et Serrano, 1980). Comme chez les rongeurs et lézards du désert de Chihuahua, la coexistence entre espèces de rongeurs d'une même guilde dans le désert de Neguev est assurée par la sélection de microhabitats différents et par des méthodes différentes de recherche de la nourriture (Brown *et al.*, 1994).

Les recherches de Levêque (1957) en Camargue ont mis en évidence le partage de l'espace chez les oiseaux palmipèdes et échassiers pour qui la nourriture est le principal facteur limitant. Aucune espèce ne fréquente les mêmes lieux de chasse dans les mêmes proportions, ce qui représente un premier facteur d'isolement écologique (figure 12.7). En outre il existe des différences dans les méthodes de chasse car dans les eaux saumâtres les oiseaux cherchent leur nourriture aux endroits où la profondeur est fonction de la longueur de leurs pattes. À une échelle plus petite et dans un gradient de profondeur d'eau croissante on peut observer la succession suivante depuis l'espèce ayant les pattes les plus courtes jusqu'à celle qui a les pattes les plus longues : le gravelot (*Charadrius alexandrinus*) ; le chevalier gambette (*Triga totanus*) ; l'huîtrier (*Haematopus*) ; l'avocette (*Recurvirostra avosetta*) ; le tadorne (*Tadorna tadorna*) et le flamant (*Phoenicopterus ruber*). Le grand nombre de niches ainsi réalisé permet la cohabitation de nombreuses espèces d'oiseaux nidificateurs en Camargue.

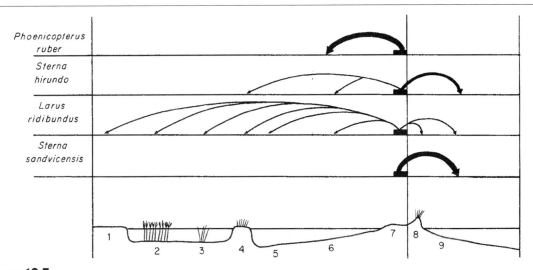

Figure 12.7

Représentation des divers milieux où viennent se nourrir quelques oiseaux de Camargue

L'épaisseur des flèches est proportionnelle à la quantité de nourriture prélevée dans chaque milieu. 1 : terrain sec ou culture ; 2 : rizières ; 3 : marais ; 4 : steppe salée ; 5 : étang peu salé (de 5 à 15 ‰) ; 6 : étang salé (plus de 15 ‰) ; 7 : îlots de nidification ; 8 : dunes et plages ; 9 : mer (d'après Levêque, 1957).

Les bousiers (Coléoptères Scarabéides) ont trois types de comportement nidificateur. Certains pondent dans la masse de la bouse ; d'autres creusent un nid dans le sol sous la bouse et y déposent leurs œufs ; enfin certains roulent une pilule d'excrément qu'ils vont enterrer plus ou moins loin.

Cette dispersion assure un partage de l'espace entre trois guildes et permet la coexistence d'un plus grand nombre d'espèces. Une autre séparation est introduite par les rythmes d'activité : certaines espèces sont diurnes et d'autres nocturnes. Diverses observations permettent de penser que la compétition intraguilde persiste malgré tout.

Le partage de l'espace dans le plan vertical est un autre moyen d'éviter la compétition. Dans une publication célèbre, Mac Arthur (1958) a montré que dans un peuplement de passereaux d'une forêt de Conifères chaque espèce exploite une portion bien définie de l'espace offert par les arbres pour rechercher sa nourriture. De même, les quatre espèces sympatriques de lézards du genre *Anolis* qui habitent l'île de Bimini aux Bahamas s'installent et se nourrissent à diverses

hauteurs. *A. sagrei* seul s'aventure au sol ; *A. carolinensis* préfère les feuilles ; *A. distichus* les branches de grand diamètre et *A. angusticeps* les branches de petit diamètre. Sur d'autres îles où il n'existe qu'une seule espèce d'*Anolis*, les répartitions verticales des deux espèces *A. sagrei* et *A. carolinensis* sont quasiment identiques. Ceci prouve l'existence du phénomène d'élargissement de niche en situation d'allopatrie et de resserrement de niche en situation de sympatrie (Schoener, 1968, 1975).

Il existe en Europe neuf espèces de mésanges du genre *Parus* dont on peut trouver jusqu'à cinq espèces sympatriques dans le même bois. La séparation des niches écologiques des diverses espèces se fait grâce à des différences dans la taille du corps, la longueur du bec, la taille des proies et les lieux fréquentés pour la recherche de la nourriture (Lack, 1971). La taille des proies consommées par quatre espèces de mésanges, leur importance relative (en pourcentage) et la valeur de l'indice de Simpson I_s (qui indique l'amplitude de la niche, cf. chapitre 11.4) sont les suivants :

Taille des proies	*P. ater*	*P. coeruleus*	*P. major*	*P. palustris*
0 - 2 mm	74	59	27	22
3 - 4 mm	17	29	20	52
5 - 6 mm	3	3	22	16
Plus de 6 mm	7	10	32	11
Indice de Simpson I_s	1,72	2,26	3,79	2,80

Le partage de l'espace peut être évalué en déterminant le temps passé (en pourcentage) à la recherche de la nourriture dans les divers milieux. Les chiffres du tableau ci-dessous sont relatifs aux 5 espèces du genre *Parus* qui cohabitent dans un bois près d'Oxford.

Les Drosophilides qui colonisent les figues de *Ficus capensis* en Côte-d'Ivoire fournissent un bon exemple de séparation spatio-temporelle des niches écologiques. Les figues, inflorescences complexes (ou sycones) de *Ficus capensis*, hébergent jusqu'à 55 espèces de Drosophilides appartenant aux genres *Zaprionus*, *Lissocephala* et *Drosophila*. Au moins une trentaine d'espèces peuvent s'y reproduire. Chaque espèce colonise une partie de l'inflorescence et la colonisation se poursuit tout au long des six à huit semaines nécessaires à la maturation. Quatre stades de peuplement peuvent être distingués.

• **Premier stade.** Dans la figue jeune 6 espèces de *Lissocephala* peuvent se rencontrer et leur coexistence semble assurée par la succession des pontes qui se traduit par la succession des émergences imaginales.

• **Deuxième stade.** Ce stade commence peu avant la sortie des larves âgées de *Lissocephala*. Il est caractérisé par des espèces du genre *Zaprionus*. C'est à ce stade que le nombre de gîtes larvaires disponibles est le plus élevé. Les espèces « sycophiles » s'installent dans les fleurs, les espèces « sycobiontes » dans la cavité du sycone mais à l'extérieur des fleurs, les espèces « sycophages » dans la paroi externe du sycone qui est plus ou moins en voie de fermentation.

• **Troisième stade.** La chute de la figue mûre coïncide avec le début de la troisième vague de peuplement. Elle est caractérisée par *Zaprionus ornatus* et diverses espèces de *Drosophila* du groupe *melanogaster*, du groupe *montium* et du groupe *fima*.

• **Quatrième stade.** Une quatrième vague de peuplement doit exister sur les figues en décomposition avancée ou plus ou moins desséchées au sol, avec un peuplement constitué de *Drosophila* du groupe *fima*.

Le déterminisme de cette succession d'espèces repose en partie sur les états de décomposition de la figue dans laquelle des levures se développent et où a lieu la fermentation alcoolique. La tolérance différentielle des diverses espèces de Drosophilidés aux alcools formés permet de séparer des niches écologiques nombreuses (Lachaise, 1979).

Milieux fréquentés	P. ater	P. coeruleus	P. major	P. montanus	P. palustris
Sol	17	7	50	0	16
Branches	24	8	16	50	30
Bourgeons et brindilles	24	34	5	27	19
Bois mort	11	16	6	12	7
Feuilles	4	3	4	4	2
Divers	20	32	21	7	26

Le partage de l'espace existe aussi chez les végétaux. Dans le sous-bois de la chênaie charmaie de la région parisienne, la stratification des organes souterrains de la végétation herbacée permet l'exploitation des diverses couches du sol par un nombre réduit d'espèces (figure 12.8). On trouve à faible profondeur les rhizomes de *Galium aparine* et les racines tubérisées de *Ficaria verna* ; à un niveau plus profond les racines de *Ranunculus auricomus* et encore plus profondément les bulbes de *Corydalis solida* et les tubercules de *Arum maculatum*.

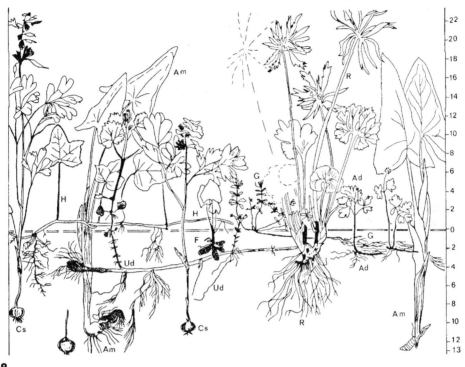

Figure 12.8

Profil de la strate herbacée dans une chênaie charmaie du Valois au mois d'avril, montrant la stratification des organes souterrains

Les espèces représentées sont des géophytes sauf *Galium aparine* (thérophyte), *Ranunculus auricomus* (hémicryptophyte) et le lierre (chaméphyte). Échelle en cm. Ad : *Adoxa moschatellina* ; Am : *Arum maculatum* ; Cs : *Corydalis solida* ; F : *Ficaria verna* ; G : *Galium aparine* ; H : lierre ; R : *Ranunculus auricomus* ; Ud : *Urtica dioica* (Jovet, 1949).

Des périodes d'activité différentes représentent une autre forme de partage des ressources. Les diverses espèces d'*Eleodes* qui coexistent dans les zones semi-arides du nord-ouest des États-Unis ont des heures d'activité différentes au cours d'une journée et des périodes d'activité saisonnière maximum différentes (figure 4.7).

Les travaux de Hairston (1980, 1981, 1987) ont montré que le partage de l'espace entre les espèces de salamandres terrestres du genre *Plethodon* dans les massifs montagneux de l'est des États-Unis est une conséquence de la compétition. La compétition apparaît donc, dans ce cas, comme un facteur de structuration des guildes. Les deux espèces *Plethodon glutinosus* et *P. jordani* ont des répartitions en altitude bien distinctes et qui ne se chevauchent pas, sauf dans les Balsam Mountains (où le chevauchement est cependant faible). Ceci permet de supposer que la compétition est faible dans les Balsam Mountains et forte ailleurs. L'enlèvement de *P. jordani* de parcelles témoins dans la région de cohabitation provoque une augmentation significative des effectifs de *P. glutinosa* au bout de cinq ans. Bien que les proies consommées par les deux espèces soient les mêmes, l'alimentation ne semble pas être le facteur limitant à l'origine de la compétition. Il s'agit plutôt de l'agressivité des mâles qui se délimitent un territoire d'où ils chassent les intrus de leur propre espèce ou de l'autre espèce (Nishikawa, 1985).

Les niches écologiques de Mammifères dans la forêt du Gabon. La forêt gabonaise héberge treize espèces sympatriques de ruminants dont sept sont essentiellement frugivores et forment une guilde constituée principalement par des antilopes du genre *Cephalophus* (Emmons *et al.*, 1983). La taille corporelle, le choix de l'habitat et le rythme d'activité sont les principaux éléments de séparation des niches écologique de ces espèces dont les régimes alimentaires se chevau-

chent largement. L'activité de *Cephalophus dorsalis* débute peu après le lever du soleil entre 5 et 6 heures et s'achève vers 19 heures. Son rythme diurne la rend visible aux prédateurs et elle fréquente surtout des milieux denses où elle se dissimule parmi la végétation. *C. callipygus* est une espèce nocturne dont l'activité commence entre 18 et 18 h 30 et s'achève vers 6 heures. Son rythme nocturne la rend peu repérable et elle fréquente surtout des milieux ouverts (Feer, 1989). La séparation des niches écologiques de 9 espèces d'écureuils de la même forêt du Gabon est assurée par des différences dans l'habitat, l'alimentation, la période d'activité et la taille corporelle (Emmons, 1980). Cette séparation des niches écologiques est schématisée dans le tableau 12.1.

Espèces	Habitat	Milieu	Taille du corps	Alimentation	Activité
Myosciurus pumilio	Forêt mature ou perturbée	Arboricole	Très petite	Diverses graines	Toute la journée
Aethosciurus poensis			Petite	Divers Arthropodes	Toute la journée
Heliosciurus rufobrachium			Moyenne		Une partie de la journée
Protexerus stangeri			Grande	Graines dures, pas d'Arthropodes	
Funisciurus lemniscatus		Se nourrissent au sol	Petite	Termites	Toute la journée
Funisciurus pyrrhopus			Moyenne		Une partie de la journée
Epixerus ebii			Grande	Graines dures, quelques Arthropodes	
Funisciurus isabella	Forêt dense	Niveaux inférieurs	Petite	Feuilles et divers Arthropodes	Toute la journée
Funisciurus anerythrus	Forêt inondée	Tous les niveaux	Moyenne	Fourmis	Toute la journée

Tableau 12.1
La séparation des niches écologiques de neuf espèces d'écureuils d'une forêt du Gabon est assurée par des différences dans l'habitat, l'alimentation, la période d'activité et la taille corporelle (Emmons, 1980)

Le partage temporel de l'espace évite l'hybridation entre des espèces très voisines. Les deux espèces jumelles de pétrels géants de l'Antarctique qui nidifient sur les mêmes lieux ont des périodes de reproduction et de nidification qui sont décalées de 45 à 50 jours. Un exemple très subtil de séparation est fourni par deux espèces proches parentes de fourmis du genre *Leptothorax* qui vivent dans les mêmes biotopes. Chez une espèce le vol nuptial et la fécondation ont lieu peu avant le coucher du soleil (en lumière décroissante) et chez l'autre peu avant le lever du soleil (en lumière croissante).

III. STRUCTURE PAR TAILLE

Il existe une relation très fréquente entre la taille des proies et la taille des prédateurs (figures 12.9 et 12.10). Le partage des ressources conduit à un échelonnement des tailles des prédateurs qui n'exploitent pas tous les mêmes proies. L'hypothèse d'un espacement des tailles favorisant la coexistence dans un peuplement a été émise par Hutchinson (1959) puis codifiée par Hutchinson & Mac Arthur (1959) qui ont suggéré qu'un espacement optimum entre espèces de 1,3 en taille (ou de 2 en poids) suffirait pour éviter la compétition. L'universalité de cette règle a été critiquée à juste titre (Wiens, 1982). Mais l'étude précise de quelques guildes montre que l'espacement des tailles est un phénomène bien réel.

Les observations de Price (1972) sur une guilde d'Ichneumonides parasites des cocons de la tenthrède *Neodiprion swainei* sont en accord avec la théorie de Hutchinson. Les trois espèces les

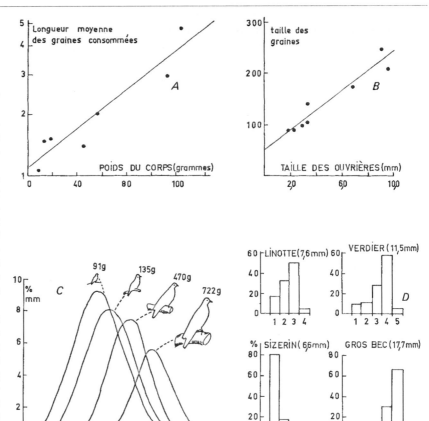

Figure 12.9

Relations entre la taille des proies consommées et la taille des prédateurs

A : Rongeurs Hétéromyidés granivores d'un désert d'Amérique du Nord (Brown, 1975).

B : Fourmis granivores de la même région. La taille des graines consommées est en mm (Davidson, 1977).

C : Pigeons frugivores de Nouvelle-Guinée appartenant aux genres *Ducula* et *Ptilinopus*. Les quatre espèces consomment des fruits de plus en plus gros quand leur poids augmente. Cette régularité entre la taille des pigeons et celle des fruits consommés a parfois été mise en doute (Diamond, 1975).

D : Spectres alimentaires de quatre espèces de passereaux en fonction de la taille du bec (en mm). En abscisse, taille des graines réparties en cinq classes ; en ordonnée, pourcentage de graines consommées dans chaque catégorie de taille (Newton, 1967).

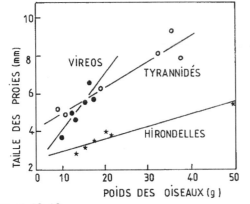

Figure 12.10

Relation entre la taille moyenne (en mm) des Coléoptères capturés par des oiseaux en fonction de leur poids (en g)

La taille des proies augmente avec la taille des prédateurs mais elle est aussi fonction du mode de recherche et de capture. Ces différences permettent la coexistence de plusieurs espèces appartenant à plusieurs familles (Hespenheide, 1975).

plus communes de la guilde (*Mastrus aciculatus*, *Pleolophus indistinctus* et *Endasys subclavatus*) ont des niches écologiques distinctes en particulier grâce à leurs ovipositeurs dont les rapports des longueurs sont respectivement de 1,11 et de 1,19, ce qui permet leur coexistence, car elles utilisent ainsi des ensembles de cocons situés dans des milieux différents. L'introduction, pour lutter contre la tenthrède, d'un autre Ichneumonide, *Pleolophus basizonus*, a fait intervenir une espèce dont la longueur de l'ovipositeur ne diffère que de 5 % de celle des autres espèces (figure 12.11). Dans ces conditions la compétition interspécifique apparaît et *Pleolophus basizonus* devient l'espèce dominante dans les zones où la litière forestière est humide. Elle entre en concurrence avec *Pleolophus indistinctus* et tend à la remplacer dans les zones où la tenthrède a une faible densité.

Dans le sud de l'Arizona coexistent de nombreuses espèces de Coléoptères prédateurs du genre *Cicindela*. Chez ces insectes la taille des

proies capturées est fonction de la taille des mandibules. Au bord des eaux onze espèces de cicindèles vivent ensemble. La taille de leurs mandibules est homogène, ce qui montre que ces espèces consomment les mêmes proies et qu'elles n'entrent pas en compétition. Mais leurs populations sont maintenues à un niveau assez bas par divers prédateurs qui sont nombreux au bord de l'eau, ce qui fait que les ressources disponibles ne constituent pas un facteur limitant. Au contraire dans les prairies les six espèces qui coexistent diffèrent entre elles par la taille de leurs mandibules, le rapport des longueurs des mandibules entre espèces voisines étant constamment supérieur à 1,35. Dans ces prairies les prédateurs sont rares et les cicindèles ont des populations plus nombreuses qu'au bord de l'eau (Pearson & Mury, 1979).

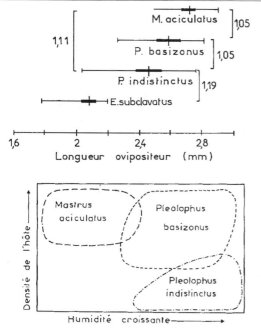

Figure 12.11
En haut, taille (en mm) de l'ovipositeur (moyenne, écart-type et valeurs extrêmes) et rapports de tailles des quatre espèces d'Ichneumonides parasites des cocons de la tenthrède du pin *Neodiprion swainei*.
En bas, niches écologiques, définies par l'humidité et la densité de la tenthrède hôte, pour trois espèces d'Ichneumonides. L'espèce introduite *Pleolophus basizonus* occupe une partie des niches écologiques des deux autres espèces et les élimine peu à peu (Price, 1971).

Dans un ensemble de quatre espèces de Carabidés du genre *Pterostichus* qui coexistent dans les landes d'Allemagne, la séparation des niches écologiques est assurée par l'espacement des tailles (Brandl & Topp, 1985) dont le rapport d'une espèce à l'autre varie de 1,42 à 1,76. Les tailles moyennes de ces quatre espèces sont les suivantes :

Pterostichus diligens : 6,2 mm ;
Pterostichus minor : 7,6 mm ;
Pterostichus nigrita : 10,8 mm ;
Pterostichus niger : 19 mm.

Il existe au Gabon quatre espèces de rapaces du genre *Accipiter* qui n'entrent pas en compétition pour la recherche des proies grâce à leurs grandes différences de taille qui se manifestent même entre les sexes (Brosset, 1973). On trouve dans cette guilde de rapaces huit paliers de taille et de prédation différents. En Europe il n'existe que deux espèces et quatre paliers. À cette diversité de prédateurs plus grande au Gabon se superpose une diversité plus grande de proies : il y a plus de trois cents espèces d'oiseaux dans la forêt gabonaise et une cinquantaine seulement en Europe. Les poids extrêmes des diverses espèces sont les suivants :

Gabon		Europe	
Accipiter erythropus		*Accipiter nisus*	
mâle	78-82 g	mâle	110-170 g
Accipiter erythropus		*Accipiter nisus*	
femelle	132-136 g	femelle	210-280 g
Accipiter castinilius			
mâle	135-150 g		
Accipiter castinilius			
femelle	152-200 g		
Accipiter tousseneli			
mâle	150-235 g		
*Accipiter tousssenel*i			
femelle	270-365 g		
Accipiter melanoleucus			
mâle	430-490 g		
Accipiter melanoleucus			
femelle	650-790 g	*Accipiter gentilis*	
		mâle	665-750 g
		Accipiter gentilis	
		femelle	1 050-1 250 g

3.1. Les Rongeurs granivores des déserts

Il existe dans les déserts de Sonora et de Great Basin des guildes de Rongeurs granivores qui montrent des structures par taille remarquablement convergentes, bien que les espèces soient souvent différentes d'un désert à l'autre (figure 12.12). Cet étagement des tailles est le résultat d'une compétition passée qui a peu à peu

entraîné une séparation des niches écologiques. Les espèces qui cohabitent diffèrent entre elles non seulement par la taille, mais aussi par la taille des graines qu'elles exploitent et les micromilieux dans lesquels elles recherchent leur nourriture (Brown, 1975). Un moyen de prouver l'intervention de la compétition dans la structuration d'un peuplement consiste à mettre en évidence un patron d'espacement régulier des tailles (de l'ensemble du corps ou d'une partie du corps intervenant dans la capture des proies). Mais lorsque ce patron a été mis en évidence il faut prouver, à l'aide du test de l'hypothèse nulle, qu'il est différent de celui qui existerait dans un ensemble d'espèces tiré au hasard. Cette méthode a confirmé que la compétition est bien à l'origine de l'étagement des tailles des rongeurs désertiques (Bowers & Brown, 1982). Dans le désert du sud de l'Arizona, l'élimination des rats kangourous (*Dipodomys* spp.) qui sont des espèces dominantes dans la compétition avec les autres Rongeurs granivores, entraîne une augmentation de la diversité spécifique de ces derniers. La compétition affecte la diversité des peuplements en réduisant la vitesse de colonisation par les Rongeurs granivores des parcelles où les *Dipodomys* subsistent. Les Rongeurs non granivores qui appartiennent à d'autres guildes ne sont pas affectés par l'élimination des *Dipodomys* (Valone & Brown, 1995). Ces résultats sont intéressants car ils montrent qu'une espèce dominante dans la compétition (*dominant competitor*) joue le même rôle dans le déterminisme de la diversité qu'une espèce superprédatrice (*top carnivore*).

Figure 12.12

Répartition par taille des rongeurs granivores des déserts de Sonora et de Great Basin

La séparation des espèces se fait aussi par l'intermédiaire des modes de déplacement (il existe des espèces « quadrupèdes » et des espèces « bipèdes », ces dernières se déplacent en sautant à la manière des kangourous) et des périodes d'activité (il existe des espèces actives toute l'année et d'autres qui entrent en torpeur l'hiver). La convergence des peuplements se manifeste en particulier par un étagement des tailles qui sont à peu près identiques dans les deux déserts (Brown, 1975).

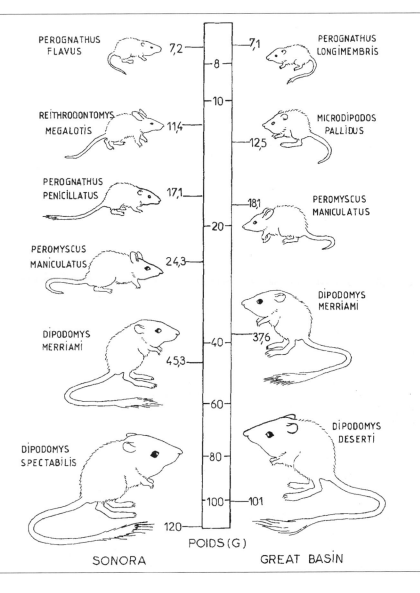

Les interactions de compétition directe, simple, entre fourmis et Rongeurs granivores qui ont été mises en évidence dans le désert de Sonora n'ont pas été retrouvées dans le désert voisin de Chihuahua. L'élimination des Rongeurs y entraîne aussi une augmentation de la densité de certaines espèces de fourmis. Mais cette inter-action se fait d'une façon indirecte, par l'inter-médiaire de la végétation devenue plus abondan-te, ce qui favorise l'installation des fourmis (Valone *et al.*, 1994). Ces faits viennent s'ajouter à d'autres qui montrent l'importance des effets indirects dans la structuration des peuplements (Strauss, 1991).

La coexistence entre les espèces d'une guilde de Rongeurs du désert de Neguev est assurée par la sélection de microhabitats différents (milieux ouverts ou buissons) et par des méthodes diffé-rentes de recherche de la nourriture (Brown *et al.*, 1994).

3.2. Les carnivores du Moyen-Orient

Il existe au Moyen-Orient quatre espèces de Mustélidés actuelles plus une autre récemment éteinte ainsi qu'une espèce de Viverridé. La dimension des niches écologiques de ces petits carnivores a été estimée en déterminant le dia-mètre moyen des canines supérieures de chaque sexe. On peut en effet admettre que la taille des proies capturées est fonction de la taille des canines. L'espacement des diamètres de ces der-nières est régulier et des tests statistiques mon-trent qu'il est beaucoup plus régulier qu'il ne le serait si le hasard seul avait réuni les espèces (figure 12.13). Le même résultat a été obtenu avec les trois espèces de chats sauvages de la même région, avec les trois espèces du genre *Mustela* en Amérique du Nord et avec les Mustélidés d'Irlande (Dayan *et al.*, 1989, 1990 ; Pimm & Gittleman, 1990 ; Dayan & Simberloff, 1994). On peut penser qu'un phénomène écolo-gique est à l'origine de ces structures et que ce phénomène est la compétition. Mais si l'existen-ce de la compétition est démontrée, la façon dont elle se manifeste n'est pas encore connue.

Les diverses espèces de vautours sont des oiseaux de gran-de taille (1,5 à 10 kg) qui forment une guilde et se nourris-sent aux dépens des cadavres. La compétition est montrée par le comportement des diverses espèces sympatriques qui arrivent plus ou moins tôt pour exploiter les cadavres, et qui présentent des différences dans la taille du corps et la forme

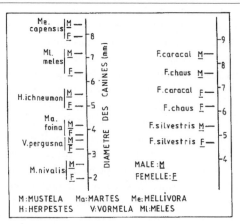

Figure 12.13

Diamètre moyen des canines supérieures, dans les deux sexes, pour cinq espèces de Mustélidés (à gauche) et trois espèces de Felis du Moyen-Orient (à droite)

L'espacement des diamètres est plus régulier que celui qui résulterait d'un tirage au hasard des espèces. Cet étagement des tailles est le résultat de la compétition interspécifique (Pimm & Gittleman, 1990).

du bec. Trois types de comportement alimentaire sont dis-tingués par Hertel (1994) : les espèces qui avalent des frag-ments volumineux (*gulpers*), les espèces qui raclent les cadavres (*scrapers*) et les éventreurs (*rippers*). L'étude de trois guildes actuelles (9 espèces en Afrique, 8 en Inde et 7 en Amazonie) et d'une guilde quaternaire de Californie (6 espèces) montre d'étroites ressemblances avec en particulier un étagement en trois classes de taille qui ne se chevauchent pas et qui ne peut pas être dû au hasard.

IV. LA TAILLE DES MAMMIFÈRES. NANISME ET GIGANTISME INSULAIRE

On doit à Valverde (1964) une étude de la taille des mammifères européens en fonction de leur écologie et en particulier de leur régime ali-mentaire. Il existe davantage de petites espèces que de grandes et les prédateurs occupent les tailles moyennes. Entre 30 cm et 1 m, il n'y a que 8 espèces herbivores (des rongeurs), aucun insec-tivore et 16 prédateurs (figure 12.14). De part et d'autre de ces tailles il y a 54 espèces proies pour 3 espèces prédatrices au-dessous de 30 cm et 13 espèces proies pour 3 espèces prédatrices au-dessus de 1 m. Toutes les espèces herbivores qui dépassent la taille moyenne de leur groupe possè-dent des moyens de protection et celles qui n'en ont pas sont toutes de petite taille. Les espèces

proies de grande taille sont adaptées à la course ou bien sont d'une taille telle qu'elles peuvent tenir tête aux carnivores. Les herbivores de taille moyenne ont été éliminés par les carnivores. Il existe une zone de prédation totale dans laquelle aucune espèce proie terrestre ne peut subsister. Entre la taille corporelle de 62,5 cm et celle de 115 cm, le seul herbivore est le castor qui est protégé par son habitat aquatique.

Figure 12.14

Variation de la taille des mammifères européens (chauves-souris exclues) répartis en quatre groupes : les insectivores, les carnivores, les rongeurs et lagomorphes, les ongulés

Z est la zone de prédation totale. Les flèches indiquent les principaux réseaux trophiques dans la région du Coto Donano dans le sud de l'Espagne. Le loup (aujourd'hui exterminé) était le seul prédateur qui pouvait s'attaquer au cerf et au sanglier ; le lynx s'attaque très rarement au cerf. Le lapin, abondant dans la région, est la proie de nombreux carnivores. La genette et la mangouste s'attaquent à beaucoup de petits rongeurs ; la genette s'attaque aussi à divers petits insectivores (d'après Valverde, 1964).

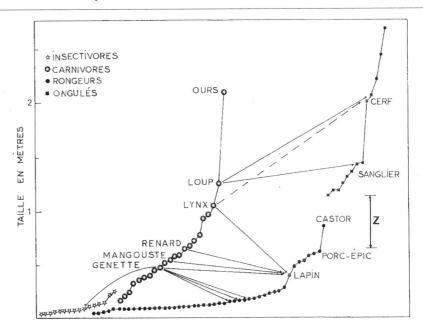

Dans beaucoup d'îles et en particulier dans les îles méditerranéennes, il existe des faunes fossiles remarquables car elles possèdent des espèces naines ainsi que des espèces géantes. Les éléphants nains de Sicile, de Chypre ou de Crète avaient une taille adulte de 0,8 à 0,9 m. L'hippopotame de Chypre était plus petit que l'hippopotame actuel du Liberia qui ne pèse que 250 kg. Le cerf nain de Crète était près de trois fois plus petit que le cerf actuel. À côté de ces nains coexistaient des géants tels que des rats ou des loirs qui avaient deux à trois fois la taille des espèces actuelles, ainsi que des insectivores comme *Deinomegalia* dont le crâne était long de 21 cm (ce qui correspond à une longueur du corps, sans la queue, de près de 60 cm) et qui cohabitait avec des rats géants. Le peuplement des îles peut être considéré comme une « expérience naturelle » qui montre l'évolution en action. Les grands carnivores, sans doute peu aptes à la dispersion, ne sont pas arrivés dans les îles. L'ours et le loup n'ont jamais atteint la Corse. Or au quaternaire ils cohabitaient encore sur le continent avec le lion. Les petits carnivores sont fréquemment absents. Beaucoup de Mustélidés manquent dans les îles méditerranéennes. L'absence ou la rareté des prédateurs entraîne la suppression (ou la réduction) des pressions de sélection sur les espèces proies. Les herbivores qui étaient protégés par leur grande taille peuvent devenir plus petits (éléphant, cerf) et ceux de petite taille peuvent devenir plus grands. Quant aux insectivores qui n'ont plus comme concurrents des carnivores de taille moyenne, ils peuvent devenir géants et s'attaquer aux espèces proies devenues disponibles. L'acquisition d'une grande taille présente de nombreux inconvénients, en particulier au point de vue du métabolisme et de la recherche de la nourriture. L'acquisition d'une faible taille permet l'augmentation des effectifs et permet aussi de résister aux perturbations du milieu. La très petite taille des insectivores comme les musaraignes a aussi des inconvénients, et l'augmentation de leur taille pouvait les protéger contre des ennemis tels que les rapaces qui, eux, sont arrivés au vol dans les îles et bien plus facilement que les mammifères (Thaler, 1973). Si les mammifères prédateurs de grande taille sont rares ou absents dans les îles, les rapaces et, moins fréquemment les reptiles, ne sont pas rares (Alcover & McMinn, 1994). Une partie importante de ces faunes insulaires a été anéantie lors de l'arrivée de l'homme.

L'intervention de la compétition dans la structure des peuplements est moins importante chez les insectes et les autres arthropodes que chez les vertébrés. Ceci est dû à leur petite taille, à leur faible durée de vie et à leur position intermédiaire dans les réseaux trophiques (Connell, 1983 ; Schoener, 1986). La compétition intervient pourtant chez les Coléoptères Carabidés qui ont une taille relativement grande, une longue durée

de vie et dont beaucoup sont des prédateurs. Dans un peuplement de Carabidés forestiers riche d'une trentaine d'espèces, la distribution d'abondance est caractérisée par la dominance d'une espèce ubiquiste, *Abax ater*, qui forme jusqu'à 75 % des effectifs. La niche écologique de *Abax ater* est nettement plus large que celle des autres espèces du peuplement. Il existe un recouvrement important entre la niche de *Abax ater* et celles des autres espèces tandis que les niches de ces dernières se recouvrent beaucoup moins. L'espèce dominante *A. ater* semble contrôlée par la compétition. Les autres Carabidés, qui sont plus spécialisés, ont des distributions plus hétérogènes et des populations plus fluctuantes. Ils sont moins sensibles à la compétition et paraissent influencés par des facteurs écologiques différents comme la prédation, la présence de microsites favorables, la présence de proies préférentielles (Loreau, 1992). L'hypothèse selon laquelle une ou plusieurs espèces dominantes d'un peuplement sont contrôlées par la compétition tandis que les autres espèces plus rares seraient contrôlées par d'autres facteurs est en accord avec la théorie (Hanski, 1982) selon laquelle il existerait dans un peuplement deux catégories d'espèces, les espèces centrales (*core species*) et les espèces satellites (*satellite species*).

V. LE DÉPLACEMENT DE CARACTÈRE, CONSÉQUENCE DE LA COMPÉTITION

Le déplacement de caractère est un processus grâce auquel un caractère morphologique change chez une espèce sous l'influence des pressions de sélection dues à la présence dans le même milieu d'une ou de plusieurs espèces similaires (Brown & Wilson, 1956). Ceci suppose que, lorsque deux espèces voisines sont sympatriques, les phénotypes moyens de chaque espèce ont une valeur sélective inférieure à celle des phénotypes extrêmes et qu'ils sont peu à peu éliminés. En toute rigueur le déplacement de caractère doit s'accompagner de modifications génétiques de l'une des deux espèces ou des deux à la fois. Ceci est probable mais ne semble guère avoir été démontré (Grant, 1972).

La notion de déplacement de caractère était déjà connue de Darwin qui emploie le terme *divergence of character*. Un exemple souvent cité est celui des deux espèces de sittelles, *Sitta neumayer* et *Sitta tephronota* qui, dans la zone de sympatrie, divergent plus entre elles que dans les zones où chaque espèce est seule. Il ne s'agit pas d'une divergence de caractère mais de la superposition dans l'espace de deux clines réguliers de variation qui affectent les deux espèces (Grant, 1975).

5.1. Les pinsons de Darwin

Lors de son séjour aux îles Galápagos, Darwin a observé que diverses espèces d'oiseaux se sont adaptées à divers types de nourriture. Les uns consomment des graines, d'autres des fleurs ou des fruits, d'autres des insectes. Cette variété s'accompagne de différences dans la forme du bec. Sur le continent ces niches écologiques sont occupées par des oiseaux qui n'ont pas de relations entre eux au point de vue systématique, comme les toucans, les perroquets ou les Tyrannidés. Aux îles Galápagos chacune de ces niches est occupée par une espèce d'oiseau appartenant à une même sous-famille et parfois à un même genre. Ces oiseaux sont les Géospizinés ou pinsons de Darwin. Tout se passe comme si ces pinsons avaient colonisé le milieu avant les autres oiseaux et, libres de toute concurrence, avaient évolué dans diverses directions pour exploiter les divers types de ressources. Cette explication logique allait contre l'idée, encore courante à l'époque de Darwin, de la fixité des espèces. Elle allait amener Darwin à abandonner cette idée à laquelle il croyait encore et, au bout de vingt ans de réflexion, à publier *l'Origine des Espèces*.

L'exemple le plus célèbre de déplacement de caractère est fourni par les espèces granivores de Géospizinés des Galápagos qui ont été étudiés par Lack (1947) puis analysés de nouveau d'une façon approfondie par divers auteurs (Grant, 1986). Lorsque les deux espèces *Geospiza fortis* et *G. fuliginosa* sont isolées sur une île, la taille de leur bec est à peu près la même. Quand les deux espèces cohabitent sur la même île, les histogrammes de la taille du bec sont nettement séparés (figure 12.15). Ce phénomène fut tout de suite interprété comme une conséquence de la compétition interspécifique, les deux espèces sympatriques évoluant de façons opposées afin d'exploiter des stocks de graines différentes. Mais étant donné que chez les Géospizinés la taille du bec est liée à celle des graines qui sont consommées, le patron de distribution observé peut être dû aussi à l'existence dans les diverses îles de types de graines différents. Une étude précise des graines disponibles (taille, abondance) et des oiseaux (taille du bec, abondance) a permis de réaliser un modèle qui prévoit la taille du bec et

la densité des oiseaux en fonction des caractéristiques de chaque île. Sur l'île Daphne où G. *fortis* est la seule espèce, la taille du bec est conforme aux prévisions. Sur l'île Santa Cruz où G. *fuliginosa* et G. *fortis* sont sympatriques, les écarts par rapport aux distributions théoriques sont élevés, ce qui prouve la réalité du déplacement de caractère. Sur l'île Crosman les individus de la population isolée de G. *fuliginosa* ont un bec dont la taille se rapproche de celle qui est prévue.

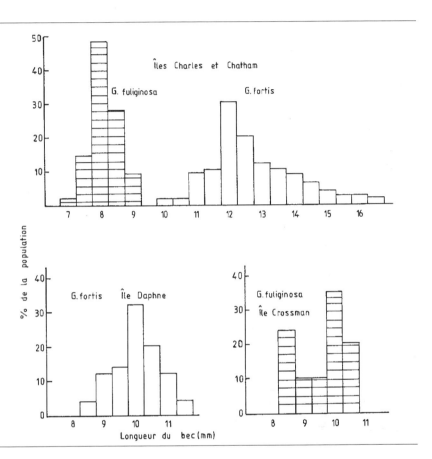

Figure 12.15
Longueur du bec chez
Geospiza fortis et
G. fuliginosa dans quatre
îles de l'archipel des
Galápagos (Lack, 1947)

Il existe quatorze espèces de Géospizinés qui ont acquis, par radiation adaptative, des régimes alimentaires variés, granivore, frugivore ou insectivore (figure 12.16). On a établi :

(a) que les assemblages d'espèces qui coexistent sur une île ne se font pas au hasard ;

(b) que les membres d'une combinaison de deux espèces qui n'apparaît que rarement ou jamais sont plus semblables entre eux en ce qui concerne la taille du bec et le régime alimentaire qu'ils ne sont semblables aux autres espèces ;

(c) que les membres de onze des treize paires d'espèces qui cohabitent ont une différence d'au moins 15 % dans une des dimensions du bec ;

(d) que les grandes différences qui existent entre les espèces qui coexistent sont statistiquement peu probables, ce qui prouve qu'elles sont favorisées par un phénomène qui est la divergence des caractères sous l'influence de la compétition.

Les îles Galápagos sont soumises à des variations climatiques importantes avec des années de sécheresse alternant avec des années humides (influence du phénomène El Niño). En année de sécheresse les graines sont rares et les effectifs de Géospizinés granivores faibles. Parfois, sur l'île Daphne, il ne subsiste qu'une centaine d'individus de G. *fortis*. En 1973 les pluies furent abondantes, les graines également ; le taux de reproduction fut élevé et la compétition ne se manifesta pas (figure 12.17). En 1977 la sécheresse exerça une intense sélection sur l'espèce G. *fortis* qui montra une dérive de la forme du bec. On trouve là, grâce à une expérience naturelle, la preuve évidente de l'influence du milieu sur la

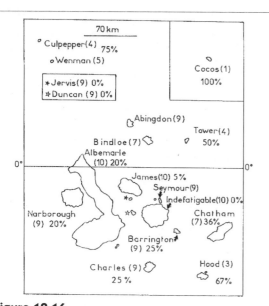

Figure 12.16

Les Géospizinés de l'archipel des Galápagos

Pour chaque île (ou ensemble d'îles) le nombre d'espèces a été indiqué ainsi que le pourcentage d'espèces endémiques. L'île Cocos, située à 300 km au nord de l'archipel, renferme une espèce à allure de fauvette, *Pinaroloxia inornata*, représentant un type morphologique qui n'existe pas aux Galápagos. Les îles hautes et de grande surface possèdent une végétation diversifiée et beaucoup d'espèces ; les îles basses, arides et de faible surface ont peu d'espèces. En général le nombre d'espèces augmente avec la surface. Le pourcentage d'endémiques est d'autant plus élevé que l'île est plus isolée car les communications deviennent de plus en plus difficiles et les chances de colonisation de plus en plus faibles. Il y a plus d'espèces dans les îles centrales que dans les îles éloignées.

quantité de nourriture disponible et sur l'augmentation de la compétition qui lui est associée. À cela il faut ajouter l'absence de prédateurs, ce qui renforce le rôle limitant de la nourriture. La compétition entre espèces de Géospizinés peut se manifester d'une façon subtile par l'intermédiaire d'une troisième espèce. Certains Géospizinés sont nectarivores durant la saison sèche. L'abeille *Xylocopa darwini* l'est aussi. Dans les îles où cette abeille est présente le nectar forme 4 % de la nourriture de G. *fuliginosa* et de G. *difficilis* et 20 % dans les îles où elle est absente. Ce déplacement du régime alimentaire est une réponse à la présence de l'abeille.

Ces faits ne doivent pas faire penser que la compétition et la divergence de caractère sont les seuls facteurs de l'évolution, et que la compétition se manifeste toujours. Sur l'île Abingdon les deux espèces G. *difficilis* et G. *fuliginosa* cohabitent. Elles n'entrent aucunement en compétition pour la nourriture comme le montre l'analyse de leurs régimes alimentaires. Dans ce cas, la compétition aurait eu, dans le passé, un rôle significatif et fait suffisamment diverger les deux espèces pour séparer leurs niches écologiques.

La divergence des régimes alimentaires d'espèces sympatriques durant les périodes de pénurie alimentaire n'a pas été observée que chez les Géospizinés. Elle a été signalée chez les Ruminants (Sinclair, 1974 ; Dunbar, 1978 ; Dailey *et al.*, 1984 ; Ludewig & Bowyer, 1985), chez les Primates (Gauthier-Hion, 1980), chez les Rongeurs (Emmons, 1980), les chauves-souris (Heithaus *et al.*, 1975).

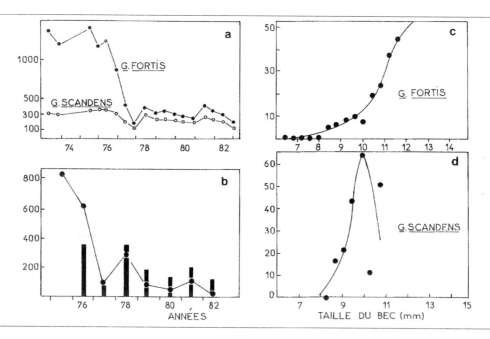

5.2. Les Hydrobia du Danemark

Dans le Limfjorden au Danemark vivent deux espèces de Gastropodes congénériques, *Hydrobia ventrosa* et *H. ulvae*, qui se rencontrent dans les sédiments des eaux peu profondes et abritées. Ces Gastropodes consomment des diatomées ainsi qu'un large éventail de particules organiques mêlées aux algues. Ils forment des populations abondantes atteignant plusieurs millions d'individus par mètre carré. Lorsqu'une seule espèce d'*Hydrobia* est présente la taille de la coquille est la même (environ 3 mm) pour *H. ventrosa* et *H. ulvae*. Dans les stations où les deux espèces sont présentes, *H. ventrosa* a une taille moyenne de 2,5 mm et *H. ulvae* une taille moyenne de 4 mm. La taille des particules ingérées est fonction de la taille de la coquille (figure 12.18). Le déplacement de caractère observé est donc une conséquence du partage des particules alimentaires en fonction de leur taille. L'intérêt de cet exemple est d'avoir été confirmé par une étude expérimentale qui, au laboratoire, simule la compétition interspécifique (Fenchel, 1975 ; Fenchel & Kofoed, 1976).

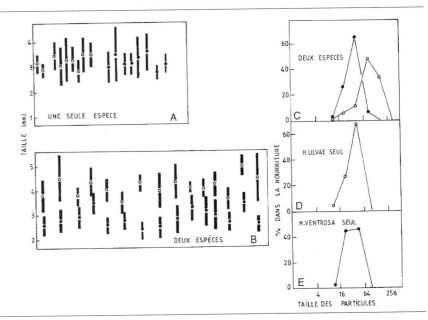

Figure 12.18
Coexistence et déplacement de caractère chez les Hydrobia

A : Taille moyenne et écart type de la coquille de *Hydrobia ulvae* (cercles blancs) et de *H. ventrosa* (cercles noirs) dans des localités où les deux espèces ne coexistent pas.
B : Idem, dans des localités ou elles cohabitent.
C, D et E : Distribution des tailles des particules ingérées par les deux espèces seules (D et E) ou en cohabitation (C) (Fenchel, 1975).

5.3. Les fourmis granivores

Les fourmis granivores des déserts montrent des variations morphologiques qui peuvent être mises en rapport avec la compétition pour l'alimentation. Chez *Veromessor pergandei* la taille des graines récoltées est fonction de la taille des mandibules. Lorsque la diversité du peuplement de fourmis granivores diminue, la compétition devient moins intense et la variabilité de la taille des mandibules augmente, ce qui permet l'exploitation de graines plus variées (figure 12.19). La taille des mandibules des ouvrières de cette fourmi est influencée par la taille des mandibules des autres espèces de fourmis sympatriques compétitrices, ce qui évite ou tout au moins réduit la compétition (figure 12.20).

Figure 12.17 (ci-contre)
Écologie des Géospizinés

En année sèche la végétation est rare et les graines disponibles sont en majorité des graines grosses et dures, ce qui favorise les espèces à bec gros et fort comme G. *fortis*. En année humide il y a beaucoup de petites graines, ce qui favorise les espèces à bec plus petit comme G. *scandens*. **a** : Variations annuelles d'abondance de *Geospiza fortis* et de G. *scandens*. Les effectifs de G. *fortis* diminuent en même temps que l'abondance des petites graines et ceux de G. *scandens* restent à peu près stables. **b** : Variations de la pluviosité annuelle (barres verticales) et de la biomasse des petites graines (en mg/m²). **c et d** : Variations du taux de survie de G. *fortis* et de G. *scandens* sur l'île Daphne en fonction de la taille du bec. G. *fortis* à bec plus gros est avantagé par les années sèches riches en graines grosses et dures (Grant, 1986).

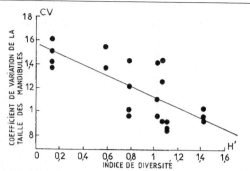

Figure 12.19
Variation de la taille des mandibules de Veromessor pergandei en fonction de l'indice de diversité des peuplements de fourmis granivores sympatriques (Davidson, 1978)

VI. LA COMPÉTITION DIFFUSE

La compétition peut s'exercer non pas entre deux espèces, mais entre plusieurs espèces. Ce phénomène a été qualifié de compétition diffuse. Soit trois espèces *i*, *j* et *k*. Supposons une compétition intense entre *i* et *k*, une compétition modérée entre *j* et *k* et une compétition faible entre *i* et *j*. Dans ce contexte *i* peut favoriser *j* en réduisant l'action de *k*. Cette théorie a été testée sur un peuplement de fourmis granivores chez lequel l'alimentation joue le rôle de facteur limitant. Les deux espèces *Pogonomyrmex rugosus* et *Novomessor cockerelli* qui entrent en compétition ont des nids à répartition de type uniforme quand elles sont seules en présence. Mais lorsqu'elles cohabitent avec *Pogonomyrmex desertorum* elles tendent à établir des nids à répartition groupée, ce qui confirme l'analyse théorique de la compétition diffuse (Davidson, 1980). Cette forme de compétition devient un facteur qui permet la coexistence d'espèces plus nombreuses dans un peuplement (figure 12.21).

VII. RÔLES DE LA PRÉDATION ET DU PARASITISME

La compétition n'est pas le seul facteur qui intervient dans la structure des peuplements. Certains admettent même qu'elle est rare ou absente. La présence dans la savane de Lamto en Côte-d'Ivoire de 61 espèces de Carabidés dans un même faciès végétal est interprétée comme la preuve de l'absence de compétition (Lecordier, 1975). Selon Den Boer (1985) des espèces de Carabidés appartenant au même genre, donc ayant vraisemblablement des niches écologiques semblables, coexistent plus fréquemment dans un milieu déterminé que la simple distribution au hasard le laisserait supposer. Cela conduit Den Boer à énoncer un « principe de coexistence » entre deux ou plusieurs espèces voisines et non un principe d'exclusion.

Le rôle des prédateurs (et des parasites) dans l'organisation des peuplements ne doit pas être

Figure 12.20
Variation de la distribution des tailles des mandibules de la fourmi Veromessor pergandei en fonction de la taille moyenne (indiquée par une flèche) des mandibules des espèces sympatriques avec lesquelles elle entre en compétition (Davidson, 1978)

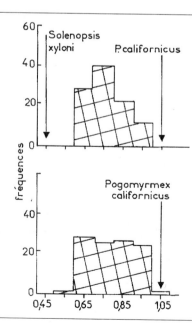
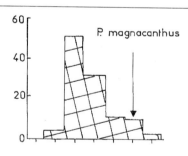
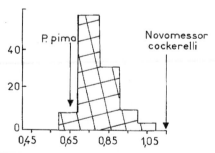

Figure 12.21

Les conséquences de la compétition diffuse sur la structure d'un peuplement de fourmis

Répartition des nids de *Pogonomyrmex rugosus* et de *Novomessor cockerelli* en présence et en l'absence de *Pogonomyrmex desertorum*. Les entrées multiples d'un même nid de *N. cockerelli* sont entourées de pointillés (Davidson, 1980).

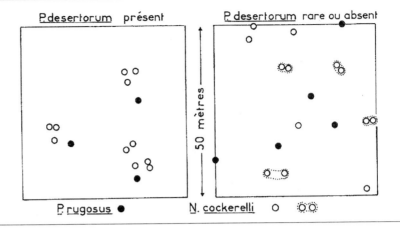

sous-estimé. Les prédateurs qualifiés d'intégrateurs, peu spécialisés et qui agissent sur plusieurs guildes et plusieurs systèmes de population, réalisent ce qui a été appelé prédation diffuse (*cf.* figure 11.2), et semblent jouer un rôle particulièrement important. La prédation favorise une diversité élevée en maintenant les populations à un faible niveau et en empêchant certaines espèces de monopoliser les ressources disponibles à leur seul profit (Paine, 1966).

7.1. Les réseaux trophiques de la zone intertidale

En Nouvelle-Angleterre les côtes rocheuses hébergent une communauté simple (figure 12.22). Dans les sites exposés le peuplement est réduit à 3 espèces ; presque toute la surface disponible est occupée par les moules et les balanes et la compétition y est intense. Dans les sites abrités le peuplement comprend 7 espèces ; les surfaces occupées par les moules et les balanes sont moins importantes, la prédation est plus grande et la compétition plus faible (Menge & Sutherland, 1976).

Une autre étude porte sur trois réseaux trophiques de la zone intertidale. Le premier, en basse Californie, est le plus diversifié. Il renferme 45 espèces (figure 12.23) et il comprend des superprédateurs qui sont des étoiles de mer du genre *Heliaster* et un Gastéropode carnivore du genre *Muricanthus*. Les *Heliaster* consomment des Gastropodes carnivores et procurent ainsi de la place aux autres espèces. Sur la côte de l'océan Pacifique au nord des États-Unis le réseau trophique ne comprend plus que 11 espèces et l'enlèvement des étoiles de mer du genre *Pisaster* se traduit par une diminution du nombre des espèces au bénéfice des moules qui tendent à envahir le peuplement. Au Costa Rica où il n'y a pas de prédateurs de second ordre le réseau trophique est réduit à 8 espèces (Paine, 1966).

7.2. Les oiseaux forestiers

Le rôle des prédateurs dans le maintien de la diversité des peuplements d'oiseaux a été établi par les recherches faites dans la forêt de Bialowieza qui est une des rares forêts d'Europe a avoir conservé une structure « primitive ». Le peuplement d'oiseaux y est plus riche en espèces

Figure 12.22

Réseaux trophiques simples sur une côte rocheuse exposée aux vagues ou bien située dans un site protégé en Nouvelle-Angleterre

Les relations trophiques peu importantes sont en tirets (Menge & Sutherland, 1976).

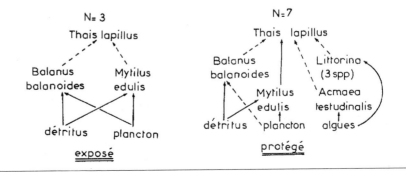

que dans les autres forêts mais chaque espèce a des effectifs plus faibles. On y trouve, sur 10 ha, une moyenne de 30 à 50 espèces d'oiseaux nicheurs représentés par 62 à 75 couples alors qu'en Europe occidentale on trouve sur la même surface de 20 à 25 espèces représentées par plus de 100 couples. Une prédation élevée exercée par plus de 30 espèces de mammifères et d'oiseaux semble la cause de la richesse en espèces et de la faiblesse des effectifs (Tomialojc, 1984).

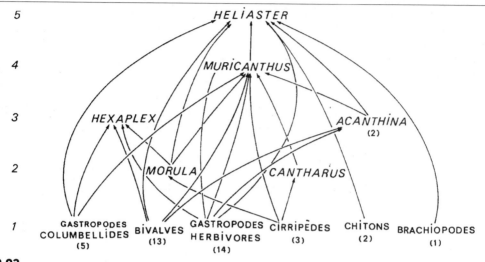

Figure 12.23

Réseau trophique formé de 45 espèces et couronné par des superprédateurs sur le littoral de basse Californie

Les niveaux trophiques sont numérotés de 1 à 5 et les nombres d'espèces sont entre parenthèses (Payne, 1966).

7.3. La diversité des arbres tropicaux. Le modèle de Janzen

Le grand nombre d'espèces d'arbres des forêts tropicales et la grande dispersion spatiale des individus des diverses espèces ont été interprétés par Janzen (1970, 1971) qui admet que l'abondance des graines est maximum au dessous d'un arbre et qu'elle diminue ensuite pour s'annuler à une certaine distance (non précisée dans le modèle). La prédation aux dépens des graines augmente avec leur densité et la probabilité de survie augmente donc quand on s'éloigne de l'arbre. La résultante de ces deux phénomènes est l'existence d'une zone dans laquelle se trouve le maximum de graines viables (figure 12.24). Ce modèle théorique a été confirmé par des recherches faites sur les graines de l'arbre *Virola surinamensis* (Howe, 1990). Les divers prédateurs consomment 99,96 % des graines qui tombent sous l'arbre. Les graines dispersées par les toucans à 45 m de l'arbre ont 40 fois plus de chances de survivre que celles qui restent sous l'arbre.

Figure 12.24

À **gauche**, la distribution des graines de *Virola surinamensis* et leur probabilité de survie au bout de 3 mois sont conformes aux prédictions du modèle de Janzen.

À **droite**, le modèle de Janzen admet que la densité des graines (D) diminue quand on s'éloigne du pied de l'arbre, et que la survie (S) due à la baisse de la prédation par les vertébrés et les insectes augmente lorsqu'on s'éloigne de l'arbre. L'emplacement de la zone de recrutement maximum (R) est fonction de ces deux paramètres.

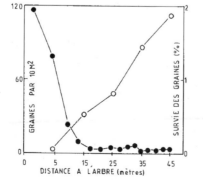

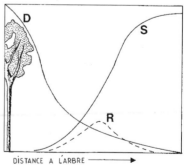

7.4. Structure du plancton et prédation

Les poissons planctophages sélectionnent leurs proies principalement en fonction de leur taille. Les grandes espèces du plancton sont donc favorisées dans les eaux où les poissons sont absents et les petites espèces dans les eaux où les poissons sont présents. L'accroissement de la charge piscicole d'un étang entraîne une diminution de la taille des daphnies.

La grande diversité des poissons Cichlidés du lac Nyassa qui renferme plus de 180 espèces endémiques est maintenue par la pression de prédation qui réduit les effectifs et diminue la compétition interspécifique (Fryer, 1959). On peut cependant remarquer qu'un taux de prédation excessif semblable à celui qui est exercé par des espèces introduites a entraîné la disparition de beaucoup d'espèces de Cichlidés.

7.5. Rôle des parasites

L'influence des parasites a été établie par T. Park (1948) qui a montré que le résultat de la compétition entre deux espèces de *Tribolium* change selon qu'un Protozoaire parasite est présent ou absent. Le paludisme aviaire a provoqué la disparition ou la raréfaction des oiseaux endémiques des îles Hawaii (chapitre 3, paragraphe 6.1). Les conséquences de l'épidémie de peste bovine qui a sévi en Afrique orientale de 1890 à 1950 ont été mentionnées précédemment (chapitre 10, paragraphe 2.4).

VIII. LA CONVERGENCE DES PEUPLEMENTS

Admettre qu'il existe des convergences dans la morphologie ou la physiologie des organismes ainsi que dans la structure des peuplements éloignés géographiquement oblige à admettre que ces organismes et ces peuplements sont façonnés par des facteurs écologiques comme le climat ou la compétition. Des écoles rivales s'affrontent sur ce sujet comme elles s'affrontent quand il s'agit d'évaluer le rôle de la compétition.

La convergence des peuplements, en particulier dans le cas des végétaux, a été signalée dès le XIXe siècle par des auteurs comme de Candolle ou Darwin. Elle a été recherchée fréquemment mais elle est difficile à établir car il est aisé de confondre une convergence réelle aboutissant à des traits morphologiques ou physiologiques analogues chez des espèces plus ou moins éloignées avec une similarité due au hasard de l'évolution (Wiens, 1982). Des convergences ont été recherchées et trouvées parmi les peuplements de végétaux, de lézards, d'oiseaux, d'insectes pollinisateurs ou de Coléoptères du sol habitant diverses régions du globe à climat méditerranéen (Di Castri & Mooney, 1973 ; Fuentes, 1976 ; Cody & Mooney, 1978 ; Blondel *et al.*, 1984), des régions désertiques (Pianka, 1973 ; Orians & Solbrig, 1977), des forêts tropicales. Des convergences morphologiques et physiologiques existent chez les végétaux qui sont beaucoup plus soumis à l'influence du climat que les animaux. Dans les régions à climat méditerranéen elles intéressent surtout la forme des feuilles qui sont fréquemment coriaces, persistantes et de petite taille (Cody & Mooney, 1978).

Il existe une remarquable convergence de formes et de couleur (rouge) chez des fleurs appartenant à des familles différentes dans les White Mountains de l'Arizona. Les ressemblances intéressent des espèces des genres *Aquilegia* (Renonculacée), *Penstemon* et *Castilleja* (Scrophulariacées), *Lobelia* (Lobéliacée), *Silene* (Caryophyllacée), *Lonicera* (Caprifoliacée) et *Echinocereus* (Cactacée). Cette convergence est interprétée (Kodric-Brown & Brown, 1979) comme la conséquence de la compétition, entre les diverses espèces végétales, pour les animaux pollinisateurs qui, dans ce cas, sont des oiseaux-mouches. À une échelle régionale Grant & Grant (1968) dressent une liste de 128 espèces appartenant à 18 familles qui montrent des convergences dans leur morphologie, ce qui leur permet d'être pollinisées par les oiseaux-mouches.

La comparaison des faunes de Mammifères d'Afrique et d'Amérique du Sud (Dubost, 1968 ; Bourlière, 1973) montre des convergences qui intéressent la morphologie (taille et allure générale), le choix de l'habitat, le régime alimentaire, les structures sociales, donc l'ensemble de la niche écologique des diverses espèces (figure 12.25). Les Artiodactyles des forêts africaines comme l'hippopotame nain, le chevrotain aquatique, les antilopes et les céphalophes ont leur contrepartie en Amérique du Sud où ils sont

remplacés respectivement par le capybara, le paca et l'agouti (ces trois espèces sont des rongeurs de grande taille appartenant au groupe des Nototrogomorphes, spécial à l'Amérique), et par le Cervidé *Mazuma gouazoubira*. Une ressemblance existe aussi entre le pangolin terrestre africain et le tatou géant américain, tous les deux fouisseurs. La convergence dans la taille et les adaptations aux déplacements chez des groupes aussi différents que les Ongulés et les Rongeurs peut s'expliquer par la nécessité d'établir un compromis entre la mobilité dans un sous-bois épais qui favorise une faible taille et l'existence de ressources alimentaires peu abondantes qui favorise les animaux relativement grands dont la consommation par unité de biomasse est plus faible.

Figure 12.25

Convergence entre les mammifères forestiers africains (à gauche) et sud-américains (à droite)

A : Hippopotame nain ; B : Capybara *Hydrochoerus hydrochaeris*, le plus grand rongeur actuel pesant jusqu'à 50 kg ; C : Chevrotain aquatique *Hyemoschus aquaticus* ; D : Paca *Cuniculus paca* ; E : Antilope royale ; F : Agouti du genre *Dasyproctus*. Ces deux derniers représentent les plus petits herbivores coureurs connus. G : Antilope *Cephalophus sylvicultor* ; H : Cerf forestier *Mazama gouazoubira* ; I : Pangolin terrestre ; J : Tatou géant (Bourlière, 1973).

Les caractéristiques des peuplements de rongeurs désertiques ont été recherchées, à l'échelle mondiale, par Mares (1983) qui énumère toute une série de particularités morphologiques, physiologiques et du comportement qui peuvent être considérées comme la preuve de la convergence des peuplements. Les rongeurs des déserts sont des économiseurs d'eau, ce qui est particulièrement marqué chez les rats kangourous mais existe aussi chez des Cricétinés et des Sciuridés nord-américains, chez les gerboises africaines et chez des espèces australiennes. Les rongeurs des déserts renferment un certain nombre d'espèces « bipèdes » qui se déplacent sur les pattes postérieures en sautant à la manière des kangourous. Les espèces du genre *Dipodomys* sont les plus connues mais ce caractère est apparu indépendamment dans cinq familles différentes dont quatre renferment des espèces liées aux climats arides. Les espèces « bipèdes » s'installent et se nourrissent beaucoup plus fréquemment dans les milieux ouverts que dans les zones couvertes de buissons. Ce mode de déplacement est interprété comme un moyen de limiter l'impact des préda-

Guildes	Sonora	Monte	Kalahari	Australie
Terrestres, diurnes	12	11	6	14
Arboricoles, diurnes	3	1	2	3
Terrestres, nocturnes	2	2	4	8
Arboricoles, nocturnes	0	0	2	3
Fouisseurs	0	2	1	1
Total	17	16	15	29

Les différences entre les communautés de lézards peuvent s'expliquer en faisant intervenir des interactions avec d'autres vertébrés. Il y a un pourcentage plus élevé d'oiseaux insectivores se nourrissant au sol dans le Kalahari qu'en Australie ce qui suggère une compétition plus intense entre oiseaux et lézards dans le Kalahari. L'abondance des lézards nocturnes en Australie peut être due à la rareté des mammifères et des serpents, et certains lézards australiens peuvent être considérés comme l'équivalent écologique des serpents. La comparaison des peuplements de petits mammifères des régions méditerranéennes d'Australie, du Chili et de Californie a permis de conclure que les phénomènes évolutifs et historiques déterminent la structure des peuplements de mammifères dans les diverses régions d'une façon plus importante que les facteurs climatiques ou écologiques.

Chez les invertébrés et en particulier chez les insectes la convergence des peuplements semble rare. Elle a été signalée chez les fourmis (Davidson, 1977). Cependant les peuplements de fourmis du désert de l'Arizona et du désert argentin de Monte montrent des différences importantes et leur seul caractère commun est l'existence d'un psammophore chez certaines espèces (Mares et al., 1977).

La réalité des convergences morphologiques entre les peuplements d'oiseaux du Chili, de Californie et de France méditerranéenne a été mise en doute (Blondel et al., 1984). Selon ces auteurs les ressemblances entre peuplements ne sont pas dues à des pressions de sélection identiques dans des milieux soumis au même climat, mais elles sont dues au nombre limité de solutions que l'évolution peut réaliser, dans un groupe systématique déterminé, pour permettre aux animaux d'exploiter au mieux un milieu déterminé.

Sur ce sujet très discuté on peut admettre les conclusions présentées par Schluter & Ricklefs (1993) qui, dans un essai de synthèse, admettent que la convergence existe bien mais que ce n'est ni un phénomène rare ni un phénomène général.

Références

ABRAMS, P. A., 1988. Resource productivity-consumer species diversity : simple models of competition in spatially heterogeneous environments. *Ecology*, **69**, p. 1418-1433.

ALCOVER, J. A. & McMINN, M., 1994. Predators of vertebrates on islands. *Bioscience*, **44**, p. 12-18.

BARBAULT, R. & GRENOT, C., 1977. Richesse spécifique et organisation spatiale du peuplement de lézards du Bolson de Mapimi (Désert de Chihuahua, Mexique). *C. R. Ac. Sc.*, **284**, p. 2281-2283.

BLONDEL, J., 1976. L'influence des reboisements sur les communautés d'oiseaux. L'exemple du mont Ventoux. *Ann. Sci. For.*, **33**, p. 221-245.

BLONDEL, J. et al., 1984. Is there ecomorphological convergence among Mediterranean bird communities of Chile, California and France ? *Evol. Biol.*, **18**, p. 141-213.

BOURLIÈRE, F., 1973. The comparative ecology of rain forest mammals in Africa and tropical America : some introductory remarks. In : Meggers et al. (eds.), *Tropical forest ecosystems in Africa and South America : a comparative review*, p. 279-292. Smithsonian Press, Washington.

BOWERS, M. A. & BROWN, J. H., 1982. Body size and coexistence in desert rodents : chance or community structure ? *Ecology*, **63**, p. 391-400.

BRANDL, R. & TOPP, W., 1985. Size structure of *Pterostichus* sp. (*Carabidae*) : aspects of competition. *Oikos*, **44**, p. 234-238.

BROSSET, A., 1973. La vie sociale des oiseaux dans une forêt équatoriale du Gabon. *Biologia Gabonica*, **5**, p. 29-69.

BROWN, J. H., 1975. Geographical ecology of desert rodents. In : M. L. Cody & J. M. Diamond (eds.), *Ecology and evolution of communities*, p. 315-341. Harvard Univ. Press.

BROWN, J. H. & DAVIDSON, D. W., 1976. Competition between seed-eating rodents and ants in desert ecosystems. *Science*, **196**, p. 880-882.

BROWN, J. S. et al., 1994. Foraging theory, patch use and the structure of a Negev desert granivore community. *Ecology*, **75**, p. 2286-2300.

BROWN, W. L. & WILSON, E. O., 1956. Character displacement. *Syst. Zool.*, **5**, p. 49-64.

*CODY, M. L. & MOONEY, H. A., 1978. Convergence versus non convergence in Mediterranean-climate ecosystems. *Ann. Rev. Ecol. Syst.*, **9**, p. 265-321.

CONNELL, J. H., 1978. Diversity in tropical rain forest and coral reefs. *Science*, **199**, p. 1302-1310.

CONNELL, J. H., 1983. On the prevalence and relative importance of interspecific competition : evidence from field experiments. *Amer. Nat.*, **122**, p. 661-696.

CONSTANT, P., 1977. *Étude dynamique des associations polyspécifiques de Rongeurs dans un système hétérogène.* Thèse 3ᵉ cycle, Université de Rennes.

CURRIE, D. J., 1991. Energy and large scale patterns of animal and plant species richness. *Am. Nat.*, **137**, p. 27-49.

CURRIE, D. J. & PAQUIN, V., 1987. Large scale biogeographic patterns of species richness of trees. *Nature*, **329**, p. 326-327.

DAILEY, T. V. *et al.*, 1984. Experimental comparisons of diet selection by mountain goats and mountain sheep in Colorado. *J. Wildl. Manag.*, **48**, p. 799-806.

DAVIDSON, D.W., 1977. Species diversity and community organisation in desert seed-eating ants. *Ecology*, **58**, p. 711-724.

DAVIDSON, D. W., 1980. Some consequences of diffuse competition in a desert ant community. *Amer. Nat.*, **116**, p. 92-105.

DAYAN, T. *et al.*, 1989. Inter and intraspecific displacement in mustelids. *Ecology*, **70**, p. 1526-1539.

DAYAN, T. *et al.*, 1990. Feline canines : community-wide character displacement among the small cats of Israel. *Amer. Nat.*, **136**, p. 39-60.

DAYAN, T. & SIMBERLOFF, D., 1994. Character displacement, sexual dimorphism and morphological variation among British and Irish mustelids. *Ecology*, **75**, p. 1063-1073.

DEN BOER, P. J., 1985. Exclusion, competition or coexistence, a question of testing the right hypotheses. *Z. Zool. Syst. Evolut. Forsch.*, **23**, p. 259-274.

DI CASTRI, F. & MOONEY, H. A. (eds), 1973. *Mediterranean type ecosystems.* Springer, Berlin.

DOBSON, A. P. & Hudson, P.J., 1986. Parasites, disease and the structure of ecological communities. *TREE*, **1**, p. 11-14.

DUBOST, G., 1968. Les niches écologiques des forêts tropicales sud-américaines et africaines, sources de convergences remarquables entre rongeurs et artiodactyles. *La terre et la vie*, **22**, p. 3-28.

DUNBAR, R. I. M., 1978. Competition and niche separation in a high altitude herbivore community in Ethiopia. *E. Afr. Wildl. J.*, **16**, p. 183-199.

EGGLETON, P. *et al.*, 1994. Explaining global termite diversity : productivity or history ? *Biodiversity and conservation*, **3**, p. 318-330.

EMMONS, L. H., 1980. Ecology and resource partitioning among nine species of African rain forest squirrels. *Ecol. Monog.*, **50**, p. 31-54.

EMMONS, L. H. *et al.*, 1983. Community structure of the frugivorous-folivorous forest mammals of Gabon. *J. Zool.*, *London*, **199**, p. 209-222.

FEER, F., 1989. Occupation de l'espace par deux Bovidés sympatriques de la forêt dense africaine (*Cephalophus callipygus* et *C. dorsalis*) : influence du rythme d'activité. *Rev. Ecol.*, **44**, p. 225-248.

FENCHEL, T., 1975. Character displacement and coexistence in mud snails (*Hydrobiidae*). *Oecologia*, **20**, p. 19-32.

FENCHEL, T. & KOFOED, L., 1976. Evidence for exploitative interspecific competition in mud snails (*Hydrobiidae*). *Oikos*, **27**, p. 367-376.

FRYER, G., 1959. The trophic interrelationships and ecology of some littoral communities of lake Nyasa and a discussion of the evolution of a group of rock-frequenting *Cichlidae*. *Proc. Zool. Soc. London*, **132**, p. 153-281.

FUENTES, E. R., 1976. Ecological convergence of lizard communities in Chile and California. *Ecology*, **57**, p. 3-17.

GAUTHIER-HION, A., 1980. Seasonal variations of diet related to species and sex in a community of *Cercopithecus* monkey. *J. Anim. Ecol.*, **49**, p. 237-269.

GRANT, K. A., & GRANT, V., 1968. *Hummingbirds and their flowers.* Columbia Univ. Press.

GRANT, P. R., 1972. Convergent and divergent character displacement. *Biol. J. Linn. Soc.*, **4**, p. 39-68.

GRANT, P. R., 1975. The classical case of character displacement. *Evol. Biol.*, **8**, p. 237-247.

*GRANT, P. R., 1986. *Ecology and evolution of Darwin's finches.* Princeton University Press, New Jersey.

GRENOT, C. & SERRANO, V., 1980. Organisation d'un peuplement de petits mammifères dans le Bolson de Mapimi (désert de Chihuahua, Mexique). *C. R. Ac. Sc.*, **290**, p. 359-362.

HAIRSTON, N. G., 1980. Evolution under interspecific competition. Field experiments on terrestrial salamanders. *Evolution*, **34**, p. 409-420.

HAIRSTON, N. G., 1981. An experimental test of a guild : salamander competition. *Ecology*, **62**, p. 65-72.

HAIRSTON, N. G., 1987. *Community ecology and salamander guilds.* Cambridge Univ. Press.

HANSKI, I., 1982. Dynamics of regional distribution : the core and satellite species hypothesis. *Oikos*, **38**, p. 210-221.

HEITHAUS, R. *et al.*, 1975. Foraging patterns and resource utilization in seven species of bats in a seasonal tropical forest. *Ecology*, **56**, p. 841-854.

HERTEL, F., 1994. Diversity in body size and feeding morphology within past and present vulture assemblages. *Ecology*, **75**, p. 1074-1086.

HESPENHEIDE, H. A., 1975. Prey characteristics and predator niche width. *In* : M. L. Cody & J. M. Diamond (eds.), *Ecology and evolution of communities*, p. 158-180. Harvard Univ. Press.

HOWE, H. F., 1990. Seed dispersal by birds and mammals : implications for seedling demography. *In* : K. S. Bawa & M. Hadley (eds.), *Reproductive ecology of tropical forest plants*, p. 191-218. Unesco.

HUTCHINSON, G. E., 1959. Homage to Santa Rosalia, or why are there so many kinds of animals. *Amer. Nat.*, **93**, p. 117-125.

HUTCHINSON, G. E. & MAC ARTHUR, R. H., 1959. A theoretical ecological model of size distribution among species of animals. *Amer. Nat.*, **93**, p. 117-125.

*JANZEN, D. H., 1970. Herbivores and the number of tree species in tropical forests. *Amer. Nat.*, **104**, p. 501-528.

*JANZEN, D. H., 1971. Seed predation by animals. *Ann. Rev. Ecol. Syst.*, **2**, p. 465-492.

JOVET, P., 1949. *Le Valois. Phytosociologie et phytogéographie.* Sedes, Paris.

KODRIC-BROWN, A. & BROWN, J. A., 1979. Competition between distantly related taxa in the coevolution of plants and pollinators. *Amer. Zool.*, **19**, p. 1115-1127.

LACHAISE, D., 1979. *Spéciation, coévolution et adaptation des populations de Drosophilides en Afrique tropicale.* Thèse, Université de Paris VI.

*LACK, D., 1947. *Darwin's finches.* Cambridge Univ. Press.

LACK, D., 1971. *Ecological isolation in birds.* Harvard Univ. Press.

LARSON, D. L., 1985. Structure in temperate predaceous diving beetles communities (*Coleoptera : Dytiscidae*). *Holarctic Ecology*, **8**, p. 18-32.

LAWTON, J. H. & SCHRODER, D., 1978. Some observations on the structure of phytophagous insect communities : the implications for biological control. *Proc. 4th Symp. Biological Control of Weeds*, p. 57-73. Gainesville, Univ. of Florida.

LECORDIER, C., 1975. *Les peuplements de Carabiques (Coléoptères) dans la savane de Lamto (Côte-d'Ivoire).* Thèse, Université de Paris VI.

LEVÊQUE, R., 1957. L'avifaune nidificatrice des eaux saumâtres camarguaises en 1956. Esquisse écologique. *La Terre et la Vie*, **104**, p. 150-178.

LISS, W. J. *et al.*, 1982. A perspective for understanding arthropod community organization and development in pear. *Acta horticulturae*, **124**, p. 85-100.

LOREAU, M., 1992. Species abundance patterns and the structure of ground-beetle communities. *Ann. Zool. Fennici*, **28**, p. 49-56.

LUDEWIG, H. A. & BOWYER, R. T., 1985. Overlap in winter diets of sympatric moose and white-tailed deer in Maine. *J. Mamm.*, **66**, p. 390-392.

MAC ARTHUR, R. H., 1958. Population ecology of some warblers of northeastern coniferous forests. *Ecology*, **39**, p. 599-619.

MAC ARTHUR, J. W., 1975. Environmental fluctuations and species diversity. *In* : M. L. Cody & J. M. Diamond (eds.), *Ecology and evolution of communities*, p. 74-80. Harvard Univ. Press.

MARES, M. A. *et al.*, 1977. The strategies and community patterns of desert animals. *In* : G. H. Orians & O. T. Solbrig (eds.), *l. c*, p.107-163.

*MARES, M. A., 1983. Desert rodent adaptations and community structure. *Great Basin Naturalist Memoirs*, **7**, p. 30-43.

MAURY, M. E., 1981. Food partition of lizard communities at the Bolson de Mapimi (Mexico). *In* : R. Barbault & G. Halffter (eds.), *Ecology of the Chihuahuan desert*, p. 119-142.

MENGE, B. A. & SUTHERLAND, J. P., 1976. Species diversity gradients : synthesis of the roles of predation, competition and temporal heterogeneity. *Amer. Nat.*, **110**, p. 351-369.

MORAN, V. C., 1980. Interactions between phytophagous insects and their *Opuntia* hosts. *Ecol. Entomol.*, **5**, p. 153-164.

NISHIKAWA, K. C., 1985. Competition and the evolution of aggressive behavior in two species of terrestrial salamander. *Evolution*, **39**, p. 1282-1294.

*ORIANS, G. H. & SOLBRIG, O. T. (eds.), 1977. *Convergent evolution in warm deserts.* Dowden, Hutchinson & Ross, Pennsylvania.

OWEN, J. G., 1988. On productivity as a predictor of rodent and carnivore diversity. *Ecology*, **69**, p. 1161-1165.

PAINE, R. T., 1966. Food web complexity and species diversity. *Amer. Nat.*, **100**, p. 65-75.

PARK, T., 1948. Experimental studies of interspecies competition. *Ecol. Monogr.*, **18**, p. 265-308.

PARK, T., 1954. Competition : an experimental and statistical study. *In* : *Statistics and mathematics in biology.* Iowa Statre College Press, Ames.

PEARSON, D. L. & MURY, E. J., 1979. Character divergence and convergence among tiger beetles (*Coleoptera : Cicindelidae*). *Oikos*, **45**, p. 161-168.

PHILIPPS, D. S. *et al.*, 1995. Coexistence of competing species of seaweed flies : the role of temperature. *Ecol. Ent.*, **20**, p. 65-74.

PIANKA, E. R., 1973. The structure of lizard communities. *Ann. Rev. Ecol. Syst.*, **4**, p. 53-74.

PIMM, S. L. & GITTLEMAN, J. L., 1990. Carnivores and ecologists on the road to Damascus. *TREE*, **5**, p. 70-73.

PRICE, M. V., 1986. Structure of desert rodent communities : a critical review of questions and approaches. *Amer. Zool.*, **49**, p. 39-49.

PRICE, P. W., 1972. Parasitoid utilizing the same host : adaptive nature of difference in size and forms. *Ecology*, **53**, p. 190-195.

REMMERT, H., 1981. Body size of terrestrial arthropods and biomass of their populations in relation to the abiotic parameters of their milieu. *Oecologia*, **50**, p. 12-13.

*RICKLEFS, R. E. & SCHLUTER, D., 1993. *Species diversity in ecological communities*. Chicago Univ. Press.

SCHLUTER, D. & RICKLEFS, R. E., 1993. Convergence and the regional component of species diversity. *In* : R. E. Ricklefs & Schluter, D., *l. c*, p.230-241.

SCHOENER, T. W., 1968. The *Anolis* lizards of Bimini : resource partitioning in a complex fauna. *Ecology*, **49**, p. 704-726.

SCHOENER, T. W., 1975. Presence and absence of habitat shift in some widespread lizard species. *Ecol. Monog.*, **45**, p. 232-258.

SCHOENER, T. W., 1986. Patterns in terrestrial vertebrates versus arthropod communities : do systematic differences in regularity exist ? *In* : J. Diamond & T. J. Case (eds.), *Community ecology*, p.556-586. Harper & Row, New York.

SINCLAIR, A. R. E., 1974. The natural regulation of buffalo populations in East Africa. IV. The food supply as a regulatory factor, and competition. *E. Afr. Wildl. J.*, **12**, p. 219-311.

SOUTHWOOD, T. R. E., 1984. Introduction. *In* : D. R. Strong *et al.* (eds.), *Insects on plants. Community patterns and mechanisms*, p.1-14. Blackwell, Oxford.

STRAUSS, S. Y., 1991. Indirect effects in community ecology : their definition, study and importance. *TREE*, **6**, p. 206-210.

*THALER, L., 1973. Nanisme et gigantisme insulaire. *La Recherche*, **37**, p. 741-750.

TILMAN, D., 1982. *Resource competition and community structure*. Princeton Univ. Press, New Jersey.

TILMAN, D. & PACALA, S., 1993. The maintenance of species richness in plant communities. *In* : R. E. Ricklefs & D. Schluter (eds.), *Species diversity in ecological communities*, p.13-25. Chicago Univ. Press.

TOMIALOJC, L. *et al.*, 1984. Breeding bird commmunity of a primeval temperate forest (Bialowieza National Park, Poland). *Acta Ornithologica*, **20**, p. 241-310.

VALONE, T. J. *et al.*, 1994. Interactions between rodents and ants in the Chihuahuan desert : an update. *Ecology*, p. 252-255.

VALONE, T. J. & BROWN, J. H., 1995. Effects of competition, colonization and extinction on rodent species diversity. *Science*, **267**, p. 880-883.

VALVERDE, J. A., 1964. Remarques sur la structure et l'évolution des communautés de vertébrés terrestres. *La terre et la vie*, **111**, p. 121-143.

VAN DYKE, E. C., 1933. Peculiarities of the Coleopterous fauna of semi arid southwestern North America. *Comptes Rendus Ve Congr. int. Ent.*, Paris, p. 471-474.

WIENS, J. A. 1982., On size ratios and sequences in ecological communities : are there no rules ? *Ann. Zool. Fenn.*, **19**, p. 297-308.

Mammifères et oiseaux de Madagascar
Au premier plan, le aye-aye *Daubentonia madagascariensis*, Lémurien presque disparu. À l'arrière plan, un petit sanglier *Potamochoerus larvatus*, le seul Ongulé présent à Madagascar. L'oiseau le plus grand est *Eurycerus prevosti*, remarquable par son gros bec. Il appartient à la famille endémique des Vangidae qui comprend 14 espèces. En dessous, *Vanga curvirostris* appartient à la même famille. La radiation adaptative des oiseaux de la famille des Vangidae à Madagascar est remarquable et elle est comparable à celle des Pinsons de Darwin aux îles Galápagos ou à celle des Drepanididae aux îles Hawaii. En haut et à droite, *Leptosoma discolor* appartient à la famille des coucous mais n'a pas les moeurs parasites des autres espèces de cette famille (planche tirée de A.R. Wallace,*The geographical distribution of animals*, 1876).

Chapitre 13

PEUPLEMENTS ET ÉCOLOGIE ÉVOLUTIVE

Tous les biologistes s'accordent pour reconnaître dans l'évolution des organismes un processus fondamental sans lequel la compréhension du monde vivant serait impossible. L'étude des phénomènes écologiques qui sont en rapport avec l'évolution constitue une partie de la biologie évolutive. Ces phénomènes évolutifs sont, en particulier, présents au niveau des populations et des peuplements.

I. L'HISTOIRE NATURELLE DES ESPÈCES

Les populations naturelles montrent vis-à-vis du milieu dans lequel elles vivent de nombreuses adaptations morphologiques, démographiques et physiologiques. On désigne sous le nom d'*histoire naturelle* (ou *life history*) un ensemble de caractéristiques ou *traits de vie* parmi lesquelles on inclut les structures d'âge, le taux de croissance, le taux de mortalité, le nombre de descendants, la taille à la naissance, l'âge et la taille au moment de la maturité sexuelle, la durée de vie, l'énergie investie dans la reproduction, la fréquence et la durée des périodes de reproduction, etc. (Bazzaz *et al.*, 1987). Un point essentiel de la théorie est que les traits de vie sont modifiés par la sélection naturelle de façon à optimiser le succès reproducteur des espèces. Les faits qui confirment ces prédictions théoriques sont nombreux. Dans beaucoup de cas il existe des phénomènes de *compensation* (ou *trade-off*) lorsque l'augmentation d'une caractéristique implique la baisse d'une autre. L'existence de ces phénomènes de compensation semble avoir été mise en évidence pour la première fois par Lack lors de ses études sur la reproduction des oiseaux. L'étude de l'évolution des traits d'histoire naturelle en fonction des conditions de vie (Stearns, 1992)

marque un retour à l'étude de la biologie des espèces et à la recherche de leurs adaptations, deux sujets qui avaient été longtemps négligés. Quelques exemples montreront la diversité des modifications de l'histoire naturelle des espèces sous l'influence de la sélection naturelle.

1.1. La taille

Diverses relations ont été établies entre la taille, l'abondance et la répartition géographique des diverses espèces (*cf.* chapitre 14.4). La taille des animaux détermine en grande partie leur rôle dans le fonctionnement des écosystèmes et elle conditionne beaucoup de traits de leur physiologie, de leur écologie et de leur comportement (Peters, 1983 ; Ebenman & Persson, 1988 ; etc.). Elle varie d'une façon considérable selon les espèces (*cf.* chapitres 8.4 et 14.4). Ces variations, qui sont limitées par les contraintes imposées par le milieu et le mode de vie, offrent des possibilités nombreuses d'adaptation, alimentaires en particulier. À ceci s'ajoute les variations, qui peuvent être de l'ordre de 1 à 104, qu'un seul individu subit au cours de son développement chez des animaux tels que les poissons ou les reptiles.

Le dimorphisme sexuel de la taille est un phénomène fréquent (*cf.* chapitre 12.3). Chez beaucoup d'espèces (araignées, insectes, poissons, rapaces) les femelles sont plus grandes que les mâles. Les avantage de ce dimorphisme sexuel sont multiples et ils peuvent être mis en rapport avec les besoins de la reproduction. Une femelle de grande taille a une fécondité plus élevée et, chez les Mammifères, a des ressources en lipides plus importantes pour la lactation. Les mâles, qui ne sont pas soumis à ces impératifs de la reproduction, peuvent conserver une taille plus faible. Cependant cette règle n'est pas générale et il existe des cas où les mâles ne sont pas plus

petits que les femelles ou sont même plus grands. La taille joue un rôle dans le comportement et le choix du partenaire lors de l'accouplement chez plusieurs espèces d'insectes. Chez le Coléoptère mycétophage *Bolitotherus cornutus* (famille des Tenebrionidae) les mâles diffèrent beaucoup entre eux par la taille du corps et par la taille des cornes qui sont situées sur le prothorax (ces cornes sont absentes chez la femelle). Ces insectes utilisent leurs cornes pour se combattre lorsqu'ils se rencontrent sur un champignon. Les mâles qui ont les plus grandes cornes accèdent plus souvent aux sites alimentaires et ils s'accouplent plus souvent que ceux qui ont des cornes plus petites (Brown, 1980).

Andersen & Nielssen (1983) ont décrit les variations de taille chez les Coléoptères en fonction de leur alimentation et de leur mode de vie à l'état larvaire. Les espèces à larves libres ont en général des variations intraspécifiques de taille inférieures à celles des espèces à larves xylophages vivant dans le bois. Ces auteurs admettent que des variations importantes de taille caractérisent les espèces qui ne peuvent pas choisir leur alimentation. Parmi les espèces xylophages qui vivent dans le bois celles qui se développent dans des branches de faible diamètre sont plus petites que celles qui occupent des troncs de fort diamètre. En effet, les petites branches constituent un milieu moins durable et moins prévisible, qui se dessèche plus rapidement que les grosses branches et qui est soumis à de plus grandes variations de température (Hespenheide, 1969, 1973). Il existe une relation entre la taille moyenne des insectes xylophages et leur durée de développement (figure 13.1). Il en est de même chez les Lépidoptères : les chenilles de grande taille ont une durée de développement supérieure à celle des chenilles de petite taille. Chez le Coléoptère *Onthophagus taurus* de la famille des Scarabéides, il existe deux catégories d'individus qui diffèrent par la taille du corps et celle des cornes céphaliques des mâles. La taille est sous la dépendance de la qualité de la nourriture offerte aux larves, de la qualité des soins parentaux ; elle est fonction également des comportements reproducteurs différents des grands mâles et des petits mâles (Moczek & Emlen, 1999).

Chez un oiseau marin, le pétrel *Pagodroma nivea*, la taille peut varier, selon les individus, dans un rapport de 1 à 1,6. Les individus de

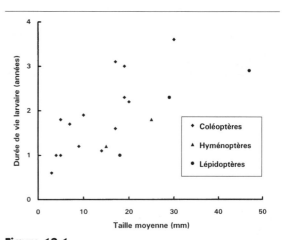

Figure 13.1
Durée de la vie larvaire en fonction de la taille chez diverses espèces d'insectes
Pour les Coléoptères et les Hyménoptères la taille est celle de l'insecte adulte ; pour les Lépidoptères la taille est celle des chenilles.

grande taille pondent des œufs deux fois plus volumineux d'où sortent des poussins 1,9 fois plus lourds que ceux des individus de petite taille. Les pétrels adultes de petite taille vont chercher la nourriture plus loin que les pétrels de grande taille, nourrissent leurs jeunes moins souvent, et le volume des repas fournis est inférieur. Ces variations intraspécifiques sont probablement déterminées génétiquement, mais l'influence des facteurs du milieu intervient aussi dans le déterminisme de la taille des jeunes à l'envol (Barbraud *et al*, 1999).

Les variations de taille peuvent être la conséquence de la compétition. Chez un Gastéropode marin, la patelle *Patella cochlear,* la longueur maximale de la coquille diminue avec la densité du peuplement d'une façon quasi linéaire tandis que la biomasse par mètre carré de l'ensemble des individus augmente puis se stabilise (figure 13.2). Chez les mâles des lézards du genre *Anolis* qui vivent dans les îles des Petites Antilles, la longueur de la tête est différente dans les îles où il existe une seule espèce, et dans les îles où il existe plusieurs espèces qui entrent en compétition. Dans les îles où il existe une seule espèce, la longueur de la tête converge vers une taille de 19 mm qui semble optimale compte tenu de la nature des proies disponibles et des techniques de chasse de ces lézards (figure 13.3). L'étalement des tailles est plus grand dans les îles où coexistent plusieurs espèces (Lister, 1976).

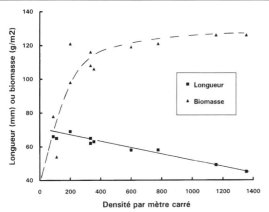

Figure 13.2

Conséquences de la compétition intraspécifique
due à l'augmentation de la densité chez
un Gastéropode, la patelle *Patella cochlear*

La longueur maximale des coquilles diminue d'une façon
quasi linéaire, tandis que la biomasse par mètre carré augmente puis se stabilise (Branch, 1975).

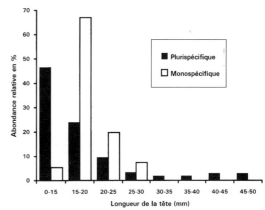

Figure 13.3

Longueur de la tête chez les mâles des lézards
du genre *Anolis* dans les îles où une seule espèce
existe (monospécifique) et dans les îles
où plusieurs espèces (plurispécifique) coexistent
(Lister, 1976).

La taille des diverses espèces d'un taxon peut
être fonction de la stabilité des habitats. Les
écosystèmes forestiers sont plus stables que les
agroécosystèmes. Ceci retentit sur la taille des
Coléoptères de la famille des Carabidés qui sont
en moyenne plus grands dans la forêt que dans
les cultures voisines. Il en est de même dans
l'ouest de la France dans la région de la baie du
Mont Saint Michel. Dans un polder, milieu perturbé, la taille moyenne des Carabidés est de 8,8
mm et dans le bocage, milieu peu perturbé, elle
est de 12,9 mm (Burel *et al.*, 1998).

Les variations de taille ont des conséquences
sur l'évolution et la dynamique des populations.
Plus la taille d'une espèce est petite et plus le
taux de renouvellement de ses populations est
court. Une population de campagnols se renouvelle tous les 4 mois (elle produit chaque année
environ 2,5 fois son poids) ; une population de
cerfs se renouvelle tous les 4 ans et une population d'éléphants tous les 20 ans.

La taille détermine souvent le type de proies
consommées, la physiologie et le budget énergétique. Le partage des ressources dans un habitat
est souvent réalisé par un espacement des tailles
qui évite la compétition (*cf.* chapitre 12.3). Il
existe une relation entre la masse corporelle et
l'étendue du territoire chez les Mammifères, le
territoire étant plus étendu, à masse corporelle
égale, chez les prédateurs que chez les herbivores

(figure 14.14). Des variations de l'écologie des
espèces en fonction de la taille ont été signalées
chez de nombreux animaux, terrestres et aquatiques. Dans cinq familles de lézards, les espèces
qui pèsent moins de 50 à 100 g sont presque
toutes carnivores et celles qui pèsent plus de
300 g sont presque toutes herbivores. Parmi les
espèces herbivores les plus grandes, les jeunes
sont carnivores et ils deviennent herbivores
lorsqu'ils atteignent environ 100 g.

1.1.1. TAILLE ET PRÉDATION INTRAGUILDE

Beaucoup de prédateurs ne choisissent pas
leurs proies en fonction de leur abondance mais
font une sélection en fonction de la taille. Un
tel comportement modifie la structure d'âge et
l'évolution des populations proies. Le rôle de la
taille est important dans les cas de prédation
intraguilde dans lesquels les adultes et les imma-
tures d'une même espèce jouent des rôles différents dans les réseaux trophiques, les adultes
pouvant se comporter en cannibales, c'est-à-dire
en prédateurs, aux dépens des jeunes qui sont de
plus petite taille (Polis *et al.*, 1989). Chez le
scorpion américain *Paruroctonus mesaensis* la
prédation intraguilde affecte les structures d'âge
(figure 13.4) et contribue à la régulation des
populations (Polis, 1980). Des exemples de prédation intraguilde conditionnée par la taille
existent chez d'autres espèces en particulier chez

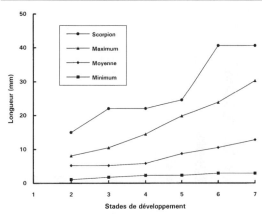

Figure 13.4

Relation entre la taille du scorpion *Paruroctonus mesaensis* au cours de ses divers stades de développement et la taille de ses proies

La taille maximale des proies augmente rapidement, la taille moyenne lentement et la taille minimale très peu (Polis, 1988).

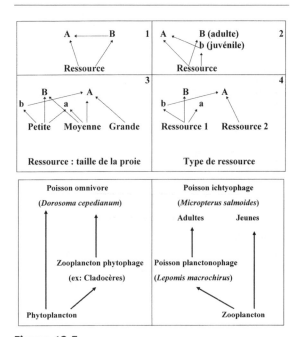

Figure 13.5

La prédation intraguilde

En haut, représentation simplifiée de 4 types de prédation intraguilde. **A** et **B** sont des animaux adultes, **a** et **b** des juvéniles de taille plus petite, par exemple des scorpions. La flèche est dirigée vers l'organisme consommateur (il existe des cas de prédation réversible dans lesquels **A** mange **b** et **B** mange **a** mais ils ne sont pas représentés sur ces schémas). 1 : prédation par l'espèce omnivore **A** ; 2 : influence de l'âge, donc de la taille de la proie sans changement de ressource ; 3 : changement d'alimentation en fonction des variations de la taille d'une même proie ; 4 : changement d'alimentation en fonction de diverses proies (Polis *et al.*, 1989).

En bas, deux exemples concrets de prédation intraguilde dans le milieu aquatique.

des poissons qui consomment leurs alevins ou chez des insectes Hétéroptères aquatiques (Gerris, Notonectes) dont les stades âgés attaquent les stades plus jeunes. La prédation intraguilde peut aussi se manifester sous la forme de prédation interspécifique, les espèces de grande taille dévorant les espèces de petite taille appartenant à la même guilde (figure 13.5).

Le cannibalisme est connu chez la perche *Perca fluviatilis* dont les adultes dévorent les jeunes. Lorsque les adultes sont nombreux le recrutement est presque interrompu, les stades jeunes sont rares et la taille moyenne des poissons varie peu. Lorsque la mortalité des adultes amène la population en dessous d'un certain seuil, le recrutement des jeunes reprend et la taille moyenne de la population diminue. Lorsque les jeunes commencent à augmenter de taille, le cannibalisme recommence aux dépens des poissons plus petits et la taille moyenne augmente à nouveau.

L'augmentation de taille au cours du développement peut s'accompagner d'un changement de milieu, de comportement ou de régime alimentaire. Les jeunes du poisson *Lepomis macrochirus* vivent dans la végétation littorale des lacs. Le passage à la vie pélagique a lieu à partir d'une taille critique variable selon les lacs. Ce passage est marqué par un changement de régime alimentaire et par la consommation de proies vivant en pleine eau comme les daphnies (figure 13.6). Il existe des variations de taille entre les représentants de diverses familles de Batraciens d'Amérique du Nord. À la métamorphose les têtards sont significativement plus petits chez les Bufonidés que chez les Hylidés ou les Ranidés. Cette réduction de taille est interprétée comme la conséquence de l'existence chez les Bufonidés de toxines qui freinent la prédation par les Mammifères et les oiseaux. La sélection naturelle aurait favorisé chez les Ranidés et les Hylidés l'acquisition d'une taille supérieure lors de la métamorphose, donc une meilleure protection contre les prédateurs.

1.1.2. TAILLE ET MÉTABOLISME

Il existe, entre l'intensité C du métabolisme et la masse corporelle M, une relation de la forme $\log C = 0{,}75 \log M + b$. La pente de la droite de régression est à peu près de 0,75 pour les unicellulaires, les poïkilothermes (ou ectothermes) et les homéothermes (ou endo-

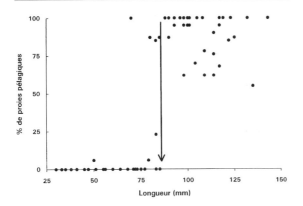

Figure 13.6
Pourcentage de proies à mode de vie pélagique
(surtout *Daphnia* spp) dans l'alimentation
du poisson bluegill *Lepomis macrochirus*
d'un lac du Michigan

Le passage de la vie dans la végétation du milieu littoral à
la vie en pleine eau est marqué par la flèche verticale. Il
correspond à une taille de l'ordre de 83 mm et à une rapide
augmentation du pourcentage des proies pélagiques
(Werner, 1988).

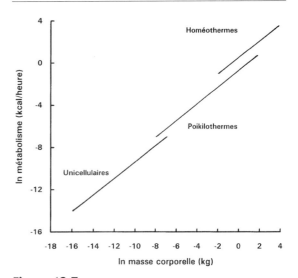

Figure 13.7
Pour une grande diversité d'organismes le métabolisme
exprimé en fonction de la masse corporelle est représenté,
en coordonnées logarithmiques, par une droite de régression dont la pente est voisine de 0,75. Le métabolisme est
mesuré à 20 °C pour les unicellulaires et les poïkilothermes
et à 39 °C pour les homéothermes (Schmidt-Nielsen,
1979).

thermes). La valeur 0,75 pour la pente de la
droite de régression est difficile à expliquer
(figure 13.7). Les organismes de petite taille ont
une surface corporelle proportionnellement plus
grande que ceux de grande taille et ils doivent
produire plus de calories pour compenser les
pertes de chaleur. Mais si le métabolisme était
réellement proportionnel à la surface du corps,
la pente de la droite devrait être de 0,67 et non
de 0,75. En outre, ce raisonnement ne s'applique pas aux organismes non homéothermes.
Cette règle a été revue et critiquée par Mc Nab
(1987) lors de l'étude de 321 espèces de
Mammifères : la pente de la droite de régression
est de 0,713 et non de 0,75. Cet auteur suggère
même que la relation entre le métabolisme et la
masse corporelle pourrait ne pas être linéaire. Le
régime alimentaire ainsi que le niveau d'activité
et les conditions climatiques interviennent également pour modifier la relation entre le métabolisme et la masse corporelle.

1.2. La reproduction et les autres traits de l'histoire naturelle

Les relations qui existent entre la durée d'une
génération T, le taux d'accroissement naturel *r*
et la taille corporelle ont déjà été présentées (*cf.*
figure 8.8). L'existence d'une compensation

entre l'effort reproducteur, la croissance ou la
durée de vie est un phénomène connu chez les
végétaux et les animaux. La croissance des
arbres est ralentie les années durant lesquelles ils
produisent beaucoup de graines (figure 13.8).
Chez la Graminée *Poa annua* l'augmentation de
l'effort reproducteur l'année n se traduit l'année
n + 1 par une diminution de la taille des plantes
issues de la première génération. Pour une
grande diversité de végétaux, les espèces
annuelles ou monocarpiques (c'est-à-dire qui ne
se reproduisent qu'une fois) investissent plus
dans la reproduction que les espèces vivaces qui
se reproduisent plusieurs fois et qui doivent
conserver des réserves pour assurer leur pérennité. Les exceptions à cette règle sont rares.

La mortalité est plus importante chez les cerfs
femelles qui ont des jeunes que chez celles qui
n'en ont pas. La cause de cette mortalité élevée
est double : physiologique car les femelles qui
allaitent ont moins de réserves lipidiques et une
mortalité hivernale supérieure ; écologique car
les femelles entrent en compétition avec leurs
jeunes pour la recherche de la nourriture après
le sevrage (Clutton-Brock *et al.*, 1982). Les
émissions sonores des mâles de grenouilles tropicales sont destinées à attirer les femelles. Mais
ces sons attirent aussi les chauves-souris préda-

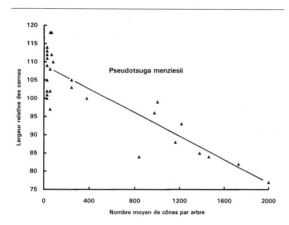

Figure 13.8
Relation entre la production moyenne de cônes et la largeur relative des cernes annuels chez le sapin de Douglas *Pseudotsuga menziesii* (Eis *et al.*, 1965).

trices et en particulier l'espèce *Tracheops cirrhosus*. L'augmentation de l'effort reproducteur des mâles sous la forme d'émissions sonores accroît les risques de capture et de mort (Tuttle & Ryan, 1981). Le temps de survie du campagnol dans des conditions extrêmes de température est plus élevé chez les individus non reproducteurs. Un exemple de compensation entre la fécondité et le taux de survie a été signalé par Tinkle (1969) qui a établi que, parmi 14 populations de lézards, la fécondité par saison et la survie annuelle moyenne des adultes varient de manière interdépendante.

Chez les poissons Téléostéens, la taille et le nombre d'œufs sont en relation avec le mode de vie. Quelques espèces littorales marines et la plupart des espèces d'eau douce produisent des œufs moins nombreux, non flottants et de diamètre compris en général entre 0,4 et 0,7 mm. La plupart des espèces marines produisent des œufs nombreux et plus petits dont le diamètre est compris entre 0,3 et 2 mm. La taille moyenne des œufs tend à être la même chez les espèces qui ont la même histoire naturelle et le même habitat. La taille des œufs est corrélée à la taille de la larve à l'éclosion ; cette taille dépend de la quantité de nourriture disponible et de l'abondance des prédateurs et des compétiteurs. La taille supérieure des œufs chez les espèces d'eau douce peut aussi être la conséquence des nécessités de l'osmorégulation, la surface relative augmentant lorsque la taille diminue (Wootton, 1979).

Une compensation entre l'énergie affectée à la reproduction et celle qui est affectée à la croissance existe chez le cloporte *Armadillidium vulgare* (Lawlor, 1976). L'effet principal de la reproduction est le prélèvement d'une quantité considérable d'énergie aux dépens de celle qui est normalement affectée à la croissance chez les femelles non reproductrices. Chez des femelles pesant de 60 à 100 mg les allocations d'énergie (en calories) durant un cycle d'intermue sont les suivantes :

	Femelles reproductrices	Femelles non reproductrices
Croissance	11,9	30,5
Reproduction	26,4	-
Total	38,3	30,5

Chez les animaux ovipares l'énergie investie dans la reproduction est fonction de la masse corporelle, une même biomasse reproductrice pouvant fournir soit des œufs nombreux et de petit diamètre, soit des œufs peu nombreux et de grand diamètre. Le compromis entre le nombre et le diamètre des œufs est fonction de la biologie et des pressions de sélection qui s'exercent sur les espèces. Le volume moyen des pontes est proportionnel à la longueur des femelles chez les Amphibiens de Côte-d'Ivoire. Les œufs sont relativement gros et peu nombreux chez le crapaud africain *Arthroleptis poecilonotus* dont les femelles vivent dans des endroits dépourvus d'eau libre, plus nombreux et plus petits chez les espèces de *Phrynobatrachus* qui ont la même taille corporelle mais qui pondent dans l'eau libre.

Dans plusieurs cas les traits de vie évoluent sous la pression des parasites. Les individus qui forment des populations isolées du mollusque *Cerithidea californica* se reproduisent à un stade plus jeune donc à une taille inférieure, lorsque le taux de parasitisme par les Trématodes est plus élevé (Lafferty, 1993). On interprète cette particularité en admettant que la maturité sexuelle précoce limite les possibilités de castration parasitaire. Chez le lagopède rouge d'Écosse (ou grouse) *Lagopus lagopus scotticus* le taux de parasitisme par le Nématode *Trichostrongylus tenuis* varie beaucoup, et les populations ont des fluctuations d'abondance qui sont corrélées négativement avec l'abon-

dance des parasites (Dobson & Hudson, 1992). Des fortes charges parasitaires ont un impact sur le taux de survie en créant une *mortalité additive*. Les charges parasitaires élevées se rencontrent chez les individus qui sont trouvés morts ; les individus tués par des prédateurs ont des charges parasitaires moyennes ; ceux qui sont tués par des chasseurs et que l'on peut considérer comme étant en bonne santé ont une faible charge parasitaire. Ce résultat permet de penser (May, 1999) que les parasites interviennent assez souvent dans la régulation des populations naturelles (*cf.* chapitre 7.2). Cependant cette interprétation des fluctuations d'abondance des grouses ne fait pas l'unanimité. Une théorie fait intervenir la qualité de la nourriture (*cf.* chapitre 10.2), une autre fait intervenir le comportement territorial des oiseaux et ses variations (Watson *et al.*, 1994).

Le taux de fécondité et le taux de mortalité varient avec l'âge. Chez le Diptère Anthomyidae *Erioischia brassicae* le taux de mortalité augmente après la période de reproduction (figure 13.9). Chez *Drosophila melanogaster* la fécondité (évaluée par le nombre d'œufs pondus par jour) passe par un maximum à l'âge de 5 jours et elle s'annule vers l'âge de 60 jours. Chez beaucoup de poissons des écarts de l'ordre de 1 à 5 ont été observés entre la fécondité maximale et la fécondité minimale des individus d'une même espèce. Lorsque la nourriture est abondante un poisson grandit vite et il a une fécondité élevée, mais son âge de maturité est abaissé ainsi que son espérance de vie. Dans le lac Léman l'eutrophisation des eaux a augmenté la quantité de plancton, et augmenté également la vitesse de croissance des corégones qui sont des poissons planctonophages. Leur maturité sexuelle intervient plus tôt. Les règlements de pêche n'ayant pas changé, la taille minimale de capture est devenue trop petite ce qui a entraîné une surexploitation et une diminution des effectifs. Si la taille minimale de capture n'est pas relevée l'espèce risque de disparaître.

II. LES STRATÉGIES DÉMOGRAPHIQUES

Les populations naturelles possèdent des particularités qualifiées de stratégies adaptatives qui se présentent sous trois aspects : démographique, énergétique et écologique. Les caractéristiques démographiques qui correspondent à ces adaptations sont nombreuses. Ce sont : le taux de fécondité, le taux de mortalité, l'âge à la première reproduction, la durée de la période de croissance, l'espérance de vie à la naissance, etc. Ces adaptations du profil démographique aux conditions de milieu constituent ce que l'on appelle des stratégies démographiques (Cole, 1954).

Si l'évolution et l'adaptation ont lieu, c'est parce que les populations sont génétiquement polymorphes (*cf.* chapitre 20). Les pressions de sélection qui agissent sur les populations favorisent les génotypes ayant la *valeur sélective* (ou *fitness*) la plus élevée. Dans un milieu stable, le pool génétique ne varie pas et la sélection y est stabilisante. Dans un milieu changeant, la sélection directionnelle oriente le phénotype vers une meilleure adaptation. Dans un milieu hétérogène en mosaïque, la sélection diversifiante fait apparaître plusieurs phénotypes.

2.1. Sélection r et sélection K

Une première ébauche de la théorie de l'histoire naturelle des espèces est celle de la sélection r et de la sélection K. L'équation logistique est fondée sur l'hypothèse que le taux d'accroissement *r* varie en sens inverse de l'effectif N et

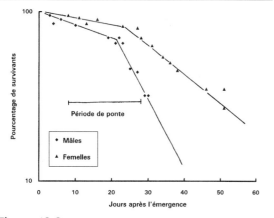

Figure 13.9
Évolution de la mortalité chez le Diptère Anthomyidae *Erioischia brassicae*
Les taux de mortalité sont différents chez le mâle et chez la femelle et ils augmentent après la période de ponte (Clark *et al.*, 1967).

s'annule lorsque N est égal à la charge biotique K. Mac Arthur & Wilson (1967) ont suggéré que la sélection naturelle peut favoriser, selon les cas, soit l'accroissement de r soit l'accroissement de K (figure 13.10). Certaines populations ont adopté la sélection r ; elles sont en expansion et elles renferment des génotypes productifs et même gaspilleurs qui l'ont emporté par le jeu de la sélection naturelle. Les autres populations ont adopté la sélection K ; elles occupent des milieux saturés et renferment des génotypes capables de produire avec le meilleur rendement possible de nouveaux individus reproducteurs (figure 13.11). Les facteurs qui déterminent soit la sélection r soit la sélection K et les conséquences qui en résultent sont énumérés dans le tableau 13.1.

L'habitat d'une espèce détermine sa stratégie démographique. Il existe des habitats stables et permanents aux caractéristiques prévisibles comme le milieu forestier climacique, et des habitats instables tels que les mares temporaires ou les cadavres. Les stratèges-r colonisent généralement des milieux instables tandis que les stratèges-K occupent des habitats stables. Le climat est un facteur important dans le déterminisme des stratégies démographiques (Southwood et al., 1974). Dans les régions tempérées les espèces ayant subi la sélection r sont plus fréquentes que dans les régions tropicales où la sélection K domine. Chez l'espèce à large répartition *Drosophila melanogaster* la valeur de r est moins élevée chez les populations du Gabon qui ont une faible fécondité que chez les populations de France à fécondité plus élevée (David, 1971). Les Mammifères et les oiseaux de la forêt tropicale ont une fécondité réduite et un taux de renouvellement des populations plus faible que chez les espèces comparables des pays tempérés (Hunkeler & Hunkeler, 1970).

La distinction entre sélection r et sélection K a ouvert la voie à des recherches nombreuses en biologie des populations. Elle représente cependant une simplification qui ne correspond pas toujours à la réalité et à sa complexité. C'est la raison pour laquelle Grime (1986) a distingué chez les plantes à fleurs trois types de stratégies correspondant à trois types de sélection.

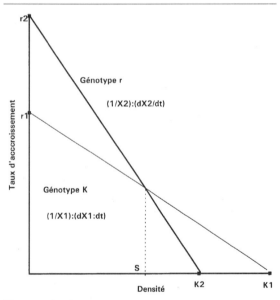

Figure 13.10

Schéma de Mac Arthur montrant les variations du taux d'accroissement r dans le cas d'une espèce renfermant deux génotypes r et K

Le génotype K (trait fin) pour une densité de population faible inférieure à S, a un taux d'accroissement inférieur à celui du génotype r. C'est l'inverse pour une densité de population élevée supérieure à S.

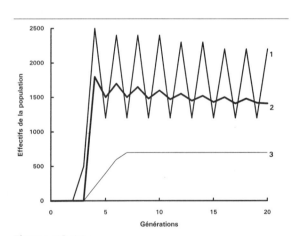

Figure 13.11

Croissance de trois populations colonisant un habitat nouveau

Ces courbes sont construites à partir d'un modèle qui fait intervenir les caractéristiques démographiques de chaque population. Courbe 1 : espèce de type r avec des effectifs nombreux et variables ; courbe 3 : espèce de type K avec des effectifs peu nombreux et stables ; courbe 2 : espèce de type intermédiaire (Southwood et al., 1974).

	Sélection r	Sélection K
Climat	Variable et imprévisible	À peu près constant et prévisible
Mortalité	Indépendante de la densité	Dépendante de la densité
Types de courbes de survie	Type III	Type I ou II
Taille de la population	Variable, inférieure à K	Assez constante et proche de K
Compétition	Faible en général	Intense en général
Conséquences de la sélection	Développement rapide	Développement lent
	r élevé	r faible
	Reproduction précoce	Reproduction tardive
	Petite taille	Taille plus grande
	Une seule période de reproduction (semelparité)	Plusieurs périodes de reproduction (itéroparité)
Durée de vie	Courte	Longue
Utilisation de l'énergie	Productivité élevée	Efficacité et stabilité
Modes de dispersion	Espèces mobiles, vagabondes	Espèces peu mobiles souvent sédentaires
Types d'écosystèmes	Jeunes	Matures

Tableau 13.1
Principales caractéristiques des espèces soumises à une sélection de type r ou à une sélection de type K

2.2. Stratégies démographiques et reproduction

2.2.1. LES STRATÉGIES DES VÉGÉTAUX.

Gadgil & Solbrig (1972) ont mis en culture trois souches du pissenlit *Taraxacum officinale* provenant de trois milieux différents : une pelouse très piétinée et souvent tondue où la mortalité indépendante de la densité est élevée ; un milieu moins piétiné et tondu moins régulièrement ; un milieu peu fréquenté où la mortalité dépendante de la densité est élevée. L'étude des isoenzymes a mis en évidence dans ces trois populations quatre génotypes A, B, C et D dont les proportions sont les suivantes :

Milieux	Génotypes			
	A	B	C	D
Pelouse très piétinée	73	13	14	0
Pelouse peu fréquentée	53	32	14	1
Milieu peu fréquenté	17	8	11	64

Le génotype A, présent surtout dans les milieux où la mortalité est indépendante de la densité, est éliminé par le génotype D lorsque les deux sont mis en compétition en culture expérimentale. Mais il produit plus de fleurs et de feuilles en culture pure. C'est donc un organisme sur lequel agit la sélection r et qui est éliminé par la compétition. Le génotype D est abondant dans les sites où la mortalité est surtout dépendante de la densité. Il produit moins de fleurs que A mais plus de feuilles. Son énergie est investie dans des organes producteurs de biomasse et il n'est pas sensible à la compétition. C'est un génotype qui applique la sélection K. Ces expériences montrent que l'adaptation des espèces à leurs milieux ainsi que leur répartition sont conditionnées non seulement par les caractères du milieu (eau, sol, nourriture, etc.) mais aussi par des caractères génétiques, par l'intermédiaire de la sélection naturelle.

Des constatations analogues ont été faites chez quatre espèces de Composées du genre *Helianthus* qui apparaissent dans des stades différents de successions écologiques (Gaines *et al.*, 1974). *H. annuus* s'installe dans les champs abandonnés depuis trois ans ; *H. grosseserratus* se trouve dans les friches de cinq ans ; *H. laetiflorus* vit dans la prairie naturelle à *Andropogon* et *H. hirsutus* vit dans la forêt caducifoliée. Le rapport

du poids sec des tissus reproducteurs au poids sec total diminue de la première à la quatrième espèce. Autrement dit *H. annuus* qui vit dans un milieu transitoire a un caractère d'espèce pionnière qui doit se reproduire rapidement en une saison et qui a adopté une stratégie de type r. À l'opposé, *H. hirsutus* qui vit dans un milieu stable et prévisible a une stratégie de type K. En outre, *H. annuus* a un plus grand nombre de fleurs par plante et un plus grand nombre de graines par fleur que les espèces qui vivent dans les stades ultérieurs de la succession écologique.

2.2.2. LES STRATÉGIES DES INSECTES

Les caractéristiques de la reproduction des Hyménoptères entomophages de la famille des Ichneumonides sont fonction de la probabilité de survie de ces insectes (Price, 1973). Un insecte hôte abondant et facile à repérer, comme une chenille, est vulnérable car il est soumis à de multiples facteurs de mortalité. Les Ichneumonides qui parasitent ces insectes ont une fécondité élevée car leur progéniture a une faible chance de survie. Les Ichneumonides qui parasitent des larves protégées, comme les larves xylophages abritées sous les écorces, ont une fécondité faible mais leur progéniture a une plus

grande chance de survie. Les Ichneumonides qui parasitent la Tenthrède *Neodiprion swainei* et qui attaquent les larves situées dans les arbres ont des ailes bien développées et des muscles thoraciques puissants, ce qui leur permet d'explorer un milieu complexe à la recherche de leurs proies. Les Ichneumonides qui attaquent les larves et les cocons qui vivent dans la litière ont moins de recherche à entreprendre et ils ont des ailes réduites et des muscles alaires moins développés. Certains comme les *Gelis* sont aptères (Price, 1975).

Dans les savanes de Côte-d'Ivoire les Drosophilides ont des espèces que l'on peut qualifier de stratèges-r colonisant les régions soumises aux feux de brousse annuels qui sont des milieux instables. Ce sont des espèces généralistes qui pondent des œufs nombreux sur des supports très divers favorables ou non au développement des larves. Leur taux de mortalité est élevé et leur espérance de vie réduite (figure 13.12). Les espèces stratèges-K s'installent dans des parcelles protégées du feu dans un milieu stable. Ce sont des espèces spécialistes qui pondent un petit nombre d'œufs sur un substrat favorable. Leur mortalité est faible et leur espérance de vie accrue ; leur durée de dévelop-

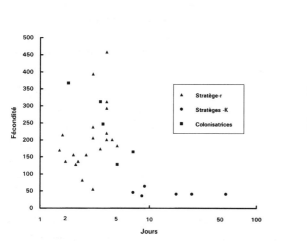
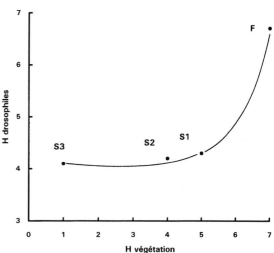

Figure 13.12

Stratégies adaptatives des Drosophilides des savanes africaines

À gauche, relation entre la fécondité F (nombre d'œufs par femelle) et, en abscisse, le temps d'immaturité sexuelle en jours des femelles. Les espèces colonisatrices ont une position intermédiaire entre les espèces r et les espèces K ce qui les rend aptes à coloniser un milieu hétérogène dans l'espace et dans le temps.

À droite, relation entre la diversité H de la végétation et la diversité des peuplements de Drosophilidés dans une savane de Côte d'Ivoire. La diversité des peuplements de Drosophilidés augmente avec la diversité de la végétation. S_1, S_2, S_3 : divers types de savanes ; F : forêt (Lachaise, 1979).

pement est longue. Ces deux types de stratégies correspondent à deux choix évolutifs différents : une reproduction précoce et une fécondité élevée chez les stratèges-r qui investissent dans la reproduction une grande partie de leurs ressources ; ou bien une reproduction tardive et une fécondité réduite chez les stratèges-K qui investissent surtout leur énergie dans des activités sans rapport avec la reproduction comme la dispersion ou la compétition (Lachaise, 1979).

La fécondité des femelles et la taille des larves chez les Diptères Sarcophagidae sont en relation avec le mode de vie (Forsyth & Robertson, 1975). La plupart des espèces de cette famille vivent à l'état larvaire dans des cadavres, ou bien sont des parasites. Elles ont adopté une stratégie de reproduction de type r et possèdent des larves nombreuses et de petite taille. Le nombre de larves par femelle est compris entre 52 et 170 et leur taille moyenne varie de 2,12 à 4,63 mm. Les larves de *Blaesoxipha fletcheri*, une espèce de la même famille, ont une biologie différente car elles vivent dans les urnes des plantes carnivores du genre *Sarracenia*. La compétition intraspécifique intense entre ces larves limite leur nombre à un seul individu par urne et les femelles ont adopté une stratégie de type K. Le nombre de larves par femelle est de 11 et leur taille moyenne est de 6,95 mm.

2.2.3. LES STRATÉGIES DES VERTÉBRÉS

Des espèces stratèges-r et stratèges-K existent chez les Vertébrés. Le bec croisé *Loxia curvirostra* se nourrit de graines de sapin dont la fructification irrégulière n'a lieu que tous les 2 à 5 ans. Les disponibilités alimentaires incertaines représentent pour cet oiseau un élément imprévisible du milieu. Lorsque la nourriture est abondante le bec croisé multiplie ses nichées et il peut même se reproduire en plein hiver, ou seulement quelques semaines après sa naissance. C'est aussi une espèce vagabonde dont les mouvements désordonnés sont typiques d'un stratège-r. Beaucoup d'oiseaux des milieux herbacés comme le chardonneret, la linotte, les alouettes, les bruants, sont très mobiles, granivores, dotés d'une fécondité élevée et d'une faible espérance de vie. Ce sont des oiseaux d'écosystèmes jeunes, de milieux ouverts, qui ont été favorisés par l'artificialisation du paysage alors que leurs habitats d'origine étaient très localisés. Beaucoup de Mammifères de petite taille

comme les campagnols sont des stratèges-r mais on rencontre aussi parmi les stratèges-r des espèces de grande taille comme le sanglier.

Le manchot empereur *Aptenodytes forsteri* présente deux particularités remarquables : c'est le plus grand des manchots et il se reproduit en plein hiver sur la banquise dans l'Antarctique. Les adaptations de cette espèce intéressent la physiologie, le comportement et l'écologie. Elles sont le résultat de multiples interactions entre des contraintes internes et des contraintes externes. Les contraintes d'origine interne sont la grande taille, la longue durée de l'incubation et de l'élevage des jeunes, la faible fécondité (un seul œuf). Les contraintes dues au milieu sont les basses températures, l'existence de 8 mois d'hiver et d'une banquise persistante, la présence de la nourriture dans des lieux très éloignés du site de nidification ce qui implique de longs déplacements. La grande taille assure une bonne isolation thermique qui permet au manchot empereur de résister au froid. La longueur des voyages alimentaires est corrélée avec l'aptitude au jeûne. La longueur de l'incubation a imposé la reproduction en hiver sur la banquise. Les mâles assurent seuls l'incubation ; ils ont un territoire limité aux environs immédiats du nid et une faible agressivité. Le chant de reconnaissance entre le mâle et la femelle, qui sont longtemps séparés en raison de la longueur des voyages alimentaires, est très individualisé et facile à localiser. La mortalité plus grande des mâles explique l'existence de femelles en surnombre et la fréquence de « trios » durables (Jouventin, 1982).

Les albatros sont des oiseaux de grande taille et des planeurs remarquables aux ailes longues et étroites qui utilisent les ascendances thermiques pour se déplacer très loin en dépensant le moins d'énergie possible. Ils doivent faire des voyages pouvant dépasser mille kilomètres pour rechercher en mer les poissons et les Céphalopodes qui constituent l'essentiel de leur nourriture. Cette contrainte due à de longs déplacements est encore plus marquée lors de l'élevage des jeunes. Près de la moitié des espèces d'albatros élèvent au plus un jeune tous les deux ans en raison de la longueur de leur cycle reproducteur. Ils n'atteignent leur maturité sexuelle qu'à 12 ans mais leur espérance de vie est grande (figure 13.13). Ces caractères font des albatros de parfaits stratèges-K. Leur

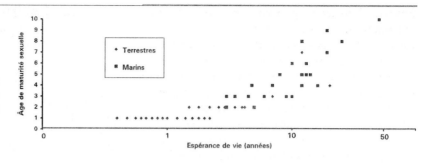

Figure 13.13

Relation entre l'espérance de vie et l'âge de maturité sexuelle chez divers oiseaux

La maturité sexuelle est d'autant plus tardive que l'espérance de vie est plus grande. Celle-ci est plus faible chez les oiseaux terrestres (Jouventin & Mougin, 1984).

faible fécondité est une contrepartie obligée de leur mode de vie pélagique, étant donné que la longueur des vols alimentaires les rend peu rentables au point de vue énergétique ce qui ralentit la croissance des poussins. Mais ce mode de vie pélagique a un avantage : elle évite la compétition en étendant au maximum la surface des zones d'alimentation. L'élevage difficile d'un poussin unique rend l'aide du mâle indispensable d'où la nécessité de la formation de couples définitifs. Cette faible fécondité rend les populations d'albatros très vulnérables lorsqu'une mortalité importante des poussins survient. Mais grâce à leur maturité sexuelle tardive ces oiseaux possèdent une réserve potentielle de reproducteurs de plusieurs classes d'âges qui peuvent éventuellement compenser les pertes. L'exemple des albatros montre comment un ensemble de caractéristiques morphologiques, démographiques, écologiques et éthologiques permet l'adaptation à une niche écologique originale (Jouventin & Mougin, 1984).

Le vautour fauve est aussi un stratège K. Il a une longue période d'immaturité pouvant atteindre 7 ans, une espérance de vie élevée et une faible fécondité. C'est un excellent voilier capable de pratiquer le vol plané en dépensant peu d'énergie et de rechercher une nourriture dispersée sur de grandes surfaces.

2.3. La théorie de Lack

Chez beaucoup d'oiseaux la taille des pontes diminue vers les basses latitudes. Le nombre d'œufs le plus fréquent est de 2 ou 3 dans les régions tropicales humides et il est de 4 à 6 dans les régions tempérées et arctiques. Les chiffres suivants indiquent les variations de la taille de la ponte chez la mésange bleue en fonction de la latitude :

Latitude	Région	Taille de la ponte
60°	Suède	11,6
52°	Hollande	11
47°	Bourgogne	11,1
44°	Provence	8,9
42°	Corse	6,1
41°	Salamanque	9,5
34°	Maroc	6,7
29°	Canaries	4,2

Cette constatation est à l'origine de la théorie de Lack (1968) selon laquelle la sélection naturelle a conduit les oiseaux à pondre un nombre d'œufs qui leur permet d'élever le plus grand nombre possible de jeunes. Chaque femelle tend à pondre un nombre maximum d'œufs mais une limite est fixée par la quantité de nourriture disponible. Le gradient latitudinal de la taille des pontes serait lié à un afflux saisonnier important de nourriture en été dans les régions tempérées, et à une durée du jour plus grande qui permet aux parents de collecter de la nourriture plus longtemps que sous les tropiques. La taille des pontes des mésanges bleues de Corse et des Canaries est nettement inférieure à celle des régions continentales situées à la même latitude, ce qui correspond à une caractéristique des populations insulaires.

2.4. Stratégies démographiques, compétition et prédation

Le rôle de la prédation dans le façonnement des profils démographiques a été démontré chez le guppy *Poecilia reticulata*. Ce petit poisson subit dans l'île de Trinidad, selon les rivières, soit une prédation intense qui s'exerce principalement sur les adultes et qui est

l'œuvre d'un autre poisson Cichlidé, soit une prédation modérée par un poisson du genre *Rivulus* qui consomme surtout les jeunes. Les profils démographiques de ces deux types de populations de guppies sont différents. Les populations qui subissent la prédation par le Cichlidé réalisent un effort de reproduction plus soutenu avec des portées plus fréquentes toute l'année. Les poissons qui les constituent ont une taille plus petite, des jeunes plus petits mais plus nombreux. Ces caractères, contrôlés génétiquement, se maintiennent dans les élevages en aquarium (Reznick & Endler, 1982). En 4 ans seulement, les mâles des guppies non soumis à la prédation par le Cichlidé ont accru leur poids de 15 %. Ces résultats montrent que la sélection naturelle peut agir très rapidement sur les espèces. Dans le cas des guppies le changement semble être de 10 000 à un million de fois plus rapide que celui qui a été déterminé par les paléontologistes lors de l'étude des fossiles. Ces résultats permettent de penser que la sélection naturelle suffit pour expliquer les structures observées dans l'évolution des espèces fossiles, sans faire appel aux événements de spéciation brusque qui sont invoqués par la théorie des équilibres ponctués (Reznick *et al.*, 1997).

Des variations de taille en présence de prédateurs ont été signalées chez plusieurs espèces d'invertébrés aquatiques. Les nouveau-nés de la daphnie *Daphnia pulex* ont une taille moyenne plus petite quand ils sont issus de parents vivant en présence de l'insecte prédateur *Notonecta undulata*, que lorsqu'ils sont issus de parents vivant en l'absence du prédateur. Ceci semble être un moyen qui leur permet d'échapper à la détection visuelle par les notonectes (Dodson & Havel, 1988).

L'allocation d'énergie pour la reproduction est une caractéristique de l'histoire naturelle des espèces qui peut changer en fonction des conditions de milieu. La daphnie *Daphnia hyalina* fournit un effort de reproduction (mesuré par le poids d'œufs en pour-cent du poids corporel) supérieur lorsqu'elle se trouve dans de l'eau où a séjourné le poisson prédateur *Leuciscus idus*, que dans de l'eau non conditionnée par la présence du poisson. Des signaux chimiques libérés par le poisson semblent responsables de ces modifications de l'effort reproducteur (Stibor, 1992).

III. LA BIOGÉOGRAPHIE INSULAIRE

Une île est un milieu isolé et de superficie restreinte par rapport au continent voisin. Les flores et les faunes insulaires sont souvent plus pauvres, à surface égale, que celles du continent le plus proche. Il existe en Corse 2 700 espèces de Coléoptères alors qu'un bloc de même surface dans la région provençale en renferme au moins 4 000. Le peuplement d'une île s'apparente à une course d'obstacles. Les chances de peuplement sont d'autant plus faibles que l'île est plus éloignée du lieu d'origine des espèces immigrantes. La vitesse du peuplement dépend aussi du pouvoir de dispersion, qui varie d'une espèce à l'autre. Après l'éruption du Krakatau en 1883 toute vie disparut de l'île. Cinquante ans après elle comptait 4 Mammifères, 41 oiseaux, 720 insectes et 219 plantes à fleurs mais il n'y avait ni Amphibien, ni poisson, ni Mollusque d'eau douce, ceux-ci n'ayant pas réussi à franchir la distance de 41 km qui sépare l'île de Krakatau de l'île de Java qui est la plus proche.

La théorie du peuplement insulaire, développée par Mac Arthur & Wilson (1967), admet que la richesse spécifique d'une île résulte d'un équilibre dynamique entre le taux d'immigration et le taux d'extinction. Le taux d'immigration décroît lorsque le nombre d'espèces augmente par suite de l'intensification des phénomènes comme la prédation et la compétition. Le taux d'extinction croît avec le nombre d'espèces déjà installées et il est plus grand pour une petite île car les populations ne peuvent pas y développer des effectifs importants et le risque d'extinction, par suite des variations aléatoires, y est plus grand que dans les grandes îles. Le modèle de Mac Arthur & Wilson prévoit que les îles proches des continents ou de grande surface ont plus d'espèces que les îles éloignées ou de petite surface. Ces prévisions sont souvent conformes à ce qui est observé (figure 13.14). Le nombre d'espèces présentes dans une île est donné par l'intersection de deux courbes représentant l'immigration et l'extinction (figure 13.15).

Le modèle de Mac Arthur & Wilson peut être appliqué aux continents. Un sommet montagneux isolé, un îlot forestier au milieu des cultures, une grotte ou un bassin fluvial peuvent être assimilés à des « îles continentales ». La

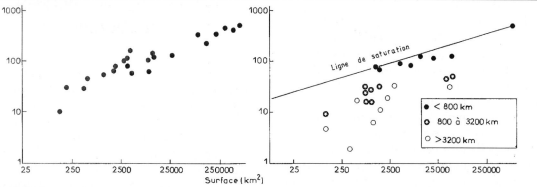

Figure 13.14

À **gauche**, relation de la forme N = k.S^z entre le nombre d'espèces d'oiseaux et la surface dans les îles de la Sonde (y compris les Philippines et la Nouvelle- Guinée).

À **droite**, nombre d'espèces d'oiseaux dans l'ensemble des îles Moluques, de la Mélanésie, de la Micronésie et de la Nouvelle-Guinée. Une ligne de saturation est tracée entre les îles ayant les faunes les plus riches, c'est-à-dire la Nouvelle-Guinée et les petites îles proches. Les divers types de signes indiquent les distances à la Nouvelle- Guinée qui est à l'origine des peuplements. La richesse en espèces diminue quand cette distance augmente (Mac Arthur & Wilson, 1963).

Figure 13.15

Courbes représentant les taux d'immigration et d'extinction dans des peuplements insulaires en fonction de la surface des îles et de leur distance au continent le plus proche

Des considérations théoriques font penser que ces taux sont représentés par des courbes concaves et non par des droites. N_1 et N_2 sont les richesses en espèces.

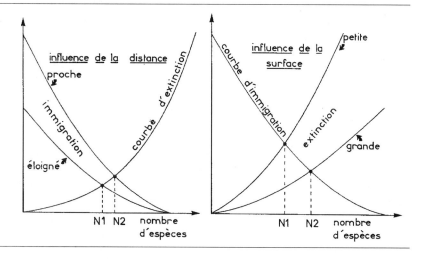

relation qui lie la surface S et le nombre d'espèces N est de la forme N = kS^z ou log N = log k + z log S. La valeur de z est souvent comprise entre 0,18 et 0,35 avec une valeur moyenne de 0,25. Mac Arthur & Wilson pensent que pour des îles continentales la valeur de z doit être inférieure (0,12 à 0,17) à celle des îles véritables (0,18 à 0,35), car les îles continentales sont baignées dans un flux continuel d'immigrants et de résidents temporaires tandis que les îles vraies ont un taux d'extinction plus élevé qui augmente quand la surface de l'île diminue. En outre, la valeur de z est plus grande pour des îles de petite surface que pour des îles de grande surface. Mais la signification biologique des variations de z a été discutée et mise en doute (May, 1975).

La relation entre S et N est parfois non linéaire. Dans les îles Salomon, la valeur de z change brusquement lorsque la surface est supérieure à 0,3 km^2 (figure 13.16). Dans le golfe de Californie (ou mer de Cortez), la relation entre la surface S de 24 îles et le nombre d'espèces N d'oiseaux qu'elles hébergent s'ajuste à une droite N = k.S^{0,27}, mais la variation de surface n'explique que 79 % de la variation du nombre d'espèces. Celui-ci s'accroît vite entre 1 et 6 km^2 et plus lentement entre 40 et 1 000 km^2. Une interprétation (Wiens, 1989) admet que l'accroissement de la richesse spécifique se fait par stades, N augmentant brusquement lorsque S dépasse un seuil, puis restant à peu près constant jusqu'au seuil suivant. Chaque stade correspondrait à 1,5 fois la surface du stade précédent.

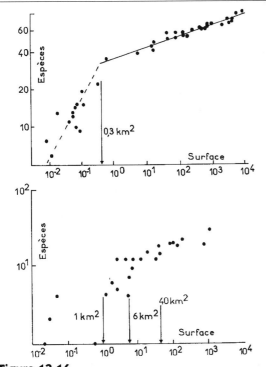

Figure 13.16

Influence de la surface des îles sur le nombre d'espèces

En haut, relation entre la surface et le nombre d'espèces dans le cas des oiseaux des îles Salomon. La pente de la droite de régression est plus grande pour les îles dont la surface est inférieure à 0,3 km².

En bas, même relation dans le cas des îles du golfe de Californie (ou mer de Cortez). L'augmentation de la richesse en espèces en fonction de la surface marque un ralentissement à partir de 40 km² et elle est plus rapide entre 1 et 6 km² (Wiens, 1989).

Cette interprétation suppose que les ressources disponibles ne s'accroissent pas d'une façon continue avec la surface de l'île mais augmentent brusquement en quantité et en disponibilité à chaque seuil. La diversité des végétaux semble augmenter d'une façon identique à celle des oiseaux, peut-être en réponse à des changements dans le relief ou le réseau hydrographique.

Dans un certain nombre de cas il existe une relation entre le nombre d'espèces de parasites et l'aire occupée par leurs divers hôtes. C'est le cas pour les helminthes parasites des poissons d'eau douce en Grande-Bretagne. Ceci peut être interprété comme une confirmation de la théorie de la biogéographie insulaire, l'aire de l'espèce hôte étant l'équivalent de la surface de l'île (Price & Clancy, 1983).

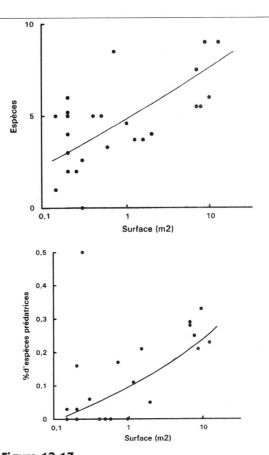

Figure 13.17

En haut, relation entre la surface et le nombre d'espèces dans des étangs de surface variable dans le nord d'Israël.
En bas, relation entre la surface de ces mêmes étangs et le pourcentage d'espèces prédatrices (Spencer *et al.*, 1999).

Une relation entre la surface de 70 lacs répartis sous toutes les latitudes et leur richesse en espèces de poissons a été établie (Barbour & Brown, 1974). On constate que 30,5 % seulement de la variabilité des nombres d'espèces sont expliqués par les variations de la surface des lacs. Les autres facteurs qui interviennent sont la forme plus ou moins complexe des rivages qui offrent un nombre plus ou moins grand de biotopes isolés permettant la spéciation ; la latitude et l'altitude ; l'isolement et l'ancienneté. Ces deux derniers caractères expliquent la richesse du lac Baïkal et de certains lacs africains. Ces données montrent aussi que la grande richesse en espèces des lacs tropicaux n'est pas seulement due à la basse latitude, mais aussi à leur grande surface, à leur isolement et à leur stabilité.

Des étangs temporaires de grande surface renferment plus d'espèces que des étangs temporaires de petite surface (figure 13.17). Les étangs de grande surface renferment aussi un pourcentage plus important d'espèces prédatrices que les petits étangs (Spencer *et al.*, 1999). Un petit nombre d'espèces et un faible pourcentage d'espèces prédatrices ont aussi été signalés dans les

très petites îles de l'archipel des Bahamas qui généralement manquent de prédateurs (Schoener, 1989). Le pourcentage de carnivores parmi les Mammifères du sud des Montagnes Rocheuses augmente avec la richesse spécifique (Patterson, 1984). Dans les collections d'eau qui sont retenues dans les Broméliacées épiphytes, les prédateurs sont absents des plantes de petite taille, et en Allemagne les peuplements d'orties très isolés possèdent relativement peu d'espèces prédatrices (Zabel & Tscharntke, 1998). Dans le sud de la France, la rivière Baillaurie est un oued qui s'assèche en été ; il ne subsiste que des mares plus ou moins permanentes et de surface variable qui sont garnies sur le fond de détritus et d'une végétation réduite à des algues de petite taille. La colonisation de ces mares se fait soit par des espèces qui vivaient auparavant dans la rivière, soit par cheminement à terre d'espèces amphibies, soit par arrivée au vol, soit par remise en vie active d'espèces qui ont survécu lors des périodes défavorables. Dans les grandes mares la faune est plus riche en espèces et plus équilibrée que dans les petites mares et les relations trophiques sont plus diversifiées, avec en particulier le développement d'un complexe plus important de prédateurs (figure 13.18). L'existence de ces structures implique que les écosystèmes peu étendus et pauvres en espèces doivent fonctionner d'une façon différente de celle des écosystèmes riches en espèces.

3.1. La validité de la théorie

Le modèle de Mac Arthur & Wilson permet de faire trois sortes de prévisions : le nombre d'espèces présentes dans une île est à peu près constant ; des espèces disparaissent et ces extinctions sont compensées par des immigrations ; le taux de renouvellement des espèces varie en sens inverse de la surface de l'île.

Simberloff & Wilson (1970) ont traité par fumigation au bromure de méthyle quatre îlots de mangrove de surface et d'isolement variables situés dans la région des Keys dans le sud de la Floride. Auparavant, les Invertébrés terrestres avaient été recensés et la recolonisation a été suivie pendant deux ans. Le nombre initial d'espèces fut retrouvé rapidement. Au bout de six mois les îlots les plus éloignés de la côte avaient

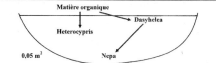
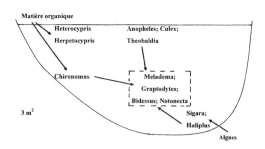
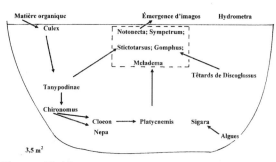

Figure 13.18

Dans les Pyrénées-Orientales, trois mares plus ou moins temporaires montrent l'influence de la surface d'un habitat sur la richesse spécifique et la complexité des réseaux trophiques.

La mare de 0,5 m^2 a une profondeur de 8 cm ; la mare de 3 m^2 a une profondeur de 30 cm et la mare de 3,5 m^2 une profondeur de 40 cm. Dans les grandes mares le peuplement est plus riche en espèces et plus équilibré avec de plus nombreux prédateurs. En outre, il n'y a pas de développement massif d'une espèce comme on le constate pour *Heterocypris incongruens* qui colonise les petites mares où il peut pulluler. Liste des espèces. Crustacés Ostracodes : *Heterocypris incongruens, Herpetocypris reptans*. Ephémères : *Cloeon simile*. Odonates : *Sympetrum, Gomphus, Platycnemis*. Diptères : *Culex, Dasyhelea, Anopheles, Tanypodinae, Chironomus, Theobaldia*. Hétéroptères : *Nepa, Sigara, Notonecta, Hydrometra*. Coléoptères : *Meladema, Graptodytes, Bidessus, Haliplus* (Remmert & Ohm, 1955).

reçu une faune moins abondante et qui arrivait plus lentement que sur les îlots rapprochés. Dans trois cas la richesse spécifique des îlots a dépassé celle des peuplements initiaux avant de diminuer légèrement et de se stabiliser (figure 13.19). Ceci correspond à une étape initiale où les phénomènes de prédation et de compétition n'interviennent pas encore. Les espèces qui ont colonisé les îlots après la fumigation ne sont pas toujours celles qui existaient aupara-

vant. Ces expériences sont considérées comme la meilleure preuve de la valeur du modèle de Mac Arthur & Wilson.

La mise en évidence d'un équilibre dynamique qui maintient le nombre d'espèces et assure leur renouvellement peut se faire en étudiant les peuplements insulaires d'oiseaux, ces derniers étant les animaux le plus facilement et le plus souvent étudiés. Dans les îles Channel Islands qui sont situées au large de Los Angeles, un inventaire a été réalisé plusieurs fois durant une période un peu supérieure à cinquante ans (figure 13.20). On a constaté que le nombre d'espèces est resté remarquablement constant. Les recensements ont montré que le taux de renouvellement des espèces d'oiseaux qui se reproduisent sur les îles est de 0,5 à 1,4 % par an pour les grandes îles et de 0,8 à 4,9 % par an pour les petites îles (la valeur du taux de renouvellement est sous-estimée lorsque les recensements sont faits à des intervalles de temps trop grands). Ces faits viennent eux aussi à l'appui de la théorie de Mac Arthur & Wilson.

D'autres facteurs que la surface de l'île et son isolement interviennent dans la détermination du nombre d'espèces présentes. L'ancienneté, qui a permis une longue évolution et la différentiation d'espèces endémiques, contribue à accroître la richesse spécifique. La pente z de la droite de régression tracée pour les espèces endémiques seules est plus grande que la pente de la droite tracée pour les autres espèces comme l'ont établi Ricklefs & Cox (1972) lors de l'étude des oiseaux des petites Antilles. La diversité des milieux et le nombre d'espèces augmentent avec l'altitude maximale atteinte. Dans l'archipel des Canaries, le nombre d'espèces de Phanérogames est fonction de l'altitude et de la surface. Mais les Coléoptères Carabiques ne se comportent pas comme les Phanérogames et ces deux taxa ont des ordres d'abondance différents dans les diverses îles (tableau 13.2).

Une faiblesse de la théorie de Mac Arthur & Wilson est qu'elle ignore la biologie des espèces qui sont toutes traitées de la même façon, et elle admet que les taux d'immigration et d'extinction sont les mêmes pour toutes les espèces. La théorie ignore aussi le fait que certaines espèces se dispersent plus facilement que d'autres, que la persistance des diverses espèces est variable et qu'elles ont besoin d'habitats de nature et d'étendue très diverses. Ainsi les oiseaux qui sui-

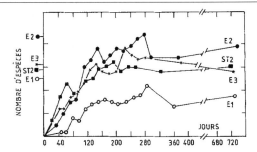

Figure 13.19
Colonisation par les Arthropodes terrestres de quatre îlots de mangrove après défaunation

Les richesses en espèces avant l'expérience sont indiquées sur l'axe des ordonnées. E2 : îlot le plus proche du continent et le plus riche ; E1 : îlot le plus éloigné et le plus pauvre. Pour les trois îlots E2, E3 et ST2 la richesse en espèces après la recolonisation a dépassé pendant un certain temps la richesse initiale (Simberloff & Wilson, 1970).

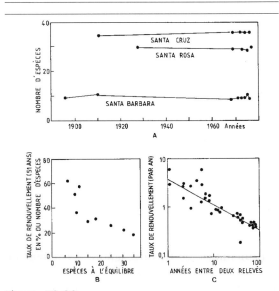

Figure 13.20
Équilibre dynamique des faunes insulaires

A : stabilité du nombre d'espèces d'oiseaux reproducteurs dans trois îles des Channel Islands de Californie. **B** : taux de renouvellement, calculé pour une période de 51 ans, en fonction du nombre d'espèces sur chaque île. **C** : taux de renouvellement dans une île des Channel Islands en fonction du temps qui sépare deux recensements. Ce taux diminue lorsque l'intervalle entre deux recensements augmente car des extinctions et des colonisations ne sont pas détectées (Diamond, 1969).

vent les colonnes de chasse des fourmis *Eciton* pour manger les insectes qu'elles délogent sont plus susceptibles à l'extinction que les oiseaux qui ont besoin d'un petit territoire. La théorie de Mac Arthur & Wilson ne tient pas compte

© Dunod. La photocopie non autorisée est un délit.

	Tenerife	La Palma	Gran Canaria	Hierro	La Gomera	Fuerte-ventura	Lanzarote
Surface (km²)	2 034	708	1 560	269	369	1 660	846
Point le plus élevé (m)	3 711	2 423	1 950	1 520	1 484	807	670
Espèces de Phanérogames	1 079	575	763	391	539	348	366
Espèces de Carabidés	106	35	84	28	57	56	50
Carabidés endémiques	65	19	34	16	37	18	16

Tableau 13.2
Surface, altitude maximale, nombre d'espèces de Phanérogames et de Carabidae et nombre de Carabidae endémiques dans les 7 îles de l'archipel des Canaries.

de l'hétérogénéité d'un territoire mais seulement de sa surface. Or il n'existe pas de relation entre la surface d'un massif forestier et le nombre d'espèces d'insectes liés aux vieux arbres car ces insectes dépendent du nombre d'arbres favorables à leur développement et non de la surface du massif. Le modèle de la biogéographie insulaire fournit des marges d'erreur importantes qui le rendent souvent peu utilisable au point de vue pratique dans un but de conservation des espèces. Les grenouilles de la forêt amazonienne ont une distribution qui n'est pas aléatoire mais qui est fonction du nombre de mares favorables à leur développement. La détermination de la surface minimale nécessaire à leur conservation ne peut donc pas se faire à l'aide du modèle trop simple de la biogéographie insulaire. Il faut rechercher les milieux favorables à la reproduction et ceux qui offrent un habitat de qualité avant de déterminer la surface de la réserve. Dans le cas des massifs forestiers qui sont des îles continentales la théorie ignore les effets de lisière qui peuvent être importants. Dans les îles vraies le modèle néglige les processus de spéciation qui se produisent après l'arrivée des espèces immigrantes et qui sont souvent intenses, ainsi que les relations qui existent entre ces espèces et le milieu. Il ne tient pas compte de la diversité des habitats que l'on peut évaluer à l'aide de paramètres comme l'altitude maximale ou le nombre d'espèces de plantes. Aux îles Galápagos 73 % de la variation du nombre d'espèces d'oiseaux vivant sur les îles peuvent être expliqués par les variations du nombre de plantes présentes. La richesse en espèces d'oiseaux des sommets montagneux isolés dans le désert de Great Basin aux États-Unis est fonction de la diversité des habitats, ce dernier paramètre expliquant 91 % de la variation du nombre d'espèces (Johnson, 1975).

3.2. Un exemple de colonisation : l'île de Krakatau

Une éruption violente a anéanti en 1883 toute trace de vie sur l'île de Krakatau située dans le détroit de la Sonde à mi-chemin entre Java et Sumatra. La colonisation de la petite île de Rakata issue de la fragmentation du Krakatau a pu être régulièrement suivie. La détermination des taux d'immigration et d'extinction pour les végétaux supérieurs, les papillons et les oiseaux a montré (figure 13.21) que, contrairement à ce que suppose le modèle de la biogéographie insulaire, les taux d'immigration et d'extinction ne changent pas d'une façon monotone, que les phénomènes d'extinction sont plutôt rares, et que le taux d'extinction est faible, peut être même nul, alors que la richesse spécifique continue à augmenter (Bush & Whittaker, 1991).

3.3. Les faunes insulaires et leurs caractéristiques

Les faunes insulaires sont caractérisées par leur richesse spécifique plus faible, à surface égale, que celle des continents voisins (sauf pour quelques taxa qui présentent le phénomène de radiation adaptative comme les Drosophiles des îles Hawaii), ce qui retentit sur la structure de leurs peuplements. Dans des forêts comparables, la Corse héberge 18 espèces d'oiseaux et la Provence 23. Mais les densités de peuplement sont supérieures en Corse et chaque espèce occupe dans l'île une gamme de milieux plus variés, autrement dit chaque espèce a élargi sa niche écologique (phénomène d'expansion de niche). Les densités de mésanges du genre *Parus* (en nombre de couples

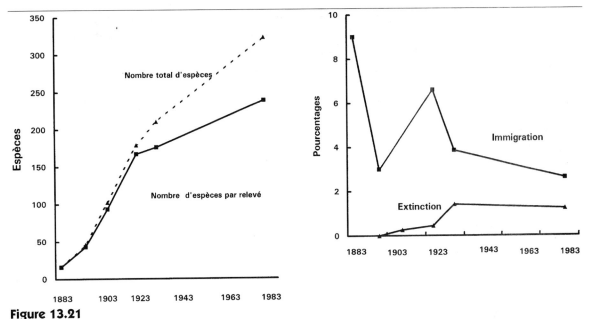

Figure 13.21
Colonisation de l'île Rakata après l'éruption du Krakatau en 1883
A gauche, évolution du nombre d'espèces de plantes à fleurs. Nombre d'espèces trouvées à chaque relevé et nombre total d'espèces trouvées.
A droite, variations des taux d'immigration et d'extinction des plantes à fleurs, en nombre d'espèces par an. Ces courbes n'ont pas l'allure régulièrement concave prévue par le modèle de Mac Arthur & Wilson (Bush & Whittaker, 1991).

pour dix hectares) dans la cédraie du Mont Ventoux en Provence et dans la futaie de chênes verts de la vallée du Fangio en Corse sont les suivantes :

Espèces de mésanges	Provence	Corse
Parus coeruleus	4,7	14,1
Parus major	2,3	4,7
Parus ater	4,2	4,1
Parus cristatus	2,0	absente
Parus palustris	0,5	absente

Ces caractéristiques sont la conséquence de l'adaptation des stratégies démographiques des mésanges au milieu insulaire, exigu et confiné, où les risques d'extinction sont plus grands. Les deux espèces rares ont disparu de Corse et les espèces communes y ont développé des populations plus nombreuses. La compétition interspécifique a diminué et la compétition intraspécifique a augmenté. La stratégie adoptée, de type K, est la plus adaptée à la survie des espèces. Elle se manifeste en particulier par des modifications de la fécondité comme le montrent les chiffres suivants relatifs à la mésange bleue :

	Mont Ventoux	**Corse**
Date de ponte du premier œuf	25 avril	13 mai
Nombre d'œufs pondus	8,8	6,0
Succès de reproduction (% des œufs ayant donné des jeunes à l'envol)	66,3	50,0

Les mésanges insulaires ont une reproduction plus tardive que sur le continent, des pontes moins importantes et des succès de reproduction moins élevés.

La fragilité des faunes insulaires peut s'expliquer par l'élargissement de leurs niches écologiques, ce qui les rend sensibles à la compétition avec les espèces introduites accidentellement. C'est dans les faunes insulaires que l'on rencontre le plus grand pourcentage d'espèces menacées ou disparues (*cf.* chapitre 22).

3.3.1. LE CAS DES *ANOLIS* DES PETITES ANTILLES

Les *Anolis* sont des lézards qui ont colonisé beaucoup d'îles des Antilles. Dans les Petites Antilles 16 îles possèdent des *Anolis* et 8 d'entre elles possèdent deux espèces. Cette arrivée a dû

se faire grâce à des radeaux flottants car ces îles n'ont jamais été rattachées au continent. Des observations et des expériences ont établi que la compétition interspécifique pour la nourriture et l'espace existe lorsque deux espèces cohabitent. Dans la plupart des îles où il existe une seule espèce, les *Anolis* ont acquis une taille dite « taille solitaire » qui est de l'ordre de 60 mm chez le mâle et de 50 mm chez la femelle. Une seule île, Marie Galante, héberge une espèce dont les mâles atteignent 100 mm. Lorsqu'il existe deux espèces sur une île, la plus petite espèce possède la taille solitaire et la plus grande a une taille de l'ordre de 100 mm. On admet que ces structures de taille sont la conséquence de processus d'immigration et de compétition suivis de coévolution que l'on peut schématiser ainsi.

(a) Une espèce d'*Anolis* arrivée seule sur une île évolue vers la taille solitaire qui serait celle qui correspond à la possibilité de capture maximale d'insectes, compte tenu de la densité souvent élevée de ce lézard et de la charge biotique maximale de l'île.

(b) L'arrivée et l'installation d'une espèce immigrante de petite taille est impossible car elle entre en compétition avec l'espèce déjà présente.

(c) L'installation d'une espèce de grande taille est possible car la compétition est en faveur de cette dernière.

Les deux espèces, la grande et la petite, entrent en compétition et coévoluent. La taille de l'espèce résidente diminue pour éviter la compétition avec l'envahisseur et la taille de ce dernier diminue aussi pour exploiter au mieux les ressources en insectes. On aboutit ainsi, soit à une situation où une espèce de petite taille coexiste avec une espèce de grande taille, soit à une situation où l'espèce de petite taille a disparu récemment et où l'envahisseur n'a pas encore atteint une petite taille (cas de Marie Galante), soit à une situation où l'espèce envahissante subsiste seule et a acquis une taille solitaire (Lister, 1976).

3.3.2. La colonisation des plantes cultivées

Les plantes cultivées comme le maïs, la vigne, la canne à sucre ou le soja qui ont été introduites dans diverses régions du monde peuvent être considérées comme des îles de surfaces variables situées au milieu d'une végétation autochtone très différente. La richesse du peuplement de ces « îles végétales » par les insectes phytophages dépend :

(a) de la surface plantée. Cette richesse croît d'une façon asymptotique et elle se stabilise rapidement. Dans le cas de la canne à sucre, la relation entre la surface cultivée S et la richesse spécifique N est de la forme $\log (N + 1) = 0,45 \log S$. La valeur de r^2 est égale à 0,50 ce qui signifie que la surface plantée en canne à sucre ne suffit pas à expliquer toute la richesse spécifique.

(b) du temps de colonisation. Cependant ce dernier intervient peu et il y a presque autant d'espèces d'insectes phytophages sur la canne à sucre dans les régions où elle est cultivée depuis 150 ans que dans les régions où elle est cultivée depuis 2 000 ans.

(c) de l'espèce cultivée. Certaines espèces introduites échappent à la colonisation, comme les eucalyptus en Europe et en Amérique ou les cactées du genre *Opuntia* dans l'ancien monde. Ces espèces peu colonisées appartiennent le plus souvent à des familles exotiques non représentées à l'état spontané dans leur nouveau pays. Leur peuplement est réalisé en grande partie à partir d'espèces locales parmi lesquelles les espèces polyphages externes dominent, tandis que les espèces mineuses ou gallicoles sont rares.

IV. LA COÉVOLUTION

La notion de coévolution a été proposée par Ehrlich & Raven (1964). Elle peut être définie comme l'ensemble des changements qui apparaissent chez deux espèces qui sont en interaction et qui évoluent parallèlement. On peut schématiser ainsi le mécanisme de la coévolution : l'espèce A exerce une pression de sélection plus forte sur un certain phénotype de l'espèce B que sur l'autre. L'espèce B évolue en modifiant la fréquence de ses phénotypes. L'espèce B ainsi modifiée exerce sur l'espèce A une influence différente de celle qu'elle exerçait auparavant et la population de A se modifie à son tour, et ainsi de suite. Dans le modèle de Ehrlich & Raven la coévolution entre un insecte et une plante hôte se fait selon le schéma suivant. La plante élabore un composé

faiblement toxique pour les insectes phytophages, mais ayant un rôle dans la physiologie ou l'écologie de la plante. Quelques insectes réussissent à se nourrir sur cette plante. Celle-ci subit une évolution qui, par la voie des mutations, conduit à l'élaboration de composés de plus en plus toxiques. Les insectes qui peuvent attaquer la plante sont de plus en plus rares. La plante protégée peut, en l'absence d'ennemis, se diversifier en produisant de nouvelles espèces. Des insectes ayant subi les mutations convenables s'adaptent à la plante et tolèrent le composé toxique ou même le recherchent en tant que constituant indispensable à leur métabolisme. On aboutit ainsi à un ensemble d'espèces qui se sont spécialisées sur une ou quelques plantes.

Les cas de coévolution bien établis intéressent les relations entre insectes et végétaux mais aussi d'autres types de relations entre espèces (Carton, 1988). Certains cas ont déjà été signalés, comme la coévolution qui aboutit à une véritable symbiose entre les *Acacia* et des fourmis en Amérique tropicale, ou comme la coévolution par compétition chez les lézards du genre *Anolis* des Petites Antilles ou chez les *Hydrobia* du Danemark. L'évolution et la diversification parallèles des Angiospermes et des insectes à l'ère tertiaire est un exemple classique de coévolution.

4.1. La myxomatose et le lapin de garenne

Un exemple de changements dus à la coévolution dans un système hôte–parasite est celui du lapin et de la myxomatose. Cette maladie qui a été introduite en Australie en 1950 a permis de réduire considérablement les effectifs des lapins, eux aussi introduits, qui étaient devenus un véritable fléau. Mais la maladie s'est rapidement atténuée spontanément en raison de l'apparition de lapins génétiquement résistants et d'une diminution de la virulence du virus (tableau 13.3). Le mécanisme responsable de cette évolution parallèle du lapin et du virus se trouve dans le mode de transmission de la maladie dont le vecteur principal en Australie est un moustique. Les souches de virus qui sont favorisées sont celles qui provoquent des lésions superficielles n'entraînant pas une mort trop rapide des lapins, de telle sorte qu'elles restent accessibles plus longtemps aux moustiques (Fenner, 1965). Un phénomène de résistance analogue est apparu en France et en Grande-Bretagne.

La malaria aviaire due à un *Plasmodium* sévit parmi les oiseaux endémiques des îles Hawaii. Cette parasitose, qui est véhiculée par les moustiques *Aedes albopictus* et *Culex quinquefasciatus* a été introduite d'Asie au début du XXᵉ siècle. Les oiseaux de l'archipel n'étaient pas résistants et la malaria est à l'origine de la disparition d'espèces, comme le pinson de Laysan *Telespyza cantans*, et de la raréfaction d'autres espèces. Cependant, des observations montrent que quelques populations ont coévolué avec le parasite et acquis une certaine résistance ; mais cette résistance est encore plus faible que celle des espèces non insulaires. L'oiseau endémique *Hemignathus virens* est le plus résistant et ses populations, après avoir diminué, sont de nouveau en expansion (Van Ryper *et al.*, 1986 ; Toft & Karter, 1990).

4.2. La coévolution dans un couple hôte-parasite

Les expériences de Pimentel & Stone (1968) fournissent un exemple de coévolution dans le couple formé par la mouche domestique et son

Années	Virulence du virus					
	I	II	IIIA	IIIB	IV	V
1950-51	100	–	–	–	–	–
1958-59	–	25	29	27	14	5
1963-64	0,3	26	34	31,2	8,3	–

Tableau 13.3
Fréquence relative des divers types de virus de la myxomatose en Australie après l'introduction de virus de type I en 1950. Dans la classification des virus, le type I est le plus virulent et le type V le moins virulent (May & Anderson, 1983).

parasite, l'Hyménoptère *Nasonia vitripennis* (figure 13.22). Lorsque les populations des deux espèces proviennent d'individus sauvages n'ayant jamais été en contact, des fluctuations d'abondance importantes apparaissent et se prolongent pendant 80 semaines. Si les deux espèces proviennent de populations ayant coexisté en élevage pendant deux années, un équilibre stable s'installe. La cohabitation a eu pour conséquence l'acquisition par l'hôte d'une résistance adaptative vis-à-vis de son parasite. Une des conséquences de cette adaptation est la réduction de la fécondité du parasite, qui passe de 140 descendants par femelle dans le premier cas à 46 seulement dans le second cas.

4.3. Le lin et les rouilles du genre *Melampsora*

Il existe chez le lin des variétés sensibles et d'autres résistantes à une maladie provoquée par un champignon, une rouille du genre *Melampsora*. Chaque protagoniste de ce couple coévolue en mettant en jeu un seul gène avec deux allèles. À chaque gène résistance / sensibilité d'un cultivar de lin correspond un gène virulence / non virulence du champignon. La résistance du lin n'est effective que si son allèle de résistance est confronté à celui de non virulence du champignon et la virulence de celui-ci ne s'exprime que si son allèle de virulence est complémentaire de celui de sensibilité du lin. On connaît 27 gènes qui caractérisent autant de cultivars de lin et 27 souches de *Melampsora* pathogènes. D'où le nom de coévolution « gène pour gène» qui a été donné à cette association entre le lin et le champignon.

4.4. Les Ombellifères, les insectes et les coumarines

Les coumarines sont des substances présentes parmi une trentaine de familles de plantes à fleurs. Il en existe trois types. L'hydroxycoumarine qui est la forme la plus simple, la plus répandue et la moins toxique ; les furanocoumarines linéaires qui sont présentes surtout chez les Ombellifères et les Rutacées ; les furanocoumarines angulaires qui sont présentes chez 11 genres d'Ombellifères et deux genres de Légumineuses. Les genres d'Ombellifères

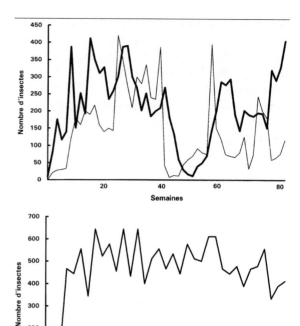

Figure 13.22
Relations hôte-parasite dans le cas du couple *Musca domestica* (trait épais) et *Nasonia vitripennis* (trait fin)
En haut, fluctuations importantes dans le cas d'insectes récemment réunis.
En bas, populations plus stables dans le cas d'insectes qui ont cohabité pendant deux ans (Pimentel & Stone, 1968).

(comme les *Bupleurum*) à furanocoumarines angulaires qui sont les plus toxiques, sont plus riches en espèces que les genres (comme les *Ferula*) à furanocoumarines linéaires moins toxiques et ces derniers sont plus riches en espèces que les genres (comme les *Daucus*) sans furanocoumarines. Ceci confirme le schéma de la coévolution de Ehrlich & Raven qui admet que les plantes protégées par des substances toxiques peuvent subir une « radiation évolutive » intense en l'absence d'ennemis. Les papillons du genre *Papilio* et ceux de la sous-famille des Depressarinés sont plus riches en espèces vivant aux dépens des Ombellifères à furanocoumarines angulaires que sur celles à furanocoumarines linéaires, à hydroxycoumarines ou sans coumarine. Ceci est aussi conforme au schéma de la coévolution qui admet que les insectes adaptés à des plantes renfermant des substances toxiques peuvent se

diversifier plus facilement en l'absence de compétiteurs (Berenbaum, 1983). Il y a près de 150 espèces de *Papilio* sur les Ombellifères à furanocoumarines angulaires et moins de 40 sur les Ombellifères à hydroxycoumarines.

Les rayons ultraviolets agissent sur les furanocoumarines en modifiant leurs molécules et en les rendant encore plus toxiques. La molécule de furanocoumarine est capable de s'intercaler entre les bases de l'ADN, ce qui perturbe les processus de réplication. Il en résulte des effets mutagènes et même létaux (Arnason *et al.*, 1983). Les Microlépidoptères Oecophoridés qui vivent aux dépens d'Ombellifères, de Rutacées et de Légumineuses renfermant des furanocoumarines enroulent les feuilles dont ils se nourrissent, ce qui réduit considérablement l'incidence des ultraviolets (Berenbaum, 1978).

Un exemple semblable de coévolution a été décrit chez les papillons américains de la sous-famille des Ithomiinés (famille des Nymphalidés) dont 97 % des espèces vivent sur des Solanacées tandis que les rares autres espèces vivent sur des Apocynacées. Les papillons de la sous-famille des Ithomiinés et les plantes de la famille des Solanacées sont tous deux fortement diversifiés et renferment beaucoup d'espèces, ce qui suggère une coévolution par pressions sélectives réciproques. Les Solanacées renferment un nombre élevé de composés secondaires qui jouent un rôle protecteur vis-à-vis des insectes phytophages. Un alcaloïde du groupe des déhydropyrolizidines (en abrégé PA) est synthétisé par ces plantes et il s'accumule dans le nectar des fleurs où les papillons Ithomiinés, qui en sont les pollinisateurs, l'absorbent et le concentrent. Ce PA peut former jusqu'à 1 à 5 % du poids sec des papillons. Le PA se retrouve dans les tissus des organes reproducteurs des papillons, surtout des mâles, où il sert à la synthèse d'une phéromone sexuelle. Durant l'accouplement le spermatophore formé contient de 20 à 50 % de son poids sec de PA qui est ainsi transféré à la femelle. Celle-ci le dépose sur les amas d'œufs qu'elle pond, ce qui les protège contre les prédateurs. De plus les Ithomiinés sont pourvus de couleurs d'avertissement et ils sont immangeables (Brown, 1991).

4.5. Les *Heliconius* et les *Passiflora*

Il s'agit du cas de coévolution le plus connu (Gilbert, 1975 ; Strong *et al.*, 1984). En Amérique tropicale beaucoup d'espèces de lianes du genre *Passiflora* sont attaquées par les chenilles de papillons du genre *Heliconius*. Les *Passiflora* renferment des glucosides cyanogénétiques toxiques que les chenilles d'*Heliconius* sont capables d'inactiver mais aussi de réutiliser à leur profit. Les *Passiflora* sont très dispersées à travers la forêt. Pour découvrir les plantes ayant formé des jeunes pousses qui seules conviennent à la nourriture des chenilles et pouvoir y déposer leurs œufs, les femelles d'*Heliconius* doivent parcourir la forêt et vivre longtemps. Elles ont de grands yeux qui leur permettent d'examiner la végétation, et un vol plané peu gaspilleur en énergie. Elles vivent plusieurs mois et peuvent ainsi explorer de grandes étendues de forêt. Pour échapper à leurs ennemis durant leur longue vie, les *Heliconius* ont développé des couleurs d'avertissement et ils sont peu comestibles. La formation irrégulière et dispersée des pousses de *Passiflora* a été interprétée comme une réaction évolutive de la plante face à un prédateur herbivore. La forme des feuilles varie beaucoup, ce qui peut empêcher les femelles à la recherche d'un lieu de ponte de reconnaître la plante favorable. Chez *Passiflora cyanea* sur laquelle certains *Heliconius* déposent leurs œufs, les stipules et les pétioles des feuilles portent des appendices qui simulent des œufs du papillon et qui dissuadent les femelles de pondre. Les *Heliconius* adultes se nourrissent aux dépens des lianes du genre *Anguria* (famille des Cucurbitacées) qui leur fournissent les aliments azotés nécessaires et qui dépendent des papillons pour leur pollinisation. Les *Anguria* produisent peu de fleurs femelles mais de nombreuses fleurs mâles : une seule inflorescence produit une centaine de fleurs mâles dont chacune dure environ deux jours. Une même inflorescence peut ainsi rester attractive pendant plusieurs mois et être régulièrement visitée par les papillons.

4.6. Les *Tetraopes* et les *Asclepias*

Les *Tetraopes*, Cérambycides américains rouges à taches noires, sont remarquables par leurs vives couleurs d'avertissement. Ils se nourrissent presque tous aux dépens d'Asclepiadacées du genre *Asclepias* riches en latex toxique qui renferment en particulier des alcaloïdes du groupe des cardénolides protégeant les *Tetraopes* contre les prédateurs. L'étude des *Tetraopes* fondée sur la morphologie et les allozymes a permis d'établir

une phylogénie des diverses espèces. La coévolution avec les *Asclepias* a été prouvée en montrant que la concordance entre la phylogénie des plantes et celle des insectes est hautement significative (figure 13.23).

Ces exemples montrent que la coévolution entre les plantes et les insectes est un phénomène fréquent, mais il n'est pas général : *« Coevolution most certainly does not provide a general mechanism to explain the contemporary structure of phytophagous insect communities »* (Strong *et al.*, 1984).

4.7. La coévolution diffuse entre les plantes et les vertébrés frugivores

On admet que l'évolution des vertébrés frugivores et des plantes produisant des fruits s'est faite selon une *coévolution diffuse* qui résulte de l'interaction entre de nombreuses espèces. Les modalités de la dispersion des fruits et des graines, et de la coévolution entre plantes et animaux ont été surtout étudiées dans la forêt tropicale mais aussi dans des régions tempérées. La recherche des fruits par les animaux ne se fait pas au hasard. Il existe un choix et les familles dont les fruits sont recherchés par les oiseaux ne sont pas les mêmes que celles dont les fruits sont recherchés par les chauves-souris ou les Primates (Gauthier-Hion *et al.*, 1985).

La taille des fruits et des graines augmente vers les basses latitudes et les arbres de la canopée tendent à produire des fruits plus gros que ceux du sous-bois. Étant donné qu'il existe une relation entre la taille corporelle et celle des aliments consommés, on peut s'attendre à ce que les frugivores tropicaux soient plus gros que ceux des régions tempérées. Les caractéristiques qui permettent de conclure à une coévolution entre plantes à fruits et vertébrés frugivores sont plus nettes dans les régions tempérées que dans les régions tropicales, peut être à cause de la plus grande diversité des faunes et des flores des régions tropicales, ce qui entraîne l'apparition d'interactions plus diffuses. Parmi les caractéristiques qui révèlent l'existence d'une coévolution on peut citer : a) la coïncidence entre le pic d'abondance des fruits et le pic d'abondance des oiseaux migrateurs en région tempérée ; b) la taille des fruits qui est adaptée à la taille des oiseaux frugivores, ces fruits étant plus petits en région tempérée et plus gros dans les régions tropicales ; c) la couleur des fruits qui sont dispersés par les oiseaux ont la même couleur noirâtre dans les régions tempérées et tropicales ; d) dans la région méditerranéenne les fruits sont riches en eau en été et en lipides en hiver. Dans les régions tempérées les fruits sont riches en substances énergétiques en été, ce qui les rend aussi intéressants que les insectes comme source de nourriture (Herrera, 1986, 1987).

La coévolution entre plantes et animaux conduit à une sorte de mutualisme qui a eu un rôle considérable dans la diversification des Angiospermes, des oiseaux et des Mammifères, y compris les Primates. Ce mutualisme joue actuellement un rôle important, en dépit de son

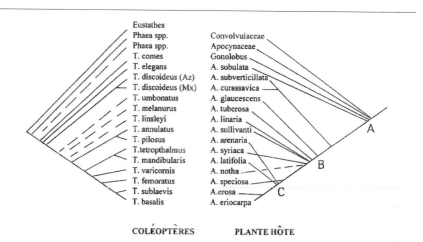

Figure 13.23

Phylogénie des espèces du genre *Tetraopes* et de deux genres voisins (à gauche) et des plantes hôtes qui appartiennent presque toutes au genre *Asclepias* (à droite).

Chez ces dernières, les alcaloïdes du groupe des cardénolides deviennent de plus en plus toxiques. **A** : présence de cardénolides simples ; **B** : cardénolides plus complexes et plus toxiques ; **C** : cardénolides très toxiques concentrés dans le latex. La concordance entre les deux phylogénies montre que les *Tetraopes* et leurs plantes hôtes ont subi des évolutions parallèles (Farrell, 1991).

aspect diffus, dans le maintien des espèces animales et végétales dans les divers habitats, en particulier dans les forêts tropicales.

V. QUELQUES ASPECTS DES RELATIONS PLANTES-INSECTES

Les insectes phytophages sont représentés par au moins 500 000 espèces vivant aux dépens des végétaux supérieurs ; ces derniers comprennent au moins 300 000 espèces. Ces deux estimations permettent de comprendre l'importance et la variété des relations qui existent entre insectes et végétaux. Au siècle dernier, Darwin avait déjà étudié les relations entre les insectes et les Orchidées. Depuis une trentaine d'années des aspects nouveaux des relations insectes-plantes ont été abordés (Gilbert & Raven, 1975 ; Visser & Minks, 1982 ; Strong *et al.*, 1984 ; Miller & Miller, 1986 ; Labeyrie *et al.*, 1987 ; Howe & Westley, 1988 ; Bernays, 1989 ; Price *et al.*, 1991 ; etc.). Diverses recherches ont aussi été entreprises sur les relations qui existent entre les insectes et les champignons (Wheeler & Blackwell, 1984 ; Wilding *et al.*, 1989 ; etc.). Nous présenterons ici quelques aspects des relations, principalement chimiques, qui existent entre les insectes et les végétaux. On connaît d'autres types de relations entre les plantes et les insectes, comme les plantes carnivores ou les plantes myrmécophytes qui vivent en association plus ou moins étroite avec les fourmis (*cf.* chapitre 7.6, et Jolivet, 1986).

5.1. Le peuplement entomologique des végétaux

Le nombre d'espèces d'insectes liées à une espèce végétale est souvent élevé : trèfle, 200 ; maïs, 300 ; pommier, 400 ; orme, 600 ; chênes européens, 500 à 600 ; pins européens et épicéas, 1 500 à 2 000. Il peut aussi être très faible : l'if et les séquoias ne sont attaqués que par quelques dizaines d'espèces d'insectes. Il est possible d'établir des corrélations entre le nombre d'espèces d'insectes qui sont liées à un végétal et trois catégories de facteurs : l'aire de répartition du végétal, la complexité de son architecture (*cf.* figure 12.2), ses caractéristiques physiques et

biochimiques. Une relation de la forme $S = k.A^z$ dans laquelle S est le nombre d'espèces d'insectes et A la surface occupée par le végétal, a pu être établie pour l'ensemble du peuplement entomologique des arbres en Grande-Bretagne (Strong *et al.*, 1974). Une relation semblable existe pour les Lépidoptères mineurs de feuilles des arbres (Claridge & Wilson, 1982). Le peuplement du genévrier en Grande-Bretagne montre la même relation aire / espèces. Les peuplements peu étendus ont une faune moins riche que les peuplements de surface plus grande, et ce ne sont pas les mêmes espèces qui subsistent dans les divers îlots de genévriers (Ward & Lakhani, 1977). En Amérique du Nord il existe une relation entre la surface occupée par les diverses espèces du genre *Pinus* et le nombre d'espèces de Scolytides qu'ils hébergent (figure 13.24). Cette relation aire / espèces s'explique si l'on admet qu'une espèce végétale dont l'aire de répartition est grande a plus de chances de recevoir des individus colonisateurs qu'une espèce à aire réduite, et qu'elle peut héberger des populations d'insectes plus nombreuses qui persistent plus longtemps et qui ont moins de chances de disparaître. L'espèce végétale intervient aussi par ses caractéristiques biochimiques qui peuvent favoriser ou au contraire freiner l'installation d'insectes phytophages.

5.2. Les composés secondaires des végétaux

Les composés secondaires des végétaux (ou CSP) sont des substances fabriquées en petites quantités, sans valeur nutritive (sauf rares exceptions) et susceptibles d'influer sur la santé, la croissance, le comportement ou tout autre aspect de la biologie des autres espèces. Dans le cas des relations plantes–insectes les CSP sont soit des produits répulsifs ou attractifs, soit des inhibiteurs ou des produits toxiques. On connaît plusieurs milliers de CSP dont les principaux sont les suivants (nombre de molécules connues entre parenthèses) : alcaloïdes (4 500) ; acides aminés (250) ; coumarines (150) ; flavonoïdes (1 200) ; lipides (100) ; acides phénoliques (100) ; quinones (200) ; terpènes (1 100) ; protéines (en nombre indéterminé). À la suite des travaux de Fraenkel (1959), Ehrlich & Raven (1964) ou de Whittaker & Feeny (1971) des recherches nombreuses ont été entreprises pour

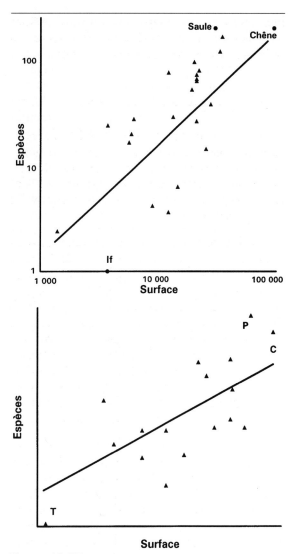

Figure 13.24

Relation entre l'aire des végétaux et le nombre
d'espèces d'insectes qui leur sont inféodées

En haut, espèces inféodées aux diverses espèces d'arbres en
Grande-Bretagne. Le chêne héberge un nombre normal
d'espèces ; l'if a un nombre d'espèces très réduit (bois dur,
substances répulsives) ; les saules ont un nombre d'espèces
supérieur à la normale car ils renferment des dérivés de
l'acide salicylique attractifs pour des insectes comme les
Chrysomélides (Southwood, 1977).
En bas, Coléoptères de la famille des Scolytidae vivant sur
les diverses espèces de pins dans l'ouest des États-Unis.
Pinus torreyana (T) très localisé possède peu d'espèces ;
Pinus ponderosa (P) et *Pinus contorta* (C) qui sont les plus
répandus ont beaucoup d'espèces.

mieux comprendre le rôle de ces CSP et pour
connaître ce que Fraenkel a appelé leur « raison
d'être ». Les groupes d'insectes phytophages
sont significativement plus diversifiés et plus

riches en espèces que les « groupes frères » non
phytophages : les Lépidoptères sont plus riches
en espèces que le groupe frère des Trichoptères.
Ceci peut s'expliquer en admettant que la
coévolution avec les plantes, et en particulier le
rôle des CSP, a entraîné une évolution rapide
des insectes phytophages.

Les CSP à action « *qualitative* » sont des substances azotées toxiques comme les alcaloïdes,
les composés cyanogénétiques, les hétérosides
sulfurés des Crucifères ou du genre *Allium*, des
acides aminés particuliers n'entrant pas dans la
composition des protéines, ou bien des protéines
spéciales (Bernays, 1989). Leur concentration
dans les tissus est en général faible et inférieure
à 2 % en poids sec. On rencontre ces CSP surtout chez les végétaux annuels dont l'apparition
est éphémère ou chez les espèces végétales rares
qui, par leur dispersion ou leur apparition fugace
peuvent échapper assez aisément à leurs ennemis. Les insectes qui se sont spécialisés dans l'exploitation de ces végétaux ont souvent acquis
une certaine tolérance envers les composés
toxiques, ou bien possèdent des mécanismes de
détoxication. Les CSP à action « *quantitative* »
réduisent le pouvoir digestif des insectes qui les
ingèrent, ou bien agissent comme des antiappé-
tants en empêchant les insectes de se nourrir. Ce
sont des tannins, des résines, des lignines, dont
la concentration est en général supérieure à
20 %, qui se rencontrent chez les végétaux
vivaces et en particulier les arbres ou chez des
végétaux très communs.

Les feuilles de chêne présentent des variations saisonnières de leur composition chimique. Les feuilles de printemps sont peu chargées en tannins mais riches en eau et en protéines ; les feuilles âgées sont plus dures, plus
riches en tannins, plus pauvres en eau et en protéines (figure 13.25). La richesse du peuplement
en Lépidoptères défoliateurs est maximale au
printemps. Les tannins réduisent la digestibilité
des végétaux, surtout celle de leurs protéines.
L'influence défavorable de la composition chimique des feuilles âgées se répercute sur les chenilles et en particulier sur leur poids. Elle
explique la nécessité d'un synchronisme entre la
phénologie de la plante hôte et le développement de l'insecte (Feeny, 1970). Les espèces de
printemps comme la tordeuse verte *Tortrix viridana* ont une croissance rapide et elles bouclent
leur cycle en quelques semaines tandis que les

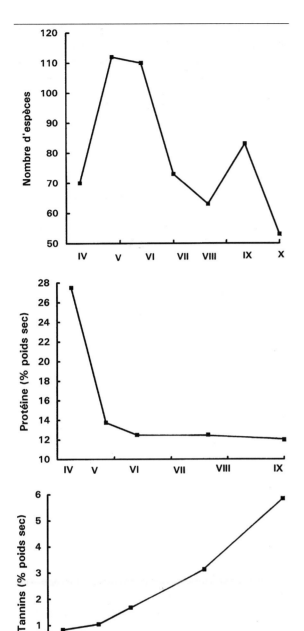

Figure 13.25
En haut, nombre d'espèces de Lépidoptères défoliateurs vivant sur le chêne en Grande-Bretagne. Il existe un maximum en mai et un autre moins important en septembre.
Au milieu, évolution de la teneur des feuilles du chêne en protéines.
En bas, évolution de la teneur des feuilles du chêne en tannins (Feeny, 1970).

espèces d'été comme *Diurnea fagella* ont une croissance qui dure plusieurs mois. Le pH intestinal élevé des chenilles défoliatrices est une adaptation à la présence de tannins dans l'ali-

mentation car les complexes tannins-protéines sont dissociés à un pH élevé ce qui libère des protéines digestibles (Berenbaum, 1980).

5.3. Les réactions des insectes

Le rôle défensif des CSP a été établi par beaucoup d'observations. Les glucosides cyanogénétiques des *Acacia* manquent chez les espèces qui vivent en symbiose avec des fourmis qui, par leur agressivité, défendent ces arbres contre les attaques des herbivores.

Les diverses variétés de maïs résistent plus ou moins bien aux attaques de la Pyrale *Ostrinia nubilalis*. Cette résistance peut être mise en relation avec la présence, à des concentrations plus ou moins élevées, d'un glucoside appelé DIMBOA, dont l'hydrolyse enzymatique fournit un composé toxique pour les insectes. Un hybride de maïs riche en DIMBOA a été sélectionné comme variété résistante à la pyrale (Ortega *et al.*, 1980). La recherche des mécanismes de résistance des plantes face aux attaques des insectes présente un grand intérêt en agronomie.

Dans certains cas les CSP peuvent agir comme *phagostimulants* ou comme *phagorépresseurs* (*cf.* chapitre 7.2). La sinigrine, glucoside des Crucifères stimule l'appétit des chenilles de la piéride du chou *Pieris rapae*. L'acide cyanhydrique a des effets phagostimulants sur les chenilles de Lasiocampides. La détection de ces substances présentes à de très faibles concentrations est l'œuvre d'organes sensoriels situés le plus souvent sur les palpes maxillaires. Les cucurbitacines, par leur goût amer, éloignent bien des insectes mais ce sont des phagostimulants pour des Chrysomélides inféodés aux Cucurbitacées. Les chenilles d'un Sphingide qui dévorent une Euphorbiacée à latex abondant se protègent en sectionnant les tissus conducteurs des feuilles avant de commencer à se nourrir (Dillon *et al.*, 1983). Un curieux comportement a été décrit chez l'Orthoptère *Ligurotettix coquilletti* (Greenfield *et al.*, 1986). Cet insecte est lié aux buissons de *Larrea tridentata* des déserts nord américains et les mâles défendent systématiquement les mêmes buissons pendant plusieurs générations. Les buissons choisis sont ceux dont les feuilles renferment le moins de CSP, ces derniers étant surtout des composés phénoliques et des cires. Les femelles utilisent ces buissons de

préférence pour se nourrir. En raison de ce comportement beaucoup de buissons restent inutilisés par l'insecte.

En Afrique, le manioc est attaqué par la cochenille *Phenacoccus manihoti* dont les variations d'abondance sont importantes. Le manioc renferme des CSP dont la rutine qui est toxique pour la cochenille, et du cyanure qui agit comme phagostimulant. En saison sèche le stress hydrique entraîne une baisse de la teneur en rutine et une augmentation de la teneur en cyanure. C'est également en saison sèche que la cochenille a un maximum d'abondance. Ces résultats montrent le rôle important des CSP du manioc dans la régulation des populations de la cochenille (Calatayud *et al.*, 1994).

La toxicité des insectes phytophages est un moyen de protection contre les prédateurs et les parasites. Le puceron *Megoura viciae* est toxique pour les prédateurs y compris les coccinelles et il n'est parasité que par deux Hyménoptères, *Aphidius megourae* qui est très spécialisé et *Praon dorsale* qui est polyphage. Les toxines de ce puceron sont fabriquées *de novo* mais une stratégie de défense beaucoup plus répandue chez les insectes phytophages est l'accumulation de composés toxiques issus de la plante hôte.

Les CSP ont souvent une action sur le développement et la reproduction des insectes. On trouve dans les plantes des analogues des hormones qui peuvent affecter la croissance, la mue, la métamorphose. En 1965, Slama & Williams découvrirent qu'un facteur présent dans le sapin baumier, la juvabione ou « paper factor » produisait des mues supplémentaires chez *Pyrrhocoris apterus*. En 1966, un analogue de l'ecdysone fut découvert chez une Gymnosperme du genre *Podocarpus*. Plusieurs dizaines d'ecdysones sont connues dans 110 familles de plantes (Bergamasco & Horn, 1983). L'influence de la plante hôte sur la ponte a été démontrée dans le cas de la bruche du haricot *Acanthoscelides obtectus* (Huignard, 1970) et de la teigne de la betterave *Scrobipalpa ocellata* (Robert, 1970). Le rôle des CSP comme précurseurs de phéromones est important (cf. le cas des Drosophiles des Cactées). Il a été particulièrement étudié chez les Lépidoptères et les Coléoptères. Les alcaloïdes du groupe de la pyrrolizidine sont présents chez des Composées, Borraginacées et Légumineuses et servent de base aux phéromones des Lépidoptères Nymphalidés et Arctiidés (Schneider *et al.*, 1982). Chez les Coléoptères Scolytides qui vivent sur les Conifères les phéromones sont produites à partir de constituants de la résine (Dajoz, 1998). La figure 13.26 représente, dans le cas d'une espèce particulièrement bien étudiée, *Ips paraconfusus*, les diverses interactions qui ont lieu entre l'insecte et les arbres hôtes. L'installation de ce Scolytide n'est possible que sur des arbres déterminés. Les arbres qui n'appartiennent pas à l'espèce hôte repoussent par leur odeur les individus pionniers. Ceux qui sont déjà attaqués par l'espèce voisine *Ips pini* sont aussi évités car ce Scolytide émet une phéromone, le (–) ipsdiénol, qui agit comme répulsif vis-à-vis de *Ips paraconfusus*. Il en est de même pour les arbres déjà colonisés par *Dendroctonus brevicomis* qui libère une autre phéromone répulsive, la verbénone. Lorsque les mâles pionniers de *Ips paraconfusus* se sont installés ils produisent à partir de deux des constituants de la résine, le myrcène et le (–) α-pinène, une phéromone d'agrégation qui est un mélange de (+) ipsdiénol, de ipsénol et de *cis*-verbénol qui attire les mâles et les femelles de la même espèce. Mais cette phéromone attire aussi les prédateurs du Scolytide tels que le Coléoptère *Enoclerus lecontei* et le Diptère *Tomicobia tibialis*. Des espèces de Scolytides éventuellement compétitives comme *Ips pini* et *Dendroctonus brevicomis* sont repoussées par la phéromone de *Ips paraconfusus* (Birch, 1984).

L'hétérogénéité génétique des arbres peut favoriser l'apparition de mécanismes de défense variables d'un individu à l'autre. En réaction les insectes développent des petites populations – ou *dèmes* – dont chacune est adaptée à un seul arbre. Ce type de variation intraspécifique a été signalé plusieurs fois, en particulier chez la cochenille *Nuculaspis californica* qui vit sur *Pinus ponderosa*. La spécialisation des insectes est si grande que le dème peut disparaître à la mort de l'arbre, les jeunes larves de cochenille étant incapables de coloniser d'autres arbres (Edmunds & Alstad, 1978). La tendance à la multiplication des descendants sur le même arbre que les parents a été notée aussi chez la cochenille du pin maritime *Matsucoccus feytaudi* (Riom & Fabre, 1977). La formation de génotypes en fonction des caractéristiques de la plante hôte est un phénomène qui semble fréquent chez les insectes. Elle a été signalée chez *Tortrix viridana* (Du Merle, 1981) et chez la cochenille *Cryptococcus fagisuga* (Wainhouse & Howell, 1983).

Figure 13.26
Représentation schématique des modalités de la colonisation d'un nouvel arbre par le *Scolytide Ips paraconfusus*

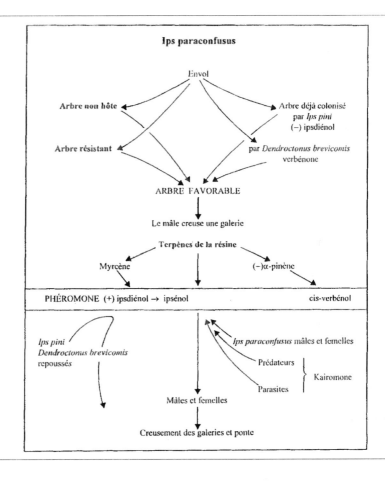

5.4. Les réactions de défense induite des végétaux

Beaucoup de CSP sont présents en permanence dans les végétaux. Mais leur apparition peut aussi être provoquée par l'attaque des insectes ou d'autres ennemis herbivores. Ces modifications, qui sont appelées *réactions de défense induites* (induced responses), ont fait l'objet de nombreuses recherches (*cf.* Karban & Baldwin, 1997). Ce sont des modifications de nature chimique qui apparaissent non seulement au niveau des feuilles attaquées, mais aussi dans celles qui sont situées à quelque distance (Edwards & Wratten, 1983 ; Wratten *et al.*, 1984). Le premier cas connu semble être celui du mélèze. Lorsqu'il a été défeuillé par la tordeuse *Zeiraphera diniana*, ce Conifère forme de nouvelles aiguilles qui ont une valeur nutritive moindre que les anciennes aiguilles. Cette réaction permet d'expliquer l'effondrement des populations du papillon après une période de pullulation (Baltensweiler *et al.*, 1977). Lorsque

le bouleau *Betula pubescens* est attaqué massivement par les chenilles de *Epirrita autumnata* la teneur de ses feuilles en phénols augmente tandis que la teneur en azote assimilable diminue. La fécondité des papillons dont les chenilles ont dévoré des feuilles ainsi modifiées peut être réduite de plus de 70 % (Tuomi *et al.*, 1984 ; Haukioja & Hanhimaki, 1985). L'existence possible d'une communication entre arbres voisins grâce à des composés volatils émis par les sujets attaqués par les insectes est une notion récente (Rhoades, 1985). L'attaque du saule par les chenilles de *Malacosoma pluviale* entraîne des modifications chimiques non seulement au niveau des feuilles qui sont mangées par les insectes, mais aussi au niveau des arbres voisins intacts. Les chenilles attaquent moins ces derniers arbres que ceux qui sont éloignés. Ceci ne peut s'expliquer qu'en admettant l'émission par les arbres d'une substance volatile qui agirait à distance. L'éthylène semble être cette substance (ou une de ces substances) car ce gaz est produit en abondance après une lésion mécanique ; il est produit plusieurs heures avant l'apparition

des réponses induites, et les végétaux traités par l'éthylène sont plus résistants aux attaques des champignons et des insectes.

Des réactions de défense induite ont été déclenchées chez le radis en faisant consommer une feuille de chaque plante par une chenille de *Pieris rapae* (Agrawal, 1998). Ultérieurement les plantes ainsi traitées sont moins attaquées par d'autres insectes phytophages broyeurs. La surface de feuilles consommées est réduite de près de la moitié et ces feuilles hébergent environ 25 % de moins d'individus du pucerons *Myzus persicae* que les témoins.

La réaction « hypersensible » correspond à l'ensemble des réactions d'un végétal face à diverses agressions telles que celles qui sont provoquées par des champignons pathogènes ou des insectes phytophages. Dans le cas d'attaque par des champignons, elle peut se traduire par la production de substances toxiques qui bloquent la croissance de l'organisme pathogène (Fernandes, 1990). Les épicéas attaqués par le puceron gallicole *Sacchiphantes abietis* ont une réaction hypersensible qui est déclenchée durant les premiers stades de la formation de la galle. Cette réaction est caractérisée par l'apparition de cellules plasmolysées et nécrosées dans lesquelles s'accumulent des composés phénoliques. La zone nécrotique formée autour de l'insecte l'empêche d'accéder aux protéines qu'il recherche pour se nourrir (Rohfritsch, 1998).

5.5. Les interactions entre trois niveaux trophiques

L'étude des relations insectes–végétaux a été le plus souvent limitée aux deux partenaires, le végétal et l'insecte herbivore. La compréhension des relations entre ces deux organismes est améliorée si l'on prend en compte le troisième niveau trophique qui est celui des prédateurs ou des parasitoïdes d'insectes phytophages. (Price *et al.*, 1980 ; De Moraes & Mescher, 1998). Les stratégies employées par les végétaux pour lutter contre les insectes herbivores peuvent être classées en deux groupes. Les *défenses directes* incluent la production de toxines, de répulsifs, la baisse de la digestibilité des tissus, la formation de barrières de nature physique (trichomes, cires de surface, feuillage coriace). Les *défenses indirectes* sont assurées par des prédateurs ou des parasitoïdes des insectes herbivores qui locali-

sent souvent leurs proies grâce à des signaux émis par la plante. La Crucifère ligneuse *Hormatophylla spinosa* qui pousse dans la Sierra Nevada du sud de l'Espagne est attaquée par un charançon du genre *Ceutorrhynchus* dont les larves dévorent les graines. Le charançon est parasité par trois Hyménoptères Chalcidiens qui pondent leurs œufs directement sur les larves en perforant la paroi des siliques de la Crucifère. L'expérimentation qui a été réalisée (Gomez & Zamora, 1994) a montré que ces parasites du troisième niveau trophique ont un rôle favorable en réduisant l'abondance des charançons et en permettant à la plante de produire davantage de graines viables, donc d'améliorer son aptitude à la reproduction.

Euura lasiolepis est une tenthrède qui provoque la formation de galles sur le saule *Salix lasiolepis*. Le diamètre des galles est fonction de la plante ; il influence fortement l'attaque de la tenthrède par l'Hymémoptère parasite *Pteromalus* sp. Des clones de saule ayant des génotypes différents portent des galles de diamètres différents. L'Hyménoptère parasite a un oviposteur qui mesure moins de 2 mm. Il ne pourra donc disposer ses œufs au contact d'une larve de tenthrède que dans des galles de petit diamètre, qui sont celles qui se développent en premier à la base des pousses (Price & Clancy, 1986). Les chenilles mineuses de *Stilbosis* vivant dans des feuilles endommagées du chêne *Quercus emoryi* subissent un taux de parasitisme plus élevé que des chenilles vivant dans des feuilles non lésées (Faeth, 1985). Les tannins, plus abondants dans le premier cas, semblent agir comme stimulants de contact en favorisant la ponte des parasites. En Amérique du Nord, le Cherméside *Adelges piceae* attaque les aiguilles du sapin *Abies fraseri* ; le Chalcidien *Megastigmus specularis* est un ravageur des graines de ce même arbre. Les cônes du sapin sont plus petits et les graines plus légères sur les arbres attaqués par les *Adelges*. Ceci permet une attaque plus aisée des cônes par le Chalcidien dont les femelles peuvent plus facilement atteindre les graines avec leur oviposteur. On observe en moyenne un taux d'attaque des graines supérieur de 28 % sur les sapins infestés par *Adelges* par rapport aux arbres sains (Fedde, 1973). Les chenilles de *Rhyacionia buoliana* sont parasitées 25 fois plus par l'Ichneumonide *Itoplectis conquisitor* lorsqu'elles se développent dans le pin sylvestre que lorsqu'elles se développent dans le pin rouge. Dans ce dernier cas

elles sont protégées par le plus grand développement des bourgeons ce qui empêche l'ovipositeur du parasite de les atteindre (Arthur, 1962). Ces exemples de structures végétales limitant l'attaque des insectes phytophages par des parasites confirment l'idée de Pimentel (1961) selon qui il existe chez les végétaux des *structures de refuge* (ou « enemy-free space ») permettant aux phytophages d'échapper à leurs ennemis parasites ou prédateurs.

Les interactions entre trois niveaux trophiques peuvent assurer le maintien de la cohésion des chaînes alimentaires (*cf.* chapitre 7.2). Les CSP interviennent aussi en nuisant au développement des parasites d'insectes phytophages. La nicotine du tabac inhibe l'émergence du Braconide *Apanteles congregatus* qui est un parasite de la chenille de *Manduca sexta* (Thurston & Fox, 1972). L'Ichneumonide *Hyposoter exiguae* est intoxiqué par un alcaloïde, l'α–tomatine, ingérée par son hôte la chenille de *Heliothis zea* (Campbell & Duffey, 1979).

Une manifestation récemment découverte des relations entre trois niveaux trophiques est la production par un végétal, lorsqu'il est attaqué par un insecte phytophage, de substances volatiles attractives pour les insectes parasitoïdes du phytophage. Ces substances attractives sont souvent des terpénoïdes qui varient selon les espèces végétales. Les feuilles de pommier attaquées par les acariens libèrent un ensemble de substances volatiles dans des proportions différentes selon qu'elles sont attaquées par *Tetranychus urticae* ou par *Panonychus ulmi* (figure 13.27). Une étude (De Moraes *et al.*, 1998) concerne le tabac, le maïs et le coton attaqués par les chenilles de deux espèces voisines *Heliothis virescens* et *Helicoverpa zea*. Ces trois plantes réagissent aux attaques en produisant *de novo* des quantités notables de substances volatiles dans des proportions différentes selon les espèces de chenilles. Les substances qui sont produites après l'attaque par *H. virescens* attirent sélectivement son parasite, l'Hyménoptère Braconide *Cardiochile nigriceps*, qui peut ainsi distinguer une plante attaquée par sa chenille hôte *H. virescens* des plantes attaquées par *H. zea*. Grâce à ce système les parasites peuvent repérer plus facilement leurs hôtes et les plantes obtiennent un avantage sélectif non négligeable. Les haricots attaqués par l'acarien *Tetranychus urticae* émettent diverses sub-

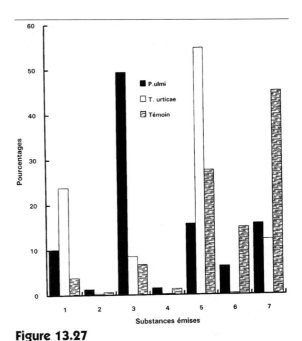

Figure 13.27

Composition (en pour-cent) du mélange de substances volatiles émises par des feuilles de pommier intactes ou attaquées par les Acariens *Panonychus ulmi* ou *Tetranychus urticae*

Liste des substances. 1 : E-β-cimène ; 2 : linalol ; 3 : (E) 4,8-diméthyl-1,3,7 nonatriène ; 4 : salicylate de méthyle ; 5 : (E,E) -α-farnesene ; 6 : Z-3-hexenyl acétate ; 7 : divers (Dicke & Takabayashi, 1991).

stances du groupe des terpènes qui attirent l'Acarien prédateur *Phytoseiulus persimilis*. En l'absence d'attaque par l'Acarien phytophage la plante n'émet aucune substance ou seulement des traces (Dicke *et al.*, 1990).

Les chenilles de *Spodoptera exigua*, qui attaquent le maïs, régurgitent de la volicitine, un dérivé de l'acide linoléique (figure 13.28). La volicitine est un composé déclenchant la production par le maïs de composés qui attirent l'Hyménoptère parasite *Cotesia marginiventris*, et qui provoque aussi des réactions de défense contre l'insecte herbivore. Des lésions mécaniques des feuilles ne déclenchent pas les réactions produites par les morsures des chenilles. Des plants de tomate pulvérisés avec une solution d'acide jasmonique montrent une réaction de défense induite vis à vis des chenilles de *Spodoptera exigua*. Cette réaction entraîne un taux de parasitisme plus élevé par le parasitoïde *Hyposoter exiguae*. L'acide jasmonique est un régulateur de la production de substances volatiles chez les plantes attaquées par les insectes phytophages (Alborn *et al.*, 1997 ; Thaler *et al.*, 1996).

Figure 13.28

Formules de l'acide linoléique et de deux de ses dérivés, l'acide jasmonique et la volicitine qui fonctionnent comme éliciteurs lors d'attaques des plantes par des insectes herbivores.

On appelle éliciteur une substance produite par un insecte phytophage, et qui déclenche la production par la plante attaquée de substances qui attirent les ennemis de l'insecte phytophage.

Les larves des Chrysomélides *Phratora vitellinae* et *P. aenea* contiennent des quantités élevées d'aldéhyde salicylique qui provient des feuilles des plantes hôtes, saules et peupliers. Ces composés toxiques sont excrétés par des glandes dorsales et ils ont un rôle répulsif et défensif. Une exception est celle des larves prédatrices du Diptère *Parasyrphus nigritarsis* de la famille des Syrphidés qui sont attirées par ces sécrétions, ce qui leur permet de localiser leurs proies. Ce type de relations entre trois niveaux trophiques montre que les substances qualifiées de défensives ne sont pas toujours efficaces contre les ennemis naturels. Certaines sécrétions peuvent aussi agir comme répulsifs vis-à-vis d'autres herbivores y compris des femelles de la même espèce et gêner leur ponte, ou même fonctionner comme agents antibactériens (Köpf *et al.*, 1997 ; Rank *et al.*, 1996).

Les larves de Drosophiles servent d'hôtes à plusieurs espèces de parasitoïdes. Elles se développent dans un milieu riche en champignons et en bactéries qui produisent des fermentations. Ce sont les produits de cette fermentation, l'éthanol en particulier, qui attirent les parasitoïdes des Drosophiles (Carton, 1976).

Des relations entre trois niveaux trophiques existent aussi entre les Mammifères, les Arthropodes et les végétaux et elles peuvent être très complexes. Dans l'est des États-Unis les chênes produisent tous les 2 à 5 ans de grandes quantités de glands (ce phénomène périodique est connu sous le nom de masting) et peu ou pas de glands durant les années intermédiaires. Les glands sont une source de nourriture importante pour le rongeur *Peromyscus leucopus* et ce dernier consomme beaucoup de chrysalides du papillon *Lymantria dispar*. Ce papillon est un ravageur qui défeuille périodiquement des millions d'hectares de forêts de chênes dont il ralentit la croissance et réduit la production de glands. L'abondance des glands attire dans les forêts le Cervidé *Odocoileus virginianus*. Le rongeur et le Cervidé sont les hôtes de la tique *Ixodes scapularis* qui, par ses piqûres est le vecteur du spirochète *Borrelia burgdorferi*, agent chez l'homme de la maladie de Lyme (du nom d'une localité où elle a été diagnostiquée). Des expériences ont montré que les pullulations du papillon sont déclenchées par la baisse de l'abondance du rongeur qui survient lorsque les glands sont rares. L'apport de glands dans les parcelles expérimentales augmente la densité des rongeurs mais aussi celle des tiques car cet apport attire le Cervidé, hôte principal des tiques. Ces résultats révèlent la complexité des interactions entre plusieurs niveaux trophiques et ils ont aussi un intérêt pratique. Ils montrent que le risque de propagation de la maladie de Lyme est maximal deux ans après une période de production intense de glands ; ils montrent aussi qu'il est impossible, dans l'état actuel de nos connaissances, de réduire simultanément l'importance des pullulations de *Lymantria dispar* et l'impact de la maladie de Lyme (Jones *et al.*, 1998).

Les interactions végétaux–insectes phytophages–insectes parasitoïdes, très variées, souvent subtiles et difficiles à mettre en évidence, jouent un rôle très important. Elles méritent d'être prises en compte dans l'élaboration des théories qui veulent expliquer les variations d'abondance des insectes phytophages. Beaucoup de ces théories se sont révélées peu ou pas explicatives, vraisemblablement parce qu'elles ne tiennent pas compte de ces interactions et ignorent la variabilité biochimique des végétaux, la variété des réponses des insectes ainsi que l'hétérogénéité du milieu.

Références

AGRAWAL, A. A., 1998. Induced responses to herbivory and increased plant performance. *Science*, **279**, p. 1 201-1 202.

ALBORN, H. T. *et al.*, 1997. An elicitor of plant volatiles from beet armyworm oral secretion. *Science*, **276**, p. 945-949.

ARNASON, J. T. *et al.*, 1983. Les substances secondaires des plantes et leur action phototoxique sur les insectes. *Rev. Canad. Biol.Exp.*, **42**, p. 205-208.

ARTHUR, A. P., 1962. Influence of host tree on abundance of *Itoplectis conquisitor* (Say), a polyphagous parasite of the European pine shoot moth *Rhyacionia buoliana* (Schiff.) (Lepidoptera : Olethreutidae). *Canad. Ent.*, **94**, p. 337-346.

BALTENSWEILER, W. *et al.*, 1977. Dynamics of larch bud moth populations. *Ann. Rev. Ent.*, **22**, p. 79-100.

BARBRAUD, C. *et al.*, 1999. Size-related life history traits : insights from a study of snow petrels (*Pagodroma nivea*). *J. anim. Ecol.*, **68**, p. 1 179-1 192.

BAZZAZ, F. A., 1987. Allocating resources to reproduction and defense. *BioScience*, **37**, p. 58-67.

BERENBAUM, M., 1978. Toxicity of a furanocoumarin to armyworms : a case of biosynthetic escape from insect herbivores. *Science*, **201**, p. 532-534.

BERENBAUM, M., 1980. Adaptive significance of midgut pH in larval Lepidoptera. *Amer. Nat.*, **115**, p. 138-146.

BERENBAUM, M., 1983. Coumarins and caterpillars : A case for coevolution. *Evolution*, **37**, p. 63-179.

BERGAMASCO, R. & HORN, D. H. S., 1983. Distribution and role of insect hormones in plants. *In* : R. G. H. Downer & H. Laufer (eds.), *Endocrinology of insects*, p. 627-654. A. R. Liss Inc., New York.

BERNAYS, E. A. (ed.), 1989. *Insect-plant interactions*. CRC Press, Florida, USA.

BIRCH, M. C., 1984. Aggregation in bark beetles. *In* : W. J. Bell & R. T. Carde (eds.), *Chemical ecology of insects*, p. 331-353. Chapman & Hall, London.

BRANCH, G. M., 1975. Intraspecific competition in *Patella cochlear* Born. *Journ. anim. Ecol.*, **44**, p. 263-281.

BROWN, K. S., 1991. Aposematic insects on toxic host plants : coevolution, colonization, and chemical emancipation. *In* : P. W. Price *et al.*, (eds.), *l.c.*, p. 375-402.

BROWN, L., 1980. Aggression and mating success in males of the forked fungus beetle, *Bolitotherus cornutus* (Panzer) (Coleoptera : Tenebrionidae). *Proc. entomol. Soc. Wash.*, **82**, p. 430-434.

BUSH, M. B. & WHITTAKER, R. J., 1991. Krakatau : colonization patterns and hierarchies. *J. Biogeogr.*, **18**, p. 341-356.

CALATAYUD, P. A. *et al.*, 1994. Seasonal changes in secondary compounds in the phloem sap of cassava in relation to plant genotype and infestation by *Phenacoccus manihoti* (Homoptera : Pseudococcidae). *Bull. Ent. Res.*, **84**, p. 453-459.

CAMPBELL, B. C. & DUFFEY, S. S., 1979. Tomatine and parasitic wasps : potential incompatibility of plant antibiosis with biological control. *Science*, **205**, p. 700-702.

CARTON, Y., 1976. Attraction de *Cothonaspis* sp. par le milieu trophique de son hôte : *Drosophila melanogaster*. *In* : *Comportement des insectes et milieu trophique*, p. 285-303. Colloques internationaux du CNRS n° 265.

CARTON, Y., 1988. La coévolution. *La Recherche*, **19**, p. 1 022-1 031.

CLARIDGE, M. F., WILSON, M. R., 1982. Insect herbivore guilds and species area relationships : leafminers on British trees. *Ecol. Ent.*, **7**, p. 19-30.

CLARK, L. R. *et al.*, 1967. *The ecology of insect populations in theory and practice*. Methuen, London.

CLOUGH, G. C., 1965. Viability in wild meadow vole under various conditions of population density, season and reproductive activity. *Ecology*, **46**, p. 114-134.

CLUTTON-BROCK, T. H. *et al.*, 1982. *Red deer : behavior and ecology of two sexes*. University of Chicago Press.

COLE, L. C., 1954. The population consequences of life history phenomena. *Q. Rev. Biol.*, **29**, p. 103-137.

DAJOZ, R., 1998. *Les insectes et la forêt*. Éditions Tec & Doc Lavoisier, Paris.

DAVID, J., 1971. Particularités biométriques et faible potentiel reproducteur des souches de *Drosophila melanogaster* provenant du Gabon. *C. R. Ac. Sc.*, **272**, p. 2 191-2 194.

DE MORAES, C. M. & MESCHER, M. C., 1998. Interactions in entomology : plant- parasitoid interaction in tritrophic systems. *J. entomol. Soc.*, **34**, p. 31-39.

DE MORAES, C. M. *et al.*, 1998. Herbivore-infested plants selectively attract parasitoids. *Nature*, **393**, p. 570-573.

DIAMOND, J. M., 1969. Avifaunal equilibria and species turn over rate on the Channel Islands of California. *Proc. Nat. Acad. Sci.*, USA, **64**, p. 57-63.

DICKE, M. & TAKABAYASHI, J., 1991. Specificity of induced indirect defense of plants against herbivores. *Redia*, **74**, p. 105-113.

DICKE, M. *et al.*, 1990. Isolation and identification of volatile kairomone that affects acarine predator-prey interactions. Involvement of host plant in its production. *J. chem. Ecol.*, **16**, p. 381-396.

DILLON, P. H. *et al.*, 1983. Disarming the « evil woman » ! Petiole constriction by a Sphingid larva circumvents mechanical defences of its host plant, *Cnidosculus urnes* (Euphorbiaceae). *Biotropica*, **15**, p. 112-116.

DOBSON, A. P. & HUDSON, P. J., 1992. Regulation and stability of a free-living host parasite-system, *Trichostrongylus tenuis* in red grouse. II. Population models. *J. anim. Ecol.*, **61**, p. 487-498.

DODSON, S. I. & HAVEL, J. E., 1988. Indirect prey effects : some morphological and life-history responses of *Daphnia pulex* exposed to *Notonecta undulata*. *Limnol. Oceanogr.*, **33**, p. 1 274-1 285.

DU MERLE, P., 1981. Variabilité génétique et adaptation à l'hôte chez *Tortrix viridana* L. (Lep. Tortricidae). *C. R. Ac. Sc.*, **292**, p. 519-521.

EBENMAN, B. & PERSSON, L., 1988. *Size-structured populations*. Springer, Berlin.

EDMUNDS, G. F. & ALSTAD, D. N., 1978. Coevolution in insect herbivores and conifers. *Science*, **199**, p. 941-945.

EDWARDS, P. J. & WRATTEN, S. D., 1983. Wound induced defences in plants and their consequences for patterns of insect grazing. *Oecologia*, **59**, p. 88-93.

EHRLICH, P. R. & RAVEN, P. H., 1964. Butterflies and plants : a study in coevolution. *Evolution*, **18**, p. 586-608.

EIS, S. *et al.*, 1965. Relation between cone production and diameter increment of Douglas fir (*Pseudotsuga menziesii*) (Mirb.) (Franco), grand fir (*Abies grandis* Dougl.) and western white pine (*Pinus monticola* Dougl.). *Canad. J. Bot.*, **43**, p. 1 533-1 539.

FAETH, S. H., 1985. Host leaf selection by leaf miners : interactions among three trophic levels. *Ecology*, **66**, p. 870-875.

FEDDE, G. F., 1985. Impact of the balsam wooly aphid (Homoptera : Phylloxeridae) on cone and seed production by infested fraser fir. *Canad. Ent.*, **105**, p. 673-680.

FEENY, P., 1970. Seasonal changes in oak leaf tannins and nutrient as a cause of spring feeding by winter moth caterpillars. *Ecology*, **51**, p. 565-581.

FEENY, P., 1991. Chemical constraints on the evolution of swallowtail butterflies. *In* : P. W. Price *et al.* (eds.), *l.c.*, p. 315-340.

FENNER, F., 1965. Myxoma virus and *Oryctolagus cuniculus* : two colonizing species. *In* : H. G. Baker & G. L. Stebbins (eds.), *The genetics of colonizing species*, p. 485-499. Academic Press, New York.

FERNANDES, G. W., 1990. Hypersensitivity : a neglected plant resistance mechanism against herbivores. *Environ. Entomol.*, **19**, p. 1 173-1 182.

FORSYTH, A. B. & ROBERTSON, R. J., 1975. K-reproductive strategy and larval behaviour of the pitcher plant sarcophagid fly, *Blaesoxiphia fletcheri*. *Canad. J. Zool.*, **53**, p. 174-179.

FRAENKEL, G., 1959. The raison d'être of secondary plant substances. *Ent. exp. et appl.*, **12**, p. 473-486.

GADGIL, M. & SOLBRIG, O. T., 1972. The concept of r and K selection : evidence from wild flowers and some theoretical considerations. *Amer. Nat.*, **106**, p. 14-31.

GAINES, M. S. *et al.*, 1974. Reproductive strategies and growth patterns in sunflowers. *Amer. Nat.*, **108**, p. 889-894.

GAUTHIER-HION, A. J. *et al.*, 1985. Coadaptation entre rythmes de fructification et frugivorie en forêt tropicale humide du Gabon : mythe ou réalité. *Revue d'Écologie*, **40**, p. 405-434.

GILBERT, L. E., 1975. Ecological consequences of a coevolved mutualism between butterflies and plants. *In* : L. E. Gilbert & P. H. Raven (eds.), *l.c.* p. 220-240.

GILBERT, L. E. & RAVEN, P. H., 1975. *Coevolution of animals and plants*. University of Texas Press, Austin.

GOMEZ, J. M. & ZAMORA, R., 1994. Top-down effects in a tritrophic system : parasitoids enhance plant fitness. *Ecology*, **75**, p. 1 023-1 030.

GREENFIELD, M. D. *et al.*, 1986. Variation in host-plant quality : implications for territoriality in a desert grasshopper. *Ecology*, **67**, p. 1 328-1 335.

GRIME, J. P., 1986. *Plant strategies and vegetation processes*. Books on Demand, Ann Arbor.

GUEGAN, J. F. *et al.*, 1992. Can host body size explain the parasite species richness in tropical freshwater fishes? *Oecologia*, **90**, p. 197-204.

HAUKIOJA, E. & HANHIMAKI, S., 1985. Rapid wound induced resistance in white birch (*Betula pubescens*) foliage to the geometrid *Epirrita autumnata* : a comparison of trees and moth within and outside the outbreak range of the moth. *Oecologia*, **65**, p. 223-228.

HERRERA, C. M., 1986. Vertebrate-dispersed plants : Why don't they behave the way they should ? *In* : A. Estrada & T. H. Fleming (eds.), *Frugivores and seed dispersal*, p. 5-18. W. Junk, Dordrecht, Netherlands.

HERRERA, C. M., 1987. Vertebrate-dispersed plants of the Iberian Peninsula : a study of fruit characteristics. *Ecological Monographs*, **57**, p. 305-331.

HESPENHEIDE, H. A., 1969. Larval feeding sites of species of *Agrilus* (Coleoptera) using a common host plant. *Oikos*, **20**, p. 558-561.

HOWE, H. F. & WESTLEY, L. C., 1988. *Ecological relationships of plants and animals*. Oxford University Press.

HUIGNARD, J., 1970. Analyse expérimentale de certains stimuli externes influençant l'ovogénèse chez *Acanthoscelides obtectus* Say (Coléoptère, Bruchidae). *In* : *L'influence des stimuli externes sur lagamétogénèse des insectes*, p. 357-380. Colloques internationaux du CNRS n° 189.

HUNKELER, C. & HUNKELER, P., 1970. Besoins énergétiques de quelques crocidures (Insectivores) de Côte d'Ivoire. *La Terre et la Vie*, **117**, p. 449-456.

JOHNSON, N. K., 1975. Control of number of bird species on montane islands in the Great Basin. *Evolution*, **29**, p. 545-567.

JOLIVET, P., 1986. *Les fourmis et les plantes. Un exemple de coévolution*. Boubée, Paris.

JONES, C. G. *et al.*, 1998. Chain reactions linking acorns to gypsy moth outbreaks and Lyme disease risk. *Science*, **279**, p. 1 023-1 026.

JOUVENTIN, P.,1982. *Visual and vocal signals in penguins : their evolution and adaptative characters*. Adv. Ethology, n° 24. P. Parey, Berlin.

JOUVENTIN, P. & MOUGIN, J. L.,1984. Les stratégies adaptatives des oiseaux de mer. *La Terre et la Vie*, **35**, p. 217-272.

KARBAN, R. & BALDWIN, I. T., 1997. *Induced responses to herbivory*. The University of Chicago Press.

KÖPF, A. *et al.*, 1997. Defensive larval secretions of leaf beetles attract a specialist predator *Parasyrphus nigricornis*. *Ecol. Ent.*, **22**, p. 176-183.

LABEYRIE, V. *et al.* (eds.), 1987. *Insects-Plants*. Proc. 6th int. Symp. Insect-plant relationships. W. Junk, Dordrecht.

LACK, D., 1968. *Ecological adaptations for breeding in birds*. Methuen, London.

LACHAISE, D., 1979. *Spéciation, coévolution et adaptation des populations de Drosophilidae en Afrique tropicale*. Thèse, Université de Paris VI.

LAFFERTY, K. D., 1993. The marine snail *Cerithidea californica* matures at smaller sizes where parasitism is high. *Oikos*, **68**, p. 3-11.

LAWLOR, L. R., 1976. Molting, growth and reproductive strategies in the terrestrial isopod, *Armadillidium vulgare*. *Ecology*, **57**, p. 1 179-1 194.

LISTER, B. C., 1976. The nature of niche expansion in west indian *Anolis* lizards. II. Evolutionary components. *Evolution*, **30**, p. 677-692.

MAC ARTHUR, R. H. & WILSON, E. O., 1967. *The theory of island biogeography*. Princeton University Press.

MAY, R. M., 1975. Patterns of species abundance and diversity. *In* : M. L. Cody & J. M. Diamond, *Ecology and evolution of communities*, p. 81-120. Harvard University Press.

MAY, R. M., 1999. Crash test for real. *Nature*, **398**, p. 371-372.

MAY, R. M. & ANDERSON, R. M., 1983. Parasite-host coevolution. *In* : D. J. Futuyma & M. Slatkin, *Coevolution*, p. 186-206. Sinauer, Sunderland, Massachusetts.

Mc NAB, B. K., 1987. The evolution of mammalian energetics. *In* : P. Calow (ed.), *Evolutionary Physiological Ecology*, p. 219-236. Cambridge University. Press.

MILLER, J. R. & MILLER, T. A., 1986. *Insect-Plant interactions*. Springer, Berlin.

MOCZEK, A. P. & EMLEN, D. J., 1999. Proximate determination of male horn dimorphism in the beetle *Onthophagus taurus* (Coleoptera : Scarabaeidae). *J. Evol. Biol.*, **12**, p. 27-37.

ORTEGA, A., *et al.*, 1980. Breeding for insect resistance in maize. *In* : F. G. Maxwell & P. R. Jennings (eds.), *Breeding plants for insect resistance*, p. 370-419. Wiley, New York.

PATTERSON, B. D., 1984. Mammalian extinction and biogeography in the Southern Rocky Mountains. *In* : M. H. Nitecki (ed.), *Extinctions*, p. 247-293.

PETERS, R. H., 1983. *The ecological implications of body size*. Cambridge University Press.

PIMENTEL, D., 1961. An evaluation of insect resistance on broccoli, brussels sprouts, cabbage, collars and kale. *J. Econ. Ent.*, **54**, p. 156-159.

PIMENTEL, D. & STONE, F A, 1968. Evolution and population ecology of parasite-host system. *Canad. Ent.*, **100**, p. 655-662.

POLIS, G. A., 1980. The effect of cannibalism on demography and activity of a natural population of desert scorpions. *Behav. Ecol. Sociobiol.*, **7**, p. 25-35.

POLIS, G. A.,1988. Exploitation, competition and the evolution of interference, cannibalism, and intraguild predation in age/size-structured populations. *In* : B. Ebenmann & L. Persson (eds.), *Size-structured populations*, p. 185-202. Springer, Berlin.

POLIS, G. A. *et al.*, 1989. The ecology and evolution of intraguild predation : potential competitors that eat each other. *Ann. Rev. Ecol. Syst.*, **20**, p. 297-330.

PRICE, P. W., 1973. Reproductive strategies in parasitoid wasps. *Amer. Nat.*, **107**, p. 684- 693.

PRICE, P. W., 1975. *Insect ecology*. John Wiley & Sons, New York.

PRICE, P. W. *et al.*, 1980. Interactions among three trophic levels : influence of plants on interactions between insect herbivores and natural enemies. *Ann. Rev. Ecol. Syst.*, **11**, p. 41-65.

PRICE, P. W. *et al.* (eds.), 1991. *Plant-animal interactions. Evolutionary ecology in tropical and temperate regions*. Wiley, New York.

PRICE, P. W. & CLANCY, K. M., 1986. Interactions among three trophic levels : gall size and parasitoid attack. *Ecology*, **67**, p. 1 593-1 600.

RANK, N. E. *et al.*, 1996. Natural enemies and host plant relationships for leaf beetles (Chrysomelinae) feeding on Salicaceae and Betulaceae. *In* : P. H. Jolivet & M. L. Cox (eds.), *Chrysomelidae biology*, vol. 2, p. 147-172.

REHR, S. S. *et al.*, 1973. Chemical defense in Central American non-ant acacias. *J. anim. Ecol.*, **42**, p. 405-416.

REMMERT, G. & OHM, H., 1955. Étude sur les rockpools des Pyrénées-Orientales. *Vie et Milieu*, **6**, p. 194-209.

REZNICK, D. N. & ENDLER, J. A., 1982. The impact of predation on life history evolution in Trinidian guppies (*Poecilia reticulata*). *Evolution*, **55**, p. 525-537.

REZNICK, D.N. *et al.*, 1997. Evaluation of the rate of evolution in natural populations of guppies (*Poecilia reticulata*). *Science*, **275**, p. 1 934-1 936.

RHOADES, D. F., 1985. Offensive defensive interactions between herbivores and plants : their relevance in herbivore population dynamics and ecological theory. *Amer. Nat.*, **15**, p. 205-238.

RIOM, J. & FABRE, J. F., 1977. Étude biologique et écologique de la cochenille du pin maritime *Matsucoccus feytaudi* Ducasse 1942 dans le sud-est de la France. II. Régulation du cycle annuel, comportement des stades mobiles. *Ann. Zool. Écol. Anim.*, **9**, p. 181- 209.

ROBERT, P., 1970. Action stimulante de la plante hôte sur l'activité reproductrice chez la teigne de la betterave *Scrobipalpa ocellata* Boyd (Lépidoptère, Geluchiidae). In : *L'influence des stimuli externes sur la gamétogénèse des insectes*, p. 147-162. Colloques internationaux du CNRS n° 189.

ROHFRITSCH, O., 1998. A resistance response of *Picea excelsa* to the aphid *Adelges abietis* (Homoptera : Aphidoidea). In : W. J. Mattson *et al.* (eds.), *Mechanisms of woody plant defenses against insects : search for patterns*, p. 253-266. Springer, Berlin..

SCHNEIDER, D. *et al.*, 1982. Scent organ development in *Creatonotos* moths : regulation of pyrrolizidine alkaloids. *Science*, **215**, p. 1 264-1 265.

SCHOENER, T. W., 1989. Food web from small to the large. *Ecology*, **70**, p. 1 159-1 589.

SIMBERLOFF, D. S. & WILSON, E. O., 1970. Experimental zoogeography of islands (a two year record of colonization). *Ecology*, **51**, p. 934-937.

SLAMA, K. & WILLIAMS, C., 1966. Paper factor and metamorphosis in *Pyrrhocoris. Biol. Bull. Mar. Biol. Lab. Woods Hole*, **130**, p. 235-246.

SOUTHWOOD, T. R. E.,1977. The stability of the trophic milieu, its influence on the evolution of behaviour and of reponsiveness to trophic signals. In : V. Labeyrie (ed.), *l.c.*, p. 471-493.

SOUTHWOOD, T. R. E., *et al.*, 1974. Ecological strategies and population parameters. *Amer. Nat.*, **108**, p. 791-804.

SPENCER, M. *et al.*, 1999. Species richness and the proportion of predatory animal species in temporary freswater pools : relationships with habitat size and permanence. *Ecology letters*, **2**, p. 157-166.

STEARNS, S. C., 1992. *The evolution of life histories.* Oxford University Press.

STIBOR, H., 1992. Predator induced life-histories shifts in a freshwater cladoceran. *Oecologia*, **92**, p. 162-165.

STRONG, D. R. *et al.*, 1984. *Insects on plants. Community patterns and mechanisms.* Blackwell, Oxford.

TAYLOR, C. R. *et al.*, 1970. Scaling of the energy cost of running to body size in mammals. *Am. J. Physiol.*, 219, p. 1 104-1 107.

THALER, J. *et al.*, 1996. Exogenous jasmonates simulate insect wounding in tomato plants (*Lycopersicum esculentum*) in the laboratory and field. *J. chem. Ecol.*, 22, p. 1 767-1 781.

THURSTON, R. & FOX, P. M., 1972. Inhibition by nicotine of emergence of *Apanteles congregatus* from its host, the tobacco hornworm. *Ann. Ent. Soc. Amer.*, **65**, p. 547-550.

TOFT, C. A. & KARTER, A. J., 1990. Parasite-host coevolution. *TREE*, **5**, p. 326-329.

TUOMI, J. *et al.*, 1984. Nutrient stress : an explanation for plant anti-herbivore responses to defoliation. *Oecologia*, **61**, p. 208-210.

TUTTLE, M. D. & RYAN, M. J., 1981. Bat predation and the evolution of frog vocalizations in the Neotropics. *Science*, **214**, p. 677-678.

VAN RIPER, III. C., *et al.*, 1986. The epizootiology and the ecological significance of malaria in Hawaiian land birds. *Ecol. Monog.*, **56**, p. 327-344.

WAINHOUSE, D. & HOWELL, R. S., 1983. Intraspecific variation in beech scale populations and in susceptibility of their host *Fagus sylvatica*. *Ecol. Entomol.*, **8**, p. 351-359.

WARD, L. K. & LAKHANI, K. H., 1977. The conservation of juniper : the fauna of food plant island sites in southern England. *J. appl. Ecol.*, **14**, p. 81-120.

WATSON, A. *et al.*, 1994. Kin landownership, differential aggression between kin and non-kin, and population fluctuations in red grouse. *J. anim. Ecol.*, **63**, p. 39-50.

WERNER, E. E., 1988. Size scaling, and the evolution of complex life cycles. In : B. Ebenman & L. Persson (eds.), *Size structured populations*, p. 60-81. Springer, Berlin.

WHEELER, Q. & BLACKWELL, M. (eds.), 1984. *Fungus-insect relationships : perspectives in ecology and evolution.* Columbia University Press, New York.

WHITTAKER, R. H. & FEENY, P. P., 1971. Allelochemics : chemical interactions between species. *Science*, **171**, p. 757-770.

WIENS, J. A., 1989. *The ecology of bird communities.* Cambridge University Press.

WILDING, N. *et al.*, 1989. *Insect-fungus interactions.* Academic Press, London.

WRATTEN, S. D., *et al.*, 1984. Wound induced changes in the palatability of *Betula pubescens* and *B. pendula*. *Oecologia*, **61**, p. 372-375.

ZABEL, J. & TSCHARNTKE, T., 1998. Does fragmentation of *Urtica* habitats affect phytophagous and predatory insects differentially ? *Oecologia*, **116**, p. 419-425.

Troisième partie

STRUCTURE ET FONCTIONNEMENT DES ÉCOSYSTÈMES

Chapitre 14

LA STRUCTURE DES BIOCÉNOSES ET DES ÉCOSYSTÈMES

C'est l'océanographe allemand Karl Möbius qui, le premier, a mis en évidence l'interdépendance des divers organismes qui vivent en un même lieu. L'étude des bancs d'huîtres du Schleswig-Holstein le conduisit à cette idée et l'amena à créer en 1877 la notion de *Lebensgemeinschaft* ou communauté de vie pour laquelle il créa le terme biocénose. Il s'exprime ainsi :

La biocénose est un « *groupement d'êtres vivants correspondant par sa composition, par le nombre des espèces et des individus, à certaines conditions moyennes de milieu, groupement d'êtres qui sont liés par une dépendance réciproque et qui se maintiennent en se reproduisant dans un certain endroit d'une façon permanente... Si l'une des conditions était déviée pendant un certain temps de sa moyenne habituelle, la biocénose tout entière serait transformée... La biocénose serait également transformée si le nombre d'individus d'une espèce donnée augmentait ou diminuait par l'intermédiaire de l'homme, ou bien si une espèce disparaissait totalement de la communauté ou qu'une autre y entrait...* »

Le limnologiste américain Stephen Alfred Forbes a exprimé des idées analogues à celles de Möbius dans un article publié en 1887 et intitulé « *The lake as a microcosm* » dans lequel il écrit :

« *Un lac forme un petit monde à lui seul, un microcosme dans lequel toutes les forces élémentaires de la vie sont à l'oeuvre... Nulle part on ne peut voir plus clairement illustré ce que l'on peut appeler la sensibilité d'un tel organisme complexe, sensibilité exprimée par le fait que tout ce qui affecte une espèce qui lui appartient, doit avoir une influence sur les autres constituants de l'assemblage. Ceci montre aussi l'impossibilité qu'il y a à étudier complètement une espèce sans tenir compte de ses relations avec les autres ; la nécessité d'avoir une compréhension de la totalité pour pouvoir comprendre d'une façon satisfaisante le fonctionnement d'une partie... Deux idées sont suffisantes pour expliquer l'apparition de l'ordre dans ce qui semble un chaos ; la première est l'idée d'une communauté d'intérêts parmi les diverses espèces rassemblées dans un même lieu ; et la seconde est que la sélection naturelle a un pouvoir bénéfique en provoquant l'ajustement des taux de multiplication et de destruction des diverses espèces, dans leur intérêt commun.* »

Forbes assimile le microcosme à un organisme lorsqu'il emploie l'expression « organisme complexe ». Cette idée sera reprise, en particulier par des botanistes comme Clements qui n'hésitera pas à assimiler la communauté végétale à un superorganisme. Cette analogie entre une biocénose (ou communauté) et un superorganisme, qui fut reprise, développée et popularisée par Clements (1916) suscita une réaction du botaniste Arthur George Tansley qui en 1935 introduisit le concept d'écosystème dans un article intitulé « *The use and abuse of vegetational concepts and terms* » :

« J'ai déjà donné mes raisons pour rejeter les termes « organisme complexe » et « communauté biotique »...La notion la plus fondamentale est, me semble-t-il, la totalité du système (dans le sens où on parle de système en physique) incluant non seulement le complexe des facteurs physiques formant ce que nous appelons le milieu... Bien que les organismes puissent réclamer en priorité notre attention, nous ne pouvons pas quand nous tentons de penser en termes de principes les séparer de leur milieu propre avec lequel ils forment un système physique unique. Les systèmes ainsi formés sont du point de vue de l'écologiste les unités de base de la nature à la surface de la terre. Nos préjugés naturels d'êtres humains nous poussent à considérer les organismes (au sens du biologiste) comme la partie la plus importante de ces systèmes, mais assurément les « facteurs » inorganiques en font aussi partie — il ne pourrait pas y avoir de système sans eux, et il y a échange constant sous les formes les plus variées à l'intérieur de chaque système, non pas seulement entre les organismes mais entre l'organique et l'inorganique. Ces écosystèmes, comme nous pouvons les appeler, offrent la plus grande diversité de type et de taille. Ils ne forment qu'une catégorie parmi la multitude des systèmes physiques qui vont de l'univers en son entier jusqu'à l'atome. »

I. LE CONCEPT D'ÉCOSYSTÈME

Le concept d'écosystème est souvent considéré comme le dogme central de l'écologie que l'on peut comparer à celui du code génétique en biologie moléculaire. Un écosystème est un système biologique formé par deux éléments indissociables, la biocénose et le biotope. La biocénose est l'ensemble des organismes qui vivent ensemble (cf. ci-dessous, paragraphe 2) et le biotope est le fragment de la biosphère qui fournit à la biocénose le milieu abiotique indispensable. Un écosystème présente une certaine homogénéité topographique, climatique, pédologique, botanique et zoologique. Le biotope est une étendue plus ou moins bien délimitée renfermant des ressources suffisantes pour assurer le maintien de la vie et qui peut être de nature inorganique ou organique (dans le cas des organismes parasites pour qui le biotope est l'animal parasité). La plupart des écosystèmes sont le résultat d'une longue évolution et la conséquence de longs processus d'adaptation entre les espèces et le milieu. Les écosystèmes sont doués de la capacité d'autorégulation et capables, dans certains limites, de résister à des modifications plus ou moins importantes. On distingue parfois des écosystèmes mineurs qui sont dépourvus d'organismes autotrophes et qui dépendent plus ou moins des écosystèmes voisins. L'écosystème cavernicole et l'écosystème abyssal sont des écosystèmes mineurs.

Un écosystème est par définition un système c'est-à-dire un ensemble d'éléments en interaction les uns avec les autres, formant un tout cohérent et ordonné. C'est un système hiérarchisé dans lequel les éléments constitutifs sont eux-mêmes des sous-systèmes structurés. La nature et l'étendue des écosystèmes sont variables. Une souche d'arbre mort peut être considérée comme un écosystème de même que la forêt dans laquelle se trouve cette souche. Ainsi définis les écosystèmes sont des entités sans dimensions, ce qui se reflète dans les difficultés que l'on rencontre pour les délimiter et qui se retrouvent au niveau des biocénoses. En outre, les écosystèmes ont souvent été étudiés sans que le rôle des écosystèmes voisins et l'existence de zones de transition ou écotones aient été pris en considération. Ces contradictions peuvent être levées par l'étude des paysages (chapitre 19).

Les écosystèmes sont des systèmes à compartiments. Chaque élément d'un écosystème peut être assimilé à une boîte noire dans laquelle les processus qui s'y déroulent ne sont pas forcément connus. Pour faire une analyse du système il suffit de connaître la valeur de ce qui entre et de ce qui sort de chaque élément. Les écosystèmes sont aussi des systèmes ouverts qui entretiennent des échanges de matière et d'énergie avec le milieu. Pour cette raison ils tendent vers un état stable dans lequel la composition des divers éléments du système reste constante en dépit de l'existence de processus irréversibles ainsi que de l'importation et de l'exportation de matière. Cet état stable présente une caractéristique que l'on appelle l'équifinalité et qui est la propriété que possèdent les systèmes ouverts d'atteindre le même état final à partir de conditions initiales différentes ou en suivant des chemins différents. Dans l'évolution des écosystèmes l'état stable est le stade climax.

Les écosystèmes suivent les lois de la thermodynamique et en particulier de la thermodynamique des systèmes ouverts. Ces lois précisent que les systèmes ouverts, donc les écosystèmes, peuvent évoluer vers un état d'organisation de plus en plus complexe, et accumuler de l'entropie négative. Le recours à la notion de système permet de créer des modèles à compartiments schématisant certains aspects du fonctionnement des écosystèmes (figure 14.1). Le premier modèle à compartiments d'un écosystème a été proposé par Odum (1957) lors de l'étude des sources Silver Springs en Floride.

II. LES BIOCÉNOSES

Le terme de biocénose peut être appliqué à l'ensemble des espèces qui peuplent un milieu bien délimité dans l'espace comme un étang ou une forêt. Ces diverses espèces ne sont pas indépendantes les unes des autres. Elles ont entre elles des relations multiples et elles forment un ensemble relativement stable et autonome.

La biocénose est un ensemble d'êtres vivants rassemblés par l'attraction qu'exercent sur eux les divers facteurs du milieu. Ce groupement est caractérisé par une composition spécifique déterminée, par l'existence de phénomènes d'interdépendance (compétition, symbiose, prédation, etc.) et il occupe un espace bien déterminé que l'on appelle le biotope.

Figure 14.1

Modèle à compartiments représentant le fonctionnement d'un étang aménagé pour la pêche en Géorgie

Le rayonnement solaire disponible est de 730 000 kcal / m² / an soit environ 50 % du rayonnement solaire incident. Les poissons pêchés sont le *bass* (genre *Micropterus*) et le *sunfish* (genre *Lepomis*). L'étang n'est pas un système fermé car il reçoit des insectes de l'extérieur et il en fournit au milieu environnant. Il comprend deux chaînes alimentaires. L'une conduit aux poissons, l'autre est une chaîne latérale qui mène à des Diptères carnivores du genre *Chaoborus*. La production de poissons pourrait peut-être augmenter si l'on supprimait la chaîne latérale. Mais on doit aussi envisager le rôle possible de cette chaîne, qui apporte de la biodiversité, dans le maintien de la stabilité de l'écosystème.

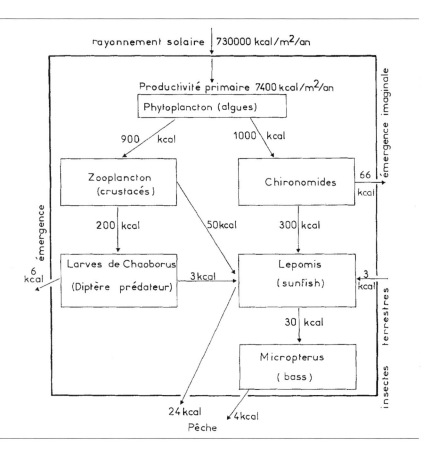

Les biocénoses peuvent avoir une durée et une étendue variables. On considère souvent comme des biocénoses des communautés d'organismes aussi restreintes que celles qui habitent un cadavre en décomposition, une bouse ou un tronc d'arbre mort. Mais on peut aussi considérer ces communautés comme des fragments d'une biocénose plus vaste qui est par exemple la forêt dans son ensemble. Le nom de synusie est parfois appliqué à ces communautés réduites dans l'espace et dans le temps[1].

On peut distinguer des biocénoses stables à l'échelle humaine, qui durent plusieurs dizaines d'années ou même plusieurs siècles, et les biocénoses cycliques dont l'évolution peut être très rapide et se faire en quelques jours. Une hêtraie est une biocénose stable ; un cadavre de Mammifère est habité par une biocénose cyclique.

Les biocénoses peuvent être considérées soit comme des collections d'espèces qui se partagent un même milieu dans lequel elles ont été réunies d'une façon fortuite, soit comme des ensembles d'espèces qui coexistent régulièrement et d'une

façon prévisible, ces espèces entretenant entre elles des relations qui peuvent conduire à une véritable coévolution. Cette dichotomie est le reflet de la discussion datant du début du XXᵉ siècle qui a opposé Clements et Gleason, le premier considérant la biocénose comme une sorte de superorganisme et le second soutenant la théorie dite « individualiste » selon laquelle les espèces ne sont réunies dans un même milieu que par le hasard et par des exigences communes. Tous les écologistes ne sont pas d'accord pour définir les facteurs qui déterminent la nature des biocénoses (Diamond & Case, 1986). Mais le concept de la biocénose comme système à structure répétitive et prévisible semble bien être accepté par la majorité des écologistes.

À côté des biocénoses on distingue d'autres types de groupements d'animaux. Les sociétés animales ou groupements sociaux possèdent trois caractéristiques fondamentales. Elles sont formées par des individus de la même espèce qui vivent en colonies dans lesquelles cohabitent plusieurs générations. Il existe dans ces colonies un ou plusieurs individus reproducteurs. Les autres individus sont stériles et organisés en castes qui servent à l'élevage des jeunes et à la défense de la société.

[1]Le terme de synusie est employé par les botanistes avec un sens différent (cf. chapitre 4.3.2).

Les espèces sociales ainsi définies se rencontrent surtout chez les insectes et elles sont au nombre de 10 000 à 12 000 soit de 1,6 à 2,7 % du nombre des espèces connues. Ce sont des Hyménoptères (abeilles, guêpes, fourmis), tous les termites et quelques espèces récemment découvertes çà et là dans des ordres où on ne s'attendait pas à les trouver : pucerons (Aoki, 1982), thrips (Crespi, 1992). Les Mammifères renferment deux espèces sociales de Rongeurs appartenant à la famille des *Bathyergidae* et au groupe des rats-taupes africains (Jarvis, 1981). Les foules sont des rassemblements composés d'individus appartenant à une ou plusieurs espèces et qui sont provoquées uniquement par un ou plusieurs facteurs du milieu fonctionnant comme centre attractif (par exemple, rassemblements d'insectes autour des sources lumineuses la nuit).

2.1. La délimitation des biocénoses

Étant donné que les végétaux constituent le plus souvent l'essentiel de la biomasse, qu'ils imposent au paysage un aspect caractéristique et qu'ils sont plus faciles à inventorier et à déterminer que les animaux ou les micro-organismes, l'étude des biocénoses se limite souvent à celle de la végétation. Les botanistes ont été les premiers à délimiter les diverses phytocénoses qui existent dans une région et qu'ils appellent le plus souvent associations ou groupements végétaux. Des tentatives ont parfois été faites pour étudier la fraction animale ou zoocénose d'une biocénose avec les mêmes méthodes que celles des botanistes. La méthodologie la plus élaborée pour la délimitation et la description des associations végétales a été établie par l'école de phytosociologie dite zuricho-montpellieraine inspirée par les travaux de Braun-Blanquet (1928).

Toutes les méthodes utilisées pour la délimitation des biocénoses admettent l'existence d'unités plus ou moins discrètes que l'on peut délimiter, décrire et cartographier. Le premier travail à effectuer pour définir une phytocénose consiste à rechercher des milieux homogènes dans lesquels un inventaire des diverses espèces (on se limite le plus souvent aux plantes à fleurs) est réalisé. Chaque espèce est affectée de divers indices.

L'indice d'abondance-dominance correspond à l'importance de l'espèce sur le terrain. Les botanistes se contentent souvent de l'échelle approximative suivante : 0, absent ; 1, rare et dispersé ; 2, pas rare ; 3, abondant ; 4, très abondant.

L'indice de sociabilité rend compte du degré de groupement des individus de 1 pour les individus isolés à 5 pour les individus très fortement groupés.

La fréquence correspond au pourcentage des individus d'une espèce par rapport au total des individus de toutes les espèces. On définit cinq classes de fréquences, la classe I renfermant les espèces dont la fréquence est comprise entre 0 et 20 %,... et la classe V celles dont la fréquence est comprise entre 80 et 100 %.

La constance est le rapport exprimé sous la forme d'un pourcentage, entre le nombre de relevés contenant l'espèce et le nombre total de relevés. Les espèces constantes sont présentes dans plus de 50 % des relevés ; les espèces accessoires dans 25 à 50 % et les espèces accidentelles dans moins de 25 %.

La fidélité exprime l'intensité avec laquelle une espèce est inféodée à une biocénose. À la suite de Braun-Blanquet les phytosociologues utilisent pour définir les divers degrés de fidélité d'une espèce vis-à-vis d'une association une terminologie dont le principe est expliqué figure 14.2.

Figure 14.2
Représentation schématique des degrés de fidélité de diverses espèces vis-à-vis d'une association selon les conceptions de Braun-Blanquet

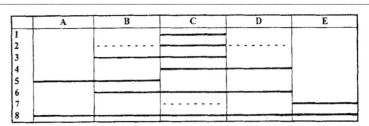

Les espèces sont numérotées de 1 à 8 et les associations de A à E (Van den Bergen, 1966). Une espèce différentielle est une espèce présente dans deux associations telles que B et C mais absente d'une troisième telle que A, ce qui permet de différencier l'ensemble B + C de l'association A.
1 : Espèce caractéristique exclusive de l'association C. 2 : Espèce caractéristique préférentielle de l'association C (peu fréquente et de moindre vitalité dans les associations B et D). 3 : Espèce différentielle des associations B et C par rapport à l'association A. 4 : Espèce différentielle des associations C et D par rapport à l'association B. 5 : Espèce différentielle de l'association B par rapport aux associations C et D. 6 : Espèce caractéristique des associations B, C et D, donc de l'alliance qui comprend ces trois associations. 7 : Espèce de l'association E accidentelle dans l'association C. 8 : Espèce indifférente.

Les zoologistes distinguent : des espèces caractéristiques qui sont exclusives d'une association ou bien qui y sont plus abondantes que dans les autres ; des espèces préférantes qui existent dans plusieurs biocénoses mais qui préfèrent l'une d'entre elles ; des espèces étrangères qui sont égarées accidentellement dans une association à laquelle elles n'appartiennent pas ; des espèces ubiquistes ou indifférentes qui peuvent se rencontrer dans plusieurs biocénoses. Les espèces ubiquistes ont une valence écologique élevée ; les espèces caractéristiques ont une valence écologique étroite. En général il y a dans une biocénose moins d'espèces caractéristiques que d'espèces préférantes ou étrangères. Par contre le nombre d'individus est plus élevé chez les espèces caractéristiques qui sont donc plus abondantes que les espèces préférantes ou étrangères. Dans le cas des insectes qui vivent dans les sables littoraux de Finlande, les pourcentages suivants ont été trouvés :

	Caractéristiques	Préférantes	Étrangères
Nombre d'espèces	8,8	31,3	59,3
Nombre d'individus	48,8	33,1	18,5

Les associations végétales ne sont pas des entités rigoureusement définies et délimitées. Leur composition spécifique peut varier et leurs limites sont parfois floues et marquées par des zones de transition (ou écotones) avec les associations voisines. Dans des territoires étendus et homogènes il peut être difficile de délimiter des associations végétales. C'est la raison pour laquelle des botanistes américains (comme Whittaker, 1956, 1967) ont admis qu'il n'existe pas d'associations que l'on puisse distinguer entre elles mais un continuum dans lequel l'abondance des diverses espèces varie selon un gradient régulier. Les botanistes de cette école ont pu parler de « *the fallacy of distinct communities boundaries* ». Cette position théorique n'empêche pas ces botanistes de définir des types de végétation et de les cartographier (cf. par exemple la carte de la végétation au 1/3 000 000ᵉ du sud-ouest de l'Amérique du Nord, Brown & Lowe, 1982) mais ils se fondent sur les espèces dominantes et non sur la composition spécifique et l'existence d'espèces caractéristiques. En réalité il existe souvent des discontinuités qui permettent de matérialiser les limites des associations : discontinuités géographiques comme le relief, ou géologiques comme la nature du sol. La théorie du continuum qui a suscité de la part de certains écologistes de nombreuses critiques (Gounot, 1969 ; Guinochet, 1973) semble reposer sur des techniques d'échantillonnage défectueuses et néglige l'existence des interactions entre espèces.

Les associations végétales sont définies à partir de leur composition spécifique. Ceci suppose que la flore est bien connue. Dans une région où la flore est mal connue, ou bien pour gagner du temps dans les régions où elle est connue, on définit des formations à partir de la physionomie de la végétation. Les forêts de Conifères, les maquis, sont des formations. Les classifications de la végétation qui intéressent l'ensemble de la planète, et en particulier les régions tropicales, utilisent encore les formations comme unités de base dans l'attente d'une meilleure connaissance de la flore.

2.2. L'aire minimale

Il est indispensable de faire les relevés sur des surfaces homogènes c'est-à-dire dans une seule biocénose. L'homogénéité peut être déterminée en traçant une courbe qui représente le nombre d'espèces en fonction du nombre de relevés ou, ce qui revient au même, de la surface. La courbe obtenue a toujours la même allure, le nombre d'espèces croissant très vite au début puis devenant à peu près constant. On appelle aire minimale la plus petite surface nécessaire pour que toutes les espèces soient représentées. Cette aire minimale est très variable. Elle ne dépasse guère 2 m² dans le cas d'une pelouse mais elle atteint plusieurs km² dans un désert. Si la surface inventoriée déborde sur plusieurs biocénoses la courbe présente à nouveau une partie ascendante due à l'apparition d'espèces nouvelles (figure 14.3).

Une autre méthode qui permet de tester l'homogénéité d'un groupement végétal consiste à dresser un histogramme dans lequel sont représentés les nombres d'espèces appartenant à chacune des classes de fréquence I à V définies précédemment. L'étude théorique montre que, dans une association homogène, les classes I et V doivent être relativement bien représentées et la classe IV peu représentée de telle façon que I > II > III > IV < V (cette règle est connue sous le nom de loi des fréquences de Raunkiaer).

Les biocénoses reçoivent un nom qui utilise le plus souvent le nom des espèces les plus remarquables, le nom de genre étant terminé par le suffixe *etum*. L'association à *Schoenus nigricans* des tourbières alcalines est le *Schoenetum*. Les forêts de sapin et de hêtre des moyennes montagnes constituent l'*Abieto-Fagetum*. Les zoologistes utilisent parfois cette terminologie ou bien nomment la biocénose en mentionnant certaines de ses caractéristiques abiotiques et zoologiques

(exemple : sables à *Amphioxus*). Les groupements végétaux sont classés par les phytosociologues selon une hiérarchie qui est analogue à celle de la systématique. On distingue, par ordre d'importance croissante, les associations, les alliances, les ordres et les classes. Ainsi l'association *Abieto-* *Fagetum* est regroupée, avec les associations montagnardes voisines, dans l'alliance *Fagion*, qui appartient elle-même à l'ordre des forêts de feuillus des climats tempérés froids ou *Fagetalia*, et à la classe *Querceto-Fagetalia* qui comprend les forêts de feuillus des climats tempérés.

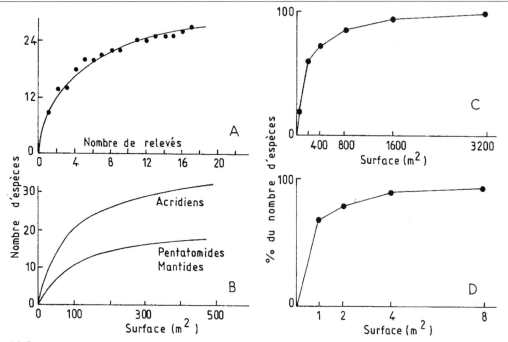

Figure 14.3
Quelques exemples de courbes aire-espèce permettant de déterminer l'aire minimale des biocénoses
A : Nombre d'espèces de Coléoptères de la faune corticole du hêtre en fonction du nombre de relevés.
B : Nombre d'espèces d'Acridiens, de Pentatomides et de Mantides en fonction de la surface dans la savane de Lamto.
C : Pourcentage du nombre total d'espèces végétales en fonction de la surface dans une savane à *Themedea* au Congo.
D : Nombre total d'espèces dans un groupement herbacé marécageux à *Craterostigma* au Congo. Noter la différence importante dans l'échelle des surfaces entre C et D.

Le tableau 14.1 donne un exemple de relevé effectué selon la méthode des phytosociologues. Il correspond à une association nommée *Caricetum curvulae alpinum* qui se rencontre dans le bassin supérieur de la Tinée dans les Alpes-Maritimes, et qui est le groupement climax dans la zone supérieure de l'étage alpin de cette région. Les caractéristiques physiques du milieu sont indiquées pour chacun des cinq relevés et le type biologique pour chaque espèce. Dans chaque colonne, le premier chiffre (ou le chiffre unique) correspond à l'abondance et le second à la sociabilité. L'abondance est déterminée à l'aide d'une échelle à six valeurs (+, 1, 2, 3, 4 et 5) et la sociabilité à l'aide des chiffres 1 à 5. Le tiret (–) correspond à l'absence de la plante. Les espèces sont énumérées dans l'ordre suivant : caractéristiques de l'association *Caricetum curvulae alpinum* ;

caractéristiques de l'alliance *Caricion curvulae* ; caractéristiques de l'ordre *Caricetalia curvulae* ; caractéristiques de la sous-association *typicum* qui permettent de séparer ce groupement de la sous-association *elynetosum* (cette dernière s'installant sur sol calcaire et renfermant *Elyna myosuroides*).

III. STRUCTURE TROPHIQUE DES BIOCÉNOSES

En 1921 Charles Elton fit partie d'une expédition scientifique au Spitzberg. Grâce au petit nombre d'espèces présentes dans cette région au climat rude il réussit à établir une liste à peu près complète des animaux présents et à déterminer

Types biologiques	Numéros des relevés	I	II	III	IV	V	Présence
	Altitude (mètres)	2 675	2 550	2 600	2 350	2 650	
	Exposition	O	N	–	N	NE	
	Pente	2°	3°	0	5°	2°	
	Recouvrement (%)	50	75	80	90	60	
	Surface des relevés (en m²)	10	50	2	50	100	
	Caractéristiques de l'association						
H	*Carex curvula*	2.2	3.3	4.4	3.4	4.4	V
H	*Hieracium glanduliferum*	+	+	+	1	1	V
Ch	*Silene exscapa*	1.4	–	+ 3	1.5	+ 3	IV
H	*Antennaria carpatica*	+	2.1	+ 1	–	1.1	IV
H	*Avena versicolor*	+	–	1.1	–	1.1	III
H	*Pedicularis kerneri*	–	+	+ 1	–	+	III
H	*Oreochloa seslerioides*	–	–	–	–	+	I
	Caractéristiques de l'alliance						
Ch	*Minuartia sedoides*	1.3	1.3	2.3	2.5	2.3	V
H	*Phyteuma pedemontanum*	+	+	+	+ 1	+	V
Th	*Euphrasia minima*	–	–	+	3.1	1.1	III
H	*Veronica bellidioides*	–	–	–	1.1	–	I
H	*Hieracium glaciale*	–	–	–	2.1	–	I
H	*Senecio incanus*	–	+	–	+ 1	–	II
Ch	*Sempervivum montanum*	+ 1	–	–	–	+	II
H	*Luzula spicata*	–	+	–	1.1	–	II
H	*Agrostis rupestris*	–	–	+	–	–	I
H	*Luzula lutea*	–	–	–	1.1	–	I
H	*Minuartia recurva*	–	–	–	+ 1	–	I
	Caractéristiques de l'ordre						
H	*Leontodon pyrenaicum*	–	1.1	–	–	+	II
H	*Statice montana*	–	–	–	1.1	+ 1	II
H	*Androsace carnea*	–	–	–	+	–	I
	Différentielles de la sous-association typicum :						
H	*Festuca ovina ssp. Laevis*	1.2	+ 2	3.2	2.2	2.3	V
H	*Juncus trifidus*	+ 1	+	+ 2	+	+ 1	V

Tableau 14.1

Exemple de tableau réunissant l'ensemble des relevés faits dans une association végétale, le Caricetum curvulae alpinum, sous-association typicum dans les Alpes-Maritimes

H : hémicryptophytes ; Ch : chaméphytes ; Th : thérophyte. Explications dans le texte (simplifié, d'après Guinochet, 1938).

les relations de nature alimentaire qu'elles entretiennent entre elles. Il constata que les animaux prédateurs sont presque toujours plus grands que leurs proies et que les proies ont toujours une taille suffisante pour fournir assez de nourriture à leurs prédateurs (cette observation annonçait les développements de la théorie de l'« *optimal foraging strategy* » à partir des années 70). En même temps Elton représentait pour la première fois la structure d'une biocénose animale en fonction de la taille des organismes qui la constituent sous la forme d'une pyramide des nombres.

3.1. Chaînes alimentaires et réseaux trophiques

Une chaîne alimentaire est une suite d'organismes dans laquelle les uns mangent ceux qui les précèdent dans la chaîne avant d'être mangés par ceux qui les suivent. Il existe deux types de chaînes alimentaires. Celles qui commencent par des végétaux vivants qui sont dévorés par des animaux herbivores constituent le système herbivore. Celles qui commencent par de la matière organique morte (animale ou végétale) qui est consommée par des détritivores constituent le système saprophage. À la suite de travaux tels que ceux de Lindeman on peut, dans une chaîne alimentaire du système herbivore, distinguer

diverses catégories d'organismes. Les végétaux chlorophylliens autotrophes sont les producteurs capables de fabriquer de la matière organique à partir de l'énergie lumineuse et d'accumuler ainsi de l'énergie sous la forme d'énergie chimique. Les herbivores ou consommateurs de premier ordre subsistent aux dépens des végétaux. Les carnivores ou prédateurs ou consommateurs de second ordre subsistent aux dépens des herbivores. On peut définir de la même façon des consommateurs de troisième ordre, de quatrième ordre, etc. Généralement les chaînes alimentaires ne contiennent guère plus de 5 à 6 niveaux. Les décomposeurs ou bioréducteurs, qui sont surtout des micro-organismes et des champignons, attaquent les cadavres et les excréta et les décomposent peu à peu en assurant le retour progressif au monde minéral des éléments contenus dans la matière organique.

La chaîne alimentaire suivante est simple :

herbe → lapin → renard

La chaîne suivante est plus complexe :

pin sylvestre → pucerons → coccinelles → araignées → oiseaux insectivores → rapaces

Dans le milieu marin la chaîne alimentaire suivante conduit d'une algue unicellulaire à un oiseau :

Chaetoceros → Calanus → Ammodytes → Clupea → Phalacrocorax

algue → Copépode → Poisson → Poisson → cormoran

La règle découverte par Elton qui admet une augmentation de la taille des espèces animales le long des chaînes alimentaires se vérifie dans ces trois exemples. Elle ne se vérifie pas dans le cas des chaînes de parasites comme celle-ci :

chenille → Diptère Tachinaire → Hyménoptère Chalcidien

Dans les chaînes alimentaires formant le système des saprophages les consommateurs primaires sont qualifiés de saprophages ou de détritivores. Dans la réalité beaucoup d'espèces sont omnivores et elles établissent des connexions entre les diverses chaînes alimentaires, ce qui conduit à la formation de réseaux trophiques dont la complexité est grande et dont les figures 14.4 et 14.5 donnent une idée.

Il existe le long des chaînes alimentaires des transferts de matière et d'énergie qui sont schématisés figure 14.6. Ce schéma met en évidence une caractéristique fondamentale : la matière se conserve et est constamment recyclée dans l'écosystème (ou parfois exportée) tandis que la respiration des organismes produit de l'énergie dé-

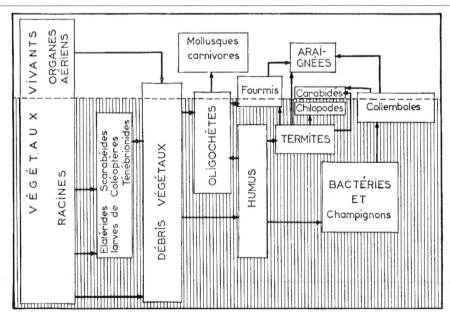

Figure 14.4
Réseau trophique de la strate endogée dans la prairie d'altitude des monts Nimba (Guinée)
La partie correspondant au sol est en hachures. Seuls les principaux groupes renfermant les espèces les plus abondantes ont été représentés.

Figure 14.5

Réseau trophique dans l'épigaion de la prairie normande (cf. chapitre 16, paragraphe 1)

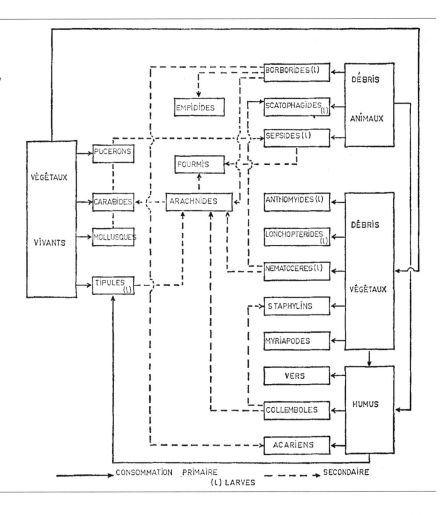

Figure 14.6

Transferts de matière (flèches en traits pleins) et d'énergie (flèches en traits discontinus) entre les divers niveaux trophiques d'une biocénose

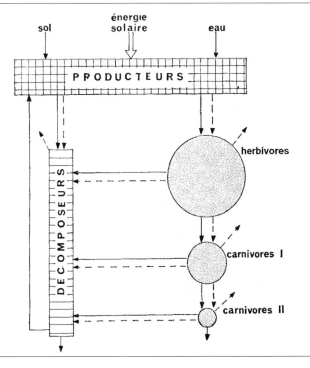

© Dunod. La photocopie non autorisée est un délit.

Figure 14.7

Schéma des réseaux trophiques dans un écosystème montrant le partage en deux sous-systèmes, celui des herbivores et celui des saprophages

D'un niveau trophique à un autre le rendement qui est indiqué correspond au rapport C_n/P_{n-1} dans lequel C_n est la consommation au niveau trophique n et P_{n-1} la productivité au niveau trophique n – 1. Les pourcentages indiqués sont des valeurs moyennes. La différence $P_{n-1} - C_n$ représente le pourcentage de l'énergie disponible qui fait retour à la matière organique (Heal & Mac Lean, 1975).

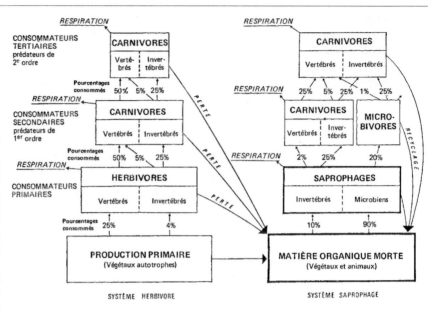

gradée sous la forme de chaleur qui n'est pas recyclée et qui est perdue. Le schéma simple de la figure 14.6 ne prend en compte que des chaînes alimentaires du système des herbivores. Il doit être complété par un schéma plus général (figure 14.7) qui tient compte du fait que tous les écosystèmes renferment les deux systèmes des herbivores et des saprophages.

3.2. Les niveaux trophiques

Des organismes appartiennent à un même niveau trophique lorsque, dans une chaîne alimentaire, ils sont séparés des végétaux autotrophes par le même nombre de maillons. Les végétaux autotrophes constituent par définition le premier niveau trophique. Il faut garder en mémoire le caractère simplificateur de la notion de niveau trophique. Un même animal peut appartenir à plusieurs niveaux trophiques différents. C'est le cas des espèces omnivores qui consomment à la fois des végétaux et des animaux ou de certains prédateurs qui s'attaquent à des proies variées. Les mantes sont des Orthoptères prédateurs qui peuvent consommer soit des Acridiens (Orthoptères herbivores appartenant au deuxième niveau trophique) soit des Tettigonidés (Orthoptères carnassiers appartenant au troisième niveau trophique). Dans le premier cas les mantes font partie du troisième

niveau trophique et dans le second cas du quatrième niveau trophique. Un poisson comme le hareng change de régime alimentaire au cours de ses divers stades de développement et change donc aussi de niveau trophique (figure 7.7).

3.3. Les pyramides écologiques

Depuis Elton l'habitude est prise de schématiser la structure des biocénoses à l'aide de pyramides écologiques. La pyramide des nombres peut représenter soit le nombre d'individus en fonction de diverses classes de taille (figure 14.8), soit le nombre d'individus présents dans chaque niveau trophique. Ces pyramides montrent que le nombre d'individus décroît généralement d'un niveau trophique au suivant et décroît aussi lorsque la taille augmente.

La pyramide des biomasses représente pour chaque niveau trophique la biomasse (en poids sec) des organismes. Cette pyramide a généralement la pointe dirigée vers le haut, mais il existe des exceptions que l'on rencontre par exemple dans le milieu océanique où le phytoplancton a une biomasse inférieure à celle du zooplancton mais une vitesse de renouvellement bien supérieure.

La pyramide des biomasses sous-estime particulièrement le rôle des micro-organismes qui ont

une biomasse faible mais un métabolisme élevé. Puisque les micro-organismes décomposeurs s'attaquent à des représentants de tous les niveaux trophiques, on a l'habitude de les représenter à part à côté des consommateurs, dans les pyramides écologiques.

Figure 14.8

Pyramide des nombres, établie selon les conceptions de Elton, représentant le nombre d'animaux présents dans la litière d'une forêt de Panama en fonction des diverses classes de taille

Les espèces les plus petites sont les plus nombreuses. Ce sont surtout des Collemboles et des Acariens herbivores ou détritivores. Les espèces de grande taille, plus rares, sont des prédateurs comme les Coléoptères et les Araignées (Williams, 1941).

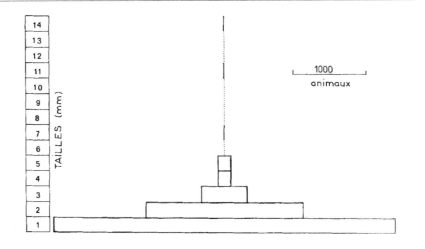

La pyramide des énergies est le système le plus satisfaisant. Chaque niveau trophique est représenté par un rectangle dont la longueur est proportionnelle à la quantité d'énergie accumulée par unité de surface et de temps. La pyramide des énergies se présente toujours avec la pointe dirigée vers le haut en raison des pertes d'énergie qui on lieu d'un niveau trophique à l'autre (figure 14.9).

Figure 14.9

Quelques exemples de pyramides écologiques

a : Silver Springs, pyramide des biomasses ;

b : Silver Springs, pyramide des énergies. À côté de l'énergie totale fixée par les organismes de chaque niveau trophique on a indiqué entre parenthèses la quantité d'énergie disponible pour le niveau trophique suivant. La différence correspond aux pertes respiratoires et à l'exportation hors de l'écosystème.

c : Pyramide des biomasses dans un champ de Géorgie abandonné depuis un an.

d : Pyramide des biomasses dans un récif corallien.

e : Pyramide des biomasses pour le plancton du Pas de Calais.

f : Pyramide des biomasses à la saison des pluies dans la prairie d'altitude du mont Nimba (exemple de milieu végétal sous-exploité par les animaux).

Les énergies sont exprimées en kcal/m²/an et les biomasses en g/m². P : producteurs ; H : herbivores ; D : décomposeurs ; C1 : consommateurs primaires ; C2 : consommateurs secondaires ; D : décomposeurs ; S : saprophages. Dans le champ abandonné la végétation est également sous-exploitée par la faune qui n'a pas eu le temps de s'installer. Le récif corallien est un écosystème équilibré correspondant à une biocénose ancienne. Dans le plancton marin la pyramide est inversée en raison de la rapidité du renouvellement de la biomasse du phytoplancton. Dans le milieu terrestre la biomasse diminue d'un facteur 10 à 100 quand on passe d'un niveau trophique au suivant.

3.4. La structure des réseaux trophiques

L'analyse détaillée des réseaux trophiques est un domaine de recherche récent (Pimm, 1982 ; Strong, 1988 ; Cohen *et al.*, 1990 ; Martinez, 1993 ; Warren, 1994) qui a permis de mettre en évidence un certain nombre de régularités dans leur structure. Beaucoup d'écologistes recherchent les facteurs qui déterminent la stabilité des communautés, et ils cherchent en particulier à savoir si les communautés complexes sont plus stables que les communautés simples. On désigne sous le nom de connectance le rapport entre le nombre réel de liaisons trophiques qui existent entre les diverses espèces d'un réseau trophique et le nombre théorique maximum possible. Si S est le nombre d'espèces et L le nombre de liaisons entre espèces, la connectance C est définie par la relation $C = L/S^2$. Le nombre de liaisons augmente évidemment avec le nombre d'espèces mais la relation mathématique qui lie les deux grandeurs fait l'objet de discussions, d'autant plus que le nombre de réseaux trophiques dont les relations entre espèces sont connues en totalité est rare. L'analyse de 175 de ces réseaux a montré que la relation entre le nombre d'espèces S et le nombre de liens trophiques L obéit à la loi dite « *constant connectance hypothesis* » et qu'elle est de la forme $\ln L = 0,14 \ln S^2$.

D'autres généralisations ont été proposées. La loi dite « *species scaling law* » précise que les pourcentages d'espèces appartenant au niveau des autotrophes, aux niveaux trophiques intermédiaires, et au niveau supérieur des espèces qui n'ont plus de prédateurs, sont constants quel que soit le nombre total d'espèces dans le réseau trophique (Havens, 1992). Les pourcentages obtenus sont les suivants : espèces autotrophes 50 % ; espèces appartenant aux niveaux intermédiaires : 44 % ; espèces superprédatrices n'ayant pas de prédateurs : 6 %.

L'analyse de 95 réseaux trophiques bien étudiés et dominés par les insectes a permis de tirer certaines règles qui semblent générales (Schoenly *et al.*, 1991). Les modes d'alimentation les plus répandus sont la prédation et la saprophagie. Ces résultats confirment l'hypothèse de Southwood (1972) selon laquelle la diversité des régimes alimentaires des insectes s'est accrue au cours des temps géologiques. Des ordres primitifs comme les Collemboles sont généralement saprophages tandis que des ordres plus récents (Diptères, Hyménoptères) ont des modes d'alimentation beaucoup plus variés. Une idée très répandue était que les chaînes alimentaires sont courtes et formées au maximum de 4 à 5 niveaux trophiques. La longueur des chaînes alimentaires chez les insectes qui vivent aux dépens de cadavres ou de bouses est effectivement limitée à 3 ou 4 niveaux trophiques. Mais chez les insectes qui vivent dans les galles ou chez les insectes aquatiques il existe des chaînes alimentaires à 7 ou 8 niveaux trophiques. La découverte la plus étonnante est celle de nombreuses chaînes alimentaires dans lesquelles des insectes sont les prédateurs situés au sommet de la chaîne. Dans beaucoup de cas le rôle des insectes semble bien avoir été sous-estimé au bénéfice des Vertébrés. De nombreux arguments montrent qu'une connectance élevée augmente la stabilité des biocénoses et joue un rôle important dans la régulation des populations d'insectes (Yodzis, 1981).

D'autres règles qui régissent la structure des réseaux trophiques ont été proposées par Pimm (1982). Les principales sont les suivantes (figure 14.10).

Figure 14.10

Structure des chaînes alimentaires

Les structures fréquemment observées sont opposées aux structures rares ou absentes. La comparaison des insectes et des vertébrés montre que ces deux groupes zoologiques interviennent dans des types différents de chaînes alimentaires (modifié, d'après Pimm, 1982).

(a) Les chaînes alimentaires sont en général courtes, le nombre de 4 niveaux trophiques est le plus fréquent et le nombre maximum, rarement observé, est de 10.

(b) La longueur des chaînes alimentaires, contrairement à ce qui est fréquemment avancé, n'est pas limitée par l'importance de la productivité primaire. Cependant au-dessous d'une certaine valeur de la productivité primaire (estimée à 50 g/m²/an/poids sec) l'existence d'un troisième niveau trophique devient aléatoire.

(c) La taille des prédateurs n'influe pas sur le nombre de niveaux trophiques.

(d) Les omnivores sont rares. Il existe en général une seule espèce omnivore pour chaque espèce carnivore située en bout de chaîne (« *top predator* »). Les omnivores se nourrissent aux dépens des espèces situées aux niveaux trophiques les plus proches d'eux. Cette règle souffre des exceptions dans le cas des chaînes alimentaires dominées par les insectes, leurs prédateurs et parasitoïdes.

(e) Dans un habitat les réseaux trophiques sont rarement compartimentés en chaînes alimentaires indépendantes. Les chaînes alimentaires sont reliées entre elles par des espèces omnivores.

(f) Le nombre d'espèces de prédateurs est supérieur à celui des espèces proies.

(g) Les boucles (du type A mange B et B mange A, ou bien A mange A, cas de cannibalisme) sont rares.

(h) La variabilité du milieu, qui peut être soumis à des perturbations diverses, influe sur la complexité des réseaux trophiques. Dans un milieu fréquemment perturbé il existe moins d'espèces et les réseaux trophiques sont plus simples. Cette dernière règle a été établie grâce à la comparaison de la faune des cavités d'arbres remplies d'eau (ou dendrotelmes) en Angleterre et en Australie (Kitching, 1981). Dans les deux pays les caractéristiques du milieu sont les mêmes mais en Angleterre le climat est variable, froid en hiver, tandis qu'en Australie le climat est beaucoup plus stable. Il existe seulement deux niveaux trophiques dans les dendrotelmes étudiés en Angleterre alors qu'il y en a quatre en Australie. En Angleterre toutes les espèces sauf une sont des Diptères alors qu'en Australie il existe aussi une grenouille et des Acariens (figure 14.11).

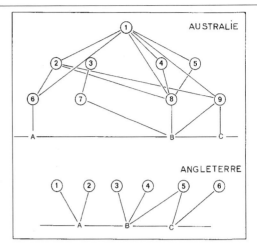

Figure 14.11
Réseaux trophiques dans les dendrotelmes en Australie (4 niveaux trophiques) et en Angleterre (2 niveaux trophiques)
A : débris organiques de grande taille ; B : Débris organiques de petite taille ; C : Matière organique en suspension.
Australie. 1 : Grenouille Leptodactylide *Lechriodus fletcheri* ; 2 : Chironomide *Anatopynia pennipes* ; 3 : Cératopogonide *Culicoides angularis* ; 4 : Moustique *Aedes* sp. 1 ; 5 : Acarien *Arrhenurus* sp. ; 6 : Coléoptère Hélode *Prionocyphon niger* ; 7 : Acarien *Clodgia* sp. ; 8 : Moustique *Aedes* sp. 2 ; 9 : Ostracodes.
Angleterre. 1 : Syrphide *Myatropa flavea* ; 2 : Coléoptère Hélodide *Prionocyphon* sp. ; 3 : Chironomide *Metriocnemus* sp. ; 4 : Cératopogonide *Dasyhelea* sp. ; 5 : Moustique *Aedes* sp. ; 6 : Moustique *Anopheles* sp.(d'après Kitching, 1981).

Polis (1994) a critiqué les idées de Pimm car selon lui l'étude précise des biocénoses ne permet pas de les confirmer. Il montre que l'omnivorie est très répandue et que les boucles ne sont pas rares. Ceci retentit fortement sur la structure et sur le fonctionnement des réseaux trophiques.

L'étude des écosystèmes en fonction des niveaux trophiques a été le thème d'une grande partie des travaux entrepris dans le cadre du PBI. Cette conception a été critiquée par Cousins (1987) qui a rappelé un certain nombre de faits. (a) il est souvent difficile d'attribuer un organisme à un niveau trophique déterminé car il existe des omnivores et des espèces qui changent de régime alimentaire au cours de leur croissance. (b) un prédateur ne peut consommer que des proies qui sont situées dans une gamme de tailles bien précises (cf la théorie de l'*optimal foraging*). (c) on observe le long d'une chaîne alimentaire une augmentation de la taille des organismes et une diminution de leur nombre (sauf dans le cas des chaînes de parasites). La taille joue donc un rôle important dans la structuration des chaînes alimentaires ce qui explique qu'un prédateur puisse appartenir à des niveaux trophiques différents (figure 14.12). L'analyse des transferts d'énergie en fonction de la taille des aliments consommés serait certainement intéressante. Mais elle n'a pas encore été abordée.

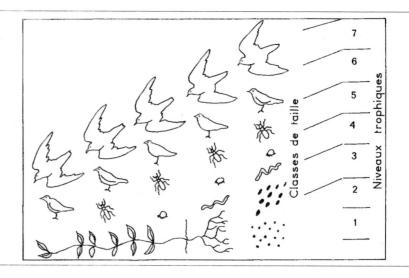

3.5. La théorie des cascades trophiques

Deux théories sont en présence pour expliquer les rôles respectifs des ressources disponibles et des prédateurs dans la structure et le fonctionnement des peuplements. La première théorie admet que la régulation des populations est l'œuvre des superprédateurs qui réduisent les effectifs de leurs proies situées à des niveaux trophiques inférieurs (théorie du « *top-down control* »). La seconde théorie (théorie du « *bottom-up control* ») admet que ce sont les ressources disponibles qui jouent le rôle principal dans la régulation des populations. On dispose aujourd'hui d'un certain nombre d'observations et d'expériences qui montrent l'existence d'*effets indirects*, c'est-à-dire d'effets exercés par une espèce A sur une espèce C par l'intermédiaire d'une espèce B. Ceci a conduit (Carpenter *et al.*, 1985) à l'hypothèse que des effets « en cascade » se propageraient au sein des réseaux trophiques, depuis le niveau des superprédateurs jusqu'à celui des producteurs autotrophes (Carpenter *et al.*, 1991). L'hypothèse, connue sous le nom de « hypothèse des cascades trophiques » explique bien le résultats des expériences de Paine (cf. chapitre 12.7) qui a montré que le nombre d'espèces du deuxième niveau d'un réseau trophique de la zone intertidale diminue lorsque le superprédateur du troisième niveau est éliminé. Elle explique aussi les résultats des expériences de Lubchenco (1978) qui a établi que la richesse spécifique d'une communauté d'algues marines est maximale lorsque la densité des Mollusques qui mangent ces algues a une valeur moyenne.

Il faut noter que les deux hypothèses du « *top-down control* » et du « *bottom-up control* » ne sont pas incompatibles et que les deux effets peuvent intervenir simultanément. C'est dans le milieu aquatique que la théorie des cascades trophiques est la mieux vérifiée. Dans un lac les prédateurs appartenant au niveau $n + 1$ peuvent consommer des proies appartenant au niveau n mais aussi au niveau $n - 1$ ou $n - 2$ et avoir ainsi une influence sur l'abondance et la productivité de ces niveaux trophiques. L'introduction

de poissons consommateurs de zooplancton de grande taille entraîne la disparition ou la raréfaction de ce zooplancton et la multiplication des petits Crustacés et même des Rotifères. L'introduction d'un poisson piscivore superprédateur dans un milieu où il n'existait pas provoque une chute des espèces mangeuses de plancton. La multiplication du zooplancton est alors favorisée et l'existence d'une population abondante de zooplancton herbivore mangeur de phytoplancton entraîne une baisse importante de ce dernier et une diminution de la productivité primaire. La productivité de chaque niveau trophique tend à être maximale lorsqu'un niveau moyen de prédation s'exerce sur lui (figure 14.13).

La théorie des cascades semble bien établie pour des écosystèmes aquatiques dans lesquels les algues sont les producteurs primaires (Strong, 1992). Dans le milieu marin les expériences de Wootton (1995) ont consisté à éliminer des oiseaux comme les goélands, l'huîtrier et la corneille qui sont des consommateurs de l'oursin *Strongylocentrotus purpuratus*. Ces expériences ont montré que les oiseaux, lorsqu'ils sont présents, peuvent réduire de plus de moitié le nombre d'oursins. Étant donné que ces derniers sont des mangeurs d'algues, leur réduction d'abondance entraîne une augmentation (de 24 fois) du couvert d'algues et une augmentation (de 6 fois) de la diversité taxonomique de ces végétaux. Ces résultats confirment que les prédateurs peuvent affecter, de façon indirecte, la diversité des niveaux trophiques inférieurs en contrôlant l'abondance des consommateurs de niveau intermédiaire.

La théorie des cascades trophiques devrait pouvoir être étendue au milieu terrestre dans lequel des effets de cascade ont été mis en évidence et où les espèces superprédatrices situées en bout de chaîne semblent jouer un rôle central (Oksanen, 1991 ; Hairston & Hairston, 1993). Un des meilleurs exemples des effets de cascade dans le milieu terrestre est fourni par le lapin en Australie. L'introduction de la myxomatose a réduit les effectifs de lapins et la végétation s'est reconstituée. L'atténuation du virus et l'apparition de la résistance chez les lapins a permis à ces derniers de retrouver en partie leurs effectifs et ils recommencent à causer des dommages à la végétation.

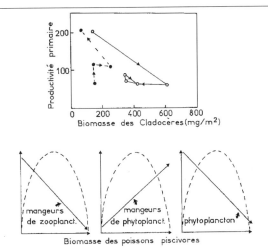

Figure 14.13

En haut, deux exemples de cascades trophiques apparaissant dans des lacs ayant subi des traitements expérimentaux. Dans le Tuesday Lake (cercles blancs et traits pleins) les poissons mangeurs de plancton ont été éliminés et remplacés par des poissons prédateurs mangeurs d'autres poissons. Ce traitement a augmenté la biomasse des mangeurs de phytoplancton (ici les Cladocères) et diminué la productivité primaire jusqu'au moment où le système s'est stabilisé. Le lac 226 (cercles noirs et tirets) a été eutrophisé par addition de P, N et carbone inorganique. La productivité primaire (exprimée en mg $C/m^3/jour$) a augmenté sans que la biomasse des herbivores change (Carpenter *et al.* 1991).

En bas, la théorie des cascades prévoit que dans un lac les variations de la biomasse et de la productivité des divers niveaux trophiques sont fonction de la biomasse des poissons piscivores qui sont des carnivores secondaires situés en bout de chaîne. La biomasse (trait continu) des mangeurs de zooplancton diminue, celle des mangeurs de phytoplancton augmente et celle du phytoplancton diminue lorsque la biomasse des poissons piscivores augmente. Dans les trois cas la productivité (en tirets) des divers niveaux trophiques est maximale pour un niveau moyen de prédation par les super-prédateurs.

Beaucoup d'incertitudes subsistent encore dans l'étude des réseaux trophiques, de leur structure et de leur fonctionnement. La théorie des cascades devra être précisée et son application aux milieux terrestres devra être confirmée. Toutes ces recherches, relativement récentes, ont le mérite de montrer que le concept traditionnel de niveau trophique correspond à une simplification exagérée des phénomènes naturels.

IV. RELATIONS ENTRE TAILLE, NOMBRE ET ABONDANCE DES ESPÈCES

L'étude des relations qui existent entre le nombre d'espèces présentes dans les biocénoses ou les divers groupes zoologiques, leur taille, leur abondance et leur répartition géographique est devenu un thème de recherche important en écologie depuis le travail pionnier de Hutchinson & Mac Arthur(1959). Un obstacle majeur au bon déroulement de ces recherches est que l'ensemble des espèces connues et décrites à partir duquel des données quantitatives pourraient être obtenues et des théories élaborées représente souvent un échantillon biaisé de la réalité. Les espèces de grande taille sont mieux connues et elles ont été décrites plus tôt que les espèces de petite taille dont beaucoup restent à découvrir.

La structure des communautés animales peut être décrite en déterminant le nombre total d'espèces ainsi que quatre types de relations : (a) le nombre d'espèces par classe de taille. Il existe plus d'espèces de petite taille que d'espèces de grande taille ; (b) l'abondance des espèces en fonction de leur taille. Les espèces de petite taille ont des populations plus nombreuses que celles de grande taille ; (c) le nombre d'espèces par classe d'abondance. Il y a beaucoup d'espèces rares et peu d'espèces abondantes ou très abondantes ; (d) la répartition géographique des espèces en fonction de leur abondance. Les espèces communes ont des aires de répartition plus vastes que les espèces rares.

4.1. Les relations entre la taille et le nombre des espèces

L'ampleur des variations de taille chez les êtres vivants est une manifestation spectaculaire de la diversité biologique. Depuis les mycoplasmes dont la masse est de 10^{-13} g jusqu'à la baleine bleue qui pèse 10^8 g les variations vont de 1 à 10^{21}. À l'intérieur de la classe des Mammifères la chauve-souris bourdon, *Craseonycteris thonglongyai*, pèse 2 g tandis que la baleine bleue *Balaenoptera musculus* pèse 100 tonnes, soit un rapport de 1 à 50 millions. La taille (ou la masse corporelle) est un caractère important des animaux car elle conditionne beaucoup de traits de

leur histoire naturelle (Peters, 1983). Il existe une relation entre la masse corporelle et l'étendue du territoire chez les Mammifères (figure 14.14). Les espèces de petite taille ont une durée de vie plus courte, un cycle de développement plus court et un taux d'accroissement r plus grand que les espèces de grande taille (figure 8.8). La taille influe sur la complexité structurale et en particulier sur le nombre de types cellulaires qui varie de 1 chez les unicellulaires, à 7 chez les champignons, à 30 chez les plantes supérieures, à 65 chez les Invertébrés et à 120 chez les Vertébrés (Bonner, 1988). Un fait connu depuis longtemps est l'existence d'un plus grand nombre d'espèces de petite taille que d'espèces de grande taille dans tous les groupes systématiques. Chez les oiseaux les petits passereaux renferment 5 274 espèces tandis que les autres espèces, plus grandes et au nombre de 3 747 sont réparties dans plus de 20 ordres. Sur un total de 4 004 espèces de Mammifères 40 % sont des Rongeurs et 21 % des Cheiroptères, ces deux ordres renfermant les plus petites espèces de la classe.

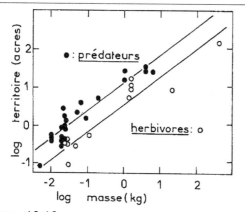

Figure 14.14

Relation entre la masse corporelle et la surface du territoire chez divers Mammifères herbivores ou prédateurs (un acre = 0,4 ha)

Un premier modèle admettait l'existence d'une relation inverse entre la taille L et le nombre d'espèces S, la valeur de S étant proportionnelle à L^{-2}. Pour l'ensemble du règne animal May (1978, 1989) a montré que le nombre d'espèces passe par un maximum situé dans la classe de taille 5 mm puis décroît linéairement (en coordonnées logarithmiques) lorsque la taille augmente (figure 14.15). Des considérations théoriques ont permis à May de penser que la pente de la droite de régression est comprise

entre 2 et 3. Cette relation entre la taille et le nombre d'espèces se retrouve aussi bien dans l'ensemble des espèces habitant une vaste région que dans un milieu déterminé, par exemple chez les insectes qui vivent dans la frondaison des arbres. Elle a été signalée chez les Coléoptères arboricoles d'une forêt tropicale à Bornéo, la pente de la droite de régression étant égale à 2,64 et la classe de taille la plus riche en espèces se situant dans l'intervalle de taille 2-3 mm (Morse *et al.*, 1988). Des résultats analogues ont été obtenus par Erwin dans la forêt amazonienne.

Les données récentes relatives à de nombreux taxa (Mammifères, oiseaux, insectes) établissent avec une quasi-certitude que la relation entre la taille L (ou la masse corporelle M) et le nombre d'espèces est de type log-normal, l'histogramme de distribution des tailles étant tronqué à gauche (figure 14.16). Le plus grand nombre d'espèces se trouve dans une classe de taille (ou de masse) intermédiaire, qui est de l'ordre de 100 g dans le cas des Mammifères. L'interprétation de cet histogramme est délicate et plusieurs hypothèses ont été avancées. La taille maximale et la taille minimale sont évidemment déterminées par des contraintes mécaniques ou thermodynamiques. Les Mammifères ont besoin d'une certaine taille pour maintenir leur température constante et la taille maximale des insectes est limitée par le poids de l'exosquelette et les possibilités d'apport d'oxygène aux cellules par le système trachéen. La forme log-normale tronquée à gauche de l'histogramme de distribution des tailles a été interprétée (Brown & Maurer, 1987) en faisant appel à des considérations sur les mécanismes énergétiques qui gouvernent le métabolisme. Les espèces de petite taille ayant des populations plus nombreuses que celles de grande taille, ceci réduit leur risque d'extinction et augmente leur vitesse de spéciation. L'augmentation de la vitesse de spéciation et la baisse du taux d'extinction agissent simultanément pour augmenter le nombre d'espèces de petite taille.

Pour les espèces de petite taille le milieu apparaît divisé en niches écologiques plus nombreuses que pour les espèces de grande taille (May, 1978). On peut admettre que le milieu est perçu comme un monde à deux dimensions. Par conséquent la possibilité pour de nouvelles espèces d'y trouver de nouveaux habitats et de s'y installer est inversement proportionnelle à leur surface soit L^{-2} si L désigne la taille. Ceci permet d'expliquer que, sur

Figure 14.15

Taille et nombre d'espèces
À **gauche**, relation entre la taille L et le nombre d'espèces S pour l'ensemble des animaux terrestres. La droite en tirets représente la relation $S = k L^{-2}$.
À **droite**, relation entre le nombre d'espèces S et la masse corporelle M pour l'ensemble des Mammifères terrestres (trait plein) et pour les Mammifères de Grande-Bretagne (tirets). La droite en tirets représente la relation $S = k M^{-2/3}$ ce qui correspond à $S = k L^{-2}$ (May, 1989).

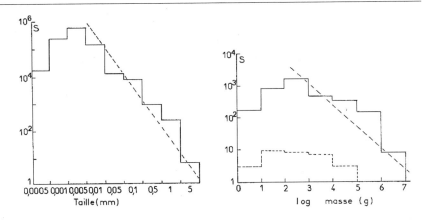

Figure 14.16

Relation entre la masse corporelle M (en grammes) et le nombre d'espèces S pour l'ensemble des oiseaux de la faune mondiale

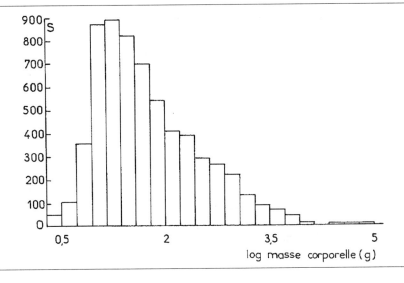

une grande partie de la distribution d'abondance des espèces en fonction de la taille, le nombre d'espèces varie comme L^{-2} et que lorsqu'on passe d'une taille de 3 cm à une taille de 3 mm le nombre d'espèces augmente de 100 fois. Mais ces considérations n'expliquent pas la baisse du nombre d'espèces de très petite taille. Le grand nombre d'espèces d'insectes de taille millimétrique qui sont liés aux végétaux en serait peut-être la cause.

Le modèle log-normal de distribution des tailles prévoit que lorsqu'une seule espèce d'un groupe systématique est présente dans un écosystème elle tend à acquérir la taille optimale du groupe (par exemple 100 g pour les Mammifères). Ceci est effectivement ce que l'on observe. Lorsqu'une espèce nouvelle envahit un écosystème le partage des ressources se fait en différenciant les tailles qui se répartissent autour de la taille optimale (cf. chapitre 13, paragraphe 3, le cas des lézards insulaires du genre *Anolis*). Si la règle de distribution des tailles parmi les diverses espèces était connue avec précision pour les différents groupes zoologiques cela fournirait un moyen de connaître, par extrapolation à partir des données existantes, le nombre réel d'espèces.

Un type particulier de distribution du nombre d'espèces en fonction de la taille est celui des Coléoptères Carabidés (Erwin, 1981). L'histogramme du nombre d'espèces en fonction de la taille a la même allure que dans les autres groupes zoologiques (figure 14.17). Mais il existe une baisse du nombre d'espèces pour les classes de taille inférieure à 4 mm environ qui a été obser-

vée dans toutes les faunes étudiées et qui est attribuée à la compétition avec les fourmis qui occupent les mêmes milieux que les Carabidés et dont les classes de taille sont comprises entre 0 et 7 mm environ. La taille des insectes peut être fonction de leur habitat. Chez les thrips, les *Meligethes* (figure 14.18) et autres Coléoptères mangeurs de pollen, chez les Diptères Téphritides, chez les puces et chez les poux des oiseaux, la taille augmente soit avec celle des fleurs qui sont fréquentées, soit avec celle de l'animal hôte (Kirk, 1991). La cause de ces variations de taille est encore obscure.

Figure 14.17

Nombre d'espèces de Carabidés de la faune de Grande-Bretagne en fonction de la taille

En hachures, idem pour les fourmis. La baisse du nombre des espèces de petite taille chez les Carabidés est attribuée à la compétition avec les fourmis (Erwin, 1981).

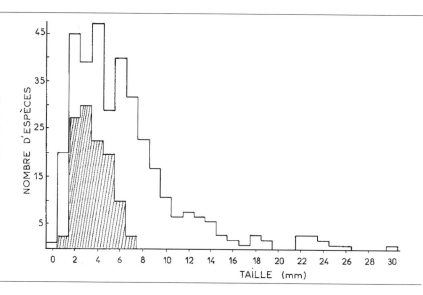

Figure 14.18

Relation entre la taille des fleurs X et la taille du corps Y chez les espèces de Coléoptères Nitidulides du genre Meligethes qui sont inféodés à ces fleurs

Les divers symboles représentent divers groupes d'espèces. La relation entre X et Y est $\log Y = 0{,}192 \log X + 0{,}121$ (Kirk, 1991).

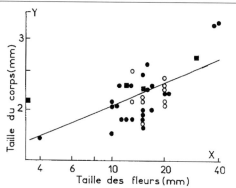

L'existence de gradients latitudinaux dans la taille des homéothermes a fait l'objet de recherches depuis que Bergmann a établi en 1847 la règle qui porte son nom, et qui précise que, dans plusieurs cas, la taille des homéothermes augmente dans les climats froids. Chez les poïkilothermes le cas le plus fréquent est l'augmentation de taille lorsque la température et l'aridité augmentent. Chez les Coléoptères l'augmentation de la taille selon un gradient nord-sud d'augmentation de l'aridité a été mise en évidence aussi bien dans l'Ancien Monde qu'en Amérique du Nord. Parmi les papillons la taille augmente du nord vers le sud de la Suède ce qui montre que la longueur de la saison favorable à la croissance est le facteur principal de régulation de la taille chez ces insectes (Nylin & Svärd, 1991). Les régions tropicales semblent renfermer des espèces de plus grande taille que les régions tempérées, bien que la généralité de cette règle soit contestée par certains.

4.2. Les relations entre la taille et l'abondance

Les premiers chercheurs (Damuth, 1987) avaient cru pouvoir établir une relation linéaire entre l'abondance N et la biomasse B (en coordonnées logarithmiques), l'abondance des espèces étant proportionnelle à $B^{-0{,}75}$. Comme le métabolisme d'un animal est proportionnel à $B^{+0{,}75}$ la quantité d'énergie utilisée par une espèce dans une localité déterminée est proportionnelle à $B^{-0{,}75}$. $B^{+0{,}75} = B^0 = 1$. Autrement dit le

flux d'énergie qui transite à travers les individus d'une espèce est indépendant de la taille de cette espèce. Ceci permet de supposer que dans 1 km² de savane africaine les éléphants et les petits rongeurs utilisent à peu près la même quantité d'énergie (règle dite « *energetic equivalence rule* »). Diverses considérations théoriques (Morse *et al.*, 1985 ; Lawton, 1986 ; May, 1989) et en particulier le recours à la notion de « géométrie fractale » qui est répandue dans la nature et qui peut s'appliquer à l'étude de l'architecture des végétaux permettaient de penser que, lorsque la taille corporelle est divisée par 10, il y a une multiplication du nombre d'individus qui est comprise entre 500 et 2 000. Cette estimation, bien que très grossière, coïncide bien avec les données relatives au nombre d'Arthropodes de diverses tailles corporelles récoltés aussi bien dans des forêts tropicales que dans des forêts tempérées (figure 14.19). Mais ces idées ont été abandonnées car elles semblent résulter d'un biais dans l'échantillonnage, en particulier au niveau des espèces de petite taille. En outre la règle « *energetic equivalence rule* » semble fausse. Les échantillonnages de faune faits correctement révèlent une relation de type « triangulaire » entre l'abondance et la taille des espèces (Brown & Maurer, 1987 ; Morse *et al.*, 1988 ; Blackburn *et al.*, 1990) dans des groupes aussi différents que les insectes ou les oiseaux. Les densités les plus élevées se rencontrent chez les espèces de taille moyenne (figure 14.20). Les points représentatifs de la relation biomasse/abondance pour l'ensemble de l'avifaune nord-américaine se répartissent dans un polygone ayant la forme d'un triangle tronqué à gauche dont les limites sont interprétées comme le résultat de contraintes qui séparent les combinaisons possibles de celles qui sont impossibles (Brown & Maurer, 1987). L'existence d'une masse corporelle minimale est le résultat d'une contrainte structurale qui interdit aux oiseaux d'avoir une masse trop faible. La diminution de l'abondance lorsque la taille augmente est expliquée comme dans l'hypothèse de Damuth par la règle de l'« *energetic equivalence rule* ». Mais cette dernière n'est valable qu'au dessus d'une masse de l'ordre de 50 à 100 g. Chez les oiseaux plus petits l'abondance et la masse diminuent simultanément. Étant donné que les organismes de petite taille ont des besoins énergétiques supérieurs par unité de masse, ils doivent concentrer leurs recherches d'aliments sur des sources plus riches mais de moins en moins abondantes ce qui limite leur nombre. La limite inférieure relativement constante de l'abondance est difficile à interpréter. Elle peut être due à une limite des possibilités des espèces, indépendamment de leur taille, à extraire de l'énergie utilisable de leur milieu.

Des relations plus particulières lient la taille, l'abondance et le niveau trophique des espèces. Elles se reflètent dans l'allure des pyramides écologiques et Elton avait déjà établi que, d'une façon générale, les prédateurs sont plus grands que leurs proies. Dans une hêtraie, les insectes de la frondaison peuvent être classés en herbivores H, prédateurs P, saprophages S et omnivores O. La taille moyenne de ces

Figure 14.19

Relation entre la taille L et l'abondance N des Arthropodes dans différents types de végétation (Lawton, 1986 ; May, 1989)

Les droites en tirets correspondent à une multiplication de la valeur de *N* par 500 ou par 2 000 lorsque *L* est divisé par 10. Ces droites, qui sont établies à l'aide de considérations théoriques sur le métabolisme des organismes et sur la façon dont ils perçoivent le milieu, encadrent d'une façon remarquable les points expérimentaux.

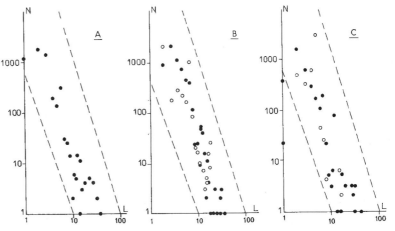

A : Feuillage d'une forêt primaire au Costa Rica.
B : Végétation secondaire au Kansas (cercles blancs) et à Osa (cercles noirs).
C : Végétation riveraine dans les Antilles à Tobago (cercles noirs) et végétation à Icaco (cercles blancs).

insectes augmente selon le gradient H < P < S < O. Le pourcentage d'espèces de petite taille est plus grand chez les herbivores que chez les prédateurs et chez les saprophages que chez les omnivores (Nielsen, 1975). L'étude comparée des communautés d'Arthropodes vivant dans la frondaison de divers arbres en Angleterre et en Afrique du Sud a permis à Southwood *et al.* (1982) de montrer : (a) que la taille moyenne est plus grande en Afrique du Sud (où le climat est plus chaud) qu'en Angleterre ; et que (b) il existe un rapport constant entre le logarithme du nombre des prédateurs et des parasitoïdes et le logarithme du nombre de proies potentielles, quel que soit l'arbre ou le pays.

Figure 14.20
Relation entre la masse corporelle et l'abondance des oiseaux de l'Amérique du Nord (Brown & Maurer, 1987)

Les points représentatifs de chaque espèce sont situés dans un polygone dont les limites correspondent à des contraintes variées.

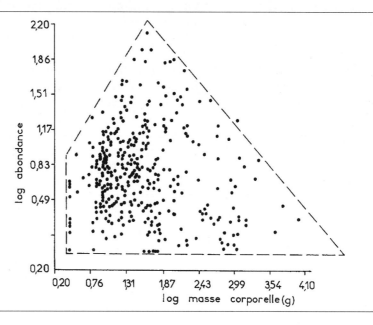

4.3. Les relations entre le nombre d'espèces et l'abondance

Il existe dans tous les milieux de nombreuses espèces rares et un petit nombre d'espèces abondantes. Morse *et al.* (1988) ont montré que dans une forêt de Bornéo 58 % des espèces de Coléoptères sont représentées par un seul exemplaire (figure 14.21). Lorsque les espèces sont classées par ordre d'abondance décroissante la relation entre le rang R des espèces et leur abondance N est : $N = 470.R^{-0,96}$. L'ensemble des relations entre la taille, le nombre d'espèces et leur abondance peut être représenté par un graphe en trois dimensions comme celui de la figure 14.22. Une règle générale se dégage : la majorité des espèces sont de petite taille et peu abondantes.

4.4. Les relations entre l'abondance locale et la répartition géographique

La répartition géographique des espèces et leur abondance ont souvent été traitées séparément (figure 14.23). Ce n'est que récemment que ces deux thèmes ont été traités simultanément. L'étude de l'avifaune nord-américaine réalisée par Brown & Maurer (1987) a permis de proposer une règle générale. Les espèces largement répandues sont en général localement abondantes au moins dans la partie centrale de leur aire (figure 14.24). Elles sont plus abondantes que les espèces à aire de répartition réduite et elles ont des fluctuations d'abondance plus importantes. Il n'existe pas d'espèces localement rares ayant une aire réduite car elles seraient menacées d'extinction. Les causes de ces relations entre abondance et répartition géographique font encore l'objet de discussions. Il semble que les espèces spécialisées et à niche étroite se rencontrent en petites populations isolées et dans une aire réduite tandis que les espèces non spécialisées et à niche large peuvent former des populations nombreuses et largement dispersées. Ces notions paraissent avoir une valeur générale. Cependant Gaston & Lawton (1988) dans une étude de la distribution des insectes inféodés à la fougère aigle montrent que les espèces de petite taille sont présentes dans un plus grand nombre de sites que les espèces de grande taille. Ce résultat contredit l'hypothèse de Brown & Maurer.

Figure 14.21

Relations entre la taille, l'abondance et le nombre d'espèces de Coléoptères arboricoles d'une forêt tropicale humide de Bornéo

Ces relations ont été établies à partir de 859 espèces représentées par 3 919 individus (Morse et al., 1988).

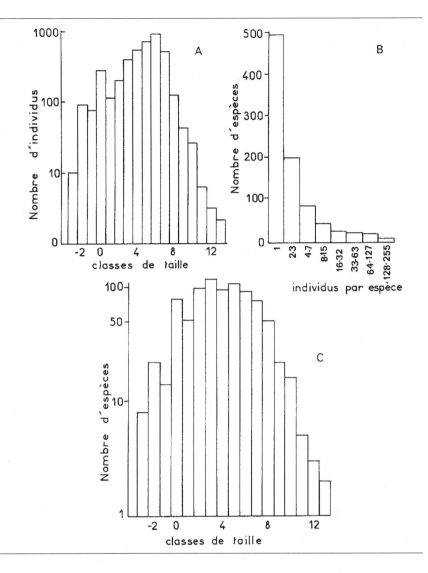

Figure 14.22

Relations entre le nombre d'espèces, l'abondance et la taille corporelle des Coléoptères arboricoles d'une forêt de Bornéo

Les espèces les plus nombreuses ont une taille moyenne et elles sont relativement rares (Morse et al., 1988).

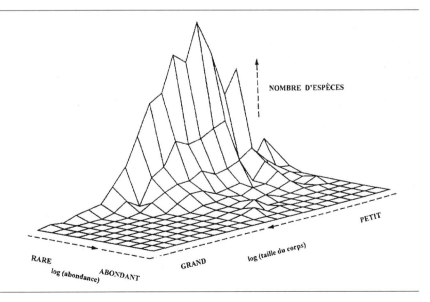

Figure 14.23

Relations entre l'abondance N, l'aire de répartition A et la masse corporelle M des diverses espèces animales

Les traits épais correspondent à des limites imposées par des combinaisons impossibles et les tirets correspondent à des effets probabilistes qui entraînent l'extinction des espèces lorsqu'elles sont placées dans des conditions défavorables (Brown & Maurer, 1987).

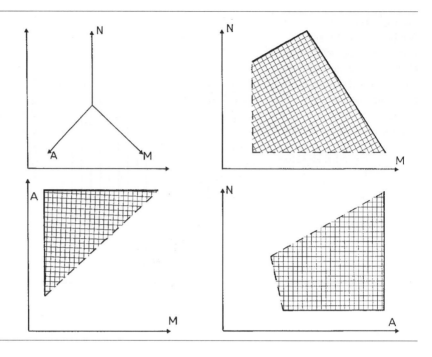

Figure 14.24

Relations entre la taille corporelle L, la distribution régionale A et l'abondance N chez quelques insectes

1 et **2** : Insectes de la fougère aigle dans un milieu ouvert en 1 et en forêt en 2. En abscisse : rang des espèces classées selon les tailles croissantes ; en ordonnée, étendue de l'aire de répartition représentée par les pourcentages de sites occupés.

3 : Aphidiens et **4** ensemble des insectes de la fougère aigle. L'étendue de la distribution régionale est en abscisse et le logarithme de l'abondance moyenne est en ordonnée (Gaston & Lawton, 1988). Noter que les résultats indiqués en 1 et 2 contredisent ceux de la figure 14.23.

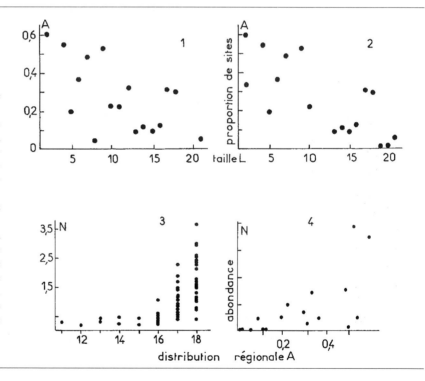

4.5. Espèces fondamentales et espèces satellites

Dans beaucoup de milieux la relation qui lie le nombre d'espèces et leur abondance se présente sous la forme d'une courbe bimodale. Cette struc-ture a été observée dans des peuplements de bourdons ou de bousiers (figure 14.25). Une interprétation de cette structure a été donnée par Hanski (1982) qui distingue des espèces fonda-mentales (*core species*) et des espèces satellites (*satellite species*). Les espèces fondamentales sont des espèces localement communes, à niches éco-

logiques bien séparées, qui sont présentes simultanément dans tous ou presque tous les milieux possibles. La compétition règle l'abondance des espèces fondamentales. Les espèces satellites sont peu abondantes et fréquemment absentes car elles sont soumises à des processus de migration et d'extinction à l'échelle régionale et leur faible densité rend chez elles la compétition faible ou nulle. Les espèces satellites sont souvent très mobiles et leur présence est sous le contrôle de facteurs comme le climat. C'est souvent de ces espèces satellites que dépend la richesse d'une communauté locale. Aux environs d'Oxford en Angleterre il existe 22 espèces du genre *Aphodius* dont 16 sont des espèces fondamentales qui représentent la faune locale et 6 des espèces satellites qui représentent la faune « non locale » (Hanski, 1986). Une étude de la végétation de la Prairie en Amérique du Nord montre que l'hypothèse de Hanski peut aussi s'appliquer aux espèces végétales (Gotelli & Simberloff, 1987).

Figure 14.25
Nombre d'espèces du genre Aphodius en fonction de leur abondance dans une région du sud de l'Angleterre

La distribution des abondances correspond à une courbe bimodale. En noir, espèces satellites ; en blanc, espèces fondamentales (Hanski, 1986).

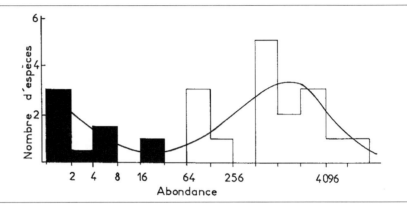

V. LES FACTEURS QUI RÈGLENT LA DIVERSITÉ SPÉCIFIQUE DES BIOCÉNOSES

La diversité spécifique des biocénoses est très variable. Il existe en particulier un gradient de diversité croissante vers les basses latitudes (ce gradient ainsi que la richesse des flores et des faunes tropicales sont décrits chapitre 20). Dans ce chapitre nous rappellerons seulement cinq théories qui ont été avancées pour expliquer cette diversité et dont aucune à elle seule ne semble satisfaisante.

(a) Influence de la productivité. Beaucoup de faits d'observation montrent que la diversité spécifique augmente avec la productivité des écosystèmes. C'est le cas des Rongeurs des déserts d'Amérique du Nord (figure 12.3). Mais d'autres études montrent que la diversité passe par un maximum pour une productivité moyenne et qu'elle diminue ensuite (figure 12.4).

(b) Influence de la compétition et de la prédation. Ces deux facteurs contribuent à augmenter la diversité selon les processus qui ont été exposés au chapitre 12, paragraphes 6 et 7.

(c) Influence du climat. La stabilité climatique des régions tropicales favorise l'apparition de spécialisations et d'adaptations plus poussées chez des espèces qui occupent des niches écologiques de plus en plus étroites. Mac Arthur a montré (1975) que la diversité spécifique diminue lorsque les variations des températures moyennes mensuelles augmentent (figure 12.5).

(d) Influence de l'hétérogénéité du milieu. L'hétérogénéité du milieu, en augmentant le nombre de niches écologiques disponibles, permet l'augmentation de la diversité (figure 12.1). Les perturbations, en augmentant cette hétérogénéité contribuent à maintenir une diversité élevée (chapitre 19, paragraphe 1.2).

(e) Influence de la surface. Contrairement à ce que laissent penser les cartes qui sont dessinées avec des modes de projection qui modifient les surfaces, les régions tropicales ont une surface bien supérieure à celles des autres régions (Rosenzweig, 1992). Les espèces des régions tropicales disposent donc de vastes étendues dans lesquelles elles peuvent subir la spéciation allopatrique, développer des populations nombreuses qui, pour cette raison, ont des taux d'extinction inférieurs à ceux des espèces des autres régions.

La relation aire–espèce a pu être mise en évidence au niveau des grandes régions biogéographiques aussi bien pour les oiseaux que pour les Mammifères ou les plantes à fleurs (figure 14.26).

Figure 14.26
Quelques hypothèses qui expliquent la biodiversité élevée des régions tropicales (Rosenzweig, 1992)

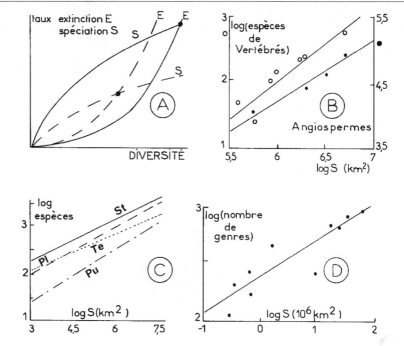

A : Courbes représentant le taux d'extinction *E* et le taux de spéciation *S* dans les régions tropicales (trait plein) et non tropicales (tirets). À cause de leur plus grande surface les régions tropicales ont un taux de spéciation plus élevé et un taux d'extinction plus faible. À l'équilibre (ronds noirs) les régions tropicales ont plus d'espèces que les autres régions. Noter qu'à l'équilibre le taux d'extinction dans les régions tropicales est, selon cette hypothèse, plus élevé que dans les régions extra tropicales.-

B : Relations entre le logarithme de la surface *S* et le logarithme du nombre d'espèces de Vertébrés frugivores, chauves-souris, primates et oiseaux (ronds blancs) et d'Angiospermes (ronds noirs) pour diverses régions tropicales allant de l'Amazonie à l'Australie.

C : Droites de régression représentant la relation entre le logarithme de la surface *S* et le logarithme du nombre d'espèces d'oiseaux dans la région néotropicale. St : Étage subtropical entre 1 500 et 2 500 m ; Pl : Basse altitude ; Te : Étage tempéré ; Pu : Puna (étage de haute montagne). L'étage St qui a la faune la plus riche est celui dont la productivité primaire a une valeur moyenne, ni faible ni élevée.

D : Relation entre le logarithme de la surface *S* et le logarithme du nombre de genres de Mammifères pour diverses régions biogéographiques. Les régions de grande étendue ont un plus grand nombre de genres de Mammifères.

VI. STRUCTURE SPATIALE ET PÉRIODICITÉ DES BIOCÉNOSES

Les différents organismes animaux et végétaux qui composent une biocénose ont des dimensions très variées et ils occupent des emplacements le plus souvent bien définis. Ceci confère aux biocénoses une structure spatiale qui peut être étudiée soit dans le plan vertical (stratification de la biocénose), soit dans le plan horizontal (hétérogénéité spatiale de la biocénose).

6.1. La structure verticale

La répartition des organismes dans le plan vertical correspond à la stratification qui est plus ou moins marquée selon les biocénoses. La stratification permet une meilleure utilisation du milieu et une productivité plus élevée. Elle est évidente en forêt où l'on distingue habituellement une strate cryptogamique composée de mousses et de lichens qui se trouve au niveau du sol ; une strate herbacée de hauteur variable (jusqu'à 50 cm ou 1 m) ; une strate arbustive jusqu'à 8 m et une strate arborescente comprenant les arbres les plus hauts. À cette stratification végétale se superpose une stratification de la faune qui renferme des espèces liées au sol, et des espèces qui, comme les Oiseaux, les Mammifères et les Insectes vivent dans diverses strates du sous-bois. La stratification existe aussi dans le sol où elle est marquée par un étagement des racines et autres organes souterrains. Une stratification verticale existe aussi dans les biocénoses herbacées où la hauteur de la végétation est inférieure au mètre. Dans la prairie cette structure est surtout visible grâce à la faune que l'on peut diviser en hypogaïon, épi-

gaïon et hypergaïon (chapitre 16, paragraphe 1). Dans un milieu aquatique comme un étang il est possible de distinguer la strate supérieure formée par la végétation émergente, la strate de la végétation flottante et la strate de la végétation immergée. Les animaux se répartissent dans ces diverses strates et ils vivent soit à la surface de l'eau comme les *Gerris*, soit en pleine eau comme les Notonectes, soit sur le fond comme les nèpes. Dans le milieu marin la stratification est très importante puisqu'elle s'étend depuis la surface jusqu'aux plus grands fonds (chapitre 25).

6.2. La structure horizontale

Lorsqu'un gradient de salinité existe autour des étangs d'eau saumâtre la structure de la biocénose dans le plan horizontal est caractérisée par l'existence de ceintures concentriques formées par de la végétation de plus en plus halophile. Une structure « en mosaïque » est fréquente dans les biocénoses. Elle s'observe dans les tourbières où les bombements produits par les sphaignes sont occupés par des espèces différentes de celles qui sont installées dans les dépressions humides. Les formations herbacées présentent également une structure en mosaïque (figure 14.27). Mais c'est dans les forêts naturelles non aménagées que cette structure a été la plus étudiée. Elle est entretenue par des perturbations telles que des coups de vent survenant à intervalles irréguliers qui créent des chablis plus ou moins étendus dans lesquels la végétation primitive se reconstitue peu à peu (chapitre 19 et figure 19.3).

Figure 14.27
Hétérogénéité des écosystèmes dans le plan horizontal

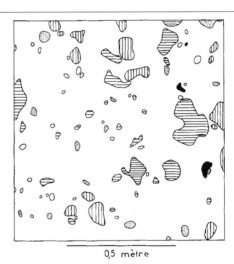

À **gauche**, structure du peuplement ligneux d'une hêtraie inexploitée de la forêt de Fontainebleau. Hachures verticales : futaie (arbres de diamètre supérieur à 32,5 cm à 1,3 m de hauteur) ; hachures horizontales : perchis (arbres de diamètre compris entre 12,5 et 32,5 cm à 1,3 m de hauteur) ; blanc : clairières ; pointillés : fourrés et gaulis (Lemée, 1978).

À **droite**, répartition des Graminées dans une parcelle de la strate herbacée dans une savane de Côte-d'Ivoire. Hachures horizontales : *Andropogon schirensis* ; hachures verticales : *Hyparrhenia chrysargea* ; pointillés : *Hyparrhenia diplandra* ; noir : *Brachiaria brachylopha* ; blanc : *Schizachyrium platyphyllum* (César & Menaut, 1974).

50 mètres   0,5 mètre

Un processus générateur de structures en mosaïque connu sous le nom de « *mosaic-cycle* » (Remmert, 1991) consiste en des microsuccessions cycliques d'un type particulier dans lesquelles une espèce végétale n'est jamais remplacée par la même espèce. Ce type de microsuccession a été décrit aussi bien dans la forêt tempérée (figure 14.28) que dans la forêt tropicale. Un autre exemple de microsuccession cyclique a été découvert dans le désert de Chihuahua en Amérique du Nord (Yeaton, 1978). Dans une station occupée par un buisson de *Larrea tridentata* les oiseaux et les Rongeurs disséminent des graines de la Cactée *Opuntia leptocaulis*. Ces graines germent sous les *Larrea* et les plantes qui en sont issues forment un réseau de racines superficielles qui sont situées au dessus de celles du *Larrea*. Progressivement privé d'eau le buisson de *Larrea* meurt et l'*Opuntia* grandit jusqu'au moment où le vent, la pluie et les Rongeurs exposent ses racines à l'air, ce qui les tue peu à peu. Le cactus meurt et dans l'espace ouvert laissé libre des graines de *Larrea* germent et cette espèce recolonise le terrain perdu.

L'influence des perturbations sur l'hétérogénéité des biocénoses se retrouve au niveau des structures d'âge des arbres chez lesquels certaines

classes d'âge sont rares ou absentes (figure 8.17). Dans une forêt du nord-est de la Chine les trois principaux arbres sont *Fraxinus mandshurica*, *Pinus koraiensis* et *Quercus mongolica* (figure 14.29). Ces arbres sont exigeants en lumière et les classes d'âge qui manquent correspondent à des périodes où la forêt était « fermée » ce qui empêchait la germination et le développement des jeunes arbres. Les perturbations qui ont favorisé l'installation de ces arbres sont les éruptions d'un volcan voisin qui ont créé des ouvertures périodiques dans la forêt (Hanxi & Yegang, *in* Tallis, 1981).

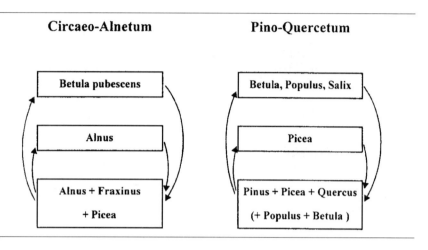

Figure 14.28
Microsuccessions cycliques dans la forêt primitive de Bialowieza en Pologne
Les deux exemples choisis se trouvent dans l'association *Circaeo-Alnetum* et dans l'association *Pino-Quercetum*. Aucun arbre n'est remplacé par la même espèce au cours de ces successions (Falinski, 1986).

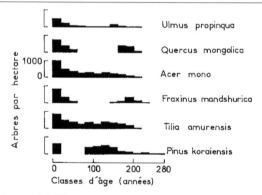

Figure 14.29
Classes d'âges pour six arbres d'une forêt de Chine
Certaines classes d'âge sont absentes ce qui révèle l'action de perturbations à certaines époques et contribue à entretenir l'hétérogénéité spatiale des forêts (Tallis, 1981).

6.3. Périodicité des biocénoses

Les biocénoses subissent des variations périodiques de leur structure et de leur composition spécifique selon des périodes qui peuvent être journalières ou saisonnières et qui sont sous le contrôle de facteurs climatiques comme l'éclairement ou la température. Dans le milieu marin beaucoup d'espèces du plancton réalisent entre le jour et la nuit des migrations verticales qui peuvent être importantes (chapitre 25). Les variations saisonnières des caractéristiques physico-chimiques de l'eau de mer et de l'abondance du plancton sont un autre exemple de périodicité dans le milieu marin. L'étalement du développement et de la floraison des plantes du sous-bois de la chênaie charmaie est soumis à une périodicité saisonnière. Dans les régions tempérées la flore et la faune ont une abondance et une activité très réduites en hiver. Dans les savanes tropicales le passage régulier du feu détermine un cycle saisonnier de la végétation et de la faune. Une périodicité atténuée mais bien réelle existe dans les forêts tropicales humides qui sont soumises à une petite saison des pluies alternant avec une saison sèche. Beaucoup de groupes d'animaux renferment des espèces à activité diurne et d'autres à activité nocturne. Dans les déserts beaucoup d'espèces ont une activité nocturne. Les peuplements d'oiseaux des forêts tempérées ont une périodicité saisonnière très marquée due en particulier au départ ou à l'arrivée des migrateurs (figure 14.30).

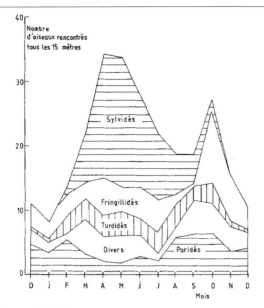

Figure 14.30
Variations saisonnières de l'abondance des oiseaux dans un peuplement de chênes âgés de 4 à 17 ans en Bourgogne

En ordonnée, nombre d'oiseaux vus ou entendus en 15 minutes. Cette forêt renferme 27 espèces nicheuses dont 13 sédentaires et 14 estivantes qui partent à la mauvaise saison, ainsi que 17 espèces non nicheuses dont 6 hivernantes et 11 de passage ou accidentelles (Frochot, 1971).

Références

AOKI, S., 1982. Soldier and altruistic dispersal in aphids. In : M. D. Breed et al. (eds.), *The biology of social insects*, p. 154-158. Westview Press, Boulder, Colorado.

BLACKBURN, T. M. et al., 1990. Species number, population density and body size relationships in natural communities. *J. anim. Ecol.*, **59**, p. 335-345.

BLACKBURN, T. M. et al., 1993. The relationship between abundance and body size in natural animal assemblages. *J. anim. Ecol.*, **62**, p. 519-528.

BLACKBURN, T. M. & GASTON, K. J., 1994. Animal body size distributions : patterns, mechanisms and implications. *TREE*, **9**, p. 471-474.

BONNER, J. T., 1988. *The evolution of complexity by means of natural selection*. Pergamon Univ. Press.

BRAUN-BLANQUET, J., 1928. *Pflanzensoziologie*. Springer, Berlin.

BROWN, D. E. & LOWE, C. H., 1982. *Biotic communities of the Southwest*. Carte en couleurs au 1/3000000ᵉ. USDA Forest Service, Fort-Collins, Colorado.

BROWN, J. H. & MAURER, B. A., 1987. Evolution of species assemblages : effects of energetic constraints and species dynamics on the diversification of the North American avifauna. *Amer. Nat.*, **130**, p. 1-17.

CARPENTER, S. R. et al., 1985. Cascading trophic interactions and lake productivity. *Bioscience*, **35**, p. 634-639.

CARPENTER, S. R. et al., 1991. Patterns of primary production and herbivory in 25 North American lake ecosystems. In : J. Cole et al. (eds.), *Comparative analyses of ecosystems. Patterns, mechanisms, and theories*, p. 67-96. Springer, Berlin.

COHEN, J. E., 1978. *Food webs and niche space*. Princeton Univ. Press.

COHEN, J. E. et al., 1990. Community food webs : data and theory. *Biomathematics*, vol. 20. Springer, Berlin.

COUSINS, S., 1987. The decline of the trophic level concept. *TREE*, **2**, p.312-316.

CRESPI, B. J., 1992. Eusociality in Australian gall thrips. *Nature*, **359**, p. 724-726.

DAMUTH, J., 1987. Interspecific allometry of population density in mammals and other animals : the independence of body mass and population energy use. *Biol. J. Lin. Soc. London*, **31**, p. 193-246.

DIAMOND, J. M. & CASE, T. J. (eds.), 1986. *Community ecology*. Harper & Row, New York.

ERWIN, T. L., 1981. The ground beetles of a temperate forest site (*Coleoptera : Carabidae*) ; an analysis of fauna in relation to size, habitat selection, vagility, seasonality, and extinction. *Bull. Biol. Soc. Washington*, **5**, p. 105-224.

FALINSKI, J. B., 1986. *Vegetation dynamics in temperate lowland primeval forests*. Junk, Dordrecht.

FALINSKI, J. B., 1988. Succession, regeneration and fluctuation in the Bialowieza Forest (NE Poland). *Vegetatio*, **77**, p. 115-128.

FROCHOT, 1971. *Écologie des oiseaux forestiers de Bourgogne et du Jura*. Thèse, Univ. Dijon, 144 p.

GASTON, K. J. & LAWTON, J. H., 1988. Patterns in the distribution and abundance of insect populations. *Nature*, **331**, p. 709-712.

GASTON, K. J. & LAWTON, J. H., 1988. Patterns in body size, population dynamics, and regional distribution of bracken herbivores. *Amer. Nat.*, **132**, p. 662-680.

GOTELLI, N. J. & SIMBERLOFF, D., 1987. The distribution and abundance of tallgrass prairie plants : a test of the core-satellite hypothesis. *Amer. Nat.*, **130**, p. 18-35.

GOUNOT, M., 1969. *Méthodes d'étude quantitative de la végétation*. Masson, Paris.

GUINOCHET, M., 1973. *Phytosociologie*. Masson, Paris.

HAIRSTON, N. G. & HAIRSTON, N. G., 1993. Cause-effect relationships in energy flow, trophic structure and interspecific interactions. *Amer. Nat.*, **142**, p. 379-411.

HANSKI, I., 1982. Dynamics of regional distribution : the core and satellite species hypothesis. *Oikos*, **38**, p. 210-221.

HANSKI, I., 1986. Individual behaviour, population dynamics and community structure of *Aphodius* (*Scarabaeidae*) in Europe. *Acta Oecol.*, **7**, p. 171-187.

HAVENS, K., 1992. Scale and structure in natural food webs. *Science*, **257**, p. 1107-1108.

HUTCHINSON, G. E. & MAC ARTHUR, R. H., 1959. A theoretical ecological model of size distribution among species of animals. *Amer. Nat.*, **93**, p. 117-125.

JARVIS, J. V. M., 1981. Eusociality in a mammal : cooperative breeding in naked mole rat colonies. *Science*, **212**, p. 571-573.

KIRK, W. D. J., 1991. The size relationship between insects and their hosts. *Ecol. Ent.*, **16**, p. 351-359.

KITCHING, R. L., 1981. Community structure in water-filled tree holes in Europe and Australia. Some comparisons and speculations. Cité par Pimm, 1982.

LAWTON, J. H., 1986. Surface availability and insect community structure : the effect of architecture and fractal dimension of plants. *In* : B. Juniper & R. Southwood, *Insects and the plant surface*, p. 318-331. E. Arnold, London.

LAWTON, J. H. & WARREN, P. H., 1988. Static and dynamic explanations for patterns in food webs. *TREE*, **3**, p. 242-245.

LUBCHENKO, J., 1978. Plant species diversity in a marine intertidal community : importance of herbivore food preference and algal competitive abilities. *Amer. Nat.*, **112**, p. 23-39.

MAC ARTHUR, J. W., 1975. Environmental fluctuations and species diversity. *In* : M. L. Cody *et al.* (eds), *Ecology and evolution of communities*, p. 74-80. Belknap Press, Harvard.

MARTINEZ, N. D., 1993. Constant connectance in community food webs. *Amer. Nat.*, **139**, p. 1209-1218.

MAY, R. M., 1978. The dynamics and diversity of insect faunas. *In* : L. A. Mound & N. Waloff (eds.), *Diversity of insect faunas*, p. 188-204. Blackwell, Oxford.

MAY, R. M., 1989. How many species ? *In* : L. Friday & R. Laskey (eds.), *The fragile environment*, p. 61-81. Cambridge Univ. Press.

MORSE, D. R. *et al.*, 1985. Fractal dimension of vegetation and the distribution of arthropod body lengths. *Nature*, **314**, p. 731-732.

MORSE, D. R. *et al.*, 1988. Species number, species abundance and body length relationships of arboreal beetles in Bornean lowland rain forest trees. *Ecol. Ent.*, **13**, p. 25-37.

NIELSEN, B. O., 1975. The species composition and community stucture of the beech canopy fauna in Denmark. *Vidensk. Medd. Fra Dansk Naturh. Forening*, **1378**, p. 137-170.

NYLIN, S. & SVÄRD, L., 1991. Latitudinal patterns in the size of European butterflies. *Holarctic Ecology*, **14**, p. 192-202.

ODUM, H. T., 1957. Trophic structure and productivity of Silver Springs, Florida. *Ecol. Monog.*, **27**, p. 55-112.

OKSANEN, L., 1991. Trophic levels and trophic dynamics : a consensus emerging ? *TREE*, **6**, p. 58-60.

PETERS, R. H., 1983. *The ecological implications of body size.* Cambridge Univ. Press.

PIMM, S. L., 1982. *Food webs.* Chapman & Hall, London.

POLIS, G. A., 1994. Food web, trophic cascades and community structure. *Australian J. Ecol.*, **19**, p. 121-136.

REMMERT, H. (ed.), 1991. *The mosaic-cycle concept of ecosystems.* Springer, Berlin.

ROSENZWEIG, M. L., 1992. Species diversity gradients : we know more and less than we thought. *J. Mamm.*, **73**, p. 715-730.

SCHOENLY, K *et al.*, 1991. On the trophic relations of insects : a food web approach. *Amer. Nat.*, **137**, p. 597-638.

SOUTHWOOD, T. R. E., 1972. The insect/plant relationships — an evolutionary perspective. *Symposia Roy. Ent. Soc.*, **6**, p. 3-30.

SOUTHWOOD, T. R. E. *et al.*, 1982. The richness, abundance and biomass of the arthropod communities on trees. *J. Anim. Ecol.*, **51**, p. 635-649.

STORK, N. E., BLACKBURN, T. M., 1993. Abundance, body size and biomass of arthropods in tropical forest. *Oikos*, **67**, p. 483-489.

STRONG, D., 1988. Food web theory. *Ecology*, **69**, p. 1647-1676.

STRONG, D., 1992. Are trophic cascades all wet ? The redundant differentiation in trophic architecture of high diversity ecosystems. *Ecology*, **73**, p. 747-754.

TALLIS, J. H., 1981. *Plant community history.* Chapman and Hall, London.

WARREN, P. H., 1994. Making connections in food webs. *TREE*, **9**, p. 136-141.

WHITTAKER, R. H., 1956. Vegetation of the Great Smoky Mountains. *Ecol. Monogr.*, **26**, p. 1-80.

WHITTAKER, R. H., 1967. Gradient analysis of vegetation. *Biol. Rev.*, **42**, p. 207-264.

YEATON, R. I., 1978. A cyclic relationship between *Larrea tridentata* and *Opuntia leptocaulis* in the northern Chihuahua desert. *J. Ecol.*, **66**, p. 651-656.

YODZIS, P. 1981. The stability of real ecosystems. *Nature*, **289**, p. 674-676.

Chapitre 15

LE FONCTIONNEMENT DES ÉCOSYSTÈMES. LA PRODUCTIVITÉ

L'étude des écosystèmes sous son aspect énergétique commence en 1942 avec la publication par R. L. Lindeman d'un article intitulé « *The trophic dynamic aspect of ecology* » qui est la description du fonctionnement du lac Cedar Bog (Golley, 1993). Lindeman a eu l'idée de convertir les biomasses des diverses espèces en leur équivalent énergétique. Il expose les notions aujourd'hui classiques de productivité primaire et secondaire, de transferts d'énergie, de rendement et de recyclage des éléments. Toutes ces idées sont présentées dans le cadre du concept d'écosystème qui avait été proposé par Tansley dès 1935 mais qui était resté inutilisé. Quelques années plus tard, en 1953, le livre de Eugene P. Odum, *Fundamentals of ecology* mettait l'accent sur le métabolisme des écosystèmes, les flux d'énergie, et la productivité. L'emploi d'une unité comme la calorie allait permettre de comparer des individus, des populations, des niveaux trophiques et des écosystèmes très différents les uns des autres et de mettre en évidence leurs similitudes et leurs différences, en particulier en ce qui concerne les rendements[1].

Les idées contenues dans le livre de Odum ont fourni l'impulsion nécessaire à de très nombreuses recherches réalisées dans plusieurs pays, dans le cadre du Programme biologique international (PBI) qui s'est déroulé officiellement de 1957 à 1972 mais qui a connu de nombreux prolongements et dont le but était de comprendre « les bases biologiques du bien-être des hommes » en étudiant la productivité de nombreux écosystèmes. Les buts principaux du PBI sont résumés ainsi :

« To emphasize primary production, trophic structure, energy flow pathways (food chains), limiting factors, interactions of species, biogeochemical cycles, species diversity and other attributes that interact to regulate and control the structure and function of communities. »

Parmi les écosystèmes qui ont été étudiés en Europe occidentale on peut citer deux stations forestières en Angleterre, la hêtraie de Solling en Allemagne, plusieurs types de forêts en Belgique, en France une hêtraie « naturelle » dans la forêt de Fontainebleau, une forêt méditerranéenne de chêne vert près de Montpellier ainsi que la prairie normande.

I. LES ÊTRES VIVANTS OBÉISSENT AUX LOIS DE LA THERMODYNAMIQUE

La conversion des biomasses en leur équivalent énergétique est obtenue par la mesure de la quantité de chaleur dégagée par la combustion. Les valeurs moyennes sont les suivantes

---

[1] Les quantités d'énergie sont aujourd'hui exprimées en Joules. Beaucoup de travaux utilisent encore la calorie ou la kilocalorie et leurs chiffres sont conservés dans les chapitres qui suivent. La conversion des Joules en calories se fait selon la relation : 1 calorie égale 4,185 Joules.

(en kJ/g) : glucides : 17,2 ; protéines : 23,6 ; lipides : 39,5. La valeur énergétique des végétaux est comprise entre 17,8 et 21,7 kJ/g de poids sec sans les cendres (moyenne 19,75). Celle des animaux est un peu supérieure et varie de 21,4 à 26,2 kJ/g avec une moyenne de 23,77.

Tout être vivant doit pour fabriquer ses tissus et se reproduire recevoir de l'énergie qui est utilisée :

(a) pour assurer les dépenses d'entretien c'est-à-dire le métabolisme de base. Ces dépenses sont de nature énergétique mais aussi de nature plastique en raison du renouvellement constant des tissus tout au long de la vie ;

(b) pour permettre les déplacements dans le cas d'organismes mobiles : ce sont les dépenses d'activité. L'ensemble des dépenses d'entretien et d'activité constitue les dépenses de maintenance ;

(c) pour assurer la formation de tissus nouveaux ;

(d) pour assurer la production des éléments nécessaires à la reproduction et à la constitution des réserves.

On appelle productivité brute, PB, la quantité de matière vivante produite pendant l'unité de temps par un niveau trophique déterminé ou par un de ses constituants. La productivité nette, PN, correspond à la productivité brute moins la quantité de matière vivante dégradée par la respiration, R.

Dans le cas des producteurs (les végétaux chlorophylliens) l'énergie provient du rayonnement solaire. Seule une faible partie de la lumière totale (LT) reçue est utilisée par la chlorophylle. Le reste (NU_1) n'est pas utilisé. La lumière utilisée (LA) est en partie dissipée sous la forme de chaleur (CH) ; le reste sert à la synthèse de la matière vivante.

Le flux d'énergie qui traverse un niveau trophique correspond à la totalité de l'énergie assimilée à ce niveau. Dans le cas des producteurs le flux d'énergie qui traverse leur niveau trophique est : $PB = PN + R_1$. Une partie de la productivité primaire nette sert d'aliment aux herbivores qui absorbent une quantité d'énergie I_1. Une autre partie de la productivité primaire nette, NU_2, n'est pas utilisée et passe dans la biomasse des végétaux vivants avant d'être la proie des bactéries et des autres décomposeurs. La quantité d'énergie I_1 correspond à ce qui est réellement utilisé A_1 plus ce qui est non utilisé et rejeté sous la forme de fèces et de déchets divers NA_1. La fraction assimilée A_1 correspond d'une part à la productivité secondaire PS_1, et d'autre part aux dépenses respiratoires R_2, et par conséquent, $PS_1 = A_1 - R_2$. Le flux d'énergie qui traverse le niveau trophique des herbivores est $A_1 = PS_1 + R_2$. Un raisonnement analogue peut être fait pour les niveaux trophiques correspondant aux carnivores. Le schéma de la figure 15.1 résume ces données dans le cas d'une chaîne alimentaire ne renfermant que deux niveaux trophiques.

Figure 15.1

Transferts d'énergie dans le cas de deux niveaux trophiques : un producteur (végétal autotrophe) et un consommateur herbivore

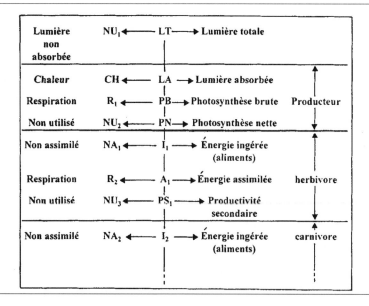

1.1. Les divers types de rendements

Le schéma de la figure 15.1 montre qu'il existe des pertes de matière et d'énergie quand on passe d'un niveau trophique au suivant et à l'intérieur d'un même niveau trophique. Ceci permet de définir un certain nombre de rendements.

- **Le rendement écologique, R_{ec}**, correspond au rapport entre la productivité au niveau $n + 1$ et la productivité au niveau n. Ce rendement est égal à $(PS_1/PN) \times 100$.

- **Le rendement d'exploitation, R_{ex}**, est le rapport entre l'énergie ingérée et l'énergie disponible, c'est-à-dire la production nette de la proie. Ce rendement est égal à $(I_1/PN) \times 100$.

- **Le rendement d'assimilation, R_a**, est le rapport entre l'énergie assimilée et l'énergie ingérée $(A_1/I_1) \times 100$.

- **Le rendement de production nette, R_P**, est le rapport entre la production et l'assimilation $(PS_1/A_1) \times 100$. On remarquera que $R_{ec} = R_{ex} \times R_a \times R_P$.

On calcule parfois le rendement de croissance qui est le rapport entre la productivité et l'énergie ingérée soit $(PS/I) \times 100$. Ces rendements sont faibles comme le montre l'exemple théorique suivant, fondé cependant sur des valeurs moyennes réelles. Dans un écosystème qui reçoit 10^6 kcal/m²/jour d'énergie lumineuse, seulement 2,5 % de cette énergie est utilisé par la photosyn-

thèse. La productivité primaire brute est donc de $2,5.10^4$ kcal. La respiration fait perdre 90 % de l'énergie accumulée et la productivité primaire nette est de $2,5.10^3$ kcal. Les herbivores ont un rendement écologique moyen de 1 % et produisent 25 kcal. Les carnivores primaires avec un rendement de 10 % produisent 2,5 kcal et les carnivores secondaires avec un rendement de 10 à 20 % seulement 0,25 à 0,50 kcal. Cet exemple montre que : (a) dans les écosystèmes les chaînes alimentaires sont parcourues par un flux d'énergie qui va en décroissant ; et que (b) l'énergie se dégrade peu à peu sous la forme de chaleur.

1.2. La mesure de la productivité des écosystèmes

Les méthodes de mesure de la productivité primaire sont nombreuses. La méthode de la récolte consiste à prélever à des intervalles réguliers et sur des surfaces connues la totalité des végétaux (parties aériennes et parties souterraines, ce qui est plus difficile) et à en déterminer le poids sec ou l'équivalent énergétique. Cette méthode s'applique bien à des formations herbacées mais elle est inapplicable dans une forêt. Dans ce dernier cas il existe des techniques qui permettent de mesurer l'accroissement annuel des arbres. La biomasse de ces derniers peut être lue sur des abaques qui donnent la masse des arbres à partir de mesures simples comme la hauteur ou le diamètre à 1,3 m de hauteur (figure 15.2). La mesu-

Figure 15.2

Abaques permettant d'évaluer le poids (en kg) d'un arbre à partir de deux mesures, la hauteur h (en m) et le diamètre D (en cm) à 1,3 m de hauteur

À gauche, relation entre le produit D^2h et le poids pour le hêtre et l'épicéa.

À droite, relation entre le poids et la circonférence du tronc pour huit arbres à feuilles caduques, le chêne, le hêtre, le charme, le tilleul, le bouleau, le frêne, l'érable champêtre et *Prunus avium*.

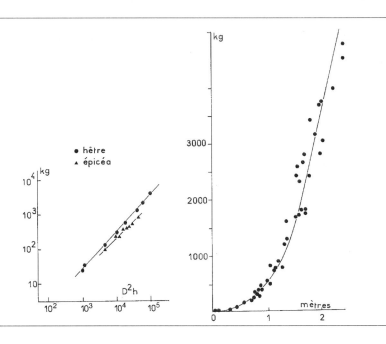

re des échanges respiratoires et en particulier du CO_2 rejeté est applicable aussi bien dans le milieu herbacé que dans une forêt grâce au perfectionnement des techniques qui permettent d'enfermer une partie de l'arbre dans une enceinte étanche. Dans le milieu aquatique la méthode la plus ancienne consiste à utiliser deux bouteilles dans lesquelles on met de l'eau chargée de plancton. Une des bouteilles est conservée à l'obscurité (ce qui arrête la photosynthèse et maintient la respiration donc le rejet de CO_2) et l'autre est normalement éclairée. Le dosage de l'oxygène dans les deux bouteilles permet de connaître la productivité primaire nette. Une méthode plus moderne utilise du carbone 14 ajouté à l'eau de mer sous la forme de carbonate. Après un certain temps d'incubation le phytoplancton est récupéré et la mesure de sa radioactivité donne une idée de la productivité primaire nette.

La détermination de la productivité secondaire est encore plus complexe. Au niveau de l'individu il est nécessaire de connaître la nature et la quantité des aliments ingérés par les animaux qui sont placés dans des conditions aussi naturelles que possible. Au niveau de la population il faut déterminer le nombre et la biomasse des individus des différentes classes d'âge. Au niveau de l'écosystème il faut connaître les régimes alimentaires des diverses espèces et définir les niveaux trophiques auxquels elles appartiennent. Il est possible d'utiliser des méthodes synthétiques telles que l'emploi d'éléments radioactifs qui permettent de déterminer les espèces qui interviennent dans les divers niveaux des chaînes alimentaires. Dans le milieu terrestre cette méthode a été appliquée à l'étude des chaînes alimentaires dans les champs abandonnés des États-Unis (Odum & Kuenzler, 1963). Une plante est isolée dans un quadrat et elle reçoit une solution contenant du ^{32}P qui est rapidement absorbé. Les animaux du voisinage qui sont susceptibles de se nourrir de cette plante sont récoltés à intervalles réguliers et leur radioactivité mesurée (figure 15.3). Les espèces herbivores qui consomment la plante deviennent radioactives les premières puis ce sont les espèces prédatrices qui consomment ces herbivores. Les espèces qui n'interviennent pas dans la chaîne alimentaire ne présentent pas de radioactivité. L'emploi de radio-isotopes permet aussi de connaître la quantité de nourriture absorbée, donnée importante souvent difficile à évaluer par les méthodes habituelles. Le recours

au ^{137}Cs a permis à Crossley (1966) de montrer que chaque larve du Coléoptère *Chrysomela knabi* qui vit sur le saule consomme chaque jour de 7 à 16 mg (poids sec) du végétal.

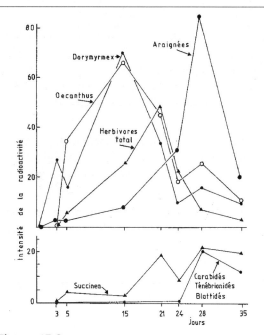

Figure 15.3
Dans un champ abandonné des pieds de la Graminée *Heterotheca subaxillaris* ont reçu une solution contenant du phosphore radioactif ^{32}P

La solution est rapidement absorbée par les plantes et la radioactivité des animaux du voisinage est mesurée. Deux espèces herbivores, le grillon *Oecanthus* et la fourmi *Dorymyrmex* deviennent radioactifs au bout de 1 à 2 semaines, et les autres herbivores comme le criquet *Melanoplus* le deviennent au bout de 2 à 5 semaines. Les Araignées qui sont des prédateurs deviennent radioactives plus tard au bout de 4 semaines. Le Gastéropode *Succinea*, les Coléoptères Carabidés et Tenebrionidés ainsi que les Blattidés deviennent très faiblement radioactifs, ce qui montre qu'ils ne dépendent guère de la plante étudiée (Odum & Kuenzler, 1963).

II. LA PRODUCTIVITÉ PRIMAIRE

La productivité primaire est limitée par l'importance du rayonnement solaire reçu et par les pertes respiratoires qui peuvent être plus ou moins importantes et qui sont d'autant plus grandes que l'écosystème est plus proche du stade climax. Le rendement de production nette égal à $(PN/PB) \times 100$ dans le cas des végétaux autotrophes est de 42 % dans les Silver Springs en Floride, de 62 % dans une culture de luzerne, de

75 % pour le phytoplancton et de 85 % pour les lentilles d'eau. La productivité primaire dépend aussi du type de photosynthèse qui peut être en C3, en C4 ou de type CAM (chapitre 4, paragraphe 3.3). Le rendement de photosynthèse estimé à 5,5 % dans le cas de la plante isolée de la figure 15.4 est toujours plus faible pour l'ensemble d'une communauté végétale. Il est de 0,9 % dans une forêt de pins et de chênes, de 1,5 % dans une hêtraie, de 2,2 % dans une rizière et de 2,4 % dans une plantation de pins sylvestres.

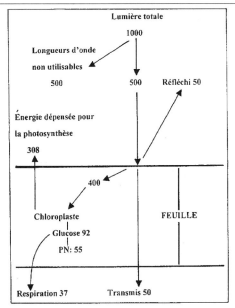

Figure 15.4
Bilan énergétique d'un végétal chlorophyllien cultivé isolément

Le flux de lumière reçu par le végétal est supposé égal à 1 000 unités. La moitié de cette énergie n'est pas utilisée et une partie de celle qui a été absorbée est réfléchie sous la forme de rayonnement infrarouge. Parmi les 400 unités absorbées par la chlorophylle 308 sont dépensées par les processus de la photosynthèse et 92 seulement, correspondant à la productivité primaire brute, se retrouvent dans les glucides synthétisés. La productivité primaire nette correspond à 55 unités (soit un rendement de photosynthèse de 5,5 %) car 37 unités sont encore perdues dans la respiration.

Les interactions entre les animaux herbivores et les végétaux peuvent modifier la productivité primaire d'une quantité non négligeable. La productivité primaire ne peut être définie avec précision qu'en fonction des populations d'herbivores qui sont constamment fluctuantes et influencées par l'état de la végétation. Les pertes subies par des végétaux ayant subi les piqûres de l'Homoptère *Cicadella viridis* pendant trois semaines sont de 28 à 36 % plus élevées que la valeur énergétique de la sève ingérée par l'insecte. Il en est de même pour les pucerons qui ingèrent beaucoup d'eau des plantes et la rejettent ensuite. Cette eau n'a pas de valeur énergétique mais la plante doit cependant fournir de l'énergie pour récupérer l'eau perdue. Les chenilles de *Tortrix viridana* et de *Operophtera brumata* provoquent chez le chêne une perte de croissance en bois évaluée à plus de dix fois la valeur énergétique des feuilles qu'elles ont consommées. Le Coléoptère *Phaedon cochleariae* et le Lépidoptère *Plutella maculipiennis* élevés sur le chou ou sur le radis peuvent réduire la croissance des plantes, suivant les circonstances, d'une quantité égale de 0 à 22 fois l'énergie absorbée par leurs larves. Dans les forêts des environs de Moscou l'élan réduit la productivité des jeunes arbres de 50 % mais seulement 5 % de cette baisse de productivité sont dus à la perte de substance végétale. Le reste est produit par une baisse de la croissance des végétaux attaqués. Ces exemples et bien d'autres montrent que, dans le fonctionnement des écosystèmes, interviennent des phénomènes non ou difficilement quantifiables sous la forme d'énergie mais qui ne sont pas souvent pris en compte.

2.1. Aperçu général sur la productivité primaire

Les valeurs estimées de la productivité primaire[1] sont réunies dans le tableau 15.1. Le tableau 15.2 fournit des valeurs de la productivité primaire pour quelques écosystèmes particuliers. L'énergie reçue au niveau du sol est de 610.10^{18} kcal/an. La productivité primaire des continents est de $117,5.10^9$ t/an de matière sèche soit l'équivalent de 456.10^{15} kcal. La productivité primaire des océans est de 55.10^9 t/an correspondant à 263.10^{15} kcal. Le rendement de la photosynthèse à l'échelle du globe est donc de 0,12 %, dont 0,25 % pour les continents et 0,06 % pour les océans. La quantité de carbone fixée chaque année est de 85.10^9 t soit 13 % des réserves atmosphériques.

---

(1) La productivité primaire est évaluée soit en grammes de matière sèche, soit en calories, soit en grammes de carbone. Les facteurs de conversion sont les suivants :
g de matière sèche = g de carbone × 2,2.
g de matière sèche × 4,25 = kcal pour les végétaux terrestres
g de matière sèche × 4,9 = kcal pour le plancton et les Conifères
g de matière sèche × 4,5 = kcal pour les végétaux marins
Les estimations de la productivité primaire varient avec les auteurs et le choix est difficile à faire. Celles qui sont retenues dans le tableau 15.1 datent de 1979. Elles ne semblent pas avoir été modifiées depuis.

Écosystème	Surface (10^6 km^2)	Productivité nette (matière sèche) g/m^2/an extrêmes	Productivité nette (matière sèche) g/m^2/an moyenne	Productivité nette (matière sèche) Total mondial en 10^9 t/an	Biomasse (poids sec) kg/m^2 extrêmes	Biomasse (poids sec) kg/m^2 moyenne	Biomasse (poids sec) Total mondial en 10^9 t
Forêt dense équatoriale	17,0	1 000-3 500	2 200	37,4	6-80	45	765
Forêt tropicale caducifoliée	7,5	1 000-2 500	1 600	12,0	6-60	35	260
Forêt tempérée sempervirente	5,0	600-2 500	1 300	6,5	6-200	35	275
Forêt tempérée caducifoliée	7,0	600-2 500	1 200	8,4	6-60	30	210
Forêt boréale	12,0	400-200	800	9,6	6-40	20	240
Maquis	8,5	250-1 200	700	9,6	2-20	6	50
Savanes	15,0	200-2 000	900	13,5	0,2-15	4	60
Formations herbacées tempérées	9,0	200-1 500	600	5,4	0,2-5	1,6	14
Toundras et zones alpines	8,0	10-400	140	1,1	0,1-3	0,6	5
Steppes désertiques	18,0	10-250	90	1,6	0,1-4	0,7	13
Déserts très arides, glaciers et zones rocheuses	24,0	0-10	3	0,07	0-0,2	0,02	0,5
Zones cultivées	14,0	100-4 000	650	9,1	0,4-12	1	14
Marécages	2,0	800-6 000	3 000	6,0	3-50	15	30
Lacs et cours d'eau	2,0	100-1 500	400	0,8	0-0,1	0,02	0,05
Total des continents	**149**		**782**	**117,5**		**12,2**	**1 837**
Plein océan	332,0	2-400	125	41,5	0-0,005	0,003	1
Zones d'upwelling	0,4	400-1 000	500	0,2	0,005-0,1	0,02	0,008
Plateau continental	26,6	200-600	360	9,6	0,001-0,04	0,001	0,27
Herbiers et récifs	0,6	500-4 000	2 500	1,6	0,04-4	2	1,2
Estuaires	1,4	200-4 000	1 500	2,1	0,01-4	1	1,4
Total des océans	**361**		**155**	**55,0**		**0,01**	**3,9**
Total pour le globe	**510**		**336**	**172,5**		**3,6**	**1 841**

Tableau 15.1
Productivité primaire nette et biomasse végétale des principales formations de la biosphère (Lieth & Whittaker, 1975 ; Bolin et al., 1979)

	Écosystèmes naturels	Productivité		Agroécosystèmes	Productivité
Zone tempérée	Forêt mixte de chênes et de pins, État de New York	1 195	*Zone tempérée*	Maïs dans le Minnesota	1 390
	Forêt de hêtres au Danemark	1 350		Maïs en Israël	3 600
	Forêt d'épicéas en Allemagne	1 450		Moyenne du riz aux États-Unis	2 500- 4 000
	Forêt de pins en Angleterre	1 600		Moyenne du riz au Japon	1 000-1 200
	Prairie en Nouvelle-Zélande	3 200	*Zone tropicale*	Canne à sucre aux îles Hawaii	7 200-7 800
Zone tropicale	Forêt des Antilles	6 000		Canne à sucre à Java	9 400
	Palmiers à huile au Zaïre	3 700		Moyenne du riz au Pakistan	560-700
	Forêt de Côte-d'Ivoire	1 340		Moyenne du riz à Ceylan	340-700
Eau douce	Étang au Danemark	950-1 500			
	Étang fertilisé en Californie	5 600			
	Marécage à Typha dans le Minnesota	2 500			
Milieu marin	Herbier d'algues au Danemark	260-430			
	Herbier d'algues en Nouvelle-Écosse	2 000-2 600			
	Algues d'un récif corallien aux îles Marshall	4 900			

Tableau 15.2
Productivité primaire nette de quelques écosystèmes en g/C/m^2/an

Les variations géographiques de la productivité primaire sont importantes. La haute mer et les déserts ont une productivité très faible, presque nulle dans certains déserts et ne dépassant guère 100 g/C/m²/an en haute mer (figure 15.5). Les formations herbacées des régions semi-arides, les zones d'agriculture temporaire, les lacs profonds, les forêts d'altitude et les mers littorales ont une productivité annuelle de l'ordre de 300 g mais qui varie de 150 à 1 000 g. Les forêts humides, les lacs peu profonds, les régions d'agriculture permanente ont une productivité moyenne de 600 à 1 000 g/an. Il n'y a que quelques écosystèmes dont la productivité égale ou dépasse 2 000 g/an. Ce sont les estuaires, les récifs coralliens, les marécages, certaines cultures comme la canne à sucre, les forêts ombrophiles tropicales. Une production supérieure à 20 g/C/m²/j de carbone par mètre carré et par jour a été mesurée pendant de courtes périodes dans des cultures de canne à sucre ou dans des eaux polluées. Une productivité égale à 50 g/C/m²/j a été mesurée chez une Graminée à photosynthèse de type C4, l'herbe à éléphant *Pennisetum purpureum*, ce qui correspond à un rendement de photosynthèse de l'ordre de 4 % (Loomis & Williams, 1963).

Divers facteurs réduisent le rendement de la photosynthèse. Le plus souvent la végétation ne recouvre pas totalement le sol et une partie du rayonnement solaire n'est pas interceptée. La teneur de l'air en CO_2 est trop faible pour les plantes en C3 ce qui limite leur activité synthétique aux forts éclairements. La température limite la photosynthèse et la croissance quand elle est inférieure à 10°C pour les végétaux en C3 et à 20 °C pour les végétaux en C4, ou bien quand elle est supérieure à 30 °C pour les végétaux en C3 et à 40 °C pour les végétaux en C4. L'eau disponible et les éléments minéraux présents dans le sol jouent aussi le rôle de facteurs limitants.

Les deux facteurs limitants essentiels de la photosynthèse étant la température et l'eau, des modèles ont été établis pour estimer la productivité primaire nette (PPN) en g de matière sèche/m²/an. Un modèle prévoit la PPN à partir de la température en °C et un autre à partir des précipitations en mm/an (figure 15.6). Un troisième modèle prévoit la PPN à partir de la mesure de l'évapotranspiration E :

$$PPN = 3\ 000[1 - e^{-0,0009635(E - 20)}]$$

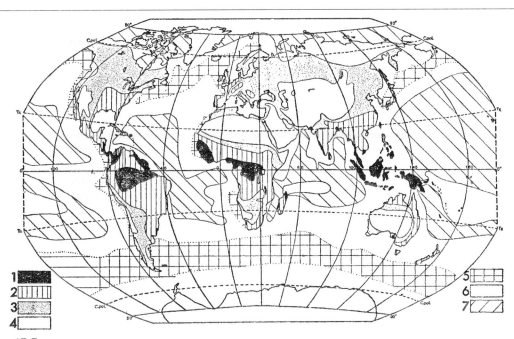

Figure 15.5

Productivité primaire (en g/C/m²/an) des diverses régions de la biosphère

Milieu terrestre. 1 : plus de 800 g de carbone ; 2 : de 400 à 800 ; 3 : de 100 à 400 ; 4 : de 0 à 100.

Milieu marin. 5 : plus de 200 g de carbone ; 6 : de 50 à 200 ; 7 : moins de 50. Remarquer la faible productivité des déserts dans le milieu terrestre et des zones équatoriales dans le milieu marin, et la forte productivité des eaux subpolaires et des forêts équatoriales (d'après Lieth, 1965).

Un quatrième modèle permet de calculer la PPN à partir du nombre de jours de photosynthèse T, c'est-à-dire de la longueur de la période d'activité de la végétation :

$$PPN = -157 + 5,17\ T.$$

La pleine mer et les déserts sont des déserts biologiques en raison de la rareté des sels nutritifs dans le premier cas et du manque d'eau dans le second cas. La productivité d'une forêt dépasse celle d'un champ en raison de la stratification verticale de la forêt dont chaque niveau utilise une partie de l'énergie solaire. Dans les écosystèmes aquatiques une productivité élevée exige une faible profondeur afin que le réchauffement soit possible, mais aussi une profondeur suffisante pour que le phytoplancton puisse fixer le maximum d'énergie lumineuse. Dans les régions arctiques la productivité est freinée par la courte période d'activité photosynthétique. Par contre les mers arctiques sont parmi les plus productives. Dans les forêts équatoriales où les conditions de température, d'humidité et d'éclairement sont favorables toute l'année (ou presque), la productivité atteint des valeurs élevées.

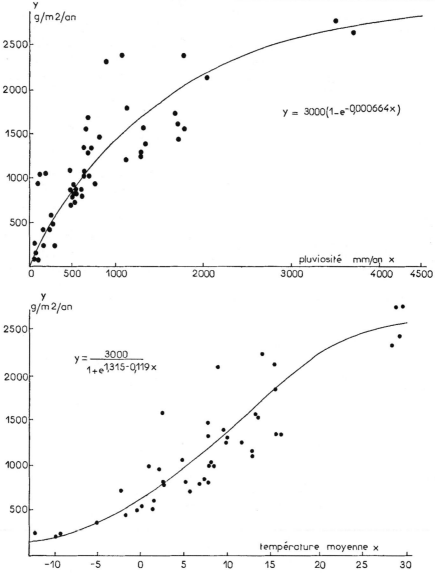

Figure 15.6
Modèles représentant la relation entre la productivité primaire et la pluviosité en mm par an en haut, et avec la température moyenne en °C en bas (Lieth, 1975)

2.2. La productivité primaire des continents

2.2.1. LES FORÊTS

Les forêts sont les écosystèmes terrestres les plus productifs. Une hêtraie naturelle de la forêt de Fontainebleau, peu modifiée par l'homme et ayant atteint le stade climax, possède une biomasse végétale égale à 270 t/ha et une productivité de l'ordre de 10 t (Lemée, 1978). En distinguant dans cette forêt les zones de futaie et les zones de gaulis occupées par des jeunes arbres il est possible de donner les valeurs suivantes de la productivité primaire PP (en t/ha/an) et de la biomasse B (en t/ha) :

	Gaulis		Futaie	
	PP	B	PP	B
1. Strate arborescente Production ligneuse aérienne	3,83	71	4,76	143
Production ligneuse souterraine	0,77	14	0,80	41
Production d'organes caducs (feuilles, fleurs, fruits)	3,8	3,8	3,45	4,1
2. Fourrés de houx arbustifs	-	-	0,4	5,5
3. Strate herbacée, partie aérienne	0	-	0,6	-
Total	**8,4**	**88,8**	**10,51**	**193,6**

La productivité d'une hêtraie au Danemark a été étudiée par Möller *et al.* (1954). La figure 15.7 représente l'évolution de la productivité brute, des pertes respiratoires et de l'accroissement net de la biomasse. On constate qu'il existe un maximum de productivité lorsque la forêt atteint l'âge d'environ 40 ans. À ce moment les valeurs suivantes ont été mesurées :

– Productivité brute PB : 23,5 t/ha

– Mortalité des feuilles, branches et racines M : 4,2 t/ha

– Respiration R : 9,5 t/ha

L'accroissement annuel maximum ΔB est égal à $PB - M - R = 9,8$ t/ha, et l'accroissement annuel moyen est de 8 t/ha. Il diminue avec l'âge. La productivité annuelle nette est égale à la somme de l'accroissement, des chutes de feuilles (soit 3 t) et des racines et branches mortes (soit 1,5 t) c'est-à-dire $8 + 3 + 1,5 = 12,5$ t/ha. La baisse de productivité est due à l'accroissement de la masse des tissus de soutien non chlorophylliens qui, néanmoins, respirent. Le taillis (stade jeune de la forêt) a une productivité plus élevée que la futaie. Un taillis d'arbres à croissance rapide comme l'érable champêtre ou le peuplier peut produire jusqu'à 25 t/ha avec une révolution d'une durée de 6 à 10 ans. Mais le taillis épuise le sol car le bois des jeunes arbres est plus riche en éléments minéraux que celui des arbres âgés. En outre, après plusieurs coupes, la régénération du taillis est souvent aléatoire.

Figure 15.7
Éléments de la productivité (en t/ha/an de matière sèche) dans une hêtraie du Danemark
Le maximum de productivité se rencontre chez des arbres âgés de 40 ans environ (Möller *et al.*, 1954).

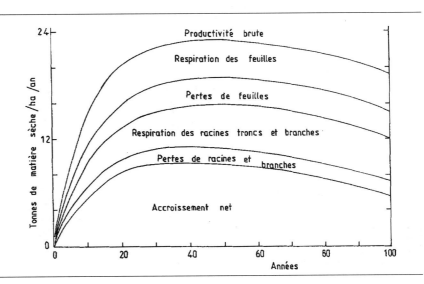

L'augmentation de la teneur de l'atmosphère en CO_2 est-elle favorable à la végétation ?

Le CO_2 n'est pas seulement un agent responsable de l'effet de serre. C'est aussi un élément nécessaire à la nutrition des végétaux et un facteur limitant de l'intensité de la photosynthèse, donc de la productivité primaire. De nombreuses expériences en « grandeur naturelle » sont en cours pour déterminer les conséquences de l'élévation de la teneur de l'air en CO_2 sur des plantes cultivées ou sur des arbres. Certaines de ces expériences mettent en évidence un effet bénéfique de l'augmentation de la teneur en CO_2 ce qui permet à de nombreuses plantes cultivées de croître davantage et de fournir plus de récoltes. Les végétaux à photosynthèse en C3 comme le blé ou le riz réagissent particulièrement bien. Les estimations varient entre 10 et 50 % et même plus en ce qui concerne l'augmentation des récoltes. Des orangers soumis durant sept années à une atmosphère dont la teneur en CO_2 a été doublée produisent deux fois plus de fruits que les arbres témoins. Le coton donne des rendements supérieurs parfois de 50 % à la normale. Certains chercheurs estiment même que l'augmentation des récoltes obtenue depuis un siècle serait due non à la sélection de variétés nouvelles ou à l'usage des pesticides, mais à l'augmentation de la teneur de l'air en CO_2. Mais pour profiter pleinement de ce phénomène, les agriculteurs doivent utiliser davantage d'engrais et dans beaucoup de pays pauvres ceci sera impossible en raison de leur coût. Face à ces avantages divers inconvénients ont été découverts. On soupçonne que quelques cultures importantes dont le mode de photosynthèse est en C4 (maïs, canne à sucre) seront peut être moins compétitives vis-à-vis des mauvaises herbes à photosynthèse en C3. Étant donné que les plantes cultivées dans une atmosphère riche en CO_2 ont une teneur plus faible en composés azotés, les espèces fourragères seront moins nutritives pour le bétail. Les arbres dont la plupart sont en C3 grandiront plus vite dans une atmosphère enrichie en CO_2 comme cela a été établi grâce à une vaste expérience réalisée aux États-Unis. Mais l'effet des teneurs élevées en CO_2 sur la croissance des plantes semble s'annuler assez rapidement, parfois au bout de six semaines seulement, par suite d'une adaptation dont les mécanismes physiologiques sont encore inconnus. Dans les écosystèmes naturels les plantes doivent faire face à la sécheresse, à la pénurie en azote, aux attaques des insectes, et leurs réactions face à l'accroissement de la teneur de l'atmosphère en CO_2 ne sont pas aussi simples que dans des cultures expérimentales. Un consensus semble s'établir pour admettre que l'augmentation de la teneur de l'atmosphère en CO_2 se traduira par une augmentation des rendements de l'agriculture dans les pays développés mais que les pays pauvres ne pourront pas faire face aux besoins accrus en engrais. Une seule chose est certaine : des modifications importantes dans la physionomie de la végétation se produiront à l'échelle de toute la biosphère (Bazzaz, 1990 ; Culotta, 1995).

La productivité par les microépiphytes tels que les algues du genre *Pleurococcus* n'est pas négligeable. Elle peut égaler celle de la strate herbacée dans les forêts tempérées (Turner, 1975). Dans une plantation de *Larix decidua* en Grande-Bretagne les épiphytes servent de nourriture à des Psocoptères dont la biomasse est estimée à 2 g/m^2, donc d'un ordre de grandeur comparable à celle de certains Mammifères (Broadhead, 1958).

La productivité brute est plus élevée dans les forêts tropicales sempervirentes que dans les forêts tempérées. Mais les pertes respiratoires dues à la température plus élevée et à la biomasse plus importante de tissus non photosynthétiques sont grandes, ce qui ramène la productivité nette à des valeurs voisines de celles des forêts tempérées comme on peut le constater en comparant une hêtraie du Danemark âgée de 46 ans et une forêt de Côte-d'Ivoire ayant comme espèce principale *Combretodendron africanum*. Les chiffres suivants (en t/ha) sont donnés par Müller & Nielsen (1965) :

	Forêt de Côte-d'Ivoire	Forêt du Danemark
Productivité brute	52,5	23,5
Pertes dues à la respiration	39,1	10,0
Productivité nette	13,4	13,5
Accroissement épigé	7,5	8,0
Accroissement des racines	1,5	1,6

La comparaison de la forêt équatoriale sempervirente, de la forêt tempérée et de la forêt boréale de résineux met en évidence des différences importantes dans la productivité et les cycles des éléments minéraux (tableau 15.3). La faible productivité de la forêt boréale s'accompagne d'un recyclage lent de la matière organique et de l'accumulation de réserves importantes dans le sol et la litière. La productivité élevée de la forêt équatoriale s'accompagne d'un recyclage rapide de la matière organique et de faibles réserves dans la litière et le sol.

De nombreuses informations sur la biomasse et la productivité des forêts d'Europe ont été réunies par Duvigneaud *et al.* (1972) et par Reichle (1981). Le tableau 15.4 donne les principales valeurs obtenues pour une chênaie de Belgique. La comparaison de diverses forêts d'Europe (hêtraies, chênaies, résineux) montre que la productivité (en t/ha/an) varie relativement peu étant donné la variété des sols et des climats :

Onze hêtraies d'Europe occidentale : 7,4 à 13,5 ;
Neuf chênaies d'Europe occidentale : 11,9 à 15,8 ;
Cinq forêts caducifoliées de Russie 8,5 à 26,0 (la valeur élevée de 26,0 correspond à une forêt de *Populus tremula*) ;
Quatre forêts du Japon : 6,1 à 12,3 ;
Quatre forêts d'épicéa d'Europe occidentale : 7,8 à 17,9 ;
Deux forêts de pin sylvestre d'Allemagne : 5,2 à 8,6.

Tableau 15.3		Forêt équatoriale sempervirente	Forêt tempérée de chênes	Forêt boréale de résineux
Comparaison des divers éléments intervenant dans la productivité de trois types de forêts	Surface foliaire	Élevée	Faible	Élevée
	Productivité brute *PB*	100 t/ha	24 t/ha	10 t/ha
	Respiration *R*	70 t/ha	10 t/ha	3 t/ha
	Productivité nette *PN*	30 t/ha	14 t/ha	7 t/ha
	Biomasse *B*	400 t/ha et plus	140 t/ha	100 à 200 t/ha
	Chute de litière	16,5 t/ha/an	4 t/ha/an	2,6 t/ha/an
	Litière au sol	2 t/ha	15 t/ha	32,5 t/ha
	Minéraux dans la biomasse	11 t/ha	5,8 t/ha	3,35 t/ha
	Minéraux dans la litière	180 kg/ha	800 kg/ha	2 100 kg/ha
	Vitesse de décomposition de la litière	2/16,5 = 0,12	15/4 = 3,5	32,5/2,6 = 11
	PB/B	100/400 = 0,25	24/140 = 0,16	10/100 = 0,10

Tableau 15.4
Biomasse et productivité de la chênaie à noisetier de Ferage en Belgique (Duvigneaud et al., 1972)

Âge moyen des arbres dominants : 117 ans
Nombre d'arbres par hectare : 163
Hauteur des arbres : 24 m
Surface terrière des arbres : 24 m^2
Volume des troncs : 300 m^3

	Biomasse (t/ha)	Productivité (t/ha/an)
Parties aériennes	260,7	12,8
Arbres	238,5	5,9
Taillis	18,0	2,0
Feuilles	3,5	3,0
Strate au sol	0,7	0,6
Inflorescences, fruits		1,3
Parties souterraines	55,4	2,2
Plantes ligneuses	54,3	1,7
Strate au sol	1,1	0,6
Total	**316,1**	**15,0**

Les chênaies installées sur un mull sont les plus productives ; celles qui sont sur un moder ont une productivité moyenne et celles sur mor une productivité faible. Le caractère continental du climat peut expliquer la faible productivité des chênaies de Russie. La productivité des chênaies est voisine de celle des forêts d'épicéa et supérieure à celle des forêts de pin sylvestre, ce qui semble dû au fait que celles-ci sont installées sur des sols très pauvres.

2.2.2. LES FORMATIONS HERBACÉES

Les prairies naturelles des régions tempérées ont une productivité qui varie de 10 à 20 t/ha (en matière sèche) dont 5 à 15 t pour les parties aériennes et 5 t pour les racines. Dans une prairie de Normandie la productivité annuelle est de 17,46 t/ha, ce qui représente un rendement de photosynthèse de 0,73 %. Des prairies aménagées

en culture intensive de *Lolium perenne*, bien alimentées en eau et en engrais, produisent plus de 20 t/ha pour les parties aériennes. Dans les régions chaudes des Graminées en C4 comme *Pennisetum purpureum* produisent plus de 50 t/ha, réparties sur plusieurs coupes annuelles. La savane tropicale de Lamto en Côte-d'Ivoire comprend une strate ligneuse caractérisée par le palmier rônier et une strate herbacée à Graminées (chapitre 16, paragraphe 2). Les divers faciès végétaux de cette savane sont sous la dépendance de la nature du sol. Ils se répartissent selon une catena schématisée figure 15.8. Le feu joue un rôle important. Allumé chaque année il empêche l'installation des arbres et il maintient la végétation herbacée. La biomasse végétale moyenne atteint 66 t/ha et la productivité est de 28,5 t ce qui correspond à un rendement de photosynthèse de 0,67 %. Le feu détruit chaque année un peu plus de 30 % de la matière végétale formée et le reste est utilisé par des consommateurs (selon des

Figure 15.8

Répartition suivant une caténa des principaux types de savanes dans la région de Lamto en Côte-d'Ivoire

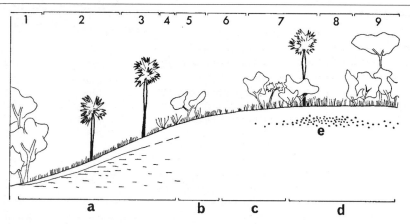

Types de végétation. 1 : Galerie forestière ; 2 : Savane herbeuse à *Loudetia simplex* ; 3 : Savane herbeuse de transition à *Loudetia simplex* ; 4 : Frange à *Cochlospermum planchoni* ; 5 : Savane arbustive de transition à Andropogonées ; 6 : Savane arbustive claire à Andropogonées ; 7 : Savane arbustive dense ; 8 : Savane herbeuse à Andropogonées ; 9 : Savane arbustive très dense à boisée.

Types de sols. a : Sol hydromorphe à pseudogley ; b : Sol ferrugineux tropical beige ; c : Sol ferrugineux tropical ocre ; d : Sol ferrugineux tropical rouge ; e : Horizon concrétionnaire (César & Menaut, 1974).

modalités qui seront exposées au chapitre suivant). Les biomasses (en t de matière sèche/ha) et les productivités (en t de matière sèche/ha/an) des divers éléments de la savane de Lamto sont les suivantes :

Végétaux	Parties épigées	Parties hypogées	Total
Herbes, biomasse	7	10,1	17,1
Herbes, productivité	12,8	13,3	26,1
Arbres, biomasse	22,6	9,2	31,8
Arbres, productivité	1,3	0,15	1,5
Palmiers rôniers, biomasse	13	4,1	17,1
Palmiers rôniers, productivité	0,9	0,06	0,96
Total, biomasse	**42,6**	**23,4**	**66**
Total, productivité	**15**	**13,5**	**28,5**

La productivité des zones arides est proportionnelle à la pluviosité (figure 4.14). Les steppes semi-désertiques d'Afrique du Nord sont composées surtout par une Graminée l'alfa *Stipa tenacissima* et par l'armoise *Artemisia herba-alba*. Leur productivité augmente avec la pluviosité. Lorsque la pluviosité passe de 75 à 400 mm par an, la productivité varie de la façon suivante dans les divers étages bioclimatiques (Le Houérou, 1959) :

– Étage saharien : 65 à 150 kg/ha/an de matière sèche épigée. Cette productivité est très irrégulière selon les années.

– Étage aride inférieur : 300 à 400 kg/ha/an, avec une grande variabilité selon les conditions climatiques.

– Étage aride supérieur : 400 à 800 kg/ha/an. La steppe à armoise qui occupe cet étage a une biomasse de 500 à 1 000 kg/ha.

– Étage semi-aride inférieur : 600 à 1000 kg/ha/an. La biomasse est de 2 000 à 3 000 kg/ha.

– Étage semi-aride supérieur : 1 500 à 2 000 kg/ha/an. La biomasse varie de 5 000 à 6 000 kg/ha.

La productivité primaire nette est plus élevée dans les écosystèmes proches du stade pionnier d'une succession écologique que dans les écosystèmes voisins du stade climax où elle tend vers zéro. Ceci peut être montré en comparant un champ de luzerne (écosystème proche du stade pionnier), les sources des Silver Springs (écosystème de type intermédiaire) et la forêt climacique tropicale de Porto-Rico. Les chiffres suivants indiquent les valeurs (en kcal/m^2) des divers éléments de la productivité (Odum, 1971) :

	Champ de luzerne	Silver Springs	Forêt de Porto-Rico
Productivité primaire brute *PPB*	24 400	20 800	45 000
Respiration des autotrophes	9 200	12 000	32 000
Productivité primaire nette	15 200	8 800	13 000
Respiration des hétérotrophes	800	6 800	13 000
Productivité nette de l'écosystème *PNE*	14 400	2 000	≈ 0
Rapport *PNE/PPB*	**59 %**	**9,6 %**	**0**

Dans la forêt climacique la respiration des autotrophes de même que celle des hétérotrophes augmente considérablement ce qui rend la productivité nette de l'écosystème pratiquement nulle.

Les méfaits de l'ozone

L'ozone est un constituant normal de l'atmosphère, mais à très faible concentration. Or celle-ci a doublé depuis le début du siècle dans l'hémisphère Nord. Dans les zones urbaines la circulation automobile en est la cause principale, surtout par temps ensoleillé. En effet l'ozone se forme à partir des oxydes d'azote et des hydrocarbures des gaz d'échappement sous l'action du rayonnement ultraviolet solaire. Les vents se chargent de disperser ces gaz d'échappement et la pollution par l'ozone atteint les zones rurales. Une alerte à la pollution est déclenchée dans la région parisienne lorsque la teneur en ozone dépasse le seuil de 180 $\mu g/m^3$. L'ozone affecte la santé humaine mais il agit aussi sur la végétation et réduit le rendement de certaines cultures. En Europe cette baisse de rendement est de 5 à 10 % pour le blé de printemps et varie aux États-Unis entre 0 et 25 % selon les régions. La pollution par l'ozone risque donc, si elle n'est pas enrayée, de devenir un facteur important de réduction de la productivité primaire.

2.2.3. Les eaux douces

La productivité et la biomasse végétale dans les eaux douces augmentent avec la teneur de l'eau en sels nutritifs. Une fertilisation modérée constitue une technique courante en pisciculture afin d'augmenter la quantité de nourriture disponible pour les poissons. Les eaux oligotrophes ont une productivité faible et les eaux eutrophes une productivité élevée. La limite inférieure des eaux eutrophes est fixée à une productivité moyenne de 75 g/C/m²/an. Les chiffres suivants donnent quelques valeurs de la productivité primaire de divers lacs d'Europe et d'Amérique (Noirfalise, 1974) :

Types de lacs	Productivité (g/C/m²/an)
Lacs oligotrophes	10 à 25
Lacs mésotrophes	25 à 75
Lacs modérément eutrophes	75 à 250
Lacs fortement eutrophes	350 à 900

Certains peuplements monospécifiques comme ceux de la jacinthe d'eau *Eichornia crassipes* ou du roseau *Typha latifolia* ont une productivité élevée :

– *Eichornia crassipes* : biomasse 1276 g/m² (poids sec) ; productivité : 14,6 g/C/m²/jour

– *Typha latifolia* : biomasse de 1523 g/m² (poids sec) ; productivité : 13,5 g/C/m²/jour

2.3. La productivité primaire dans le milieu marin

Le facteur essentiel limitant la productivité primaire des océans réside dans la teneur des eaux superficielles en éléments nutritifs comme les nitrates ou les phosphates (figure 15.9) ou même comme la silice et le fer. Trois zones principales peuvent être définies.

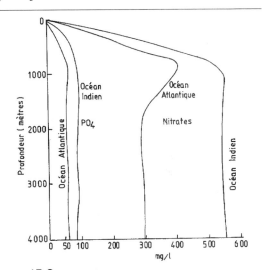

Figure 15.9
Répartition des nitrates et des phosphates dans l'océan Atlantique et dans l'océan Indien en fonction de la profondeur
La faible teneur des eaux de surface en azote et en phosphore agit comme facteur limitant de la photosynthèse (cf. aussi figure 2.1).

• **La zone océanique** couvre 332 millions de km² et sa productivité moyenne est de 125 g/m²/an (poids sec). La biomasse végétale, faible, est de 0,003 kg/m² et est constituée par des algues unicellulaires du phytoplancton dont les principales sont les Diatomées, les Péridiniens, les Coccolithophoridés et des espèces procaryotes formant le picoplancton et le nannoplancton. Cette biomasse végétale est environ 15 000 fois moins importante que celle de la végétation terrestre mais, en raison de son taux de renouvellement rapide, sa productivité atteint une valeur non négligeable, la productivité journalière pouvant être égale à la biomasse. Le rôle du nannoplancton et du picoplancton, qui peuvent fournir jusqu'à 40 % de la productivité primaire, avait été sous-estimé en raison de la petite taille de leurs constituants et des difficultés techniques de leur étude. L'organisme procaryote *Prochloro-*

Régions	Surface (10⁶ km²)	Productivité moyenne (g/C/m²/an)	Nombre de niveaux trophiques	Rendements	Production de poissons (t, poids frais)
Plein océan	332	50	5	10 %	16.10⁵
Zones côtières	36	100	3	15 %	12.10⁷
Upwelling	0,4	300	1,5	20 %	12.10⁷

Tableau 15.5

Valeurs estimées de la productivité nette, du nombre moyen de niveaux trophiques dans les chaînes alimentaires et de la production de poissons dans l'océan mondial (Ryther, 1969)

Ces chiffres sont des estimations. La production estimée de poissons est sans doute trop élevée et le nombre moyen de niveaux trophiques très incertain.

cocccus forme une fraction importante de la biomasse réalisant la photosynthèse. Dans les eaux équatoriales de l'océan Pacifique le nombre de cellules de cette espèce varie de 60 000 à 170 000 par litre et leur productivité est comprise entre 174 et 498 mg/C/m²/jour soit 5 à 19 % de la productivité primaire totale. La productivité secondaire dans la zone océanique est de 8 g/m²/an (poids sec) et le rapport de la productivité secondaire à la productivité primaire est de 0,06.

On prévoit que, dans les années à venir, la réduction de la couche d'ozone provoquera une augmentation du rayonnement UV-B qui arrive à la surface du sol et qui pénètre dans les eaux marines de surface (chapitre 3, paragraphe 6.2). Une réduction de 16 % de la couche d'ozone réduira de 5 % la biomasse du phytoplancton ce qui, dans une région de l'océan telle que celle qui entoure l'Antarctique, causera une baisse de la productivité primaire estimée selon les auteurs soit de 6 à 12 %, soit de 6 à 23 %. Cette baisse se répercutera dans les divers niveaux trophiques jusqu'au niveau des poissons et l'industrie de la pêche perdra ainsi 7 millions de tonnes de poisson par an.

• **La zone côtière** qui correspond au plateau continental couvre 36 millions de km². La productivité primaire moyenne y est de 360 g/m²/an (poids sec). Les zones côtières hautement productives sont des herbiers de grandes algues benthiques telles que les *Macrocystis*. Le long des côtes de Californie la biomasse de ces algues varie de 60 à 100 t/ha et la productivité y est de 10 à 15 t/ha/an. Le long des côtes d'Écosse la biomasse est de 20 à 45 t/ha et en Nouvelle-Écosse dans l'Antarctique elle est de 20 à 130 t/ha avec une productivité de 3,58 t/ha/an (en matière sèche). La productivité secondaire dans la zone côtière est de 16 g/m²/an (poids sec) et le rapport de la productivité secondaire à la productivité primaire est de 0,04.

• **Les zones de remontée d'eaux profondes** (« upwelling ») sont limitées à des régions comme le littoral de l'Angola ou celui du Pérou et ne représentent que 400 000 km². La productivité primaire moyenne est de 500 g/C/m²/an (poids sec). La productivité secondaire des zones d'upwelling est de 27 g/C/m²/an (poids sec) et le rapport productivité secondaire/productivité primaire est de 0,05 (tableau 15.5).

Il existe dans l'océan quelques milieux moins étendus mais importants. Les récifs coralliens et les herbiers d'algues ont une productivité primaire qui varie de 500 à 4 000 g avec une moyenne de 2 500 g. La productivité secondaire y est de 60 g et le rapport de la productivité secondaire à la productivité primaire est de 0,02. Les estuaires ont une productivité primaire comprise entre 200 et 3 500 g avec une moyenne de 1 500 g ; la productivité secondaire y est de 34 g et le rapport productivité secondaire/productivité primaire est de 0,02.

On constate que, dans le milieu marin, le rapport de la productivité secondaire à la productivité primaire, bien que faible (il varie de 0,2 à 0,06), est supérieur à celui du milieu terrestre où il a une valeur moyenne inférieure à 0,02. Le bilan de la productivité primaire et de la productivité secondaire dans le milieu marin et dans le milieu terrestre révèle un avantage très net pour les végétaux dans le milieu terrestre et pour les animaux dans le milieu marin :

	Surface (10⁶ km²)	Productivité primaire nette (10⁹ t/an)	Productivité secondaire (10⁶ t/an)
Milieu terrestre	145	110,5	867
Milieu marin	365	59,5	3067
Rapport	1/2,5	1/0,54	3,54/1

III. LA PRODUCTIVITÉ SECONDAIRE

L'étude de la productivité secondaire est délicate car elle nécessite la mesure de nombreux paramètres dont les principaux sont le flux d'énergie A qui traverse une population ou un niveau trophique ; la valeur énergétique I de la nourriture ingérée ; la quantité d'excreta (non assimilé) NA ; la productivité P ; la respiration R. Ces diverses valeurs ne sont pas indépendantes. Le flux d'énergie A peut être obtenu en calculant soit : $A = I - NA$, soit : $A = P + R$. Les valeurs de A obtenues par ces deux méthodes peuvent parfois différer largement. Dans le cas d'une population de chenilles de *Diurnea fagella* qui se nourrissent des feuilles du chêne, l'estimation de A est de $14,9.10^3$ kcal/ha/an si on utilise la relation $A = P + R$ et de $25,7.10^3$ kcal si on utilise la relation $A = I - NA$.

3.1. Le bilan énergétique au niveau des populations

Des bilans énergétiques ont été établis pour de nombreuses populations animales (tableau 15.6). Quelques lois générales peuvent être déduites de ces résultats.

(a) Le rendement d'assimilation A/I est élevé chez les carnivores et faible chez les herbivores et les détritivores, ce qui tient à la qualité de la nourriture. Les valeurs moyennes du rendement d'assimilation sont les suivantes :

Hétérothermes herbivores	39 %
Hétérothermes détritivores	38 %
Hétérothermes carnivores	77 %
Homéothermes carnivores	88 %
Homéothermes herbivores	65 %

Le rendement d'assimilation est plus élevé (moyenne 90 %) chez les carnivores consommateurs de Mammifères (comme la belette *Mustela nivalis*) dont les tissus sont plus faciles à digérer, que chez les insectivores (moyenne 70 à 80 %) qui consomment des aliments contenant de la chitine non assimilable. Il atteint 80 % chez les granivores dont les aliments ne sont pas chargés de cellulose non digestible. Il est remarquablement faible chez le ver de terre *Millsonia anomala*, ce qui est dû à la nature très spéciale de la nourriture qui est constituée surtout de débris cellulosiques mêlés à beaucoup de terre.

(b) Le rendement de production P/A varie avec la nature de l'alimentation et la biologie des animaux consommateurs. Une analyse statistique (Humphreys, 1979) a fourni les valeurs moyennes suivantes :

– *homéothermes*. Moyenne pour l'ensemble des homéothermes : 2,6 %. Insectivores : 0,9 % ; petits Mammifères : 1,5 % ; Oiseaux : 1,3 % ; autres Mammifères : 3,1 %.

– *hétérothermes*. Moyenne pour l'ensemble des hétérothermes : 29,0 %. Insectes sociaux : 9,2 % ; Insectes non sociaux : 40,7 % ; autres Invertébrés : 25,0 % ; Poissons : 10,7 %.

Tableau 15.6

Bilan énergétique des populations animales

A : Assimilation ;
R : Respiration ;
P : Productivité ;
NA : Non assimilé.

Les valeurs sont calculées en ramenant à 100 unités pour chaque population la valeur énergétique de ce qui est ingéré I (on sait que $I = A + NA$). Pour le Polychète *Neanthes virens*, la valeur de l'excrétion U est à ajouter au bilan énergétique.

	A	R	P	NA
Décomposeurs				
Millsonia anomala (ver de terre)	9	8	0,5	91
Asellus aquaticus (Crustacé)	30,3	23,2	7,1	69,7
Termite	70,6	55,8	14,8	29,4
Herbivores				
Brachionus plicatilis (Rotifère)	19	8	11	81
Myrmeleotettix maculatus (Acridien)	33,6	21,1	12,5	66,4
Arion rufus (limace)	74	54	20	26
Citellus sp. (Rongeur)	68	66	2	32
Éléphant	32,6	32,1	0,5	67,4
Prédateurs et parasites				
Araneus quadratus (Araignée)	85	57	28	15
Mitopus morio (Opilion)	46	26	20	54
Ichneumonide	90	32	58	10
Perche (poisson)	76	56	20	14
Nectophrynoides occidentalis (Amphibien)	85	54	31	15
Lacerta vivipara (lézard)	88	73,5	14,5	12
Mustela nivalis (belette)	89,9	88,3	1,6	10,1
Neanthes virens (Polychète)	85	22,2	60,3	15 (U = 2,5)

Les faibles valeurs du rendement de production des homéothermes sont dues surtout aux dépenses énergétiques liées à la thermorégulation. Ceci explique pourquoi une zone aménagée en étangs à poissons herbivores peut produire plus de protéines que lorsqu'elle est utilisée comme pâturage à bétail. Pour des élevages intensifs de carpes effectués en Russie, l'accroissement en poids de poissons nourris artificiellement est 2 à 2,5 fois supérieur à celui des bovins, et 1,5 fois supérieur à celui des lapins et des oiseaux de basse-cour. Les consommateurs de phytoplancton ont un rendement de production élevé lié à un taux d'assimilation important en rapport avec la faible proportion de cellulose non assimilable dans leur nourriture et à la forte teneur en protéines de celle-ci. En outre ce sont tous des hétérothermes. Dans le milieu marin les organismes herbivores fixés et microphages n'ont pas de dépenses énergétiques importantes pour la recherche de leur nourriture. Comme ce sont des hétérothermes ils ont une productivité élevée. L'huître japonaise *Crassostrea gigas*, élevée sur des cordes pendues à des radeaux jusqu'à une quinzaine de mètres de profondeur a un rendement de plus de 50 t/ha/an soit l'équivalent de 8,3 t de chair, valeur quinze fois supérieure à celle d'un élevage de bovins.

Afin de faciliter l'établissement du bilan énergétique des populations divers auteurs ont recherché des relations entre des variables telles que la productivité P, l'assimilation A, la respiration R, le poids moyen W des individus, la biomasse moyenne B par hectare. À partir de l'étude statistique des bilans énergétiques des populations appartenant à une centaine d'espèces Humphreys (1981) a défini un indice Im de la façon suivante :

Im = biomasse annuelle moyenne B (en cal/m^2)/poids maximum en mg à la puissance 0,75.

Cet indice peut être relié à l'assimilation A et à la productivité P par des équations de régression linéaire. Des relations entre la valeur de la respiration R et celle de la productivité P peuvent aussi être calculées. Ces relations qui ont été établies pour sept catégories systématiques différentes permettent de connaître P (figure 15.10).

Le taux de renouvellement de la biomasse est défini par le rapport P/B. Sa détermination est un moyen permettant de connaître la productivité. Le rapport P/B varie beaucoup d'une espèce à l'autre. Mais la relation $P/B = 5{,}78\,W^{-0{,}266}$ dans laquelle W est la masse corporelle en grammes a pu être établie à partir de l'étude d'un grand nombre d'espèces animales (Lavigne, 1982).

L'aptitude des diverses espèces à convertir leurs aliments en biomasse est variable. Chez les Mammifères elle dépend en partie de la taille. La comparaison de l'éléphant, d'un Cervidé et d'un Rongeur montre que le rendement d'assimilation varie peu chez ces trois espèces (tableau 15.7). Mais le taux de renouvellement de la biomasse est plus rapide chez le Rongeur (qui forme chaque année 2,5 fois l'équivalent de sa biomasse) que chez l'éléphant (qui ne produit chaque année qu'une fraction très faible de sa biomasse). Le Cervidé a une position intermédiaire. Le rendement de croissance du bétail est meilleur mais il a été déterminé chez des animaux placés dans des conditions idéales. Le bétail est fort mal adapté à l'exploitation de la végétation des milieux où vit l'éléphant et la biomasse à l'hectare des grands herbivores africains lui est souvent supérieure.

Figure 15.10

Droites de régression représentant la relation entre la respiration R et la productivité P (à gauche) et entre l'indice I$_m$ et la productivité (à droite)

Ces droites ont été déterminées pour sept groupes d'animaux. 1 : Insectivores ; 2 : Autres petits Mammifères ; 3 : Oiseaux ; 4 : Autres Mammifères ; 5 : Poissons et insectes sociaux ; 6 : Invertébrés non insectes ; 7 : Insectes non sociaux (Humphreys, 1979, 1981).

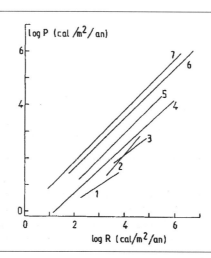
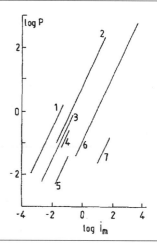

Tableau 15.7

Bilan énergétique des populations de trois Mammifères de tailles très dissemblables, l'éléphant, le cervidé Odocoileus virginianus et le Rongeur Microtus pennsylvanicus

	Odocoileus virginianus	Éléphant	*Microtus pennsylvanicus*
Biomasse (*B*)	1,3	7,1	0,2
Nourriture disponible	-	747	1 580
Nourriture consommée (*I*)	52,6	71,6	25
Fèces (*NA*)	12,5	48,3	7,5
Croissance (*PS*)	0,64	0,34	0,5
Assimilation (*A*)	39,5	23,0	17,5
Rendement de croissance (*PS/I*)	0,012	0,005	0,020
Nourriture consommée par unité de biomasse	41,4	10,1	131,6
Rendement d'assimilation (*A/I*)	0,8	0,3	0,7
Vitesse de renouvellement de la biomasse (*PS/B*)	0,49	0,047	2,5

La comparaison des budgets énergétiques d'une vache de 600 kg et de 300 lapins de 2 kg montre l'avantage des espèces de petite taille qui ont un taux de renouvellement de la biomasse plus élevé que les espèces de grande taille. Pour une même quantité d'herbe les lapins produisent la même quantité de viande que le bœuf mais 4 fois plus rapidement :

Biomasse	une vache (600 kg)	300 lapins (600 kg)
Consommation quotidienne	7,5 kg	30 kg
Pertes respiratoires	20 000 kcal	80 000 kcal
Augmentation de poids par jour	0,9 kg	3,6 kg
Augmentation de poids par tonne de nourriture	108 kg	108 kg
Une tonne d'herbe suffit pour	120 jours	30 jours

Le rendement de croissance *PS/I* des animaux est plus élevé chez les individus jeunes que chez les individus adultes. Chez le veau et le poulet il est de 35 %, mais il n'est plus que de 5 % chez les adultes. Ceci explique la pratique actuelle de l'abattage des poulets à l'âge de 3 à 4 mois lorsque le rendement de croissance est maximum. Chez les herbivores l'âge de la végétation consommée joue aussi un rôle. L'herbe jeune (moins riche en cellulose et en lignine et plus riche en protéines) est mieux assimilée ce qui explique les déplacements des Mammifères qui sont à la recherche de milieux plus favorables où l'herbe est meilleure. Les migrations des Mammifères des savanes africaines et des Cervidés d'Amérique du Nord sont la conséquence de cette recherche d'une nourriture favorable. L'importance de la productivité au niveau trophique *n* + 1 n'est pas toujours fonction de la productivité au niveau *n* car des fac-

teurs limitants de nature qualitative interviennent. En Californie le brûlage du chaparral réduit la biomasse végétale mais la teneur en protéines de la végétation qui repousse est deux à trois fois supérieure à celle de l'ancienne végétation et les Cervidés augmentent très vite leurs effectifs après un incendie.

Les flux d'énergie qui traversent les populations de diverses espèces sont variables. Chez les Mammifères le maximum a été trouvé chez une antilope, le cob, avec 62,4 kcal/m^2/an. Ce ruminant consomme 10 % de la productivité primaire disponible alors que le rongeur *Microtus* n'en consomme que 2 % et le cervidé *Odocoileus* 4,5 %. Chez l'Homoptère *Prokelesia* des marais littoraux de Géorgie le flux d'énergie est de 275 kcal/m^2/an. C'est le plus élevé connu jusqu'ici. On doit à Odum *et al.* (1962) une étude de deux vertébrés essentiellement granivores (le passereau *Passerculus sandwicensis* et le Rongeur *Peromyscus polionotus*) et de trois espèces d'Orthoptères des genres *Melanoplus* et *Oecanthus* qui habitent dans les champs abandonnés de Géorgie. Les feuilles consommées par les Orthoptères représentent 85 % de la productivité primaire nette alors que les graines mangées par les Vertébrés ne constituent que 7 % de la biomasse disponible. Ces résultats viennent à l'appui de la théorie de Hairston *et al.* (1960) selon qui les populations d'herbivores ne seraient généralement pas limitées par le manque de nourriture tandis que les populations de prédateurs, de détritivores et de granivores le seraient souvent.

Dans le milieu terrestre l'exploitation de la biomasse végétale par les herbivores se fait en général avec un rendement faible compris entre 1 et 10 %. Il n'y a d'exception que dans le cas des

formations herbacées végétales pâturées par les grands Mammifères, le rendement atteignant dans ce cas de 28 à 65 %. Dans les océans la consommation de la biomasse végétale (sous la forme de phytoplancton le plus souvent) est plus élevée et peut atteindre 99 % dans certains cas. Des estimations de la biomasse animale et de la productivité secondaire ont été tentées pour les principaux biomes terrestres et pour les grands milieux océaniques (tableau 15.8).

Écosystèmes	Consommation par les animaux (en %)	Consommation par les animaux (en 10^6 t/an)	Productivité animale (en 10^6 t/an)	Biomasse animale (en 10^6 t)
Forêt dense équatoriale	7	2 600	260	330
Forêt tropicale caducifoliée	6	720	72	90
Forêt tempérée sempervirente	4	260	26	50
Forêt tempérée caducifoliée	5	420	42	110
Forêt boréale	4	380	38	57
Maquis	5	300	30	220
Savanes	5	2 000	300	220
Formations herbacées tempérées	15	540	80	60
Toundras et zones alpines	10	33	3	3,5
Steppes désertiques	3	0,2	0,2	0,2
Déserts, glaciers et zones rocheuses	3	0,2	0,02	0,02
Zones cultivées	1	90	9	6
Zones humides	8	320	32	20
Lacs et cours d'eau	8	100	10	10
Total des continents	**7**	**7 810**	**909**	**1 005**
Plein océan	40	16 600	2 500	800
Upwelling	35	70	11	4
Plateau continental	30	3 000	430	160
Herbiers et récifs	15	240	36	12
Estuaires	15	320	48	21
Total des océans	**37**	**20 320**	**3 025**	**997**
Total pour le globe	**17**	**28 040**	**3 934**	**2 002**

Tableau 15.8
Éléments de la productivité secondaire pour les principaux biomes terrestres et les principaux milieux océaniques

L'abondance et la biomasse de cinq grands Mammifères prédateurs ont été déterminées dans cinq réserves africaines. Le rapport de la biomasse des proies à la biomasse des prédateurs que l'on peut calculer à l'aide des chiffres du tableau 15.9 montre que ce rapport est toujours supérieur ou égal à 100.

	Lion		Léopard		Guépard		Hyène tachetée		*Lycaon pictus*		Biomasse des proies	des prédateurs
	N	B	N	B	N	B	N	B	N	B		
Cratères du Ngorongoro	70	25,3	20*	2,3	-	-	479	68,1	-	-	10 363	95,7
Réserve de Nanyara	34	37,7	10*	3,3	-	-	10*	4,0	-	-	7 785	44,7
Réserve de Nairobi	25	21,3	10*	2,6	15	4,9	12*	3,8	-	-	3 052	32,4
Parc de Serengeti	2 000 à 2 400	7,6 à 9,2	800 à 1 000	0,9 à 1,2	200 à 250	0,3 à 0,4	3 500	5,1	250 à 300	0,1 à 0,2	4 222	14,0 à 16,1
Parc national Kruger	1 120	5,7	650	1,0	263	0,5	1 500*	2,9	335	0,3	1 034	10,4

Tableau 15.9
Abondance N (nombre total d'individus dans la réserve) et biomasse B (en kg/km²) de cinq espèces de grands prédateurs présents dans cinq réserves africaines
Le nombre de kilogrammes de proies par prédateur est toujours ≥ 100. L'astérisque indique des valeurs estimées (Schaller, 1972).

L'analyse des bilans énergétiques dressés pour une trentaine d'espèces animales montre une grande variabilité dans la densité des populations (de l'ordre de 1 à 10^9). Mais la variabilité des biomasses est plus faible (de l'ordre de 1 à 10^5) et celle de l'énergie assimilée est plus faible encore (de l'ordre de 1 à 10^3). Les populations animales se ressemblent beaucoup plus au point de vue énergétique qu'au point de vue du nombre de leurs individus ou de leur biomasse. Les données suivantes relatives à six espèces ayant des régimes alimentaires très différents le mettent en évidence :

	Poids individuel (g)	Individus par m²	Biomasse (kcal/m²)	Productivité (kcal/m²/an)
Ferrusia rivularis (Gastropode)	0,017 à 0,031	461 à 1 276	64,3 à 97,6	11,6
Calospectra dives (Chironomide)	0,00033	-	0 à 87,6	131
Pogonomyrmex badius (fourmi)	0,0066	-	0,0022	0,09
Melanoplus 3 sp. (Orthoptère)	1,25	-	0,28	4,0
Mustela rixosa (Carnivore)	60	-	0,0067	0,013
Rat kangourou (Rongeur)	39,5	0,00115	0,23	0,3
Cob de l'Ouganda (Ruminant)	77500	0,000015	3,08	0,81

3.2. Les biomasses animales

L'importance de la biomasse B n'est pas toujours fonction de la productivité P. Chez l'éléphant d'Afrique : $P/B = 0,05$ et chez l'antilope saïga : $P/B = 0,77$. Il est cependant utile de donner quelques estimations de cette biomasse. Dans le milieu terrestre la biomasse animale est généralement inférieure à 1 % de la biomasse végétale et les Invertébrés forment 90 à 95 % de la biomasse animale. Le rapport de la biomasse végétale à la biomasse des herbivores est voisin de 10 dans les steppes et les déserts, de 1 000 dans les steppes boisées, de 10 000 dans la toundra et de 100 000 dans la taïga et les forêts. Le rapport de la biomasse des herbivores à la biomasse des carnivores est voisin de 100. Dans le tableau 15.10 les biomasses de quelques Mammifères de diverses régions du globe sont regroupées. On constate que les biomasses les plus élevées se trouvent dans les formations herbacées des régions tropicales d'Afrique. Elles sont plus faibles dans les régions arctiques, dans les régions tempérées et dans les forêts. Les biomasses d'oiseaux montrent des types de distribution différents illustrés par les chiffres suivants (en kg/km²) :

Écosystème	Biomasse d'oiseaux
Lande à bruyère d'Allemagne	0,5
Forêt de Conifères de Finlande	22,5
Forêt mixte de Finlande	58
Étangs et rivages d'Allemagne	130
Forêt sèche d'Allemagne	8
Forêt sahelienne du bas Sénégal	20 à 50
Forêt primitive de Polana, Pologne	116

Tableau 15.10 Biomasses (en kg/ha) de quelques grands Mammifères dans diverses régions d'Afrique, d'Europe et d'Amérique — La biomasse atteint les valeurs les plus élevées dans les savanes de l'Afrique.	Écosystème	Biomasse
	Forêt tropicale du Ghana	5
	Désert de sable de l'ouest du Sahara	4 à 170
	Forêt de montagne du Kenya	environ 420
	Savane herbeuse semi-désertique du Kenya	895
	Savane de la réserve du Tarangire en Tanzanie	1 050
	Savane herbeuse du Rwanda	2 700
	Savane à Acacia du parc de l'Akagera	4 830
	Savane herbeuse du parc national de Nairobi	5 200 à 12 600
	Savane herbeuse du cratère du Ngorongoro, Tanzanie	5 200 à 12 600
	Savane du parc de Serengeti	6 300
	Savane du parc Albert, Zaïre	24 406
	Savane du parc national Queen Elisabeth, Ouganda	30 000
	Prairie nord-américaine dans le Montana	3,5
	Forêt écossaise à Cervus elaphus	1,0
	Toundra canadienne à caribous	0,8
	Forêt primitive des monts Polona en Slovaquie	0,5
	Steppe à antilope saïga du sud de la Russie	0,35

La comparaison des bilans énergétiques de 104 écosystèmes allant de la toundra à la forêt tropicale humide en passant par les champs cultivés a permis (McNaughton *et al.*, 1991) de dégager quelques relations générales entre la productivité primaire nette de la strate épigée et la productivité secondaire (figure 15.11).

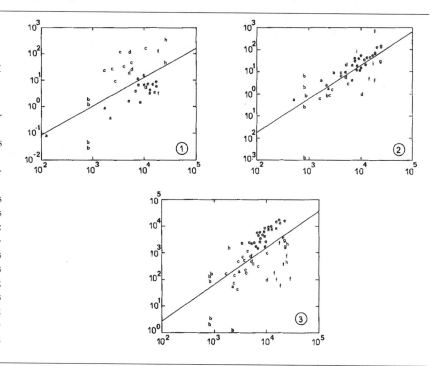

Figure 15.11

Relations entre la productivité primaire nette en kJ/m²/an (en abscisse) et les trois caractéristiques suivantes (en ordonnée)

1 : La productivité des herbivores en kJ/m²/an.
2 : La biomasse des herbivores en kJ/m².
3 : La consommation par les herbivores en kJ/m²/an.
Les symboles correspondants aux divers écosystèmes sont les suivants. a : Déserts ; b : Toundra ; c : Formations herbacées tempérées ; d : Champs abandonnés ; e : Formations herbacées tropicales naturelles ; f : Forêts tempérées ; g : Forêts tropicales ; h : Marais littoraux ; i : Formations herbacées tropicales aménagées (McNaughton *et al.*, 1991).

(a) La productivité secondaire *PS* des herbivores et la productivité primaire épigée nette *PPN* sont liées par la relation :

$$PS = 1,10 \ (\log PPN) - 3,27$$

dans laquelle *PS* et *PPN* sont exprimées en kJ/m²/an. Cependant la grande dispersion des points représentatifs de part et d'autre de la droite de régression montre que les formations herbacées tropicales ont un rapport *PS/PPN* plus faible que les formations herbacées tempérées ou que les marais salants, ces deux derniers types d'écosystèmes ayant le rendement de conversion de la *PPN* en *PS* le plus élevé. Les écosystèmes dans lesquels les Invertébrés (et surtout les insectes) sont les principaux herbivores sont situés au dessus de la droite de régression. Les écosystèmes chez qui les Vertébrés (et surtout les Ongulés) sont les herbivores principaux sont situés au dessous de la droite de régression. La position très variable de la toundra montre que certains écosystèmes ont une *PS* qui varie beaucoup dans le temps, cette *PS* étant élevée lors des pullulations de Rongeurs.

(b) La biomasse *B* des herbivores est liée à la *PPN* par la relation :

$$\log B = 1,52 \ (\log PPN) - 4,79$$

Aucun écosystème ne s'éloigne beaucoup de la droite de régression. Les valeurs les plus élevées de *B* se rencontrent dans les formations herbacées tropicales et dans les forêts tropicales.

(c) La consommation *C* par les herbivores est reliée à la *PPN* par la relation :

$$\log C = 1,38 \ (\log PPN) - 2,32$$

Il y a quelques déviations notables par rapport à la droite de régression. Les formations herbacées tropicales sont constamment au-dessus de cette droite et les forêts tropicales et tempérées au-dessous. Ceci est dû à l'abondance en forêt du bois, matériau peu assimilable et consommé par peu d'animaux.

(d) La consommation *C* par les herbivores et leur productivité secondaire *PS* sont liées par la relation :

$$\log PS = 1,03 \ (\log C) - 1,42$$

Les points représentatifs situés au-dessus de la droite de régression correspondent à des écosystèmes dominés par des insectes et ceux qui sont au-dessous à des écosystèmes dominés par des Vertébrés. Ceci révèle des différences importantes entre les Vertébrés et les insectes dans l'aptitude à convertir les aliments ingérés en biomasse.

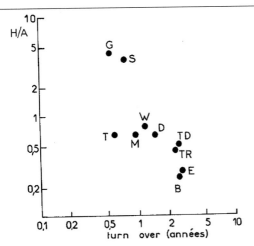

Figure 15.12

Le rapport H/A (biomasse des hétérotrophes/biomasse des autotrophes) diminue lorsque le temps de renouvellement (ou turn over) de l'écosystème augmente

Ce temps de renouvellement est égal au rapport (biomasse épigée + biomasse de la litière)/(productivité primaire nette de la strate aérienne). G : Formations herbacées ; S : Savanes ; W : Maquis et chaparral ; D : Déserts ; TD : Forêt tempérées à feuilles caduques ; TR : Forêts tropicales ; E : Forêts tempérées à feuilles persistantes ; B : Forêts boréales ; T : Toundra ; M : Marécages (O'Neill & De Angelis, 1981).

Les animaux herbivores et détritivores ont longtemps été considérés comme de simples consommateurs utilisant seulement l'excès de productivité primaire et jouant un rôle minime dans le fonctionnement et le maintien des écosystèmes. Cependant des études déjà anciennes (Mattson & Addy, 1975 ; McNaughton, 1976) ont au contraire mis en évidence le rôle important que les hétérotrophes jouent en accélérant le recyclage de la matière organique, en augmentant ainsi la biomasse des autotrophes et en assurant la stabilité des écosystèmes. On peut calculer un taux de renouvellement de l'écosystème (en années) en déterminant le rapport entre la biomasse épigée totale (végétaux, animaux et litière) et la productivité primaire nette. Ce taux augmente lorsque l'importance relative des hétérotrophes (mesurée par le rapport hétérotrophes/autotrophes) diminue (O'Neill & De Angelis, 1981). Cette influence des hétérotrophes sur les autotrophes en milieu terrestre (figure 15.12) est à rapprocher du phénomène des cascades dans le milieu aquatique (chapitre 14, paragraphe 3.5).

3.3. Productivité et flux d'énergie dans les chaînes alimentaires

L'étude des chaînes alimentaires est souvent plus facile que celle de l'ensemble d'un écosystème. Nous en donnerons deux exemples.

• Golley (1960) a étudié dans un champ abandonné des États-Unis une chaîne alimentaire dont les trois niveaux sont la végétation, le Rongeur *Microtus pennsylvanicus* qui est le principal herbivore et la belette *Mustela rixosa* qui est le principal prédateur. La figure 15.13 présente les différents éléments du budget énergétique de cette chaîne alimentaire. Les faits importants à noter sont les suivants.

– La végétation utilise l'énergie lumineuse avec un rendement qui n'est guère supérieur à 1 %.

– Une partie de cette végétation est consommée par les insectes et les *Microtus* en consomment moins de 2 %.

– Une fraction de l'ordre de 2 % seulement de la nourriture consommée est investie dans la croissance des *Microtus*.

– L'utilisation de la nourriture par les belettes est meilleure. Elle atteint un peu plus de 30 %. Mais une faible partie seulement (environ 2 %) sert à la croissance de la population.

– Le rendement au niveau de l'ensemble de la chaîne alimentaire est très mauvais en raison de la grande quantité de biomasse disponible qui n'est pas utilisée et de l'importance des pertes respiratoires. Les végétaux perdent par la voie de la respiration 15 % de l'énergie accumulée, les *Microtus* 68 % et les belettes 93 %.

– La voie des décomposeurs reçoit (sous la forme de ce qui n'est pas utilisé *NU*) 68 % de l'énergie qui traverse la chaîne alimentaire.

Le calcul des divers rendements met en évidence leur très faible valeur :

(a) Le rendement de photosynthèse est de $49,5.10^6/47,1.10^8$ soit 1 %.

(b) Au niveau des *Microtus*, consommateurs primaires, le rendement d'exploitation est de $250.10^3/49,5.10^6 = 0,5$ % ; le rendement de production est de $5\,170/(250.10^3 - 74.10^3) = 3$ % ; le rendement de croissance est de $5\,170/250.10^3 = 2$ % ; le rendement écologique est de $5\,170/49,5.10^6 = 0,01$ %.

(c) Au niveau des belettes, consommateurs secondaires, le rendement d'exploitation est de $5\,824/18\,500 = 30$ % ; le rendement de production est de $130/(5\,824 - 260) = 2,4$ % ; le rendement de croissance est de $130/5\,824 = 2,1$ % ; le rendement écologique est de $130/18\,500 = 0,7$ %.

Le rendement de l'ensemble des trois niveaux trophiques est de $117/47,1.10^8$ soit $0,000025$ %.

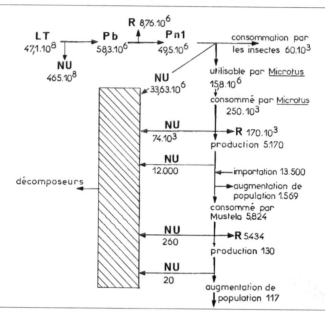

Figure 15.13
Schéma des transferts d'énergie dans une chaîne alimentaire constituée par la végétation, le Rongeur Microtus pennsylvanicus et le carnivore Mustela rixosa

• Dans la forêt de chênes d'Ispina en Pologne une chaîne alimentaire constituée par les feuilles de chêne, les chenilles de la tordeuse *Tortrix viridana* et les oiseaux consommateurs de chenilles a été étudiée (figure 15.14). Les principaux rendements sont les suivants :

(a) Rendements écologiques. Le rendement PN_2/PN_1 entre les feuilles et les chenilles est égal à $0,49/14,2$ soit $3,5$ %. Le rendement PN_3/PN_2 entre les oiseaux et les chenilles est de $0,045/0,49$ soit $0,9$ %.

(b) Rendements d'exploitation. Le rendement I_1/N_1 est égal à $1,4/14,2 = 10$ % et le rendement I_2/PN_2 est égal à $0,117/0,49 = 24$ %.

Ces chiffres sont en accord avec l'ensemble des autres études qui montrent que les rendements d'exploitation sont en général compris entre 1 et 10 % pour les herbivores et 10 et 80 % pour les carnivores.

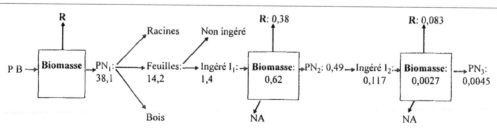

Chêne : niveau trophique 1   Chenilles : niveau trophique 2   Oiseaux : niveau trophique 3

Figure 15.14
Les transferts d'énergie dans une chaîne alimentaire constituée par les feuilles de chêne, les chenilles de Tortrix viridana et les oiseaux insectivores

Références

BAZZAZ, F. A., 1990. The response of natural ecosystems to the rising global CO_2 levels. *Ann. Rev. Ecol. Syst.*, 21, p. 167-196.

BOLIN et al. (eds.), 1979. *The global carbon cycle*. SCOPE n° 13. John Wiley & Sons, London.

BROADHEAD, E., 1958. The psocid fauna of larch tree in Northern England, an ecological study of a mixed species population exploiting a common resource. *J. anim. Ecol.*, 27, p. 217-263.

CÉSAR, J. & MENAUT, J. C., 1974. Le peuplement végétal des savanes de Lamto. *Bull. Liaison chercheurs Lamto*, 2 (numéro spécial), p. 161.

CROSSLEY, D. A., 1966. Radioisotope measurement of food consumption by a leaf beetle species *Chrysomela knabi* Broun. *Ecology*, 47, p. 1-8.

CULOTTA, E., 1995. Will plants profit from high CO_2 ? *Science*, 268, p. 654-656.

DUVIGNEAUD, P. et al., 1972. Productivité primaire des forêts tempérées d'essences feuillues caducifoliées en Europe occidentale. *In* : P. Duvigneaud (ed.), *Productivité des écosystèmes forestiers*, p. 259-270. UNESCO, Paris.

GOLLEY, F. B., 1960. Energy dynamics of a food chain of an old-field community. *Ecol. Monogr.*, 30, p. 187-206.

GOLLEY, F. B., 1993. *A history of the ecosystem concept in ecology. More than the sum of the parts*. Yale Univ. Press, New Haven.

HAIRSTON, N. G. et al., 1960. Community structure, population control and competition. *Amer. Nat.*, 94, p. 421-425.

HUMPHREYS, W. F., 1979. Production and respiration in animal populations. *J. anim. Ecol.*, 48, p. 427-453.

HUMPHREYS, W. F., 1981. Toward a simple index based on live weight and biomass to predict assimilation in animal populations. *J. anim. Ecol.*, 50, p. 543-561.

LAVIGNE, D. M., 1982. Similarity in energy budget of animal populations. *J. anim. Ecol.*, 51, p. 195-206.

LE HOUÉROU, H. N., 1959. La végétation de la Tunisie steppique. *Ann. Inst. nat. Rech. agron. Tunisie*, 42 (5), p. 1-622.

LEMÉE, G., 1978. La hêtraie naturelle de Fontainebleau. *In* : M. Lamotte & F. Bourlière (eds.), *Problèmes d'écologie : écosystèmes terrestres*, p. 75-128. Masson, Paris.

LIETH, H., 1975. Modeling the primary productivity of the world. *In* : H. Lieth & R. H. Whittaker (eds.), *Primary productivity of the biosphere*, p. 237-263. Springer, Berlin.

LOOMIS, R. S. & WILLIAMS, W. A., 1963. Maximum crop productivity : an estimate. *Crop Sci.*, 3, p. 67-72.

McNAUGHTON, S. J., 1976. Serengeti migration wildebeest : facilitation of energy flow by grazing. *Science*, 191, p. 92-94.

McNAUGHTON, S. J. et al., 1991. Primary and secondary production in terrestrial ecosystems. *In* : J. Cole et al., *Comparative analyses of ecosystems. Patterns, mechanisms, and theories*, p. 120-139. Springer, Berlin.

MATTSON, W. J. & ADDY, N. D., 1975. Phytophagous insects as regulators of forest primary production. *Science*, 190, p. 515-522.

MEDWECKA-KORNAS, A. et al., 1974. Energy budget flow in the oak-hornbeam forest (IBP Project « Ispina »). *Bull. Acad. Polon. Sci.*, sér. Sci biol., Cl II, vol. 22, p. 563-566.

MULLER, D. & NIELSEN, J., 1965. Production brute, pertes par respiration et production nette dans la forêt ombrophile tropicale. *Det forstlige Fors. I Danmark*, 29, p. 69-100.

MÖLLER, C. M. et al., 1954. Ein Diagram der Stoffproduktion im Buchenwald. *Schweiz. Bot. Gesellsch.*, 64, p. 487-494.

MONTFORT, A., 1972. *Étude des préférences écologiques de quelques Ongulés du Rwanda oriental. Densités, biomasses et productivités des grands Ongulés du Parc National de l'Akagera*. Thèse, Université de Liège.

NOIRFALISE, A., 1974. *Conséquences écologiques de l'application des techniques modernes de production en agriculture*. Commission des communautés européennes, Bruxelles. Informations sur l'agriculture, 400 p.

ODUM, E. P., 1971. *Fundamentals of Ecology*. 3e ed. W. B. Saunders, Philadelphie.

ODUM, E. P. et al., 1962. Population energy flow of three primary consumer components of old-field ecosystems. *Ecology*, 43, p. 88-96.

ODUM, E. P. & KUENZLER, E. J., 1963. Experimental isolation of food chains in an old-field ecosystem with use of phosphorus-32. *In* : V. Schultz & A. W. Klement (eds.), *Radioecology*, p. 113-120. Reinhold, New York.

O'NEILL, R. V. & DE ANGELIS, D. L., 1981. Comparative productivity and biomass relations of forest ecosystems. *In* : D. E. Reichle (ed.), *Dynamics properties of forest ecosystems*, p. 411-449. Cambridge Univ. Press.

REICHLE, D. E. (ed.), 1981. *Dynamics properties of forest ecosystems*. Cambridge Univ. Press.

RYTHER, J. M., 1969. Photosynthesis and fish production in the sea. *Science*, 166, p. 72-76.

SCHALLER, G., 1972. *The Serengeti lion. A study of predator-prey relations*. University of Chicago Press.

TURNER, B. D., 1975. Energy flow in arboreal epiphytic communities. An empirical model of net primary productivity in the alga *Pleurococcus* on larch trees. *Oecologia*, 20, p. 179-188.

Chapitre 16

STRUCTURE ET PRODUCTIVITÉ DE QUELQUES ÉCOSYSTÈMES

L'étude des bilans d'énergie et des rendements, effectuée au niveau des populations et des chaînes alimentaires, doit être poursuivie au niveau de l'ensemble de l'écosystème. Si l'on tient compte de la structure des réseaux trophiques il est possible de distinguer deux types d'écosystèmes : ceux où le système des herbivores domine et ceux (ils sont les plus nombreux) où c'est le système des détritivores qui domine. Deux études ayant un caractère pionnier sont celles de Lindeman (1942) sur le lac Cedar Bog dans le Minnesota et celle de Juday (1940) sur le lac Mendota dans le Wisconsin. Les résultats relatifs à la productivité (en cal/cm²/an) et au rendement écologique des divers niveaux trophiques sont résumés dans le tableau suivant :

I. UNE PRAIRIE PÂTURÉE DE NORMANDIE

Beaucoup de prairies d'Europe occidentale ont été créées pour assurer la subsistance du bétail après élimination de la forêt de chênes ou de hêtres comme le montrent les analyses polliniques (Hédin *et al.*, 1972). En France, en particulier en Normandie, ce défrichement a commencé au Moyen Âge et la surface consacrée aux prairies a constamment augmenté. Elle est passée de 5,8 millions d'hectares en 1840 à 13,6 millions en 1970. La prairie, milieu créé par l'homme, est un écosystème remarquable qui constitue une

Niveaux trophiques	Lac Cedar Bog		Lac Mendota	
	Productivité	Rendement	Productivité	Rendement
Énergie lumineuse reçue Λ_0	118872	-	118872	-
Végétaux chlorophylliens autotrophes Λ_1	111,3	0,10 %	480*	0,40 %
Herbivores Λ_2	14,8	13,3 %	41,6	8,7 %
Carnivores primaires Λ_3	3,1	22,3 %	2,3**	5,5 %
Carnivores secondaires Λ_4	absents	-	0,3	13,6 %

* Cette valeur semble trop élevée. La valeur exacte est peut être de l'ordre de 250.
**Valeur sans doute trop faible en raison de la présence dans le lac de grands prédateurs.

Lindeman représente chaque niveau trophique par la lettre grecque Λ. L'énergie lumineuse correspond à Λ_0, le niveau des autotrophes à Λ_1, celui des herbivores à Λ_2, etc. Le rapport Λ_{n+1}/Λ_n (en pourcentage) est connu sous le nom de *Lindeman ratio* ou *Lindeman efficiency*. Ces données permettent déjà une généralisation : le rendement écologique augmente avec le niveau trophique tandis que la productivité diminue.

exploitation rationnelle du sol, qui ne nécessite presque aucune intervention et qui offre un bon rendement.

1.1. Structure de la prairie normande

La prairie permanente pâturée est un écosystème relativement simple dont on peut donner une

description presque complète. Elle renferme un mélange d'espèces végétales assez diverses dans lequel dominent des Graminées comme *Lolium perenne*, *Holcus lanatus*, *Poa trivialis*, *Poa pratensis*, *Agropyrum repens*, *Anthoxanthum odoratum*, *Agrostis canina*, *Phleum pratense*, *Festuca elatior*. Ces Graminées sont accompagnées de Légumineuses du genre *Trifolium* et de représentants d'autres familles comme *Ranunculus* sp., *Cardamine pratensis*, *Cirsium* sp. Les consommateurs les plus importants de la végétation dans cet écosystème sont les bovins. Mais les organismes les plus nombreux sont des Invertébrés. Au mois d'août, en période de pâturage, les biomasses sont les suivantes (en matière sèche) : Végétaux : 650 g/m^2 ; Bovins : 69 g/m^2 ; Invertébrés : 6,2 g/m^2.

Les Graminées qui dominent dans la prairie ont des caractéristiques remarquables. Leurs méristèmes sont situés à la base des tiges, près du sol, ce qui leur donne une bonne résistance au piétinement par le bétail. Leur croissance se fait grâce aux bourgeons latéraux ce qui favorise le tallage qui, de plus, est facilité par la disparition du bourgeon terminal. Le système racinaire des Graminées est très développé. La racine principale a disparu mais il existe de nombreuses racines adventives qui se forment rapidement. La densité du feutrage racinaire empêche l'installation d'autres végétaux. La floraison des graminées est abondante et leurs graines nombreuses ; leur fécondation anémophile les rend indépendantes des insectes. Beaucoup de Graminées comme le maïs ou la canne à sucre ont une photosynthèse en C4. En outre ces plantes ont moins de structures non photosynthétiques que les autres végétaux autotrophes ce qui contribue à augmenter leur productivité nette. Dans les prairies la biomasse végétale souterraine est supérieure à la biomasse aérienne, ce qui oppose ces formations aux forêts. La biomasse souterraine forme de 63 % (dans la Prairie naturelle nord américaine) à 80 % (dans la prairie normande) de la biomasse végétale totale alors que dans une forêt comme la chênaie d'Europe occidentale la biomasse aérienne représente jusqu'à 97 % de la biomasse végétale totale.

Bien qu'elle soit relativement peu élevée, la végétation de la prairie peut être divisée en trois strates : la partie aérienne ou hypergaïon ; la surface du sol ou épigaïon ; le sol ou hypogaïon (Ricou, 1967). Les Vertébrés y sont rares (quelques campagnols et taupes). Les Invertébrés se répartissent de manière caractéristique dans ces trois strates.

L'hypogaïon est dominé par les lombrics et les Enchytréidés dont la biomasse peut atteindre 1 à 2 t/ha (comme pour les végétaux, la biomasse animale hypogée est supérieure à la biomasse épigée dans la prairie). Les insectes sont représentés par des larves de Coléoptères phytophages appartenant à la famille des Scarabéidés (ce sont les

vers blancs), et à celle des Élatéridés (et en particulier des espèces du genre *Agriotes* dont les larves sont les vers fil de fer) ; par des larves de Diptères saprophages et phytophages ; ainsi que par de nombreux autres Arthropodes dont des Collemboles et des Acariens. Le piétinement de la végétation par le bétail enfonce les feuilles mortes et la litière et crée un horizon superficiel riche en matière organique et en animaux saprophages.

Les larves d'Élatéridés du genre *Agriotes*, de forme cylindrique et de couleur jaune, peuplent les couches superficielles du sol. Le couvert végétal de la prairie permanente leur est propice alors que le labour régulier des terres cultivées leur est défavorable. Les larves d'*Agriotes* sont attirées par le gaz carbonique dégagé par les racines. Elles peuvent abonder et attaquer massivement les parties souterraines de la végétation ce qui nuit fortement à la croissance de l'herbe. Leur développement larvaire dure 3 ans et les générations se chevauchent. Le hanneton, en cours de raréfaction en France, a aussi un cycle de trois ans mais les générations ne se chevauchent pas ce qui semble dû à la compétition intraspécifique. Les prairies constituent parfois de véritables réservoirs à larves de hannetons.

L'épigaïon comprend de nombreux Collemboles tel que *Isotoma viridis* espèce de lumière absente en forêt, des Acariens, des Araignées appartenant principalement aux familles des Lycosidés, des Érigonidés et des Linyphidés, des Coléoptères *Carabidae* et *Staphylinidae* (figure 16.1). Les fourmis des genres *Myrmica* et *Lasius* sont souvent communes. Au point de vue fonctionnel on distingue dans l'hypergaïon des espèces phytophages comme les Mollusques, les tipules et les pucerons qui attaquent les végétaux vivants ; des espèces saprophages parmi lesquelles de nombreuses larves de Diptères et les bousiers qui exploitent les bouses de bovins au pâturage ; des prédateurs comme les Araignées, les fourmis, les *Carabidae* et les *Staphylinidae*.

Le Diptère *Tipula paludosa* a des larves de couleur grise qui consomment les matières végétales en décomposition ainsi que les racines et les tiges souterraines, et en particulier celles des Graminées. Certaines années des pullulations importantes surviennent et cette espèce peut atteindre une biomasse de 670 kg/ha et consommer les trois quarts de la productivité primaire en créant des trous qui sont envahis par les chardons. En 1962 les tipules ont consommé dans 1 ha de prairie normande autant d'herbe qu'une vache. Les fourmis des genres *Lasius* et *Myrmica* sont des prédateurs qui peuvent éliminer un pourcentage important d'Invertébrés. Par leur activité elles enrichissent le sol en potassium, en phosphore, carbone et azote. Elles accélèrent le recyclage de la matière organique et enrichissent la flore bactérienne.

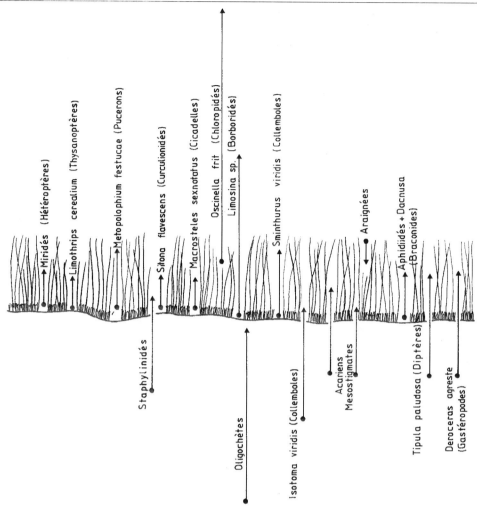

Figure 16.1

Répartition des espèces dominantes de la prairie normande

La longueur des flèches est proportionnelle à l'importance numérique des espèces et la position du cercle noir indique leur position dans les diverses strates (Ricou, 1967).

Les bousiers jouent un rôle important. Pour une charge moyenne de 250 kg/ha en bovins la quantité de bouses émises représente en moyenne 12 kg/jour. Ces bouses peuvent recouvrir jusqu'à 10 % de la surface du sol et elles favorisent le développement de végétaux que le bétail refuse de manger et qui constituent le refus. On estime que la moitié des bouses est recyclée dans l'humus et fournit de l'azote au sol, et que l'autre moitié constitue le point de départ de chaînes alimentaires comprenant environ deux tiers de coprophages et un tiers de prédateurs. En France les coprophages principaux appartiennent à la famille des Scarabéidés et aux genres *Aphodius, Onthophagus, Geotrupes* et *Copris*. Les Diptères saprophages sont représentés par le genre *Sarcophaga*. Les prédateurs sont des Diptères et des Coléoptères appartenant à la famille des Histéridés, des Staphylinidés et le genre *Sphaeridium*. La faune des bouses est riche : on a compté plus de 200 000 Coléoptères adultes pour 100 kg de bouse sèche dans une prairie de Belgique soit environ 2 g (poids sec) d'insectes par kg de bouse.

L'hypergaïon est dominé en biomasse par la limace *Deroceras agreste* et les Diptères Tipulides, ainsi que par des Homoptères (cicadelles et pucerons) et des Coléoptères. Le Collembole *Sminthurus viridis* (le seul Collembole de l'hypergaïon), des Acariens, des Arachnides dominent en nombre ainsi que certains Diptères comme le Chloropidé *Oscinella frit* et le Cécidomyidé *Cecidomyia destructor*.

Les espèces phytophages sont des cicadelles, des pucerons, des larves de tenthrèdes, *Sminthurus viridis*, des Coléoptères appartenant à la famille des Chrysomélidés comme les Altises, des *Meligethes* de la famille des Nitidulidés, des Curculionidés des genres *Apion* et *Sitona* ; des Diptères Cécidomyidés et Tipulidés et des

Chloropidés avec en particulier *Oscinella frit*. La limace *Deroceras agreste* est aussi un phytophage important. Parmi les saprophages il faut citer les Diptères Borborides du genre *Limosina*. Les prédateurs sont des Arachnides, des Diptères Syrphides et Anthomyides, l'Hémiptère *Nabis ferus*, ainsi que des coccinelles. Il existe aussi des insectes parasites comme les Ichneumonides et divers Microhyménoptères.

Les cicadelles appartiennent surtout à la famille des Jassides. Ces insectes, par leurs piqûres, accentuent le jaunissement des herbes et modifient leur composition chimique, par exemple en réduisant leur teneur en carotène. Ce sont aussi des vecteurs de maladies à virus. La mouche de Hesse *Cecidomyia destructor* est une petite espèce de 3 à 4 mm. Sa larve de couleur verdâtre vit dans les chaumes de diverses Graminées dont les tiges minées se cassent. *Oscinella frit* vit aussi dans les chaumes des Graminées. Ses larves sécrètent des substances toxiques qui causent des troubles de croissance chez la plante attaquée. Les *Sitona* vivent exclusivement aux dépens des Papilionacées et leurs dégâts peuvent être importants. Les *Meligethes* se nourrissent à l'état adulte du pollen et de nectar des fleurs et leurs larves se développent dans les boutons floraux de diverses plantes.

La faune de la prairie présente des variations d'abondance saisonnières avec un maximum en été. Les rythmes journaliers d'activité sont sous le contrôle du microclimat et en particulier de la température et de l'hygrométrie. La limace *Deroceras agreste* est surtout active la nuit lorsque l'humidité relative est voisine de 100 %. Les Cicadelles comme *Macrosteles sexnotatus* montrent une forte réduction d'activité durant la nuit qu'elles passent près du sol (figure 16.2). Les principales relations trophiques qui existent dans l'épigaïon ont été représentées figure 14.5.

Figure 16.2
Activité de deux Invertébrés de la prairie normande en fonction de l'humidité relative (trait marqué HR)
Les chiffres en ordonnée M et D correspondent au nombre de captures par heure. D : limace *Deroceras agreste* ; M : cicadelle *Macrosteles sexnotatus* (Ricou, 1967).

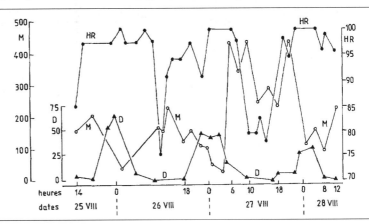

1.2. Le fonctionnement de l'écosystème prairie

La biomasse totale de la prairie normande, estimée à 18,52 t/ha (poids sec) peut être subdivisée en trois éléments : la biomasse épigée avec 3,12 t/ha ; la biomasse de la litière avec 1,6 t/ha et la biomasse hypogée avec 13,8 t/ha.

La productivité primaire est égale à 17,46 t/ha/an et elle peut être répartie entre les trois milieux : la productivité épigée, soit 9,2 t/ha/an ; la productivité de la litière soit 2,76 t/ha/an et la productivité hypogée soit 5,5 t/ha/an.

Le bilan énergétique de cet écosystème est schématisé figure 16.3. Le rendement de photosynthèse est de 0,73 %. Le troupeau de bovins, avec une densité de 3,2 animaux à l'hectare, consomme 85 % des parties vertes épigées et les Invertébrés phytophages 7,75 %. Le reste, soit 7,25 % de la productivité primaire n'est pas consommé et rejoint la litière. La productivité secondaire est de 518,6 kcal/m^2/an pour les bovins et de 27,6 kcal/m^2/an pour les Invertébrés. Le rendement écologique global pour l'ensemble des herbivores est donc de 10,7 % par rapport à la productivité épigée. Entre les Invertébrés phytophages et les consommateurs secondaires le rendement atteint 27 %.

Cet écosystème possède donc un remarquable rendement en ce qui concerne l'exploitation de la productivité primaire. Le rendement atteint 65 % pour les bovins et 6 % pour les Invertébrés. Une règle générale se dégage : les milieux herbacés pâturés par les herbivores ont un rendement d'exploitation élevé qui n'a d'équivalent que dans le cas du phytoplancton marin consommé par des organismes planctonophages. Dans les savanes africaines, qui représentent un milieu

herbacé fort différent de la prairie normande, des troupeaux de grands Mammifères exploitent de 28 à 60 % de la biomasse végétale disponible. Dans certaines régions du parc national de Serengeti la charge en grands herbivores est telle que le manque de nourriture durant les périodes sèches de l'année peut être la cause de la limitation des populations (figure 16.4).

Figure 16.3

Bilan énergétique de la prairie normande

Les valeurs sont en kcal/m²/an ou en g/m²/an (matière sèche). Les biomasses sont inscrites verticalement dans les rectangles. C1 et C2 : consommateurs primaires et secondaires ; P1 : producteurs primaires (Ricou, 1978).

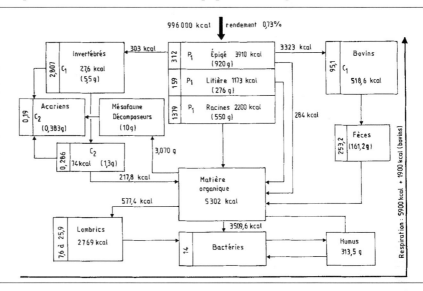

Figure 16.4

Nourriture disponible chaque mois (courbe A) et besoins de l'ensemble des herbivores (courbe B), des Invertébrés (courbe C), des Ongulés (courbe D) et des petits Mammifères (courbe E) dans le parc de Serengeti

Les besoins sont supérieurs aux ressources disponibles durant la

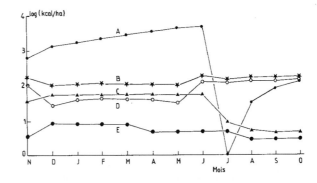

saison sèche en juillet-septembre, et presque égaux aux ressources en octobre. La compétition pour l'alimentation, en particulier entre les Mammifères et les Insectes peut se manifester durant la saison sèche (Sinclair, 1975).

Les pertes respiratoires dans la prairie normande sont estimées à 1900 kcal/m² pour les bovins et à 5 900 kcal/m² pour les autres organismes, soit un total de 7 800 kcal/m². La différence entre les entrées d'énergie (soit 7 323 kcal/m²) et les pertes respiratoires peut être attribuée aux erreurs de mesure. L'écosystème prairial semble donc stabilisé autour d'un flux d'énergie annuel moyen de 7 500 kcal/m². La décomposition de la matière organique est assurée par la mésofaune, par les lombrics qui ingèrent en moyenne 55 % de la production de litière, et par les bactéries. La matière organique est rapidement minéralisée et l'accumulation d'humus à la surface du sol négligeable, est de 9 g/m²/an.

II. UNE SAVANE AFRICAINE

Le fonctionnement de la savane de Lamto en Côte-d'Ivoire a été intensément étudié dans le cadre du Programme biologique international (Lamotte, 1975, 1978, 1982, 1983).

2.1. Structure de l'écosystème

La savane de Lamto comprend une strate ligneuse caractérisée principalement par le palmier rônier *Borassus aethiopum* et par une strate herbacée dominée par des Graminées comme

Loudetia simplex et *Imperata cylindrica*. Les divers faciès végétaux de cette savane sont sous le contrôle de la nature du sol (figure 15.8). Le climat est caractérisé par des températures moyennes mensuelles variant peu, de 25 à 27 °C. Les pluies sont distribuées inégalement avec une saison humide d'avril à octobre interrompue de la mi-juillet à la mi-août par une période sans pluies, et une saison sèche de novembre à mars. Le feu qui détruit chaque année en janvier ou en février les parties aériennes des herbes crée un cycle régulier de la productivité primaire. Les ressources alimentaires des animaux herbivores sont de ce fait très réduites durant une partie de l'année. Beaucoup d'animaux ont des cycles ajustés aux saisons. Le lézard *Mabuya buttneri* pond à la fin de la saison des pluies des œufs qui restent enfouis durant la période des feux et qui éclosent à la fin de la saison sèche (figure 16.5). L'hétérogénéité spatiale de la savane de Lamto se reflète dans la nature du sol, de la végétation et dans la répartition de la faune.

Figure 16.5

Cycles rythmés par les feux annuels

En haut, cycle de la biomasse épigée dans la savane à Andropogonées de Côte-d'Ivoire. 1 : Matière organique morte ; 2 : Matière organique vivante ; 3 : Matière organique totale.

En bas, évolution saisonnière de la densité du lézard *Mabuya buettneri* dans la savane brûlée (Lamotte, 1983).

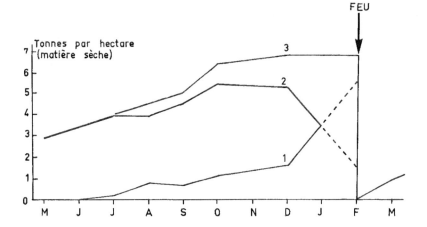

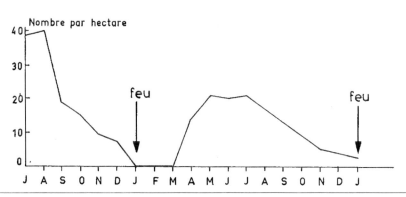

Le peuplement animal est riche de plus de 3 000 espèces dont plus de 300 Vertébrés. Les consommateurs principaux sont des mangeurs de feuilles : Orthoptères (Acridiens, Grillons, Tettigonides), chenilles de Lépidoptères, divers Rongeurs et termites « fourrageurs » ; des mangeurs de graines et de fruits (oiseaux, Rongeurs, divers insectes) ; des suceurs de sève (Hétéroptères et Homoptères). Beaucoup de Coléoptères (Scarabéides, Élatérides) ont des larves souterraines et mangent des racines. Les espèces détritiphages sont des Arthropodes tels que les blattes, les termites « champignonnistes », des Myriapodes et Diplopodes, des larves de Coléoptères. Ce sont aussi des vers de terre et des termites « humivores ». Les prédateurs sont des Vertébrés (lézards, Amphibiens, beaucoup d'oiseaux, musaraignes), des insectes (mantes, Réduvides, fourmis comme les Dorylines) des Araignées, des Acariens, des Chilopodes.

2.2. Fonctionnement de l'écosystème savane

Les valeurs de la biomasse et de la productivité primaire ont été données précédemment (chapitre 15, paragraphe 2.2.2). Un trait remarquable

de la savane est la quantité minime de matière végétale vivante consommée. La part prélevée par les insectes herbivores (Orthoptères, Coléoptères, Hémiptères) ainsi que par les Rongeurs et les oiseaux est sans doute inférieure à 2 ou 3 % de la productivité primaire. Pour une productivité primaire égale à 78.10⁶ kcal/ha/an (calculée après les pertes dues au feu) les consommateurs primaires utilisent 62.10⁶ kcal/ha/an, le rôle essentiel revenant aux vers de terre avec 55.10⁶ kcal (tableau 16.1). La productivité de ce niveau trophique n'est que de 0,6.10⁶ kcal ce qui est dû au très mauvais rendement des vers de terre pour lesquels le rendement de croissance P/I n'est que de 0,6 %. La plus grande partie de la matière végétale ingérée par les vers de terre n'est pas assimilée et se retrouve dans les excreta. La respiration est faible car les Invertébrés hétérothermes dominent (figure 16.6).

	B	P	I	P/I	P/B	I/B
Consommateurs primaires						
Rongeurs	1 250	3 500	170 000	0,02	2	100
Acridiens	2 800	20 000	300 000	0,06	7	104
Termites champignonnistes	5 600	56 000	4 000 000	0,014	10	714
Vers de terre	180 000	375 000	55 000 000	0,006	1,8	450
Total des consommateurs primaires	**260 000**	**600 000**	**62.106**	**0,01**	-	-
Consommateurs secondaires						
Oiseaux	600	220	12 500	0,02	0,4	22
Lézards	140	440	4 400	0,10	2,8	30
Mantes	580	3 500	10 500	0,33	6	18
Araignées	3 200	23 000	75 000	0,30	7	23
Fourmis carnivores	48 000	300 000 ?	1 200 000 ?	0,25 ?	6,2 ?	25 ?
Total des consommateurs secondaires	**54 000**	**350 000**	**1,3.106**	**0,25**	-	-

Tableau 16.1
Biomasse B en kcal/ha, productivité P et consommation I en kcal/ha/an, et rapports écologiques des consommateurs primaires et secondaires dans la savane de Lamto en Côte-d'Ivoire (Lamotte, 1978)

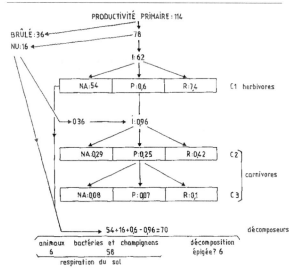

Figure 16.6
Bilan énergétique d'une savane de Côte-d'Ivoire
Les valeurs sont en 10⁶ kcal/ha/an. I : Ingestion ; NU : Non utilisé ; NA : Non assimilé ; P : Productivité nette ; R : Respiration ; C1, C2, C3 : Niveaux trophiques.

Les carnivores, parmi lesquels on peut distinguer deux niveaux trophiques principaux, représentent une biomasse de 54.10³ kcal/ha. Les fourmis y jouent le rôle essentiel. Le rendement de ce niveau trophique est meilleur, le rapport P/I étant égal à 25 %. La consommation des carnivores (0,96.10⁶ kcal) est supérieure à la productivité des herbivores (0,6.10⁶ kcal). En effet les carnivores ingèrent aussi des excreta et les microorganismes qui s'y développent ainsi qu'une partie de la productivité primaire non utilisée. Il reste pour les décomposeurs une quantité de matière végétale morte égale à 16.10⁶ + 54.10⁶ kcal soit 70.10⁶ kcal/ha/an. Ces décomposeurs, qui sont encore mal connus, doivent être des bactéries, des champignons, des Protozoaires, peut être aussi des Acariens, des Nématodes, des vers de terre géophages et des termites humivores. L'énergie perdue par l'écosystème à la suite de l'intervention des décomposeurs est considérable. Elle est de 58.10⁶ kcal pour la partie hypogée et de 6.10⁶ kcal pour la partie épigée. Elle

représente 90 % de la productivité primaire non brûlée. Cette particularité est due à la pauvreté de la matière végétale en protéines ce qui fait qu'elle est peu consommée par les herbivores, et à la dominance des chaînes de détritivores qui sont, par ordre d'importance, les micro-organismes, puis les termites et les vers de terre.

Le rôle des termites dans les écosystèmes tropicaux est démontré par les chiffres suivants relatifs à la savane de Lamto (Josens, 1974). Dans 1 ha de savane on trouve :

(a) des termites fourrageurs consommateurs de végétaux représentés par 1,6 millions d'individus soit une biomasse fraîche de 7,9 kg (ou 1,6 kg en poids sec) correspondant à 1,6 kcal et consommant de 30 à 50 kg de Graminées (poids sec) par an ;

(b) des termites humivores consommant les débris végétaux de l'humus, représentés par 4,5 millions d'individus soit une biomasse fraîche de 10 kg (ou 4 kg en poids sec) équivalent à 6 500 kcal et consommant 30 kg de cellulose tout en remaniant au moins 15 t de sol superficiel ;

(c) des termites champignonnistes, représentés par 5 millions d'individus ayant une biomasse fraîche de 6,3 kg (soit 1,6 kg de poids sec), correspondant à 7 300 kcal. Ces termites incorporent dans leurs termitières environ 1,4 t de litière sèche par an. L'importance de ces chiffres montre que le rôle des termites ne doit pas être négligé si l'on veut mettre en valeur les savanes tropicales.

Le bilan énergétique a été établi chez *Trinervitermes geminatus*, termite fourrageur et chez *Ancistrotermes cavithorax*, termite champignonniste de la savane de Lamto (Josens, 1973). Les rendements sont les suivants :

	T. geminatus	*A. cavithorax*
Rendement de croissance *P/I*	9 %	1,8 %
Rapport : ingestion/biomasse	11,4	754

Le rapport ingestion/biomasse (les deux valeurs étant exprimées par leur équivalent énergétique) est plus élevé chez *A. cavithorax*, ce qui est dû à la très forte consommation de cette espèce. Le rendement de croissance de *T. geminatus* est comparable à celui qui a été mesuré chez des Acridiens de la même savane également des consommateurs

de Graminées. La valeur anormalement faible de *P/I* chez *A. cavithorax* est due à la biologie particulière de cette espèce. La consommation mesurée correspond à celle du termite et de son champignon symbiotique et la productivité est sous-estimée car ce termite nourrit ses larves avec une sécrétion produite par les glandes salivaires des ouvriers, ce qui correspond à une productivité non mesurée.

Dans les savanes situées plus au nord et qui sont plus sèches que celle de Lamto, la productivité primaire diminue ainsi que le rôle des micro-organismes et des vers de terre. Des Invertébrés comme les fourmis, les termites et les Coléoptères Ténébrionidés jouent un rôle de plus en plus grand dans les processus de décomposition de la matière organique. Aucun ver de terre n'a été trouvé dans la savane de Fété Olé au Sénégal (Bourlière, 1978). Les Arthropodes non sociaux y atteignent au moment de la saison des pluies une biomasse de 23,675 g/100 m^2/poids sec dont 7,801 g pour les Ténébrionides. Les termites représentent de 1 à 3 kg/ha de matière sèche soit de 60 à 90 % de la biomasse totale des consommateurs primaires, les fourmis étant exclues.

III. UNE CHÊNAIE D'ANGLETERRE

3.1. Structure de l'écosystème

Les forêts sont des écosystèmes qui ont été très étudiés (Duvigneaud, 1972 ; Reichle, 1977). La forêt Meathop Wood située dans le nord-ouest de l'Angleterre est une chênaie mélangée de frênes, bouleaux, érables, avec un taillis de noisetiers. Elle est installée sur un sol à mull calcaire. Le tapis herbacé est dominé par *Rubus fruticosus*, *Endymion non scriptus*, *Anemone nemorosa*, *Mercurialis perennis* et *Oxalis acetosella* (Satchell, 1972). Cette forêt a été très modifiée et exploitée par l'homme, en particulier pour la production de charbon de bois. Sa structure et son fonctionnement sont certainement très différents de ce qu'ils seraient dans une « forêt vierge » caducifoliée d'Europe, ce type d'écosystème n'existant pratiquement plus (chapitre 22, paragraphe 4).

La biomasse est de 140 t/ha pour les arbres et les arbustes et de 1 596 kg/ha pour la flore herbacée. La biomasse des arbres se décompose ainsi : feuilles : 3 152 kg/ha ; troncs et branches : 112 647 kg/ha ; racines : 23 788 kg/a.

Les animaux herbivores de la strate aérienne ont une biomasse de 3 kg dont 2 kg pour les

Vertébrés et 1 kg pour les Invertébrés. Dans le sol la biomasse totale, estimée à 491 kg/ha est dominée par les champignons et les lombrics (figure 16.7). Le bois tombé au sol est estimé à 5 236 kg/ha et la matière organique morte du sol à 240 t/ha. La masse totale de matière organique morte et vivante s'élève ainsi à 392 t/ha.

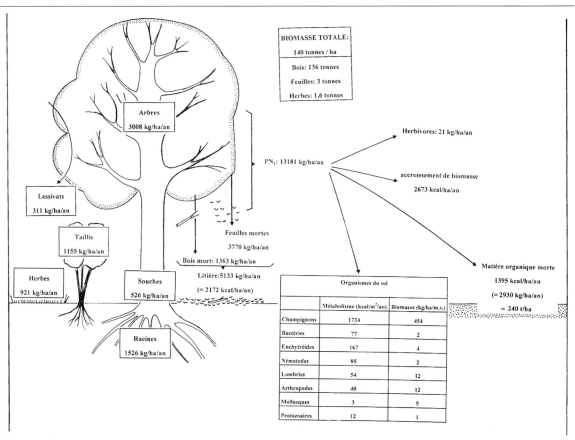

Figure 16.7
Productivité et biomasse des divers compartiments d'une chênaie (m.s. : matière sèche)

3.2. Le fonctionnement de l'écosystème

L'énergie reçue dans cette forêt est estimée à 728 460 kcal/m²/an dont 45 % seulement, soit 327 460 kcal/m²/an, sont utilisés pour la photosynthèse. La production primaire nette est de 6 247 kcal/m²/an ce qui correspond à un rendement de photosynthèse de 1,91 % et à la production d'une biomasse de 13 110 kg/ha/an. On retrouve donc dans cette forêt une productivité primaire de l'ordre de 13 t/ha/an qui caractérise les forêts des régions tempérées. Les herbivores de la strate aérienne jouent un rôle minime et ils ne consomment que 14 kcal/ha/an de matière végétale vivante. Ce sont surtout des Lépidoptères défoliateurs comme les chenilles de *Tortrix viridana* et de *Operophtera brumata* ainsi que des Rongeurs (figure 16.8). La plus grande partie de la productivité primaire est stockée et assure l'accroissement de la biomasse, ou bien tombe au sol sous la forme de feuilles mortes et de débris ligneux divers qui forment la litière et qui sont la proie des décomposeurs. L'accroissement de la biomasse représente 5 609 kg soit l'équivalent de 2 673 kg/ha/an. La chute annuelle de litière, qui est de 5 133 kg/ha/an, est presque égale à l'accroissement annuel de la biomasse. Le lessivage des troncs et des feuilles par les eaux de pluie apporte au sol 311 kg/ha/an de matière organique.

L'action des décomposeurs sur la litière engendre des pertes respiratoires égales à 2 172 kcal/ha/an. Les champignons jouent un rôle essentiel ; les bactéries viennent ensuite

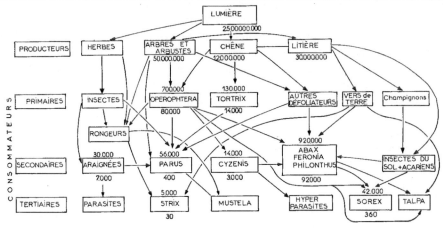

Figure 16.8

Un réseau trophique dans une chênaie

Ce réseau simplifié est centré sur deux Lépidoptères défoliateurs (*Operophtera brumata* et *Tortrix viridana*) et sur trois Coléoptères prédateurs de la faune du sol (*Abax, Feronia* et *Philonthus*). Tous les chiffres sont en kcal/ha/an. Ceux qui sont situés au-dessus des rectangles indiquent l'énergie consommée et ceux qui sont en dessous l'énergie produite, ce qui permet de calculer les divers rendements écologiques. Le niveau trophique des espèces polyphages comme les petits Mammifères et les oiseaux a été fixé arbitrairement. L'énergie lumineuse reçue est de $2,5.10^9$ kcal et la productivité primaire de 92.10^6 kcal. Le rendement de photosynthèse est de 3,6 % (Varley, 1970).

puis, parmi les Invertébrés, les lombrics et les Enchytréidés. On remarquera que le métabolisme des divers organismes n'est pas proportionnel à leur biomasse. Ainsi les Enchytréidés ont un métabolisme supérieur, à biomasse égale, à celui des vers de terre.

Cet écosystème forestier se caractérise par l'importance de la biomasse épigée qui est bien supérieure à la biomasse hypogée (ce qui oppose la forêt aux formations herbacées comme la prairie), et par l'importance du compartiment sol et des organismes décomposeurs dans le métabolisme de l'ensemble de l'écosystème. Dans certains cas, rares, des pullulations d'insectes défoliateurs peuvent se produire et modifier ce bilan (chapitre 17).

Les études sur les forêts tropicales sont le plus souvent limitées à la détermination des biomasses végétales et de la productivité primaire. La forêt tropicale de Pasow, en Malaisie, a cependant fait l'objet d'un bilan plus complet incluant certains éléments de la productivité secondaire. La biomasse épigée est de 450 t/ha (matière sèche) dont 8 t/ha seulement pour les feuilles. La productivité primaire brute est de 77,2 t/ha/an mais la température constamment élevée provoque une respiration intense et la productivité primaire nette n'est que de 26,7 t/ha/an, les pertes respiratoires étant de l'ordre de 50,5 t/ha/an. Cette différence importante entre les productivités primaires brute et nette est une caractéristique des forêts tropicales sempervirentes. Comme dans les forêts tempérées les animaux herbivores ne consomment qu'une petite partie, estimée à 0,3 t/ha/an, de la biomasse

végétale vivante. Les micro-organismes et les animaux détritivores ont donc un rôle important mais qui devra être précisé. Le rôle de la grande faune, Mammifères et oiseaux, dans le bilan énergétique est certainement faible car si les espèces sont nombreuses elles ne sont représentées que par un petit nombre d'individus localisés le plus souvent dans la canopée où se trouvent les organes végétaux vivants (feuilles, fleurs, fruits) qui sont à l'origine des chaînes alimentaires d'herbivores.

IV. LE SOL ET LE FONCTIONNEMENT DES ÉCOSYSTÈMES TERRESTRES

Le sol est un véritable écotone où se rejoignent et s'interpénètrent les trois compartiments de la biosphère : l'atmosphère, l'hydrosphère et la lithosphère. Le sol occupe une position clé puisqu'il représente le lieu où transite obligatoirement la matière organique élaborée par les êtres vivants. La surface du sol reçoit constamment des feuilles mortes et des débris végétaux auxquels s'ajoutent les déchets du métabolisme des animaux et leurs cadavres. Le sol étant presque dépourvu d'organismes autotrophes, le premier niveau trophique y est représenté par les constituants de la litière dont les décomposeurs se nourrissent et en assurent le retour à l'état non organique.

4.1. Les principaux organismes du sol

Des valeurs moyennes de l'importance numérique, de la biomasse et du métabolisme des principaux groupes d'organismes du sol sont réunis dans le tableau 16.2. La faune du sol (ou pédofaune) peut être classée selon la taille des organismes, critère artificiel mais commode et d'usage courant. On distingue : la microfaune dont la taille est < 0,2 mm, représentée par les Protozoaires, Nématodes, Rotifères et Tardigrades ; la mésofaune dont la taille est comprise entre 0,2 et 4 mm, représentée par les Enchytréides et les Microarthropodes (Protoures, Diploures, Collemboles, Acariens, Pauropodes, Symphiles) ; la macrofaune dont la taille est comprise entre 4 et 100 mm comme les Lumbricides, Mollusques, Insectes Ptérygotes, Diplopodes, Chilopodes, Isopodes ; la mégafaune dont la taille est > 100 mm comme les Rongeurs et Insectivores (taupe) terricoles.

Tableau 16.2	Groupes systématiques	Estimation par m²		
Valeurs moyennes de l'abondance, de la biomasse et du métabolisme des principaux organismes du sol		Nombre	Biomasse (g)	Métabolisme en kcal/an
	Bactéries	10^{15}	1 000	-
	Champignons	-	400	-
	Protozoaires	5.10^8	38	113
	Nématodes	107	12	355
	Lumbricidés	103	120	180
	Enchytréidés	105	12	160
	Mollusques	50	10	62
	Myriapodes	500	12,5	96
	Isopodes	500	5	38
	Opilions	40	0,4	5
	Acariens Parasitidés	5.10^3	1,0	64
	Acariens Oribates	2.10^5	2,0	30
	Aranéides	600	6,0	34
	Coléoptères	100	1,0	8
	Diptères	200	1,0	6
	Collemboles	5.10^4	5,0	153

Une classification plus écologique permet de distinguer :

(a) des géophiles inactifs ou organismes transitoires qui séjournent dans le sol uniquement pour hiverner ou pour y subir une diapause. Ces animaux ne contribuent pas à la formation du sol. Ce sont par exemple des coccinelles, de nombreux Hétéroptères, des papillons comme la phalène hiémale *Operophtera brumata* ;

(b) des géophiles actifs ou organismes temporaires qui comprennent les insectes aériens dont les larves vivent dans le sol comme les Tipulides, Bibionides, Scarabéides ;

(c) des géobiontes ou organismes permanents qui passent toute leur vie dans le sol comme les Microarthropodes. Cette faune de géobiontes peut coloniser soit l'horizon A riche en matière organique et très peuplé, soit l'horizon B. Cette faune de l'horizon B est appelée faune endogée. Elle est plus pauvre en espèces que l'horizon A mais beaucoup plus spécialisée et formée d'animaux de petite taille qui se rassemblent surtout le long des canaux creusés dans le sol par les racines.

4.1.1. LES VERS DE TERRE

Ce sont les animaux dont la biomasse est la plus importante dans presque tous les types de sols. Ils sont surtout abondants dans les formations herbacées des milieux tempérés où leur biomasse varie de 560 à 4 000 kg/ha (poids frais). Le labour et la mise en culture entraînent une diminution de leur biomasse. Ils sont moins abondants dans les forêts caducifoliées tempérées où leur biomasse est de l'ordre de 500 kg/ha. Ils sont absents de la toundra, et des régions désertiques et subdésertiques. Dans ces dernières leur rôle est tenu par des Arthropodes comme les termites ou les larves de Coléoptères Ténébrionides qui peuvent jouer, en raison de leur abondance, de leur régime omnivore et de leur équipement enzymatique capable de digérer la cellulose, un rôle important dans la dégradation de la matière organique. Dans les régions tempérées les vers de

terre sont surtout représentés par des espèces de surface appartenant à la famille des Lumbricidés qui se nourrissent de litière alors que d'autres familles comme les Mégascolécidés, Eudrilidés, Acanthodrilidés existent dans les régions tropicales où les espèces géophages de profondeur sont dominantes. Les vers de terre aèrent le sol grâce à leurs galeries et en brassent les divers horizons. On a estimé que la quantité de terre enlevée chaque année aux horizons profonds et ramenée en surface varie de 6 à 80 t/ha en Europe et qu'elle atteint 210 t/ha au Cameroun.

La localisation des vers de terre dans le sol dépend des conditions climatiques mais aussi de la biologie des diverses espèces. Les épigés vivent à la surface du sol, au-dessus de la zone compacte Ce sont des fouisseurs nuls ou médiocres mais très mobiles. Les anéciques sont des fouisseurs qui peuvent descendre jusqu'à 2 m dans le cas de *Lumbricus terrestris*. Ils viennent se nourrir en surface et leur action de brassage des horizons du sol est importante. La masse de leurs turricules (terre ingérée puis rejetée en surface) atteint 7,5 à 10 kg/m^2 dans certaines prairies. Les endogés sont des fouisseurs qui ne remontent guère en surface. Ce sont des mangeurs de terre ou de racines dont ils doivent consommer de grandes quantités pour assurer leurs besoins. La comparaison de la composition chimique d'un sol et des déjections ou turricules des vers de terre qui s'y trouvent montre le rôle enrichissant de ces turricules :

Éléments	Sol	Turricules
Calcium	19,9 %	27,90 %
Magnésium	1,62 %	4,92 %
Azote	0,04 %	0,22 %
Phosphore	0,09 %	0,67 %
Potassium	0,32 %	3,58 %

4.1.2. LES ENCHYTRÉIDÉS

Ce sont des Annélides de petite taille (1 à 5 mm), blancs, qui sont très sensibles à la dessication et sont surtout abondants dans les sols des régions à climat tempéré humide. Leur abondance est maximale dans les sols acides ayant une haute teneur en matière organique où ils peuvent avoir une densité de 10^5/m^2. Ils remplacent plus ou moins les vers de terre dans les sols à moder et à mor. Les Enchytréides ne possèdent pas d'enzymes capables de dégrader les polysaccharides complexes des végétaux tels que la cellulose. Ils

se nourrissent de bactéries et de champignons. Leurs déjections, comme celles des vers de terre, stimulent l'activité des bactéries du sol.

4.1.3. LES ARTHROPODES

On sépare les Arthropodes du sol en Macroarthropodes de plus de 2 mm de long (Oniscoïdes, Myriapodes, la plupart des Coléoptères et des Diptères) et en Microarthropodes de moins de 2 mm de long (Acariens et Collemboles, plus quelques groupes moins importants). Les Macroarthropodes renferment quelques prédateurs comme les Carabidés, mais surtout de nombreux détritivores qui contribuent à la fragmentation de la matière organique et à sa décomposition. En forêt les Macroarthropodes peuvent consommer jusqu'à 40 % de la chute annuelle de litière. Certains groupes comme les Diptères Bibionides sont particulièrement actifs. Parmi les Microarthropodes les Acariens atteignent des densités de 100 000 à 400 000/m^2 en forêt et de 50 000 à 250 000/m^2 en prairie. Les Oribates forment le groupe le plus abondant. On les rencontre même dans les milieux secs et ils peuvent consommer jusqu'à 50 % de la litière d'une forêt de chênes. Les Collemboles ont une abondance du même ordre de grandeur mais ils recherchent des milieux plus humides.

Les Oribates ont des régimes alimentaires variés. Les macrophytophages se nourrissent de feuilles en décomposition ou de bois mort. Les microphytophages consomment du pollen, des algues et des champignons. Les panphytophages, non spécialisés, ont un régime mixte. Il existe aussi des Oribates carnivores, nécrophages ou coprophages. Les Gamasides sont des Acariens prédateurs. Les Collemboles, selon les espèces, se nourrissent de spores et de mycélium de champignons, de matière végétale morte, de bactéries.

4.1.4. LES NÉMATODES ET LES PROTOZOAIRES

Les Nématodes sont souvent abondants dans les sols mais leur rôle est encore mal connu. Certains sont phytophages, d'autres prédateurs ou consommateurs de micro-organismes. Les Protozoaires sont très nombreux et ils renferment des groupes caractéristiques du sol comme les Thécamoebiens. Leur métabolisme peut être important. Certains se nourrissent de bactéries dont ils peuvent contrôler les populations.

La plupart des animaux du sol sont des sapro-phages. Les phytophages qui forment environ 10 % de la faune du sol attaquent les racines des végétaux et sont en général plus abondants dans les sols pauvres en humus tels que ceux des zones arides. Les prédateurs forment aussi 10 % environ de la faune du sol et sont représentés par des Coléoptères tels que les Carabidés et les Staphylinidés, par certains Acariens ou par des Mammifères comme la taupe. La cohabitation dans les horizons superficiels de nombreux individus appartenant à beaucoup d'espèces est une caractéristique du sol. Dans une chênaie de Belgique cohabitent plus de cent espèces d'Oribates. Ceci peut s'expliquer si l'on admet l'existence d'un nombre élevé de niches écologiques grâce à la grande hétérogénéité du milieu et son extrême morcellement en microbiotopes différents possédant chacun leurs ressources propres.

4.1.5. LA MICROFLORE

La microflore du sol est représentée par les bactéries et les champignons. Elle possède une grande richesse en enzymes et elle joue un rôle essentiel dans le métabolisme du sol. Mais elle ne peut atteindre son maximum d'efficacité qu'avec le concours des animaux qui fragmentent les débris végétaux et qui, par leur mobilité, disséminent les spores bactériennes et fongiques permettant ainsi la colonisation de nouveaux substrats.

La fraction minérale représente 93 % de la masse totale du sol et la matière organique 7 %. Cette matière organique comprend 85 % de parties mortes, 10 % de racines et 5 % d'animaux et de micro-organismes vivants. Ces chiffres montrent la faible importance quantitative (environ 0,3 %) des organismes du sol. Mais leur rôle est important.

Dans le sol les racines des végétaux, les bactéries et les champignons dominent. La rhizosphère est le volume de sol qui est situé autour des racines et qui est influencé par elles. Les interactions entre les racines et la microflore sont nombreuses (Curl & Truelove, 1986). Elles se font sentir à plusieurs millimètres dans de rares cas (sols sableux) mais elles sont limitées le plus souvent à quelques dizaines de micromètres. L'effet rhizosphère est l'ensemble des actions exercées par les racines : ameublissement du sol, acidification par sécrétion d'ions H+, prélèvements d'eau et de substances nutritives, excrétion de produits très variés (mucilages, sucres, acides aminés, vitamines, etc.) et de substances toxiques appelées substances télotoxiques (cas du thym, de l'épicéa), nuisibles à d'autres plantes et qui, avec la compétition, jouent un rôle important dans la composition du tapis végétal. Les substances rejetées par les racines favorisent l'installation de bactéries et de champignons qui, à leur tour, agissent sur les éléments nutritifs nécessaires aux végétaux. Ainsi les populations d'*Azotobacter* de la rhizosphère peuvent fixer l'azote atmosphérique et le céder ensuite aux végétaux. La microflore de la rhizosphère peut également renfermer des espèces responsables de diverses maladies des végétaux. À cette catégorie appartiennent divers champignons microscopiques comme les *Pythium*, *Phytophtora*, *Sclerotinia*, *Fusarium*. Des interactions entre la microfaune et la microflore se produisent également. Des Collemboles mycétophages comme *Proisotoma* ou *Onychiurus* arrivent à contrôler le champignon *Rhizoctonia solanii* qui, en leur absence, envahit les racines du coton et les détruit.

4.2. Le rôle des animaux du sol

Le rôle des animaux du sol est complexe[1].

(a) Les animaux broient et fragmentent les débris végétaux et les rendent plus accessibles aux micro-organismes comme le montre l'exemple théorique suivant. Une aiguille de pin mesurant 60 mm de longueur, 1 mm de largeur et 0,5 mm d'épaisseur a une surface de 180 mm^2. Si un lombric la découpe en 60 morceaux de 1 mm d'épaisseur et si elle est ensuite attaquée par des Acariens qui débitent des cubes de 10 µm de côté, il se forme 30 millions de fragments ayant une surface de 18 000 mm^2. L'action ultérieure des Nématodes qui réalisent des fragments de 0,1 µm aboutit à la production de fragments dont la surface totale est de 1,8 m^2, soit 10 000 fois la surface initiale. Cette étape de fragmentation de la litière s'accompagne du lessivage des composés hydrosolubles présents dans les feuilles par les eaux de pluie.

---

[1] Une abondante documentation sur les animaux du sol et sur leur rôle se trouve en particulier dans Nef, 1957 ; Coineau (1974) ; Wallwork, 1976 ; Lohm & Persson (1977) ; Persson & Lohm, 1977 ; Mattson, 1977 ; Bachelier (1978) ; Pesson (1971, 1980) ; Persson, 1980 ; Eisenbeis & Wichard (1985). Richards (1987) ainsi que Gobat *et al.* (1998) présentent un panorama complet de la biologie du sol.

(b) Selon les espèces et leur équipement enzymatique les animaux digèrent des parties différentes de la litière. Les produits ainsi digérés sont transformés en substances humiques qui forment l'humus coprogène.

(c) Les déjections des animaux forment des agrégats dans lesquels la matière organique est intimement mêlée à la fraction argileuse du sol.

(d) Les grandes formes fouisseuses, comme les vers de terre, les cloportes, les larves de Diptères, les termites, aèrent le sol et le rendent plus perméable, jouant ainsi un rôle important dans l'établissement de la structure du sol. Il existe dans un sol de prairie une moyenne de 800 galeries de vers de terre dont les parois développent une surface totale de 3 m². Ces galeries sont des voies privilégiées d'échanges de matière organique entre les horizons du sol. Les déplacements des petits animaux ne sont pas négligeables. Leur rôle a été établi pour les Collemboles dont les déplacements assurent la migration des bactéries et des champignons. La figure 16.9 représente la structure des horizons superficiels de l'humus et les traces de l'activité des Invertébrés du sol.

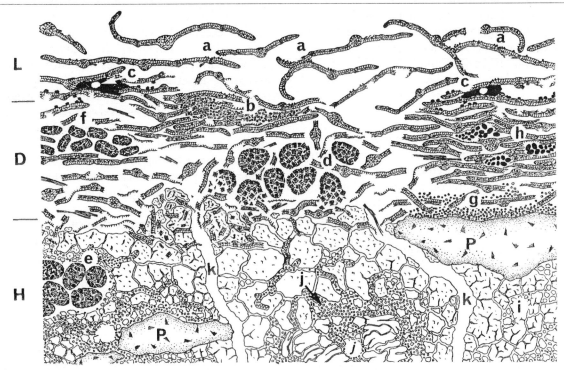

Figure 16.9
Horizons superficiels d'un sol forestier montrant les traces de l'activité des animaux
a : Feuilles couvertes de déjections de Collemboles de grande taille ; b : Boulettes fécales de petites larves de Diptères ; c : Excréments du lombric *Dendrobaena* (en noir) creusés de galeries et situés entre les feuilles à la limite inférieure de l'horizon L ; d : Excréments de grands Diplopodes ; e : Excréments de larves de Tipulides ; f : Excréments de *Dendrobaena* ; g : Excréments d'Enchytréidés ; h : Amas de feuilles mortes en décomposition lente ; i : Excréments du lombric *Allolobophora* ; j : Galeries d'Enchytréidés avec leurs excréments ; k : Galeries de *Lumbricus terrestris* ; L : Couche de litière ; D : Horizon de fermentation formé de débris largement décomposés ; H : Horizon humifère mêlé de particules minérales P (Zachariae, 1965).

4.3. Le rôle de la microflore du sol

L'activité métabolique des animaux du sol est faible et presque toujours négligeable si on la compare à celle de la microflore. Une estimation du métabolisme du sol d'une prairie est donnée figure 16.10. Les bactéries et les champignons produisent 87 % de l'énergie totale, les Protozoaires 8 % et les autres animaux seulement 5 %. Le rôle des Invertébrés dans la décomposition de la matière organique est donc très faible. Les chiffres suivants montrent qu'il est un peu plus important dans les régions tropicales en raison de la plus grande diversité écologique des vers de terre :

Localités	Participation des organismes à la décomposition de la matière organique (%)		
	Micro-organismes	Vers de terre	Autres Invertébrés
Champ cultivé de Pologne	96,0	0,30	3,70
Forêt décidue de Grande-Bretagne	83,0	2,50	14,50
Savane de Côte-d'Ivoire	80,0	9,50	10,50

L'attaque de la litière par les micro-organismes se fait selon des séquences qui ont été décrites par Kendrick & Burges (1962). Ces auteurs ont montré que, dans une forêt de pins sylvestres d'Angleterre, l'infestation des aiguilles de pin par des champignons parasites comme l'Ascomycète *Lophodermium* a lieu plusieurs mois avant la chute des aiguilles. Ce champignon reste actif dans les aiguilles qui sont incorporées à la couche L de l'humus durant tout l'automne et l'hiver. Peu de temps avant leur chute les aiguilles sont aussi envahies par des champignons imparfaits saprophytes comme *Aureobasidium* et *Fusicoccum* qui persistent lorsque les aiguilles sont incorporées à la couche L. Dans cette couche d'autres champignons comme *Sympodiella* et *Helicoma* s'installent et ils forment un feutrage de filaments mycéliens à la surface des aiguilles tandis que l'Ascomycète *Desmazierella* envahit l'intérieur des tissus des aiguilles. Au bout de 6 mois envi-

ron les aiguilles sont incorporées à la couche F_1 où une grande partie du mycélium superficiel est mangé par les Acariens et les Collemboles. Au bout de deux ans et demi les aiguilles passent dans la couche F_2 et à ce niveau des Basidiomycètes entrent en action et décomposent activement la cellulose et la lignine. Ce stade à Basidiomycètes est suivi par une intense activité de la microfaune qui transforme les restes des aiguilles et des champignons en pelotes fécales qui deviennent un élément de la couche H au bout de 7 ans environ (figure 16.11). Dans tous ces processus les bactéries jouent un rôle négligeable ce qui semble dû au pH très bas (de l'ordre de 3 à 4) et à la présence dans les aiguilles de composés phénoliques à action bactériostatique.

Le rôle de la faune et de la microflore du sol dans la décomposition de la litière a été mis en évidence par l'expérience de Edwards & Heath (1963). Des disques de 2,5 cm de diamètre de feuilles fraîches de chêne et de hêtre sont enfermés dans des sacs de nylon ayant quatre types de mailles : 7 mm pour permettre l'accès de tous les organismes ; 1 mm pour empêcher les vers de terre de pénétrer ; 0,5 mm pour ne laisser l'accès qu'aux micro-organismes et aux petits Invertébrés (Collemboles, Acariens, Nématodes, Enchytréidés) ; 0,003 mm pour ne laisser entrer que les micro-organismes. Chaque sac a été enterré à 2,5 cm de profondeur dans le sol d'une prairie et leur contenu a été examiné tous les deux mois.

Figure 16.10

Principaux organismes intervenant dans le métabolisme d'un sol de prairie

La chute annuelle de litière au sol correspond à l'équivalent de 12 686 kcal/m² soit 76 % de la productivité primaire. La quantité de matière organique du sol correspond à 43,8.10⁶ kcal. Les Bactéries et les champignons jouent le rôle essentiel, les Protozoaires viennent loin derrière ainsi que les Invertébrés. Les pertes respiratoires sont en hachures. Dans les rectangles est indiqué l'équivalent de la biomasse en kcal/m² ; les autres chiffres correspondent au métabolisme en kcal/m²/jour (Mac Fadyen, 1963).

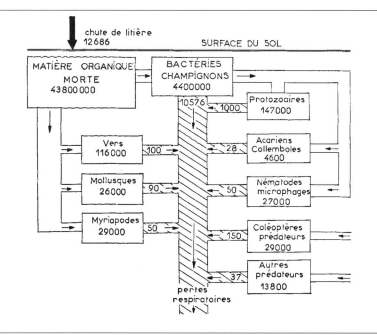

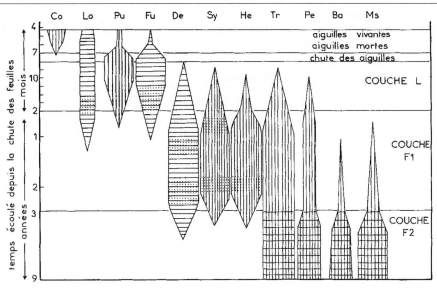

Figure 16.11

Les successions de champignons qui interviennent dans la décomposition des aiguilles de pin sylvestre

Hachures horizontales : champignons attaquant l'extérieur des aiguilles ; hachures verticales : champignons attaquant l'intérieur des aiguilles ; hachures croisées : champignons attaquant l'intérieur et l'extérieur des aiguilles. Les pointillés signalent les périodes de sporulation qui assurent la dissémination. Le temps est indiqué en mois depuis le moment de la chute des feuilles (4 = avril→ 2 = février de l'année suivante) puis en années (de 1 à 9). Les champignons qui interviennent en premier sont des Ascomycètes ou des champignons imparfaits. Co : *Coniosporium* ; Lo : *Lophodermium* ; Pu : *Pullularia* ; Fu : *Fusicoccum* ; De : *Desmazierella Sympodiella* ; He : *Helicome* ; Tr : *Trichoderma* ; Pe : *Penicillium* ; Ba : Basidiomycètes ; Ms : Mycéliums stériles (Kendricks & Burges, 1962).

Aucune différence n'a été observée entre les sacs à mailles de 1 mm et ceux à mailles de 0,5 mm. Les feuilles placées dans les sacs à mailles de 0,003 mm sont restées intactes car les micro-organismes aérobies de la surface du sol n'ont pas pu se développer dans l'atmosphère confinée des sacs. Les feuilles de hêtre ont disparu plus rapidement que les feuilles de chêne ce qui est sans doute dû à la teneur plus élevée des feuilles de chêne en tannins qui inhibent l'activité des animaux (figure 16.12). Les feuilles disparaissent trois fois plus vite dans les sacs à mailles de 7 mm que dans les sacs à mailles de 0,5 mm. Dans ces derniers les Enchytréidés n'apparaissent que lorsque les Collemboles et les larves de Diptères ont commencé le travail de fragmentation des feuilles.

Le rôle de la faune du sol peut être illustré par un autre exemple. Le traitement du sol d'une forêt d'érables avec un insecticide, le carbamate, qui élimine la faune mais préserve les micro-organismes entraîne une réduction des pertes journalières de poids de la litière de 3 à 6 fois par rapport aux conditions normales, et une baisse de 35 % du taux annuel de décomposition.

Les rôles respectifs de la microflore et des animaux du sol peuvent être précisés à l'aide de deux bilans énergétiques.

(*a*) Un bilan du métabolisme du sol a été réalisé dans une forêt de tulipiers *Liriodendron tulipifera* aux États-Unis (Reichle, 1977). Les bilans relatifs à la microflore et à la faune du sol sont les suivants :

Microflore. Biomasse : 124 g/m² (poids sec)
Respiration : production de
2 291 g/m²/an de CO_2

Faune du sol. Biomasse : 21 g/m² (poids sec)
Respiration : production de
246,01 g/m²/an de CO_2

La respiration du sol est essentiellement due aux micro-organismes qui sont, à biomasse égale, beaucoup plus actifs que les animaux. Dans le bilan respiratoire la part des divers groupes d'Invertébrés est la suivante : Arthropodes : 57 % (dont les trois quarts pour les Acariens) ; Nématodes : 20 % ; Oligochètes : 23 %.

(*b*) Au niveau des populations, Engelmann (1961) a apporté des données relatives à une

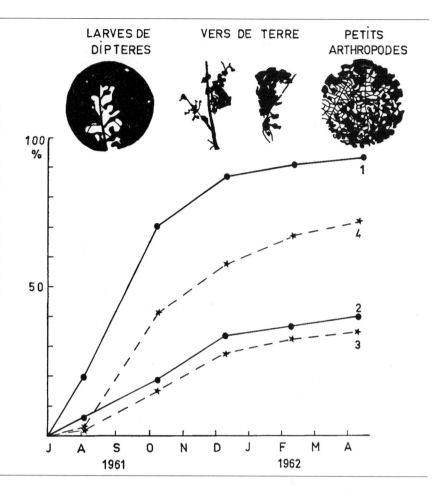

Figure 16.12

Décomposition de disques de feuilles de chêne et de hêtre de 2,5 cm de diamètre

En haut, aspect des feuilles attaquées par les larves de Diptères, les vers de terre et les petits Arthropodes.

En bas, vitesse de disparition des feuilles en fonction de la dimension des mailles des filets dans lesquels elles sont enfermées. Feuilles de hêtre. 1 : Dans des sacs à mailles de 7 mm ; 2 : Dans des sacs à mailles de 0,5 mm. Feuilles de chêne ; 3 : Dans des sacs à mailles de 0,5 mm ; 4 : Dans des sacs à mailles de 7 mm (Edwards & Heath, 1963).

communauté d'Oribates d'un champ abandonné du Michigan. Pour un ensemble de 58 300 individus pesant 54 g qui ont été récoltés dans 1 m^2 sur une profondeur de 12,5 cm le bilan est le suivant :

Énergie ingérée I	10 248 cal
Énergie assimilée A	2 058 cal
Biomasse vivante	270 cal
Mortalité des adultes MA	270 cal
Énergie non assimilée NA	7 686 cal
Respiration R	1 965 cal
Mortalité des œufs MO	160 cal
Productivité nette PN	700 cal

Les diverses estimations ont été obtenues indépendamment les unes des autres, ce qui explique que la somme $A + NA$ diffère légèrement de I de même que la somme $R + MA + MO$ diffère de A. Les divers rendements sont les suivants :

– rendement d'assimilation $A/I = 0,20$, valeur normale pour des animaux saprophages ;

– rendement de croissance $PN/I = 0,07$, valeur également normale pour des saprophages ;

– rendement de croissance $PN/A = 0,34$, valeur élevée montrant que les Oribates réalisent une bonne conversion de l'énergie assimilée.

4.4. Les divers types d'humus

Il existe généralement dans un sol trois horizons superposés. L'horizon de surface ou horizon A contient de la matière organique appauvrie en colloïdes et en fer, ces constituants étant emportés lors du lessivage par les eaux de pluie. L'horizon intermédiaire ou horizon B diffère de A par un enrichissement en colloïdes, en particulier en argile et en fer. C'est un horizon d'accumulation. L'horizon inférieur ou horizon C correspond au début de l'altération de la roche mère qui se trouve immédiatement en dessous. L'horizon A, dans lequel se forme l'humus, comprend un niveau A_0 purement organique et un niveau A_1 mixte dans lequel la matière organique et la matière minérale sont mélangées (figure 16.13).

Figure 16.13

Les trois principaux types d'humus

Le *mor* possède un horizon superficiel A_0 épais et noir où dominent les éléments non décomposés ; les filaments mycéliens y sont abondants. En surface on observe une couche de litière L, puis une couche de fermentation F où des produits comme la lignine sont libérés, et une couche humifiée H. L'horizon A_1 est bien délimité, épais, noir et formé par de la matière minérale et de la matière organique.

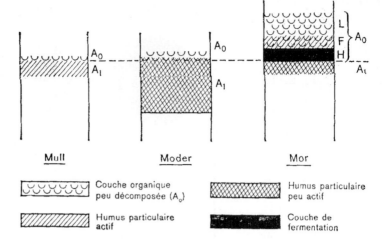

Mull   Moder   Mor

Couche organique peu décomposée (A_0)

Humus particulaire actif

Humus particulaire peu actif

Couche de fermentation

Le *mull* a un horizon A_0 presque nul car la décomposition de la litière est rapide. L'horizon A_1 de couleur brune est formé par un mélange intime d'argile et d'humus riche en calcium.

Le *moder* a un horizon A_0 de 2 à 3 cm d'épaisseur et la limite $A_0 - A_1$ y est imprécise. L'horizon A_1 est épais de 10 cm environ. L'humus et l'argile y sont seulement mélangés et non unis en un complexe argilo-humique comme dans le mull. Les déjections d'Arthropodes y sont abondantes (d'après Duchaufour).

Il existe trois types principaux d'humus.

• Les sols acides favorisent la formation d'un humus brut ou mor dont le pH est voisin de 4. La végétation qui s'installe sur cet humus est constituée par des landes à bruyères ou des forêts de résineux. La litière se décompose lentement ce qui entraîne l'accumulation d'épaisses couches de feuilles mortes et la formation d'un horizon organique épais incomplètement humifié appelé A_0. Le rapport carbone/azote d'un mor est supérieur à 20. La faune est pauvre en vers de terre ; les groupes zoologiques dominants sont par ordre d'importance les Acariens et les Collemboles, puis les larves d'insectes Ptérygotes et les Myriapodes, puis les Annélides et surtout les Enchytréides, enfin les Isopodes. Les champignons sont abondants ; les bactéries sont moins nombreuses que dans le mull. Les chiffres suivants qui sont relatifs aux Invertébrés du sol des forêts de Belgique montrent les différences importantes qui existent entre la faune d'un mor et celle d'un mull :

Mull		Mor	
Biomasse	1 000 kg/ha	Biomasse	300 kg/ha
Lombrics	70 %	Enchytréidés	30 %
Arthropodes	20 %	Arthropodes	50 %
Nématodes	10 %	Nématodes	20 %

• Les sols calcaires ou peu acides ont un humus doux ou mull dont le pH est compris entre 5,5 et 7. L'horizon A_0 est très peu développé car la décomposition de la litière est rapide. Le rapport C/N est de l'ordre de 10 à 15. Cet humus se forme sous l'action d'une faune riche en lombrics et en Enchytréidés. Le mull a une structure stable et spongieuse qui est due aux tortillons de terre ou turricules rejetés par les lombrics. Il se forme surtout dans les forêts de feuillus mélangés. La faune renferme, dans un ordre d'abondance décroissante, des vers de terre, des Myriapodes, des larves d'insectes Ptérygotes, des Isopodes, des Acariens et des Collemboles.

• Le moder est l'humus des sols pauvres installés sur un substrat acide et il porte souvent des forêts de feuillus monospécifiques. Il comprend un horizon A_0 formé de feuilles mortes et un horizon A_1 mal délimité où l'humus et l'argile sont simplement mélangés et non sous la forme de complexes stables comme dans le mull. Le moder renferme de nombreuses déjections d'Arthropodes. En effet la faune y est composée principalement d'Oribates qui pullulent et qui résistent bien à la sécheresse et de Collemboles. Les autres Arthropodes du moder sont des isopodes, des fourmis, des Coléoptères, des larves de Diptères et des Myriapodes. Les excréments de tous ces animaux forment une poudre brune encore riche en cellulose et en lignine non attaquée par les enzymes digestives. L'activité bactérienne et fongique est intense dans le moder.

V. UN ÉCOSYSTÈME MARIN : LE RÉCIF CORALLIEN

Les récifs coralliens sont localisés dans la zone tropicale où la température de l'eau est au moins de 29 °C. Ils ne s'installent que dans des eaux pures dépourvues de matières en suspension, ce qui les élimine des embouchures des grands fleuves. L'atoll d'Eniwetok dans l'océan Pacifique a été le premier étudié (Odum & Odum, 1955). Ce récif montre une zonation caractéristique de l'intérieur vers l'extérieur du lagon, avec des espèces différentes de coraux (figure 16.14).

Les organismes constructeurs de récifs sont surtout des Madréporaires auxquels s'ajoutent des algues rouges calcaires, des Polychètes Serpulidés qui fabriquent des tubes calcaires et des Mollusques comme les Vermets. Ces organismes récifaux abritent dans leurs constructions une grande diversité d'animaux : anémones de mer, Bryozoaires, Mollusques, Crustacés, Échinodermes et de nombreux poissons. Les récifs renferment aussi des organismes destructeurs dont l'action se combine à celle des vagues pour démolir partiellement l'édifice. Ces organismes sont des éponges perforantes, des Bivalves lithophages, des étoiles de mer et des poissons qui broutent les Madrépores. La biodiversité animale dans les récifs coralliens est très élevée (chapitre 20, paragraphe 4). Ces formations sont l'équivalent dans le milieu marin des forêts tropicales humides dans le milieu terrestre.

Figure 16.14

Schéma d'un récif corallien
1 : Crête algale avec algues calcaires, battue par les vagues. 2 : Surface vivante du récif. 3 : Îlot émergé. 4 : Construction récifale. 5 : Zone des hauts coraux dressés ou pinacles. 6 : Lagon. 7 : Socle rocheux.
En bas, schéma d'un fragment de Madrépore avec la zone des polypes comprenant les polypes et leurs zooxanthelles symbiotiques et la région située entre les polypes et chargée de filaments algaux ; la zone externe du squelette avec des filaments algaux symbiotiques ; le vieux squelette.

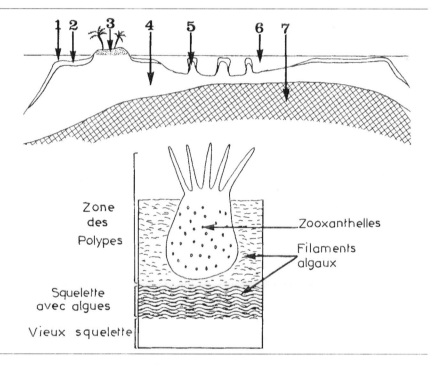

• **Les organismes producteurs.** Les Madrépores et certains autres organismes comme les Mollusque bivalves du genre *Tridacna* hébergent des algues unicellulaires du groupe des Zooxanthelles avec lesquelles ils vivent en symbiose. On les qualifie pour cette raison d'organismes hermatypiques. Cette symbiose leur permet d'atteindre une taille gigantesque. Certaines colonies de Madrépores ont un volume voisin du mètre cube et les *Tridacna* peuvent mesurer 1,8 m et peser 250 kg. Les Zooxanthelles utilisent le gaz carbonique et les déchets azotés rejetés par les animaux pour produire de la matière organique et cèdent celle-ci ainsi que de l'oxygène aux Madrépores. Il existe d'autres algues filamenteuses qui s'installent dans le squelette calcaire des Madrépores et des Octocoralliaires. On trouve donc dans les coraux une biomasse de tissus végétaux qui peut être trois fois supérieure à celle des tissus animaux. Bien que parfois situés à 2 ou 3 cm de profondeur dans l'épaisseur des Madréporaires, les filaments algaux peuvent recevoir la lumière grâce à la transparence du squelette d'aragonite et à l'intense éclairement des eaux tropicales. La biomasse totale, animale et végétale, varie de 665 à 1 335 g/m^2 (poids sec)

selon les endroits du récif ce qui correspond à un poids frais d'environ 15 kg/m², compte tenu des squelettes calcaires qui sont très importants. La biomasse végétale varie de 500 à 1 000 g/m² avec une valeur moyenne estimée à 703 g/m².

• **Les consommateurs.** Les coraux sont des consommateurs primaires puisqu'ils utilisent les algues symbiotiques. Ce sont aussi des consommateurs secondaires qui capturent du zooplancton, surtout la nuit. Les herbivores autres que les coraux sont des Échinodermes, des Mollusques, des crabes et des poissons. La biomasse moyenne des consommateurs est estimée à 132 g/m² (poids sec) pour les consommateurs primaires herbivores et à 11 g/m² pour les consommateurs secondaires prédateurs.

• **Les décomposeurs.** Ce sont des Bactéries, des Foraminifères et des poissons, les blennies qui se nourrissent aux dépens des déchets organiques en suspension dans l'eau. La biomasse des décomposeurs n'a pas été évaluée.

La productivité primaire brute est supérieure à 24 g/m²/jour (matière sèche). Elle est supérieure à celle de la plupart des autres écosystèmes, et surtout à celle des eaux tropicales de pleine mer qui n'est que de 0,2 g/m²/jour soit 120 fois moins. Les récifs de coraux sont des îlots de forte productivité au milieu d'un désert marin. La structure très particulière du récif corallien lui permet de se maintenir à peu près en état de stabilité depuis des millions d'années. La symbiose des coraux avec des algues favorise l'utilisation en circuit fermé des éléments nutritifs nécessaires à une croissance rapide dans des eaux tropicales très pauvres en plancton.

VI. UN MARAIS LITTORAL DE GÉORGIE

Dans le marais littoral étudié, la plante dominante et le producteur essentiel est la Graminée *Spartina alterniflora*. Les algues jouent un rôle accessoire. Parmi les animaux herbivores importants se trouvent deux insectes, l'Orthoptère *Orchelinum* et l'Homoptère *Prokelesia*. Ces insectes servent de nourriture à des prédateurs tels que des araignées, des libellules et des oiseaux. D'autres animaux vivent sur la vase aux dépens des spartines mortes et des algues. Ce sont des crabes appartenant aux genres *Uca* et *Sesarma*, des Gastéropodes du genre *Littorina*, des Annélides et le Lamellibranche *Modiolus*. Les animaux prédateurs sont des crabes, l'oiseau *Rallus longirostris* et le raton laveur. Peu d'animaux sont adaptés à ce milieu qui est caractérisé par des variations importantes de salinité.

Il existe dans cet écosystème deux ensembles (figure 16.15). Le premier tire son énergie des *Spartina* vivantes et le second subsiste aux dépens des algues et des détritus. La productivité brute est estimée à 6,1 % de l'énergie reçue, ce qui est une valeur supérieure à celle que l'on rencontre dans la plupart des autres écosystèmes. Ceci est dû à l'abondance des sels nutritifs qui sont constamment remis en circulation par les courants de marée. La productivité nette est égale à 1,4 % de l'énergie reçue. Le rôle essentiel est tenu par les bactéries et par les animaux qui mangent les *Spartina* mortes. Les chaînes de détritivores dominent donc nettement. On

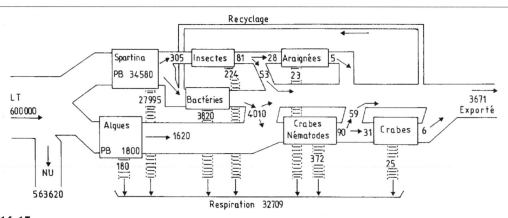

Figure 16.15
Transferts d'énergie (en kcal/m²/an) dans un marais littoral à Spartina de Géorgie
Les pertes dues à la respiration sont en hachures (Teal, 1962).

remarque que 45 % de la productivité primaire est exportée par les eaux d'estuaire. Or ces dernières sont très boueuses et la productivité primaire y est à peu près nulle bien que des Crustacés comme les crabes et les crevettes y soient abondants. Cette faune de l'estuaire vit donc aux dépens de la productivité du marais littoral. Ce transfert d'énergie d'un écosystème à l'autre montre l'intérêt des marais littoraux qui sont souvent hautement productifs et qui peuvent ainsi alimenter des eaux voisines exploitées pour la pêche.

VII. LES SILVER SPRINGS, SOURCES DE FLORIDE

Les Silver Springs sont des sources dont la température est comprise toute l'année entre 22,2 et 22,3 °C. Elles fournissent de l'eau très peu minéralisée, claire et transparente ce qui permet un éclairement intense de la végétation sous un climat subtropical. Les végétaux dominants sont la Phanérogame *Sagittaria lorata*, des algues filamenteuses et des Diatomées qui sont le plus souvent épiphytes sur les Phanérogames. Les autres Phanérogames (*Najas guadalupensis*, *Cerato-*

phyllum demersum, *Vallisneria tropicalis*) sont moins abondantes et il existe de nombreuses algues unicellulaires autres que les Diatomées. Les animaux herbivores sont des tortues, des poissons, des Crustacés, des Gastéropodes et des larves d'insectes. Les carnivores primaires sont des poissons du genre *Lepomis* à régime omnivore, *Gambusia affinis* consommateur d'insectes, des Amphibiens, des Coelentérés, des oiseaux, des insectes, des Acariens et des sangsues. Le niveau des carnivores secondaires est tenu par d'autres poissons comme *Lepisosteus* et *Amia* et par l'alligator. Les décomposeurs sont des bactéries et l'écrevisse *Procambarus fallax* qui mange des débris animaux et végétaux. La biomasse est de 863 g/m² dont 809 g de producteurs, 37 g d'herbivores, 11 g de carnivores primaires, 1,5 g de carnivores secondaires et 5 g de décomposeurs (figure 14.9).

La plus grande partie de l'énergie est fournie aux animaux par les végétaux autotrophes qui sont consommés directement par les herbivores (figure 16.16). La productivité primaire brute est de 6 390 g/m²/an (poids sec) et les algues jouent le rôle essentiel en produisant 4 490 g/m²/an. Il arrive chaque année de l'extérieur 120 g/m² de matière organique qui est consommée surtout par les herbivores. Les pertes sont dues à la respiration des organismes (600 g/m²/an) à l'exporta-

Figure 16.16.

Transferts d'énergie dans deux écosystèmes d'eau douce

En haut, transferts d'énergie dans le lac Cedar Bog. Biomasses en kcal/m² et flux d'énergie en kcal/m²/an. LT : Lumière totale ; NU1 : Lumière non utilisée ; B : Biomasse des autotrophes ; D : Décomposeurs ; H : Herbivores ; R : Respiration ; C : Carnivores ; NU2 : Matière organique non utilisée.
En bas, dans les Silver Springs. Limites de l'écosystème en trait épais. LT : Lumière totale ; LA : Lumière assimilée ; NU : Lumière non utilisée ; CH : Pertes de chaleur ; B : Biomasse végétale ; PB : Productivité primaire brute ; PN : Productivité primaire nette ; H : Herbivores ; C1 et C2 : Consommateurs ; D : Décomposeurs. En hachures : Pertes respiratoires. Valeurs en kcal/m²/an (Kormondy, 1969 ; Odum, 1957).

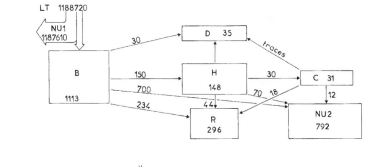

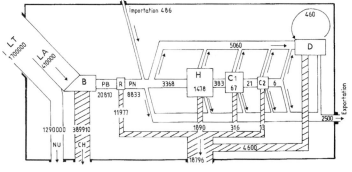

tion de matière organique par le courant (766 g/m^2/an) et à l'envol d'imagos d'insectes à larves aquatiques. La productivité est deux à trois fois plus importante au printemps qu'en hiver en raison des variations de l'intensité lumineuse. Le rapport *P/B* est de huit environ. L'écosystème dans son état actuel semble stable depuis au moins cent ans et il peut être assimilé à un stade climax.

VIII. LE LAC CEDAR BOG, MINNESOTA

Ce lac a un intérêt historique puisque son étude a permis à Lindeman de présenter pour la première fois une étude des transferts d'énergie entre les niveaux trophiques pour l'ensemble d'un écosystème. Les valeurs de la productivité pour les trois niveaux trophiques sont les suivantes :
– végétaux autotrophes : 113 kcal/m^2/an ;
– consommateurs primaires : 104 kcal/m^2/an ;
– consommateurs secondaires : 13 kcal/m^2/an.

Le fonctionnement de cet écosystème est schématisé figure 16.16 et les divers rendements sont comparés à ceux des Silver Springs dans le tableau 16.3. La productivité primaire des Silver Springs est environ 20 fois plus grande et les rendements de production y sont plus faibles en raison de la température plus élevée des eaux en Floride. La plus grande partie de la productivité primaire du lac Cedar Bog n'est pas consommée par les herbivores, mais elle se dépose sur le fond sous la forme de matière organique morte. Par conséquent le rendement d'exploitation des consommateurs primaires y est inférieur à celui des Silver Springs. Dans les deux écosystèmes les rendements écologiques correspondant aux transferts d'énergie d'un niveau trophique à l'autre sont compris entre 4,9 et 16,7 %.

IX. LA PRODUCTIVITÉ DANS UN FLEUVE

L'étude d'un secteur de 5 km de long du cours inférieur de la Tamise donne une idée du fonctionnement d'une grande rivière au point de vue énergétique. À l'endroit étudié le fleuve est large de 40 à 80 m et sa profondeur varie de 2 à 4 m. Les sources de nourriture pour les consommateurs primaires sont le phytoplancton, le périphyton, le seston et des détritus végétaux déposés sur la fond de la rivière (figure 16.17). Les Lamellibranches filtreurs *Unio* et *Anodonta* ont une productivité élevée égale à 116 kcal/m^2/an qui n'est que très peu utilisée par les poissons car ces animaux sont à l'abri des prédateurs dans leur coquille. La productivité totale de macrobenthos s'élève à 334 kcal/m^2/an. Même si elle était totalement utilisée par les poissons elle serait insuffisante pour maintenir leur productivité au niveau de 198 kcal/m^2/an. Les autres sources d'énergie indispensable au maintien de cette productivité sont d'une part les détritus qui reposent sur le fond et qui sont directement utilisés par les poissons, d'autre part le matériel exogène représenté par les insectes qui tombent à l'eau, les feuilles des arbres, et par le zooplancton (Cladocères et Rotifères) qui est abondant en été dans les eaux calmes. Le fonctionnement de l'écosystème gran-

Tableau 16.3

Comparaison des budgets énergétiques du lac Cedar Bog et des Silver Springs

Les rendements d'exploitation sont calculés à partir de l'énergie assimilée et non à partir de l'énergie ingérée. L'erreur n'est pas trop grande étant donné que les taux d'assimilation sont vraisemblablement supérieurs à 80 %.

	Lac Cedar Bog	Sources Silver Springs
Rayonnement solaire reçu en kcal/m^2/an	1 188 720	1 700 000
Production primaire brute en kcal/m^2/an	1 113	20 810
Rendement photosynthétique en %	0,1	1,2
Rendement de production nette en %		
pour les producteurs	79,0	42,4
pour les consommateurs primaires	70,3	43,9
pour les consommateurs secondaires	41,9	18,6
Rendement d'exploitation en %		
pour les consommateurs primaires	16,8	38,1
pour les consommateurs secondaires	29,8	27,3
Rendement écologique en %		
pour les consommateurs primaires	11,8	16,7
pour les consommateurs secondaires	12,5	4,9

de rivière est largement dépendant de l'arrivée de matière extérieure. D'autres écosystèmes comme le milieu souterrain, les grottes en particulier, ainsi que le milieu abyssal dans les océans présentent la même particularité étant donné qu'ils sont dépourvus d'organismes autotrophes.

Figure 16.17
Réseaux trophiques et transferts d'énergie (en kcal/m²/an) dans la Tamise

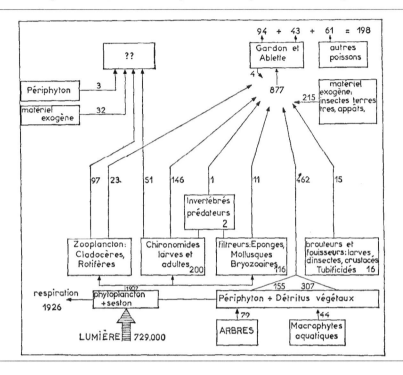

X. L'ÉCOSYSTÈME DES SOURCES HYDROTHERMALES OCÉANIQUES

Le milieu abyssal est un milieu extrême par son obscurité, par la pression élevée qui y règne, par la température proche de 0 °C et par la rareté de la nourriture. Celle-ci provient uniquement des rares chutes d'organismes morts qui vivaient dans les zones supérieures de l'océan. Ceci explique la rareté de la vie dans le milieu abyssal et en particulier celle des prédateurs. La découverte de sources hydrothermales qui jaillissent à la faveur de failles au voisinage des dorsales océaniques vers 2 000 m de profondeur et au-delà a montré que ces sources rejettent de l'eau chaude pouvant atteindre 350 °C, chargée de sulfures d'hydrogène, de zinc, de cuivre ou de fer. Ces sources forment des cheminées, appelées « fumeurs » de plusieurs mètres de hauteur autour desquelles se forment des auréoles concentriques marquées par une baisse progressive de la température et par l'existence d'une faune riche et originale. Les sulfures sont oxydés par des popula-

tions bactériennes très denses (100 000 à 1 000 000/cm³ de bactéries) qui les utilisent pour fabriquer de la matière organique. Dans ce milieu très particulier les bactéries sont les producteurs et elles remplacent les végétaux chlorophylliens. L'oxydation des sulfures est rendue possible par la pression et la haute température du milieu. Près des sources vit un Polychète tubicole du genre *Alvinella* dans un milieu dont la température est toujours supérieure à 30 °C. Cet *Alvinella* qui reçoit constamment des retombées de sulfures métalliques est l'animal le plus thermophile que l'on connaisse. Dans la masse de ses tubes la température peut atteindre 100 °C. Il vit mêlé à des crabes du genre *Cyanageaea* qui s'en nourrissent. Une zone plus éloignée des fumeurs est occupée par le Pogonophore *Riftia* qui construit un tube de plus de 2 m de hauteur d'où sort un panache de tentacules. Enfin vient une ceinture de Polychètes Serpulidés et une ceinture de Lamellibranches (genre *Bathymodiolus*) et de crabes de la famille des Galathéidés (genre *Munidopsis*). Autour des sources fossiles il n'y a plus de vie. On ne trouve que des cimetières d'animaux, ce qui montre que la vie est dépendante de l'activité de ces sources. Les *Riftia* pos-

sèdent dans la portion moyenne de leur corps un tissu spécial, le trophosome, qui est riche en bactéries symbiotiques. Diverses substances en solution dans l'eau, et en particulier des composés soufrés, sont absorbées au niveau des tentacules par les *Riftia* et acheminées jusqu'au trophosome par l'appareil circulatoire. Les bactéries symbiotiques du trophosome sont chimiosynthétiques. Elles jouent le rôle des producteurs et le Pogonophore vit à leurs dépens. En même temps elles reprennent les produits de métabolisme de leur hôte comme le CO_2 ou le NH_3. Les organismes qui vivent autour des sources hydrothermales sous-marines représentent le seul écosystème connu totalement indépendant de la photosynthèse et fonctionnant grâce à la chimiosynthèse.

Les bactéries qui vivent au contact des sources chaudes sont toutes chimiotrophes puisqu'elles utilisent le soufre comme source d'énergie. Elles sont adaptées aux pressions et aux températures élevées. Une espèce de *Thiobacillus* ne se multiplie pas en dessous de 80 °C et ses conditions de vie optimales sont de 250 °C et une pression de 265 atmosphères. Toutes ces bactéries sont aussi des Archéobactéries qui se caractérisent : (a) par un ADN riche en liaisons guanine-cytosine ce qui le protège de la dénaturation sous l'action de la chaleur ; (b) par des lipides membranaires stables et différents de ceux des autres bactéries ; (c) par des protéines ayant des liaisons saline et des liaisons hydrogène plus nombreuses ce qui augmente leur stabilité (*cf.* chapitre 20).

Les communautés des sources hydrothermales profondes représentent peut-être une image de la vie primitive qui serait apparue dans les profondeurs des océans grâce à l'énergie géothermique, et qui aurait été totalement indépendante de la lumière solaire.

XI. LES AGROSYSTÈMES

Les agrosystèmes (ou agroécosystèmes) sont des écosystèmes créés par l'homme qui diffèrent des écosystèmes naturels par leur homogénéité spatiale, leur pauvreté spécifique (dans les régions de grande monoculture il ne reste plus qu'une seule espèce), l'uniformité génétique des espèces cultivées et leur dépendance vis-à-vis de l'homme en particulier en ce qui concerne leurs

besoins en éléments minéraux (engrais), en eau (irrigation) et leur protection contre les ravageurs. Les agrosystèmes conservent cependant diverses propriétés des écosystèmes naturels ce qui fait que l'on peut leur appliquer les lois générales de l'écologie comme le montre l'exemple d'une ferme ardennaise.

11.1. Une ferme, exemple d'agrosystème

Un bilan des entrées et des sorties d'énergie et le calcul des divers rendements a été réalisé pour une ferme de l'Ardenne belge considérée comme un écosystème (Duvigneaud *et al.*, 1977). Cette ferme de 27 ha est organisée pour la production de bovins (viande et lait). Il est possible de définir trois sous systèmes : la prairie permanente, les cultures (qui permettent de nourrir le bétail en hiver) et les installations de la ferme qui consomment une quantité d'énergie devant être prise en compte dans la détermination de la productivité et des rendements (figure 16.18).

(a) L'écosystème reçoit chaque année 216.10^9 kcal d'énergie (sous la forme d'énergie lumineuse) et la productivité primaire est de 412 t soit l'équivalent de $1,65.10^9$ kcal. Le rendement vis-à-vis de l'énergie lumineuse reçue est donc de 0,77 %.

(b) La productivité secondaire sous la forme de lait et de viande correspond à $41,2.10^6$ kcal qui se décomposent en 34.10^6 kcal produites sur le champ par le bétail et en $7,2.10^6$ kcal produites à l'étable.

(c) La matière organique livrée aux décomposeurs est évaluée à $1\ 308.10^6$ kcal dont 884.10^6 kcal d'organes aériens et 424.10^6 kcal d'organes souterrains.

Il faut remarquer que, pour que le système fonctionne (c'est-à-dire pour produire $41,2.10^6$ kcal animales), une importation de 80.10^6 kcal sous la forme de combustibles fossiles (soit environ le double de la productivité agricole utile) est nécessaire, ainsi que 45.10^6 kcal sous la forme de bois de chauffage importé de la forêt voisine.

La conclusion que l'on peut tirer de cette étude est que l'agrosystème n'a pas une productivité et un rendement supérieurs à ceux des écosystèmes naturels et qu'il ne peut fonctionner que grâce à l'injection d'énergie fossile.

Figure 16.18

Bilan énergétique d'une ferme considérée comme un écosystème

Les flux d'énergie sont en 10^6 kcal/ha/an. Le rectangle extérieur indique les limites de l'écosystème et le rectangle intérieur représente les bâtiments de la ferme et l'étable. Flèches doubles : Énergie lumineuse reçue ; flèches noires ondulées : Pertes respiratoires ou arrivées d'énergie accessoire dans l'écosystème. PN : Productivité primaire nette ; CP : Consommation sur le pré par le bétail ; CE : Consommation à l'étable ; AE : Milieu épigé (aérien) ; S : Milieu hypogé (souterrain) ; R : Respiration ; RE : Rejectats (non assimilé) ; PS : Productivité secondaire ; E : Exportations hors de l'écosystème (lait et viande) ; F : Combustible fossile auquel s'ajoute le bois produit dans la forêt voisine (Duvigneaud *et al.*, 1977).

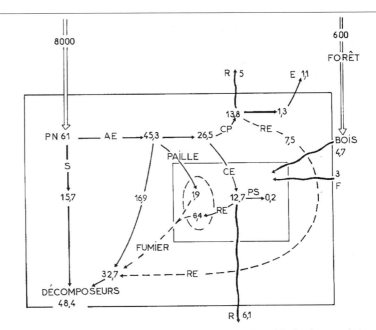

11.2. La productivité des agrosystèmes

La productivité des agrosystèmes varie beaucoup selon les cultures, les conditions climatiques et les soins qui leur sont prodigués. Quelques chiffres ont déjà été donnés (tableau 15.2). Le tableau 16.4 indique les rendements de quatre cultures importantes. La canne à sucre est la plus productive et les végétaux à tubercules ont un rendement supérieur à celui des végétaux qui sont cultivés pour leurs graines. Les variations régionales des rendements sont grandes comme le montrent les résultats obtenus en 1968 pour le maïs dans quatre pays (en t/ha) :

France   : 5,26 ;
États-Unis : 4,93 ;
URSS   : 2,64 ;
Inde   : 1,00.

Le phénomène le plus important à signaler est que, en dépit des progrès réalisés, une croissance

Tableau 16.4

Productivité primaire nette et rendements en produits comestibles pour quatre plantes de grande culture

Les chiffres sont les moyennes pour les années 1962-1966.

	Productivité nette (kg/ha, matière sèche)	Rendement en produit comestible (kg/ha, poids frais)
Blé		
Pays-Bas	9 800	4 400
Inde	2 000	900
Monde	2 890	1 300
Riz		
Japon	12 220	5 100
Brésil	3 780	1 600
Monde	5 120	2 100
Pommes de terre		
États-Unis	9 120	22 700
Inde	3 110	7 700
Monde	4 900	12 100
Sucre		
Hawaii, canne à sucre	30 500	11 00
Pays Bas, betterave	18 250	6 600
Cuba, canne à sucre	9 250	3 300
Monde	-	3 300

démographique exagérée absorbe largement les augmentations de productivité. Le nombre d'hectares cultivés par habitant diminue régulièrement (tableau 16.5). À l'échelle mondiale la surface cultivée en céréales, en hectares par personne, est passée de 0,24 en 1950 à 0,17 en 1980 et elle est estimée à 0,13 pour l'an 2000. La production alimentaire par habitant stagne en Asie et en Amérique latine et elle baisse en Afrique au sud du Sahara (figure 16.19). Le doublement de la production alimentaire qui a été obtenu entre 1950 et 1980 l'a souvent été en adoptant des pratiques culturales qui conduisent à l'érosion des sols. Les terres cultivables sont de plus en plus grignotées par l'extension des villes et les constructions de toutes sortes. L'ensemble des pays de l'Est qui exportaient en moyenne 5 millions de tonnes de céréales par an durant la période de 1934-1938 en ont importé 46 millions de tonnes en 1980.

Tableau 16.5	Pays	Population en millions		Hommes par hectare de terre cultivable	
Évolution de la population de quatre pays et du nombre d'hommes par hectare de terre cultivable entre 1985 et 2000		1985	2000	1985	2000
(N.B. La valeur estimée de 1 241 millions d'habitants pour la Chine est déjà dépassée.)	Mexique	85	136	3	5
	Inde	781	983	5	6
	Chine	974	1 241	7,5	10
	Égypte	46	63	16	22
	Ensemble des pays sous-développés	2 400	3 343	3,5	5

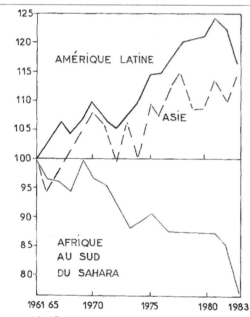

Figure 16.19
Production alimentaire, par habitant, en Asie, en Amérique latine et en Afrique au sud du Sahara
La valeur 100 correspond à la moyenne des années 1960-65 (Whitehead, 1989).

Un changement considérable des techniques de l'agriculture et de la nature des plantes cultivées aiderait peut être à atténuer ce bilan catastrophique. Beaucoup d'espèces végétales aujourd'hui négligées ou peu utilisées pourraient apporter leur contribution à l'alimentation des hommes. On estime à 3 000 le nombre d'espèces qui ont été cultivées depuis la préhistoire et à 150 le nombre de celles qui l'ont été systématiquement. La tendance actuelle est à l'abandon de toutes les cultures marginales au profit d'une trentaine d'espèces qui assurent l'essentiel de la subsistance. C'est une orientation regrettable car les monocultures sont fragiles et sensibles aux attaques des insectes ravageurs et des maladies parasitaires, et on abandonne ainsi des cultures qui ont souvent un rendement et une valeur nutritive importants, égaux ou supérieurs à ceux des cultures habituelles. On devrait se souvenir que les légumineuses peuvent fournir à l'homme (et au bétail dans le cas des légumineuses fourragères) une grande partie des protéines dont il a besoin sans passer par l'intermédiaire des animaux domestiques. Parmi une quarantaine d'espèces mentionnées comme étant dignes d'intérêt on peut citer le taro *Colocasia esculenta* riche en amidon ; l'amaranthe *Amaranthus edulis* dont les graines sont riches en lysine et qui a un rendement égal à celui du maïs, le pois ailé *Psophocarpus tetragonolobus* presque aussi riche que le soja en protéines. Parmi les plantes non alimentaires le guayule *Parthenium argentatum*, arbuste vivant dans les déserts du sud des États-Unis et du Mexique peut fournir jusqu'à 20 % de son poids en caoutchouc d'excellente qualité et il est capable de pousser dans des régions arides. Les « aberrations écologiques » sont fréquentes en agriculture comme la technique qui consiste à nourrir le bétail avec du maïs et du soja importés

alors que des aliments de substitution aussi valables existent sur place.

Une loi de l'écologie précise que la transformation des végétaux en matière vivante animale se fait avec un mauvais rendement, de l'ordre de 10 %. Cette loi avait déjà été notée par Malthus qui a montré que la clôture des terrains communaux et des terres en friche et leur transformation en pâturages (alors qu'autrefois ces terres produisaient du blé) réduisait la quantité de nourriture disponible pour les hommes : « De vastes étendues de terre, qui autrefois produisaient de grandes quantités de blé, emploient moins de bras et nourrissent moins de bouches qu'avant leur clôture du fait qu'elles ont été converties en pâturages. C'est effectivement une vérité reconnue que, à fertilité égale, un pâturage produit une moins grande quantité de subsistance pour l'homme qu'une terre à blé » (*Essai sur la population*, 1798). Il serait possible de réduire les pertes énergétiques en modérant la consommation de protéines animales aujourd'hui exagérée dans certains pays. Cette consommation est (en g/personne/jour) de 23 au Japon, de 51 en Suède, de 90 en France et de 115 aux États-Unis.

La production de viande rouge (bœuf et mouton) est désastreuse en ce qui concerne le rendement et pratiquement quatre fois moins rentable que la production de lait ou de produits avicoles tandis que la production de viande de porc se place à mi-chemin. La valeur des produits alimentaires obtenus (en kcal/ha) pour divers produits est la suivante :

Pommes de terre	24,0	Œufs	1,15
Blé	14,0	Poulet	1,10
Pois	3,0	Viande de bœuf	0,75
Viande de porc	1,9	Viande de mouton	0,50

Si les rendements sont évalués en tonnes de protéines sèches les valeurs suivantes sont obtenues :

Soja	0,800	Poulet	0,090
Pomme de terre	0,420	Œufs	0,080
Blé	0,350	Viande de porc	0,050
Pois	0,280	Viande de bœuf	0,027
Lait	0,115	Viande de mouton	0,023

Il y avait en France en 1862 plus de surfaces consacrées aux cultures céréalières et de pommes de terre qu'aujourd'hui. Une partie des terres a été affectée à la production fourragère pour l'élevage ; l'autre a été perdue définitivement pour l'agriculture. L'extraction et l'utilisation des protéines végétales assimilables par l'homme est possible et il faut se souvenir que les animaux ne sont pas les seuls à fournir des protéines. Une usine de Louisiane produit des protéines à partir

de cellulose grâce à des micro-organismes et, à partir de 100 kg de paille, fournit de 35 à 40 kg de sucre et 8 kg de protéines.

11.3. Énergie et agriculture

Dans les systèmes agricoles traditionnels l'énergie mécanique nécessaire aux travaux des champs était fournie par l'homme et les animaux de trait. Les engrais, d'origine naturelle, étaient peu utilisés et les pesticides ignorés. La modernisation de l'agriculture et l'augmentation des rendements ont été rendus possibles par la sélection de variétés plus productives et par l'apport massif de l'énergie fossile des carburants qui remplacent les chevaux pour faire marcher les instruments agricoles et qui servent à faire la synthèse des engrais et pesticides de plus en plus employés. Le bilan énergétique de l'agriculture, défini par le rapport des calories introduites dans le système aux calories fournies par la récolte tend à diminuer. Ceci a été établi dans le cas de la culture du maïs aux États-Unis (Pimentel *et al.* 1973) puis confirmé pour la culture du maïs en France (tableau 16.6). On remarque en particulier la part importante prise par les engrais, le séchage et l'irrigation. Pour d'autres cultures le rendement est encore plus mauvais : il est de 0,60 pour la tomate en Californie.

Les courbes de la figure 16.20 mettent en évidence trois faits importants.

(a) L'injection d'énergie fossile augmente plus vite que les rendements.

(b) L'allure en S de la courbe relative à la production agricole américaine fait penser que l'augmentation des rendements à l'aide de l'énergie fossile est proche de son terme.

(c) La ration alimentaire disponible chaque jour atteint un maximum et reste constante même lorsque la quantité d'énergie fossile injectée dans le système continue à augmenter.

De l'énergie pourrait être obtenue à partir des produits de l'agriculture non consommables et non utilisés. Pour 1 t de grains de maïs récolté il reste 1 à 2 t de résidus qui, s'ils étaient récupérés et transformés en méthane ou en alcool par fermentation, pourraient fournir une partie des

besoins de l'agriculture. En France, dans quelques cas, les rafles de maïs sont brûlées pour assurer le séchage des grains ce qui réalise une économie de fuel dans les fermes qui ont adopté ce procédé. Chaque année les diverses céréales produisent dans le monde près de 1 700 millions de t de paille dont la majeure partie est brûlée ou inutilisée alors qu'elle pourrait être récupérée. Parmi les techniques qui peuvent être envisagées pour réduire les dépenses d'énergie en agriculture on

peut citer : la sélection de variétés ayant un meilleur rendement ; la transformation des déchets végétaux ; l'accroissement de la fixation biologique de l'azote pour réduire l'usage des engrais azotés ; la réduction des pesticides par utilisation de variétés résistantes et la généralisation de la lutte biologique ; la sélection de variétés moins exigeantes en eau et en engrais ; la modification des techniques culturales (par exemple la réduction des labours).

Tableau 16.6

Bilan énergétique de la culture du maïs en France dans le cas d'une culture sèche et d'une culture irriguée

	Culture sèche		Culture irriguée	
	10^3 kcal/ha/an	%	10^3 kcal/ha/an	%
Machinisme	955	11	1 194	8
Carburant	955	11	955	6
Engrais	3 055	35	4 872	32
Semences	143	2	143	1
Irrigation	0	0	2 150	14
Insecticides	62	1	62	1
Herbicides	62	1	62	1
Séchage	2 579	28	3 869	25
Divers (électricité, transport)	955	11	1 911	12
Total des entrées (*A*)	**8 766**	**100**	**15 150**	**100**
Production en t/ha	6	-	9	-
Production en 10^3 kcal/ha (*B*)	20 660	-	27 808	-
Rendement énergétique (*B/A*)	2,39	-	1,84	-

11.4. La protection des agrosystèmes

Les agrosystèmes sont fragiles et doivent être protégés contre les atteintes des ravageurs On évalue à 42 milliards de tonnes les marchandises qui ont été perdues durant l'année 1976 à cause des ravageurs. Les mauvaises herbes, les organismes pathogènes et les insectes en sont les principaux responsables[1]. L'emploi de pesticides a connu un développement considérable depuis la mise au point et la commercialisation à partir de 1940 de nombreux produits de synthèse. Le montant des ventes de pesticides a été de 132 milliards de francs en 1986 dont 44 % pour les herbicides, 31 % pour les insecticides et 19 % pour les fongicides. Mais les inconvénients de ces produits sont vite apparus, les deux principaux étant leur accumulation dans les écosystèmes et la destruction de nombreuses espèces non visées et souvent utiles, ainsi que l'apparition de races résistantes. En 1984 il existait dans le monde plus de 400 espèces d'Arthropodes résistantes aux

insecticides, une cinquantaine de mauvaises herbes résistantes aux herbicides et une centaine de champignons pathogènes résistants aux fongicides.

On désigne sous le nom de lutte biologique l'ensemble des méthodes qui font appel à des êtres vivants (ou à des produits tirés d'êtres vivants comme la toxine bactérienne de *Bacillus thuringiensis*) pour réduire ou supprimer les dégâts causés par des espèces nuisibles à l'homme, à ses cultures ou à ses animaux domestiques. Alors que les traitements à l'aide de pesticides ont pour but d'éradiquer totalement les ravageurs, la lutte biologique a seulement pour ambition de maintenir les populations de ces ravageurs en dessous d'un seuil de nuisibilité de telle sorte que les dégâts causés soient négligeables et économiquement tolérables. La lutte biologique dispose aujourd'hui d'un ensemble de méthodes qui, souvent, ne sont pas utilisées isolément mais qui se complètent. La mise au point de ces méthodes nécessite une bonne connaissance de la biologie des

---

[1] On pourra consulter l'excellente mise au point de Riba & Silvy (1989) ; Huffaker (1971), ancien mais classique ; une publication de l'Acta (1983), donne de nombreux exemples concrets.

Figure 16.20

Énergie fossile et rendement en agriculture

a : ration alimentaire disponible en kcal/jour en fonction de l'énergie non alimentaire consommée par personne et par an (en tonnes équivalent pétrole ou tec).

b : production agricole en fonction de l'énergie injectée dans l'agriculture aux États-Unis. L'allure en S de la courbe indique que l'accroissement de la production agricole est devenu presque nul.

c : énergie fossile injectée dans le système agroalimentaire aux États-Unis et énergie disponible sous la forme d'aliments. Le rendement est de moins en moins bon.

(Études du CNEEMA n° 408).

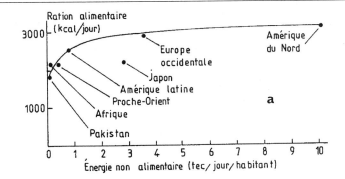

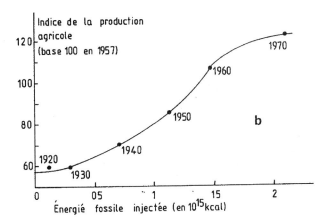

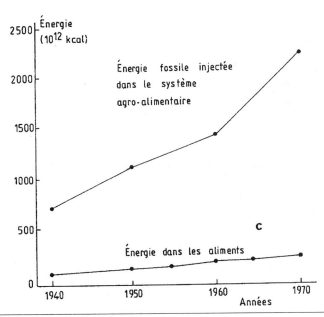

organismes que l'on veut combattre et de ceux que l'on veut utiliser, ainsi que du fonctionnement des agrosystèmes et en particulier de la dynamique des populations. Les premiers succès de la lutte biologique sont anciens. L'introduction de la coccinelle australienne *Rodalia* (= *Novius*) *cardinalis* pour lutter contre la cochenille de l'oranger *Icerya purchasi* en Californie remonte à l'année 1888. Il existe aujourd'hui plusieurs centaines d'espèces d'insectes et de mauvaises herbes qui sont contrôlés efficacement par la lutte biologique. Parmi les succès les plus spectaculaires on peut citer l'éradication presque totale du cactus *Opuntia* (qui

avait été imprudemment introduit en Australie) par le papillon mexicain *Cactoblastis cactorum*, ou bien le contrôle de beaucoup de ravageurs des cultures par les minuscules Hyménoptères parasites oophages du genre *Trichogramma* qui sont élevés dans le monde entier par milliards d'individus. La lutte intégrée consiste à utiliser un ou plusieurs moyens de lutte biologique et de les combiner à un emploi raisonnable d'insecticides afin de ne pas provoquer la destruction des espèces utiles.

Les méthodes de lutte biologique peuvent être regroupées sous quatre rubriques principales :

(a) sélection de variétés résistantes aux attaques des ravageurs et/ou méthodes culturales réduisant l'impact des ravageurs ;

(b) emploi de parasites ou de prédateurs ;

(c) emploi d'agents pathogènes, champignons, bactéries ou virus ;

(d) réduction du potentiel biotique des ravageurs par des manipulations génétiques, par l'emploi de phéromones, par le dérèglement des mécanismes endocrines.

La lutte intégrée contre la pyrale du maïs peut servir d'exemple. Le maïs est attaqué par un certain nombre de ravageurs parmi lesquels se trouve un Lépidoptère de la famille des Pyralidés, *Ostrinia nubilalis*, qui est répandu dans une grande partie de l'hémisphère Nord et dont les che-

nilles attaquent tous les organes aériens de la plante, tige, fleurs et épis. La lutte intégrée est réalisée :

(a) par la sélection de variétés de maïs résistantes à la pyrale ;

(b) par l'emploi d'insecticides sélectifs utilisés en faibles quantités et au bon moment afin de respecter les organismes auxiliaires qui, comme les coccinelles, les chrysopes, les Syrphides et divers Hyménoptères parasites sont utiles pour le contrôle des pucerons qui peuvent, comme la pyrale, être nuisibles au maïs. On a constaté que dans des champs traités avec un insecticide classique le nombre de pyrales diminue mais le nombre de pucerons augmente car leurs ennemis naturels sont décimés. En raison des attaques par les pucerons le rendement des champs de maïs traités contre la pyrale avec un insecticide peut être inférieur à celui d'un champ témoin non traité ;

(c) par des techniques culturales qui consistent surtout en labours d'automne profonds destinés à enterrer les chenilles et les chrysalides et à empêcher les papillons de sortir au printemps ;

(d) par des traitements avec le champignon *Beauveria bassiana* et des produits renfermant la toxine de la bactérie *Bacillus thuringiensis* ;

(e) enfin et surtout par des lâchers de *Trichogramma maidis*, Hyménoptère parasite oophage spécifique de la pyrale. Cet insecte est élevé sur un hôte de remplacement, la teigne de

Figure 16.21

Principe de la lutte contre la pyrale du maïs à l'aide de Trichogrammes

Un suivi régulier permet de connaître la date du début de la ponte de la pyrale et son intensité. On constate que des variations importantes se sont manifestées en 1975, en 1976 et en 1977. Les lâchers de Trichogrammes sont marqués par des flèches. Ils ont lieu aux jours J + 0, J + 10 et J + 20 après le début de la ponte.

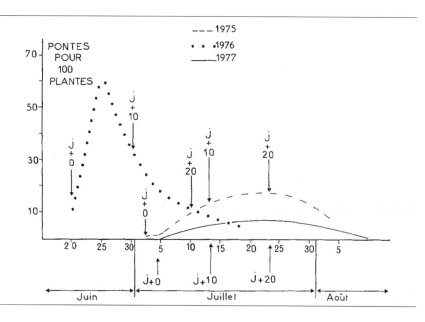

la farine, dont on maîtrise bien l'élevage en insectarium. Les lâchers de Trichogrammes doivent être importants (200 000 par hectare de culture à protéger) et ils doivent être faits à des périodes qui peuvent être déterminées avec précision lorsque l'on connaît bien le cycle de développement de la pyrale (figure 16.21). Cette méthode de lutte contre la pyrale à l'aide des Trichogrammes se révèle plus efficace que la lutte classique avec les insecticides.

Références

ACTA, 1983. *Faune et flore auxiliaires en agriculture.* Association de coordination technique agricole, Paris.

BACHELIER, G., 1978. *La faune des sols. Son écologie et son action.* ORSTOM, Paris.

BOURLIÈRE, F., 1978. La savane sahélienne de Fété Olé, Sénégal. In : M. Lamotte & F. Bourlière (eds.), *Problèmes d'écologie : écosystèmes terrestres,* p. 187-229. Masson, Paris.

COINEAU, Y., 1974. *Introduction à l'étude des microarthropodes du sol et de ses annexes.* Doin, Paris.

*CURL, E. A. & TRUELOVE, B., 1986. *The rhizosphere.* Springer, Berlin.

DUVIGNEAUD, P., 1972. *Productivité des écosystèmes forestiers.* Unesco, Paris, 707 p.

DUVIGNEAUD, P. *et al.,* 1977. La ferme ardennaise, considérée comme agroécosystème. In : P. Duvigneaud & P. Kestemont (eds.), *Productivité biologique en Belgique,* p. 469-484. Duculot, Paris et Gembloux.

EDWARDS, C. A. & HEATH, G. W., 1963. The role of soil animals in breakdown of leaf material. In : J. Van den Drift (ed), *Soil Organisms,* p. 76-86. North Holland Publishing Company, Amsterdam.

EISENBEIS, G. & WICHARD, W., 1985. *Atlas zur Biologie der Bodenarthropoden.* G. Fischer, Stuttgart.

ENGELMAN, M. D., 1961. The role of soil arthropods in the energetics of an old field community. *Ecological Monographs,* **31,** p. 221-238.

*EHRLICH, P. & EHRLICH, A., 1972. *Population, ressources, environnement.* Fayard, Paris.

GOBAT, J.M. *et al.,* 1998. *Le sol vivant.* Presses universitaires romandes, Lausanne.

HADER, D. P. *et al.,* 1995. Effects of increase solar ultraviolet radiation on aquatic ecosystems. *Ambio,* **24,** p. 174-180.

HÉDIN, L. *et al.,* 1972. *Écologie de la prairie permanente française.* Masson, Paris.

HUFFAKER, C. B. (ed.), 1971. *Biological control.* Plenum/Rosetta edition, New York.

JOSENS, G., 1973. Observations sur les bilans énergétiques dans deux populations de termites à Lamto (Côte d'Ivoire). *Ann. Soc. Roy. Zool. Belgique,* **103,** p. 169-176.

JOSENS, G., 1974. Analyse d'un écosystème tropical humide : la savane de Lamto (Côte-d'Ivoire). Étude fonctionnelle de quelques groupes animaux : les termites. *Bull. Liaison chercheurs Lamto,* vol. 5 (numéro spécial), p. 91-131.

KENDRICK, W. B. & BURGES, A., 1962. Biological aspects of the decay of Pinus sylvestris leaf litter. *Nova Hedwig,* **4,** p. 313-342.

LAMOTTE, M., 1975. The structure and function of a tropical savanna ecosystem. In : F. B. Golley & E. Medina (eds.), *Trends in tropical ecology,* p. 179-222. Springer, Berlin.

LAMOTTE, M., 1978. La savane préforestière de Lamto, Côte-d'Ivoire. In : M. Lamotte & F. Bourlière (eds.), *Problèmes d'écologie : structure et fonctionnement des écosystèmes terrestres,* p. 231-311. Masson, Paris.

LAMOTTE, M., 1982. Consumption and decomposition in tropical grassland ecosystems at Lamto, Ivory Coast. In : B. J. Huntley & B. H. Walker (eds.), *Ecology of tropical savannas,* p. 415-429. Springer, Berlin.

LAMOTTE, M., 1983. Structure et fonctionnement d'un écosystème de savane ivoirien. *Le Courrier du CNRS,* supplément au n° 52, p. 71-79.

LOHM, U. & PERSSON, T., 1977. Soil organisms as components of ecosystems. *Ecological Bulletins,* **25,** p. 1-614.

MATTSON, W. J. (ed.), 1977. *The role of arthropods in forest ecosystems.* Springer, Berlin.

MOORE, J. W. (ed.), 1986. *The changing environment.* Springer, Berlin (voir en particulier le chapitre « Population management and food supply »).

NEF, L., 1957. État actuel des connaissances sur le rôle des animaux dans la décomposition des litières de forêt. *Agricultura,* **5,** p. 245-316.

ODUM, H. T. & ODUM, E. P., 1955. Trophic structure and productivity of a windward coral reef community of Eniwetok atoll. *Ecol. Monogr.,* **25,** p. 291-320.

PERSSON, T. & LOHM, U., 1977. Energetic significance of the Annelids and Arthropods in a Swedish grassland soil. *Ecological Bulletins,* **23,** p. 1-211.

PESSON, P. (ed.), 1971. *La vie dans les sols.* Gauthier-Villars, Paris.

PESSON, P. (ed.), 1980. *Actualités d'écologie forestière. Sol, flore, faune.* Gauthier-Villars, Paris.

PIMENTEL, D. *et al.,* 1973. Food production and the energy crisis. *Science,* **217,** p. 443-449.

REICHLE, D. E., 1977. The role of soil invertebrates in nutrient cycling. *Ecological Bulletins,* **25,** p. 145-156.

RIBA, G. & SILVY, C., 1989. *Combattre les ravageurs des cultures. Enjeux et perspectives.* INRA, Paris.

*RICHARDS, B. N., 1987. *The microbiology of terrestrial ecosystems.* Longman, New York.

RICOU, G., 1967. Étude biocoenotique d'un milieu « naturel », la prairie permanente pâturée. *Annales des Épiphyties*, **18**, p. 1-148.

RICOU, G., 1978. La prairie permanente du nord-ouest français. *In* : M. Lamotte & F. Bourlière (eds.), *Problèmes d'écologie : écosystèmes terrestres*, p. 17-74. Masson, Paris.

SATCHELL, J. E., 1972. Feasibility study of an energy budget for Meathop Wood. *In* : P. Duvigneaud (ed.), *Productivité des écosystèmes forestiers*, p. 619-630. Unesco, Paris.

VAULOT, D. *et al.*, 1995. Growth of *Protochlorococcus*, a photosynthetic prokaryote, in the equatorial Pacific Ocean. *Science*, **268**, p. 1480-1482.

WALLWORK, J. A., 1976. *The distribution and diversity of soil fauna.* Academic Press, London.

Chapitre 17

LES CYCLES BIOGÉOCHIMIQUES

Les chaînes alimentaires qui conduisent des végétaux autotrophes aux consommateurs et aux décomposeurs mettent en circulation les divers éléments constitutifs de la matière vivante qui sont présents dans la biomasse. Les éléments les plus importants sont au nombre d'une dizaine (tableau 1.1). Ce sont le carbone, l'oxygène, l'azote qui sont suivis, dans un ordre d'importance décroissante par le phosphore, le soufre, le calcium et le potassium. On nomme cycles biogéochimiques l'ensemble des processus qui assurent le recyclage permanent et plus ou moins rapide de ces divers éléments, et qui les font passer de l'état organique à l'état minéral et inversement. Ce recyclage permanent s'oppose au non recyclage de l'énergie qui est dégradée sous la forme de chaleur et jamais réutilisée. Les quantités d'éléments mises en jeu dans les cycles biogéochimiques à l'échelle de la biosphère sont énormes. Elles sont évaluées en millions de tonnes (Mt) ou en milliards de tonnes (Gt).

Les cycles biogéochimiques contribuent à assurer l'homéostasie de la biosphère et sa permanence. Il existe cependant çà et là des points de stagnation où des éléments s'accumulent, par exemple au niveau des combustibles fossiles. Ces éléments peuvent, au bout d'un certain temps, être remis en circulation plus ou moins vite, soit sous l'action de phénomènes naturels comme l'érosion, soit par l'intervention humaine. Les activités humaines ont souvent comme conséquence la production de composés non biodégradables et non recyclables. C'est une cause de pollution de la biosphère et de gaspillage des ressources naturelles. Le recyclage de la plus grande partie des produits fabriqués devrait être la règle dans une économie fondée sur des bases rationnelles. Les pollutions peuvent être dues à une augmentation importante de la quantité de composés chimiques normalement présents (comme les nitrates ou les phosphates) ce qui sature les mécanismes de recyclage et aboutit à l'accumulation de ces composés dans les écosystèmes ; soit à l'arrivée de produits nouveaux inexistants dans la biosphère (comme les pesticides) ou suffisamment rares à l'état naturel pour ne pas être toxiques (comme le mercure).

Les cycles biogéochimiques les plus importants intéressent : (a) quatre éléments majeurs, le carbone, l'azote, le phosphore et le soufre ; (b) un corps simple l'eau ; (c) divers oligo-éléments comme le calcium, le sodium, le magnésium et même le silicium et le fer qui jouent un rôle important dans le milieu marin comme facteurs limitants de la productivité primaire. Il existe deux types fondamentaux de mécanismes qui assurent la transformation de la matière organique en éléments minéraux. Dans le premier la voie de l'excrétion animale assure la minéralisation. Ce type prédomine dans les biocénoses planctoniques et autres communautés dans lesquelles la majeure partie du flux d'énergie transite par la voie des chaînes alimentaires d'herbivores. Dans le second cas la décomposition microbienne assure la minéralisation de la matière organique. Ce type se rencontre fréquemment dans le milieu terrestre où le flux d'énergie principal transite par des chaînes de détritivores qui sont situées dans le sol. Dans un troisième type, qui semble fréquent dans les forêts équatoriales, le recyclage direct de la matière organique est assuré par des champignons symbiotiques formant des mycorhizes sur les racines des végétaux et en particulier des arbres. Ces mycorhizes semblent pouvoir digérer la matière organique et transmettre les substances minérales formées directement aux racines des végétaux par l'intermédiaire de leurs hyphes au lieu de laisser se perdre ces substances dans le sol d'où elles peuvent être entraînées au loin.

I. LE CYCLE DU CARBONE

Comme pour tous les cycles biogéochimiques qui sont étudiés au niveau de l'ensemble de la biosphère, la détermination de l'importance des réservoirs et des flux de carbone est difficile et les chiffres avancés changent avec les auteurs. Le cycle du carbone est compliqué par les modifications importantes qui sont intervenues entre l'époque pré-industrielle et l'époque actuelle (figure 17.1).

Figure 17.1

Cycle du carbone durant les années 1980-89

Réservoirs et flux (en 10^9 t et en 10^9 t/an). Les variations annuelles provoquées par les activités humaines sont indiquées dans trois cas. À l'ère pré-industrielle les stocks et flux étaient les suivants : atmosphère 600 ; végétaux terrestres : 610 ; matière organique morte terrestre : 1 560 ; couche superficielle des océans : 1 000 ; couche profonde des océans : 38 000 ; échanges atmosphère-océan : 74 dans les deux sens (modifié, d'après divers auteurs).

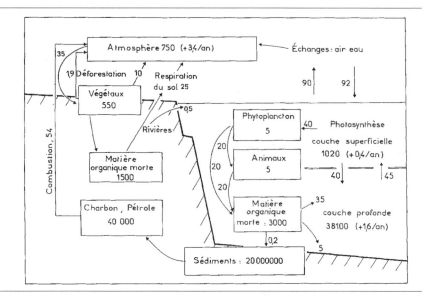

Le carbone se trouve dans divers réservoirs. Le sol en renferme de 1 050 à 3 000 Gt (l'imprécision vient en particulier de la méconnaissance de l'importance des tourbières). Les combustibles fossiles représentent 10 000 Gt et les sédiments 20 millions Gt. L'océan renferme 35 000 Gt de carbone sous la forme de carbonates dissous. C'est donc le réservoir principal, beaucoup plus important que l'atmosphère qui ne contient que 750 Gt de carbone sous la forme de CO_2. Les échanges de CO_2 à l'interface entre l'atmosphère et l'océan sont difficiles à quantifier. Ils se font essentiellement grâce au système carbonates-bicarbonates. Le carbone organique des océans est en grande partie à l'état dissous et il est de l'ordre de 700 à 1 000 Gt. Le carbone terrestre, surtout contenu dans les végétaux est évalué à 550 Gt. La déforestation accélérée est une cause importante de diminution de la biomasse qui est estimée à 1,9 Gt et de l'augmentation de la teneur de l'atmosphère en CO_2. À cela s'ajoute l'usage croissant des combustibles fossiles qui apportent chaque année 5,4 Gt de carbone à l'atmosphère.

Au début de l'ère industrielle la teneur de l'atmosphère en CO_2 était de 265-290 ppm. Elle était de 355 ppm en 1992. L'augmentation de la teneur de l'atmosphère en CO_2 est moins rapide que les calculs fondés sur nos connaissances actuelles le laissaient penser. Les trois cinquièmes du CO_2 issu des combustions semblent disparaître. L'hypothèse la plus couramment admise est celle d'un rôle beaucoup plus important de l'océan qui serait capable de stocker beaucoup plus de CO_2 que prévu. Mais les recherches actuelles montrent qu'il doit exister un chaînon manquant qui se trouve peut être dans le milieu terrestre (Siegenthaler & Sarmiento, 1993). La végétation et le sol accumuleraient du carbone, en réponse à l'augmentation de la teneur de l'air en CO_2. De plus l'importance de la déforestation aurait été surestimée et la disparition des forêts tropicales serait compensée par un reboisement partiel des régions tempérées.

La seule source de carbone pour les végétaux autotrophes est le CO_2 atmosphérique. La quantité de carbone fixée annuellement par la photosynthèse est estimée à 35 Gt pour la végétation terrestre et à 25 Gt pour les océans. La photosynthèse est à peu près équilibrée avec les pertes dues à la respiration. Le taux de renouvellement du carbone est très différent sur les continents et dans les océans. Le réservoir de CO_2 atmosphérique étant de 700 Gt et la photosynthèse des

végétaux terrestres fixant chaque année 35 Gt de carbone, le taux de renouvellement du carbone atmosphérique est de 700/35 soit environ 20 ans. Dans le milieu marin le stock de carbone est de 35 000 Gt et la photosynthèse fixe chaque année 25 Gt de carbone. Le taux de renouvellement du carbone dans les océans est donc de 35 000/25 soit 1400 ans environ.

II. LE CYCLE DE L'AZOTE

Le cycle de l'azote est le plus complexe des cycles biogéochimiques (Svensson & Söderlund, 1976). Il est difficile d'évaluer les quantités d'azote présentes dans les divers compartiments de la biosphère à l'exception de l'atmosphère et des composés azotés d'origine industrielle qui sont 4 à 5 fois plus abondants que ceux qui proviennent de la fixation biologique de l'azote atmosphérique. Ce dernier est la réserve essentielle de la biosphère. Mais il ne peut être utilisé sous cette forme que par de rares organismes, Bactéries et Cyanobactéries. Les Bactéries qui sont capables de fixer l'azote atmosphérique sont soit aérobies comme les *Azotobacter*, soit anaérobies comme les *Clostridium*. Certaines sont capables de réaliser la photosynthèse comme les *Rhodospirillum* ou bien vivent en symbiose avec les Légumineuses. La symbiose des *Rhizobium* avec les Légumineuses permet la fixation de quantités d'azote atteignant 150 à 400 kg/ha/an Ce pouvoir enrichissant des Légumineuses a été mis à profit depuis longtemps en agriculture grâce à la pratique des assolements qui évitent de recourir à des engrais azotés. Quelques autres plantes peuvent vivre en symbiose avec des Bactéries fixatrices d'azote. Un aulne de 2 m de hauteur fixe de 0,25 à 0,5 kg d'azote par an grâce aux Bactéries qui occupent les nodosités de ses racines. Les Cyanobactéries jouent aussi un rôle important dans la fixation de l'azote atmosphérique. Ce sont des organismes très adaptables pouvant vivre dans des milieux extrêmes en ce qui concerne la température et l'humidité et qui, dans les sols des régions tropicales, peuvent fixer jusqu'à 79 kg/ha/an d'azote. Les Spirulines sont des Cyanophycées de forme spiralée ayant une longueur de 0,25 mm qui se développent en abondance dans certaines eaux à pH élevé. Dans la région du lac Tchad les indigènes récoltent depuis longtemps cette espèce qui renferme 63 % de son poids sec en protéines

et des essais de culture industrielle ont été tentés. Une autre source d'azote se trouve dans des processus abiotiques tels que les décharges électriques qui, lors des orages, peuvent produire de 5 à 10 kg/ha/an de composés azotés.

Comme les végétaux ne peuvent le plus souvent utiliser l'azote que sous la forme nitrique ou ammoniacale, il est nécessaire que l'azote organique du sol soit minéralisé. Cette minéralisation de la matière organique morte est l'œuvre de micro-organismes décomposeurs qui agissent les uns à la suite des autres. Les trois principales étapes de cette minéralisation sont les suivantes :

– l'ammonification est l'œuvre de micro-organismes comme les *Micrococus* qui transforment l'azote aminé des protéines en ammoniaque ;

– la nitrosation qui transforme l'ammoniac en nitrites est l'œuvre des *Nitrosomonas* ;

– la nitratation, qui transforme les nitrites en nitrates est l'œuvre des *Nitrobacter*.

Les Bactéries de la dénitrification font retourner l'azote des nitrates à l'état gazeux dans l'atmosphère, mais leur rôle est peu important.

Une partie non négligeable des nitrates est lessivée par les eaux de ruissellement et entraînée en mer où l'azote est repris par le phytoplancton et entre ainsi dans des chaînes alimentaires dont certaines aboutissent à des oiseaux piscivores qui le ramènent au milieu terrestre sous la forme de guano (figure 17.2).

Il existe des variations dans le cycle de l'azote d'un écosystème à l'autre (Rosswall, 1976). Dans les milieux désertiques la fixation d'azote atmosphérique et la dénitrification jouent un rôle important. La teneur des plantes en azote est faible et les réserves du sol sont peu importantes. Dans les forêts caducifoliées les entrées et les sorties d'azote sont très faibles, la fixation directe de l'azote atmosphérique et la dénitrification ne comptent que pour 1 % cent du flux total d'azote. Dans la toundra l'azote s'accumule en quantités importantes dans le sol sous forme de tourbe. La fixation d'azote atmosphérique est faible mais elle est nécessaire pour compenser l'accumulation d'azote immobilisé et pour maintenir la productivité. Dans une prairie régulièrement fauchée les apports d'engrais azotés sont nécessaires pour compenser les pertes dues aux récoltes. Ces apports d'engrais azotés peuvent être en grande partie perdus par la dénitrification et le ruissellement (figure 17.3).

Figure 17.2

Cycle de l'azote dans la
biosphère

Les valeurs sont en 10^9 t/m^2/an
(d'après *Ecological Bulletins*
n°22, 1975).

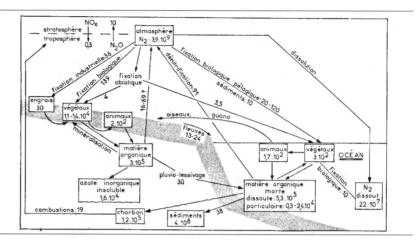

Figure 17.3

Cycle de l'azote dans
quatre écosystèmes

Valeurs en 10^9 t/m^2/an (d'après
Ecological Bulletins n° 22, 1975).
(Cf. Explications dans le texte.)

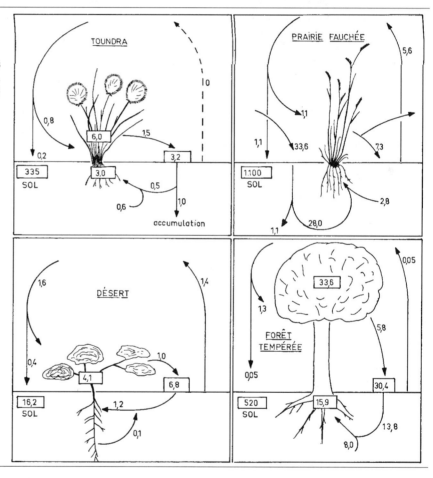

L'emploi de quantités excessives de nitrates en agriculture est la cause de la pollution des eaux souterraines. Dans beaucoup de régions la teneur de l'eau est supérieure à 44 mg/L de nitrates (exprimée en NO_3), ce qui est le maximum toléré. L'inventaire suivant, réalisé dans le département de l'Yonne a révélé une évolution inquiétante :

Années	Nombre de captages d'eau potable ayant des teneurs en nitrates		
	< 22 mg/L	de 22 à 44 mg/L	> 44 mg/L
1969	333	5	0
1971	224	127	9
1973	214	140	21

Les oxydes d'azote et en particulier le dioxyde NO_2 sont rejetés avec les gaz d'échappement produits par les véhicules à moteur. Une partie de ces composés est oxydée en nitrates que les pluies ramènent au sol. Mais ils peuvent aussi persister longtemps dans l'air lorsque les conditions météorologiques sont favorables (fort ensoleillement et absence de vent). Les oxydes d'azote sont responsables d'accidents respiratoires et la fréquence de leur apparition augmente avec l'intensité croissante de la circulation automobile. Une ville comme Paris qui était jadis épargnée par cette pollution est aujourd'hui atteinte, le seuil d'alerte étant dépassé plusieurs fois par an. Lorsqu'ils sont mélangés à des vapeurs d'hydrocarbures et irradiés par le rayonnement ultraviolet les oxydes d'azote forment de l'ozone et des produits complexes connus sous le nom de peroxy-acyl-nitrates ou PAN de formule $CH_3 — C — O — O — NO_2$ dont l'existence fut décelée pour la première fois à Los Angeles vers 1950. Les effets nocifs de ces gaz sur les animaux, l'homme et la végétation ont été démontrés, particulièrement en Californie où ils se répandent sur de grandes surfaces et où les pertes directes causées à l'agriculture ont été estimées à 10 millions de dollars et les pertes indirectes à 120 millions de dollars.

III. LE CYCLE DU PHOSPHORE

Le phosphore, élément important de la matière vivante, est un constituant de l'ADN, de l'ARN et de l'ATP. Il est plus rare que l'azote

dans la biosphère et son réservoir principal est constitué par diverses roches qui cèdent peu à peu leurs phosphates aux écosystèmes. Dans le milieu terrestre la concentration en phosphore assimilable est souvent faible et joue le rôle de facteur limitant. Une partie importante des phosphates est entraînée en mer où elle peut se retrouver immobilisée dans les sédiments profonds. Lorsqu'il n'existe pas de courants ascendants permettant la remontée des eaux en surface, la pénurie de phosphore est un facteur limitant. Le passage du phosphore de l'état organique à l'état de phosphore inorganique est assuré par des bactéries (comme *Eubacillus* et *Bacillus*) et des champignons (comme *Saccharomoyces* et *Penicillium*). Le phosphore entre dans les chaînes alimentaires marines par l'intermédiaire du plancton et des poissons. Les oiseaux marins piscivores assurent son retour, au moins partiel, dans le milieu terrestre par l'intermédiaire des gisements de guano (figure 17.4). Les engrais phosphatés excédentaires et les divers produits contenant des phosphates comme les lessives sont, comme les nitrates, emportés dans les eaux de surface et dans les eaux souterraines où ils contribuent à l'eutrophisation.

IV. LE CYCLE DU SOUFRE

Le soufre intervient comme constituant des êtres vivants sous la forme de combinaisons nombreuses comme la méthionine, un acide aminé indispensable. On peut quantifier le cycle du

Figure 17.4
Cycle du phosphore
Valeurs en 10^9 t/m²/an (d'après *Ecological Bulletins* n°22, 1975).

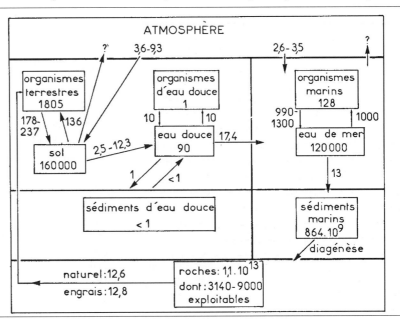

soufre en admettant qu'il existait avant l'intervention de l'homme un équilibre entre les entrées et les sorties dans le sol (figure 17.5). Les entrées proviennent du volcanisme, du lessivage de dépôts riches en soufre, des aérosols marins formés par l'agitation des vagues et des retombées d'origine atmosphérique. Les sorties sont dues à l'entraînement vers la mer par les rivières de divers composés soufrés et par la formation, à partir de la matière organique, d'hydrogène sulfuré volatil par décomposition anaérobie sous l'action de bactéries comme *Desulfubrio*. Divers orga-

nismes ramènent le soufre sous la forme sulfurique qui est reprise par les végétaux. Les *Beggiatoa* arrêtent l'oxydation du soufre au stade H_2S tandis que les Bactéries *Thiobacillus* et le champignon *Aspergillus* vont jusqu'au stade sulfate. Actuellement une grande quantité de soufre en circulation provient des activités humaines et surtout de la combustion du charbon et du pétrole (Howarth *et al.*, 1992). On l'estime à 150 Gt. Les pluies acides sont la manifestation la plus spectaculaire de la pollution par les composés du soufre (chapitre 3, paragraphe 6.3)

Figure 17.5

Cycle du soufre

Valeurs en 10^9 t/m²/an. Les chiffres soulignés représentent le soufre ajouté au cycle normal par les activités humaines (d'après *Ecological Bulletins* n°22, 1975).

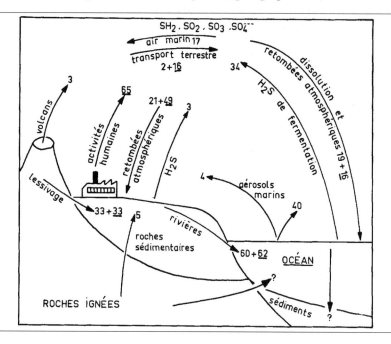

V. LE CYCLE DE L'EAU

Le cycle de l'eau se distingue des autres cycles par deux caractéristiques importantes : la molécule d'eau ne subit pas de transformations, et les êtres vivants y interviennent très peu (chapitre 1). L'eau est inégalement répartie à la surface de la terre et les besoins vont en croissant. La consommation actuelle varie selon les pays de 10 à 7 000 L par jour et par personne (usages domestiques et industriels). L'irrigation est une grande consommatrice d'eau. Les besoins annuels de diverses cultures sont les suivants :

Blé	366 à 760 mm
Canne à sucre	408 à 956 mm
Citronnier et coton	500 à 600 mm
Luzerne	823 à 914 mm

Les précipitations sont bien inférieures à ces besoins dans les régions arides (où il tombe moins de 250 mm d'eau) et semi-arides (250 à 500 mm d'eau). Même dans les régions mieux arrosées l'irrigation peut être nécessaire si les précipitations ont lieu hors de la période de végétation. Ceci explique les efforts qui sont faits pour mettre au point des techniques d'irrigation qui utilisent au mieux l'eau disponible en réduisant l'évaporation (irrigation au goutte à goutte). L'industrie est aussi une grande consommatrice d'eau : 100 à 200 m³ par tonne d'acier ; 750 à 2 300 m³ par tonne de matière plastique ou de fibres synthétiques. Ces besoins sont accrus par la croissance démographique. Ils pourraient être réduits dans de nombreux cas par le fonctionnement des installations industrielles en circuit fermé, ce qui limiterait aussi les pollutions.

Les végétaux jouent un rôle important dans le cycle de l'eau. Un ha de bouleaux évapore 47 m³ d'eau par jour et 1 ha de blé utilise pendant la période de développement 3 750 m³ d'eau soit l'équivalent de 375 mm de pluie pour une production de 12,5 tonnes de matière sèche. La transpiration du tapis végétal dans les régions tempérées est de 2 000 à 3 000 m³/ha/an. L'eau de pluie est interceptée par la végétation dans une proportion qui peut atteindre 25 % des précipitations dans nos régions. L'eau qui n'est pas arrêtée s'infiltre dans le sol ou ruisselle à la surface ; puis l'évapotranspiration rend l'eau à l'atmosphère. Le bilan du cycle de l'eau a été tenté pour l'Allemagne occidentale (figure 17.6). La quantité d'eau qui gagne la mer par les cours d'eau correspond à une hauteur de 367 mm. Le reste, soit 404 mm, retourne à l'atmosphère grâce à l'évapotranspiration. Les plantes absorbent et rejettent dans l'atmosphère 38 % des précipitations. Il n'y a que 1 % de l'eau tombée qui est retenue pour édifier la matière vivante. L'évapotranspiration joue un rôle plus important dans les régions équatoriales couvertes par la forêt. Dans le bassin de l'Amazone 75 % de l'eau est recyclé par la végétation dont 50 % par l'évapotranspiration et 25 % par évaporation directe de l'eau qui tombe sur les feuilles. Les 25 % qui restent sont évacués par le ruissellement et les rivières. Un seul grand arbre peut dégager jusqu'à 760 L d'eau par jour et nécessite 2 m de pluie par an.

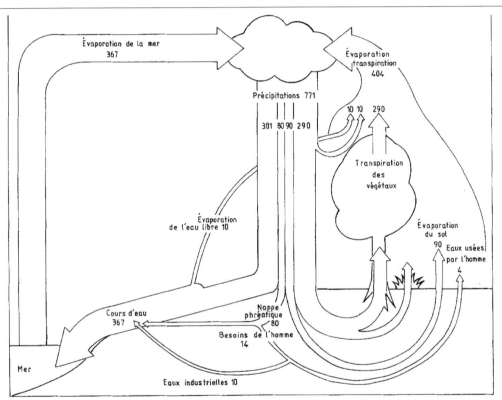

Figure 17.6
Le cycle de l'eau dans un pays au climat tempéré, l'Allemagne
Valeurs en millimètres d'eau (d'après Duvigneaud, 1980).

VI. LES CYCLES DES ÉLÉMENTS BIOGÈNES

Les cycles des éléments biogènes ont été bien étudiés dans quelques écosystèmes et en particulier dans les forêts. En voici deux exemples.

6.1. Une forêt de chênes verts

Une forêt de chênes verts, *Quercus ilex*, située au Rouquet au nord de Montpellier a fait l'objet d'une étude approfondie (Lossaint & Rapp, 1978). La biomasse aérienne est de 264 t/ha (poids sec) et celle des racines de 50 t/ha. La

minéralomasse (c'est-à-dire la fraction minérale de la biomasse) est de 5 743 kg/ha pour la strate aérienne et de 1 547 kg/ha pour les racines. La quantité de matière organique dans le sol, difficile à estimer, est comprise entre 93 et 167 t/ha. Chaque année 3,9 t/ha de feuilles mortes et de rameaux tombent au sol. La litière formée a une biomasse de 11,4 t/ha dont 3 t sont décomposées chaque année et qui, avec une tonne de racines mortes, forment l'humus. La figure 17.7 représente le cycle des éléments biogènes de cette forêt. Les éléments de la minéralomasse et leur destinée sont indiqués dans le tableau 17.1.

L'élément minéral dominant est le calcium qui est concentré dans le bois, cette constatation étant valable pour toutes les forêts des régions tempérées. Le calcul du rapport R/A (restitution/absorption) montre que le potassium est l'élément le plus mobile et celui qui présente le plus fort pourcentage d'absorption et de restitution. Cet élément circule facilement à l'intérieur de l'écosystème ; les gains venus de l'extérieur sont faibles et les pertes par lessivage sont négligeables. L'azote et le soufre présentent des taux d'absorption et de restitution élevés. En outre ils font l'objet d'une immobilisation importante dans la litière. Les apports extérieurs et les pertes par lessivage sont importants pour le soufre. Le sodium est caractérisé par des apports importants par les eaux de pluie en raison de la proximité de la mer. Le calcium et le phosphore sont faiblement absorbés et restitués. Le premier est abondant dans le sol, le second est considéré comme un facteur limitant et il a le plus faible pourcentage d'immobilisation dans la litière.

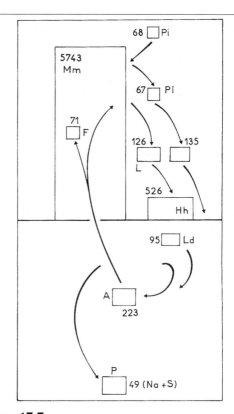

Figure 17.7
Cycle des éléments minéraux principaux dans une forêt de chênes verts (valeurs en kg/ha/an)
Mm : Minéralomasse ; Hh : Horizon holorganique ; L : Litière ; Pi : Pluie incidente ; Pl : Pluviolessivage ; Ld : Litière décomposée ; A : Absorption ; F : Fixation ; P : Percolation (Lossaint & Rapp, 1978).

6.2. Une chênaie de Belgique

Cette chênaie de Belgique est dominée par le chêne et le hêtre accompagnés par le charme et l'érable champêtre. La biomasse totale est de

Éléments	Minéralomasse aérienne	Absorption annuelle A	Fixation annuelle	Blocage temporaire dans la litière	Restitution au sol R	Apports extérieurs	R/A
K	626,0	50,8	8,9	10,2	41,9	2,4	0,82
N	763,0	46,0	13,2	124,7	32,8	16,1	0,71
S	93,7	5,7	1,4	14,6	4,3	22,6	0,75
Mg	151,0	6,8	2,2	9,4	4,6	4,4	0,68
Na	32,7	1,3	0,3	1,9	1,0	30,6	0,77
Ca	3 853,0	106,6	42,7	361,2	63,9	31,1	0,60
P	224,0	5,4	2,6	4,0	2,8	1,8	0,52
Total[1]	5 743,4	222,6	71,3	526,0	151,3	109,0	-

[1] *Quelques éléments rares ne sont pas inclus : Fe : 18 ; Mn : 19 ; Zn : 6 ; Cu : 5.*

Tableau 17.1
Données numériques sur le cycle des principaux éléments biogènes dans une forêt de chênes verts (Lossaint & Rapp, 1978)

156 t/ha dont 121 pour les parties aériennes et 35 pour les parties souterraines. La productivité primaire est de 14 400 kg/ha/an (en poids sec). Les quantités d'éléments biogènes absorbés chaque année par hectare sont les suivantes :

Potassium	69 kg	Azote	92 kg
Calcium	201 kg	Soufre	13 kg
Magnésium	19 kg	Phosphore	7 kg

Les caractéristiques principales de cette forêt sont une consommation « de luxe » de calcium qui est liée à la prédominance de cet élément dans la roche mère, une certaine déficience en potassium et une bonne absorption de l'azote et du phosphore.

Si l'on compare ces résultats à ceux qui sont relatifs à d'autres chênaies de Belgique et de Russie on constate que l'on peut caractériser cet écosystème par le cycle de ses éléments biogènes. Les hêtraies et les pinèdes se distinguent des chênaies qui sont les plus grandes consommatrices d'éléments biogènes. Dans les hêtraies la faible absorption du potassium est liée à la rareté de la strate herbacée dont les espèces renferment toujours beaucoup de potassium dans leurs feuilles. Les forêts de pins se caractérisent par leur grande frugalité ce qui leur permet de s'installer sur des sols pauvres. Les chiffres suivants (Duvigneaud *et al.*, 1969) donnent une idée de l'absorption des éléments biogènes dans quelques forêts d'Europe :

Types de forêts	Éléments					
	K	Ca	Mg	N	S	P
Chênaie mixte à charmes de Russie	69	201	19	92	13	7
Chênaie à *Aegopodium* de Russie	73	101	13	104	-	15
Hêtraie d'Allemagne	17	95	3,3	45	-	4,7
Plantation de *Pinus silvestris* d'Allemagne	6,8	44,6	1,9	34,3	-	3,0

Dans la steppe l'absorption de potassium, de calcium et d'azote est semblable à celle de la forêt et celle du phosphore est plus élevée. Dans les cultures l'absorption du potassium et du phosphore est plus élevée que dans les forêts, et celle du calcium bien plus faible car cet élément s'accumule surtout dans la litière et l'écorce des arbres. Il est donc possible de caractériser les divers écosystèmes terrestres par le cycle des éléments biogènes.

Le retour au sol des éléments biogènes se fait par l'intermédiaire de la chute annuelle d'organes morts formant la litière. Celle-ci comprend des éléments très divers qui peuvent parfois avoir une importance égale à celle des feuilles. C'est ce qui se produit lors des invasions d'insectes défoliateurs dont les chutes d'excréments peuvent atteindre plusieurs centaines de kilogrammes à l'hectare (figure 17.8). La chute de la litière a un caractère saisonnier marqué dans les régions tem-

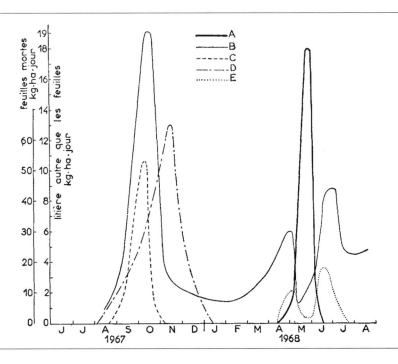

Figure 17.8
Chute annuelle des divers constituants de la litière dans une chênaie à charmes de Belgique
Noter l'importance des excréments de chenilles en 1968. A : Excréments de chenilles ; B : Rameaux morts ; C : Fruits (glands) ; D : Feuilles mortes ; E : Inflorescences (Duvigneaud *et al.* 1969).

pérées. Dans une année moyenne la chute de litière dans la chênaie charmaie est de 7 592 kg/ha qui se décomposent ainsi :

Feuilles mortes	3 242 kg
Rameaux morts	1 480 kg
Inflorescences	133 kg
Fruits (glands)	280 kg
Excréments de chenilles	330 kg
Écailles	255 kg
Branches mortes	1 097 kg
Mélange non trié	775 kg

6.3. Le cas des agrosystèmes

Les besoins des plantes cultivées en éléments minéraux sont bien supérieurs à ceux des forêts. Les quantités de calcium, de potassium et de phosphore prélevées dans le sol par la forêt après cent années de croissance et par des plantes cultivées pendant cent années durant lesquelles ont alterné en rotation de l'avoine, de l'herbe, des pommes de terre et des navets sont les suivantes (en kg/ha) :

	Calcium	Potassium	Phosphore
Pins	501	225	52
Autres Conifères	1 082	578	101
Feuillus	2 216	556	123
Plantes cultivées	2 421	7 413	1 062

Dans les agrosystèmes la récolte enlève des quantités parfois élevées d'éléments minéraux et les pertes peuvent affecter les engrais azotés et les phosphates qui, répandus en excès ou à une mauvaise époque, sont entraînés par le ruissellement dans la nappe phréatique ou dans les rivières où ils provoquent des pollutions nombreuses. En France les stocks d'éléments et les quantités exportées par les récoltes sont les suivants :

Éléments	Stocks (kg/ha)	Exportations (kg/ha)
N	3000	50 à 300
P	654	4 à 35
S	325	3 à 37
K	1245	25 à 249
Mg	904	6 à 60

Ces sols peuvent être épuisés en totalité au bout de 15 à 150 ans selon les cas. Le recours aux engrais naturels (fumier) ou artificiels est donc une nécessité.

Le cycle des six principaux éléments dans un champ de maïs peut être pris comme exemple de cycle dans un agrosystème (Duvigneaud, 1980). Les chiffres du tableau 17.2 montrent qu'une partie des éléments minéraux est réimportée sous la forme de fumier mais ceci ne suffit pas et l'azote, le phosphore et le potassium doivent être ajoutés sous la forme d'engrais chimiques. Ce qui est importé sous la forme d'engrais et de fumier est supérieur à ce qui est exporté par la récolte ce qui semble indiquer un apport excessif d'engrais.

VII. LA PERTURBATION DES CYCLES BIOGÉOCHIMIQUES. L'ÉTENDUE DES POLLUTIONS

Les activités humaines se traduisent par le rejet dans la biosphère de nombreuses substances dont la présence perturbe les cycles biogéochimiques et est la cause de pollutions très diverses.

	Éléments (kg/ha/an)					
	K	N[1]	Ca	P	S	Mg
1. Importations						
Par la pluie	2,1	3,0	10,1	0	20,0	1,6
Par engrais + fumier	191 + 264	156 + 144	0 + 54	52 + 31	0 + 42	0 + 71
2. Exportations						
Récolte	215	230	45	35	25	21
3. Restitution au sol	32	11	3	1	1	2
4. Absorption dans le sol	247	241	48	36	26	23

[1] Il faut ajouter 30 kg/ha/an pour la fixation microbienne de l'azote atmosphérique.

Tableau 17.2
Le cycle des principaux éléments biogènes dans un champ de maïs (Duvigneaud, 1980)

Les polluants peuvent être des substances toxiques et non biodégradables qui s'accumulent dans les écosystèmes. Il peut aussi s'agir de substances qui sont présentes normalement dans la biosphère mais en faibles quantités. Ces substances ne peuvent plus être contrôlées par les cycles biogéochimiques quand elles deviennent trop abondantes. La pollution des eaux par les matières organiques, l'accumulation dans l'atmosphère de CO_2 et de méthane qui augmentent l'effet de serre sont des exemples de pollutions provoquées par des substances normalement présentes en faibles quantités dans la biosphère. Les pesticides, les métaux lourds sont des exemples de polluants non ou peu biodégradables normalement absents de la biosphère.

Quelques exemples montreront la diversité des polluants, les mécanismes et l'importance des pollutions.

7.1. Le phénomène de bioaccumulation

Les organismes qualifiés de bioaccumulateurs présentent une aptitude élevée à la concentration de diverses molécules (Boudou & Ribeyre, 1989). Les Fucus et les Laminaires concentrent l'iode dans leurs tissus en quantités suffisantes pour que l'on puisse les exploiter. Le vanadium est concentré par les calmars, et le cadmium par les *Pecten*. Des bactéries et des algues unicellulaires offrent une large surface de contact avec l'eau et elles peuvent concentrer jusqu'à 60 000 fois certains insecticides ou métaux lourds. Des animaux filtreurs comme les Lamellibranches (une huître pesant 20 g peut filtrer jusqu'à 48 L d'eau par jour) concentrent divers polluants. La concentration en DDT des tissus des moules ou des huîtres peut être 70 000 fois supérieure à celle de l'eau de mer. Des mousses aquatiques comme les *Fontinalis* et les *Scapania* ont une affinité particulière pour les métaux lourds (cadmium, chrome, zinc, plomb) et les polluants organiques. Cette particularité est due à leur teneur plus élevée en lipides que les autres végétaux. Les animaux comme les larves d'Éphémères qui vivent en permanence dans les sédiments chargés de polluants qui se trouvent au fond des lacs accumulent les produits toxiques qui passent ensuite chez les poissons mangeurs de ces insectes.

Cette propriété des organismes se répercute à chaque niveau trophique, les prédateurs accumulant les substances absorbées par leurs proies.

Comme beaucoup de polluants ne sont que peu ou pas métabolisables, les doses absorbées restent intactes dans les tissus. Il peut y avoir également une absorption directe des polluants à partir de l'eau dans le cas des organismes aquatiques. Le phénomène de bioaccumulation est accentué par la baisse de la biomasse quand on passe d'un niveau trophique au suivant et par la durée de vie généralement plus grande des prédateurs, ce qui leur permet d'accumuler les produits toxiques pendant plus longtemps. Le facteur de concentration peut atteindre 100 000 et même plus entre le milieu dans lequel le produit toxique a été déversé et les animaux qui sont situés à l'extrémité des chaînes alimentaires.

7.2. Une chaîne trophique expérimentale

Une chaîne trophique expérimentale en eau douce a été créée avec les quatre niveaux suivants : l'algue unicellulaire *Chlorella vulgaris* ; la daphnie *Daphnia magna* ; le poisson *Gambusia affinis* ; un autre poisson, la truite *Salmo gairdineri*. Le contaminant utilisé est le méthyl mercure CH3 *Hg Cl, polluant important de la biosphère, marqué par du mercure radioactif *Hg ce qui permet de le suivre dans les organismes. Il est déversé dans l'eau à la dose de 1 µg/L soit 1 ppb (une partie par milliard). Les paramètres physiques de l'expérience sont fixés : température de 18°C, saturation en oxygène, pH et photopériode contrôlés (Ribeyre & Boudou, 1980). Les résultats sont les suivants :

(a) après 6 heures, plus de 95 % du mercure est fixé par les chlorelles et la totalité du mercure est fixée au bout de 24 heures ;

(b) en 4 jours, les daphnies ayant consommé des chlorelles contaminées renferment 9,8 µg/g (poids frais) de mercure dans leurs tissus ;

(c) au bout de 10 jours, les gambusies intoxiquées par l'eau et les daphnies renferment $3,99 \pm 0,61$ µg/g de mercure et au bout de 30 jours $10,50 \pm 1,52$ µg/g ;

(d) en 30 jours, les truites intoxiquées par l'eau et les gambusies renferment dans leurs tissus $9,12 \pm 2,02$ µg/g de mercure.

La concentration initiale de l'eau en méthyl-mercure étant de 1 µg/L soit 1 ppb, le facteur de concentration pour les daphnies est de 9 800 ; il est de 10 500 pour les gambusies et de 9 120 pour

les truites. Des gambusies intoxiquées pendant 30 jours ont été placées dans un milieu non contaminé. Les mesures effectuées ont établi que, après 10 jours, l'intoxication n'a pas varié. Ceci montre que le mercure n'est pas (ou pratiquement pas) éliminé par l'organisme.

La concentration du mercure le long des chaînes alimentaires est un phénomène répandu en raison des rejets importants de ce métal par diverses industries. Le cas le plus connu de pollution s'est produit au Japon, à Minamata, où pour certaines espèces animales le facteur de concentration du mercure a atteint 500 000 (Ui, 1971).

7.3. La pollution par les insecticides

Le Clear Lake en Californie fut traité avec un insecticide voisin du DDT en 1949, en 1954 et en 1957 afin d'éliminer un petit moucheron du genre *Chaoborus* dont les larves vivent dans l'eau et dont les adultes, non piqueurs, sont gênants en raison de leur abondance. Les traitements ont été faits à la dose de 0,014 ppm la première fois, puis de 0,02 ppm les autres fois. Le résultat le plus spectaculaire fut une mortalité massive des oiseaux dans une colonie du grèbe *Aechmophorus occidentalis* qui nidifiait sur les bords du lac. Cette population est passée de 3 000 couples reproducteurs à 30 couples stériles. Les analyses effectuées ont montré que l'augmentation des concentrations en pesticide le long des chaînes alimentaires se faisait ainsi :

eau : 0,014 ppm ; phytoplancton : 5 ppm ; zooplancton : non dosé ; poissons mangeurs de plancton : 7 à 9 ppm ; poissons mangeurs d'autres poissons : 22 à 25 ppm ; poisson chat superprédateur : 22 à 221 ppm pour l'ensemble du corps et 1 700 à 2 375 ppm pour les graisses seules ; grèbes trouvés morts : jusqu'à 2 500 ppm dans les graisses.

Le facteur de concentration est dans ce cas de 2500/0,014 = 180 000.

La réduction des populations du faucon pèlerin aux États-Unis est fonction de l'intensité des traitements avec le DDT. L'introduction de cet insecticide a eu comme conséquences l'amincissement de la coquille et la diminution du poids des œufs de cet oiseau. L'étude de populations de goélands argentés a montré le même phénomène. Les oeufs rendus plus fragiles se cassent dans le nid et les éclosions sont moins nombreuses (figure 17.9). Le DDT provoque des lésions de la cellule hépatique, celle-ci réglant le métabolisme des œstrogènes qui contrôlent la réserve de calcium du squelette. En outre le DDT inhibe l'anhydrase carbonique qui intervient dans la fabrication de la coquille.

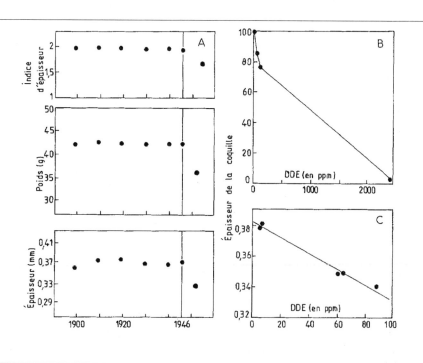

Figure 17.9

Impact des insecticides sur les oiseaux

A : Modifications des caractéristiques des œufs du faucon pèlerin en Californie de 1891 à 1952. En haut, indice d'épaisseur ; au milieu, poids en g ; en bas, épaisseur en mm. Noter l'amincissement brusque de la coquille après 1946, date de l'introduction du DDT.
B : Épaisseur en % de la valeur normale de la coquille des œufs de tourterelle en fonction de la teneur de ces œufs en DDE, un insecticide dérivé du DDT.
C : Épaisseur en mm de la coquille des œufs dans 5 colonies de goélands argentés en fonction du degré de contamination par le DDE (Hickey & Anderson, 1968 ; Peakall, 1970).

Dans le milieu marin une concentration de 1 ppm de DDT abaisse de 17 % la productivité primaire des algues unicellulaires appartenant aux genres *Platymonas* et *Dunaliella* et cette baisse atteint 95 % avec un autre insecticide, l'heptachlore. Les polychlorobiphényles (ou PCB), polluants largement répandus, abaissent aussi la productivité du phytoplancton, les espèces de grande taille étant plus affectées que les espèces de petite taille. Les organismes herbivores du zooplancton sont touchés par la réduction de taille de leurs proies. La conséquence finale de la pollution est la modification des chaînes alimentaires qui sont allongées et qui se terminent par des animaux prédateurs tels que les anémones de mer et autres Coelentérés non utilisables par l'homme. Les chaînes alimentaires normales non modifiées par les PCB conduisent à une plus grande biomasse de poissons exploitables à travers un nombre plus faible de niveaux trophiques.

7.4. La pollution radioactive

La pollution radioactive peut se produire soit à la suite des retombées des explosions nucléaires réalisées dans l'atmosphère, soit par les déchets radioactifs dont on ne sait plus que faire (et que l'on immerge parfois dans la mer), soit à la suite d'accidents comme celui de Tchernobyl (figure 17.10). Les retombées radioactives les plus importantes sont celles du strontium 90, de l'iode 131 et du césium 137 qui se retrouvent dans les tissus humains. Le danger est d'autant plus grand que certains éléments radioactifs se concentrent peu à peu le long des chaînes alimentaires exactement comme les insecticides. Ce phénomène a été particulièrement net dans les toundras du nord de l'Europe et de l'Amérique. Les dosages effectués après les explosions nucléaires nombreuses qui ont eu lieu à partir de 1961 ont montré que la concentration en ^{137}Cs et en ^{90}Sr était plus importante chez les lichens que chez les plantes supérieures. Les lichens ont une croissance lente et ils fixent une grande quantité d'éléments contenus dans l'air et dans les eaux de pluie. Ils constituent dans les régions arctiques le premier maillon d'une chaîne alimentaire simple :

$$\text{lichens} \rightarrow \text{renne} \rightarrow \text{homme}$$

La concentration des radioéléments le long de cette chaîne s'explique par trois raisons : la forte

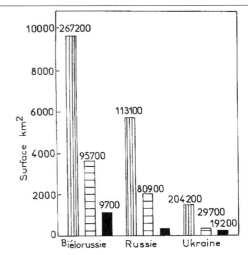

Figure 17.10
Surfaces contaminées par les retombées de 137Cs et nombre d'habitants touchés (chiffres situés au-dessus des barres) en Biélorussie, en Russie et en Ukraine

Hachures verticales : contamination par 185-555 kBq/m^2 (5-15 Ci/km^2) ; hachures horizontales : contamination par 555-1480 kBq/m^2 (15-40 Ci/km^2) ; noir : contamination supérieure à 1 480 kBq/m^2 (40 Ci/km^2). Bq : béquerel ; Ci : curie. (D'après un document de l'*International Atomic Energy Agency*.)

Le 26 avril 1986 à 1 h 23 min deux explosions dues à des erreurs de manœuvre ont touché un des quatre réacteurs en service à Tchernobyl, localité d'Ukraine située à une centaine de kilomètres au nord de Kiev. L'explosion fit sauter le couvercle en béton de 1 300 tonnes qui surmontait le réacteur, mit le feu au graphite servant de ralentisseur de neutrons et envoya un flux de matériaux radioactifs à plusieurs centaines de mètres de hauteur. Les jours qui suivirent des nuages radioactifs passèrent au dessus d'une bonne partie de la Russie, de l'Ukraine et de l'Europe occidentale jusqu'à 2 000 km de distance de la centrale. Les 135 000 personnes qui vivaient dans un rayon de 30 km autour de Tchernobyl furent évacuées et il est vraisemblable qu'elles ne pourront jamais revenir. Selon un bilan récent cette catastrophe aurait déjà fait au moins 15 000 morts et plus de 100 000 malades (cancers de la thyroïde, leucémies). Le taux de leucémies a été multiplié par un facteur compris entre dix et cent. Le coût final de l'explosion est estimé à (au moins) 41,5 milliards de dollars.

capacité d'absorption des lichens ; le fait qu'ils constituent pendant les huit mois d'hiver la nourriture principale des rennes qui en mangent en moyenne 2,5 kg par jour, enfin la consommation par les Lapons et les Esquimaux de grandes quantités de viande de renne (4 à 6 kg par semaine). La dose maximale de radioéléments présente chez les Lapons élevant des rennes a été de

1,5 µCurie en 1965. La décroissance régulière de la radioactivité s'est manifestée seulement après l'arrêt des explosions nucléaires. Pour la période 1955-1985 la dose totale de radiations reçues a été de 1 rem pour les Lapons du nord de la Finlande vivant du renne et seulement de 25 mrem (soit 40 fois moins) pour les habitants du sud du pays qui ne vivent pas aux dépens du renne.

Références

*BOLIN, B. *et al.* (eds.), 1979. *The global carbon cycle.* SCOPE n° 13. Wiley & Sons, London.

*BOUDOU, A., & RIBEYRE, F. (eds.), 1989. *Aquatic ecotoxicology : fundamental concepts and methodologies.* Deux volumes. CRC Press, Boca Raton, Florida.

DUVIGNEAUD, P. *et al.*, 1969. Recherches sur l'écosystème forêt. La chênaie mélangée calcicole de Virelles-Blaimont. Biomasse, productivité, turn over de la matière organique et cycle des éléments biogènes. *Bull. Soc. Roy. Bot. Belgique*, **102**, p. 317-410.

DUVIGNEAUD, P., 1980. *La synthèse écologique.* Doin, Paris.

*HOWARTH, R. W. *et al.*, 1992. *Sulphur cycling on the continents.* John Wiley and Sons, Chichester.

LOSSAINT, P. & RAPP, M., 1978. La forêt méditerranéenne de chênes verts. *In* : M. Lamotte & F. Bourlière (eds.), *Problèmes d'écologie : écosystèmes terrestres*, p. 129-185. Masson, Paris.

RIBEYRE, F. & BOUDOU, A., 1980. Experimental trophic chain contamination with methylmercury : importance of the system « producer-primary consumer ». *Environ. Pollut.*, (A), **24**, p. 193-204.

ROSSWALL, T., 1976. The internal nitrogen cycle between microorganisms, vegetation and soil. *Ecological Bulletins*, **22**, p. 157-167.

SHIGEMATSU, I., 1991. *The international Chernobyl project. An overview. Assessment of radiological consequences and evaluation of protective measures.* Report by an international advisory committee. Deux cartes au 1/1 000 000[e] (surface contamination maps). International Atomic Energy Agency, Vienne.

SIEGENTHALER, U. & SARMIENTO, J. L., 1993. Atmospheric carbon dioxide and the ocean. *Nature*, **365**, p. 119-125.

SÖDERLUND, R. & SVENSSON, B. H., 1976. The global nitrogen cycle. *Ecological Bulletins*, **22**, p. 23-73.

*SVENSSON, B. H. & SÖDERLUND, R. (eds.), 1976. Nitrogen, Phosphorus and sulphur global cycles. *Ecological Bulletins*, 22.

UI, J., 1971. Mercury pollution of sea and freshwater : its accumulation in water biomass. *Rev. Int. Oceanogr. Med.*, **22**, p. 79-84.

Chapitre 18

LES SUCCESSIONS ÉCOLOGIQUES

Le dynamisme est une caractéristique fondamentale des écosystèmes. Une observation même superficielle montre que le sol nu se couvre peu à peu de végétation et qu'un champ abandonné est envahi par des herbes vivaces, puis par des arbustes et enfin par des arbres. Un étang se comble peu à peu grâce à l'activité de la végétation. Ce phénomène de colonisation d'un milieu par les êtres vivants et de changements de flore et de faune avec le temps est connu sous le nom de succession écologique.

I. UN PEU D'HISTOIRE

Des observations de la végétation des tourbières faites dès le XVIIe siècle avaient déjà permis de mettre en évidence des successions végétales et Buffon avait pu constater l'existence de successions dans ses forêts. Dureau de la Malle est le premier qui ait utilisé le mot succession dans un article paru en 1825 et intitulé « Mémoire sur l'alternance ou sur ce problème : la succession alternative dans la reproduction des espèces végétales vivant en société est-elle une loi générale de la nature ? ». Mais les études précises n'ont commencé qu'à la fin du XIXe siècle. H. C. Cowles, de l'Université de Chicago, a développé une théorie qui admet que les communautés végétales changent en même temps que l'ensemble des caractéristiques physico-chimiques du milieu. Il avait aussi remarqué que la végétation peut changer même si le milieu reste stable, étant donné que les cycles de végétation sont plus rapides que les cycles géologiques. La végétation des dunes de sable qui bordent la rive sud du lac Michigan fut un des domaines d'étude de Cowles (1899), l'évolution rapide de ce milieu facilitant la mise en évidence des successions. Pour Cowles les communautés végétales évoluent d'une façon prévisible et selon des lois qui peuvent être connues. Cette notion d'une évolution des communautés végétales va remplacer le concept statique d'équilibre de la nature qui avait déjà été mis à mal par Darwin. Cowles insiste sur l'importance des divers facteurs physiques du milieu pour la végétation, et en particulier sur l'humidité qui, selon lui, joue le rôle principal. Il résume ainsi ses observations :

« Dans la région des dunes qui bordent le lac Michigan, la plage constitue la formation primitive ; puis on rencontre successivement les dunes stationnaires, les dunes actives, les dunes stabilisées et les dunes fixées. Les dunes fixées évoluent en passant par divers stades qui se terminent dans la forêt décidue mésophile, qui représente le type normal du climax dans la région des lacs. C'est sur la plage que se rencontrent les adaptations à la sécheresse les plus marquées à cette latitude et, lorsqu'on traverse la série de dunes décrite ci-dessus dans l'ordre de leur succession pour aboutir à la forêt décidue mésophile typique, les adaptations à la sécheresse deviennent de moins en moins marquées[1]. »

---

[1] Cette région de dunes qui bordent le sud du lac Michigan à l'est de Chicago est en grande partie détruite par l'urbanisation et l'industrialisation. Grâce à l'intervention de conservationnistes une partie de ce milieu qui a été qualifié de « Birthplace of American Ecology » a pu être préservée et elle constitue le « Indiana Dunes National Lakeshore ». La zone protégée renferme une zone humide qui a reçu le nom de « Cowles Bog » en souvenir de Cowles. La bataille qui a été à l'origine de la mise en réserve d'une partie de cette région est un bon exemple de l'antagonisme qui existe entre la conservation de la nature, les intérêts privés et les pressions que ceux-ci exercent sur le pouvoir (cf. R. A. Cooley & G. Wandesforde, 1970. *Congress and the environment*. University of Washington Press).

F. E. Clements soutint en 1897 sa thèse sur la *Phytogéographie du Nebraska.* À cette époque la région était encore couverte par la Prairie à peine modifiée par l'homme. Clements parcourut ces immenses étendues à dos de mule ; il observa que, dans les ornières creusées par les roues des chariots des pionniers et sur les sentiers jadis parcourus par les troupeaux de bisons, une végétation nouvelle s'installait et évoluait peu à peu en faisant retour à la végétation normale de la Prairie. C'est en 1916 qu'il publia son œuvre capitale : *Plant succession, an analysis of the development of vegetation.* On y trouve exposée la célèbre théorie de la succession, du climax et du super-organisme :

« Tout comme un organisme, une formation naît, grandit, mûrit et meurt. Le développement des études sur la végétation conduit nécessairement à l'affirmation que la formation végétale est analogue à un organisme... Tout climax peut se reproduire, répétant avec une fidélité rigoureuse les étapes de son développement. L'histoire de la vie d'une formation se déroule suivant un processus complexe mais défini, comparable dans ses grandes lignes à l'histoire de la vie d'une plante isolée... La succession est le processus universel de développement de la vie d'une formation végétale. Elle est plus évidente dans des zones physiographiquement actives telles que les dunes, les rivages, les lacs, les plaines alluviales, les badlands, etc, et dans toutes les régions perturbées par l'homme. L'association la plus stable n'est jamais en équilibre complet... Une compréhension complète de la succession n'est possible que si on la considère de différents points de vue. Son trait le plus frappant réside dans les mouvements de population, les vagues d'invasion qui vont et viennent dans le milieu depuis le stade initial jusqu'au stade climax. Ces mouvements sont marqués par une progression des formes de végétation depuis les lichens et les mousses jusqu'aux arbres du stade final ».

Les deux principaux concepts développés par Clements, celui de succession écologique et celui de la communauté considérée comme un super-organisme se diffuseront rapidement chez les écologistes et ils seront repris en particulier par un éminent représentant de ce que l'on a appelé « l'école de l'Illinois », V. E. Shelford. Après avoir remarqué que les zoologistes s'étaient jusque là intéressés à des organismes isolés, Shelford entreprit l'étude des successions de poissons dans les cours d'eau et les étangs qui bordent la rive sud du lac Michigan et en rechercha les causes (Shelford, 1911). Il mit en évidence des modifications des facteurs physico-chimiques et biotiques dans l'espace et dans le temps, et en particulier une augmentation de la quantité de matière organique vivante sous la forme de plancton, d'Invertébrés et de végétaux fixés

lorsque l'étang devient écologiquement plus âgé. La végétation enracinée procure des abris à de nombreux animaux ; la quantité d'oxygène dissous diminue et cette baisse de la teneur en oxygène sur les fonds où les poissons vont frayer suffit à éliminer les espèces les plus sensibles des étangs les plus âgés. La cause de la succession est ainsi mise en évidence :

« La succession animale dans les étangs est due à une augmentation anormale des produits d'excrétion et des matériaux organiques en décomposition, ce qui entraîne une augmentation de la végétation, une diminution de la teneur en oxygène sur le fond et un changement radical dans les conditions de milieu, ce qui affecte en premier lieu la reproduction des espèces. »

Une autre étude remarquable de Shelford concerne les diverses espèces de Cicindèles qui habitent la région des dunes sableuses bordant le lac Michigan. Il a montré (1907) que la communauté végétale qui s'installe en premier lieu sur le sol sableux comprend des Graminées et divers Invertébrés comme la cicindèle *Cicindela lepida.* Cette communauté pionnière est peu à peu remplacée par d'autres communautés et le stade climax est une forêt de hêtres et d'érables dans laquelle *Cicindela sexguttata* remplace *Cicindela lepida.* Cette succession, conclut Shelford, a pour origine l'influence modificatrice des êtres vivants sur le milieu.

II. LES NOTIONS DE SÉRIE ET DE CLIMAX

Les successions primaires correspondent à l'installation des êtres vivants dans un milieu comme un sol nu qui n'a jamais été peuplé. Les organismes qui s'installent en premier sont qualifiés de pionniers. Les biocénoses qui se succèdent sont des séries (ou *seres* des auteurs de langue anglaise). Pour Clements la fin de l'évolution de la série est représentée par une biocénose stable, en équilibre avec le milieu qui est qualifiée de climax.

Clements avait admis que la formation végétale qui correspond au climax est déterminée par le climat régional et qu'il ne peut en exister qu'une seule par région. Cette conception du climax climatique est trop rigide et elle ne correspond pas

à la réalité. Il peut exister dans une région des climax conditionnés par le climat général et indépendants des conditions de milieu telles que la nature de la roche-mère. Ces climax climatiques sont représentés par la chênaie atlantique des plaines de l'ouest de la France ou par la rhodoraie (formation à *Rhodendron*) de l'étage subalpin dans les Alpes. Mais dans certains cas il peut se former des climax stationnels (ou climax édaphiques) qui dépendent de la nature du sol comme les pelouses sèches sur calcaire, ou de la présence de l'eau comme les tourbières.

Les successions secondaires correspondent au processus de reconstitution de la végétation dans un milieu qui a déjà été peuplé mais dont les êtres vivants ont été éliminés totalement ou partiellement par des modifications climatiques (glaciations, incendies), géologiques (érosion), ou par l'intervention de l'homme (défrichement). Une succession secondaire conduit souvent à la formation d'un disclimax différent du climax primitif. On qualifie de successions destructrices des successions qui ne se terminent pas par un climax. Les modifications de milieu sont, dans ce cas, dues à des facteurs biotiques et ce milieu est souvent détruit peu à peu par les différentes vagues de faunes de flores et de micro-organismes. C'est le cas des cadavres d'animaux ou des troncs d'arbres morts.

Sur un sol nu les végétaux s'installent au hasard des apports de semences qui sont souvent transportées par le vent dans le cas des espèces pionnières. Les effets du hasard sont modifiés par les facilités du terrain à coloniser. Il est évident que les plantes les plus communes auront plus de chances de s'installer que les plantes rares. La sélection en fonction des caractères du sol et du microclimat éliminera un grand nombre d'espèces. Le plus souvent les plantes une fois installées s'étendent, chaque espèce formant des peuplements monospécifiques. La végétation a ainsi un aspect en mosaïque caractéristique des stades jeunes de la colonisation. Puis la concurrence et la sélection se manifestent et la biocénose acquiert sa structure définitive.

Dans certains cas on constate l'existence de séries évolutives cycliques dans lesquelles, après un certain temps, l'association de départ se réinstalle spontanément. Ce type de succession se présente de la façon suivante dans une tourbière :

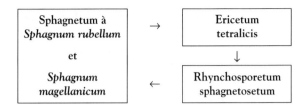

La surface d'une telle tourbière présente des bosses colonisées par deux espèces de sphaignes croissant dans l'air *Sphagnum rubellum* et *S. magellanicum*. Lorsque ces bosses atteignent 50 cm de hauteur elles s'assèchent et cessent de croître puis elles sont colonisées par *Erica tetralix*. Dans les dépressions de la tourbière pousse *Rhynchospora alba* mêlée à l'Hépatique *Cladopodiella fluitans*. Peu à peu ces creux sont colonisés par des Sphaignes à croissance rapide et ils deviennent des bosses occupées à nouveau par *Sphagnum rubellum* et *S. magellanicum*. Pendant ce temps les zones à *Erica tetralix* deviennent des creux où les *Erica* meurent et où l'eau de pluie s'accumule. *Rhynchospora alba* y apparaît bientôt et le cycle est bouclé.

Un autre cas de série cyclique a été décrit dans les landes d'Écosse qui sont caractérisées par la bruyère *Calluna vulgaris* et par des *Vaccinium*. Lorsqu'une zone de lande correspondant au stade à *Calluna* a atteint la maturité, certains pieds de bruyère meurent. Le sol est alors occupé par une association riche en mousses comme *Hypnum cupressiforme* ; puis ces taches sont colonisées par d'autres mousses telles que *Pleurozium schreberi* et *Hylocomium splendens*, tandis que les *Calluna* dégénèrent de plus en plus. Sur leurs rameaux morts se développent des Lichens dont *Parmelia physodes*. Des plantes vasculaires s'installent dans les espaces libres, et en particulier des *Vaccinium* (comme *V. myrtillus*, et *V. vitis idaea*), *Empetrum nigrum*, *Deschampsia flexuosa*, *Erica cinerea* et *Arctostaphylos uva-ursi*.

Les microsuccessions cycliques sont provoquées par des perturbations et contribuent à maintenir l'hétérogénéité spatiale et le renouvellement dans des formations ayant atteint le stade climax (chapitre 19, paragraphe 1).

Les séries évolutives régressives aboutissent non à un stade climax mais à un groupement simple souvent analogue à un stade pionnier. L'homme peut être le facteur responsable de l'apparition de ces séries régressives dont on trouve un exemple dans les hêtraies des Causses qui sont installées sur un sol calcaire. Sous l'influence de l'homme ces

hêtraies sont progressivement trouées par des clairières dans lesquelles poussent des taillis de chênes pubescents et de noisetiers. Ceux-ci sont pâturés et dégradés de plus en plus ; les végétaux ligneux sont éliminés et remplacés par une pelouse à *Carex alba* et *Sesleria coerulea*. L'érosion par ruissellement peut alors agir sur le sol insuffisamment protégé ; la roche-mère affleure et des nappes de cailloutis s'étendent sur de grandes surfaces ; elles sont colonisées par une végétation très ouverte avec quelques espèces comme *Bromus erectus* et *Sesleria coerulea*. Finalement il ne reste plus qu'une pelouse à *Bromus* et *Sesleria* avec çà et là quelques noisetiers (figure 18.1). Les étapes de la dégradation de la forêt méditerranéenne de chênes verts sous l'infuence de l'homme constituent un autre exemple de série régressive (figure 23.5).

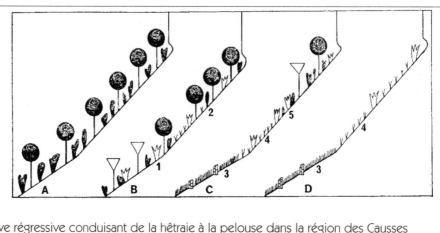

Figure 18.1

Série évolutive régressive conduisant de la hêtraie à la pelouse dans la région des Causses

A : Futaie de hêtres avec un sous-bois de buis. B : Forêt clairiérée avec en **1** des taillis de chênes pubescents, noisetier et buis, et en **2** une hêtraie dégradée à *Carex alba*, *Sesleria coerulea* et noisetier. C : Pelouses et fourrés avec en **3** pelouse à *Bromus erectus*, en **4** pelouse à *Sesleria coerulea* et en **5** fourrés à noisetier. D : pelouses, en **3** à *Bromus erectus*, et en **4** à *Sesleria coerulea* (Van den Bergen, 1966).

La notion de climax a été très critiquée. Pour rester valable et mériter d'être conservée cette notion doit prendre un aspect dynamique. Une forêt parvenue au stade climax n'est pas un système uniforme et immuable. C'est un ensemble hétérogène de parcelles d'âges différents qui ont été créées par des perturbations telles que le vent ou le feu. Dans la forêt climax coexistent, à côté de parcelles réellement parvenues au stade climax, un mélange de parcelles d'âges divers dont la végétation est celle (ou rappelle celle) des stades précédents. Cette hétérogénéité du climax explique la biodiversité élevée que l'on y rencontre. On peut donner le nom de métaclimax à cette structure hétérogène qui se renouvelle constamment tout en restant identique à elle même (figure 18.2). Cette forêt métaclimacique a une structure fort différente de la forêt artificia-

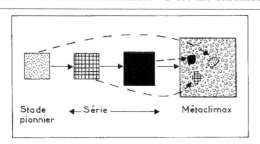

Figure 18.2

Le métaclimax correspond à une association végétale originale dans laquelle se trouvent dispersés des fragments des séries précédentes ce qui en assure l'hétérogénéité et la diversité

L'existence de trouées plus ou moins importantes dans une forêt lui impose une structure en mosaïque et un renouvellement constant qui remettent en cause l'idée simple de la forêt climax homogène et stable (figure 19.2). La régénération de la forêt dans une clairière peut être longue et une période transitoire de végétation herbacée peut s'installer. La régénération conduit souvent à l'installation de microsuccessions dans les forêts climaciques, un arbre n'étant pas remplacé par un autre arbre de la même espèce comme cela a été observé à Bialowieza (figure 14.28). Un autre exemple peut être trouvé en Amérique du Nord. Lorsque le stade forestier à *Fagus grandiflora* a atteint son optimum il est suivi par une phase de déclin des hêtres qui sont remplacés par *Betula alleghanensis* puis par une forêt mixte avec *Acer saccharum* et le cycle se referme enfin sur le hêtre (Forcier, 1975).

lisée et équienne, c'est-à-dire formée d'arbres tous du même âge et où toutes les traces de perturbations sont soigneusement éliminées par l'intervention du forestier.

III. QUELQUES EXEMPLES DE SUCCESSIONS

3.1. Les successions végétales

En France et en Europe les groupements végétaux qui se succèdent en un lieu déterminé sont (sauf rares exceptions), dans l'ordre : un groupement herbacé pionnier, un groupement arbustif, une forêt climacique. Dans la région parisienne en dehors de toute intervention humaine, l'évolution spontanée de la végétation conduit à une forêt d'arbres à feuilles caduques[1]. On observe cette succession dans le massif de Fontainebleau où sur un sol siliceux (sables et grès stampiens) le schéma de l'évolution de la végétation, est le suivant :

– sur le sol nu s'installe une pelouse constituée par la petite Graminée *Corynephorus canescens* ;

– cette pelouse très ouverte se ferme progressivement lorsque diverses Cryptogames et Phanérogames vivaces s'installent ;

– si le piétinement n'est pas trop intense on voit s'installer des jeunes plantules d'Éricacées (les bruyères *Erica cinerea* et *Calluna vulgaris*) et de genêt à balais *Sarothamnus scoparius* qui forment une lande. Cette lande, qui devient peu à peu très fermée, élimine les petites espèces de la pelouse ;

– à la faveur de trouées qui permettent d'éviter la compétition avec les bruyères, des individus de chêne sessile germent et se développent. Le stade préforestier est atteint lorsque sous le couvert des arbres les Éricacées héliophiles disparaissent et sont remplacées par des plantes qui supportent l'ombre des arbres comme *Teucrium scorodonia*, *Lonicera periclymenum* ou *Deschampsia flexuosa* ;

– la chênaie sessiliflore à *Quercus sessiliflora* à son maximum de développement renferme, outre le chêne, quelques autres arbres comme le bouleau ou le châtaignier.

Dans la même région les sols calcaires sont colonisés par de rares plantes très dispersées. Peu à peu la végétation devient plus riche et constitue une pelouse qui appartient à l'association du *Mesobrometum*, caractérisée par des Graminées comme *Bromus erectus* et *Brachypodium pinnatum*, et par une riche flore herbacée avec de nombreuses Orchidées (*Orchis ustulata*), des Ombellifères (*Seseli montanum*), des Papilionacées, etc.

Çà et là des jeunes plantes ligneuses comme le génévrier et l'églantier s'installent. Ceci amorce l'évolution vers le pré-bois de chênes pubescents, forêt claire à sous-bois herbacé dont la strate arborescente est formée par *Quercus lanuginosa* (chapitre 23, paragraphe 1). Lorsque cette formation végétale est assez isolée elle est relativement stable et elle constitue un climax. Mais, lorsqu'elle est en contact avec la hêtraie, le hêtre s'y installe peu à peu et le stade final est une hêtraie calcicole. C'est pourquoi les régions de la forêt de Fontainebleau où le pré-bois de chênes pubescents est protégé doivent être entretenues pour empêcher le hêtre de s'y installer.

En Suisse le glacier d'Aletsch recule peu à peu et les étapes de la colonisation par la végétation de ses moraines constituent un exemple clasique de succession dont les diverses phases ont pu être datées. Un groupement pionnier à *Oxyria digyna* est, au bout d'une dizaine d'années, envahi par des mousses, des saules nains et diverses Papilionacées comme *Trifolium pallescens* et *Trifolium badium*. Vers 60 ans les bouleaux et les mélèzes forment des peuplements dispersés qui sont mêlés de rhododendrons. Au bout d'un siècle l'épicéa et le pin cembro préparent l'installation de la forêt climacique finale qui mettra plusieurs centaines d'années pour atteindre son équilibre.

Les divers stades des successions végétales ont presque toujours les mêmes caractéristiques : au début une succession rapide de stades relativement brefs, puis une évolution de plus en plus lente avec un allongement de la durée des stades.

L'évolution du sol et de la végétation dans l'étage alpin des Alpes centrales a été décrite dès 1926 par Braun-Blanquet et Jenny. Dans cet étage les éboulis calcaires sont colonisés par des espèces qui forment un groupement pionnier, le *Thlaspeetum rotundifolii* dont l'espèce caractéris-

---

[1] Les successions végétales dans la région parisienne sont décrites en détail par Bournérias (1979).

tique est la Crucifère *Thlaspi rotundifolia*. Peu à peu ces espèces du stade pionnier sont supplantées par celles de l'association *Caricetum firmae* (à *Carex firma*) dont l'optimum se situe sur des sols ayant un pH un peu supérieur à 7. L'activité des végétaux entraîne une acidification progressive du sol, le remplacement du *Caricetum firmae* par les espèces de l'*Elynetum* (à *Elyna myosuroides*) dont le pH optimum est voisin de 6, puis par les espèces du *Caricetum curvulae* (à *Carex curvula*) lorsque le pH du sol est voisin de 4,5 (figure 18.3).

Figure 18.3
Évolution du sol et de la végétation dans l'étage alpin des hauts massifs calcaires des Alpes centrales

En haut, variation du pH en fonction du nombre de relevés (N) effectués dans trois associations végétales.

En bas, passage du sol calcaire brut supportant l'association *Caricetum firmae* à l'humus climacique qui supporte le *Caricetum curvulae* (Braun-Blanquet & Jenny, 1926).

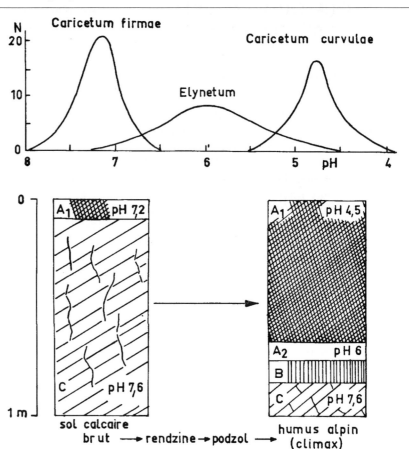

Le comblement progressif d'un étang, qui est provoqué par le développement de la végétation et de la sédimentation, est un autre exemple de succession.

Un lac jeune, oligotrophe, profond et riche en oxygène a des eaux transparentes et une faible productivité. Le comblement de ce lac se produit peu à peu en raison de l'arrivée d'alluvions, de la chute de débris animaux et végétaux sur le fond et de l'avancée de la végétation littorale. Le lac devient eutrophe et la productivité y est élevée. Le comblement continuant il se transforme en marais puis en prairie et enfin en forêt. Cette évolution se fait avec une vitesse variable. On estime que le lac de Constance en Suisse a environ 12 000 ans et qu'il sera comblé au bout d'une période de même durée.

3.2. Les successions animales

3.2.1. LES SUCCESSIONS D'OISEAUX

Les successions écologiques ont été décrites chez les végétaux, mais aussi chez les oiseaux et les insectes. Ferry et Frochot (1958) ont étudié une futaie de chênes et de charmes située dans le département de la Côte-d'Or à 500 m d'altitude et exploitée par parcelles tous les 40 ans. Le nombre d'espèces d'oiseaux et leur abondance varient en fonction de l'âge des parcelles. La courbe représentant le nombre d'espèces montre une ascension rapide pendant la période de végétation buissonnante, puis une légère diminution et enfin une nouvelle augmentation qui se conti-

nuerait sans doute si l'exploitation de la forêt n'arrêtait l'évolution (figure 18.4). Cette courbe a une valeur générale car elle est semblable à celle qui a été obtenue dans une étude sur les variations de l'avifaune en relation avec les successions végétales dans des peuplements forestiers naturels en Amérique du Nord. Certaines espèces comme le rouge-gorge sont absentes les années qui suivent la coupe des arbres et leur importance s'accroît peu à peu lorsque le peuplement vieillit. D'autres espèces comme le bruant jaune s'installent au début du cycle aussitôt après la coupe des arbres puis elles accroissent rapidement leurs effectifs et disparaissent. Le pipit des arbres est la seule espèce qui soit présente dans les parcelles qui viennent d'être coupées.

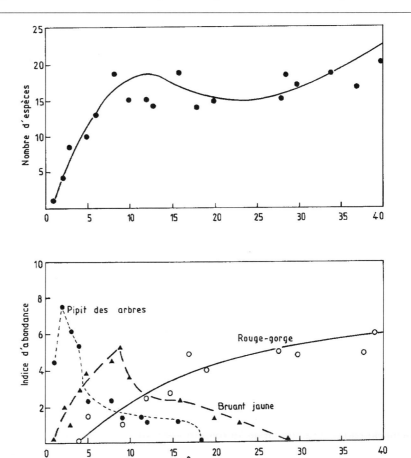

Figure 18.4
Exemple de succession d'oiseaux en forêt

En haut, variation du nombre d'espèces d'oiseaux dans une chênaie en fonction de l'âge des parcelles.

En bas, densité de trois espèces de Passereaux dans la même forêt (Ferry et Frochot, 1958).

Les successions d'oiseaux en Provence ont été suivies dans un gradient de végétation formé de sept stades qui vont de la pelouse à Asphodèles (stade jeune) à la futaie de chênes verts (stade climax). Les successions au cours de ces sept stades sont caractérisées par une augmentation du nombre d'espèces, de la biomasse et de la diversité spécifique (figure 18.5). Un fléchissement de la diversité apparaît au dernier stade. Les premiers stades des successions sont dominés par des oiseaux granivores, comme les alouettes et les bruants ; les stades intermédiaires buissonnants comprennent des oiseaux insectivores comme les fauvettes ; les vieux stades forestiers renferment des mésanges et des pics à tendances insectivores. La mobilité des espèces peut être évaluée par le nombre de sous-espèces qu'elles renferment, ce nombre étant d'autant plus élevé que les individus sont plus sédentaires. Le nombre moyen de sous-espèces par espèce passe de 2,55 dans la pelouse à Asphodèles à 9,43 dans la vieille futaie. Parallèlement le pourcentage d'espèces migratrices passe de 64 % dans la pelouse à 4 % dans la futaie. La vitesse de renouvellement des communautés diminue avec l'âge des successions (Blondel, 1976).

Figure 18.5
Évolution de la structure
des peuplements d'oiseaux
en Provence le long d'une
succession comprenant
sept stades de végétation
d'âge croissant

a : Augmentation du nombre
d'espèces ;
b : Augmentation de la biomasse ;
c : Variations de l'indice de
diversité ;
d : Vitesse de renouvellement
des peuplements.
Les sept stades de végétation
d'âge croissant vont de la prairie
à asphodèle en 1, à la vieille
futaie de chênes verts en 7
(Blondel, 1976).

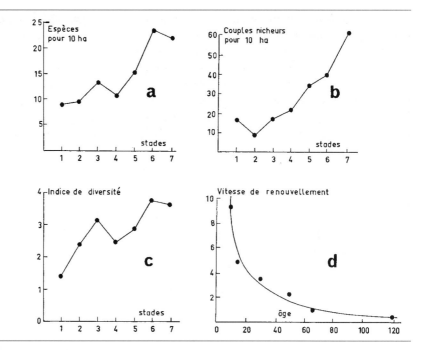

3.2.2. LES SUCCESSIONS D'INSECTES

De nombreuses successions d'insectes ont été décrites. Il s'agit souvent de successions destructrices comme celles qui se rencontrent dans les fruits (ou sycones) des *Ficus* en Afrique (chapitre 12, paragraphe 2). Les successions d'insectes qui colonisent les cadavres de Mammifères comprennent sept stades.

1. Des mouches appartenant aux genres *Musca*, *Calliphora* et *Cyrtoneura* pondent sur la peau du cadavre ; leurs larves se nymphosent au bout d'une semaine.

2. D'autres mouches appartenant aux genres *Lucilia* et *Sarcophaga* s'installent à leur tour lorsque le cadavre commence à dégager une odeur ammoniacale.

3. Des Coléoptères du genre *Dermestes* et des Lépidoptères du genre *Aglossa* dont les larves se nourrissent de graisses s'installent.

4. Ils sont suivis par d'autres Coléoptères du genre *Necrobia* et par des mouches du genre *Piophila* qui sont attirées par la fermentation ammoniacale des protéines du cadavre.

5. Le stade suivant comprend des mouches comme *Ophrys*, *Phora*, *Lonchaea*, *Tyreophora* et des Coléoptères comme les *Hister*, *Saprinus*, *Silpha* et *Necrophorus*.

6. Lorsque le cadavre est momifié, des Acariens comme *Tyroglyphus* et *Uropoda* deviennent abondants. Des Coléoptères comme *Attagenus* et *Anthrenus* font leur apparition.

7. Enfin les derniers débris adhérents aux os sont attaqués par les Coléoptères *Ptinus* et *Tenebrio*. La connaissance précise de ces successions permet de déterminer, en médecine légale, la date probable de la mort lors de la découverte d'un cadavre.

Les arbres morts sont attaqués par des insectes et divers autres Invertébrés et par des champignons dont l'action conjuguée fait retourner peu à peu le bois à l'état d'humus. Les insectes les plus importants sont des Coléoptères et des Diptères ; ils sont accompagnés par de rares Hyménoptères et Lépidoptères. Dans le cas du chêne on peut distinguer les trois stades suivants dans la succession.

1. Des insectes xylophages s'installent dans la zone sous-corticale pendant 1 à 3 ans environ. Ce sont surtout des Coléoptères de la famille des Buprestidés et de la famille des Cérambycidés. On y rencontre aussi quelques Scolytidés. Quelques espèces de Cérambycidés comme les *Rhagium* pénètrent déjà dans la profondeur du bois.

2. Pendant une période de 2 à 6 ans les Cérambycidés deviennent plus abondants en espèces et en individus et les Scolytidés disparaissent. Les Anobidés s'installent. Le cœur du bois est colonisé et les insectes prédateurs d'espèces xylophages deviennent abondants.

3. Pendant les 5 à 10 années qui suivent les xylophages continuent à dégrader le bois. Les espèces saproxylophages comme les Lucanidés, spécialisées dans l'exploitation du bois déjà dégradé par les insectes et les champignons, peuvent devenir abondantes. Des espèces à régime mixte à la fois saproxylophages et prédatrices comme des Élatérides jouent un rôle de plus en plus important. Le résultat de l'action de ces vagues de faunes est la formation d'une masse plus ou moins friable qui n'a plus la structure du bois et qui constitue un complexe saproxylique peu à peu envahi par des éléments de la faune du sol qui achèveront de le transformer en humus.

Les successions végétales non destructrices s'accompagnent d'une évolution de la faune entomologique (Southwood *et al.*, 1979 ; Brown, 1985 ; Brown & Southwood, 1987 ; Ehrardt & Thomas, 1991 ; Usher & Jefferson, 1991, etc.). Dans une prairie abandonnée située en Suisse dans l'étage subalpin le reboisement se fait lentement. Aussitôt après l'abandon de la prairie, le nombre d'espèces de papillons augmente tout d'abord légèrement alors que le nombre d'espèces de plantes commence à diminuer. La diversité reste importante jusqu'au moment où la végétation atteint le stade à buissons bas ; puis elle baisse soudainement lorsque les bouleaux s'installent ; elle devient presque nulle au stade à aulne vert et elle remonte légèrement dans la forêt climacique de sapins, les espèces de papillons ne restant évidemment pas toujours les mêmes au cours de cette succession. La connaissance de ces variations de l'abondance et de la composition spécifique des insectes au cours de la succession végétale est importante dans une perspective de gestion des milieux ouverts et de la conservation de leur faune et de leur flore. Les successions secondaires des insectes dans les champs abandonnés ont été décrites par Southwood *et al.* (1979) qui distinguent trois phases dans les successions : **un stade jeune** de 1 à 2 ans après l'arrêt des cultures ; **un stade âgé** 6 à 7 ans après ; **un stade final** qui est une forêt de bouleaux installée 60 ans après l'arrêt des cultures.

IV. LES CARACTÉRISTIQUES DES SUCCESSIONS

Les lois qui gouvernent l'évolution des écosystèmes peuvent être recherchées à l'aide de microécosystèmes expérimentaux. Un écosystème artificiel, constitué au début de l'expérience par une vingtaine d'espèces d'algues, une Paramécie et quelques Crustacés, évolue en fonction du temps (figure 18.6). La biomasse dans cet écosystème augmente et atteint au bout d'un certain temps une valeur stable ; la productivité diminue progressivement et tend vers zéro ; le rapport de la biomasse à la productivité brute B/PB augmente. Ces caractéristiques se retrouvent dans les écosystèmes naturels.

L'analyse des successions écologiques a permis à des écologistes comme Odum et Margalef d'en déterminer diverses caractéristiques qui peuvent être résumées dans le tableau 18.1 et dans les dix propositions suivantes.

(a) Les écosystèmes proches du climax sont plus organisés, plus complexes que les écosystèmes proches du stade pionnier. Le taux de renouvellement de la biomasse P/B diminue lorsque la succession progresse vers le climax. Les écosystèmes proches du stade pionnier ont un taux de renouvellement de la biomasse élevé et ils peuvent être soumis à une exploitation plus intense que les écosystèmes climaciques. La stabilité résilience (qui est définie chapitre 21, paragraphe 5) est forte dans les stades pionniers et faible dans les stades climax ; c'est l'inverse pour la stabilité rémanence. L'exploitation d'un écosystème entraîne souvent des changements qui sont équivalents à un rajeunissement et à un retour vers le début de la succession.

(b) Le rapport PB/R (productivité brute/respiration) est supérieur à l'unité dans les écosystèmes jeunes et tend vers l'unité dans les écosystèmes voisins du climax. Par conséquent la productivité nette PN, qui est égale à $PB - R$ tend vers zéro en raison de l'augmentation des dépenses respiratoires. La biomasse augmente au fur et à mesure que l'on s'approche du climax. Elle devient ensuite à peu près constante puisque la productivité tend vers zéro. L'exploitation traditionnelle des forêts se fonde sur une connaissance ancienne de cette caractéristique des écosystèmes (figure 18.7).

Figure 18.6

Variation de divers paramètres lors de l'évolution d'un micro-écosystème de laboratoire

En haut, respiration R, productivité brute PB et biomasse B. La différence (en hachures) entre R et PB est la productivité nette qui diminue peu à peu et tend vers zéro tandis que la biomasse se stabilise.

En bas, variation du rapport biomasse/productivité brute PB ; de la teneur en chlorophylle A ; et de la diversité biochimique Bi.D qui augmente puis diminue légèrement (Cooke, 1967).

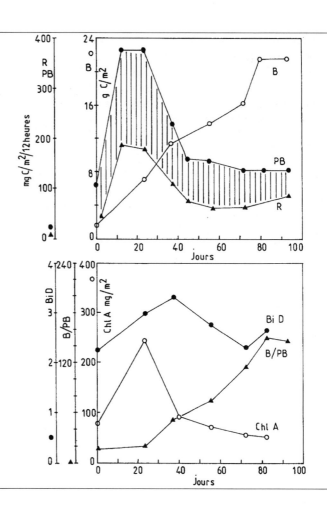

Caractéristiques	Stades pionniers et transitoires	Stades climax ou proches du climax
Rapport P/R [1]	plus grand que 1	Tend vers 1
Productivité nette	Élevée	Tend vers 0
Chaînes trophiques	Linéaires	Ramifiées
Diversité	Espèces peu nombreuses	Beaucoup d'espèces
Structure des peuplements	Log-linéaire ou presque ; équitabilité faible	Log-normale ou presque ; équitabilité élevée
Diversité biochimique	Faible	Élevée
Hétérogénéité et stratification	Faible	Élevée
Niches écologiques	Étroites	Larges
Taille des organismes	Petite	Grande
Durée de vie des espèces	Courte	Élevée
Importance de la symbiose	Rare	Plus fréquente
Conservation des éléments nutritifs	Mauvaise	Bonne
Stabilité résilience	Forte	Faible
Stabilité rémanence	Faible	Forte
Complexité de l'écosystème	Faible	Forte
Relations interspécifiques	Rares	Diversifiées
Caractéristiques du climat	Instable, imprévisible	Stable, prévisible
Mécanismes de régulation	Indépendants de la densité	Dépendants de la densité
Stratégies démographiques	De type r	de type K
Biomasse	Faible	Élevée

[1] P : productivité brute ; R : respiration.

Tableau 18.1

Variations des caractéristiques des écosystèmes lors des successions qui vont du stade pionnier au stade climax

Figure 18.7

Évolution de l'écosystème forestier

En haut, évolution de la productivité brute, de la respiration et de la productivité nette *PN*.
En bas, évolution d'une forêt traitée suivant les coupes numérotées de 1 à 4.

Bt est la biomasse théorique et Br la biomasse réalisée ; PNt est la productivité nette théorique et PNr la productivité nette réalisée. Noter que cette dernière reste à peu près constante.

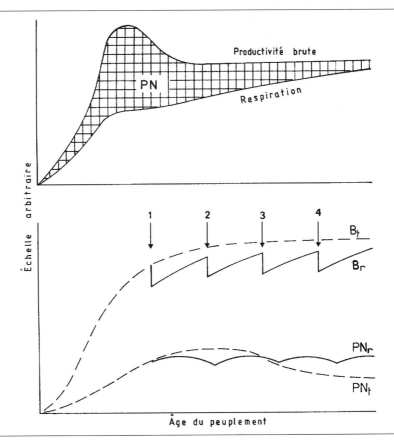

(c) La diversité spécifique augmente le long des successions. Elle est due en particulier à l'augmentation de l'hétérogénéité du milieu. Elle passe par un maximum et, souvent, décroît plus ou moins au stade climax Cette baisse de la diversité est interprétée comme un signe de l'écroulement prochain de l'écosystème. La diversité biochimique augmente aussi au cours de la succession.

(d) Les distributions d'abondance des espèces se modifient selon des modalités qui semblent générales. Au stade pionnier quelques espèces ont une distribution d'abondance voisine du type log-linéaire. Au stade climax de nombreuses espèces se distribuent selon un modèle de type log-normal (figure 18.8). L'équitabilité d'abord faible devient plus élevée au stade climax.

(e) Les chaînes alimentaires tout d'abord linéaires et dominées par des herbivores, deviennent des réseaux ramifiés et complexes où les détritivores prennent une place de plus en plus grande. Ces changements de faunes peuvent être illustrés par ce qui a été observé dans le cas des oiseaux des forêts de Bourgogne. Dans la forêt âgée, les nouvelles guildes qui apparaissent correspondent à de nouvelles ressources alimentaires. Ce sont par exemple les étourneaux, les pics, la sittelle et le grimpereau. En même temps des espèces qui étaient présentes depuis le début de la succession comme les Sylvidés, les Turdidés et les Paridés voient leur importance se modifier.

(f) Les niches écologiques des espèces deviennent de plus en plus spécialisées à l'approche du stade climax. Ceci peut être établi par l'étude des exigences des diverses espèces de Composées du genre *Solidago*, d'une part dans une friche qui est assimilable à un écosystème pionnier, et dans la Prairie nord-américaine qui est un écosystème climax (figure 18.9). Les espèces sont mieux séparées dans la Prairie grâce à leurs amplitudes de niche plus faibles que dans les friches.

(g) La mobilité des espèces. Dans les milieux climaciques la mobilité des espèces tend à diminuer ; les cycles biologiques s'allongent et se compliquent. La tendance à la sédentarité des espèces a pour conséquence la formation de races géographiques, par exemple chez les oiseaux.

Figure 18.8

Abondance relative des
espèces dans des champs
de l'Illinois abandonnés
depuis 1 an, 15 ans et
40 ans

Les espèces herbacées sont
seules présentes au bout de
1 an ; des espèces buissonnantes
sont présentes au bout de 15 ans
et des espèces arborescentes au
bout de 40 ans. Dans les premiers stades de la succession
quelques espèces dominent le
peuplement ; dans les stades
âgés les distributions d'abondance sont plus régulières (May,
1989).

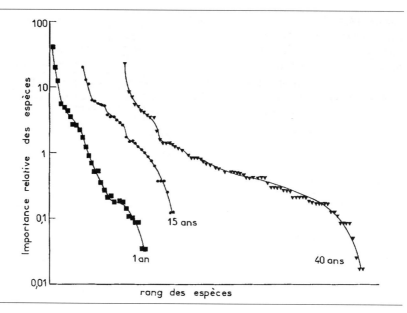

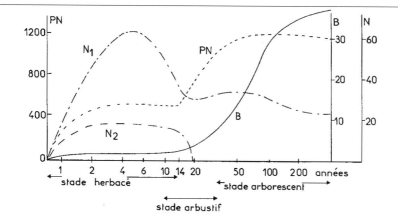

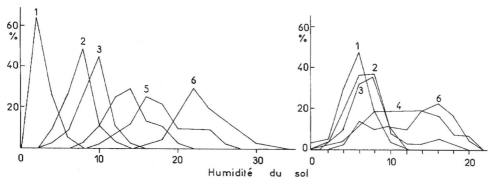

Figure 18.9

En haut, dans une forêt de chênes et de pins près de New York, variation de la productivité primaire nette PN (en g/m²/an), de la biomasse B, du nombre total d'espèces N_1 dans une surface de 0,3 ha et du nombre d'espèces étrangères N_2. Ces dernières ne sont présentes qu'au début de la succession et disparaissent ensuite. Le nombre total d'espèces diminue un peu à l'approche du climax. La productivité primaire reste stable de 50 à 200 ans (Whittaker, 1975).
En bas, fréquence des diverses espèces de Composées du genre *Solidago* en fonction de l'humidité du sol, dans la Prairie d'Amérique du Nord (à gauche) et dans une friche (à droite). Les niches écologiques sont plus étroites et mieux séparées dans la Prairie, écosystème climacique (Whittaker & Platt, 1976).

(h) Les espèces des stades pionniers sont fréquemment des espèces opportunistes ayant adopté des stratégies démographiques de type *r*. Les espèces des stades climax sont des espèces dont les stratégies démographiques sont de type *K*. Chez les végétaux les espèces stratèges *r* disséminent leurs diaspores avec l'aide du vent tandis que les espèces stratèges *K* disséminent fréquemment leurs diaspores avec l'aide des animaux. Au cours de la succession on assiste donc à une augmentation du pourcentage d'espèces zoochores et à une diminution de celui des espèces anémochores (figure 18.10).

Figure 18.10
Fréquence des Phanérogames anémochores (disséminées par le vent) et endozoochores (disséminées par les animaux) en fonction de l'âge d'abandon des cultures dans la région de Montpellier

Les endozoochores sont plus fréquentes et les anémochores plus rares dans les stades âgés (Lepart et Escarre, 1983).

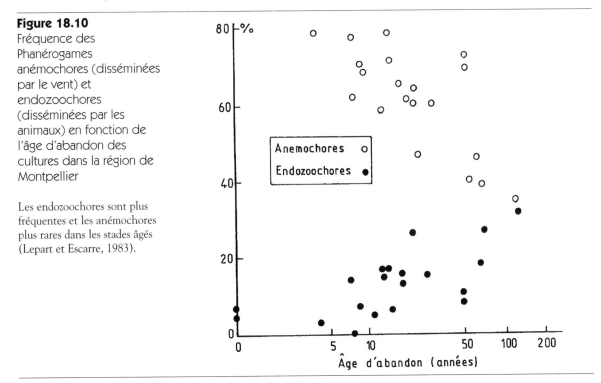

(i) La nature des relations interspécifiques évolue avec la succession. Les mécanismes de régulation indépendants de la densité font place à des mécanismes dépendants de la densité. La symbiose, la compétition deviennent plus fréquentes dans les stades proches du climax. La conservation des éléments nutritifs à l'intérieur de l'écosystème devient meilleure.

(j) D'une façon générale le climat est instable et imprévisible dans les milieux occupés par des stades pionniers ; il est stable et prévisible dans les milieux climaciques.

Ces généralisations ont été contestées par certains écologistes. Mais quelques points semblent indiscutables et font l'unanimité. Ce sont : la diminution de rapport *P/B* ; l'augmentation de la complexité des réseaux trophiques ; le rétrécissement de l'amplitude des niches écologiques ; le passage de la sélection *r* à la sélection *K*. Les points de cette théorie dont la valeur est contes-

tée sont surtout ceux qui sont relatifs à l'augmentation de la diversité spécifique et à la liaison entre la diversité et la stabilité.

V. LES CAUSES DES SUCCESSIONS

Diverses hypothèses ont été avancées pour expliquer les successions écologiques (Clements, 1916 ; Connell & Slatyer, 1977 ; Drury & Nisbet, 1973 ; Pickett *et al.*, 1987 ; Lepart & Escarré, 1983).

(a) Une terminologie due à Clements définit l'action, la réaction et la coaction. L'action est l'influence exercée par le biotope sur la biocénose. Elle se manifeste de façons très diverses : action du climat, des phénomènes géologiques comme l'érosion ou la sédimentation. La réaction

correspond à l'influence de la biocénose sur son biotope. Elle peut se traduire par la destruction, l'édification ou la modification. Les Sphaignes modifient le milieu en acidifiant l'eau dans laquelle elles se trouvent ; les Lichens et les mousses attaquent le roches les plus diverses ; les termites édifient des termitières et dans certaines régions déterminent le relief des grandes zones de savanes. La coaction est l'influence que les organismes exercent les uns sur les autres, un exemple parmi d'autres étant l'influence exercée par les herbivores sur la végétation. Clements admet que six processus fondamentaux agissent durant la succession : nudation, migration, ecesis, compétition, réaction et stabilisation. La nudation est le processus qui crée un sol nu et qui est à l'origine de la succession. La colonisation peut se faire à partir d'un stock de propagules en dormance dans le sol ou par migration de ces propagules. L'ecesis correspond à l'installation des plantes. Elle est contrôlée par les conditions de milieu et les caractéristiques des diverses espèces. La compétition élimine certaines espèces et en favorise d'autres. La réaction qui est un changement des conditions de milieu sous l'influence des plantes modifie constamment les ressources disponibles. Enfin la stabilisation, qui n'est pas toujours atteinte, s'accompagne de la dominance d'espèces à longue durée de vie. Cette théorie, qui admet que la présence des espèces modifie les caractéristiques du milieu, de telle sorte que celui-ci devient plus favorable à d'autres organismes qui vont s'installer et éliminer les premiers grâce à la compétition, est valable pour beaucoup de successions primaires. Elle explique bien l'évolution de la végétation qui conduit, à l'étage alpin, du *Caricetum firmae* au *Caricetum curvulae*.

(b) La théorie de Clements a été critiquée. Pour Connell et Slatyer (1977) les trois facteurs qui peuvent expliquer les successions sont la facilitation, la tolérance et l'inhibition. La facilitation correspond au modèle précédent, les plantes d'un stade préparant la voie à celles du stade suivant par les modifications qu'elles apportent au milieu. Selon ces auteurs ce mécanisme serait rare et ne se manifesterait que lorsque les plantes modifient d'une façon importante le stock d'éléments nutritifs présent dans le sol, par exemple lorsque des espèces pionnières fixatrices d'azote atmosphérique colonisent des sols pauvres. Selon l'hypothèse de la tolérance les plantes qui s'installent après les premières espèces colonisatrices sont capables de survivre dans un milieu appauvri en ressources. Ce modèle, comme le précédent, ne s'accorde qu'à de rares cas réels. L'inhibition correspond à l'action d'une ou de plusieurs espèces qui, pendant toute la durée de leur présence empêchent l'installation et la croissance des autres espèces. Ce modèle de l'inhibition semble soutenu par le plus grand nombre de faits d'observation. Le blocage par des espèces pionnières a été observé dans la région méditerranéenne où, dans les cultures abandonnées, l'invasion par *Brachypodium phoenicoides* entraîne une disparition massive des plantes annuelles et un freinage de l'installation de la végétation ligneuse pendant plus de 50 ans. Ces espèces qui bloquent l'évolution de la végétation finissent cependant par disparaître à la suite de perturbations du milieu comme l'action des herbivores et des parasites ou, plus simplement, par sénescence.

(c) Une autre théorie fait intervenir l'action des animaux pour expliquer les successions végé-

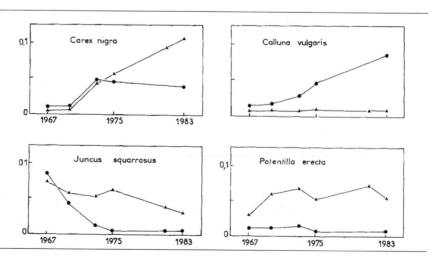

Figure 18.11
Variations à long terme de l'abondance de quatre espèces de plantes dans une prairie à Juncus squarrosus de Grande-Bretagne
Ronds noirs : Prairie pâturée par les moutons ; triangles noirs : Prairie non pâturée (Marrs *et al.*, 1988).

tales. Certaines observations montrent que les animaux ont une action importante sur la végétation. Le rôle des lapins est devenu évident après l'épidémie de myxomatose. Le pâturage et le surpâturage, qui sont souvent sélectifs, entraînent des modifications du tapis végétal. La figure 18.1 en fournit un exemple. L'action des grands herbivores sur la végétation peut être considérable. Une théorie admet que les mégaherbivores comme l'éléphant peuvent avoir eu un rôle dans l'évolution de la végétation dès la fin de l'ère tertiaire (Schüle, 1992). Lorsque des parcelles de savane ou de forêt sont protégées contre les éléphants (ce qui peut se faire à l'aide de fossés profonds) les arbres s'installent en plus grand nombre et les herbes consommées par les éléphants diminuent d'importance (Smart *et al.*, 1985). Des insectes peuvent gêner ou favoriser le passage d'un type de forêt à un autre. En Engadine où le climax normal serait la forêt de pins cembro, ceux-ci ne s'installent pas car ils sont éliminés par des insectes ravageurs.

(d) Des perturbations à caractère plus ou moins catastrophique comme le vent, le feu, ou la sécheresse, l'action de l'homme, peuvent intervenir dans le déterminisme des successions. Les séquoias ne peuvent se maintenir que grâce au feu qui élimine les autres résineux qui les supplantent en l'absence d'incendie. Les peuplements de séquoias correspondent à un climax particulier, le pyroclimax (chapitre 4). Il est établi (Dutoit et Alard, 1995) que le déterminisme des successions végétales secondaires sur les pelouses calcaires de Normandie doit être recherché dans les possibilités de dissémination des espèces végétales et dans leur aptitude à la compétition, mais aussi dans les pratiques agricoles anciennes (comme la nature et la fréquence des labours).

VI. L'INTÉRÊT PRATIQUE DE L'ÉTUDE DES SUCCESSIONS

Le phénomène de succession écologique justifie les mesures qui sont prises pour la gestion de certains écosystèmes intéressants dont on souhaite conserver la flore ou la faune. Le cas du prébois de chêne pubescent dans la forêt de Fontainebleau a déjà été cité. D'autres exemples sont donnés au chapitre 22, paragraphe 4. La notion de série progressive et prévisible est utile dans la mesure où la connaissance d'un stade au sein d'une série (sous la forme d'un groupement végétal caractéristique) permet de prévoir tous les groupements de la série. On peut ainsi connaître l'avenir d'un peuplement et, par exemple, son utilisation agricole ou forestière éventuelle. La connaissance des règles qui régissent les successions est utile lorsque l'on veut restaurer des terres qui ont été stérilisées par des activités minières, par d'anciennes carrières, etc. Elle permet en particulier de déterminer quelles sont les espèces végétales à planter en premier pour arriver le plus sûrement et le plus rapidement possible au stade désiré (Luken, 1990).

Références

BLONDEL, J., 1976. L'influence du reboisement sur les communautés d'oiseaux. L'exemple du Mont Ventoux. Ann. Sci. For., **33**, p. 221-245.

*BOURNÉRIAS, M., 1979. *Guide des groupements végétaux de la région parisienne.* Masson, Paris.

BRAUN-BLANQUET, J. & JENNY, H., 1926. Vegetationsentwicklung und Bodenbildung in der alpine Stufe der Zentralpen (Klimaxgebiet des *Caricion curvulae*). *Denskschr. d Schweiz. Naturf. Ges.*, **63**, p. 181-349.

BROWN, V. K., 1985. Insect herbivores and plant succession. *Oikos*, **44**, p. 17-22.

BROWN, V. K. & SOUTHWOOD, T. R. E., 1987. Secondary succession : patterns and strategies. *In* : A. J. Gray *et al.* (eds), *Colonisation, succession and stability*, p. 315-337. Blackwell, Oxford.

*CLEMENTS, F. E., 1916. *Plant succession. An analysis of the development of vegetation.* Carnegie Institution Publication n° 242, 512 p. Washington.

*CONNELL, J. H. & SLATYER, R. O., 1977. Mechanisms of succession in natural communities and their role in community stability and organization. *Amer. Nat.*, **111**, p. 1119-1144.

COWLES, H. C., 1899. The ecological relations of the vegetation on the sand dunes of Lake Michigan. *Botanical Gazette*, **27**, p. 95-117.

DEBUSCHE, M. et al., 1982. Ornithochory and plant succession in Mediterranean orchards. *Vegetatio*, **48**, p. 255-266.

*DRURY, W. H. & NISBET, I. C. T., 1973. Succession. *J. Arnold Arboretum*, **54**, p. 331-368.

DUTOIT, T. & ALARD, D., 1995. Mécanisme d'une succession végétale secondaire en pelouse calcicole : une approche historique. *C. R. Ac. Sc.*, **318**, p. 897-907.

EHRARDT, A. & THOMAS, J. A., 1991. Lepidoptera as indicators of change in the semi-natural grasslands of lowland and upland Europe. *In* : N. M. Collins & J. A. Thomas (eds.), *The conservation of insects and their habitats*, p. 214-236. Academic Press, London.

FERRY, C. & FROCHOT, B., 1958. Une méthode pour dénombrer les oiseaux nicheurs. *La Terre et la Vie*, **105**, p. 85-102.

*GLENN-LEWIN, D. C. *et al.*, 1992. *Plant succession. Theory and prediction*. Chapman & Hall, London.

*LEPART, J. & ESCARRE, J., 1983. La succession végétale, mécanismes et modèles : analyse bibliographique. *Bull. Ecol.*, **14**, p. 133-178.

*LUKEN, J. O., 1990. *Directing ecological succession*. Chapman & Hall, London.

MARRS, R. H. *et al.*, 1988. Long-term vegetation change in the *Juncus squarrosus* grassland at Moor House, northern England. *Vegetatio*, **76**, p. 179-187.

McCOOK, L. J., 1994. Understanding ecological community succession : causal models and theories : a review. *Vegetatio*, **110**, p. 115-147.

PICKETT, S. T. A. *et al.*, 1987. Models, mechanisms and pathways of succession. *The botanical review*, **53**, p. 335-371.

SCHÜLE, W., 1992. Vegetation, megaherbivores, man and climate in the quaternary and the genesis of closed rain forests. *In* : J. G. Goldammer (ed.), *Tropical forests in transition. Ecology of natural and anthropogenic disturbances processes*, p. 45-76. Birkhäuser, Basel.

SHELFORD, V. E., 1907. Preliminary notes on the distribution of the tiger beetles (Cicindela) and its relation to plant succession. *Biol. Bull.*, **14**, p. 9-14.

SHELFORD, V. E., 1911-1912. Ecological succession. I. Stream fishes and the method of physiographic analysis. *Biol. Bull.*, **21**, p. 9-34. II. Pond fishes. *Idem*, **21**, p. 127-151. III. A reconnaissance of its causes in pond with particular reference to fish. *Idem*, **22**, p. 1-38.

SMART, N. O. E. *et al.*, 1985. The effect of long-term exclusion of large herbivores on vegetation in Murchinson Falls National Park, Uganda. *Biol. Conserv.*, **33**, p. 229-245.

SOUTHWOOD, T. R. E. *et al.*, 1979. The relationships of plant and insect diversities in succession. *Biol. J. Linn. Soc.*, **12**, p. 327-348.

USHER, M. B. & JEFFERSON, R. G., 1991. Creating new and successional habitats for Arthropods. *In* : N. M. Collins & J. A. Thomas (eds.), *The conservation of insects and their habitats*, p. 263-291. Academic Press, London.

Quatrième partie

ÉCOLOGIE DU PAYSAGE
ET BIODIVERSITÉ

Chapitre 19

ÉCOLOGIE DU PAYSAGE
ET MÉTAPOPULATIONS

Le concept d'écologie du paysage a été établi en 1939 par le biogéographe allemand Carl Troll. Depuis cette date de nombreux ouvrages et articles de synthèse sont parus (Naveh & Lieberman, 1984 ; Forman & Godron, 1986 ; Turner, 1987 ; etc.), et l'écologie du paysage est devenue une subdivision majeure de l'écologie.

Contrairement à l'écologie traditionnelle qui s'intéresse principalement aux écosystèmes installés dans des habitats homogènes et non modifiés par l'homme, l'écologie du paysage et l'étude des métapopulations étudient des structures d'étendue variable, qui sont plus ou moins nombreuses et dispersées, et qui peuvent avoir une origine naturelle ou bien être le résultat de la modification et de la fragmentation par l'homme des écosystèmes primitifs. L'écologie des paysages étudie l'ensemble des habitats situés dans une région, les interactions qui existent entre eux et leurs conséquences. L'écologie des métapopulations étudie les habitats qui sont favorables à l'installation d'une espèce ou d'un ensemble d'espèces, et les relations qui existent entre les sous-populations qui peuplent ces habitats. La fragmentation des écosystèmes et la réduction des habitats qui en résulte réduisent la biodiversité et la taille des populations, modifient la structure des écosystèmes (par exemple la composition spécifique et l'abondance relative des diverses espèces) et limitent ou arrêtent les échanges entre populations.

I. LA NOTION DE PAYSAGE

Le paysage est une surface hétérogène, constituée par un ensemble d'écosystèmes qui se répètent (souvent, mais pas toujours) çà et là sous des formes identiques et qui sont en interaction. *« Un paysage est généralement un ensemble d'écosystèmes relativement homogènes tels que des champs, des prés, des bois, des villages et des villes, etc., comprenant une matrice englobante, des taches et des corridors »* (Godron & Forman 1983). La dimension d'un paysage est variable. Elle peut s'abaisser à quelques kilomètres mais elle peut être bien supérieure. Un bassin versant de rivière, une région de bocage, une plaine cultivée parsemée d'îlots forestiers résiduels sont des exemples de paysages.

Les paysages actuels, modifiés par l'homme, diffèrent profondément de ce qu'ils étaient jadis. La modification principale réside dans la fragmentation des grands écosystèmes tels que les massifs forestiers, en éléments de plus en plus petits et de plus en plus isolés les uns des autres, ce qui introduit une hétérogénéité spatiale de plus en plus grande, avec des effets de lisière de plus en plus nombreux. Les conséquences de ces modifications sont de la plus grande importance.

L'écologie du paysage a commencé à se développer lorsque l'hétérogénéité des systèmes écologiques a été reconnue, alors qu'elle était auparavant considérée comme une gêne que l'on tentait d'éliminer le plus possible lors du choix des milieux à étudier. La nécessité de considérer un système écologique d'un niveau supérieur à

celui de l'écosystème devient évidente lorsqu'il s'agit d'étudier la biologie d'organismes comme les Amphibiens ou les insectes à larves aquatiques qui fréquentent des milieux différents au cours de leur vie. L'hétérogénéité spatiale est une nécessité même pour des espèces qui mènent une vie uniquement terrestre. Les larves du hanneton commun *Melolontha melolontha* se développent dans les prairies aux dépens des racines de diverses plantes herbacées et les adultes se rassemblent en des points bien précis des lisières forestières où l'accouplement et l'alimentation ont lieu. Puis les femelles retournent pondre dans les prairies tandis que les mâles restent en forêt. Le Lépidoptère *Cnephasia pumicana*, inféodé aux Graminées, pond sur les branches des arbres et les jeunes chenilles sont disséminées par le vent, au printemps, jusque dans les champs de blé voisins où elles peuvent pulluler et devenir nuisibles (Chambon, 1973).

Certains oiseaux ont besoin d'un milieu hétérogène pour s'installer et subsister. Le lagopède d'Écosse, ou grouse, se cache et nidifie dans la bruyère âgée mais il trouve surtout sa nourriture parmi les bourgeons des jeunes pousses de bruyère qui repoussent après un incendie. Pour augmenter l'abondance de cet oiseau très apprécié comme gibier, on est amené à créer une mosaïque de formations végétales en brûlant des zones de un hectare où des jeunes bruyères se développent, ces zones alternant régulièrement avec des zones non brûlées où la bruyère est plus âgée.

1.1. Les éléments du paysage

Ce qui caractérise le plus un paysage est son hétérogénéité qui se révèle par une structure horizontale complexe, et l'interactivité qui résulte de l'interdépendance des divers éléments (figure 19.1). Un paysage est formé de trois éléments ; la *matrice*, l'*îlot* ou *tache* ou *parcelle*, et le *corridor* (Forman & Godron, 1986). La matrice est la partie la plus étendue du paysage, celle qui lui donne sa physionomie et qui joue le rôle dominant. Elle est constituée d'un élément d'un seul tenant ou d'éléments largement connectés entre eux. L'*îlot* est une surface de paysage non linéaire qui diffère, par sa physionomie, des éléments de la matrice qui l'entoure. Le *corridor* est une structure linéaire qui diffère de la matrice qui l'entoure des deux côtés. Il réunit

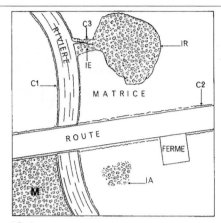

Figure 19.1
Les éléments d'un paysage.

La ferme est entourée par une étendue de terres cultivées qui forment l'élément principal du paysage ou matrice. Un reste important de la forêt primitive constitue une seconde matrice M. L'îlot IA résulte d'un boisement artificiel et l'îlot résiduel IR est un reste de la forêt primitive. Un corridor fluvial C1 étroit et linéaire borde la rivière. Le long de la route qui coupe en deux la matrice agricole une végétation caractéristique forme le corridor linéaire C2. Les corridors C1 et C2 ne peuvent héberger que des espèces de corridors. L'îlot IR est relié à la végétation riveraine par un corridor en bande C3 plus large dans lequel des espèces de lisière et des espèces de l'intérieur peuvent s'installer de même que dans l'îlot IR. Un petit ruisseau situé au centre du corridor C3 délimite un îlot IE riche en organismes et en débris végétaux.

entre eux deux ou plusieurs îlots. Le concept de *connectivité* est relatif à la disposition et au nombre de liaisons (corridors) qui existent entre les divers îlots d'un paysage noyés dans la matrice. La connectivité est d'autant plus élevée que les éléments du paysage sont mieux réunis par des corridors. Les *corridors linéaires* (« line corridors ») tels que les haies sont étroits et habités par des espèces de lisière. Les *corridors en bande* (« strip corridors ») sont plus larges et renferment des espèces de l'intérieur. Les corridors qui bordent les cours d'eau (« stream corridors ») sont des bandes de végétation qui jouent un rôle dans le contrôle de l'érosion et des inondations et qui règlent le flux des éléments depuis le milieu terrestre jusqu'au milieu aquatique. Dans un élément de paysage les *espèces de lisière* sont celles qui s'installent exclusivement ou préférentiellement au voisinage de la périphérie de l'élément. Les *espèces de l'intérieur* se localisent au centre de l'élément, loin de la lisière. L'*effet de lisière* qui permet de séparer ces deux catégories d'espèces se fait sentir sur des distances très variées pouvant atteindre jusqu'à 500 mètres.

Dans un îlot, la présence des espèces de l'intérieur est fonction de la surface du cœur de l'îlot ; celle des espèces de lisière est fonction de l'importance du périmètre de l'îlot ; et celle des espèces indifférentes est fonction de la surface totale de l'îlot.

1.2. Le rôle des perturbations

Les perturbations sont des événements séparés dans le temps qui modifient une population, un écosystème ou un paysage et en changent la structure, le milieu physique et le fonctionnement. Le plus souvent les perturbations augmentent l'hétérogénéité des paysages en créant une mosaïque d'îlots plus ou moins noyés dans une matrice. Les forêts sont constituées par une mosaïque d'éléments dans lesquels les arbres diffèrent par l'âge et la taille. Ces éléments sont le résultat de perturbations telles que des chablis provoqués par des tornades, des incendies, des attaques d'insectes, etc. Cette structure en mosaïque existe aussi bien dans les forêts tropicales (figure 19.2) que dans les forêts tempérées. Elle se retrouve dans le milieu marin, tels que les herbiers de *Macrocystis* de la côte californienne (figure 19.3) qui sont formés de zones couvertes d'algues de grande taille alternant avec des zones formées d'algues jeunes et plus petites (Dayton *et al.*, 1984). Les castors, par leur activité, peuvent perturber profondément le réseau hydrographique d'une région et en même temps modifier la végétation (Remillard *et al.*, 1990).

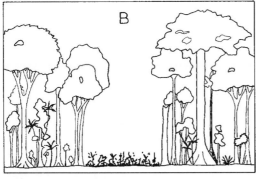

Figure 19.2
Maintien de l'hétérogénéité spatiale et d'une structure en mosaïque dans un écosystème apparemment homogène, la forêt tropicale humide.

A : La chute des arbres provoquée par les tornades ou les maladies crée des clairières plus ou moins étendues.

B : Dans cette clairière la lumière arrive, la température augmente, l'humidité diminue, ce qui permet à des graines d'espèces pionniers héliophiles de germer et de former des jeunes arbres.

C : La clairière est peu à peu fermée par les couronnes des arbres environnants tandis que les espèces pionniers continuent à croître.

D : Quand la clairière est fermée, la température, l'éclairement et l'humidité retrouvent leurs valeurs initiales et des graines d'arbres de la forêt primaire germent et ferment peu à peu la clairière. Dans ce processus des animaux frugivores (oiseaux et mammifères) interviennent pour disséminer des graines (Remmert, 1991). Un cycle de renouvellement analogue existe dans les forêts tempérées non modifiées par l'homme (*cf.* chapitre 22).

Au bout de quelques décennies lorsque les castors abandonnent leur barrage et cessent de l'entretenir la retenue d'eau disparaît et une végétation différente de la végétation environnante peut s'y installer. Dans une région de maquis méditerranéen les zones protégées et non perturbées ont une diversité spécifique plus faible que les zones ayant subi des perturbations modérées. La diversité baisse lorsque les perturbations sont trop intenses (figure 19.4).

Les perturbations créent de nouveaux milieux qui permettent l'installation d'espèces spécialisées. Les arbres qui sont déracinés et renversés par le vent entraînent avec eux une masse de terre et de racines qui peut se soulever à plusieurs mètres au dessus du sol. Les trous remplis d'eau qui se forment en arrière de ces buttes de terre sont indispensables à la ponte et au développement des têtards d'Amphibiens qui dépendent ainsi d'arbres renversés. La suppression des conséquences des perturbations et le maintien d'une structure uniforme et constante sont la cause, dans les écosystèmes aménagés (et en particulier dans les forêts) de la perte d'une partie non négligeable de la biodiversité.

Les perturbations qui modifient la taille des îlots et la connectivité ont une grande influence sur l'abondance des espèces et leurs déplacements. Dans les Montagnes Rocheuses, les grizzlys évitent les zones situées à moins de 100 m de part et d'autre des routes quelle que soit l'impor-

tance du trafic. Le tracé des routes dans la région a réduit de 8,7 % la surface d'habitat disponible pour le grizzly (McLellan & Shackleton, 1988). L'hétérogénéité spatiale d'un paysage peut selon les cas accélérer ou retarder la propagation des perturbations. Dans les forêts de Conifères du nord-ouest des États-Unis, l'exploitation par

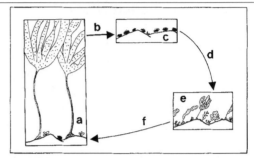

Figure 19.3
Maintien de l'hétérogénéïté spatiale dans un « paysage » sous-marin formé par l'algue brune Macrocystis pyrifera le long des côtes de la Californie.

a : L'algue vivace *Macrocystis* de grande taille forme une véritable « forêt » avec une canopée bien développée. **b** : Les oursins broutent les algues ; celles-ci sont arrachées lors des tempêtes ce qui facilite leur attaque par les oursins. **c** : Il ne reste plus qu'un fond marin à peu près nu avec des oursins. **d** : Les oursins sont éliminés par les prédateurs, les maladies et les tempêtes. **e** : Des algues annuelles se développent ainsi que des jeunes *Macrocystis*. **f** : La compétition pour la lumière élimine les petites algues auxquelles les *Macrocystis* font de l'ombre et la prairie de grandes algues se reconstitue.

Figure 19.4
Influence des perturbations sur la structure et la diversité d'un écosystème méditerranéen en Israël (Naveh, 1982).

L'importance relative (en %) des espèces ligneuses est représentée par des hachures horizontales, le nombre d'espèces ligneuses N par des hachures verticales et le nombre d'espèces herbacées est en blanc. 1 : Zone de maquis protégée ; la végétation ligneuse y est dominante et la diversité spécifique faible. 2 : Zone ayant subi des perturbations légères. La végétation ligneuse est encore dominante mais la diversité est

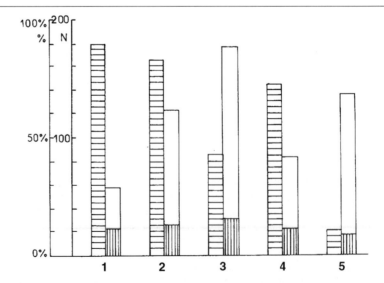

plus élevée. 3 : Zone ayant acquis une végétation herbacée après une perturbation un peu plus forte. La diversité est élevée. 4 : Zone modérément pâturée à végétation herbacée dominante. 5 : Zone fortement perturbée

coupes rases disposées en échiquiers augmente la sensibilité aux tornades des lambeaux de vieilles forêts qui subsistent. L'hétérogénéité crée des îlots dans lesquels les classes d'âge sont différentes, ce qui réduit la propagation des incendies (Givnish, 1981). Dans les régions cultivées, la monoculture est une forme d'homogénéité qui favorise la propagation des organismes pathogènes et la pullulation des ravageurs (figure 19.5). La réduction des attaques par les insectes ravageurs dans le cas des cultures associées (Vandermeer, 1989) peut s'interpréter comme une conséquence de l'augmentation de l'hétérogénéité spatiale. Les plantes adventices sont considérées comme des mauvaises herbes à éliminer. Mais elles contribuent aussi à diversifier le paysage et, dans la mesure où elles ne dépassent pas un certain seuil, elles peuvent avoir des effets bénéfiques en favorisant le maintien d'une entomofaune prédatrice ou parasite (Powell, 1986 ; Missonnier & Ryszkowski, 1986).

1.3. La structure horizontale et l'hétérogénéité

Dans un paysage naturel ou peu modifié la structure horizontale, telle qu'on peut l'observer sur une carte ou une photo aérienne à petite échelle est en général peu contrastée. Les zones à structure homogène y sont de grande étendue et les écotones (zones de transition) ont une grande importance. Dans un paysage modifié les divers éléments ont des surfaces réduites et la transition d'un milieu à l'autre est rapide. La transition entre un îlot forestier et les cultures environnantes peut être brutale, artificielle, ou bien progressive avec un passage de la forêt aux cultures par l'intermédiaire d'un écotone.

Les paysages agricoles diversifiés, à structure en mosaïque, hébergent une biomasse d'insectes épigés supérieure à celle qui se rencontre dans les paysages agricoles uniformes où la monoculture domine sur de grandes surfaces. En effet, dans un paysage diversifié les insectes trouvent davantage de refuges et ils peuvent se disperser plus facilement en raison du faible éloignement des divers éléments du paysage (Ryszkowski et al., 1993). Les espèces prédatrices et parasites sont particulièrement favorisées par la structure en mosaïque des paysages agricoles (tableau 19.1).

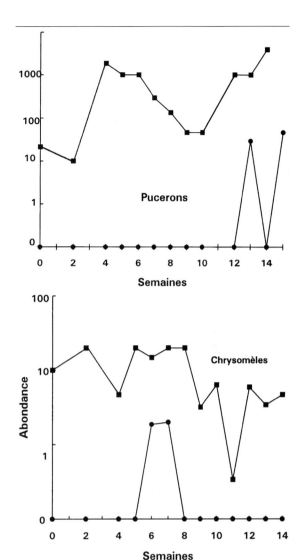

Figure 19.5
Influence de l'hétérogénéité du milieu sur l'abondance de deux groupes d'insectes vivant sur le chou, les pucerons (en haut) et les Chrysomèles (en bas) (Pimentel, 1961). Dans une monoculture (ronds noirs) les insectes sont plus abondants que dans une culture mixte (carrés noirs).

L'influence de l'hétérogénéité du paysage et de sa diversité écologique sur les ennemis des cultures se manifeste principalement en favorisant les ennemis naturels des ravageurs. Certaines coccinelles aphidiphages, grandes consommatrices de pucerons, ont des lieux d'alimentation et d'estivation-hivernation différents, ces derniers étant situés pour la plupart hors des culture et à des distances pouvant dépasser plusieurs kilomètres (Iperti, 1985). Parmi les espèces françaises, *Semiadalia undecimnotata* gagne par milliers d'individus les sommets environnant les plaines où elle s'est multipliée pour y rester 7 mois au repos, à l'abri dans des fentes de rochers ou à la base des végétaux. Les forêts abritent *Propylea quatuordecimpunctata* qui choisit l'intérieur des massifs et *Coccinella septempunctata* qui choisit les lisières. Les Diptères Syrphides,

	Paysage uniforme	Paysage en mosaïque
Diptères	17,4	25,8
Coléoptères	6,1	9,1
Hyménoptères	1,6	2,7
Divers	3,7	5,5
Saprophages	7,9	11,3
Herbivores	15,8	22,9
Prédateurs	6,4	11,2
Parasitoïdes	1,4	2,3
Total	**31,5**	**47,7**

Tableau 19.1

Biomasses moyennes (en mg/m²/poids sec) des divers groupes d'insectes dans des zones cultivées de Pologne

Les biomasses sont plus élevées dans les paysages en mosaïque des polycultures que dans les paysages uniformes des monocultures (Ryszkowski *et al.*, 1993).

également aphidiphages, se déplacent sur des dizaines de kilomètres et passent d'une vallée à l'autre en utilisant les cols. L'ampleur de ces déplacements et la variété des milieux utilisés montrent l'importance d'une étude à l'échelle du paysage et même de la région. Les zones incultes telles que les haies ou les friches ont des effets négatifs, en servant par exemple de refuge à des Rongeurs. Elles ont aussi des effets positifs en permettant le maintien des auxiliaires de l'agriculture et ces derniers effets sont prépondérants (Grison & Biliotti, 1953). Les plantes des haies hébergent des pucerons qui leur sont spécifiques et non dangereux pour les cultures avoisinantes ainsi que tout un cortège d'aphidiphages polyphages qui interviennent au niveau des plantes cultivées. Dans une haie, la présence du noisetier et du sureau semble particulièrement

intéressante étant donné la grande diversité des ennemis associés aux pucerons qui vivent sur ces arbustes.

1.4. Les interactions entre écosystèmes

Les échanges permanents entre les divers écosystèmes d'un paysage font que la modification d'un biotope peut se répercuter sur les milieux voisins. Ce phénomène est à prendre en considération dans l'entretien des zones protégées qui peuvent être modifiées par des interventions effectuées assez loin de leurs limites (figure 19.6). Les interactions peuvent se faire par la voie d'échanges de matière et d'énergie. La dynamique des éléments minéraux est fortement influencée par la structure en mosaïque du paysage. La forêt conserve ses réserves en azote alors que celles-ci sont dilapidées quand l'homme détruit la forêt (Vitousek, 1983). Un bassin versant occupé par des champs de maïs, une forêt et une rivière a été étudié dans le Maryland sous trois aspects : le bilan en eau, en éléments minéraux et la productivité primaire. Les champs de maïs perdent une partie non négligeable de l'azote et du phosphore qu'ils reçoivent. À l'inverse, la forêt riveraine perd seulement 10 % de son azote et 20 % de son phosphore (figure 19.7). Dans ces cultures les pertes se font surtout par les eaux souterraines pour l'azote et par les eaux de surface pour le phosphore. Si le bassin versant

Figure 19.6

Exemples de relations entre biotopes dans le nord de l'Île de France.

1 : Pelouse (P) sur calcaire (Ca) située entre une forêt (F) et une culture (C) sur sables (Sc).

2 : Après l'abandon de la culture une forêt secondaire (FS) s'installe et même si la pelouse persiste (P) ses espèces héliophiles disparaissent.

3 : État de la tourbière de Cessières dans l'Aisne en 1963. Cette tourbière oligotrophe (TO) a son activité et son

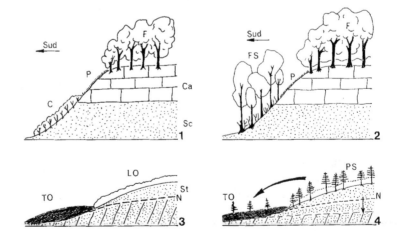

développement conditionnés par la présence en amont d'une lande sur podzol (LO) établie sur des sables thanétiens (St).
4 : Vers 1975 l'invasion de la lande par des pins (PS) disséminés à partir d'une plantation voisine entraîne l'abaissement de la nappe phréatique (N) ce qui diminue l'alimentation en eau et l'activité de la tourbière. Celle-ci est envahie à son tour par les pins. La coupe des pins dans la lande est nécessaire au rétablissement de l'état initial de la tourbière qui est très riche en espèces végétales rares menacées de disparition (Bournérias, 1984).

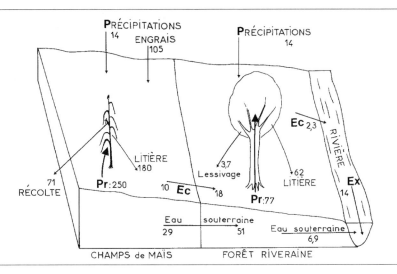

Figure 19.7

Représentation schématique d'un bassin versant du Maryland et de ses trois constituants : les champs de maïs, la forêt riveraine et la rivière.

Les divers éléments du bilan en azote sont indiqués en kg/ha. **Pr** : prélèvements dans le sol par le maïs et la forêt ; **Ec** : écoulement superficiel ; **Ex** : exportations par la rivière (Peterjohn & Connell, 1989).

étudié était dépourvu de forêt il perdrait deux fois plus d'azote exporté par la rivière (Peterjohn & Connell, 1984). L'érosion et le transport d'éléments solides sont aussi freinés dans un paysage pourvu de zones boisées (figure 19.8).

1.5. Les lisières

Le passage d'une communauté à une autre se fait plus ou moins brusquement par une zone de transition, la *lisière* ou *écotone*. Le terme écotone peut s'appliquer à des zones de transition de largeur réduite, de 10 à 100 mètres au maximum, telles que celles qui existent entre la forêt et les cultures environnantes, ou comme les zones marécageuses situées entre un étang et les formations terrestres voisines. Il est aussi utilisé pour des systèmes de transition entre écosystèmes à une échelle plus large comme ceux qui séparent la forêt de Conifères du Canada et la Prairie nord américaine et qui s'étendent sur plusieurs dizaines de kilomètres.

Les écotones sont souvent (mais pas toujours) plus riches en espèces et en individus que les milieux qu'ils séparent et ils renferment des espèces qui leur sont particulières : les *espèces de lisière*. L'effet de lisière a été mis en évidence chez les oiseaux forestiers (Ferry & Frochot, 1974). Dans les forêts de chênes de Bourgogne, il existe des parcelles occupées par une vieille futaie âgée de 200 ans, des parcelles occupées par une futaie jeune et des parcelles de régénération qui constituent un écotone entre la vieille futaie et la jeune futaie. La vieille futaie

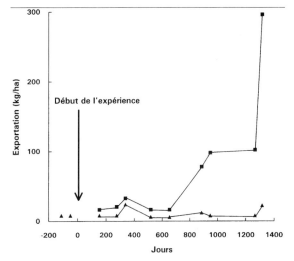

Figure 19.8

L'érosion dans le bassin versant de Hubbard Brook aux États-Unis avant (triangles) et après (carrés) la déforestation.

La quantité de matières solides emportée par la rivière est comparable à celle qui est emportée dans une zone non déboisée pendant les deux premières années. Puis cette quantité de matières solides exportée par l'érosion augmente très rapidement (Borman *et al.*, 1974).

héberge 26 espèces d'oiseaux nicheurs, la jeune futaie 21 espèces et la zone de régénération 39 espèces. Parmi ces dernières, le loriot, le pigeon colombin et le pipit des arbres sont des oiseaux qui se trouvent rarement ailleurs et que l'on peut considérer comme des espèces de lisière. En Belgique, les Acariens Oribates du sol de deux peuplements forestiers voisins (une hêtraie et une pinède) ainsi que ceux de la zone de transition ont été échantillonnés durant un

cycle annuel (Lebrun, 1988). Selon la règle générale, l'écotone a une faune plus riche en espèces, plus abondante et avec un nombre élevé d'espèces qui lui sont inféodées comme le montrent les chiffres suivants :

	Hêtraie	Pinède	Écotone
Nombre d'espèces	30	42	52
Indice de diversité H'	3,07	3,75	4,27
Abondance par m²	120 000	100 000	160 000
Nombre d'espèces inféodées à chaque milieu	3	2	9

Un effet de lisière existe chez les Coléoptères Carabidés qui peuplent un bois et les cultures adjacentes (figure 19.9). L'influence de l'effet de lisière a été décrite pour les peuplements d'araignées dans le sud de la Finlande. Les peuplements de l'intérieur des vieux massifs encore à l'état de forêt primaire, de la lisière de ces massifs et des forêts environnantes traitées en monoculture uniforme sont différents (tableau 19.2). Les Linyphiidae dominent dans l'intérieur des vieilles forêts ; les Lycosidae et les Gnaphosiidae dans les forêts aménagées. Le nombre théorique d'espèces pour des prélèvements renfermant des nombres d'araignées identiques est plus grand dans les forêts aménagées que dans les deux autres milieux. La structure en guildes est également variable, les espèces de petite taille capturant leurs proies à l'aide d'une toile habitent dans l'intérieur de la vieille forêt et les espèces de grande taille occupent surtout la lisière et les forêts aménagées. Enfin, le nombre d'espèces augmente avec la surface des îlots de vieilles forêts. L'influence des lisières est nette dans le cas des peuplements d'araignées.

Grâce à leur microclimat plus ensoleillé ces lisières servent de lieux de pénétration dans le centre des vieilles forêts pour des espèces de milieux plus ouverts (Pajunen *et al.*, 1995).

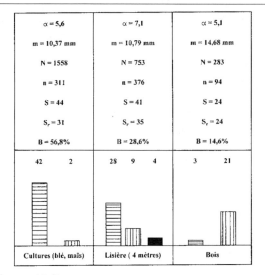

Figure 19.9
Effet de lisière dans le cas des Coléoptères Carabidés d'une localité des environs de Paris.
La lisière de 4 mètres de large, située entre le bois et les cultures, est formée par une végétation de hautes herbes et d'arbrisseaux. α : indice de diversité ; m : taille moyenne des insectes (les espèces des forêts sont en moyenne plus grandes que celles des cultures) ; N : nombre d'insectes récoltés ; n : nombre d'insectes par piège (la lisière est la zone la plus riche en insectes) ; S : nombre d'espèces ; Sr : nombre théorique d'espèces qui seraient présentes si tous les relevés renfermaient 283 spécimens comme le bois (la lisière est la zone la plus riche en espèces) ; B : importance relative des deux espèces les plus abondantes. Barres horizontales : espèces des cultures ; barres verticales : espèces de la forêt ; barres noires : espèces présentes seulement dans la lisière (Dajoz, 1992).

	Intérieur		Lisière		Forêt aménagée	
	N	%	N	%	N	%
Gnaphosidae	3	1,3	3	3,3	5	7,4
Linyphiidae						
Linyphiinae	21	68,7	21	55,3	24	39,3
Erigoniinae	22	13,3	25	12,3	27	8,9
Lycosidae	6	10,7	9	24,9	11	39,7
Ensemble des Araignées	70	-	73	-	85	-

Tableau 19.2
Nombre d'espèces N et pourcentage du nombre d'individus pour 3 familles et 2 sous-familles ainsi que pour l'ensemble des araignées dans l'intérieur d'une forêt primaire, dans la lisière et dans une forêt aménagée (Pajunen *et al.*, 1985).

Une manifestation de l'effet de lisière a été décrite lors de l'étude de nombreux fragments de landes à bruyère de surfaces variées en Angleterre. Si l'on étudie seulement les espèces caractéristiques de la lande comme les araignées, leur diversité augmente avec la surface. Si l'on étudie la totalité des espèces d'un groupe systématique comme les Coléoptères, la diversité diminue avec la surface, car les fragments de faible surface sont envahis par des espèces de lisière et des espèces du milieu environnant (figure 19.10). L'importance de cet effet de lisière est fonction de la végétation environnante ; la plus grande richesse se rencontre dans des landes entourées par des zones boisées. Ces interactions entre les îlots de landes et le milieu environnant montrent que l'on ne peut pas les assimiler complètement à des « îles continentales » (Webb & Hopkins, 1984 ; Webb *et al.*, 1984).

La lisière qui sépare une zone boisée et les formations herbacées environnantes représente un écotone à structure complexe très riche en espèces. Lorsque la lisière est bien développée elle comprend deux parties : le *manteau* formé par des buissons et des arbres plus petits que ceux du bois, et l'*ourlet* dominé par une végétation herbacée essentiellement vivace (figure 19.11). Le plus souvent les lisières forestières sont en recul et la forêt apparaît « tranchée » sur ses marges par la défrichement. Ceci s'accompagne de la disparition de la flore et de la faune caractéristiques des lisières (Bournérias, 1979).

1.6. Des écotones particuliers : les zones riveraines

Le terme zone riveraine désigne la région de transition et d'interactions entre le milieu terrestre et le milieu aquatique. Cette zone est caractérisée par une flore et une faune dont la composition est surtout déterminée par l'intensité lumineuse, la teneur en eau et la granulométrie du sol. Les insectes caractéristiques de cette zone sont des espèces dont beaucoup sont ailées et qui résistent longtemps à la submersion, ce qui est une adaptation à la survie dans un milieu fréquemment inondé (figure 19.12).

Les zones de transition entre le milieu terrestre et les écosystèmes aquatiques possèdent un *pouvoir tampon*, c'est-à-dire qu'elles ont la capacité

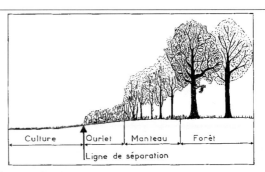

Figure 19.11
Schéma d'une lisière forestière complète avec ses deux éléments, le manteau et l'ourlet.

Si la zone située à gauche est cultivée il existe une séparation nette avec l'ourlet. S'il s'agit d'une pelouse calcaire non cultivée qui a gardé sa végétation spontanée la transition est progressive. Dans la région parisienne cette structure de la lisière forestière se rencontre surtout dans les bois installés sur sol calcaire. Les espèces les plus caractéristiques du manteau sont des arbustes et des arbrisseaux comme *Prunus mahaleb, Berberis vulgaris, Cornus mas, Ligustrum vulgare, Juniperus communis, Rosa tomentosa, Viburnum lantana, Colutea arborescens.* Les espèces de l'ourlet sont des plantes herbacées comme *Vincetoxicum officinale, Melanpyrum cristatum, Lithospermum purpureo-coeruleum, Silene nutans, Filipendula hexapetala, Veronica teucrium.*

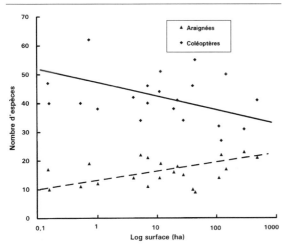

Figure 19.10
Richesse spécifique en fonction de la surface dans des landes d'Angleterre.

Le nombre d'espèces d'araignées caractéristiques de la lande augmente avec la surface tandis que le nombre total d'espèces de Coléoptères diminue car les fragments de faible surface sont envahis par des espèces de lisière.

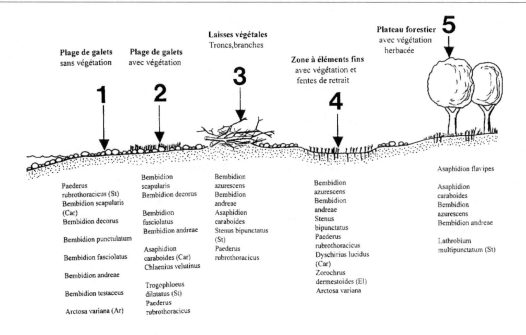

Figure 19.12

Transect dans une zone riveraine comprise entre la rivière à gauche et un plateau forestier à droite.

Exemple pris sur les rives de l'Ouvèze (département du Vaucluse). Ce milieu peut être considéré comme un écotone formé de 5 zones et caractérisé par une faune riche en espèces originales dont les principales sont énumérées sur le schéma. Ce sont des araignées (Ar) et des Coléoptères appartenant à la famille des Carabidés (Car) et surtout au genre *Bembidion*, à la famille des Staphylinidés (St) et surtout au genre *Paederus*, et à la famille des Élateridés (El). L'emplacement des espèces dans les diverses zones n'est pas immuable. Les espèces du bord de l'eau se réfugient dans le bois lorsque le niveau de l'eau monte en hiver. Des échanges ont lieu avec le milieu aquatique par l'intermédiaire des zones profondes où vivent les larves et où pénètrent des espèces aquatiques. Ces relations sont mises en évidence par la diminution du nombre d'espèces (de *Bembidion* principalement) qui évolue parallèlement à l'intensité de la pollution de la rivière. Beaucoup d'espèces de cette faune riveraine sont ailées et montrent une grande résistance à la submersion et à l'asphyxie, ce qui est une adaptation à la vie dans un milieu fréquemment perturbé par des inondations imprévisibles (Bigot & Gautier, 1982).

d'absorber et de retenir des éléments transportés par les eaux comme les engrais ou les pesticides venus des terres agricoles et de freiner ainsi l'eutrophisation et la pollution des cours d'eau. Les forêts riveraines jouent un rôle particulièrement important (Hillbricht & Pieczynska, 1993). Elles agissent en retenant une partie de l'azote et du phosphore transportés par le ruissellement depuis les cultures jusqu'aux cours d'eau. Une bande de végétation riveraine large de 16 mètres retient 50 % de l'azote et 95 % du phosphore (Vought *et al.*, 1994). La création de corridors végétaux le long des rivières est un des moyens qui permettent de restaurer la qualité des eaux de surface. Outre la rétention des éléments comme l'azote et le phosphore, les bandes de végétation riveraine ombragent l'eau, réduisent la température de

l'eau durant les journées chaudes, stabilisent les rives, diminuent les risques d'érosion et fournissent un habitat à de nombreux végétaux et animaux. Les cours d'eau qui traversent les forêts de Conifères du nord-ouest des États-Unis sont bordés par une végétation riveraine qui contrôle la température et l'éclairement de l'eau, augmente la stabilité des rives et fournit des quantités importantes de débris végétaux (bois mort et feuilles mortes) qui ralentissent le courant, freinent les crues et créent des zones de calme favorables à l'installation de beaucoup d'espèces animales. La matière organique morte qui transite du milieu terrestre au milieu aquatique est exploitée par une faune aquatique abondante et riche en espèces (*cf.* Anderson & Sedell, 1979 ; Franklin *et al.*, 1981 ; Swanson *et al.*, 1982).

1.7. Structure des lisières et conservation des espèces forestières

La faune ne se maintient que si la structure des lisières assure un microclimat favorable et la présence des espèces végétales aux dépens desquelles vivent les espèces phytophages. Pour conserver (et éventuellement augmenter) la biodiversité des îlots forestiers et en particulier la diversité d'invertébrés comme les papillons, un aménagement est nécessaire. Les papillons fréquentent des milieux ouverts tels que les chemins forestiers où ils trouvent les plantes nourricières et la lumière qui est nécessaire à leur reproduction (figure 19.13). D'autres insectes ont le même comportement et recherchent les zones ouvertes à l'intérieur des forêts où ils trouvent les microclimats thermiques et lumineux favorables. La richesse spécifique et l'abondance de beaucoup de groupes d'insectes (tels que les Coléoptères Chrysomélides et Curculionides ainsi que les Hétéroptères) diminuent lorsque le couvert et l'ombre qui sont créés par les arbres augmentent (Greatorex-Davies *et al.*, 1994). Ceci montre l'intérêt d'un aménagement rationnel des lisières forestières et des chemins forestiers (figure 19.14).

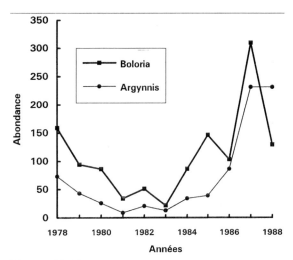

Figure 19.13
Influence de la végétation sur les populations d'insectes.

Abondance annuelle moyenne de deux Lépidoptères *Boloria euphrosyne* et *Argynnis adippe*. L'aménagement d'un chemin le long du transect avec ouverture du taillis en 1984 a amélioré le milieu et permis l'augmentation des effectifs de papillons.

Figure 19.14
Maintien de la diversité spatiale pour assurer la survie des insectes (Lépidoptères en particulier) par l'aménagement des lisières forestières situées de part et d'autre des chemins dans la réserve de Monks Wood en Angleterre.

En haut, avant l'aménagement, des arbres de grande taille trop proches de l'allée

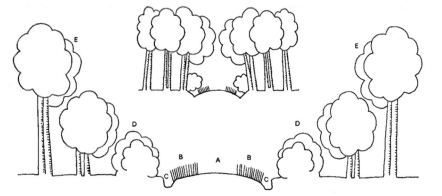

forment une voûte obscure ; des buissons trop ombragés bordent l'allée. **En bas**, après l'aménagement. L'allée est dégagée ; une zone découverte et ensoleillée (A) permet le vol des papillons et autres insectes forestiers héliophiles ; des plantes herbacées (chardons, millepertuis, *Dipsacus*) servent de nourriture à ces insectes (B). Les fossés de drainage (C) sont maintenus. Les hautes herbes sont fauchées en alternance de chaque côté. Des coupes sélectives périodiques permettent de conserver de chaque côté des buissons bas (D). Les arbres de la futaie (E) sont maintenus loin de l'allée afin de créer une bordure présentant une pente régulière de végétation.

II. LES CORRIDORS

Il existe divers types de corridors (figure 19.15). Les corridors *linéaires*, étroits, ne permettent pas la dispersion des espèces de l'intérieur des écosystèmes mais seulement la dispersion des espèces de lisière. Un chemin, une haie ou un bord de route sont des corridors linéaires. Les corridors en *bande*, plus larges, permettent le maintien de la faune de l'intérieur des écosystèmes. Les corridors *fluviaux* sont des forêts riveraines formées d'arbres variés. Lorsqu'ils ont une structure convenable les corridors permettent la dispersion des espèces d'un îlot à un autre. Une péninsule peut être considérée comme un grand corridor dans lequel divers taxa se dispersent plus ou moins loin. La richesse spécifique des divers groupes systématiques diminue généralement lorsqu'on s'approche de l'extrémité de la péninsule (figure 19.16). Ce phénomène est connu sous le nom d'*effet de péninsule*.

Les espèces de Mammifères qui sont des proies potentielles pour des prédateurs réduisent leur vulnérabilité lors du passage dans les corridors en se déplaçant rapidement. Les espèces qui ne sont pas menacées par les prédateurs se dispersent jusqu'à ce qu'elles découvrent un habitat favorable. Beaucoup de Mammifères se dispersent à une distance inférieure à 5 fois celle de la plus grande dimension de leur domaine vital. La largeur que doit avoir un corridor est fonction de sa longueur. Des pumas (*Felis concolor*) ont été observés en dispersion dans des corridors de 0,5 à 1 km de large mais de seulement 6 km de long, ce qui est bien inférieur à la longueur moyenne de leur territoire qui est de 12 km. La largeur nécessaire des corridors plus longs pour cette espèce est estimée à 5 km. Pour divers grands Mammifères d'Amérique la largeur minimale des corridors est de 12 à 22 km pour les loups, de 2 km pour l'ours noir, de 2,5 pour le lynx et de 0,6 km pour le Cervidé *Odoicoileus virginianus*. Dans le cas de la mangouste africaine *Helogale parvula* la largeur minimale du corridor est de 0,6 km. L'utilité des corridors pour les animaux est très modifiée par les activités humaines. La chasse, la présence d'animaux domestiques, la simple présence de l'homme peuvent rendre les corridors inutilisables. En Alaska, les corridors perdent la moitié de leur efficacité pour le déplacement des ours bruns lorsqu'ils sont situés à moins de 1,6 km d'une route ou d'une communauté de plus de dix personnes (Harrison, 1992).

2.1. Les haies, corridors d'un type particulier

Les haies sont des éléments marquants du paysage des régions de bocage que l'on rencontre dans une grande partie de l'Europe occidentale : en France surtout dans l'ouest, en Angleterre, en Belgique et aux Pays-Bas, en Allemagne et jusque dans le nord de l'Espagne. Ce sont soit des structures créées par l'homme

Figure 19.15

Trois types de corridors.

1 : Corridor linéaire formé par une zone boisée entourée par une matrice de formations herbacées. **cl** : corridor ; **lm** : lisière de la matrice ; **m** : intérieur de la matrice. 2 : corridor en bande comprenant une zone centrale **c** avec des espèces de l'intérieur de la forêt et deux zones de lisière **le**. La matrice comprend les zones **lm** et **m** comme dans l'exemple précédent. 3. Corridor fluvial avec une forêt riveraine. La plaine alluviale **pa** est entourée par les rives en pente **r**. L'ensemble de la plaine alluviale et des rives boisées assure le contrôle de l'érosion, des inondations, et des arrivées de

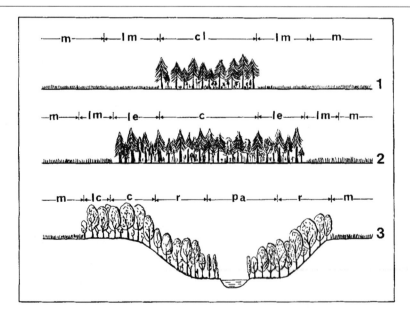

polluants comme des engrais dans la rivière. La partie du corridor située à gauche comprend une partie intérieure **c** qui permet les déplacements des espèces de l'intérieur de la forêt et une partie externe formant la lisière **lc**. La matrice est en **m** (Forman, 1983).

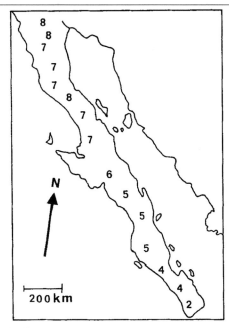

Groupes de Vertébrés	Nombre d'espèces	
	Extrémité Nord	Extrémité Sud
Mammifères, sauf Chéiroptères	33	26
Chéiroptères	16	19
Oiseaux	107	95
Lézards originaires du Nord	4	8
Lézards originaires du Sud	12	8
Serpents originaires du Nord	15	11
Serpents originaires du Sud	1	8

N.B. : pour les lézards, lire Sud au lieu de Nord et Nord au lieu de Sud.

Figure 19.16
L'effet de péninsule d'après l'exemple de la Basse Californie.

Dans cette péninsule de plus de 2 000 km de long se sont dispersés des Vertébrés venus du nord. Sur la carte les chiffres indiquent le nombre de Rongeurs de la famille des Hétéromyidés. Le tableau montre que la baisse du nombre d'espèces vers le sud n'affecte pas les Chéiroptères et affecte peu les oiseaux qui ont des moyens de dispersion efficaces. Les serpents et les lézards originaires du sud sont plus nombreux à l'extrémité sud de la péninsule.

qui peuvent être fort anciennes (on en trouve la trace sur des cartes du Moyen Âge), soit des restes de la matrice forestière originelle. Certaines haies sont de simples talus de terre auxquels sont mêlées les pierres gênantes des champs voisins. D'autres, qui ont une structure plus complexe, sont caractéristiques du bocage breton (figure 19.17). De part et d'autre d'un talus qui peut dépasser un mètre de haut et deux mètres de large se trouve un fossé. Le talus supporte une végétation variée. Certains arbres qui sont laissés libres de croître à leur guise atteignent une hauteur importante. D'autres, appelés arbres *d'émonde*, sont taillés régulièrement. Ils prennent une forme caractéristique en *têtard* quand ils sont étêtés vers 2 à 3 mètres. Des arbustes et des arbrisseaux plus petits se mêlent à ces arbres ainsi que des plantes herbacées. Les arbres les plus fréquents sont le chêne, l'orme, le charme et le frêne ; les arbrisseaux sont l'aubépine, le prunellier, les saules, les genêts et les bruyères. Lorsque la haie est entretenue manuellement, elle présente de chaque côté une zone de transition appelée ourlet qui constitue un fourré riche en plantes herbacées. Ce type de haie complexe peut être assimilé à une double

lisière forestière dont elle a la structure et souvent la végétation (Ellenberg, 1978).

Dans les pays de bocage les haies ont des rôles très divers :

a) Elles agissent sur le climat local en réduisant la vitesse du vent et par conséquent l'évapotranspiration. Elles permettent aussi un accroissement de la production agricole. Dans une culture de blé témoin, le rendement est de 68,3 quintaux à l'hectare et la quantité d'eau consommée égale à 413 mm. Dans une culture protégée, le rendement est de 78,7 quintaux et la quantité d'eau consommée de 373 mm.

b) Elles réduisent le ruissellement, favorisent l'infiltration des eaux de pluie et réduisent l'érosion (Burel et al., 1993). L'arasement des talus dans les régions de bocage à sol imperméable de l'ouest de la France est, au moins en partie, responsable d'inondations catastrophiques. Un aménagement rationnel des zones où les haies ont fait preuve de leur utilité consiste à détruire celles qui sont en surnombre et à installer des parcelles d'une surface maximale de 3 à 5 hectares, bien adaptées aux méthodes culturales mécanisées actuelles.

Figure 19.17

Structure et rôle des haies.

À **gauche**, une haie naturelle sur talus du bocage breton. Une strate arborescente formée souvent de chênes est accompagnée de rejets de souche et d'arbustes qui forment une strate arbustive (ou manteau). Cette dernière est limitée à l'extérieur par les grandes herbes de la strate herbacée (ou ourlet).

À **droite**, ralentissement des vents d'ouest par les haies brise-vent dans la péninsule du Jutland au Danemark. La ligne 1 correspond à une région où il y a peu de brise-vent. La ligne 2 correspond à une région où il existe un maillage régulier de haies. Dans ce cas la vitesse du vent est ralenti, même à plus de 20 km à l'est, en mer, au-delà des terres.

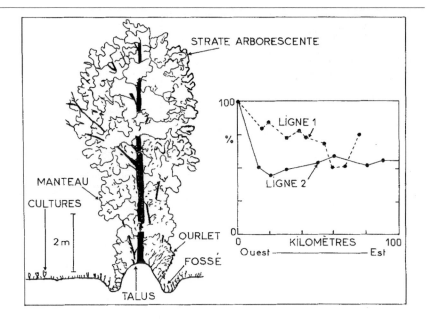

c) Elles servent de refuge hivernal à beaucoup d'espèces (coccinelles, syrphes, bourdons, Hyménoptères parasites, etc.) qui y trouvent des conditions microclimatiques favorables. Beaucoup d'espèces (mulots, bourdons, serpents) exploitent les champs à partir des haies où elles s'installent et se reproduisent. Les haies constituent des « stations refuges » dont la diversité contraste avec la pauvreté du milieu environnant. Leur richesse est fonction de la complexité de leur structure. Le nombre d'espèces de Rongeurs dans les haies est plus élevé que dans les régions ouvertes de monoculture mais les pullulations (en particulier celles des campagnols) y sont absentes alors que ces animaux pullulent dans les prairies et les champs de céréales de régions comme la Vendée où le bocage a disparu. Les petits insectivores comme les musaraignes qui consomment beaucoup d'insectes nuisibles sont plus abondants dans le bocage. On estime que les Vertébrés prédateurs du bocage consomment chaque année environ mille rongeurs à l'hectare ; or la densité des deux espèces les plus communes est de 800 individus à l'hectare. Ceci montre le rôle stabilisateur des prédateurs qui peuvent se maintenir dans les haies. Les haies de Bretagne hébergent une cinquantaine d'espèces d'oiseaux, quinze espèces de Reptiles et plusieurs centaines d'espèces d'insectes. Une zone de bocage breton renferme 40 espèces d'oiseaux avec une densité de 99 couples à l'hectare alors qu'une zone de même surface après enlèvement des haies et des talus ne contient plus que 23 espèces d'oiseaux avec une densité de 35,3 couples à l'hectare. Certains de ces oiseaux comme la chouette effraie sont utiles par leur grande consommation de petits rongeurs. L'ourlet qui limite les haies offre asile à la perdrix rouge qui y niche à l'ombre parmi les graminées et les épineux. Il faut 2,5 km de haie pour qu'un couple de perdrix rouges se maintienne. Les abeilles ont une production de miel plus élevée dans les zones de bocage que dans les zones arasées. Le papillon *Aporia crataegi* vit sur l'aubépine et il se raréfie en même temps que les haies qui sont le dernier refuge de sa plante hôte. Il a disparu d'Angleterre.

d) Elles fonctionnent comme des corridors permettant les déplacements de la faune. Ce rôle de corridor a été étudié dans le cas des Coléoptères Carabidés en Bretagne. Il est possible de distinguer trois catégories d'espèces en fonction de la distance qu'elles parcourent dans le réseau de haies. Les espèces strictement forestières comme *Abax parallelus*, *Carabus purpurascens* ou *Pterostichus oblongopunctatus* ne s'éloignent pas à plus de 100 m de la limite de la forêt ; les espèces péninsulaires comme *Abax*

ovalis, *Carabus nemoralis* ou *Platysma nigrum* peuvent se retrouver jusqu'à 500 m de la limite de la forêt ; les espèces des corridors comme *Abax ater* et *Carabus granulatus* qui sont les plus aptes à la dispersion peuvent se retrouver à 15 km de leur forêt d'origine (Burel & Baudry, 1990). Les haies servent également de corridors assurant la dispersion de divers Vertébrés. Le blaireau, le campagnol *Clethrionomys glareolus*, et beaucoup d'oiseaux suivent les haies au cours de leurs déplacements. En Grande-Bretagne, les haies sont des moyens de dispersion pour certaines espèces de plantes de forêt mais pas pour d'autres (Helwell, 1975).

2.2. Routes et chemins : corridors ou barrières?

Les routes et les chemins sont souvent des barrières infranchissables, même pour des organismes ailés, en raison du microclimat thermique qui y règne (*cf.* figure 4.4.). Les chemins de terre peu fréquentés sont des barrières moins absolues que des larges autoroutes. La présence des routes dérange les animaux en favorisant l'arrivée des touristes motorisés. Dans le Wisconsin on a constaté que la densité des routes est en relation inverse avec celle des loups. Quand il y a plus de 0,93 mile de routes par mile carré le loup disparaît, surtout en raison de la chasse qui lui est faite (Noss, 1987). Des petits Rongeurs comme le mulot *Apodemus flavicollis* ou le campagnol *Clethrionomys glareolus* sont incapables de traverser une route de six mètres de large alors que leurs déplacements parallèles à la route sont fréquents. Il en est de même pour les Carabidés forestiers qui sont pourtant des insectes relativement mobiles (Mader, 1984).

Dans un massif forestier les routes représentent aussi une source de pollution pour trois raisons : (a) la sécheresse qui est provoquée par l'ouverture du milieu et par le vent lors du passage des véhicules ; (b) l'épandage de sel destiné à éviter le verglas en hiver ; (c) les gaz d'échappement des véhicules. Certains effets de ces trois types de facteurs ont été décrits (Braun & Fluckiger, 1984, 1985). Le sel provoque une augmentation de l'abondance du puceron *Aphis pomi* qui vit sur l'aubépine. La sève du phloème de cet arbre, lorsqu'il est soumis à l'action du sel, est plus riche en acides aminés (en particulier en acide aspartique, asparagine et glutamine) et en sucres, ce qui peut expliquer l'augmentation du nombre de pucerons. Une sécheresse modérée augmente aussi le nombre de pucerons. Les gaz d'échappement multiplient les populations de pucerons par 4,4.

Ceci est dû vraisemblablement aux oxydes d'azote NO et NO_2 et au SO_2 qui sont connus également pour accroître la teneur des plantes en acides aminés. Beaucoup d'études ont montré que la densité des oiseaux forestiers est plus faible au voisinage des routes que dans les zones témoin. Ceci montre que la qualité de l'habitat est réduite au voisinage des routes forestières (Reijnen & Foppen, 1995).

La construction de l'autoroute du sud qui relie Paris à Lyon traverse le massif de Fontainebleau. Les populations de Cervidés sont compartimentées par cette autoroute qui est cloturée et qui a coupé le massif en six parties, ce qui a réduit beaucoup les échanges entre populations. Les échanges qui existaient depuis toujours entre les quatre massifs de Fontainebleau, Orléans, Montargis et Rambouillet grâce à de petits massifs intermédiaires sont aujourd'hui très réduits (Lebrun, 1975).

Les routes constituent un lieu de destruction important de la faune. Sur 100 mètres de route dans le Tennessee on évalue à 120 millions le nombre de papillons qui sont tués chaque année. Sur 1 000 kilomètres de routes et d'autoroutes au Danemark il y a chaque année une hécatombe de 3 000 lièvres, 5 400 hérissons, 40 000 petits Mammifères, 3 500 Amphibiens et 122 000 oiseaux. Des chiffres du même ordre sont avancés pour d'autres pays. On a calculé que chaque année 66 000 milliards d'insectes sont tués en France par la circulation automobile, ce qui représente une biomasse de 150 à 200 tonnes. La période de la journée au cours de laquelle les insectes sont le plus vulnérables se situe entre 13 et 18 heures et la mortalité est plus élevée en zone boisée qu'en zone cultivée. Il convient évidemment de relativiser ces chiffres car on ne sait pas quelle est l'importance de la biomasse des insectes en France (Chambon, 1993).

L'effet des routes sur les animaux peut se faire sentir loin de leur emplacement, en raison des modifications qui affectent la végétation de part et d'autre. La surface modifiée est de l'ordre de 1 ha par km de route. Les oiseaux constituent un bon modèle pour étudier l'influence des routes en raison de leur mobilité et de leurs réactions à la fragmentation des habitats et à la structure de la végétation. Le bruit provoqué par les véhicules réduit la densité de certains oiseaux à une distance de plusieurs centaines de mètres aussi bien lors de la traversée de massifs forestiers que

de terres cultivées. La végétation qui subsiste sur les côtés de la route peut augmenter la diversité et l'abondance de certaines espèces dans les régions d'agriculture intensive. Les zones de végétation qui entourent une route peuvent être favorables à certains oiseaux si elles constituent un milieu complémentaire du milieu dominant du paysage (Meunier *et al.*, 1999). Dans certains cas les bords de routes peuvent constituer des habitats favorables pour des insectes tels que les Carabidés (Vermeulen, 1993) ou les papillons (Munguira & Thomas, 1992).

Comme les corridors ont en général une forme étroite et allongée et par conséquent des lisières importantes, on peut craindre qu'ils favorisent les déplacements d'espèces de lisière aux dépens des espèces de l'intérieur et qu'ils permettent l'invasion d'espèces étrangères. C'est ce qui s'est produit dans les marais des Everglades en Floride où deux végétaux introduits, l'eucalyptus australien *Melaleuca quinquinerva* et le faux poivrier *Schinus terebinthus*, ont pénétré dans la réserve depuis les faubourgs de Miami à la faveur de corridors formés par les canaux et couvrent maintenant 40 000 ha aux dépens de la végétation spontanée qui est éliminée. Cependant, les corridors ont souvent une action favorable qui avait déjà été perçue par les spécialistes de la conservation des espèces. Des tunnels permettant le passage des Amphibiens sous les routes ont été établis en Suisse dès 1969. Les diverses régions habitées par le gorille de montagne au Congo et par l'éléphant en Tanzanie ont été réunies par des corridors il y a déjà longtemps. Plus récemment une connection a été établie entre le Parc National suisse et le Parc de Stelvio en Italie pour permettre les déplacements des cerfs. Les corridors, malgré leur intérêt, ne peuvent pas remplacer les grandes réserves. L'installation d'un réseau de corridors est seulement une mesure complémentaire (Forman, 1991).

III. LES MÉTAPOPULATIONS

Dans un paysage caractérisé par l'hétérogénéité spatiale et par la fragmentation des écosystèmes sous l'influence de l'homme beaucoup d'espèces sont réduites à l'état de populations isolées qui peuvent s'éteindre sous l'action de processus aléatoires variés. Mais, si les individus de ces populations sont capables de se disperser et de franchir les espaces qui séparent les divers milieux habités, des processus de colonisation pourront compenser les processus d'extinction. Une *métapopulation* est un ensemble de sous-populations *interconnectées* par des individus qui se *dispersent* (Levins, 1969, 1970 ; Hanski, 1991). Le concept de métapopulation est fondé sur la constatation que l'espace est fragmenté en habitats distincts et séparés et qu'il existe des habitats favorables et d'autres défavorables à l'installation d'une espèce. Ceci rapproche l'étude des métapopulations de l'écologie des paysages mais l'en éloigne aussi car l'écologie des paysages étudie tous les habitats et les relations qui existent entre eux au lieu de ne s'intéresser qu'à un type d'habitat favorable à une espèce. L'étude théorique et pratique des métapopulations est en plein développement (Gilpin & Hanski, 1991 ; Hanski & Gilpin, 1997). La biologie des populations et la biologie de la conservation sont les deux principaux bénéficiaires de la théorie des métapopulations qui complète et améliore la théorie de la biogéographie insulaire.

Quatre types de métapopulations peuvent être distingués.

a) Le premier type (A, figure 19.18) qui a inspiré le modèle de Levins (cf. ci après) correspond à un ensemble de petites sous-populations vivant dans des milieux à peu près identiques, en équilibre dynamique par suite des processus de colonisation et d'extinction qui se manifestent dans chaque sous-population. Exemple : les populations de daphnies qui vivent dans les rock pools (figure 19.19), la grenouille *Rana lessoniae* qui vit dans divers étangs ; la grande métapopulation du papillon *Melitaea cinxia* qui habite dans les îles Åland, diverses espèces de passereaux occupant des petits bois. Parmi les petits mammifères, le pika, *Ochotona princeps* est un Rongeur nord américain dont les individus vivent dans des amas de rochers qui sont séparés les-uns des autres par une distance moyenne de 20 mètres, ce qui autorise des processus de déplacement et d'immigration d'un endroit habité à un autre provisoirement inhabité (Smith & Gilpin, 1997).

b) Le deuxième type (B, figure 19.18) correspond à une métapopulation dans laquelle une aire principale importante ayant une population nombreuse sert de source pour des habitats péri-

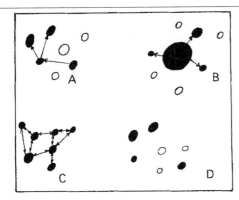

Figure 19.18
Représentation schématique des divers types de
métapopulations.
Les flèches indiquent le sens de la colonisation des divers
habitats. Explications dans le texte.

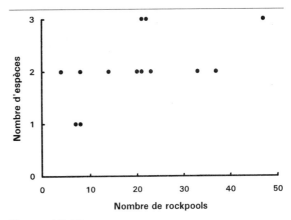

Figure 19.19
Les espèces de daphnies des rock pools des îles
de la mer Baltique.
Le nombre d'espèces sur chaque île est fonction du nombre
de sites disponibles (Bengtsson, 1991).

phériques beaucoup plus réduits en surface dans
lesquels les populations s'éteignent et se reconstituent en permanence par immigration (type
appelé « mainland-island »). Ce type correspond au cas de la métapopulation du papillon de
Californie *Euphydryas editha bayensis* dont une
métapopulation a été suivie pendant 25 ans
(Ehrlich & Murphy, 1987). Les diverses sous-
populations de ce papillon occupent des aires
peu éloignées les unes des autres ce qui permet
aux papillons de passer d'un habitat à un autre.
Les variations d'abondance sont différentes
d'une population à l'autre, certaines populations
présentant des alternances d'extinction et de
colonisation (figure 19.20).

c) Le troisième type (C, figure 19.18) correspond à un ensemble de sous-populations en
interaction les unes avec les autres qui colonisent des habitats éphémères et de petite taille.
C'est le cas des insectes qui habitent les arbres
morts et les cavités de ces arbres.

d) Le quatrième type correspond à l'absence
de colonisation entre les diverses sous- populations (D, figure 19.18) et à une métapopulation
en état de non équilibre. C'est le cas des peuplements de Mammifères des sommets montagneux
du désert de Great Basin dans l'ouest des États-
Unis. Aucune communication entre ces différents sommets n'est plus possible de nos jours
pour ces Mammifères.

L'existence des métapopulations est liée à
l'hétérogénéité du paysage et à la possibilité
pour les espèces qui les constituent, de se disper-

ser d'un îlot à l'autre en empruntant des chemins qui sont le plus souvent des corridors.
Cette dispersion sera d'autant plus facile que les
corridors seront plus nombreux et plus favorables aux mouvements des animaux.

3.1. Le modèle de Levins

Le premier essai de modélisation de la dynamique d'une métapopulation est dû à Levins. Ce
modèle est fondé sur quatre hypothèses :

a) le nombre d'habitats pouvant être occupés
est suffisamment élevé pour que des phénomènes aléatoires ne se produisent pas ;

b) les divers habitats sont à peu près identiques et équidistants ;

c) la dynamique des populations est suffisamment rapide pour que chaque habitat se présente
seulement sous deux aspects, vide ou complet ;

d) les seuls processus en jeu sont l'extinction
locale dans un habitat et la colonisation des
habitats inoccupés par des immigrants venus
d'habitats occupés. Dans un ensemble de
milieux identiques occupés par une espèce,
Levins suppose que le taux de colonisation m est
proportionnel à la fraction p de milieux occupés
qui fournissent les individus colonisateurs, et à
$1 - p$ qui est la fraction de milieux non occupés
et cible des colonisateurs. Si l'on admet que
toutes les sous-populations ont le même taux
d'extinction e, on peut écrire :

$$dp/dt = mp (1 - p) - ep.$$

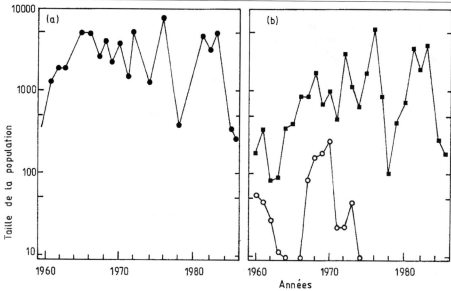

Figure 19.20

Variations d'abondance du papillon Euphydryas editha bayensis, espèce menacée ayant une structure en métapopulation.

(a) : L'ensemble de la métapopulation varie beaucoup d'abondance d'une année à l'autre.

(b) : Variations d'abondance de deux sous-populations. Une d'entre elles s'est éteinte deux fois et elle a été reconstituée par des individus en dispersion (Ehrlich & Murphy, 1987).

À l'équilibre $dp / dt = 0$ et $p = 1 - e/m$. Cette équation montre que p est positif si $m>e$ et que p est nul si $m<e$. Bien que très simplifié ce modèle met en évidence un aspect important de la dynamique des métapopulations : celles-ci ne persistent que si le taux de colonisation est supérieur au taux d'extinction. Or beaucoup d'études ont montré que :

(a) le taux d'extinction diminue quand la surface du milieu occupé augmente ;

(b) le taux de colonisation diminue quand le nombre de milieux occupés augmente ;

(c) le taux de colonisation diminue avec l'isolement croissant des populations.

La persistance d'une métapopulation dépend donc de la structure du milieu, et elle est supérieure à celle d'une population isolée. Le résultat des extinctions et des colonisations est un patron de distribution variable dans le temps et l'espace. Les sous-populations les plus petites et les plus isolées sont celles qui disparaissent les premières et qui se reconstituent le plus difficilement. De ce fait le nombre d'espèces présentes dans une région varie, certaines apparaissant et d'autres disparaissant. Ce phénomène de renouvellement (ou turn-over) peut être plus ou moins rapide (tableau 19.3).

Ces prévisions sont confirmées par quelques observations. Dans les rockpools qui se trouvent dans des îles de la mer Baltique le nombre d'espèces de daphnies augmente avec le nombre de rockpools présents et la proportion de ceux qui sont occupés par chaque espèce diminue avec le nombre d'espèces (*cf.* figure 19.19). Il en est de même pour la grenouille *Rana lessonae*. Les facteurs limitant la répartition de cette espèce en Suède sont d'une part la distance à l'étang le plus proche, d'autre part la prédation par le bro-

	1969	1970	1971	1972
Nombre d'espèces présentes S	42	39	43	50
Gain annuel en espèces E	-	13	12	14
Pertes annuelles en espèces I	-	16	8	7
Taux de renouvellement en %	-	36	24	22

Tableau 19.3

Processus d'extinction et de colonisation dans le cas des Coléoptères Carabidés d'un polder des Pays-Bas 4 ans après la création de ce nouvel habitat (Meijer, 1974).

Le taux de renouvellement est défini par la formule $(E + I) / (S_1 + S_2)$. Il est élevé au début de la colonisation et il diminue lorsque le nombre d'espèces augmente.

chet qui n'est plus compensée par un taux de colonisation suffisant dans les étangs trop éloignés d'une source. La distribution géographique de certaines espèces peut donc être limitée non par des facteurs climatiques mais par le trop grand isolement, la rareté ou la faible étendue des milieux favorables.

3.2. Deux métapopulations : *Melitaea cinxia* et *Boloria aquilonaris*

Les papillons constituent un bon modèle pour l'étude des métapopulations tandis que les oiseaux sont un bon modèle pour l'étude de la biogéographie insulaire. Le papillon *Melitaea cinxia* dont les chenilles vivent sur *Plantago lanceolata* et *Veronica spicata* forme dans les îles Åland qui sont situées au sud ouest de la Finlande, une vaste métapopulation dont les individus sont répartis sur de nombreuses îles avec des abondances très variables (*cf.* chapitre 20.1). Les habitats favorables qui sont occupés par des populations reproductrices sont des prairies sèches et dispersées, la population la plus abondante ayant environ 500 individus. Même une population abondante peut disparaître en quelques années. La probabilité de recolonisation d'un habitat vide n'est jamais nulle car la distance maximale entre ces habitats est seulement de 3 870 mètres. Le taux d'extinction diminue lorsque l'effectif de la population augmente. Le degré d'espacement des divers habitats utilisables affecte le taux de colonisation des habitats vacants, les habitats les plus isolés ayant un taux de colonisation plus faible que les autres.

La structure spatiale et la dynamique des sous-populations du papillon *Boloria aquilonaris* ont été étudiées dans les Ardennes belges. La méthode des captures-recaptures a montré l'existence d'une connectivité entre les divers habitats. L'ensemble des sous-populations fonctionne donc comme une métapopulation. On a observé des déplacements pouvant atteindre plusieurs km entre les divers sites (figure 19.21) ainsi que la recolonisation d'un habitat qui était vide d'occupants. Cette étude montre l'intérêt des habitats de faible surface qui hébergent des populations peu nombreuses mais qui peuvent servir de relai lors des déplacements sur de longues distances (Mousson, 1999).

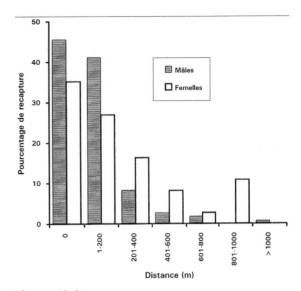

Figure 19.21
Dispersion, estimée à l'aide du pourcentage de recaptures d'individus marqués, des mâles et des femelles du papillon *Boloria aquilonaris* dans une région des Ardennes belges.

La dispersion se fait en général sur des distances relativement courtes mais elle peut dans certains cas dépasser le kilomètre (Mousson *et al.*, 1999).

3.3. Les autres modèles

Le modèle simple de Levins a été perfectionné et étendu au cas de deux espèces en faisant intervenir le nombre de milieux occupés par 0, 1 ou 2 espèces et en admettant des taux d'extinction et de colonisation différents pour chaque espèce. Étant donné que les équations obtenues sont difficiles à manipuler, seules les conditions qui autorisent l'installation d'une deuxième espèce ont été étudiées. Elles établissent que : (a) les taux de colonisation et d'extinction sont affectés par la compétition interspécifique. (b) il existe un nombre minimal de milieux en dessous duquel une espèce ne peut persister. (c) le nombre d'espèces augmente avec le nombre de milieux colonisables si la compétition est importante.

Des modèles ont également été établis pour des ensembles de deux espèces comme un couple prédateur-proie ou comme deux espèces qui entrent en compétition. Dans ces modèles une espèce est capable de provoquer localement l'extinction de l'autre mais leur coexistence est assurée dans l'ensemble des habitats qui constituent la mosaïque occupée par la métapopulation. L'idée que l'hétérogénéité spatiale puisse

permettre la coexistence d'espèces antagonistes est déjà ancienne. Elle a été établie par des expériences comme celle de Huffaker (1958) qui a réalisé un élevage de deux acariens, une espèce prédatrice *Typhlodromus occidentalis* et une espèce-proie phytophage *Eotetranychus sexmaculatus*. Cette dernière est élevée sur des oranges. Dans un milieu spatialement simple l'espèce-proie a été dévorée plus ou moins rapidement et le prédateur a fini par mourir de faim. Dans un milieu spatialement plus complexe des proies ont pu échapper aux prédateurs et reconstituer des populations ce qui a permis aux deux espèces de cohabiter durant 490 jours en présentant des fluctuations d'abondance caractéristiques d'un couple prédateur-proie.

3.4. Les mécanismes du peuplement

La probabilité de peuplement d'un espace limité est fonction de sa surface. Elle dépend en outre des exigences des espèces et de leur comportement. Les pics, la sittelle ne colonisent pas les petits bois où ils ne trouvent pas les arbres nécessaires à la nidification. En Angleterre, Moore & Hooper (1975) ont dénombré les oiseaux nicheurs dans un ensemble de 433 bosquets dont la surface varie de 10 m² à 100 hectares et qui sont isolés au milieu des cultures. Les données obtenues montrent qu'il existe pour chaque espèce une aire minimale en dessous de laquelle la probabilité de peuplement est nulle. Cette surface est de 100 m² pour un rouge gorge, et de un hectare pour la mésange boréale (figure 19.22). Dans la Prairie nord américaine trois espèces d'oiseaux ayant besoin de grandes surfaces sont, en raison de la fragmentation du biotope, devenues rares et menacées de disparition. Les deux espèces qui résistent peuvent subsister sur de petites surfaces (Samson, 1983).

L'influence de l'isolement géographique a été démontrée chez les oiseaux qui peuplent la Nouvelle-Guinée et les îles qui l'entourent. La Nouvelle-Guinée formait au Pléistocène une masse continentale importante qui a été fragmentée de nos jours par la remontée du niveau de la mer. Beaucoup de petites îles entourent l'île principale. Un oiseau comme *Monarcha telescophthalmus* subsiste dans toute la Nouvelle-Guinée et dans les îles de surface supérieure à 450 km² qui lui étaient jadis réunies. Mais il a disparu des îles plus petites et il n'a pas colonisé les îles océaniques, même celles qui sont éloignées seulement de quelques centaines de mètres, bien qu'il soit parfaitement capable de voler (Diamond, 1975).

Des peuplements de Mammifères riches de 13 espèces occupent un ensemble de 17 sommets montagneux boisés d'altitude supérieure à 2 300 mètres, isolés au milieu du désert de Great Basin dans l'Utah. Ces montagnes faisaient partie d'un vaste ensemble lors des périodes froides du Quaternaire. Le réchauffement les a transformées en « îles continentales » d'où les Mammifères sont incapables de se disperser. Avant leur isolement, ces îles avaient des faunes à peu près identiques et équilibrées. Les extinctions d'espèces ramènent peu à peu les peuplements locaux à des « valeurs d'équilibre » qui sont fonction des surfaces occupées (figure 19.23). Ces extinctions se font en partie au hasard (ce qui explique les différences de faune d'un milieu à l'autre) mais les carnivores se montrent plus vulnérables et les petites espèces plus résistantes (Brown, 1971).

L'analyse de divers cas bien étudiés a conduit à admettre la généralité des lois suivantes (Hanski, 1994) :

a) le pourcentage de milieux occupés par une espèce augmente avec la surface de ces milieux ;

b) le pourcentage de milieux occupés diminue avec leur isolement ;

c) la probabilité de colonisation des divers milieux diminue avec leur isolement ;

d) la probabilité d'extinction des espèces diminue quand la surface des milieux qu'elles occupent (et par conséquent le nombre d'individus présents) augmente (figure 19.24).

Quelques observations réalisées sur des insectes forestiers qui peuvent vivre dans le même arbre mort durant plusieurs générations ou dans des champignons vivaces poussant sur le bois mort confirment ces déductions théoriques. En Carélie, une forêt jadis homogène a été partagée entre la Russie et la Finlande. Du côté russe, l'exploitation forestière est inexistante et les trembles (*Populus tremula*) morts sont nombreux. Ils forment des habitats dispersés occupés par de nombreux insectes dont des Coléoptères rares et spécialisés. Du côté finlandais, l'exploitation forestière a éliminé la plupart des trembles considérés comme nuisibles. Ceci a entraîné la disparition ou la raréfaction de nombreuses espèces en raison du manque d'habitats et de la difficulté de leur colonisation. L'inventaire des Coléoptères révèle que le côté

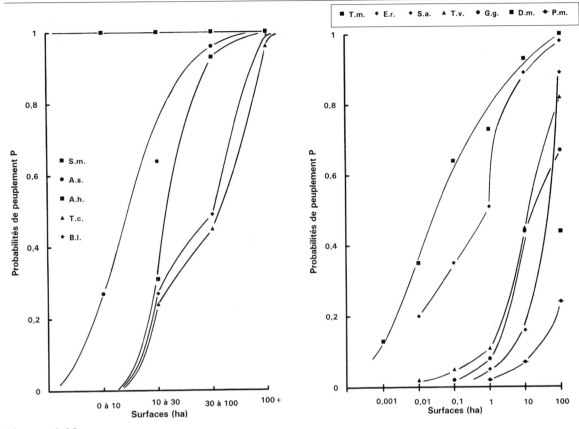

Figure 19.22

Probabilités de peuplement P en fonction de la surface des habitats (en ha) pour quelques espèces d'oiseaux.

À gauche, cas de cinq espèces de la Prairie d'Amérique du Nord. Les trois espèces qui ont besoin de grandes surfaces sont devenues rares et menacées de disparition par suite de la réduction de leurs habitats. Les deux espèces qui peuvent survivre sur de petites surfaces ne sont pas menacées (Samson, 1983). S.m. : *Sturnella magna* ; A. h. : *Ammodramus henslowii* ; A.s. : *Ammodramus savannarum* ; T. c. : *Tympanuchus cupido* ; B. l. : *Bartramia longicauda*.

À droite, cas de sept espèces qui, en Angleterre, colonisent des bosquets de superficie variable (Moore & Hooper, 1975). Certaines comme *Turdus merula* sont peu sensibles à la surface ; d'autres comme *Dendrocopos minor* le sont beaucoup. Les plus petites surfaces boisées où ces oiseaux ont été vus sont les suivantes : *Turdus merula* (T.m.), 15 m^2 ; *Erithacus rubecula* (E.r.), 100 m^2 ; *Turdus viscivorus* (T.v.), 750 m^2 ; *Garrulus glandarius* (G.g.), 1 255 m^2 ; *Strix aluco* (S.a.), 1 840 m^2 ; *Parus montanus* (P.m.), 81 940 m^2 ; *Dendrocopos minor* (D.m.), 186 450 m^2).

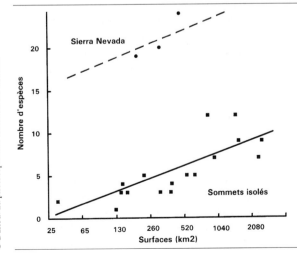

Figure 19.23

Relation aire/espèces pour les Mammifères qui habitent les sommets isolés (dont l'altitude est supérieure à 2 280 m) du désert de Great Basin (carrés).

Les ronds correspondent à des surfaces égales choisies dans la Sierra Nevada qui est voisine du désert de Great Basin. La pente plus grande de la droite de régression relative aux montagnes isolées témoigne des difficultés de communication entre ces zones et montre qu'elles renferment encore des espèces en surnombre par rapport à leur surface actuelle. Ces espèces héritées de l'ère quaternaire lorsque la communication entre les massifs montagneux était possible sont destinées à disparaître peu à peu jusqu'à ce que les « valeurs d'équilibre » soient atteintes (Brown, 1971).

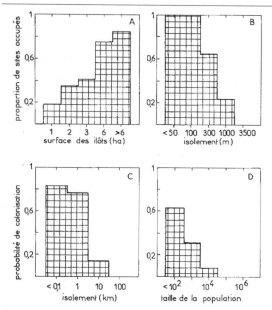

Figure 19.24
Influence des caractéristiques des habitats sur les populations.

A : Proportion d'îlots forestiers occupés aux Pays Bas par la sittelle *Sitta europaea* en fonction de leur surface. **B** : Proportion d'îles occupées par la musaraigne *Sorex cinereus* en fonction de leur isolement dans des lacs d'Amérique du Nord. **C** : Taux de colonisation par le papillon *Hesperia comma* dans un ensemble d'une centaine de prairies sèches d'Angleterre en fonction de leur isolement. **D** : Taux d'extinction en fonction de la taille des populations pour un ensemble de 4 espèces d'araignées réparties sur un ensemble de 222 petites îles de l'archipel des Bahamas (Hanski, 1994).

russe de la forêt renferme encore 19 espèces rares dont deux éteintes en Finlande ; le côté finlandais ne renferme plus que 5 espèces (Siitonen & Martikainen , 1994).

3.5. La dispersion

Il existe dans les métapopulations des flux de gènes entre les diverses sous-populations, ce qui contribue à maintenir le polymorphisme et à réduire la dérive génétique (Slatkin, 1985). La *dispersion* correspond au déplacement d'une partie des individus d'une population hors de leur habitat normal, pour se rendre en un lieu où ils se reproduiront. La *philopatrie* est le maintien et la reproduction des individus sur leur lieu de naissance. La dispersion diffère de la migration qui est un déplacement de masse de l'ensemble des individus, avec parfois, chez les oiseaux,

retour au lieu de départ. Pendant longtemps la dispersion a été considérée comme un phénomène négligeable qui n'était pas pris en compte dans l'étude des populations. En réalité, les processus de dispersion sont très répandus comme le montre l'abondance du plancton aérien, les observations de centaines de milliers d'insectes ailés noyés en mer au large des côtes, ou bien les captures souvent abondantes faites à l'aide de pièges d'interception.

Les facteurs qui déclenchent la dispersion sont variés (Hansson, 1991). Les trois principaux sont les suivants :

a) La fuite d'un milieu devenu inhospitalier pour en coloniser un meilleur. Ceci se rencontre chez des espèces qui occupent des milieux transitoires en évolution rapide. Les Coléoptères aquatiques qui vivent dans des flaques d'eau ou des mares artificielles se dispersent beaucoup plus que ceux des milieux permanents (Southwood, 1962).

b) La réaction à des phénomènes de compétition. Les petits mâles du Coléoptère *Tetraopes tetraophthalmus*, qui sont inférieurs dans la compétition pour la recherche des femelles, se dispersent plus facilement que les grands mâles. Chez les rongeurs Microtinés les jeunes mâles qui se dispersent sont les individus les plus agressifs et ils diffèrent des autres par leur génotype.

c) Un comportement visant à éviter la consanguinité. Les femelles des chiens de prairie (*Cynomys* sp.) s'accouplent plus volontiers avec des mâles venus d'une autre colonie. Une analyse de la littérature portant sur une quarantaine d'espèces de Mammifères montre que la dispersion des jeunes est un phénomène « volontaire » (et non provoqué par la compétition avec les adultes) destiné à éviter la consanguinité et à augmenter la valeur sélective des descendants (Wolff, 1993). La compétition pour des ressources en quantité limitée ne semble pas exister parmi les espèces étudiées. D'une façon générale ce sont les mâles qui se dispersent le plus facilement chez les Mammifères et les insectes, et ce sont les femelles chez les oiseaux.

Des considérations théoriques permettent de penser que la dispersion a surtout un effet bénéfique avant que la maturité sexuelle soit atteinte, et que les individus qui se dispersent le plus facilement pour coloniser de nouveaux sites sont les adultes les plus jeunes (Morris, 1982). Cette idée a été confirmée par Joly & Grolet (1996) qui ont étudié les structures d'âge de tritons (*Triturus alpestris*) qui

colonisent un étang nouvellement créé et de tritons qui résident dans des étangs anciens. Les étangs anciens, colonisés depuis longtemps, renferment des tritons qui sont en moyenne plus âgés que ceux des étangs récents qui viennent d'être colonisés par des tritons jeunes.

La communication par dispersion entre les diverses sous-populations est parfois difficile ou impossible. Elle dépend des aptitudes des espèces. Des invertébrés aptères liés au sol forestier se déplacent moins facilement que des oiseaux, mais leurs effectifs plus élevés leur assurent une probabilité de survie plus grande dans un bosquet isolé. Les oiseaux liés au chaparral ont disparu de lambeaux isolés de cette formation végétale qui sont situés dans l'agglomération de San Diego en Californie. Une zone urbanisée large seulement de 50 à 100 mètres les séparait des autres portions du chaparral, mais cette zone s'est révélée infranchissable (Soulé *et al.*, 1992).

L'aptitude à la dispersion varie beaucoup d'une espèce à l'autre. La rainette *Hyla arborea* ne peut se disperser d'un habitat à l'autre que lorsque la distance à parcourir est inférieure à 500 mètres. La colonisation ou la recolonisation de milieux nouveaux par la sittelle *Sitta europea* ne peut se faire que si une distance inférieure à 2 km sépare l'habitat ancien du nouveau. Un exemple de perte de l'aptitude à la dispersion a été décrit chez les Composées du genre *Bidens* qui occupent les îles de la Polynésie. Alors que chez *Bidens pilosa*, espèce commune dans l'Amérique tropicale, les akènes sont pourvus de grands appendices barbelés qui facilitent leur dispersion en s'accrochant aux poils des Mammifères et aux plumes des oiseaux, les espèces insulaires ont des appendices barbelés réduits ou absents, ce qui est interprété comme une conséquence de la rareté ou de l'absence d'animaux pouvant en assurer la dispersion dans les îles (Carlquist, 1974).

L'aptitude à la dispersion est, chez certains insectes, dépendante de la présence ou de l'absence d'ailes, ce caractère étant sous contrôle génétique. Les observations de Lindroth (1949) sur les Carabidés montrent que beaucoup d'espèces renferment à la fois des individus macroptères ailés et des individus brachyptères incapables de voler. Au Danemark et en Allemagne du nord des espèces comme *Calathus mollis* ou *Pterostichus minor* ont des populations dominées par les formes brachyptères. En Scandinavie les formes ailées sont quasi exclusives. Ce type de distribution reflète la colonisation post-glaciaire de la Scandinavie par des insectes ailés venus du sud. Étant donné que la brachyptérie est un caractère génétique dominant, la colonisation vers le nord ne peut avoir été faite que par des individus homozygotes pour le caractère macroptère, et l'on peut penser que l'apparition progressive de la brachyptérie est due soit à des mutations, soit à la dispersion passive et beaucoup plus lente d'individus brachyptères.

Dans une étude de six espèces de Lépidoptères Lycaenidae endémiques de Californie et menacés d'extinction, Arnold (1983) a montré que la localisation étroite de ces insectes tient à leur inféodation à des plantes nourricières particulières et à leur très faible capacité de dispersion. La distance maximale parcourue par les papillons est en moyenne inférieure à 100 mètres, et souvent même à 50 mètres. Elle n'est que de 13,4 mètres chez *Euphilotes baltoides allyni*. Les populations de ces papillons fonctionnent donc comme des populations fermées et non comme des métapopulations. Les effectifs des diverses espèces sont inférieurs à 500 individus dans plusieurs cas. La surface n'est pas le seul facteur qui règle l'abondance de ces populations. La *qualité* du milieu joue aussi. Pour ces papillons l'abondance de la plante nourricière est le facteur principal.

Si, comme il est vraisemblable, la mobilité et l'aptitude à la dispersion sont déterminées génétiquement, les populations isolées dans des milieux de faible surface doivent être formées d'individus relativement peu mobiles. Cette conclusion a été démontrée dans certains cas (figure 19.25).

3.6. La génétique des métapopulations

Les processus d'extinction et de colonisation influent sur la différentiation génétique des métapopulations. Si les ensembles d'individus qui colonisent des habitats nouveaux sont peu nombreux il peut apparaître une différentiation génétique plus ou moins importante entre les diverses sous-populations. Ce phénomène est appelé *effet du fondateur*. Il a été observé chez des *Tetraopes*, Coléoptères qui colonisent des taches de plantes du genre *Asclepias* (McCauley, 1989) et chez le Coléoptère mycétophage *Bolitotherus*

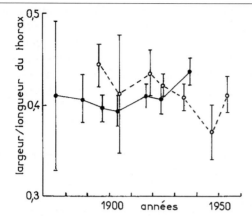

Figure 19.25

Variations du rapport largeur/longueur du thorax chez les mâles de deux populations du papillon *Papilio machaon* en Angleterre.

La population de Wicken Fen (en trait plein) était isolée et très peu nombreuse et elle est éteinte. La population de Norfolk Broads (en tirets) est une population plus nombreuse et moins isolée qui subsiste encore. Les différences morphométriques observées sont vraisemblablement liées à la mobilité, les papillons avec un faible rapport largeur/longueur du thorax étant moins bons voiliers et se dispersant moins facilement (Dempster, 1991).

cornutus qui colonise des champignons lignicoles dispersés dans les forêts (Whitlock, 1992). L'évolution de l'aptitude à la dispersion en fonction du stade de la succession écologique a également été démontrée chez l'érable américain *Acer rubrum*. Les fruits ailés, ou samares, ont un rapport masse/surface de la partie ailée qui est inversement proportionnel à l'aptitude à la dispersion. Dans les premiers stades de la succession, l'aptitude à la dispersion est légèrement plus grande que dans les stades ultérieurs (Peroni, 1994). Le pic *Picoides borealis* est une espèce en danger endémique des forêts de pins du sud et du sud-est des États-Unis. Cette espèce est réduite à des populations isolées dont beaucoup sont peu abondantes et ont perdu une partie de leur diversité génétique. Cependant ces petites populations ne doivent pas, au point de vue génétique, être considérées comme dépourvues d'intérêt. Elles constituent des réservoirs de gènes et des étapes permettant la dispersion des individus ainsi que le flux de gènes d'une population à une autre.

La théorie des métapopulations a modifié les concepts relatifs à l'établissement des réserves qui étaient fondés sur la théorie de la biogéographie insulaire. En particulier l'importance des habitats de faible surface qui hébergent des populations peu nombreuses a été réhabilitée. L'exemple d'espèces comme *Pedicularis furbishae* de la famille des Scrophulariacées qui subsiste depuis très longtemps en Californie sous la forme de très petites populations isolées est caractéristique du comportement des métapopulations (Menges, 1990). Les modèles théoriques suggèrent même qu'un certain nombre de sites inoccupés est nécessaire pour la persistance d'une métapopulation (cf. Lande, 1988). Ceci peut éviter aux spécialistes de la biologie de la conservation d'avoir à justifier la mise en réserve d'une certaine zone en démontrant qu'une espèce menacée y réside. Il suffit que l'habitat soit favorable pour qu'il puisse être colonisé par un processus d'immigration.

IV. LA FRAGMENTATION DES ÉCOSYSTÈMES ET SES CONSÉQUENCES

La fragmentation des écosystèmes réduit la taille des populations, provoque presque toujours une perte de diversité génétique dans les petites populations isolées, entraîne un effet de lisière et la perte des espèces « de l'intérieur » ainsi que des espèces sensibles à l'effet de surface qui ne peuvent subsister dans des habitats limités.

4.1. L'effet de lisière

L'effet de lisière se manifeste de trois façons :

a) par des modifications abiotiques c'est-à-dire des modifications des caractéristiques physiques du milieu ;

b) par des modifications biologiques directes telles que des changements provoqués dans la distribution et l'abondance d'espèces par les modifications physiques qui apparaissent à proximité de la lisière (dessication, vitesse du vent, etc.) ; ces modifications sont dues à la diversité des tolérances physiologiques des diverses espèces ;

c) par des modifications biologiques indirectes telles que les interactions entre espèces (prédation, parasitisme, compétition, pollinisation, transport des graines, etc.).

L'effet de lisière et la fragmentation créent ainsi des perturbations dans le fonctionnement des écosystèmes par amplification ou au contraire par réduction de processus biologiques importants tels que la compétition, le parasitisme, la pollinisation, la dégradation de la litière, le régime des feux, le cycle de l'eau, etc. Les conséquences de la fragmentation des écosystèmes ont surtout été étudiées dans le cas de la forêt ; mais aussi dans d'autres écosystèmes.

Certaines conséquences de la fragmentation du chaparral dans une région urbanisée du sud de la Californie ont été décrites dans le cas des oiseaux et des plantes (Soulé *et al.*, 1992). Dans un ensemble de canyons non urbanisés dont la surface varie de 0,4 ha à 103 ha et où la végétation originale subsiste, le nombre de canyons où une espèce d'oiseau persiste est hautement corrélé avec la densité des populations de ces oiseaux dans un habitat original non perturbé. Dans la même région le nombre d'espèces végétales présentes diminue avec l'âge du canyon, donc en fonction du temps qui s'est écoulé depuis leur isolement (figure 19.26).

Les effets de la fragmentation des forêts sur la martre américaine *Martes americana* sont importants (Hargis *et al.*, 1999). Ce petit carnivore est absent des paysages dont la surface non boisée est inférieure à 25 % de la surface totale, même lorsque les îlots forestiers sont réunis entre eux par des corridors. Les zones de lisière sont évitées sur une profondeur de 100 m. La fragmentation des écosystèmes facilite l'invasion par des espèces étrangères. Dans la région littorale de la Californie du sud où la végétation autochtone est fragmentée en de nombreux îlots, une espèce envahissante, la fourmi argentine (*Iridomyrmex humile*), est plus abondante près des lisières et dans les régions dominées par une végétation non indigène. Les fragments de végétation autochtone qui subsistent ont moins d'espèces indigènes de fourmis que des surfaces équivalentes de végétation autochtone non fragmentée (Suarez *et al.*, 1998).

La fragmentation des écosystèmes multiplie les zones de contact avec le milieu environnant et crée un effet de lisière d'autant plus marqué que le rapport de la surface au périmètre du fragment d'écosystème est plus grand. Il est maximal dans les massifs forestiers linéaires et minimal dans les massifs compacts de forme à

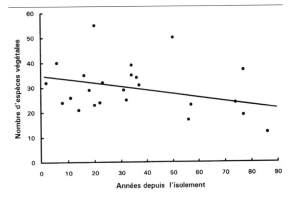

Figure 19.26
Relation entre le nombre d'espèces végétales indigènes et la durée de l'isolement de fragments de chaparral dans des canyons du sud de la Californie.

Le nombre d'espèces qui disparaissent augmente avec la durée de l'isolement. Inversement le nombre d'espèces introduites par l'homme dans cette région fortement urbanisée augmente avec le temps (Soulé *et al.*, 1982).

peu près circulaire. On connaît beaucoup d'exemples de l'influence du milieu environnant sur un écosystème forestier de faible étendue. Dans un îlot isolé au milieu de cultures l'effet de lisière se manifeste par la pénétration de plantes de milieu ouvert. Il y pénètre aussi des polluants (engrais, pesticides) entraînés par le vent. L'eau de la nappe phréatique située sous l'îlot est chargée de sulfates, nitrates et autres ions mobiles. Aux Pays-Bas, certains de ces effets se font sentir sur une largeur de 200 m, ce qui permet de déterminer une surface minimale des bosquets si l'on veut leur conserver un caractère forestier (Bleuten, 1989). Ces résultats peuvent être étendus à des zones protégées théoriquement préservées des rejets polluants. En réalité, ceux-ci sont transportés par la voie aérienne ainsi que par la voie alimentaire car les animaux vont se nourrir loin. Les flamants de la réserve de Camargue renferment dans leurs tissus des teneurs non négligeables de sélénium, cadmium, cuivre, mercure et plomb. Ceci montre que la mise en réserve de zones particulièrement intéressantes n'est pas un élément suffisant pour en protéger la faune (Cosson & Metayer, 1993). La protection des tourbières à sphaignes ne doit pas seulement porter sur la tourbière mais sur tout son impluvium dont les transformations par la pollution agricole, les amendements, l'urbanisation, peuvent avoir une action destructrice à distance (Bournérias, 1973).

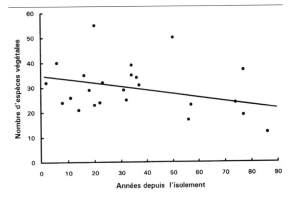

La pénétration d'espèces extérieures dans un îlot forestier grâce à l'effet de lisière explique que dans certains cas le nombre d'espèces ne diminue pas en même temps que la surface mais au contraire augmente. Ceci a été observé dans le cas des oiseaux et d'insectes comme les Coléoptères phytophages (Webb, 1989), les Carabidés et les araignées (Mader, 1981). Dans des îlots forestiers de faible surface les oiseaux peuvent avoir des populations plus abondantes et des espèces plus nombreuses que dans des îlots de surface plus grande car ils utilisent les ressources du milieu environnant (Loman & von Schantz, 1991). Les effets de la fragmentation sur des espèces de Rongeurs sont opposés. Les espèces forestières du genre *Clethrionomys* diminuent d'abondance lorsque la surface des îlots diminue tandis que les *Apodemus*, qui sont des généralistes vivant dans une large gamme d'habitats, ont leur abondance qui peut être largement plus élevée dans les petits îlots que dans les grands îlots. Ceci semble dû à l'amélioration des conditions de vie pour les *Apodemus* en hiver, dans les petits îlots (Diaz *et al.*, 1999).

Dans la forêt boréale de Conifères une surface minimale de 5 à 10 ha semble nécessaire pour que subsiste une partie centrale non perturbée par l'effet de lisière (Esseen, 1994). Aux États-Unis, on a établi que le nombre d'espèces ubiquistes qui tolèrent la forêt et les milieux ouverts est indépendant de la surface des îlots. Le nombre d'espèces liées à des massifs forestiers est nul pour une surface de l'ordre de 1 ha et il augmente avec la surface (figure 19.27).

L'effet de lisière sur les Arthropodes de la canopée a été étudié dans des plantations d'épicéas et de pins sylvestres en Angleterre (Ozanne *et al.*, 1997). Dans l'ensemble, la biomasse et l'abondance moyenne sont minimales au niveau de la lisière et cet effet de lisière se fait sentir sur 10 à 25 m de profondeur environ selon les taxa. Dans le cas du pin sylvestre l'abondance moyenne des Arthropodes par m^2 est de 285,9 au niveau de la lisière et de 674,2 à l'intérieur du peuplement. Les différents taxa ne réagissent pas tous de la même façon. Les Thysanoptères et les Homoptères sont plus abondants au niveau de la lisière ; les Psocoptères, Lépidoptères, Coléoptères, Hyménoptères, Collemboles et araignées sont moins abondants. La structure trophique des peuplements d'Arthropodes au niveau de la lisière est caractérisée par un rapport prédateurs/proies plus élevé que dans l'intérieur. La diversité spécifique des araignées dans les peuplements d'épicéas est plus élevée au niveau de la lisière mais les espèces caractéristiques de l'intérieur y sont moins nombreuses et moins abondantes. L'éclairement moyen est supérieur près de la lisière, ce qui semble confirmer le rôle du microclimat dans la distribution des Arthropodes de la canopée. L'existence d'effets de lisière pouvant atteindre 25 m de profondeur suggère que des massifs forestiers de forme circulaire ou carrée doivent avoir au moins 1 ha de surface pour renfermer une véritable faune de l'intérieur, et que des corridors destinés à réunir des massifs forestiers doivent avoir au moins 50 m de large pour être fonctionnels et permettre le déplacement de toute la faune de l'intérieur. Cette largeur est nettement supérieure à celle des haies qui sont, en Angleterre, les éléments du paysage supposés agir comme corridors.

La fragmentation des forêts et leur transformation en bosquets de faible surface (quelques hectares parfois) s'accompagne, aux États-Unis, de la baisse des effectifs de certaines espèces d'oiseaux et de la disparition d'autres. On a montré à l'aide de nids artificiels garnis d'œufs de caille que la prédation est plus importante dans les petits bois, car elle est l'œuvre de Mammifères (renard roux, raton laveur, opossum) et d'oiseaux qui abondent dans les zones défrichées qui entourent les forêts. Il s'y ajoute le parasitisme par des oiseaux ayant les mœurs du coucou comme le cowbird *Molothrus ater*, une espèce de milieu ouvert qui pénètre seulement dans les lisières forestières. Les oiseaux les plus sensibles à cet effet de lisière sont les petits Passereaux qui nichent au sol ou près du sol et qui ont une faible fécondité (figure 19.28). À ce contingent d'espèces menacées s'ajoutent des migrateurs à longue distance venus d'Amérique centrale pour se reproduire aux États-Unis. La destruction accélérée des forêts tropicales est fatale à beaucoup de ces oiseaux.

La fragmentation et l'isolement des écosystèmes entraînent des modifications de l'abondance des insectes pollinisateurs et des insectes parasitoïdes. Dans un habitat fragmenté du sud de la Suède, les visites des insectes pollinisateurs sur les fleurs de *Dianthus deltoides* sont deux à trois fois moins nombreuses que dans un

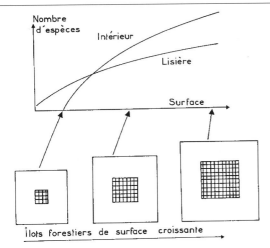

Figure 19.27

L'augmentation de la surface des îlots forestiers se traduit par une augmentation de la surface centrale (en hachures croisées) occupée par des espèces de l'intérieur.

La zone de lisière en blanc occupe une largeur constante. Elle renferme des espèces de lisière dont la diversité augmente moins vite que celle des espèces de l'intérieur. Ce schéma montre qu'un îlot de petite surface peut être peuplé uniquement par des espèces de lisière. L'effet de lisière se fait sentir en moyenne sur 15 m pour les végétaux, sur 40 m pour divers Arthropodes et sur 300 à 600 m pour les oiseaux.

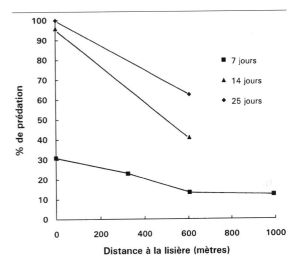

Figure 19.28

Pourcentage de prédation par les Mammifères et les oiseaux sur des nids artificiels en fonction du temps et de la distance à la lisière forestière.

Ces données montrent que l'effet de lisière peut se faire sentir jusqu'à 600 m à l'intérieur d'un massif forestier (Wilcove, 1985).

habitat continu. Ceci se traduit par une réduction marquée du nombre de graines formées par fleur tandis que le nombre d'ovules ne varie pas d'une façon significative (Jennersten, 1988). Les interactions parasitoïdes–herbivores sont également modifiées par la fragmentation et l'isolement qui en résulte. Dans des parcelles isolées du trèfle *Trifolium pratense* le pourcentage de parasitisme des deux espèces de charançons *Apion seniculus* et *A. virens* qui sont inféodées à cette plante diminue avec l'isolement des parcelles de trèfle, ce qui révèle une faible aptitude à la dispersion chez les insectes parasitoïdes (Kruess & Tscharntke, 1994).

4.2. Les recherches récentes dans les forêts tropicales

De nombreuses données relatives aux conséquences de la fragmentation de la forêt amazonienne ont été obtenues lors de la mise en œuvre, aux environs de Manaus au Brésil, du programme *Minimum Critical Size of Ecosystem Project* (transformé en *Biological Dynamics of*

Forest Fragments Project) commencé en 1979 à l'initiative de la Smithsonian Institution et de l'Institut National brésilien pour la recherche en Amazonie (INPA). Ce dernier projet a permis l'étude des réactions de nombreux taxa, Arthropodes et Vertébrés (Didham *et al.*, 1996 ; Laurance & Bierregaard, 1997 ; etc.). D'autres recherches ont été effectuées sur le même sujet, mais avec moins d'ampleur, dans des forêts tropicales de l'Ouganda et de l'Australie. Les recherches sur la fragmentation de la forêt amazonienne ont l'avantage de disposer de données sur la structure et la biodiversité de l'écosystème avant toute intervention. Le plus difficile dans ce genre de recherche est de déterminer ce qui est dû à l'influence de la surface, à l'effet de lisière ou à l'isolement des fragments de forêt.

4.2.1. INFLUENCE DE LA SURFACE DES FRAGMENTS DE FORÊT ET DE LEUR ISOLEMENT

Lors de la réalisation du programme *Minimum Critical Size of Ecosystem Project* des « réserves » de forme carrée et de surface variant de 1 à 10 000 ha ont été délimitées dans la forêt. Elles sont soit isolées, soit maintenues en communication avec la grande forêt primitive par des couloirs forestiers de largeur et de longueur variable.

L'effet de lisière se manifeste sur des distances variables. Le microclimat est modifié sur 15 à 60 m, mais des altérations de la composition spécifique des peuplements d'Invertébrés se manifestent jusqu'à 200 m de la lisière et elles peuvent encore être détectables jusqu'à 500 m.

Les exemples suivants indiquent la distance à laquelle un effet de lisière a pu être détecté : abondance des champignons : 10 m ; invasion de végétaux de milieux perturbés : 15 à 25 m ; déficit de saturation en vapeur d'eau : 20 m ; teneur en eau du sol : 20 à 80 m ; importance de la chute des feuilles : 50 m ; abondance des oiseaux : 50 m ; hauteur de la canopée : 100 m ; humidité relative : 100 m ; abondance et diversité des Invertébrés de la litière : 100 m ; invasion par des Coléoptères de milieux perturbés : 200 m ; invasion par des papillons de milieux perturbés : 250 m.

Dans plusieurs cas on observe la relation entre la surface et le nombre d'espèces qui est prévue par le modèle de la biogéographie insulaire. C'est le cas des Coléoptères Scarabéides du groupe des bousiers (figure 19.29) ou des Batraciens Anoures (figure 19.30). Un effet inattendu de la fragmentation est une augmentation de la diversité de certains taxa, insectes en particulier, dans les zones perturbées par la fragmentation. Cette augmentation est due à l'invasion d'espèces communes et largement répandues qui ont été qualifiées de *supertrampers*. Ceci existe, par exemple, chez les Batraciens, les papillons, les oiseaux ou les Mammifères.

L'évolution du nombre d'espèces et de leur abondance en fonction de la distance à la lisière a souvent été décrite comme un phénomène monotone régulièrement croissant ou décroissant. Cependant, une augmentation de la biomasse des insectes et de leur taille au voisinage de la lisière a été signalée par Fowler *et al.* (1993) en Amazonie. Cette augmentation existe aussi dans la forêt de Finlande (Helle & Muona, 1985) et dans d'autres forêts. L'augmentation de taille est peut être due à l'action défavorable du microclimat sur des animaux de petite taille. L'existence d'une variation continue et monotone de l'abondance et de la diversité depuis la lisière jusqu'au centre de la forêt est une hypothèse qui est peut être trop simplificatrice. Didham (1997) a décrit une évolution différente de l'abondance et de la diversité dans le cas des

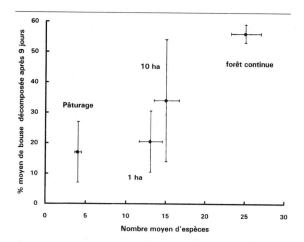

Figure 19.29

Nombre d'espèces de bousiers de la sous-famille des Scarabaeinae dans des parcelles forestières de 1 ha et de 10 ha, dans la forêt continue et dans les pâturages (valeurs moyennes et écarts types).

La quantité de bouse décomposée et recyclée augmente avec le nombre d'espèces (Klein, 1989).

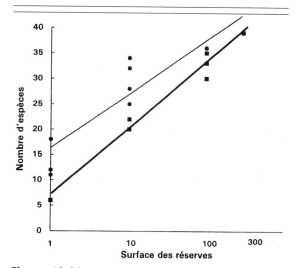

Figure 19.30

Relation aire/espèces pour les peuplements de Batraciens Anoures en Amazonie dans des parcelles forestières de diverses surfaces avant (carrés et trait épais) et après (ronds et trait fin) leur isolement.

Le nombre d'espèces augmente avec la surface et il augmente aussi après l'isolement (Zimmerman & Bierregard, 1986).

Coléoptères de la litière de feuilles mortes. Il existe un pic d'abondance situé à une distance de la lisière compris entre 26 et 105 m ; l'abondance et la diversité sont plus grandes dans la forêt continue que dans un massif de

100 ha (figure 19.31). L'existence du pic d'abondance peut être interprétée comme la conséquence d'un effet de lisière intérieur dû à la juxtaposition d'espèces de lisière venues de l'extérieur et d'espèces de l'intérieur.

4.2.2. Influence de la fragmentation sur divers taxa

L'influence de la fragmentation des massifs forestiers varie beaucoup selon les espèces et elle est surtout fonction de leur écologie. Certaines sont favorisées, d'autres défavorisées et d'autres semblent indifférentes (tableaux 19.4 et 19.5). Une coupure de 80 m de large entre des fragments de forêt peut servir de barrière efficace pour certains insectes et Mammifères et même pour des oiseaux. Par conséquent les populations isolées ne peuvent plus fonctionner comme des métapopulations sauf si les divers fragments de forêt sont réunis entre eux par des corridors.

• **Les végétaux.** Les changements qui apparaissent en premier au niveau de la végétation sont des modifications du taux de mortalité et du taux de recrutement des arbres. Dans le voisinage de la lisière le taux de mortalité augmente et il est maximum dans la lisière des parcelles de 100 ha ; ceci est dû en partie aux dommages causés par le vent (dessiccation, chute des arbres). Le recrutement est le plus faible dans les parcelles de 100 ha et le plus élevé dans celles de 10 ha (Rankin-de Mérona *et al.*, 1990). La composition de la végétation change sous l'action de l'effet de lisière. Par exemple le palmier *Astrocaryum sociale* est nettement moins commun (Kapos *et al.*, 1997). La chute de litière est plus importante dans une zone de 50 m de profondeur. Le métabolisme de l'eau est aussi perturbé. Dans les fragments de la forêt tropicale amazonienne une baisse importante de la biomasse aérienne se produit surtout dans une zone de 100 m de large à partir de la lisière. Ceci est dû à la mortalité des arbres qui est augmentée par le microclimat défavorable. Une perte de biomasse atteignant 36 % de la biomasse initiale a été enregistrée dans la période de 10 à 17 ans qui suit la fragmentation. Les lianes augmentent d'importance au voisinage de la lisière mais ceci ne compense pas la mortalité des arbres. Cette perte de biomasse pourra être suffisamment importante pour constituer une source de CO_2

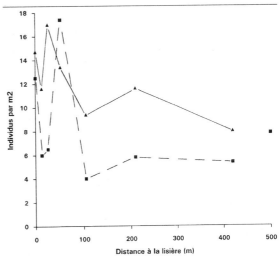

Figure 19.31
Abondance moyenne par m² des Coléoptères de la litière appartenant à 3 familles (Carabidae, Staphylinidae, Scarabaeidae) dans une forêt continue (triangles et ligne continue) et dans un massif isolé de 100 ha (carrés et tirets).
Le carré situé à droite représente l'abondance moyenne à l'intérieur de la forêt continue. Un pic d'abondance existe à mi-distance de la lisière. Des résultats analogues ont été obtenus pour le nombre d'espèces (Didham, 1997).

et agir sur l'intensité de l'effet de serre (Laurance *et al.*, 1997).

Les populations isolées et peu nombreuses ont un polymorphisme génétique réduit (*cf.* chapitre 20). La fragmentation et l'isolement peuvent aussi modifier la structure génétique des arbres des forêts tropicales. En Amazonie, *Symphonia globulifera* est un arbre pollinisé par des oiseaux et en particulier par des oiseaux mouches ; ses graines sont dispersées par des chauves-souris. L'étude à l'aide de marqueurs génétiques a montré que l'autofécondation est plus élevée chez les arbres isolés qui subsistent dans les zones déboisées transformées en pâturages que dans la forêt, ce qui est dû à la modification du comportement des animaux pollinisateurs. Les graines qui germent dans la forêt proviennent en majorité d'arbres peu nombreux situés dans les pâturages ce qui crée un effet de goulot aboutissant à une baisse de la diversité génétique (Aldrich & Hamrick, 1998).

• **Les insectes.** Bien que ce groupe d'Arthropodes soit le plus diversifié, il n'existe des données précises que pour un nombre limité d'espèces. Malcolm (1997) a évalué la biomasse des insectes vivant dans 5 habitats de

Tableau 19.4

Effets de la fragmentation sur quelques insectes forestiers de la région néotropicale.

+ : effet favorable ; – : effet défavorable ; 0 : pas d'effet ; Ouvert : habitat ouvert, non forestier ; lisière : lisière forestière et clairières causées par les chutes d'arbres ; FP : forêt primaire non fragmentée ; tous : tous les habitats ; sol : espèces terrestres ; sb : sous bois, sous la canopée. Le tiret entre parenthèses indique l'absence de renseignements. Hyménoptères : Apidae et Formicidae ; Coléoptères : Scarabaeinae ; Lépidoptères : Ithomiinae, Morphiinae, Nymphaliinae.

Espèces	Effets de la fragmentation	Habitat général et strate fréquentée	Distance non franchie en milieu ouvert (mètres)
Apidae			
Euglossa augaspis	+	Ouvert - Tous	(–)
Euglossa iopyrrha	–	FP - Tous	100
Eulaema bombiformis	0	FP - Tous	100
Formicidae			
Atta sexdens	–	FP -Sol	(–)
Eciton burchelli	–	- Sol	250
Scarabaeinae			
Canthon triangularis	–	FP - Sol - sb	15
Glaphyrocanthon (4 spp.)	–	Ouvert	(–)
Ithomiinae	–	Lisière	(–)
Morphinae	+	Tous	(–)
Nymphalinae	+	Tous -	(–)

Tableau 19.5

Influence de la fragmentation de la forêt tropicale de la région néotropicale sur quelques Vertébrés.

FP : forêt primaire non fragmentée ; sec : forêt secondaire ; SP : mare temporaire ; sol : au sol ; open : milieu ouvert non forestier ; P : mare permanente ; t : mare temporaire ; Sub : partie inférieure de la canopée ; CAN : canopée ; buissons : dans les buissons ;Trans : forêt de transition ; eau : souvent près de l'eau. Le tiret entre parenthèses indique l'absence de données.

Espèces	Effet de la fragmentation	Surface du territoire (ha)	Habitats	Distance non franchie en milieu ouvert (mètres)
Batraciens				
Bufo dapsilis	–	< 0,001	FP ; sec ; SP ; sol	300
Phyllomedusa tomoptera	O ou –	< 0,001	FP ; sec ; ouvert ; t	< 1000
Epipedobates femoralis	O	< 0,001	FP ; sec ; P ; sol	(–)
Oiseaux				
Formicarius colma	–	< 100	FP ; sec ; sol	400
Hylophilus ochraceiceps	–	1,1 à 25	FP ; Sub ; CAN	250
Mionectes macconnellii	+	1,1 à 25	FP ; sec ; UND ; buissons	(–)
Pithys albifrons	–	100 à > 500	FP ; sec ; buissons	300
Deconychura longicauda	–	1,1 à 25	FP ; sec ; UND	250
Thalurania furcata	O	1,1 à 25	FP ; sec ; CAN ; buissons	(–)
Mammifères				
Alouatta seniculus	+	3 à 26	FP ; Trans ; CAN ; Sub	(–)
Ateles paniscus	–	@ 300	FP ; Trans ; CAN	(–)
Didelphis marsupialis	O	5 à 125	FP ; sec ; sol ;	(–)
Agouti paca	–	≅ 2	FP ; sec ; sol ; eau	(–)
Caluromys philander	–	1 à 25	lisière ; sec ; FP ; Sub ; CAN	< 300

la forêt amazonienne : la forêt continue, la lisière de cette forêt, deux fragments de 1 et 10 ha et la forêt secondaire. Il a montré que par rapport à la forêt continue, la biomasse des insectes du sous-bois des fragments de forêt augmente et que la biomasse de la partie supérieure de la forêt diminue. Des variations importantes de la biomasse totale existent entre les divers types de forêt avec un maximum dans la lisière de la forêt continue. Les biomasses, exprimées en mg par piège, par nuit et en poids sec pour l'ensemble des captures, sont les suivantes :

Forêt secondaire :	269,8 ± 35,2
Lisière :	724,7 ± 183,5
Fragment de un hectare :	232,2 ± 70,7
Forêt continue :	590,1 ± 105,8
Fragment de 10 hectares :	329,8 ± 42,1

Les *Euglossa* et les *Eulaema* sont des abeilles vraies de la famille des Apidae qui interviennent en particulier dans la pollinisation des Orchidées. Quelques espèces sont plus abondantes dans les petits îlots forestiers et même

dans les milieux ouverts mais la plupart disparaissent des massifs de moins de 100 ha et beaucoup d'Orchidées risquent de subir le même sort que les insectes (figure 19.32). Les *Euglossa* sont des insectes qui volent bien et qui peuvent parcourir jusqu'à 23 km par jour. Cependant ces abeilles ne traversent pas une zone déboisée de plus de 100 m de large sans doute en raison du microclimat défavorable qui y règne ou peut être à cause de la prédation intense exercée par les oiseaux insectivores qui s'installent en lisière. La destruction du milieu forestier entraîne une baisse de la diversité d'autres Hyménoptères pollinisateurs. En 1972 dans une forêt du Costa Rica, 70 espèces d'Hyménoptères visitaient les fleurs de l'arbre *Andira inermis* (famille des Fabacées). En 1996 seulement 28 espèces étaient observées sur le même arbre et leur abondance était réduite de 90 %. Ceci est attribué à une destruction partielle de la forêt (Frankie *et al.*, 1997).

Les fourmis chasseresses du genre *Eciton* sont caractéristiques de l'Amazonie. Une seule colonie de *Eciton burchelli* exige environ 30 ha de forêt continue et il n'est donc pas surprenant

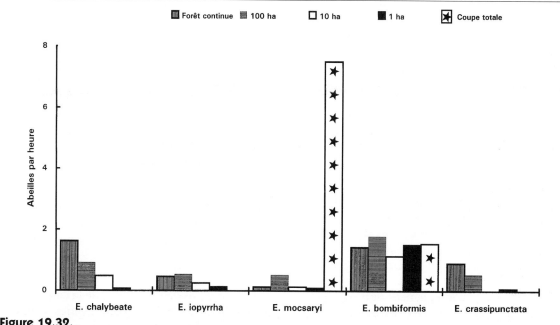

Figure 19.32.
Nombre de mâles de 4 espèces du genre Euglossa et de Eulaema bombiformis observés par heure sur des pièges odorants.
Plusieurs espèces disparaissent lorsque la forêt est totalement coupée (Lovejoy *et al.*, 1986).

que cette espèce disparaisse des fragments de 10 ha. Les changements de végétation qui sont associés à la fragmentation de la forêt affectent l'abondance et la composition spécifique des fourmis coupeuses de feuilles du genre *Atta* qui sont très sélectives dans le choix des végétaux qu'elles apportent dans leur nid. Les *Atta* disparaissent si elles ne trouvent pas suffisamment de végétaux et d'eau dans des fragments de forêt trop petits (Vasconcelos, 1988).

Les termites sont moins riches en espèces dans les fragments de forêt de faible surface où l'on trouve davantage d'espèces consommant de la litière et résistantes à la dessiccation que dans la forêt intacte où dominent des espèces à tégument mou consommant l'humus du sol et sensibles à la dessiccation (Souza & Brown, 1994).

Plus de 1 000 espèces de Coléoptères vivent dans la litière d'une parcelle quelconque de forêt intacte en Amazonie. Parmi ces espèces 300 espèces appartiennent aux familles des Carabidae, des Staphylinidae et des Scarabaeidae et 70 % d'entre elles sont rares et représentées souvent par un seul exemplaire dans les relevés. Six espèces forment 30 % du nombre total d'exemplaires. Dans les fragments de forêt de faible surface la décomposition de litière est réduite au tiers de ce qu'elle est dans la forêt intacte, ce qui est dû à la perte de certains insectes, Coléoptères mais aussi fourmis et termites mangeurs de litière. Un résultat de l'étude de Didham est que presque toutes les espèces de la forêt intacte sont rares ou absentes des fragments de forêt de 100 ha. Ceci suggère que des fragments de cette surface sont insuffisants pour assurer la conservation de la faune. Une surface de 500 à 1 000 ha semble nécessaire à la conservation des invertébrés forestiers terrestres.

Une étude de la structure trophique des peuplements de Coléoptères de la litière de feuilles mortes a été entreprise après la fragmentation de la forêt (Didham *et al.*, 1998). Dans les parcelles expérimentales l'abondance des Coléoptères augmente au voisinage de la lisière, ce qui est le cas pour la majorité des Invertébrés (Didham, 1997). Un changement dans la composition spécifique a pour conséquences une augmentation de l'importance relative des espèces prédatrices au contact de la lisière et une augmentation des espèces xylophages vers le centre de la forêt. D'autres études concluent également à une augmentation de l'importance des espèces prédatrices au voisinage de la lisière. Ceci semble en contradiction avec une théorie qui admet que les espèces appartenant à un niveau trophique élevé sont plus vulnérables vis-à-vis des perturbations, en particulier de celles qui se manifestent dans des habitats de faible surface. Les modifications de la structure du peuplement doivent avoir une action sur le fonctionnement de l'écosystème.

Les bousiers de la sous-famille des Scarabaeinae sont de bons indicateurs des perturbations du milieu forestier (*cf.* figure 19.29). Leurs populations sont 7 fois moins nombreuses dans une parcelle de 1 ha que dans la forêt continue. Ceci est important pour le fonctionnement de l'écosystème car les bouses que ces insectes utilisent pour nidifier ne sont plus enterrées ni recyclées.

Le nombre d'espèces de papillons est souvent plus grand dans les fragments de forêt que dans la forêt continue, les habitats perturbés renfermant plus d'espèces que les habitats non perturbés (Lovejoy *et al.*, 1986 ; Wood & Gillman, 1998). L'effet de la surface des îlots forestiers sur les papillons est bien inférieur à celui qui est prévu par la théorie de la biogéographie insulaire qui admet approximativement un doublement du nombre d'espèces lorsque la surface est multipliée par dix (*cf.* chapitre 13). Dans le cas le plus favorable, qui est celui des espèces de la famille des Lycaenidae, on note une augmentation de 25 à 50 % du nombre d'espèces lorsque la surface est multipliée par dix. Plus que la surface, l'hétérogénéité du milieu (diversité physique, diversité des plantes hôtes, diversité des fourmis avec lesquelles les différentes espèces de Lycaenidae entretiennent des relations de mutualisme, etc.), est le facteur le plus important dans le déterminisme de la diversité spécifique des insectes phytophage. Pour abriter un grand nombre d'espèces de papillons une réserve doit être suffisamment étendue (100 à 1 000 ha) afin de posséder un certain nombre de clairières de 0,02 à 0,1 ha dues à la chute des arbres et afin de résister aux conséquences défavorables de l'effet de lisière (Brown & Hutchings, 1997).

Les papillons de la lisière et de la canopée qui recherchent des milieux bien éclairés augmentent d'abondance avec la fragmentation de la forêt. Les espèces du sous-bois adaptées à un faible éclairement deviennent moins abondantes. Les espèces envahissantes de milieu

ouvert peuvent pénétrer jusqu'à 300 m de la lisière. Les espèces de la forêt primaire ne subsistent que dans des réserves de surface supérieure à 10 ha.

• Les Vertébrés. Les Amphibiens Anoures d'Amazonie sont sensibles à la fragmentation de la forêt qui ne favorise aucune espèce. Certaines espèces de l'intérieur comme *Bufo dapsilis* sont affectées négativement ; elles sont incapables de traverser des zones étroites non boisées et elles ne peuvent pas trouver les petites mares et les petits ruisseaux où elles pondent. D'autres, comme *Epipedobates femoralis*, sont relativement peu atteintes car elles peuvent utiliser des habitats secondaires et franchir des zones de pâturage relativement larges de plusieurs centaines de mètres.

Le comportement des oiseaux est variable. On peut constater une augmentation de leur abondance à cause de l'arrivée d'espèces de l'extérieur (figure 19.33). La baisse d'abondance des oiseaux réduit la dispersion des graines, la pollinisation et modifie la structure des peuplements d'insectes. L'exemple le plus typique est celui d'espèces comme *Pithys albifrons* (famille des Formicariidae) qui suivent les colonnes de chasse des *Eciton* pour manger les insectes qui sont délogés par les fourmis. Ces oiseaux ne subsistent que dans des fragments de forêt ayant au moins 100 ha et pouvant héberger 2 ou 3 colonies d'*Eciton*. Les oiseaux insectivores qui vivent en bandes d'une dizaine d'espèces comme *Deconychura longicauda* (famille des Dendrocolaptidae) ont un territoire qui peut atteindre 12 à 14 ha. Une zone déboisée de 80 m de large peut affecter les déplacements de la bande d'oiseaux.

Les effets de la fragmentation de la forêt sur les Primates sont variables. Le singe hurleur *Ateles paniscus* dont les bandes parcourent des surfaces de plus de 200 ha disparaît des réserves de 100 ha ou moins. Le tamarin *Saguinus midas* à régime partiellement insectivore semble favorisé par l'effet de lisière qui augmente le nombre d'insectes disponibles. Les grands Mammifères tels que les jaguars, pacas et pécaris disparaissent des réserves les plus petites. Les pécaris ne creusent plus de dépressions sur le sol de la forêt, les mares temporaires disparaissent et avec elles les grenouilles du genre *Phyllomedusa* dont les têtards se développent dans ces mares.

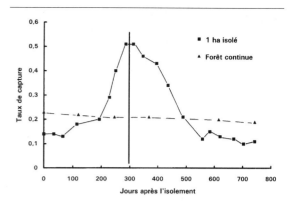

Figure 19.33
Taux de capture des oiseaux, par filet et par heure, dans la forêt continue et dans une parcelle de 1 ha isolée au temps zéro.

Le processus d'isolement est un phénomène qui est terminé vers le 300e jour (trait vertical). Le taux de capture augmente considérablement jusqu'au 300e jour ce qui révèle une augmentation de l'activité des oiseaux et de leur nombre ; puis il diminue et se stabilise à un niveau inférieur à celui de la forêt continue (d'après Bierregaard *et al.*, 1992).

Des prévisions ont pu être faites sur l'évolution ultérieure de la faune. Les Acariens prédateurs qui attaquent les larves de Diptères et qui sont disséminés par les bousiers vont se raréfier ; les Nématodes et autres parasites de Mammifères ne seront plus tués par les bousiers lorsque ceux-ci enterrent les bouses ou les cadavres ; une augmentation de la fréquence des maladies parasitaires des Vertébrés sera la conséquence de toutes ces modifications. La conclusion de ces études est nette : la forêt amazonienne fragmentée en de nombreux petits éléments ne sera plus qu'un squelette de la forêt primitive. On peut prévoir que lorsque la surface de cette forêt sera trop restreinte, la pluviosité sera réduite d'un quart ou même plus, ce qui provoquera des changements irréversibles marqués par un assèchement croissant qui pourrait s'étendre au delà des limites de la forêt primitive (Selati & Vose, 1984). En Côte d'Ivoire, le remplacement de la forêt par des cultures a réduit l'évapotranspiration de 60 à 35 % et en même temps le ruissellement a été multiplié par huit. Des régions qui étaient jadis favorables à la culture du cacaoyer sont aujourd'hui abandonnées en raison de l'insuffisance de pluie et d'humidité, de la longueur accrue de la saison sèche et de la baisse du niveau de la nappe phréatique (Myers, 1983).

Références

ALDRICH, P. R. & HAMRICK, J. L., 1998. Reproductive dominance of pasture trees in a fragmented tropical forest mosaic. *Science*, **281**, p. 103-105.

ANDERSON, N. H. & SEDELL, J. R., 1979. Detritus processing by macroinvertebrates in stream ecosystems. *Ann. Rev. Entomol.*, **24**, p. 351-377.

ARNOLD, R. A., 1983. Ecological studies of six endangered butterflies (Lepidoptera : Lycaenidae) : island biogeography, patch dynamics, and the design of habitat preserves. *Univ. California Publ. Entomology*, **99**, p. 1-161.

BAKER, W. L., 1989. Landscape ecology and nature reserve design in the Boundary Water Canoe Area, Minnesota. *Ecology*, **70**, p. 23-35.

BENGTSSON, J., 1991. Interspecific competition in metapopulations. *Biol. J. Lin. Soc.*, **42**, p. 219-237.

BIGOT, L. & GAUTIER, G., 1982. La communauté des arthropodes des rives de l'Ouvèze (Vaucluse). *Ecologia mediterranea*, **8**, p. 11-36.

BLEUTEN, W., 1989. Minimum spatial dimensions of forests from point of view of wood production and natural preservation. *Ekologia* (CSSR), **8**, p. 375-386.

BOURNÉRIAS, M., 1973. Influence des landes oligotrophes sur les groupements végétaux contigus. Leurs conséquences quant à la conservation des biotopes et des biocénoses rares ou relictuels. Colloques phytosociologiques, **II**, p. 201-210.

BOURNÉRIAS, M., 1979. *Guide des groupements végétaux de la région parisienne*. Masson, Paris.

BRAUN, S & FLUCKIGER, W., 1984. Increased population of the aphid *Aphis pomi* at a motorway. Part 2. The effects of drought and deicing salt. *Environ. Pollution*, ser. A, **36**, p. 261-270.

BRAUN, S. & FLUCKIGER, W., 1985. *Idem*, Part 3. The effect of exhaust gases. *Environ. Pollution*, ser. A, **39**, p. 183-192.

BROWN, J. H., 1971. Mammals on mountaintops. Non equilibrium insular biogeography. *Amer. Nat.*, **105**, p. 465-478.

BUREL, F. & BAUDRY, J., 1990. Hedgerow networks as habitats for forest species : implications for colonizing abandoned agricultural lands. *In* : R. G. H. Bunce & D. C. Howard (eds.), *Species dispersal in agricultural habitats*, p. 238-255. Belhaven Press, London.

BUREL, F. *et al.*, 1993. Landscape structure and the control of water runoff, p. 41- 47. *In* : R. G. H. Bunce *et al.*, *l.c.*

CARLQUIST, S., 1974. *Island biology*. Columbia Univ. Press, New York.

CHAMBON, J. P., 1973. Contribution à l'étiologie de la récente pullulation de *Cnephasia pumicana* Zell. (Lep. Tortricidae) à la suite de l'extension des cultures céréalières dans le Gâtinais. *Ann. Zool. Ecol. Anim.*, **5**, p. 207-230.

CHAMBON, J. P., 1993. La mortalité des insectes liée à la circulation automobile. *Cahiers de l'OPIE*, **88**, p. 2-4.

CHAUBET, B., 1992. Diversité écologique, aménagement des agroécosystèmes et favorisation des ennemis naturels des ravageurs : cas des aphidiphages. *Courrier cellule environnement INRA*, **18** p. 45-63.

CLEMENTS, F. C., 1905. *Research methods in ecology*. Univ. Publishing Co, Lincoln, Nebraska.

COSSON, R. P. & METAYER, C., 1993. Étude de la contamination des flamants de Camargue par quelques éléments traces : Cd, Cu, Hg, Pb, Se et Zn. *Bull. Écol.*, **24**, p. 17-30.

DAJOZ, R., 1998. *Les insectes et la forêt*. Lavoisier Tec & Doc, Paris.

DAJOZ, R., 1992. Les Coléoptères Carabidae d'une région cultivée à Mandres-les- Roses (Val-de-Marne). *Cahiers des Naturalistes*, **48**, p. 67-78.

DAYTON, P. K. *et al*, 1984. Patch dynamics and stability of some California kelp communities. *Ecol. Monogr.*, **54**, p. 253-289.

DEMPSTER, J. P., 1991. Fragmentation, isolation and mobility of insect populations. *In* : N. M. Collins & J. A. Thomas, *The conservation of insects and their habitats*, p. 143-153. Academic Press, london.

DIAZ, M. *et al.*, 1999. Effects of forest fragmentation on the winter body condition and population parameters of an habitat generalist, the wood mouse *Apodemus sylvaticus* : a test of hypotheses. *Acta Oecologica*, **20**, p. 39-49.

DI CASTRI, F. *et al.*, 1988. A new look at ecotones. *Biology international*, special isssue, 162 p.

DIDHAM, R. K., 1997. An overview of invertebrate responses to forest fragmentation. *In* : A. Watt *et al.* (eds.), *Forests and insects*, p. 303-320. Chapman & Hall, London.

DIDHAM, R.K. *et al.*, 1996. Insects in fragmented forests : a functional approach. *TREE*, **11**, p. 255-260.

DIDHAM, R. K. *et al.*, 1998. Trophic structure stability and extinction dynamics of beetles (Coleoptera) in tropical forest fragments. *Phil. Trans. R. Soc. London*, ser. B, **353**, p. 437-451.

EHRLICH, P. & MURPHY, D. D., 1987. Conservation lessons from long-term studies of checkerspot butterflies. *Cons. Biol.*, **1**, p. 122-131.

ELLENBERG, H., 1978. *Vegetation Mitteleuropas mit des Alpen*. Ulmer, Stuttgart.

ESSEEN, P. A., 1994. Tree mortality patterns after experimental fragmentation of an old growth conifer forest. *Biol. Cons.*, **68**, p. 19-28.

FORMAN, R. T. T., 1991. Evolutionary changes in small populations. *In* : M. Soulé & B. A. Wilcox (eds.), *Conservation biology : an evolutionary-ecological perspective*, p. 139-149. Sinauer Associates, Massachusetts.

FORMAN, R. T. T. & GODRON, M., 1986. *Landscape ecology*. Wiley & Sons, New York.

FOWLER, H. G. *et al.*, 1993. Size, taxonomic and biomass distribution of flying insects in central Amazonia : forest edge vs understory. *Rev. Biol. Trop.*, **41**, p. 755-760.

FRANKIE, G. W., 1997. Diversity and abundance of bees visiting a mass flowering tree species in disturbed seasonal dry forest, Costa Rica. *J. Kansas Ent. Soc.*, **70**, p. 281-296.

FRANKLIN, J. F. & FORMAN, R. T. T., 1987. Creating landscape patterns by forest cutting : ecological consequences and principles. *Landscape Ecol.*, **1**, p. 5-18.

FRANKLIN, J.F. *et al.*, 1981. *Ecological characteristics of old-growth Douglas-fir forests*. USDA Forest Service, general technical report PNW-118.

HANSKI, I., GILPIN, M. E., 1997. *Metapopulation biology. Ecology, genetics and evolution*. Academic Press, London.

HASTINGS, A., HARRISON, S., 1994. Metapopulation dynamics and genetics. *Ann. Rev. Ecol. Syst.*, **25**, p. 167-188.

HELLE, P.& MUONA, J., 1985. Invertebrate numbers in edges between clear-fellings and mature forests in northern Finland. *Silva Fenn.*, **19**, p. 281-294.

GILPIN, M. E., HANSKI, I., 1991. *Metapopulation dynamics : empirical and theoretical investigations*. Academic Press, London.

GIVNISH, T. J., 1981. Serotiny, geography and fire in the Pine Barrens of New Jersey. *Evolution*, **35**, p. 101-123.

GODRON, M. & FORMAN, R.T. T. 1983. Landscape modification and changing ecological characteristics. *In* : H. A. Mooney & M. Godron (eds), *Disturbance and ecosystems*, p. 13-28. Ecological studies n°44. Springer, Berlin.

GREATOREX-DAVIES, J. N. *et al.*, 1994. The response of Heteroptera and Coleoptera species to shade and aspect in rides of coniferised lowland woods in Southern England. *Biol. Conserv.*, **67**, p. 255-273.

GRISON, P. & BILIOTTI, E., 1953. La signification agricole des « stations refuges » pour la faune entomologique. *C. R. Acad. Agric. Fr.*, **39**, p. 106-109.

HANSKI, I., 1991. Metapopulation dynamics : brief history and conceptual domain. *Biol. J. Lin. Soc.*, **42**, p. 3-16.

HANSKI, I., 1991. Single species metapopulation dynamics : concepts, models and observations. *Biol. J. Lin. Soc.*, **42**, p. 17-38.

HANSKI, I., 1994. Patch-occupancy dynamics in fragmented landscapes. *TREE*, **9**, p. 131-135.

HANSSON, L., 1991. Dispersal and connectivity in metapopulations. *Biol. J. Lin. Soc.*, **42**, p. 89-103.

HARGIS, C. D. *et al.*, 1999. The influence of forest fragmentation and landscape pattern on American martens. *J. appl. Ecol.*, **36**, p. 157-172.

HARRISON, R. L., 1992. Toward a theory of inter-refuge corridor design. *Conservation Biology*, **6**, p. 293-295.

HELLWELL, D. R., 1975. The distribution of woodland plant species in some Shropshire hedgerows. *Biol. Cons.*, **7**, p. 61-72.

HUFFAKER, C. B., 1958. Experimental studies on predation : dispersion factors and predator-prey oscillations. *Hilgardia*, **27**, p. 343-383.

IPERTI, G., 1986. Écologie des coccinelles aphidiphages : les migrations. *In* : J. Missonnier & L. Ryszowski (eds.), *Impacts de la structure des paysages agricoles sur la protection des cultures*, p. 107-20. Editions de l'INRA, Paris.

JENNERSTEN, O., 1988. Pollination in *Dianthus deltoides* (Caryophyllaceae) : effects of habitat fragmentation on visitation and seed set. *Conservation biology*, **2**, p. 359-366.

JOLY, P. & GROLET, O., 1996. Colonization dynamics of new ponds and the age structure of colonizing Alpine newts, *Triturus alpestris*. *Acta Oecol.*, **17**, p. 599-608.

KAPOS, V. *et al.*, 1997. Edge-related changes in environment and plant responses due to forest fragmentation in Central Amazonia. *In* : W. F. Laurance & R. O. Bierregaard (eds.), *Tropical forest remnants*, p. 33-44. Univ. Chicago Press.

KLEIN, B. C., 1989. Effects of forest fragmentation on dung and carrion beetle communities in central Amazonia. *Ecology*, **70**, p. 1 715-1 725.

KRUES, A & TSCHARNTKE, T., 1994. Habitat fragmentation, species loss, and biological control. *Science*, **264**, p. 1 581-1 584.

LANDE, R., 1988. Demographic models of the northern spotted owl (*Strix occidentalis caurina*). *Oecologia*, **75**, p. 601-607.

LAURANCE, W. F. & BIERREGAARD, R. O., 1997. *Tropical forest remnants*. The University of Chicago Press.

LAURANCE, W. F. *et al.*, 1997. Biomass collapse in Amazonian forests fragments. *Science*, **278**, p. 1 117-1 118.

LEBRUN, PH., 1975. Quelques aspects de l'implantation autoroutière sur l'écologie des populations animales. *In* : *Autoroutes et environnement*, p. 83-89. Édition des laboratoires d'écologie végétale et d'écologie animale, Louvain la Neuve, Belgique.

LEBRUN, PH., 1988. L'effet d'écotone. *Probio-Revue*, **11**, p. 23-41.

LEOPOLD, A., 1933. *Game management*. Schriber, New York.

LEROI, B., 1977. Relations biocénotiques de la mouche du celeri *Philophylla heraclei* L. (Diptère, Tephritidae) : nécessité de végétaux complémentaires pour les populations vivant sur celeri. *In* : *Comportement des insectes et milieu trophique*, pp. 443-454. Colloques internationaux du CNRS n° 265. CNRS, Paris.

LEVINS, R., 1969. Some demographic and genetic consequences of environmental heterogeneity for biological control. *Bull. ent. Soc. Amer.*, **15**, p. 237-240.

LEVINS, R., 1970. Extinction. *In* : M. Gerstenhaber (ed.), *Some mathematical problems in biology*, p. 77-107. American mathematical society, Providence.

LINDROTH, C. H., 1949. *Die Fennoskandischen Carabidae.* 3. Allgemeiner Teil, p. 1-911.

LOMAN, J. & Von SCHANTZ, T., 1992. Birds in a farmland : more species in small than in large habitat island. *Conserv. Biol.*, **5**, p. 176-193.

LOVEJOY, T. E. *et al.*, 1986. Edge and other effects of isolation on Amazon forest fragments. *In* : M E. Soulé (ed.), *Conservation biology*, p. 257-285. Sinauer Associated, Sunderland.

McARTHUR, J.V., 1988. Aquatic and terrestrial linkages floodplains functions.. *In* : D.D. Hook & L. Russ (eds.), *The forested wetlands of the Southern United States*, p. 107-116. U. S. Department of Agriculture, Forest Service, Gen. Tech. Rep. SE-50.

McCAULEY, D. E., 1989. Extinction, colonization and population structure : a study of a milkweed beetle. *Amer. Nat.*, **134**, p. 365-376.

McLELLAN, B. N. & SHACKLETON, D. M., 1988. Grizzly bears and resource extraction industries : effects of roads on behavior, habitat use and demography. *J. Appl. Ecol.*, **25**, p. 451-460.

MADER, H. J., 1981. Untersuchungen zum Einfluss der Flächengrösse von Insektenbiotopen auf deren Funktion als Trittstein oder Refugium. *Natur und Landschaft*, **56**, p. 235-242.

MADER, H. J., 1984. Animal isolation by roads and agricultural fields. *Biological conservation*, **29**, p. 81-96.

MEIJER, J., 1974. A comparative study of immigration of carabids (Coleoptera, Carabidae) into a polder. *Oecologia*, **16**, p. 185-208.

MENGES, E. S., 1990. Population viability analysis for an endangered plant. *Conservation Biology*, **4**, p. 52-62.

MERRIAM, G. *et al.*, 1991. Landscape dynamics models. *In* : M. Turner & R.H. Gardner (eds.), *Quantitative methods in landscape ecology*, p. 399-416. Springer, Berlin.

MEUNIER, F. D. *et al.*, 1999. Bird communities of highway verges : influence of adjacent habitat and roadside management. *Acta Oecologica*, **20**, p. 1-13.

MISSONNIER, J. & RYSZKOWSKI, L.(eds.), 1986. *Impacts de la structure des paysages agricoles sur la protection des cultures.* Colloques de l'INRA n° 36. INRA, Paris.

MOONEY, H. A. & GODRON, M.(eds.), 1983. *Disturbance and ecosystems.* Springer, Berlin.

MOORE, N. W. & HOOPER, M. D., 1975. On the number of birds in British woods. *Biol. Cons.*, **8**, p. 239-250.

MORRIS, D. W., 1982. Age-specific dispersal strategies in iteroparous species : who leaves when ? *Evol. Theor.*, **6**, p. 53-65.

MOUSSON, L. *et al.*, 1999. Metapopulation structure and conservation of the cranberry fritillary *Boloria aquilonaris* (Lepidoptera, Nymphalidae) in Belgium. *Biological Conservation*, **87**, p. 285-293.

MUNGUIRA, M. L. & THOMAS, J. A., 1992. Use of road verges by butterfly and burnet populations, and the effect of roads on adult dispersal and mortality. *J. appl. ecol.*, **29**, p. 316-329.

MYERS, N., 1989. The future of forests. *In* : L. Friday & R. Laskey, *The fragile environment*, p. 22-40. Cambridge Univ. Press.

NAVEH, Z. & LIEBERMAN, A. S., 1984. *Landscape ecology. Theory and application.* Springer, Berlin.

NOSS, R. F., 1987. Protecting natural areas in fragmented landscapes. *Natural areas journal*, **7**, p. 2-13.

OZANNE, C. M. P. *et al.*, 1997. The significance of edge effects in the management of forests for invertebrate biodiversity. *In* : N. E. Stork *et al.*, *Canopy arthropods*, p. 534-550. Chapman & Hall, London.

PAJUNEN, T. *et al.*, 1995. Ground dwelling spiders (Arachnida, Araneae) in fragmented old forests and surrounding managed forests in southern Finland. *Ecography*, **18**, p. 62-72.

PERONI, P. A., 1994. Seed size and dispersal potential of *Acer rubrum* (Aceraceae) samaras produced by populations in early and late successional environments. *Am. J. Bot.*, **81**, p. 1 428-1 434.

PETERJOHN, W. T. & CONNELL, D. L., 1984. Nutrient dynamics in an agricultural watershed : observations on the role of a riparian forest. *Ecology*, **65**, p. 1 466- 1 475.

PICKETT, S. T. A. & WHITE, P. S., 1985. *The ecology of natural disturbance and patch dynamics.* Academic Press, London.

POWELL, W., 1986. Enhancing parasitoid activity in crops. *In* : J. Waage & D. Greathead (eds.), *Insect parasitoids*, p. 319-340. Academic Press, London.

QUATTROCHI, D. A. & PELLETIER, R. E., 1990. Remote sensing for analysis of landscape : an introduction. *In* : G. Turner & R.H. Gardner (eds.), *Quantitativre methods in landscape ecology*, p. 51-76. Springer, Berlin.

REIJNEN, R. & FOPPEN, R., 1995. The effects of car traffic in breeding bird populations in wooland. IV. Influence of population size on the reduction of density close to a highway. *J. appl. Ecol.*, **32**, p. 481-491.

REMILLARD, M. M. *et al.*, 1987. Disturbance by beaver (*Castor canadensis* Kuhl) and increased landscape heterogeneity. *In* : M. G. Turner (ed.), *Landscape heterogeneity and disturbance*, p. 103-122. Springer, Berlin.

REMMERT, H., 1991. The mosaic-cycle concept of ecosystems - an overview. *In* : H. Remmert (ed.), *The mosaic-cycle concept of ecosystems*, p. 1-21. Springer, Berlin.

RISSER, P. G., 1987. Landscape ecology : state of the art. *In* : Turner (ed.), *Landscape heterogeneity and disturbance*, p. 3-14. Springer, Berlin.

RYSZKOWSKI, L. *et al.*, 1993. Above-ground insect biomass in agricultural landscape of Europe, pp. 71-82. *In* : R.G. H. Bunce *et al.*(eds.), *l. c.*

SAMSON, F. B., 1983. Minimum viable population. *Natural areas journal*, **3**, p. 15- 30.

SAMWAYS, M. J., 1993 a. A spatial and process sub-regional framework for insect and biodiversity conservation research and management. *In* : K. J. Gaston *et al.* (eds.), *Perspectives on insect conservation*, p. 1-27. Intercept, Andover.

SAMWAYS, M. J., 1993 b. *Insect conservation biology*. Chapman & Hall, London.

SELATI, E. & VOSE, P. B., 1984. Amazon basin : a system in equilibrium. *Science*, **225**, p. 129-138.

SHELFORD, V., 1913. *Animal communities in temperate America*. Univ. Chicago Press.

SIITONEN, J., MARTIKAINEN, P. 1994. Occurrence of rare and threatened insects living on decaying *Populus tremula* : a comparison between Finnish and Russian Karelia. *Scandinavian Journal of Forest Research*, **9**, p. 185-191.

SLATKIN, M., 1985. Gene flow in natural populations. *Ann. Rev. Ecol. Syst.*, **16** : 393-430.

SMITH, A. T. & GILPIN, M., 1997. Spatially correlated dynamics in a pika metapopulation. *In* : I. A. Hanski & M. E. Gilpin (eds.), *Metapopulation dynamics*, p. 407-428. Academic Press, London.

SOULÉ, M. E., 1986. *Conservation biology. The science of scarcity and diversity*. Sinauer Associates, Massachusetts.

SOULÉ, M. E. *et al.*, 1992. The effects of habitat fragmentation on chaparral plants and vertebrates. *Oikos*, **63**, p. 39-47.

SOUTHWOOD, T. R. E., 1962. Migration of terrestrial arthropods in relation to habitat. *Biol. Rev.*, **37**, p. 171-214.

SOUZA, O. F. F. & BROWN, V. K., 1994. Effects of habitat fragmentation on Amazonian termite communities. *Journal of tropical ecology*, **10**, p. 197-206.

SUAREZ, A. V. *et al.*, 1998. Effects of fragmentation and invasion on native ant communities in coastal southern California. *Ecology*, **79**, p. 2 041-2 056.

SWANSON, F. J. *et al.*, 1982. Land-water interactions : the riparian zone. *In* : R. L. Edmonds (ed.), *Analysis of coniferous forest ecosystems in the western United States*, p. 267-291. US / IBP Synthesis Series 14. Hutchinson Ross Publishing Company.

TRABAUD, L., 1970. Quelques valeurs et observations sur la phyto-dynamique des surfaces incendiées dans le Bas-Languedoc (premiers résultats). *Nat. Monspel.*, sér. Bot., **21** : 231-242.

TROLL, C., 1971. Landscape ecology (geoecology) and biogeocoenology : a terminology study. *Geoforum*, **8**, p. 43-46.

TURNER, M. G. (ed.), 1987. *Landscape heterogeneity and disturbance*. Springer, Berlin.

USHER, M. B. & JEFFERSON, R. G., 1991. Creating new and successional habitats for arthropods. *In* : N.M. Collins & J. A. Thomas (eds.), *The conservation of insects and their habitats*, p. 263-291. Academic Press, London.

VANDERMEER, J., 1989. *The ecology of intercroping*. Cambridge Univ. Press.

VAN DONGEN, S. *et al.*, 1994. Effects of forest fragmentation on the population structure of the winter moth *Operophtera brumata* L. (Lepidoptera, Geometridae). *Acta Oecol.*, **15**, p. 193-206.

VASCONCELOS, H. L., 1988. Distribution of *Atta* (Hymenoptera - Formicidae) in « terra firme » rain forest of central Amazonia : density, species composition and preliminary results on effects of forest fragmentation. *Acta Amazônica*, **18**, p. 309- 315.

VERMEULEN, H. J. W., 1993. The composition of the carabid fauna on poor sandy road-side verges in relation to comparable open areas. *Biodivers. conserv.*, **2**, p. 331-350.

VINK, A.P. A., 1983. *Landscape ecology and land use*. Longman, London.

VITOUSEK, P. M., 1983. Mechanisms of ion leaching in natural and managed ecosystems, pp.129-144, *In* : Mooney & Godron, 1983, *l.c.*

VANDERMEER, J., 1989. *The ecology of intercropping*. Cambridge Univ. Press.

VOUGHT, L. B. M. *et al.*, 1994. Nutrient retention in riparian ecotones. *Ambio*, **23**, p. 342-348.

WEBB, N. R. & HOPKINS, P. J., 1984. Invertebrate diversity on fragmented *Calluna* heathlands. *Journal of applied Ecology*, **21**, p. 921-933.

WEBB, N. R. *et al.*, 1984. Invertebrate diversity on fragmented heathland : effects of surrounding vegetation. *Journal of Biogeography*, **11**, p. 41-46.

WHITLOCK, M. C., 1992. Non equilibrium population structure in forked fungus beetle : extinction, colonization and genetic variation among populations. *Amer. Nat.*, **139**, p. 952-970.

WOOD, B. & GILLMAN, M. P., 1998. The effects of disturbance on forest butterflies using two methods of sampling in Trinidad. *Biodiversity and conservation*, **7**, p. 597-616.

ZIMMERMAN, B. L. & BIERREGAARD, R. O., 1986. Relevance of the equilibrium theory of island biogeography and species-area relations to conservation, with a case from Amazonia. *J. Biogeography*, **13**, p. 133-143.

Chapitre 20

LES DIVERS ASPECTS DE LA BIODIVERSITÉ

Le concept de biodiversité est apparu durant les années 70 lorsque des écologistes et des conservationnistes prirent conscience que la disparition des espèces, qui se faisait jusque là dans une indifférence quasi générale, s'accélérait et était la conséquence de la croissance démographique ainsi que de la destruction de nombreux milieux parmi les plus riches en ressources biologiques. La disparition irrémédiable d'un patrimoine naturel qui avait mis des millions d'années à se constituer, la perte de ressources inexploitées ou même encore inconnues, les conséquences de la réduction de la biodiversité sur le fonctionnement des écosystèmes, les méthodes à mettre en oeuvre pour freiner cette destruction de la nature sont devenues depuis cette époque des thèmes de recherche importants en écologie.

L'expression *biological diversity* est apparue lors de la publication d'un livre (Norse *et al.*, 1980) consacré à la conservation de la biodiversité dans les forêts des États-Unis. La forme *biodiversity* fut popularisée par la parution des comptes rendus du *National Forum on Biodiversity* qui furent publiés en 1988. L'étude de la biodiversité a été stimulée par la *Convention sur la Diversité Biologique* signée par 159 gouvernements, lors de la *Conférence des Nations Unies sur l'Environnement et le Développement* qui s'est tenue à Rio de Janeiro en juin 1992. Si les résultats pratiques et les décisions concrètes de cette conférence paraissent décevants, elle a eu le mérite de faire savoir au grand public que la perte de la biodiversité est un des dangers qui menacent la planète.

La biodiversité actuelle est le résultat de la longue évolution d'une biosphère dans laquelle les changements, climatiques en particulier, ont été permanents et où un certain nombre de catastrophes majeures ont profondément perturbé le cours de l'évolution (*cf.* chapitre 1). Son étude peut être abordée à des niveaux de complexité croissante. La *diversité génétique* est la variabilité de la composition génétique des individus au sein des espèces et des populations ou entre ces dernières. La *diversité des espèces* correspond au nombre et à la variété des espèces présentes dans une zone donnée. La *diversité des écosystèmes* correspond à la diversité structurale et fonctionnelle des écosystèmes qui sont présents dans une région. Cette diversité est plus difficile à évaluer que les deux premières car les limites entre les écosystèmes ne sont pas nettes. La diversité des écosystèmes, qui résulte de la diversité des sols et du substrat géologique, des climats, et de nombreux autres facteurs, a surtout été étudiée au niveau local ou régional. La *diversité des paysages*, qui est le résultat de la mosaïque créée par les écosystèmes en interaction, peut être décrite en fonction de la surface des divers écosystèmes et de la distance qui existe entre eux, du nombre de lisières et de la connectivité entre les divers habitats, du climat, de la géomorphologie et de l'influence de l'homme responsable par exemple de la fragmentation des habitats forestiers. À l'échelle de la planète la diversité des écosystèmes est essentiellement fonction du climat et elle correspond aux grands biomes.

I. LA BIODIVERSITÉ GÉNÉTIQUE

Le polymorphisme génétique est une caractéristique importante des êtres vivants (*cf.* chapitre 8.6). La diversité génétique est représentée par les diverses populations géographiquement isolées d'une même espèce (variabilité interpopulation), ainsi que par les divers types de constitution génétique qui existent à l'intérieur d'une même population (variabilité intrapopulation). La diversité génétique, qui est à l'origine des réponses évolutives et adaptatives des êtres vivants, est une assurance vis-à-vis des modifications du milieu. Les changements climatiques, l'arrivée de nouveaux organismes pathogènes ou compétiteurs ainsi que la pollution sont des phénomènes qui condamneraient les espèces à disparaître en l'absence de diversité génétique.

1.1. Importance de la diversité génétique

Au point de vue pratique, le concept de diversité génétique intéresse surtout la variabilité des plantes cultivées et des animaux domestiques (*cf.* chapitre 22), mais il s'applique aussi aux plantes et aux animaux non domestiques. La diversité génétique des végétaux est plus élevée chez les espèces pollinisées par le vent que chez celles qui sont pollinisées par les animaux ; les plantes qui s'autopollinisent ont le taux d'hétérozygotie le plus faible. Les plantes cultivées, largement sélectionnées, ont une faible diversité génétique, ce qui les rend sensibles à diverses maladies. Les plantes sauvages qui sont à l'origine des plantes cultivées ont une hétérozygotie élevée qui peut servir de réservoir de gènes pour l'amélioration des plantes cultivées.

Les conséquences du polymorphisme génétique sur la biologie des populations sont nombreuses. Le mimétisme batésien qui est répandu chez divers papillons tropicaux en est un exemple. En Afrique, des espèces de *Papilio* largement répandues ont des types de coloration très variés. Ces espèces sont mangeables par les oiseaux mais elles survivent en imitant d'autres espèces de papillons qui sont toxiques et immangeables. L'espèce *Papilio dardanus* a trois formes ou morphes qui sont réparties dans trois régions d'Afrique. Chaque morphe imite une autre espèce de papillon avec laquelle elle cohabite. En

Amérique tropicale, les espèces du genre *Heliconius* sont immangeables mais elles peuvent souffrir de l'attaque des oiseaux qui n'en ont pas encore fait l'expérience. *Heliconius erato* et *H. melpomene* sont deux espèces qui ont de nombreuses formes locales génétiquement différenciées dont chacune a un type de coloration caractéristique. Dans les régions où une forme de *H. erato* et une forme de *H. melpomene* cohabitent les morphes des deux espèces se ressemblent étroitement au point de tromper les entomologistes. Ce type de mimétisme est qualifié de müllerien. La ressemblance augmente les chances de survie des deux espèces car les oiseaux apprennent plus vite qu'elles sont immangeables.

Le thym *Thymus vulgaris* est une espèce qui est organisée en populations génétiquement différentes et installées dans des sites différents. Dans un site une population peut vivre puis disparaître. Le site est recolonisé par des plantes venues d'ailleurs. Les espèces qui possèdent cette structure de population sont moins sensibles que d'autres aux perturbations du milieu. Le polymorphisme du thym intéresse à la fois la composition chimique des différents terpènes produits par la plante dont il existe 6 *chemotypes* différents dans la région de Montpellier, et l'abondance relative des plantes renfermant soit des fleurs uniquement femelles, soit des fleurs hermaphrodites à autofécondation, soit des fleurs hermaphrodites à fécondation croisée obligatoire. La distribution des chemotypes se fait en taches de surfaces variables ; elle se produit sur de très courtes distances, elle est fonction de la nature du sol et semble avoir une valeur adaptative. En outre, la composition en terpènes confère une certaine résistance envers les animaux herbivores et elle joue un rôle inhibiteur de la croissance et de la germination des graines des autres espèces. Les variations locales d'abondance des herbivores pourraient être un facteur de maintien du polymorphisme chimique (Gouyon *et al.*, 1986 ; Thompson *et al.*, 1998). Une structure en mosaïque analogue à celle des populations de thym existe chez beaucoup de plantes de la région méditerranéenne.

En Australie, chez la mouche des fruits *Dacus tryoni*, le polymorphisme adaptatif se traduit par l'existence d'écotypes qui diffèrent par leur résistance au froid et à la chaleur (Lewontin & Birch, 1966). La résistance augmente vers le sud lorsque les variations de température augmen-

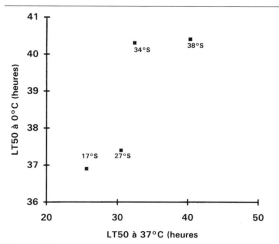

Figure 20.1.

Quatre écotypes de la mouche *Dacus tryoni* dans quatre régions d'Australie. LT50 est défini figure 20.2.

La résistance aux températures élevées et aux basses températures augmente vers le sud, de 17° jusqu'à 38° de latitude (Lewontin & Birch, 1966).

tent en importance (figure 20.1). Des variations semblables existent entre des espèces voisines du genre *Drosophila* (Stanley *et al.*, 1980). Les deux espèces *Drosophila melanogaster* et *D. simulans* largement répandues dans les régions tropicales et dans les régions tempérées sont plus résistantes aux basses températures et à la dessiccation que des espèces comme *D. erecta*, *D.*

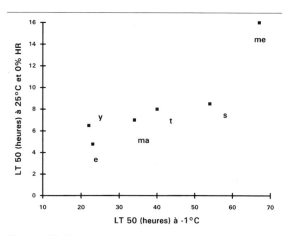

Figure 20.2.

Relations entre la résistance à la dessication à la température de 25°C et la résistance au froid à la température de -1°C chez six espèces de Drosophiles du groupe de *D. melanogaster*.

LT50 est le nombre d'heures nécessaires pour que 50 % des insectes meurent par suite du stress imposé. me : *Drosophila melanogaster* ; s : *D. simulans* ; t : *D. teissieri* ; ma : *D. mauritiana* ; y : *D. yakuba* ; e : *D. erecta* (Stanley *et al.*, 1980).

mauritiana, *D. teissieri* ou *D. yakuba* localisées aux régions tropicales (figure 20.2).

1.2. Les variations de l'hétérozygotie. Causes et conséquences

En général, la probabilité d'extinction d'une espèce augmente lorsque son effectif diminue, comme l'ont montré des recherches faites sur des peuplements insulaires d'oiseaux, de lézards, d'Arthropodes ou sur des peuplements d'oiseaux de massifs forestiers isolés (Opdam, 1990). Il existe dans les petites populations une dérive génétique qui s'accompagne souvent de la perte de nombreux allèles et d'une tendance à l'homozygotie sous l'effet de la consanguinité. Ceci permet à des gènes létaux mais récessifs de se manifester et diminue beaucoup les possibilités d'adaptation face à des conditions de vie changeantes. Étant donné que la dérive génétique réduit la diversité génétique des populations à faible effectif, il doit exister une relation entre le polymorphisme génétique et la taille des populations (figure 20.3). Une étude du polymorphisme de 480 espèces végétales a confirmé que la diversité génétique des espèces localisées est significativement inférieure à celle des espèces à large répartition.

Les *clines* représentent des variations graduelles qui sont souvent en rapport avec des variations parallèles des caractéristiques du milieu. Certaines de ces variations sont sous contrôle génétique et reflètent le polymorphisme des espèces. Parmi les nombreux cas étudiés

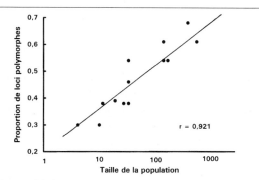

Figure 20.3.

Relation entre la taille des populations de *Scabiosa columbaria* aux Pays-Bas et la proportion de loci polymorphes.

Le polymorphisme augmente avec la taille de la population (Bijlsma, 1991)

celui de *Trifolium repens* est un des plus simples. Il existe chez cette petite Papilionacée répandue dans toute l'Europe des formes cyanogènes (caractère dû à un allèle **A** dominant) capables de libérer du cyanure lorsque les feuilles sont dilacérées et des formes non cyanogènes (caractère dû à un allèle **a** récessif). Les formes cyanogènes sont plus fréquentes dans le sud et l'ouest de l'Europe et elles disparaissent progressivement vers le nord et l'est ; les plantes cyanogènes sont également plus fréquentes à basse altitude. Il est probable que ce sont les basses températures hivernales qui réduisent la fréquence des plantes cyanogènes. L'avantage sélectif de ces variations semble certain mais il est encore mal connu.

Lors de l'étude des populations de bouquetins *Capra ibex* après leur réintroduction dans des régions des Alpes d'où ils avaient été exterminés par la chasse, on a constaté que la population qui s'est formée à partir d'un plus grand nombre d'individus fondateurs a un taux d'hétérozygotie plus élevé et qu'elle s'accroît plus vite que les autres (Scribner, 1993). Le papillon *Melitaea cinxia* a été étudié dans l'archipel des îles Åland au sud de la Finlande de 1993 à 1996. L'étude a été menée sur 350 populations de papillons réparties sur des prairies de 6 m² à 3 ha dans les diverses îles. Certaines de ces populations réduites parfois à un seul couple sont particulièrement menacées d'extinction. Durant les observations 200 extinctions par an ont été observées en moyenne, mais seulement 114 colonisations de sites nouveaux. L'étude des femelles issues de 42 populations a montré que les 7 populations qui se sont éteintes dans ce groupe étaient celles qui avaient la plus faible hétérozygotie. Ces populations avaient un succès reproducteur moins important que la moyenne, et des chenilles plus petites et moins lourdes ; les femelles avaient une durée de vie plus courte et par conséquent pondaient moins d'oeufs (Saccheri *et al.*, 1998). Ces résultats montrent le rôle néfaste de la fragmentation des habitats qui scinde les populations initiales en petits groupes isolés sans échanges génétiques. Ces groupes doivent, pour pouvoir subsister, avoir des effectifs supérieurs à celui de la population minimum viable ou bien être structurés en métapopulations dans lesquelles des individus migrateurs peuvent se déplacer d'un site à l'autre.

L'isolement réduit le polymorphisme génétique des populations. Dans une région d'Allemagne, la grenouille *Rana temporaria* a des populations compartimentées par des autoroutes infranchissables. Le taux d'hétérozygotie de ces populations diminue avec l'intensité de leur isolement. Il passe de 28,3‰ pour un isolement faible à 20,34‰ pour un isolement moyen et à 7,05‰ pour un isolement fort (Reh & Seitz, 1990).

Cependant il n'y a pas toujours une réduction de la variabilité génétique et risque de disparition des populations peu nombreuses. L'éléphant de mer *Mirounga angusticollis* que la chasse avait réduit à 20 individus en 1890 a retrouvé des effectifs de 30 000 individus qui ne présentent aucune variabilité génétique tandis que l'espèce voisine *Mirounga leonina* a une variabilité génétique normale. Il en est de même de la population de lions qui s'est reformée à partir d'un groupe de dix survivants, dans le cratère du Ngorongoro en Afrique. Les guépards n'ont plus de polymorphisme génétique mais chez cette espèce les gènes défavorables ont disparu. La contrepartie est un pouvoir d'adaptation plus faible face à des conditions de milieu constamment changeantes.

Une estimation globale pour l'ensemble des animaux et des végétaux donne un chiffre moyen de 220 populations génétiquement distinctes par espèce. En admettant une valeur moyenne de 14 millions d'espèces on obtient le chiffre moyen de $3,1.10^9$ populations. La vitesse d'extinction des populations a pu être estimée à 16 millions par an soit 1 800 par heure rien que pour les forêts tropicales soit beaucoup plus que le nombre d'espèces. Ces chiffres montrent l'ampleur de l'érosion de la biodiversité génétique (Hughes *et al.*, 1997).

1.3. La notion de population minimum viable

Les incertitudes sur l'effet de la consanguinité et la persistance dans des conditions naturelles de populations à très faibles effectifs rendent délicate la détermination de l'effectif d'une population minimum viable. On appelle *Population Minimum Viable* (ou PMV) la plus petite population isolée d'une espèce qui a un certain pourcentage de chances (on admet en général le seuil de 95 % ou de 99 %) de survivre au cours des 100 ans (ou des 1 000 ans) à venir

en dépit des variations du milieu, naturelles ou provoquées par l'homme, et de la dérive génétique. L'effectif théorique de la PMV peut être déterminé à partir de nos connaissances sur la génétique des populations et sur les effets délétères de la consanguinité. Il est aussi fonction de divers paramètres comme la taille des espèces et il est difficile à évaluer. Pour les grands Mammifères une valeur comprise entre 50 et 500 est généralement admise. Lorsque la taille corporelle augmente, la PMV diminue. L'aire minimale nécessaire (ou MAR : « minimum area required ») pour héberger ces populations est d'autant plus grande que les espèces ont une masse corporelle plus élevée et un territoire individuel plus grand. Les deux critères de la PMV et de la MAR ont été appliqués à la gestion de grands Mammifères comme le rhinocéros de Sumatra, ou à celle de divers oiseaux. Les zones actuellement protégées se sont révélées presque toutes trop petites pour supporter des PMV de grands Mammifères.

II. LA BIODIVERSITÉ DES ESPÈCES

La diversité spécifique peut être évaluée à trois niveaux, celui de la biocénose, celui d'une région plus ou moins étendue ou celui d'un groupe systématique. La mesure de la diversité d'une biocénose est difficile à réaliser car le nombre d'espèces présentes peut dépasser le millier et même atteindre quelques dizaines de milliers dans des milieux complexes comme les forêts tropicales. En outre, les biocénoses n'ont pas toujours des limites bien marquées. C'est donc le plus souvent dans le cadre d'un taxon, comme une famille ou un ordre, que la diversité peut être évaluée d'une façon assez précise. La mesure de la diversité doit aussi tenir compte des effectifs des diverses espèces car, à nombre égal d'espèces, un peuplement a une diversité plus élevée si toutes les espèces qui le composent ont à peu près le même effectif. C'est la raison pour laquelle on mesure souvent la diversité à l'aide d'indices de diversité (*cf.* chapitre 11). Le nombre d'espèces actuellement connues est compris entre 1,4 et 1,8 million (tableau 20.1). Les plantes à fleurs dominent largement le règne végétal et, chez les animaux, les insectes renferment plus de la moitié des espèces connues.

On distingue parmi les êtres vivants cinq règnes : les Procaryotes ou Bactéries ; les Eucaryotes qui sont divisés en : Protistes, Champignons, Végétaux et Animaux (figure 20.4). Les virus constituent un cas particulier. On en connaît environ mille espèces mais il pourrait en exister 500 000. Ce sont des parasites qui dépendent de l'ARN des organismes qu'ils envahissent et qui représentent peut-être des éléments échappés du code génétique d'autres organismes. Les virus jouent un rôle considérable mais encore mal connu dans le fonctionnement de la biosphère.

2.1. La diversité des Procaryotes

Des méthodes modernes qui permettent de comparer les structures génétiques ont montré

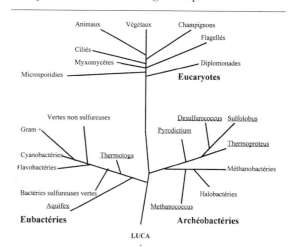

Figure 20.4.
Arbre évolutif des êtres vivants établi selon les conceptions actuelles. Les taxa les plus nombreux sont des Procaryotes unicellulaires et les organismes hyperthermophiles, dont le nom est souligné, sont regroupés au voisinage de la racine de l'arbre.
Sur ce schéma les Eucaryotes sont plus proches des Archéobactéries que des Eubactéries. Une première endosymbiose entre une bactérie et un organisme Eucaryote unicellulaire a fourni les mitochondries (il existe de rares Eucaryotes dépourvus de mitochondries comme les Diplomonades représentés par exemple par le genre *Lamblia*). Une deuxième endosymbiose à partir d'une bactérie pourvue de chlorophylle (vraisemblablement une Cyanobactérie) a procuré les chloroplastes des végétaux. Ce schéma évolutif n'est sans doute pas définitif et sera modifié. Par exemple, la position de *Thermotoga*, de *Aquifex* et des Microsporidies est discutée. On désigne sous l'acronyme LUCA (Last Universal Cellular Ancestor) l'ancêtre commun de tous les organismes cellulaires (modifié d'après Kerr, 1997).

Virus	1 000	Bryozoaires	4 000
Procaryotes (= Bactéries)	4 760	Phoronidiens *	20
Champignons	69 000	Brachiopodes *	250
Algues	26 900	Mollusques	100 000
Bryophytes	23 000	Priapuliens *	8
Ptéridophytes	11 229	Sipunculides *	250
Gymnospermes	750	Échiuriens *	150
Angiospermes	250 000	Insectes	751 000
Monocotylédones	50 000	Arachnides	100 000
Dicotylédones	200 000	Crustacés	40 000
Protozoaires	30 800	Onychophores	65
Mésozoaires	50	Tardigrades	180
Spongiaires (= Porifères)	10 000	Chétognathes *	80
Cnidaires	9 000	Gnathostomulides	20
Cténaires *	90	Pogonophores *	80
Placozoaires *	20	Vestimentifères *	10
Plathelminthes	12 200	Échinodermes *	6 100
Némertiens	800	Hémicordés *	85
Rotifères	1 500	Urocordés *	1 300
Cycliophores *	1	Céphalocordés *	30
Loricifères *	30	Poissons	20 605
Nématorhynques	270	Amphibiens	4 200
Acanthocéphales	500	Reptiles	6 300
Némathelminthes	20 000	Oiseaux	9 198
Annélides	12 000	Mammifères	4 170
Entoproctes	70		

Tableau 20.1. Nombre d'espèces décrites dans les principaux groupes d'êtres vivants

On admet l'existence d'une centaine de phyla ; seuls ceux du règne animal ont été détaillés, ainsi que les Arthropodes et les Vertébrés. Les phyla marqués par un astérisque sont endémiques du milieu marin. Les estimations du nombre d'espèces peuvent varier avec les auteurs mais les ordres de grandeur restent les mêmes.

qu'une partie importante et peut être même l'essentiel de la biodiversité se situe vraisemblablement au niveau des Bactéries qui pourraient renfermer plusieurs millions d'espèces. Les Bactéries, ou Procaryotes, ont une structure cellulaire simple sans noyau ni mitochondries ni reticulum endoplasmique. Il n'existe dans leur cellule qu'un filament d'ADN libre qui joue le rôle de chromosome rudimentaire lors de la reproduction très simple de ces organismes. Les Bactéries sont presque toutes unicellulaires, la seule exception notable étant celle de certaines Cyanobactéries jadis connues sous le nom d'algues bleues. Les cellules bactériennes ont une taille qui ne dépasse généralement pas quelques μm, ce qui les distingue des cellules des Eucaryotes. Une exception remarquable est celle d'une bactérie marine de forme sphérique récemment découverte au large des côtes de Namibie, dont le diamètre atteint 700 μm.

2.1.1. Les Archéobactéries

Pour certains, les Archéobactéries sont des organismes pionniers ayant colonisé la terre primitive ; pour d'autres, elles seraient secondairement dérivées des Eucaryotes. Les principaux caractères propres aux Archéobactéries sont l'absence de D- aminoacides et d'acide muramique dans la paroi cellulaire, l'absence presque constante de cytochromes, la présence de coenzymes particuliers, un génome de petite taille (environ égal au tiers de celui de la bactérie vraie *Escherichia coli*), un ARN- 16S faiblement apparenté à celui des autres Bactéries.

Ces Procaryotes, de même que certaines Bactéries vraies, vivent souvent dans des milieux extrêmes (*cf.* chapitre 6), mais elles abondent aussi dans le plancton marin aussi bien en surface qu'en profondeur, dans les eaux polaires et dans les eaux tropicales. On qualifie d'extrémophiles des Bactéries qui vivent dans des conditions extrêmes de température, de teneur en sels, de pH. On connaît parmi les Archéobactéries : des espèces méthanogènes anaérobies productrices de méthane qui consomment de l'hydrogène et du CO_2 ; des espèces halophiles qui vivent dans des milieux salés ; des espèces thermoacidophiles qui exigent une température élevée et un pH très bas ; des espèces hyperthermophiles dont certaines subsistent à 110°C sous de fortes pressions dans les sources hydrothermales sous-marines. Dans les milieux dont la température est comprise entre 80 et 110°C on ne trouve plus guère que des Archéobactéries à l'exception des *Thermotoga* et *Aquifex* qui sont des Eubactéries. Certaines protéines des bactéries hyperthermophiles résistent à des températures de 140°C grâce à des structures spéciales qui stabilisent la molécule ; leur ADN est lui aussi particulièrement résistant. Les halophiles extrêmes, classées dans la famille des Halobactéries, sont des Archéobactéries qui possèdent une membrane leur permettant de résister à des pressions osmotiques élevées, et qui se développent de façon optimale dans des milieux contenant de 4 à 5 M de ClNa et de faibles concentrations de K^+. Grâce à ces deux sels, la concentration intracellulaire et celle du milieu extérieur sont à peu près les mêmes. Certaines Halobactéries aérobies possèdent des caroténoïdes qui colorent en rouge les eaux des marais salants.

2.1.2. LES EUBACTÉRIES

Les Eubactéries forment un autre règne. Les Bactéries n'ont généralement pas une répartition ubiquiste à la surface de la terre. La comparaison d'échantillons provenant d'un sol d'Australie et d'une tourbière d'Allemagne n'a montré aucune espèce commune aux deux régions. Des échantillons de sols de Californie, d'Afrique du sud, du Chili et d'Australie se sont révélés différents. La cause d'une telle diversité réside peut-être dans la pléthore de microhabitats présents dans le sol. À l'opposé, les Bactéries marines sont peut-être plus cosmopo-

lites car les mouvements des eaux assurent l'homogénéisation du milieu.

La vie souterraine est traditionnellement vue comme un ensemble d'animaux bizarres tels que ceux qui vivent dans les grottes. Un nouvel aspect de cette vie souterraine est apporté par les Bactéries distribuées dans la croûte terrestre à peu près partout jusqu'à des profondeurs où la température devient un facteur limitant. Les microbiologistes et les spécialistes des eaux souterraines ont mis en évidence une grande variété de micro-organismes dans la croûte terrestre, dans des formations géologiques très diverses. La difficulté de ces études réside dans la réalisation de sondages et la prise d'échantillons non contaminés à leur arrivée en surface.

En 1995 une communauté bactérienne a été découverte à plus de 900 mètres sous la surface du sol dans les basaltes du nord-ouest des États-Unis, dans la région de la Columbia River. Ces Bactéries semblent utiliser l'énergie de l'hydrogène formé lors de la réaction entre les minéraux du basalte et l'eau souterraine. Ceci a été confirmé en montrant que, en l'absence d'oxygène, une mixture d'eau et de basalte broyé engendre de l'hydrogène. Au laboratoire dans des conditions simulant le milieu où elles vivent, ces Bactéries survivent plus d'un an. La bactérie *Bacillus infernus* est la seule espèce du genre qui puisse vivre sans oxygène. Elle a été trouvée à 2,7 km de profondeur dans un milieu sans oxygène dont la température est de plus de 100°C. Une tentative d'évaluation de la biomasse des Bactéries a été faite en admettant qu'elles descendent à une profondeur de 5 à 10 km et qu'elles supportent une température de 110 à 150 degrés. Une valeur de 2.10^{14} tonnes a été obtenue ce qui correspond, si cette estimation est correcte, à une couche de 1,5 mètre étalée sur la surface de la terre, et de biomasse supérieure à celle des animaux et des végétaux. Une autre estimation fondée sur les teneurs en matière organique fournit une valeur de l'ordre de 5.10^{30} cellules bactériennes pour l'ensemble des divers milieux. Les deux tiers de cette biomasse semblent concentrés dans les sédiments du fond des mers et un quart dans le sous-sol terrestre. Le reste se trouve dans les eaux et dans le tube digestif de divers animaux comme les termites ou les animaux domestiques.

On a trouvé 3 000 espèces nouvelles dans les 500 mètres superficiels d'un forage réalisé dans un aquifère de Caroline du Sud. Beaucoup de Bactéries qualifiées de « silencieuses » ne se développent pas sur les milieux de culture habituels, ce qui gène leur détection. GoksØyr & Torsvik (1990) ont prélevé de petites quantités de sol dans une hêtraie de Norvège et recherché les divers types d'ADN bactérien. Ceci a permis la mise en évidence de 4000 à 5000 espèces dans un gramme de sol de hêtraie. Tous ces faits mon-

trent que les espèces de Bactéries sont certainement beaucoup plus nombreuses que l'on croyait (des estimations donnent le chiffre de 400 000 espèces) et qu'elles jouent, dans le fonctionnement de la biosphère, un rôle considérable qui devra être précisé.

Certaines de ces recherches ont été entreprises dans un but appliqué. Il s'agissait de trouver des modes de contamination possibles des eaux souterraines et en particulier de savoir si des déchets nucléaires enfouis dans le sol pouvaient être mobilisés et revenir en surface. Parmi les résultats nouveaux de ces études le plus remarquable est l'obtention d'organismes ayant des applications industrielles grâce à leur résistance aux températures élevées. En effet, les Bactéries ont de plus en plus d'usages. Avec les levures elles fournissent à l'industrie le moyen de réaliser diverses réactions. Les Thiobacilles sont capables d'attaquer des sulfures et de libérer les métaux qu'ils renferment. Ceci est à l'origine de la méthode de biolixiviation qui est déjà mise en oeuvre pour extraire le cobalt. Les Bactéries utilisées sont par exemple *Thiobacillus ferroxidans* et *Leptospirillum ferroxidans*. Ces Bactéries ne supportent pas des températures supérieures à 46°C. De nouvelles espèces de Bactéries extrémophiles découvertes dans des sources thermales et vivant à des températures atteignant 75°C devraient permettre d'obtenir des réactions plus rapides et un meilleur rendement. Ces Bactéries sont de plus en plus recherchées dans l'industrie pour leurs enzymes qui résistent à des températures de l'ordre de 100 degrés, et à des pH voisins de 10. Des entreprises spécialisées étudient plusieurs milliers de souches de Bactéries de profondeur pour y découvrir d'éventuels antibiotiques et autres substances utiles.

Des Procaryotes forment une partie non négligeable de la biomasse photosynthétisante dans les eaux de la portion équatoriale de l'Océan Pacifique. Une espèce de *Protochlorococcus* y est représentée dans les 45 mètres superficiels par 60 000 à 170 000 cellules par millilitre et sa productivité est de 174 à 498 mg C m^{-2} par jour soit 5 à 19 % de la productivité primaire nette (Vaulot *et al.*, 1995).

Presque tous les écosystèmes fonctionnent en trouvant l'énergie nécessaire grâce à la photosynthèse chlorophyllienne. Il n'existe que de rares exceptions. Au voisinage des sources thermales océaniques ce sont des Bactéries chimiosynthétiques qui assurent le fonctionnement de l'écosystème (cf. chapitre 16.10). Dans le milieu terrestre un écosystème aquatique souterrain clos a été découvert en Roumanie en 1986. Les eaux à la température de 21°C sont riches en H$_2$S et elles renferment des Bactéries chimiosynthétiques qui fabriquent la matière organique nécessaire à partir de carbone non organique (bicarbonates) en utilisant H$_2$S comme source d'énergie. Cette production bactérienne permet le maintien d'une communauté de 48 espèces d'animaux cavernicoles dont 33 sont endémiques. Cette communauté chimioautotrophe est la seule connue jusqu'ici dans le milieu terrestre (Sarbu *et al.*, 1996).

2.2. La diversité des Protistes, des champignons et des végétaux

Les organismes qui ne sont pas des Bactéries sont des Eucaryotes. Leurs cellules sont, sauf rares exceptions, de plus grande taille (5 à 100 µm) ; elles possèdent un noyau bien délimité qui renferme les chromosomes, des mitochondries, un reticulum endoplasmique et des microtubules. Les Eucaryotes, presque tous pluricellulaires, ont une structure plus complexe et plus variée que les Procaryotes mais ils sont biochimiquement plus homogènes. On admet aujourd'hui que le passage de la cellule Procaryote à la cellule eucaryote s'est fait par un mécanisme appelé endosymbiose. Les mitochondries proviendraient de Bactéries englouties dans une cellule procaryote de grande taille et les chloroplastes des végétaux proviendraient d'une symbiose avec des Cyanobactéries. L'origine du noyau est plus discutée. Une hypothèse vraisemblable admet que dans une cellule procaryote une invagination de la paroi a formé une enveloppe autour du filament d'ADN tout en laissant dans cette enveloppe des pores qui laissent communiquer le cytoplasme et l'ADN, ce qui est indispensable à la synthèse des protéines.

Le règne des Protistes, défini par des caractères négatifs, n'est pas homogène. Les auteurs modernes admettent l'existence de 27 phyla de Protistes dont certains étaient considérés auparavant soit comme des algues, soit comme des Protozoaires. Le règne des Champignons est divisé en 5 phyla mais leur classification est difficile et l'accord est loin d'être général. On reconnaît dix phyla parmi les végétaux : a) les Bryophytes comprennent trois classes : les Hépatiques (9 000 espèces), les Mousses (16 000 espèces) et les Anthocérotées (100 espèces) ; b) les Psilophytales ne renferment que quatre espèces et deux genres, *Psilotum* et *Tmesipteris* ; c) les Lycopodiales avec 1 275 espèces renferment deux genres principaux, *Lycopodium* et

Selaginella ; d) les Équisétales ont 40 espèces placées dans le genre *Equisetum* dont les espèces sont connues sous le nom de prêles ; e) les Isoétales avec le seul genre actuel *Isoetes* ; f) les Ptéridophytes ou fougères ont 12 000 espèces ; g) les Cycadales n'ont que 100 espèces ; h) les Ginkgoales comprennent une seule espèce *Ginkgo biloba* ; i) les Conifèrales ont 550 espèces ; j) les Angiospermes ont plus de 300 familles et 250 000 à 300 000 espèces décrites.

2.3. La diversité des animaux

Le règne animal est divisé en 35 phyla (ou embranchements), ce nombre pouvant varier légèrement selon les auteurs. Les estimations du nombre d'espèces sont difficiles à faire et la marge d'erreur peut parfois atteindre 95 %, mais les ordres de grandeur (tableau 20.1) resteront certainement les mêmes au fur et à mesure du progrès de nos connaissances. Les phyla les plus

Ordres	Espèces dans le monde	Espèces en France
Coléoptères *	330 000 (34,5 %)	9 600
Diptères *	124 000 (28,9 %)	6 500
Lépidoptères *	165 000 (99 %)	5 120
Hyménoptères *	115 000 (10,9 %)	8 000
Hémiptères *	84 000 (94 %)	3 550
Orthoptères *	19 000 (99 %)	212
Trichoptères	7 000	244
Collemboles	6 474	500
Odonates	6 000	87
Thysanoptères	5 600	346
Névroptères	5 000	160
Blattodea	4 000	18
Phthiraptera	3 000 à 5 000	180
Phasmoptères *	2 500 (100 %)	3
Isoptères	2 200	5
Éphéméroptères	2 000 à 2 100	140
Plécoptères	1 900	150
Dermaptères	1 840	20
Mantodea	1 900	9
Siphonaptères	1 900	90
Diploures	800	45 à 60
Strepsiptères	532	10 à 15
Mécoptères	500	9
Protoures	500	10 à 20
Thysanoures	300 à 370	11 (+ 1 ou 2)
Archaeognathes	280 à 350	38
Mégaloptères	270	3
Embioptères	250	3
Raphidioptères	175	17
Zoraptères	30	0
Grylloblattides	25	0

Tableau 20.2. Nombre d'espèces connues dans les 29 ordres d'insectes actuels (d'après Martinez & Gauvrit, 1997)

Les Diploures, Thysanoures, Protoures et Collemboles ne sont plus considérés comme des insectes mais ils ont cependant été conservés dans ce tableau. L'astérisque indique les ordres qui renferment la majorité des insectes phytophages. Le pourcentage du nombre d'espèces phytophages dans ces ordres a été indiqué entre parenthèses d'après des estimations faites pour la faune de Grande-Bretagne et étendues à la faune mondiale.

pauvres en espèces sont les plus nombreux. Un seul phylum, celui des Arthropodes, a plus de 100 000 espèces mais les Mollusques dépasseront certainement ce nombre lorsqu'ils seront mieux connus. Les Onychophores sont uniquement terrestres et 16 phyla sont endémiques du milieu marin. La biodiversité du milieu marin, estimée par le nombre de phyla présents, est donc plus élevée que celle du milieu terrestre. Mais si l'on prend en compte le nombre d'espèces, le milieu marin qui renferme environ 245 000 espèces connues a une diversité moindre que celle du milieu terrestre.

Les Arthropodes forment le groupe animal le plus riche. On estime à 887 500 le nombre d'espèces d'insectes décrites, 100 000 le nombre d'Arachnides et 40 000 le nombre de Crustacés. Les insectes sont divisés en 29 ordres dont 27 sont représentés en France (les 15 ordres uniquement fossiles ne sont pas compris dans ce décompte). En moyenne 5 600 espèces d'insectes sont décrites par an. Les Coléoptères comptent 500 000 espèces décrites mais seulement 330 000 paraissent valables. Il existe environ 360 000 espèces d'insectes phytophages (soit 25 % des espèces animales connues) et à peu près autant d'espèces de plantes à fleurs ce qui explique que l'étude des relations plantes/insectes soit devenue une partie importante de l'écologie. La majorité des insectes phytophages se rencontre dans neuf ordres qui sont les plus riches en espèces (tableau 20.2). Leur diversité spécifique élevée et leur abondance donnent aux insectes une grande importance dans le fonctionnement des écosystèmes. Dans la région de Manaus au Brésil, où les insectes forment 93 % de la biomasse animale, les fourmis et les termites sont deux éléments majeurs dans les processus de renouvellement du sol. Dans une forêt tropicale de basse altitude située à Seram (Indonésie) l'abondance des Arthropodes dans les divers compartiments d'une surface de 1 ha est la suivante (en millions d'individus) : sol : 23,7 ; litière : 6,0 ; végétation herbacée : 0,1 ; troncs : 0,5 ; canopée : 12,0. Dans une parcelle de 500 ha d'une forêt de basse altitude située à Sulawesi, la récolte de plusieurs millions d'insectes a fourni 5 649 espèces de Coléoptères et plus de 1 500 espèces de Lépidoptères Macrohétérocères et Pyralides. On a recensé 600 colonies d'abeilles du groupe des Mélipones par km² de forêt hygrophile en Amérique centrale. Ces Mélipones prélèvent sur les végétaux l'équivalent de 10^{10} kJ par an et leurs cadavres et rejecta divers représentent plusieurs centaines de kg. km^{-2} (Roubik, 1989).

III. LA BIODIVERSITÉ DANS LE SOL

Dans l'état actuel de nos connaissances, 170 000 espèces ont été identifiées parmi les organismes du sol, mais ce milieu est mal connu, difficile à étudier et le nombre réel d'espèces doit être plus élevé (tableau 20.3). La biodiversité varie beaucoup selon les types de sols et les régions géographiques. La richesse en Nématodes est au moins égale à 374 espèces par station dans un sol de la forêt tropicale du Cameroun, et seulement de 3 dans un sol de l'Antarctique. La taille des organismes du sol est très variable ; les Vertébrés y sont rares à l'exception de quelques espèces de Reptiles et de Mammifères fouisseurs.

IV. LA BIODIVERSITÉ DANS LE MILIEU AQUATIQUE

4.1. La biodiversité dans les eaux douces

La biodiversité dans les eaux douces est encore mal connue, surtout dans les eaux tropicales. Les recherches sur les organismes unicellulaires et sur les invertébrés dépourvus de squelette sont nettement insuffisantes, et leur richesse spécifique fait l'objet de beaucoup de controverses. Des chercheurs estiment qu'il pourrait exister des centaines de milliers d'espèces de Nématodes dans les sédiments du fond des eaux, et que le nombre de Rotifères et de Microcrustacés serait égal à 1 000 fois le nombre d'espèces connues.

La diversité de certains taxa est considérable dans des lacs anciens comme le lac Baïkal ou les lacs de l'est africain. Le grands lacs d'Afrique centrale orientale ont été des zones de spéciation intense, en particulier pour les poissons (tableau 20.4). La famille des Cichlidés y est représentée par près de 900 espèces (la plupart

Taille	Taxa	Nombre d'espèces décrites (x 10^3)	% du nombre total d'espèces présentes dans le sol
1-2 μm	Bactéries	1,7	49-66
3-100 μm	Champignons	18-35	48
5-120 μm	Nématodes	5	20
15-100 μm	Protozoaires	1,5	3,8
80 μm-2 mm	Acariens	20	66
150 μm-2 mm	Collemboles	6,5	?
300 μm-1 mm	Diploures	0,659	100
500 μm-4 mm	Symphyles	0,16	100
500 μm-1 mm	Enchytréides	0,6	100
500 μm-4 mm	Termites	1,6	61
500 μm-4 mm	Fourmis	8,8	63
2-20 mm	Isopodes	5	50
1-50 mm	Chilopodes	2,5	100
1-50 mm	Pauropodes	0,5	100
1-50 mm	Diplopodes	10	100
1-50 mm	Oligochètes	3,627	82
1-50 mm	Larves de Diptères	60	50
0,5-80 mm	Coléoptères	?	?

Tableau 20.3. Nombre d'espèces de Bactéries, de champignons et d'invertébrés présentes dans le sol
Le nombre d'espèces de Coléoptères n'a pas été estimé mais il est certainement élevé (d'après Wall & Moore, 1999).

Lacs	Victoria	Malawi	Tanganyika	Edward	Albert	Turkana
Surface (km^2)	68 800	30 800	32 900	2 300	5 270	7 500
Profondeur maximale (m)	84	758	1 435	119	58	73
Nombre de familles	12	9	14	8	14	15
Nombre d'espèces	338	545	275	77	48	47
Nombre de Cichlidés	300	500	200	60	12	12

Tableau 20.4. Surface, profondeur maximale et nombre d'espèces de poissons dans six lacs de l'Afrique centrale et orientale.

appartenant au genre *Haplochromis*) dont 99 % sont endémiques. C'est l'exemple de radiation adaptative le plus spectaculaire chez les Vertébrés. Dans le lac Nyassa la diversité est maintenue par la pression de prédation qui réduit les effectifs et réduit la compétition interspécifique.

Dans les sédiments du fond des eaux douces il existe à peu près 175 000 espèces décrites (tableaux 20.5 et 20.6) et beaucoup d'espèces nouvelles continuent d'être décrites (Palmer *et al.*, 1997). En Europe on a inventorié environ 5 000 espèces d'Invertébrés aquatiques dans les eaux stagnantes et seulement 1 000 dans les eaux courantes qui sont moins riches. Leur répartition approximative est la suivante :

Insectes et leurs larves	2 180
Crustacés	310
Oligochètes, Planaires, etc.	1 450
Mollusques	127
Protozoaires	1 320
Poissons	93
Arachnides	430
Éponges et divers	16

4.2. La biodiversité dans le milieu marin

On connaît environ 250 000 espèces animales marines et pour certains spécialistes ce nombre serait proche du nombre réel d'espèces. Mais la faune marine benthique héberge un grand nombre d'espèces non décrites aussi bien

Taxa	Espèces décrites	Espèces probables
Bactéries	> 10 000	inconnu
Algues	14 000	20 000
Champignons	600	1 000 – 10 000
Protozoaires	< 10 000	10 000 – 20 000
Végétaux	1 000	inconnu
Invertébrés	70 000	> 100 000
Aschelminthes	4 000	> 10 000
Annélides	1 000	> 1 500
Mollusques	4 000	5 000
Acariens	5 000	> 7 500
Crustacés	8 000	> 10 000
Insectes	45 000	> 50 000
Divers	1 400	> 2 000

Tableau 20.5. Nombre approximatif d'espèces décrites et d'espèces probables présentes dans les sédiments du fond des eaux douces

Dans les eaux douces les Aschelminthes comprennent les Rotifères et les Nématodes.

Phyla	Espèces	Familles
Cnidaires	19	10
Mollusques	106	43
Némertiens	22	1
Arthropodes	185	40
Priapuliens	2	1
Bryozoaires	1	1
Annélides	385	49
Échinodermes	39	13
Échiuriens	4	2
Hémicordés	4	1
Sipunculides	15	3
Cordés	1	1
Pogonophores	13	5
Brachiopodes	2	1

parmi les animaux que parmi les unicellulaires. Une idée de la diversité du domaine benthique est fournie par l'énumération du nombre d'espèces rencontrées dans 233 prélèvements, représentant une surface de 21 m², qui ont été réalisés entre 1500 et 2500 m de profondeur au large du New Jersey (Grassle, 1991). Les 14 phyla qui étaient présents renfermaient 758 espèces réparties ainsi :

Par extrapolation à partir de cet échantillon, Grassle & Maciolek (1992) ont estimé à 10 millions ou plus le nombre d'espèces. Ces résultats sont certainement exagérés. La richesse des micro-organismes renfermant des groupes nouveaux ou peu connus a aussi été soulignée. Une part très importante de la biomasse des espèces réalisant la photosynthèse est constituée par des microalgues, dont la taille est inférieure à 3 µm, qui forment le *picoplancton*. Les espèces qui le constituent ont des représentants dans la plupart des classes d'algues mais leur diversité spécifique est mal connue. Une méthode nouvelle, la cytométrie en flux, a permis de découvrir dans l'étang de Thau, dans le sud de la France, une espèce décrite sous le nom de *Ostreococcus tauri* qui est le premier maillon photosynthétique de la chaî-

Taxa	Lacs	Rivières	Eaux souterraines
Bactéries	> 1 000	> 1 000	> 100
Algues	100 — 1 000	0 — 1 000	0
Champignons	50 — 150	150 — 300	0 — 10
Protozoaires	200 — 800	100 — 500	0 — 20
Végétaux	0 — 100	0 — 100	0
Invertébrés	200 — 1 000	200 — 1 000	0 — 150
Aschelminthes	0 — 500	0 — 500	2 — 20
Annélides	10 — 50	10 — 50	2 — 20
Mollusques	0 — 30	0 — 50	0 — 10
Acariens	10 — 100	10 — 100	0 — 10
Crustacés	25 — 150	25 — 150	5 — 60
Insectes	50 — 500	50 — 500	0 — 10
Divers	10 — 50	10 — 50	1 — 20

Tableau 20.6. Richesse spécifique approximative, par habitat, pour trois types d'eaux douces : les lacs, les rivières et les eaux souterraines.

ne alimentaire, et dont la taille inférieure à 1 μm en fait le plus petit Eucaryote libre connu.

Le milieu pélagique marin a une faible diversité et un seul phylum, celui des Cténaires, est exclusivement pélagique. Les algues planctoniques ne renfermeraient que 3 500 à 4 000 espèces ce qui est peu par rapport au nombre d'espèces de plantes qui jouent le même rôle sur terre. Il y a beaucoup moins de poissons pélagiques que de poissons benthiques et littoraux. Parmi les 13 200 espèces de poissons marins, 80 % sont côtiers, près de 20 % habitent les eaux profondes et moins de 2 % sont épipélagiques. Cette faible diversité du milieu pélagique est attribuée à l'absence de barrières freinant la dispersion des organismes et au renouvellement rapide des eaux.

Les récifs coralliens sont des écosystèmes équivalents par leur biodiversité et leur complexité aux forêts tropicales. Il existe dans ces récifs entre 35 000 et 60 000 espèces décrites mais ce chiffre ne représente vraisemblablement que 8 à 14 % de la richesse réelle. Les espèces de coraux et de poissons y sont particulièrement nombreuses (tableau 20.7).

La diversité des espèces marines augmente souvent dans les régions tropicales où la température des eaux de surface est plus élevée (figure 20.5). Le maximum de diversité dans les océans se rencontre vers 1 000 mètres de profondeur pour de nombreux groupes d'animaux (figure 20.6). Dans le cas des Gastéropodes et des Polychètes, la diversité la plus grande se trouve à une profondeur intermédiaire de l'ordre de 2 200 m. Le plateau continental et la zone abyssale ont une faible diversité (figure 20.7).

V. LES VARIATIONS GÉOGRAPHIQUES DE LA BIODIVERSITÉ

5.1. La biodiversité élevée des régions tropicales

L'existence d'un gradient de diversité croissante vers les basses latitudes est un phénomène connu depuis longtemps. La biodiversité est faible dans les régions polaires et dans les déserts, modérée dans les régions tempérées, et maximale dans les régions tropicales, en particulier dans des milieux tels que les forêts humides et les mangroves. Les forêts tropicales couvrent 7 % de l'ensemble des continents. Parmi elles 42 % sont des forêts sèches, 25 % des forêts pluvieuses et 33 % des forêts humides. Elles abritent un peu plus de la moitié des espèces (figure 20.8 et tableau 20.8). La forêt de Côte d'Ivoire renferme 600 espèces d'arbres et celle de Malaisie 2000,

Localités	Poissons	Coraux
Grande Barrière (Australie)	2 000	500
Nouvelle-Calédonie	1 000	300
Polynésie française	800	168
Heron Island (Grande Barrière)	750	139
Îles de la Société	633	120
Madagascar	552	147
Aqaba	400	150
Moorea	280	48
Saint-Gilles (Réunion)	258	120
Tutia-Reef (Tanzanie)	192	52
Tadjoura (Djibouti)	180	65
Baie de la Possession (Réunion)	109	54
Koweit	85	23
Hermitage (Réunion)	81	30

Tableau 20.7. Nombre d'espèces de poissons et de coraux dans divers récifs coralliens (d'après Harmelin-Vivien & Bourlière, 1989).

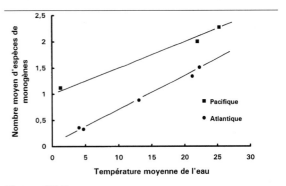

Figure 20.5.
Influence de la température moyenne de l'eau en surface sur le nombre moyen d'espèces de vers parasites du groupe des Monogènes dans l'océan Atlantique et dans l'océan Pacifique.

La diversité augmente dans les régions tropicales (Rohde, 1982).

Figure 20.6

Variations de la biodiversité dans les océans.

À **gauche**, nombre d'espèces appartenant à 4 taxa pélagiques collectées à 2000 m de profondeur dans l'océan Atlantique. À **droite**, nombre d'espèces d'Ostracodes récoltées dans l'océan Atlantique. La diversité maximale se situe vers 600 m et elle diminue aux latitudes élevées (Angel, 1993).

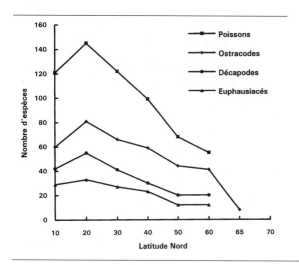

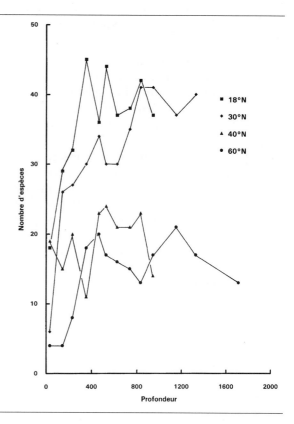

Régions	1	2	3	4	5	6
Région tropicale des Andes	1 258	25	45 000	6,7	3 389	5,7
Amérique centrale	1 155	20	24 000	1,7	2 859	4,2
Forêt atlantique du Brésil	1 227,6	7,5	20 000	2,7	1 361	2,1
Équateur occidental + Choco, Colombie	260,6	24,2	9 000	0,8	1 625	1,5
Chili central	300	30,0	3 439	0,5	335	0,2
Brésil, Cerrado	1 783,2	20	10 000	1,5	1 268	0,4
Région Caraïbe	263,5	11,3	12 000	2,3	1 518	2,9
Province floristique de Californie	324	24,7	4 426	0,7	584	0,3
Madagascar	594,15	9,9	12 000	3,2	987	2,8
Forêts tropicales de l'ouest africain	1 265	10	9 000	0,8	1 320	1,0
Province du Cap	74	24,3	8 200	1,9	562	0,2
Bassin méditerranéen	2 362	4,7	25 000	4,3	770	0,9
Caucase	500	10,0	6 300	0,5	632	0,2
Îles de la Sonde	1 600	7,8	25 000	5,0	1 800	2,6
Indo-Birmanie	2 060	4,9	13 500	2,3	2 185	1,9
Sri Lanka et région ouest des Ghâts	182,5	6,8	4 790	0,7	1 073	1,3
Nouvelle-Calédonie	18,6	28,0	3 332	0,9	190	0,3
Philippines	300,8	3,0	7 620	1,9	1 093	1,9
Total des hot spots	17 444,3	12,2	-	44	-	35

Tableau 20.8. Les zones critiques (points chauds ou hot spots) sont des régions qui possèdent une biodiversité élevée et dont l'existence est très menacée. Ce tableau énumère 18 hot spots sur les 25 reconnus (*cf.* carte figure 20.20).

1 : Surface primitive de forêt primaire en 10^3 km². 2 : % de surface restante. 3 : espèces végétales présentes. 4 : % d'espèces végétales endémiques par rapport à la flore mondiale estimée à 300 000 espèces. 5 : espèces de vertébrés présentes. 6 : % de vertébrés endémiques par rapport à la faune mondiale estimée à 27 296 espèces (d'après Myers *et al.*, 2000).

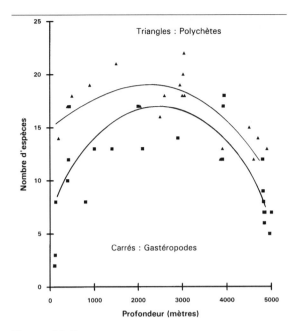

Figure 20.7.
Variation de la diversité spécifique de deux groupes d'invertébrés benthiques, les Polychètes et les Gastéropodes.

La plus grande diversité se trouve à une profondeur inter-médiaire de l'ordre de 2 200 m (Rex, 1981).

alors que les forêts de toute l'Europe possèdent moins de 100 espèces. Le record de diversité végétale a été rencontré dans une forêt amazo-nienne de l'Équateur dite *terra firme* à 260 mètres d'altitude. Sur un hectare se trouvent 1 561 arbres de plus de 5 cm de diamètre appartenant à 473 espèces, 87 genres et 54 familles, les mieux représentées étant les Fabaceae, Lauraceae et Sapotaceae. À cette diversité spécifique se super-pose une diversité structurale car il existe de nombreux types de formes végétales dont beau-coup sont rares ou absentes dans les forêts tem-pérées (*cf.* figure 20.20).

La moyenne du nombre d'espèces de Coléoptères par station est de 161 dans les forêts tempérées et de 890 dans les forêts tropicales soit un rapport de 5,5 (tableau 20.9). Ces chiffres concordent avec ceux de Hammond (1992) qui trouve environ 5 fois plus d'espèces de Coléoptères dans une forêt de Sulawesi que dans une forêt de l'Angleterre. Il existe un rapport compris entre 7 et 8 entre les nombres d'espèces présentes dans les forêts boréales et dans les forêts tropicales (Hanski & Hammond, 1995).

Au Costa-Rica, la réserve de La Selva d'une sur-face de 13,7 km² possède plus de 1 800 espèces de

plantes à fleurs dont 320 arbres, 394 espèces d'oi-seaux nidificateurs, 104 espèces de Mammifères, 76 espèces de Reptiles, 46 d'Amphibiens, 42 de poissons et 143 de papillons diurnes. Ceci est bien plus que la Grande-Bretagne qui, sur une surface de 233 000 km², a environ 1 400 espèces de plantes spontanées, 240 d'oiseaux, 47 de Mammifères, 6 de Reptiles, 6 d'Amphibiens, 43 de poissons et 64 de papillons diurnes. Un seul arbre

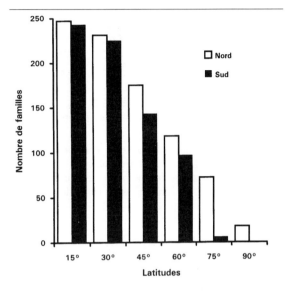

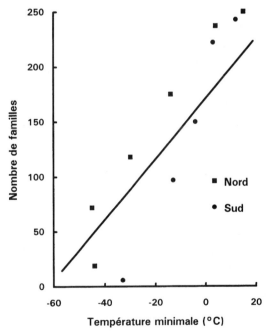

Figure 20.8.
Variation du nombre de familles de plantes à fleurs en fonction de la latitude **(en haut)** et de la température minimale **(en bas)** dans l'hémisphère nord et dans l'hémisphère sud.

Régions	Espèces	Familles	Indice de diversité
Sulawesi	1 319	105	128
Bornéo	859	?	359
Amazonie	1 080	57+	235
Australie	302	?	155
États-Unis (Arizona)	329	40	73
Finlande	195	33	41,1
Angleterre	117	?	23,6
Danemark	160	30+	21,9
France	98	30	18
Bohême	68	21	15,5

Tableau 20.9. Nombre d'espèces et de familles de Coléoptères présentes dans diverses forêts et indice de diversité α

Les faibles valeurs pour la France et la Bohême sont anormales car elles correspondent à des forêts très dégradées et artificialisées qui ont perdu une partie de leur faune. Les quatre premières forêts sont des forêts tropicales et les six dernières des forêts tempérées.

en Amazonie péruvienne hébergeait 43 espèces de fourmis appartenant à 26 genres, soit presque autant que la Grande-Bretagne. Au Panama, 1 200 espèces de Coléoptères ont été trouvées sur

un seul arbre. L'augmentation de la diversité selon un gradient nord-sud est très marquée chez les termites et les papillons de la famille des Papilionidae (figure 20.9).

La richesse en oiseaux des forêts tropicales est considérable. Dans une aire de 2 à 3 km^2 il y a entre 170 et 176 espèces en Asie et en Afrique, et de 224 à 254 en Amérique du sud, soit environ 5 fois plus que dans les forêts tempérées. Mais la densité ne change guère car il y a dans les forêts tropicales une majorité d'espèces rares. Les mécanismes qui maintiennent cette rareté sont encore peu connus. Une espèce rare peut cependant jouer un rôle important, par exemple en disséminant les graines ou en étant un super-prédateur. La conséquence de la rareté est la coexistence possible de plusieurs espèces qui ne sont pas limitées par les ressources. Cette structure des peuplements a des conséquences pour la conservation des espèces. Si un nombre important d'espèces peut être protégé dans une petite surface de quelques km^2 la conservation de la quasi-totalité des espèces d'un assemblage régional demande une surface plus grande. Dans le cas des oiseaux de Guyane cette surface a été estimée à 10^4 km^2 ce qui est difficile à réaliser au point de vue pratique (Thiollay, 1994).

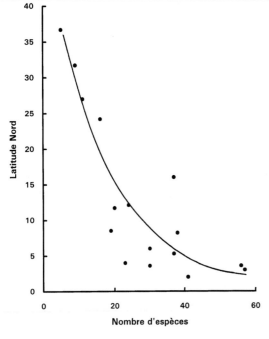

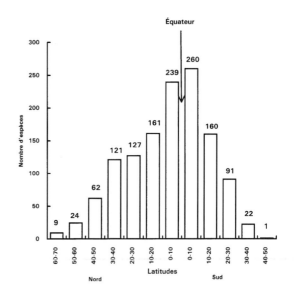

Figure 20.9.

Relations entre biodiversité et latitude.

À **gauche**, augmentation du nombre d'espèces de termites vers les basses latitudes (Collins, 1989). À **droite**, nombre d'espèces de Papilionidae aux diverses latitudes pour l'ensemble de la faune mondiale (Collins & Morris, 1985).

La biodiversité des forêts tropicales sèches est aussi élevée que celle des forêts tropicales humides. Dans les 11 000 ha d'une forêt sèche au Costa Rica on a déjà recensé 13 000 espèces d'insectes, 175 espèces d'oiseaux nicheurs, 115 espèces de Mammifères, 75 espèces de reptiles et Amphibiens et environ 700 espèces de plantes à fleurs.

5.2. Quelques exceptions

Ce gradient de biodiversité est fréquent mais il n'est pas général. Les Ichneumonides, insectes parasites entomophages, ont un pic de diversité extra tropical (Owen & Owen, 1974 ; Janzen, 1981). Il en est de même pour quelques autres insectes comme les pucerons, les Psyllidae et les bourdons (tableau 20.10). Les Ichneumonides sont presque tous parasites de Lépidoptères. Ces derniers sont, dans les régions tropicales, plus riches en espèces mais moins abondants. Ceci oblige les Ichneumonides à ne plus se spécialiser sur un seul hôte et à devenir polyphages avec des densités plus faibles. C'est une explication possible de la plus faible diversité de ces insectes sous les tropiques. En dehors des insectes, les conifères parmi les végétaux et les salamandres parmi les vertébrés sont moins riches en espèces dans les régions tropicales que dans les régions tempérées. Les champignons du groupe des Polypores sont également mieux représentés dans les régions tempérées : ils ont 360 espèces en Afrique et 330 en Europe dont la surface est beaucoup plus petite.

Dans le milieu marin la diversité des Foraminifères planctoniques ne suit pas le modèle très général de la décroissance régulière de l'équateur vers les pôles (figure 20.10). Le pic de diversité des Foraminifères se trouve aux latitudes moyennes et non sous l'Équateur dans tous

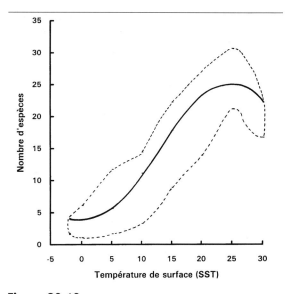

Figure 20.10.
Relation entre la température de surface déterminée par satellite (SST = Sea-Surface Temperature) et le nombre d'espèces de Foraminifères marins planctoniques.

Le trait épais indique les valeurs théoriques prévues par un modèle et les tirets indiquent les limites du nombre d'espèces qui ont été observées. Il existe une relation positive entre la température de surface et la diversité entre −2°C et +27°C et le nombre d'espèces diminue au dessus de 27°C (Rutherford et al., 1999).

les océans, aussi bien dans l'hémisphère nord que dans l'hémisphère sud (Rutherford et al., 1999).

D'autres patrons de répartition se superposent à ce gradient nord-sud. Les Mammifères d'Amérique du nord ont une diversité plus grande dans l'ouest du continent au relief accidenté que dans l'est (figure 20.11). Les Coléoptères du genre *Cicindela* ont beaucoup d'espèces dans le sud-ouest des États-Unis et leur diversité diminue régulièrement à partir de ce centre (figure 20.12). L'accroissement de la biodiversité aux basses latitudes s'accompagne parfois de particu-

Localités	1	2	3	4	5
Ouganda	2 268	293	4,524	116	10,1
Sierra Leone	1 979	319	4,934	117	4,9
Angleterre	2 495	326 (a)	4,937	122	3,2
Suède	10 994	758	5,481	203	5,5

Tableau 20.10. L'indice de diversité et le nombre d'espèces d'Ichneumonides sont plus faibles dans les régions tropicales que dans les régions tempérées

Dans toutes les localités il y a peu d'espèces très communes et beaucoup d'espèces rares. **1 :** Nombre d'insectes capturés. **2 :** Nombre d'espèces. **3 :** Indice de diversité H. **4 :** Nombre d'espèces capturées une seule fois. **5 :** Pourcentage représenté par l'espèce la plus commune. (a) L'inventaire est actuellement de 529 espèces dans cette localité.

Figure 20.11.

Nombre d'espèces de Mammifères en Amérique du Nord et au Mexique.

Il existe un gradient de diversité nord-sud pour l'ensemble des Mammifères mais certains groupes tels que les musaraignes, les Ongulés et les Rongeurs de la famille des Géomyidés sont moins diversifiés vers les tropiques. Les zones montagneuses (Appalaches, Montagnes Rocheuses) sont plus riches que les régions de plaine et il y a plus d'espèces dans l'ouest que dans l'est. Les montagnes de l'ouest créent un haut degré d'hétérogénéité spatiale et elles forment des barrières qui s'opposent à la dispersion et favorisent la spéciation allopatrique. Le nombre d'espèces diminue en Floride, en Basse Californie et dans le Yucatán (« effet de péninsule »). Les fronts correspondent à des changements rapides de la diversité et ils coïncident

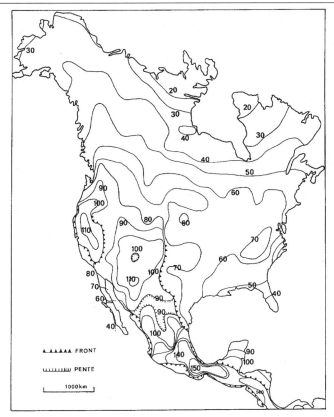

souvent, mais pas toujours, avec les limites des régions montagneuses (Simpson, 1964). Les oiseaux ont un gradient de diversité identique à celui des Mammifères tandis que les Reptiles sont plus diversifiés dans la partie orientale et que les Amphibiens sont peu représentés dans les régions arides (Keister, 1971).

larités biologiques qui sont rares ou absentes dans les régions tempérées. Chez les Coléoptères Scolytidae le pourcentage d'espèces mycétophages augmente considérablement aux basses latitudes ainsi que le nombre d'espèces qui pratiquent la consanguinité, c'est-à-dire la reproduction entre individus frères et soeurs issus d'un même système familial (Kirkendall, 1993). Le pourcentage d'espèces de Scolytidae inféodées à une espèce ou à un genre d'arbre est plus élevé dans les régions tempérées que dans les régions tropicales (tableau 20.11 et figure 20.13). L'augmentation du nombre de niches écologiques est aussi une des causes de l'augmentation de la diversité spécifique. En Amérique tropicale, la présence de fruits toute l'année a permis la formation de nombreuses espèces de chauves-souris frugivores qui, en retour, assurent la dissémination des semences. La diversité des Mammifères est dans ce cas liée à celle de la végétation (tableau 20.12).

Une biodiversité élevée existe aussi dans les régions méditerranéennes malgré les perturbations nombreuses que

l'homme leur a fait subir. La région méditerranéenne proprement dite (Europe méridionale et Afrique du Nord) possède environ 25 000 espèces de plantes à fleurs et de

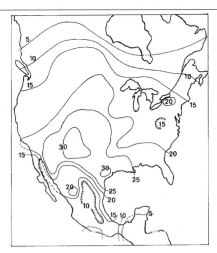

Figure 20.12.

Nombre d'espèces de Coléoptères du genre *Cicindela* en Amérique du Nord et au Mexique.

Dans ce genre, le maximum de diversité spécifique se trouve dans le sud-ouest des États-Unis (Willis, 1972).

Régions	Surface en 10^3 km²	Espèces	Espèces pour 1 000 km²
Alaska + Canada	11 480	179	0,016
États-Unis	9 385	477	0,051
Mexique	1 970	605	0,307
Honduras	112	123	1,098
Guatemala	109	189	1,75
Panama	75	210	2,80
Costa Rica	51	393	7,70

Tableau 20.11. Diversité des Coléoptères xylophages de la famille des Scolytidae en Amérique. Le gradient nord-sud montre un pic de diversité au Costa Rica.

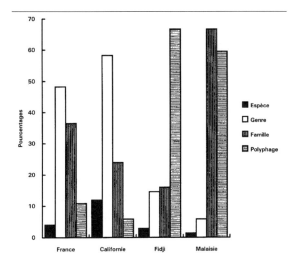

Figure 20.13.
Variations des caractéristiques biologiques des Coléoptères Scolytidae avec la latitude.

Dans les régions tempérées (France 43 à 51°N et Californie 33 à 42°N) le pourcentage d'espèces inféodées à une espèce ou à un genre d'arbre est plus élevé que dans les régions tropicales. Dans les régions tropicales (îles Fidji 16 à 19°S et Malaisie 1 à 6°N) le pourcentage d'espèces inféodées à une famille d'arbres ou polyphages est plus élevé (Beaver, 1979).

fougères, ce qui est très élevé par rapport aux 6 000 espèces de l'Europe non méditerranéenne qui a une superficie presque 4 fois plus grande. Elle possède aussi 345 espèces d'oiseaux contre 419 en Europe et le rapport (espèces/surface x 10^5) est de 11,3 dans la région méditerranéenne et de 4,15 en Europe. La région du Cap qui ne couvre que 20 000 km² possède 8 504 espèces de plantes vasculaires, ce qui est une richesse supérieure à celle de beaucoup de

régions tropicales de même surface. Les forêts tempérées conservent une biodiversité élevée quand leur structure hétérogène n'a pas été modifiée par les méthodes de sylviculture. C'est le cas des vieilles forêts de l'ouest des États-Unis qui sont encore peu touchées par l'homme. Dans une forêt de l'Oregon il existe 178 espèces de Vertébrés dont 14 Amphibiens et Reptiles, 115 oiseaux et 49 Mammifères qui utilisent les arbres abattus comme habitat.

5.3. Les causes de la biodiversité élevée des régions tropicales

Beaucoup d'hypothèses ont été avancées pour expliquer la biodiversité élevée des régions tropicales, mais aucune ne semble pouvoir expliquer tous les cas observés. Les principales sont les suivantes.

a) *Hypothèse de la stabilité climatique.* La stabilité climatique du milieu tropical au cours des temps aurait favorisé l'évolution des espèces et diminué leur taux d'extinction. Les variations du climat comme la température et les précipitations sont faibles et prévisibles dans les régions tropicales. Ceci permet à des espèces spécialisées comme des espèces frugivores de se maintenir alors qu'elles ne peuvent pas subsister dans des milieux où les fruits qui servent de nourriture sont absents une partie de l'année. Cette hypothèse est en accord avec les observations de Mac Arthur (*cf.* figure 12.5) et avec celles de Pianka (1967) sur les espèces de lézards des

Régions	Insectivores	Herbivores	Granivores	Fungivores	Carnivores	Omnivores
Alaska 65°N	2 (1)	4	1	0	5	3
Michigan 42°N	8 (7)	7	3	0	8	9
Panama 9°N	17 (14)	6	1	19 (11)	9 (4)	18 (2)

Tableau 20.12. Variations du nombre d'espèces de Mammifères forestiers avec la latitude en Amérique
Le nombre d'espèces de chauves-souris est indiqué entre parenthèses. L'augmentation de la biodiversité est due surtout aux chauves-souris insectivores et frugivores (Fleming, 1973).

déserts d'Amérique du Nord (figure 20.14), mais elle est en contradiction avec des observations qui ont révélé un taux d'endémisme élevé et une grande diversité dans des régions comme les Andes où des perturbations nombreuses ont favorisé une évolution rapide des espèces.

b) *Hypothèse de la spécialisation des espèces.* Une hypothèse admet que les espèces des régions tropicales ont des niches écologiques plus étroites et plus spécialisées que les espèces des régions tempérées. Ceci permet la coexistence d'un plus grand nombre d'espèces. Dans le cas des insectes herbivores, l'amplitude de la niche écologique peut être évaluée par le nombre d'espèces consommées. Beaucoup de données révèlent une importante spécificité des insectes phytophages des régions tropicales. Au Costa Rica, la moitié des espèces de Lépidoptères sont monophages et les espèces polyphages sont rares. Les Papilionidae, Pieridae et Nymphalidae ont un nombre d'espèces hôtes moins grand dans les forêts humides du Costa Rica que dans les régions tempérées et le même patron latitudinal se retrouve chez les Acridiens. Cependant il existe des exceptions : les Scolytidae sont plus polyphages sous les tropiques, et parmi les Homoptères de la famille des Membracidae 46 % des espèces du Costa Rica sont polyphages mais seulement 15 % des espèces de l'Ohio.

c) *Hypothèse faisant intervenir la compétition et le parasitisme.* Selon Mac Arthur la compétition

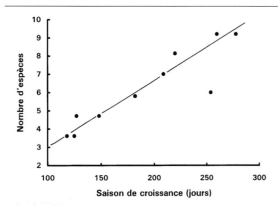

Figure 20.14.
Dans les déserts de l'Amérique du Nord la durée de la saison de croissance de la végétation peut être considérée comme un indicateur de la stabilité climatique.
Le nombre d'espèces de lézards augmente avec la durée de la saison de croissance (Pianka, 1967).

et le parasitisme sont plus intenses sous les tropiques. Ceci permet la coexistence de plusieurs espèces qui ont des effectifs réduits et qui peuvent se partager les ressources disponibles. Cependant la compétition semble rare chez beaucoup d'insectes phytophages. La cohabitation de plusieurs espèces de Coléoptères Chrysomelidae de la sous-famille des Hispinae dans les feuilles enroulées de plantes du genre *Heliconia* peut s'expliquer par l'action des Hyménoptères de la famille des Trichogrammidae qui réduisent l'abondance des populations en parasitant de 30 à 50 % des individus (Strong, 1982).

d) *Hypothèse faisant intervenir la surface.* Les régions tropicales ont une surface supérieure à celle des régions tempérées, ce qui peut expliquer leur plus grande richesse en espèces si l'on fait intervenir la théorie de la biogéographie insulaire (cf. chapitre 13).

e) *Hypothèse de l'hétérogénéité spatiale.* Cette hypothèse admet que l'hétérogénéité de l'habitat augmente vers les tropiques ce qui permet à un plus grand nombre d'espèces de cohabiter. À l'échelle régionale l'hétérogénéité spatiale est élevée aux basses latitudes car on y rencontre, en fonction de l'altitude, des habitats tropicaux, subtropicaux, tempérés et même de type toundra si l'altitude est suffisante, tandis que les régions tempérées ne contiennent ni habitats tropicaux ni habitats subtropicaux. À l'échelle locale, l'hypothèse de l'hétérogénéité spatiale admet l'existence de microhabitats plus nombreux dans les régions tropicales et un partage plus fin de l'espace entre les diverses espèces. Selon Davidowitz & Rosenzweig (1998) l'étude des Orthoptères Acrididae selon un gradient nord-sud en Amérique du Nord permet de rejeter l'hypothèse de l'existence de microhabitats plus nombreux vers les basses latitudes.

f) *Hypothèse faisant intervenir l'énergie reçue et la productivité primaire.* Cette théorie qui est connue sous le nom de « energy-diversity theory » semble être, selon beaucoup d'écologistes, la plus vraisemblable (*cf.* chapitre 12.1). Diverses études ont montré que la biodiversité et l'énergie disponible sont étroitement corrélées (Currie & Paquin, 1987 ; Adams, 1989 ; Currie, 1991). En Amérique du Nord l'évapotranspiration potentielle (ou ETP) qui est une bonne mesure de l'énergie disponible, est corrélée à la diversité spécifique des Mammifères et

d'autres Vertébrés terrestres. La richesse en espèces de Lépidoptères de la famille des Papilionidae est également corrélée à l'ETP qui explique entre 61 % et 72 % de la variabilité spatiale du nombre d'espèces. Lorsque l'effet de l'ETP est éliminé, la richesse specifique des Papilionidae est fonction de l'hétérogénéité topographique (Kerr *et al.*, 1998). La valeur de l'ETP explique aussi 76 % de la richesse spécifique en arbres, les milieux chauds et humides hébergeant plus d'espèces d'arbres que les autres milieux. En Amérique du Nord, l'ETP est le meilleur indice pour prévoir la diversité spécifique des Coléoptères du genre *Epicauta* de la famille des Meloidae (Kerr & Packer, 1999). Dans diverses régions du globe (Afrique, Amérique du sud, États-Unis, Chine) le nombre d'espèces d'arbres est fonction de la productivité primaire (O'Brien, 1998). Les zones arides sont défavorables aux arbres et un peu moins aux Vertébrés mais dans les deux catégories d'organismes la diversité augmente avec l'énergie solaire reçue. La limitation de la richesse spécifique par la quantité d'énergie reçue semble due aux exigences métaboliques des animaux, peu d'espèces arrivant à maintenir des populations viables en raison des exigences de la thermorégulation, de la recherche de la nourriture et des besoins de la reproduction. Lorsque le facteur énergie a été éliminé, les variations de biodiversité qui subsistent peuvent être expliquées par les variations de la topographie et par des facteurs historiques.

Cependant l'hypothèse faisant intervenir l'énergie dans le déterminisme de la biodiversité est mise en échec dans le cas des termites. L'Afrique a une productivité primaire nette plus faible que la région néotropicale ou que l'Indo-Malaisie mais la plus grande richesse en termites (65 genres) se trouve au Cameroun ; l'Amazonie occidentale n'a que 54 genres et le sud de Bornéo 46 genres. Une interprétation historique de ce fait a été donnée : les perturbations climatiques quaternaires ont été plus fortes en Afrique ce qui a favorisé une spéciation plus intense que dans les autres continents (Eggleton *et al.*, 1994). Ceci confirme l'importance du rôle des perturbations dans l'établissement et le maintien de la biodiversité.

5.4. Biodiversité et altitude

Dans les régions tropicales de même que dans les régions tempérées la biodiversité décroît avec l'altitude. Cette décroissance est souvent régulière, comme dans le cas des oiseaux de Nouvelle-Guinée et du Pérou. Dans les montagnes qui, dans le sud-ouest des États-Unis, s'élèvent au milieu des déserts, la diversité des espèces végétales atteint son maximum à une altitude intermédiaire (figure 20.15). Ceci est dû aux influences antagonistes de l'aridité et de l'altitude. L'aridité diminue jusqu'à une certaine altitude ce qui permet à la diversité d'augmenter ; puis l'influence de l'altitude se fait sentir.

5.5. La biodiversité dans les îles

À surface égale les îles renferment moins d'espèces que les continents voisins. Cependant le phénomène de radiation adaptative aboutit parfois à la formation, dans des groupes systématiques particuliers, d'un nombre d'espèces plus élevé que sur les continents. Le phénomène de radiation adaptative est particulièrement spectaculaire dans les îles Hawaii dont l'âge est estimé à 5 MA. Les 10 000 espèces d'insectes endémiques de ces îles sont issues de 400 immigrants environ. Les Drosophiles ont plus de 800 espèces qui ne diffèrent entre elles que par de

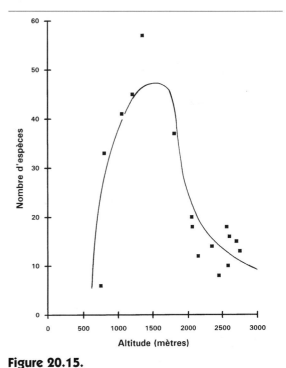

Figure 20.15.
Variation de la diversité spécifique des végétaux avec l'altitude dans un massif montagneux situé dans une région à climat aride, les Santa Catalina Mountains dans l'Arizona. La diversité maximale se trouve vers 1 200 m (Whittaker & Niering, 1975).

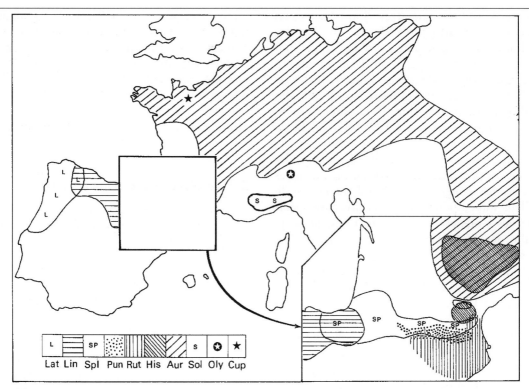

Figure 20.16.

Endémisme et rareté chez les Carabes du sous-genre *Chrysocarabus*.

C. olympiae (Oly) jadis très localisé dans le val Sessera en Italie s'est éteint dans la nature en raison de la destruction de son habitat et de la chasse acharnée dont il a été l'objet par les collectionneurs. Il ne subsiste plus que dans des élevages. *C. solieri* (Sol) fragmenté en quelques sous-espèces rares et localisées, occupe le Var et les Alpes Maritimes françaises et italiennes. Bien que protégée, cette espèce est menacée par les collectionneurs. *C. hispanus* (His) endémique du sud du Massif Central est encore assez commun. *C. rutilans* (Rut), espèce de l'est des Pyrénées fragmentée en quelques sous-espèces, est encore commune. *C. splendens* (Spl) est commun dans toutes les Pyrénées. *C. lateralis* (Lat) occupe le nord de la péninsule ibérique. *C. lineatus* (Lin) a une aire de répartition intermédiaire entre celle de *C. lateralis* et celle de *C. splendens*. *C. punctatoauratus* (Pun) est un endémique des Pyrénées centrales et orientales avec 6 sous-espèces plus ou moins localisées et abondantes. *C. auronitens* (Aur) espèce la plus répandue, atteint l'Europe centrale. Elle possède quelques sous-espèces dont la plus localisée est la sous-espèce *cupreonitens* (Cup) de la forêt de Cerisy en Normandie qui fait l'objet de récoltes abusives malgré son statut d'espèce protégée.

minimes variations chromosomiques ou par leur niche écologique et qui se sont formées à partir de quelques individus arrivés au hasard grâce aux tornades tropicales. Tous les autres milieux terrestres du globe renferment moins d'espèces de Drosophiles que les îles Hawaii. On trouve aussi dans cet archipel des espèces qui ont colonisé des niches écologiques inhabituelles en l'absence de tout autre occupant. La larve de la libellule *Megalagrion oohuense* a quitté le milieu aquatique et elle chasse des insectes sur le sol humide des forêts. Des chenilles du genre *Eupithecia* sont devenues carnivores. Les oiseaux étaient représentés par plus de 100 espèces (60 ont été anéanties par les premiers arrivants Polynésiens puis par les Européens). Plus de la

moitié de ces oiseaux sont des Drepanidiidae qui, avec 16 genres, 28 espèces et 18 sous-espèces descendent d'une seule espèce arrivée il y a quelques millions d'années. Aucune famille d'oiseaux ne montre une diversification aussi spectaculaire, en particulier dans la forme du bec qui est corrélée au régime alimentaire.

VI. ENDÉMISME ET RARETÉ

Une espèce endémique est localisée à une région limitée dont l'aire peut varier de quelques dizaines de mètres carrés à une île entière ou un massif montagneux (figure 20.16). Le taux d'en-

démisme est de 5 % pour la flore de Corse et de 25 % pour la flore du Sahara, mais il est surtout élevé dans les îles, dans les régions tropicales, puis dans les régions à climat méditerranéen et dans les massifs montagneux. La flore des Galápagos renferme 25 % d'endémiques, celle de Cuba 46 %, celle de Nouvelle-Zélande 81 % et celle des îles Hawaii 91 %. Aux États-Unis, la Californie possède 1 517 plantes endémiques localisées surtout dans la région à climat méditerranéen. Le deuxième centre d'endémisme du pays est la Floride avec 385 espèces qui sont d'une part des reliques ayant survécu aux glaciations, d'autre part des espèces qui se sont formées récemment sur divers types de sols sableux. Dans le nord de l'Europe la flore, décimée par les glaciations, ne renferme que peu d'endémiques (17 espèces en Grande-Bretagne pour un total de 1 443 espèces). La délimitation des régions riches en endémiques présente une grande importance pour l'établissement de zones à protéger. D'après la théorie des « refuges pléistocènes », la forêt amazonienne aurait été fragmentée en plusieurs îlots au cours des périodes glaciaires. Les fragments qui ont persisté correspondraient aux zones actuelles d'endémisme élevé et de grande diversité (figure 20.17). Cette théorie qui a eu beaucoup de succès a cependant été critiquée. Selon Bush (1994) les centres actuels d'endémisme correspondraient à des types de forêt qui auraient subi des perturbations répétées causées par les changements climatiques. Ceci vient à l'appui des théories sur le rôle des perturbations dans l'établissement de la biodiversité.

Les centres de biodiversité sont des régions où l'accumulation et la survie de nombreuses espèces ont pu se faire parmi un grand nombre de groupes systématiques. Ces régions ont été qualifiées de zones critiques, points chauds ou « hotspots » (tableau 20.8). Huit de ces régions concernent seulement 3,5 % de la surface des forêts primaires qui subsistent mais elles renferment 27 % des plantes endémiques des forêts tropicales et 13 % des plantes endémiques de la flore mondiale. Si ces régions sont détruites il en résultera une perte de 34 000 espèces de plantes à fleurs et en admettant qu'il existe 25 espèces d'insectes inféodées à chaque plante ceci représentera la perte de 850 000 espèces d'insectes. Quand on connaît le rôle des insectes on devine que le fonctionnement de ces écosystèmes sera perturbé. D'autres zones critiques sont des

régions à climat méditerranéen, comme la région du Cap en Afrique du Sud.

Les centres de biodiversité des divers groupes systématiques ne coïncident pas toujours car des organismes aussi divers que des papillons, des libellules, des oiseaux ou des Hépatiques recherchent des milieux différents (Prendergast et al., 1993), ce qui pose un problème pour la délimitation des zones à protéger. Ceci peut être montré, à petite échelle, à l'aide d'un exemple pris dans le sud de l'Angleterre (figure 20.18).

Les flores reliques sont fréquentes dans les îles. Aux Canaries, le dragonnier *Dracaena draco* et diverses espèces d'arbres de la famille des

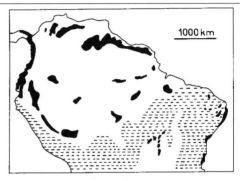

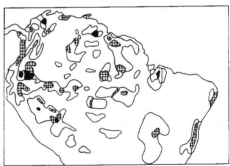

Figure 20.17.
Biodiversité et théorie des refuges pléistocènes en Amazonie.

En haut, il y a 20000 ans la forêt tropicale humide n'a subsisté que dans les refuges représentés en noir. Les régions qui étaient arides ou semi-arides sont représentées en tirets. **En bas**, zones d'endémisme pour 4 familles de végétaux ligneux, pour les papillons Heliconini et Ithomiinae de la famille des Nymphalidae et pour des oiseaux forestiers. Les centres d'endémisme correspondant à un seul groupe sont en blanc ; à 2 groupes en hachures et à 3 groupes en noir. La coïncidence est élevée entre l'emplacement des refuges pléistocènes et ces zones d'endémisme qui sont à conserver en priorité. Une de ces zones située en Guyane française possède 464 espèces d'oiseaux dans une surface de 60 km² soit plus que toute l'Europe qui n'a que 450 espèces pour 10 millions de km².

Figure 20.18.
Variation de la diversité des libellules et des papillons de jour le long d'un transect dans le sud de l'Angleterre.

Les lignes droites représentent l'allure générale de la variation qui diminue. du sud vers le nord. Les lignes sinueuses indiquent les variations locales. Certaines régions humides sont riches en libellules et pauvres en papillons et les zones calcaires sèches sont riches en papillons et pauvres en libellules (Eversham, 1993).

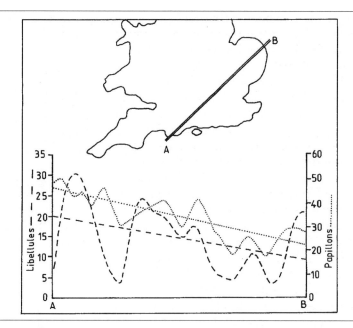

Lauracées sont des survivants de l'ère tertiaire. Trois familles renfermant une seule espèce sont localisées dans des îles : les Degeneriacées aux îles Fidji, les Lactoridacées sur Juan Fernandez et les Dirachmacées sur Socotra. Les espèces endémiques peuvent être aussi des néoendémiques de formation récente apparues souvent dans des habitats marginaux comme la violette de Rouen *Viola hispida* qui ne subsiste que dans deux éboulis calcaires de Normandie, ou qui ont évolué en isolement dans les îles comme les espèces géantes du genre *Echium* aux îles Canaries. Les espèces les plus rares et les plus menacées sont les endémiques à aire très réduite et à populations peu nombreuses. La Papilionacée *Lotus maculatus* de Tenerife n'est plus représentée que par quelques individus situés sur une falaise rocheuse au bord de la mer où ils sont soumis à une forte pression anthropique. Plusieurs plantes endémiques de la côte aquitaine française sont devenues très rares. *Isoetes boryana* et *Potamogeton variifolius* sont localisés dans quelques étangs landais ; *Alyssum arenarium* ne pousse que dans les sables littoraux au voisinage de l'Adour ; *Limonium bellidifolium* ssp. *dubyi* a été anéanti par la rectification de la rive ouest du lac d'Hosségor qui constituait sa seule station.

Il existe deux autres types de rareté. Certaines espèces sont rares dans toute leur aire de répartition qui peut être vaste. C'est le cas, en Amérique du Nord, de la fauvette *Vermivora bachmanni* qui semble disparue ou proche de la disparition car elle n'a pas été revue depuis long-temps. D'autres espèces recherchent des habitats très spéciaux et localisés, souvent temporaires, dans lesquels elles peuvent être relativement communes. Le pic *Picoides borealis* est un oiseau du sud-est des États-Unis qui s'installe uniquement dans des peuplements de pins âgés d'au moins 80 ans.

Parmi les Mammifères, 51 familles sur 90 sont endémiques d'une des six grandes régions biogéographiques (tableau 20.13). Cet endémisme est souvent le résultat de l'isolement et du climat. Le long isolement qui a marqué la région néotropicale et la région australienne contraste avec les relations qui ont uni la région néarctique et la région paléarctique. Les glaciations ont décimé les faunes de l'hémisphère nord et non celles de l'Afrique.

VII. GROUPES SYSTÉMATIQUES INDICATEURS DE BIODIVERSITÉ

La récolte et la détermination de toutes les espèces vivant dans une région est une tâche considérable et la recherche de groupes systématiques qui indiquent l'ampleur de la diversité est un moyen qui peut simplifier ce travail. La biodiversité étant surtout le résultat de l'abondance numérique des espèces d'insectes, c'est dans ce groupe qu'il convient d'en rechercher des indi-

Régions	Paléarctique	Néarctique	Afrique	Australie Orientale	Néotropicale	
Nombre de familles	29	23	44	11	31	32
Nombre de familles endémiques	1	3	16	10	4	15
Pourcentage de familles endémiques	3	13	36	91	13	47

Tableau 20.13. Répartition des familles de Mammifères dans les diverses régions du globe. La région néotropicale et la région australienne qui ont subi un long isolement renferment le pourcentage le plus élevé de familles endémiques (Cox & Moore, 1980).

cateurs, en y adjoignant éventuellement des espèces faciles à inventorier comme les oiseaux, les Amphibiens ou les Phanérogames (Kremen *et al.*, 1993). Les taxa choisis doivent répondre à plusieurs critères : être bien connus au point de vue systématique et au point de vue biologique ; avoir une vaste répartition géographique ; être faciles à échantillonner et à déterminer ; vivre dans des habitats bien spécialisés (Noss, 1990).

Plusieurs groupes d'insectes répondent à ces critères, parmi lesquels les libellules, les Lépidoptères, les Coléoptères Carabidae, Scarabaeidae et Cicindelidae. Les Coléoptères de la famille des Scarabaeidae sont généralement des coprophages, parfois des nécrophages. Leur systématique est bien connue (6 000 espèces réparties dans 200 genres) ; ils sont faciles à échantillonner et beaucoup de leurs espèces sont liées à un milieu déterminé. Ils sont sensibles aux effets de la fragmentation des massifs forestiers ou à leur élimination et ils semblent être également de bons indicateurs de la biomasse des Mammifères présents dans le milieu. Ils peuvent donc servir d'indicateurs de

la biodiversité ainsi que de l'état de conservation des écosystèmes. L'influence de la déforestation sur les peuplements de Scarabaeidae a été étudiée en Amérique tropicale (*cf.* chapitre 19.4)). La conservation d'une biodiversité élevée de Scarabaeidae nécessite le maintien d'une surface suffisante de forêt, mais cette surface minimale n'est pas connue.

Les libellules, ou Odonates, avec 5 600 espèces connues, soit à peu près 80 % du nombre réel d'espèces, sont de bons indicateurs de la biodiversité et du maintien de la qualité des écosystèmes aquatiques (Samways, 1993). Les Coléoptères Cicindelidae et les Lépidoptères Papilionidae ont été étudiés à l'échelle mondiale (Pearson & Cassola, 1992 ; New & Collins, 1991). L'étude de la répartition de ces insectes montre que certains pays ont une faune très riche avec un pourcentage d'endémisme élevé. Parmi les dix pays qui possèdent le plus d'espèces de chaque groupe, sept pays sont communs aux Cicindelidae et aux Papilionidae (tableau 20.14). Ces résultats sont utiles pour déterminer les régions qui ont les faunes les plus

Papilionidae	A	B	Cicindelidae	A	B
Indonésie	121	53	Madagascar	176	174
Philippines	49	21	Indonésie	217	103
Chine	104	15	Brésil	184	97
Brésil	74	11	Inde	193	82
Madagascar	13	10	Philippines	94	74
Inde	77	6	Australie	81	72
Mexique	52	5	Mexique	116	57
Taiwan	32	5	États-Unis	111	45
Malaisie	56	4	Nouvelle-Guinée	72	45
Nouvelle-Guinée	37	4	Afrique du Sud	94	40

Tableau 20.14. Nombre d'espèces de Lépidoptères de la famille des Papilionidae et de Coléoptères de la famille des Cicindelidae dans les régions où ces deux familles sont les plus diversifiées

A : Nombre total d'espèces ; **B** : Nombre d'espèces endémiques. Sur dix régions étudiées pour chaque famille, sept sont communes aux deux familles (Pearson & Cassola, 1992 ; New & Collins, 1991).

riches et les plus intéréssantes et les protéger. Des résultats relatifs aux Papilionidae ont permis à l'UICN de lancer un plan d'action pour leur conservation.

Les Primates sont aussi des indicateurs de biodiversité. Il en existe environ 200 espèces réparties dans diverses régions du globe, et en particulier dans quatre régions de mégadiversité qui renferment le plus grand nombre d'espèces de Primates : le Brésil avec 52 espèces et 16 genres ; l'Indonésie avec 33 à 35 espèces et 9 genres ; le Congo avec 28 à 32 espèces et 13 à 15 genres, Madagascar avec 28 espèces et 13 genres.

VIII. QUEL EST LE NOMBRE RÉEL D'ESPÈCES ?

L'inventaire du monde vivant est loin d'être terminé comme le montrent les quelques exemples suivants. En 1991, en Guyane française, 130 espèces nouvelles de blattes ont été découvertes. Dans une seule réserve de 185 hectares du Devon, en Angleterre, on a trouvé 1678 espèces de champignons, dont 32 ont été décrites depuis 1969. Dans le milieu marin, la découverte du *picoplancton*, ensemble des organismes dont la taille est comprise entre 0,2 et 2 µm, a fait connaître un nombre élevé d'espèces nouvelles de Procaryotes et même d'algues Eucaryotes. L'exploration de milieux peu étudiés tels que les sables marins, ou difficiles d'accès comme les grottes sous-marines littorales (formant le milieu anchihalin) ou le milieu abyssal procure des espèces nouvelles en abondance. Les sources hydrothermales des fonds marins ont déja fourni un phylum nouveau, une classe nouvelle, un ordre nouveau, 15 familles, au moins 75 genres et près de 200 espèces nouvelles. La découverte d'une éponge carnivore du genre *Asbestopluma* dans une grotte marine à faible profondeur au large de Marseille montre que des types d'organisation nouveaux et imprévus peuvent encore être trouvés. Cette éponge est dépourvue des choanocytes et du système aquifère qui étaient jusque là considérés comme des caractéristiques des Spongiaires (Vacelet & Boury-Esnault, 1995). Des découvertes imprévues concernent des végétaux de grande taille. En Australie, une remarquable Gymnosperme appartenant à un genre connu seulement à l'état fossile a été trouvée récemment dans une station

dont la localisation exacte n'a pas été divulguée pour éviter le pillage. Dans un pays aussi bien connu que la France une espèce nouvelle d'Orchidée, *Epipactis fibri*, a été trouvée en 1992 sur les rives du Rhône en aval de Lyon. Parmi les Primates trois découvertes remarquables sont à mentionner : le lémurien malgache *Propithecus tattersalli* découvert en 1988 ; le singe du Gabon *Cercopithecus solatus* et, dans une île au large de Sao Paulo, le « black faced tamarin » *Leontopithecus rosalia*, une des plus étonnantes découvertes du siècle en primatologie. Une autre découverte sensationnelle est celle de plusieurs Ruminants qui hantent les forêts de montagne à la limite du Laos et du Viet Nam : le bovidé à allure d'antilope *Pseudoryx ngetinhensis* ou saola, la chèvre des montagnes *Pseudonovibos spiralis*, les cerfs muntjac *Muntiacus truongsonensis* et *Muntiacus putaoensis*, et un cerf muntjac géant du genre *Megamuntiacus*. Ces espèces ont été découvertes à un moment où elles se trouvent au bord de l'extinction, et des mesures de protection s'imposent (Giao *et al.*, 1998). La présence de ces grands Mammifères permet de penser que la région montagneuse où ils vivent est un refuge pléistocène dans lequel existe un niveau élevé d'endémisme (Amato *et al.* 1999). On y trouve aussi un Rongeur Lagomorphe du genre *Nesolagus* qui a été récemment décrit, et qui est l'espèce-soeur d'une espèce de Sumatra. Onze espèces nouvelles de Cétacés ont été découvertes depuis 1908, soit 13 % de la totalité des espèces connues. Certaines ne le sont que par des restes apportés à la côte. La baleine à bec *Mesoplodon peruvianus* n'a été décrite qu'en 1991. Parmi les oiseaux, on découvre encore deux ou trois espèces nouvelles chaque année, dans des régions isolées et peu parcourues par des naturalistes. Cependant la découverte de la sitelle du mont Babor *Sitta ledanti* en Algérie est un exemple des surprises que peut réserver une exploration attentive. Le Coelacanthe *Latimeria chalumnae* qui appartient au groupe des Crossoptérygiens que l'on croyait éteint depuis 80 millions d'années a été découvert en 1938 au large des côtes de l'Afrique du Sud et retrouvé loin de là, au nord de Sulawesi, en 1997. On estime que 40 % des poissons d'eau douce d'Amérique du sud ne sont pas encore décrits. Il existerait 3 000 espèces de poissons dans l'Amazone et 1 000 en Thailande.

L'estimation du nombre réel d'espèces animales et végétales présentes sur terre a fait l'ob-

jet de beaucoup de discussions. On peut raisonnablement admettre que le nombre d'espèces connues est très proche du nombre réel chez les Mammifères et les oiseaux. Par contre le nombre d'espèces connues d'insectes, d'Arachnides, de champignons, de Nématodes et de Bactéries représente seulement une faible partie du nombre réel d'espèces.

8.1. Les recherches de Erwin

Il est à peu près certain que, si l'on excepte les micro-organismes, le nombre d'espèces est très proche du nombre d'espèces d'Arthropodes des forêts tropicales dont on connaît l'extrême richesse. Les recherches de Erwin (1982, 1983) ont été faites dans la canopée de la forêt tropicale qui était jusque là à peu près inexplorée. Dans la forêt tropicale de Panama, la faune de 19 arbres appartenant à l'espèce *Luehea seemannii* (famille des Tiliacées) a été échantillonnée depuis le sol à l'aide d'un brouillard insecticide projeté dans la canopée (Erwin, 1982 ; Erwin & Scott, 1980). Les animaux qui tombent ont été récoltés, comptés et déterminés. Les Coléoptères ont servi à réaliser les estimations. Le nombre d'espèces d'Arthropodes a été calculé ainsi :

a) le nombre d'espèces de Coléoptères récoltés est environ de 1 200.

b) ces espèces de Coléoptères se répartissent ainsi : herbivores : 682 ; prédateurs : 296 ; fungivores : 69 ; détritivores : 96.

c) les pourcentages d'espèces inféodées à *L. seemannii* sont les suivants : herbivores : 20 % ; prédateurs : 5 % ; fungivores : 10 % ; détritivores : 5 %.

d) le nombre d'espèces inféodées à *L. seemannii* est donc de (682 x 0,2) + (296 x 0,05) + (69 x 0,1) + (96 x 0,05) = 163

e) il existe 50 000 espèces d'arbres dans les régions tropicales.

f) le nombre d'espèces de Coléoptères présentes sur les arbres tropicaux est de 163 x 50 000 = 8 150 000.

g) les Coléoptères représentent 40 % des Arthropodes de la canopée donc le nombre d'Arthropodes de la canopée est de 8 150 000 x 2,5 = 20 375 000.

h) la canopée renferme deux fois plus d'espèces que le sol donc le nombre d'espèces d'Arthropodes est (environ) de 20 375 000 x 1,5 = 30 000 000

En réalité ces hypothèses sont optimistes ; le taux moyen d'espèces inféodées à un arbre est exagéré ainsi que le taux d'endémisme, beaucoup d'espèces ayant une large répartition. Selon une étude réalisée en Nouvelle-Guinée le pourcentage d'espèces de Coléoptères herbivores inféodées à une espèce d'arbre ne serait que de 4,3 % et non de 20 % selon l'hypothèse de Erwin (Basset *et al.*, 1996). L'utilisation de cette nouvelle valeur abaisse à 6,6 millions le nombre d'espèces d'Arthropodes qui serait présentes dans les forêts tropicales. Cette évaluation est compatible avec celles qui ont été obtenues par d'autres auteurs (*cf.* ci après).

8.2. Les autres estimations.

Selon Gaston & Hudson (1994) le nombre total d'espèces d'insectes à l'échelle mondiale serait de l'ordre de 10 millions ou moins. Hodkinson & Casson (1991) qui utilisent comme données les Hémiptères récoltés en Indonésie évaluent à 2 millions seulement le nombre d'espèces d'insectes. Des estimations peuvent être tentées à partir d'extrapolations. La Grande-Bretagne dont la faune est une des mieux connues, possède 67 espèces de papillons de jour et 22 000 espèces d'insectes. Il existe dans le monde 17 500 espèces de papillons de jour. Si l'on admet que le rapport qui existe en Grande-Bretagne est le même à l'échelle mondiale, le nombre d'espèces d'insectes est de (22 000/67) x 17 500 = 5,7 millions. Selon Gaston (1992) il existe entre le nombre d'espèces de plantes à fleurs et le nombre d'espèces d'insectes un rapport compris entre 10 et 20. Comme le nombre d'espèces de plantes à fleurs se situe entre 275 000 et 350 000, il doit y avoir entre 2,75 et 7,5 millions d'espèces d'insectes. On peut conclure en admettant que l'accord semble se faire pour admettre que le nombre réel d'espèces d'Arthropodes est compris entre 5 et 10 millions.

Les incertitudes sont aussi grandes pour d'autres organismes que les insectes. De 90 à 100 % des oiseaux et des Mammifères sont décrits mais seulement 8 % des champignons.

La flore de Grande-Bretagne renferme six fois plus de champignons que de plantes à fleurs. Comme il existe au moins 250 000 espèces de plantes à fleurs, l'application du rapport 6:1 permet d'estimer à 1,5 million le nombre d'espèces de champignons dans le monde (Hawksworth, 1991). Cependant cette estimation est très contestée.

*

La prodigieuse diversité des êtres vivants et le grand nombre d'espèces animales montrent la nécessité des études de systématique, d'autant plus que beaucoup d'espèces ne sont encore ni connues ni décrites. Le nombre d'espèces décrites pour tous les êtres vivants est en moyenne de 6000 à 8000 par an depuis 230 ans. À ce rythme il faudrait de 90 à 120 ans pour tout décrire. Or la systématique, indispensable pour des études précises d'écologie et la mise en oeuvre des projets relatifs à la protection des écosystèmes, est en voie de disparition dans tous les pays et le déficit en taxinomistes est devenu alarmant. Le *National Research Council* des États-Unis a évalué à 7 500 le nombre de spécialistes des espèces tropicales qu'il serait nécessaire de former pour fournir les informations qui permettraient de prendre des décisions relatives à la conservation de la biodiversité. Les crédits qui sont attribués à la systématique sont nettement insuffisants dans tous les pays, en particulier en France.

L'importance d'une bonne connaissance de la biodiversité grâce à la systématique est évidente en agriculture lorsque l'on recherche des prédateurs et des parasites utilisables en lutte biologique. La cochenille du manioc *Phenacoccus manihoti* originaire d'Amérique du Sud a été introduite accidentellement en Afrique où elle ravage les cultures de manioc. Plusieurs de ses parasites ont été importés d'Amérique du sud mais ils sont inefficaces. Une étude systématique plus précise a révélé l'existence d'une deuxième espèce voisine mais tout d'abord confondue avec *P. manihoti*. La recherche des parasites de la vraie *P. manihoti* a permis un contrôle de la cochenille.

Les progrès de la systématique permettent aussi d'établir des stratégies de conservation et d'identifier les régions et les espèces à protéger en priorité. Ce sont les régions, ou les habitats, qui renferment un nombre élevé d'espèces ; les régions, ou les habitats, qui renferment des espèces remarquables ; les centres d'endémisme ; les espèces que l'analyse phylogénétique révèle être les espèces-soeurs de toutes les autres espèces du même taxon (figure 20.19). La protection du *Sphenodon* de Nouvelle-Zélande, qui est le seul reptile actuel de l'ordre des Rhynchocéphales et l'espèce-soeur de tous les autres Reptiles, est plus importante que la protection de quelques autres espèces du même groupe. Dans les forêts primaires du nord-ouest des États-Unis coexistent une grenouille du genre *Ascaphus*, espèce-soeur de toutes les autres du même clade, et un Rongeur du genre *Aplodontia*, espèce-soeur de tous les Rongeurs. En outre, *Aplodontia* est parasité par la puce *Dolichopsyllus stylosus* dont la taille de 1 cm en fait la plus grande puce du monde. Cet assemblage d'espèces remarquables est un argument en faveur de la protection de ces forêts.

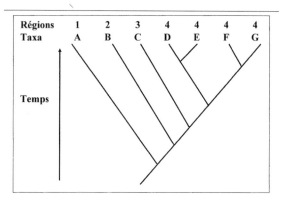

Figure 20.19.
Cladogramme théorique mettant en évidence les diverses stratégies possibles de conservation de la biodiversité.

La région 4 est prioritaire car c'est un centre de diversification. La région 1 est aussi prioritaire car elle renferme l'espèce A qui est l'espèce-soeur de toutes les autres espèces.

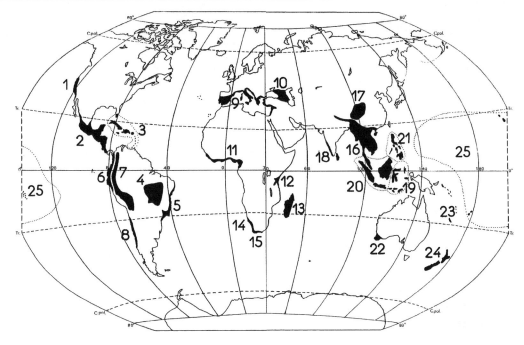

Figure 20.20

La surface totale des 25 hot spots ne représente que 1,4 % de la surface des terres mais ils hébergent un pourcentage beaucoup plus important d'espèces animales et végétales (*cf.* tableau 20.8). Pour être considérée comme un hot spot une région doit posséder au moins 1 500 espèces végétales. Selon les régions la surface des hot spots est comprise entre 3 % et 30 % des zones indiquées en noir sur la carte. Ces hot spots sont des régions à conserver en priorité. Mais seize d'entre eux se trouvent dans des pays où les conditions économiques sont telles qu'aucune entreprise de conservation n'a véritablement été entreprise. Les difficultés sont d'autant plus grandes qu'un pourcentage important du milieu primitif a déjà été détruit (*cf.* tableau 20.8) : 90 % ou plus à Madagascar, au Sri Lanka ou dans la forêt atlantique brésilienne (Myers, N *et al.*, 2000. Biodiversity hotspots for conservation priorities. *Nature*, **403** : 853-858).

1 : région floristique de Californie ; **2** : Amérique centrale ; **3** : région Caraïbe ; **4** : cerrado brésilien ; **5** : forêt atlantique du Brésil ; **6** : Équateur occidental et Choco de Colombie ; **7** : Andes tropicales ; **8** : Chili central ; **9** : bassin méditerranéen ; **10** : Caucase ; **11** : forêts de l'ouest africain ; **12** : forêts côtières du Kenya et de Tanzanie ; **13** : Madagascar ; **14** : région du Karoo ; **15** : province du Cap ; **16** : Indo Birmanie ; **17** : Chine du centre et du sud ; **18** : Sri Lanka et ouest des Ghâts ; **19** : Wallacea (îles telles que Sulawesi, Timor et les Moluques situées à l'est de la ligne de Wallace) ; **20** : îles de la Sonde et sud de la péninsule de Malaisie ; **21** : Philippines ; **22** : sud-ouest de l'Australie ; **23** : Nouvelle-Calédonie ; **24** : Nouvelle-Zélande ; **25** : Polynésie et Micronésie.

Références

ADAMS, J. M., 1989. Species diversity and productivity of trees. *Plants today*, nov.-dec., p. 183-187.

AMATO, G. *et al.*, 1999. A new species of muntjac *Muntiacus putaoensis* (Artiodactyla : Cervidae) from northern Myanmar. *Animal Conservation*, **2**, p. 1-7.

ANGEL, M. V., 1993. Biodiversity of the pelagic ocean. *Conservation biology*, **7**, p. 760-770.

BASSET, Y. *et al.*, 1996. How many species of host-specific insects feed on a species of tropical tree ? *Biol. Journal Linn. Soc.*, **59**, p. 201-216.

BEAVER, R. A., 1979. Host specificity of temperate and tropical animals. *Nature*, **281**, p. 139-141.

BIJLSMA, R., 1991. Genetic and phenotypic variation in relation to population size in two plant species : *Salvia pratensis* and *Scabiosa columbaria*. In : A. Seitz & V. Loeschke (eds.), *Species conservation : a population-biological approach*, p. 89- 101. Birkhäuser Verlag, Basel.

BUSH, M. B., 1994. Amazonian speciation : a necessary complex model. *J. Biogeography*, **21**, p. 5-17.

COLLINS, N. M., 1989. Termites. *Ecosystems of the World, 14B : tropical rain forest ecosystems*, p.455-471.

COLLINS, N. M., MORRIS, M. G., 1985. *Threatened swallowtail butterflies of the world*. IUCN, Gland, Suisse.

COOPE, P. R., 1973. Tibetan species of dung beetles from late pleistocene deposits in England. *Nature*, **245**, p. 335-336.

COX, C. B. & MOORE, P. D., 1980. *Biogeography*. Blackwell, Oxford.

CURRIE, D. J., 1991. Energy and large scale patterns of animal and plant species richness. *Amer. Nat.*, **137**, p. 27-49.

CURRIE, D. J. & PAQUIN, V., 1987. Large scale biogeographical patterns of species richness of trees. *Nature*, **329**, p. 326-327.

DAVIDOWITZ, G. & ROSENZWEIG, M. L., 1998. The latitudinal gradient of species diversity among North American grasshoppers (Acrididae) within a single habitat : a test of the spatial heterogeneity hypothesis. *J. Biogeogr.*, **25**, p. 553-560.

EGGLETON, P. *et al.*, 1994. Explaining global termite diversity : productivity or history ? *Biodiversity and conservation*, **3**, p. 318-330.

ERWIN, T. L., 1982. Tropical forests : their richness in Coleoptera and other arthropod species *Coleopterists Bulletin*, **36**, p. 74-75.

ERWIN, T. L., 1983. Tropical forest canopies, the last biotic frontier. *Bull. entomol. Soc. Am.*, **29**, p. 14-19.

ERWIN, T. L., 1988. The tropical forest canopy : the heart of biotic diversity ; *In* : E. O. Wilson, *The diversity of life*, p. 123-129. Norton & Company, New York.

ERWIN, T.L., 1996. Arboreal beetles of neotropical forests : *Agra* Fabricius, the *cayennensis* complex (Coleoptera : Carabidae : Lebiini : Calleidine). *Ann. Zool. Fennici*, **33**, p. 17-21.

ERWIN, T. L. & SCOTT, J. C., 1980. Seasonal and size patterns, trophic structure and richness of Coleoptera in the tropical arboreal ecosystem : the fauna of the tree *Luehea seemannii* Triana and Planch in the Canal Zone of Panama. *Coleopterists Bulletin*, **34**, p. 305-322.

EVERSHAM, B. C., 1993. Biogeographic research in the biological record centre. *Institute of terrestrial ecology*. Annual Report 1992-1993, p. 22-25.

FLEMING, T. H., 1973. Number of mammal species in North and Central American forest communities. *Ecology*, **54**, p. 554-563.

GASTON, K. J., 1992. Regional numbers of insect and plant species. *Functional Ecology*, **6**, p. 243-247.

GASTON, K. J. & HUDSON, E., 1994. Regional patterns of diversity and estimates of global insect species richness. *Biodiversity and Conservation*, **3**, p. 493-500.

GIAO, P. M. *et al.*, 1998. Description of *Muntiacus truongsonensis*, a new species of muntjac (Artiodactyla : Muntiacidae) from central Vietnam, and implications for conservation. *Animal Conservation*, **1**, p. 61-68.

GOUYON, P. H. *et al.*, 1986. Polymorphism and environment : the adaptive value of the oil polymorphism in *Thymus vulgaris* L. *Heredity*, **57**, p. 59-66.

GRASSLE, J. F., 1991. Deep-sea benthic biodiversity. *Bioscience*, **41**, p. 464-469.

GRASSLE, J. F. & MACIOLEK, N. I., 1992. Deep-sea richness : regional and local diversity estimates from quantitative bottom samples. *Amer. Nat.*, **129**, p. 313-341.

HAMMOND, P. M., 1992. Species inventory. *In* : B. Groombridge, *Global diversity. Status of the earth's living resources*, p. 17-39. Chapman & Hall, London.

HANSKI, I. & HAMMOND, P. M., 1995. Biodiversity in boreal forests. *TREE*, **10**, p. 5-6.

HARMELIN-VIVIEN, M. L. & BOURLIÈRE, F., 1989. *Vertebrates in complex tropical systems*. Springer, Berlin.

HAWKSWORTH, D. L., 1991. The fungal dimension of biodiversity : magnitude, significance, and conservation. *Mycol. Res.*, **95**, p. 441-456.

HODKINSON, I. D. & CASSON, D., 1991. A lesser prediction for bugs : Hemiptera (insecta) diversity in tropical rain forests. *Biol. J. Lin. Soc. London*, **43**, p. 101- 109.

HUGHES, J. B. *et al.*, 1997. Population diversity : its extent and extinction. *Science*, **278**, p. 689-692.

JANZEN, D. H., 1981. The peak in North American ichneumonid species richness lies between 38° and 42° N. *Ecology*, **62**, p. 532-537.

KEISTER, A. R., 1971. Species density of North American amphibians and reptiles. *Syst. Zool.*, **20**, p. 127-137.

KERR, J.T. *et al.*, 1998. Lepidopteran richness patterns in North America. *Ecoscience*, **5**, p. 448-453.

KERR, J. T., 1999. Weak links : «Rapoport's rule» and large scale species richness patterns. *Global ecology and biogeography*, **8**, p. 47-54.

KERR, T. K. & PACKER, L., 1999. The environmental basis of North American species richness patterns among *Epicauta* (Coleoptera : Meloidae). *Biodiversity and Conservation*, **8**, p. 617-628.

KIRKENDALL, L. R., 1993. Ecology and evolution of biased sex ratio in bark and ambrosia beetles. *In* : D. L. Wrensch *et al.* (eds), *Evolution and diversity of sex ratio in insects and mites*, p. 235-345. Chapman & Hall, London.

KREMEN, C. *et al.*, 1993. Terrestrial arthropods assemblages : their use in conservation planning. *Conservation Biology*, **7**, p. 796-808.

LEWONTIN, R. C.& BIRCH, L.C., 1966. Hybridization as a source of variation for adaptation to new environments. *Evolution*, **20**, p. 315-336.

MARTINEZ, M. & GAUVRIT, B., 1997. Combien y a t-il d'espèces d'insectes en France ? *Bull. Soc. ent. Fr.*, **102**, p. 333-344.

MYERS, N., 1989. The future of forests. *In* : L. Friday & L. Laskey (eds.), *The fragile environment*, p. 23-40. Cambridge University Press.

NEW, T.R. & COLLINS, N. M., 1991. *Swallowtail butterflies : an action plan for their conservation*. UICN, Gland, Suisse.

NORSE, E. A. *et al.*, 1980. *Conserving biological diversity in our national forests*. The Wilderness Society, Washington.

NOSS, R. F., 1990. Indicators for monitoring biodiversity : a hierarchical approach. *Conservation biology*, **4**, p. 355-364.

O'BRIEN, E. M., 998. Water-energy dynamics, climate, and prediction of woody plant species richness : an interim general model. *J. biogeog.*, **25**, p. 379-398.

OPDAM, P., 1990. Dispersal in fragmented populations : the key for survival. *In* : R. G. H. Bunce & D. C. Howard (eds.), *Species dispersal in agricultural habitats*, p. 3-17. Belhaven Press, London.

OWEN, D. F & OWEN, J., 1974. Species diversity in temperate and tropical Ichneumonidae. *Nature*, **249**, p. 582-584.

PALMER, M. A. *et al.*, 1997. Biodiversity and ecosystem processes in freshwater sediments. *Ambio*, **26**, p. 571-577.

PEARSON, D. L. & CASSOLA, F., 1992. Worldwide species richness patterns of tiger beetles (Coleoptera : Cicindelidae) : indicator taxon for biodiversity and conservation. *Conservation. Biology*, **6**, p. 376-391.

PRENDERGAST, J. R. *et al.*, 1993. Rare species, the coincidence of diversity hotspots and conservation strategies. *Nature*, **365**, p. 335-337.

REH, W. & SEITZ, A., 1990. The influence of land use on the genetic structure of populations of the common frog *Rana temporaria*. *Biological Conservation*, **54**, p. 239-249.

REX, M. A., 1981. Community structure in the deep-sea benthos. *Ann. Rev. Ecol. Syst.*, **12**, p. 331-354.

ROHDE, K., 1982. *Ecology of marine parasites*. University of Queensland Press.

ROUBIK, D. W., 1989. *Ecology and natural history of tropical bees*. Cambridge University Press.

RUSSELL-SMITH, A. & STORK, N. E., 1994. Abundance and diversity of spiders from the canopy of tropical rainforests with particular reference to Sulawesi, Indonesia. *Journ. trop. Ecol.*, **10**, p. 545-558.

RUTHERFORD, S. *et al.*, 1999. Environmental controls on the geographic distribution of zooplankton diversity. *Nature*, **400**, p. 749-753.

SACCHERI, I. *et al.*, 1998. Inbreeding and extinction in a butterfly metapopulation. *Nature*, **392**, p. 491-494.

SAMWAYS, M. J., 1993. Dragonflies (Odonates) in taxic overlays and biodiversity conservation. *In* : K. J. Gaston *et al.* (eds.), *Perspectives on insect conservation*, p. 111-123. Intercept, Andover.

SARBU, S. M. *et al.*, 1996. A chemoautotrophically based cave ecosystem. *Science*, **272**, p. 1 953-1 955.

SCRIBNER, K. T., 1993. Conservation genetics of managed ungulate populations. *Acta Theriol.*, **38**, suppl. 2, p. 89-101.

SIMPSON, G. G., 1964. Species density of North American mammals. *Syst. Zool.*, **13**, p. 57-73.

STANLEY, S. M. *et al.*, 1980. Resistance of species of the *Drosophila melanogaster* subgroup to environmental extremes. *Austr. J. Zool.*, **28**, p. 413-421.

STRONG, D. R., 1982. Harmonious coexistence of hispine beetles on *Heliconia* in experimental and natural communities. *Ecology*, **63**, p. 1 039-1 049.

THIOLLAY, J. M., 1994. Structure, density and rarity in an Amazonian rainforest bird community. *Journ. trop. Ecol.*, **10**, p. 449-481.

THOMPSON, J. D. *et al.*, 1998. Thirty-five years of thyme : a tale of two polymorphisms. *Bioscience*, **48** : 805-815

VACELET, J. & BOURY-ESNAULT, N., 1995. Carnivorous sponges. *Nature*, **373**, p. 333-335.

VAN TREUREN, R. *et al.*, 1991. The significance of genetic erosion in the process of extinction. I. Genetic differentiation in *Salvia pratensis* and *Scabiosa columbaria* in relation to population size. *Heredity*, **66** : 181-189.

VAULOT, D. *et al.*, 1995. Growth of *Protochlorococcus*, a photosynthetic Prokaryote, in the Equatorial Pacific Ocean. *Nature*, **268**, p. 1480-1482.

WALL, D. H. & MOORE, J. C., 1999. Interactions underground. Soil biodiversity, mutualism and ecosystem processes. *Bioscience*, **49**, p. 109-117.

WHITTAKER, R. H. & NIERING, W. A., 1975. Vegetation of the Santa Catalina Mountains, Arizona. V. Biomass, production and diversity along the elevation gradient. *Ecology*, **56**, p. 771-790.

WILLIS, H. L., 1972. Species density of North American *Cicindela* (Coleoptera, Cicindelidae). *Cicindela*, **4,** p. 29-43.

Chapitre 21

LES SERVICES FOURNIS PAR LA BIODIVERSITÉ

Les services que nous fournit la biodiversité peuvent être classés sous quatre rubriques principales.

I. LES SERVICES FOURNIS PAR LES ÉCOSYSTÈMES

Les services fournis par les écosystèmes sont nombreux (certains ont déjà été exposés chapitre 9). On peut citer également le maintien de la qualité de l'atmosphère, la régulation du climat par la fixation du CO_2 dans la biomasse végétale, la régulation de la qualité de l'eau et de son cycle en particulier par la régularisation et la stabilisation du ruissellement, ainsi que par son effet tampon sur la sécheresse. Les forêts stockent du carbone en quantités importantes. On estime que 221.10^9 tonnes de carbone sont stockées dans les écosystèmes forestiers du Canada. Mais lorsque le bois est détruit sous l'action de perturbations naturelles (feu, insectes, tornades) ou lorsque la forêt est exploitée par l'homme, du CO_2 est libéré dans l'atmosphère. Au Canada l'impact des forêts sur le cycle du carbone a changé depuis les années 80. Le stockage annuel du carbone dans l'écosystème a été remplacé par une perte de carbone.

La destruction de la végétation par la déforestation ou le surpâturage conduit à l'érosion des sols et à la dégradation des habitats aquatiques qui reçoivent trop de sédiments. La perte de la végétation entraîne aussi la salinisation des sols,

le lessivage des éléments nutritifs, la latéritisation. La forêt contribue au maintien de la pluviosité dans son voisinage immédiat en recyclant la vapeur d'eau (figure 21.1) et en réduisant la turbulence de l'atmosphère. À une échelle plus petite, la forêt a une influence sur le microclimat dont dépendent certaines espèces.

L'influence d'un écosystème forestier sur le maintien de la structure et de la fertilité du sol a été établie en étudiant les conséquences de coupes rases faites dans un peuplement de sapins de Douglas de la péninsule Olympique

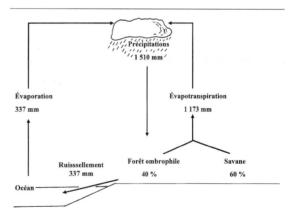

Figure 21.1

Influence de la végétation sur le cycle de l'eau.

Dans le bassin du Congo la végétation comprend 40 % de forêt ombrophile et 60 % de savane. L'évapotranspiration due à la végétation représente 1 173 mm par an soit près de 80 % de la pluviosité. L'océan ne fournit que 20 % de la pluie annuelle et le ruissellement est peu important. Grâce à la végétation le cycle de l'eau fonctionne presque en circuit fermé.

dans le nord-ouest des États-Unis. L'étude des organismes du sol a montré que, 6 à 9 mois après la coupe des arbres, la biomasse des champignons du sol a été réduite à un dixième environ de sa valeur initiale ; les Nématodes et des Arthropodes comme les Acariens et les Collemboles ont également été sévèrement touchés ainsi que les populations microbiennes. Un an après la coupe une élévation de la concentration en nitrates des eaux souterraines s'est produite, vraisemblablement à la suite de la disparition des micro- organismes qui étaient capables de stocker et de retenir l'azote. Au bout de cinq années l'appauvrissement du sol s'est amplifié ; la biomasse des champignons s'est réduite au centième de sa valeur initiale et les pertes en azote se sont accrues. Ces modifications sont dues au manque de composés organiques qui étaient fournis par les arbres ce qui a entraîné la mort des micro-organismes. Réciproquement, dans une forêt, les microbes aident les arbres à s'approvisionner en eau et en sels minéraux. Sans un peuplement bactérien convenable le reboisement est difficile et 75 % des jeunes sapins de Douglas plantés dans la zone coupée sont morts. Une solution qui faciliterait le reboisement consiste à laisser çà et là quelques arbres âgés pour maintenir en état les systèmes biologiques du sol et à éviter l'emploi d'engins lourds qui tassent le sol.

En Amazonie la transformation de la forêt en pâturages a deux effets. Le premier est le compactage du sol par les engins motorisés et par le piétinement du bétail. Le second est la baisse de la biodiversité de la macrofaune du sol. Dans la région de Manaus au Brésil, le ver de terre *Pontoscolex corethrurus* se multiplie après la disparition de la macrofaune. Sa biomasse représente, dans les pâturages, presque 90 % de la biomasse des Invertébrés et il produit plus de 100 tonnes de déjections par hectare. Ceci amplifie le compactage du sol et provoque la formation d'une croûte superficielle de 5 cm d'épaisseur qui diminue la porosité, bloque l'évaporation et crée une saturation en eau, une baisse de la teneur en oxygène et un rejet accru de méthane dans l'air (Chauvel *et al.*, 1999).

II. LA VALEUR AGRICOLE ET INDUSTRIELLE DE LA BIODIVERSITÉ

Dix neuf espèces végétales seulement sur un total de plus de 200 000 fournissent plus de 80 % de l'alimentation des hommes. Le nombre total d'espèces végétales cultivées est de l'ordre du millier. Les trois plantes alimentaires les plus importantes sont le blé, le riz et le maïs ; elles sont suivies par la pomme de terre, l'orge, le manioc, la patate douce, le soja et la canne à sucre. Une quarantaine d'espèces animales sont élevées dont seulement une dizaine d'invertébrés (abeille, ver à soie, escargot, huître, etc.). L'Europe et l'Asie ont fourni de 15 à 20 espèces de Mammifères, l'Amérique 6 et l'Afrique 3 seulement, bien que ce continent possède la plus riche faune de Mammifères.

La liste des produits végétaux et animaux qui ont un intérêt industriel est longue. De nombreuses espèces d'arbres fournissent du bois, d'autres des produits chimiques comme le caoutchouc ou la résine. Les végétaux producteurs de fibres sont des plantes cultivées comme le coton, ou des plantes sauvages comme le palmier qui donne le raphia. Des huiles et des cires très intéressantes pour l'industrie et la cosmétologie sont obtenues à partir du jojoba *Simmondsia chinensis*, un arbuste qui pousse dans les zones arides du sud-ouest des États-Unis et du nord du Mexique. Le jojoba est depuis quelques années cultivé en Australie, en Afrique et en Israël. Il faut ajouter à cette liste les plantes à parfums, les fleurs, les enzymes thermostables obtenus à partir de certaines bactéries, les enzymes et antibiotiques qui sont fournis par des champignons comme les levures.

La destruction des forêts conduit à la perte de nombreuses ressources telles que la viande des animaux forestiers, des fruits, des huiles, des résines, des tannins, etc. On estime que l'Indonésie a exporté en 1986 pour plus de 100 millions de dollars de produits de la forêt autres que le bois. La valeur des produits forestiers autres que le bois excède celle du bois dans certaines régions. De plus, l'exploitation de ces autres produits procure une ressource renouvelable pour les peuples qui résident dans la forêt tandis que les profits qui proviennent de l'exploitation du bois ou de l'élevage dans des zones

déboisées sont transitoires et profitent surtout à des compagnies étrangères. Dans une partie du Brésil, le revenu fourni par la collecte du caoutchouc sauvage et des noix du Brésil est quatre fois supérieur à celui qui est obtenu dans une surface semblable déboisée et utilisée pour l'élevage.

Bien que beaucoup de variétés aient été abandonnées, la diversité génétique est encore élevée chez beaucoup de plantes cultivées. Il existe plusieurs milliers de cultivars de maïs. Il y avait en France plus de 2 000 variétés de pommiers dont il ne reste plus qu'une dizaine de nos jours. Les plantes sauvages sont des réservoirs de gènes utilisables pour l'amélioration des plantes cultivées. Plusieurs espèces ont participé au cours des temps à la formation de plantes cultivées telles que le chou, le maïs, le blé, le pommier. Le croisement du cotonnier cultivé avec des espèces sauvages augmente sa résistance aux parasites et aux maladies ainsi que la qualité de ses fibres (Prescott-Allen, 1982). La découverte de deux espèces de tomate au Pérou a permis d'améliorer la qualité des variétés cultivées et a procuré un gain de 5 millions de dollars par an à l'industrie américaine de la conserve. On connaît huit espèces de Graminées sauvages annuelles et deux espèces vivaces qui sont proches du maïs cultivé, mais elles sont devenues rarissimes et en danger d'extinction. Une d'entre elles, *Zea diploperennis* est vivace et elle est conservée dans une aire de 139 000 hectares appartenant à la Réserve de la Biosphère « Sierra de Manantlan » et aux terres environnantes au Mexique. Cette réserve protège également d'autres plantes sauvages pouvant avoir un intérêt agricole, ainsi que des animaux tels que le jaguar et l'ocelot. La conservation *in situ* de cette ressource requiert des mesures spéciales comme le maintien du système traditionnel d'agriculture. Les premiers essais de transfert de gènes entre le maïs cultivé et *Zea diploperennis* ont montré que la plante sauvage est résistante à quatre des sept principales maladies à virus du maïs (Jackson & Ford-Lloyd, 1991). Quatre lignées de maïs résistantes aux maladies à virus ont déjà été commercialisées. Des betteraves sauvages qui poussent sur les rivages de Grande-Bretagne possèdent un gène de résistance à une maladie à virus, la *rhizomania*, qui ravage les cultures de betterave à sucre. Le manioc sauvage est résistant à deux des plus graves maladies du manioc cultivé en Afrique. Le transfert de ses gènes au manioc cultivé a multiplié les rendements par dix huit. Trois espèces du genre *Amaranthus* sont cultivées en Amérique centrale et en Amérique du sud depuis longtemps. Elles ont une croissance rapide et leurs graines sont riches en protéines, en particulier en lysine, un acide aminé indispensable qui est souvent absent des protéines végétales. Les graines du pourpier *Portulacca oleracea*, une plante jadis consommée et aujourd'hui presque abandonnée, renferment 20 % de protéines, 16 % de lipides et elles ont une teneur élevée en fer.

Le chou sauvage *Brassica oleracea* est à l'origine de diverses variétés de choux cultivés qui ont le même génome. Son aire recouvre le bassin méditerranéen, le littoral atlantique et celui de la mer du Nord. Elle est fragmentée en stations isolées qui correspondent vraisemblablement à des taxa de niveau infraspécifique. Les cultivars actuels ont des origines multiples qui coïncident souvent avec des formes littorales. Ces populations spontanées de *Brassica oleracea*, souvent très localisées et menacées de disparition représentent une ressource génétique intéressante qui a déjà permis de créer de nouvelles variétés. En France on ne connaît que 40 stations de choux sauvages dont 27 qui comprennent moins de mille individus et qui sont donc fragiles. Les menaces qui pèsent sur elles sont nombreuses : dépôts d'ordures, urbanisation, tourisme et piétinement, prélèvements abusifs par des botanistes, introgression génétique avec des choux cultivés, envahissement du milieu par la végétation arborescente (chêne kermès) à la suite de l'arrêt du pâturage par le bétail. Certaines populations sont déjà protégées ce qui devrait permettre de conserver cette ressource génétique (Chauvet *et al.*, 1989).

Les conséquences de la perte de diversité génétique peuvent être catastrophiques. En 1970 le champignon pathogène *Helminthosporium maidis* ravagea près de 20 % de la récolte de maïs aux États-Unis. Ce maïs provenait en grande partie d'un seul cultivar, la lignée T à haut rendement qui est particulièrement sensible. La famine qui sévit en Irlande dans les années 1845-49 fut causée par l'anéantissement des cultures de pomme de terre par le *Phytophtora infestans*, un champignon pathogène auquel toutes les variétés cultivées étaient sensibles.

Pour des raisons économiques le nombre de races de bovins, ovins et animaux de basse-cour diminue sans cesse.

Parmi les 3 213 races de bovins, chèvres, moutons, ânes, porcs, chevaux et buffles qui ont été recensées, mille sont en danger d'extinction (Hall & Bradley, 1995). À la fin des années 70 il y avait 115 races de bovins en voie de disparition en Europe. Les ancêtres sauvages de beaucoup d'animaux domestiques ont soit disparu (bœuf, dromadaire), soit presque disparu (cheval, chameau). Tous les primates sont menacés de disparition ou de raréfaction. Beaucoup d'espèces animales qui sont aujourd'hui chassées et parfois menacées pourraient être exploitées plus avantageusement par la domestication. Le paca, le plus grand des rongeurs très apprécié pour sa viande, se nourrit aux dépens des fruits qui tombent au sol et, dans une moindre mesure, de racines et de jeunes germinations. Il utilise des produits de la forêt inexploitables par l'homme et par la plupart des autres animaux. En Indonésie, le cochon sauvage *Sus barbatus* a le même régime et offre les mêmes possibilités. Ces deux Mammifères pourraient être exploités sans détruire la forêt.

III. LA BIODIVERSITÉ ET LA SANTÉ DES HOMMES

Beaucoup d'animaux peuvent être utiles à la recherche médicale. De nombreux Primates permettent de tester de nouveaux médicaments. Le singe africain *Cercopithecus aethiops* est fréquemment infecté par un virus très voisin de celui du sida mais sans présenter de maladie. Ce singe peut fournir un modèle pour l'étude du sida à condition que ses populations soient conservées (Myers, 1989). Le tatou est le seul animal qui, avec l'homme, peut contracter la lèpre ; la limule (*Limulus polyphemus*), un invertébré marin voisin des Crustacés, a fourni d'importants résultats lors de l'étude de la vision et du sang de l'homme. La grenouille de l'Équateur *Epipedobates tricolor* qui est utilisée par les Indiens pour la fabrication de flèches empoisonnées sécrète un composé qui est 200 fois plus actif que la morphine dans le traitement de la douleur et offre l'avantage de ne pas être un dérivé de l'opium (Bradley, 1993). Une substance appelée prostaglandine E2 qui pourrait être utile dans le traitement de l'ulcère gastrique a été découverte dans le suc gastrique de deux espèces de grenouilles du genre *Rheobatrachus* qui incubent leur progéniture dans leur estomac. Elles ne se rencontrent que dans les forêts tropicales humides du Queensland où elles n'ont pas été retrouvées depuis quelque temps et il est possible que l'une d'entre elles au moins soit éteinte.

Les mécanismes de défense chimique sont surtout présents parmi les organismes peu mobiles ou fixés comme les plantes ou comme divers invertébrés marins (spongiaires, coraux, Échinodermes, Bryozoaires, Tuniciers) qui sont pourvus d'un corps mou et qui ne peuvent se défendre contre des prédateurs que par voie chimique. Des produits qui peuvent être actifs contre le cancer ont été extraits d'organismes comme les éponges ou les Tuniciers et ils sont en cours d'expérimentation. Une difficulté se présentera lorsque des composés actifs devront être extraits de ces espèces en grande quantité car en l'état de nos connaissances elles sont difficiles ou même impossibles à élever. Dans le cadre du programme « Substances marines d'intérêt thérapeutique » les chercheurs de l'Institut Pasteur de Nouvelle-Calédonie ont isolé du Crinoïde *Gymnocrinus richeri* une molécule capable d'inhiber le virus de la dengue, une maladie virale répandue dans une centaine de pays tropicaux. *Gymnocrinus richeri* est un fossile vivant que l'on croyait disparu et qui a été retrouvé récemment lors d'une campagne océanographique du Muséum d'Histoire Naturelle, ce qui montre une fois de plus l'intérêt des inventaires de faunes. La recherche de substances ayant des propriétés médicinales chez les organismes marins est prometteuse et elle intéresse beaucoup l'industrie pharmaceutique (Flam, 1994).

On estime à 120 environ le nombre de composés actifs extraits de 90 espèces de plantes à fleurs (tableau 21.1). D'autres sont extraits de champignons comme l'ergot de seigle. Aujourd'hui encore 57 % des 150 médicaments les plus souvent prescrits aux États-Unis renferment au moins un composé d'origine végétale. Certains produits comme la digitaline ne peuvent pas encore être synthétisés et ils doivent être extraits des plantes. Étant donné qu'un pourcentage très faible de l'ensemble des plantes et des animaux a été testé en ce qui concerne ses propriétés alimentaires, industrielles ou médicinales, on conçoit les conséquences énormes que la perte de biodiversité peut avoir.

Beaucoup d'espèces dont l'intérêt médical est évident sont menacées ou ont disparu peu de temps après leur découverte. Il existait à Madagascar sept espèces endémiques de pervenches du genre *Cataranthus* renfermant des alcaloïdes antitumoraux. Plusieurs de ces espèces sont menacées de disparition ou ont déjà disparu

Nom du produit	Propriétés	Plante d'origine
Atropine	Anticholinergique	*Atropa belladona*
Caféine	Stimulant du système nerveux central	*Camellia sinensis*
Camphre	Antiseptique, vasodilatateur	*Cinnamomum camphora*
Cocaïne	Anesthésique local	*Erythroxylon coca*
Codéine	Analgésique ; antitussif	*Papaver somniferum*
Colchicine	Antitumoral ; actif contre la goutte	*Colchicum autumnale*
Digitaline	Tonicardiaque	*Digitalis purpurea*
Éphédrine	Sympathicomimétique	*Ephedra sinica*
Ésérine	Anticholinestérasique	*Physostigma venenosum*
L-Dopa	Anti parkinsonien	*Mucuna deeringiana*
Menthol	Antiseptique ; vasodilatateur	*Mentha* spp.
Morphine	Analgésique	*Papaver somniferum*
Nicotine	Insecticide	*Nicotiana tabacum*
Ouabaïne	Cardiotonique	*Strophantus gratus*
Papaïne	Protéolytique ; mucolytique	*Carica papaya*
Pilocarpine	Parasympathicomimétique	*Pilocarpus jaborandi*
Quinine	Antipaludique ; antipyrétique	*Cinchona ledgeriana*
Réserpine	Tranquilisant ; contre l'hypertension	*Rauwolfia serpentina*
Roténone	Insecticide	*Lonchocarpus nicou*
Salicine	Analgésique	*Salix alba*
Scopolamine	Sédatif	*Datura metel*
Strychnine	Stimulant du système nerveux central	*Strychnos nux-vomica*
Théobromine	Vasodilatateur ; diurétique	*Theobroma cacao*
Théophylline	Vasodilatateur ; diurétique	*Camellia sinensis*
Thymol	Antifongique	*Thymus vulgaris*
Vincablastine	Antitumoral	*Catharantus roseus*

Tableau 21.1.

Quelques composés actifs utilisés en médecine ou comme insecticides avec l'indication de leurs plantes d'origine.

à la suite de la destruction des forêts (Allorge, 1990). À partir de *Cataranthus roseus* deux alcaloïdes ont été isolés, la vincablastine et la vincristine qui sont efficaces dans le traitement de la leucémie. Depuis que ces substances sont utilisées le taux de survie des enfants atteints de leucémie est passé de 10 % à 90 %. Le taxol est un puissant antitumoral extrait de l'écorce de l'if *Taxus brevifolia* qui pousse dans les forêts de l'Ouest américain. Comme il faut l'écorce de trois arbres pour extraire le taxol nécessaire au traitement d'un seul malade, ces ifs risquaient de disparaître rapidement. On s'est heureusement aperçu que les feuilles de l'if européen *Taxus baccata* pouvaient servir à la synthèse du taxol sans compromettre la survie de l'arbre. Les champignons fournissent de nombreux antibiotiques comme la pénicilline et une molécule, la cyclosporine, qui est utilisée pour bloquer les réactions immunitaires. D'autres champignons comme *Ganoderma lucidum* ou *Lentinula edodes* ont une activité antitumorale, également grâce à leur action sur le système immunitaire. L'agent antiparasitaire nématicide dénommé ivermectine a été découvert chez le champignon *Streptomyces avermitilis*. L'ivermectine semble sécrétée par le *Streptomyces* pour lutter contre les autres champignons ou pour une autre raison encore inconnue. La culture de beaucoup de champignons est possible sur des débris végétaux ce qui permet de valoriser des déchets jusque là sans usage, et en fait une ressource alimentaire non négligeable.

La liane du Cameroun *Ancistrocladus korupensis* renferme de la michellamine B qui est efficace *in vitro* contre le virus HIV et qui est actuellement testée pour lutter contre le sida (Stix, 1993). Un produit dérivé des feuilles de *Ginkgo biloba* agit en augmentant le flux de la circulation cérébrale et il a un effet marqué dans le traitement de la démence sénile. Un extrait d'aubépine est un régulateur du rythme cardiaque qui n'a pas les effets secondaires de la digitaline. Un dérivé du chardon *Silybium marianum* est actif contre les lésions du foie, en particulier celles qui sont dues à l'alcoolisme. Le neem *Azadirachta indica* est un arbre prometteur car ses graines fournissent des produits variés à action pharmacologique et un insecticide l'azadirachtine,

qui est efficace comme insecticide et comme fongicide tout en ayant une faible toxicité pour les Mammifères (Schmutterer, 1990). Il se révèle efficace en particulier contre le Scolytide *Dendroctonus ponderosae* et contre les champignons pathogènes du genre *Ophiostoma* que cet insecte propage. Une espèce mexicaine du genre *Dioscorea* a fourni de nombreux produits actifs dans le traitement de l'arthrite, des allergies et des maladies de peau. La fourmi coupeuse de feuilles *Atta cephalotes* rejette les feuilles de l'arbre *Hymenaea courbaril* de la famille des Légumineuses. En effet ces feuilles tuent le champignon que les fourmis cultivent dans leur nid. Des études ont montré que cet arbre produit un fongicide du groupe des terpènes ayant un large spectre d'action contre des champignons pathogènes (Caporale, 1995).

Ces nouveaux produits obtenus grâce à la grande diversité du monde vivant sont nécessaires pour diverses raisons (Dobson, 1995) : le développement de la résistance aux antibiotiques et aux antihelminthiques classiques ; l'émergence de nouvelles pathologies comme le sida ; la résurgence d'anciennes maladies comme la tuberculose ; les changements dans la répartition géographique de maladies anciennes dus aux migrations humaines et aux modifications climatiques dues au changement global.
À côté de plantes et d'animaux dont l'efficacité thérapeutique est prouvée, il existe aussi des espèces animales qui sont exterminées ou qui risquent de l'être car la tradition leur attribue des vertus illusoires. C'est le cas, en Asie, du tigre, du rhinocéros et de l'ours.

IV. LA VALEUR ÉCONOMIQUE DE LA BIODIVERSITÉ

Des évaluations de la « valeur économique » de la biodiversité ont été entreprises. Elles prennent en compte non seulement les services rendus mais aussi la valeur culturelle, éthique et sociale de la biodiversité. L'insuffisance ou l'imprécision des données disponibles rendent certainement ces tentatives prématurées comme le montrent les divergences qui existent entre deux publications récentes. Selon l'estimation la plus basse (Pimentel *et al.*, 1997) la valeur des services fournis par la biodiversité serait de 2 928 milliards de dollars par an. Ainsi la valeur des 4,5 milliards d'hectares de terres cultivables de bonne qualité serait de 25 milliards de dollars par an. Une estimation plus élevée (Costanza *et al.*, 1997) fondée sur l'étude de 16 biomes diffé-

rents donne pour l'ensemble de la biosphère une valeur économique de 33.10^{12} dollars par an. Ces évaluations, lorsqu'elles seront fiables, devraient permettre d'écarter l'exploitation de zones dont les bénéfices naturels fournis par la biodiversité sont supérieurs à ceux qui seraient obtenus par leur exploitation. Mais elles ne devraient pas servir de justification à la destruction d'écosystèmes « pauvres » au bénéfice des autres.

Des études de comptabilité sérieuses montreraient que beaucoup de projets destructeurs ne sont pas rentables et doivent fonctionner en permanence grâce à des subventions issues de l'argent public. Des solutions alternatives plus respectueuses de l'environnement devraient être recherchées. Un exemple désastreux est celui du complexe sidérurgique de Fos-sur-mer près de Marseille qui a été installé entre la Crau et la Camargue dans les années 1970. Le bilan écologique de l'installation de ce complexe dans une zone sensible et très riche a été catastrophique. En outre, la crise économique était prévisible dès la création et la fermeture a eu lieu seulement une quinzaine d'années plus tard. Des projets de ce genre (ports de plaisance, terrains de golf, etc.) sont nombreux et seront aussi désastreux au point de vue économique qu'au point de vue écologique.

V. BIODIVERSITÉ, STABILITÉ ET FONCTIONNEMENT DES ÉCOSYSTÈMES

La réduction de la biodiversité est une des conséquences les plus importantes de l'action de l'homme sur la biosphère. Cette constatation est à l'origine de nombreuses recherches actuelles. Est-ce que la biodiversité agit sur la stabilité des effectifs des populations, sur la composition des communautés, sur la stabilité et la productivité des écosystèmes ? Quels sont les processus qui entrent en jeu dans ces phénomènes ?

5.1. Les divers sens du mot stabilité

Le terme stabilité a plusieurs sens (Holling, 1973). La *rémanence* correspond à la persistance d'une biocénose dans le temps. Elle augmente au fur et à mesure que la succession écologique se développe puisque les biocénoses proches du stade climax persistent plus longtemps que les biocénoses proches du stade pionnier qui sont souvent transitoires. La *résistance* concerne l'aptitude d'un écosystème à résister aux change-

ments et à maintenir intacts sa structure et son fonctionnement. La résistance est en particulier marquée par l'aptitude d'un écosystème à résister à l'invasion des espèces étrangères. Cette résistance augmente en même temps que la succession écologique. Au voisinage du climax les écosystèmes sont « fermés » et à peu près imperméables à l'installation d'espèces étrangères. La *résilience* ou homéostasie est l'aptitude à récupérer un fonctionnement et une structure normaux après une perturbation. La résilience semble plus élevée pour les écosystèmes proches du stade pionnier que pour les écosystèmes proches du stade climax. Larsen (1974) a en effet montré que les effets d'une inondation provoquée par un cyclone sur un ensemble de communautés d'estuaire sont variables. Les communautés situées en aval de l'estuaire, adaptées à une salinité constante, sont plus affectées que les communautés situées en amont, plus simples et adaptées à une salinité variable. La *persistance* représente la capacité que possède un écosystème à rester égal à lui même en dépit des variations du milieu. Cette propriété augmente avec la succession écologique en raison de l'augmentation croissante du nombre des mécanismes régulateurs. Les écosystèmes des régions arides ont une forte résilience et une faible persistance tandis que les forêts tropicales humides ont une forte persistance et une faible résilience (Noy Meir, 1974).

5.2. Les relations entre stabilité et diversité

L'hypothèse d'une relation entre diversité et stabilité a été proposée pour la première fois par MacArthur (1955) puis reprise et popularisée par Elton (1958) qui a avancé pour la défendre un ensemble d'arguments.

a) Les modèles mathématiques représentant les interactions entre deux ou un petit nombre d'espèces présentent une grande instabilité.

b) Des communautés expérimentales formées de deux ou d'un petit nombre d'espèces sont difficiles à maintenir sans que l'extinction d'une espèce apparaisse. Dans des expériences classiques T. Park (1948) a mis en élevage les deux espèces de Coléoptères *Tribolium confusum* et *T. castaneum*. La première espèce domine et élimine la seconde. Mais en présence du Protozoaire parasite *Adelina tribolii* le résultat est

inversé et *T. castaneum* élimine *T. confusum*. Une autre série d'expériences plus récentes concerne *Drosophila melanogaster* et *D. simulans*. Lorsqu'on associe ces deux espèces en proportions à peu près égales dans des « cages à populations », *D. melanogaster* élimine *D. simulans* en huit semaines environ. Si l'on ajoute l'Hyménoptère parasitoïde *Leptopilina boulardi* les deux espèces arrivent à cohabiter et un équilibre s'établit. Ceci est dû au parasitisme préférentiel de *L. boulardi* sur *D. melanogaster*, ce qui réduit le succès reproducteur de cette dernière (Boulétreau *et al.*, 1991).

c) Une diversité élevée augmente la résistance à l'invasion d'espèces étrangères. En effet, l'invasion d'un milieu dépend de la disponibilité en ressources qui agit comme un facteur limitant. Étant donné que les ressources disponibles sont en général moins abondantes dans les écosystèmes riches en espèces, le nombre d'envahisseurs potentiels est réduit. Diverses études viennent à l'appui de cette hypothèse (*cf.* Robinson *et al.*, 1995 ; Tilman, 1997). Les îles, qui sont plus pauvres en espèces que les continents voisins, sont plus vulnérables à l'invasion d'espèces étrangères. Ceci est particulièrement net dans le cas des îles Hawaii.

d) Les monocultures sont fréquemment envahies par des insectes nuisibles, par des mauvaises herbes qui peuvent pulluler ou par des maladies parasitaires. Woolhouse & Harmsen (1987) ont montré que la variabilité de l'abondance des populations d'Arthropodes est plus élevée dans les agroécosystèmes que dans les écosystèmes naturels (figure 21.2). La diversité réduit l'importance des maladies parasitaires des végétaux. En effet la vitesse de transmission d'un agent pathogène est proportionnelle à l'abondance de son hôte (*cf.* Burdon & Chilvers, 1982). Or lorsque la diversité est élevée la plupart des espèces végétales ont une moindre abondance.

e) Une dernière hypothèse admet que l'augmentation de la biodiversité augmente la richesse en espèces des niveaux trophiques de rang élevé. Étant donné que beaucoup d'insectes sont spécialisés sur une ou sur un petit nombre d'espèces végétales on comprend que l'augmentation de la diversité végétale entraîne une augmentation de la diversité des insectes phytophages et par conséquent de leurs prédateurs et parasites (Southwood *et al.*, 1979 ; Nagel, 1979 ; Tilman *et al.*, 1997).

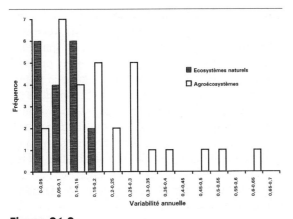

Figure 21.2

Variabilité annuelle des écosystèmes naturels et des agroécosystèmes.

La variabilité annuelle AV est calculée à l'aide de la formule $AV = \text{var} (\log N_i - \log N_{i-1})$ dans laquelle N_i et N_{i-1} sont les effectifs de deux années successives. En tout 48 valeurs de AV ont été obtenues dont 18 pour les écosystèmes naturels, avec une moyenne de 0,078, et 30 pour les agroécosystèmes, avec une moyenne de 0,195 (Woolhouse & Harmsen, 1987).

Le concept de stabilité dépendante de la diversité a été remis en cause (May, 1973 ; Goodman, 1975). La conclusion de l'étude de certains modèles est que la complexité entraîne l'instabilité. Cette conclusion, connue sous le nom de « May's paradox », semble due au fait que les modèles utilisés sont assez éloignés de la réalité biologique. Ils sont formés par la juxtaposition d'espèces prises au hasard qui n'ont pas eu le temps de coévoluer. Cependant l'étude récente des réseaux trophiques par Pollis (1994) amène à la conclusion que la complexité entraîne la stabilité. Certains des arguments de Elton ont été contestés, car les cultures peuvent être assimilées à des écosystèmes jeunes qui sont sujets à de rapides changements. En outre, des monocultures presque naturelles comme les marais salants se révèlent stables (May, 1972). Les écosystèmes tropicaux riches en espèces ne montrent pas de variations aussi importantes de l'abondance de leurs espèces que celles qui existent dans les régions tempérées ou boréales. Mais on sait aujourd'hui que les régions tropicales possèdent aussi des espèces qui présentent des variations d'abondance comme les écosystèmes des régions arctiques (Wolda, 1978). Diverses observations montrent que dans un milieu fréquemment perturbé il existe moins d'espèces et des réseaux trophiques plus simples et plus courts. Selon Connell (1978) un certain niveau de perturbation est nécessaire au maintien d'une richesse spécifique maximale. Des perturbations trop rares ou trop peu intenses menacent les populations d'espèces opportunistes qui s'installent par exemple dans les clairières formées en forêt par la chute des arbres. Des perturbations trop intenses ou trop fréquentes mettent en danger les espèces spécialisées. À Porto Rico, en l'absence d'ouragans, la moitié des arbres disparaîtrait en cinq siècles (Doyle, 1981). Une étude de la résilience et de la résistance des peuplements de la forêt dense humide, de la forêt semi-décidue et de la mangrove a été entreprise après le passage d'un ouragan en Guadeloupe. La résistance de ces forêts est liée à leur biodiversité, celle-ci étant mesurée aussi bien par la richesse en espèces que par la complexité structurale (Imbert *et al.*, 1998). La mangrove pauvre en espèces est la plus touchée ; les deux autres types de forêts ont une résistance supérieure et elles sont moins touchées (*cf.* chapitre 19.1).

5.3. Les relations entre diversité et fonctionnement des écosystèmes

Diverses hypothèses ont été proposées pour expliquer les relations qui existent entre la biodiversité et le fonctionnement des écosystèmes (figure 21.3).

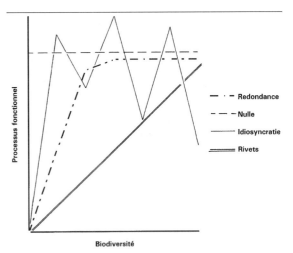

Figure 21.3

Représentation schématique de l'influence de la biodiversité végétale sur des processus fonctionnels tels que la productivité primaire ou la vitesse de décomposition de la matière organique, selon quatre hypothèses différentes.

a) La première hypothèse admet qu'il existe une relation directe entre diversité spécifique et productivité des écosystèmes. Lorsque le nombre d'espèces augmente, la productivité augmente ainsi que la diversité des réseaux trophiques. Cette complexification permet à certaines espèces de prendre la place de celles qui disparaissent accidentellement et elle évite par conséquent les perturbations qui pourraient survenir dans le fonctionnement de l'écosystème. Selon une image due à Ehrlich & Ehrlich (1981) les espèces d'un écosystème sont comparables aux rivets qui maintiennent les pièces d'un avion et qui sont tous nécessaires. La perte de chaque espèce affaiblit les écosystèmes d'une façon insidieuse et souvent imperceptible jusqu'au moment où celles qui subsistent sont en nombre insuffisant pour assurer la cohésion et le fonctionnement de ces écosystèmes.

b) L'hypothèse de la redondance des espèces admet qu'une espèce peut prendre la place d'une autre. Au cœur de cette hypothèse se trouve l'idée que les espèces peuvent être réunies en « groupes fonctionnels », un groupe fonctionnel étant un ensemble d'espèces qui ont le même rôle et le même effet sur le fonctionnement d'un écosystème. La stabilité et la productivité augmenteraient jusqu'à une certaine valeur de la biodiversité puis elles resteraient ensuite à peu près stables.

c) Selon divers auteurs (*cf.* May, 1973) il n'existe aucune relation entre la biodiversité spécifique, la stabilité et le fonctionnement des écosystèmes. Cette hypothèse est appelée « hypothèse de l'idiosyncrasie ».

d) L'hypothèse nulle admet que le fonctionnement d'un écosystème est indépendant du nombre d'espèces présentes.

e) L'hypothèse dite de l'assurance admet qu'une biodiversité élevée ne joue qu'un rôle mineur dans le fonctionnement des écosystèmes lorsqu'ils sont soumis à des conditions normales mais qu'elle peut jouer un rôle important en assurant la stabilité lors de fluctuations rapides des conditions de milieu ou de modifications à long terme telles que celles qui risquent de survenir en raison du « global change ». Cette assurance serait réalisée grâce à des mécanismes de compensation entre espèces.

5.4. Études expérimentales

L'idée que la biodiversité est nécessaire au maintien des écosystèmes résulte d'observations et d'expériences. Ces dernières sont de plus en plus nombreuses et certaines sont de grande envergure. Des expériences menées en milieu contrôlé sont en faveur de l'hypothèse des rivets. Des écosystèmes artificiels formés de mélanges d'espèces en nombre variable ont été étudiés. Lorsque le nombre d'espèces augmente la productivité augmente aussi, les écosystèmes les plus riches fixant plus de CO_2 et produisant plus de matière végétale. Ce résultat est confirmé par les agronomes qui ont étudié les systèmes de polyculture et qui ont montré que les systèmes les plus productifs renferment le plus grand nombre d'espèces. La meilleure façon d'augmenter le rendement d'un champ de maïs n'est pas de planter plus serré mais d'y incorporer des espèces telles que des haricots fixateurs d'azote ou des melons.

Au laboratoire, dans des milieux contrôlés, Naeem *et al.* (1994) ont créé 14 microécosystèmes terrestres renfermant trois niveaux trophiques avec des végétaux et des animaux. Ces auteurs ont mis en évidence l'existence d'un effet favorable de la biodiversité sur la productivité primaire (figure 21.4), mais aucun effet sur les processus de décomposition, sur le cycle de l'eau et celui des nutriments.

Des résultats semblables ont été obtenus dans la nature. Une expérience (Tilman *et al.*, 1996 ; Kareiva, 1996) qui a été réalisée sur 147 parcelles d'une prairie d'Amérique du Nord avec

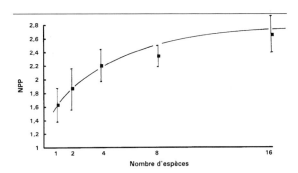

Figure 21.4

Productivité Primaire Nette (NPP) en $kgm^{-2} an^{-1}$ de communautés végétales ayant de 1 à 16 espèces.

L'allure asymptotique de la courbe reliant les divers points semble en faveur de l'hypothèse de la redondance (Naeem *et al.*, 1994).

des diversités croissantes de végétaux a montré que la diversité a un effet favorable sur la production primaire (figure 21.5) et sur la rétention des nitrates (figure 21.6). Mais pour des biodiversités élevées la productivité reste à peu près stationnaire. Ces résultats peuvent être interprétés en admettant que chaque espèce utilise des ressources différentes.

Lors d'une expérience au cours de laquelle la diversité végétale n'a eu d'effet ni sur l'intensité de la photosynthèse ni sur la biomasse aérienne ou racinaire, on a cependant noté un fort accroissement de l'activité biologique du sol en raison de l'augmentation de la biomasse microbienne, de la longueur des hyphes mycéliens et de l'activité enzymatique, de la vitesse de décomposition de la matière organique, et une réduction des pertes en nitrates par lessivage (Chapin *et al.*, 1998).

Dans la Prairie nord américaine, sur le site LTER de Cedar Creek dans le Minnesota [1], des zones expérimentales ont été enrichies en engrais azotés ce qui a eu pour effet d'augmenter la productivité primaire et de réduire le nombre d'espèces (Tilman et Downing, 1994). La sécheresse de l'année 1988 a fait baisser la productivité dans toutes les parcelles mais cette baisse a été nettement plus faible dans celles qui avaient conservé leur diversité (figure 21.7) et les parcelles ayant la diversité la plus élevée ont retrouvé plus vite leur état initial. Ceci permet de penser qu'il n'y a jamais redondance complète entre les diverses espèces et que la biodiversité représente ainsi une assurance contre les perturbations. Des résultats analogues ont encore été obtenus en ce qui concerne la résistance à la sécheresse, dans la prairie du Parc National de Yellowstone (Frank & MacNaughton, 1991).

Cependant une opinion contraire a été avancée par Rodriguez & Gomez-Sal (1994) qui, dans une étude des pâturages en Espagne, ont constaté que la résistance à la sécheresse de l'année 1986 a diminué avec la diversité de la végétation. Mais ces auteurs ont fait remarquer que les prairies du Parc de Yellowstone sont des formations naturelles tandis que les pâturages d'Espagne sont aménagés

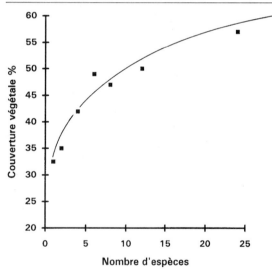

Figure 21.5
Influence de la biodiversité sur la productivité primaire estimée par l'importance de la couverture végétale en %.
Les points indiquent des valeurs moyennes (Tilman *et al.*, 1996).

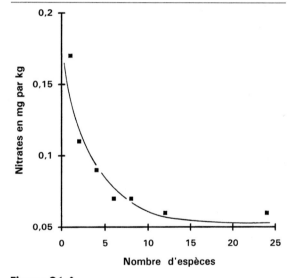

Figure 21.6
Influence de la biodiversité végétale sur la rétention des nitrates.
La perte d'azote est estimée en évaluant la concentration en nitrates (en mg kg[-1]) sous la zone occupée par les racines (Tilman *et al.*, 1996).

(1) LTER : Long Term Ecological Research. Programme de recherche inauguré aux États-Unis qui consiste à poursuivre dans plusieurs sites des recherches d'écologie durant de longues périodes. Ce type de recherche est indispensable pour mettre en évidence certains phénomènes très longs à se manifester. Des sites LTER sont installés dans divers pays, par exemple en France près de Montpellier.

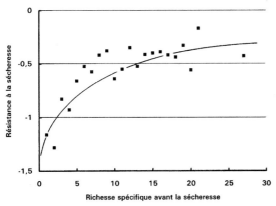

Figure 21.7
Influence de la richesse en espèces de la Prairie nord-américaine sur sa résistance à la sécheresse.
La richesse en espèces avait été déterminée dans diverses zones expérimentales en 1986 et la sécheresse a sévi en 1987. La résistance à la sécheresse est exprimée par le taux de réduction de la biomasse (Tilman & Downing, 1994).

pour le bétail depuis longtemps. Parmi les résultats qui ne confirment pas l'hypothèse de la stabilité dépendante de la biodiversité on peut citer également le cas de prairies de Grande-Bretagne dans lesquelles la persistance de la communauté, mesurée par le rapport entre les Graminées, les autres Monocotylédones et les Dicotylédones diminue lorsque la biodiversité augmente (Dodd *et al.*, 1994).

Les idées sur les relations entre biodiversité et productivité ont aussi été contestées par Garnier *et al.* (1997). Pour ces auteurs, des conclusions valables ne peuvent être obtenues que si l'on compare la somme des productivités des diverses espèces en monocultures et la productivité en culture mixte. Une expérience a fait intervenir trois espèces de Graminées et deux de Légumineuses cultivées isolément à la densité de 10 plantes par pot, ou en mélange à la densité de 50 plantes par pot. Dans tous les cas la biomasse de la culture mixte a été inférieure à celle des deux monocultures. Les auteurs concluent : « une productivité supérieure des mélanges plurispécifiques par rapport à celle des mono-

cultures n'a été démontrée de façon significative que dans un nombre de cas restreint ».

Dans une série d'expériences conduites en Caroline du Sud, des eaux usées, polluées et chargées en fertilisants ont été pulvérisées sur la strate herbacée d'une forêt de pins (*Pinus palustris* et *Pinus taeda*). La productivité primaire de la végétation herbacée a augmenté de 5 à 10 fois selon l'importance des pulvérisations ; la biomasse des Arthropodes de la strate herbacée a également augmenté, celle des herbivores moins vite cependant que celle des prédateurs. Les zones faiblement arrosées ont une biodiversité plus élevée que celle des zones témoins ; les zones fortement arrosées ont une diversité végétale inférieure à celle des zones témoins et une diversité en Arthropodes herbivores un peu inférieure à celle des zones très arrosées mais encore nettement supérieure à celle des zones témoins. Cette expérience montre que l'augmentation de la productivité primaire et de la diversité des insectes herbivores ainsi que la baisse de la diversité végétale sont les conséquences de l'apport de fertilisants (tableau 21.2). La baisse de la diversité végétale lorsque de fortes doses de fertilisants sont répandues est attribuée à un changement de la composition spécifique et à la grande importance prise par certaines espèces qui éliminent les autres. Les espèces annuelles acquièrent une biomasse supérieure à celle des espèces vivaces. Parmi les insectes, l'augmentation des suceurs de sève, des mangeurs de feuilles et des détritivores est responsable de l'augmentation de la diversité qui est due à la quantité et à la qualité de la végétation (Shure & Hunt, 1981).

Une expérience (Tilman *et al.*, 1997) a porté sur 342 parcelles de 13 m x 13 m. Elle a mobilisé

	Végétation		Insectes herbivores	
	Espèces	**Diversité H'**	**Espèces**	**Diversité H'**
Témoin	75	3,88	50	2,15
Faible arrosage	87	4,44	96	3,04
Fort arrosage	49	2,92	82	3,00

Tableau 21.2.
Nombres d'espèces et indices de diversité H' de la végétation herbacée et des insectes herbivores dans une zone témoin et dans des zones ayant reçu un faible arrosage ou un fort arrosage avec des eaux riches en fertilisants. La diversité végétale diminue avec les forts arrosages mais celle des insectes herbivores est peu modifiée (Shure & Hunt, 1981).

plusieurs dizaines de chercheurs pour l'entretien des parcelles et la collecte des données et a fourni des résultats très comparables à ceux des expériences précédentes. Le gigantisme de ces expériences réalisées sur le terrain et leur coût élevé montre l'intérêt croissant que les écologistes portent à l'étude des relations entre la biodiversité et le fonctionnement des écosystèmes. L'intérêt de ces recherches n'est pas seulement théorique, il est aussi pratique car il s'agit de vérifier si, comme beaucoup le pensent, des écosystèmes appauvris deviennent moins stables, moins prévisibles dans leur fonctionnement, offrent moins de « services » et ont une valeur économique moindre (Daily, 1997 ; Costanza *et al.*, 1997).

Ces résultats doivent être précisés sur un point. En effet dans beaucoup d'écosystèmes la production primaire n'est que très vaguement reliée au nombre d'espèces, étant donné qu'elle atteint son maximum pour une diversité relativement faible et qu'elle ne croît plus ensuite. L'enlèvement des espèces les plus rares dans un écosystème ne provoque guère de baisse de la productivité au moins jusqu'à un certain seuil à partir duquel cette production s'effondre rapidement (figure 21.8). Dans le Parc de Serengeti l'enlèvement des espèces rares s'est traduit par une compensation de la part des autres espèces, sans doute à la suite d'une diminution de la compétition interspécifique (McNaughton, 1983). Dans un écosystème expérimental la productivité a augmenté avec le nombre de « groupes fonctionnels »[2] de végétaux (figure 21.9).

De 1996 à 1998 une vaste expérience menée dans 8 stations de 7 pays européens a confirmé que la richesse en espèces d'un écosystème a un effet favorable sur la productivité, quel que soit le climat. Selon les stations, la température moyenne de janvier varie de − 7 °C à + 9,6 °C et la pluviosité annuelle moyenne de 588 à 1 046 mm. L'expérience a porté sur 480 parcelles de 4 m², chacune ayant de 2 à 32 espèces selon les cas (Hector *et al.*, 1999). Chaque fois que le nombre d'espèces est divisé par deux, la productivité baisse en moyenne de 80 g/m² c'est-à-dire de 10 à 20 % ; chaque fois qu'un des trois grands groupes fonctionnels de plantes (légumineuses, graminées, autres herbacées) disparaît, la productivité baisse de 100 g/m² (figure 21.10).

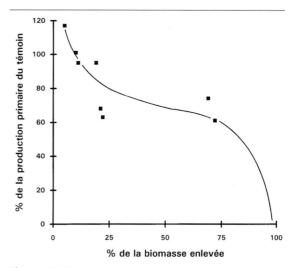

Figure 21.8.
Effet de l'enlèvement d'espèces sur la productivité primaire d'une savane du Parc de Serengeti.
À chaque fois tous les individus d'une espèce sont enlevés. Les espèces qui restent sont capables de compenser au moins en partie la perte de celles dont la biomasse est faible, mais elles ne sont pas capables de compenser la perte des espèces les plus importantes (Mc Naughton, 1983).

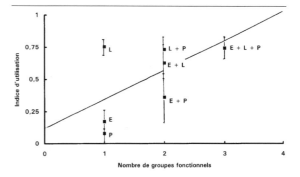

Figure 21.9
Utilisation des ressources disponibles en fonction du nombre de groupes fonctionnels dans des parcelles expérimentales.
E : plantes annuelles précoces ; P : Graminées vivaces ; L : plantes annuelles tardives. L'utilisation des ressources augmente avec le nombre de groupes fonctionnels présents (Chapin *et al.*, 1998).

_____

(2) un groupe fonctionnel est un ensemble d'espèces qui ont le même rôle et le même effet sur le fonctionnement d'un écosystème.

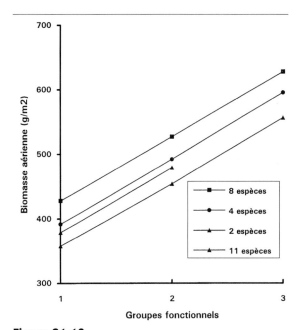

700

600

Biomasse aérienne (g/m2)

500

400

300

■ 8 espèces
● 4 espèces
▲ 2 espèces
▲ 11 espèces

1   2   3

Groupes fonctionnels

Figure 21.10.

Relation linéaire entre la baisse du nombre de groupes fonctionnels et la baisse de la productivité évaluée par la détermination de la biomasse épigée.

Pour un même nombre de groupes fonctionnels la biomasse épigée augmente à peu près régulièrement avec le nombre d'espèces (Hector *et al.*, 1999).

Deux mécanismes peuvent expliquer les effets de la biodiversité sur la productivité. Le premier, que l'on qualifie d'effet d'échantillonnage, est dû à la probabilité plus élevée qu'une espèce a d'être présente lorsque la biodiversité est élevée (Wardle, 1999). Si cette espèce a une productivité élevée en monoculture et si elle est plus efficace dans la compétition interspécifique que des espèces moins productives, les écosystèmes à biodiversité élevée auront une productivité plus élevée car ils ont plus de chances de renfermer cette espèce. Une conséquence de cet effet d'échantillonnage est qu'aucun écosystème diversifié n'est plus productif qu'une monoculture. Or ceci n'a été observé dans aucune expérience à l'exception de celles qui ont été signalées ci dessus. Le second mécanisme fait intervenir la complémentarité des niches écologiques, chaque espèce n'utilisant qu'une certaine partie des ressources disponibles. Ces mécanismes de complémentarité sont sans doute nombreux mais encore mal connus. Il peut s'agir de l'architecture différente des parties aériennes des diverses espèces, de la disposition des racines qui exploitent des niveaux différents, etc.

Quelle doit être l'importance de la biodiversité pour maintenir une productivité élevée ? Dans la relation $S = cA^z$ entre l'aire S et le nombre d'espèces A qui a été établie par la théorie de la biogéographie insulaire, la valeur de z est comprise entre 0,15 et 0,3. Dans la prairie du Minnesota la diversité locale Y, déterminée dans une parcelle de 0,5 m², est liée à la diversité régionale X déterminée sur 0,5 km² par la relation $X = (Y - 1,1) / 0,124$ ce qui signifie qu'une région doit contenir 120 espèces pour que la diversité d'une parcelle soit en moyenne de 16 espèces. La valeur correspondante de z est de 0,21. La publication de Hector *et al.* suggère que chaque surface de 1 m² doit renfermer en moyenne 16 espèces pour maintenir une productivité élevée. L'extrapolation de ce résultat à l'aide de la relation aire/espèces montre que la diversité régionale pour une surface de 1 km² doit être de 127 espèces si l'on admet que $z = 0,15$ et de 270 espèces si l'on admet pour z la valeur 0,21. Ces valeurs de la biodiversité régionale sont du même ordre que celles d'écosystèmes naturels mais nettement supérieures à celles de beaucoup d'écosystèmes aménagés. Ceci permet de penser que l'augmentation de la biodiversité dans les formations herbacées ainsi que dans les forêts aménagées serait une mesure favorable à l'augmentation de la productivité (Tilman, 1999).

La stabilité des processus fonctionnels dans un écosystème a été testée à l'aide de microcosmes aquatiques plus faciles à réaliser et à manipuler que des expériences en milieu terrestre. Ces microcosmes sont constitués par des Bactéries et des Protistes qui renferment un mélange d'espèces photosynthétisantes, herbivores, bactérivores et prédatrices. Ces microcosmes formés de micro-organismes ont l'avantage d'offrir beaucoup de générations en peu de temps (McGrady-Steed *et al.*, 1997). En faisant varier la biodiversité on constate que la variabilité de l'intensité respiratoire de l'écosystème diminue lorsque la biodiversité augmente (figure 21.11). En même temps, la résistance à l'invasion d'espèces étrangères augmente aussi (figure 21.12). Dans une autre série d'expériences, Naeem & Li (1997) ont établi que lorsque le nombre d'espèces de chaque groupe fonctionnel augmente, l'évolution de la biomasse des communautés devient plus prévisible. Ceci montre que la redondance des espèces dans un écosystème n'est pas un luxe mais une assurance pour son bon fonctionnement dans l'avenir. Dans ces conditions on peut se demander quelles seront les modifications subies par les écosystèmes à biodiversité appauvrie face aux modifications climatiques, et en particulier celles de la température et de la pluviosité qui sont prévues dans le cadre du changement global. Un début de réponse a été recherché à l'aide de microécosystèmes aquatiques plus ou moins

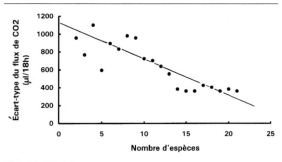

Figure 21.11.
Relation entre les variations (mesurées par l'écart-type en microlitres par 18 heures) du flux de CO_2 rejeté par des systèmes expérimentaux, et la richesse en espèces observée durant six semaines. Les variations du flux de CO_2 s'amortissent quand le nombre d'espèces augmente (McGrady-Steed *et al.*, 1997).

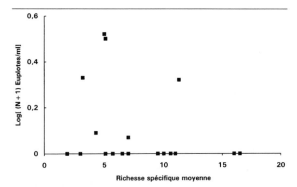

Figure 21.12.
Abondance d'une espèce de Protozoaire envahissante du genre *Euplotes* deux semaines après son introduction en fonction de la richesse moyenne en espèces du milieu expérimental le jour de l'introduction. L'abondance des *Euplotes* diminue lorsque la richesse en espèces augmente (McGrady-Steed *et al.*, 1997).

complexes dont la température était progressivement élevée (Petchey *et al.*, 1999). Les premiers résultats montrent que les risques d'extinction des espèces dépendent de leur niveau trophique. Les écosystèmes dont la température a été augmentée perdent beaucoup de superprédateurs et d'herbivores et sont de plus en plus dominés par des autotrophes et des bactérivores. Les écosystèmes très diversifiés conservent plus d'espèces que les écosystèmes pauvres, conformément à ce qui est prévu par l'hypothèse de l'assurance.

Knop *et al.* (1999) ont établi, en expérimentant sur des parcelles nombreuses et de grande surface que la réduction de la biodiversité d'une formation herbacée augmente sa vulnérabilité face à l'invasion d'espèces étrangères, augmente la vitesse de propagation des champignons parasites et réduit la richesse des communautés d'insectes (figure 21.13). Ces expériences confirment les hypothèses de Elton.

La biodiversité végétale peut être un élément indispensable à la stabilité et au maintien des espèces animales. En Amérique du Nord et au Mexique, le pic *Melanerpes formicivorus* est un oiseau qui se nourrit de glands dont il fait des provisions. L'abondance de cet oiseau est contrôlée par l'abondance des chênes, tandis que les limites de sa distribution géographique coïncident avec celles de la diversité spécifique de ces arbres. Une plus grande diversité des espèces de chênes procure une ressource alimentaire plus stable à long terme. Une population de ce pic ne peut pas se maintenir dans une localité où il existe une seule espèce de

chêne. La présence de plusieurs espèces de chênes agit comme une assurance envers un manque de nourriture qui serait catastrophique pour l'oiseau (Koenig & Haydock, 1999 ; Moore, 1999). Le chien de prairie *Cynomys parvidens* est un rongeur qui présente des fluctuations d'abondance importantes et des extinctions répétées au niveau de ses diverses colonies. Cependant ses populations sont plus stables et leur risque d'extinction est plus faible lorsque la diversité végétale est élevée. Une diversité végétale importante permet le maintien de populations isolées dans des habitats fragmentés. Ceci peut s'expliquer par l'augmentation de la probabilité qu'une ressource végétale au moins est présente en abondance chaque année (Ritchie, 1999).

Au Burkina Faso dans des champs abandonnés depuis 30 ans ou plus, la grande richesse spécifique de la végétation correspond à une redondance entre des espèces qui se partagent le même milieu. Cette redondance est interprétée comme une « assurance » qui pourrait augmenter la résilience de l'écosystème en cas de perturbations aléatoires, climatiques par exemple (Fournier & Planchon, 1998). Le rôle des perturbations sur le devenir des écosystèmes a été analysé dans un pâturage abandonné de Bretagne. Les perturbations sont soit d'origine artificielle (épandage d'herbicides, enlèvement de la litière, bêchage du sol), soit d'origine naturelle (passage d'une troupe de sangliers). Dans tous les cas le nombre d'espèces augmente par rapport au témoin. Il existe dans ce milieu plusieurs groupes fonctionnels et cette diversité est la clé de la persistance de l'écosystème. La diversité spécifique à l'intérieur des divers groupes fonctionnels est une deuxième assurance contre les variations du milieu (Lavorel *et al.*, 1998).

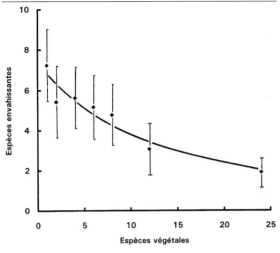

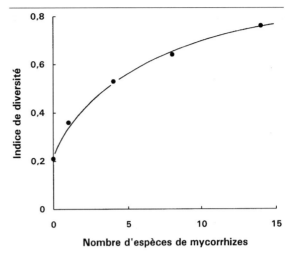

Figure 21.14.
Influence du nombre d'espèces de mycorrhizes sur l'indice de diversité d'une culture expérimentale en serre qui simule la flore d'une pelouse calcaire.

L'augmentation de la biomasse des racines et des parties aériennes des plantes se fait également selon une courbe analogue à celle qui représente l'augmentation de l'indice de diversité (Van der Heijden *et al.*, 1998).

Figure 21.13
En haut, nombre d'espèces étrangères ayant envahi des parcelles expérimentales en fonction du nombre d'espèces végétales plantées dans ces parcelles.
En bas, indice de pathologie (c'est-à-dire sévérité de l'infestation parasitaire) dans le cas de l'invasion de la plante *Lespedeza capitata* par le champignon parasite *Uromyces*.

Les mycorrhizes sont un élément déterminant dans le maintien de la diversité végétale (Read, 1998 ; Van der Heidjen, 1998). Les mycorrhizes sont des champignons qui sont associés à diverses espèces végétales avec lesquelles elles forment de véritables symbioses. Leur importance dans l'acquisition des éléments nutritifs par les plantes est connue depuis longtemps. Mais ce n'est que récemment que l'on a pu démontrer leur rôle dans la détermination de la composition spécifique de la végétation d'un écosystème expérimental, de sa diversité et de sa productivité. La biodiversité, la productivité ainsi que la biomasse des

racines et des parties aériennes augmentent avec le nombre d'espèces de mycorrhizes (figure 21.14). Celles-ci forment dans le sol un réseau complexe qui assure l'interconnexion des plantes, facilite leur nutrition minérale et permet la coexistence des diverses espèces. La conservation des mycorrhizes est une condition préalable au maintien de la biodiversité dans des écosystèmes tels que les pelouses calcaires ou la forêt boréale. L'importance de la biodiversité des organismes du sol—et en particulier des organismes symbiotiques tels que les champignons qui forment des mycorrhizes—a été soulignée (Wall & Moore, 1999). Un assemblage complet des espèces du sol est nécessaire au bon fonctionnement des cycles biogéochimiques et au maintien de la diversité des organismes épigés.

VI. BIODIVERSITÉ ET AGRICULTURE

Les recherches sur la biodiversité ont un intérêt en agronomie. La pratique des cultures associées est fréquente dans les régions tropicales. Souvent le rendement de deux cultures asso-

ciées est supérieur à la somme des rendements des deux cultures isolées. C'est le cas du cocotier pour lequel les gains de production dépassent 2T/ha en moyenne sur 4 ans lorsqu'il est associé à d'autres cultures comme le caféier. Ces gains de production semblent résulter de modifications du microclimat favorables aux végétaux et ils confirment l'hypothèse selon laquelle la productivité augmente avec la biodiversité. Une meilleure utilisation de l'énergie lumineuse peut expliquer l'augmentation du rendement dans une culture associée de maïs et de haricot, les feuilles des deux plantes étant réparties dans des strates différentes. Dans des associations de cultures adaptées à la sécheresse l'ensemble supporte généralement mieux une phase de déficit en eau du sol due à l'irrégularité des pluies. En Afrique, le piment et l'ananas en culture pure souffrent considérablement de la sécheresse tandis que, en association, les deux espèces montrent un important « effet de synergie » (Baldy & Stigter, 1993) ce qui permet d'assurer une récolte réduite mais correcte. L'enracinement des plantes est nettement plus important dans la culture associée que dans les cultures pures. La consommation d'eau d'une culture associée de mil et d'arachide est inférieure à la somme des besoins des cultures pures placées dans les mêmes conditions. Ceci peut s'expliquer par l'ombrage partiel que le mil apporte à l'arachide. Un autre avantage apparaît dans des cultures associées de manioc et de niébé (*Vigna unguiculata*) dans lesquelles on trouve moins d'insectes ravageurs comme les thrips ou les punaises (figure 21.15).

La réduction des attaques par les insectes phytophages dans les cultures associées par rapport aux monocultures a fait l'objet de nombreuses interprétations. Dans le cas d'une culture de haricots et de maïs la réduction des attaques des haricots par la bruche *Acanthoscelides obtectus* est due au fait que le maïs crée un microclimat défavorable pour l'insecte (Parfait & Jarry, 1987). Dans d'autres cas l'association entre espèces végétales peut modifier le taux de colonisation de la plante hôte en formant une barrière physique (Beck & Schoonhoven, 1980), augmenter la mortalité due aux ennemis naturels (Murdoch, 1975), ou bien encore détourner le ravageur vers d'autres hôtes (Atstatt & O'Dowd, 1975). Dans une culture de choux de Bruxelles l'abondance des principaux ravageurs, du puceron *Brevicoryne brassicae* en particulier, est considérablement réduite en présence de la Caryophyllacée adventice *Spergula arvensis* semée en association avec la culture. Trois explications de cette particularité sont possibles : le nombre d'ennemis des pucerons est augmenté, l'attractivité de la culture est moindre, le microclimat est modifié ce

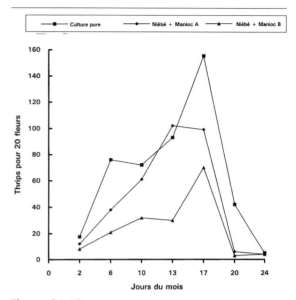

Figure 21.15
Abondance d'un insecte, le thrips *Megalurothryps sjostedti*, sur le niébé (cultivar TVx3236) en culture pure, ou en culture associée avec le manioc A (cultivar TMS 30001) ou avec le manioc B (cultivar TMSx) (Baldy & Stigter, 1993).

qui modifie l'habitat des ravageurs et/ou des auxiliaires (Theumisseen & Den Ouden, 1980). D'autres exemples sont discutés par Chaubet (1992).

Les vers de terre constituent un élément important de la biodiversité de la faune du sol. Des expériences conduites en région tropicale ont montré que, au delà d'une biomasse de 30 g/m² leur présence peut doubler la production végétale. Toutes les cultures et toutes les espèces de vers de terre n'ont pas les mêmes réactions. Les légumineuses comme le haricot ou l'arachide qui ont un réseau de racines très développé réagissent fortement, ce qui est attribué à la présence de mycorrhizes. La biodiversité de la faune du sol doit être maintenue pour assurer la stabilité de la production agricole.

VII. INFLUENCE DES HERBIVORES SUR LES ÉCOSYSTÈMES

Les animaux herbivores sont un des éléments de la biodiversité des écosystèmes. Ils agissent sur la biodiversité végétale par l'intermédiaire de leur action sur les espèces dominantes, sur les possibilités de régénération de la végétation, sur

le transport des propagules. Leur action dépend aussi du climat (précipitations) et de la nature du sol (fertile ou non fertile).

La présence d'herbivores augmente la biodiversité des végétaux et la production primaire tout au moins tant que la consommation par ces herbivores ne dépasse pas un certain seuil (Loreau, 1995). Au delà de ce seuil la biodiversité et la productivité diminuent. Cette relation entre l'intensité du pâturage par les herbivores, la biodiversité et la productivité est démontrée dans de nombreux cas (Proulx & Mazumder, 1998). Une étude comparée des zones pâturées par des Ongulés et des zones entourées de clôtures et non pâturées a été faite dans deux écosystèmes à végétation herbacée : le Parc de Yellowstone en Amérique du Nord et le Parc de Serengeti en Afrique orientale (Frank *et al.*, 1998). La production primaire épigée est presque toujours très supérieure dans les zones pâturées (figure 21.16). Cependant ces effets dépendent des espèces d'herbivores. Les grands Mammifères augmentent la production lorsqu'ils sont peu abondants et ils diminuent cette production lorsqu'ils sont trop nombreux (Huntley, 1991 ; Milchunas *et al.*, 1988). Les insectes herbivores ont souvent un impact faible mais favorable (Root, 1996 ; Brown & Gauge, 1989). Les pullulations d'espèces spécialisées sur une plante dominante peuvent accroître la diversité végétale. Les Mammifères fouisseurs de taille moyenne, comme les lapins ou les chiens de prairie, peuvent provoquer des modifications du sol qui augmentent l'hétérogénéité et la biodiversité (Reichman & Smith, 1985).

Des considérations théoriques permettent de penser que les herbivores augmentent la biodiversité à des échelles correspondant à de faibles surfaces en réduisant la compétition et en augmentant le nombre de sites de régénération possibles. À des échelles correspondant à des grandes surfaces la biodiversité est réduite car ce sont surtout les espèces résistantes au pâturage qui subsistent. Cette théorie est confirmée (figure 21.17) par des observations faites dans la pampa d'Argentine où la biodiversité végétale est élevée (Channeton & Facelli, 1991).

Toutes les espèces ne jouent pas des rôles équivalents dans le fonctionnement des écosystèmes. Une espèce clé est une espèce dont l'im-

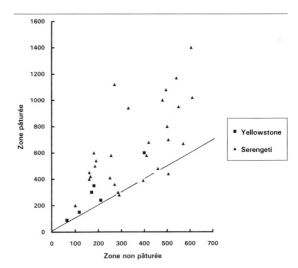

Figure 21.16
Relation entre la production primaire épigée (en g m^{-2} an^{-1}) dans des zones pâturées ou non pâturées par des Ongulés dans le parc de Yellowstone et dans le parc de Serengeti. La ligne droite indique l'égalité entre les zones pâturées et les zones non pâturées (Frank *et al.*, 1998).

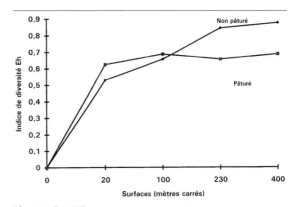

Figure 21.17
Indice de diversité végétale en fonction de la surface pour une région pâturée et pour une région non pâturée de la pampa d'Argentine. La diversité est plus grande dans les régions pâturées lorsqu'elle est mesurée sur de petites surfaces (Chaneton & Facelli, 1991).

pact sur l'écosystème auquel elle appartient est très important étant donné son abondance relative. Une espèce clé par son action produit souvent une augmentation de l'hétérogénéité du milieu et de la biodiversité. C'est le cas du bison dans la Prairie nord-américaine. Le pâturage sélectif par cet animal provoque une baisse de l'abondance des Graminées à photosynthèse en C4 qui sont dominantes en l'absence du bison, une augmentation de l'abondance des Graminées et des Dicotylédones en C3 et une augmentation de 23 % de la diversité spécifique

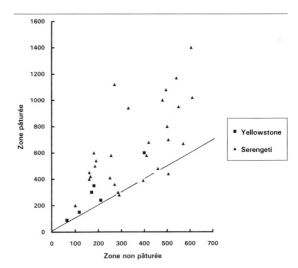

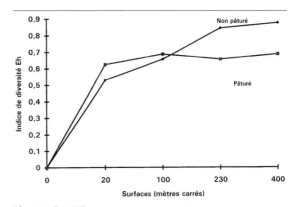

de la végétation par rapport aux sites non pâturés. Ceci s'accompagne d'une augmentation de l'hétérogénéité spatiale que l'on peut détecter et mesurer sur des photographies aériennes (Knapp *et al.*, 1999).

Le rôle des herbivores « brouteurs » a été étudié dans le milieu marin. La présence de poissons herbivores et d'Échinodermes agit sur la biodiversité des algues qui est généralement supérieure à celle qui existe lorsque les herbivores sont absents (Carpenter, 1988 ; Lubchenko, 1978 ; Menge *et al.*, 1985). Un Gastéropode, la littorine *Littorina littorea* consomme des algues qui poussent dans des flaques d'eau qui persistent à marée basse (figure 21.18). La richesse spécifique et l'indice de diversité des algues augmentent jusqu'à une valeur moyenne de la densité des littorines puis diminuent ensuite (Lubchenko, 1978). Cette caractéristique a été établie également par Sommer (1999) dans le cas des microalgues broutées par le Mollusque *Littorina* sp. ou par le Crustacé *Idothea chelipes*. Le rôle des animaux prédateurs de niveau trophique élevé (ou « top predators ») dans le maintien de la biodiversité a aussi été démontré (*cf.* chapitre 12.7).

*

L'idée que les écosystèmes complexes sont instables a dominé la littérature écologique pendant près de vingt ans, à la suite de l'élaboration de modèles qui ne reflètent pas la réalité. Un modèle plus complexe et plus réaliste (McCann *et al.*, 1998) que les modèles tels que celui de May montre que les interactions nombreuses qui existent dans les réseaux trophiques d'écosystèmes riches en espèces sont des facteurs de stabilité et de persistance qui tendent à maintenir les effectifs des diverses espèces loin de zéro ce qui diminue leur probabilité d'extinction.

Il semble établi, d'après les travaux récents, que tout au moins dans de nombreux cas, la biodiversité a un effet bénéfique sur les écosystèmes, notamment en ce qui concerne la stabilité et la productivité primaire. Les mécanismes responsables sont encore mal connus, comme le montre la confirmation récente du rôle des mycorhizes. Ces recherches doivent être précisées et complétées, ce que des équipes nombreuses sont actuellement en train de réaliser.

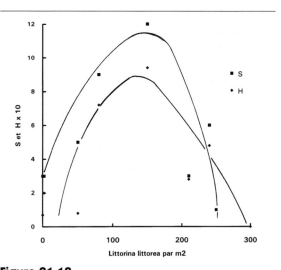

Figure 21.18.
Influence de la densité du Gastéropode *Littorina littorea* sur la richesse spécifique S et sur l'indice de diversité H des algues qui poussent dans des flaques d'eau persistantes à marée basse. La valeur de H a été multipliée par dix pour obtenir une échelle commune avec S (Lubchenko, 1978).

« *Bien que les discussions se poursuivent sur le rôle de la biodiversité dans le fonctionnement des écosystèmes, des études empiriques sont en faveur de l'idée que des systèmes floristiquement riches sont plus productifs, font preuve d'une plus grande stabilité lorsqu'ils subissent un stress, et que vraisemblablement ils permettent de mieux résister aux problèmes globaux posés par l'enrichissement de l'atmosphère en* CO_2. *La connaissance de ces caractéristiques, associée à une prise de conscience de plus en plus aiguë que la diversité de la végétation terrestre est partout menacée, a contraint les biologistes à prendre en compte les mécanismes qui déterminent la composition en espèces dans les communautés végétales* » (Read, 1998).

« *Comprendre que la complexité est indispensable au maintien de l'intégrité et de la stabilité des systèmes naturels permet aux écologistes de défendre d'une façon plus cohérente les raisons pour lesquelles nous devons préserver les divers éléments et les diverses espèces qui coexistent dans une communauté écologique saine, durable et au fonctionnement harmonieux… Une fonction primordiale de l'écologie est de fournir une base scientifique rigoureuse à partir de laquelle des décisions politiques et sociales peuvent être prises quant à la meilleure façon de gérer notre environnement naturel. Ceci est une lourde tache mais les écologistes sont sur la bonne voie* (Polis, 1998).

Références

ALLORGE, L., 1990. Les pervenches de Madagascar. *Bull. Soc. industrielle Mulhouse*, **819**, p. 59-64.

ATTSATT, P. R. & O'DOWD, D.J., 1976. Plant defense guilds. *Science*, **193**, p. 24- 29.

BALDY, C. & STIGTER, C.J., 1993. *Agrométéorologie des cultures multiples en régions chaudes*. Éditions de l'INRA, Paris.

BECK, S. D. & SCHOONHOVEN, L. M., 1980. Insect behaviour and plant resistance. *In* : F. G. Maxwell & P. R. Jennings (eds.), *Breeding plants resistant to insects*. Wiley & Sons, p. 116-133.

BRADLEY, D., 1993. Frog venom cocktail yields a one handed painkiller. *Science*, **261**, p. 1 117.

BROWN, A K. & GANGE, A C, 1989. Differential effects of above and below- ground insect herbivory during early plant succession. *Oikos*, **54**, p. 67-76.

BURDON, J. J. & CHILVERS, G. A., 1982. Host density as a factor in plant disease ecology. *Ann. Rev. Phytopathology*, **20**, p. 143-166.

CARPENTER, C., 1986. Partitioning herbivory and its effects on coral reef algae. *Ecol. Monog.*, **56**, p. 345-363.

CHANETON, E. J.& FACELLI, J. M., 1991. Disturbance effects on plant community diversity : spatial scales and dominance hierarchies. *Vegetation*, **93**, p. 143-156.

CHAUBET, B., 1992. Diversité écologique, aménagement des agro-écosystèmes et favorisation des ennemis naturels des ravageurs : cas des aphidiphages. *Courrier de l'Environnement INRA*, n°**18**, p. 45-63.

CHAUVEL, A. *et al.*, 1999. Pasture damage by an Amazonian earthworm. *Nature*, **398**, p. 32-33.

CHAUVET, M. *et al.*, 1989. Étude et sauvegarde des plantes sauvages apparentées à des plantes cultivées : le cas des *Brassica*. *In* : M. Chauvet, *Plantes sauvages menacées de France. Bilan et protection*. Bureau des ressources génétiques. Lavoisier, Paris.

CONNELL, J. H. C., 1978. Diversity in tropical forest and coral reefs. *Science*, **199**, p. 1 302-1 310.

COSTANZA, R. *et al.*, 1997. The value of the world's ecosystem services and natural capital. *Nature*, **387**, p. 253-260.

DAILY, G. C., 1997. *Nature's Services*. Island Press, Washington.

BODSON, A., 1995. Biodiversity and human health. *TREE*, **10**, p. 390-391.

DODD, M. *et al.*, 1994. Community stability : a 60-year record of trends and outbreaks in the occurrence of species in the Park Grass Experiment. *J. Ecol.*, **83**, p. 277-285.

DOYLE, W., 1981. The role of disturbance in the gap dynamics of a montane rain forest : an application of a tropical forest succession model. *In* : D. C. West *et al.* (eds.), *Forest succession, concept and application*, p. 56-73. Springer, Berlin.

EHRLICH P. R.& EHRLICH, A. H., 1981. *Extinctions. The causes and consequences of the disappearance of species*. Random House.

ELTON, C. S., 1958. *The ecology of invasions by animals and plants*. Chapman & Hall, London.

FLAM, F., 1994. Chemical prospectors scour the seas for promising drugs. *Science*, **266**, p. 1 324-1 325.

FOURNIER, A.& PLANCHON, O., 1998. Link of vegetation with soil at a few metre-scale : herbaceous floristic composition and infiltrability in a Sudanian fallowland. *Acta Oecol.*, **19**, p. 215-226.

FRANK D. A.& McNAUGHTON, S. J., 1991. Stability increase with diversity in plant communities : empirical evidence from the 1988 Yellowstone drought. *Oikos*, **62**, p. 360-362.

FRANK, D A. *et al.*, 1998. The ecology of the earth's grazing ecosystems. *Bioscience*, **48**, p. 513-521.

GARNIER E. *et al.*, 1997. A problem for biodiversity-productivity studies : how to compare the productivity of multispecific plant mixtures to that of monocultures ? *Acta Oecologica*, **18,** p. 657-670.

GOODMAN, D., 1975. The theory of diversity stability relationships in ecology. *Quart. Rev. Biol.*, **50**, p. 237-266.

HALL, S. J. G.& BRADLEY, D. G., 1995. Conserving livestock breed biodiversity. *TREE*, **10**, p. 267-270.

HECTOR, A *et al.*, 1999. Plant diversity and productivity experiments in European grasslands. *Science*, **286**, p. 1 123-1 127.

HOLLING, C. S., 1973. Resilience and stability of ecological systems. *Ann. Rev. Ecol. Syst.*, **4**, p. 1-24.

HUNTLEY, N. J., 1991. Herbivores and the dynamics of communities and ecosystems. *Ann. Rev. Ecol. Syst.*, **22**, p. 477-503.

IMBERT, D. *et al.*, 1998. Ouragans et diversité biologique dans les forêts tropicales. L'exemple de la Guadeloupe. *Acta Oecologia*, **19**, p. 251-262.

JACKSON, M. T.& FORD-LLOYD, B. V., 1991. Plant genetic resources. A perspective. *In* : M. T. Jackson *et al.* (eds.), *Climate change and plant genetic resources*, p. 1-17. Belhaven Press, London.

KAREIVA, P., 1996. Diversity and sustainability on the prairie. *Nature*, **379**, p. 673- 674.

KNAPP, A. K. *et al.*, 1999. The keystone role of bison in North American tallgrass prairie. *Bioscience*, **49**, p. 39-49.

KOENIG, W. D. & HAYDOCK, J., 1999. Oaks, acorns, and the geographical ecology of acorn woodpeckers. *J. Biogeography*, **26**, p. 159-165.

LARSEN, P. F., 1974. Structural and functional responses of an oyster reef community to a natural and severe reduction in salinity. *Proc. 1st Int. Congr. Ecol.*, p. 80-85.

LAVOREL, S. *et al.*, 1998. Identifying functional groups for response to disturbance in an abandoned pasture. *Acta Oecol.*, **19**, p. 227-240.

LOREAU, M., 1995. Consumers as maximisers of matter and energy flow in ecosystems. *Amer. Nat.*, **145**, p. 22-42.

LUBCHENKO, J., 1978. Plant species diversity in a marine intertidal community : importance of herbivore food preference and algal competitive abilities. *Am. Nat.*, **64**, p. 1 116-1 123.

MAC ARTHUR, R., 1955. Fluctuations of animal populations and a measure of community stability. *Ecology*, **36**, p. 533-536.

McCANN, K. *et al.*, 1998. Weak trophic interactions and the balance of nature. *Nature*, **395**, p. 794-798.

McGRADY-STEED, J. K. W. *et al.*, 1997. Biodiversity regulates ecosystem predictability. *Nature*, **390**, p. 162-165.

McNAUGHTON, S. J., 1983. Serengeti grassland ecology : the role of composite environmental factors and contingency in community organization. *Ecological Monographs*, **53**, p. 291-320.

MAY, R. M., 1972. Will a large complexe be stable ? *Nature*, **238**, p. 413-414.

MAY, R. M., 1973. *Stability and complexity in model ecosystems*. Princeton University Press.

MENGE, B. A. *et al.*, 1985. Diversity, heterogeneity and consumer pressure in a tropical rocky intertidal community. *Oecologia*, **65**, p. 394-405.

MILCHUMAS, D. G. *et al.*, 1988. A generalized model of the effects of grazing by large herbivores on grassland community structure. *Amer. Nat.*, **132**, p. 87-106.

MOORE, P. D., 1999. Woodpecker population drill. *Nature*, **399**, p. 528-529.

MURDOCH, W. W., 1975. Diversity, complexity, stability and pest control. *J. appl. Ecol.*, **12**, p. 795-807.

MYERS, N., 1989. The future of forests. *In* : L. Friday & L. Lasskey (eds.), *The fragile environment*, p. 23-40. Cambridge Univ. Press.

NAGEL, H., 1979. Analysis of invertebrate diversity in a mixed prairie ecosystem. *J. Kansas Ent. Soc.*, **52**, p. 777-786.

NAEEM, S. *et al.*, 1994. Declining biodiversity can alter the performance of ecosystems. *Nature*, **368**, p. 734-737.

NAEEM, S. & LI, S.,1997. Biodiversity enhances ecosystem reliability. *Nature*, **390**, p. 507-509.

NOY MEIR, I., 1974. Population and biodiversity. *Ambio*, **24**, p. 56-57.

PARFAIT, G. & JARRY, M., 1987. Diversité végétale et impact des insectes phytophages : une revue bibliographique des méthodes appliquées au cas des cultures associées. *Acta Oecologica*, **8**, p. 365-378.

PARK, T., 1948. Experimental studies of interspecific competition. I. Competition between populations of flour beetles *Tribolium confusum* and *Tribolium castaneum*. *Ecol. Monog.*, **18**, p. 267-307.

PETCHEY, O. L. *et al.*, 1999. Environmental warming alters food-web structure and ecosystem function. *Nature*, **402**, p. 69-72.

PIMENTEL, D. *et al.*, 1997. Economic and environmental benefits of biodiversity. *BioScience*, **47**, p. 747-757.

POLLIS, G. A., 1994. Food webs, trophic cascade and community structure. *Australian Journal of Ecology*, **19** : 121-136.

PRESCOTT-ALLEN, R. & PRESCOTT-ALLEN, C., 1982. Pour la conservation *in situ* des ressources génétiques des plantes cultivées. *Nature et ressources*, **18**, p. 17- 22.

READ, D., 1998. Plants on the web. *Nature*, **396**, p. 22-23.

REICHMAN, O. J.& SMITH, S. C., 1985. Impact of pocket gopher burrows on overlying vegetation. *J. Mammal.*, **66**, p. 720-725.

RITCHIE, M. E., 1999. Biodiversity and reduced extinction risks in spatially isolated rodent populations. *Ecology letters*, **2**, p. 11-13.

ROBINSON, G. R. *et al.*, 1995. Invasibility of experimental habitat islands in a California winter annual grassland. *Ecology*, **76**, p. 786-794.

RODRIGUEZ, M. A.& GOMEZ-SAL, A., 1994. Stability may decrease with diversity in grassland communities : empirical evidence from the 1986 Cantabrian Mountains (Spain) drought. *Oikos*, **71**, p. 177-180.

SCHMUTTERER, H, 1990. Properties and potential of natural pesticides from the neem tree *Azadirachta indica*. *Ann. Rev. Ent.*, **35**, p. 271-295.

SHURE D. J. & HUNT, E. J., 1981. Ecological responses to enrichment perturbation in a pine forest. *In* : G. W. Barrett & R. Rosenberg, *Stress effects on natural ecosystems*, p. 103-114. John Wiley & Sons, Chichester.

SOMMER, U., 1999. The impact of herbivore type and grazing pressure on benthic microalgal diversity. *Ecology Letters*, **2**, p. 65-69.

SOUTHWOOD, T. R. E. *et al.*, 1979. The relationships of plant and insect diversity in succession. *Biol. J. Lin. Soc.*, **12**, p. 327-348.

STIX, G., 1993. Back to roots : drug companies forage for new treatments. *Scient. Amer.*, **268**, p. 142-143.

TILMAN, D., 1997 a. Community invasibility, recruitment limitation and grasssland biodiversity. *Ecology*, **78**, p. 81-92.

TILMAN, D., 1997 b. The influence of functional diversity and composition on ecosystem processes. *Science*, **277** p. 1 300-1 302.

TILMAN, D., 1999. Diversity and production in European grasslands. *Science*, **286**, p. 1 099-1 100.

TILMAN, D.& DOWNING, J. A., 1994. Biodiversity and stability in grassland. *Nature*, **367**, p. 363-365.

TILMAN, D. *et al.*, 1996. Productivity and sustainability influenced by biodiversity in grassland ecosystems. *Nature*, **379**, p. 718-720.

TILMAN, D. *et al.*, 1997a. The influence of island area on ecosystem properties. *Science*, **277**, p. 1296-1299.

TILMAN, D. *et al.*, 1997 b. Biodiversity and ecosystem properties. *Science*, **278**, p. 1 866-1 867.

VAN DER HEIDJEN, M. G. A., 1998. Mycorrhizal fungal diversity determines plant biodiversity, ecosystem variability and productivity. *Nature*, **395**, p. 69-72.

WALL, D. H. & MOORE, J. C., 1999. Interactions underground. *Bioscience*, **49**, p. 109-117.

WARDLE, D. A., 1999. Is « sampling effect » a problem for experiments investigating biodiversity-ecosystem function relationships ? *Oikos*, **87**, p. 403-407.

WOLDA, H. ,1978. Fluctuations in abundance of tropical insects. *Amer. Nat.*, **112,** p. 1 017-1 045.

WOOLHOUSE, M. E. J.& HARMSEN, R., 1987. Just how unstable are agroecosystems ? *Canad. J. Zool.*, **65**, p. 1 577-1 580.

Une mise au point relative aux divers aspects de l'étude de la biodiversité est parue après la rédaction de ce chapitre.

TILMAN, D., et al., 2000. *Nature insight : biodiversity. Nature*, **405**, p. 206-255.

GREENPEACE

Quand le dernier arbre sera coupé,
la dernière rivière empoisonnée et
le dernier poisson mort,
alors l'homme découvrira que l'on
ne se nourrit pas d'argent.

L'association *Greenpeace* a été fondée en 1971 par un groupe de personnes décidées à s'opposer aux essais nucléaires améri-cains. *Greenpeace* est devenue une organisation internationale qui lutte contre les diverses formes de pollution nucléaire et pour la protection du milieu marin et de ses animaux, les baleines en particulier. L'épisode le plus célèbre est celui du bateau « *Rainbow Warrior* » qui, envoyé pour empêcher les essais nucléaires français dans le Pacifique, fit l'objet d'un sabotage dans un port de Nouvelle Zélande.

Chapitre 22

L'HOMME ET LA NATURE. DESTRUCTION ET CONSERVATION DE LA BIODIVERSITÉ

Il est parfois difficile d'imaginer l'ampleur des modifications que l'homme a imposées à la biosphère, surtout dans les régions qui sont densément peuplées depuis longtemps et qui ont, de ce fait, été particulièrement malmenées. Peu d'écosystèmes restent intacts et les destructions sont souvent spectaculaires. Un inventaire détaillé des atteintes qui sont portées à la biosphère nécessiterait de longs développements. Nous ne présenterons ici que quelques exemples caractéristiques.

I. LA DERNIÈRE CRISE. LES EXTINCTIONS ACTUELLES

L'extinction des espèces et leur remplacement par d'autres est un phénomène normal comme le montrent les six grandes crises survenues au cours des temps géologiques (*cf.* chapitre 1). Une estimation vraisemblable admet que le rythme d'extinction a été en moyenne de une espèce par an au cours des temps. Actuellement 100 espèces, peut être 1000, disparaissent chaque jour à cause de l'homme (Ehrlich & Ehrlich, 1981). Le taux moyen d'extinction dans les régions tropicales est de 17 500 espèces par an (Wilson, 1992). La disparition des espèces due à la déforestation est environ 10 000 fois plus grande que le rythme naturel. Madagascar a perdu 93 % de ses forêts, l'Équateur 95 %, et le Brésil 99 % de sa forêt côtière atlantique.

À l'exception de quelques cas non élucidés la quasi-totalité des menaces qui pèsent sur les espèces proviennent de l'action néfaste de l'homme, soit directe (chasse) soit indirecte (destruction des habitats, introduction d'espèces exotiques). Si l'on admet, malgré ses imperfections, la théorie de la biogéographie insulaire (*cf.* chapitre 13) il est possible d'obtenir une estimation du nombre d'extinctions N en fonction de la surface d'écosystème détruite S :

$$N = k. S^{0,25}$$

k étant une constante qui dépend de l'écosystème. Cette formule montre que lorsque l'écosystème est détruit à 90 % la moitié des espèces disparaissent. Celles qui ont un grand domaine vital disparaissent en premier. Ce besoin d'espace est la raison pour laquelle, dans la forêt polonaise de Bialowieza qui renferme pourtant 1 250 km² de réserve protégée, l'ours, le glouton, le chat sauvage, le grand duc et l'aigle royal ont disparu. En 1970 l'île de Barro Colorado d'une surface de 1 500 ha avait perdu 45 espèces d'oiseaux soit 25 % de son avifaune depuis la mise en eau du canal de Panama en 1917. Dans le New Jersey des bosquets d'une surface de 3 ha ne renferment plus que 22 % de la faune régionale d'oiseaux tandis que ceux de 8 ha en renferment encore 35 %. L'exigence d'une surface minimale se retrouve chez les espèces de petite taille. La réduction de 80 % de la surface d'une prairie a entraîné la perte de 33 % des espèces de Coléoptères Carabidés et de 47 % des espèces d'araignées.

Puisque ce sont les régions tropicales qui sont les plus riches et les plus menacées le calcul du nombre d'espèces perdues peut être réalisé pour ces régions. En admettant une valeur maximale et une valeur minimale du nombre d'espèces présentes et un pourcentage de destruction minimale de la couverture forestière tropicale on obtient pour l'an 2010 les estimations suivantes (Lugo, 1988) :

Régions	Nombre actuel d'espèces (en milliers)	Déforestation prévue (en %)	Extinctions prévues (en milliers)
Amérique latine	300 à 1 000	17,1	30 à 100
Afrique	150 à 500	8,9	6 à 20
Asie	300 à 1 000	15,1	30 à 100
Ensemble	750 à 2 500	12,3	66 à 220

L'attention est de plus en plus attirée par l'appauvrissement considérable des riches faunes et flores tropicales et la perte d'espèces souvent spectaculaires. Mais si les écosystèmes des régions tempérées renferment moins d'espèces ils subissent aussi des pertes de biodiversité qui ont un impact important sur leur fonctionnement. Dans les lacs du nord-est des États-Unis les pluies acides ont éliminé de 40 à 70 % des espèces d'invertébrés appartenant à des groupes tels que les insectes, les Mollusques ou les annélides. Des pertes plus faibles mais significatives ont été enregistrées parmi les poissons de la famille des Cyprinidés, les algues et les crustacés. Ces animaux jouent un rôle important dans les chaînes alimentaires qui conduisent à des poissons prédateurs très recherchés par les pêcheurs. Dans un seul lac, lorsque l'acidification abaisse le pH de 6,5 à 5,0 le nombre d'espèces est réduit de 220 à 147. L'élimination de moins de 10 espèces d'invertébrés entraîne des perturbations au niveau des populations de truites. L'appauvrissement des autres milieux est vraisemblablement du même ordre de grandeur.

Depuis l'an 1 600 l'homme a exterminé 151 espèces de Mammifères et d'oiseaux. Jusqu'en 1800 le nombre moyen d'espèces de Mammifères qui disparaissaient par an était de 0,02. Il a été de 0,93 pour la période 1901-1960. La perte de biodiversité qui est spectaculaire dans les régions tropicales touche toute la planète. En France le bison et le loup ont disparu (ce dernier fait cependant une réapparition dans les Alpes malgré l'hostilité quasi générale), l'ours est au bord de l'extinction, le lynx est devenu très rare. Dans le milieu marin la rhytine de Steller a été exterminée en 1768 peu de temps après sa découverte.

Des invertébrés jadis abondants ont également disparu. La grande sauterelle *Decticus verrucivorus monspeliensis* qui pullulait parfois jusqu'au début du XXe siècle dans la région de Montpellier semble disparue à la suite de la destruction de ses biotopes transformés en vignobles. Aux États-Unis le criquet *Melanoplus spretus* qui était une « peste » est éteint depuis 1902 à la suite de la mise en culture de ses biotopes. La perte de biodiversité peut résulter d'interventions dont les conséquences n'ont pas été suffisamment étudiées. Dans l'Océan Pacifique plus de cent espèces d'insectes parasitoïdes ont été introduites dans l'île de Guam pour réaliser la lutte biologique contre des insectes nuisibles. Ces parasitoïdes ont causé la disparition de 25 % des Lépidoptères endémiques de l'île. Les *Partula*, Gastéropodes endémiques terrestres de plusieurs îles du Pacifique ont été anéantis dans l'île de Mooréa par le Mollusque carnivore *Euglandina rosea* introduit en 1977 pour réaliser la lutte biologique contre le Gastéropode géant *Achatina fulica*, une peste introduite d'Afrique. Les *Partula* qui ont fait l'objet de nombreuses études sur les mécanismes de la spéciation ont un grand intérêt scientifique. Quarante sept espèces ont disparu dans l'ensemble des îles du Pacifique et onze espèces ne subsistent plus que dans des élevages maintenus dans divers laboratoires.

Un rapport du World Conservation Monitoring Centre évalue à 976 le nombre d'espèces d'arbres qui sont sérieusement menacées de disparition et dont la conservation nécessite des mesures urgentes de protection. Pour l'ensemble des arbres, 10 % des espèces sont menacées à plus ou moins longue échéance par la destruction de leurs habitats. Parmi les végétaux de

la flore de France le palmier nain *Chamaerops humilis* a été éliminé de la Côte d'Azur par les lotissements et l'Orchidée *Cypripedium calceolus* ou sabot de Vénus subit le vandalisme des collectionneurs. *Marsilea strigosa* a été éliminé des Pyrénées-Orientales ; *Damasonium alisma* ssp. *polysperma* et *Aldrovandia vesiculosa* des Bouches-du-Rhône ; *Lythrum thesioides* et *Trifolium cernuum* du Gard ; *Botrychium matricariifolium* de l'Ardèche ; *Centaurium favargeri* et *Convolvulus lineatus* du Vaucluse. Dans le département des Alpes-Maritimes 74 espèces de plantes à fleurs ont disparu, 43 sont en danger et 23 sont vulnérables. En Belgique 5 % des plantes vasculaires ont disparu et 25 % de celles qui subsistent sont menacées d'extinction.

On estime que 10 % des invertébrés européens ont disparu ou sont menacés de disparition, ce qui représente au moins 10 000 espèces. Ces extinctions intéressent parfois des niveaux taxinomiques élevés : aucun représentant de la famille des Diptères Thyréophoridés n'a plus été trouvé en Europe depuis le début du siècle. Parmi les papillons de jour 20 % des espèces sont menacées de disparition ainsi que 35 % des espèces de libellules. En France, la première extinction connue est celle du papillon *Lycaena dispar grenieri* qui a disparu des marais du département de l'Aisne vers 1905. Six autres sous-espèces de papillons auraient disparu en France au cours des dernières décennies (Bernardi, 1989). Des papillons comme *Boloria aquilonis*, *Proclassiana eunomia* et *Coenonympha oedippus* dont les chenilles vivent sur des plantes de tourbières disparaîtront rapidement si des mesures de protection de leur habitat ne sont pas prises (Blab *et al.*, 1988).

Parmi les papillons de la faune de France le genre *Parnassius* renferme plusieurs espèces dont le déclin est très marqué et chez l'apollon *Parnassius apollo* de nombreuses races locales se sont éteintes récemment. Les causes de ces régressions peuvent être classées sous deux rubriques. La disparition subite de l'apollon sur le Causse du Larzac est attribuée à une série d'anomalies climatiques. Les hivers 1989 et 1990 ont été particulièrement doux (conséquence du changement global ?) avec un retour du froid en février ce qui a tué un grand nombre de chenilles qui étaient en activité. Mais la cause majeure de la disparition des *Parnassius* est la modification du milieu. La localité principale

où vivait *Parnassius mnemosyne* au pied du Puy de Dôme a été goudronnée. Ailleurs les milieux ouverts où volaient ces papillons ont été recouverts par des forêts ou d'épaisses broussailles. Ce boisement spontané est la conséquence de la déprise agricole et plus spécialement de l'abandon du pâturage par les moutons qui maintenaient le milieu ouvert nécessaire aux papillons. Actuellement ce pâturage, à condition de ne pas être exagéré, est le gardien de la biodiversité dans les régions de moyenne montagne. Au Pléistocène ancien, en l'absence de l'homme, des grands Mammifères aujourd'hui disparus assuraient le maintien de milieux ouverts et l'hétérogénéité du paysage. Le déboisement volontaire, le débroussaillage et le retour des troupeaux de moutons sont des mesures qui devraient permettre le maintien des espèces de *Parnassius* encore présentes (Descimon, 1994).

Le massif de Fontainebleau est bien connu des naturalistes pour la richesse de sa faune. Un inventaire récent fait état de 1638 espèces de Lépidoptères sur les 5120 que compte la France. Parmi les papillons de jour ou Rhopalocères 110 espèces ont été signalées mais 31 ont disparu et 33 se sont considérablement raréfiées. Les causes de ces disparitions sont attribuées à la pollution en premier lieu. Ce constat n'est pas valable pour le seul massif de Fontainebleau ; il s'agit d'une régression générale de la plupart des espèces de Rhopalocères dans toute la France. Le recul touche même les espèces communes. Un papillon jadis banal comme la petite tortue *Aglais urticae* qui vit sur l'ortie, une plante commune, n'a plus guère été vu ces dernières années. Le gazé *Aporia crataegi* qui se développe sur le prunellier a disparu de toute l'Île de France et de la Grande Bretagne. Étant donné que sa plante nourricière subsiste, la cause de cette disparition reste à découvrir. Elle réside vraisemblablement dans une perturbation des écosystèmes, peut être liée au remembrement (Gibeaux, 1999).

Dans la région du Gâtinais au sud-est de Paris, le déclin de beaucoup d'espèces de Coléoptères est dû à la modification des pratiques agricoles. La disparition de l'élevage extensif des moutons et l'emploi, pour le traitement du bétail, de substances helminthicides comme l'ivermectine a provoqué l'extinction de plusieurs espèces de Scarabéides coprophages. La disparition quasi totale des pelouses calcaires sèches dont beaucoup ont été urbanisées ou mises en culture a éliminé diverses espèces de Coléoptères de la famille des Carabidés dont certains trouvaient dans le

Gâtinais leur limite de répartition septentrionale. Le genre *Poecilus* est passé de 6 à 2 espèces ; le genre *Ophonus* de 13 à 8 espèces et le genre *Harpalus* de 25 à 18. L'irrigation, qui modifie la température de la surface du sol, a fait disparaître beaucoup d'espèces thermophiles. L'emploi massif d'insecticides est responsable de la quasi disparition d'espèces prédatrices situées au sommet des chaînes alimentaires comme les Carabes ou la cicindèle *Cicindela germanica* jadis abondante dans les champs. La pratique des brûlis après la récolte du blé a éliminé la riche faune qui occupait jadis les champs après la moisson. La pollution des pièces d'eau ou leur assèchement est la cause d'une raréfaction des Coléoptères phytophages vivant aux dépens des plantes aquatiques comme les Chrysomélides du genre *Donacia* dont 12 espèces sur les 21 recensées avant 1960 n'ont pas été revues. Les modifications des pratiques agricoles et le passage à une agriculture intensive ont des conséquences néfastes sur les oiseaux en Grande-Bretagne. Durant les vingt dernières années dix millions d'oiseaux appartenant à dix espèces vivant dans les zones cultivées ont disparu. Les relevés effectués régulièrement ont montré que 13 espèces vivant exclusivement dans les zones cultivées comme l'alouette, la perdrix, la linotte ont eu leurs effectifs réduits de 30 % en moyenne entre 1968 et 1995 tandis que 29 espèces généralistes vivant dans tous les milieux comme la corneille ou le troglodyte ont leurs effectifs qui ont augmenté en moyenne de 23 % (Krebs *et al.*, 1999). L'abandon des pratiques agricoles traditionnelles met également en péril certains milieux et les espèces qu'ils hébergent. L'élevage extensif avait maintenu en état des pelouses calcaires et des tourbières qui ont tendance à se boiser en l'absence de pâturage. Les haies, considérées comme gênantes, ont été supprimées. Les steppes sont rares en Europe. La Crau en est le seul exemple en France. Elle héberge une flore et une faune remarquables dont un oiseau, le ganga. C'est le pâturage extensif par des ovins qui a maintenu ce milieu et il doit être conservé.

Le déclin général des populations d'Amphibiens qui est observé dans le monde entier a des causes mal élucidées. On a incriminé la destruction des habitats ; la pollution par les pluies acides, par les pesticides et par les déchets de l'industrie ; l'introduction de prédateurs comme divers poissons ; l'augmentation, due à la réduction de la couche d'ozone, du rayonnement ultra violet UV-B, ce qui provoque une mortalité accrue aux stades oeuf et embryon. On a aussi pensé que les UV-B favorisent l'infestation des Amphibiens par des champignons pathogènes du genre *Saprolegnia* qui se rencontrent naturellement dans les eaux douces. Le véritable responsable de la disparition des Amphibiens semble avoir été trouvé récemment : il s'agit d'un champignon pathogène du groupe des Chytridiomycètes qui attaque la peau, provoque une mycose et empêche les animaux de respirer. Ce champignon a dû être disséminé involontai-

rement dans des zones aussi diverses que l'Amérique ou l'Australie. C'est pourquoi le nettoyage des chaussures et des vêtements, des pièges et des véhicules des chercheurs qui étudient les Amphibiens est recommandé (Kaiser, 1998).

Certaines observations peuvent être interprétées comme une preuve de l'extinction récente de Mammifères, d'oiseaux ou d'autres espèces animales. Dans le nord du Mexique, le désert de Chihuahua est la patrie des Cactées du genre *Opuntia*. Ces plantes possèdent des particularités telles que des fruits brillamment colorés, souvent rougeâtres, ce qui permet de supposer que des mégaherbivores (Camélidés, Edentés ?) dispersaient jadis les fruits de ces plantes avec lesquelles ils auraient coévolué (Janzen, 1986). Le dodo (*Drontes giganteus*) de l'île Maurice était le seul animal capable de fendre les fruits très durs de l'arbre *Calvaria major* et d'assurer la germination de ses graines. L'élimination du dodo expliquerait la quasi-disparition actuelle de cet arbre (Temple, 1977). Dans cette même île Maurice les bousiers appartenant au genre endémique *Neosisyphus* vivaient aux dépens de fèces d'oiseaux ou de tortues aujourd'hui disparus, l'île ne possédant aucun Mammifère indigène. Ces insectes ont réussi à survivre en s'adaptant à des bouses de singes récemment introduits. Il en est de même à Madagascar dont les bousiers endémiques ont vécu des millions d'années en exploitant les excréments de Lémuriens géants et peut être d'oiseaux comme les *Aepyornis* avant d'exploiter ceux du bétail et de l'homme, lorsque celui-ci a exterminé une partie de la grande faune.

Après les vagues d'extinction survenues au cours des temps géologiques la vie a persisté car l'évolution a pu continuer, ses deux moteurs qui sont la spéciation (formation de nouvelles espèces à partir d'espèces préexistantes) et l'adaptation (grâce à la diversité génétique des espèces entretenue par les mutations) ayant été maintenus. Il n'en est plus de même aujourd'hui car les conditions matérielles nécessaires sont de moins en moins réunies. Le manque de place empêche les espèces de se fragmenter en populations qui évoluent en espèces distinctes ; l'adaptation est de plus en plus ralentie par la réduction des effectifs qui entraîne une baisse de la diversité génétique (Nee & May, 1997). La perte de populations plus ou moins nombreuses d'une espèce aboutit à une perte de diversité génétique et à long terme elle ralentit les processus d'évolution et de spéciation. C'est un phénomène qui est peut être aussi dangereux que la perte d'espèces. Des estimations donnent des valeurs comprises entre 1,1 et 6,6 milliards (avec une moyenne de 3 milliards) de populations pour l'ensemble des espèces. Les deux tiers

des espèces vivent dans les régions tropicales qui hébergent 2 milliards de populations. En admettant que la destruction d'une fraction de l'habitat d'une espèce entraîne la disparition de la même fraction des populations, et que le taux de déforestation dans les régions tropicales est de 0,8 % par an, ce sont 16 millions de populations qui disparaissent chaque année dans ces régions soit 1 800 par heure (Hughes *et al.*, 1997).

II. QUELQUES CARACTÉRISTIQUES DES ESPÈCES MENACÉES

Les espèces menacées ou disparues présentent fréquemment des caractéristiques dont les principales sont les suivantes (Ehrlich & Ehrlich 1981 ; Simberloff, 1986) :

a) un faible taux de reproduction : c'est le cas de la baleine bleue, de l'ours blanc, du condor de Californie, du pigeon migrateur, de la grue américaine (*Grus americana*), du grand panda. Les espèces à fécondité élevée ont un risque d'extinction plus faible que les espèces à faible fécondité car elles peuvent reconstituer plus rapidement leurs effectifs.

b) des populations peu nombreuses. À cause de leurs faibles effectifs les populations peu nombreuses subissent une perte de diversité génétique ce qui limite leurs possibilités d'adaptation face aux modifications du milieu. Chez les espèces qui ont un comportement social élaboré indispensable à la reproduction ou qui vivent en colonies, la baisse des effectifs peut entraîner un arrêt de la reproduction.

c) des variations importantes d'abondance. Les oiseaux et les autres espèces qui ont des variations importantes d'abondance associées à des faibles densités ont une probabilité d'extinction élevée à l'échelle locale. Cette variabilité d'abondance explique la disparition d'espèces d'oiseaux dans l'île de Barro Colorado au Panama depuis sa formation due à la mise en eau du canal de Panama en 1914 (Karr, 1982).

d) une nourriture spécialisée rare ou éphémère : c'est le cas du faucon des Everglades *Rosthramus sociabilis* qui consomme presque uniquement des escargots du genre *Pomatia* ; du

putois à pattes noires *Mustela nigripes* qui est un prédateur spécialisé des chiens de prairie (ces derniers ayant été presque éradiqués) ; du koala australien consommateur exclusif de certains eucalyptus ; du grand panda consommateur de bambous.

e) un niveau trophique élevé : c'est le cas du tigre, de l'aigle chauve.

f) une grande taille : c'est le cas du tigre, de l'éléphant, du rhinocéros, du bison, du grizzly et de certains lémuriens malgaches. La fragilité des espèces de grande taille pourrait expliquer la disparition des dinosaures alors que d'autres Vertébrés ont survécu. La disparition de nombreux mégaherbivores au Quaternaire est peut être aussi la conséquence d'une tendance spontanée à l'extinction des espèces de grande taille, extinction qui aurait été accélérée par l'homme (Schüle, 1992). Les mégaherbivores auraient eu un impact important sur la forêt en espaçant les arbres, en ouvrant la voûte forestière et en créant des forêts ouvertes ou des savanes boisées comme on en trouve aujourd'hui dans les régions d'Afrique où subsiste l'éléphant. La disparition de ces mégaherbivores aurait permis le retour d'une forêt dense avec fermeture de la voûte forestière. Si cette conception est exacte les extinctions quaternaires de grands Mammifères comme les Lémuriens de Madagascar ou de grands oiseaux comme les moas de Nouvelle-Zélande correspondraient à un phénomène naturel seulement accéléré par l'homme.

Une opinion répandue est que les espèces qui sont situées à un niveau trophique élevé sont rares et par conséquent menacées. Rosenzweig & Lomolino (1997) critiquent cette conception. Ils font remarquer que la taille n'est pas toujours liée au niveau trophique. Il existe des herbivores comme le rhinocéros qui ont une taille égale ou supérieure à celle d'un prédateur comme le tigre et parmi les prédateurs il existe des espèces de taille très variable à l'intérieur d'un même taxon, celui des Mammifères. C'est la grande taille qui rend les espèces vulnérables et favorise leur extinction ou entraîne leur rareté. Cette idée est confirmée par le cas du Coléoptère américain *Nicrophorus americanus*, l'espèce la plus grande parmi les Coléoptères qui exploitent les cadavres. Cette espèce jadis répandue dans tout l'est américain est aujourd'hui localisée à deux petites régions du Sud Dakota et du Tennessee et elle est en voie de disparition. En Europe *Nicrophorus germanicus*, la plus grande espèce du genre, semble éteinte.

g) une zone de reproduction limitée : c'est le cas de la fauvette de Kirtland *Dendroica kirtlandi*

d'Amérique du Nord qui nidifie seulement sur des pins *Pinus banksiana* âgés de 6 à 15 ans ; de la grue américaine qui nidifie dans les marécages, de l'aigle chauve qui recherche de préférence les forêts littorales, de la tortue marine qui ne pond que sur quelques plages.

h) une aire de répartition réduite : c'est le cas de beaucoup d'espèces insulaires à faibles effectifs, ou du carabe *Carabus olympiae* (cf. figure 20.16). Le campagnol *Microtus bavaricus* n'était connu que de deux localités en Allemagne et en Autriche. Sa localité en Allemagne est détruite et il n'a pas été revu depuis 1962. C'est vraisemblablement une espèce éteinte.

Pour un ensemble d'espèces appartenant à une région géographiquement limitée, les espèces les plus abondantes tendent aussi à être les plus largement distribuées. Les espèces qui ont une faible abondance locale et une aire de répartition limitée ont plus de risques d'extinction sous l'action des conditions de milieu défavorables. L'examen de la liste d'espèces végétales menacées (« liste rouge » de l'UICN) montre que ces espèces appartiennent en majorité à cette seconde catégorie. En outre, une étude des Marsupiaux d'Australie (Johnson, 1998) montre que les espèces anciennes présentent une probabilité d'extinction supérieure à celle des espèces apparues récemment.

Continents	Éteints	Extirpés	Vivants	Total	Pertes en %
Afrique	5	3	38	46	17
Asie et/ou Europe	8	2	39	49	20
Australie + Nouvelle- Guinée	15	0	1	16	94
Amérique du Nord	26	6	15	47	68
Amérique du Sud	45	2	12	59	80

Tableau 22.1.
Évolution des 167 genres de grands Mammifères présents il y a 40 000 ans à la fin du Pléistocène. Le nombre total de genres est supérieur à 167 car certains sont présents dans plusieurs régions. Extirpés signifie que les genres sont absents d'un continent mais encore présents dans un autre (Martin, 1990).

i) des couloirs de migration très réduits : c'est le cas de la baleine bleue, de la fauvette *Vermivora bachmanni* aujourd'hui peut être éteinte, qui hivernait à Cuba.

j) des prédateurs de l'homme ou du bétail : c'est le cas du loup, des divers crocodiles.

k) des espèces ayant un comportement particulier : Aux États-Unis, le perroquet de Caroline *Conuropsis carolinensis* est aujourd'hui éteint. En effet lorsqu'un individu de cette espèce était tué le reste de la bande venait voler au dessus du cadavre, ce qui rendait facile sa destruction par les chasseurs.

III. LES CAUSES DE LA PERTE DE BIODIVERSITÉ

Les causes de la perte de diversité sont nombreuses. Les principales sont les suivantes.

3.1. La chasse

La raréfaction et/ou la disparition de beaucoup de représentants des 167 genres de Mammifères pesant plus de 44 kg qui vivaient au Pléistocène dans les divers continents coïncide à peu près avec l'arrivée de l'homme (tableau 22.1). Cette destruction de beaucoup d'espèces par l'homme a pu être qualifiée de « overkill préhistorique ». L'impact de l'homme sur la faune, et en particulier sur les grands Mammifères, a commencé très tôt. L'Afrique et une partie de l'Asie du sud ont été affectées en premier avec des pertes importantes dès la fin de l'Acheuléen il y a environ 200 000 ans. L'Europe et le nord de l'Asie ont été touchés il y a 10 000 à 20 000 ans tandis que l'Australie et l'Amérique qui ont été peuplées en dernier ont été privées de leurs grands herbivores il y a 10 000 à 12 000 ans. Dans le nord-ouest de l'Europe 9 espèces de Mammifères sur les 13 qui pèsent plus de 200 kg ont été exterminées avant la fin du dernier âge glaciaire. Les espèces de

plus de 600 kg (rhinocéros, aurochs, bison, hippopotame, éléphant) ont toutes disparu sauf le bison. Les 4 espèces de carnivores de plus de 50 kg ont été exterminées avant le Flandrien à l'exception de l'ours brun. L'ampleur des destructions est attestée par les fouilles effectuées sur le site préhistorique de Solutré où les restes de près de 100 000 chevaux ont été retrouvés.

Quatre exemples permettent de montrer les conséquences d'une chasse excessive. Le pigeon migrateur *Ectopistes* qui vivait en troupes nombreuses dans les forêts de l'est de l'Amérique du Nord a été anéanti par les chasseurs et son dernier représentant est mort dans un zoo en 1914. Le bison d'Amérique, *Bison bison* a échappé de peu au même sort. Une population de 75 000 animaux a pu être reconstituée, les individus étant répartis dans diverses réserves ou dans des propriétés privées. La sous-espèce orientale du coq de prairie *Tympanuchus cupido cupido* est un oiseau qui, avant 1870, était commun dans l'est de l'Amérique du Nord. La chasse et la destruction de ses habitats ont peu à peu réduit l'aire de répartition et les effectifs de cet oiseau. En 1908 une réserve pour la dernière population fut établie dans l'île Martha's Vineyard proche de la côte est. L'effectif passa de 50 oiseaux en 1908 à 2000 en 1915. Mais un grand incendie qui sévit en 1916 fut suivi par un hiver rude durant lequel les prédateurs exercèrent une forte pression sur les oiseaux. En 1917 l'effectif était de 150 individus et de 200 en 1920. Une maladie épidémique réduisit les effectifs à 11 mâles et 2 femelles en 1927. À cause de la consanguinité cette population ne comprenait plus que 2 mâles en 1928 et en 1932 la sous-espèce était éteinte. Le lynx pardelle ou lynx d'Espagne *Lynx pardinus* qui était jadis répandu dans une grande partie de la péninsule ibérique ne possédait plus en 1950 que 9 stations isolées dans le sud-ouest de l'Espagne et au Portugal. Ses effectifs sont inférieurs à 1 000 individus. Sa quasi-disparition est due à la chasse (en une seule année 300 peaux étaient arrivées à Madrid) et à la dégradation de son habitat par l'agriculture.

Le commerce des animaux sauvages, qui touche particulièrement certaines espèces, est une cause importante de destruction de la nature. En 1998 à l'aéroport de Roissy 576 kg d'ivoire ont été saisis ; en mars 1999 au même aéroport, ce sont 4 000 peaux de pythons et 2 000 peaux de varans, animaux protégés par la convention de Washington qui ont été interceptées. En un an on a découvert au Tchad 93 cadavres d'éléphants dont les défenses avaient été arrachées. Les perroquets dont beaucoup d'espèces sont menacées font l'objet de captures et d'importations clandestines. Le léopard, le rhinocéros blanc et bien d'autres espèces sont les victimes des braconniers et des trafiquants. Les chimpanzés sont introduits clandestinement. On évalue à 350 millions le nombre d'animaux et de plantes concernés chaque année par ces trafics, ce qui représente un chiffre d'affaires de 350 milliards de francs. Un perroquet de Lear (*Anodorhynchus leari*) dont il ne reste au Brésil que 65 spécimens vivants peut se vendre jusqu'à 300 000 francs à un collectionneur. La médecine traditionnelle chinoise utilise, pour faire des remèdes dont l'efficacité est illusoire, de la corne de rhinocéros, la vésicule biliaire des ours, les os des tigres, les cornes des antilopes saïga. La corne de rhinocéros se vend de 50 000 à 200 000 francs le kg et une vésicule biliaire d'ours 7 000 francs. Le trafic des animaux touche chaque année 25 000 à 30 000 Primates, de 2 à 5 millions d'oiseaux et 10 millions de peaux de reptiles. Le trafic a fait disparaître d'Angola plus de 100 000 éléphants. Face à de pareils enjeux financiers les règlements internationaux se révèlent impuissants et bien faciles à contourner.

Les retombées de plombs de chasse dans l'eau provoquent le saturnisme et souvent la mort des oiseaux aquatiques qui les avalent. Aux États-Unis on estime à 3 000 tonnes par an la quantité de plomb tombée dans l'eau et 2 à 3 millions d'oiseaux meurent ainsi par empoisonnement.

Les Ruminants de la famille des Bovidés sont apparus au Miocène il y a 20 millions d'années. Cette famille renferme environ 300 espèces éteintes, ce qui correspond à une extinction tous les 60 000 ans. Ce rythme a été très accentué par l'homme et il atteint de nos jours une espèce par siècle. Actuellement 64 espèces sont menacées, soit près de la moitié des 137 espèces encore présentes. Le premier facteur de disparition des espèces est la destruction des habitats (destruction des forêts, des zones humides, extension de l'agriculture et de l'élevage, etc.). Le deuxième facteur de la destruction des espèces est la chasse qui est amplifiée par l'emploi d'armes de guerre dans beaucoup de pays qui possèdent encore des espèces endémiques de Bovidés. Un troisième facteur est l'hybridation avec le bétail domestique. Chez des populations peu nombreuses la diversité génétique est diminuée et l'augmentation de la consanguinité limite les possibilités de lutte contre les conditions de vie défavorables et réduit la fertilité et la vitalité. La chasse incontrôlée et la dégradation du milieu semi-aride où elles vivaient ont décimé les effectifs de beaucoup d'espèces d'antilopes. *Oryx dammah* jadis répandue du Sahara occidental à l'Égypte a disparu depuis 1960 à

l'exception d'individus réintroduits dans le parc national Bou Hedma en Tunisie. *Addax nasomaculatus* était présente jusqu'en 1970 dans le sud de l'Algérie, de la Libye et en Égypte. Elle est éteinte à l'exception de quelques individus errants venus du Tchad et du Niger mais elle est aussi réintroduite dans le parc national de Bou Hedma. *Alcelaphus busephalus* qui habitait les plaines depuis le Maroc jusqu'à l'Égypte est éteinte depuis le début du siècle. *Gazella dorcas*, est représentée au Maroc par de petites populations totalisant 400 individus. *Gazella rufina* qui était connue seulement dans le nord de l'Algérie est présumée éteinte. *Gazella leptoceros* qui est très chassée est au bord de l'extinction. *Gazella cuvieri* survit dans les montagnes de l'Atlas sous la forme de populations de 1 000 individus environ. *Gazella dama* est apparemment éteinte en Afrique du Nord sauf dans le sud-ouest du Maroc où elle a été vue en 1980. En Afrique au sud du Sahara il ne semble pas exister d'espèces d'antilopes menacées. La croissance démographique, la destruction des habitats, la chasse seront responsables dans les cent années à venir de dégradations telles que bien peu d'espèces d'antilopes ne seront pas menacées. Les estimations actuelles montrent que dans un pays dont la population ne dépasse pas une densité de 15 habitants/km^2 le pourcentage d'antilopes menacées est faible. Dans les pays où la population atteint 55 habitants/km^2 le pourcentage d'espèces éteintes varie de 33 à 41 %. La protection des antilopes et des autres grands Mammifères dans des réserves devient une nécessité lorsque la densité de la population augmente. Or le taux de croissance démographique au sud du Sahara est tel que la population double tous les 20 à 30 ans. Dans cent ans tous les pays de cette région auront plus de 60 habitants au km^2.

3.2. La pêche

On estime que 4,4 millions de baleines fréquentaient les océans en 1900. Il n'en restait plus que 1 million en 1991 à cause de la surexploitation de la plupart des espèces ayant une

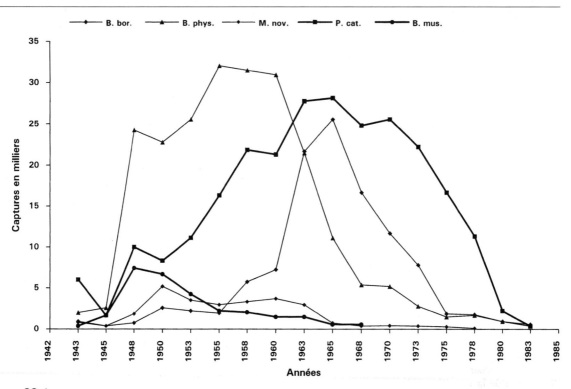

Figure 22.1.
Évolution des captures de grands Cétacés depuis 1943.

B. bor. : *Balaenoptera borealis* (sei whale) ; B. *phys.* : *Balaenoptera physalus* (fin whale) ; M. nov. : *Megaptera novaeangliae* (humpback whale) ; P. cat. : *Physeter catodon* (sperm whale) ; B. mus. : *Balaenoptera musculus* (blue whale) (d'après les données de la Commission Baleinière Internationale).

valeur commerciale. Les populations de 8 espèces sur les 11 qui sont chassées ont été réduites (figure 22.1). Ceci tient au fait que les Cétacés sont sensibles à la surexploitation en raison de leur faible fécondité. La baleine bleue, le plus grand animal connu (30 mètres et 136 tonnes) avait des effectifs de 200 000 individus qui fréquentaient les eaux de l'Antarctique où ils venaient se nourrir de krill. Leur chasse a été interdite en 1964. Il en reste moins de 1 000 individus dont 450 dans l'Antarctique. Cet effectif semble insuffisant pour assurer la survie de l'espèce. La *Commission Baleinière Internationale* a établi des quotas en 1949 mais ceux-ci sont ignorés par certains pays, parfois sous le prétexte d'études dites « scientifiques ». Actuellement parmi les baleines de grande taille deux sont en danger d'extinction et cinq autres sont menacées. Des observations récentes ont montré que cette vaste réduction des effectifs de Cétacés a modifié la biodiversité des fonds marins en diminuant les apports de matière organique aux communautés qui réalisent la chimiosynthèse et qui sont associées aux sources hydrothermales. Ces communautés associées aux squelettes de baleines ont été découvertes il y a peu de temps (Smith *et al.*, 1989) et elles ont un grand intérêt pratique en raison de diverses substances telles que des enzymes que l'on pour-

rait éventuellement obtenir à partir des organismes originaux qui les constituent (Butman *et al.*, 1995).

La surexploitation des océans se manifeste aussi par une baisse du rendement de la pêche qui a reculé en 1997 (86 millions de tonnes) par rapport à 1996 (87,1 millions de tonnes) et qui n'atteindra certainement jamais les 100 millions de tonnes annoncées il y quelques années dans des rapports trop optimistes. Le phénomène El Niño est intervenu dans la baisse de 1997 (cf. figure 3. 11) mais la stagnation de la pêche est due aussi à la surexploitation de nombreuses espèces par des flottes de pêche de plus en plus performantes qui se tournent aujourd'hui vers des régions encore peu exploitées de l'Océan Indien ou du sud-est de l'Océan Pacifique où elles commencent à appauvrir la faune.

La surexploitation des stocks de poissons entraîne une baisse de la biomasse ainsi qu'une baisse du niveau trophique moyen qui affecte toutes les régions du monde, bien qu'elle ne se fasse pas de façon régulière. Pour l'ensemble des mers le niveau trophique moyen des poissons capturés est passé de 3,3 en 1950 à moins de 3,1 en 1994, ce qui entraîne des changements dans la structure et le fonctionnement des réseaux trophiques et vraisemblablement dans la biodiversité d'autant plus que certaines espèces sont au bord de l'extinction (Pauly *et al.*, 1998). La mise en réserve d'une région a permis un accroissement de la biomasse, une augmentation proportionnellement plus grande de l'importance des poissons prédateurs d'où une élévation du niveau trophique moyen (figure 22.2). Dans le monde 500 000 dauphins sont blessés ou tués par des techniques de pêche inadaptées.

Les eaux douces font aussi l'objet d'une exploitation exagérée. Le lac Victoria en Afrique orientale possède de nombreuses espèces de poissons endémiques de la famille des Cichlidés (*cf.* chapitre 20). Le genre *Haplochromis* à lui seul renfermait environ 300 espèces ; on pense que 200 ont déjà disparu. Le facteur principal de ces disparitions est l'introduction de poissons exotiques comme la perche du Nil (*Lates niloticus*) qui est un superprédateur pouvant peser jusqu'à 100 kg, et de plusieurs espèces de *Tilapia* qui entrent en compétition avec les espèces autochtones (figure 22.3). Le développement de l'urbanisation et des activités agricoles autour du lac provoque l'eutrophisa-

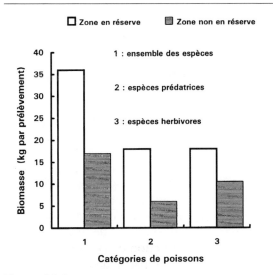

Figure 22.2.

Biomasse et structure trophique des peuplements de poissons dans une zone pêchée et dans une zone en réserve.

La biomasse est plus élevée et les espèces prédatrices sont plus abondantes dans la zone en réserve.

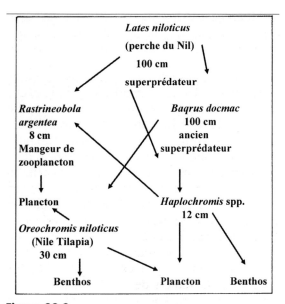

Figure 22.3.
Principaux éléments du réseau trophique du lac Victoria après l'introduction et la multiplication de la perche du Nil *Lates niloticus*, qui remplace *Baqrus docmac* comme superprédateur et qui atteint 100 kg.

tion et l'apparition d'eaux privées d'oxygène qui réduisent les habitats benthiques nécessaires aux Cichlidés. On assiste ainsi à la disparition de dizaines d'espèces tandis que des aménageurs suggèrent d'introduire la perche du Nil dans le lac Malawi où elle est absente. La perturbation des écosystèmes qui étaient exploités harmonieusement par des pêcheries artisanales risque d'aboutir à un effondrement du rendement de la pêche (Kaufman, 1992 ; Worthington & Lowe-McConnell, 1994). Des changements faunistiques importants et une baisse de biodiversité ont été ainsi provoqués. La perche du Nil a remplacé un poisson chat et les Haplochromines piscivores. Les Haplochromines mangeurs de phytoplancton et de détritus ont été remplacés par la crevette *Caridina nilotica* et les mangeurs de zooplancton par le Cyprinidé pélagique *Rastrineobola argentea* dont les effectifs ont beaucoup augmenté. La perche du Nil a remplacé *Baqrus docmac* comme superprédateur.

3.3. Les flores et les faunes insulaires menacées

Une caractéristique remarquable des flores insulaires est le gigantisme fréquent d'espèces appartenant à des genres ou à des familles qui

sur le continent ont un port herbacé et qui dans les îles deviennent des buissons ou des arbres. Les *Echium* et les *Limonium* des îles Canaries atteignent plusieurs mètres de haut et les Composées endémiques de Sainte-Hélène sont arborescentes. Les flores insulaires sont fragiles. Peu compétitives en raison de leur long isolement, les endémiques insulaires sont souvent détruites par des introductions, accidentelles ou volontaires, d'animaux ou de végétaux. Les chèvres sont responsables de la disparition des endémiques, remarquables de Sainte Hélène. Il subsiste dans cette île 49 espèces de plantes à fleurs endémiques mais 57 sont éteintes et 23 sont en danger. La situation est la même aux îles Juan Fernandez au large du Chili. Ces îles de 130 km^2 de surface hébergent 120 endémiques, ce qui constitue la plus forte concentration d'endémiques pour des îles océaniques au climat tempéré froid. L'introduction de chèvres et de plantes envahissantes dont certaines s'hybrident avec des espèces indigènes ruine peu à peu cette flore exceptionnelle. L'introduction volontaire du cerf de Java dans l'île de la Réunion sous la pression des chasseurs est une erreur impardonnable car on connaissait bien les dégâts provoqués par cet animal dans l'île Maurice voisine. Le remplacement des forêts indigènes riches en endémiques par des cultures industrielles de quelques espèces d'arbres à croissance rapide le plus souvent exotiques est une autre cause de destruction de la flore insulaire. L'extinction des espèces sous l'action de l'homme augmente en importance en même temps que la densité de la population humaine.

3.3.1. L'EXEMPLE DE MADAGASCAR

La faune et la flore de Madagascar sont remarquables par leur originalité et leur endémisme. On trouve dans l'île 10 000 espèces et 8 familles endémiques de plantes à fleurs ; 97 % des Lépidoptères et 90 % des Primates, Reptiles et Amphibiens sont également endémiques. Parmi les Mammifères beaucoup de Lémuriens ont disparu ou sont menacés de disparition par la chasse et la destruction de la forêt qui recouvrait jadis une grande partie de l'île. En dehors de Madagascar il n'existe que quelques petits Lémuriens en Afrique (galagos et pottos), à Ceylan et en Inde (loris). À Madagascar il en subsiste une trentaine d'espèces réparties en 5 familles. Deux espèces dont la découverte est récente montrent la rareté et la discrétion de ces

animaux. Le aye-aye *Daubentonia madagascariensis* est le Lémurien malgache le plus connu, le plus remarquable et le plus menacé. Cet animal, qui est l'équivalent écologique des pics, oiseaux absents de Madagascar, a été chassé en raison des superstitions qui en font un animal maléfique. Il n'en reste plus guère qu'une trentaine de couples dans une réserve de l'île inhabitée de Nosy Mangabe.

L'arrivée de l'homme à Madagascar se situe aux environs de l'an 1200. Elle coïncide avec la disparition de 14 espèces de Lémuriens dont la plupart, remarquables par leur grande taille et peu agiles, ont été décimées par la chasse, la destruction de la forêt et peut être par un assèchement du climat survenu à peu près à la même époque. Entre 1900 et 1985 la forêt dense humide de la partie orientale a perdu 66 % de sa surface. Parmi les Lémuriens dont les restes subfossiles sont abondants, *Megaladapis grandidieri* pouvait peser plus de 100 kg ; il vivait encore dans le sud de l'île il y a quelques siècles et il devait être arboricole à la manière des koalas. La tête du *Megaladapis*, comprimée dans le sens transversal, mesurait 30 cm de long et elle était équipée d'une denture impressionnante qui comportait en haut deux longues canines recourbées et tranchantes, des prémolaires pointues et d'énormes molaires. En bas se trouvait une puissante prémolaire qui formait un ciseau avec la canine supérieure. Ce Lémurien consommait des fruits, des tubercules et des racines coriaces. *Palaeopropithecus maximus* atteignait 50 kg et la taille d'un chimpanzé ; il se déplaçait lentement dans les arbres à la manière d'un paresseux. À l'état primitif la faune des Lémuriens de Madagascar renfermait un ensemble d'espèces dont la diversité des modes de vie dépassait ce qui existe dans l'ensemble des Primates du monde actuel.

Parmi les espèces remarquables qui ont disparu de Madagascar se trouve également un hippopotame nain, un oryctérope, le plus grand oiseau ayant vécu sur terre et des tortues terrestres géantes.

L'aridification du climat de Madagascar, attestée par les études palynologiques, a coïncidé avec l'arrivée de l'homme et a contribué à accélérer la réduction des forêts et des zones humides. Cet assèchement du climat explique la rareté de certaines espèces comme la sarcelle *Anas bernieri* qui est réduite à une population de 500 individus dans une aire limitée alors qu'elle était jadis répandue dans toute l'île. L'habitat aquatique de cet oiseau s'est peu à peu rétréci sous les actions conjuguées de l'homme et du climat. Sa conservation ne pourra se faire que si un habitat aquatique convenable lui est fourni dans une réserve.

3.3.2. L'EXEMPLE DE LA NOUVELLE-ZÉLANDE

Une cause de disparition des espèces animales endémiques des îles est l'introduction de compétiteurs ou de prédateurs. Les insectes géants de Nouvelle-Zélande sont menacés par les rats et les souris qui les dévorent. Onze espèces de sauterelles du genre *Deinacris*, connues sous le nom de « weta » étaient jadis répandues dans toute l'île et elles sont aujourd'hui localisées sur des îlots où les rats et les souris ne sont pas encore arrivés. De la taille d'un petit rongeur ces sauterelles possèdent à peu près la même niche écologique que ces Mammifères qui étaient absents de l'île avant l'arrivée des hommes. La plus grande espèce *Deinacris heteracantha* mesure 100 mm de long et pèse jusqu'à 72 g. Des charançons de 20 à 25 mm de longueur comme *Liperobius luttoni* ou *Karacoleus pittospori* ont subi le même sort tandis que *Tympopiptus valeas* est éteint, probablement anéanti par les rats (Howart & Ramsay, 1991). La Nouvelle-Zélande possédait 24 espèces d'oiseaux aptères géants appelés moas (famille des Dinornithidae). dont le *Dinornis maximus* haut de 3 m. La destruction de ces oiseaux a commencé il y a environ 800 ans avec l'arrivée des Polynésiens. Au XIXe siècle lors de l'arrivée des Européens, tous les moas et 21 autres espèces d'oiseaux avaient disparu. Aujourd'hui 46 % des espèces originales ont disparu. Le kakapo, un perroquet aptère et nocturne (*Strigops habroptilus*) est très vulnérable car il nidifie au sol et la femelle quitte son nid durant de longues périodes pour s'alimenter. Cet oiseau était jadis très répandu mais il a été chassé par les Polynésiens et il est très affecté par la prédation exercée par les rats introduits. Il en reste moins de 40 individus. En outre le plus grand gecko, *Haplodactylus delcourti*, mesurant environ 30 cm de long a été éliminé.

3.3.3. L'EXEMPLE DES ÎLES HAWAII

Les îles Hawaii ont été qualifiées de « capitale mondiale des espèces menacées ». Avant l'arri-

vée des hommes il existait probablement dans ces îles 1765 espèces végétales dont 90 % d'endémiques. Il y a aujourd'hui plus de 4 600 espèces introduites dont au moins 700 qui se sont naturalisées. Simultanément plus de 200 espèces endémiques ont disparu et 800 autres sont en danger. Beaucoup de stations situées en dessous de 500 m d'altitude sont dominées par des espèces étrangères qui gênent le développement des espèces autochtones. Les oiseaux sont menacés par un phénomène analogue : sur 98 espèces, 50 ont disparu entre le moment de l'arrivée des Polynésiens (vers l'an 300) et celui de l'arrivée des Européens en 1778. Depuis deux siècles 17 espèces supplémentaires ont été exterminées, ce qui porte à 69 % le pourcentage des espèces détruites par l'homme. Les causes de ces disparitions sont les mêmes qu'en Nouvelle-Zélande : chasse, destruction de la forêt, introduction du porc, du chien, du chat et des rats ainsi que des poulets qui semblent avoir propagé la malaria aviaire. Les oiseaux de la famille endémique des Drepanidiidae (ou honeycreepers) ont été décimés. Cependant une espèce connue localement sous le nom de « o'o » que l'on pensait éteinte a été récemment retrouvée. Les Gastéropodes des îles Hawaii sont aussi en voie de disparition. La faune primitive était riche de plus de 750 espèces dont 99 % d'endémiques. Une des causes de cette disparition est l'introduction d'espèces carnivores destinées à combattre le Gastéropode herbivore géant d'origine africaine *Achatina fulica*. Ce dernier n'a pas été touché mais les populations d'espèces autochtones ont été décimées par les espèces prédatrices. Depuis 1778 il y a eu 81 espèces de Gastéropodes introduites ; 33 se sont acclimatées, dont 21 terrestres et 12 d'eau douce. Ce phénomène contribue à la banalisation d'une faune insulaire remarquable (Cowie, 1998).

3.4. La destruction des forêts

Le tiers environ des continents est couvert de forêts. Celles-ci disparaissent rapidement surtout dans les régions tropicales mais aussi dans les régions extra tropicales. Au début des années 1990 les données recueillies par satellite montrent que les surfaces de forêt détruites dépassent 200 000 km² par an. Dans l'ouest des États-Unis, dans le nord de la Californie, dans l'Oregon et l'état de Washington plus de 90 %

des arbres âgés ont été coupés et 95 % de la forêt originelle de séquoias est perdue. Entre 1977 et 1987 on estime que 1,6 million d'hectares de forêt ont disparu aux États-Unis. En Europe la forêt primitive riche en espèces, d'insectes en particulier, fait place à des plantations de résineux ou d'eucalyptus. En raison de la destruction des biotopes favorables le nombre d'espèces de champignons a baissé de 50 à 60 %. Ceci s'accompagne de la perte des dizaines d'espèces d'insectes associés à ces champignons et d'une perte importante de biodiversité.

La construction dans les années 1970 de la route transamazonienne a ouvert de larges surfaces de forêt au déboisement et à l'incendie. Dans l'état de Rondonia 20 % de la forêt a brûlé. En 1991 la quantité de produits solides sous la forme de suie qui a été libérée par ces incendies a égalé celle qui est dégagée par une éruption volcanique. En Asie du sud-est des incendies gigantesques ont détruit 800 000 ha de forêt en septembre 1997 à la suite de la sévère sécheresse due au phénomène El Niño, et ont entraîné d'énormes pollutions. Les dégâts causés à la vie sauvage ont été considérables car ces régions renferment des espèces très menacées comme l'orang-outan, le tigre de Sumatra, le tapir. Le feu a chassé les orangs-outans vers les zones habitées où ils ont été tués et mangés. Le feu a été allumé par des compagnies internationales qui exploitent la forêt et par des agriculteurs qui défrichent la forêt de cette manière. La déforestation totale de l'île Cebu dans l'archipel des Philippines a causé la perte de 10 espèces endémiques d'oiseaux. La coupe massive des forêts de Sainte-Hélène a éliminé 80 des 100 espèces de plantes endémiques ainsi que la plupart de ses mollusques terrestres et 3 ou 4 de ses espèces d'oiseaux.

Depuis les temps les plus reculés les hommes ont coupé des arbres dans les forêts pour faire du bois de construction et pour créer des terres cultivables ; le bois a été aussi pendant longtemps le combustible le plus utilisé. Mais cette extraction du bois a atteint de nos jours une ampleur considérable. Chaque année 15,4 millions d'hectares de forêt disparaissent, ce qui correspond à la surface de la Suède. Le taux de déforestation le plus élevé (1,2 %) se trouve en Asie, puis en Amérique latine (0,8 %) et enfin en Afrique (0,7 %). La déforestation arrive au deuxième rang après la combustion des combus-

tibles fossiles comme source de CO^2 atmosphérique, l'agent principal du réchauffement du climat. Le bois continue à être utilisé comme combustible dans beaucoup de pays. En Afrique la part du bois dans la production d'énergie est de 58 % avec un très mauvais rendement en raison de son utilisation dans des foyers ouverts.

-En 1974 la consommation de bois dans le monde était de 2 500 millions de m³ dont 47 % pour le combustible, 43 % pour le bois de construction et 10 % pour le papier. Pour l'an 2000 la demande est estimée à 6 000 millions de m³. Cette demande se porte de plus en plus vers les forêts tropicales. Dans ces dernières seul un petit nombre d'espèces est exploité et certaines espèces sont peu connues. En Amérique du Sud une espèce d'acajou (*Swietenia* sp.) a été surexploitée au point qu'il n'existe plus aujourd'hui que des individus génétiquement appauvris, difformes et inutilisables sauf comme producteurs de graines. Étant donné que des lianes réunissent souvent plusieurs arbres l'abattage de l'un d'eux provoque des dommages importants chez les autres. En Amérique du Sud le facteur qui semble le plus nuisible à la forêt est l'élevage des bovins sur l'emplacement de la forêt détruite par la hache ou par le feu. Entre 1950 et 1975 le nombre de bovins a doublé. Au Brésil entre 1966 et 1978, 80 000 km² de forêt ont ainsi disparu. L'élevage des bovins sur l'emplacement de la forêt incendiée est un commerce fructueux étant donné que le coût de cette production, dans un pays comme le Costa Rica, est environ la moitié de ce qu'il est aux États-Unis où la plus grande partie de cette viande est exportée. Il en est de même en Europe mais d'une façon moins importante. Ce commerce destructeur a pu être qualifié de « hamburger connection ».

3.5. Stress et biodiversité

On qualifie de stress toute perturbation qui est appliquée à un niveau excessif et qui entraîne des effets défavorables sur les diverses espèces de l'écosystème. Les facteurs de stress des écosystèmes sont très divers : pesticides, métaux lourds, pluies acides, rayonnements ionisants, feu, excès de nutriments, élévation anormale de la température, etc. Certaines formes de pollution ont déjà été exposées (*cf.* chapitre 5.2, chapitre 8.6, et chapitres 17.2 et 17.7). Quelques exemples complémentaires préciseront les effets de diverses pollutions sur la biodiversité et la structure des peuplements.

La toxicité des insecticides pour divers animaux autres que ceux qui sont visés est un phénomène bien connu. Les abeilles et autres pollinisateurs sont touchés ainsi que les parasitoïdes qui contrôlent les populations d'espèces nuisibles. La contamination des eaux affecte les poissons. Certains oiseaux comme les oies et les canards sont particulièrement atteints. Un herbicide, le diazinon, appliqué sur trois terrains de golf a tué dans une région des États-Unis 700 oies soit le quart de la population hivernante. Les herbicides appliqués sur les cultures en Grande-Bretagne ont éliminé les herbes et les insectes qu'elles hébergeaient. Les poussins des perdrix dépendent de ces insectes qui leur apportent les protéines indispensables. Il n'est donc pas étonnant que les effectifs des perdrix aient été réduits à 23 % de leur valeur initiale (Pimentel *et al.*, 1992). Des pesticides comme le DDT agissent sur la reproduction des oiseaux ce qui explique la quasi-disparition du faucon pèlerin dans certaines régions. Les chouettes de Grande-Bretagne ont eu leurs effectifs réduits de 10 % depuis l'introduction de nouveaux rodenticides. À la périphérie du Parc national de Coto Doñana en Espagne on estime que 30 000 oiseaux ont été tués par les pesticides.

La pollution des eaux par des matières organiques se traduit par des changements importants de la composition spécifique du peuplement et une baisse de la biodiversité. La sensibilité à la pollution des eaux varie beaucoup avec les groupes zoologiques. Les Trichoptères et les Plécoptères sont des insectes très sensibles à la pollution ; les Mollusques dans leur ensemble et les poissons sont moins sensibles (figure 22.4). Parmi les Mollusques les Sphaeridae et les Prosobranches sont les plus sensibles ; le bivalve euryhalin *Dreissena polymorpha* est l'espèce la plus résistante, suivie par les Pulmonés (figure 22.5). La pollution de l'Isère dans sa traversée de la région grenobloise après son confluent avec le Drac est de nature chimique et organique. La diversité spécifique au niveau de onze stations réparties de l'amont à l'aval subit une baisse importante après le confluent avec le Drac, une rivière très polluée, puis une restauration progressive de la faune lorsque la pollution est réduite (figure 22.6). La disparition de groupes

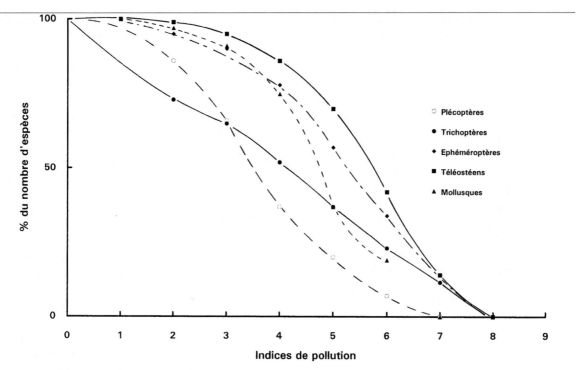

Figure 22.4.
Sensibilité à la pollution de 5 groupes d'animaux.
Les Téléostéens sont les moins sensibles à la pollution et les Trichoptères + Plécoptères les plus sensibles.

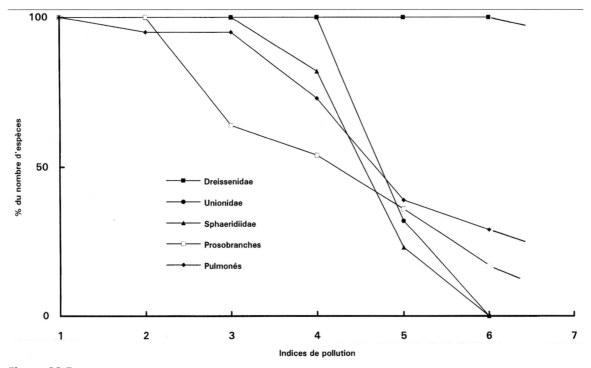

Figure 22.5.
Sensibilité à la pollution de 5 groupes de Mollusques.
Le pourcentage d'espèces de Dreissenidae, Unionidae et Sphaeridae reste égal à 100 % pour les indices de pollution compris entre 1 et 3 et les points représentatifs sont confondus sur le graphique. Le nombre d'espèces de Dreissenidae ne commence à baisser que lorsque l'indice de pollution dépasse la valeur 6 (Verneaux, 1973).

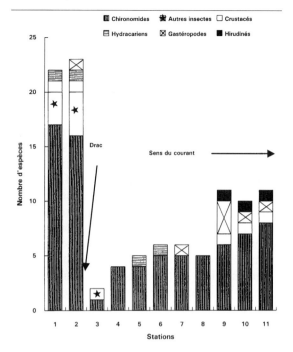

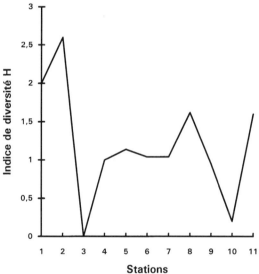

Figure 22.6.
En haut, évolution du nombre d'espèces de 6 groupes d'animaux dans l'Isère dans la traversée de Grenoble. L'arrivée du Drac, rivière très polluée, entraîne une baisse importante du nombre d'espèces de Chironomides sensibles à la pollution. **En bas**, évolution de l'indice de diversité des Chironomides dans la même région.

zoologiques comme les Éphémères du genre *Baetis* ou les Trichoptères du genre *Rhyacophila* est une caractéristique des eaux polluées de même que la disparition des mousses et la rareté des algues. La calcul de l'indice de diversité pour

les Chironomides montre des variations significatives. Il baisse brusquement à partir de la station 3 très polluée et dans la station 11 il reste nettement inférieur à sa valeur dans les stations 1 et 2.

La pollution thermique des eaux est le fait de rejets d'eau chaude provenant le plus souvent de centrales électronucléaires. À proximité de la centrale nucléaire de Savannah River aux États-Unis se trouvent deux étangs semblables en ce qui concerne la surface et la structure. Mais l'un d'eux reçoit des eaux chaudes et sa température est constamment supérieure de près de 10°C à celle de l'autre étang. L'étang réchauffé reçoit toujours beaucoup moins d'espèces et d'individus d'oiseaux aquatiques et certaines espèces de canards en sont absentes. Sur la côte sud de Porto Rico les effluents d'une centrale nucléaire provoquent une élévation de la température de l'eau. Le nombre d'espèces d'Invertébrés récoltés sur les racines de palétuviers qui poussent dans cette région augmente lorsque l'on s'éloigne de la centrale, et que la température de l'eau diminue.

Les marées noires dues à la pollution par le pétrole sont des facteurs de perturbation et d'appauvrissement des biocénoses littorales marines. Le 16 mars 1978 un pétrolier géant l'*Amoco Cadiz* s'est échoué et a libéré 223 000 tonnes de pétrole sur la côte nord du Finistère. L'étude des biocénoses subtidales (c'est-à-dire situées en dessous du niveau des plus basses mers et constamment immergées) a montré des variations dans l'importance relative des diverses espèces et dans la vitesse de recolonisation des sites pollués. Une espèce comme *Chaetozone setosa* ne disparaît pas après la pollution et dépasse même sa densité normale en 1979. Une espèce sensible comme le Lamellibranche *Tellina fabula* disparaît, puis réapparaît au bout de 14 mois, acquiert même une densité élevée entre les 16ᵉ et 30ᵉ mois et retrouve une densité normale en 1981. Six mois après la pollution une espèce opportuniste comme *Heterocirrus alatus* qui était étrangère au peuplement était devenue abondante puis disparut au bout de 24 mois. À la fin de l'année 1980 le peuplement avait retrouvé un état presque normal (Dauvin, 1984).

L'épandage de fertilisants en quantités excessives est un facteur de stress qui réduit la biodiversité (figure 22.7). Une recherche de longue durée a été menée dans des parcelles expérimentales de la station de Rothamstead en Angleterre. L'application continue de nitrates sur la même parcelle de 1856 à 1949 a entraîné de sévères perturbations avec une baisse impor-

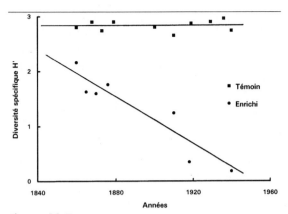

Figure 22.7.
Évolution de la diversité spécifique de la végétation, mesurée par l'indice de Simpson H', dans des prairies expérimentales de Rothamstead n'ayant pas reçu d'engrais (témoin) ou enrichies en P, K, N, Na et Mg (Tilman, 1982).

tante du nombre d'espèces présentes et des changements dans la fréquence relative des diverses espèces (figure 22.8). Cette évolution représente une succession écologique régressive, inverse d'une succession normale, durant laquelle le nombre d'espèces augmente et l'importance relative des espèces les plus abon-

dantes diminue (comparer avec la figure 18.8). L'influence d'une perturbation causée par un fertilisant, le phosphate, a été étudiée dans un milieu aquatique à l'aide d'enceintes expérimentales (Neill, 1981) renfermant de l'eau et des organismes prélevés dans un lac oligotrophe. L'addition de ce fertilisant stimule la croissance des algues et le développement des Crustacés et des Rotifères, et augmente le taux de survie des larves de *Chaoborus*, un Diptère prédateur. Après fertilisation et en l'absence de *Chaoborus* on observe une augmentation importante de certains Invertébrés du plancton comme les petits Cladocères et cette augmentation persiste au mois de juillet et au mois de septembre. Lorsque le prédateur *Chaoborus* est présent l'augmentation de l'abondance du plancton au mois de juillet est à peu près la même mais on observe un effondrement de l'abondance du plancton au mois de septembre. Ceci est dû à une stimulation du développement des *Chaoborus* qui deviennent suffisamment nombreux pour consommer presque tout le plancton à l'exception des Rotifères et de quelques daphnies de grande taille (figure 22.9). Cette expérience révèle un fait paradoxal : une augmenta-

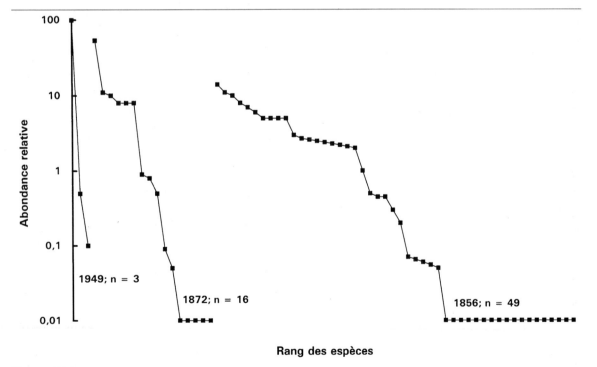

Figure 22.8.
Modifications de la diversité spécifique et de l'abondance relative de la végétation dans une prairie permanente située à Rothamstead après l'application d'engrais azotés depuis 1856 jusqu'en 1949. Le nombre d'espèces passe de 49 en 1856 à 16 en 1872 et à 3 en 1949 (May, 1989).

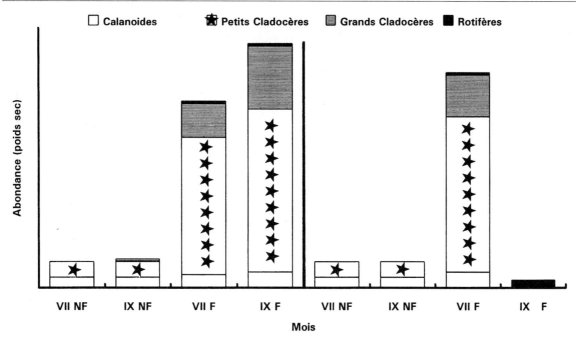

Figure 22.9.
Abondance (mesurée par le poids sec) de 5 groupes d'Invertébrés du plancton au mois de juillet (VII) et au mois de septembre (IX) dans une enceinte non fertilisée (NF) ou fertilisée (F). Les 4 colonnes de gauche correspondent à des milieux sans *Chaoborus* et les 4 colonnes de droite à des milieux avec *Chaoborus* (Neill, 1988).

tion de la productivité primaire peut modifier et réduire considérablement un peuplement animal en permettant un développement important des prédateurs.

Le feu est un facteur de stress. Dans la Prairie nord américaine la biodiversité évaluée par le nombre d'espèces de plantes diminue lorsque la fréquence des feux augmente, et elle augmente avec le pâturage par les bisons (figure 22.10). Les pluies acides représentent une forme de pollution dont les effets nocifs sont très nombreux (*cf.* chapitre 3.6). Elles ont un effet négatif sur les populations d'oiseaux (Graveland, 1998). L'acidification de l'eau entraîne une baisse du succès reproducteur des oiseaux piscivores en raison de la diminution des populations de poissons ; une réduction des communautés d'oiseaux forestiers par suite du dépérissement des arbres (tableau 22.4) ; une diminution du succès de la reproduction des oiseaux dans les régions appauvries en calcium qui est un élément nécessaire à la formation de la coquille des oeufs et à la croissance du squelette. L'acidification peut aussi affecter la reproduction des oiseaux en libérant des métaux toxiques comme l'aluminium.

Le terme *bioindicateur*, ou indicateur biologique, désigne tout organisme ou système biologique utilisé pour apprécier une modification-généralement une détérioration-de la qualité d'un milieu. Selon les cas un indicateur sera une biocénose-éventuellement désignée par un indice biotique-soit un groupe d'espèces qui présentent un comportement analogue (ce que l'on nomme un groupe écologique), soit encore une portion d'un organisme (Iserentant & De Sloover, 1976 ; Lebrun, 1981). Les indicateurs biologiques sont nombreux. L'emploi des lichens pour évaluer la pollution atmosphérique est d'un usage courant (*cf.* chapitre 3.6). La pollution biologique des eaux courantes est également évaluée à l'aide de bioindicateurs. Dans le milieu marin les indicateurs biologiques proposés pour évaluer la pollution sont nombreux. Certains ont été proposés pour évaluer l'impact de la pollution pétrolière sur les côtes bretonnes lors de la catastrophe de l'*Amoco Cadiz* (Chasse & Morvan, 1978). L'indice proposé est la biomasse de certains Gastéropodes operculés (littorines et gibbules). La baisse de la biomasse totale (parties molles et coquilles) varie de façon graduelle et elle a permis de dresser une carte de

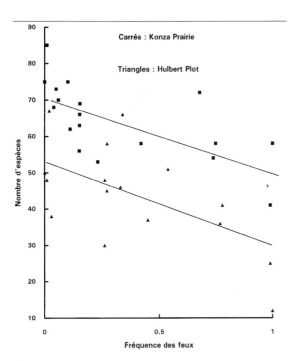

Figure 22.10.
Relation entre la fréquence des feux et la richesse spécifique dans la Konza Prairie pâturée par les bisons et dans la zone expérimentale Hulbert Plot non pâturée. La diversité est plus élevée dans la zone pâturée et dans les deux cas elle diminue avec la fréquence des feux (Collins *et al.*, 1995).

l'intensité de la pollution selon les régions ; les fourmis rousses des bois (groupe de *Formica rufa*) peuvent également servir de bioindicateurs de la perturbation des milieux forestiers (Torossian & Roques, 1984). Un type de perturbation est représenté, dans les forêts péri-urbaines, par le piétinement du sol par les promeneurs. Ce piétinement, lorsqu'il est intense, rend le sol plus compact, réduit sa porosité, abaisse sa teneur en matière organique et déstabilise la litière dont la couche F est absente. Ces perturbations retentissent sur le peuplement en Macroarthropodes qui subissent des modifications d'abondance variables selon les groupes systématiques. Les larves de Diptères et les Coléoptères adultes sont peu affectés ; au contraire les araignées et les Pseudoscorpions sont les groupes les plus sensibles et leurs effectifs sont très réduits Les résultats obtenus lors d'une étude expérimentale du piétinement permettent de proposer un indicateur écologique I de piétinement tel que :

I = fréquence (Araignées + Pseudoscorpions)/ fréquence (Coléoptères adultes).

La valeur de I est toujours plus faible dans les zones piétinées. Sa détermination relativement aisée et rapide pourrait être utile dans la gestion des forêts périurbaines (Flogaïtis & Blandin, 1985).

3.6. L'introduction d'espèces étrangères

Les invasions d'espèces étrangères peuvent être naturelles, mais le plus souvent les espèces envahissantes ont été transportées volontairement ou non par l'homme (Zecchini, 2000). L'introduction d'espèces étrangères et le déclin des espèces autochtones est un phénomène fréquent non seulement dans les îles mais aussi sur les continents (Mooney & Drake, 1984). Aux États-Unis on estime que les espèces exotiques sont responsables du déclin de 42 % des espèces menacées. Aux îles Hawaii la flore et la faune sont très menacées par les introductions. En Corse il existe 473 espèces végétales étrangères sur les 2 762 que compte l'île, soit 17 % de la flore totale. Certaines de ces espèces éliminent peu à peu les biocénoses indigènes. Sur le littoral corse *Carpobotrus edulis*, espèce d'origine sud africaine introduite comme plante décorative, prend une place démesurée et menace des espèces endémiques comme *Anchusa crispa* sur les plages ou *Silene velutina* sur les rochers (Jeanmonod, 1998).

On estime à 3 000 le nombre d'espèces animales ou végétales qui sont disséminées dans toutes les mers du globe par des voies diverses (telles que le ballast des navires) et qui se retrouvent dans un milieu étranger. Plus de 250 espèces originaires de la mer Rouge sont entrées en Méditerranée après le percement du canal de Suez et 95 y ont été introduites ces dernières années. Une algue brune, la sargasse *Sargassum muticum* arrivée en 1973, sans doute avec une cargaison d'huîtres, colonise déjà d'importantes surfaces. Le milieu littoral méditerranéen est aussi envahi par l'algue d'origine tropicale *Caulerpa taxifolia* qui s'est échappée d'aquariums d'eau de mer. Sa progression est rapide et elle se substitue à beaucoup de biocénoses dont celle à *Posidonia oceanica*. Dans les peuplements de *Caulerpa* on assiste à une chute de la biodiversité spécifique et fonctionnelle principalement chez les autres algues, et à une baisse de la biomasse des poissons. Cette algue est dotée de puissantes défenses chimiques contre les herbi-

Eau libre permanente	Osmunda regalis	Orchis palustris
Apium inundatum	Polystichum montanum	Pedicularis palustris
Littorella lacustris	**Grève alluviale**	Pinguicula vulgaris
Luronium natans	Alisma graminifolia*	Salix repens et angustifolia
Potamogeton acutifolius	Bidens cernua	Senecio helenitis
Potamogeton compressum	Bidens radiata	Spiranthes aestivalis*
Ranunculus ololeucos	Carex cyperoides	Triglochin palustris
Ranunculus tripartitus	Crypsis sp.	**Tourbière acide**
Sparganium minimum	Damasonium alisma*	Drosera intermedia*
Utricularia sp.	Potentilla supina	Drosera rotundifolia*
Leersia oryzoides	Pulicaria vulgaris*	Eriophorum angustifolium
Ranunculus lingua *	Scirpus ovatus	Eriophorum vaginatum
Senecio paludosa	Scirpus supinus	Thelypteris palustris
Sonchus palustris	**Roselière**	**Bois humide**
Swertia perennis	Aconitum pyramidale	Chrysosplenium alternifolium
Thelypteris palustris	Carex lasiocarpa	Fraxinus angustifolium
Tourbière alcaline	Cicuta virosa	Impatiens noli-tangere
Carex buxbaumii *	Dryopteris cristata*	Isopyrum thalictroides
Carex davalliana	Gratiola officinalis*	Lathraea clandestina
Carex diandra	Inula britannica	Leucoium vernum
Hammarbya paludosa*	Lathyrus palustris	Scrophularia alata
Oxycoccos quadripetala	Carex dioica	Ulmus laevis
Rhynchospora alba	Carex limosa	**Prairie de fauche inondable**
Rhynchospora fusca	Dactylorhiza sp.	Carex hordeistichos*
Viloa palustris	Drosera longifolia*	Dianthus superbus*
Tourbière boisée	Eriophorum gracile*	Orchis coriophora*
Carex canescens	Eriophorum latifolium	Viola elatior
Myrica gale	Liparis loeselii	

Tableau 22.2.
Espèces végétales menacées de disparition dans les divers milieux humides en Île de France. L'astérisque indique les espèces protégées sur l'ensemble de la France.

vores comme les oursins qui ne la consomment pas contrairement aux autres algues, ce qui permet de prévoir l'apparition de modifications importantes dans le fonctionnement de l'écosystème littoral (Boudouresque & Meinesz, 1998). Parmi les animaux un Cténaire du genre *Mneniopsis* a été introduit en Mer Noire par les rejets de bateaux en provenance des États-Unis et sa pullulation menace tout l'écosystème et gène la pêche à l'anchois dont le rendement a beaucoup baissé. La crépidule *Crepidula fornicata* est un Mollusque américain qui s'est disséminé sur tout le littoral français et qui pullule surtout dans les régions favorables à l'ostréiculture. C'est un Mollusque filtreur dont la biomasse est estimée à 250 000 tonnes dans la baie de Saint Brieuc. Cette espèce modifie fortement le milieu, provoque un envasement et une banalisation des fonds marins. Comme il n'est pas possible de s'en débarrasser, des tentatives d'exploitation ont lieu. La récolte par des dragages puis le broyage des coquilles fournit un amendement calcaire et la chair pourrait constituer un élément intéressant pour la cosmétique.

Dans l'île de Guam, isolée au milieu de l'Océan Pacifique, un serpent prédateur venimeux, le « brown tree snake » *Boiga irregularis* qui peut atteindre plus de 2 m de long, a été introduit accidentellement avec des navires militaires depuis la Nouvelle-Guinée après la seconde guerre mondiale. Dans certains endroits

la densité de ce serpent atteint 12 000 individus par mile carré. Il a provoqué la disparition de 12 des 14 espèces d'oiseaux forestiers, de 2 des 3 espèces de chauves-souris et d'au moins 6 espèces de lézards. Ce serpent a pu être surnommé le « biodiversity serial killer ».

En trois siècles plus de 1 000 espèces ont été introduites à la Réunion et 400 se sont naturalisées. Ces espèces qui se multiplient naturellement de façon sexuée ou végétative, n'ont ni maladies ni parasites, et elles forment des massifs monospécifiques qui bloquent les processus de régénération de la végétation naturelle. Une dizaine d'entre elles sont nuisibles aux formations forestières et elles nécessitent des interventions nombreuses pour tenter de les éliminer. Les deux plus nocives sont *Rubus alceifolius* ou vigne marronne introduite au XIXe siècle qui forme des fourrés atteignant 10 m de long et qui est disséminée par les oiseaux, ainsi que *Ligustrum robustum walkeri*, un troène introduit dans les années 50 qui a déjà envahi 3 000 ha. Cette espèce en pleine extension, également disséminée par les oiseaux, pourrait envahir toutes les forêts humides de l'île en quelques décennies. La lutte par des procédés mécaniques (arrachage) et chimiques est difficile et la lutte biologique est envisagée (Sigala, 1998).

Salvinia molesta est une petite fougère aquatique originaire de l'Amérique du Sud qui depuis 1939 a envahi diverses régions du globe en Afrique, en Asie du sud-est, en Australie et en Nouvelle-Guinée. Dans ce pays sa pullulation cause de sérieux problèmes car elle obstrue les voies d'eau et empêche la navigation et la pêche. Sa biomasse sur 250 km^2 a été estimée à plus de 2 millions de tonnes. Les méthodes traditionnelles de contrôle étant inefficaces, la lutte biologique a été entreprise en Australie à l'aide du petit charançon *Cyrtobagous salviniae* qui attaque la *Salvinia* dans son pays d'origine. À la suite d'une explosion démographique considérable du charançon plus de 30 000 tonnes de la fougère ont été détruites en un an. Le charançon est capable de réduire les populations de *Salvinia* de 99 % en un an. La moule *Dreissena polymorpha* est originaire de la mer Noire et elle est arrivée en 1988 dans le lac Érié en Amérique du Nord. Son extension fut très rapide, mais les conséquences en furent diverses. Chaque individu de *Dreissena* filtre 1,5 litre d'eau par jour, retient les polluants ainsi que les algues qui se

développent en raison de l'eutrophisation de l'eau. Cette action est donc bénéfique et a contribué à rendre l'eau moins polluée. Mais les *Dreissena* en filtrant l'eau retiennent aussi le zooplancton qui est la nourriture des poissons dont les effectifs se sont effondrés.

Dans le passé les prairies de Californie étaient dominées par des Graminées vivaces comme le « bunchgrass » *Stipa pulchra*. L'arrivée de plantes exotiques souvent d'origine européenne comme des espèces d'avoine (*Avena* sp.), de brome (*Bromus* sp.) et le ray grass (*Lolium multiflorum*) a profondément modifié la flore indigène à tel point que l'on a pu écrire que ces espèces devraient être considérées comme des espèces nouvelles et permanentes de la prairie de Californie plutôt qu'étrangères. Leur élimination est désormais inconcevable (Heady, 1977).

L'introduction d'organismes pathogènes est une autre cause de réduction de la biodiversité. Le champignon *Endothia parasitica* a presque éliminé le châtaignier américain *Castanea dentata*, ce qui a entraîné la raréfaction ou la disparition de plusieurs espèces de Lépidoptères qui étaient liées à cet arbre. Un autre champignon *Cerastosomella ulmi* agent de la maladie hollandaise de l'orme est propagé par des espèces de Scolytides et il ravage ces arbres aussi bien en Europe qu'en Amérique du Nord. L'arrivée en Amérique du Nord du bombyx disparate *Lymantria dispar* cause une défoliation importante des arbres en Nouvelle-Angleterre. Le taux de défoliation atteint 72 % pour le chêne *Quercus alba*, 33 % pour le pin *Pinus strobus* et 30 % pour l'érable *Acer rubrum* (Campbell & Sloan, 1977). Les taux de mortalité des arbres ont évolué dans le même sens que les taux de défoliation et la structure des forêts a été modifiée (figure 22.11).

Des insectes sociaux comme les fourmis et les guêpes peuvent devenir abondants dans les régions qu'ils envahissent. Ils se comportent en compétiteurs des espèces indigènes ou en prédateurs polyphages et ils peuvent modifier la structure des écosystèmes. Les deux guêpes européennes *Vespula vulgaris* et *V. germanica* ont envahi diverses régions du globe dont l'Amérique du Nord et la Nouvelle-Zélande. Dans ce pays elles semblent avoir éliminé diverses espèces d'Araignées et sont très nuisibles pour certaines espèces de Lépidoptères. Les espèces dont les chenilles apparaissent lors

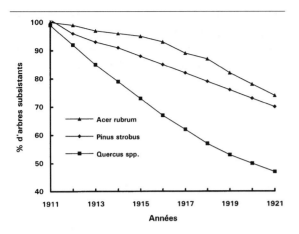

Figure 22.11.
Pour-cent d'arbres subsistants dans les forêts de Nouvelle-Angleterre après dix années d'attaque par les chenilles de *Lymantria dispar* introduit depuis l'Europe. La mortalité la plus élevée se trouve chez les chênes *Quercus* spp. (Campbell & Soan, 1977).

de la saison du maximum d'abondance des guêpes ont peu de chances de survivre et elles risquent d'être éliminées (Beggs & Rees, 1999).

Le pourcentage d'espèces étrangères diminue lorsque le climat devient plus aride, ce qui semble dû à la moins grande fréquentation de ces régions par l'homme (Usher *et al.*, 1988). Les pourcentages de plantes vasculaires et de Vertébrés introduits dans diverses régions sont les suivants :

	Plantes vasculaires	Vertébrés
Îles	30,4	17,9
Zones méditerranéennes	12,3	4,2
Zones arides	9,2	2,3
Savanes et forêts sèches	5,4	0,8

3.6.1. LES PLANTES MESSICOLES

Une catégorie particulière de plantes introduites est formée par les plantes que l'on a appelé les « mauvaises herbes néolithiques » ou « plantes cultivées par mégarde », qui ont été apportées avec des céréales, des légumes et des animaux domestiques à partir de 6 500 BP en Europe occidentale. Le contingent le plus remarquable est celui des plantes messicoles ou plantes des moissons que l'on peut considérer, en raison de leur ancienneté, comme une partie

intégrale de la flore actuelle d'autant plus que certaines espèces ont eu le temps de se différencier en remarquables sous-espèces, comme chez les Crucifères du genre *Camelina*, ou chez les bromes du groupe de *Bromus secalinus* (Lambinon, 1998). On estime que 300 espèces de plantes présentes dans les champs cultivés sont menacées et que plus d'une centaine approchent de l'extinction. Les messicoles sont en tête de cette liste. Ce sont des plantes ayant un cycle biologique analogue à celui des céréales, qui vivent uniquement ou de préférence dans les moissons. Il existe environ 80 espèces de plantes messicoles dans les plaines françaises. Celles qui poussent sur sol calcaire constituent l'alliance *Secalion* des phytosociologues ; celles qui poussent sur sol acide forment l'alliance *Scleranthion annua*. D'autres sont indifférentes à la nature du sol. Considérées comme des espèces nuisibles les messicoles ont été peu à peu éliminées ou fortement réduites par le tri sélectif des semences puis par l'emploi d'herbicides. Dans la région parisienne 34 espèces de plantes des moissons sur sol calcaire comme les *Adonis*, *Gagea*, nielle et bleuet montrent une régression spectaculaire et 12 ont probablement disparu. Parmi les espèces dont la disparition a été la plus remarquée, les coquelicots et les bleuets arrivent en tête. Les tulipes sont représentées en France par une quinzaine d'espèces et sous-espèces dont beaucoup sont des néoendémiques localisées à une petite région, en particulier dans les Alpes. Ce sont des plantes messicoles d'origine orientale liées à des cultures extensives ou à des pelouses sèches et beaucoup subissent actuellement une régression importante due à la modification des pratiques agricoles. Certaines sont éteintes ou presque. Une entreprise de sauvetage est commencée à l'initiative du Conservatoire botanique de Gap. La conservation des messicoles se justifie non seulement par la nécessité de conserver la biodiversité mais aussi pour des raisons pratiques. Beaucoup comme le bleuet ont des propriétés médicinales ou bien sont devenues des plantes ornementales (bleuet, nielle). En outre elles peuvent contribuer au fonctionnement de l'écosystème dans la mesure où elles ne dépassent pas un certain seuil. Leurs graines permettent l'alimentation des oiseaux comme la perdrix, et le coquelicot est nécessaire à la survie de l'Anthocope du pavot, un Hyménoptère qui se nourrit de ses

graines. Une messicole comme la sétaire peut apporter des gènes utiles à l'amélioration du mil dont elle est un proche parent (Olivereau, 1996).

3.6.2. LES ESPÈCES TRANSGÉNIQUES

Un problème préoccupant est la dissémination des gènes des plantes transgéniques vers des variétés non modifiées ou vers des espèces sauvages apparentées (Pascher & Gollmann, 1999). On a montré, dans le cas de plantes auxquelles on a fourni le gène produisant la toxine du *Bacillus thuringiensis* (ou Bt) pour les protéger contre les attaques des insectes, que la propagation de ce gène par hybridation est plus facile que prévu. Ceci est inquiétant et dangereux pour la biodiversité dans les régions d'origine de plantes cultivées dont la flore locale comprend des espèces spontanées qui risquent d'être contaminées par les plantes génétiquement modifiées. Le téosinte, qui est à l'origine du maïs et qui est protégé au Mexique est un exemple. Des insectes rares et parfois protégés peuvent aussi disparaître à proximité de régions où sont cultivées ces plantes. Les plantes ayant reçu le gène Bt peuvent avoir un impact négatif sur les insectes auxiliaires utiles qui se nourrissent de proies ayant consommé ces plantes. Les larves du chrysope *Chrysopa carnea* qui vivent sur des chenilles de la pyrale du maïs élevée sur du maïs Bt ont un taux de mortalité élevé. En outre des cas de résistance de ravageurs au Bt commencent à apparaître (Anonyme, 1998). Les possibilités de dissémination des gènes des plantes transgéniques ont été étudiées dans le sud de l'Angleterre sur deux espèces sauvages qui appartiennent à la même espèce que deux espèces cultivées, le chou sauvage *Brassica oleracea* et la betterave maritime *Beta vulgaris* ssp. *maritima* (Raybould & Gray, 1999). La détermination de l'intensité des flux de gènes entre populations montre que des échanges significatifs ont lieu jusqu'à 4 km dans le cas du chou et beaucoup plus dans le cas de la betterave. Ces échanges se font par l'intermédiaire du pollen et les risques de contamination à distance de plantes sauvages par des plantes cultivées ne sont pas négligeables (figure 22.12).

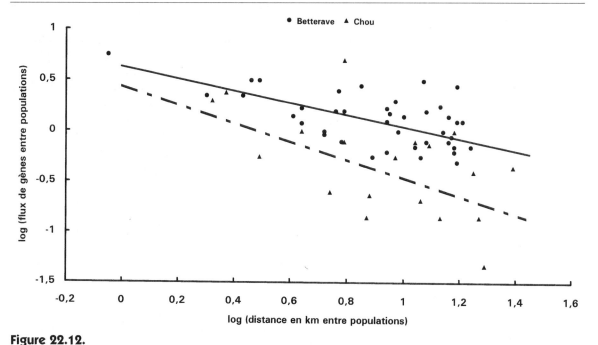

Figure 22.12.
Le flux de gènes entre populations est estimé par le nombre d'individus migrants par population et par génération (ou Nm). La valeur de Nm est déterminée par diverses méthodes comme la recherche des microsatellites. En abscisse, logarithme décimal de la distance entre populations. On admet que si Nm<1 (ou bien log Nm<0) les populations sont ± isolées au point de vue génétique. Le graphique montre que le flux de gènes est plus important chez la betterave que chez le chou ce qui est dû vraisemblablement à une meilleure dispersion du pollen.

3.7. La disparition des zones humides

Les zones humides fonctionnent comme des écotones situés à la limite de deux milieux différents, le milieu terrestre et le milieu aquatique. Leur disparition est un phénomène mondial dont les causes sont nombreuses : assèchement, prélèvements exagérés d'eau pour l'agriculture, pollutions diverses (thermique, atmosphérique, urbaine, industrielle et agricole par les pesticides).

En France les pertes de zones humides par drainage sont comprises entre 10 000 et 80 000 hectares par an. De 1960 à 1985, 40 % des marais côtiers de Bretagne ont disparu. La Grèce a perdu 61 % de ses zones humides depuis 70 ans. La protection des zones humides en France doit être une priorité car elles sont situées sur les grandes voies de migration des oiseaux de l'Europe occidentale. En France, 54 espèces d'oiseaux nicheurs sont liées aux zones humides et 25 sont représentées par moins de 1 000 couples. En Île de France, le héron blongios, le busard des roseaux, le hibou des marais, la marouette ponctuée et bien d'autres oiseaux des zones humides sont devenus rares et menacés. Plusieurs espèces végétales des milieux humides sont menacées de disparition (tableau 22.2).

La pollution des eaux par les nitrates en Île de France est révélée par un accroissement des

Départements	Nitrates (moyenne en mg/l)	
	1976	1980
Seine-et-Marne	31,9	34,1
Yvelines	25,2	28,2
Essonne	26,2	35,8
Val d'Oise	19	17,6

Tableau 22.3
Teneur en nitrates des eaux souterraines dans 4 départements, en 1980, d'après l'Agence de Bassin Seine-Normandie.

teneurs en nitrates des eaux souterraines dans tous les départements sauf un (tableau 22.3). Cette pollution est d'autant plus insidieuse que les engrais renferment à l'état de traces de nombreux métaux et métalloïdes toxiques. Les superphosphates contiennent de l'arsenic, du cadmium, du plomb, du sélénium, etc. En Bretagne la pollution des eaux et des sols par les nitrates provient surtout de l'élevage intense des porcs.

La Camargue, qui couvre 145 000 hectares dans le delta du Rhône, est soumise à des pressions dues à l'agriculture (riziculture), à l'industrie et à l'urbanisation, et à l'exploitation des marais salants, ce qui lui a fait perdre 40 000 hectares de milieux naturels dont 33 000 hectares de zones humides, tandis que des modifications importantes affectent les surfaces restantes. « En 1942 les milieux naturels couvraient les deux tiers de la région (67 %). La

Âge de la parcelle (années)	Pourcentage d'arbres morts		
	0	75	100
	40-80	40	40
	Densité des oiseaux (couples/10 ha)		
Espèces de forêt			
Erithacus rubecula	6,0	0,7	0
Fringilla coelebs	14,5	5,3	2,0
Parus ater	5,0	0,7	0
Regulus regulus	6,0	2,7	0
Prunella modularis	3,0	1,3	0
Espèces de milieu ouvert			
Anthus trivialis	2,0	2,0	4,0
Anthus pratensis	0	0	1,5
Total	47,0	15,4	7,5

Tableau 22.4.
Densité des oiseaux dans trois peuplements d'épicéas renfermant divers pourcentages d'arbres morts dans une région fortement affectée par l'acidification du sol en république tchèque. L'abondance des espèces de forêt diminue lorsque l'acidification entraîne une augmentation du pourcentage d'arbres morts. Celle des oiseaux de milieu ouvert évolue en sens inverse.

Camargue était alors avant tout un espace naturel... Actuellement la Camargue est devenue pour l'essentiel (57 %) un ensemble de milieux saliniers, agricoles et industriels, les espaces naturels ne représentant que 39 % de la surface totale ». Des apports massifs d'eau douce ont entraîné une baisse de salinité et une augmentation de la durée de submersion de beaucoup de milieux. Le caractère originellement variable et imprévisible du niveau de l'eau et de la salinité permettait le maintien de zones marécageuses avec une flore et une faune de type méditerranéen. Actuellement il y a une tendance à l'uniformisation dans le temps et l'espace des milieux aquatiques ce qui favorise l'installation de communautés végétales et animales de type continental et non plus méditerranéen. La biomasse végétale aquatique élevée favorise le maintien en hiver d'oiseaux d'eau dont l'abondance est vraisemblablement limitée par la pression de la chasse. Tous ces changements se traduisent par une perte de biodiversité. De nouvelles méthodes de gestion de la Camargue (dont une partie est une Réserve Naturelle) devront être trouvées. Ces méthodes, pour être efficaces et assurer la conservation de la biodiversité, devront prendre en compte l'ensemble de la Camargue, y compris les propriétés privées et non plus seulement la Réserve (Tamisier, 1990 ; Tamisier & Grillas, 1994).

Le tamaris (*Tamarix* spp.) est un arbre qui a été introduit dans les zones humides du désert de Californie où il est devenu dangereux pour beaucoup d'espèces indigènes. Les tamaris ont des petites graines et ils se dispersent facilement. Ils prélèvent d'importantes quantités d'eau dans le sol et ils ont abaissé le niveau de la nappe phréatique dans beaucoup d'endroits, réduisant ou éliminant des points d'eau, supprimant des habitats pour des oiseaux aquatiques migrateurs, mettant en danger le mouflon bighorn qui manque d'eau et compromettant la survie de plusieurs plantes des milieux humides qui sont incapables de rechercher l'eau à grande profondeur. Plusieurs espèces endémiques de poissons du genre *Cyprinodon* qui sont isolées dans des points d'eau très limités sont menacées. Les tamaris sont entrés en concurrence avec les saules et autres végétaux riverains ce qui a réduit la qualité et le nombre d'habitats pour des oiseaux liés à ces milieux comme le râle *Rallus longirostris yumanensis*. Enfin les tamaris causent la salinisation des sols et inhibent ainsi le développement de la végétation riveraine autochtone dont certaines espèces sont menacées (Dudley & Collins, 1995).

La fréquentation des rives des cours d'eau par les bovins est un facteur de perturbation du milieu aquatique qui a été étudié dans l'ouest des États-Unis où le nombre d'animaux qui parcourent presque librement ces régions est devenu très élevé. Le piétinement élimine la végétation riveraine et provoque des éboulements ce qui accroît l'érosion et augmente la quantité de sédiments en suspension dans l'eau. La destruction de la végétation arborescente réduit l'arrivée des débris de feuilles, augmente l'insolation et les variations de température de l'eau ; le dépôt de bouses abondantes provoque l'eutrophisation, l'apparition de tapis d'algues et la pollution bactérienne. Ces trois facteurs modifient la faune aquatique, poissons et insectes. Les populations de certains poissons sensibles sont sévèrement réduites. L'importance relative des divers groupes fonctionnels d'insectes est modifiée. Lorsque l'arrivée de débris végétaux est ralentie et que l'éclairement augmente, les insectes qui consomment les débris de feuilles d'origine terrestre diminuent tandis que ceux qui raclent la surface des pierres pour brouter les algues augmentent en nombre. Certains Chironomides relativement tolérants envers les particules argileuses en suspension augmentent d'importance tandis que les espèces qui se nourrissent en filtrant l'eau et qui sont intolérantes à l'argile en suspension deviennent moins abondantes (Platts, 1981 ; Strand & Merritt, 1999).

Une conséquence de la construction des barrages le long des rivières est la baisse significative de la biodiversité des plantes à fleurs, souvent remarquables, qui poussent sur les rives. Les causes de cette perte de biodiversité sont multiples : le régime d'écoulement de l'eau est modifié, ainsi que le transport et la redistribution des fines particules du sol et des éléments nutritifs ; les possibilités de dispersion des végétaux après la construction des barrages sont réduites (Nillson *et al.*, 1997).

La culture intensive du coton surnommé « l'or blanc » devait apporter la richesse à la région de l'Ouzbékistan qui entoure la mer d'Aral. Mais le coton a besoin de beaucoup d'eau qu'il a fallu chercher de plus en plus loin en canalisant les fleuves qui alimentent la mer d'Aral. Le débit de ces fleuves était de 50 km^3 en 1959, nul en 1985 et de 0,04 km^3 en 1989. En même temps on a arrosé les champs avec des pesticides et des défoliants destinés à faciliter la récolte. La mer d'Aral est presque disparue ; ses eaux qui hébergeaient 24 espèces de poissons en sont maintenant dépourvues et les

60 000 pêcheurs sans emploi. L'érosion s'est emparée d'un territoire desséché ; la température moyenne qui variait de -25°C en hiver à +35°C en été est passée de -50 à +50°C. Le vent transporte le sel, le sable et les pesticides ; dans les villages l'eau n'est plus potable. Les habitants, empoisonnés par les pesticides et les défoliants, ont un taux de mortalité élevé. Ils ne songent qu'à fuir ce « purgatoire écologique », mais pour aller où ? (Precoda, 1991). En Californie le lac Mono a été surnommé la « petite mer d'Aral » en raison des menaces qui pèsent sur son existence (cf. chapitre 6).

La pénurie d'eau est déjà, ou deviendra, la source de conflits. On prévoit que dès l'an 2000 dix pays d'Afrique auront des difficultés d'approvisionnement. L'Égypte dépend complètement du Nil dont elle ne possède pas le cours supérieur. En Chine, le niveau de la nappe phréatique baisse de un à deux mètres par an au dessous de Pékin. En Inde, l'eau n'est disponible que quelques heures par jour à New Delhi. Il existe des tensions entre ce pays et le Bangladesh pour le contrôle des eaux du Gange et du Bramapoutre. Trois pays, Israël, la Jordanie et la Syrie dépendent des eaux du bassin du Jourdain et les prélèvements d'eau excéderont les quantités renouvelables dès l'an 2000. Des tensions existent entre la Syrie, l'Irak et la Turquie qui se disputent les eaux de l'Euphrate. Aux États-Unis les pompages d'eau dans les nappes aquifères pour les besoins de l'irrigation sont devenus excessifs. Dans l'ouest les grandes cités comme Los Angeles détournent d'énormes quantités d'eau prélevées parfois fort loin ce qui entraîne de nombreuses tensions locales. Des pénuries temporaires d'eau existent déjà depuis 1980 dans le sud-ouest du pays. Même en France le rationnement et la pénurie sévissent déjà dans certaines régions les années de grande sécheresse. Les deux causes essentielles de cet état de fait sont le gâchis et la surpopulation.

La construction du barrage d'Assouan a eu des conséquences imprévues. Ce barrage gigantesque construit sur le Nil en 1964 a provoqué des perturbations qu'une étude d'impact préliminaire aurait peut être prévues. L'irrigation intense permise par l'abondance de l'eau a provoqué la salinisation de 90 % des terres. L'accumulation des limons en amont du barrage a entraîné une perte de fertilité des terres qui, en aval, recevaient à chaque crue 2,5 tonnes par hectare de limons fertiles. Actuellement le recours à des engrais est devenu nécessaire, ce qui coûte 100 millions de dollars par an. Le rendement de la pêche en aval du barrage a beaucoup baissé, les captures de sardines et autres poissons sont tombées de 30 000 à 5 000 tonnes ce qui a causé la perte de 30 000 emplois et de millions de dollars chaque année. Le comblement rapide du barrage n'avait pas été prévu. Il pourrait être comblé d'ici un siècle par les 139 millions de tonnes de sédiments qu'il reçoit chaque année. Le delta du Nil, situé à 1 200 km du barrage ne reçoit plus d'alluvions et il est érodé davantage par la mer. Le Nil a miné de nombreux ponts et petits barrages en aval d'Assouan. Les eaux plus claires favorisent des maladies comme la bilharziose et le développement de plantes qui obstruent les canaux d'irrigation. Les habitants des terres définitivement noyées sont dispersés. Ce barrage qui devait être rempli en 1970 ne l'a jamais été en raison de l'évaporation et de l'infiltration des eaux dans la roche sous-jacente. En 1981 un séisme a sévi dans la région qui était supposée peu sismique. Selon les géologues ce séisme a été provoqué par le poids de l'eau dans le lac formé par le barrage. Pour toutes ces raisons certains spécialistes pensent que ce barrage est un « désastre économique et écologique » et que ses avantages sont inférieurs à ses inconvénients.

3.8. Érosion et désertification

L'érosion et la désertification sont des facteurs de perte des espèces et de destruction des écosystèmes qui ne se manifestent pas seulement sur l'emplacement des forêts tropicales anéanties. Dès l'Antiquité des observateurs perspicaces s'étaient rendus compte de la dégradation du milieu, en Grèce notamment. Des pratiques agricoles défectueuses ont créé les déserts d'Afrique du Nord. Dans des pays qui ne sont plus couverts que par une maigre steppe vivaient jadis des populations nombreuses. On dénombre en Tunisie steppique une moyenne d'une ruine romaine pour 385 hectares. Le site d'El Djem, l'ancienne ville romaine de Thysdrus, garde encore son colisée géant pouvant recevoir 65 000 spectateurs. Timgad, l'antique Thamugadi, était en l'an 100 entourée et nourrie par de vastes cultures de céréales et d'oliviers dont il ne reste rien si ce n'est de vieux moulins à huile. La détérioration du sol a été achevée par l'érosion par l'eau et le vent. Ces modifications ne sont pas dues à un changement de climat car il y a beaucoup de preuves de sa stabilité depuis 2 000 ans (Le Houérou, 1976). Six millions d'hectares sont désertifiés chaque année dans le monde, surtout dans les régions arides ou semi-arides mais aussi en Europe. En Espagne l'érosion du sol affecte 223 000 km². En France l'érosion du sol touche 45 000 km² de terres situées surtout dans le sud. Des processus d'érosion survenus lors des pluies importantes ont été signalés en

Champagne au XVIIIᵉ siècle et ils ont fait l'objet de plaintes dont on retrouve la trace dans les *Cahiers de Doléances* rédigés pour les États Généraux de 1789 (Vogt, 1990). L'érosion du sol dans le sud-est des États-Unis est la conséquence de pratiques inadaptées et d'une sécheresse anormale lors de la mise en culture des Grandes Plaines. Elle est à l'origine du *dust bowl* dont la première manifestation eut lieu en novembre 1933 et qui se poursuivit jusqu'en 1936.

IV. CONSERVER LA BIODIVERSITÉ

Le concept de protection de la nature remonte au XIXᵉ siècle. Il ne s'est concrétisé qu'en 1872 lors de la création de Parc National de Yellowstone aux États-Unis. En France la réserve zoologique et botanique de Camargue a été créée en 1928 par la Société Nationale de Protection de la Nature et le Parc National de la Vanoise seulement en 1963. L'Union Internationale pour la Conservation de la Nature (UICN) a été fondée à Fontainebleau en 1948.

La conservation de la diversité biologique est devenue l'objet d'une discipline, la biologie de la conservation. Dans la *Convention sur la Diversité Biologique* adoptée en 1992 cinq points ont été énoncés : identifier les composants de cette diversité (écosystèmes, espèces) ; établir un réseau d'aires protégées ; adopter des mesures assurant la conservation *ex situ* ; intégrer la conservation des ressources génétiques dans les politiques des divers pays ; développer des méthodes d'évaluation de l'impact des projets d'aménagement sur la diversité biologique.

4.1. Les espaces protégés

Les espaces protégés comprennent trois catégories principales : les Parcs Nationaux, les Réserves Naturelles généralement de surface beaucoup plus restreinte, et les Réserves de la Biosphère (tableau 22.5). Pour assurer la conservation de la biodiversité un espace protégé doit satisfaire à plusieurs conditions. a) Assurer l'existence de populations viables de toutes les espèces et sous-espèces autochtones qui sont soumises uniquement à des modifications naturelles de l'environnement ; b) Permettre la

Régions)	Nombre	Surface (ha)
Afrique	641	124 641 173
Amérique du Nord et Centrale	1 683	179 485 867
Amérique du Sud	580	114 373 119
Asie	2 172	101 423 311
Europe	1 924	32 838 638
Ex URSS	213	24 374 326
Australie et Pacifique Sud	937	84 353 874
Antarctique	13	257 349
Total	8 163	751 271 817

Tableau 22.5.
Nombre et surface, dans les diverses régions, des zones protégées. Données établies en 1992. Le parc national du Groenland qui couvre 700 000 km² est placé avec l'Amérique du Nord ce qui explique l'importance des surfaces protégées dans cette région. Ces chiffres ne doivent pas faire illusion. Les surfaces protégées en 1989 ne représentaient que 3,7 % des terres émergées.

conservation du nombre et de la répartition des écosystèmes ; c) Maintenir la diversité génétique des espèces ; d) Interdire les introductions d'espèces étrangères sous l'action de l'homme ; e) Permettre les variations de la répartition des espèces en réponse à des changements climatiques ou d'autres modifications du milieu.

Beaucoup de réserves qui avaient été créées au début du XXᵉ siècle sont déclassées, détériorées, envahies par les habitants des régions voisines. Alors que théoriquement les Parcs Nationaux sont des espaces où toute activité est supprimée, les Réserves de la Biosphère doivent remplir trois fonctions : assurer la conservation des écosystèmes, des espèces et de leur variabilité génétique ; encourager une économie durable au point de vue écologique, sociologique et culturel ; permettre la recherche et l'éducation en matière de conservation. En 1998 le nombre de surfaces protégées était estimé à plus de 12 750 et leur surface totale à 12,04 millions de km². Ces chiffres ne doivent pas faire illusion ; ils sont encore nettement insuffisants.

La protection des milieux qui hébergent des vertébrés souvent de grande taille et spectaculaires a longtemps été le but principal des conservationnistes. Aujourd'hui, la mise en évidence de l'importance des insectes et des autres

invertébrés suscite de l'intérêt pour ces organismes et conduit à l'élaboration de nouvelles mesures de protection, d'autant plus que ces animaux peuvent subsister dans des réserves de petite taille. Il existe maintenant des réserves destinées à protéger des insectes (ou d'autres invertébrés) rares et menacés.

4.1.1. SURFACE ET FORME DES RÉSERVES

Quelle surface donner à une réserve destinée à protéger une espèce ? Est-ce qu'une réserve de grande surface est plus efficace que plusieurs réserves, plus petites mais de même surface totale ? Cette discussion est connue des écologistes de langue anglaise sous le sigle SLOSS : « Single Large Or Several Small ». En général on admet qu'une seule grande réserve est plus efficace, ce qui est la conséquence de la théorie de la biogéographie insulaire et de la formule $S = k \cdot A^z$ qui lie la surface A à la richesse spécifique S. Un certain nombre d'hypothèses destinées à établir des réserves ayant une structure optimale ont été avancées (figure 22.13).

Dans le cas de l'ours grizzly les données disponibles montrent qu'une population renfermant moins de 30 à 70 individus et occupant moins de 2500 à 7400 km^2 a moins de 95 % de chances de survie sur une durée de 100 ans. Une population viable au point de vue génétique devrait renfermer au moins 70 à 90 individus pour avoir

une espérance de survie supérieure à 100 ans. Ces données montrent que la population de grizzlys du Parc de Yellowstone n'est pas assurée de son avenir car chaque animal a besoin d'un territoire de 3 000 km^2 et sa vie ne peut pas se passer entièrement dans le parc. Une zone protégée idéale devrait renfermer l'espace nécessaire au maintien du grizzly et des autres espèces animales ainsi qu'au maintien de la végétation et elle devrait être assez vaste pour supporter des perturbations d'origine naturelle. Ceci justifie le concept de « greater Yellowstone ecosystem » ce dernier devant avoir au moins le triple de la surface actuelle. De même que le grizzly, les espèces mobiles et de grande taille ne peuvent être protégées efficacement que dans des réserves de grande surface. Une population viable de tigres devrait renfermer 400 individus et disposer de 40 000 km^2. Au contraire, beaucoup de plantes et d'invertébrés, insectes en particulier, peuvent subsister sur de petites surfaces égales ou inférieures à 40 ha. L'intérêt des petites réserves n'est donc pas négligeable (figure 22.14). En Suède, l'Orthoptère *Metrioptera bicolor* subsiste sur des surfaces estimées à 0,5 ha seulement qui sont séparées par des distances de l'ordre de 100 m.

4.1.2. LA PROTECTION DE LA NATURE EN FRANCE

La France abrite le patrimoine naturel le plus riche d'Europe puisqu'elle possède des territoires situés dans 4 des 5 grands domaines biogéogra-

Figure 22.13.
Comment établir des réserves de la façon la plus favorable à la conservation des espèces à l'aide de la théorie de la biogéographie insulaire. Les réserves qui sont à la partie inférieure du schéma permettent une meilleure conservation des espèces que celles qui sont à la partie supérieure. **a** : une grande réserve est préférable à une petite

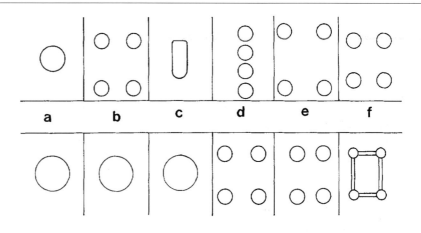

réserve. **b** : une grande réserve est préférable à plusieurs petites réserves de même surface totale. **c** : une réserve de forme massive est préférable à une réserve étirée où l'effet de lisière se fait davantage sentir. **d** : des réserves rapprochées sont préférables à des réserves disposées sur une certaine distance. **e** : des réserves rapprochées sont préférables à des réserves éloignées. **f** : des réserves petites mais connectées entre elles sont préférables à des réserves un peu plus grandes mais isolées. On notera que certains cas ne sont pas prévus par la théorie de la biogéographie insulaire.

Figure 22.14.

Zones de concentration, assimilables à des hot spots, des Gastéropodes endémiques de la faune de France.

À **gauche**, espèces aquatiques de la famille des Hydrobiidae ; à **droite**, espèces terrestres appartenant à d'autres familles. Les chiffres indiquent le nombre d'espèces dont l'aire de distribution est comprise, pour l'essentiel, dans la zone limitée par un trait épais. Le bassin versant du Rhône et les Pyrénées pour les

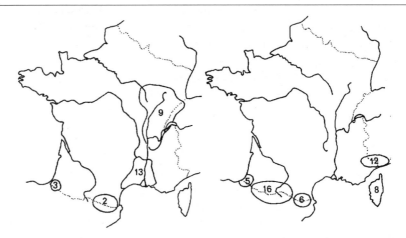

espèces aquatiques ; les Pyrénées, les Alpes du sud et la Corse pour les espèces terrestres sont les zones de concentration maximale d'espèces endémiques. La plupart de ces Mollusques ont moins de 1 cm et ils occupent des biotopes assez localisés. Des populations viables peuvent être maintenues sur des territoires de quelques dizaines d'hectares soit 10 à 100 fois moins que ce qui est nécessaire pour les Vertébrés. La forte concentration d'endémiques dans un petit nombre de régions est un autre facteur favorable à la protection des Gastéropodes. Elle doit se faire en protégeant les biotopes (par exemple contre les pollutions et l'assèchement par captage des eaux) d'autant plus que les régions ainsi protégées renferment certainement d'autres Invertébrés endémiques menacés mais moins bien connus. Le classement de zones situées dans les Alpes-Maritimes, les Pyrénées et la Corse permettrait de protéger un nombre important d'espèces (Bouchet, 1990).

phiques (continental, atlantique, méditerranéen, alpin). C'est aussi un des pays qui détruit le plus son patrimoine aussi bien sur le littoral qu'en montagne. L'inventaire effectué, en France, pour trois classes de Vertébrés donne les résultats suivants :

	Espèces connues	Espèces menacées
Mammifères	115	58 (51 %)
Oiseaux	353	132 (38 %)
Poissons	75	17 (23 %)

La flore de France comprend 4 700 espèces de plantes à fleurs et de Ptéridophytes (dont 150 endémiques), 3 000 espèces de Lichens, 2 000 espèces de mousses, 5 000 espèces de champignons. Depuis le début du XXᵉ siècle 40 espèces ont disparu dont 12 endémiques. Parmi elles, 5 sont des adventices des moissons et 2 autres, *Lolium remotum* et *Silene linicola* sont liées à la culture du lin. La dernière espèce disparue de la flore de France est *Limonium bellidifolium* ssp. *dubyi* qui poussait sur les rives du lac d'Hosségor et qui a été anéantie par des travaux entrepris au bord du lac. *Viola cryana* est disparue dans la nature ainsi que dans les jardins botaniques où l'on n'a pas su la conserver (cf. Chauvet *et al.*,

1989). Dans le règne animal on connaît en France 520 espèces de Vertébrés et de 50 000 à 70 000 espèces d'Invertébrés (*cf.* tableau 20.1). Les espèces menacées ou disparues sont plus difficiles à connaître que dans le cas des végétaux, surtout chez les Invertébrés. Le sauvetage de la tortue d'Hermann, une espèce endémique, a été entrepris dans le « village des tortues » situé à Gonfaron en Provence.

Les zones protégées comprennent en France des *Parcs Nationaux* (tableau 22.6) dont un est situé en Guyane (figure 22.15), et six *réserves de la biosphère* : Camargue, Cévennes, vallée du Fango en Corse, mer d'Iroise au large de la Bretagne, Vosges du Nord et massif de Fontainebleau (les parcs naturels régionaux au nombre d'une trentaine ne sont pas destinés à la protection de la nature mais plutôt à la conservation des paysages et des particularités régionales). Un parc naturel comprend une zone centrale vouée en priorité à la conservation et à la recherche ; une zone de réserve intégrale dans laquelle la protection est renforcée (aucune ne semble avoir été créée à ce jour) ; une zone périphérique dans laquelle certaines activités comme le tourisme sont encouragées. Il existe aussi 134 *réserves naturelles* couvrant 324 000 ha (Mosse, 1996) et 81 réserves naturelles volontaires couvrant 5 000 ha. Le statut des réserves

	Création	Surface (km²) centrale (km²)	Surface de la zone
Vanoise	7.VII.1963	1 964	528,4
Pyrénées-Occidentales	23.III.1967	2 520	457,1
Port-Cros	14.XII.1963	6,9	-
Les Écrins	27.III.1973	2 692	918
Cévennes	2.IX.1970	3 126	844,1
Mercantour	18.VIII.1979	2 150	685
Guadeloupe	7.III.1989	291	173

Tableau 22.6.

Les parcs nationaux en France et dans les DOM TOM au 1ᵉʳ avril 1990. Le parc de Port- Cros comprend également 18 km² protégés en milieu marin. Un parc national existe aussi en Guyane. Un parc national comprend en principe une zone centrale réservée à la conservation du milieu et à la recherche et une zone périphérique dans laquelle les activités économiques se poursuivent d'une façon modérée. Les limites des parcs ont été tracées davantage en fonction de considérations politiques que scientifiques. Ceci explique pourquoi les quelques ours qui subsistent dans les Pyrénées se trouvent en dehors du parc.

naturelles est variable. Il va de la réserve intégrale où toute intervention humaine est interdite, à la réserve faisant l'objet d'une gestion raisonnée en fonction de la nature des écosystèmes et des espèces à protéger. En outre 450 *arrêtés de biotope* (en 1997) protègent 73 860 ha et 68 forêts de protection couvrent 79 655 ha. Des zones naturelles d'intérêt écologique, faunistique et floristique ou *ZNIEFF* étaient au nombre de 14 755 en 1997. Ces zones ne bénéficient d'aucune protection particulière mais elles doivent être prises en compte dans tout projet d'aménagement. *Natura 2000* est un réseau destiné à la protection de la nature qui devrait être opérationnel pour l'ensemble de l'Europe en 2002. Ce projet prévoit la création de zones spéciales de conservation en raison de la richesse de leur faune et de leur flore. Alors que le Muséum d'Histoire Naturelle avait recensé 1 316 sites couvrant environ 15 % du

Figure 22.15.

La Guyane française.

Les limites du parc national sont indiquées par un trait épais. Ce parc comprend cinq zones. 1 : zone de nature ; 2 : zone de vie ; 3 : zone de nature avec possibilité d'activité minière ; 4 : zone de vie avec possibilité d'activité minière ; 5 : zone périphérique. Les hachures croisées correspondent à la région dans laquelle la probabilité de persistance de la forêt lors de la glaciation quaternaire est de 80 à 100 %. En pointillés, limites des régions où cette probabilité n'est que de 60 %. La forêt n'a probablement pas persisté dans les autres régions de Guyane. La plus grande partie du parc est située dans le sud du pays, en dehors de la zone la plus intéressante. Aucune protection n'est accordée à la partie nord dans laquelle se trouve la forêt qui a la biodiversité la plus élevée. L'abattage d'arbres et l'élimination de la forêt pour les besoins de l'industrie papetière, la construction de vastes barrages, la pollution par le mercure qui sera causée par les projets d'exploitation des gisements aurifères, sont des entreprises catastrophiques qui détruiront une grande partie de ce reste de forêt tropicale. La conservation des espèces présentes dans une région exige le maintien en l'état d'une surface suffisante pour que les divers milieux soient représentés ainsi que les diverses phases des perturbations naturelles et de régénération. Cette surface a

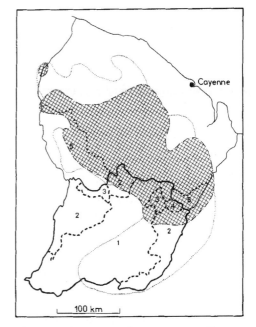

été évaluée, en Guyane, à 1 million d'ha d'un seul tenant pour les grands Mammifères et pour les gros oiseaux. Ceci montre que le parc national de la Guyane doit être complété car il ne renferme pas certains milieux particuliers qui sont présents dans le nord du pays.

territoire, la surface définitivement retenue est réduite à environ 3 % du territoire et à 1 000 sites en raison de l'hostilité locale de groupes de pression très actifs. Ceci place la France au dernier rang de l'Union européenne, certains pays ayant proposé jusquà 20 % de leur territoire comme sites Natura 2000.

Parmi les organismes qui mènent une politique de conservation des milieux naturels le *Conservatoire de l'espace littoral et des rivages lacustres* a été créé en 1970. Son but est l'acquisition d'espaces naturels menacés afin de les conserver intacts. Il gère 50 000 ha qui sont situés surtout en bord de mer pour les soustraire à une urbanisation et une anthropisation croissantes. Parmi les sites les plus connus se trouve le parc ornithologique du Marquenterre dans la baie de Somme. Une étude de la flore littorale française et de sa biodiversité a été entreprise à l'initiative du Conservatoire du littoral (Bournérias, 1993 ; Salanon *et al.*, 1994). Des espaces situés dans l'intérieur des terres au bord de lacs sont également protégés. Il existe aussi des Conservatoires régionaux qui gèrent des sites non littoraux ayant un intérêt biologique.

Des écosystèmes originaux comme les grands estuaires, les dunes littorales, les landes, les prairies et les zones humides sont insuffisamment protégés et en voie de régression rapide. Les dunes littorales ont perdu 50 % de leur surface sur la côte atlantique et 75 % sur la côte méditerranéenne. Le marais poitevin a perdu 30 000 ha et la Camargue 33 000 ha.

4.2. La conservation des espèces

4.2.1. CONSERVATION IN SITU ET EX SITU

La conservation des espèces peut se faire dans leur milieu naturel (conservation *in situ*) ce qui permet de maintenir des populations suffisamment nombreuses et diversifiées génétiquement. Ce type de conservation nécessite des territoires suffisamment vastes et bien protégés pour éviter les dégradations causées par l'homme (chasse, récolte pour le commerce ou la collection, etc.) et pour maintenir la permanence des processus écologiques fondamentaux.

Certaines zones protégées évoluent spontanément. Il convient alors d'intervenir pour empêcher cette évolution en créant des Réserves Biologiques dirigées. Aux îles Glénan l'espèce

endémique *Narcissus triandrus* ne peut subsister que dans un milieu ouvert. Il faut donc empêcher les plantes de la lande de s'installer spontanément. Aux États-Unis, dans l'Oregon, le papillon *Speyeria zerene hippolyta* vit sur *Viola adunca* dans des prairies situées au milieu des forêts. Jadis des perturbations naturelles comme le feu, les tornades, les coulées de boue ou le broutage par les cerfs maintenaient un nombre suffisant de prairies dans la forêt. La suppression des feux et l'élimination des cerfs a réduit le nombre de prairies et le papillon ne se maintient que dans deux stations isolées. La protection du papillon consiste à créer par le feu et le labour de nouvelles prairies que l'on maintient en l'état en empêchant la forêt de s'installer.

La méconnaissance de la biologie de certaines espèces rend leur conservation difficile. En Angleterre les tentatives de sauvetage du Lépidoptère Lycaenidae *Maculinea arion* ont entraîné la disparition de cette espèce car la modification du tapis végétal a éliminé la fourmi rousse avec laquelle le papillon vit en symbiose. Dans la réserve du marais de Lavours (département de l'Ain) une gestion par pâturage extensif a été réalisée pour freiner l'évolution de la végétation, augmenter la richesse des végétaux et permettre la réinstallation d'oiseaux caractéristiques de ce milieu. Mais le pâturage extensif menace la Rosacée *Sanguisorba officinalis* qui est la plante hôte des deux espèces de Lycaenidae *Maculinea teleius* et *M. nausithous* dont les chenilles vivent tout d'abord sur la plante hôte puis en association obligatoire avec une fourmi du genre *Myrmica*. Les effectifs de ces deux papillons ont fortement régressé et une modification du mode de gestion de la réserve s'impose. Il serait en effet illogique de conserver dans ce marais des groupements végétaux intéressants au détriment d'un complexe entomologique tout aussi intéressant (Morand *et al.*, 1994).

La conservation *ex situ* des végétaux peut se faire à partir de plantes entières cultivées dans des jardins botaniques, à partir de graines ou de tissus maintenus en culture. La conservation *ex situ* se heurte à de sérieuses difficultés. Les banques de graines qui sont vraisemblablement la méthode la plus pratique à court terme sont coûteuses, difficiles à gérer et fragiles. La longévité des graines de certaines espèces est souvent très courte et il est nécessaire de les régénérer de temps en temps en les semant pour obtenir une

nouvelle génération. Durant ce temps le milieu dans lequel vivaient ces plantes peut avoir évolué et les graines, qui n'ont pas évolué en même temps sous l'action de la sélection naturelle, donneront des plantes inadaptées à leur nouvel habitat et aux prédateurs, parasites et compétiteurs qui s'y trouvent. Le petit nombre de plantes ou de graines qui sont à l'origine des cultures *ex situ* est la cause d'une perte de diversité génétique importante qui a été démontrée dans de nombreux cas, dont celui de *Lysimachia minorensis* (Primulacée) endémique de l'île de Minorque qui est éteinte dans la nature et cultivée dans dix jardins botaniques européens. Tous les individus de cette espèce proviennent vraisemblablement d'un seul stock de graines prélevées avant la disparition de la plante dans la nature (Ibanez *et al.*, 1999). La conservation *ex situ* est cependant une nécessité pour les plantes dont la disparition dans le milieu naturel est devenue inévitable. Il existe environ 30 espèces de plantes vasculaires éteintes dans la région méditerranéenne. Trois de ces espèces sont conservées *ex situ* soit en culture soit sous la forme de banques de graines. On estime que dans le monde environ 10 000 espèces sont conservées dans des jardins botaniques.

Il existe en France des conservatoires botaniques à Brest, Porquerolles, Gap-Charance, Nancy et Bailleul. Ces conservatoires entretiennent des plantes qui n'existent plus à l'état sauvage ou multiplient celles qui sont menacées pour tenter de les réintroduire dans leur pays d'origine, dans un site demeuré favorable. Par exemple on cultive au conservatoire de Brest *Sophora toromiro*, une Papilionacée de l'île de Pâques aujourd'hui disparue à l'état naturel. Le jardin de Kew près de Londres a pris en charge les remarquables Composées endémiques de l'île Sainte-Hélène. Les techniques modernes peuvent apporter une aide efficace dans la protection des espèces menacées. Une Sterculiacée dioïque de l'île Maurice du genre *Dombeya* n'était plus connue que par un seul pied mâle. La multiplication de ce dernier à l'aide de boutures puis le traitement à l'aide d'hormones végétales a permis d'obtenir des fleurs femelles puis des graines à partir desquelles il paraît possible de reconstituer une population. En France le *Bureau des Ressources Génétiques* est chargé de la conservation des espèces (ou des variétés) exploitées qui présentent un intérêt agricole, industriel, scientifique ou culturel.

La conservation *ex situ* des espèces animales se fait dans des parcs zoologiques qui ont permis le sauvetage de plusieurs espèces dont le bison d'Europe ou l'oryx d'Arabie que la chasse avait éliminés de leur milieu naturel. Le cheval de Przewalsky disparu à l'état sauvage existe dans le parc des Cévennes sous la forme d'un troupeau qui sera réintroduit en Mongolie lorsque les circonstances deviendront favorables. Comme pour les végétaux, la perte de diversité génétique est l'inconvénient principal du maintien d'espèces animales rares en captivité. Trente espèces de Cichlidés disparues du lac Victoria sont élevées en captivité. Actuellement 400 zoos de 54 pays participent à des programmes d'élevage d'espèces menacées dans le but de les réintroduire si leur milieu d'origine retrouve des conditions favorables. Le but est de conserver une diversité génétique suffisante ce qui nécessite une population minimum de 250 à 500 individus, donc des investissements lourds dans le cas d'espèces de grande taille. C'est pourquoi ces élevages *ex situ* ne concernent qu'un à deux milliers d'espèces.

Classification des diverses catégories d'espèces menacées selon les critères de l'UICN

Éteint (extinct). Espèce disparue qui n'a pas été revue dans la nature depuis 50 ans.

En danger (endangered). Espèce dont la survie est incertaine si l'on n'agit pas sur les causes de sa raréfaction. Cette catégorie comprend toutes les espèces surexploitées ou dont l'habitat est fortement réduit ou modifié.

Vulnérable (vulnerable). Espèce risquant d'entrer dans la catégorie précédente si l'on n'agit pas sur les facteurs défavorables qui causent sa raréfaction.

Rare (rare). Espèce ni en danger ni vulnérable mais dont les populations sont peu nombreuses car limitées à des aires géographiques réduites ou à des habitats particuliers.

Indéterminé (indeterminate). Espèce connue pour être soit en danger, soit vulnérable, soit rare mais sur laquelle on ne possède pas suffisamment de données pour la situer dans une catégorie déterminée.

Menacé (threatened). Terme général s'appliquant à l'une des quatre catégories ci-dessus. Une espèce peut être menacée par le commerce ou la surexploitation. À côté des espèces il existe des

communautés menacées et des phénomènes biologiques menacés, comme les rassemblements d'hivernage des papillons monarch (*Danaus plexippus*) au Mexique ou, au Japon, la supercolonie de la fourmi *Formica yessensis* qui comprend un ensemble de 45 000 nids étroitement associés et qui est menacée par l'urbanisation. Une catégorie d'espèces menacées par le commerce s'applique à des espèces marines surexploitées. Mais certains insectes peuvent être ajoutés à cette liste comme un Coléoptère Lucanide sud africain du genre *Colophon* qui est vendu jusqu'à 7 000 dollars. Taiwan vend chaque année entre 15 et 50 millions de papillons destinés à la réalisation de cadres ornementaux et 50 millions de papillons sont tués au Brésil pour le même usage. Ces pratiques pourraient bien conduire à placer ces espèces sur la liste des espèces menacées par le commerce.

4.2.2. LA GESTION DES PRIORITÉS. LES ESPÈCES-CLÉS

Dans l'état actuel de la biosphère il est évident que toutes les espèces et tous les types d'écosystèmes ne pourront être conservés. Quels sont les choix qui peuvent être faits ?

a) Il faut en priorité conserver les espèces qui sont menacées dans toute leur aire de répartition. Cette mesure intéresse en premier les endémiques à aire restreinte et à populations peu nombreuses comme certains insectes cavernicoles ou certains Mollusques. L'escargot *Helix ceratina* est un endémique de Corse qui figure sur la liste rouge de l'UICN au titre des espèces gravement menacées dont on annonçait même la disparition. Il a été retrouvé en 1994 dans la région de la plage de Campo del Oro proche d'Ajaccio où il ne reste plus de son habitat que 6 ha non continus dans une lande à genêt de Salzmann. Un arrêté de protection de biotope destiné à assurer la protection de ce Mollusque interdit la circulation en bord de mer sur plus de 8 ha ainsi que l'arrachage des plantes. En même temps un élevage de sauvetage a été mis en route au Muséum National d'Histoire Naturelle.

b) Il faut conserver en priorité les espèces qui constituent à elles seules un genre, une famille ou même un ordre et qui représentent un niveau de diversité élevé (*cf.* chapitre 20).

c) Il faut conserver les espèces-clés. Toutes les espèces d'un écosystème n'ont pas la même importance (*cf.* chapitre 21) et la disparition de certaines d'entre elles, les espèces- clés, risque de mettre en danger le fonctionnement des écosystèmes ou de réduire fortement leur diversité. On reconnaît diverses catégories d'espèces-clés. 1) Les prédateurs, herbivores et pathogènes qui contrôlent les niveaux trophiques inférieurs, réduisent l'abondance des espèces de ces niveaux trophiques et permettent ainsi la coexistence d'espèces qui autrement entreraient en compétition et disparaîtraient (Paine, 1966 ; Brown & Heske, 1990). 2) Les espèces mutualistes telles que les pollinisateurs qui sont indispensables à la fécondation et à la survie de certaines plantes comme les Orchidées. 3) Les espèces qui sont une ressource importante à des moments critiques du cycle annuel d'autres espèces. Les diverses espèces du genre *Ficus* dont les fruits constituent une source de nourriture pour les Primates durant la saison sèche sont des espèces-clés (Gauthier-Hion & Michaloud, 1989), de même que les Vertébrés frugivores qui disséminent les graines et permettent la régénération de la forêt. En Afrique, l'éléphant est une espèce-clé car lorsqu'il disparaît l'écosystème se modifie : les milieux ouverts se transforment en forêt et la faune forestière revient et s'installe.

Le chien de prairie *Cynomys ludovicianus* jadis répandu et abondant dans une grande partie de l'Amérique du Nord et du Mexique est une espèce-clé dans le maintien de la biodiversité. Son activité et son influence sur la structure des paysages permettent de qualifier cette espèce d'ingénieur écologiste (Jones *et al.*, 1994) en raison de la quantité de sol que ces animaux remuent en creusant leurs terriers. Cette quantité de sol a été estimée à 200-225 kg par système de galeries. Dans une région du nord du Mexique le nombre moyen de terriers par hectare est de 52,7. Lorsque les chiens de prairie sont présents, la diversité des petits Mammifères est plus grande ainsi que leur densité, le nombre d'individus par hectare pouvant y être jusqu'à 4 fois supérieur. Des oiseaux comme la chouette *Speodytes cunicularia* trouvent un abri dans les terriers abandonnés et plusieurs autres oiseaux sont plus nombreux parmi les groupements (connus sous le nom de « ville ») de chiens de prairie que dans la prairie adjacente. Le putois à pattes noires *Mustela nigripes*, un prédateur spécialisé et le blaireau *Taxidea taxus* se sont beaucoup raréfiés avec la quasi-disparition des chiens de prairie dans certaines régions. En outre les

chiens de prairie modifient les propriétés du sol (topographie, perméabilité, microclimat) et cette hétérogénéité du paysage permet le maintien de la végétation caractéristique de la prairie et de sa diversité. Tous ces faits militent en faveur de la conservation des chiens de prairie dans les zones où ils subsistent encore (Ceballos *et al.*, 1999). Le bison est aussi une espèce-clé dans la Prairie américaine (*cf.* chapitre 21).

Dans les marais subtropicaux de Floride l'alligator creuse de vastes dépressions qui drainent l'eau durant les périodes de sécheresse. Ces trous servent de refuge à des espèces qui seraient éliminées et ils fournissent de l'eau et de la nourriture à beaucoup d'autres. Les grands nids où les alligators déposent leurs oeufs servent aussi à des oiseaux comme les hérons et les aigrettes. En se déplaçant les alligators maintiennent ouverts des chenaux dans les marécages. Ils consomment de nombreux poissons du genre *Lepidosteus* qui sont des prédateurs d'autres poissons et ils contribuent ainsi à maintenir des populations d'autres espèces comme les *Micropterus* recherchés par les pêcheurs. L'alligator consomme surtout des escargots, des poissons, des canards et autres oiseaux aquatiques, des tortues et des ratons laveurs. L'alligator qui a été très chassé entre 1950 et 1960 (90 % de la population de la Louisiane a été exterminée) est maintenant protégé et la chasse en est limitée. Il existe un million d'alligators en Floride mais seulement 7 000 sont chassés chaque année.

La raréfaction d'une espèce-clé, la loutre de mer, a entraîné une série de réactions en chaîne. La population de loutres des îles Aléoutiennes a perdu 90 % de ses effectifs en quelques années. Cette disparition est due aux orques qui dévorent ce petit Mammifère alors que jadis les orques s'attaquaient aux phoques et aux otaries (Estes *et al.*, 1998). Ces derniers se sont raréfiés à cause de la disparition des poissons due à leur surexploitation par la pêche et sans doute aussi à un brutal réchauffement survenu à la fin des années 1970 dans l'Océan Pacifique. Les conséquences de la disparition de la loutre sont multiples. Les loutres mangent des coquillages et des oursins et ces derniers mangent les grandes algues brunes qui forment de véritables forêts sous-marines sur la côte Pacifique de l'Amérique du Nord. Dans les parages des îles Aléoutiennes la biomasse des oursins a été multipliée par 8 et celle des algues a été divisée par 12. Cette dis-

parition des algues entraînera certainement celle de nombreux poissons et de certains oiseaux comme l'aigle à tête blanche qui s'en nourrit exclusivement. Ce sont là les grandes lignes d'une série d'événements en cascade dont beaucoup sont encore mal connus et dont les conséquences à long terme sont difficiles à évaluer d'une façon précise. À ces facteurs viennent peut être s'ajouter les conséquences de la pollution pétrolière provoquée par la catastrophe de l'*Exxon Valdez* en 1989.

Des perturbation climatique peuvent modifier le comportement d'une espèce-clé et agir sur le fonctionnement d'un écosystème. L'Isle Royale au nord des États-Unis dans la région des Grands Lacs est une région protégée depuis 1931 dans laquelle il n'y a plus aucune intervention humaine. L'écosystème comprend comme élément principal un réseau trophique à 3 niveaux : un prédateur le loup et un herbivore l'élan, qui se nourrit principalement en hiver aux dépens du sapin baumier *Abies balsamea*. L'élan, en raison de sa consommation importante sur le sapin et sur d'autres arbres, est une espèce-clé qui agit sur la croissance des arbres, la production de litière et le cycle des éléments nutritifs. Une perturbation climatique connue sous le nom de Oscillation Nord Atlantique (NAO) est due à une différence de pression atmosphérique variable entre les Açores et l'Islande qui peut, selon les cas, produire dans la région des Grands Lacs soit des hivers cléments avec d'abondantes chutes de neige, soit des hivers très froids. Lorsque l'enneigement est élevé les loups se regroupent en meutes importantes et ils tuent trois fois plus d'élans par jour que les années de faible enneigement durant lesquelles ils chassent en groupes peu nombreux. À la suite des années de prédation intense l'abondance des élans diminue, la pression de ces herbivores sur les arbres devient moins intense et la croissance des sapins s'accélère l'année suivante. Ces observations mettent en évidence un lien étroit entre des variations climatiques, des variations de comportement d'un prédateur et les réactions qui se produisent dans un écosystème depuis le niveau des prédateurs jusqu'à celui des végétaux producteurs (Post *et al.*, 1999).

4.2.3. LES ESPÈCES PROTÉGÉES

Il existe divers accords internationaux destinés à protéger des espèces ou des milieux. La

réglementation de la chasse et de la pêche devrait sauver des espèces comme les Cétacés, l'éléphant d'Afrique (si le commerce de l'ivoire continue à être interdit), les rhinocéros, les félins tachetés ou les crocodiles. Mais les règlements établis sont bien fragiles face aux intérêts commerciaux en jeu. L'Afrique du Sud envisage de reprendre le commerce de la corne du rhinocéros blanc à laquelle les pays d'Asie attribuent de soi-disant propriétés médicinales.

Les principaux accords internationaux sont les suivants (*cf.* Humbert, 1995) :

a) la *Convention Baleinière Internationale* (1er juillet 1948) relative à la réglementation de la chasse à la baleine.

b) la *Convention sur les zones humides d'importance internationale* connue sous le nom de *Convention de Ramsar* (21 décembre 1975) assurant la protection des zones humides d'importance internationale, en particulier pour les oiseaux. En 1990 les 61 états contractants avaient désigné plus de 421 sites à protéger couvrant plus de 30 millions d'ha. Un des sites Ramsar est le lac de Grand Lieu près de Nantes, le plus grand (6300 ha) lac naturel de plaine français et important site d'hivernage d'Anatidés. Un autre site Ramsar est la Camargue. Ces deux sites sont gérés par la Société Nationale de Protection de la Nature. Parmi les autres sites Ramsar se trouvent les marais du Cotentin et du Bessin, les étangs de Champagne humide et les rives du Lac Léman.

c) la *Convention pour la protection du patrimoine mondial, culturel et naturel* ou Convention de Paris du 17 décembre 1975. En 1992 il existait 337 sites classés, parmi lesquels le Mont Saint Michel et sa baie.

d) la *Convention de Washington* ou CITES (Convention on International Trade in Endangered Species) du 1er juillet 1975 est signée par 96 pays et elle réglemente le commerce international des espèces de faune et de flore sauvages menacées d'extinction. Il existe trois annexes. L'annexe I concerne les espèces menacées d'extinction ou qui pourraient l'être et pour lesquelles le commerce n'est autorisé que de façon exceptionnelle. L'annexe II concerne les espèces vulnérables qui peuvent devenir menacées d'extinction et dont le commerce est strictement réglementé. L'annexe III concerne les espèces dont un état restreint la capture et l'exportation dans un but de protection.

e) la *Convention de Bonn* (1er novembre 1983) relative à la conservation des espèces migratrices appartenant à la faune sauvage.

f) la *Convention sur la conservation de la faune et de la flore marines de l'Antarctique* du 7 avril 1982.

g) la *Convention de Berne* (1er juin 1982) relative à la conservation de la vie sauvage et des milieux naturels en Europe. Des listes d'espèces protégées sont placées en annexes. La convention de Berne protège en particulier un certain nombre d'espèces de Mollusques terrestres ou d'eau douce qui sont parmi les animaux les plus menacés (Bouchet *et al.*, 1999).

h) la *Directive Oiseaux* du Conseil de l'Europe du 6 avril 1981 relative à la conservation des oiseaux sauvages.

i) la *Directive habitats, faune, flore* du Conseil de l'Europe du 5 juin 1994 qui prévoit la création de zones protégées (dénommées Natura 2000) pour assurer le maintien ou le rétablissement des habitats des espèces concernées.

Des organisations nationales et internationales oeuvrent en faveur de la protection de la nature. L'idée d'une organisation internationale pour la protection de la nature est née en 1910. Elle est due au fondateur de la ligue suisse pour la protection de la nature, Paul Sarasin. Une commission pour la protection internationale de la nature fut fondée à Berne en 1913 par les représentants de 17 pays. Après la guerre, en 1922, des ornithologistes créèrent à Londres un comité international pour la protection des oiseaux. En 1923 se tint à Paris au Muséum National d'Histoire Naturelle le premier congrès international pour la protection de la nature. Après la seconde guerre, à l'automne 1948, sur invitation de la France et de l'UNESCO, les représentants de 18 gouvernements, de 7 organisations internationales et de 107 associations créèrent l'UICN (Union Internationale pour la Conservation de la Nature et de ses ressources). Actuellement l'UICN dont le siège est en Suisse regroupe des représentants de 138 pays. Parmi ses activités l'UICN établi régulièrement des *Listes rouges* d'espèces animales et végétales menacées (Emanoil, 1994). Dans le monde, 25 % des Mammifères, 11 % des oiseaux, 20 % des reptiles, 25 % des Amphibiens et 34 % des poissons sont menacés d'extinction, ce qui représente un total de 5 205 espèces. Cette liste est très incomplète pour les invertébrés dont le recensement est difficile. Selon l'UICN il existe au moins 500 espèces d'insectes, 400 espèces de Crustacés d'eau douce et 900 espèces de Mollusques qui pourraient être ajoutées à la liste des espèces menacées. Ces chiffres sont certainement très sous-estimés. La liste des plantes renferme 34 000 espèces menacées soit 12,5 % du nombre d'espèces connues. Ces plantes se concentrent dans 200 pays mais 91 % d'entre elles ne se trouvent que dans un seul pays ce qui augmente leur vulnérabilité. Beaucoup de ces plantes ont un intérêt médicinal. En France des listes d'espèces protégées ou menacées (Maurin, 1998) ont été établies (tableau 22.7). Il faut insister sur le fait que la protection des espèces

Odonates

Sympecma braueri paedisca	Oxygastra curtisii
Coenagrion mercuriale	Macromia splendens
Stylurus flavipes	Leucorrhinia albifrons
Gomphus graslinii	Leucorrhinia caudalis
Ophiogomphus cecilia	Leucorrhinia pectoralis

Orthoptères

Prionotropis rhodanica	Saga pedo
Prionotropis hystrix azami	

Coléoptères

Dytiscus latissimus	Chrysocarabus auronitens cupreonitens
Graphoderes bilineatus	Chrysocarabus solieri
Osmoderma eremita	Carabus auratus honnorati
Cucujus cinnabarinus	Aphaenops spp.
Cerambyx cerdo	Hydraphaenops spp.
Rosalia alpina	Trichaenops spp.
Chrysocarabus auronitens subfestivus	

Lépidoptères

Zygaena rhadamanthus	Coenonympha oedippus
Zygaena vesubiana	Coenonympha tullia
Parnassius phoebus	Coenonympha hero
Parnassius apollo	Lopinga achine
Parnassius mnemosyne	Helleia helle
Zerynthia polyxenia	Thersamolycaena dispar
Zerynthia rumina	Maculinea alcon
Papilio hospiton	Maculinea arion
Papilio alexanor	Maculinea telejus
Colias palaeno	Maculinea nausithous
Pieris ergane	Eriogaster catax
Fabriciana elisa	Graellsia isabellae
Boloria aquilonaris	Proserpinus proserpina
Proclossiana eunomia	Hyles hippophaes
Euphydryas aurinia	Pericallia matronula
Euphydryas maturna	Diacrisia metelkana
Erebia sudetica	Phragmatobia caesarea

Tableau 22.7.

Un exemple : liste des espèces d'insectes protégés sur le plan national en France métropolitaine (*Journal Officiel* du 24 septembre 1993 : « Sont interdits sur tout le territoire national et en tout temps, la destruction ou l'enlèvement des oeufs, des larves et des nymphes, la destruction, la capture ou l'enlèvement, la préparation aux fins de collection des insectes suivants ou, qu'ils soient vivants ou morts, leur transport, leur colportage, leur utilisation, leur mise en vente ou leur achat »).

est inséparable de la conservation de leur milieu naturel, ce qui suppose un arrêt de la dégradation des écosystèmes et la création de zones protégées dont le nombre et la surface sont encore insuffisants.

Le WWF (World Wildlife Fund) ou fond mondial pour la nature créé en 1961 par l'UICN a tout d'abord concentré son activité sur la protection des espèces et il agit aujourd'hui sur l'ensemble des domaines relatifs à la protection de la

nature : protection des forêts, des mers, des écosystèmes littoraux, des zones humides, etc. Parmi ses réalisations se trouvent la protection du delta du Danube en Roumanie, du tigre en Asie, de l'oryx d'Arabie. Le WWF a aidé à la création de plus de 260 parcs nationaux et réserves. Son emblème, bien connu, est le panda géant.

4.2.4. RENFORCEMENT DES POPULATIONS ET RÉINTRODUCTION

L'opération de réintroduction consiste à introduire une espèce animale ou végétale dans une région où elle était indigène avant son extermination par l'homme ou par une catastrophe naturelle [1]. Elle ne doit se faire que si les causes de la disparition ont été enrayées et si les exigences de l'espèce en matière d'habitat sont toujours satisfaites. La réintroduction d'un oiseau, le troglodyte *Cyphorinus arada* qui avait disparu de l'île de Barro Colorado après la mise en eau du canal de Panama a été un échec car, dans le milieu modifié par l'insularité, le coati *Nasua nasua* est devenu abondant et il exerce une forte prédation sur l'oiseau qui en l'absence de cours d'eau bordés de rives broussailleuses peu accessibles ne peut plus installer son nid dans les zones protégées des prédateurs. Le carabe *Carabus olympiae* dont le seul habitat a été anéanti par des opérations d'aménagement a fait l'objet d'une tentative de sauvetage par le transport d'une population dans un site du parc des Écrins. Mais l'opération a été abandonnée car un terrain de camping a été installé sur le site du lâcher qui se trouvait dans la zone périphérique du parc. Si les conditions de milieu sont favorables d'autres questions doivent être résolues : combien d'individus fondateurs doit on relâcher ? Quelle doit être leur provenance, donc leur structure génétique ? Beaucoup d'introductions ont été réussies à partir d'un petit nombre d'individus : quelques spécimens pour le bouquetin des Alpes, 17 pour l'oryx d'Arabie à Oman. Ces résultats semblent montrer que la consanguinité n'a pas toujours des effets négatifs. Un exemple de réintroduction réussie en France (tableau 22.8) est celui du vautour fauve qui avait disparu des Cévennes en 1945. Entre 1981 et 1986 soixante et un individus originaires d'Espagne et des Pyrénées ont été réintroduits et la population actuelle compte environ

200 individus. Le gypaète disparu des Alpes vers 1920 a été réintroduit avec succès depuis 1986. L'ours des Pyrénées est pratiquement disparu et la réintroduction d'individus en provenance d'Europe centrale ne semble pas être efficace en raison des conditions de milieu devenues défavorables à la survie de l'espèce (chasse et hostilité locale, pénétration de véhicules tout terrain dans les zones de refuge de l'ours, absence de zones protégées). En Amérique du Nord le sauvetage du faucon pèlerin et celui du Condor de Californie a été réussi.

Le renforcement consiste à introduire des individus d'une espèce qui est encore présente lorsqu'on craint que ses effectifs soient insuffisants pour assurer sa survie. Cette opération doit être conduite avec prudence afin de ne pas altérer la constitution génétique de la population à renforcer en introduisant des individus de provenance géographique trop différente. Le renforcement des populations bretonnes de macareux moines par des sujets originaires des îles Féroé a été arrêté car les deux populations présentent des caractéristiques morphologiques différentes. En 1993 les programmes de réintroduction d'espèces animales concernaient 126 espèces dont 32 % de Mammifères, 45 % d'oiseaux, 16 % de Reptiles et d'Amphibiens, 9 % de poissons et 2 % d'invertébrés.

Andromeda polifolia est une Ericacée arctico-alpine éteinte en plaine sauf dans une tourbière de la Manche où elle était menacée par l'exploitation de la tourbe. La transplantation a été entreprise en raison de l'isolement de la station relique et de l'éventualité d'un écotype à conserver. Les prélèvements ont été limités à quelques boutures qui furent cultivées *in vitro* plusieurs années avant leur mise en place dans la tourbière de Cessière dans l'Aisne, dans des endroits très limités et choisis afin de ne causer aucun déséquilibre. Les plantes de deux sites sur cinq ont persisté mais leurs graines n'ont pas germé, la plante étant vraisemblablement stérile (Bournérias & Olivier, 1989).

4.3. La restauration des écosystèmes

La restauration est le retour d'un écosystème dégradé à un état proche de son état primitif.

---

(1) La réintroduction des espèces est un sujet complexe qui mériterait un long développement. On pourra consulter : Le Courrier de la Nature, spécial réintroductions, n° 182, janvier 2000.

Mammifères

Cerf de Corse (*Cervus elaphus corsicanus*). Corse (I)

Bouquetin (*Capra ibex ibex*). Vercors (I)

Loup (*Canis lupus*). Landes et Mercantour (I) en projet mais arrivée spontanée du loup dans le Mercantour et d'autres régions des Alpes

Lynx (*Felis lynx lynx*). Massif vosgien (I)

Ours (*Ursus arctos*). Alpes et Pyrénées (I, R)

Phoque gris (*Halichoerus grypus*). Côtes bretonnes (R)

Phoque veau marin (*Phoca vitulina*). Baie de Somme (R)

Phoque moine (*Monachus monachus*). Port Cros (I). Projet

Loutre (*Lutra lutra*). Diverses régions. (I)

Castor (*Castor fiber*). Diverses régions. (I)

Oiseaux

Cigogne blanche (*Ciconia ciconia*). Alsace (I)

Gypaete barbu (*Gypaetus barbatus*). Alpes (I)

Vautour fauve(*Gyps fulvus*). Cévennes (I)

Vautour percnoptère (*Neophron percnopterus*). Cévennes (R). Quelques individus revenus spontanément.

Reptiles

Tortue d'Hermann (*Testudo hermanni*). Sud-est de la France (I)

Arthropodes

Écrevisses indigènes (*Astacus astacus* et *Astacus pallipes*). Diverses régions (I)

Carabe (*Carabus olympiae*). Parc des Écrins. Sauvetage d'une espèce endémique d'Italie.

Tableau 22.8.
Localisation de quelques sites ayant fait l'objet de réintroductions (I) ou de renforcement d'espèces (R) réalisés ou en projet en France en 1990.

Idéalement la structure et le fonctionnement primitifs doivent être rétablis. En réalité ce but n'est jamais atteint. La restauration des écosystèmes est une entreprise coûteuse, difficile et impossible dans certains cas. Cependant de nombreuses tentatives ont été effectuées. Un exemple est celui de la reconstitution de la prairie à hautes herbes (tallgrass prairie) entreprise aux États-Unis dès 1934 sur plusieurs centaines d'hectares qui avaient été profondément dégradés par l'agriculture. La prairie du Wisconsin couvrait 4,8 millions d'hectares avant l'arrivée des colons. Elle comprenait plus de 300 espèces de plantes autochtones dont certaines comme *Andropogon gerardii*, *Silphium laciniatum* et *Ratibida pinnata* étaient jadis très abondantes et dominaient souvent le peuplement mais avaient été presque éliminées. À la suite des efforts de l'Université du Wisconsin et avec le soutien du célèbre écologiste Aldo Leopold ces plantes existent à nouveau dans la portion de prairie restaurée où l'on trouve aussi de nombreuses espèces rares qui avaient été maintenues provi-soirement en culture (Jordan, 1988). Mais lors des entreprises de restauration l'introduction et le maintien des animaux est difficile, souvent en raison de la trop faible surface des zones restaurées et de leur isolement des sources possibles de peuplement. L'oubli, lors de la restauration d'une forêt d'érables, d'une espèce de fourmi qui disperse les graines des deux plantes *Sanguisorba canadensis* et *Asarum canadense* a eu pour résultat de faire pousser ces deux espèces en taches denses et isolées alors que normalement elles sont dispersées. La restauration des écosystèmes conduit seulement à la formation d'écosystèmes nouveaux très appauvris par rapport aux écosystèmes originaux.

Les tentatives de restauration les plus nombreuses concernent le milieu aquatique. Un exemple de restauration d'écosystème dégradé par la pollution et l'eutrophisation est fourni par le lac d'Annecy. Ce lac a été profondément modifié en raison de la présence sur ses rives de 78 000 habitants, de plus de 20 000 estivants et

de 5 000 bovins sur les pentes du bassin versant, ce qui a entraîné des rejets abondants de détritus organiques dont la biodégradation a conduit à un enrichissement en nitrates et en phosphates. Les eaux de lessivage des terres cultivées entraînent de plus en plus de nitrates provenant des engrais. On a observé dans ce lac une augmentation de l'abondance du phytoplancton et en particulier des Cyanobactéries qui formaient 90 % des individus à partir de 1960. Les eaux superficielles étaient de ce fait sursaturées en oxygène et appauvries en bicarbonates sous l'action de la photosynthèse d'où une augmentation du pH qui a atteint la valeur de 7,8. Les nitrates ont diminué en surface ; la transparence de l'eau s'est atténuée : elle était inférieure à 6 mètres (mesurée au disque de Secchi) en 1960. En période de thermocline estivale les eaux de profondeur étaient appauvries en oxygène en raison de l'augmentation des matières organiques réductrices. Les ombles chevaliers étaient devenus rares. Pour enrayer ces dégradations le plan d'eau fut ceinturé d'un réseau d'égouts interceptant les effluents en provenance des communes riveraines et les eaux usées rejetées dans un affluent du Rhône. Les résultats ont été favorables comme le montrent les chiffres suivants :

Années	Transparence des eaux	Saturation des eaux en oxygène à -5 m
1961	5,7 m	108,9 %
1971	7,35 m	104,0 %

La composition du phytoplancton a changé également. Les valeurs suivantes ont été relevées (en pourcent) :

	1961	1971
Chlorophycées	très rares	0,09
Cyanobactéries	95,83	très rares
Diatomées	3,75	98,96
Conjuguées	0,01	0,02
Chrysophycées	0,38	0,75
Péridiniens	0,03	0,18

Les conséquences néfastes de l'eutrophisation se manifestent encore en profondeur : eau pauvre en oxygène ; nitrates réduits en ammoniaque ; accroissement de la teneur en phosphore soluble. Les mesures de protection doivent donc être maintenues si l'on veut rendre au lac d'Annecy son caractère primitif.

Toutes les causes d'érosion de la biodiversité sont en grande partie le résultat de la démographie galopante de l'espèce humaine, ce qui entraîne une consommation croissante des ressources naturelles et une destruction accélérée des milieux et des espèces. Cette croissance démographique est incompatible avec la conservation de la biodiversité. Il en est de même des systèmes économiques qui ne prennent pas en compte l'environnement. On peut se demander à quoi serviront et que deviendront les quelques régions protégées si elles se trouvent isolées au milieu de cultures entièrement artificialisées, d'usines polluantes et de villes gigantesques.

4.4. Biodiversité et conservation dans le milieu forestier

Presque toutes les forêts des régions tempérées ont subi des modifications spectaculaires et il ne reste presque plus de témoins intacts de la forêt européenne primitive. Les forêts d'Europe peuvent servir d'exemples de milieux dont la biodiversité élevée est menacée par les aménagements forestiers actuels. Elles mettent aussi en évidence la nécessité de conserver intacts les rares massifs forestiers non ou peu modifiés par l'homme. L'étude de quelques forêts relictuelles non ou peu modifiées comme la forêt de Bialowieza en Pologne montre que la structure des forêts primitives diffère de celle des forêts aménagées que nous connaissons aujourd'hui. La stratification de la végétation y est plus complexe ; les arbres atteignent 30 à 40 m de haut et la canopée est percée par des sujets géants qui atteignent 43 m dans le cas du frêne et du chêne, 45 m dans le cas du pin sylvestre et 55 m dans le cas de l'épicéa. Des pins dépassent 170 cm de diamètre et des chênes 230 cm (Falinski, 1978). La composition spécifique et l'importance relative des diverses essences sont aussi différentes (tableau 22.9) ainsi que la structure en classes d'âge. Dans la forêt de Bialowieza les parcelles comportant des arbres âgés de plus de 100 ans forment 67,4 % de la surface et celles formées d'arbres de moins de 40 ans forment seulement 2,4 %. Dans la forêt exploitée voisine les parcelles de plus de 100 ans forment seulement 30 % de la surface. Le bois

mort est abondant dans la forêt primaire. Son volume varie de 50 à 200 m³ par ha tandis qu'il est seulement de 1 à 5 m³ dans les forêts exploitées. Dans les forêts d'Europe le bois mort se pré-

Essences	Forêt primitive	Forêt exploitée
Chêne	20	11
Charme	19	2
Épicéa	16	28
Aulne	12	17
Pin	11	26
Tilleul, érable	9	0
Bouleau, tremble	7	13
Frêne	6	3

Tableau 22.9.
Importance des diverses espèces d'arbres (en % de la surface couverte) dans la forêt primitive de Bialowieza (4 750 ha) et dans une forêt voisine exploitée (53 000 ha). Les essences qui contribuent le plus à la différence entre les deux forêts sont le pin, le charme, le tilleul et l'érable.

sente sous les mêmes formes que dans les forêts américaines et il offre de nombreux milieux habités par une faune riche et originale. Selon Elton (1966) 21 % des espèces des forêts d'Angleterre sont liées au bois mort.

On évalue à 1 500 le nombre d'espèces de champignons et à 1 300 le nombre d'espèces de Coléoptères qui sont liées au bois mort en Europe. Un quart des champignons et 60 % des Coléoptères sont menacés par la disparition ou la réduction de leur habitat. Beaucoup de Basidiomycètes comme *Dryodon coralloides* et *Stereum insignitum* ne sont plus guère connus que dans quelques réserves comme celles de la forêt de Fontainebleau (Jacquiot, 1978). La raréfaction ou la disparition des champignons lignicoles a été observée aussi en Suède (Bader *et al.*, 1995). Des successions de mousses et de lichens remarquables se développent sur le bois mort. Ce milieu est aussi colonisé par des plantes à fleurs comme *Oxalis acetosella* qui ont pu être qualifiées de « saprophytes » (Falinski, 1978).

Les grands Ongulés (cerf, chevreuil, bison, sanglier, élan) ont été étudiés à Bielowieza. La comparaison faite en hiver de la forêt primaire et de la forêt exploitée apporte les résultats suivants (valeurs extrêmes et valeur moyenne entre parenthèses) :

	Forêt primaire	Forêt exploitée
Densité (individus/km²)	13 (28) 41	11 (15) 24
Biomasse (kg/km²)	1 104 (2 286) 3 338	1 000 (1 238) 1 654

La biomasse plus grande en grands herbivores dans la forêt primaire est due au plus grand nombre d'arbres à feuilles caduques qui procurent une nourriture plus abondante.

Les oiseaux insectivores des troncs et des écorces (pics, sittelle, grimpereau) recherchent les vieux arbres qui offrent des sites de nidification et des ressources alimentaires convenables. Les réserves de la forêt de Fontainebleau abritent six espèces de pics dont certaines comme le pic noir ont un territoire de l'ordre de 25 ha.

La faune frondicole est formée par les espèces qui vivent dans la frondaison, sur les troncs et les branches des arbres, parmi les lichens et les algues épiphytes. La forêt naturelle d'épicéas du nord de la Suède renferme environ 5 fois plus d'Arthropodes frondicoles que les forêts aménagées. Cette abondance des Arthropodes est due à l'abondance plus grande des lichens qui offrent à la faune des refuges et de la nourriture. La diminution de l'abondance des proies dans les forêts aménagées est une des causes de la réduction des effectifs des Passereaux non migrateurs dans le nord de l'Europe (Enoksson *et al.*, 1995 ; Pattersson *et al.*, 1995).

Les insectes saproxyliques qui vivent dans le bois mort sont représentés en Europe par des milliers d'espèces dont beaucoup sont en voie de disparition car elles sont localisées dans quelques rares stations de faible superficie où leurs effectifs sont trop faibles. Ces organismes qui ont longtemps été négligés font aujourd'hui l'objet d'études nombreuses qui ont pour but de mieux connaître leur biologie et d'assurer leur conservation. Ces espèces sont liées à des structures particulières plus ou moins rares que sont les vieux arbres dépérissants. C'est la raison pour laquelle, contrairement à ce que prévoit la théorie de la biogéographie insulaire, il n'existe pas toujours une relation entre la diversité spécifique des insectes ou d'autres animaux saproxyliques et la surface des îlots forestiers. La diversité de ces insectes est surtout fonction de l'abondance des arbres morts qui se trouvent

dans un état de décomposition permettant leur colonisation (Stevens, 1986) et par conséquent de l'hétérogénéité et de la diversité du milieu. Cette particularité explique pourquoi la plupart des réserves établies en forêt ont une surface trop petite, renferment un nombre d'arbres favorables trop peu élevé, et pourquoi la persistance des insectes y est très précaire.

La biodiversité des faunes d'insectes liés aux vieilles forêts d'Europe est élevée et presque comparable à celle des forêts tropicales comme le montrent les chiffres suivants : forêt tropicale humide de Sulawesi (Indonésie) : 3 488 espèces d'insectes sur 500 ha dont 1 000 espèces de Coléoptères ; forêt boréale de Finlande (Oulanka National Park) : 820 espèces de Coléoptères connues et 50 autres probables ; forêt d'Angleterre de même surface : 1 000 espèces de Coléoptères ; hêtraie méditerranéenne : 1 200 espèces de Coléoptères sur 300 ha.

Quelques exemples montrent l'intérêt de ces faunes. Au Danemark 25 espèces de Coléoptères de la famille des Élatérides vivent dans le bois mort ou dans les cavités d'arbres ; certaines sont devenues très rares ou ont disparu. Ces Élatérides ont été qualifiés d'«indicateurs de continuité forestière dans le temps », les plantations récentes ne pouvant être colonisées par ces insectes qui ont un très faible pouvoir de dispersion (Nilsson & Baranowski, 1994). En France des faunes à distribution sporadique se retrouvent dans quelques forêts. Parmi les Coléoptères, le Cérambycide *Tragosoma depsarius*, l'Ostomatide *Calitys scabra* et le Cucujide *Dendrophagus crenatus* sont localisés à des forêts de pins à crochets non ou peu exploitées (Dajoz, 1998). L'Élatéride *Ampedus quadrisignatus* n'est plus connu que d'une forêt des Pyrénées-Orientales. Les Coléoptères et les Diptères sont les plus nombreux en espèces de ces faunes reliques mais on y trouve aussi des Hétéroptères, de Hyménoptères et des Arthropodes autres que les insectes. Des Gastéropodes fréquentent le bois mort décomposé et gorgé d'eau se rencontrent dans les familles des Clausiliidés (genres *Clausilia* et *Cochlodena*) et des Pupillidés (genre *Lauria*).

Les principaux milieux liés aux diverses formes de bois mort sont les cavités d'arbres sèches, les cavités d'arbres remplies d'eau ou dendrotelmes et les troncs morts couchés au sol. Un milieu plus temporaire est formé par le bois brûlé qui résulte des feux de forêt. Le bois brûlé attire des espèces qui se dispersent au vol et qui ont souvent une vaste répartition géographique tels que les Coléoptères Carabidés du genre *Sericoda*. Les champignons lignicoles hébergent des faunes d'insectes mycétophages riches en Coléoptères et en Diptères. Les Diptères de la famille des Mycétophilides sont vulnérables aux pratiques forestières qui éliminent le bois mort. Dans les forêts semi- naturelles de Norvège il subsiste 70 espèces de Mycétophilides et seulement 36 espèces dans les forêts aménagées (Økland, 1994).

La conservation de la faune et de la flore du milieu forestier devrait se faire en imitant le plus possible la structure en mosaïque des forêts naturelles (cf. figure 14.27). Dans celles-ci coexistent de nombreuses parcelles de surface souvent inférieure à un hectare, d'âges différents, en perpétuelle évolution, ce qui assure la diversité des habitats. Quatre phases peuvent être distinguées dans ce cycle forestier qualifié de *cycle sylvigénétique* (figure 22.16). Les deux plus importants sont la phase de maturité caractérisée par des arbres très grands et âgés, et la phase de sénescence caractérisée par des arbres dépérissants ou morts auxquels sont associées les espèces les plus remarquables de la faune forestière. Une sylviculture rationnelle respectueuse des lois de la nature devrait maintenir cette structure au lieu de créer des futaies régulières d'arbres tous de même âge sans aucune trace (ou avec le minimum) de bois mort. En outre on a établi qu'une gestion forestière qui retire les arbres morts ou qui court-circuite le cycle sylvigénétique en prélevant les arbres avant l'évolution complète des humus ne répond pas aux exigences de la dynamique forestière, tout au moins dans le cas de la forêt subalpine d'épicéas (André, 1997).

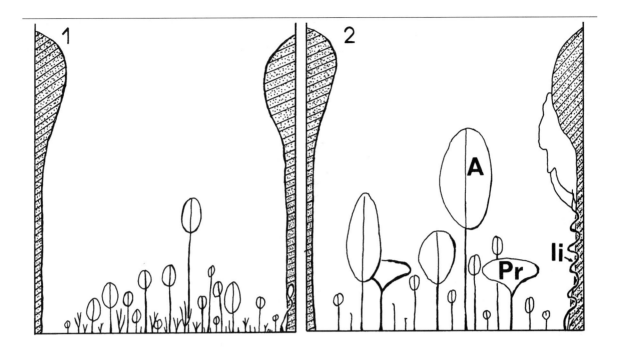

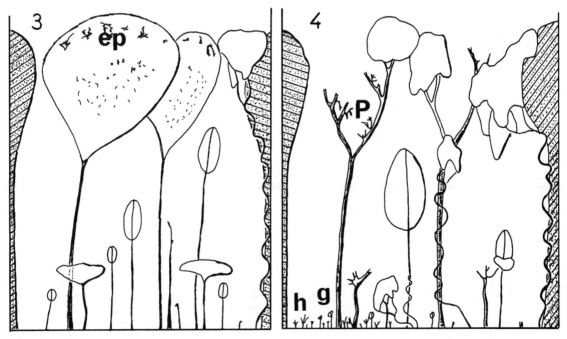

Figure 22.16.

Quatre stades de la sylvigénèse interviennent dans la formation de la mosaïque forestière caractéristique des forêts naturelles.

1. Phase de jeunesse dans une clairière. Semis de régénération et jeunes arbres. 2. Phase de maturité. Mélange d'arbres de diverses espèces en phase de croissance et de tailles diverses. 3. Phase de sénescence. Tous les arbres ont atteint leur taille maximale. 4. Phase de dégradation. La plupart des arbres meurent ce qui ouvre à nouveau la voûte forestière. A : arbre de l'avenir ; Pr : arbre du présent ; P : arbre du passé ; ep : épiphytes ; li : lianes ; h : végétation herbacée ; g : germinations.

Références

ANDRÉ, J., 1997. La protection des systèmes forestiers : de leurs espèces structurantes aux processus hétérotrophes. *Écologie*, **28**, p. 85-89.

ANONYME, 1998. Quel avenir pour le Bt ? *Courrier de l'environnement de l'INRA*, **35**, p. 25-32.

BARLOCHER, F., 1992. *The ecology of aquatic Hyphomycetes*. Springer, Berlin.

BEATTIE, J. A., 1992. Discovering new biological resources-chance or reason ? *Bioscience*, **42**, p. 290-292.

BEGGS, J. R. & REES, J. S., 1999. Restructuring of Lepidoptera communities by introduced *Vespula* wasps in a New Zealand beech forest. *Oecologia*, **119**, p. 565-571.

BERNARDI, G., 1989. Importance d'une cartographie à l'échelle subspécifique pour la détermination des espèces d'un grand intérêt faunistique. Exemples parmi les Lépidoptères Rhopalocères. *In* : *Utilisation des inventaires d'invertébrés pour l'identification et la surveillance d'espèces d'un grand intérêt faunistique.*, p. 57-70. Secrétariat de la faune et de la flore, MNHN, Paris.

BLAB, J. *et al.*, 1988. *Sauvons les papillons*. Duculot, Paris & Gembloux.

BLANVILLAIN, C., 1997. Les Bovidés sauvages en voie de disparition. *Biogeographica*, **73**, p. 97-114.

BOUCHET, P. *et al.*, 1999. Lists of protected land and freshwater molluscs in the Bern Convention and European Habitat Directive : are they relevant to conservation ? *Biological Conservation*, **90**, p. 21-31.

BOUDOURESQUE, C. F. & MEINESZ, A., 1998. Étude de cas d'une invasion biologique marine en Méditerranée : l'algue verte *Caulerpa taxifolia*. *Biocosme mésogéen*, **15**, p. 141-165.

BOURNÉRIAS, M., 1993. Biodiversité et conservation botanique sur le littoral français métropolitain. *Ateliers du Conservatoire du littoral*, p. 59-75.

BOURNÉRIAS M. & OLIVIER, L., 1989. Déontologie et méthodologie applicables aux renforcements, réintroductions et introductions de flore dans le milieu naturel. *In* : M. Chauvet (ed.), *Plantes sauvages menacées de France. Bilan et protection*, p. 379-385.

BUTMAN, C. A. *et al.*, 1995. Whaling effects on deep-sea biodiversity. *Conservation Biology*, **9**, p. 462-464.

CAMPBELL, R. W. & SLOAN, R. J., 1977. Forest stand responses to defoliation by the gypsy moth. *For. Sci. Monogr.*, **19**.

CEBALLOS, G. *et al.*, 1999. Influence of prairie dogs (*Cynomys ludovicinus*) on habitat heterogeneity and mammalian diversity in Mexico. *Journ. arid environ.*, **41**, p. 161-172.

CHASSE, C. & MORVAN, D., 1978. Six mois après la marée noire de l'*Amoco Cadiz*, bilan provisoire de l'impact écologique. *Penn Ar Bed*, **11**, p. 239-247.

CHAUVET, M. (ed.), 1989. *Plantes sauvages menacées de France*. Bilan et protection. Bureau des ressources génétiques, Paris.

COLLINS, S. L. *et al.*, 1995. Experimental analysis of intermediate disturbance and initial floristic composition : decoupling cause and effect. *Ecology*, **76**, p. 486-492.

COWIE, R. H., 1998. Patterns of introduction of non-indigenous non-marine snails and slugs in the Hawaiian Islands. *Biodiversity and Conservation*, **7**, p. 349-368.

DAJOZ, R., 1998. *Les insectes et la forêt*. Lavoisier Tec & Doc, Paris.

DAUVIN, J. C., 1984. *Dynamique d'écosystèmes macrobenthiques des fonds sédimentaires de la baie de Morlaix et leur perturbation par les hydrocarbures de l'Amoco Cadiz*. Thèse, Université Paris VI.

DESCIMON, H., 1994. Les *Parnassius* français : écologie, génétique, perspectives pour leur conservation. *Cahiers de l'OPIE*, **83**, p. 2-6.

DUDLEY, T. & COLLINS, B., 1995. *Biological invasions in California wetlands*. Pacific institute for studies in development, environment and security, Oakland.

EHRLICH, P. & EHRLICH, A.,1981. *Extinctions : the causes and consequences of the disappearance of species*. Random House, New York.

EMANOIL, M., 1994. *Encyclopedia of endangered species*, 1230 pages. Gale Research Inc., Detroit.

ESTES, J. A. *et al.*, 1998. Killer whales predation on sea otters linking oceanic and nearshore ecosystems. *Science*, **282**, p. 473-475.

FLOGAITIS, E. & BLANDIN, P., 1985. L'impact du piétinement sur les Macroarthropodes du sol dans les forêts périurbaines : étude expérimentale. *Acta Oecol., Oecol. applicata*, **6**, p. 129-141.

GIBEAUX, C. A., 1999. Liste-inventaire des Lépidoptères du massif de Fontainebleau. *Bull. Assoc. Natur. Vallée du Loing*, **75**, p. 1-64.

GRAVELAND, J., 1998. Effects of acid rain on bird populations. *Environ. Rev.*, **6**, p. 41- 54.

HEADY, H. F., 1977. Valley grassland. *In* : M. G. Barbour & J. Major (eds.), *Terrestrial vegetation of California*, p. 491-514. John Wiley, New York.

HOWART, F. G. & RAMSAY, G. W., 1991. The conservation of island insects and their habitats. *In* : N. M. Collins & J. A. Thomas (eds.), *The conservation of insects and their habitats*, p. 71-107. Academic Press, London.

HUGHES, J. B. *et al.*, 1997. Population diversity : its extent and extinction. *Science*, **278**, p. 689-692.

HUMBERT, G., 1995. *Principaux textes internationaux relatifs à la protection de la nature*. Muséum national d'histoire naturelle, 84 p.

IBANEZ, O. *et al.*, 1999. Isozyme uniformity in a wild extinct insular plant, *Lysimachia minoricensis* J. J. Rodr. (Primulaceae). *Molecular Ecology*, **8**, p. 813-817.

ISERENTANT, R. & DE SLOOVER, J., 1976. Le concept de bioindicateur. *Mém. Soc. R. Bot. Belgique*, **7**, p. 15-24.

JANZEN, D. H., 1986. Chihuahuan desert nopaleras ; defaunated big mammal vegetation. *Ann. Rev. Ecol. Syst.*, **17**, p. 595-636.

JEANMONOD, D., 1998. Les plantes introduites en Corse : impact, menaces et propositions de protection de la flore indigène. *Biocosme mésogéen*, **15**, p. 45-68.

JOHNSON, C. N., 1998. Species extinction and the relationship between distribution and abundance. *Nature*, **394**, p. 272-274.

JONES, C. G. *et al.*, 1994. Organisms as ecosystems engineers. *Oikos*, **69**, p. 373-386.

JORDAN, W. R., 1988. Ecological restoration. Reflections on a half-century of experience at the University of Wisconsin-Madison Arboretum. *In* : E. O. Wilson (ed.), *Biodiversity*, p. 311-316. National Academy Press, Washington.

KAISER, J., 1998. Fungus may drive frog genocide. *Science*, **281**, p. 23.

KARR, J. R., 1982. Population variability and extinction in the avifauna of a tropical land bridge island. *Ecology*, **63**, p. 1 975-1 978.

KAUFMAN, L., 1992. Catastrophic change in species rich freshwater ecosystems. *BioScience*, **42**, p. 846-858.

KREBS, J. R. *et al.*, 1999. The second silent spring ? *Nature*, **400**, p. 611-612.

LAMBINON, J., 1998. Les introductions végétales : facteur d'accroissement de la biodiversité ou menace grave pour la protection de la nature. *Biocosme mésogéen*, **18**, p. 1-15.

LAURENCE, W. F. & BIERREGAARD, R. O., 1997. *Tropical forest remnants : ecology, management and conservation of fragmented communities*. University of Chicago Press.

LEBRUN, P., 1981. L'usage des bioindicateurs dans le diagnostic sur la qualité du milieu de vie. Ecologie appliquée : indicateurs biologiques et techniques d'études. *Association Française des Ingénieurs Écologues*, p. 175-202.

LE HOUEROU, H. N., 1976. La végétation de la Tunisie steppique. *Annales Institut National Recherche Agronomique Tunisie*, **42**, p. 1-622.

LUGO, A. E., 1988. Diversity of tropical species. Questions that elude answers. *Biology international*, special issue.

MANNAN, R. W. *et al.*, 1980. Use of snags by birds in Douglas-fir forests, Western Oregon. *J. Wildl. Management*, **44**, p. 787-797.

MARTIN, P. S., 1990. 40 000 years of extinctions on the «planet of doom». *Palaeography, Palaeoclimatology, Palaeoecology* (global and planetary change section), **82**, p. 187-201.

MAURIN, H., 1998. *Inventaire de la faune menacée en France*. Nathan, Paris.

MAY, R. M., 1989. How many species ? *In* : L. Friday & R. Laskey (eds.), *The fragile environment*, p. 61-81. Cambridge University Press.

MOONEY, H. A.& DRAKE, J. A. (eds.), 1984. *Ecology of biological invasions of North America and Hawaii*. Springer, Berlin.

MORAND, A. *et al.*, 1994. Papillons du genre *Maculinea* (Lycaenidae) et pastoralisme : aspects antagonistes d'une gestion conservatoire. *Écologie*, **25**, p. 9-18.

MOSSE, F., 1996. *À la découverte des Réserves Naturelles de France*. Nathan, Paris.

NEE, S., MAY, R. M., 1997. Extinction and the loss of evolutionary history. *Science*, **278**, p. 692-694.

NEILL, W. E., 1988. Community responses to experimental nutrient perturbations in oligotrophic lakes : the importance of bottlenecks in size-structured populations. *In* : B. Ebenman & L. Persson (eds.), *Size-structured populations*, p. 236-255. Springer, Berlin.

NILSSON, C. *et al.*, 1997. Long-term responses of river-margin vegetation to water- level regulation. *Science*, **276**, p. 798-800.

NILSSON, S. G. & BARANOWSKY, R., 1994. Indicators of megatree continuity. Swedish distribution of click beetles (Coleoptera, Elateridae) dependent on hollow trees. *Ent. Tidskr.*, **115**, p. 81-97.

ØKLAND, B., 1994. Mycetophilidae (Diptera) an insect group vulnerable to forestry practices ? A comparison of clearcut managed and semi-natural spruce forests in southern Norway. *Biodiversity and Conservation*, **3**, p. 68-85.

OLIVEREAU, F., 1996. Les plantes messicoles des plaines françaises. *Le Courrier de l'environnement de l'INRA*, **28**, p. 5-18.

PASCHER, K. & GOLLMANN, G., 1999. Ecological risk assessment of transgenic plant release : an Austrian perspective. *Biodiversity and Conservation*, **8**, p. 1 139-1 158.

PAULY, D. *et al.*, 1998. Fishing down marine food webs. *Nature*, **372**, p. 318-319.

PETTERSSON, R. B. *et al.*, 1995. Invertebrate communities in boreal forest canopies as influenced by forestry and lichens with implications for passerine birds. *Biol. Conserv.*, **74**, p. 57-63.

PIMENTEL, D. *et al.*, 1992. Environmental and economic costs of pesticide use. *BioScience*, **42**, p. 750-760.

PLATTS, W. S., 1981. *Effects of livestock grazing. Influence of forest and rangeland management on anadromous fish*

habitat in Western North America. General technical report PNW 124. USDA Forest service, Portland, Oregon, 25 p.

POST, E. et al., 1999. Ecosystem consequences of wolf behavioural response to climate. Nature, **401**, p. 905-907.

PRECODA, N., 1991. Requiem for the Aral Sea. Ambio, **20,** p. 109-114.

RAYBOULD, A. F. & GRAY, A. J., 1999. Developing risk assessments for genetically modified crops. Institute of terrestrial ecology, scientific report 1997-98, p. 62-65.

ROSENZWEIG, M. L. & LOMOLINO, M. V., 1997. Who gets the short bits of the broken stick ? In : W. E. Kunin & K. J. Gaston, The biology of rarity, p. 63-90. Chapman & Hall, London.

SALANON, R. et al., 1994. La flore littorale des Alpes-Maritimes : évolution depuis le XIXe siècle et bilan actuel. Biocosme mésogéen, **11**, p. 53-329.

SCHULE, W., 1992. Vegetation, megaherbivores, man and climate in the quaternary and the genesis of closed forests. In : J. G. Goldmammer (ed.), Tropical forests in transition, p. 45-76. Birkhaüser, Basel.

SIGALA, P., 1998. Le problème des espèces exotiques envahissantes en milieu insulaire fragile. Un exemple : la Réunion. Courrier de l'environnement de l'INRA, **34**, p. 119- 122.

SIMBERLOFF, D., 1988. The proximate causes of extinction. In : D. M. Raup & D. Jablonsky (eds.), Patterns and processes in the history of life, p. 259-276. Springer, Berlin.

SMITH, C. R. et al., 1989. Vent fauna on whale remains. Nature, **341**, p. 27-28.

SOULÉ, M. E.(ed,), 1986. Conservation biology. The science of scarcity and diversity. Sinauer Associates, Sunderland, Massachusetts.

STRAND, M. & MERRITT, R. W., 1999. Impacts of livestock grazing activities on stream insect communities and the riverine environment. Amer. Entomol., **45**, p. 13-29.

TAMISIER, A., 1990. Camargue. Milieux et paysages. Évolution de 1942 à 1984 (avec une carte en couleurs au 1/80 000e). ARCANE, Arles.

TAMISIER, A. & GRILLAS, P., 1994. A review of habitat changes in the Camargue : an assessment of the effects of the loss of biological diversity on the wintering waterfowl community. Biol. Conserv., **70**, p. 39-47.

TEMPLE, S. A., 1977. Plant-animal mutualism : coevolution with dodo leads to near extinction of plants. Science, **197**, p. 885-886.

TILMAN, D., 1982. Resource competition and community structure. Princeton University Press.

TOROSSIAN, C. & ROQUES, L., 1984. Les réponses de Formica lugubris Zett. à la dégradation anthropique des forêts de l'étage subalpin français. Bull. Écol., **15**, p. 77-90.

USHER, M. B. et al., 1988. The ecology of biological invasions into nature reserves : a search for generalizations. Biological Conservation, **44**, p. 1-8.

VERNEAUX, J., 1973. Recherches écologiques sur le réseau hydrographique du Doubs. Essai de biotypologie. Thèse, Université de Besançon.

VOGT, J., 1990. Aspects of historical soil erosion in Western Europe. In : B. Brimblecombe & C. Pfister (eds.), The silent countdown, p.83-91. Springer, Berlin.

WILSON, E. O., 1992. The diversity of life. Norton & Company, New York.

WORTHINGTON, E. B. & LOWE-McCONNELL, R., 1994. African lakes reviewed : creation and destruction of biodiversity. Environmental Conservation, **21**, p. 199-213.

ZECCHINI, A., 2000. Les espèces exotiques envahissantes, une menace mondiale. Le Courrier de la Nature, n° 183, p. 21-27.

Cinquième partie

LES GRANDS MILIEUX
TERRESTRES ET MARINS

Chapitre 23

LES PRINCIPAUX BIOMES TERRESTRES

La répartition des grandes formations végétales ou biomes est sous le contrôle du macroclimat car les facteurs édaphiques interviennent rarement à cette échelle. Les biomes ont donc fréquemment une distribution zonale en bandes plus ou moins parallèles à l'équateur. Il peut y avoir des exceptions dues, par exemple, au relief. Cette disposition zonale est mieux marquée dans l'hémisphère Nord que dans l'hémisphère sud où les terres émergées ont une superficie plus réduite, surtout dans les régions à climat froid et tempéré. Dans la majorité des cas la végétation fournit les traits essentiels de la physionomie des biomes, les animaux ayant une biomasse bien moins importante. C'est la raison pour laquelle

les grandes lignes de la division du globe en biomes sont surtout établies à partir de l'étude de la végétation (figure 23.1). Les grandes formations climaciques sont des forêts, sauf dans les régions désertiques ou semi-désertiques, dans les régions arctiques et dans les hautes montagnes.

Des descriptions détaillées des biomes terrestres (avec de nombreux renseignements concernant non seulement la végétation mais aussi le climat et la faune) se trouvent dans Walter & Breckle (1985-1990). La végétation des diverses régions tropicales est décrite par Schnell (1970-1990), tandis que Vareschi (1980) se limite à l'Amérique du Sud. La végétation de l'Europe occidentale et celle de la chaîne alpine sont décrites par Ozenda (1979, 1985) ; celle de l'Europe centrale et des Alpes par Ellenberg (1978). D'autres références seront fournies à propos de l'étude des divers biomes.

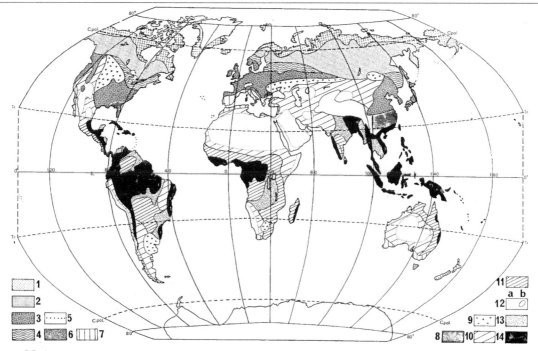

Figure 23.1

Les principales formations végétales du globe

L'échelle ne permet pas de représenter certaines formations peu étendues mais cependant importantes comme les formations littorales halophiles ou la végétation de haute montagne. 1 : Toundra ; 2 : Forêt boréale de Conifères ou taïga ; 3 : Forêt caducifoliée tempérée ; 4 : Forêt mixte de feuillus et de Conifères ; 5 : Forêt ombrophile tempérée de l'hémisphère Sud ; 6 : Forêt de Conifères de l'Ouest américain ; 7 : Forêt méditerranéenne, maquis et chaparral ; 8 : Laurisylve et forêt mixte des côtes orientales des régions subtropicales ; 9 : Prairie ; 10 : Steppe ; 11 : Savane ; 12 a : Déserts ; 12 b : Inlandsis ou zone alpine d'Asie centrale ; 13 : Forêts sèches ; 14 : Forêt sempervirente équatoriale.

I. LES BIOMES DES RÉGIONS TEMPÉRÉES ET FROIDES

1.1. Les forêts de Conifères des régions boréales. La taïga

La taïga est une ceinture de forêts qui borde la toundra au sud et qui constitue 31 % des forêts du globe. Elle est bien développée au Canada (où elle est connue sous le nom de forêt laurentienne) et dans le nord de l'Eurasie. Son climat est caractérisé par quatre mois dont la température moyenne est supérieure à 10 °C ce qui permet l'installation de la forêt. Mais les hivers sont longs : six mois à moins de 0 °C, et l'enneigement dure de 160 à 200 jours par an (cf. le diagramme ombrothermique d'Irkoutsk, figure 23.2). Le sol le plus fréquent est un podzol boréal (figure 23.3). La taïga est installée dans des

régions qui, pour la plupart, étaient recouvertes de glaciers au quaternaire. La fonte de la glace s'est produite il y a moins de 5 500 ans en Scandinavie. Les biocénoses de la taïga sont donc récentes et pauvres en espèces. Les arbres sont adaptés au froid. Ce sont surtout des Conifères : pin, sapin, épicéa, mélèze, mêlés de quelques feuillus comme l'aulne, le bouleau, le saule. Le sous-bois est riche en chaméphytes et en particulier d'Éricacées des genres *Vaccinium* et *Empetrum*. La décomposition de la litière est lente ainsi que la croissance des arbres, et la productivité primaire faible. Du nord au sud de la taïga russe, la biomasse varie de 100 à 300 t/ha et la productivité primaire de 4,5 à 8,5 t/ha.

La taïga est un milieu hétérogène surtout en raison des inégalités du relief. La forêt colonise les zones un peu élevées tandis que des tourbières à sphaignes, joncs et *Carex* s'installent dans les dépressions. Le feu joue un rôle important dans le

Figure 23.2
Diagrammes ombrothermiques caractéristiques de quelques grands biomes

La courbe des températures est en trait plein ; la période aride en grisé ; la période à pluviosité mensuelle supérieure à 100 mm en noir ; la température moyenne annuelle et la pluviosité sont indiquées sous le nom de la localité.
Nancy (France), 48,6°N ; climat tempéré continental, forêt de feuillus. **Iénissei Port** (Sibérie), 70°N ; climat polaire, toundra. **Irkoutsk** (Sibérie), 52,5°N ; climat continental froid, forêt boréale de Conifères (taïga). **Valparaiso** (Chili), 33,2°S ; climat tempéré chaud méditerranéen, forêt sempervirente méditerranéenne. **Ouagadougou** (Haute-Volta), 12,2°N ; climat tropical à saison sèche, savane. **Douala** (Cameroun), 4°N ; climat équatorial ; forêt équatoriale. **Omaha** (États-Unis), 41°N ; climat tempéré continental, prairie. **Charleston** (États-Unis), 33°N ; climat tempéré chaud à été humide, forêt mixte de Conifères des côtes orientales ou laurisylve.

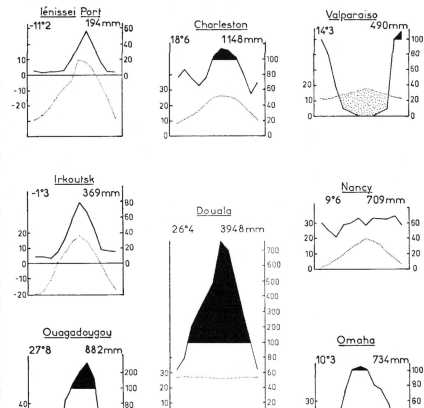

Figure 23.3

Profils de quelques sols caractéristiques

1 : sol rouge ferralitique sous forêt dense équatoriale. A_0 : Couche de débris organiques peu épaisse ; A_1 : Horizon humifère de 20 à 30 cm d'épaisseur, grisâtre, à pH voisin de 5 ; A_2 : Horizon éluvial complètement lessivé, rouge clair ou beige, de 1,5 à 2 m ; B : Horizon illuvial souvent épais de plusieurs mètres, formé de kaolinite avec accumulation de fer ferrique rouge non hydraté et d'alumine libre ; C : zone argileuse tachetée où s'effectue la synthèse de la kaolinite, avec amas d'alumine libre et d'oxydes ferriques.

2 : Podzol boréal de la taïga et de la forêt laurentienne. A_0 : Litière épaisse mal décomposée à humification lente, riche en mycélium formant souvent un feutrage, à pH variant de 4 à 4,5 ; A_1 : Humus noir, acide, de type mor ; A_2 : Horizon éluvial à aspect de poudre grise, très acide en raison du lessivage ; B_1 : Horizon noirâtre d'accumu-

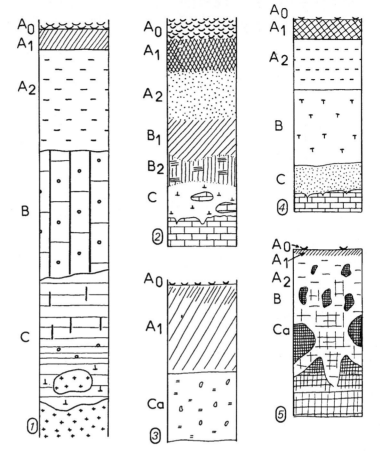

lation des composés humiques venus de A_2 ; B_2 : Horizon de couleur rouille par accumulation d'oxyde ferrique, renfermant parfois une croûte ferrugineuse et dure d'alios ; C : Roche mère en partie désagrégée.

3 : Chernozem, sol de steppe. A_0 : Horizon mince de quelques cm ; A_1 : Horizon épais de 50 cm à 1 m, de couleur noire et à structure grumeleuse, formé d'un mélange d'argile de type montmorillonite et de 5 à 10 % d'humus doux ; Ca : Horizon riche en carbonate de calcium avec des poupées de lœss.

4 : Sol brun forestier de la forêt de feuillus tempérée. A_0 : Litière peu épaisse à minéralisation rapide ; A_1 : Horizon humique brun-noir et grumeleux à pH voisin de 7, et de type mull ; A_2 : Horizon brun, grumeleux de pH 5 à 7 renfermant un complexe argile-humus-oxyde de fer ; B : Horizon brun plus riche en argile ; C : Désagrégation de la roche mère.

5 : Terra rossa de la forêt méditerranéenne. A_0 : Litière peu importante ; A_1 : Horizon peu épais ; A_2 : Horizon argileux ; B : Terra rossa de couleur rouge ; Ca : Roche mère dégradée et défoncée par des poches remplies de terra rossa et de nodules calcaires de forme irrégulière.

---

maintien de l'hétérogénéité de la taïga. Des incendies s'étendant sur de très grandes surfaces surviennent à des intervalles de temps de l'ordre de plusieurs décennies. Les zones humides permettent le développement de nombreux insectes aquatiques dont des moustiques. Les Vertébrés sont représentés par quelques grandes espèces de Cervidés, le wapiti *Cervus canadensis*, l'élan (ou orignal), le renne (ou caribou). Ces animaux se nourrissent de bourgeons, d'écorces et de Lichens. Les petits Mammifères végétariens sont des écureuils, le porc-épic *Erithizon dorsatum* qui dépouille les arbres de leur écorce et plusieurs espèces de lemmings. Les ours, le loup, les renards, le glouton, la martre et le vison représentent le niveau des carnivores dont plusieurs sont des animaux à fourrure exagérément chassés. Les oiseaux sédentaires sont peu nombreux car beaucoup émigrent en hiver. Les espèces granivores (coq de bruyère, bec croisé) sont dominantes. Les fluctuations d'abondance des populations sont fréquentes dans la taïga. Les insectes liés aux arbres abondent et certains comme le Lépidoptère *Choristoneura fumiferana* qui attaque le sapin baumier, *Abies balsamea*, au Canada sont des ravageurs importants.

1.2. La forêt de Conifères du littoral Pacifique de l'Amérique du Nord

Cette forêt qui s'étend de la Colombie britannique au nord de la Californie est parfois qualifiée de forêt pluviale tempérée. Ce type de forêt se rencontre aussi, mais sur des étendues plus faibles, dans quelques portions du sud de l'Australie, de la Nouvelle Zélande, du Chili, et, selon certains écologistes, sous la forme d'îlots isolés proches du littoral en Norvège, en Écosse et au Japon. Ces forêts couvrent environ 30 millions d'hectares dont les deux tiers sont en Amérique du Nord.

La forêt du littoral Pacifique de l'Amérique du Nord est liée à un climat tempéré humide favorisant une longue saison de végétation, et des écarts thermiques faibles. Les précipitations sont de l'ordre de 800 à 3 000 mm par an dont 80 % sont concentrés sur l'hiver. Les écarts thermiques journaliers sont faibles, de 6 à 10 °C. Cette forêt qui s'installe sur des sols acides, froids, gorgés d'eau est parcourue par des réseaux denses de rivières (Kirk & Franklin, 1992). Contrairement à la taïga, les perturbations par le feu ou par les insectes ravageurs y sont rares. Les incendies y apparaissent à des intervalles de temps pouvant atteindre plusieurs siècles. La végétation y est exubérante et dominée par des Conifères de grande taille comme *Picea sitchensis, Tsuga heterophylla*, diverses espèces de sapins (*Abies grandis, Abies amabilis, Abies nobilis*) et les célèbres « redwoods » *Sequoia sempervirens* qui s'installent à basse altitude, au niveau où se condensent les brouillards venus de la mer. Outre leur grande taille tous les Conifères de ces forêts ont une grande longévité comme le montrent les quelques exemples suivants :

Les feuillus rares et peu nombreux en espèces dans ces forêts ont une biomasse mille fois moins grande que celle des Conifères. La biomasse moyenne est de l'ordre de 500 à 1 000 tonnes/ha, soit 2 à 4 fois plus que ce qui existe dans les forêts tempérées ou tropicales. Les valeurs suivantes ont été mesurées dans des peuplements naturels :

– peuplement de *Pseudotsuga menziesii* : 422 à 792 t/ha,

– peuplement de *Pseudotsuga menziesii* et *Tsuga heterophylla* : 317 à 1423 t/ha,

– peuplement de *Picea sitchensis* et *Tsuga heterophylla* : 916 à 1492 t/ha,

– peuplement de *Sequoia sempervirens* : record de 4525 t/ha.

La masse des débris ligneux au sol, qui varie de 75 à 100 t/ha et qui atteint parfois 500 t/ha joue un rôle important car elle permet le maintien d'une faune originale. La productivité élevée varie, selon les sites et les arbres, de 6,4 à 15 t/ha/an avec un maximum de 36,2 t/ha/an mesuré dans un peuplement jeune (26 ans) de *Tsuga heterophylla* (Franklin, 1988).

L'humidité du climat est révélée par la richesse en épiphytes (mousses, fougères, Lichens, Sélaginelles) qui recouvrent les arbres. La faune de ces forêts est riche en Mammifères. On y rencontre le cerf wapiti, l'ours noir américain, le puma mais aussi des oiseaux, Reptiles et Amphibiens. Les insectes sont également nombreux. Il existe encore çà et là des lambeaux de forêt vierge (*old growth forests*) renfermant des arbres très âgés qui sont le dernier refuge de beaucoup d'espèces menacées par l'exploitation exagérée de cette forêt (chapitre 22, paragraphe 3).

Espèces	Âge (années)		diamètre (cm)	Hauteur (m)
Abies amabilis	>	400	90-110	45-55
Chamaecyparis nootkatensis	>	1 000	100-150	30-40
Picea sitchensis	>	500	180-230	70-75
Pinus lambertiana	>	400	100-125	45-55
Pseudotsuga menziesii	>	750	150-220	70-80
Tsuga heterophylla	>	400	90-120	50-65
Sequoia sempervirens	>	1 250	150-380	75-112

Dans l'hémisphère sud une forêt ombrophile tempérée se rencontre le long de la côte du Chili dans une région très arrosée, sans aucun mois sec, avec une température de l'ordre de 12 °C sans grande amplitude annuelle. Ces conditions climatiques permettent le développement d'une forêt luxuriante appelée parfois forêt valdivienne, formée par des arbres appartenant au genre *Nothofagus* qui sont les hêtres de l'hémisphère austral, ainsi que par des Conifères comme les *Fitzroya, Libocedrus, Araucaria, Podocarpus*, etc. Dans cette forêt formée d'arbres très hauts la stratification verticale est complexe et le sous-bois très riche en épiphytes. La faune renferme beaucoup d'espèces endémiques, en particulier parmi les insectes. En Nouvelle-Zélande des forêts analogues se rencontrent avec également des espèces de *Nothofagus* et des *Podocarpus*.

1.3. Les forêts caducifoliées des régions tempérées

Ces forêts peuvent être décrites en prenant comme exemples les forêts de plaine de l'Europe occidentale[1]. Quatre types principaux peuvent être distingués.

• La chênaie acidophile ou chênaie sessiliflore oligotrophe est caractérisée par le chêne pédonculé *Quercus pedunculata* et le chêne sessile *Quercus sessiliflora* auxquels se joignent de nombreux autres feuillus comme le bouleau ou le châtaignier. Cette chênaie forme des futaies peu denses à strate arbustive assez riche et avec une strate herbacée constituée par des espèces qui exigent un certain éclairement comme *Teucrium scorodonia*, *Digitalis purpurea*, *Luzula campestris*, le muguet, la molinie. Cette chênaie s'installe surtout sur des sols acides. Elle est fréquente sur les sables tertiaires du Bassin parisien. C'est une forêt climax qui succède à un stade de lande à genêts et à bruyères. Le massif forestier landais dans le sud-ouest de la France correspond à une ancienne chênaie à chêne pédonculé et à chêne tauzin qui a été presque entièrement détruite et remplacée par une monoculture de pin maritime.

• La chênaie neutrophile ou chênaie-charmaie s'installe sur des sols calcaires dans des régions à climat relativement chaud et sec en été. Il en existe plusieurs massifs dans la région parisienne. Le chêne pédonculé y domine, parfois mélangé à des hêtres. C'est une forêt climax avec comme arbres d'importance secondaire le charme et le tilleul. La strate arbustive comprend l'aubépine et le noisetier. La strate herbacée est riche avec comme espèces remarquables *Anemone nemorosa*, *Primula elatior*, *Lamium galeobdolon*, *Galium aparine*, *Arum maculatum*, *Ficaria verna*, le lierre, etc. C'est dans ce type de forêt que l'on peut observer facilement la stratification des organes souterrains des végétaux herbacés (cf. figure 12.8) et la succession de synusies au cours du printemps et de l'été (chapitre 4, paragraphe 3.2).

• La chênaie pubescente est caractérisée par le chêne pubescent *Quercus lanuginosa* et elle a une répartition plus méridionale que les deux précédentes. Elle est particulièrement développée dans le sud-ouest de la France. C'est une forêt qui est constituée par des arbres espacés permettant l'installation d'une strate herbacée haute ayant l'aspect d'un pré (d'où son nom de pré-bois). Cette strate herbacée comprend la garance *Rubia peregrina*, le dompte-venin *Vincetoxicum officinale*, l'anémone *Anemone silvestris*. Elle est mêlée d'arbrisseaux comme l'épine-vinette *Berberis vulgaris*, *Prunus mahaleb*, le génévrier commun *Juniperus communis*, le troène *Ligustrum vulgare*.

• La hêtraie ou chênaie-hêtraie s'installe dans les régions à climat suffisamment humide recevant de 900 à 1 500 mm d'eau et ayant une température annuelle moyenne de 8 à 10 °C. Les régions occupées par les hêtraies sont principalement la façade atlantique française ainsi que tout le nord de la chaîne pyrénéenne et des monts Cantabriques. Le hêtre est souvent mêlé de chênes pédonculés mais il peut aussi former des peuplements presque purs. Le sous-bois de la hêtraie reçoit peu de lumière et la strate herbacée y est presque inexistante. Les types de hêtraies sont très variés ce qui se reflète dans la classification complexe qui a été établie par les phytosociologues de l'école zuricho-montpellieraine (cf. Teissier du Cros, 1981, monographie qui traite tous les aspects de la biologie et de l'écologie du hêtre).

La productivité des forêts caducifoliées d'Europe a été très étudiée (chapitres 15 et 16). Les chiffres suivants (en t/ha ou en t/ha/an/de matière sèche) sont relatifs à deux types de forêts caducifoliées de Belgique, une hêtraie ou *Fagetum* et une chênaie-charmaie ou *Querceto-Carpinetum*, et à un type de forêt artificielle d'épicéa ou *Piceetum* :

	Querceto-Carpinetum	Fagetum	Piceetum
Biomasse aérienne	204-260	374,8	200,7
Biomasse souterraine	38,9-55,4	75,2	55,5
Biomasse totale	243,1-316,2	450	256,2
Litière	2,8-3,0	3,0	2,5
Productivité nette	10,6-15,5	14,8	17,3

La forêt française couvre 14 millions d'hectares ce qui représente un taux de boisement de 25 %. Ce dernier varie selon les régions : il est de

---

[1] De nombreux renseignements sur le sol, la flore et la faune des forêts tempérées se trouvent dans Pesson, 1974, 1980.

3 % dans le département de la Manche et de 63 % dans les Landes. La composition de la forêt française est la suivante : 25 % de résineux, 10 % de futaies de feuillus, 33 % de taillis sous futaie et 32 % de surfaces non productives. Par essences les pourcentages sont les suivants : chênes 34 %, charmes 8 %, pin sylvestre 7 %, épicéa 3 %, hêtre 15 %, pin maritime 12 %, sapin 7 %.

1.3.1. LA STRUCTURE DES FORÊTS DE FEUILLUS DES RÉGIONS TEMPÉRÉES

Dans toute l'Europe il ne reste presque plus de forêts vierges non modifiées par l'homme. L'étude de celles qui subsistent montre que ces forêts avaient une structure et une biodiversité bien plus complexes que les forêts aménagées actuelles (chapitres 14 et 22). Les traitements forestiers ont abouti à la création de trois types de structures.

• **La futaie.** Tous les arbres de la futaie proviennent de la germination des semences. Les arbres âgés de la futaie ont un tronc droit, de fort diamètre et assez haut avec les premières ramifications loin au-dessus du sol. Lorsqu'on laisse les arbres évoluer naturellement ils peuvent atteindre un grand âge (400 ans et plus pour le chêne). La futaie peut être obtenue par régénération naturelle. Après une coupe dans une forêt exploitée ou après la mort et la chute d'arbres âgés dans une forêt non exploitée il subsiste des arbres appelés porte-graines dont les semences vont être disséminées plus ou moins loin par des oiseaux comme les geais ou des Mammifères comme le sanglier. Ces semences germent dans les clairières formées par l'exploitation ou par la chute des arbres et elles assurent la régénération de la forêt. La régénération artificielle se fait par semis de graines ou par plantation de jeunes arbres. Elle a souvent l'inconvénient d'introduire des arbres d'origine étrangère dont le génotype n'est pas forcément adapté aux conditions écologiques locales.

Autour d'un arbre porte-graine comme un chêne les germinations apparaissent souvent en taches denses que l'on appelle brosses de semis. Au bout de quelques années ces jeunes arbres forment un peuplement dense et impénétrable constitué de tiges grêles hautes de 3 m environ qui constituent le fourré. Les arbres les plus vigoureux de ce fourré vont progressivement dominer et éliminer les autres à cause de la concurrence pour la lumière. La densité du peuplement diminue beaucoup et passe de un million à dix mille tiges à l'hectare. À l'âge de 10 à 20 ans les arbres ont l'aspect de gaules élancées à cime étroite dont le diamètre est de 7 à 8 cm qui forment le gaulis. L'évolution continue par le stade de perchis dans lequel les arbres ont de 8 à 30 cm de diamètre selon leur âge, puis par le stade de la jeune futaie et de la haute futaie. Le nombre de tiges à l'hectare s'abaisse à une centaine environ. Cette éclaircie naturelle est aidée par le forestier qui élimine dès le stade de fourré les arbres difformes ou sans valeur commerciale qui s'installent au milieu des chênes.

• **Le taillis.** La strate arborescente, plus basse que dans la futaie, y est formée de bouquets de troncs qui partent d'une souche commune et que l'on appelle des cépées. Chaque rejet est issu d'un bourgeon latéral dont la dormance a été levée par l'élimination du bourgeon terminal. Le taillis par rejet de souche n'existe pas chez les résineux. Le châtaignier, le tilleul, les chênes et les saules forment facilement des taillis, le hêtre rarement. Le taillis, exploité tous les 30 ans environ, a une faible valeur économique et épuise rapidement le sol. Il fournit du bois de chauffage de petit diamètre, du bois pour piquets, des étais de mine. Il est entretenu dans les forêts de chasse pour servir d'abri au gibier.

• **Le taillis sous futaie.** Il s'agit d'un mélange formé par des arbres généralement élevés issus de graines et par un taillis en sous-bois. Les arbres de grande taille qui sont laissés en place sont les réserves. Il est avantageux de convertir le taillis sous futaie en futaie pure en augmentant progressivement le nombre d'arbres producteurs de semences. On peut aussi, sur chaque souche de taillis, ne laisser qu'une seule tige qui donnera un faux arbre de futaie.

1.3.2. FAUNE ET FLORE DE LA FORÊT TEMPÉRÉE

La forêt n'est pas seulement un ensemble d'arbres. De nombreux autres organismes y sont représentés et jouent un rôle considérable. Le rôle des champignons, et en particulier celui des Basidiomycètes, est considérable et trop souvent méconnu.

Les champignons parasites attaquent les jeunes semis, les feuilles ou le bois. Le blanc du chêne *Microsphaera alphitoides* est un Ascomycète qui attaque les jeunes chênes et qui forme sur leurs feuilles un feutrage blanc qui peut tuer les arbres. Les champignons lignivores attaquent le bois vivant qu'ils transforment en une « pourriture ». L'armillaire (*Armillaria mellea* et espèces voisines) possède des enzymes qui attaquent la

lignine et transforment le bois en une pourriture fibreuse dans laquelle persistent seulement les fibres de cellulose. Ce champignon forme aussi des fausses racines ou rhizomorphes qui s'installent sous l'écorce des arbres attaqués. D'autres champignons qui dégradent seulement la cellulose, laissent la lignine et forment une pourriture cubique.

Les champignons saprophytes qui respectent l'aubier et n'attaquent que le bois central formé de cellules mortes n'affectent pas la vitalité des arbres mais les rendent fragiles et sensibles aux coups de vent. À cette catégorie appartiennent *Polyporus sulfureus*, *Coriolus versicolor* et *Stereum hirsutum* ainsi que de nombreux autres Basidiomycètes.

Les champignons symbiotiques forment des mycorrhizes sur les racines. Beaucoup de champignons et en particulier des amanites, russules, lactaires et bolets vivent obligatoirement en symbiose avec des arbres dont ils facilitent la nutrition et la croissance. *Amanita caesara* et *Boletus aereus* sont liés aux chênes et aux châtaigniers. En Australie les plantations de *Pinus radiata*, arbre originaire de Californie, n'ont commencé à donner des résultats satisfaisants qu'après l'introduction des champignons symbiotiques de cet arbre. Les champignons symbiotiques favorisent également l'élagage naturel des arbres en provoquant la mort puis la chute des rameaux mal éclairés.

Les grandes espèces de Mammifères qui hantaient jadis la forêt européenne sont disparues (loup, lynx, aurochs) ou très menacées (ours, bison d'Europe). Il ne reste plus comme grandes espèces que le cerf, le chevreuil et le sanglier qui n'ont plus de prédateurs naturels pour contrôler leurs effectifs. Ces grands herbivores doivent être contrôlés par la chasse pour éviter les dégâts qu'ils causent à la forêt. Une forêt ne peut guère supporter que 4 cerfs, 10 chevreuils et 2 sangliers par km². Les petits Mammifères sont des prédateurs comme le renard, le blaireau, et divers Mustélidés comme la martre (cf. Brosset, 1980 pour une étude détaillée des Mammifères forestiers prédateurs) ou bien des Rongeurs comme l'écureuil, le mulot, le loir. Le lapin est un redoutable ennemi des arbres dont il ronge l'écorce. Il est responsable de la régressions de la forêt de chênes et de charmes au profit des landes à bouleaux qu'il ne mange pas. Contrairement aux forêts tropicales la forêt tempérée héberge peu de

Mammifères arboricoles. Les trois espèces principales qui sont la martre, le loir et l'écureuil descendent fréquemment à terre.

Les oiseaux forestiers ont fait l'objet d'études nombreuses (cf. par exemple Blondel, 1980 ; Le Louarn, 1980). Les niches écologiques des oiseaux forestiers sont séparées grâce à leur étagement en hauteur, chaque espèce recherchant sa nourriture et nidifiant dans une zone déterminée. La diversité des oiseaux des forêts caducifoliées semble liée à la hauteur et à la densité du feuillage. Dans une forêt de chênes de Slovaquie 15 % des espèces nichent au sol, 25 % dans les herbes et 29 % dans le feuillage. Mais 52 % des espèces recherchent leur nourriture au sol. Les espèces qui se rencontrent dans une futaie âgée ne sont pas les mêmes que celles qui occupent une futaie jeune, un taillis ou une coupe rase (chapitre 18, paragraphe 3).

La richesse des forêts caducifoliées tempérées en Invertébrés et particulièrement en insectes a été soulignée (chapitre 22 ; Dajoz, 1998 ; Ellenberg *et al.* 1986, etc.). Les faunes entomologiques varient selon les essences. Les insectes xylophages qui attaquent les arbres vivants mais aussi et surtout le bois mort appartiennent essentiellement aux ordres des Coléoptères, puis des Diptères. Au sol de très nombreux Invertébrés exploitent la litière de feuilles mortes. Les insectes défoliateurs sont surtout des Lépidoptères, et secondairement des Coléoptères et des Tenthrèdes. D'autres espèces sont des suceurs de sève ou des consommateurs de fruits et de graines. Un cycle saisonnier très marqué existe dans la forêt tempérée. Beaucoup d'insectes se réfugient en hiver dans la litière ou dans le sol et émigrent en été dans les strates herbacée et arbustive.

1.4. Les forêts sempervirentes des régions méditerranéennes

Les régions à climat de type méditerranéen sont caractérisées par une température annuelle moyenne de l'ordre de 15 à 20 °C. Les étés y sont secs et chauds, ce qui entraîne un arrêt de la croissance de la végétation. Les hivers sont doux et humides et les gelées exceptionnelles. Dans le bassin méditerranéen proprement dit, la limite de la région méditerranéenne correspond à peu près à celle de l'olivier et de quelques autres

plantes caractéristiques comme le chêne vert, le chêne kermès, l'arbousier et le térébinthe (figure 2.5). En dehors de la région méditerranéenne au sens strict, des régions à climat analogue existent en Californie, au Chili, en Afrique du Sud et en Australie. Une étude détaillée des régions à climat méditerranéen se trouve dans Di Castri *et al.* (1981).

1.4.1. LA RÉGION MÉDITERRANÉENNE PROPREMENT DITE

Le climat et la végétation permettent de distinguer quatre ensembles dans cette région (Ozenda, 1975, 1979).

– L'étage thermoméditerranéen est défini par une température moyenne annuelle supérieure à 16 °C. Il se trouve au sud d'une ligne qui suit approximativement le 41e parallèle en Méditerranée occidentale et le 39e parallèle en Méditerranée orientale. Cet étage de végétation qui borde les côtes (sauf celles de la Libye et de l'Égypte qui sont arides) est caractérisé par l'olivier sauvage ou oléastre et le caroubier, *Ceratonia siliqua,* auxquels s'associent le laurier-rose et le palmier nain, *Chamaerops humilis.* Cette association dite *Oleo-Ceratonion* était représentée aux environs de Nice par un lambeau peu étendu qui est aujourd'hui détruit par l'urbanisation.

– L'étage mésoméditerranéen, caractérisé par une température moyenne de 13 à 16 °C, se rencontre en Provence et dans une grande partie de l'Europe méditerranéenne. On y trouve deux associations principales : celle du chêne-liège sur les sols siliceux et celle du chêne vert qui occupe de préférence les sols calcaires. Les espèces compagnes sont des pins (pin d'Alep, pin parasol, pin maritime), l'érable de Montpellier, le genévrier oxycèdre, le chêne kermès.

– L'étage supraméditerranéen situé plus au nord assure la transition avec la végétation médio-européenne. C'est l'étage du chêne pubescent qui peut remonter loin au nord sur des pentes calcaires bien exposées au sud. Dans cet étage se placent aussi les peuplements, surtout espagnols, de pins de Salzmann représentés en France par de rares stations reliques dans les Cévennes et les Pyrénées-Orientales et qui possèdent une faune entomologique remarquable.

– Dans les montagnes qui parsèment la région méditerranéenne des faciès particuliers de végétation représentent l'étage oroméditerranéen bien représenté en Espagne et en Afrique du Nord. Au Maroc le cèdre forme des forêts où il est accompagné par le genévrier thurifère. La forêt de pins laricio de Corse appartient aussi à l'étage oro-méditerranéen (figure 23.4).

Le chêne-liège a une aire restreinte au bassin méditerranéen occidental. Il occupe deux millions d'hectares surtout en Espagne et au Portugal, mais il est présent également sous la forme de boisements encore importants en France et en Afrique du Nord.

Figure 23.4

Répartition de quatre arbres et d'une association végétale en Grèce en fonction de la température moyenne M du mois le plus froid et de l'indice pluviothermique Q d'Emberger

Les traits épais limitent les subdivisions de la région méditerranéenne. T : thermoméditerranéen ; S : supraméditerranéen ; O : oroméditerranéen ; M : mésoméditerranéen ; A : formations d'altitude extra méditerranéennes.

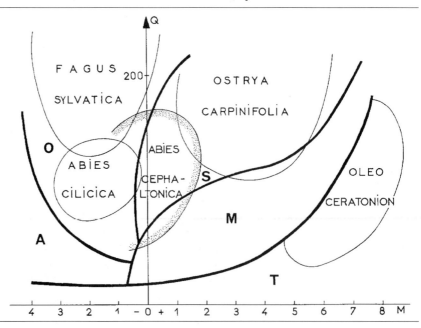

Beaucoup de Conifères caractérisent la région méditerranéenne (Quézel, 1980). Des peuplements importants de pins occupent tout le pourtour de la région. Les deux espèces les plus répandues sont le pin d'Alep et le pin maritime. Ce dernier est plus acidophile que le pin d'Alep et à répartition plus occidentale. La biomasse de ces forêts est de l'ordre de 250 à 350 t/ha et leur productivité de 7 à 10 t/ha. Il existe, dans les étages supra- et oro-méditerranéens, plusieurs espèces de sapins à aire de répartition souvent très limitée. Ces peuplements reliques abritent une faune originale telle que celle que l'on rencontre dans le peuplement d'*Abies numidica* du massif du mont Babor en Kabylie. Le pin noir ou pin laricio, *Pinus nigra*, est aussi un arbre de montagne de la région méditerranéenne où il s'installe entre 600 et 1 200 m. Ce pin laricio est différencié en 5 sous-espèces : *P. nigra salzmanni* dans l'est de l'Espagne et dans trois stations très restreintes du sud-ouest de la France ; *P. nigra corsica* est la race de Corse, de Calabre et de Sicile ; *P. nigra austriaca* dans les Alpes du Sud-Est et dans une grande partie des Balkans ; *P. nigra pallasiana* en Turquie ; *P. nigra mauretanica* dans le Rif et le Djurjura.

La végétation méditerranéenne primitive a été presque partout détruite en particulier par le feu et elle est remplacée par des stades de dégradation connus en France sous les noms de maquis et de garrigue, de phrygana en Grèce, de matorral en Espagne, de chaparral en Californie, de mallee en Australie et de fynbos en Afrique du Sud. Dans le maquis et la garrigue dominent des buissons à feuilles souvent épineuses ou persistantes comme les diverses espèces de cistes, le romarin, la lavande, des chênes kermès rabougris, etc.

Beaucoup de végétaux des régions méditerranéennes ont un certain nombre de caractères en commun. Leurs feuilles sont petites, épaisses et dures, persistantes, avec des stomates dissimulés au fond de dépressions (figure 4.15) ce qui leur permet de lutter contre la sécheresse estivale. Cette végétation est qualifiée de sclérophylle. Beaucoup résistent au feu : ce sont des végétaux pyrophytes (chapitre 4, paragraphe 4). Braun-Blanquet a résumé par un schéma (figure 23.5) les étapes de la dégradation par l'homme de la forêt de chênes verts du Languedoc. Cette forêt climacique est installée sur des marnes ou des calcaires. Son premier stade de dégradation est un fourré de chênes kermès formant une garrigue. Surpâturé par les moutons, incendié volontairement, le peuplement de chênes kermès se transforme en pelouse à *Brachypodium*. Le stade ultime est un groupement très ouvert, sur un sol pierreux, avec des Asphodèles, des Euphorbes, des *Verbascum* et des chardons. Un autre processus de dégradation par le feu a été décrit par Le Houérou (1981) qui distingue les 5 étapes suivantes :

1. Forêt de chênes verts → feu → 2. Transformation en peuplement de chênes liège → feu → 3. Maquis à *Erica arborea*, *Arbutus*, *Myrtus*, Calicotome, etc. → feu → 4. Maquis renfermant diverses espèces de cistes → feu → 5. Formation de plantes basses ou herbacées avec en particulier *Helianthemum guttatum* et *H. tuberaria* et *Urginea maritima*.

La faune de la région méditerranéenne est originale. Parmi les Reptiles, le grand lézard ocellé côtoie le lézard vert ; les couleuvres sont abondantes et les vipères rares. Les grands Mammifères

Figure 23.5
Schéma de Braun-Blanquet montrant les étapes de la dégradation entraînant une succession régressive de la végétation sur un sol calcaire compact jurassique de la région languedocienne

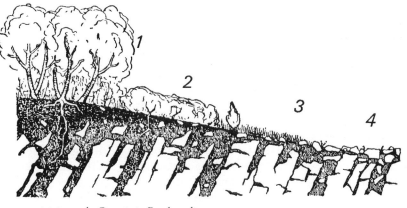

1 : *Quercetum ilicis*, association à chêne vert climacique ;
2 : *Quercetum cocciferae*, association à chênes kermès plus ou moins rabougris ;
3 : *Brachypodietum ramosi*, association caractérisée par la Graminée *Brachypodium ramosum* ;
4 : faciès surpâturé à *Euphorbia characias*.

sont moins nombreux que dans les forêts tempérées ; le cerf et le chevreuil sont absents. Les insectes sont nombreux et certaines familles prennent une importance qui annonce les régions tropicales. C'est le cas des Coléoptères Buprestidés et Ténébrionidés, ainsi que des Orthoptères. Une caractéristique des écosystèmes méditerranéens est l'existence dans le sol d'une faune hygrophile abondante et diversifiée formée surtout d'Arthropodes. Pour cette faune le sol est un refuge qui évite les effets néfastes de la sécheresse estivale et, peut être, les effets des incendies qui sont fréquents. Cette faune du sol a un maximum de densité en hiver (cf. pour une étude détaillée Di Castri & Vitali Di Castri, 1981).

1.4.2. LES AUTRES RÉGIONS À CLIMAT MÉDITERRANÉEN

Le nom de chaparral est appliqué à la végétation qui occupe la partie de la Californie comprise entre la Sierra Nevada et le littoral. Le climat de cette région est caractérisé par une pluviosité de 200 à 1 000 mm par an concentrée sur les mois d'hiver, et des étés chauds et secs. La végétation est constituée par des buissons très serrés hauts de 1 à 4 m parmi lesquels sont distribués quelques arbres. Plus d'une centaine d'espèces buissonnantes constituent le chaparral mais peu sont très répandues. Les deux espèces les plus fréquentes sont *Adenostoma fasciculatum* (Rosacée) et le chêne *Quercus dumosa*, suivies par *Arctostaphylos glauca* (Éricacée), diverses espèces de *Ceanothus* (Rhamnacées) de *Rhus* (Anacardiacées) et de *Garrya* (Garryacées), etc. Comme dans le bassin méditerranéen, beaucoup d'espèces du chaparral californien résistent bien au feu et régénèrent rapidement (Hanes, 1981 ; Keeley & Keeley, 1988).

Au Chili la végétation méditerranéenne constitue des « woodlands » avec des espèces connues sous le nom de bois de Panama (*Quillaia saponaria* et *Pneumus baldus*) associées au palmier *Jubaea spectabilis*. Dans la région du Cap la végétation méditerranéenne est caractérisée par l'abondance des endémiques et par le grand nombre d'Éricacées et de Protéacées, cette dernière famille ayant aussi des représentants dans le sud-ouest de l'Australie. Le mallee australien renferme 130 espèces d'*Eucalyptus* (dont le jarrah, *Eucalyptus marginata*) accompagnées par d'autres genres de la même famille des Myrtacées comme les *Melaleuca*, et par des *Acacia*. La faune

de cette région est encore peu connue à l'exception des Vertébrés. Les Mammifères comprennent une trentaine d'espèces dont un Monotrème, l'échidné, divers Marsupiaux, Rongeurs et chauves-souris. Il existe aussi des Reptiles dont de nombreux Scincidés, gekkos, Agamidés et serpents (Specht, 1981).

1.5. Les formations herbacées naturelles : prairies et steppes

Les formations herbacées naturelles (*grasslands* des auteurs de langue anglaise) représentent le plus vaste biome terrestre. Elles couvrent 24 % de la surface des continents soit 46 millions de km^2, se rencontrent dans tous les continents, et possèdent un ensemble de caractéristiques communes en ce qui concerne le climat, la flore, la faune et la physionomie. Ces formations s'installent dans les régions tempérées, au cœur des continents, lorsque le climat est caractérisé par des étés chauds et humides et des hivers froids. La pluviosité annuelle est de l'ordre de 300 à 500 mm mais elle peut atteindre 1 000 mm. On inclut dans les formations herbacées naturelles la steppe russe, la prairie nord-américaine, le veld sud-africain, la pampa sud-américaine, la puszta hongroise. La végétation de toutes ces régions est dominée en biomasse par les Graminées accompagnées de Cypéracées. Les Dicotylédones, que les américains appellent *forbs*, sont bien moins abondantes en ce qui concerne la biomasse mais plus nombreuses en espèces. Ce sont surtout des Composées et des Papilionacées. Les arbres sont presque totalement absents.

1.5.1. LES PRAIRIES D'AMÉRIQUE DU NORD

Cette formation s'étend depuis le sud du Canada jusqu'aux montagnes du Mexique central et elle couvre près de 3 millions de km^2. La végétation est formée essentiellement par des Graminées vivaces à appareil souterrain très développé (leurs racines peuvent descendre jusqu'à 2,5 m de profondeur) appartenant surtout aux genres *Andropogon* (*Andropogon gerardi* ou big bluestem), *Bouteloua* (*Bouteloua gracilis* ou blue grama) et *Buchloe* (*Buchloe dactyloides* ou herbe à bison) dans les régions à climat tempéré chaud, et aux genres *Agropyron*, *Agrostis*, *Bromus* et *Stipa* dans les régions à climat tempéré froid. Les botanistes distinguent divers types de prairies parmi lesquels on citera les deux plus importants.

– La prairie orientale à herbes hautes ou *tall grass prairie* s'installe dans une région de basse altitude bien arrosée (700 à 1 000 mm d'eau) et dont la température moyenne est de 11 °C. Elle possède des Graminées comme *Andropogon gerardi* qui dépassent 2 m de hauteur.

– La prairie occidentale à herbes courtes (*short grass prairie*) s'installe dans une région dont l'altitude est de 1 100 à 1 500 m, plus sèche (pluviosité de 300 mm par an) et plus froide (température moyenne 8 °C). Elle comprend des espèces comme l'herbe à bison qui dépassent rarement 40 cm. Lorsque la sécheresse augmente des buissons d'armoise *Artemisia tridentata* s'installent au milieu des Graminées. La vie animale dans la prairie était remarquable et il n'en reste que de rares éléments car une grande partie de ce biome a été mis en culture ou transformé en pâturages. C'était le domaine des troupeaux de grands herbivores : le bison dont les troupeaux atteignaient 2 millions d'individus, l'antilope pronghorn *Antilocarpa americana*, tous deux capables de parcourir de longs trajets à la recherche de leur nourriture en fonction de la sécheresse estivale. Les deux espèces de chiens de prairie (Rongeurs du genre *Cynomys* voisins des marmottes) dont les terriers représentent un danger pour le bétail ont été presque exterminés de même que le coyote ou que le blaireau *Taxidea taxus*, prédateur quasi exclusif des chiens de prairie. Dans la prairie à herbes hautes à *Andropogon* du Missouri la productivité primaire nette est de l'ordre de 12,8 t/ha/an et la biomasse de 25 t/ha (Kucera *et al.*, 1967). Comme dans toutes les formations herbacées la majorité de la biomasse (ici 75 %) est souterraine. La prairie est riche en Invertébrés dont des insectes. Les Orthoptères abondent, en particulier certaines espèces d'Acridiens comme les *Melanoplus* qui peuvent pulluler. les Coléoptères du sol sont représentés par de nombreuses espèces appartenant aux familles des Carabidés et des Ténébrionidés ; les fourmis et en particulier les espèces granivores du genre *Pogonomyrmex* se rencontrent partout. La vie animale de la prairie dépend étroitement de la végétation. Dans une région de l'Arizona on a montré que les chiens de prairie consomment 87 % de la végétation.

1.5.2. LES STEPPES D'EURASIE

La région des steppes commence en Ukraine et se prolonge presque sans interruption jusqu'à la Mongolie. Les sols de steppe sont des terres noires ou chernozems dont l'épaisseur peut atteindre 1,5 m. Le climat est de type tempéré continental relativement sec et froid. Ceci entraîne l'existence, pour la végétation, de deux périodes critiques : l'été à cause de la sécheresse et l'hiver à cause du froid. La période de végétation commence à la fonte des neiges et se termine au mois de juin. En été la steppe se dessèche et prend un aspect « en paillasson ». Les Graminées les plus caractéristiques appartiennent aux genres *Stipa*, *Koeleria*, *Festuca*, *Bromus* et *Brachypodium*. Elles ont de longues racines qui leur permettent d'atteindre l'eau en profondeur. Les Dicotylédones sont riches en hémicryptophytes, en géophytes et en espèces de Légumineuses du genre *Astragalus*. Les réserves importantes en humus et en éléments minéraux du chernozem font de la steppe une région très fertile lorque l'eau ne manque pas. Comme dans la prairie, la biomasse souterraine est supérieure à la biomasse aérienne. La biomasse varie selon les types de steppe de 10 à 27 t/ha dont 65 à 95 % sont sous la forme de racines et autres organes souterrains.

La faune de la steppe comprend, comme dans la prairie, beaucoup de Mammifères fouisseurs tels que la marmotte bobak, l'écureuil souslik (*Citellus*), le grand hamster (*Cricetus*), le rat taupe (*Spalax*) qui jouent à peu près le même rôle que les chiens de prairie. Tous ces animaux remuent beaucoup de terre et la trace de leurs galeries se retrouve dans les coupes de sol effectuées dans le chernozem. Ils sont chassés par des petits carnivores comme le putois (*Vormela peregusa*). Les grands Mammifères sont des Ongulés très mobiles comme l'antilope saïga (qui est l'équivalent écologique du bison américain), l'âne sauvage, le cerf maral et le cheval de Przewalski ou tarpan aujourd'hui éteint. Les carnivores coureurs sont le chat de steppe (*Felis manul*), le renard de steppe (*Canis corsac*). Il existe aussi des serpents comme la vipère *Vipera renardii*. Les oiseaux des steppes nidifient, par force, au sol et ils sont souvent adaptés à la course. L'outarde en est un élément caractéristique. Les Orthoptères du groupe des Acridiens (ou criquets) sont nombreux dans la steppe et ils peuvent parfois pulluler, comme le criquet migrateur *Locusta migratoria*. La faune du sol est riche en insectes saprophages et phytophages. Les Coléoptères, les Acariens et les Collemboles y dominent numériquement. La densité des vers de terre est relativement faible. Parmi les Coléoptères les Carabidés, les Élateridés, les

Curculionidés et les Ténébrionides abondent. Durant la sécheresse estivale les animaux du sol quittent les horizons superficiels et s'enfoncent en profondeur. La steppe est le domaine d'insectes à la biologie remarquable comme les Scarabéides du genre *Lethrus* qui sont voisins des bousiers du genre *Geotrupes* mais qui ont abandonné le régime coprophage pour découper les feuilles de diverses plantes qu'ils enterrent dans un nid souterrain pour nourrir leurs larves. Les Élaterides du genre *Agriotes* sont représentés en Russie par des espèces différentes dans les diverses régions biogéographiques. Dans la zone des forêts sur podzol c'est *Agriotes obscurus* qui domine et dans la steppe sur chernozem ce sont *A. gurgistanus* et *A. acuminatus*. La mise en culture de la steppe peut favoriser la multiplication de certaines espèces omnivores telles que les Ténébrionides du genre *Opatrum* qui deviennent nuisibles en s'attaquant aux plantes cultivées.

II. LES BIOMES DES RÉGIONS TROPICALES HUMIDES

2.1. Les forêts équatoriales sempervirentes

Ces forêts, connues aussi sous les noms de forêts denses, forêts ombrophiles, *rain forests* ou pluvisilves occupent des régions chaudes, bien arrosées toute l'année, sans saison sèche (ou à saison sèche très courte). Elles existent dans trois régions principales : (a) l'Amazonie ; (b) l'Afrique occidentale et centrale avec deux blocs indépendants dont l'un correspond au Liberia et à la Côte d'Ivoire et l'autre au Cameroun, au Gabon et au bassin du Congo ; (c) l'Indo-Malaisie. Des fragments moins importants de forêt équatoriale subsistent sur la côte orientale de Madagascar, dans le sud de l'Inde et à Ceylan.

Les ouvrages généraux consacrés à la forêt équatoriale sont nombreux (par exemple : Sutton *et al.*, 1983 ; Jacobs, 1981 ; Hallé *et al.*, 1978 ; Oldeman, 1974 ; Newman, 1990 ; Golley, 1983 ; Lieth & Werger, 1989).

La forêt équatoriale est formée par des arbres sempervirents dont la grande diversité spécifique a été soulignée (chapitre 20). Il en existe 600 espèces en Côte d'Ivoire et 2 000 en Malaisie. Les diverses espèces sont représentées par des indivi-

dus très dispersés ce qui oppose la forêt équatoriale à la forêt tempérée. Au Cameroun une surface de 0,5 ha héberge 60 espèces d'arbres ayant un diamètre égal ou supérieur à 20 cm. À Bornéo il existe sur la même surface 198 espèces d'arbres ayant plus de 10 cm de diamètre. Parmi les familles de plantes à fleurs importantes on citera les Palmiers dont l'importance est souvent méconnue (837 espèces en Amérique du sud), les Diptérocarpacées (famille caractéristique du Sud-Est asiatique), les Orchidées, les Euphorbiacées, les Rubiacées, les Légumineuses, les Urticacées. Les arbres, de grande taille, ont souvent un tronc renforcé à la base par des contreforts ou par des racines aériennes formant échasse. Les feuilles ont souvent un limbe à contour régulier prolongé par une pointe ou acumen que l'on interprète comme un moyen de favoriser l'écoulement de l'eau. La stratification de la forêt équatoriale est complexe. Il existe souvent une strate supérieure d'arbres géants (appelés émergents) qui dépassent 50 m de hauteur et qui émergent çà et là de la voûte forestière ou canopée ; puis une strate moyenne presque continue à 30-40 m, enfin une strate d'arbres plus petits entre 15 et 25 m. La strate herbacée du sous-bois est clairsemée et formée d'espèces sciaphiles comme les fougères et les sélaginelles.

Dans la forêt équatoriale Hallé *et al.* (1978) distinguent divers types d'arbres : (a) des arbres jeunes, de petite taille, à couronne de forme elliptique, qui sont ombragés et dominés par des arbres géants ce qui les empêche de grandir ; (b) des arbres géants et vivants atteignant 40 m et plus, dont la forme de la couronne a été comparée à celle d'un chou-fleur et qui forment la voûte forestière ou canopée. Les arbres de petite taille et les arbres géants forment les « arbres du présent »; (c) d'autres arbres appelés « arbres du futur » auront l'occasion de grandir lorsque l'ombre des arbres géants ne les inhibera plus, ce qui se produira après une tornade qui créera de nombreux chablis ; (d) les arbres géants morts sur pied sont les « arbres du passé ». Les contreforts à la base du tronc qui sont fréquents chez les arbres tropicaux n'apparaissent que chez les arbres âgés (figure 23.6). La surface plus ou moins ondulée qui est délimitée par la partie inférieure des couronnes correspond à ce que Oldeman a appelé la surface d'inversion dont la hauteur varie de place en place dans la forêt. Cette surface sépare les couronnes des arbres exposées plus ou moins directement à la lumière solaire de la partie des

Figure 23.6
Représentation schématique de la structure d'une forêt équatoriale montrant les « arbres du présent » de grande taille **b** et **d** et ceux de petite taille **a** et **c** ; un « arbre du passé » **e** ; les « arbres du futur » dont la couronne est en pointillés (Hallé *et al.*, 1978)

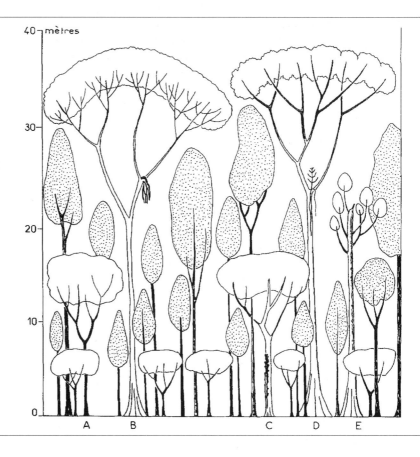

arbres située en dessous et qui ne reçoit plus que de la lumière transmise à travers la voûte forestière. Au-dessus de cette surface d'inversion les mouvements de l'air sont importants, l'humidité et la température sont variables. En dessous, l'air est calme et les conditions de température et d'humidité plus constantes. Il semble bien établi que les portions des arbres qui sont situées au-dessus de la surface d'inversion sont responsables de plus de la moitié de la productivité primaire de la forêt. C'est aussi dans cette région que se trouvent en abondance les feuilles, les fleurs et les fruits qui offrent d'abondantes ressources aux nombreux animaux herbivores et frugivores qui hantent la forêt équatoriale (Richard, 1983).

Les forêts équatoriales sont riches en espèces végétales ayant des formes et des biologies originales. Les lianes abondent et elles atteignent des tailles impressionnantes, jusqu'à 200 m de long et 20 cm de diamètre. Leur rôle est important et encore insuffisamment connu. Les épiphytes sont représentées par des milliers d'espèces d'Orchidées, d'Aracées, de Broméliacées, de fougères et de mousses. Il existe aussi de nombreux hémiparasites de la famille des Loranthacées qui ne comprend que le gui dans les régions tempérées mais qui est riche de 1 100 espèces tropicales. Les holoparasites sont répartis dans plusieurs familles et les plus remarquables sont les *Rafflesia* d'Indo-Malaisie dont les fleurs dépassent 80 cm

de diamètre et qui sont dispersés par les grands Ongulés (éléphant, rhinocéros, tapir, etc.). Certaines Monocotylédones « herbacées » atteignent des tailles respectables comme les bananiers (famille des Musacées) ou les Aracées. Les feuilles de la végétation herbacée du sous-bois présentent fréquemment des caractéristiques physiques inhabituelles (Lee, 1986). Elles portent des taches ou des bandes de couleur autre que le vert et en particulier des taches rougeâtres dues à des dépôts d'anthocyanes, et une iridescence bleue qui est produite par un effet d'optique et non par un pigment. La surface de ces feuilles a, chez plusieurs espèces appartenant à des familles très diverses, un aspect satiné ou semblable à celui du velours qui est dû à la présence sur l'épiderme de cellules en forme de lentilles qui concentrent la lumière sur les cellules sous-jacentes. Ces structures représentent des adaptations au faible éclairement du sous-bois qui reçoit surtout des radiations lumineuses de grande longueur d'onde. La présence d'anthocyanes permet l'utilisation par la plante de ces radiations de grande longueur d'onde. Ces adaptations qui sont favorables sous un faible éclairement représentent un handicap lorsque la plante qui les possède se trouve exposée en pleine lumière.

Le spectre biologique des végétaux de la forêt équatoriale est caractérisé par la dominance des phanérophytes suivis par les épiphytes et quelques chaméphytes. Les autres catégories biologiques sont presque absentes. La forêt équatoriale montre également une grande hétérogénéité

horizontale qui est entretenue par des perturbations comme les tornades ou les incendies qui créent à des intervalles de temps variables des clairières plus ou moins étendues dans lesquelles la forêt se reconstitue (chapitre 14).

L'étude effectuée dans la forêt du Banco en Côte d'Ivoire par Cachan (1963) apporte des données sur le microclimat d'une forêt équatoriale (figure 23.7). Le fait le plus remarquable est l'importance des variations climatiques selon des gradients verticaux. Quand on descend depuis la cimes des arbres jusqu'au sol par une journée ensoleillée on a l'impression de s'enfoncer dans un puits. La température passe de 32 à 27 °C, l'humidité relative de 30 à 80 %, l'éclairement de 100 000 lux à 100 ou 200 lux ; le vent dont la vitesse moyenne est de 7 m/s au sommet des arbres s'annule rapidement. La répartition verti-cale de certains insectes comme les moustiques est fonction de cette stratification thermique. Dans la forêt tropicale de l'Ouganda le moustique *Aedes africanus* se localise surtout en hauteur au voisinage de la voûte tandis que *Anopheles gambiae* vit surtout près du sol.

La faune des forêts équatoriales renferme beaucoup de groupes reliques comme les Onychophores (ou Péripates), ainsi que des groupes normalement aquatiques comme les planaires qui profitent du microclimat humide du sous-bois pour coloniser le milieu aérien. Cette faune a une diversité spécifique élevée (chapitre 20). Il existe de nombreux Mammifères arboricoles qui ne descendent presque jamais à terre. Dans la forêt africaine les principales espèces de Mammifères terrestres sont les antilopes du genre *Cephalophus*, le chevrotain, l'okapi, l'hippopotame nain, le pan-

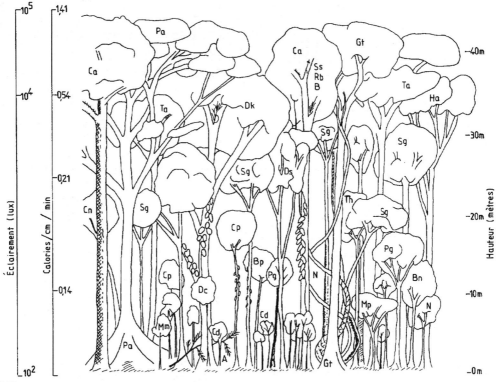

Figure 23.7
Diagramme botanique de la forêt tropicale du Banco en Côte-d'Ivoire représentant une portion de végétation de 30 m de long et de 20 m de large environ

La richesse en espèces d'arbres est remarquable. À gauche est indiqué l'éclairement en lux et en cal/cm²/min en fonction de la hauteur au-dessus du sol. Noms des principales plantes : A : *Ancistrophyllum* sp. (palmier liane) ; Bn : *Baphnia nitida* ; Ca : *Combretodendron africanum* ; B : *Bulbophyllum* sp. ; Dk : *Dacryodes kleineana* ; Cn : *Cola nitida* ; Cp : *Carapa procera* ; Gt : *Guarea thompsoni* ; Ha : *Homalium aylmeri* ; Sg : *Strombosia glaucescens* var. *lucida* ; Rb : *Rhipsalis baccifera* (épiphyte) ; Ta : *Trichoscypha arborea* ; Th : *Trichilia heudelotii* ; Mp : *Microdesmis puberula* ; Ss : *Solenangis scandens* (épiphyte) ; D : *Drypetes chevalieri* ; Ds : *Diospyros sanzaminika* ; Pa : *Piptadeniastrum africanum* (noter les contreforts à la base du tronc) ; N : *Neuropeltis* (liane) ; Mm : *Monodora myristica* ; Cd : *Conopharyngia durissima* ; Pg : *Parinari glabra* ; Bp : *Baphnia pubescens*.

golin, l'éléphant de forêt, l'hylochère et le pota-mochère. Les espèces arboricoles sont le daman des arbres, de nombreux Rongeurs, des singes et en particulier les cercopithèques qui sont les plus arboricoles des singes, et des Lémuriens.

En Amérique du Sud les Mammifères ter-restres sont des Rongeurs comme l'agouti, le paca, et le cabiai ; le tapir qui est le plus grand Mammifère d'Amérique du Sud ; le grand four-milier, le tatou, l'ocelot. Les espèces arboricoles sont le porc-épic *Erethizon*, des écureuils, les paresseux, le coati, le kinkajou, des Marsupiaux du genre *Opossum* et les singes (singe hurleur et atèle). Les Mammifères arboricoles ont des griffes puissantes comme le paresseux, une queue pre-nante comme les singes américains, ou bien une membrane servant de planeur qui est tendue sur les côtés du corps entre les membres antérieurs et les membres postérieurs comme chez l'écureuil volant et le galéopithèque. Ces membranes qui facilitent le vol plané d'un arbre à l'autre se retrouvent chez des Reptiles (dragon volant) et un Amphibien (Rhacophore). Les Mammifères terrestres sont relativement rares, de petite taille et solitaires alors que les espèces voisines qui vivent dans la savane se réunissent en grands troupeaux. Il existe de remarquables conver-gences entre les Mammifères forestiers d'Afrique et ceux d'Amérique du Sud (figure 12.25). Les oiseaux arboricoles sont nombreux et beaucoup sont frugivores. Les perroquets vivent dans tous les continents, les toucans en Amérique du Sud et les calaos en Afrique. Des convergences dans les faunes des deux continents s'observent chez les oiseaux comme chez les Mammifères. Les Nectarinidés africains ressemblent aux Trochilidés américains et les toucans américains ressemblent aux calaos africains.

La séparation des niches écologiques entre des espèces de Mammifères souvent voisines qui habitent la même forêt se fait dans l'espace (les diverses espèces occupent des strates différentes de la forêt), dans le temps (il existe des espèces diurnes et d'autres nocturnes comme chez les céphalophes) et en fonction du régime alimen-taire.

Dans la forêt du Gabon vivent cinq espèces sympatriques de Lémuriens qui consomment des fruits, des insectes et des gommes végétales dans des proportions très différentes (Charles-Dominique, 1971) :

Espèces de Lémuriens	Pourcentage dans l'alimentation		
	Gommes	Fruits	Insectes
Galagoides demidovii	10	19	70
Euoticus elegantulus	75	3	20
Perodicticus potto	21	65	10
Galago alleni	0	73	25
Arctocebus calabarensis	0	14	85

Une petite saison sèche existe dans presque toutes les forêts équatoriales ce qui crée une périodicité dans l'activité de la faune qui est moins marquée que dans les forêts tempérées mais qui n'est pas nulle. Au Gabon dans la région de Makokou la petite saison sèche du mois de juillet s'accompagne d'une diminution du nombre d'insectes, de fleurs et de fruits, donc de la nourriture disponible pour beaucoup de Mammifères ce qui retentit sur leur cycle de reproduction. Les Rongeurs Muridés de la forêt gabonaise se reproduisent toute l'année mais le pourcentage de femelles gravides passe par un minimum au moment de la saison sèche.

Les relations quasi symbiotiques entre les Mammifères, les oiseaux et les arbres de la forêt équatoriale sont nombreuses. On admet aujour-d'hui que les espèces frugivores qui consomment les fruits des arbres ont évolué parallèlement aux végétaux selon un processus de « coévolution dif-fuse » (Janzen, 1971) et on sait que sans les ani-maux la régénération de la forêt tropicale humi-de serait compromise (chapitre 13, paragraphe 4). Ces relations de type mutualiste intéressent de 70 à 80 % des espèces végétales. En Guyane 72 espèces d'oiseaux sur 575 et 36 espèces de Mammifères sur 155 sont frugivores. Cette dissé-mination primaire des graines par les Vertébrés peut être complétée par des disséminateurs secondaires comme les fourmis et les bousiers (Estrada & Coates-Estrada, 1986). La symbiose ou quasi-symbiose entre les animaux et les végé-taux se révèle aussi par des modes de pollinisa-tion beaucoup plus variés que dans les régions tempérées. Les chauves-souris, beaucoup d'oi-seaux comme les oiseaux-mouches, et certains lémuriens de Madagascar sont des pollinisateurs fréquents. Les fleurs du nénuphar géant *Victoria regia* d'Amazonie sont pollinisées par de gros Coléoptères de la famille des Dynastides. Il n'est pas possible de résumer en quelques lignes les données très nombreuses qui ont été réunies sur les Invertébrés des forêts équatoriales (cf. par

exemple Lieth & Werger, 1989). Des données sur l'abondance et la biologie des insectes des forêts équatoriales se trouvent dans le chapitre 20. Les Invertébrés de la forêt équatoriale sont souvent de grande taille et colorés. Les Achatines sont des escargots africains qui peuvent peser 1 kg. Des Coléoptères Scarabéidés, les Goliaths en Afrique et les *Dynastes* en Amérique sont parmi les plus gros insectes. Les papillons Ornithoptères atteignent 30 cm d'envergure. Au sol, les fourmis et les termites jouent un rôle considérable par leur abondance. Les termites sont en grande partie responsables de la disparition rapide du bois mort et de la litière dans la forêt équatoriale. Les fourmis ont des biologies très variées. Les fourmis champignonnistes du genre *Atta* sont des coupeuses de feuilles sur lesquelles elles « cultivent » des champignons. Les *Anomma* d'Afrique (ou fourmis manians) et les *Eciton* d'Amérique sont des chasseresses qui circulent en colonnes de chasse innombrables et qui attaquent tout ce qui se trouve sur leur passage. Des fourmis arboricoles vivent en symbiose avec des végétaux comme la Rubiacée *Myrmecobia tuberosa* de Nouvelle-Guinée qui forme des organes appelés domaties qui sont renflés en forme de tubercule et creusés de cavités dans lesquelles des fourmis du genre *Iridomyrmex* s'installent, ou comme les Moracées néotropicales du genre *Cecropia* qui logent leurs fourmis dans des tiges creuses. D'autres fourmis vivent en symbiose avec des acacias (chapitre 7, paragraphe 6). Une particularité des forêts équatoriales est l'existence de sols suspendus, amas de matières végétales en décomposition situés en hauteur (par exemple au point de bifurcation d'une branche) dans lesquels des insectes et autres Invertébrés appartenant normalement à la faune du sol s'installent grâce à l'humidité qui règne en permanence dans le sous-bois.

La productivité primaire des forêts tropicales est élevée mais cette végétation est installée sur un sol pauvre en réserves. Une grande partie de la minéralomasse est stockée dans la végétation et, lorsque la forêt est éliminée pour faire place à l'agriculture, la biomasse est réduite à presque rien et les réserves minérales sont épuisées avant même que les parcelles cultivées soient abandonnées. La forêt secondaire qui s'installe une trentaine d'années plus tard n'a plus grand chose à voir avec la forêt originelle.

L'agroforesterie consiste en l'association des arbres et de la sylviculture à l'agriculture et/ou à l'élevage. Elle est considérée comme la solution la plus favorable à l'obtention d'une production agricole stable dans les régions tropicales humides. Les systèmes d'agroforesterie permettent de mieux contrôler l'érosion du sol. Ils existent déjà dans des pays comme le Costa Rica ou Sumatra. Ces techniques, moins destructrices du milieu forestier, permettent le maintien d'une biodiversité assez élevée. À Sumatra le nombre d'espèces végétales rencontrées le long de transects de même longueur, est de 5 dans une plantation industrielle d'*Hevea*, de 265 dans une agroforêt traditionnelle et de 382 dans une forêt naturelle. L'exploitation de la forêt tropicale par la récolte des produits naturels qui s'y rencontrent est appelée extractivisme. Cette technique devrait pouvoir assurer la pérennité des ressources et le maintien de la biodiversité. Mais lorsque l'extractivisme est mené trop loin, il peut conduire à la disparition progressive des espèces récoltées comme celà s'est produit lors de la récolte excessive de la noix du Brésil, *Bertholletia excelsa* (Puig, 1995).

2.2. Les forêts tropicales à rythme saisonnier

Ces forêts sont aussi appelées forêts sèches, forêts claires ou forêts trophophiles en raison des variations qu'elles subissent au cours de l'année. Elles se rencontrent dans des régions où les saisons sont contrastées avec une période sans pluie (ou presque sans pluie) pouvant durer 7 à 8 mois. La longueur de cette période sèche explique la présence d'arbres à feuilles caduques mêlés à des arbres à feuilles persistantes. Les forêts claires portent un tapis de Graminées plus ou moins continu qui rappelle celui des savanes. Elles sont répandues en Afrique au sud du massif forestier équatorial. Les Diptérocarpacées constituent un élément important des forêts de l'Asie du Sud-Est. En Inde on les appelle forêts de mousson et un de leurs arbres caractéristiques est le teck, *Tectona grandis*.

2.3. Les laurisylves

Les laurisylves sont des forêts caractérisées par l'abondance d'arbres sempervirents à feuilles coriaces, cireuses, grandes et allongées rappelant celles du laurier. Elles sont situées sur les côtes orientales dans les régions subtropicales. Elles existent en Chine du Sud et dans le sud-est des États-Unis. Le climat des laurisylves est caractérisé par des hivers doux assurant une longue saison de végétation, des étés chauds et humides, une pluviosité supérieure à 1 000 mm. La richesse floristique des laurisylves rappelle celle des forêts équatoriales. Dans la Chine du Sud on compte 60 genres de grands arbres et il est pos-

sible d'en trouver 20 à 30 espèces sur quelques hectares. Le mélange d'espèces à affinités tempérées et tropicales est remarquable dans cette région. Plus de 50 espèces de chênes se mêlent à autant d'espèces d'érables, à des palmiers, à des *Magnolia*. Les Conifères sont nombreux : *Pinus*, *Podocarpus*, et espèces reliques comme *Gingko biloba* ou *Metasequoia*.

Dans le sud-est des États-Unis la forêt maritime de *Magnolia* est aussi une laurisylve. Outre *Magnolia grandiflora* on y voit des chênes et le cyprès chauve *Taxodium distichum*.

Les îles Canaries forment avec Madère et une partie du littoral du sud du Maroc une région biogéographique originale riche en endémiques appelée région macaronésienne. On y rencontre, dans les localités à climat aride, de nombreuses espèces d'euphorbes cactiformes et arborescents qui, par convergence, ressemblent beaucoup aux Cactées américaines. Une île comme Tenerife qui culmine à 3 707 m au pic de Teide possède des étages de végétation qui sont, en simplifiant, les suivants (Rivas-Martinez *et al.*, 1993) :

– À basse altitude un étage de végétation broussailleuse mêlée de *Juniperus phoenicea*. C'est dans cet étage que se rencontrent les euphorbes arborescentes comme *Euphorbia canariensis*.

– Un étage forestier constituant la laurisylve qui est la formation végétale la plus originale. Il s'agit d'une végétation relique d'origine tertiaire, véritable forêt ombrophile qui se maintient grâce aux nuages que les vents alizés apportent constamment entre 500 et 1 000 m sur le versant nord de l'île principalement et grâce à la température clémente qui permet à la végétation d'être en activité toute l'année. Les arbres principaux appartiennent à la famille des Lauracées. Ce sont *Laurus canariensis*, *Persea indica* et *Ocotea foetens*. On y rencontre aussi *Arbutus canariensis*, *Ilex canariensis* et la bruyère arborescente, *Erica arborea*, qui peut atteindre plus de 10 m de hauteur. Le sous-bois est très riche en épiphytes (lichens et fougères) et en phanérogames herbacées de grande taille comme *Ranunculus cortusifolius*.

– À la même altitude que la laurisylve le fayal-bresal est une forêt dans laquelle dominent *Myrica faya* et *Erica arborea*.

– La forêt à *Pinus canariensis*, arbre endémique, se trouve au dessus du fayal-bresal et elle monte jusqu'à 2 200 m.

– L'étage montagnard comprend des buissons à aspect de maquis avec des genêts, *Spartocystus nubigenus* et *Adenocarpus viscosus*. C'est dans cet étage que vivent des espèces d'*Echium* géantes atteignant 3 m dont le port rappelle celui des *Lobelia* des montagnes d'Afrique orientale.

– L'étage pseudo-alpin est pauvre en végétation. C'est un vaste amas de pierres et de cendres volcaniques dans lequel subsiste la rare endémique *Viola cheirantifolia*.

La faune de Tenerife est aussi remarquable que la flore. Elle présente les caractéristiques d'une faune insulaire (endémisme élevé, absence de certains taxa et grand nombre d'espèces chez certains genres) et renferme beaucoup de formes reliques. La faune de la laurisylve comprend des espèces localisées à ce milieu, en particulier parmi les insectes. L'abondance des épiphytes et l'humidité élevée permettent à des espèces de la faune du sol (comme certains Coléoptères de la famille des Carabidés) de grimper dans les arbres et de s'installer à 2 ou 3 m de hauteur dans de véritables sols suspendus semblables à ceux de la forêt équatoriale.

2.4. Les savanes

Les savanes sont des formations végétales intertropicales couvrant des surfaces très étendues dans des régions à climat ensoleillé, chaud en été, dont la température annuelle moyenne dépasse 26 °C et où la pluviosité est faible (figure 23.2, climat de Ouagadougou). Les sols de savane appartiennent à deux types principaux. Dans les régions peu arrosées (moins de 1 m de pluie) et à longue saison sèche ce sont des sols ferrugineux. Dans les régions plus arrosées et à saison sèche moins longue ce sont des sols ferrallitiques. Ces derniers diffèrent des sols de la forêt par la présence fréquente d'une cuirasse latéritique très dure qui s'installe dans l'horizon B.

Les savanes herbeuses sont caractérisées par une végétation formée de Graminées dures, hautes de 80 cm à plusieurs mètres, à rhizomes développés. Le tapis herbacé ainsi formé est dense et difficilement pénétrable. Ces savanes herbeuses sont bien représentées en Afrique. Dans la savane de Côte d'Ivoire les Graminées principales appartiennent aux genres *Aristida*, *Pennisetum* (*P. purpureum* ou herbe à éléphant atteint 5 m), et *Imperata* (*I. cylindrica* est l'herbe à paillotte). En Amérique du Sud les savanes herbacées forment les llanos du Venezuela.

Les savanes arbustives sont caractérisées par la présence d'arbres plus ou moins dispersés appartenant à des espèces peu nombreuses et différentes de celles de la forêt tels que les *Acacia*, le baobab ou le palmier rônier en Afrique, les eucalyptus en Australie, les Cactées en Amérique du Sud. Ces arbres sont généralement de taille inférieure à 15 m avec des branches dès la base, une écorce épaisse renfermant beaucoup de liège et résistante au feu.

La faune des savanes comprend beaucoup de grands herbivores qui vivent en troupeaux surtout en Afrique (antilope, gazelle, zèbre, girafe, éléphant, rhinocéros) et des carnivores (lion, léopard, guépard). Les oiseaux coureurs sont représentés par l'autruche en Afrique, le nandou en Amérique, l'émeu en Australie. L'existence de grands troupeaux d'herbivores apporte des bouses abondantes qui hébergent de très nombreuses espèces de Scarabéidés coprophages. La faune africaine de ces insectes est la plus riche du monde. Les termites sont omniprésents dans la savane et ils jouent un rôle important dans les processus de la pédogénèse.

Il est certain que les savanes (et une partie des steppes ?) sont en partie d'origine anthropique. Ces formations semblent avoir couvert à l'origine une surface plus réduite dans des clairières forestières impropres à l'installation des arbres et peu à peu agrandies par l'homme. Le feu joue un rôle important dans le maintien de la savane. Les zones épargnées par les incendies sont peu à peu colonisées par des espèces ligneuses.

Des mosaïques de sols et de végétation formant une catena sont fréquentes en Afrique. Les éléments de ces catena sont parcourus dans un ordre régulier par les grands troupeaux d'Ongulés. Ce phénomène est particulièrement spectaculaire dans les 23 000 km² de plaines du parc de Serengeti en Tanzanie (figure 23.8). Dans ce parc la biomasse des Ongulés forme 90 % de la biomasse totale des Mammifères dont les principaux sont les suivants :

Espèces	Poids moyen (kg)	Nombre	Biomasse (kg/km²)
Buffle *Syncerus caffer*	447	42 000	816
Zèbre *Equus burchelli*	219	220 000	2095
Gnou *Connochaetes taurinus*	163	330 000	2339
Topi *Damaliscus korrigan*	108	20 000	94
Gazelle de Thompson *Gazella thompsoni*	16	150 000	104

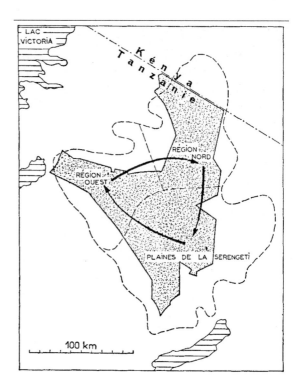

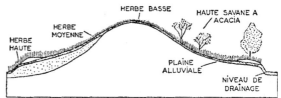

Figure 23.8
En haut, carte du parc national de Serengeti montrant les migrations des grands Ongulés d'une région à l'autre au cours de l'année. Les limites du parc sont en grisé ; celles des zones parcourues par les animaux en tirets. On remarquera que le parc n'est pas assez étendu pour assurer complètement la protection de ces Ongulés.
En bas, représentation schématique de la topographie caractéristique des savanes de la région et d'une grande partie de l'Afrique. Les ondulations de terrain sont la cause de la formation de catena dont la végétation est caractéristique (Bell, 1971).

Le territoire nord du parc, plus arrosé, est couvert d'une savane à herbes hautes ; le territoire des plaines de Serengeti à pluviosité faible est couvert d'une savane à herbes basses ; le territoire ouest est d'un type intermédiaire. En saison humide les animaux se concentrent dans les plaines de Serengeti ; au début de la saison sèche les buffles et les zèbres suivis par les autres herbivores se déplacent vers l'ouest. À la fin de la saison sèche ils gagnent les zones du nord dont l'herbe est plus haute. Ils regagnent leur point de départ au début de la saison des pluies (Bell,

1971). Les buffles et les zèbres, qui digèrent bien la cellulose, éclaircissent la végétation en pâturant et en piétinant les énormes masses de chaumes des Graminées. Les topis et les gnous qui viennent ensuite mangent les jeunes feuilles qui se forment sur les souches ; puis viennent les gazelles qui consomment les fruits et les jeunes plantes riches en protéines. Durant la saison sèche la végétation disponible est presque nulle et la compétition avec les insectes herbivores peut être une cause de régulation des populations de Mammifères (chapitre 16).

La productivité de la savane de Lamto en Côte d'Ivoire a été très étudiée (chapitre 16, paragraphe 2). La productivité primaire est de 18 t/ha/an (poids sec) dans la savane à *Loudetia* et de 24 t/ha/an dans la savane à *Hyparrhenia*. La valeur fourragère de ces plantes est faible car elles sont riches en cellulose et en silice. C'est pourquoi la productivité secondaire des grands animaux herbivores est inférieure à celle de l'Afrique orientale où la végétation est plus nourrissante.

III. LES FORMATIONS DES RÉGIONS ARIDES ET SEMI-ARIDES

3.1. Les steppes tropicales à épineux

Ces formations se distinguent des savanes par leur tapis herbacé discontinu et par leur peuplement arborescent où prédominent des espèces épineuses comme les *Acacia* (figure 23.9). Les steppes tropicales présentent divers aspects physionomiques depuis les steppes herbacées jusqu'aux steppes arborescentes. Elles sont souvent profondément modifiées par l'homme qui utilise le bois comme moyen de chauffage et dont les troupeaux broutent aussi bien les herbes que le feuillage des arbres. En Afrique la steppe tropicale recouvre principalement la région du Sahel où les précipitations sont comprises entre 150 et

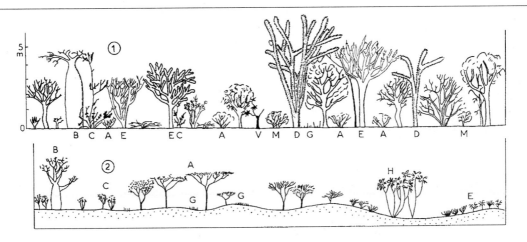

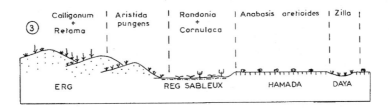

Figure 23.9
Profils de la végétation de régions arides ou semi-arides

1 : La végétation semi-aride du sud-ouest de Madagascar, région de Tuléar, où la pluviosité est inférieure à 400 mm. A : Acanthacées ; B : Baobabs ; C : Cucurbitacées et V, Vitacées (lianes) ; M : Mimosées ; E : Euphorbes arborescentes ; D : *Didierea* : G : Graminées rares laissant le sol nu sur une grande surface.
2 : La steppe sahélienne. A : Acacia ; B : Baobab ; C : Combrétacées ; G : touffes de Graminées très espacées ; H : Bouquets d'*Hyphaena thebaica* ; E : Buissons de *Commiphora africana*.
3 : La végétation de la région de Beni-Abbès au contact du Grand Erg et de la Hamada.

650 mm par an et où la saison sèche dure de 7 à 9 mois. Les arbres caractéristiques sont des *Acacia* comme *A. raddiana* et *A. seyal* et le *Balanites aegyptiaca* également épineux. En Amérique du Sud la steppe est représentée au Brésil par la caatinga qui renferme beaucoup d'espèces adaptées à la sécheresse comme des palmiers ou des Cactées. Des steppes à épineux existent aussi dans le sud de Madagascar où elles constituent des formations à euphorbes et à Didiéréacées mêlées de baobabs dont les troncs se gorgent d'eau et qui, avec quelques autres espèces, ont reçu le nom d'arbres bouteilles.

3.2. Les steppes continentales à climat tempéré

Ces formations succèdent aux prairies et aux steppes vraies lorsque la sécheresse s'accentue en été. Elles sont parfois difficiles à séparer des semidéserts comme en Amérique du Nord où les « déserts » de Sonora, de Mojave, de Chihuahua et de Great Basin sont parfois considérés comme des steppes. Il existe de vastes steppes continentales en Asie centrale. Dans les steppes du Kazakstan les armoises sont les plantes dominantes ; dans le Karakorum poussent des buissons de *Calligonum*, d'*Aristida* et le saxaoul *Arthrophytum haloxylon*, arbrisseau pouvant atteindre 5 à 6 m de hauteur et dépourvu de feuilles, celles-ci étant remplacées par des tiges vertes.

La désertification, qui est particulièrement intense dans des régions comme le Sahel, a des causes multiples. La limite sud du désert a progressé de 150 km de 1958 à 1975 dans la région de Khartoum au Soudan. Des périodes cycliques de sécheresse semblent se manifester avec une période de 28 ans comme le montrent les variations de niveau du lac Tchad ou celles du débit des fleuves Niger et Sénégal, les apogées de la sécheresse se situant en 1913, 1944 et 1972. Après une période d'années humides ayant favorisé l'élevage du bétail et la mise en valeur des terres marginales, la sécheresse de 1968-1973 a cumulé ses effets avec ceux résultant de cultures intensives et d'exploitation abusive des pâturages. On ignore encore quel est le temps nécessaire à la restauration du sol et de la végétation. Si ce temps est supérieur à l'intervalle qui existe entre deux périodes de sécheresse les régions atteintes risquent de subir un effet de désertification cumulatif et irréversible.

3.3. Les déserts

Trente quatre pour cent de la surface des terres émergées sont des déserts ou des semi-déserts dans lesquels un cinquième de la population mondiale essaie de survivre. La moitié des nations ont tout ou partie de leur territoire dans des régions arides. Dans beaucoup de régions les déserts s'étendent sous l'action combinée de processus naturels et des activités humaines. L'Europe est le seul continent dépourvu de déserts bien que le sud de l'Espagne aux environs d'Almeria soit déjà une zone aride où la pluviosité est inférieure à 200 mm par an. On estime que 810 millions d'ha ont été désertifiés depuis 50 ans, surtout au sud du Sahara. La conférence de Nairobi sur la désertification qui s'est tenue à l'initiative de l'ONU avait estimé à 141 milliards de dollars la somme nécessaire à la réhabilitation des terres désertiques.

Des recherches nombreuses ont été effectuées dans le but de connaître non seulement la biologie des organismes désertiques mais aussi de trouver des méthodes d'exploitation rationnelles de ces régions et de lutter contre leur extension. Les centres de recherche les plus actifs se trouvent en Israël, dans le désert du Namib (station de Gobabeb), aux États-Unis dans le désert Mojave, au Mexique (dans le désert de Chihuahua). En Arabie saoudite un important projet de réintégration de la faune et de sa protection est mis actuellement en œuvre. Les travaux consacrés aux déserts sont très nombreux. On peut citer : Goodall & Perry, 1979 ; Crawford, 1981 ; Louw & Seely, 1982 ; Pierre, 1958, Délye, 1968, Hadley, 1975 ; Dajoz, 1984 ; Jaeger, 1961, Ozenda, 1991.

On appelle déserts ou zones arides les régions où la pluviosité annuelle moyenne est inférieure à 100 mm et très irrégulière. On connaît au Sahara des périodes de 8 ans sans pluie et le désert d'Atacama au Chili n'a reçu que 1,6 mm d'eau en 19 ans. Selon un degré d'aridité croissante on distingue : (a) les zones semi-arides ou steppes désertiques couvrant 30 millions de km^2 et recevant de 200 à 500 mm d'eau par an ; (b) les zones arides ou déserts vrais couvrant 18 millions de km^2 et où la pluviosité varie de 80 à 150 mm ; (c) les zones hyperarides ou déserts extrêmes couvrant 6 millions de km^2 et recevant moins de 50 mm d'eau. Le Sahara est un désert vrai ; le désert d'Atacama un désert extrême et les déserts d'Amérique du Nord des semi-déserts.

Une autre classification plus complexe (Notes techniques du MAB n°7) tient compte de la température et du rapport entre la pluviosité P et l'évapotranspiration ETP. Les zones hyperarides ont un rapport $P/ETP < 0,03$. La variabilité interannuelle des précipitations peut y atteindre 100 %. Ces régions n'ont pratiquement aucune végétation pérenne, sauf quelques buissons dans le lit des rivières. Le pâturage et l'agriculture y

sont impossibles. Dans les zones arides $0{,}03 <$ $P/ETP < 0{,}20$ et la variabilité interannuelle des précipitations est de 50 à 100 %. La végétation y est clairsemée et comprend selon les régions des buissons et des petits ligneux, succulents, épineux ou aphylles. Le pâturage y est possible mais pas les cultures. Les zones semi-aride et subhumide de cette classification ne sont pas des déserts mais des savanes, des steppes ou des maquis.

Une troisième classification distingue des déserts chauds ou subtropicaux (Sahara, Kalahari, déserts d'Iran et d'Arabie, déserts de Sonora et de Mojave), des déserts continentaux froids (Gobi, Great Basin) et des déserts littoraux (Namib, Chili et Pérou).

Comme tous les biomes, les déserts ne sont pas immuables. Il a existé au Sahara cinq périodes pluviales au quaternaire et une faune de grands herbivores habitait la région à ces époques. Par contre le désert du Namib est un désert ancien qui existait déjà à l'ère tertiaire. La physiographie des déserts est très variée, ce qui retentit sur la flore et la faune. On distingue habituellement des zones sableuses ou ergs couverts de dunes ; des zones de cailloux, les regs ou hamadas (bajadas en Amérique) ; des dépressions plus ou moins humides, les chotts (playas en Amérique) ; des montagnes, les djebels (cerros en Amérique). Le sel et le sable sont fréquents et jouent un rôle important de même que les rares points d'eau qui subsistent isolés en plein désert.

3.3.1. La végétation du Sahara

Les relations entre le sol et la végétation sont nettes dans les régions arides. Il est possible de distinguer les groupements suivants :

(a) Les champs de dunes et les ergs sont colonisés par l'association à *Aristida pungens*, Graminée connue localement sous le nom de drinn. Cette Graminée a des rhizomes traçants qui rappellent ceux de l'oyat qui pousse dans les dunes littorales en Europe occidentale. Un genêt sans feuilles, le retam *Retama retam* est associé à la Graminée. Une faune assez riche d'insectes vit dans le sable au pied de ces plantes. On y rencontre également des Scorpions, des Reptiles et des Rongeurs fouisseurs (figure 23.10). Les adaptations à la vie fouisseuse et à la marche sur le sable sont nombreuses en particulier chez des Ténébrionides dont certaines espèces ont des tarses élargis et couverts de poils qui leur facilitent la marche sur le sable, et dont d'autres ont une forme lenticulaire avec des pattes courtes leur permettant de fouir rapidement dans le sable meuble.

(b) Les hamadas et les regs rocheux ont une végétation éparse avec de rares Graminées et des buissons comme la Chénopodiacée *Haloxylon salicornium*, des *Acacia*, des *Ephedra* et le curieux *Fredolia aretioides*, une Chénopodiacée formant des touffes compactes hémisphériques pouvant dépasser 50 cm de diamètre, qui est connue sous le nom de « chou-fleur de Bou-Hammama ».

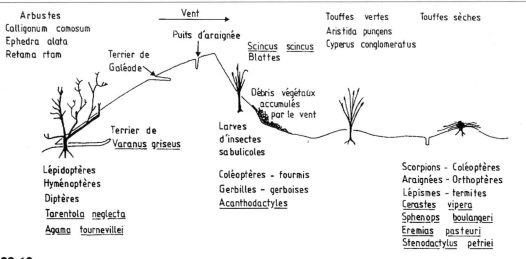

Figure 23.10
Végétation et localisation des principaux animaux dans une dune du Grand Erg occidental au Sahara
Les noms soulignés sont ceux des Reptiles (Vernet & Grenot, 1972).

(c) Les dépressions salées ou chotts ont une végétation halophile qui rappelle un peu celle des bords de la mer avec des salicornes, *Limonium*, *Suaeda* et même des *Tamarix*. La faune y est particulièrement pauvre et ne comprend guère que quelques fourmis.

(d) Les dépressions non salées à humidité permanente ou dayas et les lits des oueds sont le domaine de *Zizyphus lotus*, *Pistacia atlantica* et de diverses Graminées. La faune est plus riche avec des Rongeurs comme *Psammomys obesus* qui sont favorisés par la relative abondance de la nourriture.

La végétation des déserts est rare. Elle se présente le plus souvent sous la forme contractée c'est-à-dire localisée dans les dépressions ou les rares zones favorables. Au Sahara qui est particulièrement bien étudié (Ozenda, 1991) les familles dominantes sont les Crucifères, les Zygophyllacées (genres endémiques *Fredolia* et *Nucularia*), les Chénopodiacées (genre endémique *Fagonia*) et les Composées. À surface égale le Sahara, qui possède environ 1 000 espèces de plantes à fleurs renferme dix fois moins d'espèces que les régions non arides péri-méditerranéennes. Les Cryptogames sont présentes mais rares.

Quelques caractéristiques des végétaux des déserts ont déjà été signalées (chapitre 4, paragraphe 2.1). Les végétaux temporaires échappent à la sécheresse grâce à leur cycle de développement très court localisé à la période humide. Ils passent les périodes sèches sous la forme de graines de bulbes ou de rhizomes. Les végétaux permanents ont un réseau de racines très développé qui permet d'aller chercher l'eau en profondeur (les racines ont 11 m chez un buisson d'*Ephedra*). L'économie de l'eau se fait grâce à la réduction de la surface des feuilles qui peuvent disparaître presque complètement au profit des tiges qui se chargent de chlorophylle. La photosynthèse se fait selon des modalités particulières (chapitre 4, paragraphe 3). La prédominance des organes souterrains est un caractère des végétaux désertiques. Les biomasses suivantes (en t/ha) ont été mesurées dans deux types de déserts :

	Désert de Turkménie	Désert de Syrie
Biomasse totale	1,76	4,43
Biomasse souterraine	1,04	1,21
Biomasse aérienne permanente	0,52	2,12
Biomasse aérienne caduque	0,20	1,10

La productivité est à peu près proportionnelle à la pluviosité et des valeurs aussi faibles que 0,03 t/ha/an ont été relevées alors que dans une prairie tempérée cette productivité atteint 5 t/ha/an soit 150 fois plus.

Au centre du Sahara des massifs montagneux atteignent une altitude élevée (Hoggar, 2 918 m). Au-dessus de 1 800 m la baisse de température entraîne une diminution de l'aridité et la végétation cesse d'être contractée et concentrée dans le lit des oueds pour s'étendre progressivement aux regs et aux plateaux rocheux. On peut distinguer divers étages dans ces montagnes.

– Un étage désertique ou saharo-tropical en dessous de 1 700 à 1 800 m. Cet étage porte comme espèces caractéristiques dans les sites favorables des *Acacia* et des *Tamarix* ainsi que la Zygophyllacée *Balanites aegyptiaca* et la Graminée *Panicum turgidum*.

– Un étage désertique à thérophytes ou étage saharo-méditerranéen avec de 1 700 à 2 100 m *Nerium oleander* dans les ravins et parmi les autres espèces *Lotus jolyi* (Légumineuse), *Dichantium annulatum* (Graminée), *Tamarix gallica*. Dans cet étage persistent quelques individus de *Cupressus dupreziana*, arbre relique autrefois plus commun et témoin d'une période plus humide. De 2 100 à 2 700 m la végétation comprend *Aristida coerulescens* (Graminée) et *Artemisia campestris* (Composée). C'est dans cet étage que subsiste un autre arbre relique à affinités méditerranéennes, *Olea laperrini*. Les espèces à affinités méditerranéennes augmentent d'importance avec l'altitude dans ces montagnes.

– Un étage saharo-méditerranéen supérieur au-dessus de 2 700 mètres, couvert d'une steppe moins lâche que celle de l'étage inférieur avec *Pentzia monodiana* (Composée endémique des montagnes du Sahara central) et *Artemisia herba alba*.

3.3.2. La faune des déserts

Les Mammifères sont représentés au Sahara par environ 130 espèces dont 21 % d'endémiques (Le Berre, 1990). Les grandes espèces les plus remarquables sont des antilopes (oryx, addax, gazelles). Les Rongeurs sont abondants et beaucoup mènent une vie souterraine. La gerboise (*Jaculus jaculus*), les *Psammomys* et les Gerbilles (*Gerbillus*) sont les plus communs. Beaucoup de Rongeurs désertiques présentent une hypertrophie des bulles tympaniques ce qui facilite la réception des sons et la communication acoustique entre des individus souvent rares et dispersés et qui aide aussi au repérage des prédateurs dans un milieu ouvert où les refuges sont rares. Les oiseaux sont surtout des oiseaux coureurs. Les Reptiles sont représentés par le grand lézard herbivore *Uromastix* ou fouette-queue, et par des serpents comme la vipère à cornes. L'homochromie

est fréquente et beaucoup d'animaux ont la même teinte pâle que le sable. Cette homochromie est due à un arrêt de l'oxydation des précurseurs de la mélanine et elle ne semble pas avoir de valeur protectrice. Au Hoggar l'oiseau *Ammomanes deserti* est représenté sur les sols noirs par une forme foncée et sur les sols clairs par une forme claire. Il existe au Sahara 39 espèces de Mammifères homochromes et seulement 11 non homochromes ; mais chez les oiseaux il n'existe que 18 espèces sur 47 qui sont homochromes

Les Invertébrés hygrophiles sont rares. Il existe cependant des mollusques comme l'escargot *Helix desertorum* qui résiste bien à la sécheresse. Le cloporte *Hemilepistus reaumuri* creuse des terriers profonds qui lui permettent de trouver des conditions de température et d'humidité favorables. Lorsque la température de l'air est de 30°C et l'humidité relative inférieure à 20 % il règne au fond du terrier une température de 25 °C et une humidité relative de 95 %. Les scorpions sont des Arachnides fréquents dans les déserts et très résistants à la sécheresse de même que les Galéodes. Mais ce sont les insectes qui forment le groupe le plus diversifié et qui renferment le plus d'espèces adaptées à la sécheresse et aux températures élevées ou à la vie dans le sable. Au Sahara 26 ordres d'insectes sur 32 sont représentés. On y rencontre des Blattes sabulicoles et fouisseuses du genre *Heterogamodes* (dont l'équivalent dans les déserts américains est le genre *Arenivaga*). Les mantes du genre *Eremiaphila* qui se camouflent bien sur le sable grâce à leur aspect cryptique arrivent à subsister dans un milieu totalement désert en consommant des insectes apportés par le vent et en pratiquant le cannibalisme, les imagos étant des prédateurs des stades jeunes. Les termites sont pauvres en espèces mais souvent abondants et ils jouent un rôle important dans le recyclage de la matière organique. Ces insectes consomment 90 % de la matière végétale dans le désert de Sonora et 50 % dans le désert de Chihuahua. Les estimations suivantes ont été obtenues dans ce dernier désert :

Site topographique	Litière (cal/ha)	Consommation (cal/ha)
Playa	$10,3.10^6$	$3,7.10^6$
Bajada	$5,3.10^6$	$3,4.10^6$

Les termites, ainsi que les Ténébrionides, sont des détritivores qui remplacent des groupes tels

que les vers de terre, les Isopodes, les Myriapodes qui sont rares ou absents dans les sols désertiques où l'activité microbienne est presque nulle. Dans les déserts extrêmes comme le Namib les termites sont absents et les Ténébrionides restent les seuls décomposeurs importants. Les fourmis sont omniprésentes dans la plupart des déserts.

Les Coléoptères dominent, en nombre d'espèces, dans la faune du Sahara. Sur 800 espèces présentes dans le Sahara nord-occidental, 500 sont des Coléoptères et parmi ces derniers il existe 87 espèces de Ténébrionides. L'importance relative de cette famille augmente avec l'aridité. Dans la hamada El Hamra située dans le sud de la Lybie où la pluviosité annuelle n'est que de 31 mm, les insectes ne sont représentés que par 58 espèces dont 26 de Coléoptères. Les Ténébrionides comprennent 18 espèces et ils constituent 95,4 % des Coléoptères rencontrés. Le désert du Namib existait déjà à l'ère tertiaire ce qui a permis l'installation d'une faune riche et diversifiée. Alors que le Sahara ne possède que 3 genres et 63 espèces de Ténébrionides endémiques, le désert du Namib dont la surface est 40 fois plus petite possède 35 genres et au moins 200 espèces endémiques. On y trouve en particulier des espèces dites ultrapsammophiles, capables de vivre dans des sables totalement dépourvus de végétation et appartenant à 4 tribus, 7 genres et 17 espèces endémiques.

Les conditions de vie particulières aux déserts (température élevée, aridité) ont provoqué l'apparition d'adaptations qui se retrouvent identiques chez des animaux qui vivent dans des continents différents. Il existe des convergences notables enre les peuplements de Rongeurs des déserts d'Amérique et d'Asie (Shenbrot *et al.*, 1994). Ces convergences intéressent la taille, la couleur, le mode de locomotion (qui peut être quadrupède ou bien bipède avec des déplacements par sauts à la manière des rats kangourous ou des gerboises), ainsi que des particularités physiologiques. Des différences existent cependant entre les peuplements des divers déserts. Elles sont dues à l'histoire et à l'existence d'espèces différentes au point de vue phylogénétique. Les principales ressemblances entre les peuplements de Rongeurs d'Amérique du Nord et d'Asie sont les suivantes : (a) les nombres d'espèces sont très voisins (une surface de 1 ha héberge en moyenne de 3,1 à 5,5 espèces) et ils

augmentent légèrement avec les précipitations ; (b) il existe dans ces déserts un certain nombre d'espèces à locomotion bipède, ce type de déplacement étant interprété comme un moyen d'éviter les prédateurs dans un milieu ouvert et sans abris ; (c) les bulles tympaniques sont d'autant plus développées que le milieu est plus ouvert (figure 23.11) ; (d) les modes d'alimentation se ressemblent avec une prédominance d'espèces granivores ; (e) les tailles sont voisines.

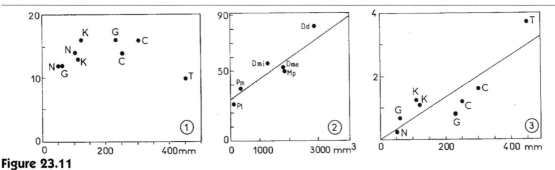

Figure 23.11
Quelques caractéristiques des Rongeurs des déserts

1 : Relation entre les précipitations annuelles (en abscisse) et le nombre d'espèces (en ordonnée) dans les communautés régionales de divers déserts. Le nombre d'espèces augmente avec la pluviosité. Le désert de Thar se singularise par la pauvreté de sa faune ce qui peut être dû à son âge récent et à l'importance de sa mise en culture. N : Néguev ; K : Kysylkum ; C : Chihuahua ; G : Gobi ; T : Thar.

2 : Relation entre le volume des bulles tympaniques (en abscisse) et l'habitat choisi par les Rongeurs (en ordonnée) dans le désert de Nevada. La valeur 90 indique que la totalité des animaux ont été capturés dans un habitat ouvert ; la valeur 0 correspond à des captures faites toutes dans des buissons et la valeur 45 à des captures faites en nombre égal dans les buissons et dans les milieux ouverts. Le volume des bulles tympaniques augmente chez les espèces qui vivent dans un habitat ouvert. Dd : *Dipodomys deserti* ; Dmi : *Dipodomys microps* ; Dme : *D. merriami* ; Mp : *Microdipodops pallidus* ; Pm : *Peromyscus maniculatus* ; Pl : *Perognathus leucopus*.

3 : Relation entre la biomasse moyenne en kg/ha (en ordonnée) et les précipitations annuelles en mm (en abscisse). Mêmes abréviations que pour 1 (Kotler, 1984).

3.3.3. L'ÉCOSYSTÈME DÉSERT

Les réseaux trophiques dans les régions désertiques sont plus complexes qu'on le croît généralement. Des interactions inhabituelles entre espèces, comme le cannibalisme ou la prédation intra-guilde, ne sont pas rares (Polis, 1991). La séparation des espèces voisines dans des niches écologiques distinctes est sans doute plus fréquente qu'on le pensait. Les Ténébrionides sont réputés être des insectes omnivores capables de consommer n'importe quelle sorte de matière végétale. L'étude fine des 13 espèces qui cohabitent dans une zone aride de l'état de Washington a montré que chaque espèce choisit un ensemble d'espèces végétales bien déterminé et que le partage des ressources assure la séparation des niches écologiques et évite la compétition (Rogers *et al.*, 1988). Les fourmis entretiennent des relations très particulières avec certains insectes détritivores. Beaucoup de Ténébrionides viennent se nourrir aux dépens des réserves de graines et des débris abandonnés par des fourmis granivores comme les *Messor* en Europe ou les *Pogono-*

myrmex en Amérique du Nord (Sanchez-Pinero & Gomez, 1995).

Les Ténébrionides jouent (seuls ou avec les termites) un rôle important comme décomposeurs. Des cellulases ont été trouvées dans leurs enzymes digestives. Dans les steppes de l'Asie centrale ils décomposent 20 % de la matière organique du sol. De plus, leurs fèces stimulent l'activité cellulolytique des bactéries du sol. Une étude faite dans le désert du Namib montre le rôle des Ténébrionides. Des réseaux trophiques complexes y existent. La biomasse végétale varie de 2,6 g/m^2 en année sèche à 24 g/m^2 en année humide et la biomasse animale de 0,01 g/m^2 à 0,06 g/m^2. Le rapport de la biomasse animale à la biomasse végétale reste donc toujours faible puisqu'il varie de 1/249 à 1/369. Le réseau trophique qui a été étudié aboutit à des consommateurs de troisième ordre. Il comprend au moins 23 espèces de Ténébrionides, 13 autres insectes, 11 Arachnides, 6 Reptiles, des oiseaux et des Mammifères (figure 23.12).

Figure 23.12

Un réseau trophique dans le désert du Namib

Les noms soulignés correspondent aux chaînes alimentaires qui conduisent à un superprédateur, la vipère des sables *Bitis peringueyi* (Louw et Seely, 1982). *Aporosaura* et *Meroles* sont des lézards caractéristiques du désert du Namib.

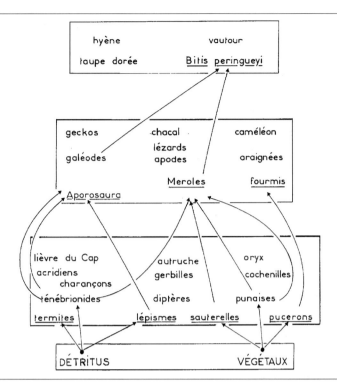

3.3.4. LES DÉSERTS NORD-AMÉRICAINS

Ces déserts ont été très étudiés. Ils couvrent une surface importante évaluée à 1 277 000 km². Ce sont des semi-déserts (figure 23.13) dont la végétation est surtout caractérisée par la présence de Cactées (dont l'équivalent morphologique est constitué dans l'Ancien Monde par les euphorbes cactiformes). Le désert de Sonora est un désert subtropical chaud caractérisé par des Cactées de grande taille comme le saguaro *Carnegiea gigantea*, par le paloverde *Prosopis juliflora*, et par l'ocotillo *Fouquiera splendens*. Le désert Mojave situé un peu plus au nord est caractérisé par des yuccas comme le Joshua tree *Yucca brevifolia* et par le creosote bush *Larrea divaricata*. Le désert de Chihuahua dont l'altitude moyenne est comprise entre 1 000 et 2 000 m est moins chaud et est riche en Graminées qui lui donnent une allure de steppe. Il renferme quelques plantes caractéristiques comme *Agave lecheguilla*. Le désert de Great Basin situé aussi en altitude et plus au nord est plus pauvre et plus froid et il possède de vastes étendues de sage brush *Artemisia* spp. Des enclaves hyperarides (comme celle de la Death Valley dans le désert Mojave) se rencontrent çà et là ainsi que des formations dunaires qui hébergent de nombreux végétaux et des insectes endémiques.

La faune de ces déserts est riche. Dans une aire de 160 km² du désert de Sonora où la température moyenne est de 23°C et la pluviosité annuelle de 180 mm on a déjà recensé une centaine d'espèces d'Araignées, et 1 160 espèces d'insectes dont 59 de fourmis, 150 de Bombylides, 5 de termites (qui sont abondants), 100 de Buprestides et 30 de Ténébrionides. Une caractéristique des déserts américains est leur richesse en lézards, en Rongeurs dont beaucoup sont granivores et en fourmis. L'étude comparée des lézards et des oiseaux dans trois déserts situés dans trois continents différents a mis en évidence le rôle des facteurs historiques dans le peuplement d'une région. En Australie des lézards prédateurs (Varanidés et Pygopodidés) occupent des niches écologiques qui sont tenues par des mammifères et des serpents dans d'autres continents. Il y a donc plus de lézards en Australie que dans les autres continents. Dans le désert africain du Kahalari les oiseaux insectivores se nourrissant à terre sont nombreux et ils concurrencent les lézards qui sont mal représentés. En Amérique du Nord la présence de nombreux oiseaux migrateurs à présence temporaire semble influer sur le nombre d'espèces de lézards (figure 23.14).

Figure 23.13

Les déserts d'Amérique du nord

GB : Great Basin ; Mo : Mojave ; So : Sonora ; Ch : Chihuahua.

En encadrés, pourcentage de chutes de pluie en hiver en fonction des précipitations annuelles. Le désert de Mojave a surtout des pluies d'hiver et le désert de Chihuahua des pluies d'été ; le désert de Sonora est de type intermédiaire.

En bas, relations entre les précipitations annuelles (en ordonnée) et les températures moyennes pour divers déserts. Ronds noirs : déserts d'Amérique du Nord : triangles : déserts d'Amérique du Sud ou d'Afrique. Remarquer que l'aridité des déserts d'Amérique du nord (qui sont souvent considérés comme des semi-déserts ou des steppes désertiques) est semblable à celle des « vrais déserts ».

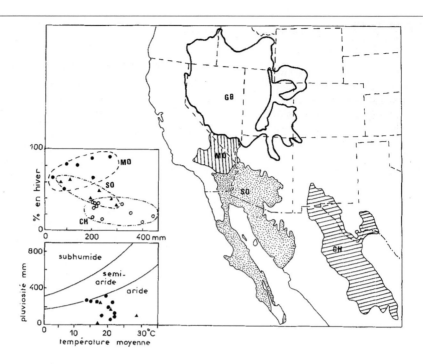

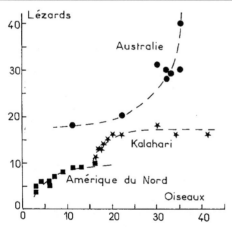

Figure 23.14

Relations entre le nombre d'espèces de lézards (en ordonnée) et le nombre d'espèces d'oiseaux (en abscisse) dans 28 localités réparties dans 3 déserts

Ronds : Australie ; carrés : Amérique du Nord ; étoiles : Kalahari (Pianka, 1975).

3.4. La toundra

La toundra est la zone de végétation située au-delà de la limite naturelle des arbres. Cette limite passe à peu près, dans l'hémisphère Nord, au niveau du cercle arctique (66°33' N) ; elle atteint 72° en Sibérie centrale et s'abaisse vers 53° au Labrador et en Alaska. Le climat est caractérisé par une période sans gelées inférieure à 3 mois et par la moyenne du mois le plus chaud inférieure à 10 °C. Le sol ne dégèle que sur quelques décimètres de profondeur pendant le bref été et il existe une partie gelée en permanence, le permafrost, qui empêche le drainage des eaux et qui provoque la formation de vastes marécages. La structure et le fonctionnement de la toundra ont fait l'objet de plusieurs synthèses (Rosswall & Heal, 1975 ; Chernov, 1985 ; Aleksandrova, 1988 ; Longton, 1988). La végétation, dans la partie sud de la toundra qui confine à la limite des forêts, comprend des arbrisseaux nains (*Betula nana* et diverses Éricacées) mêlés de tourbières à Sphaignes. Plus au nord apparaissent des pelouses et des tourbières à *Carex* et *Eriophorum*, puis des tapis de mousses et de Lichens qui subsistent seuls dans la partie la plus septentrionale. L'Islande possède 415 espèces de mousses et 135 Hépatiques et l'Alaska environ 500 espèces de mousses. La fréquence du gel et des sols polygonaux donnent à la végétation une structure spatiale particulière (Aleksandrova, 1988). Dans l'hémisphère Sud le climat plus humide et plus froid fait remonter la limite des arbres vers 45° de latitude au Chili et 53° en Nouvelle-Zélande.

Dans ces régions il n'existe pas de véritable toundra mais des formations végétales caractérisées par des Ombellifères endémiques du genre *Azorella*. La région antarctique renferme 400 espèces de Bryophytes, plus de 300 lichens et de 70 champignons supérieurs.

Les conditions thermiques particulièrement dures expliquent que la croissance des plantes soit très lente et leur longévité très grande. On a pu montrer que les thalles de certains lichens sont pluricentenaires (Longton, 1988).

La résistance aux températures élevées chez la fourmi *Cataglyphis bombycina*.

Comment certains êtres vivants supportent-ils des températures élevées ? La morphologie, la physiologie et le comportement interviennent. L'existence de protéines spécifiques protégeant l'organisme contre les chocs thermiques (*heat shock proteins* ou HSP) et fabriquées seulement à partir du moment où les températures élevées se manifestent est une découverte récente. Ces HSP existent chez des organismes allant de la bactérie à l'homme. Elles protègent les protéines normales ainsi que les membranes cellulaires et facilitent la restauration des protéines endommagées. Les fourmis des déserts *Cataglyphis bombycina* et *C. bicolor* sont capables de résister à des températures de 50°C pendant au moins 10 min (chapitre 6). Tous les animaux produisent des HSP après le début des dégâts dus à un choc thermique. Mais les *Cataglyphis* se singularisent en produisant des HSP avant le choc thermique ce qui représente une remarquable adaptation étant donné leur comportement. Ceci leur permet de s'aventurer quelques minutes hors de leur nid lorsque la température extérieure dépasse 50 °C. Une sécrétion importante de HSP a aussi été mise en évidence chez les Gastéropodes du genre *Collisella* qui vivent très haut dans la zone intertidale et qui sont de ce fait soumis à des variations importantes de température (Coleman *et al.*, 1995).

Les Mammifères de la toundra comprennent 61 espèces dont 8 Insectivores (musaraignes), 34 Rongeurs et Lagomorphes (écureuils, campagnols et lemmings, marmottes, castor), des carnivores (hermine, belette, loutre, vison, glouton, ours brun et blanc, loup, coyote, renard et renard bleu, lynx) et 5 Ongulés (élan, renne, mouflon de Dall, bœuf musqué, caribou). Mais une dizaine seulement sont véritablement inféodés à la toundra : le renard bleu (*Alopex lagopus*), le renne (*Rangifer tarandus*), et le caribou (*Rangifer caribou*), le bœuf musqué (*Ovibos moschatus*), trois campagnols et deux lemmings. Beaucoup de Mammifères de la toundra ont une fourrure qui a

un grand pouvoir isolant. La réduction de la surface du corps (règle de Bergmann) est fréquente (par exemple chez le renard polaire) ce qui réduit les pertes de chaleur. Les petites espèces hivernent généralement dans des trous creusés sous la neige car la proximité du sol gelé interdit le creusement de terriers. Les rennes et les caribous migrent en hiver et descendent vers le sud dans les forêts de Conifères bien qu'ils puissent supporter des températures de l'ordre de – 50 °C et qu'ils soient capables de se nourrir uniquement de lichens (dont le lichen des rennes *Cladonia rangiferina*) qu'ils recherchent en grattant la neige avec leurs sabots très élargis.

Les oiseaux représentés par une quarantaine d'espèces sont surtout des oiseaux de passage qui viennent nidifier dans la toundra en été. Les espèces les plus caractéristiques sont le bruant des neiges, les lagopèdes, l'oie des neiges (*Chen coerulescens*) un oiseau qui consomme beaucoup de végétaux, l'eider, le hibou des neiges ou harfang. Moins du tiers des espèces d'oiseaux recherchent leur nourriture dans le milieu terrestre. Les autres se nourrissent dans les lacs ou sur leurs rives. La couleur blanche est fréquente chez les Mammifères et les oiseaux arctiques. Elle est interprétée comme une protection contre les prédateurs, la couleur blanche les rendant peu visibles dans la neige. Mais il semble plutôt que cette couleur blanche soit le résultat d'un ralentissement de la formation des pigments comme chez certains animaux désertiques. Les Reptiles et les Amphibiens sont rares et aucun n'est caractéristique de la toundra.

Les Insectes sont capables de résister aux basses températures. Ils entrent en activité dès que le dégel survient et certaines espèces peuvent pulluler, surtout parmi les Diptères et les Collemboles qui sont les ordres dominants comme le montrent les chiffres suivants :

Régions	Pourcentage du nombre total d'espèces d'insectes	
	Diptères	Collemboles
Suède	22	1
Islande	34	5
Groenland	52	8
Nouvelle-Zemble	51	3
Spitzberg	56	19
Île Jan Mayen	64	24

Dans la toundra canadienne 200 espèces d'insectes ont été recensées dont 45 Chironomides et

23 autres Diptères, 31 Collemboles, 6 Anoploures, 13 Lépidoptères, 1 Trichoptère, 3 Coléoptères et 36 Hyménoptères. En outre, 9 espèces d'Araignées et 19 d'Acariens (chiffres sous-estimés) sont connues. Le développement des insectes est lent : 1 à 2 ans chez le Collembole *Hypogastrura tullbergi* et 10 ans ou plus pour le papillon *Gynaeophora groenlandica*. Les moustiques, les simulies, les Tabanides pullulent au mois de juillet. Les bourdons sont communs car ils peuvent se nourrir facilement et accumuler des réserves en profitant des longues journées d'été pour butiner. Les Hémiptères, Orthoptères, Odonates, Névroptères et fourmis sont rares ou absents. Parmi les Lépidoptères les espèces des genres *Colias* et *Erebia* sont bien représentées. La faune du sol de la toundra est pauvre, comme celle des milieux épigés (Rosswall & Heal, 1975). L'abondance des Invertébrés du sol (en 10^3 individus par m^2) varie selon les stations dans les limites suivantes :

Nématodes	1273 à 3840	Rotifères	0,2 à 0,6
Enchytréidés	9,7 à 33,3	Tardigrades	2,5 à 4,2
Copépodes	0 à 30,0	Ostracodes	0 à 0,6
Cladocères	0 à 0,03	Acariens	7,4 à 9,6
Collemboles	7,0 à 18,2	Diptères	
		Nématocères	0,3 à 11,2

La faune est plus pauvre dans l'Antarctique que dans l'Arctique car les Mammifères sont absents et les oiseaux sont surtout représentés par les manchots qui dépendent du milieu aquatique et non du milieu terrestre pour se nourrir.

Les flux d'énergie ont été étudiés dans une toundra du Canada. La productivité y est très faible. Les lichens et les mousses jouent un rôle important en raison de leur abondance. La plus grande partie de la productivité primaire transite sous la forme de matière organique morte par la voie des décomposeurs. De 1 à 6 % seulement de la végétation sont consommés par les herbivores, vertébrés ou invertébrés.

IV. LES MONTAGNES

Les hautes montagnes sont des formations azonales (contrairement à la plupart des autres grands biomes) qui offrent aux êtres vivants des conditions de vie très spéciales. Gaussen (1955) distingue des montagnes xérothères qui ont une période de sécheresse durant laquelle la pluviosité moyenne mensuelle (exprimée en mm) est inférieure au double de la température (exprimée en degrés C) et des montagnes hygrothères qui n'ont pas de période de sécheresse. Les premières se rencontrent par exemple sous les Tropiques ou en Afrique du Nord (Atlas marocain) ; les secondes sont les montagnes de l'Europe.

4.1. Le climat des montagnes des régions tempérées

L'altitude provoque une baisse rapide de la pression atmosphérique qui, de 760 mm de mercure au niveau de la mer descend à 545 mm à 2 000 m, à 468 mm à 4 000 m et à 280 mm à 7 000 m. La composition moyenne de l'air (4/5 d'azote et 1/5 d'oxygène) ne changeant pratiquement pas, il s'ensuit une baisse importante de la pression partielle de l'oxygène avec l'altitude, particulièrement ressentie par l'homme et les animaux homéothermes qui s'élèvent moins haut que les Invertébrés ou les végétaux. L'installation de l'homme en haute altitude a comme conséquences la mise en jeu de toute une série de mécanismes adaptatifs qui permettent à l'organisme d'être mieux ravitaillé en oxygène. Les deux plus importants sont l'accélération du rythme respiratoire due en partie à une plus grande sensibilité du centre respiratoire bulbaire au gaz carbonique, et à l'augmentation du nombre d'hématies qui peut passer de 4,8 millions à 7 millions par mm^3. Cette acclimatation se produit en quelques jours chez les sujets qui viennent de la plaine. Chez les populations qui vivent en permanence en altitude dans les Andes ces caractères sont devenus héréditaires. Les Mammifères de haute montagne ont des adaptations identiques. Chez le lama l'hémoglobine a une affinité pour l'oxygène plus grande que chez les Mammifères qui vivent à plus basse altitude.

La raréfaction de l'air en altitude affecte des facteurs climatiques comme le rayonnement solaire, la température et l'humidité relative de l'air. L'intensité du rayonnement solaire s'accroît avec l'altitude. En même temps la richesse en ultraviolets et en infrarouges augmente beaucoup : il y a quatre fois plus d'ultraviolets à l'altitude de Briançon qu'au niveau de la mer. L'étage alpin est souvent caractérisé par une durée d'insolation supérieure à celle de la plaine. Au Pic du Midi de Bigorre à 2 860 m il y a une moyenne de

720 heures d'insolation pour les mois de juillet à septembre et seulement 658,5 heures à Toulouse. Ces divers facteurs (et en particulier la teneur en infrarouges) expliquent les températures relevées à la surface du sol en montagne durant les heures de forte insolation. Sous la pénombre des herbes d'une pelouse située à 2 000 m, la température variait de 42 à 50 °C vers 14 heures, et elle était de 60 à 80 °C à la surface de rochers noirs et abrités du vent au Pic du Midi de Bigorre.

Sous l'effet du rayonnement solaire les couches superficielles du sol s'échauffent beaucoup plus que l'air. La température moyenne annuelle du sol en montagne présente un excédent par rapport à celle de l'air qui atteint 2 à 3 °C à 1 800 m d'altitude, ce qui est considérable. La température de l'air diminue en moyenne de 0,5 °C pour 100 m. Une élévation en altitude de 1 000 m correspond, pour la température, à un déplacement vers le nord de 1 000 km. Si l'on tient compte du fait que la fonte des neiges se produit à la fin du mois de juin vers 2500 m d'altitude, on voit que la période de végétation des plantes et d'activité des animaux est réduite à trois mois. En haute montagne il n'est plus possible de distinguer des saisons comme en plaine. Le refroidissement nocturne est intense et il peut geler la nuit en juillet ou en août. La pluviosité augmente jusqu'à 3 500 ou 4 000 m, mais les alternances de sécheresse et d'humidité sont fréquentes. Ces caractéristiques du microclimat expliquent que la morphologie des plantes de montagne correspond souvent à des adaptations soit à la sécheresse, soit au froid, et le fait que beaucoup d'insectes se réfugient sous les pierres où l'humidité relative est plus élevée. Les différences de température entre le côté ensoleillé (adret ou soulane) et le côté non ensoleillé (ubac ou ombrée) d'une vallée sont souvent importantes. La forêt monte de 100 à 200 m plus haut à l'adret qu'à l'ubac et la limite inférieure de la neige permanente y est plus haute, selon les régions, de 150 à 500 m. La neige et le vent sont deux facteurs écologiques importants en montagne (figure 4.22). La limite des neiges persistantes se situe vers 2 500 m dans les Alpes et les Pyrénées et elle s'élève à 5 000 m dans les régions tropicales. Entre la limite supérieure des arbres et la limite inférieure de la neige il y a une dénivellation de l'ordre de 800 m. Au fur et à mesure que l'on s'élève se succèdent des étages de végétation dont les limites altitudinales varient selon les régions. Celle qui correspond à peu près à l'iso-

therme + 10 °C durant le mois de juillet marque le début de l'étage alpin et la limite supérieure des arbres.

4.2. Les montagnes de l'Europe tempérée

Dans les Alpes, les étages suivants ont été distingués (Ozenda, 1985).

– L'étage collinéen, jusqu'à 600-800 m, est la région des cultures ainsi que celle des chênaies lorsqu'elles ont été conservées.

– L'étage montagnard qui va jusqu'à 1 200-1 500 m est occupé par des arbres à feuilles caduques (surtout des hêtres). Il coïncide avec l'augmentation des précipitations et des brouillards et avec une influence accrue de la neige et du gel. Trois subdivisions peuvent être faites dans cet étage : celle des hêtraies submontagnardes (étage montagnard inférieur) ; celle de la hêtraie-sapinière (étage montagnard moyen) et celle de la hêtraie sapinière à érable et épicéa (étage montagnard supérieur).

– L'étage subalpin, qui s'étend jusqu'à 2 000-2 200 m, est un étage complexe que l'on peut également subdiviser. Le subalpin inférieur et moyen est un étage forestier constitué surtout de résineux comme l'épicéa, le mélèze, le pin cembro. La limite supérieure de la forêt (*tree line* des auteurs de langue anglaise) correspond au subalpin moyen. Le subalpin supérieur est une « zone de combat » où la rudesse du climat rend les arbres rabougris. Ceux-ci sont isolés au milieu de landes dites « extrasylvatiques » à rhododendron et à myrtille. La limite supérieure des arbres isolés (ou *timber line*) correspond à la limite du subalpin supérieur.

– L'étage alpin offre des conditions climatiques encore plus défavorables à la vie. Il est compris entre 2 000-2 300 m et 2 700-3 000 m selon les régions et il est caractérisé par l'absence d'arbres et la présence d'espèces surtout chaméphytes et hémicryptophytes formant des pelouses continues qui sont protégées en hiver par la neige. La limite supérieure de l'étage alpin est celle des neiges persistante à partir de laquelle commence l'étage nival. La flore de l'étage alpin est pauvre en espèces. Il en existe un peu plus de 300 dans le massif de la Vanoise dans les Alpes. La composition spécifique de la flore est caractérisée par l'abondance des Crucifères et des Cypéracées.

Les quatre cinquièmes des Primulacées d'Europe sont des plantes de haute montagne. Les genres les plus remarquables de l'étage alpin sont les *Primula*, *Androsace* et *Gentiana*.

– L'étage nival ne renferme plus guère que des Lichens (dont 104 espèces dépassent 3 000 m) et il ne possède que 150 espèces de Phanérogames dans toute la chaîne alpine. Les plantes à fleurs qui s'élèvent le plus haut dans les Alpes sont *Ranunculus glacialis* et *Achillea atrata* (4 270 m) et *Linaria alpina* (4 200 m). *Achillea atrata* est aussi la plante qui remonte le plus au nord : elle atteint 77,40°N au Groenland. Deux espèces de lichens ont été récoltées à 4 700 m. Dans l'Himalaya *Arenaria musciformis* a été trouvée à 6 218 m.

La flore alpine (au sens large) d'Europe est caractérisée par un taux d'endémisme élevé mais variable d'un massif à l'autre. Le taux d'endémisme est plus élevé dans les montagnes du sud que dans celles de l'Europe centrale. Beaucoup de plantes de montagne ont une répartition dite boréo-montagnarde (ou boréo-alpine) et elles se trouvent à la fois dans l'étage alpin et dans la toundra arctique. Ce type de répartition existe aussi chez les animaux : insectes comme le Coléoptère *Hypnoidus hyperboreus* ou le Lépidoptère *Colias palaeno*, oiseaux comme le lagopède, Mammifères comme le lièvre variable.

Un certain nombre de types biologiques caractérisent les plantes de haute montagne de la région holarctique. Le port en coussinet et une floraison abondante de fleurs petites et vivement colorées résultent de l'adaptation aux contraintes du milieu et en particulier à la sécheresse. Cette adaptation se rencontre chez des plantes appartenant à des familles variées comme *Silene acaulis* (Caryophyllacées) ou comme le myosotis nain *Eritrichium nanum* (Borraginacées). Les éboulis de l'étage alpin sont caractérisés par leur instabilité dont la cause principale réside dans l'alternance du gel et du dégel. Le gel fragmente les roches et, lors du dégel, la terre fine se gonfle d'eau et permet aux blocs de glisser les uns sur les autres. En raison de ces contraintes le nombre d'espèces dites lithophytes qui colonisent les éboulis est très réduit : une vingtaine dans les Pyrénées-Orientales. Les adaptations qui caractérisent ces plantes intéressent surtout les organes souterrains (sauf chez les espèces annuelles). Les plus remarquables sont les lithophytes migratrices par allongement comme l'Ombellifère endémique *Xatardia scabra* qui développe une longue racine qui s'allonge durant la vie de la plante et qui permet aux parties aériennes de suivre le mouvement de l'éboulis. Les lithophytes indépendantes sont des espèces annuelles qui passent la mauvaise saison sous la forme de graines comme *Iberis spathulata* (Crucifère), ou des espèces vivaces comme *Ranunculus parnassifolius* (Renonculacée) ou *Viola diversifolia* (Violacée) qui ne se fixent au milieu que le temps nécessaire pour boucler leur cycle de développement. Certaines plantes sont incapables

de suivre les mouvements de l'éboulis et occupent les emplacements les moins mobiles. Elles jouent surtout un rôle de stabilisation de l'éboulis en emprisonnant la terre fine et la fraction grossière du sol entre leurs racines (Braun-Blanquet, 1948 ; Baudière & Bonnet, 1963 ; Somson, 1984 ; Ozenda, 1985). On admet que les espèces d'éboulis sont incapables de survivre hors de ces milieux à cause de leur faible aptitude à la compétition. Il en résulte qu'elles sont isolées écologiquement et génétiquement. Les éboulis seraient ainsi des milieux conservateurs renfermant des espèces endémiques reliques de l'ère tertiaire.

Les Vertébrés des hautes montagnes sont peu nombreux en espèces. Parmi ceux qui vivent au-dessus de 5 000 m dans l'Himalaya on peut citer le Corvidé *Pyrrhocorax graculus*, l'oie des neiges *Eulabeia indica*, la chèvre sauvage *Pseudois nahura*, le yack et le Rongeur *Ochotona ladacensis*. Les Mammifères des Alpes comme le chamois, la marmotte, le lièvre variable sont presque tous des herbivores. Les oiseaux les plus caractéristiques sont le lagopède ou perdrix des neiges, l'accenteur alpin, le chocard. Les rares Reptiles sont vivipares. Une zonation en fonction de l'altitude peut être établie pour les Vertébrés comme pour les végétaux (figure 23.15). Beaucoup de Mammifères et d'oiseaux vivent dans des terriers ou dans des galeries creusées sous la neige. La marmotte entre en hibernation.

Parmi les Invertébrés les insectes abondent. Les Coléoptères possèdent un grand nombre d'espèces nivicoles qui appartiennent surtout à la famille des Carabidés et qui vivent constamment au voisinage des névés. Les Collemboles montent très haut et l'espèce *Isotomerus saltans* est connue sous le nom de puce des glaciers. Les papillons sont représentés par des genres comme *Erebia* et *Parnassius* dont beaucoup d'espèces sont endémiques d'un seul massif.

Les adaptations à la vie en haute montagne sont nombreuses chez les insectes (Mani, 1968 ; Franz, 1979 ; SØmme, 1989). Ce sont l'aptérisme (considéré comme une réaction vis-à-vis des vents violents qui soufflent en montagne), la résistance au froid et à la sécheresse, la petite taille, le mélanisme, la fréquence des formes terricoles qui vivent réfugiées sous les pierres.

Les adaptations des Coléoptères Scarabéidés coprophages à la haute montagne ont été étudiées dans le massif de la Vanoise, dans les Alpes (Lumaret & Stiernet, 1994). Ces insectes atteignent 3 000 m dans les Alpes et 5 000 m dans l'Himalaya. Les espèces à forte fécondité qui pondent dans la masse de la bouse et qui n'apportent pas de soins à leurs larves (espèces du genre *Aphodius*) sont favorisées et les espèces à faible fécondité qui roulent des pilules de bouse (comme les *Sisyphus*) sont défavorisées et n'atteignent pas l'étage alpin. La taille moyenne des espèces diminue avec

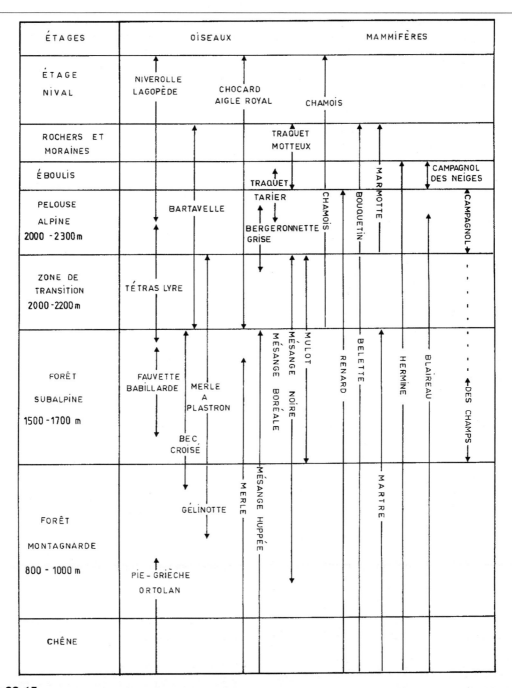

Figure 23.15
Étagement vertical de quelques Mammifères et oiseaux dans le massif de la Vanoise (Alpes)

l'altitude. Les espèces aptères ou microptères deviennent proportionnellement plus nombreuses et les espèces à tégument clair présentent un pourcentage d'individus mélanisants qui augmente avec l'abaissement de la température moyenne. La rareté des ressources alimentaires en haute montagne favorise l'élargissement du spectre trophique. Les espèces de la haute montagne ne sont plus des coprophages stricts mais deviennent des saprophages. La réduction de taille est liée à la réduction de la période dont la températu-re est favorable au développement larvaire et à la réduction du volume des bouses disponibles. En effet les grands mammifères comme les bovins ne dépassent pas 2 500 m tandis que les chamois, moutons et marmottes, qui ont des fèces ayant la forme de crottes de petite taille, sont abondants jusqu'à la zone alpine. En résumé l'adaptation à la vie en haute montagne chez les Scarabéidés coprophages se traduit par un glissement des espèces d'une stratégie démographique de type K en plaine à une stratégie de type r en altitude.

Une règle générale est la baisse du nombre d'espèces avec l'altitude comme le montrent les chiffres suivants obtenus dans les Alpes du Tyrol en Autriche et relatifs aux Araignées et aux Coléoptères et aux deux familles les plus riches en espèces de ces deux ordres :

	Plaine < 500 m	1 800-2 200 m	2 000-2 700 m	2 600-3 000 m	3 200-3 500 m
Araignées	656	142	81	32	8
Linyphiidés	255	67	46	22	7
Lycosidés	55	13	11	3	1
Coléoptères	4 145	153	62	13	3
Carabidés	323	23	8	4	2
Curculionidés	514	18	3	1	1

La diminution du nombre d'espèces est due au très petit nombre d'espèces « euryzones » capables de coloniser des milieux dont l'altitude est comprise entre 500 m (ou moins) et 3 000 m. Dans le cas des Alpes du Tyrol ce contingent d'espèces est réduit à un Gastéropode (*Arianta arbustorum*), un Opilion (*Mitopus morio*), un Myriapode (*Ommatoiulus sabulosus*) et quelques Araignées comme *Drassodes cupreus* ou *Haplodrassus signifer*. Les espèces caractéristiques de la haute montagne sont inégalement réparties parmi les divers groupes systématiques. Les Coléoptères *Carabidés* et *Curculionidés* ainsi que les Araignées *Linyphiidés* et *Lycosidés* dominent largement les peuplements et forment souvent des peuplements riches en individus. La biomasse de la faune du sol diminue aussi avec l'altitude. Cette réduction reflète certainement la baisse de la productivité primaire. Les chiffres suivants ont été obtenus dans le cas des Alpes du Tyrol (abondance en individus par m² et biomasse en mg/m² poids sec) :

Altitude (en m)	1 600	1 960	2 600
Abondance			
Macrofaune	16 195	10 015	1 593
Mésofaune	329 500	-	27 300
Biomasse			
Macrofaune	932	11 878	259
Mésofaune	1 523	-	307

4.3. Les montagnes de l'Amérique du Nord

En Amérique du Nord les montagnes Rocheuses et la Sierra Nevada représentent les deux principales chaînes de montagne. Ces chaînes orientées nord-sud créent des obstacles aux vents chargés d'humidité et entraînent la for-

mation de zones arides sur leur versant est. Un transect ouest-est réalisé dans la Sierra Nevada en Californie met en évidence les étages de végétation et l'aridité du versant est (figure 23.16). Le versant ouest humide est le refuge de la seconde espèce de séquoia, *Sequoiadendron giganteum* qui atteint seulement 85 m de haut mais qui est beaucoup plus trapu que le *Sequoia sempervirens* du littoral.

Dans le massif des White Mountains de Californie qui culmine près de 4 000 m et qui se trouve abrité des vents humides d'ouest par la Sierra Nevada, la conjonction de la sécheresse et du froid dû à l'altitude fait sentir ses effets sur le pin *Pinus aristata* ou bristlecone pine qui s'installe entre 2 700 et 3 500 m. Sur les versants nord où la neige qui tombe en hiver fond lentement l'humidité reste suffisante pour assurer aux arbres une croissance normale en diamètre et en hauteur. En outre l'humidité permet aux organismes décomposeurs de faire disparaître le bois mort qui tombe au sol. Sur les versants sud la sécheresse et la pauvreté du sol font que les arbres ont une croissance très lente. De plus ces arbres produisent un bois très dur et chargé de résine qui résiste pendant des siècles aux attaques des organismes. Des troncs d'arbres morts tombés au sol persistent depuis 7 000 ans. La croissance très lente de ces arbres s'accompagne d'une grande longévité, le record actuel étant de plus de 4 600 ans. Ces arbres ont permis, à l'aide des méthodes modernes de la dendrochronologie, de reprendre entièrement les datations de divers événements de la préhistoire en remontant jusqu'à 8 200 ans BP. Elles ont établi par exemple que les mégalithes de l'Europe du Nord sont plus anciens que les pyramides d'Égypte (Ferguson, 1969 ; Johnson, 1970).

4.4. Les montagnes des régions tropicales

Les montagnes sont bien représentées dans les régions tropicales. Dans ces dernières 46 % des montagnes ont des sommets de plus de 5 000 m. On y observe un étagement de la végétation comme dans les régions tempérées mais avec un décalage vers le haut plus ou moins important.

Dans l'Himalaya on rencontre les étages suivants : Étage tropical jusqu'à 1 000 m ; Étage subtropical jusqu'à 1 600 m avec *Schisma wallichii*,

Figure 23.16

Coupe schématique ouest-est de la Sierra Nevada de Californie, à la hauteur du Sequoia National Park, montrant les principales formations végétales

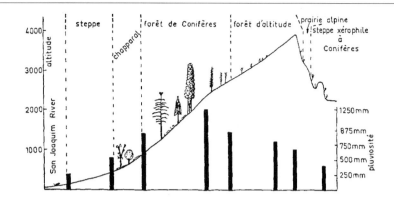

La pluviosité en mm est indiquée par des barres verticales. Dans la vallée de San Joachim, formations riveraines de saules. Le chaparral est une formation de broussailles mêlées de *Pinus sabiniana, Quercus agrifolia* et *Q. douglasi*. La forêt de Conifères entre 1 000 et 2 500 m correspond au maximum de pluviosité qui est de l'ordre de 1 m. Elle renferme les célèbres séquoias *Sequoia gigantea*, mêlés à *Pinus ponderosa, P. lambertiana, Abies concolor, A. magnifica, Libocedrus decurrens*. La forêt d'altitude reçoit moins de pluie. Elle renferme *Pinus contorta, Tsuga mertensiana, Pinus monticola, P. albicaulis*. Sur le versant est, plus sec, la végétation est constituée par une prairie alpine puis par une steppe xérophile à Conifères tels que *Pinus albicaulis, P. jeffreyi, Juniperus* sp. avec des buissons d'armoise *Artemisia* sp.

Castanopsis indica, Pinus roxburghii ; Étage tempéré à chênes (*Quercus semecarpifolia*) et Conifères jusqu'à 3 000 m ; Étage forestier de haute montagne à *Betula* et *Abies spectabilis* jusqu'à 4 000 m ; Étage alpin à *Rhododendron arboreum* et *Potentilla* jusqu'à 5 000 m ; Étage nival au-dessus de 5 000 m.

En Afrique orientale le massif du Kenya qui culmine à 5 200 m peut servir d'exemple. Jusqu'à 1 500 m un plateau est occupé par une végétation steppique caractérisée par des Euphorbes arborescentes et des *Acacia* ainsi que par des terres cultivées. Les pentes inférieures (2 000-2 400 m) de la montagne sont couvertes d'une forêt à *Podocarpus gracilior* sur le flanc ouest plus humide et à *Juniperus excelsa* sur le flanc est plus sec. À partir de 2 400 m la forêt de montagne est remplacée par une forêt formée par le bambou *Arundinacea alpina* qui atteint 20 m de haut et plusieurs décimètres de diamètre et qui fleurit tous les 40 ans environ. À la limite supérieure de la forêt de bambous (3 200-3 400 m) apparaît la forêt à *Hagenia abyssinica* puis aussitôt après (entre 3 400 et 3 600 m) une ceinture à *Erica arborea* ayant jusqu'à 9 m de haut et qui est un des éléments d'origine paléarctique que l'on retrouve sur les hautes montagnes d'Afrique. Des buissons de *Philippia* (une autre Éricacée) sont mêlés à *Erica arborea* ainsi que la Composée *Stoebe keniense*. Les *Lobelia* et *Dendrosenecio* arborescents caractérisent l'étage alpin (au-dessus de 3 600 m), comme dans toute l'Afrique orientale. À cette altitude un pourcentage important de la flore est endémique mais avec des espèces appar-

tenant à des genres d'affinité paléarctique comme les *Sedum, Cerastium* ou *Alchemilla*. Le massif du Kilimandjaro possède une zonation semblable de la végétation. Dans les hautes montagnes tropicales le climat froid (la température descend la nuit à – 6,5 °C) et sec est le facteur écologique principal. La végétation s'y est adaptée en donnant des types morphologiques très spéciaux comme des phanérophytes scapeux mégaphylles c'est-à-dire des plantes de grande taille ayant une rosette terminale de grandes feuilles comme les *Dendrosenecio* et les *Lobelia*. L'abondance de la pubescence sur leurs feuilles est une protection efficace contre le froid.

La faune des hautes montagnes d'Afrique présente, comme la végétation, un étagement qui est fonction de l'altitude (Jeannel, 1950). Dans la zone des bambous vit le gorille de montagne *Gorilla beringii* qui fait de cette Graminée sa nourriture principale, et d'autres singes comme les colobes. On y rencontre aussi l'éléphant qui monte jusqu'à 3 500 m, le buffle *Syncerus caffer* et l'hylochère. La zone des bruyères est habitée par des panthères qui peuvent s'aventurer très haut et par des petits Ongulés comme les antilopes du genre *Sylvicapra*. Les damans du genre *Dendrohyrax* vivent dans la forêt mais ils montent jusqu'à 5 000 m où ils sont les seuls Mammifères. Les Rongeurs sont représentés par un écureuil volant *Anomalurus fraseri*, et par les *Otomys*, voisins des rats, qui montent jusqu'à 4 600 m parmi les séneçons arborescents dont ils dévorent les graines. Le rat taupe *Tachyoryctes splendens* est un Rongeur qui a les mœurs souterraines de la taupe

et dont les terriers hébergent une très riche faune d'insectes commensaux. Beaucoup d'oiseaux fréquentent les forêts de montagne. Parmi ceux-ci se trouvent des perroquets et des toucans. Mais les plus caractéristiques sont les Nectarinidés qui, bien que très éloignés phylogénétiquement, présentent avec les Trochilidés américains certaines ressemblances comme la petite taille, les couleurs brillantes, le même aspect général ainsi que des types de répartition semblables puisque des Trochilidés vivent à haute altitude dans les Andes. On rencontre des Nectarinidés jusque dans la zone des *Lobelia* géants dont ils fréquentent les inflorescences pour y rechercher surtout des petits insectes. Les Invertébrés sont innombrables. Les insectes sont soit des reliques de faunes anciennes qui se sont différenciées sur place comme les nombreux Coléoptères Carabidés du genre *Carabomorphus* qui sont voisins des Calosomes européens ; soit des espèces d'origine lointaine ayant atteint l'Afrique tropicale lors des périodes où le climat était plus humide comme les nombreux *Trechus* qui pullulent sur le mont Elgon à partir de 3 000 m et dont la souche est d'origine méditerranéenne.

Les hautes montagnes d'Amérique du Sud ont des étages de végétation qui correspondent à peu près à ceux de l'Afrique. Leur caractéristique principale est l'existence des paramos, formations de l'étage alpin qui apparaissent à partir de 3 000 m et qui renferment des végétaux remarquables comme les *Espeletia* qui rappellent par leur morphologie les *Lobelia* et *Dendrosenecio* des étages alpins des montagnes d'Afrique (chapitre 4, paragraphe 1.4).

Références

ALEKSANDROVA, V. D., 1988. *Vegetation of the Soviet polar deserts*. Cambridge Univ. Press.

BARBOUR, M. G. & BILLINGS, W. D. (eds.), 1988. *North American terrestrial vegetation*. Cambridge Univ. Press.

BAUDIÈRE, A & BONNET, A., 1963. Introduction à l'étude de la végétation des éboulis de la zone alpine des Pyrénées-Orientales. *Naturalia Monspeliensia*, sér. Bot., **15**, p. 13-28.

BELL, R. H. V., 1971. A grazing ecosystem in the Serengeti. *Scient. Amer.*, **225**, p. 86-93.

BLONDEL, J., 1980. Structure et dynamique des peuplements d'oiseaux forestiers. *In* : P. Pesson (ed.), *l.c.*, p. 367-388.

BRAUN-BLANQUET, J., 1948. La végétation alpine des Pyrénées-Orientales. *Communication SIGMA* n° 98.

BROSSET, A., 1980. Mammifères forestiers prédateurs. *In* : P. Pesson (ed.), *l.c.*, p. 345-366.

CACHAN, P., 1963. Variations climatiques verticales et saisonnières dans la forêt sempervirente de basse Côte d'Ivoire. *Ann. Fac. Sc. Univ. Dakar*, sér. Sciences animales, **1**, p. 1-88.

Carte de la répartition mondiale des régions arides. Notice explicative, 1979. Notes techniques du MAB n° 7. UNESCO, Paris.

CHARLES-DOMINIQUE, P., 1971. Éco-éthologie des Promisiens du Gabon. *Biologia Gabonica*, **7**, p. 121-228.

CHERNOV, Yu. I., 1985. *The living tundra*. Cambridge Univ. Press.

COLEMAN, J. S. *et al.*, 1995. Heat-shock proteins and thermotolerance : linking molecular and ecological perspectives. *TREE*, **10**, p. 305-306.

CRAWFORD, C. S., 1981. *Biology of desert Invertebrates*. Springer, Berlin.

DAJOZ, R., 1998. *Les insectes et la forêt*. Tec & Doc Lavoisier, Paris.

DAJOZ, R., 1984. Les Coléoptères Ténébrionides des déserts. *Cahiers des Naturalistes*, **40**, p. 25-67.

DÉLYE, G., 1968. *Recherches sur l'écologie, la physiologie et l'éthologie des fourmis du Sahara*. Éditions du CNRS, Paris.

DEMANGEOT, J., 1981. *Les milieux naturels désertiques*. Sedes, Paris.

DI CASTRI, F. *et al.*, 1981. *Mediterranean-type shrublands*. Ecosystems of the world n°11. Elsevier, Amsterdam.

DI CASTRI, F. & VITALI DI CASTRI, V., 1981. Soil fauna of Mediterranean-climate regions. *In* : F. DI CASTRI *et al.*, *l.c.*, p. 445-478.

ELLENBERG, H., 1978. *Vegetation Mitteleuropas mit den Alpen*. Ulmer, Stutttgart.

ELLENBERG, H. *et al.*, 1986. *Ökosystemforschung. Ergebnisse des Solling-projekts 1966-1986*. Eugen Ulmer, Stuttgart.

EMBERGER, L., 1951. Rapport sur les régions arides et semi-arides de l'Afrique du Nord. *In* : *Les bases écologiques de la régénération de la végétation des régions arides*, p. 50-61. UISB, Paris.

ESTRADA, A. & COATES-ESTRADA, R., 1986. *Frugivores and seed dispersal*. Junk, Dordrecht.

FERGUSON, C. W., 1969. A 7104 year annual tree-ring chronology for bristlecone pine *Pinus aristata* from the White Mountains, California. *Tree-ring bulletin*, **29**, p. 3-29.

*FRANKLIN, J. F., 1988. Pacific Northwest forests. *In* : M. G. Barbour & W. D. Billings (eds.), *l.c.*, p. 104-130.

FRANZ, H., 1979. *Ökologie der Hochgebirge*. Ulmer, Stuttgart.

GOLLEY, F. B., 1983. Tropical rain forest ecosystems. *Ecosystems of the world* 14A. Elsevier, Amsterdam.

*GOODALL, D. W. & PERRY, R. A., 1979. *Arid land ecosystems*. Vol. 1 (881 p.) ; Vol. 2 (605 p.). Cambridge Univ. Press.

HADLEY, N. F. (ed.), 1975. *Environmental physiology of desert organisms*. John Wiley & Sons.

HALLÉ, F. *et al.*, 1978. *Tropical trees and forests. An architectural analysis*. Springer, Berlin.

HANES, T. L., 1981. California chaparral. *In* : Di Castri *et al.* (eds.), *l. c.*, p. 139-174.

JEANNEL, R., 1950. *Hautes montagnes d'Afrique*. Éditions du Muséum, Paris.

JACOBS, M., 1981. *The tropical rain forest. A first encounter*. Springer, Berlin.

JAEGER, E. C., 1961 a. *Desert wildlife*. Stanford Univ. Press, California.

JAEGER, E. C., 1961 b. *The North American deserts*. Stanford Univ. Press, California.

JANZEN, D. H., 1971. Seed predation by animal. *Ann. Rev. Ecol. Syst.*, **2**, p. 465-492.

JOHNSON, R. & JOHNSON, A., 1970. *The ancient bristlecone pine forest*. Chalfant Press, California.

KEELEY, J. E. & KEELEY, S. C., 1988. Chaparral. *In* : M. G. Barbour & W. D. Billings, *l. c.*, p. 165-207.

KIRK, R. & FRANKLIN, J., 1992. *The Olympic rain forest. An ecological web*. Univ. of Washington Press, Seattle

KOTLER, B. P. *et al.*, 1994. The role of predation in shaping the behaviour, morphology and community organisation of desert rodents. *Austr. J. Zool.*, **42**, p. 449-466.

KUCERA, C. L. *et al.*, 1967. Total net productivity and turn over on an energy basis for tallgrass prairie. *Ecology*, **48**, p. 536-541.

LE BERRE, M., 1990. *Faune du Sahara. 2. Mammifères*. Lechevalier, Paris.

LEE, D. W., 1986. Unusual strategies of light absorption in rain-forest herbs. *In* : T. J. Givnish (ed.), *On the economy of plant form and function*, p. 105-131. Cambridge Univ. Press.

LE HOUÉROU, H. N., 1981. Impact of man and his animals on Mediterranean vegetation. *In* : F. Di Castri *et al.*, *l. c.*, p. 479-521.

LE LOUARN, H., 1980. Les oiseaux prédateurs en forêt. *In* : P. Pesson (ed.), *l.c.*, p. 389-406.

*LIETH, H. & WERGER, M. J. A., 1989. Tropical rain forest ecosystems. Biogeographical and ecological studies. *Ecosystems of the world* 14B. Elsevier, Amsterdam.

LONGTON, R. E., 1988. *The biology of polar bryophytes and lichens*. Cambridge Univ. Press.

*LOUW, G. N. & SEELY, M. K., 1982. *Ecology of desert organisms*. Longman, London.

LUMARET, J. P. & STIERNET, N., 1994. Adaptation and evolutive strategies of dung beetles in high mountains (*Coleoptera, Scarabaeoidea*). Ecologie, **25**, p. 79-86.

MANI, M. S., 1968. *Ecology and biogeography of high altitude insects*. Junk, The Hague.

MARGARIS, N. S., 1981. Adaptive strategies in plants dominating Mediterranean-type ecosystems. *In* : F. Di Castri *et al.*, *l. c.*, p. 309-315.

MONOD, TH., 1973. *Les déserts*. Horizons de France, Paris.

MEYER, E. & THALER, K., 1995. Animal diversity at high altitudes in the Austrian Central Alps. *In* : F. Stuart Chapin III & C. Körner (eds.), *Arctic and alpine biodiversity : patterns, causes and ecosystem consequences*, p. 97-108. Springer, Berlin.

NEWMAN, A., 1990. *Les forêts tropicales. Comment les sauver ?* Larousse, Paris.

OLDEMAN, R. A. A., 1974. L'architecture de la forêt guyanaise. *Mémoires ORSTOM n° **73**. ORSTOM, Paris.

OZENDA, P., 1975. Sur les étages de végétation dans les montagnes du bassin méditerranéen. *Doc. Cart. Ecol.*, **16**, p. 1-32.

*OZENDA, P., 1979. *Carte de la végétation des États membres du Conseil de l'Europe*. Texte p. 1-97 et deux cartes en couleurs à 1/3 000 000ᵉ. Conseil de l'Europe, Strasbourg.

*OZENDA, P., 1985. *La végétation de la chaîne alpine dans l'espace montagnard européen*. Masson, Paris.

*OZENDA, P., 1991. *Flore du Sahara*, 3ᵉ édition. CNRS, Paris.

*PESSON, P., 1974. *Écologie forestière. La forêt : son climat, son sol, ses arbres, sa faune*. Gauthier-Villars, Paris.

*PESSON, P. (ed.), 1980. *Actualités d'écologie forestière. Sol, flore, faune*. Gauthier-Villars, Paris.

PIERRE, F., 1958. *Écologie et peuplement entomologique des sables vifs du Sahara nord-occidental*. CNRS, Paris.

POLIS, G. A. (ed.), 1991. *The ecology of desert communities*. The Univ. of Arizona Press, Tucson.

PUIG, H., 1995. Éléments pour une réflexion sur la modélisation de la forêt tropicale humide : a-t-on les connaissances requises ? *Revue d'Ecologie*, **50**, p. 199-208.

QUÉZEL, P., 1980. Biogéographie et écologie des Conifères sur le pourtour méditerranéen. *In* : P. Pesson, *l.c.*, p.205-255.

*RAPP, A., LE HOUÉROU, H. N., LUNDHOLM, B., 1976. Peut-on arrêter l'extension des déserts, *Ecological Bulletins*, **24**, 248 p.

RICHARD, P. W., 1983. The three-dimensional structure of tropical rain forest. *In* : S. L. Sutton *et al.*, *l. c.*, p. 3-10.

RIVAS-MARTINEZ, S. *et al.*, 1993. Las comunidades vegetales de la Isla de Tenerife (Islas Canarias). *Itinera geobotanica*, **7**, p. 169-374.

ROGERS, L. E. *et al.*, 1988. Diets of darkling beetles (*Coleoptera : Tenebrionidae*) within a shrub-steppe ecosystem. *Ann. Ent. Soc. Amer.*, **81**, p. 782-791.

ROSSWALL, T. & HEAL, O. W. (eds.), 1975. Structure and function of tundra ecosystems. *Ecological Bulletins*, **20**, p. 1-450.

SANCHEZ-PINERO, F. & GOMEZ, J. M., 1995. Use of ant-nest debris by darkling beetles and other arthropod species in an arid system in south Europe. *J. arid environ.*, **31**, p. 91-104.

*SCHNELL, R., 1970-1990. *Introduction à la phytogéographie des pays tropicaux*. Six volumes parus. Gauthier-Villars, puis Masson, Paris.

SEELY, M. K. & LOUW, G. N., 1980. First approximation of the effect of rainfall on the ecology and energetics of a Namib desert dune ecosystem. *J. arid environ.*, **3**, p. 25-54.

SHENBROT, G. I. *et al.*, 1994. Comparison of niche packing and community organisation in desert rodents in Asia and North America. *Austr. J. Zool.*, **42**, p. 479-499.

SØMME, L., 1989. Adaptations of terrestrial arthropods to the alpine environment. *Biol. Rev.*, **64**, p. 367-407.

SOMSON, P., 1984. Dynamique des pierriers et réponse adaptative des végétaux particulièrement dans les Pyrénées. *Documents Écologie pyrénéenne*, **III-IV**, p. 165-170.

SPECHT, R. L., 1981. Mallee ecosystems in southern Australia. *In* : F. Di Castri *et al.*, *l. c.*, p. 203-231.

SUTTON, S. L. *et al.*, 1983. *Tropical rain forest : ecology and management*. Blackwell, Oxford.

*TEISSIER DU CROS, E. (ed.), 1981. *Le hêtre*. Institut National de la Recherche Agronomique, Paris.

*VARESCHI, V., 1980. *Vegetations-ökologie derTropen*. Eugen Ulmer, Stuttgart.

VERNET, R. & GRENOT, C., 1972. Étude du milieu et structure trophique du peuplement reptilien dans le Grand Erg Occidental (Saharien algérien). *C. R. Soc. Biog.*, p. 112-123.

*WALTER, H. & BRECKLE, S. W., 1985-1990. *Ecological systems of the geobiosphere*. Quatre volumes. Springer, Berlin.

Chapitre 24

LES EAUX DOUCES

Les écosystèmes d'eau douce sont classés en deux catégories : les milieux lotiques (rivières) dans lesquels l'eau est courante, et les milieux lentiques (lacs et étangs) dans lesquels l'eau est calme. La transition entre ces deux milieux peut se faire d'une façon progressive dans les fleuves au cours très lent et dans leurs bras morts. L'étude des milieux lentiques constitue une discipline indépendante, la limnologie, dont nous ne pouvons donner qu'un bref aperçu. Ce sujet est traité dans plusieurs ouvrages (Dussart, 1966 ; Payne, 1986 ; Pourriot et Meybeck, 1995). L'étude des milieux lotiques, et en particulier des grandes rivières et des fleuves, s'est rapidement développée depuis une vingtaine d'années (Amoros & Petts, 1993). De nombreux éléments sur le fonctionnement et la productivité des eaux douces sont réunis dans Kajak & Hillbricht-Ilkowska (1972) ainsi que dans Lamotte & Bourlière (1983). Divers concepts théoriques comme celui de *river continuum* pour les rivières ou de cascade trophique pour les milieux lentiques (chapitre 14) ont fortement stimulé l'étude des eaux douces. Ces écosystèmes sont très dégradés par les pollutions et les aménagements ce qui explique l'importance des recherches sur la pollution des milieux aquatiques (Hoestlandt, 1981 ; Pesson, 1980 ; Boudou & Ribeyre, 1989 ; cf. aussi chapitre 5, paragraphe 2), et sur leur réhabilitation (Feuillade, 1985 ; Maurizi & Poillon, 1992). Les écosystèmes aquatiques ont une grande importance économique, et ils sont très étudiés par les spécialistes des pêches (Arrignon, 1976 ; Welcomme, 1979 a, b). Les lacs de barrages sont des lacs d'un type particulier (Gerdeaux & Billard, 1985).

I. LES EAUX COURANTES. LE CONCEPT DE CONTINUUM

Les facteurs écologiques essentiels dans les eaux courantes sont la vitesse du courant, la nature du fond, la température, l'oxygénation et la composition chimique (chapitre 5, paragraphe 1). Beaucoup d'auteurs ont décrit l'évolution du cours d'une rivière depuis la source jusqu'à l'embouchure. Les deux plus anciennes conceptions sont celle de Huet (figure 5.4) qui utilise les poissons pour définir des zones piscicoles et celle de Illies et Botosaneanu (1963) qui utilisent des Invertébrés. La mise au point de Angelier (2000) est une synthèse sur la totalité des eaux courantes.

Trois zones peuvent être distinguées dans un cours d'eau. La source ou crenon est un milieu dont la température est relativement constante et qui est peuplé par des espèces sténothermes. Le cours supérieur ou rhithron est caractérisé par une pente forte, un cours rapide, une eau bien oxygénée, une absence presque complète de plancton. L'érosion et le transport des matériaux y dominent et la sédimentation y est négligeable. Dans les régions tempérées l'eau du rhithron est à une température inférieure à 20 °C. Cette zone est divisée en une zone à truite et une zone à ombre (figure 24.1). Le cours inférieur ou potamon a une pente faible, un cours lent, des eaux peu oxygénées. Cette zone renferme du plancton et la sédimentation y prédomine sur l'érosion et le transport (figure 24.2). Elle est divisée en zone à barbeau et zone à brème.

Figure 24.1
Profils transversaux d'un
cours d'eau au niveau des
4 zones : à truite, à ombre,
à barbeau, à brème
(Arrignon, 1976)

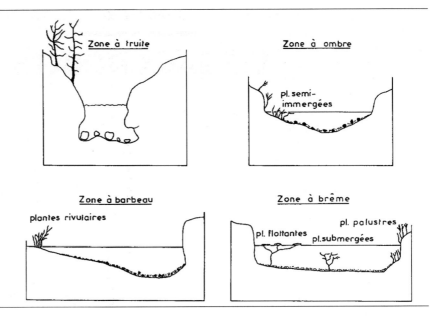

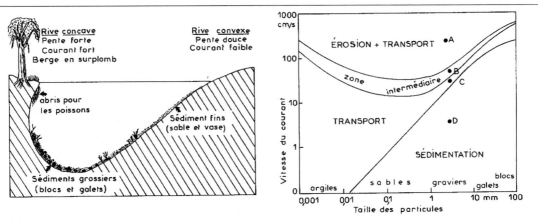

Figure 24.2
Érosion et sédimentation dans les rivières

À gauche, la coupe d'une rivière au niveau d'un méandre montre que le lit est dissymétrique. La rive concave est en pente forte et la berge est parfois en surplomb. Le courant y est fort et il ne laisse que des sédiments grossiers (blocs et galets). Les poissons trouvent un abri sous la berge parmi le chevelu des racines des arbres et l'ombre qu'ils apportent. La rive convexe est en pente douce. Le courant y est faible et les sédiments sont fins (sable et vase). Cette diversité topographique assure la diversité biologique. Si un élargissement du lit est nécessaire pour faciliter l'écoulement des eaux il doit être fait du côté de la rive convexe. Le curage régulier et l'enlèvement de la vase assurent le maintien des fonds pierreux nécessaires à beaucoup de poissons et d'Invertébrés.

À droite, diagramme établi par Hjulström mettant en évidence le devenir des particules minérales en fonction de leur taille et de la vitesse du courant. Une zone intermédiaire en forme de fuseau se situe entre la zone de transport et la zone de transport + érosion. En A, l'eau circule à une vitesse telle que les particules sont arrachées et emportées : il y a érosion et transport. En C, l'eau circule à une vitesse plus faible et il y a seulement transport des particules déjà séparées. En D, l'eau circule sans arracher ni transporter aucune particule : il y a sédimentation. En B, le devenir des particules est incertain. Il y a transport mais la possibilité d'érosion dépend de la forme des particules. Ce diagramme montre que les argiles se déposent très difficilement et que ce sont les sables qui sont le plus facilement déplacés puisqu'il suffit d'une vitesse de l'ordre de 20 cm/s. Ce diagramme permet aussi d'expliquer les modalités du déplacement des sédiments dans la zone littorale soumise aux mouvements des vagues et des courants de marée. Les argiles résistent à l'arrachement et elles sont suffisamment stables pour permettre l'installation d'une végétation et en particulier de plantes à fleurs. Au contraire, les sables et les galets sont constamment remués et déplacés et aucun végétal ne peut s'y installer à l'exception de quelques algues à croissance rapide comme des *Enteromorpha* (chapitre 25).

Un milieu particulier apparaît dans le rhithron lorsque l'épaisseur du film d'eau devient faible (2 à 3 mm) et que cette eau se renouvelle constamment. Il s'installe alors une faune madicole qui vit soit sur les substrats rocheux, soit sur les Mousses et les Hépatiques qui poussent sur le substrat. Cette faune comprend d'une part des espèces ubiquistes et d'autre part des espèces spécialisées qui sont caractérisées par une petite taille, une forme aplatie, des branchies peu nombreuses chez les espèces à respiration aquatique, et par des stigmates en position dorsale chez les

espèces à respiration aérienne. Elle comprend surtout des Diptères (Psychodides, Stratiomyides), quelques Coléoptères, et des Trichoptères du genre *Stactobia*.

Les spécialistes des eaux courantes se sont longtemps désintéressés des grandes rivières et des grands fleuves, à cause des difficultés que présente l'étude de ces milieux. Il n'en est plus de même depuis une vingtaine d'années. Le concept de continuum (*river-continuum concept*) a été développé à partir de l'étude de rivières non perturbées par l'homme dont le cours supérieur est situé dans les régions boisées du nord-ouest des États-Unis (Vannote *et al.* 1980). La rivière est étudiée non plus isolément mais en même temps que son bassin versant avec lequel des échanges de matières plus ou moins importants ont lieu. Le concept de continuum admet que diverses caractéristiques géologiques, physiques et biotiques varient selon un gradient continu et d'une façon prévisible depuis la source jusqu'à l'embouchure. Des associations animales et végétales conditionnées par les caractéristiques abiotiques se succèdent le long de ce gradient.

La portion de rivière qui est comprise entre la source et le premier affluent est un cours d'eau de premier ordre. Quand deux cours d'eau de premier ordre se réunissent ils forment un cours d'eau de deuxième ordre. Quand deux cours d'eau de deuxième ordre se réunissent ils forment un cours d'eau de troisième ordre, etc. Le maximum observé correspond à des cours d'eau de onzième ordre. Les cours d'eau d'ordre 1 à 4 sont des petites rivières (*small rivers*) ; les cours d'eau d'ordre 4 à 6 sont des rivières de taille moyenne (*medium-sized*) ; les cours d'eau d'ordre supérieur à 6 sont des grandes rivières (*large rivers*). La relation suivante a été établie à partir de l'étude des 50 plus grands fleuves :

$$L = 1,7084 \, A^{0,5418}$$

L (en km) est la longueur du cours principal et A (en km^2) est la surface du bassin versant (Welcomme, 1979).

Le concept de continuum (fig. 24.3) admet que :

(a) Dans la partie supérieure du cours (rhithron) les débris végétaux (et en particulier les fragments de bois) qui tombent dans l'eau constituent la source principale d'énergie. Ces débris, colonisés par des bactéries et des champignons, permettent le maintien de communautés d'Invertébrés et en particulier de mangeurs de

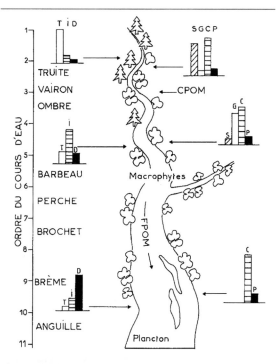

Figure 24.3

Diagramme résumant le concept de continuum pour une rivière qui est d'ordre 1 à sa source et d'ordre 11 à son embouchure (un seul affluent a été représenté)

La végétation riveraine diminue d'importance vers l'aval. Les fragments de matière organique sont de grande taille (CPOM : *coarse particulate organic matter*) puis deviennent de plus en plus petits (FPOM : *fine particulate organic matter*). Les végétaux macrophytes dominent dans le cours moyen et le plancton devient important dans le cours inférieur. Les barres de la partie gauche indiquent l'importance relative des sources d'énergie (T : apports d'origine terrestre ; I : production par les végétaux aquatiques ; D : matière organique transportée depuis l'amont). Les barres de la partie droite indiquent l'importance des divers groupes d'Invertébrés en fonction de leur régime alimentaire (S : *shredders* ; G : *grazers* ; C : *collectors* ; P : *predators*). Quelques espèces de poissons caractéristiques des diverses zones ont été mentionnées (d'après Vannote *et al.* 1980).

particules végétales de grandes dimensions (*shredders*) et de filtreurs (*collectors*) qui extraient de l'eau les fines particules organiques. La productivité primaire dans cette région est à peu près nulle en raison de la quasi-absence de végétaux et de l'ombre apportée par les arbres qui surplombent la rivière. La température de l'eau varie peu, surtout à cause de l'arrivée d'eau souterraine dans le lit de la rivière. Lors de l'étude d'une rivière du New Hampshire appartenant au bassin versant du Hubbart Brook, il a été établi que 99 % de l'énergie est fournie par des apports extérieurs à la rivière sous la forme de matière organique morte et que 44 % de ces débris viennent directement de la forêt, en majorité sous la forme de particules plus ou moins fines, et le reste sous la forme de matière organique dissoute. Les pertes, dans la partie de rivière étudiée, sont pour les deux tiers dues au transport vers l'aval par le courant et pour un tiers dues à la respiration, surtout celle des micro-organismes qui décomposent les débris végétaux.

(b) Les cours d'eau de taille moyenne présentent des variations importantes de la température et du régime hydraulique. Le couvert forestier est moins important de même que les apports de débris végétaux. La photosynthèse devient pos-

sible et la productivité primaire est la principale source d'énergie. Les Invertébrés dominants sont des brouteurs (*grazers*) qui consomment les algues unicellulaires et les micro-organismes fixés sur les rochers du fond, ainsi que des filtreurs. La grande variabilité des conditions de milieu dans les cours d'eau de taille moyenne permet de supposer que cette région est la zone de plus grande richesse en espèces (figure 24.4).

(c) Les grandes rivières possèdent un volume d'eau important, ce qui amortit les variations de température. Les arrivées de matière organique morte y sont négligeables, les particules fines en suspension sont abondantes et la turbidité de l'eau réduit la photosynthèse. Les animaux filtreurs sont les Invertébrés les plus abondants. Le zooplancton joue un rôle important. Ce stade correspond à celui qui a été décrit dans l'étude du fonctionnement de l'écosystème de la Tamise en Angleterre (figure 16.17).

Ces prédictions théoriques ont été testées sur diverses rivières. Elles sont confirmées par l'étude de la Moisie River, une rivière de neuvième ordre du Québec qui ne possède pas de plaine alluviale (figure 24.5). Mais ce schéma théorique ne s'applique bien que dans le cas de rivières aux rives

Figure 24.4
Une partie d'un réseau trophique dans un ruisseau du pays de Galles

Comme beaucoup de rivières cet écosystème ouvert reçoit de l'extérieur des feuilles mortes et des débris divers qui sont transportés par le courant. Il existe trois niveaux trophiques, *Hydropsyche* et *Rhyacophila* occupant un niveau intermédiaire. Les insectes sont des Plécoptères : *Protonemura, Perla, Dinocras, Leuctra* ; des Trichoptères : *Rhyacophila, Philopotamus, Hydropsyche* ; un Éphéméroptère : *Baetis* ; deux Diptères : *Simulium* et *Chironomus* (d'après Jones, 1949).

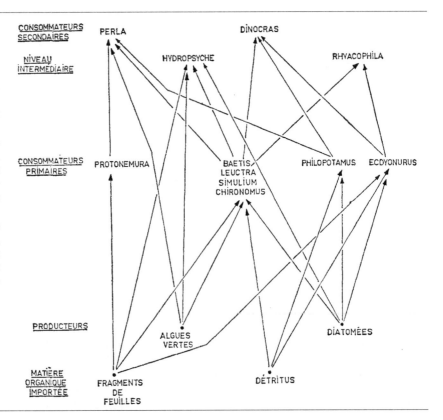

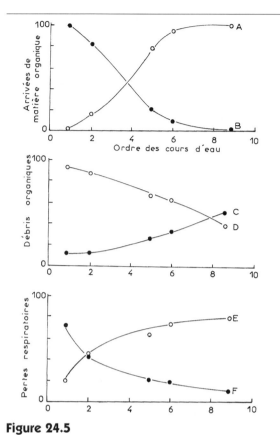

Figure 24.5

Variation de divers paramètres le long du cours de la Moisie River au Québec

En abscisse, ordre des cours d'eau ; **en ordonnée**, pourcentages des divers paramètres. A : Productivité primaire autochtone ; B : Apports de matière organique de l'extérieur ; C : Particules de matière organique de petite taille ; D : Particules de matière organique de grande taille ; E : Pertes en matière organique dues à la respiration des autotrophes ; F : Pertes en matière organique dues aux bactéries qui attaquent la matière organique morte (d'après Naiman *et al.*, 1987).

assez abruptes et sans plaine alluviale. Il s'applique mal à des cours d'eau comme l'Amazone, fleuve très large dont la vaste plaine alluviale est fréquemment inondée. Ces fleuves ne sont pas de simples structures linéaires mais des « hydrosystèmes » en perpétuelle interaction avec leur bassin versant. Les plaines inondables jouent un rôle essentiel dans le fonctionnement des écosystèmes aquatiques. Elles ont une productivité élevée car elles renferment des habitats très diversifiés et elles absorbent une partie de l'eau excédentaire lors des crues. Les forêts riveraines jouent un rôle important, en particulier dans les régions tempérées, en réglant le flux des nitrates qui arrivent des zones cultivées et qui vont se déverser dans la rivière. La diversification topographique du pro-

fil des rivières (bras morts, marécages, etc.) offre aux poissons et à de nombreux Invertébrés une grande variété d'abris et de lieux de reproduction (cf. Roux, 1982). Ces structures jouent aussi le rôle d'accumulateur des excès d'eau lors des crues.

Une estimation des flux de matière entrant et sortant du fleuve a été réalisée pour le cours inférieur de l'Adour. Les zones inondables assurent le stockage d'une partie importante de l'eau lors des crues tandis que les ripisylves (ou forêts riveraines) assurent la rétention des matières en suspension dans le fleuve. La rétention des nitrates par les forêts riveraines de la Garonne a été démontrée (Pinay & Decamps, 1988). La teneur en nitrates passe d'une valeur de 20 à 180 ppm dans les eaux souterraines situées sous les champs de maïs à moins de 5 ppm dans la Garonne où se déversent ces eaux. La filtration au niveau de la forêt riveraine est due à une dénitrification bactérienne beaucoup plus intense que celle qui existe dans les autres écosystèmes (cf. aussi chapitre 19, paragraphe 1).

La rectification des cours d'eau souvent transformés en canaux rectilignes et bétonnés est peu favorable à la vie aquatique. La suppression des méandres ne doit pas être systématique lors de l'aménagement des cours d'eau. Seuls les méandres les plus accentués sont à rectifier. L'ancien lit peut être conservé et transformé, par exemple en frayère pour les poissons. Les interactions entre le bassin versant et la rivière sont nombreuses et parfois imprévues. Le surpâturage par le bétail a une influence sur la faune et la flore aquatique (chapitre 22, paragraphe 3). En Afrique les hippopotames qui vont se nourrir à terre durant la nuit défèquent dans les rivières la journée ce qui représente un apport non négligeable de matière organique depuis le milieu terrestre (Viner, 1975).

Ces interactions sont encore plus importantes dans beaucoup de fleuves tropicaux comme ceux d'Amérique du Sud qui ont un débit important, un lit très large et une vallée encore plus large qui est régulièrement inondée. Le fleuve Parana a un débit moyen de 13 500 m³/s, une longueur de 4 000 km et un bassin versant de 1 510 000 km². Dans son cours moyen le fleuve a un lit principal d'une largeur de 2,3 km et le lit majeur inondable atteint 15 km. Ce lit majeur mesure 57 km de large dans le cours inférieur du fleuve. La plaine d'inondation a une structure complexe avec des

étangs, des marécages, des méandres recoupés. La végétation comprend des forêts galeries qui bordent la vallée et toute une série de ceintures de végétation qui sont schématisées figure 24.6. La nature de cette végétation dépend essentiellement de la nature du sol et du niveau des eaux. Il existe en particulier des zones envahies par une végétation flottante de *Eichhornia crassipes*, *Salvinia* et *Azolla* qui ont une très grande productivité (Bonetto, 1975). Dans le bassin de l'Amazone la plaine d'inondation peut atteindre 100 km de large. Elle est connue localement sous le nom de varzea et les zones en relief constamment à l'abri des inondations sont appelées terra firma. La surface des varzea représente 1 à 2 % de la surface totale de l'Amazonie. On distingue

trois types principaux d'eaux dans le bassin de l'Amazone. Les « eaux blanches » (*whitewater rivers*) sont des eaux de couleur ocre, peu transparentes (la transparence mesurée au disque de Secchi est de 0,10 à 0,50 m). Ces rivières ont leur source dans des régions d'altitude. Les « eaux claires » (*clearwater rivers*) sont des eaux jaune verdâtre à vert olive, limpides et plus transparentes (1,10 à 4,30 m au disque de Secchi). Ces rivières ont leur source dans des régions à relief peu marqué. Les « eaux noires » (*blackwater rivers*) sont de couleur brun olive ou brun-rouge, presque dépourvues de matière en suspension (la transparence est de 1,30 à 2,30 m). Ces eaux se rencontrent dans des régions plates, sans relief et coulent sur des sols de type podsols.

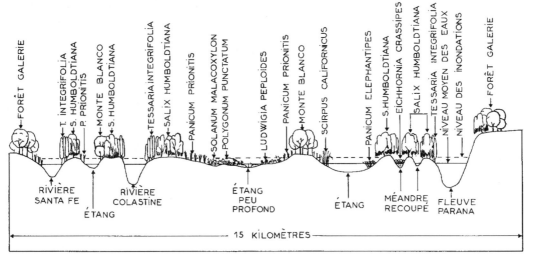

Figure 24.6
Profil schématique de la vallée du fleuve Parana dans son cours moyen
Les Monte Blanco sont des îlots boisés surélevés et jamais inondés. Les zones de végétation sont indiquées par le nom de la plante principale (Bonetto, 1975).

Les animaux des eaux courantes dépendent pour leur alimentation de végétaux dont l'origine peut être autochtone (plantes aquatiques) ou allochtones (débris végétaux tombés dans l'eau). Étant donné que le rapport des deux isotopes du carbone $^{13}C/^{12}C$ est différent chez les plantes aquatiques et chez les plantes terrestres et que ce rapport se conserve dans les tissus des animaux herbivores ou détritivores, on dispose d'une méthode permettant de connaître l'origine des végétaux consommés. Cette méthode a été appliquée à des rivières de Nouvelle-Zélande dont une renferme des insectes qui dépendent largement d'apports allochtones et dont l'autre renferme des

insectes qui consomment surtout des algues aquatiques (Rounick *et al.*, 1982).

L'étude de 20 rivières d'Afrique exploitées par des pêcheries a montré qu'il existe une relation entre les captures de poissons C (en tonnes) et la surface de la zone exploitée A (en km²) :

$$C = 0,03 \ A^{0,97}$$

Lorsque les plaines d'inondation sont incluses dans le calcul la relation devient :

$$C = 0,44 \ A^{0,90}$$

ce qui met en évidence la productivité élevée des zones d'inondation temporaires. Des formules

aussi simples ont pu être établies pour estimer le rendement de la pêche hors d'Afrique. Il existe, en Eurasie, une relation entre la longueur des rivières et des fleuves et le nombre d'espèces de poissons de la famille des Cyprinidés. Les grandes rivières ont plus d'espèces que les petites ; celles qui sont situées sous les latitudes septentrionales ont moins d'espèces que celles qui sont situées sous les latitudes plus méridionales ; celles qui sont situées dans l'est de l'Eurasie ont plus d'espèces que celles qui sont situées à l'ouest. Le Yang Tsé avec une longueur de 6 380 km possède 97 espèces de Cyprinidés ; le Rhin qui a une longueur de 1 319 km ne possède que 20 espèces, et la Tamise avec 370 km en a seulement 11 (Banarescu & Coad, 1991).

II. LES LACS

On désigne sous le nom de lacs des étendues d'eau dont la profondeur est supérieure à une dizaine de mètres, ce qui permet l'installation d'une stratification thermique, au moins à certaines périodes de l'année. Les étendues d'eau plus petites sont des étangs. Certains considèrent comme des lacs les mers intérieures aux eaux saumâtres comme la mer Caspienne (le lac Mono est un exemple de lac renfermant des eaux saumâtres, cf. chapitre 6). Le plus grand lac d'eau douce est le Baïkal. Le lac Victoria avec 69 000 km^2 est le plus grand lac tropical et le deuxième dans le monde après le Baïkal.

2.1. Les caractéristiques physico-chimiques des lacs

Les caractéristiques physico-chimiques principales des lacs ont été décrites chapitre 5. Ce sont la profondeur, qui conditionne la stratification thermique et la pénétration de la lumière ; la température et la teneur de l'eau en oxygène dissous. La quantité de sels minéraux dissous permet de distinguer trois types principaux.

• **Les lacs oligotrophes** possèdent des eaux pauvres en azote et en phosphore. Ils ont peu de phytoplancton et ce dernier est composé de beaucoup de Chlorophycées et de Diatomées et de peu de Cyanophycées. La teneur de l'eau en oxygène dissous y est élevée ; les eaux sont bleues, transparentes. Les ceintures de végétaux macrophytes sont réduites ou absentes. Beaucoup de lacs de montagne appartiennent à ce type comme le lac Pavin en Auvergne ou le lac du Bourget dans les Alpes.

• **Les lacs eutrophes** ont des eaux riches en azote et en phosphore. Ils sont en général moins profonds, ont une productivité élevée, des ceintures de végétation bien développées et des eaux moins riches en oxygène. Le lac Chambon en Auvergne, le lac de Nantua dans le Jura sont des lacs eutrophes.

• **Les lacs dystrophes** sont peu profonds et leurs rives sont colonisées par une végétation abondante productrice de tourbe, ce qui libère des acides humiques qui donnent à l'eau une couleur brune. L'eau des lacs dystrophes est acide et pauvre en oxygène. Sous l'influence des pollutions organiques beaucoup de lacs peuvent passer rapidement du type oligotrophe au type eutrophe (chapitre 5, paragraphe 2).

Le mélange vertical des eaux est surtout fonction de la profondeur des lacs. Les lacs méromictiques sont profonds et le brassage annuel des eaux y est incomplet. Il subsiste dans ces lacs une zone profonde et stagnante, dépourvue ou presque d'oxygène, dont la composition chimique et la température sont constantes. Le lac Pavin en Auvergne, le lac Léman sont de ce type. Les lacs holomictiques sont moins profonds et les eaux y subissent un brassage vertical complet. Une stratification thermique (ou thermocline) s'y établit à certaines périodes de l'année. Lorsque le brassage a lieu une fois par an le lac est monomictique. Lorsqu'il a lieu deux fois par an le lac est dimictique. Certains lacs tropicaux dont l'eau de surface est constamment à température élevée n'ont pas de cycle saisonnier de stratification : ils sont amictiques. Dans ces lacs la matière organique morte s'accumule sur le fond ainsi que les sels nutritifs qui sont formés par la décomposition bactérienne. La productivité du lac dépend des remontées des sels nutritifs en surface ce qui, dans les lacs amictiques, peut se faire grâce aux mouvements de migration verticale du zooplancton. Cette particularité a été exploitée pour remédier à la pauvreté en poissons des eaux de surface du lac Tahoe en Californie. Le Crustacé *Mysis relicta* y a été introduit. Cette espèce planctonique se nourrit près du fond aux dépens du sédiment et elle remonte en surface où elle apporte par ses déjections et sa seule pré-

sence les éléments comme l'azote et le phosphore nécessaires au développement du phytoplancton. Le repeuplement du lac Tahoe en poissons a pu être entrepris après la réussite de l'acclimatation des *Mysis*. Dans les lacs holomictiques le brassage saisonnier des eaux assure le retour des éléments minéraux dans la zone euphotique et permet le démarrage de la productivité primaire au printemps. La zone euphotique des lacs a une épaisseur très variable, de quelques dizaines de centimètres dans les lacs très eutrophes, à près de 100 m dans les lacs très peu minéralisés comme le Baïkal ou le lac Tahoe.

Les diverses zones que l'on peut distinguer dans un lac, leur flore et leur faune ont été décrites chapitre 5, paragraphe 1. Le rôle important du bactérioplancton lacustre est à souligner. Les bactéries dont l'abondance est de l'ordre de 10^6 cellules par cm^3, utilisent la matière organique morte issue du phytoplancton et leur productivité hétérotrophe est de l'ordre de 20 à 30 % de celle du phytoplancton. Ces bactéries sont consommées par les Protozoaires et par des Crustacés planctoniques. Ainsi la matière organique morte issue du phytoplancton peut réincorporer la voie des chaînes alimentaires d'herbivores au niveau du zooplancton (Pedros-Alio, 1989).

2.2. La productivité des lacs

Les lacs diffèrent des écosystèmes terrestres par trois caractéristiques principales :

(a) La productivité primaire est l'œuvre du phytoplancton algal qui ne produit pas de tissus de soutien riches en cellulose et en lignine et qui est mieux assimilé par les herbivores. Ce phytoplancton est produit et consommé rapidement, ce qui explique que sa biomasse soit faible par rapport à celle des herbivores des communautés terrestres voisines et ce qui permet des changements rapides de la composition spécifique des communautés au cours du cycle annuel. Les consommateurs herbivores étant toujours des poïkilothermes (alors que dans le milieu terrestre les Mammifères jouent un rôle souvent dominant), le rendement écologique de croissance est supérieur dans les lacs à celui des écosystèmes terrestres.

(b) L'énergie lumineuse est absorbée en grande partie par l'eau et la productivité primaire est souvent limitée par l'énergie lumineuse qui agit comme facteur limitant. La productivité primaire des lacs est faible par rapport à celle des écosystèmes terrestres voisins.

(c) La quantité d'oxygène dissous est également un facteur limitant dans les lacs.

Le lac n'est pas un écosystème fermé. Il reçoit divers éléments de son bassin versant et en particulier des sédiments ainsi que des polluants dans les régions cultivées ou urbanisées.

La productivité de nombreux lacs a été étudiée. La figure 24.7 présente à titre d'exemple les pyramides des biomasses et des flux d'énergie dans un lac tropical, le lac Lanao aux Philippines. On rappellera quelques données sur la productivité des lacs (Likens, 1975) :

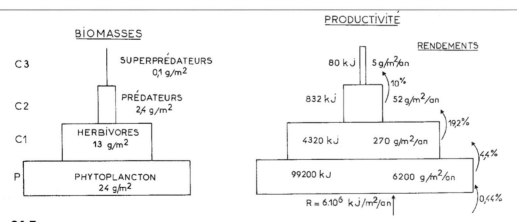

Figure 24.7

Éléments de la productivité dans un lac tropical, le lac Lanao aux Philippines

À gauche, pyramide des biomasses pour le niveau des producteurs P et pour 3 niveaux de consommateurs C1, C2 et C3.
À droite, productivité des divers niveaux trophiques en $g/m^2/an$ et avec l'équivalent en kJ. Les flèches à droite du schéma indiquent les valeurs des rendements d'un niveau trophique à l'autre. R : Énergie lumineuse reçue.

– lacs oligotrophes : 50 à 300 mg C/m²/jour. Le phytoplancton est dominé par les Diatomées, les Chrysophycées, les Dinophycées et les Chlorophycées ;

– lacs mésotrophes : 250 à 1 000 mg C/m²/jour. Teneur de l'eau en phosphore : de 10 à 30 µg/L ; teneur des eaux en azote : de 500 à 1 100 µg/L ;

– lacs eutrophes : 600 à 8 000 mg C/m²/jour. Le phytoplancton est dominé par des Cyanophycées, des Euglénophycées, des Chlorophycées et des Diatomées. La teneur des eaux en phosphore est de 30 à plus de 50 000 µg/L, et celle en azote de 500 à 15 000 µg/L (figure 24.8).

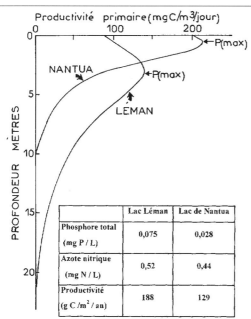

Figure 24.8
Le lac de Nantua a une productivité moyenne inférieure à celle du Léman et ses eaux ont une teneur inférieure en phosphore et en azote

Cependant le lac de Nantua est considéré comme un lac eutrophe et le Léman comme un lac méso-eutrophe. Ceci montre que la mesure de la productivité primaire moyenne par unité de surface et de la teneur de l'eau en azote et en phosphore ne suffit pas toujours à caractériser le degré d'eutrophisation. Les profils de la productivité primaire journalière montrent que dans le lac de Nantua il existe une zone où la productivité primaire est deux fois moins importante que dans celle du Léman, mais la valeur maximale P (max) y est nettement supérieure. Ceci confirme que le lac de Nantua est plus eutrophe que le lac Léman (d'après Feuillade, 1985).

La productivité primaire diminue vers les hautes latitudes. Dans les lacs tempérés elle dépasse rarement 3 g C/m²/jour mais elle atteint 11 g C/m²/jour sous les tropiques (Brylinsky et Mann, 1978). Au Kenya, le lac Nakuru qui héberge une importante population de flamants et qui reçoit beaucoup de nitrates et de phosphates sous la forme de déjections a une productivité record de 12 800 mg C/m²/jour.

La productivité secondaire, évaluée sous la forme de production de poissons (en kg par ha et par an) varie beaucoup comme le montrent les chiffres suivants :

– grands lacs des États-Unis : 0,9 à 8 kg ;

– lacs africains : 1,5 à 247 kg ;

– élevage de carpes en Allemagne : 110 à 383 kg ;

– étangs aménagés pour des poissons herbivores en Allemagne : 980 à 1 540 kg ;

– étangs aménagés de la Chine du sud : 1 100 à 14 850 kg.

Les régions tropicales favorisées par l'ensoleillement et la température ont une productivité en poissons supérieure à celle des régions tempérées.

La richesse des lacs en espèces de poissons est fonction de leur surface, mais aussi de leur situation géographique. Les lacs des régions arctiques contiennent souvent une seule espèce et au plus 25. Ceux des régions tempérées en contiennent jusqu'à 130 et ceux des régions tropicales jusqu'à 250. Un autre facteur qui influe sur la richesse spécifique est la longueur des rivages, un lac avec un contour digité offrant plus de biotopes pouvant être occupés par des espèces nouvelles. L'ancienneté favorise aussi la diversification des espèces comme on peut le constater dans les lacs africains riches en Cichlidés (chapitre 20). Les lacs profonds ont un taux d'endémisme élevé : 93 % des poissons du lac Malawi sont endémiques ; 65 % de l'ensemble de la faune du lac Baïkal est endémique et 99 % de ses Amphipodes.

Les peuplements de poissons évoluent avec l'eutrophisation des lacs. En Europe quand les lacs deviennent eutrophes les poissons de la famille des Cyprinidés augmentent d'importance relative tandis que ceux appartenant aux autres familles disparaissent peu à peu (Bninska, 1991). Dans des lacs de Pologne l'évolution suivante a été observée (les chiffres correspondent à des pourcentages de la biomasse pêchée) :

Types de lacs	Corégonides	Cyprinidés	Anguille	Prédateurs
Oligotrophe	63,6 %	30,5 %	0,1 %	5,8 %
a-mésotrophe	19,4 %	48,4 %	11,0 %	21,2 %
b-mésotrophe	11,8 %	59,9 %	3,6 %	24,7 %
Eutrophe	2,7 %	73,0 %	9,7 %	14,6 %

La productivité et la biomasse augmentent en même temps que le degré d'eutrophisation. Il est généralement admis que l'évolution des caractéristiques des cours d'eau depuis la source jusqu'à l'embouchure peut être assimilée à un phénomène naturel d'eutrophisation (Welcomme, 1985). La distribution des organismes dans les rivières, et en particulier celle des poissons, est semblable à celle qui existe au cours de l'eutrophisation des lacs (Bninska, 1991).

2.3. Structure et fonctionnement de quelques lacs

2.3.1. LE LAC BAÏKAL

Le lac Baïkal, vieux de 50 millions d'années, a une surface de 31 500 km^2 et une profondeur moyenne de 730 m. C'est un lac très profond, méromictique (la thermocline est à 250 m de profondeur). La végétation riveraine est peu importante en raison de la forte pente des rives. La flore comprend 600 espèces (avec 30 % d'endémiques). Les Diatomées (genres *Melosira*, *Synedra* et *Cyclotella*) et les Péridiniens (*Gymnodinium baicalensis*) dominent le phytoplancton. Les éléments de la productivité primaire sont les suivants :

– radiation solaire reçue : 10,56.10^5 kcal/m^2/an

– productivité primaire nette : 875 kcal/m^2/an ce qui, pour l'ensemble du lac, représente la production de 7,8 millions de tonnes de phytoplancton. Le rendement de photosynthèse, faible, est égal à 0,09 %.

La productivité secondaire des consommateurs de phytoplancton est surtout due au Copépode *Epishura baicalensis* qui à lui seul constitue de 80 à 95 % de la biomasse du zooplancton. Ce Copépode ne consomme que le tiers du phytoplancton produit car il se développe surtout en hiver à une époque où le phytoplancton est rare.

Mais son tube digestif renferme des bactéries provenant du bactérioplancton. La source de nourriture principale du bactérioplancton réside dans le phytoplancton mort puisque près des deux tiers de la productivité primaire aboutissent aux bactéries sous la forme de cellules mortes. Le phytoplancton est consommé par le zooplancton, mais en passant en grande partie par l'intermédiaire des cellules mortes et des bactéries (figure 24.9).

Les consommateurs secondaires sont des Crustacés pélagiques, et surtout le Copépode *Cyclops* et le Gammaride *Macrohectopus* qui utilisent 42 % de la productivité des *Epishura*. Les *Macrohectopus* réalisent des migrations verticales et ils gagnent les couches profondes où ils sont mangés par les poissons. Ceux-ci comprennent deux espèces pélagiques endémiques du genre *Comephorus* qui descendent à plus de 500 m de profondeur. Leur biomasse est évaluée à 105 000 t et leur productivité à 85 000 t. Deux autres espèces de poissons sont des chabots du genre *Cottocomephorus* qui sont omnivores et dont la ration renferme jusqu'à 25 % de leur frai et de celui des autres poissons. La biomasse des *Cottocomephorus* est de 10 000 t et elle est égale à leur productivité. Le niveau trophique suivant est celui de *Coregonus autumnalis*, un Salmonidé qui fait l'objet d'une pêche intensive, dont la biomasse est de 25 000 t et la productivité de 5 000 t/an. Si l'on évalue le rapport entre la productivité primaire brute qui est de 972 kcal/m^2/an et la productivité en *Coregonus* qui est de 3,8 kg/ha/an (poids frais) de poisson équivalent à 0,38 kcal, on constate que le rendement est de 0,04 % ce qui est assez bon pour un lac oligotrophe. Le phoque du Baïkal *Pisa sibirica* est un superprédateur qui consomme environ 40 % de la productivité annuelle des *Comephorus* et des *Cottocomephorus*.

Le stock de corégones est surexploité et sa productivité diminue. À cela s'ajoutent des pollutions industrielles nombreuses qui risquent de détruire cet écosystème remarquable, très riche en espèces endémiques et qui constitue le plus grand réservoir d'eau douce du monde.

Figure 24.9

Principaux éléments du réseau trophique du lac Baïkal

P : Productivité ; P/B : Rapport productivité/biomasse ; C : Consommation par les poissons pélagiques. Les autres chiffres donnent les valeurs de la respiration. Tous correspondent à des kcal/m²/an (Moskalenko & Votinsev, 1972).

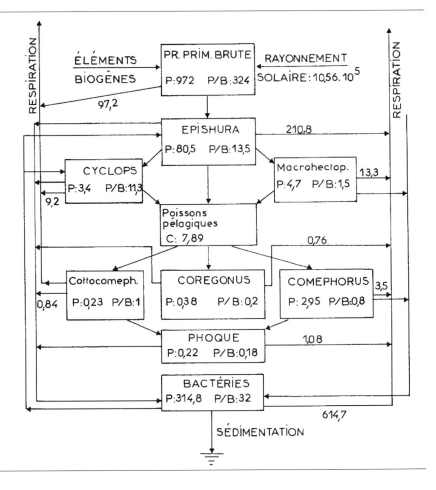

2.3.2. LE LAC TCHAD

Le lac Tchad, très différent du lac Baïkal, est situé dans une région semi-aride. Malgré sa surface importante (24 000 km² en 1965) c'est un « lac plat » dont la profondeur moyenne n'est que de 3,85 m et la profondeur maximale de 10 m. Le lac Tchad, apparu vers la fin du pléistocène, est en voie de disparition à cause de l'aridification du climat. C'est un lac d'eau douce dont la salinité est comprise selon les régions entre 70 et 1 000 mg/L de sels dissous. Les organismes producteurs autotrophes sont des algues planctoniques et des macrophytes. Les algues planctoniques, dont la biomasse est faible, sont des Diatomées et surtout des Cyanophycées de petite taille appartenant aux genres *Microcystis* et *Anabaena*. Les macrophytes les plus abondants sur les rives sont le roseau (*Phragmites australis*), *Typha australis* et le papyrus (*Cyperus papyrus*). La biomasse des macrophytes varie de 60 à 80 t/ha pour les formations à *Phragmites* et de 100 à 150 t/ha pour celles à *Cyperus papyrus*.

Le zooplancton est formé par une vingtaine d'espèces de Rotifères et par des Crustacés Copépodes et Cladocères ; les Crustacés forment 99 % de la biomasse du zooplancton. La faune benthique comprend trois groupes principaux. Les Oligochètes avec 6 espèces ont une biomasse moyenne qui a été durant une année de 5,7 kg/ha (poids frais) dans une zone du lac. Les Mollusques avec une dizaine d'espèces de Prosobranches et de Lamellibranches ont une biomasse élevée qui atteint de 60 à 200 g/m² dans la zone la plus riche du lac. Les larves d'insectes appartiennent à sept grands groupes : Chironomides, Chaoborides, Cératopogonides, Éphémères, Trichoptères, Hémiptères, Odonates. Les Chironomides forment de 85 à 90 % de la biomasse des insectes qui, dans l'est du lac, est de 5,2 kg/ha (poids frais). Pour l'ensemble du lac la biomasse moyenne des Invertébrés benthiques est de 37,1 kg/ha.

Les poissons sont représentés par plus d'une centaine d'espèces et appartiennent à trois niveaux trophiques. Les uns sont des consomma-

teurs primaires mangeurs de phytoplancton (*Tilapia galilaea*) ou de détritus (*Labeo senegalensis*). D'autres sont des consommateurs secondaires qui mangent des Invertébrés benthiques (*Synodontis clarias*) ou du zooplancton (*Alestes baremoze*). Les consommateurs terminaux mangent des poissons détritivores ou zooplanctonophages et l'ensemble est dominé par *Eutropius niloticus* qui est un superprédateur de poissons. Les réseaux trophiques sont compliqués par des espèces qui changent de régime. *Alestes baremoze* peut être un filtreur de zooplancton dans le lac et devenir, en période de hautes eaux, un brouteur de végétaux immergés.

Le bilan énergétique pour l'ensemble du lac Tchad est le suivant :

– *Énergie solaire reçue* : 201,5.10⁴ kcal/m²/an.

– *Phytoplancton*. Biomasse : 1 kcal/m². Productivité brute : 5 037 kcal/m²/an.

– *Macrophytes*. Biomasse estimée : 4 730 kcal/m².

– *Zooplancton*. Biomasse : 3,8 kcal/m². Productivité : 265 kcal/m²/an.

– *Benthos*. Biomasse : 15,3 kcal/m². Productivité estimée : 90 kcal/m²/an.

– *Poissons*. Biomasse estimée : 30 à 40 kcal/m². Productivité : 30 à 40 kcal/m²/an.

La productivité brute du phytoplancton représente 0,25 % de l'énergie lumineuse reçue. La productivité du zooplancton n'est plus que de 0,013 % de l'énergie reçue et celle des poissons est de l'ordre de 0,002 %.

2.3.3. Un lac de montagne

Les recherches faites dans le lac de Port-Bielh situé à 2 285 m dans les Pyrénées ont montré que le plancton est formé pour 95 % par des algues de petite taille (de 1,5 à 30 μm) non récoltées par les filets ordinaires. Ces algues se développent toute l'année et même en hiver sous la glace. La productivité maximale se trouve à une certaine profondeur car les fortes intensités lumineuses de l'été inhibent la photosynthèse. La biomasse algale est de 0,1 à 0,2 g/m³ et elle atteint 1,5 g lors du développement maximal du plancton. La productivité est telle que cette biomasse se renouvelle tous les jours, au moins en été. De plus il existe sur le fond du lac une prairie de Characées du genre *Nitella* dont la productivité est estimée à 40 % de celle du phytoplancton (figure 24. 10). Les animaux sont surtout des Oligochètes, des Crustacés et des larves d'insectes, principalement de Chironomides. La truite occupe le sommet de la chaîne alimentaire (Capblancq & Laville, 1983).

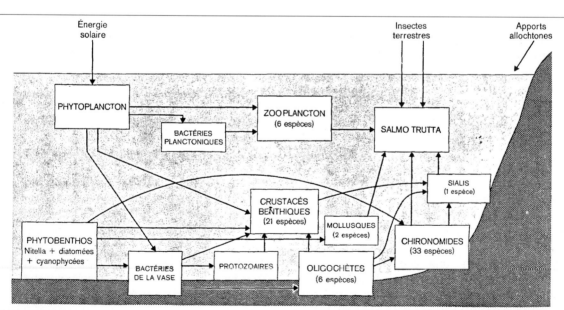

Figure 24.10
Éléments principaux des réseaux trophiques dans le lac de Port-Bielh
Les surfaces donnent une indication de l'importance des divers organismes dans l'écosystème (Capblancq et Laville, 1983).

Références

AMOROS, C. & PETTS, G. E. (eds), 1993. *Hydrosystèmes fluviaux*. Masson, Paris.

ANGELIER, E., 2000. *Écologie des eaux courantes*. Tec & Doc Lavoisier, Paris.

ARRIGNON, J., 1976. *Aménagement écologique et piscicole des eaux douces*. Gauthier-Villars, Paris.

BANARESCU, P., COAD, B. W., 1991. Cyprinid of Eurasia. *In* : I. J. Winfield & J. S. Nelson (eds), *Cyprinid fishes. Systematics, biology and exploitation*, p. 127-155. Chapman & Hall, London.

BNINSKA, M., 1991. Fisheries. *In* : I. J. Winfield & J. S. Nelson (eds), *Cyprinid fishes. Systematics, biology and exploitation*, p. 572-589. Chapman & Hall, London.

BRYLINSKY, M. & MANN, K. M., 1978. An analysis of factors governing productivity in lakes and reservoirs. *Limnol. Oceanogr.*, **18**, p. 1-14.

BONETTO, A. A., 1975. Hydrologic regime of the Parana River and its influence on ecosystems. *In* : A. D. Hasler (ed), *Coupling of land and water systems*, p. 175-197. Springer, Berlin.

BOUDOU, A., & RIBEYRE, F., 1989. *Aquatic ecotoxicology : fundamental concepts and methodologies*. CRC Press, Boca Raton, Florida. Deux volumes.

CAPBLANCQ, J. & LAVILLE, H., 1983. Le lac de Port-Bielh (Pyrénées) : exemple de fonctionnement d'un écosystème lacustre de haute montagne. *In* : M. Lamotte & F. Bourlière (eds.), *Problèmes d'écologie. Écosystèmes limniques*, p. 51-79. Masson, Paris.

DUSSART, B., 1966. *Limnologie. L'étude des eaux continentales*. Gauthier-Villars, Paris.

FEUILLADE, J. (ed), 1985. *Caractérisation et essais de restauration d'un écosystème dégradé : le lac de Nantua*. Éditions de l'INRA, Paris.

GERDEAUX, D. & BILLARD, R., 1985. *Gestion piscicole des lacs et retenues artificielles*. Éditions de l'INRA, Paris.

HOESTLANDT, H. (ed), 1981. *Dynamique des populations et qualité de l'eau*. Gauthier-Villars, Paris.

HUET, M., 1949. Aperçu des relations entre la pente et les populations piscicoles des eaux courantes. *Schweitz. Z. Hydrol.*, **11**, p. 332-351.

HYNES, H. B. N., 1975. The stream and its valley. *Verh. int. ver. Limnol.*, **19**, p. 1-12.

ILLIES, J. & BOTOSANEANU, L., 1963. Problèmes et méthodes de la classification et de la zonation écologiques des eaux courantes, considérées surtout du point de vue faunistique. *Mitt. int. ver. theor. angew. Limnol.*, **12**, p. 1-57.

JOHNSON, B. L. *et al.*, 1995. Past, present, and future concepts in large river ecology. *Bioscience*, **45**, p. 134-141.

KAJAK, Z. & HILLBRICHT-ILKOWSKA, A. (eds), 1972. *Productivity problems of freshwaters*. PWN Polish Sc. Pub., Varsovie, 918 p.

LAMOTTE, M. & BOURLIÈRE, F. (eds.), 1983. *Problèmes d'écologie. Écosystèmes limniques*. Masson, Paris.

*LEVEQUE, C. & QUENSIÈRE, J., 1983. Un lac tropical sous climat semi-aride : le lac Tchad. *In* : M. Lamotte & F. Bourlière (eds), *Problèmes d'écologie : structure et fonctionnement des écosystèmes limniques*, p. 161-241. Masson, Paris.

LEWIS, W. M., 1979. *Zooplancton community analysis. Studies on a tropical system*. Springer, Berlin.

LIKENS, G. E., 1975. Primary productivity of inland aquatic ecosystems. *In* : H. Lieth & R. H. Whittaker (eds), *Primary productivity of the biosphere*, p. 185-202. Springer, Berlin.

MAURIZI, S. & POILLON, F. (eds), 1992. *Restoration of aquatic ecosystems*. National Academy Press, Washington.

MOSKALENKO, B. K. & VOTINSEV, K. K., 1972. Biological productivity and balance of organic substance and energy in lake Baïkal. *In* : Z. Kajak et A. Hillbricht-Ilkowska (eds), *l.c.*, p. 207-226.

NAIMAN, R. J. *et al.*, 1987. Longitudinal patterns of ecosystem processes and community structure in a subarctic river continuum. *Ecology*, **68**, p. 1139-1156.

PAUTOU, G. & DECAMPS, H., 1985. Ecological interactions between the alluvial forests and hydrology of the upper Rhône. *Arch. Hydrobiol.*, **104**, p. 13-21.

PAYNE, A. I., 1986. *The ecology of tropical lakes and rivers*. John Wiley & Sons, Chichester.

PEDROS-ALIO, C., 1989. Toward an autecology of bacterioplankton. *In* : U. Sommer (ed), *Plankton ecology*, p. 297-336. Springer, Berlin.

PESSON, P. (ed), 1980. *La pollution des eaux continentales. Incidences sur les biocénoses aquatiques*. Gauthier-Villars, Paris.

PINAY, G. & DESCAMPS, H., 1988. The role of riparian woods in regulating nutrient fluxes between the alluvial aquifer and surface water. A conceptual model. *Regulated Rivers*, **2**, p. 507-514.

POURRIOT, R. & MEYBECK, M., 1995. *Limnologie générale*. Masson, Paris.

ROUNICK, J. S. *et al.*, 1982. Differential utilizations of allochthonous and autochthonous inputs by aquatic invertebrates in some New Zealand streams : a stable carbon isotope study. *Oikos*, **39**, p. 191-198.

ROUX, A. L., 1982. *Étude d'un hydrosystème fluvial : le haut Rhône français*. Éditions du CNRS, Paris. 113 pages + 2 cartes h.t. en couleurs.

SIOLI, H., 1975. Amazon tributaries and drainage basins. *In* : A. D. Hasler (ed), *Coupling of land and water systems*, p. 199-213. Springer, Berlin.

TAUB, F. B., 1984. Lakes and reservoirs. *Ecosystems of the world* n° **23**. Elsevier, Amsterdam.

VANNOTE, R. L. *et al.*, 1980. The river continuum concept. *Can. J. Fish. Aquat. Sci.,* **37**, p. 130-137.

VINER, A. B., 1975. The supply of minerals to tropical rivers and lakes (Uganda). *In* : G. Olson (ed), *An introduction to land-water relationships*, p. 227-261. Springer, Berlin.

WELCOMME, R. L., 1979 a. *Fisheries ecology of floodplain rivers.* Longman, London.

WELCOMME, R. L., 1979 b. *Fishery management in large rivers.* FAO fisheries technical paper n° 194. Rome.

WELCOME, R. L., 1985. *River fisheries.* Tech. Paper n° 262. FAO, Rome.

WINTERBOURN, M. J., 1986. Recent advances in our understanding of stream ecosystems. *In* : N. Polunin, *Ecosystem theory and application*, p. 240-268. Wiley & Sons, Chichester.

Chapitre 25

LE MILIEU MARIN

Les mers et les océans occupent 363 millions de km² soit plus du double de la surface des terres émergées. La profondeur moyenne des océans est de 3 800 m alors que l'altitude moyenne des continents n'est que de 875 m. Les continents ne sont habités qu'en surface ou presque tandis que le domaine marin est occupé dans ses trois dimensions et que la vie y existe jusque dans la fosse la plus profonde, celle des îles Mariannes, à 11 034 m.

L'étude écologique du milieu marin est un domaine très vaste dont nous ne donnerons, comme pour les eaux douces, qu'un aperçu. La liste d'ouvrages cités dans la bibliographie ne renferme que quelques publications récentes.

I. CARACTÈRES GÉNÉRAUX DU MILIEU MARIN

1.1. Les facteurs abiotiques

Les principaux facteurs abiotiques dans le milieu marin sont : (a) la composition chimique de l'eau de mer ; (b), la pression hydrostatique qui augmente approximativement de 1 atmosphère pour 10 m de profondeur ; (c) l'éclairement qui diminue rapidement avec la profondeur ce qui permet de distinguer une zone photique éclairée où la photosynthèse peut avoir lieu et où le phytoplancton peut se développer, et une zone obscure sans phytoplancton ; (d) la température qui s'abaisse progressivement et qui est généralement voisine de 0 °C aux grandes profondeurs (chapitre 5).

Les océans sont parcourus par des courants de surface très variés. Les courants de marée s'établissent à l'échelle locale. Des courants assurent l'équilibre hydrostatique à l'échelle régionale. La mer Méditerranée gagne de l'eau par le détroit de Gibraltar et ses eaux plus lourdes s'écoulent vers l'Atlantique en profondeur. Le plancton peut servir d'indicateur de ces courants marins. Il existe des espèces d'origine atlantique qui sont transportées par les courants de surface dans une partie de la Méditerranée occidentale (exemple le Chétognathe *Sagitta planctonis*) et des espèces de Méditerranée orientale qui sont transportées par les courants de profondeur vers la Méditerranée occidentale (exemple le Copépode *Monacilla typica*). À l'échelle mondiale des courants engendrés par la rotation de la terre et par les vents alizés dominants se présentent souvent sous la forme de vastes mouvements giratoires. Le débit d'un de ces courants, le Gulf Stream, est estimé à 50 millions m³/s soit 25 fois celui de l'Amazone. Il existe des courants chauds (Gulf Stream) et des courants froids (courant de Humboldt) qui jouent un rôle considérable comme transporteurs d'énergie et comme régulateurs des climats. Ils règlent aussi la distribution des animaux marins. Les jeunes anguilles nées dans la mer des Sargasses se laissent dériver vers l'Europe grâce au courant du Gulf Stream. Dans le Pacifique nord une population de thons est maintenue dans une vaste zone limitée par le courant nord-équatorial et par les courants qui le prolongent vers le sud. Les tourbillons sont des structures permanentes qui délimitent des aires dans lesquelles se rencontrent des communautés planctoniques bien définies. D'autres courants qui brassent les eaux dans le sens vertical sont responsables de la formation

des zones d'upwelling qui sont situées sur la façade ouest des continents au voisinage des côtes du Pérou, de l'Angola, de la Mauritanie et de la Californie, ainsi qu'au voisinage de la côte sud-est de l'Arabie.

La zone connue sous le nom de convergence antarctique est située autour du continent Antarctique. Elle est due à l'existence de courants de densité qui font remonter les eaux profondes en surface et descendre les eaux froides vers la profondeur (figure 25.1). Les eaux froides d'origine polaire s'écoulent lentement sur le fond où elles séjournent longtemps. Les datations au carbone 14 ont montré que le temps de séjour de l'eau dans la zone abyssale est de 1 400 ans et la vitesse des courants de 8 cm/s.

La productivité primaire élevée de la zone de convergence antarctique permet le développe-ment d'un zooplancton abondant dont le Crustacé *Euphausia superba* (ou krill) est l'élément essentiel. Sa production est comprise entre 75 et 150.10^9 t/an. Le krill servait de nourriture essentielle à des Cétacés. Mais la surexploitation des baleines a entraîné leur raréfaction et une partie du krill n'est plus consommée. Les 5 espèces de Cétacés qui avaient une certaine importance (baleine bleue, rorqual commun, rorqual boréal, petit rorqual et jubarte) représen-taient au début du siècle un effectif de 975 000 individus et une biomasse de 43 millions de t. Ces Cétacés prélevaient de 200 à 400 millions de tonnes d'aliments. Les autres consommateurs de krill et d'autres éléments du zooplancton sont les oiseaux marins. Les 46 espèces principales d'oiseaux ont un effectif de 350 millions d'individus et une biomasse de 800 000 t. Leurs prélèvements atteignent chaque mois 4,7 millions de tonnes dont 61 % de Crustacés, 24 % de Céphalopodes et 14 % de poissons (Mougin et Prévost, 1980).

1.2. Les subdivisions du milieu marin

On distingue dans le milieu marin un domaine pélagique ou de pleine eau et un domaine ben-thique. Chacun de ces domaines est subdivisé selon la profondeur en diverses zones (figure 25.2). Le plateau continental, plus ou moins étendu selon les régions, est en pente douce (pente moyenne de 0,5 %) et il s'étend jusqu'à 200 m en moyenne. Le talus continental a une pente moyenne de 5 % et il descend jusqu'à 2 000 m. La plaine abyssale descend jusqu'à 6 000 m. La zone hadale ou ultra abyssale corres-pond aux plus grandes fosses. L'importance rela-tive de ces 4 régions est la suivante :

Plateau continental (0-200 m)	7,6 %
Talus continental (200-2 000 m)	8,1 %
Plaine abyssale (2 000-6 000 m)	82,2 %
Zone hadale (plus de 6 000 m)	2,1 %

La province néritique correspond au plateau continental. Les eaux y sont peu profondes, agi-tées et riches en substances dissoutes et en matériaux en suspension et la productivité y est élevée. La province océanique recouvre les fonds dont la profondeur est supérieure à 200 m.

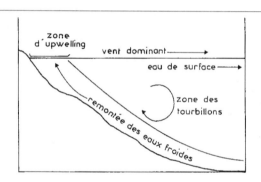
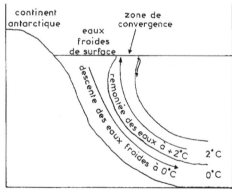

Figure 25.1
En haut, mécanisme de formation des zones de remontée d'eau profonde ou upwelling. Les vents dominants qui souf-flent de l'est vers l'ouest provoquent une aspiration vers la surface des eaux profondes riches en sels nutritifs.
En bas, formation de la zone de convergence antarctique. Aux alentours du continent antarctique les eaux de surface froides et denses dont la température est voisine de 0 °C coulent sur le fond et provoquent la remontée des eaux pro-fondes plus légères dont la température est voisine de 2 °C.

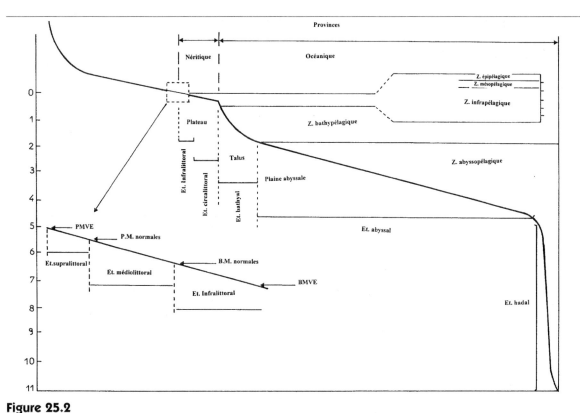

Figure 25.2
Les subdivisions du milieu océanique
En bas et à gauche, détail de la zone littorale. PMVE : pleine mer de vive-eau ; P.M. : pleine mer ; B.M. : basse mer ; BMVE : basse mer de vive-eau ; Et : étage ; Z : zone. Échelle verticale en milliers de mètres.

II. LA VIE VÉGÉTALE ET ANIMALE

La biodiversité au niveau de l'espèce est plus faible dans le milieu marin que dans le milieu terrestre. Mais la biodiversité au niveau des grands types d'organisation est plus grande (chapitre 20). La diversité des modes de vie permet de distinguer diverses catégories d'organismes.

2.1. Le plancton

Le plancton comprend l'ensemble des organismes flottants qui se laissent transporter par les courants auxquels ils sont incapables de résister. Les principaux éléments du zooplancton sont les suivants :

Groupes systématiques	Exemples
Péridiniens (= Dinophycées)	Noctiluque
Foraminifères	Globigérines
Radiolaires	*Aulacantha*
Ciliés	*Tintinnopsis*
Flagellés	nombreux dans le nannoplancton
Cnidaires	Méduses (Hydroméduses et Scyphoméduses) ; Siphonophores
Cténaires	*Beroe, Pleurobrachia*
Polychètes	*Tomopteris* (holoplancton, carnivore) ; *Nereis* (méroplancton) ; larves trochophores
Chétognathes	*Sagitta*
Crustacés	Copépodes ; Mysidacés ; Euphausiacés ; quelques Amphipodes (*Phronima*) ; larves diverses (Zoe, Mysis, Nauplius, Phyllosome)
Mollusques	Hétéropodes, Ptéropodes, Nudibranches ; larves véligères
Échinodermes	larves Pluteus
Tuniciers	Appendiculaires, Pyrosomes
Poissons	œufs et larves de nombreuses espèces

Les animaux planctoniques sont soit des organismes filtreurs (Appendiculaires, beaucoup de Copépodes, Euphausiacés) qui collectent les organismes microscopiques et les débris organiques en suspension dans l'eau ; soit des prédateurs comme la plupart des Cnidaires et certains Annélides. On appelle holoplancton (ou plancton permanent) l'ensemble des organismes dont la totalité du cycle de développement se passe en pleine eau. Il est riche en Foraminifères, Siphonophores et Méduses, Rotifères, Chétognathes, Crustacés et Appendiculaires. Le méroplancton ou plancton temporaire comprend les stades pélagiques des espèces dont une partie du cycle est benthique : larves de Polychètes, de Mollusques, d'Échinodermes, alevins de poissons.

Le plancton peut aussi être classé en fonction de la taille des espèces. On distingue :

– **le picoplancton**, formé par des organismes de taille inférieure à 5 μm comprenant surtout des bactéries hétérotrophes et des Cyanobactéries ainsi que des petites espèces de Flagellés ;

– **le nannoplancton**, formé par des organismes dont la taille est comprise entre 5 et 50 μm comprend des Coccolithophorides (algues à squelette calcaire), des Diatomées et des Péridiniens de petite taille, des Flagellés et des Ciliés, ainsi que des petites larves d'Invertébrés. Les petits Flagellés mesurant de 0,8 à 10 μm sont des prédateurs de Bactéries et de phytoplancton. Leurs effectifs varient de 0,3 à 4.10^6 cellules par litre. Les grands Flagellés et les Ciliés, qui mesurent de 10 à 100 μm sont des prédateurs de petits Flagellés (et parfois de bactéries) et leur abondance est de 10^3 à 10^4 cellules par litre ;

– **le microplancton**, qui mesure de 50 μm à 1 mm, renferme des Diatomées, des Copépodes et la majorité des formes du méroplancton ;

– **le mésoplancton**, de 1 à 5 mm, comprend beaucoup d'espèces de l'holoplancton comme des Copépodes, Chétognathes, Ptéropodes et des œufs de poissons.

– **le macroplancton**, de 5 mm à 5 cm, est formé par beaucoup de stades larvaires de poissons et par des Invertébrés tels que des méduses et des Tuniciers ;

– **le mégaloplancton**, formé par les organismes de plus de 5 cm, comprend certaines grandes méduses, les Mollusques Hétéropodes, divers Crustacés, les Siphonophores.

2.2. Le neuston

Le mot neuston désigne les organismes qui vivent à la surface de l'eau. Dans le milieu marin le neuston est pratiquement limité aux Hémiptères du genre *Halobates* qui marchent sur l'eau et qui sont l'équivalent des *Gerris* que l'on rencontre dans les eaux douces. Le terme de neuston est souvent étendu à l'ensemble des micro-organismes animaux et végétaux comprenant les hydrobiontes et aérobiontes qui vivent dans la phase aqueuse (hyponeuston) ou aérienne (épineuston) de part et d'autre de la couche limite qui sépare l'eau de l'atmosphère. L'étude de la mince couche d'eau qui est située à l'interface air-mer s'est développée à partir des années soixante (Hardy, 1982 ; Romano, 1989). L'importance de cette couche de surface tient au fait qu'elle est le lieu des échanges entre l'océan et l'atmosphère. Par temps calme on peut voir à la surface de la mer des films d'eau lisses et d'un bleu intense qui ont reçu le nom anglo-saxon de *slicks*. Ces films ont une durée de vie brève (quelques heures) et accumulent de la matière organique particulaire, du phytoplancton et des bactéries qui ont une activité intense et qui sont capables de dégrader du pétrole brut lors des pollutions. On y rencontre aussi un peuplement animal particulier avec des Copépodes Pontellidés et de nombreux œufs et stades larvaires d'Invertébrés.

2.3. Le necton

Le necton est l'ensemble des espèces capables de vivre en pleine eau et de se déplacer activement contre les courants marins. Le necton comprend la plupart des poissons pélagiques, les Mammifères marins, les Céphalopodes et divers Crustacés.

2.4. Le benthos

Le benthos sessile comprend des organismes qui sont soit fixés à la surface du substrat (Algues, Spongiaires, Bryozoaires, Ascidies, Cirripèdes), soit pivotants c'est-à-dire « enracinés » dans le substrat meuble (certains Polychètes et Cnidaires). Le benthos vagile est constitué par des espèces qui sont libres mais qui ne s'éloignent

guère du fond (Gastéropodes, Échinodermes, Décapodes, Poissons). Les animaux fouisseurs se déplacent dans le sédiment meuble (Holothuries, Mollusques) ou s'y installent à demeure (divers Lamellibranches). Les foreurs creusent le substrat dur (Tarets, Pholades, Éponges du genre *Cliona*). Les régimes alimentaires des animaux du benthos sont très variés. Il existe des phytophages mangeurs d'algues (Gastéropodes, Crustacés, Poissons), des collecteurs de particules en suspension (Bryozoaires, Annélides, Crustacés, beaucoup de Lamellibranches), des prédateurs macrophages (étoiles de mer, Gastéropodes Prosobranches), des mangeurs de vase ou de détritus (Holothuries, Polychètes, Lamellibranches), des brouteurs (tels que divers Gastéropodes et des poissons) qui exploitent les éponges, les Coelentérés et les Bryozoaires qui sont fixés sur les substrats durs.

Les autres catégories d'organismes sont moins importantes. Le pleiston comprend des Cnidaires comme les Physalies et les Vélelles qui laissent sortir de l'eau une sorte de voile, ce qui leur permet de se laisser transporter par le vent. On utilise le terme de seston pour désigner tout ce qui est de nature organique, mort ou vivant, et qui flotte dans l'eau. Le plancton est la partie vivante du seston et le tripton en est la partie morte.

III. LE MILIEU PÉLAGIQUE

Le milieu pélagique peut être divisé en six zones.

– **Zone épipélagique.** C'est la zone superficielle éclairée (ou zone euphotique) dont l'épaisseur est de 50 à 100 m selon les régions, et dans laquelle le phytoplancton peut se développer. La partie la plus superficielle est parfois appelée zone neustonique (cf. ci-dessus).

– **Zone mésopélagique.** Cette zone qui s'étend de 50-100 m à 200 m est encore légèrement éclairée mais le phytoplancton ne peut plus y survivre. Les fluctuations de la température saisonnière s'y font encore sentir.

– **Zone infrapélagique.** De 200 à 500-600 m, cette zone est riche en espèces car elle comprend à la fois des organismes qui remontent la nuit de la zone inférieure et des espèces qui descendent le jour de la zone supérieure. La température de

cette zone varie, selon la profondeur, de 10°C à 4 °C mais elle ne subit plus de variations saisonnières contrairement aux zones plus superficielles.

– **Zone bathypélagique.** De 500 à 2 000 m, cette zone est caractérisée par un renouvellement important de la faune planctonique. Les Copépodes y sont dominants ; les Siphonophores, les Amphipodes, les Décapodes sont nombreux également et on voit apparaître quelques formes de grande taille caractéristiques du plancton profond comme des Holothuries pélagiques, des Pélagonémertes, des Méduses. La limite inférieure de cette zone correspond à peu près, aux latitudes moyennes, à l'isotherme de 4°C.

– **Zone abyssopélagique.** Entre 2 000 et 6 000 m cette zone n'est plus dominée par les Copépodes mais par les Chétognathes, les Mysidacés, les Décapodes et par les espèces de grande taille apparues dans la zone précédente.

– **Zone hadopélagique.** Au-delà de 6 000 m, cette zone est formée par des fosses étroites et allongées qui sont surtout nombreuses dans l'océan Pacifique et qui atteignent 11 000 m. Sa faune est très pauvre et dominée par des Amphipodes, Ostracodes et Copépodes.

La biomasse du zooplancton diminue rapidement avec la profondeur (figure 25.3) et présente également d'importantes variations en fonction de la latitude. Les producteurs étant localisés à la zone superficielle éclairée, des transferts de matière se font vers les zones profondes grâce aux migrations verticales actives de nombreux organismes qui montent la nuit pour se nourrir et qui descendent la journée. Le relais est pris par d'autres espèces et des chaînes s'établissent jusqu'à 6 000 m environ. Beaucoup de Crustacés planctoniques (Amphipodes, Mysidacés, Pénéidés, Euphausiacés) parcourent des distances verticales de 600 m chaque jour. Le Copépode *Calanus cristatus* a des stades jeunes phytophages qui sont localisés dans les zones superficielles ; ses copépodites du stade 5 descendent entre 1 000 et 4 000 m et forment 30 % du plancton entre 1 000 et 2 000 m ; les stades plus âgés vivent sur leurs réserves à des profondeurs de l'ordre de 4 000 m. Les Mysidacés des genres *Boreomysis* et *Hyperamblops* collectent leur nourriture entre 200 et 500 m puis ils descendent rapidement jusqu'à près de 7 500 m. La quantité de nourriture disponible grâce à ces migrations verticales

devient de plus en plus faible vers les abysses où la matière organique morte est la source de nourriture prépondérante ce qui explique la disparition progressive des carnivores et la diminution de la biomasse.

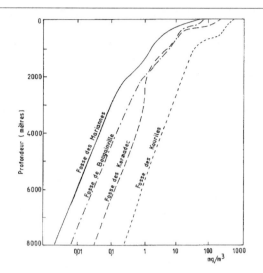

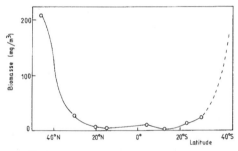

Figure 25.3
En haut, biomasse du plancton en mg/m³ en fonction de la profondeur dans quatre fosses du Pacifique. Noter les variations importantes de biomasse d'une fosse à l'autre.
En bas, biomasse moyenne en mg/m³ pour la couche de 0 à 4 000 m en fonction de la latitude dans l'océan Pacifique.

Le milieu pélagique est peuplé aussi par les représentants du necton qui sont surtout des poissons. Certaines espèces (beaucoup de Clupéidés comme la sardine ou l'anchois) vivent directement aux dépens du plancton et elles forment des chaînes alimentaires courtes. Les Cétacés à fanons sont aussi des mangeurs de plancton. D'autres poissons pélagiques comme les thons sont des prédateurs ainsi que les Pinnipèdes et les Cétacés à dents. Deux grands ensembles peuvent être distingués parmi les poissons pélagiques. Les poissons des eaux superficielles (zone épipélagique et zone mésopélagique) ont un corps en forme de fuseau qui permet une nage rapide. Ils

réalisent souvent des déplacements migratoires importants. On les qualifie de poissons bleus à cause de la coloration bleue de leur face dorsale qui contraste avec celle, plus claire, de la face ventrale. Beaucoup de ces poissons sont grégaires et vivent en bancs. Les poissons des eaux profondes se déplacent peu et ils ont des formes variées souvent peu hydrodynamiques. Leur bouche très grande et fortement dentée est une adaptation à la recherche d'une nourriture peu abondante. L'existence fréquente d'organes lumineux est considérée comme une adaptation à la vie dans un milieu où règne l'obscurité. Le nombre d'espèces de poissons diminue rapidement avec la profondeur. Au-dessous de 3 500 m on n'en connaît guère plus d'une centaine.

IV. LE MILIEU BENTHIQUE

Les subdivisions du milieu benthique en fonction de la profondeur sont parallèles à celles qui sont adoptées pour le milieu pélagique. On distingue les étages suivants.

• **Étage supralittoral.** C'est la partie la plus élevée de la zone intertidale qui est située entre le niveau des pleines mers de vive-eau et le niveau des plus hautes mers. Sur les côtes rocheuses cet étage est recouvert par une végétation dont les éléments les plus caractéristiques sont des Lichens noirâtres du genre *Verrucaria*. La faune comprend des espèces capables de résister à des émersions prolongées comme des Gastéropodes (Littorines) et des Isopodes (*Lygia*). Sur les plages des côtes sableuses les Crustacés Amphipodes (*Talitrus*, *Orchestia*) sont abondants et cohabitent avec de nombreux insectes, en particulier des Coléoptères Carabidés et Ténébrionides et des Diptères.

• **Étage médiolittoral.** Dans les mers à marées importantes et sur les substrats rocheux cet étage est recouvert par des bandes horizontales et superposées d'Algues brunes qui constituent des ceintures bien visibles en mode calme lorsque l'agitation de l'eau n'est pas trop grande. En mode battu l'importance des algues est moindre (figure 25.4). Quatre ceintures d'algues se rencontrent sur les côtes de la Manche. La ceinture à *Pelvetia canaliculata* marque la limite supérieure de l'étage ; sa faune est pauvre. La ceinture à *Fucus spiralis* possède une faune un peu plus riche

Figure 25.4

Peuplements des côtes rocheuses de la Manche en mode calme à gauche et en mode battu à droite

BMVE : Basse mer de vive-eau ; BME : Basse mer d'équinoxe. L'étage supralittoral est atteint exceptionnellement par les embruns. Au-dessus se trouvent des rochers presque nus qui portent quelques plantes halophiles (*Crithmum, Armeria, Cochlearia*). Les Lichens sont les éléments dominants de la végétation de cet étage : *Xanthoria parietina* jaune orangé est situé en haut de la zone et *Verrucaria maura* de couleur noire est situé en bas. La faune, rare, comprend l'Isopode *Lygia oceanica* et le Gastéropode *Littorina neri*-

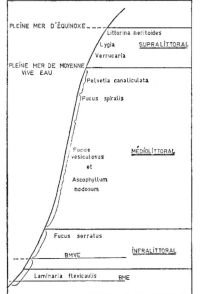
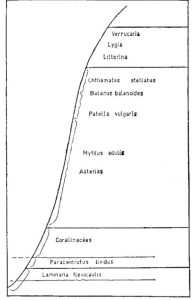

toides. Dans l'étage médiolittoral les Cirripèdes (*Chthamalus stellatus, Balanus balanoides*) sont des éléments caractéristiques de la faune surtout en mode battu.

---

avec en particulier les Gastéropodes *Littorina saxatilis* et *Littorina obtusata* (ou bigorneaux) qui broutent les algues. La ceinture à *Fucus vesiculosus* a une extension verticale plus grande que les précédentes. Sa faune est plus diversifiée et elle comprend un autre bigorneau, *Littorina littorea,* et beaucoup de détritivores dont des Crustacés. La ceinture à *Fucus serratus* est la plus basse. On y rencontre déjà des algues rouges qui annoncent l'étage infralittoral. La faune y est très riche avec des Gastéropodes, Hydraires, Polychètes, Bryozoaires, Ascidies. La base de l'étage médiolittoral est souvent occupée par des peuplements de moules (qui sont exploitables lorsque la densité des algues n'est pas trop élevée) et d'huîtres dont la biomasse peut atteindre 80 kg/m^2 et qui sont la proie d'étoiles de mer et de Gastéropodes carnivores comme les pourpres et les *Murex*.

Sur les substrats meubles il existe d'une part des grandes espèces qui vivent à la surface du sable et qui s'y enfoncent rarement (Échinodermes, Crustacés, Poissons) et d'autre part des espèces psammiques qui vivent dans le sable en permanence. Les espèces de grande taille fouissent dans le sable et y creusent des galeries et les espèces de petite taille (moins de 1 mm) vivent dans les interstices des grains de sable. Elles constituent la faune interstitielle marine dont les représentants ont une forme allongée ce qui leur permet de s'insinuer entre les grains de sable. Les

représentants de la faune interstitielle sont des Ciliés, des Gastrotriches, des Annélides, des Nématodes et des Crustacés (figure 5.14). Dans les mers sans marées l'étage médiolittoral supérieur est peuplé par des Cirripèdes (*Balanus, Chthamalus*) et l'étage médiolittoral inférieur par des Algues rouges du groupe des Mélobésiées. Ces dernières forment souvent une véritable corniche ou « trottoir » qui, sur la côte méditerranéenne, est constituée par l'Algue *Lithophyllum tortuosum* qui héberge dans ses anfractuosités à la fois des Invertébrés marins (crabes par exemple) et des Invertébrés d'origine terrestre (comme l'araignée *Desidiopsis* ainsi que des Collemboles).

Le littoral est un écotone entre le milieu terrestre et le milieu marin. La transition est bien marquée sur les côtes vaseuses où des ceintures de végétation se succèdent régulièrement de la terre vers la mer en fonction de la durée des périodes d'émersion. Dans une zone vaseuse littorale des côtes de la Manche il existe deux zones, le schorre et la slikke (figure 25.5). Malgré une apparence désertique la vie animale est intense dans la slikke mais la plupart des animaux vivent enfouis dans la vase. Les espèces dominantes de la slikke sont des Polychètes (*Nereis*, Arénicole), des Lamellibranches (coque, couteau, palourde, *Mya*), des Crustacés comme la crevette grise *Crangon vulgaris*. Le schorre héberge une faune d'origine terrestre et en particulier de nombreux

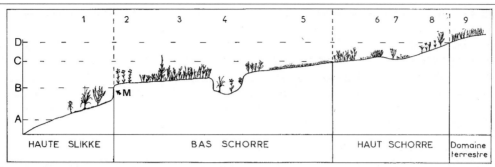

Figure 25.5

Schéma de la topographie et des zones de végétation d'un littoral vaseux tel qu'on peut l'observer sur les côtes de la Manche

La zone littorale comprend deux parties la slikke (« boue » en néerlandais) et le schorre (« pré salé » en néerlandais). Une microfalaise M de quelques décimètres de hauteur sépare les deux zones. A : Niveau supérieur à mi-marée ; B : Niveau supérieur des marées de morte-eau ; C : Niveau supérieur des marées de vive-eau ; D : Niveau des plus fortes marées. Les zones de végétation sont les suivantes. 1 : Zone à Salicorne et à *Spartina townsendi* fixant la vase ; 2 : Zone à *Aster tripolium* associé à *Puccinellia maritima* ; 3 : Zone à *Obione portulacoides* formant des peuplements denses ; 4 : Rigole occupée par de la vase nue ou par des *Spartina* et *Aster* ; 5 : Zone pâturée à *Pucciniella maritima* et *Limonium vulgare* ; 6 : Butte avec *Agropyrum pungens* ; 7 : Zone déprimée à *Salicornia* et *Spergularia* ; 8 : Limite supérieure du schorre avec *Artemisia maritima* ; 9 : Peuplements de Graminées formant passage à la végétation terrestre.

Arthropodes comme les Coléoptères du genre *Bledius* qui creusent leurs terriers dans la vase. La productivité de la slikke est élevée ce qui explique le grand intérêt des zones humides littorales qui servent de nurseries à des poissons comme la sole, la plie ou le turbot. La pêche à la crevette grise qui se développe dans ce milieu fournit en France une récolte de 1 000 à 1 500 t/an. Les vasières littorales servent de lieux d'hivernage à plusieurs espèces d'oiseaux limicoles dont les effectifs sont estimés à 500 000 individus sur la façade atlantique française. Dans la baie du Mont-Saint-Michel 20 000 huîtriers-pies passent l'hiver et se nourrissent en consommant chacun de 200 à 300 coques chaque jour, ce qui représente une consommation totale de plusieurs centaines de millions de coques.

• **Étage infralittoral.** Dans cet étage se localisent des organismes qui exigent une immersion continue et un éclairement intense. Sur substrat rocheux on rencontre des Algues brunes comme les Laminaires qui remplacent les *Fucus* disparus. La limite inférieure de cet étage correspond à la disparition des herbiers de Phanérogames telles que les Zostères. Dans les régions tropicales les Madréporaires constructeurs de récifs s'installent dans l'étage infralittoral.

• **Étage circalittoral.** Il est occupé par des Algues rouges calcaires de la famille des Lithothamniées. En Méditerranée les formations dites « coralligènes » sont caractéristiques de cet étage. Elles comprennent des algues encroûtantes formant 80 % de la masse calcaire totale et dont la surface et les cavités sont peuplées par une riche faune de Spongiaires, de Gorgones, d'Alcyonnaires, de Madréporaires, de Polychètes, de Bryozoaires. L'abondance du corail rouge (*Corallium rubrum*) dans cette formation est à l'origine du nom de coralligène (qui n'a rien à voir avec les récifs de coraux). Sur les fonds meubles détritiques formés de graviers et de sables grossiers s'installent parfois des Lithothamniées qui, en Bretagne, forment le « maerl » utilisé comme engrais. La faune y est surtout constituée par des Lamellibranches et des Échinodermes. Sur les fonds vaseux ce sont les Polychètes qui dominent.

La richesse des peuplements benthiques aux faibles profondeurs a comme conséquence un recouvrement total ou presque des fonds rocheux. La compétition pour l'alimentation est à l'origine de très nombreux dispositifs de récolte et de régimes alimentaires non moins variés : phytophages mangeurs d'algues (Gastéropodes, Crustacés, Poissons), collecteurs de particules en suspension (Bryozoaires, Annélides, Ascidies, Lamellibranches), fouisseurs, mangeurs de vase, etc.

• **Étage bathyal.** Dans l'Atlantique Nord cet étage est peuplé par la biocénose des grands

« coraux blancs », Madréporaires appartenant aux genres *Amphelia* et *Lophelia* qui sont associés à de nombreux autres Cnidaires, à des Échinodermes, des Polychètes, des Crustacés, des Poissons, etc. Les vases de cet étage sont occupées par des petits Lamellibranches (*Yoldia*, *Nucula*, *Chlamys*), des Scaphopodes, des Spongiaires, divers Décapodes et Échinodermes.

• **Étage abyssal.** Il est très faiblement peuplé sur substrat rocheux. Les substrats meubles sont qualifiés de « boues abyssales » et possèdent une faune plus diversifiée avec des Holothuries, des Astéries, des Lamellibranches, des Polychètes.

• **Étage hadal.** Cet étage est caractérisé par des Holothuries, des Actinies, des Polychètes, des Mollusques et quelques Crustacés Isopodes et Amphipodes. Les Pogonophores ont leur maximum de fréquence dans l'étage hadal et les Bactéries « barophiles » qui exigent des fortes pressions pour se multiplier en sont des caractéristiques.

Le benthos des grandes profondeurs présente un certain nombre de caractères communs. La réduction des formations calcaires de soutien est remarquable. Les carnivores sont rares car les sources de nourriture essentielles sont les bactéries et les débris organiques qui tombent des zones supérieures. La biomasse du benthos profond est très faible. Elle n'est que de 0,1 g/m² vers 5 000 m. Mais il existe cependant des zones privilégiées qui ont une faune plus riche, en particulier au voisinage des continents.

Beaucoup d'espèces du benthos profond ont une taille supérieure à celle des espèces voisines des faibles profondeurs. Les basses températures qui règnent dans le milieu abyssal semblent responsables de l'augmentation de la durée de vie et de la taille. Les Radiolaires de la famille des Challengeridés mesurent de 0,11 à 0,16 mm pour les espèces qui vivent entre 50 et 400 m, de 0,215 à 0,28 mm pour les espèces qui vivent entre 400 et 1 500 m et de 0,33 à 0,58 mm pour les espèces qui vivent entre 1 500 et 5 000 m. Le Crustacé *Storthyngura fragilis* mesure 12 mm quand il est récolté dans une eau à 1,8 °C et 30 mm quand il est récolté dans une eau à 0,3 °C. Le benthos abyssal renferme de véritables fossiles vivants

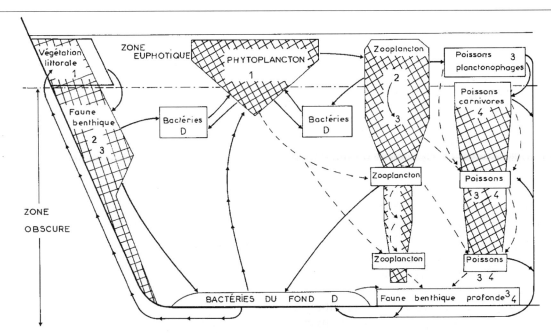

Figure 25.6
Schéma des relations trophiques dans l'océan
Les flèches en tirets représentent la consommation par divers animaux de matière organique morte issue du phytoplancton, du zooplancton ou des poissons ; les flèches en traits pleins représentent la consommation directe d'organismes vivants ou l'utilisation de matière organique morte par les bactéries. Les traits marqués de flèches multiples représentent le retour des sels minéraux formés par les bactéries benthiques vers les macrophytes et le phytoplancton. 1, 2, 3, 4 : Niveaux trophiques ; D : Décomposeurs. Le phytoplancton est localisé dans la zone euphotique. Le zooplancton se raréfie dans les abysses et devient à peu près inexistant vers 6 000 m. Il en est de même des poissons. La faune benthique se raréfie également avec la profondeur.

comme le Mollusque *Neopilina*, des Éponges à squelette siliceux, des Crustacés et des Crinoïdes. Cette persistance est attribuée à la stabilité du milieu et à la faible abondance de la faune ce qui réduit l'importance de la sélection naturelle. Dans les eaux superficielles où la sélection est forte ces organismes primitifs n'ont pas pu survivre.

Les valeurs de la productivité primaire et de la productivité secondaire des diverses régions des océans ont été données au chapitre 15. La figure 25.6 schématise les principaux réseaux trophiques des océans. La comparaison du milieu terrestre et du milieu océanique révèle des différences importantes dans leur mode d'exploitation par l'homme.

• **Milieu terrestre.** Les végétaux forment 94 % de la biomasse totale récoltée, les animaux herbivores 6 % et la biomasse récoltée sous la forme d'animaux carnivores est négligeable. Les valeurs de la productivité et de la récolte (en poids sec) étaient les suivantes en 1976 : productivité primaire : 120.10^9 t ; récolte totale (végétaux et animaux) : $1,3.10^9$ t dont 10^9 t de céréales, $0,22.10^9$ t d'autres végétaux, et $0,073.10^9$ t de produits animaux. Le rendement d'exploitation par l'homme est donc dans le milieu terrestre de $1,3.10^9/120.10^9 = 1$ %.

• **Milieu océanique.** La productivité primaire est de 55.10^9 t et la récolte totale est de 17.10^6 t dont $0,3.10^6$ t de grandes algues benthiques et $16,7.10^6$ t de poissons et autres animaux (il faudrait ajouter les 6 millions de tonnes produites par l'aquaculture). Le rendement d'exploitation du milieu marin par l'homme est seulement de $17.10^6/55.10^9 = 0,03$ %. Le milieu marin est, en raison de la structure de ses peuplements, un milieu sous-exploité par rapport au milieu terrestre.

La quantité de nourriture extraite de l'océan représente (au point de vue énergétique) moins de 1 % de la quantité totale de nourriture récoltée chaque année. Au point de vue qualitatif le rôle de l'océan est meilleur car il fournit environ 15 % des apports en protéines. Le rendement de la pêche, qui a régulièrement augmenté depuis 20 millions de tonnes en 1948 jusqu'à 75 millions de tonnes dans les années 75, ne s'accroît plus guère. Beaucoup de stocks de poissons (et de grands Cétacés) sont surexploités et une récolte de l'ordre de 100 à 120 millions de tonnes est un maximum qui ne pourra certainement pas être dépassé. L'aquaculture a des possibilités limitées par beaucoup de facteurs tels que la pollution des régions littorales qui auraient été favorables ou le coût élevé de ses produits. Les prévisions les plus optimistes admettent que l'aquaculture pourrait fournir de 50 à 60 millions de tonnes de produits au début du XXIᵉ siècle (Pillay, 1976, *in* Barnes et Mann, 1980). L'océan ne semble donc pas être le réservoir inépuisable que certains espéraient trouver pour nourrir une population en croissance constante.

Références

BARNES, R. S. & MANN, K. H. (eds), 1980. *Fundamentals of aquatic ecosystems*. Blackwell, Oxford.

BIANCHI, M. *et al.*, 1989. *Micro-organismes dans les écosystèmes océaniques*. Masson, Paris.

BOUGIS, P., 1974. *Écologie du plancton marin*. Tome I. *Le phytoplancton*. Tome II : *Le zooplancton*. Masson, Paris.

BOURNÉRIAS, M. *et al.*, 1983. *Guides naturalistes des côtes de France*. *La Manche de Dunkerque au Havre*. Delachaux et Niestlé, Neuchâtel.

COLLIGNON, J., 1991. *Écologie et biologie marines. Introduction à l'halieutique*. Masson, Paris.

EHRHARDT, J. P. & SEGUIN, G., 1978. *Le plancton. Composition, écologie, pollution*. Gauthier-Villars, Paris.

HARDY, J. T., 1982. The sea surface microlayer : biology, chemistry and anthropogenic enrichment. *Prog. Oceanogr.*, **11**, p. 307-328.

JEQUEL, N. & ROUVE, D., 1983. *Marais, Vasières, Estuaires*. Ministère de l'environnement. Éditions Ouest France, Rennes.

LE GAL, Y., 1988. *Biochimie marine*. Masson, Paris.

MOUGIN, J. L. PRÉVOST, J., 1980. Évolution annuelle des effectifs et des biomasses des oiseaux antarctiques. *La Terre et la Vie*, **34**, p. 101-133.

PÉRÈS, J. M., 1961. *Océanographie biologique et biologie marine. I. La vie benthique*. Presses Universitaires de France, Paris.

PÉRÈS, J. M. (ed), 1976. *La pollution des eaux marines*. Gauthier-Villars, Paris.

PÉRÈS, J. M. & DEVÈZE, L., 1963. *Océanographie biologique et biologie marine. II. Le plancton*. Presses Universitaires de France, Paris.

ROMANO, J. C., 1989. Les populations bactériennes à l'interface air-mer. *In* : M. Bianchi *et al.*, *l. c.*, p. 153-184.

CONCLUSION

Le but de cet ouvrage a été d'exposer les principaux acquis théoriques de l'écologie fondamentale, science biologique en plein développement. Quelques éléments d'écologie appliquée ont permis de montrer que nos connaissances sur des sujets comme la structure et le fonctionnement des écosystèmes, les populations, la biodiversité et son érosion accélérée, le changement global ont des conséquences pratiques considérables, aussi bien économiques (aménagement du territoire, gestion des ressources renouvelables ou non renouvelables, alimentation des hommes), que sociales ou philosophiques. L'écologie impose le renouvellement de nos conceptions relatives aux relations entre l'homme et la biosphère. C'est la raison pour laquelle elle a pu être qualifiée de « science subversive » car elle conduit à rejeter beaucoup d'idées dont la plupart sont nées au XIXᵉ siècle lorsque les conditions de vie et l'état de la biosphère étaient différentes de celles qui règnent de nos jours.

La complexité et la variété des systèmes biologiques rendent leur étude difficile et des conclusions simples, générales et définitives sont souvent difficiles à établir. On a pu le constater tout au long de cet ouvrage, par exemple en ce qui concerne le rôle exact que joue la compétition dans l'organisation des peuplements, les conséquences probables de l'effet de serre, ou bien les relations qui existent entre la diversité et la stabilité des écosystèmes. Mais beaucoup de résultats sont cependant bien acquis, comme l'existence du « changement global », l'importance des pollutions et leurs conséquences, ou l'existence d'espèces menacées qu'il convient de protéger en raison de leur importance. Cependant certains n'hésitent pas à contester ces résultats, par ignorance, idéologie ou intérêt personnel, pratiquant ainsi ce que l'écologiste P. Ehrlich a pu qualifier de « environmental anti-science ».[1]

Un bref aperçu historique met en évidence ce que l'on a appelé les « racines historiques de la crise écologique ». L'homme préhistorique était intimement lié à la nature. Il en dépendait entièrement pour sa subsistance et était capable d'exploiter une large gamme de plantes et d'animaux, ce qui l'obligeait à de longs déplacements et limitait la densité de ses populations. Cet homme chasseur et cueilleur était, comme les autres espèces animales, maintenu en équilibre avec son milieu par les maladies, la pénurie alimentaire et un taux de mortalité élevé, surtout chez les jeunes. Il possédait certainement des connaissances naturalistes étendues qu'il utilisait pour la découverte de plantes comestibles et la capture des animaux. Les peintures murales qui représentent de nombreux Mammifères avec un réalisme étonnant en sont la preuve, de même que les études qui ont été réalisées chez les peuples primitifs non encore touchés par le mode de vie moderne. En Nouvelle-Guinée, les indigènes reconnaissent et nomment la plupart des nombreuses espèces d'oiseaux que les zoologistes professionnels ont parfois bien du mal à distinguer. Les Boshimans du désert de Kalahari, qui sont restés à l'âge de pierre, connaissent et ont un nom pour 200 plantes et 220 animaux du milieu où ils vivent.

Au Néolithique, il y a environ 10 000 ans, la fin de la dernière glaciation coïncide avec une révolution écologique et technologique. Le changement de climat oblige l'homme à changer son mode de vie. De cueilleur et chasseur nomade, il devient éleveur et agriculteur sédentaire. Des communautés villageoises de paysans et de bergers apparaissent au Moyen-Orient vers – 6000 ans. La création de réserves alimentaires permet à ces agriculteurs de s'affranchir du milieu. Vers – 4500 ans, la technique de la métallurgie est mise au point, puis les premiers royaumes se créent. L'invention de l'écriture per-

---

[1] P. R. Ehrlich & A. Ehrlich, 1996. *Betrayal of science and reason : how anti-environmental rhetoric threatens our future.* Island Press.
P. R. Ehrlich, 1996. Environmental anti-science. *TREE*, **11**, p. 393.

met le développement du commerce. Ces changements de modes de vie n'ont pas été simultanés dans toutes les régions du globe. Il existe encore quelques rares civilisations (en voie de disparition) de chasseurs-cueilleurs. L'invention de l'agriculture, la domestication du bétail, la sédentarisation, ont fait perdre une partie des connaissances ancestrales. En même temps, les populations augmentaient leurs effectifs, et l'impact de l'homme sur le milieu devenait plus important. La propagation de ce mode de vie sur une grande partie de la terre aboutit à un défrichement des forêts, à la mise en culture des formations herbacées, à l'érosion du sol, au détournement des eaux pour l'irrigation et l'alimentation des villes. Les hommes commencèrent à considérer la nature comme un bien à conquérir, dominer et exploiter sans limites. La transformation en déserts des riches vallées de la Mésopotamie est liée à l'érosion et à l'accumulation des sels provoquée par une irrigation irrationnelle. On attribue à la culture intensive sur les sols fragiles de la forêt tropicale la disparition de la civilisation Maya en Amérique centrale.

À cette révolution agricole succéda la révolution industrielle que l'on s'accorde à faire commencer en Angleterre vers 1760. L'invention des machines fournit à l'homme de grandes quantités d'énergie, mais ceci aux dépens de la forêt puis, plus tard des réserves de combustibles fossiles (charbon, pétrole) énergies non renouvelables. Cette révolution industrielle s'est accompagnée d'un nouvel accroissement de la population mais aussi de la dégradation des conditions de vie, en particulier dans les villes à cause des pollutions qui font leur apparition et de l'entassement des hommes dans des habitations insalubres.

Si les conséquences de ces erreurs écologiques étaient jadis limitées en raison de la faible densité de la population, elles deviennent aujourd'hui de plus en plus graves. L'analyse des dégâts causés par les activités humaines révèle l'existence de seuils à partir desquels ils deviennent suffisamment importants pour ne plus pouvoir être négligés (cf. chapitre 17). *« Cinq cents personnes peuvent vivre au bord d'un lac et y déverser leurs déchets ; le système naturel du lac peut détruire ces déchets et le préserver de bouleversements écologiques rapides. Cinq cents autres personnes peuvent surcharger le système, d'où pollution et eutrophisation ».*

L'attitude de l'homme envers la nature a souvent été expliquée par des options philosophiques dont le rôle a été diversement apprécié. Une vue anthropocentrique du monde, essentiellement judéo-chrétienne, admet que la nature a été créée pour que l'homme puisse l'exploiter à sa guise et sans contraintes. L'homme n'y est pas considéré comme un élément constitutif de la nature mais comme un être à part et supérieur. Ce point de vue est clairement exprimé dans la Bible : *« soyez féconds, multipliez, remplissez la terre et l'assujetissez ; et dominez sur les poissons de la mer, sur les oiseaux du ciel, et sur tout animal qui se meut sur terre ».* L'anthropocentrisme judéo-chrétien se retrouve presque identique dans une philosophie moderne comme le marxisme. Marx et ses continuateurs représentent une attitude envers la nature typique du XIXe siècle. Face aux progrès continus des sciences, aucune limite à l'exploitation de la nature ne semble nécessaire. On pense que la croissance des populations doit entraîner l'innovation et le progrès social ; il paraît possible de nourrir beaucoup plus d'hommes qu'il n'y en a sur terre, et les impacts sur le milieu de cette croissance indéfinie ne sont pas pris en considération, ou même sont niés. Ce point de vue a encore dominé la Conférence de Stockholm, organisée en 1972 par les Nations-Unies, qui a réuni les représentants de 110 pays. Cette conférence avait pour but « l'environnement humain ». Il est significatif que les participants, sous la pression de quelques états, aient refusé de discuter les questions relatives à la croissance démographique en alléguant qu'il était « immoral ou inutile de proposer un contrôle de la démographie ». Ce sera le mérite des organisateurs du Club de Rome de montrer, en 1970, l'importance du phénomène démographique dans une publication qui fit grand bruit : *« The limits to growth ».* Le dogme central de l'industrialisation à tout prix, très répandu de nos jours, est très dommageable pour l'environnement en raison de la hâte avec laquelle les décisions sont prises et du manque de recherches relatives aux moyens qui permettraient de protéger la nature, en évitant par exemple les pollutions. C'est certainement à cette attitude que la Pologne doit le triste record de pollution et de destruction du milieu naturel en Europe.

L'attitude de l'homme devient « inamicale » dès qu'il dispose de moyens suffisants. Il est possible que certaines croyances ou certaines options philosophiques facilitent ou au contraire freinent la destruction de la nature. Mais une prise de conscience ne viendra que tardivement, surtout à

partir de la fin du XIXe siècle, lorsque le manque d'espaces naturels lié à la croissance démographique commencera à se faire sentir et lorsque les hommes, de plus en plus entassés dans des villes gigantesques, ressentiront la nostalgie de la nature. La crise écologique, dont on subit aujourd'hui les conséquences, est tout d'abord une crise démographique.

I. L'EXPLOSION DÉMOGRAPHIQUE

La croissance démographique de l'espèce humaine est exponentielle. D'abord lente pendant près de deux millions d'années (durant lesquelles le taux de croissance a été très faible, de l'ordre de 0,002 %) elle s'accélère comme le montrent les chiffres suivants (d'après *Atlas of world population history* ; les données correspondant à des périodes anciennes pour lesquelles il n'existait pas de recensements ont été obtenues par extrapolation, de même que celles qui sont relatives à l'an 2000 et au-delà) :

an - 200	190 millions	an 1000	265 millions
an 1300	360 millions	an 1400	350 millions
an 1600	545 millions	an 1800	900 millions
an 1800	900 millions	an 1900	1,6 milliard
an 1950	2,5 milliards	an 1975	3,9 milliards
an 1989	5 milliards	an 2000	6,2 milliards
an 2025	8 milliards	an 2100	10,4 milliards

Le temps de doublement de la population est, à l'échelle mondiale, de 45 ans. Mais il est plus faible dans les pays en développement à croissance démographique rapide (Algérie : 21 ans) et plus élevé dans les pays développés (États-Unis : 100 ans ; France : 198 ans). De rares pays, comme la Suède ou l'Allemagne, semblent avoir réussi à stabiliser leur population et d'autres (Chine) font des efforts en ce sens. La Chine avec 1,1 milliard d'habitants est le pays le plus peuplé du monde et elle double sa population tous les 49 ans. En Afrique, le Nigeria avait 115 millions d'habitants et un taux de croissance de 2,9 % en 1989. Si ce rythme se maintient, sa population sera de 500 millions en 2100 ! La menace que fait peser sur l'humanité et sur la biosphère cette explosion démographique a été dénoncée dès 1968 par l'écologiste américain P. Ehrlich qui a créé l'expression aujourd'hui célèbre de « bombe P ».

Toute espèce doit disposer, pour survivre, d'une quantité de nourriture et d'un espace suffisants (notion de *charge biotique maximale* ; cf. chapitre 9) ; ceci est valable pour l'espèce humaine. Or, la croissance démographique se traduit par des densités de population beaucoup trop élevées étant donné les ressources du pays. Les densités de population par kilomètre carré sont de 11 seulement dans l'ex-URSS ; de 23 aux États-Unis, de 89 en Chine ; de 103 en France ; mais de 407 aux Pays Bas ; de 538 au Bengladesh ; de 38 pour l'ensemble de l'Égypte ; mais de 1 170 dans la vallée du Nil qui seule est fertile. Malthus annonçait déjà il y a 200 ans : « *There should be no more people in a country than could enjoy daily a glass of wine and a piece of beef for dinner* ». Les estimations de certains démographes qui pensent que la terre pourrait héberger et nourrir 50 milliards d'êtres humains relèvent d'une dangereuse utopie qui ne tient aucun compte de la réalité et des besoins de l'homme.

Les facteurs socio-économiques et culturels qui agissent sur le taux de croissance des populations sont nombreux. Les plus importants sont le niveau d'éducation, le niveau de vie et diverses idéologies dont beaucoup propagent des tendances natalistes et luttent contre le contrôle des naissances. Ceci explique les résultats décevants des campagnes de « planning familial » qui ont commencé en Inde en 1952 alors que la population du pays était de 400 millions d'habitants. En 1989, après 37 années d'efforts la population avait atteint 835 millions d'habitants et les projections pour 2015 sont de 1,6 milliard.

Une conséquence de la croissance démographique et de la politique agricole est l'appauvrissement des campagnes et l'urbanisation accélérée de la population. De plus en plus d'hommes s'entassent dans des agglomérations gigantesques renfermant plusieurs millions d'habitants où les conditions de vie sont souvent lamentables et les ressources inexistantes. Il y a déjà 16 agglomérations de plus de 5 millions d'habitants et les estimations de l'Unesco prévoient qu'en l'an 2000 plus de la moitié des 6 milliards d'habitants de la Terre vivront dans des zones urbaines. Dans les pays en voie de développement se trouveront douze des quinze plus grandes villes du monde. L'énumération des dix des plus grandes agglomérations et de leur population (en millions d'habitants) en 1985 et de celles qui le seront en l'an 2000 donne une idée du problème :

1985		2000	
Zones urbaines	Population	Zones urbaines	Population
Tokyo-Yokohama	18,8	Mexico	25,8
Mexico	17,3	Sao Paulo	24,0
Sao Paulo	15,9	Tokyo-Yokohama	20,2
New York-New Jersey	15,6	Calcutta	16,5
Shanghai	12,0	Bombay	16,0
Buenos Aires	10,9	Shanghai	14,3
Rio de Janeiro	10,4	Séoul	13,8
Londres	10,4	Téhéran	13,6
Séoul	10,2	Rio de Janeiro	13,3

L'exemple du Brésil est caractéristique d'une situation qui se répand. Ce pays est le cinquième du monde par la surface, et le huitième pour la population. Sa population était de 150 millions d'habitants en 1990 dont 36 % avaient moins de 15 ans. Malgré un taux de croissance en légère baisse (il est actuellement de 1,9 %) on estime que sa population atteindra 234 millions d'habitants en l'an 2020. La plus grande partie de la richesse du pays est possédée par une petite partie de la population. Entre 1950 et 1989, le pourcentage de la population vivant dans les villes est passé de 34 à 71 %. Attirées par la perspective d'un emploi, les populations rurales pauvres du Nord et du Nord-Est se concentrent dans les villes de Rio de Janeiro et de São Paulo où les bidonvilles s'étendent constamment. La vague démographique a incité le Gouvernement à favoriser la migration vers l'Amazonie ce qui provoque une dégradation, sans précédent, de ce massif forestier unique au monde.

À la surpopulation des villes s'ajoutent des conditions de vie défavorables parmi lesquelles on peut citer : la pollution atmosphérique, parfois intense, causée par les diverses industries et surtout par les véhicules à moteur ; le microclimat thermique particulier qui entraîne une élévation de température pouvant atteindre plusieurs degrés et qui risque de rendre la vie difficile dans les agglomérations qui se construisent dans les régions tropicales.

Aujourd'hui, sur la Terre, au moins la moitié des adultes ne savent ni lire, ni écrire ; 1 homme sur 5 est mal nourri ; 1 homme sur 6 ne possède pas d'habitation correcte ; 1 homme sur 4 n'a pas d'eau potable à sa disposition. La démographie n'est évidemment pas la seule cause de la crise écologique actuelle ; les structures économiques qui sont devenues à peu près les mêmes dans tous les pays sont une autre cause. Cependant il faudra bien reconnaître que le problème démographique est un de ceux qui engagent l'avenir de l'humanité : « *We need the size of population in which human beings can fulfill their potentialities ; in my opinion we are already overpopulated from that point of view ; not just in places like India and China and Puerto Rico, but also in the United States and Western Europe.* » (George Wald, prix Nobel de médecine 1967).

II. NOURRIR L'HUMANITÉ

Dans un ouvrage récent[1] dont l'auteur se défend d'être pessimiste, les constatations des écologistes en ce qui concerne l'avenir sont très bien résumées par les lignes suivantes : « *La situation alimentaire d'une grande partie de l'humanité est déjà très mauvaise et des hommes sont victimes, périodiquement, de famines meurtrières ; or la dégradation d'une grande partie des terres, qui va parfois jusqu'à la désertification, et le risque de pénurie d'eau limitent les possibilités d'augmentation de la production agricole ; les obstacles au progrès dans une partie du tiers monde, en particulier en Afrique, ne seront pas surmontés aisément ; la croissance démographique, si elle se prolonge, provoquera une véritable catastrophe ; les perspectives concrètes d'application des découvertes des biotechnologues sont loin des rêves de certains, surtout en ce qui concerne le tiers monde ; enfin, l'augmentation de la production agricole se heurtera à deux autres obstacles : d'une part, la nécessité d'éviter les pollutions et de préserver la nature pour les générations futures et, d'autre part, les menaces venant de l'extérieur, comme les changements climatiques.* »

Les problèmes posés par l'agriculture ont déjà été abordés (cf. chapitre 16), mais il est utile d'y revenir. La surface cultivée par habitant diminue d'autant plus vite que beaucoup de terres, à vocation agricole, sont détruites par les constructions

---

[1] J. Klatzmann, Nourrir l'humanité. Espoirs et inquiétudes, Paris, Éd. de l'INRA, 1991. Cet ouvrage, qui renferme beaucoup de renseignements sur la démographie, l'économie et la production agricole traite en détail un sujet que nous ne pouvons que présenter en peu de pages.

ou stérilisées par des pratiques culturales défectueuses qui conduisent à la désertification (cf. chapitre 22.3). Les surfaces cultivées, en hectare par habitant, étaient les suivantes en 1985 : Bangladesh : 0,09 ; Algérie : 0,32 ; France : 0,34 ; États-Unis : 0,78 ; ex-URSS : 0,80. La moyenne mondiale était la même année de 0,30 hectare dont 0,22 pour les pays en voie de développement et 0,56 pour les pays développés. La croissance des rendements et des récoltes ne suit pas la croissance démographique et même un pays comme la Chine n'aura peut-être plus d'autosuffisance alimentaire dans quelques années (cf. les chiffres du chapitre 16.11 et la figure 16.19). On peut craindre que l'agriculture (et l'élevage) ne puissent plus répondre aux demandes croissantes des années à venir. Cette pénurie risque d'être accentuée par une politique qui freine la production dans les pays excédentaires et exportateurs de céréales (comme la mise en jachère d'une partie des terres en Europe occidentale), et par la culture, dans beaucoup de pays du tiers monde, de produits de luxe destinés à l'exportation aux dépens des cultures destinées à la consommation locale. La perspective de changements climatiques venant perturber l'agriculture dans les régions à haute productivité rend l'avenir encore plus sombre (cf. chapitre 5).

L'agriculture moderne constitue une « artificialisation » de la végétation car elle éloigne de plus en plus les agrosystèmes du mode de fonctionnement des écosystèmes naturels. Ceci se manifeste par l'homogénéité spatiale, la monoculture, la perte de diversité génétique et par des apports extérieurs d'éléments minéraux (engrais) et d'énergie d'origine non solaire. Cette artificialisation a permis d'augmenter les rendements et de nourrir une population sans cesse croissante, mais les agrosystèmes sont devenus des systèmes fragiles, instables, entièrement dépendants de l'homme, qui ne peuvent être maintenus que par l'injection de plus en plus d'énergie sous des formes diverses (cf. le cas du maïs, chapitre 16.11). La diversification des cultures devrait remplacer la monoculture dont les inconvénients sont nombreux (cf. chapitres 16.11 et 20.1). Des espoirs sont placés dans certaines applications du génie génétique à l'agriculture. Un seul exemple suffira à montrer l'importance de ces techniques. On commence à savoir introduire des gènes fixateurs d'azote dans des plantes de grande culture comme le riz, ce qui permettra une économie importante, surtout dans les pays pauvres, en évitant l'achat d'engrais azotés, et devrait réduire la pollution du sol et des eaux par les nitrates, ce genre de pollution se répandant de plus en plus. La protection des cultures et des denrées emmagasinées contre les dégâts des ravageurs a longtemps été obtenue à l'aide de moyens chimiques qui devraient être remplacés, le plus rapidement possible, en raison de leurs multiples inconvénients, par des méthodes de lutte biologique ou de lutte intégrée.

Il faut encore rappeler que les ressources alimentaires offertes par l'océan sont limitées. Il y a peu de chances pour que les quantités pêchées augmentent autant que la population humaine. La culture de levures sur les déchets de l'industrie pétrolière, le « bifteack de pétrole », de même que la culture de chlorelles qui devaient permettre de résoudre le problème alimentaire mondial sont deux utopies des années 1950 qui n'ont pas survécu face aux problèmes techniques et économiques qu'elles posaient.

III. ÉCONOMISER L'ÉNERGIE ET LES RESSOURCES NON RENOUVELABLES

Depuis 1950 les combustibles fossiles (charbon, gaz naturel, pétrole) ont été l'élément principal de la croissance économique en fournissant de l'énergie mais aussi beaucoup de matières premières nécessaires à l'industrie chimique. Des incertitudes règnent sur l'importance des réserves. Au rythme actuel de consommation, celles de pétrole pourraient durer de 40 à 80 ans et celles de charbon 220 ans. L'usage des combustibles fossiles est responsable des plus importantes pollutions actuellement connues et en particulier de l'augmentation de la teneur de l'atmosphère en gaz carbonique responsable de l'effet de serre (cf. chapitre 3.6). L'épuisement de ces ressources et surtout les pollutions que leur consommation engendre devraient inciter à réduire leur utilisation et susciter la recherche d'énergies de remplacement. Les économies devraient porter, en priorité, sur la consommation par les véhicules à moteur en remplaçant les moyens de transport individuels par des transports collectifs, et en augmentant le parc des véhicules électriques, dans la mesure où ceux-ci sont au point. L'énergie nucléaire, qui n'est pas une énergie renouvelable,

a été choisie par beaucoup de pays dont la France. Elle n'est pas polluante comme le charbon ou le pétrole mais elle pose de nombreux problèmes de sécurité dans les centrales. Quant au stockage en lieu sûr des déchets radioactifs, il n'est pas résolu et pose de graves problèmes (risques de fuites radioactives par exemple).

Les énergies renouvelables et non polluantes commencent seulement à être étudiées sérieusement. L'énergie éolienne a été utilisée en France et dans une partie de l'Europe dès le Moyen-Âge sous la forme de moulins à vent qui, avec les moulins à eau également très nombreux, fournissaient la presque totalité de l'énergie à l'exception de celle d'origine animale (chevaux pour les travaux agricoles). Depuis les années 1970 des éoliennes modernes ont été construites et sont en service dans 95 pays. Ces machines, qui sont devenues fiables, résistantes et faciles à produire en série, peuvent fournir de l'électricité à un prix raisonnable dans toutes les régions où existent des vents ayant une vitesse moyenne de 14 à 24 milles par heure. Depuis 1974, plus de 20 000 turbines éoliennes ont été installées, en particulier au Danemark et en Californie. En 1989, les éoliennes situées en Californie produisaient une énergie de 1 600 mégawatts, suffisante pour fournir 16 % de la consommation d'une ville comme San Francisco. Les projets prévoient que 8 % des besoins en énergie de toute la Californie pourront être satisfaits en l'an 2000 par l'énergie d'origine éolienne.

Une perspective prometteuse réside dans l'énergie de la biomasse. On appelle ainsi la transformation de la matière végétale ou de déchets organiques en « biocarburants » liquides (comme l'éthanol) ou gazeux (comme le méthane). De telles installations sont bien développées en Chine et au Brésil où 90 % des véhicules utilisent comme carburant de l'éthanol formé par fermentation de la canne à sucre. Des résidus d'exploitations forestières ou la paille des céréales peuvent être brûlés dans de petites centrales dont la puissance est de l'ordre de 15 mégawatts pour fournir de l'électricité. Il faut cependant savoir que l'utilisation de la biomasse comme source d'énergie a des limites. La combustion du bois dégage des résidus qui, lorsqu'ils ne sont pas filtrés par des installations efficaces, polluent l'air et sont responsables de 820 cas de cancer par an aux États-Unis. L'incorporation aux carburants

d'alcool éthylique, issu de la betterave, ou de diester, issu du colza, semble avoir des inconvénients que l'on commence seulement à percevoir : pollution peut-être aussi importante que par les autres carburants et très faible rendement écologique, l'énergie obtenue par la combustion étant inférieure à l'énergie injectée dans l'agrosystème pour la production de la betterave ou du colza. Ceci montre les nombreuses difficultés rencontrées dans la recherche de nouvelles sources d'énergie. On doit aussi mentionner que dans certains pays au climat aride, la recherche de bois de chauffage se fait parfois à plus de 20 kilomètres des agglomérations et est responsable de la destruction de la végétation et de la désertification de plusieurs régions.

Les sources d'énergie ne sont pas les seules à s'épuiser. Les matières premières, et en particulier certains métaux, le sont également ; dans ce dernier cas des économies substantielles pourraient être réalisées par la récupération et le recyclage, encore trop souvent inexistants. La rareté des ressources en matières premières a pu stimuler l'innovation technologique et le développement de produits de remplacement. Un exemple bien connu est celui de la production de sucre de betterave qui a été développée en France pour lutter contre les effets du blocus imposé par les Anglais sous le premier empire. Mais la rareté est aussi la cause de chaos économique et social pouvant conduire à des guerres. Durant la période 1973-1979 la rareté relative du pétrole a fait passer son prix de 3 à 35 dollars le baril, puis celui-ci est redescendu à 18 dollars dans les années 1986-1989.

L'épuisement des matières premières autres que les combustibles fossiles semble moins proche bien que certains métaux soient déjà devenus rares. Les estimations suivantes de la durée de quelques ressources sont des ordres de grandeur vraisemblables : aluminium : 570 ans ; fer : 250 ans ; étain : 35 ans ; cuivre : 29 ans ; zinc : 23 ans ; plomb : 19 ans.

La vitesse d'épuisement des ressources non renouvelables peut être montrée d'une façon concrète en comparant le temps nécessaire (en millions d'années) pour produire une tonne, et les quantités (en millions de tonnes) utilisées chaque année :

Ressources	Temps de production de 1 t (en millions d'années)	Quantités exploitées (en 10^6 t/an)
Pétrole	250	600
Charbon	1 000	2 000
Fer	2 000	200
Plomb	4 000	4

IV. LUTTER CONTRE LES POLLUTIONS

L'importance et la diversité des pollutions sont telles que tous les compartiments de la biosphère, atmosphère, sol, eau, sont touchés et qu'il n'existe sans doute plus un seul endroit de la terre qui soit à l'abri (cf. chapitre 3.6, chapitre 16.11 et chapitre 17.7). Ces pollutions représentent un risque aussi bien pour l'avenir de la biosphère que pour la santé de l'homme ; les moyens techniques permettant de les réduire existent presque toujours. C'est la volonté politique de les mettre en oeuvre qui manque le plus souvent, soit en raison de leur coût, soit en raison de l'intervention de groupes de pression puissants qui défendent des intérêts particuliers, au détriment de l'intérêt collectif. Un exemple très actuel est celui de la pollution atmosphérique qui sévit de plus en plus dans les grandes villes et qui est due, en partie, aux industries chimiques mais surtout à la circulation des véhicules à moteurs.

V. LA DESTRUCTION DES ÉCOSYSTÈMES ET L'ÉROSION DE LA BIODIVERSITÉ

La destruction des écosystèmes est un phénomène qui s'est accentué considérablement de nos jours (cf. chapitre 22). L'érosion de la biodiversité est une conséquence directe de cette destruction et elle a une telle importance que l'on a pu écrire : « *The mass of extinctions which the Earth is currently facing is a threat to civilization second only to the threat of thermal nuclear war* » (National Academy of Sciences, USA). La dégradation du milieu qui sévit dans de nombreuses régions du globe a provoqué l'émigration de 10 millions d'hommes qui ont fui leur pays devenu inhabi-

table et qui se regroupent dans des villes ou, comme au Burkina Faso, dans des camps de toile qui hébergent ceux qui ont fui les régions touchées par la sécheresse. Une autre conséquence de la dégradation du milieu s'observe en France où les inondations catastrophiques qui surviennent de plus en plus souvent sont dues à des interventions humaines maladroites qui perturbent le régime des eaux (déforestation, bétonnage, arasement des talus, enlèvement des haies, etc.) et aussi à l'installation de nombreuses habitations dans des zones inondables qui sont pourtant connues depuis longtemps. En Asie centrale, la disparition de la mer d'Aral est un exemple, parmi d'autres, des conséquences catastrophiques des actions inconsidérées de l'homme.

Les menaces qui pèsent sur la biodiversité sont de plus en plus nombreuses. La dernière en date réside dans l'apparition des organismes génétiquement modifiés (OGM). Ces organismes végétaux ou animaux, mal contrôlés, peuvent se répandre dans le milieu et en s'hybridant avec des espèces voisines, diffuser des gênes de résistance aux pesticides (cf. chapitre 22.3). Chez les poissons une étude récente conclut que quelques individus transgéniques échappés d'un élevage pourraient se répandre et éliminer en quelques générations une population sauvage non transgénique.

L'écologie du paysage, qui prend en compte les modifications que l'homme impose à la biosphère, et en particulier la fragmentation des écosystèmes et la réduction de leur surface, se révèle un auxiliaire précieux pour l'aménagement du territoire. Elle montre que la solidarité entre les écosystèmes se manifeste par des échanges de matière (eau et substances dissoutes, mais aussi polluants) et par des migrations d'organismes animaux grâce à des corridors lorsque ceux-ci existent ou ont été rétablis (cf. chapitre 19.2). On dispose ainsi de principes scientifiques pouvant être employés pour délimiter et gérer correctement les zones protégées.

VI. UNE SOLUTION ÉCOLOGIQUE : LE DÉVELOPPEMENT DURABLE

L'homme détruit chaque jour des portions de la biosphère sans se rendre compte qu'il détruit

les éléments nécessaires à sa survie. Des décisions devraient être prises à l'échelle internationale pour stopper cette dégradation car le problème est mondial. Les accords internationaux destinés à protéger soit la vie animale et végétale, soit certaines régions, soit certains milieux sont déjà au nombre de plusieurs dizaines (cf. quelques exemples chapitre 22). Mais la plupart sont bien peu respectés et leurs effets sont pratiquement nuls, ou bien comme la « Convention de Rio », sont beaucoup trop vagues et généraux pour être efficaces. Un véritable droit international de l'environnement reste à établir pour que tous les pays appliquent des réglementations communes et efficaces. Les pays riches qui disposent des moyens financiers et techniques nécessaires devraient donner l'exemple aux pays pauvres en prenant des mesures importantes de conservation de la nature, ce qu'ils ne font pas souvent.

Le concept de **développement durable** est né dans les années 1980. C'est un outil qui tente de concilier le développement économique avec les exigences d'une gestion écologique, non destructrice de la planète et de ses ressources et qui permet de faire de l'écologie une véritable « économie de la nature » selon la définition de Haeckel. Un développement économique fondé sur le modèle capitaliste qui domine actuellement le monde s'accompagne d'une dégradation continue de la biosphère et d'un épuisement des ressources non renouvelables. Il conduit obligatoirement à un effondrement brutal lorsqu'un seuil critique sera atteint. Un développement durable est possible si la dégradation de l'environnement cesse, si la surexploitation des ressources naturelles et leur gaspillage cessent, si le partage des ressources est mieux réalisé, si la croissance démographique génératrice de besoins toujours accrus cesse également. Ceci suppose des choix politiques, une réorganisation de la société, un changement radical des modes de pensée. Il n'est peut être pas trop tard pour opérer cette transformation, mais il ne faudrait pas que des intérêts particuliers ou des idéologies en retardent trop la mise en œuvre.

INDEX DES ESPÈCES
ET DES CATÉGORIES SUPRASPÉCIFIQUES

Les espèces et catégories supraspécifiques très connues telles que éléphant, maïs, oiseaux, ne sont indiquées que par leur nom français. Lorsque plusieurs espèces d'un même genre sont mentionnées dans le texte, le nom de genre seul est cité.

Asbestopluma 458
Ascaphus 460
Ascidie 135
Asclepias 263, 417
Asellus 90
Asperula odorata 75, 76
Asplanchna 142
Atriplex 77, 78, 106
Auchénorrhynques 194
Aune 304
Autruche 550
Azadirachta indica (neem) 469
Azorella 559

Bacillus infernus 439
Bacillus thuringiensis (Bt) 360, 508
Balanus balanoides 134, 231
Baleine 160, 293, 492
Baobab 550
Barbeau 90
Beggiotoa 93
Bembidion 104, 404
Berberis vulgaris 403, 537
Bergeronnette 139
Betterave 467, 508
Betula, bouleau 44, 62, 133, 269, 304, 381
Bidens 417
Bison 481, 488, 493, 503
Biston betulariae 167
Blarina brevicauda 143
Blattes 66, 206, 555
Blépharocérides 89
Bleuet 507
Boiga irregularis 505
Bolitotherus cornutus 74, 242, 418
Boloria 405, 413, 489
Bombus (bourdon) 133, 449
Bonasa umbellus 141
Bouquetin 436
Bouteloua 161, 542
Brachionus calyciflorus 142
Brachiopodes 14
Brachypodium 105, 390, 541
Bracon cephi 66
Brassica oleracea 508
Brème 91
Brevicoryne brassicae (puceron du chou) 138
Broméliacées 67, 77
Bromus 106, 144, 380
Bruant jaune 383
Bryophytes 440
Bryozoaires 135
Buchloe 542

Bupalus piniarius 170
Buprestidés 542

Cactées 65, 71, 77, 136, 216, 557
Cactoblastis cactorum 140
Calanus 100, 587
Calligonum 552
Calliphorides 133
Calluna 66, 74, 108, 379
Campagnol 196, 409, 420, 492
Canne à sucre 260
Capsella bursa pastoris 130
Carabidés, Carabiques, Carabidae 82, 140, 166,
    190, 210, 225, 230, 243, 257, 295, 310, 402,
    454, 457, 490, 543,
Carcinus 97, 119, 139
Cardium 97, 119
Carduus 134
Carex 107, 382, 534, 558
Carpobotrus edulis 504
Castillegia 233
Castor 225, 397
Cataglyphis bombycina 59, 559
Cataranthus roseus 469
Caulerpa taxifolia 504
Cèdre 540
Centaurea 134
Cepaea nemoralis 156, 166
Cephalophus 219, 233
Ceratitis capitata (mouche des fruits) 34, 69
Cercopithecus aethiops 468
Cerf 158, 161, 169, 245, 410, 535
Cerithidea californica 246
Cétacés 494, 584
Chama 15
Chamaerops humilis (palmier nain) 489, 540
Chamois 158, 562
Champignons 346, 440, 538
Chaoborus 281, 502
Characées 92
Charips brassicae 138
Charme 76
Châtaignier 107
Chauves-souris 206, 547
Chêne 24, 25, 32, 34, 108, 133, 165, 266, 270,
    304, 309, 328, 369, 537
Chénopodiacées 553
Cheval de Przewalsky 517, 543
Chevreuil 193
Chien de prairie 416, 481, 491, 518
Chiona 59
Chironomides 90, 92, 119, 291, 501, 510, 559
Chondrostomus nasus 90

Choristoneura 142, 139, 158, 162, 535
Chorthippus brunneus 159
Chortoicetes termiferana 190
Chou 204, 399
Chouette 408
Chrysomèle, Chrysomélides, 139, 267, 310,
    399, 452
Chthamalus stellatus 134
Cichlidés 233, 442, 495, 517
Cicindela, cicindèle 21, 105, 221, 378, 457,
    449, 490
Circaea lutetiana 76
Cirsium 67, 134
Cistus 81
Citrullus colocynthis (coloquinte) 116
Cladophora 90
Clématite 66
Cnephasia pumicana 396
Coccinelles 268, 399
Coccolithophoridés 99, 319
Cochlearia anglica 106
Coelopa 215
Coléoptères 49, 103, 447
Colias 62, 152, 562
Collemboles 59, 103, 289, 543, 559
Colza 139
Conuropsis carolinensis 492
Convolvulus fatmensis 67, 71
Coquelicot 507
Corallium rubrum (corail rouge) 590
Coraux 34, 146
Corégone 247
Cormoran 135, 153
Corydalis solida 219
Corynephorus canescens 44, 108, 381
Cotesia marginiventris 271
Craseonycteris thonglongyai 293
Crenobia alpina 182
Crepidula fornicata 505
Cryptococcus fagisuga 268
Cucurbitacées 267
Culex 96, 261
Cuniculus paca (paca) 234
Cupressus dupreziana 554
Cyanobactéries 9, 93, 118
Cyprinidés 88
Cyprinodon 88, 510
Cypripedium calceolus (sabot de Vénus) 489
Cyrtonotus puncticollis 64
Cyzenis albicans 141

Dacus 133, 140, 434
Damaliscus korrigum (topi) 152

Daman 565
Danaus plexippus (monarch) 141, 518
Daphnia, daphnie 176, 233, 253, 410
Dasyproctus (agouti) 234
Daubentonia madagascariensis (aye aye) 497
Dauphins 495
Decticus verrucivorus 488
Deinacris 497
Deinomegalia 225
Delphinium 133
Dendroctonus 83, 268
Dendrosenecio 565
Deroceras agreste 334
Derocheilocaris remanei 103
Deschampsia flexuosa 379
Diamesa 59
Dianthus deltoides 420
Diaretiella rapae 138
Diatomées 47, 93, 101, 319
Didiéréacées 552
Didinium nasutum 178
Digitalis purpurea 537
Dinormis maximus 497
Dipodomys (rat kangourou) 111, 223, 234
Diptères 49
Dipterocarpacées 544
Diurnea fagella 267
Dolichopodidés 69
Doryphore 162
Draba verna 67
Dragonnier 455
Dreissena, Dressenidae 500, 506
Drepanididae 454, 498
Dromadaire 111
Drontes giganteus (dodo) 490
Drosophila, Drosophile, Drosophilides 131,
    134, 136, 160, 177, 197, 218, 247, 250, 272,
    435, 471
Dryas octopetala (thé des Alpes) 62, 66
Dryodon coralloides 525
Dugesia tigrina 182
Dunaliella salina 97, 120
Dynastes 548
Dyschirius 105
Dytiscidés 216

Echium 456, 496, 549
Eciton 257, 426
Ectopistes migratorius (pigeon migrateur) 491
Écureuils 220
Eichhornia crasssipes 319
Eisenia rosea 107
Élan 193, 535

Eleodes 64, 116
Éléphant 82, 153, 155, 157, 225, 323, 410, 565
Éléphant de mer 436
Elodea canadensis 89
Elyna myosuroides 382
Empetrum 379, 534
Empididés 69
Enchytréidés 342
Enoclerus lecontei 268
Enteromorpha 119
Eotetranychus 178, 213, 414
Éphémères 49, 501
Ephydra 97, 121
Epicauta 453
Épicéa 24, 34, 50, 304, 309, 381, 509
Épicéa de Sitka 42, 43
Epipedobates tricolor 468
Epirrita autumnata 269
Erebia 562
Eremiaphila 555
Erica 71, 81, 379
Eriocheir sinensis 97
Erioischia brassicae 247
Eristalis tenax 93
Eritrichium nanum (myosotis nain) 562
Erodium cicutarium 144
Espeletia 68, 566
Eubactéries 439
Eucalyptus 260, 542
Euglandina rosea 488
Euglossa 425
Eulaema 425
Eunice viridis 101
Eupagurus prideauxi 145
Eupelmus urozonus 133
Euphausia superba (krill) 584
Euphorbia amygdaloides 67
Euphydryas editha 411
Euplotes 478
Euura lasiolepis 270

Faucon pélerin 374
Felis 224
Felis concolor (puma) 65, 406
Festuca 132, 144
Ficaria verna 67, 76, 219, 537
Ficus 147, 218
Fiorina externa 133
Flamant 23, 419
Fontinalis 90, 93
Foraminifères 95, 449
Formica rufa 74, 504
Fouquieria splendens 71, 557

Fourmi rousse 516
Fourmis 112, 146, 186, 204, 213, 224, 229,
    257, 261, 265, 282, 296, 419, 424, 470, 506,
    543, 548
Fucus 589
Fundulus heteroclitus 62

Galium 132, 219
Gammarus 49, 90
Ganoderma lucidum 469
Gardon 88
Gastéropodes 514
Gasterosteus aculeatus (épinoche) 98
Gastrophysa viridula 132
Gazelles 64, 72
Génévrier 107, 537
Gentiana 107
Geospizinés (pinsons de Darwin), 38 203, 226
Geotrupe 145
Geranium sanguineum 67
Gerbillus allenbyi 128
Gerboises 234, 554
Gerris 89, 244, 303
Ginkgo biloba 469, 549
Gnou 195
Gonyaulax 144
Gorille 410, 565
Grouse 141
Guépard 324, 436
Gymnocrinus richeri 468
Gypaète 522

Hallucigenia 11
Halobactéries 439
Halobates 89, 586
Haltica lythri 136
Hammada scoparia 117
Hanneton 396
Haplochromis 443
Hareng 136, 154
Harpalus 104
Helianthemum 26, 75, 107, 144, 541
Helianthus 129, 249
Heliaster 231
Heliconius 263
Helicoverpa zea 271
Heliothis virescens 271
Helix ceratina 518
Hemilepistus reaumuri 116, 555
Hépatiques 16
Hesperia comma 416
Heterocephalus glaber (rat taupe) 145
Hétéromyidés 112

Meligethes 139, 296
Melitaea cinxia 410, 413, 436
Mercuralis perennis 165
Merione 128, 141
Mésembryanthématacées 77
Metrioptera bicolor 513
Micrococcus 365
Micropterus 281
Microtus (campagnol) 181, 196, 323, 327
Miridés 211
Molinia coerulea 108, 167
Mollusques 49
Molothrus ater 141, 420
Moniliformis dubius 187
Monogènes 445
Monotrèmes 542
Mouche domestique 177, 261
Moutarde 130
Muguet 67
Mulot (Apodemus) 409, 420
Muricanthus 231
Musaraigne 416
Mustela, Muistélidés 224, 327, 491
Mycétophilidés 526
Myrmecocystus 113
Myrmeleotettix maculatus 62
Myrtille 61, 66
Mysidacés 587
Mytilus edulis (moule) 231
Myzus persicae 270

Narcissus triandrus 516
Nardus stricta 132
Nasonia vitripennis 178, 262
Nectarinidés 547
Nemobius sylvestris 152
Nénuphar 67
Neodiprion 142, 220
Neosisyphus 490
Nèpe 93, 303
Nereis diversicolor 97, 145
Nerium oleander (laurier rose) 72
Nesolagus 458
Nicrophorus 491
Nitrobacter 365
Nitrosomonas 365
Nothofagus 536
Notonecta, notonecte 93, 144, 244, 253, 303
Notothérioides 88
Nuculaspis californica 268
Nymphalidés 263

Obione portulacoides 105

Ochotona princeps (pica) 410
Odocoileus 160, 161, 272, 323, 406
Oecophoridés 263
Oiseaux-mouches 233
Okapi 546
Oligochètes 49, 90
Olivier 25, 32, 539
Ombellifères 262
Oncorhynchus keta 88
Oniscoïdes (cloportes) 73
Onthophagus taurus 242
Onychophores 546
Onymacris plana 115
Operophtera brumata 141, 199, 340
Opius 133, 140
Opuntia 140, 213, 260, 303, 490
Orang-outan 498
Orchidées 7, 67, 265, 381, 544
Oreophilus bicolor 64
Oreotrochilus estella 64
Oribates 59, 205, 401
Orme 506
Ornithoptères 548
Oryx 111
Oryzaephilus surinamensis 176
Oscillatoria rubescens 95
Ostracodes 446
Ostreococcus tauri 444
Ostrinia nubilalis (pyrale du maïs) 267, 360
Ours 195, 225, 398, 406, 535
Outarde 543
Ovibos moschatus (boeuf musqué) 559
Ovis 140, 163, 169, 195
Oxalis acetosella 75, 525
Oxyria digina 381

Paederus 404
Pagodroma nivea 242
Palaemon squilla 26
Palaemonetes varians 97
Palétuviers 98
Palmier rônier 550
Palmiers 544
Pangolin 234
Panolis flammea 142
Panonychus ulmi 194, 271
Papaver alpinum 68
Papilio 142, 262, 434
Papilionidae 448, 457
Paramecium 176, 183
Parasyrphus nigritarsis 272
Parnassius 489, 532
Partula 488

Paruroctonus mesaensis 243
Parus (mésanges) 24, 129, 159, 218, 252, 258, 414
Passiflora 263
Patella cochlear 242
Pécari 427
Pedicularis furbishae 418
Peneus japonicus 100
Pennisetum 317, 549
Penstemon 233
Pentatomides 82, 284
Perca fluviatilis 244
Perdrix 408
Péridiniens 101, 319
Perinereis cultrifera 101
Peromyscus 143, 272
Phaenicia sericata 177
Phenacoccus manihoti 460
Phoeum pratense 178
Phragmites communis 67
Phratora 272
Phrynosoma 210
Phyllomedusa 427
Phytoseiulus persimilis 271
Picoides borealis 418, 456
Pieris rapae 267, 270
Pins, Pinus 32, 34, 43, 164, 265, 304, 420, 541
Pinus aristata (bristlecone pine) 564
Pipit des arbres 383
Pisaster 231
Pisidium 90
Pistacia terebinthus (térébinthe), 25, 540
Planaires 89, 90, 93, 134, 546
Plantago albicans 71
Pleurococcus 316
Pluvier 154
Poa annua 245
Podisma pedestris 23
Podocarpus 268
Poecilia reticulata (guppy) 154, 252
Pogonus pallidipennis 105
Poissons 49, 93
Polychètes 447
Polyporus sulfureus 539
Pomatia 136, 491
Pomme de terre 467
Pommier 467
Pontoscolex corethrurus 466
Portulacca oleracea 467
Posidonia oceanica 504
Potamobius fluviatilis 97
Potamogeton 89
Praon dorsale 268

Primula vulgaris 166
Prionocyphon 291
Procaryotes 437
Prochlorococcus 319
Propithecus tattersalli 458
Prosopis glandulosa 42, 216, 557
Protistes 440
Protochlorococcus 440
Protozoaires 93
Psamma arenaria (oyat) 72
Psammomys 63, 554
Psammotermes 114
Pseudoryx ngetinhensis 458
Pseudotsuga menziesii (sapin de Douglas) 246, 465
Psocoptères 316
Psyllidae 449
Pteridium aquilinum (fougère aigle) 76, 107
Pterostichus 222
Pucerons 194, 282, 399, 409, 449, 480
Pyrrhocoris apterus 268

Radis 270
Rafflesia 545
Ranunculus 67, 90, 120, 219, 532
Raphanus raphanistrum 19
Rat-taupe 282, 565
Rattus, rat 135, 152, 181
Renards 65
Renne 153, 169 535, 559
Retama retam 71, 553
Rheobatrachus 468
Rhizobium 365
Rhodnius prolixus 138
Rhododendron 381
Rhyacionia buoliana 270
Rhynchospora alba 379
Riftia 353
Rodalia cardinalis 140
Rongeurs 213, 222
Rosmarinus officinalis (romarin) 144
Rostrhamus sociabilis (milan des Everglades) 136, 491
Rouge gorge 383, 414
Rubia peregrina (garance) 24, 537
Rubus alceifolius (vigne marronne) 506
Rumex 132
Ruppia maritima 119
Rutilus rutilus 136

Sacchiphantes abietis 270
Salamandres 449
Salicornia 105, 106

Salix, saule 62, 266, 270
Salmonidés 88, 94
Salsola 77, 105
Salvia leucophylla 144
Salvinia molesta 506
Sanglier 251
Sarcophagidae, Sarcophagides 133, 251
Sargassum muticum 504
Sarothamnus scoparius 25, 107, 381
Sauromalus obesus 45
Saxaoul 552
Saxifraga tridactylites 67
Scabiosa columbaria 435
Scarabéides 217, 422, 424, 457, 489, 550, 562
Schinus terebinthus 410
Schismus barbatus 67
Schistosoma mansoni 152
Schizachyrium scoparium 42
Scirpus 92
Sciurus 127
Scolytides 265, 450
Scorpions 555
Scrobipalpa ocellata (teigne de la betterave) 268
Scrophularia nodosa 67
Sequoia 82, 536, 564
Sesleria 132, 380
Silene 66, 107, 108, 233, 562
Simmondsia chinensis (jojoba) 466
Simulies 89
Sinantherina socialis 92
Sitophilus oryzae 72, 181
Sitta (sittelle) 416, 417, 458
Solidago 387
Sorex cinereus 143
Sparganium 89, 90
Spartina 77, 127, 350
Spergula arvensis 19
Sphaignes 89, 379, 534
Sphenodon 460
Spodoptera exigua 271
Spongiaires 135
Stachys officinalis 76
Statice limonium (saladelle) 105
Stellaria holostea 66, 76
Stipa 318, 542
Strigops habroptilus 497
Strongylocentrus purpuratus 292
Suaeda 105, 106
Sylvia (fauvette) 73, 156
Syncarides 22
Syncerus caffer (buffle) 155, 192, 195, 560, 565
Synechococcus lividus 118
Syrphides 399

Tachys scutellaris 105
Tamaris 510
Taraxacum officinale, pissenlit 249
Tatou 234, 468
Taxodium distichum 549
Taxus (if) 469
Téléostéens 95, 246
Tellina 151, 501
Ténébrionidés 72, 115, 142, 310, 542, 553, 556
Téosinte 508
Termites 214, 282, 338, 426, 448, 548
Tetranychus urticae 271
Tétranyques 194
Tetraopes 263, 416
Teucrium 105, 106, 381
Thais lapillus 231
Thécamoebiens 102, 107
Thermoplasma acidophilum 118
Thermotoga 439
Thermus aquaticus 118
Thiobacilles 440
Thlaspi rotundifolia 382
Thrips 170, 192, 282, 480
Thym 166, 434
Thymallus thymallus (= ombre commune) 90
Thyréophoridés 489
Tilapia 495
Tomate 467
Topi 550
Tortrix viridana 192, 266, 268, 328, 340
Trechisibius antarcticus 54, 340
Tribolium 154, 175, 176, 181, 471
Trichogrammes 134, 360
Trichoptères 49, 501
Trichostrongylus tenuis 195, 246
Trifolium 421, 436
Triton 416
Trochilidés (oiseaux-mouches) 547
Tsugaspidiotus tsugae 133
Tubifex 93
Tulipe 507
Tussilago 132
Tympanuchus cupido (coq de prairie) 493
Typha 67, 89, 90, 319
Typhlodromus occidentalis 178, 213, 414

Unionidae, Unio 90, 500
Uromastix 112, 554
Urtica dioica 219
Utricularia 67

Vaccinium 379, 534

INDEX DES MATIÈRES

Lac Léman 57, 575, 577
Lac Mendota 31
Lac Nyassa 233, 443
Lac Tchad 579
Lac Victoria 443, 465
Lagune littorale 95
Laurisylve 548
Lek 152
Lianes 545
Limites de tolérance 21, 66
Lisière (écotone) 401, 403
Listes rouges 492, 520
Litière 371
Loi de Hardy-Weinberg 185
Loi du minimum 21
LTER (= Long Term Ecological Research) 474
Lumière 130
Lutte biologique 141, 358, 488
Lutte intégrée 360

Macroclimat 27
Madagascar 496
Madicole (faune) 513
Maladie de Lyme 271
Mallee 542
Mangrove 98
Maquis 541
Marais littoral 350
Marais salant 119
Marée noire 501
Matrice 396
May's paradox 472
Mélanisme industriel 167
Mer Baltique 95
Mer d'Aral 510
Mer Noire 99
Mercure 363, 373
Mésologie 19
Métabolisme 244
Métaclimax 380
Métapopulation 410
Méthane 39
Méthode de capture-recapture 155
Microclimat 59, 68, 546
Microcosme 279
Migrations verticales du plancton 100
Milieu anchihalin 458
Milieu benthique 588
Milieu extrême 111
Milieu lentique (eau stagnante) 87, 569
Milieu lotique (eau courante) 87, 569
Milieu marin 319, 583
Milieu pélagique 587

Mimétisme 141, 434
Modèle de Hassell et Varley 184
Modèle de Janzen 232
Modèle de Levins 411
Modèle de Mac Arthur 207
Modèle de Nicholson et Bailey 183
Modèle log-linéaire (de Motomura) 206
Modèle log-normal (de Preston) 206
Modèles de Lotka-Volterra 182, 183
Moder 348
Monoculture 471
Mont Ventoux 206
Montagne 561
Mor (humus brut) 348
Mort blanche des coraux 37
Mull (humus doux) 348
Mutualisme 146
Mycorrhizes 363, 479, 539
Myxomatose 261

Nanisme insulaire 225, 496
« Natura 2000 » 515
Necton 586
Neige 80
Neuston 586
Niche écologique 56, 186, 452, 539, 547
Nouvelle Zélande 497

Optimum écologique 23
Organisme modulaire 162
Organisme pionnier 378
Origine de la vie 7
Osmorégulation 96, 116
Overkill préhistorique 492
Oxyde d'azote 40
Oxygène dissous 89
Ozone 40, 319

Paléoclimats 34
Palynologie 35
Pampa 542
Périphyton 336
Permafrost 558
PAN (peroxy-acyl-nitrates) 367
Paramos 566
Parasites, parasitisme 195, 233, 452
Parc Albert 155
Parc de la Vanoise 512
Parc de Serengeti 192, 195, 335, 476, 550
Parc de Yellowstone 474, 513
Parcs nationaux 512
Partage de l'espace 216
Partage des risques (spreading of the risk) 166

Saturnisme 493
Savane 317, 335, 549
Schistes de Burgess 11
Schorre 589
Sciaphile 4, 67
Sédimentation 570
Sélection apostatique 185
Sélection r, K 247
Sentinelle (espèce, milieu) 54
Série 378
Seston 587
Sex-ratio 165
Sierra Nevada 565
Silver Springs 351
Slikke 589
SLOSS (surface et nombre de réserves) 513
Société animale 281
Société Nationale de Protection de la Nature
    512
Sol 51, 102, 340, 382, 442, 465, 535, 542, 560
Sol brun forestier 535
Sol salé (= sol halomorphe) 105
Sols anormaux 108
Sols suspendus 548
Soufre 48, 367
Source (crenon) 351, 569
Sources hydrothermales , 353, 458
Sources thermales 117
Southern Oscillation 36
Stabilité des écosystèmes 470
Steppe 318, 542, 551
Stratégie évolutivement stable 166
Stratégies démographiques 247
Stress 197, 499
Structure spatiale des biocénoses 302
Succession écologique 346, 377, 502
Super-organisme 378
Surface d'inversion 544
Switching 144
Symbiose 146
Synusie 75, 537

Table de survie 156
Taïga 534
Taille des organismes 159, 220, 241, 293, 491,
    534, 563, 591
Taillis 538
Talus continental 584

Tamise 352
Taux intrinsèque d'accroissement naturel (r)
    157, 181
Taux net de reproduction R_0 157
Tchernobyl 375
Température 29, 59, 77, 87, 100, 215, 445
Température efficace 69
Tension superficielle 89
Terra rossa 535
Territoire 128, 190, 294
Théorie de Lack 252
Thermocline 87, 575
Thérophyte 67
Toundra 558
Traits de vie 241
Trophobiose 194
Types biologiques des végétaux 66

UICN 520
Ultra violet 46
Upwelling 320, 584

Valeur sélective (fitness) 185
Variations cycliques 170
Végétation sclérophylle 541
Végétaux halophiles 105
Vent 79
Volcans 38
Volicitine 271

WWF (World Wildlife Fund) 521

Zéro de développement 69
ZNIEFF (zone naturelle d'intérêt écologique,
    faunistique et floristique) 515
Zone aphotique 99
Zone côtière 320
Zone euphotique 88, 99
Zone hadale (ultra abyssale) 584
Zone intertidale 231
Zone limnétique 88
Zone océanique 319
Zone oligophotique 99
Zone profonde 88
Zone riveraine 403
Zones de saprobies 93
Zones humides 509
Zones piscicoles 91

045157 - (I) - (2) - CSB 80 - DES
Imprimé en France par Pollina, 85400 Luçon - n° L81125
Dépôt légal : Août 2000